Lexikon der Deutschen Konzertliteratur

Da Capo Press Music Reprint Series
GENERAL EDITOR
FREDERICK FREEDMAN
VASSAR COLLEGE

Theodor Müller-Reuter

Lexikon der Deutschen Konzertliteratur

DA CAPO PRESS • NEW YORK • 1972

Library of Congress Cataloging in Publication Data

Müller-Reuter, Theodor, 1858-1919.
  Lexikon der deutschen Konzertliteratur.

  (Da Capo Press music reprint series)
  Reprinted from the ed. of 1909, Leipzig.

——— Nachtrag.

  1. Music, German—Bibliography. 2. Music—Ana-
lytical guides. I. Title.

ML120.G3M9 1972   780'.15   70-171079
ISBN 0-306-70274-6

This Da Capo Press edition of *Lexikon der deutschen
Konzertliteratur* is an unabridged republication in
two volumes of the 1909 first edition and of the
1921 supplement (Nachtrag), both published in Leipzig.
Although both volumes refer to the 1909 edition as
"Band I," projected later volumes other than the
supplement were never published.

Published by Da Capo Press, Inc.
A Subsidiary of Plenum Publishing Corporation
227 West 17th Street, New York, New York 10011

Lexikon der Deutschen Konzertliteratur

Lexikon

der deutschen

Konzertliteratur

Ein Ratgeber
für Dirigenten, Konzertveranstalter, Musikschriftsteller und Musikfreunde

von

Theodor Müller-Reuter

C. F. KAHNT ⁄ LEIPZIG

1909

Einleitung.

Mancherlei Erfahrungen im Dirigentenberufe hatten den Verfasser eine Lücke in der Musikliteratur empfinden lassen. Begegnete es nicht schon auch dem erfahrensten Dirigenten, dass ihm die ungefähre Zeitdauer eines zur Aufführung in Aussicht genommenen Werkes wissenswert aber nicht geläufig war? Erwies es sich nicht oft genug nötig, schnellstens und zuverlässig über Entstehungszeit und -geschichte oder über erste Aufführungen einer Komposition unterrichtet zu sein? Schien es nicht dann und wann erspriesslich, sich über die Besetzung (Soli, Chor, Orchester) eines Werkes, dessen Partitur nicht sogleich zur Hand war, zu orientieren, um danach die Aufführungsmöglichkeit zu beurteilen? Ereignete es sich nicht schon des öfteren, dass Titel und Satz- oder Tempoüberschriften auf Konzertprogrammen unrichtig, unzulänglich und irreführend angegeben wurden? Diese Fragen musste sich der Verfasser oft bejahen. Es schien ihm anfänglich ein Kleines, ein Nachschlagebuch zu schaffen, das die Beantwortung aller einschlägigen Fragen enthalten sollte und zugleich als Ratgeber bei der Aufstellung und Abfassung von Konzertprogrammen dienen konnte. Die Annahme, dass die Herstellung eines solchen Buches ein Kleines sei, erwies sich bald als hinfällig. Wo auch die Literatur aufgeschlagen wurde, klafften Lücken; kaum über ein einziges Werk verstorbener Komponisten war das gesuchte und geforderte Material vollständig vorhanden. Nähere Prüfung ergab zudem, dass beinahe jede Tatsache, jedes Datum, jeder Name usw. nachgeprüft, bis auf die Quellen untersucht, ja diese selbst oft genug erschlossen werden mussten. Mit den Werken der Lebenden ging es nicht viel besser. Unzuverlässige Erinnerungen, mangelhafte Aufzeichnungen und dergleichen mehr führten weit öfter mehr vom Ziele ab, als dass sie es erreichen halfen. Die als kleine Beigabe gedachten „Anmerkungen" wuchsen durch die Fülle des herzudringenden Stoffes zu Spezialartikeln und erforderten Spezialstudien. Nach allem dem war bald entschieden, dass weder die Herstellung in kurzer Zeit möglich sei, noch dass der ursprünglich angenommene Titel

„Programmratgeber" ausreichen konnte. Auch der ursprüngliche Plan, chronologisch vorzugehen, erwies sich unpraktisch im Hinblick auf die noch lebenden betagten Komponisten. Von ihnen konnte Material noch bei Lebzeiten erlangt werden; es zu beschaffen, nicht verloren gehen zu lassen, war eine der zuerst zu lösenden Aufgaben. Eine alphabetische Ordnung, gewiss die praktischste, schien kaum möglich, wenn das Werk in absehbarer Zeit an die Öffentlichkeit treten sollte. Im Arbeitsplane auf *d'Albert Bach*, auf *Haydn Herzogenberg*, auf *Mozart Neitzel* folgen zu lassen, vom 20. Jahrhundert vorübergehend in das 18. zurückzugreifen, dann kurze Zeit im 19. zu verweilen usw., erwies sich als untunlich. Die Herstellung des ersten Bandes hat, einschliesslich der Vorarbeiten für die nicht in ihm enthaltenen Komponisten, annähernd fünf Jahre ununterbrochener Arbeit erfordert, und auch das war nur möglich durch den Zusammenschluss mehrerer in derselben Zeitepoche lebenden Komponisten. Mit Rücksicht auf die jetzt für den Verfasser noch unschwer erreichbaren Materialien über *Robert Schumann*, dessen Nachlassschätze und Aufzeichnungen seine Tochter Frl. Marie Schumann hütet, begann die intensive Arbeit mit den Werken dieses Meisters. *Mendelssohn* schloss sich ganz von selbst an und etwas rückwärts blickend konnte durch *Schubert* die Verbindung mit der klassischen Epoche hergestellt werden. (Die Vorarbeiten für Haydn, Mozart und Beethoven sind soweit gefördert, dass der 2. Band mit diesen Meistern beginnen kann.) Es bilden also *Schubert*, *Mendelssohn* und *Schumann* eine erste Gruppe. Ihr schliessen sich als eine zweite Verstorbener *Berlioz, Liszt, Raff, Wagner* an. Gegen diese Zusammenstellung, insbesondere gegen die Einbeziehung Raffs, ist freilich mancherlei einzuwenden. Einmal jedoch zu Berlioz durch sein Nebeneinanderleben mit Mendelssohn und Schumann gedrängt und mit ihm in die Weimarische Zeit und musikalische Gesellschaft hineingreifend, zwang die Arbeitsmethode, darin zu verweilen. Die Einbeziehung Raffs hatte zudem den bereits angedeuteten praktischen Grund, dass dessen hochbetagte Witwe noch lebt, von der, wie von Frl. Schumann, reiches und ungekanntes Material erlangt werden konnte. *Draeseke*, innerlich weit mehr als *Raff* den Weimaranern — wenn diese Benennung überhaupt toleriert wird — verwandt, eröffnet dann, als Lebender die Verbindung rück- und vorwärts herstellend, die dritte Gruppe: *Draeseke, Reincke, Bruch, Gernsheim*. Ein völliger Outsider, aber so im Mittelpunkt des Konzertlebens stehend, dass damit allein schon die Aufnahme seiner Werke in den 1. Band hinlänglich gerechtfertigt erscheint, ist *Richard Strauss*. Die Werke dieses Bedeutendsten aller lebenden Komponisten beschliessen den ersten Band.

Es war ein Herzenswunsch des Verfassers, *Brahms* mit in den ersten Band zu bringen, auch ist ein grosses Material über seine Werke bereits gesammelt in seinen Händen, jedoch steht die Veröffentlichung wichtiger Briefsammlungen noch aus, so dass es geraten schien, mit der Ausarbeitung dieser Abteilung noch zu zögern. Brahms würde auch einer der drei genannten Gruppen schwer beizugesellen gewesen sein.

In folgendem sei Bericht über den Inhalt des Werkes erstattet.

Die Auswahl der Werke.

Das Lexikon der deutschen Konzertliteratur enthält keinerlei Kritik. Damit ist der Grundsatz ausgesprochen, dass alles, was von den Werken der pp. Komponisten in den Konzertsaal gehört, soweit es den weiter unten mitgeteilten Kategorien zuzurechnen ist, Aufnahme finden musste. Verschwinden Werke sowohl der Toten wie der Lebenden nach Erscheinen des Lexikons völlig aus dem Repertoire, haben also Zeit und Geschmacksrichtung Kritik geübt, dann kann das Lexikon nachfolgen. Eigenmächtig ein Urteil durch Ausschliessung des einen oder anderen Werkes auszusprechen lag weder in der Absicht des Verfassers noch in der Tendenz des Buches. In besonderen Fällen geben die Vorworte zu den einzelnen Abteilungen Auskunft.

Zur Aufnahme sind bestimmt worden:

A. **Orchesterwerke**: Symphonie, Symphonische Dichtung, Suite, Serenade, Ouvertüre.

B. **Konzerte und Konzertstücke** für ein oder mehrere Soloinstrumente mit Orchesterbegleitung.

C. **Chorwerke** grösseren Umfanges mit Orchester, mit oder ohne Soli. Männerchorwerke und Chorwerke mit Pianofortebegleitung fanden nur in geringer Zahl Aufnahme, jedenfalls nur solche, die als wertvollste ihrer Gattung dem ernsten Konzertrepertoire zugehören.

D. **Kammermusikwerke** für wenigstens zwei oder mehr Instrumente.

Bruchstücke oder Bearbeitungen aus Bühnenwerken sind grundsätzlich ausgeschlossen worden. Einige Werke, die zwar aufgeführt, aber nicht veröffentlicht worden sind (s. Raff, Wagner, Draeseke, Gernsheim, Strauss), haben Aufnahme gefunden.

Von allen Werken erscheint zuerst

1. Der Titel. Er wird stets in der Form mitgeteilt, die der Komponist ihm gegeben hat, und in der er auf den Konzertprogrammen ausnahmslos abgedruckt werden sollte. Wie oft ist, um nur ein Beispiel anzuführen, auf den Programmen ganz unrichtig zu lesen

Ouvertüre zu den (oder auch die) Hebriden

anstatt der von Mendelssohn vorgeschriebenen Form

Zweite Konzert-Ouvertüre „Die Hebriden" oder „Die Fingalshöhle".

Abkürzungsbedürfnisse aller Beteiligten haben es oft zuwege gebracht, die Originaltitel zu entstellen, jedoch ist es in den meisten Fällen möglich gewesen, sie in ihrer ursprünglichen Reinheit wieder herzustellen. Hier und da, insbesondere bei grossen Chorwerken, hat sich der Verfasser Zusätze gestattet, wie beispielsweise

für Solostimmen, Chor, Orchester und Orgel.

Dem Titel folgt

II. Die Widmung. Sie ist ebenfalls nach dem vom Komponisten vorgeschriebenen Wortlaute abgedruckt. Gehört die Widmung auch nicht auf das Konzertprogramm, so konnte sie doch in diesem Buche nicht fortgelassen werden. In neueren Ausgaben hat man sie entweder ganz unterdrückt oder verkürzt wiedergegeben. Aber auch Widmungen reden eine Sprache und haben eine Bedeutung, und wenn Mendelssohn seinem 3. Klavierquartett die Worte

Sr. Excellenz dem Herrn Staatsminister, Geheimrat von Goethe
ehrfurchtsvoll gewidmet

vorsetzte, so drückt sich darin sein ganzes Verhältnis zu dem Dichterfürsten aus, und kaum wird sich ein triftiger Grund finden lassen der die nachmals von Verlegern oder Herausgebern verkürzte Form

Goethe gewidmet

rechtfertigen kann. Einige Fälle, in denen der Komponist selbst bei späteren Ausgaben die Widmung geändert oder ganz unterdrückt hat, sind jeweils in den Anmerkungen mitgeteilt worden.

III. Satz- und Tempo-Überschriften. Inhaltsübersicht. Die Satz- und Tempo-Überschriften dienen dem Zuhörer als ein kleiner Wegweiser; Grund genug, um sie auf Konzertprogrammen in einer jeden Zweifel, jeden Irrtum ausschliessenden Form zu geben. Der Typierung dieser Überschriften wird in vielen Fällen nicht die Sorgfalt gewidmet, die ihr zukommt. Es ist nicht richtig zu setzen:

Menuetto. Allegro.

oder

Finale. Allegretto con moto.

sondern es muss, wenn Allegro die Tempobestimmung des Menuetts, oder Allegretto con moto die des Finale ist, stets gesetzt werden

Menuetto. *Allegro.*

oder

Finale. *Allegretto con moto.*

Auf einem sorgfältig redigierten Konzertprogramm darf auch niemals das wichtige Wort *attacca* fehlen, wenn zwei Sätze ohne Abschluss ineinander übergehen. Die Zuhörerschaft wird ja nicht nur von Kennern, denen der Inhalt der Werke geläufig ist, gebildet; bei einem grossen Teile des Hörerkreises, den Musikfreunden, sind oft genug die heitersten Irrtümer durch das Fehlen des Wörtchens *attacca* hervorgerufen worden. Robert Schumann schrieb bei seinem A-moll-Klavierkonzert, dessen 2. und 3. Satz zusammenhängen, für das Programm vor:

Allegro affettuoso, Andantino und Rondo

bezeichnete also durch das Komma die Scheidung des 1. vom 2. Satze, durch das Wort „und" den Zusammenhang des 2. und 3. Wie vielfach findet man für dieses Konzert folgende Tempo-Angabe:

I. Allegro affettuoso. II. Intermezzo. III. Allegro vivace.

anstatt der einzig richtigen Form:

I. Allegro affettuoso. — II. Intermezzo. *Andantino grazioso. attacca*

III. Allegro vivace. (s. Schumann, No. 13.)

Wer jemals einen Blick in die Programmsammlung Hans von Bülows tun konnte, wird sich überzeugt haben, eine wie peinliche Sorgfalt er diesen scheinbaren Kleinigkeiten widmete. — Bei grossen Chorwerken ist an die Stelle von Satzüberschriften die Angabe der Einteilung, oder es sind in den Fällen, wo die Abteilungen oder Szenen Inhaltsüberschriften haben, diese getreten. Zuhörer, die keine Textbücher kaufen, haben auch ein Recht auf Orientierung.

IV. Zeitdauer. *(SD. = Satzdauer, GD. = Gesamtdauer.)*

Die Kenntnis der ungefähren Dauer eines Werkes kann, wie schon bemerkt, recht wichtig sein. Bei mehrsätzigen Werken wird sie wesentlich beeinflusst durch die Länge der zwischen den einzelnen Sätzen gemachten Pausen. Deshalb war es nötig, für jeden Satz oder jede Abteilung eines grösseren Werkes die Zeit zu bestimmen. Bei der Variabilität der Auffassungen war sich der Verfasser klar, wie heikel die Aufgabe ist, überhaupt die Zeit zu fixieren, deren ein Werk bei seiner Aufführung bedarf; aus diesem Grunde benutzt er die Gelegenheit gern, an alle Kollegen und Musikfreunde die Bitte um Korrektur und Unterstützung zu richten. Die Angaben über die Zeitdauer entstammen entweder eigenen Feststellungen, oder Beobachtungen und Aufzeichnungen Anderer, oder Vergleichungen der von mehreren über dasselbe Werk gemachten Notizen, endlich auch Mitteilungen, die dem Verfasser von den lebenden Komponisten über ihre Werke zukamen. Bei dem einen wie beim andern stellte sich heraus, dass es viel schwerer ist, eine genaue Zeitbestimmung vorzunehmen, als man wohl annimmt; kaum stimmten zwei von verschiedenen Beobachtern über dasselbe Werk gemachte Aufzeichnungen überein. Dafür gelang es, bei vielaufgeführten Werken eine Durchschnittsdauer zu ermitteln. Gezählt sind im allgemeinen ganze Minuten, Bruchteile von solchen sind zumeist nach oben abgerundet. Wie verschieden die Tempi sein können, dafür nur zwei Beispiele. Richard Pohl schrieb in einem Bericht über das Wagner-Konzert am 20. Dezember 1871 in Mannheim über das Meistersingervorspiel:

„Von der Frische und Energie der vom Tondichter eingehaltenen Tempi gibt die Tatsache sprechendes Zeugnis, dass diese Ouvertüre, welche bei der besten Aufführung, die wir von ihr ausserhalb München erlebten, — unter Levis Direktion in Karlsruhe — 10 Minuten dauerte, unter Wagners Leitung nur wenige Sekunden über 8 Minuten in Anspruch nahm."

Über Schumanns Manfred-Ouvertüre besitzt der Verfasser Aufzeichnungen aus jüngster Zeit, die zwischen $8^1/_2$—12 Minuten schwanken! Lange langsame Sätze, wie etwa der Trauermarsch aus der Eroica oder das Adagio aus der neunten Symphonie Beethovens sind noch grösseren Schwankungen ausgesetzt. Es möge dann der Abschnitt SD. und GD. als ein erster, unvollkommener Versuch in dieser Richtung betrachtet werden.

V. Zeit und Ort der Komposition. (Komp.)

Zur Feststellung der Zeit und des Ortes der Komposition oder Umarbeitung dienten die eigenen Aufzeichnungen der Komponisten, die sie entweder ihren Werken selbst beigeschrieben oder in Briefen u. dergl. mehr überliefert haben, oder die beglaubigten Forschungen ihrer Biographen. Die lebenden Komponisten stellten ausnahmslos reiches Material über ihre Werke zur Verfügung und unterstützten den Verfasser so nachdrücklich, dass die Angaben über deren Werke Anspruch auf Authentizität erheben können. Mit der Ermittelung des Kompositionsjahres begnügte sich der Verfasser nur in den Fällen, wo eine genauere Bestimmung nicht möglich oder nicht erreichbar war. Erster Entwurf und schliessliche Ausführung liegen oft weit auseinander, Entlehnungen aus früheren, anderen Werken sind von den Komponisten oft verschwiegen worden. Dieses und vieles sonst zur Geschichte der Entstehungszeit gehöriges ist in der Unterabteilung „Komp." untergebracht, wo es nötig war, in den „Anmerkungen" erläutert und nachgewiesen worden.

VI. Erste Aufführungen. (EA.)

Zu wissen, dass z. B. Beethovens Neunte Symphonie am 7. Mai 1824 in Wien, Schumanns Faustszenen am 25. Juni 1848 in Dresden zum ersten Male aufgeführt wurden, ist gewiss recht nützlich und mag für manche Fälle genügen; dieses Wissen ist aber Stückwerk. Wer die leitenden Personen, die Solisten gewesen sind, welcher Art die Aufführung war, in welchem Raume sie stattfand, das sind nur scheinbar Nebensachen, deren Kenntnis erst die Beurteilung der Qualität der EA. ermöglicht. Demnach war es das Ziel, von den ersten Aufführungen genauestens zu ermitteln: Ort, Datum und Tag, Name des Saales, Titel und Art der Aufführung, Namen der Solisten und Dirigenten. Die Herstellung dieses Abschnitts hat allerdings die grösste Mühe, die meiste Zeit erfordert, ja, die unliebsamsten Enttäuschungen hervorgerufen. Es wird so vieles ungeprüft nachgedruckt, so vieles entstellt und vergessen, so mancherlei wichtiges nebensächlich behandelt und gar nicht des Erforschens für wert erachtet. Mit der Ermittelung der ersten Aufführung und ihrer Einzelheiten konnte die Aufgabe noch nicht als gelöst angesehen werden. Wenn die Urform eines Werkes später einer Umarbeitung durch den Komponisten unterzogen wurde, dann musste auch die EA. der Druckform festgestellt werden. Daraus erwuchs die überaus anziehende Arbeit, den Weg zu verfolgen, den die Kompositionen nach ihrer ersten Aufführung genommen haben. Welche Gesellschaften, welche Künstler usw. sich für die Aufführung und Verbreitung der Werke des einen oder anderen Komponisten besonders bemühten, wie lange Zeit es brauchte, bis deren Werke zum Druck und zur allgemeinen Wertschätzung gelangten oder auch nicht gelangten, das hat sich dann als sehr lehrreich nebenbei feststellen lassen. Ein besonderer Zweig des Musikgeschichtsstudiums, den man am treffendsten „Programmforschung" nennt, entstand mit und durch diese Arbeiten.

Welche Wandlung machte nicht die äusserliche Form der Programme durch! In der Gesellschaft der Musikfreunde in Wien noch Ende der zwanziger Jahre des 19. Jahrhunderts kleine unscheinbare Blättchen kaum von der Grösse einer halben Seite dieses Buches, mit dürftigster Inhaltsangabe, ohne Nennung der Solisten oder des Dirigenten, ohne Texte, ohne Bezeichnungen der Sätze einer Symphonie. Dabei keine Spur von gefälliger, geschweige denn künstlerischer Gestaltung! — im Leipziger Gewandhause so konservativ, dass jahrzehntelang dieselbe Randleiste und dieselben

Typen verwendet wurden. Welche eindringliche Sprache reden nicht die Programme von vergessenen Künstlern, von untergegangenen Konzertsälen! Wer weiss noch, ohne Spezialstudien angestellt zu haben, etwas vom *Gundelhofe*, vom *Schottenhofe* in Wien, vom *Kasinosaale* in Köln, von dem *Saale der Buchhändlerbörse* in Leipzig, vom *Weidenbusch* in Frankfurt, vom *Hotel de Saxe, Hotel de Pologne* in Dresden, vom *Hannover Square Rooms, Argyll Rooms* in London? Wie bescheiden war das Publikum in seinen Ansprüchen bezüglich der Solisten, wie machten sich kunstgeübte Dilettanten bei der Ausführung wichtigster Solopartien verdient. Wie unzulänglich mögen freilich auch oft genug so Orchester- wie Chorleistungen gewesen sein, denn viel und gründlich zu probieren wurde meist nicht beliebt. Die Programmforschung und was mit ihr zusammenhängt lehrt das alles.

Der Verfasser hat, wo es irgend möglich gewesen ist, die Konzert- oder Aufführungstitel nach den Originalprogrammen mitgeteilt. Die Dürftigkeit dieser erschwerte oft die Feststellung der Solisten. Ohne die Kenntnis des bisher unbekannt gebliebenen **Aufführungs- und Probenotizbuchs *Robert Schumanns*** wäre es nicht zu ermöglichen gewesen, die Solisten der ersten Aufführungen seiner Faustszenen (3. Teil) oder der Pilgerfahrt der Rose festzustellen; von der EA. des Mendelssohnschen Lobgesangs haben sie sich gar nicht, von der Leipziger EA. des Paulus nur zum Teil ermitteln lassen. — Die ersten Aufführungen sind, soweit sich ihre zeitliche Aufeinanderfolge mit einiger Sicherheit feststellen liess, fortlaufend numeriert worden. Ohne Numerierung oder in eckiger Klammer mitgeteilte EA. verdanken ihre Aufnahme wichtigen Begleitumständen. Die Nennung des Aufführungsraumes erfolgte nicht aus altertümelnder Spielerei. Dass Schuberts erste Orchesterwerke im Gundel- und im Schottenhofe in Wien, Mendelssohns Elias in Town Hall in Birmingham, Wagners Faust-Ouvertüre im Palais des Kgl. Grossen Gartens in Dresden zuerst aufgeführt wurden, ist auch wissenswert.

VII. Erscheinungstermin. (Ersch.)

Zwischen Vollendung und erster Aufführung eines Musikwerkes und dessen Drucklegung liegen oft Jahre. Gunst und Ungunst der Verleger und des Publikums, Geschmacksrichtung, Unverständnis oder Beliebtheit spielen dabei eine grosse Rolle. Die Ermittelung des Erscheinungstermines bildet also eine Ergänzung zur Feststellung der ersten Aufführungen. Die authentischsten Aufschlüsse über die Erscheinungstermine haben in den allermeisten Fällen die Herren Verleger dem Verfasser bereitwilligst gegeben. Die Hofmeisterschen musikalisch-literarischen

Monatsberichte, die verschiedenen chronologisch-thematischen Verzeichnisse und Kataloge, die Anzeigen in Musikzeitungen sind als weitere Hilfsmittel benutzt worden.

VIII. Orchester-, Chor- und Solistenbesetzung. (Bes. — Orch.Bes.)

Einleitend wurde schon bemerkt, dass es wünschenswert und nötig zugleich sein kann, sich über die Besetzung eines Werkes, dessen Partitur nicht sogleich zur Hand ist, zu unterrichten. Die in dieser Unterabteilung gebrauchten Abkürzungen werden ohne weiteres dem Fachmusiker verständlich sein. Aus der Form der Aufzeichnung geht hervor, ob kleine Flöte, Englisch Horn, Bassklarinette usw. obligate Instrumente sind, also einen besonderen Musiker erfordern. Teilung der Chorstimmen oder des ganzen Chores, vorübergehende Abzweigung eines Frauen- oder Männerchores, kurz der ganze Aufführungsapparat kann augenblicklich überschaut und danach die Aufführbarkeit sogleich festgestellt werden.

IX. Anmerkungen.

Die Anmerkungen sind als eine Ergänzung und Erläuterung der voraufgegangenen, nur der Mitteilung von Feststehendem gewidmet, Abschnitte anzusehen. Die Entstehungs- und Aufführungsgeschichte vieler Werke, insbesondere der bedeutsameren unter ihnen, war nicht immer mit wenigen Worten abzutun. Was sich bei den ersten und späteren wichtigen Aufführungen ereignete, bot so viel des Interessanten, dass dessen eingehendere Mitteilung nicht umgangen werden konnte. Geschichtliches über Musikgesellschaften, Aufführungsräume, Solisten und Dirigenten, Berichtigendes über weitverbreitete Irrtümer, Unbekanntes aber Wissenswertes trug der Verfasser in den Anmerkungen zusammen, damit auch allerhand Beiträge zur Biographie der Komponisten, wie zur Geschichte des Konzertwesens liefernd. Viele Programme von ersten Aufführungen konnten ausfindig gemacht und um ihres musikgeschichtlichen Interesses wegen mitgeteilt werden. Die Niederrheinischen Musikfeste, die Tonkünstlerversammlungen des Allgemeinen Deutschen Musikvereins, sonstige Musikfeste und musikalische Veranstaltungen grösseren Stiles sind zumeist so ausführlich behandelt, dass ein Überblick über sie gewonnen werden kann. Die Abteilungen *Berlioz, Liszt, Raff, Wagner* (und solche die erst im 2. Bande erscheinen werden) nötigten zu umständlichen Untersuchungen über die Entstehung vieler programmatischen Erläuterungen; mancherlei Einblicke in die Schaffensweise der Komponisten konnten damit gewonnen werden. Auf die Quellen hinzuweisen, die dem Verfasser das Material lieferten, war nötig, um eine Nachprüfung durch andere möglich zu machen. Allerlei praktische Winke zu geben und Erfahrungen mitzuteilen, fühlte sich der Verfasser für versucht; sie können jungen Dirigenten nützen, wollen aber nicht als lehrhaft aufgefasst sein. Ganz hervorragend wichtiges Material lieferten für die Musik- und Konzertgeschichte des neunzehnten Jahrhunderts die Programmsammlungen *Clara Schumanns*, *Hans von Bülows*, *Königslöws*, *Reineckes*, *Rob. Heckmanns* und vieler anderer; die Programmbücher von einigen hundert Musikfesten standen diesen Quellen vollwertig zur Seite. —

Unter „Literatur" ist das wichtigste, bekannteste aufgenommen, was über eine Reihe von Werken in der Form besonderer Abhandlungen, Broschüren oder Büchern erschienen ist. Artikel aus Musikzeitungen mussten in der Hauptsache ausgeschieden werden. Bei der Beurteilung des Wertes der Spezialliteratur kam es auch oft auf die Bedeutung an, die den Autoren beizumessen war.

Zum Schlusse hat sich der Verfasser noch des Dankes an alle, Institute, Korporationen und Personen, zu entledigen, die ihn unterstützt haben. Hoftheaterintend...zen, Theaterdirektionen, Konservatoriumsleiter, Vorstände von Konzertgesellschaften, Musikvereinen, Kammermusikgenossenschaften, Tonkünstlervereinen und Bibliotheken, Verleger, Zeitungsredaktionen, Musikforscher, Musikschriftsteller, Dirigenten, Künstler, Orchestermitglieder, bereitwilligst liehen sie ihre oft in Anspruch genommenen Dienste; Angehörige verstorbener Komponisten und die lebenden Komponisten selbst waren eifrig und andauernd bemüht, das Werk zu fördern. Die Nennung aller Namen würde viele Seiten füllen, so dass sich der Verfasser genötigt sieht, seinen lebhaften Dank an dieser Stelle summarisch auszusprechen.

Ein Werk wie das vorliegende, dass so viele Tausend von Tatsachen, Namen und Zahlen zu sammeln hatte, wird nicht ohne Fehler und Irrtümer geblieben sein. Deswegen richtet der Verfasser an alle Interessenten die Bitte, ihn durch Hinweis auf dieselben zu unterstützen. Die Besitzer alter Programme und Programmbücher dürfen des Dankes versichert sein, wenn sie dem Verfasser dieselben zur Einsicht zu überlassen die Güte haben wollten.

Krefeld, im November 1909.

Theodor Müller-Reuter.

Inhaltsverzeichnis.

I. Franz Schubert.

II. Felix Mendelssohn Bartholdy.

I. Orchesterwerke.

II. Konzerte und Konzertstücke mit Orchester.

III. Chorwerke mit Orchester.

III. Robert Schumann.

IV. Hector Berlioz.

V. Franz Liszt.

Inhaltsverzeichnis.

VI. Joachim Raff.

Inhaltsverzeichnis.

VII. Richard Wagner.

VIII. Felix Draeseke.

Die mit * versehenen Nummern sind Manuskriptwerke.

IX. Karl Reinecke.

X. Max Bruch.

XI. Friedrich Gernsheim.

XII. Richard Strauss.

I. Orchesterwerke.

II. Konzerte und Konzertstücke mit Orchester.

III. Chorwerke mit Orchester.

IV. Kammermusikwerke.

V. Anhang.

Unveröffentlichte Werke.

Franz Schubert.

Geb. 31. Januar 1797 in Lichtenthal bei Wien, gest. 19. November 1828
zu Wien.

Vorwort.

Die allen berechtigten Anforderungen entsprechende Biographie Franz Schuberts soll noch geschrieben werden. Max Friedländer schrieb 1887 in seinen „Beiträgen zur Biographie Franz Schuberts" „Es mangelte und mangelt noch an Material". Haben auch die seither durch ihn selbst, Mandyczewski, Heuberger, O. E. Deutsch, Vancsa und anderen herbeigebrachten Materialien diesen Mangel einigermassen behoben, so bleibt er noch immer fühlbar. Der zukünftige Schubert-Biograph wird unter anderem die Aufgabe haben, den Erstaufführungen Schubertscher Werke seine Aufmerksamkeit zu widmen, ist es doch leider bisher nicht gelungen, die EA. bedeutsamster Werke wie des Forellen-Quintetts, des D-moll-Quartetts, des B dur-Trio festzustellen. Kreissle, der in der glücklichen Lage war, mit Schubertschen Zeitgenossen persönlich zu verkehren und dadurch aus Quellen zu schöpfen, die heute nicht mehr fliessen, hat leider versäumt, sie den Zwecken der Schubertbiographie entsprechend nutzbar zu machen. Die verdienstlichen Bestrebungen Ferdinand Schuberts und Michael Leitermayers verliefen im Sande, es hat einer nicht geringen Mühe bedurft, um einige Klarheit über die von beiden veranstalteten Aufführungen von Manuskriptwerken zu erlangen. Wien sang zwar Schubertsche Lieder, aber vor der Aufführung seiner bedeutendsten Instrumentalwerke schreckte es lange zurück; liess sich doch die Gesellschaft der Musikfreunde mit der EA. der grossen C-dur-Symphonie den Rang vom Leipziger Gewandhaus 1839 ablaufen. Auch später noch hatte es Hellmesberger mit den Kammermusikwerken nicht sonderlich eilig. So schrieb nach der EA. des B-dur-Quartetts op. 168 (S. No. 45 der nachf. Abtlg.) der Referent der „Wiener Zeitung" im Februar 1862:

„Wie wir hören, soll dieses Quartett bereits vor mehreren (sechs oder gar acht) Jahren von Hrn. Spina, in dessen Besitztum sich dasselbe befindet, Herrn Professor Hellmesberger übergeben worden sein. Wie es nun möglich wurde, dass Hr. Professor Hellmesberger dieses Werk bis jetzt in seinem Notenschranke verschlossen hielt, ist etwas schwer zu begreifen. Dass er sich um dasselbe gar nicht sollte gekümmert haben, ist ihm wohl nicht zuzumuten; wurde es aber ein einziges

Mal von ihm und seinen Herrn Kommilitonen gespielt, so konnte man doch über seinen Wert keinen Augenblick zweifelhaft sein; gleichwohl muss dies der Fall gewesen sein, da man mit der Aufführung bis heute zögerte, was aber freilich einen wunderlichen Kunstgeschmack voraussetzt, besonders wenn man sich so mancher Novitäten erinnert, welchen dadurch faktisch der Vorzug vor dem Schubertschen Manuskript eingeräumt wurde".

Schuldlos waren nun freilich die Herren Spina und andere Besitzer Schubertscher Manuskripte auch nicht. Das ist ein besonderes Kapitel der zukünftigen Schubert-Biographie. Bei des Meisters Tode waren ungedruckt sämtliche Symphonien, das Oktett, das Streichquintett, das Forellenquintett, die Streichquartette mit Ausnahme von op. 29 A-moll, das B-dur-Trio, Mirjams Siegesgesang, Gesang der Geister über den Wassern, Grillparzers Ständchen, der 23. Psalm, Gott in der Natur, die As-dur- und Es-dur-Messe (um nur diese zu nennen), Lazarus, die Opern, unzählige Lieder usw., also seine bedeutendsten Werke. Die wenigen Aufführungen mehrerer derselben hatten weder die Verleger zur Veröffentlichung veranlasst, noch waren sie irgendwo einwandfrei fixiert. Diese Vernachlässigung, gewiss auch in dem stillen Leben Schuberts begründet, wird sich vielleicht niemals gut machen lassen. Manche Feststellung ist dem Verfasser geglückt, leider blieben aber noch viele und empfindliche Lücken. In den Anmerkungen ist jeweils das Nötige darüber gesagt. Ziemlich genau konnten die von Ferdinand Schubert und Michael Leitermayer veranstalteten, bereits erwähnten Aufführungen mit einer Menge interessierender Einzelheiten festgestellt werden. Auch die Berichtigung und Ergänzung mancher von Nottebohm im Thematischen Verzeichnis gegebener Daten ist gelungen, nicht nur hinsichtlich der Erstaufführungen, sondern auch in Beziehung auf die Erscheinungstermine. C. F. Pohls „Geschichte der Gesellschaft der Musikfreunde usw." (S. Literatur), die so vieles über Schubert bringt erwies sich oft als unzuverlässig und irreführend. Dafür nur ein Beispiel. Auf S. 102/03 des genannten Werkes bringt er eine Aufzeichnung der in den Abendunterhaltungen der Gesellschaft der Musikfreunde aufgeführten Schubertschen Werke und verzeichnet unter „Liedern" (S. 102)

„*Ständchen, Gedicht von Grillparzer*", „*beides (!) in Manuskript*"
(Frl. Fröhlich 1828 — Lutz 1838)

unter „Quintette" (S. 103)

„*Ständchen von Grillparzer*" („*fünfstimmig gesetzt (!) 1837*")

unter „Chöre" (S. 103) wird aber das Ständchen, eben dieses für Altsolo und 4 stimmigen Frauen- bzw. Männerchor geschriebene Werk, gar nicht erwähnt. Dass „Ständchen, Gedicht von Grillparzer" (s. o.) nicht zwei verschiedene „Lieder" waren, sondern die ebenerwähnte Komposition für Altsolo und Frauenstimmen, dass dieses Werk nicht als „Quintett" gesetzt ist, sondern unter die Chöre (mit Solo) gehört, ist ihm entgangen. Zur Aufklärung dieser doppelten und dreifachen Irrtümer sehe man die EA. des betreffenden Werkes (S. No. 34). Kreissle berichtet (1865, S. 569) über eine EA. des letzten Satzes der grossen C-dur-Symphonie 1837, wonach also Wien doch Leipzig vorausgekommen wäre, und er hätte sich doch ohne grosse Schwierigkeiten unterrichten können, dass die Aufführung dieses Satzes gar nicht stattgefunden hat (S. Anmerkg. zu No. 7).

Auch Heuberger irrt noch, wenn er S. 87 seines „Franz Schubert" von Aufführungen dieses monumentalen Werkes am 14. Dezember 1828 und 12. März 1829 berichtet, denn es war nicht die grosse C-dur-Symphonie, sondern die des Jahres 1817/18, die damals zur Aufführung gelangte. (S. No. 6.) Diese wenigen Beispiele genügen zum Beweise, dass es nötig gewesen ist, alle Mitteilungen über EA. von Grund aus nachzuprüfen. —

Die Kompositionszeiten sind gegeben auf Grund der in der Gesamtausgabe und im dazu gehörigen Revisionsbericht enthaltenen Angaben, dabei ist Nottebohms Thematisches Verzeichnis stets zu Rate gezogen worden. Wo irgend es nötig oder wünschenswert erschien, ist die Quelle angegeben. Als Quelle für die Erscheinungstermine dienten in der Hauptsache Nottebohms Verzeichnis, neben ihm die Hofmeisterschen Musikalisch-Literarischen Monatsberichte und die Anzeigen in musikalischen Zeitungen. Bei einigen Werken sind die Beurteilungen in Tages- und Musikzeitungen mitgeteilt worden, man mag auch das als Beiträge zur Schubert-Biographie ansehen. Castellis „Musikalischer Anzeiger" enthält eine ganze Reihe solcher Besprechungen, auch von Werken, die für die Zwecke dieses Buches nicht in Betracht kamen; es sei darauf verwiesen.

Zu lebhaftem Danke verpflichtet ist der Verfasser den Herren Dr. Mandyczewski, Dr. Theodor Helm und Eduard Friedmann, insbesondere aber Herrn Dr. Robert Haas in Wien, welch letzterer unablässig bemüht war, die Programmsammlungen der Gesellschaft der Musikfreunde, wie die alten Wiener Zeitungen sorgsamst zu durchforschen. Ist auch nicht Alles und Jedes mit der wünschenswerten und erstrebten Genauigkeit bisher festzustellen gewesen, so hat das an der schon eingangs erwähnten Lückenhaftigkeit des Materials gelegen.

Das Literaturverzeichnis erhebt keinen Anspruch auf Vollständigkeit, wer sich mit Schubert ernstlich zu befassen hat, wird noch tiefer gehen müssen; Wichtiges allerdings wird nicht fehlen. Die bei den Hinweisungen auf die Quellen angegebenen Seitenzahlen beziehen sich stets auf die in dem Literaturverzeichnisse genannten Auflagen. — Nach jedem Titel findet man die Angabe der Serie und Nummer der Breitkopfschen Gesamtausgabe: „GA. Ser. I No. 1" usw.

Allgemeine deutsche Literatur über Schubert: 1. Dr. *Heinrich von Kreissle,* „Franz Schubert. Eine biographische Skizze" (1861, Wien, L. A. Zamarski und K. Dittmarsch). — 2. Dr. *Heinrich Kreissle von Hellborn,* „Franz Schubert" (1865, Wien, Karl Gerolds Sohn). — 3. *August Reissmann,* „Franz Schubert. Sein Leben und seine Werke" (1873, Berlin, J. Guttentag [D. Collin] — 4. *Max Friedländer,* „Beiträge zur Biographie Franz Schuberts". Inaugural-Dissertation der Universität Rostock. (1887, Berlin. Als Manuskript gedruckt). — 5. *Richard Heuberger,* „Franz Schubert" (1902, Berlin, Verlagsgesellschaft Harmonie) — 6. *Thematisches Verzeichnis im Druck erschienener Kompositionen von Franz Schubert.* (1852, Wien, Anton Diabelli und Komp.) — 7. *Gustav Nottebohm,* „Thematisches Verzeichnis der im Druck erschienenen Werke von

Franz Schubert" (1874, Wien, Friedrich Schreiber). -- 8. *Revisionsbericht* zur kritisch durchgesehenen Gesamt-Ausgabe der Werke Franz Schuberts. (1897, Leipzig, Breitkopf & Härtel.) — 9. *Max Friedländer*, „Supplement. Varianten und Revisionsbericht zum ersten Bande der Lieder von Franz Schubert". (1884, Leipzig, C. F. Peters). — 10. *Systematisch alphabetisches Verzeichnis der in Deutschland im Druck erschienenen Kompositionen von Franz Schubert.* (1870, Leipzig, E. W. Fritzsch.) [Beilage zum musikalischen Wochenblatt.] — 11. *Otto Gumprecht*, „Franz Schubert", No. 1 in „Musikalische Charakterbilder" (1869, Leipzig, G. Haessel). — 12. *August Wilhelm Ambros*, „Schubertiana" in „Bunte Blätter" II (1874, Leipzig, F. E. C. Leuckart). — 13. *Arnold Niggli*, „Franz Schuberts Leben und Werke", Sammlung musikalischer Vorträge, II (1880, Leipzig, Breitkopf & Härtel). — 14. *Arnold Niggli*, „Schubert" Band 10 der Musikerbiographien, Universalbibliothek No. 2521 (Leipzig, Phil. Reclam jun.). — 15. *Max Friedländer*, „Zehn bisher ungedruckte Briefe von Franz Schubert" in Jahrbuch I der Musikbibliothek Peters (1895, Leipzig, C. F. Peters). — 16. *Paul Marsop*, „Franz Schubert ein Zukunftskomponist" in „Musikalische Essays" (1899, Berlin, Ernst Hoffmann & Komp.). — 17. *Otto Erich Deutsch*, „Schubert-Brevier" (1905, Berlin, Schuster & Löffler). — Nicht zu entbehren sind und wertvolles Material enthalten: 18. *Eduard Hanslick*, „Geschichte des Konzertwesens in Wien" (1869, Wien, Wilhelm Braumüller). — 19. *Karl Ferdinand Pohl*, „Die Gesellschaft der Musikfreunde des österreichischen Kaiserstaates und ihr Konservatorium" (1871, Wien, Wilhelm Braumüller). — 20. *Ludwig Herbeck*, „Johann Herbeck. Ein Lebensbild" (1885, Wien, Albert J. Gutmann). — 21. *Katalog der Wiener Schubert-Ausstellung* (1897, Wien). — 22. Dr. *Max Vancsa*, „Schubert und seine Verleger", Vortrag, gehalten in der 11. Schubertiade des Wiener „Schubertbundes" am 16. März 1905 (1905, Wien, Selbstverlag). — 23. *Otto Erich Deutsch*, „Anselm Hüttenbrenners Erinnerungen an Schubert". Jahrbuch der Grillparzer-Gesellschaft, 16. Jahrgang (1906, Wien, Karl Konegen). — 24. *Schubert-Hefte I u. II* der „Musik" (1906/07, Berlin, Schuster & Löffler). — Aus der englischen Literatur: 25. (S. No. 2 translated by Arthur Duke Coleridge. With an Appendix by George Grove. 1869, London, Longmans, Green & Co.). — 26. *George Grove*, „A Dictionary of Music and Musicians" III, S. 319—382 (1883, London, Macmillan and Co.). Spezialliteratur bei Friedländer (No. 4).

Werke:

I. Orchesterwerke.

1. Symphonie I. D-dur. (1813.)
2. Symphonie II. B-dur. (1814/15.)
3. Symphonie III. D-dur. (1815.)
4. Symphonie IV (Tragische). C-moll. (1816.)
5. Symphonie V. B-dur. (1816.) (Ohne Trompeten und Pauken.)
6. Symphonie VI. C-dur. (1817/18.)
7. Symphonie VII. C-dur. (1828.)
8. Symphonie VIII (Unvollendete). H-moll. (1822.)
9. Symphonie nach dem Duo op. 140 (Joachim).
10. Ouvertüre I. D-dur. (1812.)
11. Ouvertüre II. B-dur. (1816.)

12. Ouvertüre III. D-dur. (1817.)
13. Ouvertüre IV (im italienischen Stil No. 1). D-dur. (1817.)
14. Ouvertüre V (im italienischen Stil No. 2). C-dur. (1817.)
15. Ouvertüre VI. E-moll. (1819.)
16. Ouvertüre zu Rosamunde. op. 26.
17. Ouvertüre zu Alfonso und Estrella. op. 69.
18. Ouvertüre zu Fierabras. op. 76.
19 a/b. Entreactes und Ballettmusik zu Rosamunde. op. 26.

II. A. Chorwerke mit Orchester.

20. Messe I. F-dur. (1814.)
21. Messe II. G-dur. (1815.)
22. Messe III. B-dur. op. 141. (1815.)
23. Messe IV. C-dur. op. 48. (1816.)
24. Messe V. As-dur. (1819/22.)
25. Messe VI. Es-dur. (1828.)
26. Deutsche Messe.
27. Lazarus.
28. Mirjams Siegesgesang. op. 136.
29. Offertorium. (1828.)
30. Tantum ergo. (1828.)
31. Gesang der Geister über den Wassern.

B. Chorwerke mit Pianoforte.

32. Psalm 23. op. 135.
33. Gott in der Natur. op. 133.
34. Ständchen mit Altsolo. op. 135.

III. Kammermusikwerke.

35. Oktett. op. 166.
36. Streichquintett. op. 163.
37. Forellenquintett. op. 114.

38. Streichquartett I. (1812.)
39. Streichquartett II. C-dur. (1812.)
40. Streichquartett III. B-dur. (1812.)
41. Streichquartett IV. C-dur. (1813.)
42. Streichquartett V. B-dur. (1813.)
43. Streichquartett VI. D-dur. (1813.)
44. Streichquartett VII. D-dur. (1814.)
45. Streichquartett VIII. B-dur. op. 168. (1814.)
46. Streichquartett IX. G-moll. (1815.)
47. Streichquartett X. Es-dur. op. 125, No. 1. (1817.)
48. Streichquartett XI. E-dur. op. 125, No. 2. (1817.)
49. Streichquartettsatz (XII). C-moll. (1820.)
50. Streichquartett XIII. A-moll. op. 29. (1824.)
51. Streichquartett XIV. D-moll. (1824.) „Der Tod und das Mädchen."
52. Streichquartett XV. G-dur. op. 161. (1826.)
53. Klaviertrio I. op. 99.
54. Klaviertrio II. op. 100.
55. Nocturno für Pianoforte, Violine und Violoncell. op. 148.
56. Sonate für Pianoforte und Violine. op. 162.
57. Phantasie für Pianoforte und Violine. op. 159.
58. Rondo brillant für Pianoforte und Violine. op. 70.
59. Sonate für Arpeggione (oder Violine oder Violoncell) und Pianoforte.
60. Introduktion und Variationen für Pianoforte und Flöte. op. 160.

I. Orchesterwerke.

(1.) Symphonie I für Orchester. D-dur.
[GA. Ser. I No. 1.]

I. Adagio. *Allegro vivace.* — II. Andante. — III. Allegro. — IV. Allegro vivace.

SD. *I. 9 Min. II. 6 Min. III. 4 Min. IV. 7 Min.* **GD.** *26 Min.*

Komp.: Oktober 1813, beendet 28. d. M. in Wien. (S. Anm.)

EA.: S. Anmerkung. [1. London, Sonnabend, d. 30. Januar 1880 im Crystal Palace im 12. saturday-concert nach dem Manuskript unter Leitung von *August Manns* nur der erste Satz. — 2. Ebendaselbst, Sonnabend, d. 5. Februar 1881 im gleichen Saale, auch im 12. derselben Konzerte nach Mspt. unter Leitung von *A. M.* (S. Anm.)]

Ersch.: Partitur und Orchesterstimmen 1884 bei Breitkopf & Härtel, Leipzig.

Orch.Bes.: 1 Fl., 2 Ob., 2 Klar., 2 Fag., 2 Hr., 2 Tr., Pk. — Str.-Orch.

Anmerkg. Das Datum der Vollendung befindet sich am Ende der handschriftlichen Partitur (S. Revisionsbericht zur Gesamt-Ausgabe der Schubertschen Werke, Serie 1, S. 1). — Schubert schrieb die Symphonie in der letzten Zeit seines Aufenthalts im k. k. Stadtkonvikt in Wien, das er Ende Oktober 1813 verliess. Eine EA. soll stattgefunden haben am Geburts- oder Namenstage des Konviktsdirektors Innocenz Lang durch das von ihm ins Leben gerufene Zöglingsorchester. Dieses hielt beinahe täglich Übungen ab und stand unter Leitung von Wenzel Ruszicka; an Donnerstagen fanden Aufführungen statt. Schubert spielte in dem Orchester 1. Violine und vertrat in Verhinderungsfällen den Dirigenten. Die Besetzung soll zu damaliger Zeit bestanden haben aus 6 ersten, 6 zweiten Violinen, 2 Violoncells, 2 Kontrabässen, je 2 Flöten, Oboen, Klarinetten, Fagotten, Hörnern, Trompeten und Pauken. (Hanslick, I, S. 141). Der Revisionsbericht (s. o.) teilt die ursprüngliche Lesart zweier Violinstellen des letzten Satzes mit, die Schubert später zu Gunsten der Ausführung durch minder Geübte vereinfachte. Eine EA. durch das Konviktsorchester gewinnt dadurch an Wahrscheinlichkeit. Ausser der 1. Symphonie wird Schubert im Konvikt auch die 1. Ouvertüre (s. No. 10), aufgeführt haben. — Über EA. dieser und der folgenden Symphonie in London (s. o.) ist zu berichten: Sir George Grove, damals Sekretär der saturday-concerts, fand im Herbst 1867 die Partituren der 2., 4., 5. und 6. Symphonie in Wien auf und nahm sie mit nach England. Sie erlebten in diesen Konzerten, mit Ausnahme der 4. und 6., ihre ersten bekannten öffentlichen Aufführungen. Nachdem die EA. der 6. am 21. November 1868, der 5. am 1. Februar 1873 und der 2. am 20. Oktober 1877 vorausgegangen waren, wurden alle 8 Symphonien der Reihe nach am 5., 12., 19. und 26. Februar, 5., 12., 19. und 26. März 1881 aufgeführt, davon No. 1—6 nach Manuskript. (S. die Berichte „Musikalisches Wochenblatt" 1878, No. 1, 2 u. 3, die eine Analyse der 2. Symphonie enthalten).

(2). Symphonie II für Orchester. B-dur.
[GA. Ser. I No. 2.]

I. Largo. *Allegro vivace.* — II. Andante (Thema mit Variationen). — III. Allegro vivace. — IV. Presto.

SD. *I. 12 Min. II. 5 Min. (ohne Wiederholungen, sonst das Doppelte). III. 3 Min. IV. 8 Min.* **GD.** *28 Min.*

Komp.: 10. Dezember 1814 bis 24. März 1815 in Wien. (S. Anm.)

EA.: [1. London, Sonnabend, d. 20. Oktober 1877 im Crystal-Palace im 3. saturday-concert nach dem Manuskript unter Leitung von *August Manns.* — 2. Ebendaselbst, Sonnabend, d. 12. Februar 1881 im gleichen Saale nach Mspt. unter Leitung von *A. M.* (S. Anm.)]

Ersch.: Partitur und Orchesterstimmen 1884 bei Breitkopf & Härtel, Leipzig.

Orch.Bes.: 2 Fl., 2 Ob., 2 Klar., 2 Fag., 2 Hr., 2 Tr., Pk. — Str.-Orch.

Anmerkg. In der handschriftlichen Partitur ist am Anfange des ersten Satzes als Datum der 10. Dezember, am Schlusse desselben der 26. Dezember 1814, am Anfange des letzten Satzes der 25. Februar, am Schlusse der Symphonie der 24. März 1815 vermerkt; die Mittelsätze sind ohne Datierung geblieben. Nach dem Revisionsbericht steht auf dem Deckel der Partitur in Golddruck „SYNFONIA IN B. OPERA II". — Eine erste Aufführung kann im Gundelhofe (S. die Anmerkg. zu No. 5) oder im Konvikt, das Schubert nach seinem Austritte öfter wieder besuchte, vermutet werden. — Über die Aufführungen in London siehe die Anmerkg. zu No. 1.

(3.) Symphonie III für Orchester. D-dur.
[GA. Ser. I. No. 3.]

I. Adagio maestoso. *Allegro con brio.* — II. Allegretto. — III. Menuetto. *Vivace.* — IV. Presto vivace.

SD. *I. 9 Min. II. 4 Min. III. 4 Min. IV. 6 Min.* **GD.** *23 Min.*

Komp.: 24. Mai bis 19. Juli 1815 in Wien. (S. Anm.).

EA.: 1. Wien, Sonntag, d. 2. Dezember 1860 im k. k. Redoutensaale im 2. Konzert der Gesellschaft der Musikfreunde nach dem Manuskript unter Leitung von *Johann Herbeck* nur der letzte Satz (S. Anm.). — 2. London, Sonnabend, d. 19. Februar 1881 im Crystal Palace im 14. saturday-concert nach Mspt. unter Leitung von *August Manns* (S. Anm.).

Ersch.: Partitur und Orchesterstimmen 1884 bei Breitkopf & Härtel, Leipzig.

Orch.Bes.: 2 Fl., 2 Ob., 2 Klar., 2 Fag., 2 Hr., 2 Tr., Pk. — Str.-Orch.

Anmerkg. Die Komposition des ersten Satzes ist unterbrochen worden. Im Mai war Schubert nur bis zum 47. Takte des Allegro gekommen, setzte am 11. Juli die Arbeit fort, beendigte den Satz am 12. Juli, begann den 2. am 15. und beendete das ganze Werk am 19. Juli 1815 (s. Revisionsbericht). — In dem Konzert der EA. 1 hatte man 4 Sätze drei verschiedener Symphonien zusammengestellt, um gewissermassen ein viersätziges Werk zu gewinnen. Nach dem Original-Programm lautete die Zusammenstellung:

Schubert — Sinfonische Fragmente, Manuskript:

a) Erster Satz der tragischen Sinfonie } komponiert 1816.
b) Andante   do.   do. }
c) Scherzo der 6. Sinfonie, komponiert 1825 [? s. u.]
d) Finale der 2. D-Sinfonie, komponiert 1815.

(Erste Aufführung sämtlicher Sätze mit Ausnahme des „Scherzo".)

Die Jahreszahl 1825 bei dem Scherzo war ein Irrtum. Es war das Scherzo der 1817/18 komponierten 6. Symphonie. Das 1825 komponierte, unter dem Namen „Gasteiner Symphonie" in Briefen und Biographien erwähnte Werk ist verschollen. Auf seine vermutliche Existenz machte zuerst Sir George Grove 1881 aufmerksam. Er veröffentlichte am 3. Oktober d. J. in den „times" einen darauf bezüglichen Artikel, den der Archivar der Gesellschaft der Musikfreunde C. A. Pohl, der sich getroffen fühlte, am 7. Oktober in der „Neuen freien Presse" erwiderte. Grove liess am 17. d. M. ein Antwortschreiben in den „times" veröffentlichen und am 19. November einen zusammenfassenden Artikel im Londoner „Athenaeum" erscheinen. Dieser Artikel wurde dann als Flugblatt gedruckt und verbreitet. Die falsche Jahreszahl 1825 auf dem Programm der EA. stimmt überein mit dem Jahre des vermuteten Entstehens der „Gasteiner Symphonie". Man wusste also in Wien 1860 von einer 1825 (?) komponierten Symphonie? Kreissle veröffentlichte 1861 seine „Biographische Skizze" (s. Lit.) und weiss von einer in Gastein komponierten Symphonie zu berichten (a. a. O., S. 33). 1865 („Franz Schubert", s. Lit.) wusste Kreissle nichts mehr von der „Gasteiner" Symphonie. Da sich die Schubertforschung sicherlich noch mit dieser Symphonie zu beschäftigen haben wird, so folgt hier der Abdruck des oben erwähnten, wenig bekannten Flugblatts im Wortlaut.

„Schuberts Gasteiner Symphonie".

Der folgende Brief erschien im Londoner „Athenaeum" vom 19. November 1881:

„In einer den Zeitungen kürzlich gemachten Mitteilung führte ich einige Tatsachen an, welche auf die Existenz einer noch unbekannten Symphonie Schuberts zu deuten scheinen. Da seitdem noch weitere bestätigende Daten hinzugekommen sind, so erlaube ich mir, den ganzen Sachverhalt so kurz wie möglich hier darzulegen, in der Hoffnung, dass Schuberts Landsleute, die Musiker und Musikfreunde Wiens, die an der Symphonie mehr Interesse haben müssen als sonst irgend jemand, ihre Aufmerksamkeit der Sache zuwenden mögen, und dass auf diese Weise das Werk über kurz oder lang vielleicht wieder aufgefunden werden möge.

Folgende sind die bekannten Symphonien Schuberts: No. 1 (Manuskript) in D-dur, 1813; No. 2 (MS.) in B-dur, 1814—15; No. 3 (MS.) in D-dur, 1815; No. 4, „Die Tragische" (MS.) in C-moll, 1816; No. 5 (MS.) in B-dur, 1816; No. 6 (MS.) in C-dur, 1818; No. 7 (MS. Skizze bei mir) in E-dur, 1821; No. 8 (gedruckt) in H-moll, nur zwei Sätze, 1822; No. 9 (gedruckt) in C-dur, 1828. Die Unterbrechung zwischen No. 8 und No. 9 ist ungewöhnlich lang und lag augenscheinlich nicht in Schuberts Absicht; denn in einem Briefe, vom 31. März 1824 datiert, spricht er von seinem Oktett und von zwei Quartetten, die er nicht lange vorher komponiert hatte, als von Studien „zur grossen Sinfonie" — „überhaupt will ich mir auf diese Art den Weg zur grossen Sinfonie bahnen" (Kreissle, S. 321). Der Gebrauch des definitiven Artikels in „zur" weist wohl darauf hin, dass er von einem bestimmten Vorhaben sprach, welches er, dem Empfänger des Briefes gegenüber, schon früher erwähnt hatte.

Welches war nun diese „Grosse Sinfonie", die er auf diese Weise früh im Jahre 1824 zu komponieren vorhatte? Es wurde bisher angenommen, dass es die bekannte C-dur-Symphonie gewesen sei, wovon sich das Autograph einfach mit „Symphonie" bezeichnet, und oben auf Seite 1 das Datum „März 1828" tragend — jetzt im Archiv der Gesellschaft der Musikfreunde in Wien befindet. Gewisse Tatsachen scheinen jedoch dieser Annahme stark zu widersprechen. In einer Komiteesitzung der genannten Gesellschaft, die am 9 Oktober 1826 stattfand, „brachte „Hofrat Kiesewetter zur Kenntnis, dass der Kompositeur Franz Schubert im Begriff „stehe, der Gesellschaft eine Sinfonie von seiner Komposition zu verehren. Es wurde „hierauf beschlossen, Schubert, ohne Bezug auf die Sinfonie, sondern bloss in An- „erkennung der um die Gesellschaft erworbenen Verdienste und zur ferneren An- „eiferung und Ermunterung, eine Remuneration von 100 fl. C. M. ausfolgen zu lassen".

Ich zitiere dies aus der Geschichte der Gesellschaft, verfasst von Herrn C. A. Pohl, dem Bibliothekar ihres reichen Archivs (Wien 1871, S. 16). Der Brief wurde demgemäss am 12. Oktober geschrieben und von Herrn Kiesewetter unterzeichnet, und wird von Ferdinand Schubert in seiner biographischen Skizze seines Bruders in der „Neuen Zeitschrift für Musik" (Leipzig 1839, i., S. 140) wörtlich angeführt. Dass sowohl in dem Beschlusse der Gesellschaft sowie in dem Briefe der Symphonie keine Erwähnung geschieht, hat natürlich seinen Grund darin, dass die dem Komitee zur Verfügung stehende Summe zu klein war, um als Belohnung für ein so wichtiges Werk angesehen werden zu können. In Herrn Pohls Geschichte, S. 16, lesen wir weiterhin wie folgt: „Schubert sandte gleichzeitig zwischen dem 9. und 12. Oktober seine Komposition mit nachfolgendem Begleitungsschreiben ein: An den Ausschuss des Österreichischen Musikvereins. Von der edlen Absicht des Öst. Musik-Vereins, jedes Streben nach Kunst auf die möglichste Weise zu unterstützen, überzeugt, wage ich es, als ein vaterländischer Künstler, diese meine Symphonie demselben zu widmen und sie seinem Schutze höflichst anzuempfehlen. Mit aller Hochachtung, Ihr ergebener FRANZ SCHUBERT".

Aber diese Symphonie, von der wir mit gutem Rechte voraussetzen dürfen, dass sie eine Widmung an die Gesellschaft trug, und welche, wenn sie überhaupt mit einem Datum versehen war, vor dem 12. Oktober 1826 datiert sein musste ist selbstverständlich eine von den jetzt im Gesellschaftsarchive befindlichen Werke verschiedene Komposition, da jenes keine Spur einer Widmung trägt und (ich wiederhole es), oben auf Seite 1, „März 1828" datiert ist. Diese Daten sind umso bezeichnender, wenn wir bedenken, dass es meistens Schuberts Gewohnheit war, seine Werke von dem Tage zu datieren, an welchem er sie zu schreiben anfing.

Können wir nun herausfinden, wann und wo er die der Gesellschaft gewidmete Symphonie von 1826 geschrieben? Ich glaube wir können es. Im Sommer 1825 machte Schubert eine Reise nach Oberösterreich mit dem Sänger Vogl.

Während derselben empfing er einen Brief von seinem Freunde, dem Maler Schwind, datiert Wien, den 14. August, worin diese Worte vorkommen: „Wegen deiner Sinfonie können wir uns gute Hoffnungen machen" (Kreissle, S. 358). Dies zeigt doch gewiss darauf hin, dass in den Briefen, die sich die beiden Freunde damals gegenseitig geschrieben, von einer nahezu vollendeten Symphonie die Rede gewesen war. Als Schubert den Brief Schwinds erhielt, muss er in Gastein gewesen sein, wo er um den 18. August ankam und wo er sich bis ungefähr Mitte September aufhielt. Jedoch warum erwähne ich Gastein? Aus folgendem Grunde. Bauernfeld, ein anderer intimer Freund Schuberts, schrieb nach seines Freundes plötzlichem Tode (am 19. November 1828), über ihn eine biographische Skizze, voll interessanter Details, und veröffentlichte diese in der Wiener Zeitschrift für Kunst, Literatur und Musik, vom 9.—12. Juni 1829. Sie enthält folgende Stellen, die auf die betreffende Symphonie Bezug haben: „Zu den grösseren Werken aus den letzteren Jahren gehört auch noch eine, im Jahre 1825 zu Gastein geschriebene Symphonie, für welche ihr Verfasser eine besondere Vorliebe hatte". . . . „Eine bald nach seinem Tode in einem grossen Konzerte des Musik-Vereins aufgeführte bereits im Jahre 1817 komponierte Symphonie aus C-dur, welche Schubert jedoch selbst zu seinen minder gelungenen Arbeiten zählte . . . Vielleicht macht uns der Verein in der Folge mit einer der späteren Symphonien Schuberts bekannt, etwa mit der bereits erwähnten Gasteiner Symphonie". Am Ende seiner Skizze gibt Bauernfeld eine chronologische Liste von Schuberts Haupt-Werken, und hierunter finden wir: „1825, Grosse Symphonie". . . . „1828, Letzte Symphonie". Das Wort „Grosse" in dem letzten Zitate ist bezeichnend, wenn wir uns erinnern, dass Schubert dasselbe Wort mit Bezug auf dasselbe Werk in seinem Briefe vom März 1824 braucht und dass die Symphonie vom Jahre 1828 dasselbe nicht im Titel führt.

Was wir aus diesen zerstreuten Belegstücken schliessen können, ist dieses: dass Schubert im Jahre 1824 anfing, an die Komposition einer grossen Symphonie zu denken, und davon in seinen Briefen sprach; dass er sie im Jahre 1825 entweder ganz oder teilweise in Gastein komponierte; dass er sie im Oktober 1826 der Gesellschaft widmete und derselben einsandte, dass er achtzehn Monate später, im März 1828, eine andere Symphonie — seine letzte — schrieb; und dass wenige Monate nach seinem Tode beide Werke als zwei verschiedene Kompositionen bekannt waren und erwähnt wurden.

Es wurde hervorgehoben, dass die beiden Werke identisch sein können; dass Schubert das im Oktober 1826 eingesandte Werk zurückgenommen, und es verbessert im März 1828 der Gesellschaft wieder eingehändigt haben könne. Aber in dem Falle muss er die erste Seite abgerissen haben, und sie durch eine neue, mit frischem Datum versehene, ersetzt haben; dieses ist jedoch für alle, die den Meister und seine Arbeitsmanier kennen, eine Unmöglichkeit. Überdies sind die Veränderungen im Manuskript der Symphonie von 1828 nicht eingreifender Art, und nur in sehr wenigen Fällen grösser, als sie auf natürliche Weise, während des Schreibens des Werkes, gemacht würden. Sie sind durchaus nicht so umgestaltender Art wie die in seiner As-dur-Messe, welche vielleicht das einzige gewisse Beispiel von von Schubert selbst vorgenommenen, ausgedehnten Verbesserungen bilden.

Es ist deshalb beinahe gewiss, dass zur Zeit von Schuberts Tode zwei Symphonien aus seinen späteren Jahren existierten: die eine 1825 in Gastein komponiert, die andere 1828 in Wien. Letztere befindet sich in dem Archiv der Gesellschaft in Wien. Wo ist die erstere?

Mit dieser Frage überlasse ich die Sache den ausgezeichneten Musikern, Musikfreunden, Kennern und Sammlern Wiens.

Georg Grove.

Lower Sydenham, S.E., London, am 12. November 1881."

Hierzu sei bemerkt, dass das von Grove erwähnte Schreiben des Komitee der Gesellschaft der Musikfreunde vom 12. Oktober 1826 an Schubert bei Kreissle (1865, S. 392) abgedruckt ist. Da weder dieses Buch, noch auch die „Neue Zeitschrift für Musik" vom Jahre 1839 (Band X, No. 35, vom 30. April,

S. 140) heute noch allgemein zugänglich ist, und da weder Heuberger (s. Lit.) noch Deutsch (s. Lit.) dasselbe mitteilen, folge es hier:

„Sie haben der Gesellschaft der Musikfreunde des Österreichischen Kaiserstaates wiederholte Beweise der Teilnahme gegeben, und Ihr ausgezeichnetes Talent als Tonsetzer zum Besten derselben und insbesondere des Konservatoriums verwendet".

„Indem sie Ihren entschiedenen und ausgezeichneten Wert als Tonsetzer zu würdigen weiss, wünschet sie Ihnen einen angemessenen Beweis ihrer Dankbarkeit und Achtung zu geben, und ersucht Sie, den Anschluss [d. s. die 100 fl.] nicht als ein Honorar, sondern als einen Beweis anzunehmen, dass sich Ihnen die Gesellschaft verpflichtet finde, und mit Dank die Teilnahme, die Sie ihr bewiesen, anerkenne".

Von dem leitenden Ausschusse der Gesellschaft der Musikfreunde des österr. Kaiserstaates.

Wien, am 12. Oktober 1826. Kiesewetter m/p."

Das Schreiben Schuberts, mit dem er die Übersendung der fraglichen Symphonie begleitete (s. o.), ist merkwürdigerweise bei Kreissle weder 1861 noch 1865 mitgeteilt. — Über die Londoner EA. s. die Anmerkg. zu No. 1.

(4.) **Symphonie IV (Tragische) für Orchester.**
C-moll.
[GA. Ser. I No. 4.]

I. Adagio molto. *Allegro vivace.* — II. Andante. — III. Menuetto. *Allegro vivace.* — IV. Allegro.
SD. I. 8 Min. II. 9 Min. III. 4 Min. IV. 9 Min. GD. 30 Min.

Komp.: April 1816, vollendet 27. d. M. in Wien. (S. Anm.)

EA.: 1. Leipzig, Montag, d. 19. November 1849 im Saale der Buchhändlerbörse im 1. Konzert der Musikgesellschaft „Euterpe" nach dem Manuskript unter Leitung von *A. F. Riccius.* (S. Anm.) — 2. Wien, Sonntag, d. 2. Dezember 1860 im k. k. Redoutensaale im 2. Konzert der Gesellschaft der Musikfreunde nach Mspt. unter Leitung von *Johann Herbeck* nur der erste und zweite Satz. (S. Anm.) — [London, Sonnabend, d. 29. Februar 1868 im Crystal Palace in einem Saturday-Concert nach Mspt. unter Leitung von *August Manns.* (S. Anm.)]

Ersch.: Partitur des Andante und vierhändiges Arrangement der ganzen Symphonie Anfang 1871 bei C. F. Peters, Leipzig. Partitur und Orchesterstimmen des ganzen Werkes 1884 bei Breitkopf & Härtel, Leipzig.

Orch.Bes.: 2 Fl., 2 Ob., 2 Klar., 2 Fag., 4 Hr., 2 Tr., Pk. — Str.-Orch.

Anmerkg. Die handschriftliche Partitur trägt auf der ersten Seite den Vermerk: „Symphonie in C minor" und die Datierung: „Aprill 1816. Franz Schubert mpia." Das Wort „Tragische" ist von Sch. nachträglich hinzugefügt worden (S. Revisionsbericht). — Eine früheste EA. kann stattgefunden haben bei den Orchesterübungen im Gundelhofe, über die die Anmerkungen zu No. 5 berichten. Zu beachten ist, dass Schubert zum ersten Male 4 Hörner anwendet. — Mit EA. 1 (Leipzig) trat F. A. Riccius seine Stellung als Dirigent der Euterpe an. — Das Programm des Konzerts der EA. 2 (Wien) ist bei No. 3 auszugsweise mitgeteilt, dem ist hier hinzuzufügen, dass in demselben Konzert Rob. Volkmanns Konzertstück für Pianoforte mit Orchester op. 42 mit Joseph Dachs am Klavier seine EA. erlebte. — Über die Londoner Auff. s. die Anmerkungen zu No. 1.

(5.) Symphonie V für Orchester (»Ohne Trompeten und Pauken«). B-dur.

[GA. Ser. I No. 5.]

I. Allegro. — II. Andante con moto. — III. Menuetto. *Allegro molto.* — IV. Allegro vivace.

SD. *I. 7 Min. II. 8 Min. III. 5 Min. IV. 7 Min.* **GD.** *27 Min.*

Komp.: September bis Anfang Oktober 1816, vollendet d. 3. d. M., in Wien.

EA.: 1. Wien, alsbald nach Vollendung in einer Privataufführung im Schottenhofe. (S. Anm.) — 2. London, Sonnabend, d. 1. Februar 1873 im Crystal Palace im 3. Saturday-Concert nach dem Manuskript unter Leitung von *August Manns.* (S. Anm.)

Ersch.: Vierhändige Klavierbearbeitung 1870 bei C. F. Peters in Leipzig; Partitur und Orchesterstimmen 1885 bei Breitkopf & Härtel, Leipzig.

Orch.Bes.: 1 Fl., 2 Ob., 2 Fag., 2 Hr. — Str.-Orch.

Anmerkg. Die handschriftliche Partitur trägt auf der ersten Seite die Überschrift: „Symphonie in B. Sept. 1816 Frz. Schubert mpia." (Revisionsbericht), die Partitur der Gesamtausgabe gibt am Schlusse des letzten Satzes das Datum: „3. Oktober 1816." — Die EA. 1 (Wien) wird beglaubigt durch Leopold von Sonnleithner. Er veröffentlichte 1861—1863 in den Wiener „Recensionen und Mitteilungen über Theater, Musik und bildende Kunst" eine Folge von 7 Artikeln unter dem Titel: „Musikalische Skizzen aus Alt-Wien" (a. a. O. 1860, No. 47 u. 48, 1861, No. 1, 12 u. 24 [dieser letztere von Böcking], 1863, No. 21 u. 22). Sie enthalten eine Fülle wichtiger und offenbar zuverlässiger Informationen über das Musikleben und -treiben in Wiener Privatkreisen in den ersten Jahrzehnten des vorigen Jahrhunderts. Die nachstehenden Mitteilungen sind No. 12 des Jahres 1862 entnommen. 1815 begannen im Hause von Schuberts Vater Übungen im Orchesterspiel, an denen beteiligt waren: *Vater Schubert* (Violonc.) mit seinen Söhnen *Ignaz, Ferdinand* (Viol.) und *Franz* (Viola), die Herren *Joseph Doppler* (Viola), *Kamauf* und *Wittmann* (Violonc.) und *Redlpacher* (Kontrabass). Man übte sich anfänglich an Haydnschen Symphonien in Quartett-

Auszügen. Aus der kleinen Schubertschen Wohnung siedelten die Spieler in die grössere eines Handelsmanns *Franz Frischling* über und an die Spitze der sich bald durch Bläser ergänzenden Schar trat der Geiger *Josef Prohaska.* Flöte (*Mich. Zwarger, Horn* und *Fr. A. Syré*), Oboe (*Aug. Hawelka*), Klarinette (*Anton Fischer* und *Josef Doppler*), Horn (Gebrüder *Nentwich*) und Fagott (*Johann Peters*) waren besetzt. Man konnte nun Symphonien von Pleyel, Rosetti, Haydn, Mozart u. a. einüben und vor einem kleinen Zuhörerkreise aufführen. Ende 1815 übernahm der Geiger *Otto Hatwig* die Leitung des noch verstärkten Orchesters und stellte seine Wohnung im „Schottenhof" zur Verfügung. Früh-jahr 1818 verlegte er diese in den sog. „Gundelhof". Das Orchester war unterdes zu einer Besetzung mit 7 ersten und 6 zweiten Violinen, 3 Bratschen, 3 Violon-celli, 2 Kontrabässen, 2 Flöten, 2 Oboen, 3 Klarinetten, 3 Fagotte, 2 Hörner, 2 Trompeten und Pauken gelangt, konnte schwierigere Werke und auch Soli für Klavier, Violine und andere Instrumente zur Aufführung bringen. Die Geiger *E. Jaell* (Vater des Klavierspielers Alfred J.), *B. Molique*, die Klavier-spielerinnen *Leopoldine Blahetka* und *Josephine Khaylk* verdienten sich dort die Sporen. Dieser Orchesterverein führte, bevor noch alle oben genannten Bläser ihm angehörten, die „liebliche Sinfonie in B (ohne Trompeten und Pauken)" erst-malig auf, ausserdem die erste in C-dur und eine der Ouvertüren im italienischen Stil. Auch andere Schubertsche Instrumentalwerke werden dort ihre EA. erlebt haben. 1818 siedelte die Gesellschaft in die Wohnung des Herrn *Anton Petten-kofer* über (Bauermarkt 581) und an des erkrankten Hatwig Stelle übernahm der Violindirektor der Hofkapelle *Josef Otter* die Leitung. Im Herbst 1820 löste sich die Gesellschaft, nachdem sie ihren nicht geahnten musikalischen Beruf, eine Erstaufführungsstätte für Franz Schubertsche Orchesterwerke gewesen zu sein, erfüllt hatte, auf. In Sonnleithners Artikel sind die Namen sämtlicher Mitwirkenden genannt. — Über EA. London s. die Anmerkg. zu No. 1.

(6.) Symphonie VI für Orchester. C-dur.
[GA. Ser. I No. 6.]

I. Adagio. Allegro. — II. Andante. — III. Scherzo. *Presto.* — IV. Allegro moderato.

SD. *I. 8 Min. II. 7 Min. III. 7 Min. IV. 10 Min.* **GD.** *32 Min.*

Komp.: Oktober 1817 bis Februar 1818 in Wien. (S. Anm.)

EA.: 1. Wien, Sonntag, d. 14. Dezember 1828 im k. k. Redoutensaale im 2. Konzert der Gesellschaft der Musikfreunde nach dem Manu-skript unter Leitung von *J. Schmiedel* (?). (S. Anm.). — 2. Eben-daselbst, Donnerstag, d. 12. März 1829 im Saale der nieder-österreichischen Herren-Landstände im 2. Spiritual-Konzert nach Mspt. (S. Anm.) — 3. Ebendaselbst, Sonntag, d. 2. Dezember 1860 im k. k. Redoutensaale im 2. Konzert der Gesellschaft der

Musikfreunde nach Mspt. unter Leitung von *Johann Herbeck* n u r
d e r d r i t t e S a t z. (S. Anm. zu No. 3). — 4. L o n d o n, Sonnabend, d. 21. November 1868 im Crystal Palace im 7. saturday-
concert nach Mspt. unter Leitung von *August Manns*. (S. Anm.)

Ersch.: Partitur und Orchesterstimmen 1885 bei Breitkopf & Härtel,
Leipzig.

Orch.Bes.: 2 Fl., 2 Ob., 2 Klar., 2 Fag., 2 Hr., 2 Tr., Pk. — Str.-Orch.

A n m e r k g. Die handschriftliche Partitur trägt als Überschrift: „Grosse
Sinfonie in C. Oct. 817. Franz Schubert mpia." Am Schlusse der Partitur:
„Februar 818. fine". — Bei den oben gegebenen Daten der EA. sind die
Angaben Kreissles (1865, S. 145 u. 445) und Hanslicks (Geschichte des Konzertwesens in Wien I, S. 284), nach denen Schubert die C-dur-Symphonie (S. No. 7)
der Gesellschaft der Musikfreunde 1828 bald nach ihrer Vollendung zur Aufführung eingereicht, als diese in den Proben als zu schwierig befunden worden
sei, sie zurückgezogen und an ihrer Stelle die 6. übergeben habe, als zutreffend
angenommen werden. — Über die sog. „Spirituel-Konzerte" (EA. 2) ist mitzuteilen,
dass sie 1819 von Franz Xaver Gebauer, Chorregenten von der Augustiner
Kirche, gegründet wurde. Das erste fand am 1. Oktober 1819 statt. Sie
wurden alle 14 Tage, anfänglich im Saal „zur Mehlgrube", von Oktober 1821
an im landständischen Saale nachmittags von 4—6 Uhr veranstaltet. Proben
gingen nur dem letzten, 18., des Winters voraus. Am 23. April 1848 fand das
letzte dieser Konzerte, die zumeist von Liebhabern ausgeführt wurden, statt.
In Hanslicks oben erwähntem Werke I, S. 188 ff. und 307 ff. kann man sich
eingehendst darüber unterrichten. Die Spiruel-Konzerte der Gesellschaft der
Musikfreunde (1853, 54, 57) sind nicht damit zu verwechseln, sie waren keine
Fortsetzung der früheren. — Über die Londoner Aufführung s. die Anmerkg.
bei No. 1.

(7.) **Symphonie VII für Orchester.** C-dur.
[GA. Ser. I No. 7.]

I. Andante. *Allegro ma non troppo.* — II. Andante con moto. —
III. Scherzo. *Allegro vivace.* — IV. Allegro vivace.
SD. I. 13 Min. II. 14 Min. III. 9 Min. IV. 10 Min. GD. 46 Min.
(ohne Kürzungen).

Komp.: März 1828 in Wien. (S. Anm.)

EA.: 1. L e i p z i g, Donnerstag, d. 21. März 1839 im Saale des Gewandhauses im 20. Abonnementskonzert nach dem Manuskript unter
Leitung von *Felix Mendelssohn Bartholdy*. (S. Anm.) — 2. E b e n-
d a s e l b s t, Donnerstag, d. 12. Dezember 1839 im Saale des Gewandhauses im 9. Abonnementskonzert nach Mspt. unter Leitung
von *Felix Mendelssohn Bartholdy*. — 3. W i e n, Sonntag, d.

15. Dezember 1839 im k. k. Redoutensaale im 2. Konzert der Gesellschaft der Musikfreunde nach Mspt. unter Leitung von *Johann Schmiedel* nach Mspt. **nur die beiden ersten Sätze.** (S. Anm.) — 4. **Leipzig**, Donnerstag, d. 26. **März 1840** im Saale des Gewandhauses im 20. Abonnementskonzert unter Leitung von *Felix Mendelssohn Bartholdy.* (S. Anm.)

Ersch.: Partitur Februar 1850, Orchesterstimmen Februar 1850 bei Breitkopf & Härtel, Leipzig.

Orch.Bes.: 2 Fl., 2 Ob., 2 Klar., 2 Fag., 2 Hr., 2 Tr., 3 Pos., Pk. — Str.-Orch.

Anmerkg. Die handschriftliche Partitur trägt auf der **ersten** Seite die Vermerke: „Symfonie" und „März 1828. Frz. Schubert mpia". Das Vollendungsdatum ist also unbekannt. — Das Manuskript wurde von Rob. Schumann im Winter 1838/39 bei Schuberts Bruder Ferdinand aufgefunden und nach Leipzig geschickt. Der Sendung folgte die EA. 1 auf dem Fusse. Schumann schrieb dann in seiner „Neuen Zeitschrift für Musik" (No. 21 des 12. Bandes vom 10. März 1840) einen Artikel „Die 7te Symphonie von Franz Schubert", dem nachfolgende Sätze entnommen sind: „Zuletzt liess er mich [Ferdinand Schubert] von den Schätzen sehen, die sich noch von Franz Schuberts Kompositionen in seinen Händen befinden. Der Reichtum, der hier aufgehäuft lag, machte mich freudeschauernd; wo zuerst hingreifen, wo aufhören! Unter andern wies er mir die Partituren mehrerer Symphonien, von denen viele noch gar nicht gehört worden sind, ja oft vorgenommen als zu schwierig und schwülstig zurückgelegt wurden. . . . . Sag' ich es gleich offen: wer diese Symphonie nicht kennt, kennt noch wenig von Schubert und dies mag, nach dem was Schubert bereits der Kunst geschenkt, als ein kaum glaubliches Lob angesehen werden. . . . . Wie ich geahnt und gehofft hatte, und mancher vielleicht mit mir, dass Schubert, der formenfest, phantasiereich und vielseitig sich schon in so vielen anderen Gattungen gezeigt, auch die Symphonie von seiner Seite packen, dass er die Stelle treffen würde, von der ihr und durch sie der Masse beizukommen, ist nun in herrlichster Weise getroffen. . . . . Ich will nicht versuchen, der Symphonie eine Folie zu geben, die verschiedenen Lebensalter wählen zu verschieden in ihren Text- und Bilderunterlagen, und der 18jährige Jüngling hört oft eine Weltbegebenheit heraus, wo der Mann nur ein Landesereignis sieht, während der Musiker weder an das eine, noch an das andere gedacht hatte, und eben nur seine beste Musik gab, die er auf dem Herzen hatte. Aber dass die Aussenwelt, wie sie heute strahlt, morgen dunkelt, oft hineingreift in das Innere des Dichters und Musikers, das wolle man nur auch glauben, und dass in dieser Symphonie mehr als blosser schöner Gesang, mehr als blosses Leid und Freud, wie es die Musik schon hundertfältig ausgesprochen, verborgen liegt, ja dass sie uns in eine Region führt, wo wir vorher gewesen zu sein uns nirgends erinnern können, dies zuzugeben, höre man solche Symphonie. Hier ist, ausser meisterlicher musikalischer Technik der Komposition noch Leben in allen Fasern, Kolorit bis in die feinste Abstufung, Bedeutung überall, schärfster Ausdruck des Einzelnen, und über das Ganze endlich eine Romantik ausgegossen, wie man sie schon anderswoher von Franz Schubert kennt. Und diese himmlische Länge der Symphonie . . . . wie erlabt dies, dies Gefühl des Reichtums überall, während man bei anderen immer das Ende fürchten muss und so oft betrübt wird, getäuscht zu werden . . . . Die einzelnen Sätze zu zergliedern, bringt weder uns noch anderen Freude . . . . nur vom zweiten Satze, der mit gar so rührenden Stimmen zu uns spricht, mag ich nicht ohne ein Wort scheiden. In ihm findet sich auch eine Stelle, da wo ein Horn wie aus der Ferne ruft, das scheint mir aus anderer Sphäre herabgekommen zu sein. Hier lauscht auch alles, als ob ein himmlischer Gast im Orchester herumschliche." (Der ganze Artikel ist am bequemsten nachzulesen in „Gesammelte Schriften über Musik und Musiker", 4. Aufl. 1891, II, S. 229 ff.) — In dem Revisionsberichte wird bekannt gegeben, dass die ursprüngliche Fassung des Hauptthema des 1. Satzes so lautete:

und zwar den ganzen Satz hindurch, erst später gab Schubert dem Thema diese Form:

    Bald nach Vollendung reichte Schubert die Symphonie der Gesellschaft der Musikfreunde ein. Sie soll probiert, aber als zu schwierig befunden worden sein; an ihrer Stelle wurde darauf, aber erst nach Schuberts Tode, die 6. aufgeführt. (S. Anm. zu No. 6).

    In dem Konzert der EA. 1, auf dessen Programm die Symphonie einfach angekündigt war „Grosse Symphonie von Franz Schubert. (C-dur. Manuscript") führte Mendelssohn seine Ouvertüre „Ruy blas" zum ersten Male nach dem Manuskript im Konzertsaale auf, aber noch nicht unter diesem Titel, sondern nur als „Ouvertüre (für die Vorstellung des Theaterpensionsfonds komponiert) von F. M." Eine 3. Leipziger Aufführung sollte im Gewandhause am 12. März 1840 stattfinden, sie wurde gleich am Anfang durch Feuerlärm unterbrochen, dementsprechend ist sie auch, trotzdem sie Dörffel in seiner Statistik der Gewandhauskonzerte nennt, hier nicht aufgenommen worden. — In Wien weigerten sich die Musiker die nötigen Proben auszuführen und infolgedessen gelangten auch nur die beiden ersten Sätze, überdies getrennt durch eine Arie aus Lucia (Frl. Tuczek), zur Aufführung. Castellis „Allgemeiner Musikalischer Anzeiger" (Wien 1839, XI, No. 52, S. 272) schrieb: „Die beyden aufgeführten Symphoniestücke liessen zwar keineswegs die gründlichen Compositionskenntnisse verkennen, allein Schubert schien noch nicht recht mit Tonmassen siegen zu können, das Ganze war ein kleines Gefecht von Instrumenten, woraus sich kein wirkungsreiches Hauptgebilde hervorhob. Es ging zwar ein rother Faden durch das Ganze, allein man bemerkte ihn nicht recht, er war zu blassroth. Ich glaube, es wäre besser gewesen, dieses Werk ganz ruhen zu lassen." In dem Konzert dieser EA. wurde auch Mendelssohns 42. Psalm zum ersten Male in Wien aufgeführt. — Die erste vollständige Aufführung in Wien, an der Stätte des Entstehens, fand erst am 1. Dezember 1850 in einem Musikvereinskonzert statt, das zum ersten Male von Jos. Hellmesberger sen. probeweise geleitet wurde. Ähnlich wie die Wiener verhielten sich auch die Pariser Orchestermitglieder, die als Habeneck die Symphonie 1842 probieren wollte, nicht zu bewegen waren, nach dem ersten noch den zweiten Satz zu spielen. Paris zögerte mit der EA. bis zum 23. November 1851, dort fand sie im ersten Konzert der Société St. Cécile unter Leitung von Seghers statt.

    Liter. *Niggli, Arnold,* Musikführer No. 7, Schlesinger, Berlin. — *Kretzschmar, Herm.,* Kleiner Konzertführer No. 522, Breitkopf & Härtel, Leipzig.

(8.) Symphonie VIII (Unvollendet) für Orchester.

H-moll.

[GA. Ser. I No. 8.]

I. Allegro moderato. — II. Andante con moto.

SD. *I. 11¹/₂ Min. II. 10¹/₂ Min.* **GD.** *22 Min.*

Komp.: Begonnen 30. Oktober 1822 in Wien; Zeit der Vollendung unbekannt. (S. Anm.)

EA.: 1. Wien, Sonntag, d. 17. Dezember 1865 im k. k. Redoutensaale im 3. Konzert der Gesellschaft der Musikfreunde nach dem Manuskript unter Leitung von *Johann Herbeck.* (S. Anm.) — 2. Ebendaselbst, Sonntag, d. 4. November 1866 in demselben Saale im 1. Konzert derselben Gesellschaft nach Mspt. auch unter Leitung von *J. H.* (S. Anm.) — 3. Leipzig, Donnerstag, d. 13. Dezember 1866 im Saale des Gewandhauses im 8. Abonnementskonzert nach Mspt. unter Leitung von *Karl Reinecke.*

Ersch.: Partitur und Orchesterstimmen Dezember 1866 bei C. A. Spina, Wien.

Orch.Bes.: 2 Fl., 2 Ob., 2 Klar., 2 Fag., 2 Hr., 2 Tr., 3 Pos., Pk. — Str.-Orch.

Anmerkg. Die handschriftliche Partitur trägt auf der ersten Seite die Vermerke: „Sinfonia in H-moll von Franz Schubert mpia." und „Wien, den 30. Oktob. 1822." (S. Revisionsbericht.) — Die Symphonie blieb bis zum Jahre 1865 im stillen Gewahrsam bei Anselm Hüttenbrenner in Graz, aus dessen Händen sie Johann Herbeck (1. Mai) erhielt. Zur Geschichte des Werkes gehört folgendes. Schuberts Freund Johann Baptist Jenger stellte am 10. April 1823 beim „Steiermärkischen Musikverein" in Graz folgenden Antrag: *„Mit Berufung auf den § 8 der Statuten erlaube ich mir, den Tonsetzer Franz Schubert in Wien zur Aufnahme als auswärtiges Ehrenmitglied vorzuschlagen, weil dieser zwar noch junge Compositeur durch seine Compositionen doch schon den Beweis erbracht hat, dass er einstens als Tonsetzer einen hohen Rang einnehmen werde und er dem steirischen Musikvereine es gewiss Dank wissen würde, ihn zuerst als Ehrenmitglied eines nicht unbedeutenden Vereins aufgenommen zu haben."* Diesem Antrage wurde stattgegeben und an Schubert bei Übersendung des Ehrendiploms folgendes Schreiben gerichtet: *„Euer Wohlgeboren! Die Verdienste, welche Sie um die Tonkunst bereits sich erworben haben, sind zu allbekannt, als dass der Ausschuss des steiermärkischen Musikvereins nicht auch Kunde davon haben sollte. Indem derselbe Ihnen nun einen Beweis seiner Anerkennung geben will, hat er Sie zum auswärtigen Ehrenmitgliede des steierm. Musikvereins aufgenommen, worüber im Anschluss das diessfällige Diplom nebst einem Exemplare der Gesellschaftsstatuten mitfolgt."* (10. April 1823.) Schubert antwortete darauf erst am 20. September 1823: *„Löblicher Musikverein! Für das mir gütigst übersendete Ehren-Mitglieds-Diplom, welches ich wegen langer Abwesenheit von Wien erst vor einigen Tagen erhielt, danke ich verbindlichst. Möchte es meinem Eifer für die Tonkunst ge-*

lingen, dieser Auszeichnung einstens vollends würdig zu werden. Um auch in
Tönen meinen lebhaften Dank auszudrücken, werde ich mir die Freyheit nehmen,
dem löblichen Vereine ehestens eine meiner Simfonien in Partitur zu überreichen.
Mit ausgezeichneter Hoshachtung eines löblichen Vereines dankergebenster, bereit-
williger Diener Franz Schubert." (S. „Chronik des Steiermärkischen Musikvereines", Graz, 1890, S. 69 ff.) — Es wird angenommen, dass die H-moll-
Symphonie eben das Werk ist, das Schubert dem Vereine widmete und durch
Josef Hüttenbrenner an dessen Bruder Anselm nach Graz senden liess. Es bleibt
dabei unaufgeklärt, aus welchem Grunde Schubert ein unvollendetes Werk zu
diesem Zwecke ausersah. Möglich bleibt, dass er an die Erfüllung des Ver-
sprechens erst durch den Brief seiner Eltern vom 14. August 1824 erinnert wurde
(S. „Die Musik" VI, 7, S. 15/16) und nun schleunigst das unvollendete Werk
absendete. Dem scheint allerdings die briefliche Aussage Josef Hüttenbrenners
an Johann Herbeck vom 8. März 1860: „Schubert übergab sie mir [die Sym-
phonie] für Anselm zum Danke, dass er ihm das Ehrendiplom des Grazer Musikvereins durch mich überschickte ...." zu widersprechen. Anselm hütete den
Schatz sorgsamst 40 Jahre! — Ausser den beiden vollendeten Sätzen ist von
dem dazu gehörigen Scherzo eine Klavierskizze erhalten, von der auch in der
Originalpartitur die ersten 9 Takte instrumentiert sind. (S. Revisionsbericht
S. 13—26.) — Bei der EA. 1 wurde die Symphonie auf dem Programm angekündigt wie folgt:

Schubert — Sinfonie in H-moll.

1. Satz: Allegro moderato, H-moll ⎫ Manuskript
2. Satz: Andante E-dur ⎬ zum 1. Male.
3. Satz: Presto vivace, D-dur. ⎭

Herr *Anselm Hüttenbrenner* in Graz war so freundlich, das Original-Manuskript des 1. und 2. Satzes der H-moll-Sinfonie, welche Schubert im Oktober 1822
und zwar nur bis zum Anfang des 3. Satzes komponiert hat, freundlichst zu überlassen.
Der 3. Satz Presto vivace aus einer kleinen Sinfonie in D-dur wurde vor
etlichen Jahren in einem Gesellschaftskonzert einmal aufgeführt.

Dieses Presto vivace ist der letzte Satz der Symphonie III (S. No. 3). An
der EA. waren 109 Instrumentalisten beteiligt: 61 Geigen und Bratschen, 12 Celli,
10 Kontrabässe, Holzblasinstrumente doppelt. — Bei EA. 2 wurden dann nur
die beiden Originalsätze gespielt.

Liter. *Niggli, Arnold,* Musikführer No. 15, Schlesinger, Berlin.

(9.) Symphonie von Franz Schubert.

Nach op. 140 instrumentiert von Joseph Joachim.

Frau Clara Schumann in Verehrung und Freundschaft gewidmet.

I. Allegro moderato. — II. Andante. — III. Scherzo. — IV. Finale.
Allegro moderato.

SD. *I. 13 Min. II. 11 Min. III. 7 Min. IV. 10 Min.* **GD.** *41 Min.*

Komp.: Juni 1824 in Zselés (Ungarn). — Bearbeitet für Orchester von Joachim 1855 in Hannover.

EA.: A. Die Bearbeitung: Hannover, Sonnabend, d. 9. Februar 1856 im Konzertsaale des Kgl. Opernhauses im 6. Abonnementskonzert nach dem Manuskript (der Bearbeitung) unter Leitung von *Joseph Joachim.* — B. Das Original: Wien, Sonntag, d. 18. Dezember 1859 im Musikvereinssaale in der 3. Hellmesbergerschen Quartettproduktion gespielt von den Herren *Karl Meyer* und *Ed. Pirkhert.*

Ersch.: Die Bearbeitung: Partitur 1873, Orchesterstimmen März 1875 bei C. A. Spinas Nachfolger (Hr. Schreiber), Wien. — Das Original: Januar 1836 bei A. Diabelli & Komp., Wien. (S. Anm.).

Orch.Bes.: Kl. Fl., 2 Fl., 2 Ob., 2 Klar., 2 Fag., 4 Hr., 2 Tr., 3 Pos., Pk. — Str.-Orch.

Anmerkg. Die Handschrift des 4händigen Originalwerks trägt den Vermerk: „Sonate für's Pianoforte zu vier Händen: Zselés Juni 1824". In dem ungarischen Orte Zselés besass Graf Joh. K. Esterhazy ein Landgut. Schubert hatte bereits im Sommer 1818 als Musiklehrer dort in dem gräflichen Hause geweilt und befand sich Sommer 1824 in gleicher Eigenschaft da. Der Verleger des Originals änderte den Titel in „Grand Duo" um und widmete es Klara Wieck. Robert Schumann gab Joachim die Anregung zur Instrumentierung. Gleichwie über die grosse C-dur-Symphonie, die Trios, letzten Sonaten u. a. m. äusserte sich Schumann in der Neuen Zeitschrift für Musik eingehendst über das Originalwerk. (B. VIII, 1838, No. 25). Der Artikel, überschrieben „Aus Franz Schuberts Nachlass", behandelt ausser op. 140 noch die kurz vor Schuberts Tode September 1828 komponierten Klaviersonaten in C-moll, A-dur und B-dur. Der auf op. 140 bezügliche Abschnitt ist so anziehend, dass er hier, trotzdem der Artikel in Schumanns Gesammelten Schriften (4. Aufl., S. 108 ff.) zu finden ist, mitgeteilt werden soll: „Vor zehn Jahren also würde ich diese zuletzt erschienenen Werke ohne weiteres den schönsten der Welt beigezählt haben, und zu den Leistungen der Gegenwart gehalten sind sie mir das auch noch jetzt. Als Kompositionen von Schubert zähle ich sie aber nicht in die Klasse, wohin ich sein Quartett in D-moll für Streichinstrumente, sein Trio in Es-dur, eine solchen kleinen Gesangs- und Klavierstücke rechne. Namentlich scheint mir das Duo noch unter Beethovens Einfluss entstanden, wie ich es denn auch für eine auf das Klavier übertragene Symphonie hielt, bis mich das Original-Manuskript, in dem es von seiner eigenen Hand als ‚vierhändige Sonate' bezeichnet ist, eines Anderen überweisen wollte. ‚Wollte' sag' ich; denn noch immer kann ich nicht von meinem Gedanken. Wer so viel schreibt wie Schubert, macht mit Titeln am Ende nicht viel Federlesens, und so überschrieb er sein Werk in der Eile vielleicht Sonate, während es als Symphonie in seinem Kopfe fertig stand; des gemeineren Grundes noch zu erwähnen, dass sich zu einer Sonate doch immer eher Herausgeber fanden, als für eine Symphonie, in einer Zeit, wo sein Name erst bekannt zu werden anfing. Mit seinem Stil, der Art seiner Behandlung des Klaviers vertraut, dieses Werk mit seinen anderen Sonaten vergleichend, in denen sich der reinste Klaviercharakter ausspricht, kann ich mir es nur als Orchesterstück auslegen. Man hört Saiten- und Blasinstrumente, Tuttis, einzelne Solis, Paukenwirbel; die grossbreite symphonische Form, selbst die Anklänge an Beethovensche Symphonien, wie im zweiten Satz an das Andante der zweiten von Beethoven, im letzten an den letzten der A-dur-Symphonie, wie einige blassere Stellen, die mir durch das Arrangement verloren zu haben scheinen, unterstützen meine Ansicht gleichfalls.

Damit möchte ich das Duo aber gegen den Vorwurf schützen, dass es als Klavierstück nicht immer richtig gedacht sei, dass dem Instrument etwas zugemutet wird, was es nicht leisten kann, während es als eine arrangierte Symphonie mit andern Augen zu betrachten wäre. Nehmen wir es so, und wir sind um eine Symphonie reicher. Die Anklänge an Beethoven erwähnten wir schon; zehren wir doch alle von seinen Schätzen. Aber auch ohne diesen erhabenen Vorgänger wäre Schubert kein Anderer geworden; seine Eigentümlichkeit würde vielleicht nur später durchgebrochen sein. So wird, der einigermassen Gefühl und Bildung hat, Beethoven und Schubert auf den ersten Seiten erkennen und unterscheiden. Schubert ist ein Mädchencharakter an Jenen gehalten, bei weitem geschwätziger, weicher und breiter; gegen Jenen ein Kind, das sorglos unter Riesen spielt. So verhalten sich auch diese Symphoniensätze zu denen Beethovens und können in ihrer Innigkeit gar nicht anders, als von Schubert gedacht werden. Zwar bringt auch er seine Kraftstellen, bietet auch er Massen auf; doch verhält es sich immer wie Weib zum Mann, der befiehlt, wo jenes bittet und überredet. Dies alles aber nur im Vergleich zu Beethoven; gegen Andere ist er noch Mann genug, ja der kühnste und freigeistigste der neueren Musiker. In diesem Sinne möge man das Duo zur Hand nehmen. Nach den Schönheiten braucht man nicht zu suchen; sie kommen uns entgegen und gewinnen, je öfter man sie betrachtet; man muss es durchaus liebgewinnen, dieses leise liebende Dichtergemüt. So sehr gerade das Adagio an Beethoven erinnert, so wüsste ich kaum etwas, wo Schubert sich mehr gezeigt als Er; so leibhaftig, dass einem wohl bei einzelnen Takten sein Name über die Lippen schlüpft, und dann hat's getroffen. Auch darin werden wir übereinstimmen, dass sich das Werk vom Anfang bis zum Schluss auf gleicher Höhe hält; etwas was man freilich immer fordern müsste, die neueste Zeit aber so selten leistet. Keinem Musiker dürfte ein solches Werk fremd bleiben, und wenn sie manche Schöpfung der Gegenwart und vieles andere der Zukunft nicht verstehen, weil ihnen die Einsicht der Übergänge abgeht, so ist es ihre Schuld. Die neue sogenannte romantische Schule ist keineswegs aus der Luft herabgewachsen; es hat alles seinen guten Grund." — Als Schumann diese goldenen Sätze schrieb, kannte er weder die grosse C-dur-, noch die unvollendete H-moll-Symphonie!

(10.) Ouvertüre (I) für Orchester. D-dur [1812].
[GA. Ser. II No. 2.]

GD. 9 Min.

Komp.: Juli 1812 im k. k. Stadtkonvikt in Wien, vollendet d. 26. Juli d. J. (S. Anm.)

EA.: S. Anmerkg.

Ersch.: Partitur und Stimmen 1886 bei Breitkopf & Härtel, Leipzig.

Orch.Bes.: 2 Fl., 2 Ob., 2 Klar., 2 Fag., 2 Hr., 2 Tr., 3 Pos., Pk. — Str.-Orch.

Anmerkg. Dieses erste instrumentale Jugendwerk des $15^1/_2$ jährigen Schubert hat (s. Revisionsbericht) nach oben mitgeteiltem Vollendungstage eine erhebliche Umarbeitung erfahren. Es mag dabei nicht unbemerkt bleiben, dass Schubert kurz vor der Kompositionszeit der Ouvertüre Anton Salieris Schüler geworden war, möglicherweise ist dieser Unterricht von Einfluss auf die Umarbeit gewesen. Die wirkliche EA. ist in den Orchesterübungen des Konvikts mit aller

Wahrscheinlichkeit zu vermuten. (S. Anm. zu No. 1.) Nach Sch.s Tode veranstaltete sein Bruder Ferdinand beinahe alljährlich Konzerte, in denen er aus dem reichen Nachlass des Verstorbenen Manuskriptwerke zur Aufführung brachte; auch der an anderer Stelle zu nennende Michael Leitermayer (S. Anm. zu No. 11) war in derselben Weise tätig. Über die von beiden veranstalteten Aufführungen berichtet, leider nur summarisch, Kreissle (1865, S. 568/69). Die Kreissleschen Angaben sind gründlich nachgeprüft und auf Grund der in Wiener Zeitungen enthaltenen Originalberichte ergänzt worden. Das Resultat dieser Nachforschungen ist niedergelegt in den Anmerkungen zu diesem und den folgenden Werken. Ferdinand Schubert führte zweimal eine Ouvertüre in D auf, am 17. April 1836 und am 18. März 1838. Beide Male heisst es im Programm: „Noch nie aufgeführt". Die am 17. April 1836 gespielte Ouvertüre in D scheint die des Jahres 1817 zu sein. (S. Anm. zu No. 12.) Das Programm des Konzerts vom 18. März 1838 lautet:

Sonntag, 18. März 1838 zum Vorteil des Schullehrer-Witwen- und Waisen-Pensionsfonds im Gesellschaftssaale [Musikverein] Musikalisch-Deklamatorische Akademie, gegeben von Ferdinand Schubert.
1. Ouvertüre zur Operette „Die Zwillingsbrüder".
2. Hirtenchor aus derselben Operette,
3. Grosse Fantasie für Pianoforte von *Thalberg*.
4. Gruppe aus dem Tartarus. (Herr Staudigl, begleitet von Herrn Mikschik.)
5. Arie (oder im Falle der Verhinderung der hierzu ersuchten k. k. Hofopernsängerin eine noch nie aufgeführte Ouvertüre in D) von *Franz Schubert*.
6. Deklamation.
7. Nachtgesang im Walde. (Herren Titze, Lutz, Riehling und Fuchs, 4 Waldhörner: Herr Lewy, sein 8jähriger Sohn Richard, Herren Rott und Rott.)
8. Marsch und Chor aus Fierrabras.

Die über dieses Konzert am 20. März erschienene Kritik sagt unter anderem: „In Schuberts Orchestermusik gibt sich eine ganz eigentümliche Richtung kund, doch ist das Originelle nicht immer dasjenige, was auch Effekt macht. In den beiden Ouvertüren ist vorzugsweise auf Melodie Rücksicht genommen, Durchführung und Verbindung der Ideen zeigen durchgehends den sachkundigen Tonsetzer." Dass die pp. Hofopernsängerin verhindert gewesen ist und die in Aussicht gestellte Ouvertüre in D gespielt wurde, geht also aus der Besprechung hervor. Es muss dahingestellt bleiben, ob die „noch nie aufgeführte Ouvertüre in D" diejenige von 1812 oder die von 1817 gewesen ist. Die „Gruppe aus dem Tartarus", bereits Oktober 1823 erschienen und vor der Veröffentlichung in den Abendunterhaltungen der Gesellschaft der Musikfreunde 1821 und 1822 von Preisinger gesungen (Pohl, S. 102), musste wiederholt werden. Der „Nachtgesang im Walde", erstmalig aufgeführt am 22. April 1827 in einem Konzert des Waldhornisten E. Lewy, fiel aus, an seiner Stelle wurde Lachners „Waldvöglein" (mit obligatem Horn) von Frl. Steydler gesungen, das Horn blies der 8jährige Richard Lewy.

(11.) **Ouvertüre (II) für Orchester.** B-dur.

[GA. Ser. II No. 3.]

GD. 7 *Min.*

Komp.: September 1816 in Wien. (S. Anm.)

EA.: 1. Wien, Sonntag, d. 21. März 1830 im Saale der niederösterreichischen Herren-Landstände in einer von *Ferdinand Schubert*
veranstalteten musikalischen Akademie nach dem Manuskript unter
Leitung von *Ferdinand Schubert*. (S. Anm.) — 2. Ebendaselbst,
Freitag, d. 4. Oktober 1833 im Saale zum grünen Kranze (Auf
dem Breitenfeld No. 20) in der 4. Prüfungs-Akademie des Kirchenmusikvereins der Pfarre Alservorstadt nach Mspt. unter Leitung von
Michael Leitermayer. (S. Anm.)

Ersch.: Partitur und Orchesterstimmen 1886 bei Breitkopf & Härtel,
Leipzig.

Orch.Bes.: 2 Ob., 2 Fag., 2 Hr., 2 Tr., Pk. — Str.-Orch.

Anmerkg. Die handschriftliche Partitur trägt den Vermerk „Ouvertüre. Septemb. 1816. Franz Schubert mpia." (Revisionsbericht). Die Ouvertüre
mag ihre erste Aufführung in den Übungen des in den Anmerkungen zu No. 5
bereits erwähnten Orchestervereins erlebt haben. Die kleine Orchesterbesetzung
ist ähnlich der der um dieselbe Zeit komponierten B-dur-Symphonie No. 5.
Beide Werke scheinen für die gewiss wechselnde Besetzung des genannten
Vereins geschrieben. — Das Konzert der oben gegebenen EA. 1 fand „zum
Vorteile der öffentlichen deutschen Schulen Wiens und jener Schulkinder statt,
deren Eltern in den Vorstädten Wiens durch Wasserschäden verunglückt waren".
Das Programm ist interessant genug, um mitgeteilt zu werden:

1. Ouvertüre in B von *Franz Schubert*.
2. Cantate von *Franz Schubert*, im Jahre 1816 geschrieben.
3. Erlkönig von *Franz Schubert*, kantatisch bearbeitet von Ferdinand
   Schubert.
4. Ouvertüre in C im italienischen Stile von *Franz Schubert*.
5. Schlusschor aus dem Singspiele Fernando von *Franz Schubert*.
6. Der Hirt auf dem Felsen, Lied für eine Singstimme mit Pianoforte- und
   Klarinettbegleitung von *Franz Schubert*, gesungen von Demoiselle Achten,
   k. k. Hofopernsängerin und mit der Klarinette begleitet von Herrn Anton
   Friedlovsky, Orchestermitglied des k. k. priv. Theaters a. d. Wien.
7. Hymne und Alleluja von *Franz Schubert*.

Aus diesem Programm interessiert besonders die „kantatische" Bearbeitung des Erlkönig von Ferdinand Schubert. Letzterer wiederholte sie in einem
Konzert am 15. Februar 1835, aus dessen Besprechung in Bäuerles Theaterzeitung (18. Februar d. J.) der Charakter der Bearbeitung zu ersehen ist. Es
heisst dort: „Wir hörten Schuberts so berühmt gewordenen Erlkönig nicht in der ursprünglichen Form, sondern als Terzett mit Chor und Orchesterbegleitung.
Das Terzett bestand aus dem Erlkönig, dem Vater und dem Sohne und der Chor
vertrat sozusagen die Stelle eines mitredenden Publikums. Diese Umwandlung kann
in keinem Falle gebilligt werden, der ganz eigentümliche Eindruck, welchen diese

höchst interessante Tondichtung sonst hervorbrachte, ging verloren, obgleich gerade durch die rauschende Instrumentalbegleitung die Wirkung erhöht und dem Ganzen durch eine Verteilung der Rollen eine dramatische Haltung verliehen werden sollte. Wozu mochte auch eine solche Umwandlung dienen und welchen Erfolg konnte man sich vernünftigerweise davon versprechen, da man doch aus oftmaliger Erfahrung die ungeheuere und ergreifende Wirkung kennen musste, welche Schuberts Erlkönig, eine Komposition, welche als Grundstein seines grossen musikalischen Rufes dasteht, eben durch die einfache und grossartige Führung des Gedankens noch jedes Mal hervorbrachte?" Dem Referenten über die erste Aufführung der Bearbeitung hatte sie besser gefallen, er schrieb in der genannten Zeitung (30. 3. 1830): „Grosser Effekt ging aus der Bearbeitung des Erlkönigs hervor; der dramatisch-romantische Charakter der Tondichtung trat wirksam heraus. Dieses Stück gut einprobiert, sollte öfter gehört werden". — Die Kantate aus dem Jahre 1816 wird jene zu Ehren Joseph Spendous komponierte, als op. 128 erschienene gewesen sein. „Der Hirt auf dem Felsen", komponiert Oktober 1828, also kurz vor Schuberts Tode, wird in dem Konzert seine erste öffentliche Aufführung erlebt haben. Auch der Schlusschor aus dem 1815 komponierten Singspiele „Fernando" (s. Kreissle 1865, S. 66) gelangte zur EA. Kreissle (1865, S. 569) nennt als die Hymne die als op. 154 erschienene „Hymne an den heiligen Geist" für Männerstimmen" mit Begleitung von Blasinstrumenten. Sie ist im Mai 1828 ohne Begleitung komponiert und im Oktober d. J. mit Instrumentalbegleitung versehen worden. Ihre erste Aufführung erlebte sie am 5. März 1829 im ersten Concert spirituel im n. ö. landstädtischen Saale unter Leitung von Seyfried. Das Allelujah kann das in den „nachgelassenen musikalischen Dichtungen" Lieferung 41, No. 2 erschienene „Das grosse Hallelujah" (Ode von Klopstock) gewesen sein. Dort ist es für drei Frauenstimmen mit Klavierbegleitung. Der Revisionsbericht (XX, No. 227) lässt dahingestellt sein, ob sich Schubert einen Frauenchor gedacht hat. Ebenso muss es dahingestellt bleiben, ob Kreissle recht hat, ob also die genannte Hymne und das Allelujah die aufgeführten Werke gewesen sind. Wiederholt wurden beide Stücke und „Der Hirt auf dem Felsen" in demselben Konzert (s. o.), in dem auch die kantatische Bearbeitung des Erlkönig zum 2. Male aufgeführt wurde. Aus den Besprechungen in Bäuerles Theaterzeitung ist kein Aufschluss zu erlangen. Über die Italienische Ouvertüre in C siehe die Anmerkg. zu No. 14. — Über den Veranstalter der EA. 2 Michael Leitermayer, der sich um Aufführung unbekannter Schubertscher Werke Verdienste erwarb, ist mitzuteilen, dass er in Wien am 21. April 1799 geboren war, 1827 Chorregent an der Pfarrkirche in der Alservorstadt, 1834 Singmeister am Josephstädter Theater wurde. Er errichtete eine eigene Sing- und Musiklehranstalt und war Mitbegründer des Kirchenmusikvereins der Alservorstadt. Das Programm dieser EA. bietet nichts Interessantes, es bestand zumeist aus Vorträgen der Zöglinge des von Leitermayer geleiteten Instituts.

(12.) **Ouvertüre (III) für Orchester.**
D-dur. [1817.]
[GA. Ser. II No. 4.]

GD. 7 *Min.*

Komp.: Mai 1817 in Wien. (S. Anm.)

EA.: Wien, Sonntag, d. 17. April 1836 im Musikvereinssaale in einer von Ferdinand Schubert zum Vorteile des Schullehrer-Witwen- und Waisenfonds gegebenen musikalischen Akademie nach dem Manuskript unter Leitung von *Leopold Jansa*, Mitglied der k. k. Hofkapelle.

Ersch.: Partitur und Orchesterstimmen 1886 bei Breitkopf & Härtel, Leipzig.

Orch.Bes.: 2 Fl., 2 Ob., 2 Klar., 2 Fag., 2 Hr., Pk. — Str.-Orch.

Anmerkg. Die handschriftliche Partitur trägt den Vermerk: „Ouvertüre. Mai 1817", der Name Schuberts fehlt. (Revisionsbericht.) — Die wirkliche EA. kann man in den Orchesterübungen im Gundelhofe (S. Anmerkg. zu No. 5) vermuten. Es sind zur Instrumentierung jetzt Klarinetten getreten, die bei der B-dur-Symphonie und B-dur-Ouvertüre — beide im Jahre vorher komponiert — fehlen. — Die Annahme, dass diese D-dur-Ouvertüre in dem oben mitgeteilten Konzert aufgeführt wurde, stützt sich auf die in Bäuerles Theaterzeitung vom 20. April 1836 enthaltene Besprechung, in der es heisst: „Es wurde mit einer Ouvertüre in D begonnen, die mehr durch ihre Durchführung und Verwebung als durch die Originalität der Hauptmotive wertvoll genannt werden kann. Sie wurde von einem gut gewählten Orchester gelungen reproduziert, nur ergaben sich in dem Allegro ein paar Fehler in den Blasinstrumenten, die von dem raschen Tempo übereilt zu sein schienen." Der Hinweis „in dem Allegro" lässt auf noch ein anderes Tempo innerhalb der Ouvertüre schliessen und das trifft auf diese von 1817, aber nicht auf die von 1812 (S. No. 10) zu. Das Programm des Konzerts lautet:

1. Ouvertüre in D (noch nie aufgeführt).
2. Der Taucher, instrumentiert vom Konzertgeber, vorgetragen von H. Melbinger (noch nie aufgeführt).
3. Variationen von *Mayseder*.
4. Arie mit Chor a. d. Oper „Fierabras" vorgetragen von Frl. Dienelt und einem Männerchor.
5. Orchesterstück aus der letzten Komposition.
6. Die junge Nonne, instrumentiert vom Konzertgeber, vorgetr. von Frl. Dienelt (mit Instrumentierung hier noch nie aufgeführt).
7. Neue Bravourvariationen von *Döhler*.
8. Marsch und Chor aus Fierabras (noch nie aufgeführt).

In diesem Programm interessiert ausser der Ouvertüre insbesondere No. 5 „Orchesterstück aus der letzten Komposition". Kreissle (1865, S. 569) nennt dafür den letzten Satz aus der grossen C-dur-Symphonie und nimmt die Aufführung als geschehen an. In der bereits erwähnten Besprechung des Konzerts heisst es jedoch: „Das für No. 5 angekündigte Orchesterstück aus der letzten Sinfonie Franz Schuberts (noch nie gehört) haben wir auch diesmal nicht gehört, wahrscheinlich wurde es seiner Länge wegen ausgelassen." Die Aufführung ist also schon früher einmal beabsichtigt gewesen, fand auch

diesmal nicht statt, dem Berichterstatter war aber die Länge des Satzes bekannt! — Die Instrumentation des „Taucher" und der „jungen Nonne" durch
Ferdinand Schubert wird durch das Programm und die Besprechung festgestellt; die Sängerin Frl. Dienelt, „diese würdige Dilettantin", war ehemals
Singlehrerin und Konzertsängerin beim Musikverein zu Klagenfurt gewesen
(Nach erwähnter Besprechung). Zur Ergänzung diene dann noch nebenbei,
dass die angekündigten Variationen von Mayseder durch solche von Benesch
ersetzt wurden, die der jugendliche Geiger Ludwig Eller vortrug und dass
Theodor Döhler Variationen über ein Thema aus Donizettis „Anna Bolena"
nach dem Manuskript erstmalig spielte.

(13.) Ouvertüre im italienischen Stil (IV) für Orchester. No. 1. D-dur.

[GA. Ser. II No. 5.]

GD. 8 Min.

Komp.: 1817 in Wien. (S. Anm.)

EA.: (?) Wien, Sonntag, d. 1. März 1818 im Saale zum römischen Kaiser
in einer musikalisch-deklamatorischen Soiree des Violinvirtuosen
Eduard Jaëll, nach dem Manuskript. (S. Anm.)

Ersch.: Für Pianoforte zu 4 Händen Mai 1872 bei J. P. Gotthard, Wien.
Partitur und Orchesterstimmen 1886 bei Breitkopf & Härtel, Leipzig.

Orch.Bes.: 2 Fl., 2 Ob., 2 Klar., 2 Fag., 2 Hr., 2 Tr., Pk. — Str.-Orch.

Anmerkg. Nach dem Revisionsbericht trägt das Manuskript keine
Datierung. Nottebohm nennt im Them. Verzeichnis S. 209 November 1817,
S. 257, (unter „unveröffentlichte Kompositionen") hingegen September als Entstehungszeit. Kreissle (1865, S. 130, Anm. 1) scheint diese Ouvertüre mit der
aus dem Mai desselben Jahres stammenden (S. No. 12) zu verwechseln. Man
wird annehmen dürfen, dass die beiden unter der Benennung „im italienischen
Stile" bekannten Ouvertüren der gleichen Zeit entstammen. Die als op. 170
erschienene (S. No. 14) in C ist mit „Nov. 1817" handschriftlich datiert. Danach wäre in dieselbe Zeit auch die Entstehung der ersten in D zu setzen.
Nach Kreissle (1865, S. 129) schrieb Sch. die beiden Ouvertüren in absichtlicher
Anlehnung an den Stil Rossinischer Opern-Ouvertüren. Nach dem Revisions-
bericht stammt die Bezeichnung „im italienischen Stile" zwar aus Schuberts
Zeit, wohl aber nicht von ihm selbst. — Das bei EA. angebrachte Frage-
zeichen weist darauf hin, dass sie nicht als einwandfrei angesehen werden kann.
Die Konzert-Besprechung in der Wiener Allgemeinen Musikzeitung (1818,
No. 10, vom 7. März) erwähnt weder Tonart noch Titel, sagt nur: „2 neue
Ouvertüren, die eine von Riotte, die andere von HH. Fr. Schubert (Schüler des
Herrn Salieri) gefielen sehr, letztere hat viel jugendliches Feuer". Die
Wiener Theaterzeitung vom 14. März 1818 (Kreissle 1865, S. 130, Anm. 1)

schreibt: „Die zweite Abteilung begann mit einer wunderlieblichen Ouvertüre von einem jungen Kompositeur Franz Schubert. Dieser ein Schüler des hochberühmten Salieri, weiss schon jetzt alle Herzen zu rühren und zu erschüttern. Obwohl das Thema bedeutend einfach war, entwickelte sich aus demselben eine Fülle der überraschendsten und angenehmsten Gedanken mit Kraft und Gewandtheit ausgeführt usw." Das lässt eher auf die in D als die in C schliessen. — Eduard Jaëll, der Vater des Klavierspielers Alfred J., veranstaltete später, am 7. April 1820 im Redoutensaale in Graz eine „grosse musikalische Akademie" und führte in dieser „Eine Neue Ouvertüre von Franz Schubert" auf, das kann eine der italienischen gewesen sein. Am 2. März 1820 wurde eine der italienischen Ouvertüren in den Übungen des kleinen Orchestervereins, die in den Anmerkungen zu No. 5 bereits erwähnt worden sind, aufgeführt. In demselben Kreise hatte jedoch offenbar die früheste Aufführung einer der Ouvertüren alsbald nach Vollendung stattgefunden. Leopold von Sonnleithner schreibt in seinen „Musikalischen Skizzen aus Alt-Wien („Rezensionen und Mitteilungen über Theater, Musik und bildende Kunst", Wien 1862, 8. Jahrgang No 12, S. 178): „Um diese Zeit [d. i. Anfang 1818] und für diese Unterhaltungen komponierte Franz Schubert eine liebliche Sinfonie in B-dur, ohne Trompeten und Pauken; dann eine grössere in C-dur und die bekannte Ouvertüre ‚im italienischen Stil‘ welche so sehr gefiel, dass Hr. Jäll sie alsbald in einem Konzerte aufführte, welches er im Saale zum ‚römischen Kaiser‘ veranstaltete.“

(14.) **Ouvertüre im italienischen Stil (V) für Orchester.** No. 2. C-dur. op. 170.

[GA. Ser. II No. 6.]

GD. 7 Min.

Komp.: November 1817 in Wien. (S. Anm.)

EA.: (S. Anmerkg. zu No. 13). 1. Wien, Sonntag, d. 21. März 1830 im Saale der niederösterreichischen Herren - Landstände in einer von Ferdinand Schubert veranstalteten Akademie „zum Vorteile des Witwen- und Waisenfonds der öffentlichen deutschen Schulen Wiens und jener Schulkinder, deren Eltern in den Vorstädten Wiens durch Wasserschaden verunglückt sind" nach dem Manuskript unter Leitung von *Ferdinand Schubert.* (S. Anm.) — 2. Ebendaselbst, Donnerstag, d. 7. Mai 1835 im k. k. priv. Theater in der Josephstadt in einer Benefiz-Vorstellung für *Michael Leitermayer* nach dem Mspt. unter Leitung von *Konradin Kreutzer.* (S. Anm.).

Ersch.: Partitur spätestens Neujahr 1867, Orchesterstimmen Januar 1866 bei C. A. Spina, Wien.

Orch.Bes.: 2 Fl., 2 Ob., 2 Klar., 2 Fag., 2 Hr., 2 Tr., Pk. — Str.-Orch.

Anmerkg. Die handschriftliche Partitur trägt den Vermerk „Ouvertüre. Nov. 1817. Franz Schubert mpia." Von fremder Hand ist zugefügt: „im

italienischen Stile". (Revisionsbericht). — Über die möglicherweise vor oben
mit EA. 1 gegebenen Erstaufführungen sind die Anmerkungen zu No. 13 zu
vergleichen.

Das Programm des Konzerts der EA. 1 ist in den Anmerkungen zu No. 11
bereits mitgeteilt. — Über M. Leitermayer s. die Anmerkungen zu No. 11. In
der Akademie der EA. 2 gelangten ausser der Ouvertüre nur Bruchstücke aus
Schuberts **Fierabras** zur Aufführung und zwar: 1. Szene mit Chor
(Herren Kreipel, Melbinger, Illner, Leitermayer); 2. Arie mit Chor (Frl.
Jazedé); 3. Duett (Herren Kreipel und Melbinger); 4. Finale (Frl. Jazedé
und Herr Illner). Die Leitung der ganzen Aufführung lag in den Händen von
Konradin Kreutzer. (S. hierzu No. 18).

(15.) Ouvertüre (VI) für Orchester. E-moll.
[GA. Ser. II No. 7.]

GD. **8 Min.**

Komp.: Februar 1819 in Wien. (S. Anm.).

EA.: 1. (?) Wien, Sonntag, d. 14. März 1819 im Saale der Müllerschen
Kunstgalerie im 12. Konzert der Dilettantengesellschaft nach dem
Manuskript. (S. Anm.) — 2. Ebendaselbst, Sonntag, d. 18. November 1821 im k. k. Redoutensaale im 2. Konzert der Gesellschaft
der Musikfreunde nach Mspt. (S. Anm.). — 3. Ebendaselbst,
Sonntag, d. 15. Februar 1835 im Musikvereinssaale in einer von
Michael Leitermayer „zum Andenken seines Jugendfreundes" gegebenen Akademie nach Mspt. unter Leitung von *Michael Leitermayer* (S. Anm.).

Ersch.: Partitur und Orchesterstimmen 1886 bei Breitkopf & Härtel,
Leipzig.

Orch.Bes.: 2 Fl., 2 Ob., 2 Klar., 2 Fag., 4 Hr., 2 Tr., 3 Pos., Pk. — Str.-Orch.

Anmerkg. Die handschriftliche Partitur trägt den Vermerk „Ouvertüre. Franz Schubert mpia. Febr. 1819". (Revisionsbericht). — Die unter
„1 (?)" gegebene EA. teilt Heuberger („Franz Schubert" S. 43 und Anm. 87)
mit. — Zu EA. 2 ist zu bemerken, dass diese Ouvertüre das erste in den Konzerten der Gesellschaft der Musikfreunde zur Aufführung gelangende Orchesterwerk Schuberts war. — Das Programm der EA. 3 lautete:

    a) **Eine noch nie gehörte** Ouvertüre in E.
    b) **Geisterchor:** In der Tiefe wohnt das Licht.
    c) **Die Sehnsucht.**
       Der Erlkönig.
       Der Hirt auf dem Felsen.
    d) **Vokalquartett** „Frühlingsgesang".
    e) **Hymne und Allelujah.**

Hierzu ist zu bemerken: der Geisterchor „In der Tiefe wohnt das Licht"
ist aus der Musik zu Helmina von Chezis Schauspiel „Rosamunde", geschrieben

für Männerchor mit Begleitung von 3 Hörnern und 3 Posaunen, er wurde von 12 Sängern vorgetragen. „Die Sehnsucht"; op. 39, bereits am 8. Febr. 1821 von Joseph Götz in einer Abendunterhaltung der Gesellschaft der Musikfreunde erstmalig öffentlich gesungen, brachte Herr Melbinger von der Josephstädter Oper zu Gehör; der „Erlkönig" erlebte seine 2. Aufführung in der von Ferd. Schubert stammenden „kantatischen" Bearbeitung über die bereits in den Anmerkungen zu No. 11 berichtet worden ist. Das im Oktober 1828 komponierte Lied „Der Hirt auf dem Felsen" sang Frl. Baudiss, Klarinettenpartie blies Herr Sodri aus dem Josephstädter Theaterorchester. Der „Frühlingsgesang" war das Männerquartett „Die Nachtigall" op. 11, No. 2, es wurde gesungen von den Herren Kreipel, Leitermayer, Baum und Melbinger. „Hymne und Allelujah" sind dieselben Werke, die bereits am 21. März 1830 (S. No. 11) aufgeführt wurden. (Bäuerles Theaterzeitung, Wien, 18. Febr. 1835.) — An der Instrumentation sind die vier Hörner auffällig.

(16.) Ouvertüre zu dem Drama „Rosamunde" für Orchester. op. 26.

[GA. Ser. XV No. 7.]

GD. 10 Min.

Komp.: Sommer, etwa Anfang August 1820 in Wien.

EA.: Wien, Sonnabend, d. 19. August 1820 im Theater an der Wien als Ouvertüre zu dem Zauberspiele (Melodram) „Die Zauberharfe" von Hoffmann nach dem Manuskript. (S. Anm.). — [Leipzig, Dienstag, d. 1. Januar 1850 im Saale des Gewandhauses im 11. Abonnementskonzert nach Mspt. unter Leitung von *Julius Rietz*. (S. Anm.)]

Ersch.: Für Pianoforte zu 4 Händen spätestens 1828 bei M. J. Leidesdorf, Wien, Orchesterstimmen Juli (?) 1854, Partitur Neujahr 1867 bei C. A. Spina, Wien.

Orch.Bes.: 2 Fl., 2 Ob., 2 Klar., 2 Fag., 4 Hr., 2 Tr., 3 Pos., Pk. — Str.-Orch.

Anmerkg. Die unter dem Titel „Ouvertüre zu Rosamunde" bekannte, als op. 26 erschienene Komposition gehörte ursprünglich als Ouvertüre zu dem dreiaktigen Zauberspiel „Die Zauberharfe" des Theatersekretärs Hoffmann in Wien. Sie wurde später bei der Aufführung des Drama „Rosamunde" von Wilhelmina von Chezy diesem vorangestellt. Das zu diesem Drama eigentlich gehörende Einleitungsstück ist später als „Ouvertüre zu Alfonso und Estrella" (S. No. 17) erschienen. Auch als Ouvertüre zur Schubertschen Operette „Der vierjährige Posten" soll das Stück in Wien gespielt worden sein. — In dem Konzert der EA. Leipzig erlebte Mendelssohns 98. Psalm, op. 91 seine 2. EA.

nach Mspt. (S. Mendelssohn No. 28). — In der Gesamtausgabe ist die Ouvertüre wieder an ihren ursprünglichen Platz als Einleitungsstück zu dem Zauberspiel „Die Zauberharfe" gekommen. Sie ist hier unter dem Namen unter dem sie bekannt geworden ist und stets aufgeführt wird belassen worden.

(17.) Ouvertüre zu der Oper „Alfonso und Estrella" für Orchester. op. 69.

[GA. Ser. XV No. 8.]

GD. 7 Min.

Komp.: Dezember 1823 in Wien.

EA.: Wien, Sonnabend, d. 20. Dezember 1823 im Theater an der Wien als Ouvertüre bei der EA. des Dramas „Rosamunde" von Helmina von Chezy, nach dem Manuskript. (S. Anm.)

Ersch.: Für Pianoforte zu 4 Händen 1827 bei Sauer & Leidesdorf, Wien. Orchesterstimmen 1866, Partitur Neujahr 1867 bei C. A. Spina, Wien.

Orch.Bes.: 2 Fl., 2 Ob., 2 Klar., 2 Fag., 2 Hr., 2 Tr., 3 Pos., Pk. — Str.-Orch.

Anmerkg. (Siehe Anm. zu No. 16!) Der Text zu der Oper „Alfonso und Estrella" ist von Fr. v. Schober verfasst. Schubert komponierte ihn vom 20. September 1821 bis 27. Februar 1822. Eine Ouvertüre schrieb Sch. nicht dazu, es wurde die zu dem Drama „Rosamunde" gehörige gespielt, die nach A. Hüttenbrenners Mitteilungen zweimal wiederholt werden musste. (S. Nottebohm, S. 84.) — Die EA. der ganzen Oper erfolgte erst am 24. Juni 1854 auf dem Grossherzogl. Hoftheater in Weimar unter Leitung von Franz Liszt. Da die Oper als Festvorstellung zur Geburtstagsfeier des Grossherzogs gegeben wurde, liess Liszt keine Schubertsche, sondern eine Fest-Ouvertüre von Rubinstein mit Verwendung des *God save the King* spielen. Über „Alfonso und Estrella" schrieb Liszt nach dieser EA. einen Artikel, der zuerst in der „Neuen Zeitschrift für Musik" (Band 41, No. 10 vom 1. September 1854) erschien und später in seine gesammelten Schriften (III I, S. 68 ff.) übergegangen ist.

(18.) Ouvertüre zur heroisch-romantischen Oper „Fierabras" für Orchester. op. 76.

[GA. Ser. XV No. 10.]

GD. 9 Min.

Komp.: 2. Oktober 1823 in Wien.

EA.: 1. Wien, Donnerstag, d. 6. Januar 1829 im Saale des Musikvereins in einem Konzert der Pianistin Frl. Strassmeyer nach dem Manuskript unter Leitung von *Ignaz Schuppanzigh*. — 2. Ebendaselbst,

Sonntag, d. 21. März 1841 in einer von Ferd. Schubert zu Gunsten der Anna-Kirche gegebenen musikalisch-deklamatorischen Akademie nach Mspt. unter Leitung von *Ferdinand Schubert*. (S. Anm.) — 3. L e i p z i g, Montag, d. 25. November 1844 im Saale des Gewandhauses im Konzert zum Besten des Orchesterpensionsfonds nach Mspt. unter Leitung von *Niels W. Gade*. (S. Anm.) — 4. (?) W e i m a r, Sonnabend, d. 19. Oktober 1850 im Grossherzogl. Hoftheater im Konzert zum Vorteile der Mitglieder der Grossherzogl. Hofkapelle nach Mspt. unter Leitung von *Franz Liszt*. (S. Anm.)

Ersch.: Für Pianoforte zu 4 Händen 1827 bei Anton Diabelli & Co., Wien; Orchesterstimmen 1866, Partitur Neujahr 1867 bei C. A. Spina, Wien.

Orch.Bes.: 2 Fl., 2 Ob., 2 Klar., 2 Fag., 4 Hr., 2 Tr., 3 Pos., Pk. — Str.-Orch.

A n m e r k g. Der Text zu „Fierabras, heroisch-romantische Oper in 3 Akten" ist von Joseph Kupelwieser verfasst. Schubert komponierte ihn vom 25. Mai bis 26. September 1823 und fügte am 2. Oktober die Ouvertüre hinzu. Bruchstücke der Oper gelangten nach Schuberts Tode in Wien zur Aufführung: 1. 7. Mai 1835 im k. k. Theater in der Josephstadt in einer Benefizvorstellung für Mich. Leitermayer unter Leitung von Konradin Kreutzer: Ensemble No. 4, Arie mit Chor No. 21, Duett mit Chor No. 8, Finale des 3. Aktes (Solisten: Frl. Jazedé, die Herren Kreipl, Melbinger, Illner und Leitermayer. Vergleiche hierzu die Anmerkg. bei No. 14); 2. 17. Mai 1835 im grossen Apollosaale in einer vom Kirchenmusikverein der Alservorstadt zum Besten der durch Feuer verunglückten Bewohner Ottakrings veranstalteten Akademie: Arie mit Chor No. 21 (Solo: Frl. Walter vom Hoftheater in Karlsruhe, Leitung Leitermayer); 3. 6. März 1836 im Saale zum goldenen Strauss im 2. Privatvereinskonzert: Dieselbe Arie (Solo: Frl. Leitermayer, Leitung Kreutzer); 4. 17. April 1836 im Musikvereinssaale in einer zum Vorteil des Schullehrer-Witwen-Waisenfonds von Ferd. Schubert veranstalteten Akademie: Dieselbe Arie und Marsch mit Chor (Solo: Frl. Dienelt aus München, Leitung Leopold Jansa). Vergleiche hierzu die Anmerkg. bei No. 12); 5. 18. März 1838 wie bei No. 4: Marsch und Chor, dabei auch die Ouvertüre zu der Operette „Die Zwillingsbrüder" und Hirtenchor aus derselben. (Vergleiche hierzu die Anmerkg. bei No. 10.) Die Mitteilung der genauen Daten usw. schien für eine zukünftige Schubert-Biographie, die sich doch auch mit der Geschichte der Erstaufführungen seiner Werke zu beschäftigen haben wird, nicht überflüssig zu sein. Quellen sind vorzugsweise die Programmsammlungen der Gesellschaft der Musikfreunde und Bäuerle's Allgemeine Theaterzeitung (Wien) gewesen. — An die oben mitgeteilten EA. sind einige Mitteilungen zu knüpfen. Bei EA. 2 (Wien) führte Ferd. Schubert auch erstmalig das aus dem Jahre 1816 stammende Klopstocksche Stabat mater auf, die Soli wurden von Frl. Tuczek, den Herren Staudigl und Lutz gesungen. In dem Konzert der EA. 3 (Leipzig) fand die erste Aufführung der später unter dem Titel „Im Hochland" erschienenen Ouvertüre von Gade unter seiner Leitung statt. Das Konzert der EA. 4 (Weimar) gab Joseph Joachim Gelegenheit, als Konzertmeister daselbst zum erstenmal solistisch aufzutreten. Er spielte nach dem Manuskript eine „Phantasie über ungarische Motive" von sich unter Liszts Leitung, der in diesem Konzert auch eine der ersten Aufführungen von Schumanns Genoveva-Ouvertüre veranstaltete. (Diese EA. ist bei Schumann, No. 6 nachzutragen.)

(19 a.) **Ballettmusik** zu dem Drama Rosamunde für Orchester. op. 26.
[GA. Ser. XV No. 8.]

No. 1. Allegro moderato. Andante un poco assai. (H-moll.)
No. 2. Andantino. (G-dur.)

GD. No. 1. 8 Min. No. 2. 5 Min.

Komp.: 1823 in Wien.

EA.: Wien, Sonnabend, d. 20. Dezember 1823 im Theater an der Wien bei der ersten Aufführung des romantischen Schauspiels „Rosamunde von Cypern" von *Helmina von Chezy* nach dem Manuskript. (S. Anm. bei 19 b).

Ersch.: Partitur 1868, Orchesterstimmen Januar 1866 bei C. A. Spina, Wien.

Orch.Bes.: No. 1. 2 Fl., 2 Ob., 2 Klar., 2 Fag., 2 Hr., 2 Tr., 3 Pos., Pk. — Str.-Orch.
No. 2. 2 Fl., 2 Ob., 2 Klar., 2 Fag., 2 Hr. — Str.-Orch.

(19 b.) **Entre-acte** (Zwischenaktsmusik) zu dem Drama Rosamunde für Orchester. op. 26.
[GA. Ser. XV No. 8.]

No. 1. Nach dem 1. Aufzuge. (H-moll.)
No. 2. Nach dem 3. Aufzuge. (B-dur.)

GD. No. 1. 10 Min. No. 2. 6 Min.

Komp. und **EA.**: S. No. 19 a.

Ersch.: Partitur Neujahr 1867, Orchesterstimmen Januar 1866 bei C. A. Spina, Wien.

Orch.Bes.: No. 1. 2 Fl., 2 Ob., 2 Klar., 2 Fag., 2 Hr., 2 Tr., 3 Pos., Pk. — Str.-Orch.
No. 2. 2 Fl., 2 Ob., 2 Klar., 2 Fag., 2 Hr. — Str.-Orch.

Anmerkg. Die von Schubert zu dem romantischen Schauspiele „Rosamunde von Cypern" von Helmina v. Chezy geschriebene Musik bestand aus einer Ouvertüre (s. Alfonso und Estrella, No. 17), Romanze, Chören, Entre-akten und

Ballettmusik. Das Schauspiel verschwand sehr bald wieder von der Bühne. — Am 1. Dezember 1867 führte die Gesellschaft der Musikfreunde die ganze Musik in ihrem 2. Konzert unter Joh. Herbecks Leitung wieder auf, eine musikgeschichtlich wichtige Aufführung, da zugleich mit ihr Brahms damals noch unvollendetes deutsches Requiem seine EA. erlebte

---

II. A. Chorwerke mit Orchester.

(20.) Messe I
für Solostimmen, Chor, Orchester und Orgel. F-dur.
[GA. Ser. XIII No. 1.]

I. **Kyrie** (Chor und Soli). — II. **Gloria** (Chor und Soli). — III. **Credo** (Chor, Tenor- und Basssolo). — IV. **Sanktus** (Chor). — V. **Benediktus** (Quartett für 2 Soprane und 2 Tenöre). — VI. **Agnus Dei** (Chor und Soli).

GD. Ungefähr 25 Min.

Komp.: 17. Mai bis 22. Juli 1814 in Wien. (S. Anm.)

EA.: Wien, Sonntag, d. 16. Oktober 1814 in der Lichtentaler Pfarrkirche zu deren 100jährigem Jubiläum nach dem Manuskript unter Leitung von *Franz Schubert;* Sopransolo: Frl. *Therese Grob* (S. Anm.).

Ersch.: 1857 (Dezember) bei F. Glöggl & Sohn, Wien. (S. Anm.)

Bes.: a) Soli: Sopran I u. II, Alt, Tenor I u. II, Bass.
b) Chor: Sopran, Alt, Tenor, Bass.
c) Orchester: 2 Ob., 2 Klar., 2 Fag., 2 Hr., 2 Tr., (3 Pos.), Pk. — Orgel. — Str.-Orch.

Anmerkg. Die Kompositionszeiten für die einzelnen Sätze sind: Kyrie 17./18. Mai, Gloria 21.—31. Mai, Credo 30. Mai bis 22. Juni, Sanktus 2. Juli, Benedictus 3. Juli, Agnus dei 7. Juli, Dona nobis 13.—22. Juli 1814. Im folgenden Jahre schrieb Schubert ein zweites Dona nobis zu dieser Messe (25. u. 26. April 1815). Über die vielerlei von Sch. vorgenommenen Änderungen gibt der von Mandyczewski verfasste Revisionsbericht erschöpfenden Aufschluss. Die Posaunen sind nur zu einem kleinen Teile von Fr. Sch., zumeist von seinem Bruder Ferdinand in die Partitur eingeschrieben worden. — Die Sopransolistin der EA., Frl. Therese Grob, Tochter eines Lichtentaler Seidenwarenfabrikanten Heinrich Grob, später verehelichte Frau Bergmann, stand Schuberts Herzen nahe. 10 Tage nach EA. fand eine 2. Auff. in der Augustinerkirche in Wien statt, bei der Schubert am Dirigentenpult stand, sein alter Lehrer Michael Holzer regens chori war, Bruder Ferdinand Orgel spielte und die Solopartien ausser von Therese Grob von Freunden und Bekannten gesungen wurden. Der Vater Schubert schenkte nach dieser Aufführung dem 17jährigen Sohne ein fünfoktaviges Fortepiano. — NB. **Über die EA. der Messen Schuberts,** die alle einwandsfrei festzustellen wohl schwerlich gelingen kann, sei im **allgemeinen** mitgeteilt, dass sie wohl zumeist in der Lichtentaler Pfarrkirche, wie in anderen Kirchen Wiens werden stattgefunden haben. Als Sch. am 7. April 1826 das Gesuch um Verleihung der Vize-Hofkapellmeisterstelle an den Kaiser richtete, erwähnte er unter den Begründungen „dass fünf Messen [die 6. war noch nicht geschrieben] bereits in verschiedenen Kirchen Wiens" aufgeführt worden seien. (S. Jahrbuch 1894 der Musikbibliothek Peters „Zehn bisher ungedruckte Briefe von Franz Schubert", herausgegeben von Max Friedländer.) — Der oben angegebene Erscheinungstermin entstammt dem Hofmeisterschen musikalisch-literarischen Monatsberichte, der die Messe mit dem Zusatze „Mit einer die Harmonie supplierenden Orgelstimme versehen von Ferd. Schubert" ankündigt. Nottebohm gibt in seinem Thematischen Verzeichnis (S. 218) 1856 als Erscheinungsjahr an, ebenso der Revisionsbericht.

(21.) Messe II

für Solostimmen Chor, Orchester und Orgel. G-dur.
[GA. Ser. XIII No. 2.]

I. Kyrie (Chor und Sopransolo). — II. Gloria (Chor, Sopran- und Basssolo). — III. Credo (Chor). — IV. Sanktus (Chor). — V. Benediktus (Terzett für Sopran, Tenor und Bass) und Osanna (Chor). — VI. Agnus Dei (Chor, Sopran- und Basssolo).

GD. *Ungefähr 25 Min.*

Komp.: 2.—7. März 1815 in Wien.

EA.: Wahrscheinlich bald nach Vollendung in der Lichtentaler Pfarrkirche, später im Stift Klosterneuburg. (S. Anm.).

Ersch.: Um 1846 bei Marco Berra, Prag. (S. Anm.).

Bes.: a) Soli: Sopran, Tenor, Bass.
b) Chor: Sopran, Alt, Tenor, Bass.
c) Orchester: Viol. 1, Viol. 2, Viola, Bass und Orgel. (S. Anm.).

Anmerkg. Schuberts Freund Franz Doppler berichtete, dass die Messe für den Lichtentaler Pfarrchor „insonderheit für jene seiner musikalischen Jugendfreunde, die ebenfalls Schüler des regens chori Holzer waren" geschrieben worden ist. [Bei Michael Holzer hatte Sch. als Knabe Unterricht im Klavier-

und Orgelspiel sowie im Generalbass genossen.] Die Messe ist für bescheidene Chor-, Solo- und Orchesterverhältnisse geschrieben. Dem Mandyczewskischen Revisionsbericht ist zu entnehmen, dass Schuberts Bruder Ferdinand zur oben angegebenen Originalinstrumentation noch Trompeten und Pauken, vermutlich für eine Aufführung im Stift Klosterneuburg, zusetzte, viel später aber noch (1847) Oboen (oder Klarinetten) und Fagotte zufügte. — Mit der Messe wurde eine grobe Fälschung vorgenommen. Sie erschien (s. o.) mit **falschem Autornamen** unter folgendem Titel „Messe in G für 4 Singstimmen, 2 Violinen, Viola, 2 Trompeten, Pauken, Orgel mit Kontrabass und Violoncell komponiert zur Installation Ihrer kaiserlichen Hoheit der durchlauchtigsten Erzherzogin Maria Karoline als Äbtissin des k. k. Theresianischen adeligen Damenstiftes am Hradschin, von Robert Führer, Kapellmeister an der Domkirche zu St. Veit in Prag". (Revisionsbericht XIII, S. 20 und Nottebohm, S. 219). In der „Wiener Allgemeinen Musikzeitung" No. 149, vom 14. Dezember 1847 wurde darauf folgendes veröffentlicht:

„Der Redakteur [Ferdinand Luib] dieses Blattes hat von Herrn Ferdinand Schubert, Professor und Kapellmeister des Vereines zur Verbreitung echter Kirchenmusik, folgendes Schreiben erhalten:

Geehrter Herr!

Es erschien in Prag bei Marco Berra eine Messe im Druck, auf deren Titelblatt es heisst

„Messe in G

für 4 Singstimmen, 2 Violinen, Viola, 2 Trompeten, Pauken, Orgel mit Kontrabass und Violoncell, komponiert zur Installation Ihrer kaiserlichen Hoheit der durchlauchtigsten Frau Erzherzogin Marie Karoline als Äbtissin des k. k. Theresianischen adeligen Damenstifts am Hradschin von Robert Führer, Kapellmeister an der Domkirche zu St. Veit in Prag".

Ich bekam als Professor und Kapellmeister des Vereines zur Verbreitung echter Kirchenmusik von der hiesigen soliden Hof-, Kunst- und Musikalienhandlung Diabelli et Komp. ein Exemplar derselben zur Ansicht und ward nicht wenig überrascht, als ich daran eine Komposition meines seligen Bruders Franz erkannte, die lediglich von Note zu Note, sozusagen von A bis Z aus seiner Feder floss.

Ich wendete mich deshalb an den Herrn Verleger dieses Werkes mit dem Ersuchen, diesen Irrtum aufzuklären, den Besitzern desselben kundzugeben, dass diese Messe nicht von Robert Führer in Prag, sondern von Franz Schubert in Wien (schon im Jahre 1815) komponiert sei und deshalb ein neues Titelblatt zu veranstalten.

Da aber Herr Berra zu dieser Umstaltung und Berichtigung sich nicht herbeiliess, so habe ich die Original-Partitur dieser Messe der Hof-, Kunst- und Musikalienhandlung Diabelli etc. als ihr rechtmässiges Eigentum übergeben.

Ich ersuche Sie nun, die Gefälligkeit zu haben, diese mich sehr unangenehm berührende Begebenheit zur öffentlichen Kenntnis zu bringen und daher in Ihr geschätztes Blatt gütigst aufnehmen zu wollen, wodurch Sie sehr verbindlich machen

Ihren

Freund und Diener

Ferd. Schubert.

Wien, am 5. Dezember 1847."

(22.) **Messe III**

für Solostimmen, Chor, Orchester und Orgel. B-dur. op. 141.
[GA. Ser. XIII No. 3.]

I. Kyrie (Chor und Soli). — II. Gloria (Chor und Soli). — III. Credo
(Chor und Soli). — IV. Sanktus (Chor). — V. Benediktus (Chor und
Soli). — VI. Agnus Dei (Chor und Soli).

G.D. 30 Min.

Komp.: Begonnen 11. November 1815 in Wien, Vollendung dem Datum
nach unbekannt, doch in demselben Jahre zu vermuten.

EA.: S. Anmerkung zu No. 20.

Ersch.: 1838 bei Tobias Haslinger, Wien.

Bes.: a) Soli: Sopran, Alt, Tenor, Bass.
b) Chor: Sopran, Alt, Tenor, Bass.
c) Orchester: 2 Ob., 2 Fag., 2 Tr., Pk. — Orgel. — Str.-Orch.

Anmerkg. Die handschriftliche Partitur trägt nur das oben gegebene
Anfangsdatum. — Nach mündlichen Mitteilungen des bereits genannten Franz
Doppler soll diese Messe den Anlass zu einem Bruche zwischen Schubert und
seinem Lehrer Antonio Salieri gegeben haben, als Grund hierzu werden die
von Salieri an der Komposition geübten Ausstellungen und vorgenommenen
Änderungen, die Schubert erzürnten, genannt. Die Verstimmung ist indes nur
vorübergehend gewesen, denn bei Salieris 50 jährigem Dienstjubiläum (er war
k. k. Hofkapellmeister) am 16. Juni 1816 dichtete und komponierte Sch. eine
Kantate, liess sie am Jubiläumstage in seines Meisters Wohnung aufführen und
befand sich unter den Teilnehmern. — Bei ihrer Veröffentlichung widmete
Ferdinand Schubert die Messe dem Domherrn Joseph Spendou, demselben dem
Franz 1816 eine Kantate „Empfindungsäusserungen des Witwen-Institutes der
Schullehrer Wiens, für den Stifter und Vorsteher desselben" widmete. [GA.
Ser. XVII, No. 2.]

(23.) **Messe IV**

für Solostimmen, Chor, Orchester und Orgel. C-dur. op. 48.
[GA. Ser. XIII No. 4.]

Michael Holzer zur freundlichen Erinnerung gewidmet.

I. Kyrie (Chor und Soli). — II. Gloria (Chor und Soli). — III. Credo
(Chor und Soli). — IV. Sanktus (Chor und Sopran-Solo) und Benediktus
(Sopran-Solo). — V. Agnus Dei (Chor und Soli). (S. Anm.) — [2. Bene-
diktus. Chor.]

SD. *I. 3 Min. II. 5 Min. III. 7 Min. IV. 6 Min. V. 4 Min.*
GD. *25 Min. — [2. Benediktus 3 Min.]*

Komp.: Juli 1816. (S. Anm.). Das 2. Benediktus Oktober 1828 in Wien.

EA.: S. Anmerkungen zu No. 20.

Ersch.: 1826 bei Anton Diabelli & Komp., Wien. Das 2. Benediktus
Ende 1829 ebenda.

Bes.: a) S o l i : Sopran, Alt, Tenor, Bass.
b) C h o r : Sopran, Alt, Tenor, Bass.
c) O r c h e s t e r : [2 Ob. oder Klar., 2 Tr., Pk. ad libitum]. —
Orgel. — Str.-Orch. (ohne Bratschen).

A n m e r k g. Über die Kompositionszeit sind widersprechende Angaben
verbreitet. Nottebohm teilt im thematischen Verzeichnisse mit, dass die handschriftliche Partitur (das „Autograph") die Überschrift „Missa in C-dur von
Franz Schubert für Herrn Holzer July 1818" trägt. Mandyczewsky berichtet
hingegen, dass das erste Blatt, enthaltend Titel und Anfang des Kyrie, fehlt
und am Ende der letzten Seite „July 1816" steht. Auch Kreissle setzt die
Messe in das Jahr 1816. — Die handschriftliche Partitur enthält keine Holzblasinstrumente, überdies sind auch Trompeten und Pauken von Schubert nachträglich hinzugefügt. — Oktober 1828, also kurz vor dem Tode, schrieb Sch.
ein 2. Benediktus zu der Messe.

(24.) Messe V
für Solostimmen, Chor, Orchester und Orgel. As-dur.
[GA. Ser. XIII No. 5.]

I. Kyrie (Chor und Soli). — II. Gloria (Chor und Soli). — III. Credo
(Chor und Soli). — IV. Sanktus (Chor) und Benediktus (Chor, Sopran-,
Alt- und Tenor-Solo). — V. Agnus Dei (Chor und Soli).

SD. *I. 8 Min. II. 16 Min. III. 14 Min. IV. 10 Min. V. 7 Min.*
GD. *55 Min.*

Komp.: November 1819 bis September 1822 in Wien.

EA.: S. Anmerkungen zu No. 20. — [L e i p z i g , Donnerstag, d. 1. Januar
1863 im Saale des Gewandhauses im 11. Abonnementskonzert nach
dem Manuskript unter Leitung von *Karl Reinecke;* Solisten: Frau
Rübsamen-Veith (Sopr.), Frl. *Laura Lessiak* (Alt), die Herren
Rob. Wiedemann (Ten.) und *Böhme* (Bass). (S. Anm.) — W i e n ,
Sonntag, d. 3. Mai 1863 in der Karlskirche durch den Kirchenmusik-
verein zu St. Karl nach Mspt. unter Leitung des Chorregenten *Dobner.*
(S. Anm.)]

Ersch.: Partitur März 1875 bei Fr. Schreiber, Wien; Klavierauszug
Oktober 1875 bei C. F. Peters, Leipzig.

Bes.: a) S o l i: Sopran, Alt, Tenor, Bass.
   b) C h o r: Sopran I u. II, Alt I u. II, Tenor I u. II, Bass I u. II.
   c) O r c h e s t e r: 2 Fl., 2 Ob., 2 Klar., 2 Fag., 2 Hr., 2 Tr., 3 Pos.,
   Pk. — Orgel. — Str.-Orch.

A n m e r k g. Die handschriftliche Partitur trägt den Titel: „Missa solemnis in As von Franz Schubert. 1822"; sie enthält ausserdem am Anfang das Datum „Nov. 1819" und am Schlusse die Anmerkung: „im 7 b 1822 beendet". (Revisionsbericht.) — An der Messe hat Schubert viele Änderungen vorgenommen über die Mandyczewski im Revisionsbericht zur Ges.-Ausgabe genaueste und erschöpfende Aufschlüsse gibt. Hier sei darüber nur erwähnt, dass von dem „cum sancto spiritu" zwei Lesarten existieren und dass das „Osanna" ausser in der ursprünglichen Sechsachtel-Taktart auch in einer späteren Fassung im Viervierteltakt vorkommt. Es haben also bei dieser Messe zwei Bearbeitungen stattgefunden. — Schubert beabsichtigte, wie er in einem Briefe an Spaun am 7. Dezember 1822 (Jahrbuch 1894 der Petersbibliothek, S. 99/100) schreibt, die Messe dem Kaiser oder der Kaiserin zu widmen, doch ist dies unterblieben. Auch von einer bevorstehenden Aufführung spricht dieser Brief. — Die Leipziger Auff. war nicht vollständig, sie enthielt nur Kyrie, Gloria, Sanktus und Benediktus. An die Wiener Auff. knüpft sich die Erinnerung, dass an demselben Sonntage g l e i c h z e i t i g in zwei anderen Kirchen Wiens, in der Altlerchenfelder und der Italienischen, Schumanns nachgelassene Messe op. 147 ihre EA. in Wien erlebten.

Liter. *Spiro, Friedrich*, Kleiner Konzertführer, Breitkopf & Härtel, Leipzig.

(25.) Messe VI

für Solostimmen, Chor und Orchester. Es-dur.

[GA. Ser. XIII No. 6.]

I. Kyrie (Chor). — II. Gloria (Chor). — III. Credo (Chor, Sopran- und 2 Tenor-Soli). — IV. Sanktus (Chor) und Benediktus (Chor und Soli). — V. Agnus Dei (Chor und Soli).

SD. I. 7 Min. II. 19 Min. III. 20 Min. IV. 10 Min. V. 9 Min. GD. 65 Min.

Komp.: Sommer 1828 in Wien. (S. Anm.)

EA.: W i e n, Sonntag, d. 15. November 1829 in der Pfarrkirche zu Maria Trost nach dem Manuskript. (S. Anm.)

Ersch.: Partitur und Klavierauszug November, Chorstimmen Dezember 1865, Orchesterstimmen Januar 1866 bei J. Rieter-Biedermann, Leipzig.

Bes.: a) S o l i: Sopran, Alt, 2 Tenöre, Bass.
   b) C h o r: Sopran I u. II, Alt, Tenor I u. II, Bass I u. II.
   c) O r c h e s t e r: 2 Ob., 2 Klar., 2 Fag., 2 Hr., 2 Tr., 3 Pos., Pk. — Str.-Orch.

Anmerkg. Die handschriftliche Partitur trägt auf der ersten Seite das Datum des Kompositionsbeginns: „Juny 1828. Frz. Schubert." (Revisionsbericht.) Dass Sch. im Juli mit der Komposition noch beschäftigt war, ist durch einen Brief J. B. Jengers an Frau Pachler in Graz vom 4. Juli 1828 bewiesen. Heuberger (Franz Schubert, S. 89) macht auf die Identität des Thema vom Agnus Dei mit dem Hauptmotiv des im August dieses Jahres komponierten Liedes „Der Doppelgänger" aufmerksam. Man könnte daraus schliessen, dass die Beendigung der Messe etwa zeitlich mit der Komposition des Liedes zusammenfiel. (Vorübergehend sei die wörtliche Übereinstimmung dieses Thema mit dem Hauptthema der grossen Cis-moll-Fuge im 1. Teile des wohltemperierten Klaviers erwähnt.) — Sogleich nach Erscheinen der Messe führte man am 20. Februar 1866 im Gürzenich in Köln das Kyrie und Gloria, im Gewandhause in Leipzig am 22. Februar 1866 nur das Kyrie auf. — Die Berliner Allgemeine Musikzeitung berichtete über in Wien erfolgte Erstaufführungen am 20. März 1830 (VII, No. 12): „Die neueste Erscheinung im Fache der religiösen Musik war eine hinterlassene Messe von Fr. Schubert, welche der Bruder des Tonsetzers bereits 2 mal zur Publicität brachte. Wenngleich selbst die Aufführung nicht zu den gelungenen gezählt werden darf, so möchte doch auch bei höchster Vollendung schwerlich ein bleibender Eindruck zu erzielen sein. Scheint es beinahe, dass der verklärte Meister bei der Konception bereits den Tod im Kopf und Herzen getragen hat."

Liter. *Spiro, Friedrich*, Kleiner Konzertführer, Breitkopf & Härtel, Leipzig.

(26.) Gesänge zur Feier des heiligen Opfers der Messe

nebst einem Anhange: Das Gebet des Herrn.

[Deutsche Messe]

Text von Joh. Phil. Neumann.

Für gemischten Chor mit Begleitung von Blasinstrumenten und Orgel.

[GA. Ser. XIII No. 7.]

Komp.: 1826 in Wien.

EA.: Bald nach Vollendung in Wien zu vermuten.

Ersch.: Partitur, Chor- und Orchesterstimmen Ende 1870 bei J. P. Gotthard, Wien.

Bes.: a) Chor: Sopran, Alt, Tenor, Bass.
b) Orchester: 2 Ob., 2 Klar., 2 Fag., 2 Hr., 2 Tr., 3 Pos., Pk. — Orgel. — Kontrabass und Violoncell ad libitum.

Anmerkg. Das unter dem Namen „Deutsche Messe" bekannte Werk besteht einschliesslich des Anhangs aus 9 strophisch komponierten Chören, die zu den einzelnen Teilen der Messe gehören. Von der Mitteilung der GD. ist abgesehen worden, da wahrscheinlicherweise bei Aufführungen Streichungen von Strophen vorgenommen werden, wonach sich also die GD. verschieden gestalten müsste. — Nach Kreissle (1865, S. 409, Anm.) wurde das Werk für die Hörer des Polytechnikums in Wien geschrieben. — Eine Bearbeitung für Männerchor ohne Begleitung, herausgegeben von Johann Herbeck, erschien 1866 bei C. A. Spina; von Herbeck mag wohl auch die Bearbeitung herrühren (S. Revisionsbericht XIII, S. 39/40). — Sowohl das Original wie die Bearbeitung erschienen unter dem Titel „Deutsche Messe" usw.

(27.) Lazarus, oder: Die Feier der Auferstehung.
Osterkantate in 3 Handlungen von A. H. Niemeyer für Solostimmen, Chor und Orchester.
Fragment.
[GA. Ser. XVII No. 1.]

SD. *Erste Handlung: 46 Min. Zweite Handlung: 22 Min. GD. 68 Min.*

Komp.: Februar 1820 in Wien.

EA.: W i e n, Freitag, d. 27. März 1863 im k. k. Redoutensaale in einem ausserordentlichen Konzert der Gesellschaft der Musikfreunde nach dem Manuskript unter Leitung von *Johann Herbeck;* Solisten: Frau *Marie Wilt* (Jemina), Frl. *Kling* (Martha), Frl. *Karoline Tellheim* (Maria), die Herren *Karl Olschbauer* (Lazarus), *Adolf Schultner* (Nathanael) und *Karl Mayerhofer* (Simon).

Ersch.: Klavierauszug (von J. Herbeck) Januar 1866 bei C. A. Spina, Wien, Partitur, Chor- und Orchesterstimmen 1892 bei Breitkopf & Härtel, Leipzig.

Bes.: a) S o l i : S o p r a n : Jemina, Maria, Martha. — T e n o r : Lazarus, Nathanael. — B a r i t o n : Simon.
  b) C h o r : Sopran I u. II, Alt I u. II, Tenor I u. II, Bass I u. II. (In der ersten Handlung einfacher vierstimmiger gemischter Chor, in der zweiten Handlung zwei Chöre [der erste: vierstimmiger Frauenchor, der zweite: vierstimmiger Männerchor].)
  c) O r c h e s t e r : 2 Fl., 2 Ob., 2 Klar., 2 Fag, 2 Hr., 3 Pos. — Str.-Orch.

A n m e r k g. Der Text zu der nur unvollständig bekannten Schubertschen Komposition umfasst drei „Handlungen" und ist verfasst von dem Theologen Aug. Hermann Niemeyer in Halle (gest. 1828). Von Schuberts Komposition sind nur bekannt die erste Handlung vollständig, die zweite unvollständig. Die Partitur der ersten Handlung war im Besitze von C. A. Spina und abschriftlich in der Spaunschen Schubertsammlung, in der sie Kreissle (S. 1865, S. 178 ff.) entdeckte, vorhanden, der zweiten Handlung befand sich 1861 im Besitze des Beethovenforschers A. Thayer, der sie der Gesellschaft der Musikfreunde durch Kreissles

Vermittlung abtrat. Diese Originalhandschrift der zweiten Handlung ist unvollständig, das Schlussstück des Chores „Sanft und still schläft unser Freund" fand Joh. Herbeck bei einem Lebensmittelhändler in Wien unter Makulatur auf. (S. „Johann Herbeck, Ein Lebensbild von seinem Sohne Ludwig." Wien, 1885, S. 136.) In dem Programm der EA. befand sich eine Erklärung Herbecks, die bedauerlicherweise in ihrer Totalität nicht mehr mitgeteilt werden kann, da das Programm nicht mehr, auch nicht im Archiv der Gesellschaft der Musikfreunde, vorhanden ist. Einen Teil desselben findet man in dem oben erwähnten Werke. Herbeck gab einen Klavierauszug des Fragments 1866 bei Spina heraus, er schliesst mit dem A-dur-Chor „Sanft und still schläft unser Freund", enthält also das in der Partitur der Gesamt-Ausgabe noch mitgeteilte Rezitativ-Fragment nicht. Danach hat Herbeck bei der EA. auch mit diesem Chore geschlossen. Der im Archiv der Gesellschaft der Musikfreunde aufbewahrte Klavierauszug enthält einen Teil der Herbeckschen Erläuterung: „Es lässt sich mit ziemlicher Bestimmtheit annehmen, dass Schubert von den drei Teilen der von Aug. Herm. Niemeyer gedichteten Kantate ‚Lazarus' nur den ersten und zweiten Teil und zwar im Februar 1820 komponiert hat. Jedoch auch der zweite Teil ist nicht vollständig vorhanden und es ist nur einem glücklichen Zufall zu danken, welcher dem Unterzeichneten den die Fortsetzung des Chors ‚Sanft und still schläft unser Freund' enthaltenen bis jetzt letzten Manuskriptbogen zukommen liess, dass das wundervoll ergreifende Fragment mit diesem Chor seinen erhabenen Abschluss finden konnte. — Als charakteristisch ist noch anzuführen, dass Schubert das Werk als Osterkantate und die Abteilungen als erste und zweite ‚Handlung' bezeichnet." (S. hierzu Kreissle S. 178 und Friedländer S. 41/42.)

(28.) Mirjams Siegesgesang.

Gedicht von Grillparzer.

Für Sopran-Solo und Chor mit Begleitung des Pianoforte [oder des Orchesters]. op. 136.

GD. *20 Min.*

Komp.: März 1828 in Wien.

EA.: I. Mit Klavierbegleitung. 1. Wien, Freitag, d. 30. Januar 1829 im Musikvereinssaale in einem von Frl. Anna Fröhlich veranstalteten Konzert (S. Anm.) nach dem Manuskript; Solo: Herr *Ludwig Titze* (Tenor!). — 2. Ebendaselbst, Donnerstag, d. 5. März 1829 bei der „auf vielseitiges Verlangen" erfolgenden Wiederholung des Konzertes der EA. 1. — II. Mit Orchesterbegleitung. 3. Wien, Sonntag, d. 28. März 1830 im k. k. Redoutensaale im 4. Konzert der Gesellschaft der Musikfreunde nach Mspt. mit der Instrumentation von Franz Lachner unter Leitung von *Johann Schmiedel.*

Ersch.: Originalausgabe mit Pianofortebegleitung 1839 (Ostermessebericht 1840) bei Anton Diabelli & Co., Wien.

Bes.: a) Solo: Sopran.
b) Chor: Sopran, Alt, Tenor, Bass.
c) Orchester:
1. Instrumentation von Franz Lachner: 2 Fl., 2 Ob.,
2 Klar., 2 Fag., 2 Hr., 2 Tr., 3 Pos., Pk. — Str.-Orch.
2. Instrumentation von Felix Mottl: 2 Fl., 2 Ob.,
2 Klar., 2 Fag., Kontrafag., 4 Hr., 3 Tr., 3 Pos., Tuba,
Pk., Trgl., Becken. — Harfe. — Str.-Orch.

Anmerkg. Die Einladung zu dem Konzert der EA. sei, weil in der
ganzen Schubert-Literatur fehlend, hier mitgeteilt:

Einladung zu einem Privatkonzert, welches die Unterzeichnete Freitag, den
30. Januar 1829 abends 7 Uhr im Saale des Musikvereins geben wird, wovon die
Hälfte der Einnahme zur Errichtung eines Grabsteines für den verstorbenen Komponisten F. Schubert, die andere zu einem wohltätigen Zweck bestimmt ist.
Vorkommende Stücke:
1. Mirjams Siegesgesang von *Grillparzer-Schubert*, vorgetragen von H. Titze
und Chor.
2. Variationen für die Flöte von *Gabrielsky*, vorgetragen von H. Bogner.
3. Die Taubenpost von *Seidl*, Aufenthalt von *Rellstab*, beide in Musik gesetzt
von *Schubert*, vorgetragen von H. Vogl.
4. Trio für Pianoforte, Violine und Violoncello von *Schubert*, vorgetragen von
Frl. Sallomon, H. Prof. Böhm und H. Linke.
5. Die Allmacht von *Pyrker*, in Musik gesetzt von *Schubert*, vorgetragen von
H. Schoberlechner.
6. Am Strom von *Rellstab* mit obligatem Violoncell in Musik gesetzt von *Schubert*,
vorgetragen von H. Titze und Linke.
7. Erstes Finale aus der Oper Don Juan von *Mozart*.
Anna Fröhlich.

Das Sopransolo in Mirjams Siegesgesang wurde also von einem Tenoristen
gesungen, da eine geeignete Sängerin für das über 2 Oktaven umfassende Solo
nicht gefunden wurde. — Die von Grillparzer für Schuberts Grabstein verfasste,
nachmals viel angefochtene und später beseitigte Inschrift ist vielfach entstellt
verbreitet worden. Nachdem Grillparzer mehrere Entwürfe verfasst hatte (Erich
Deutsch, Schubert-Brevier, S. 159) erhielt sie folgenden Wortlaut und Form:

DIE TONKUNST BEGRUB HIER EINEN REICHEN BESITZ
ABER NOCH VIEL SCHÖNERE HOFFNUNGEN.
FRANZ SCHUBERT LIEGT HIER.
GEBOREN AM XXXI. JÄNNER MDCCXCVII
GESTORBEN AM XIX. NOV. MDCCCXXVIII
XXXI JAHRE ALT

Die Pianofortebegleitung wurde ausser von Franz Lachner noch für Orchester
bearbeitet von Niels W. Gade, von dem Hamburger Musikdirektor G. D. Otten
(EA. Hamburg, Apollosaal 21. November 1846), dem Elberfelder Organisten
J. A. Eyken, Naret-Koning in Frankfurt a. M. (EA. Frankfurt, Rühlscher Verein
30. März 1868, neuerdings noch vom philharmonischen Chor in Berlin bei der
Schubertfeier 1. Februar 1897 benutzt) und in neuester Zeit für grosses Orchester
(s. Besetzung) sehr wirkungsvoll von Felix Mottl (Breitkopf & Härtel).

(29.) Offertorium
für Tenorsolo, Chor und Orchester.

GD. 14—15 Min.

Komp.: Oktober 1828 in Wien.

EA.: Eisenach, Donnerstag, d. 19. Juni 1890 im Stadttheater im 1. Konzert der 27. Tonkünstlerversammlung des Allgemeinen deutschen Musikvereins nach dem Manuskript unter Leitung von *Hermann Thureau;* Tenorsolo: Herr *Heinrich Zeller.*

Ersch.: Partitur, Chor- und Orchesterstimmen September 1890 bei C. F. Peters, Leipzig.

Bes.: a) Solo: Tenor.
b) Chor: Sopran, Alt, Tenor, Bass.
c) Orchester: 1 Ob., 2 Klar., 2 Fag., 2 Hr., 3 Pos. — Str.-Orch.

Anmerkg. Das Werk ist in einer von Ferdinand Schubert stammenden Abschrift im Winter 1889/90 gleichzeitig mit dem unter der nächsten Nummer mitgeteilten Tantum ergo von M. Friedländer in Wien aufgefunden und von ihm veröffentlicht worden. Beide Werke gehören, wie die Kompositionszeit zeigt, zu den allerletzten Schöpfungen des am 19. November 1828 verstorbenen Meisters.

(30.) Tantum ergo
für Soloquartett, Chor und Orchester.

GD. 3¹/₂ Min.

Komp.: Zwischen August und Oktober 1828 in Wien.

EA.: Eisenach, Donnerstag, d. 19. Juni 1890 im Stadttheater im 1. Konzert der 27. Tonkünstlerversammlung des Allgemeinen deutschen Musikvereins nach dem Manuskript unter Leitung von *Hermann Thureau;* Solisten: Frl. *Hedwig Kühn* (Sopran), Frl. *Auguste Phister* (Alt), die Herren *Heinrich Zeller* (Tenor) und *Rud. von Milde* (Bass).

Ersch.: Partitur, Chor- und Orchesterstimmen September 1890 bei C. F. Peters, Leipzig.

Bes.: a) Soli: Sopran, Alt, Tenor, Bass.
b) Chor: Sopran, Alt, Tenor, Bass.
c) Orchester: 2 Ob., 2 Klar., 2 Fag., 2 Hr., 2 Tr., 3 Pos., Pk. — Str.-Orch.

Anmerkg. Vergl. hierzu die Anmerkungen bei No. 29.

(31.) Gesang der Geister über den Wassern.

Gedicht von Goethe.

Für 4 Tenor- und 4 Bassstimmen (Männerchor) mit Begleitung von 2 Violen, 2 Violoncellen und Kontrabass.

op. 167.

GD. 11 Min.

Komp.: Februar 1821 in Wien. (S. Anm.)

EA.: 1. W i e n, Aschermittwoch, d. 7. März 1821 im Kärntnertor-Theater in einer von der „Gesellschaft adeliger Damen zur Beförderung des Guten und Nützlichen" veranstalteten musikalisch-deklamatorisch-choreographischen Akademie nach dem Manuskript gesungen von den Herren *Jos. Barth, Joh. Bapt. Ritter von Umlauf, Jos. Frühwald, Jos. Götz, Wenzel Nejebse, Weinkopf* und 2 Chormitgliedern des Theaters unter Leitung von *Adalbert Gyrowetz.* (S. Anm.) — 2. E b e n d a s e l b s t, Freitag, d. 30. März 1821 im Hause (Gundelhof) des Professor Dr. Ignaz Edler von Sonnleithner in einer der dort stattfindenden „musikalischen Übungen" nach Mspt. (S. Anm.) — 3. E b e n d a s e l b s t, Sonntag, d. 27. Februar 1857 im k. k. Redoutensaale im 1. Konzert des Wiener Männergesangvereins nach Mspt. unter Leitung von *Johann Herbeck.* (S. Anm.) — 4. L e i p z i g, Montag, d. 1. Februar 1858 im Saale des Gewandhauses im Konzert des Universitäts-Gesangvereins der Pauliner nach Mspt. unter Leitung von *Hermann Langer.*

Ersch.: Partitur, Orchester- und Chorstimmen und Klavierauszug März—Mai 1858 bei C. A. Spina, Wien.

A n m e r k g. Eine Komposition des Goetheschen Textes durch Schubert, für eine Singstimme mit Klavierbegleitung, entstand 1816. 1817 folgte die erste Komposition für 4 Männerstimmen ohne Begleitung, 1820 für 4 Männerstimmen mit Klavierbegleitung. Dezember 1820 trat die Begleitung durch Bratschen, Celli und Bässe hinzu, — diese Lesart ist in der Begleitung noch nicht ganz ausgeführt, kommt aber der gedruckten Form schon näher — bis endlich im Februar 1821 das Werk die endgültige Gestalt erhielt. — In dem Konzert der EA. 1 gelangten von Schubertschen Kompositionen noch zur e r s t e n ö f f e n t l i c h e n Aufführung das Männerquartett „Das Dörfchen" und der „Erlkönig". Das „Dörfchen" sangen Jos. Barth, C. v. Umlauff (Tenöre), Jos. Götz und W. Nejebse (Bässe); der „Erlkönig" wurde von J. M. Vogl gesungen und von Anselm Hüttenbrenner begleitet, er musste wiederholt werden. Der Gesang der Geister erlebte ein vollständiges Fiasko. — Zur EA. 2 gehört folgendes. Der k. k. Rat Professor Dr. Ignaz Edler von Sonnleithner veranstaltete vom 15. Mai 1815 ab in seiner Wohnung (Gundelhof) allwöchentliche musikalische Zusammenkünfte, die für die Geschichte der Musik in Wien von grosser Bedeutung wurden. Wer zu damaliger Zeit in Wien irgend Anspruch auf musikalische Bedeutsamkeit machen konnte, verkehrte in diesem Hause oder nahm als Ausübender oder Zuhörer an den musikalischen Übungen teil. Diese selbst entwickelten sich nach und nach zu regelrechten Produktionen, zu derem Besuche Eintrittskarten abgegeben wurden. Sie fanden ab Oktober 1816 nur mehr aller 14 Tage an Freitagsabenden statt und erreichten am 20. Februar 1824 durch den Tod der Hausfrau ihr frühzeitiges Ende. Franz Schubert wurde in diesen Kreis eingeführt und erlebte dort die frühesten Aufführungen seiner Vokalwerke. Der „Erlkönig" wurde bei Sonnleithner überhaupt zum ersten Male gesungen am 1. Dezember 1820 von August Ritter von Gymnich mit Klavierbegleitung von Frl. Anna Fröhlich (S. Anm. zu No. 32), das „Dörfchen" am 19. November 1819 von den oben bei EA. 1 genannten, der „Gesang der Geister" am 30. März 1821, der 23. Psalm „Gott ist mein Hirt" am 9. Juni 1822. Die verschollene Kantate „Prometheus" erlebte dort im Januar 1819 eine Aufführung mit Klavierbegleitung und manche andere Schubertsche Gesangswerke mögen in diesem Hause zum ersten Male erklungen sein. (Die „Rezensionen und Mitteilungen über Theater, Musik und bildende Kunst" (Wien) enthalten in den Jahrgängen 1861—1863 anziehende Schilderungen über das private Musikleben Wiens unter dem Titel „Musikalische Skizzen aus Alt-Wien" aus der Feder Dr. Leopold von Sonnleithners; die auf sein eignes väterliches Haus bezüglichen, denen obige Mitteilungen entnommen sind, stammen von dem k. k. Sektionsrat Wilhelm Böcking und sind im Jahrgang 1862 No. 24, S. 369—375 enthalten.) — Bei EA. 3 erregte der „Gesang der Geister" grossen Enthusiasmus und musste wiederholt werden. — Das Programm der EA. Leipzig brachte auch noch zum ersten Male Schuberts achtstimmige Männerchor-Hymne „Herr unser Gott" op. 154. — Eine neue Instrumentation des Gesanges der Geister für „grosses Orchester" hat neuerdings Siegmund von Hausegger veröffentlicht.

II. B. Chorwerke mit Pianoforte.

(32.) Der 23. Psalm (Gott meine Zuversicht)
(in der Übersetzung von Moses Mendelssohn)
für 2 Sopran- und 2 Altstimmen [Frauenchor] mit Begleitung des Pianoforte. op. 132.

GD. *6 Min.*

Komp.: Dezember 1820 in Wien. (S. Anm.)

EA.: 1. Wien, Donnerstag, d. 30. August 1821 im Musikvereinssaale in der öffentlichen Prüfung des Konservatoriums, nach dem Manuskript gesungen von den Schülerinnen der 3. Gesangsklasse des Frl. Anna

Fröhlich: Frl. *Fabiani, Heinrich, Tewilis* und *Fleischmann*. (S. Anm.)
— 2. Ebendaselbst, Freitag, d. 9. Juni 1822 im Hause (Gundelhof) des Professor Dr. Ignaz von Sonnleithner in einer der dort
stattfindenden „musikalischen Übungen" nach Mspt. (S. Anm.) —
[3. Ebendaselbst, Donnerstag, d. 7. September 1826 im Musikvereinssaale im Prüfungskonzert der Zöglinge des Konservatoriums. —
4. 18. März 1827 im Musikvereinssaale in einem Konzert des Violinspielers Peregrin Feigerl (Schüler des Konservatoriums 1823—25)
gesungen von der *3. Klasse der Gesangsschülerinnen des Konservatoriums.* — 5. 7. Februar 1828 im Musikvereinssaale in der 11. Abendunterhaltung der Gesellschaft der Musikfreunde. — 6. 29. Mai 1828
im Hoftheater nächst dem Kärntnertor in einem Konzert des Konservatoriums ebenfalls von der *3. Gesangsklasse* gesungen, alle
nach Mspt.]

Ersch.: 1831 bei Anton Diabelli & Co., Wien.

Anmerkg. Die Handschrift trägt den Vermerk: „Psalm 23. Dec. 1820.
Frz. Schubert." [Wiederholt ist die Zahl 23 auf den nachfolgenden Monatsnamen
bezogen und daraus das Kompositionsdatum mit „23. Dezember" konstruiert
worden. Es heisst aber „Psalm 23".] — Die Komposition dieses Psalms entstand
auf Anregung der vier Schwestern Fröhlich, in deren Hause Schubert viel verkehrte. Diese Schwestern waren Maria Anna (19. September 1793 — 11. März 1880),
Barbara (30. August 1797 — 30. Juni 1879), Katharina (10. Juni 1800 — 3. März
1879) und Josephine (12. Dezember 1803 — 7. Mai 1878), genannt Nanette, Babette,
Kathi und Pepi. Anna, Katharina und Josephine teilten mit Grillparzer dieselbe Wohnung; Katharina war dessen Herzensfreundin. Anna war die 1. Ge-
sangslehrerin am Konservatorium der Gesellschaft der Musikfreunde (1819—1854),
Josephine war Kgl. Dänische Kammersängerin, später als Lehrerin hochgeschätzt.
Barbara verheiratete sich mit dem Flötisten Ferd. Bogner. Der Anregung der
Schwestern Fröhlich, speziell Annas folgend, komponierte Schubert ausser dem
23. Psalm noch: „Gott in der Natur" op. 133, „Nachthelle" op. 134, „Ständchen"
op. 135, „Mirjams Siegesgesang" op. 136 und „Des Tages Weihe" op. 146. Zu
dem Ständchen und Mirjams Siegesgesang schrieb, ebenfalls auf Annas Anregung,
Grillparzer die Texte. Das Schwesternquartett wird, wie diesen Psalm so auch
die anderen für Frauenstimmen geschriebenen Werke Schuberts zuerst privatim
gesungen haben, wie es ja auch an der ersten privaten Aufführung des Ständchens
(S. No. 34) beteiligt war. Mit ihren Schülerinnen war Anna die erste, die die
Frauenchöre öffentlich aufführte. Kathi vermachte als Erbin des Grillparzerschen
Nachlasses denselben im Mai 1878 der Stadt Wien, Anna bestimmte ihr Vermögen von 800000 fl. als „Schwestern Fröhlich-Stiftung" zur Errichtung von
Stipendien und Pensionen an bedürftige hervorragende künstlerische und literarische Talente (Testament vom 13. Dezember 1879). Bei der grossen Wichtigkeit der Rolle, die die Schwestern Fröhlich in Schuberts Leben spielten, schienen
diese eingehenden Mitteilungen nicht überflüssig. — Über die musikalischen
Übungen bei Sonnleithner (EA. 2) sind die Anmerkungen zu No. 31 zu vergleichen. — Instrumentiert haben die Pianofortebegleitung Arthur Stubbe, Manfred

Langer (für kleines Orchester), beide Bearbeitungen sind bei Breitkopf & Härtel erschienen; eine dritte von Rentzsch erschien bei Rob. Forberg, eine vierte von Aug. Grüters blieb Manuskript. — Der *Psalm* wird auch viel von Männerchören gesungen.

(33.) Gott in der Natur.

Gedicht von Gleim.

Für 2 Sopran und 2 Alt [Frauenchor] mit Begleitung des Pianoforte. op. 133.

GD. 6 Min.

Komp.: August 1822 in Wien. (S. Anm.)

EA.: 1. (?) Wien, Donnerstag, d. 8. März 1827 im Musikvereinssaale in der 15. Abendunterhaltung der Gesellschaft der Musikfreunde nach dem Manuskript gesungen von den *Konservatoriumsschülerinnen des Frl. Anna Fröhlich.* (S. Anm.) — 2. Ebendaselbst, Dienstag, d. 21. August 1827 im Saale der niederösterreichischen Herren-Landstände im Prüfungskonzert der Zöglinge des Konservatoriums nach Mspt. gesungen von *Denselben* wie bei EA. 1. — 3. Ebendaselbst, Donnerstag, d. 28. Februar 1828 im Musikvereinssaale in der 13. Abendunterhaltung usw. wie bei EA. 1.

Ersch.: Um 1838 bei Anton Diabelli & Co., Wien.

Anmerkg. Die handschriftliche Partitur trägt den Vermerk: „Gott in der Natur. Gleim. August 1822. Frz. Schubert mpia." — Es ist anzunehmen, dass das Stück vor obengenannter EA. 1 von den Schwestern Fröhlich oder den Schülerinnen von Anna F. bereits gesungen worden ist. — Die bei EA. 1 und bereits bei No. 32 erwähnten „Abendunterhaltungen" der Gesellschaft der Musikfreunde sind im Herbst 1817 begonnen worden. Sie galten hauptsächlich der Pflege instrumentaler und vokaler Kammermusik. In den ersten Jahren fanden, stets an Donnerstagen, je 16 statt, von 1836 wurde die Zahl auf jährlich 8 beschränkt, am 19. März 1840 veranstaltete man die letzte, 280. Abendunterhaltung. Ein 1856 gemachter Versuch, sie wieder aufleben zu lassen, führte nicht zu dem erhofften Ziele. (S. Pohl, S. 12, 28 u. 99—104, auch Hanslick, „Geschichte des Konzertwesens" usw., I, 160.) Schuberts Vokalwerke wurden dort mit Vorliebe gepflegt, sein „Erlkönig" wurde in den Unterhaltungen zum ersten Male vor einer bedingten Öffentlichkeit vorgetragen. Im Anschluss an die Anmerkungen zu No. 31 sind nachstehend die ersten Vorträge des „Erlkönig" hier verzeichnet: 1) 1. Dezember 1820 bei Sonnleithner durch Ritter von Gymnich mit Frl. Anna Fröhlich am Klavier, 2) 25. Januar 1821 in den Abendunterhaltungen durch denselben, 3) 8. Februar 1821 bei Anton Pettenkofer, 4) Erste öffentliche Aufführung: 30. März 1821 durch J. M. Vogl mit Anselm Hüttenbrenner. Über die

Aufführungen Schubertscher Gesangskompositionen in den Abendunterhaltungen unterrichtet C. F. Pohl a. a. O. — Franz Wüllner hat op. 133 für gemischten Chor mit Orchesterbegleitung bearbeitet, erschienen in Partitur und Stimmen 1875 bei Rieter-Biedermann, Leipzig.

(34.) Ständchen.
Gedicht von Grillparzer.
Für Alt-Solo, 2 Sopran- und 2 Altstimmen [Frauenchor] mit Begleitung des Pianoforte. op. 135.

GD. 5 Min.

Komp.: Juli 1827 in Wien. (S. Anm.)

EA.: 1. [Privat-Aufführung] Döbling bei Wien, Sonnabend, d. 13. August 1827 gelegentlich eines Ständchens am Geburtstag von Frl. Louise Gosmar (spätere Frau von Sonnleithner) im Garten von deren Wohnung; Alt-Solo: Frl. *Josephine Fröhlich.* (S. Anm.) — 2. Wien, Donnerstag, d. 24. Januar 1828 im Musikvereinssaale in der „9. Abendunterhaltung" der Gesellschaft der Musikfreunde nach Mspt.; Alt-Solo: Frl. *Jos. Fröhlich,* Chor: die *Schülerinnen des Konservatoriums.* (S. Anm.) — 3. Ebendaselbst, Mittwoch, d. 26. März 1828 im Musikvereinssaale in dem von Franz Schubert veranstalteten „Privatkonzert" nach Mspt.; Solo und Chor wie bei EA. 2. (S. Anm.)

Ersch.: Um 1838 bei Anton Diabelli & Co., Wien.

Anmerkg. Über die Entstehungsgeschichte des Ständchens erzählt Frl. Anna Fröhlich (S. Anm. zu No. 32) folgendes: „So oft ein Namens- oder Geburtstag der Gosmar nahe war, bin ich allemal zu Grillparzer gegangen und habe ihn gebeten, etwas zu der Gelegenheit zu machen, und so habe ich es auch einmal wieder getan, als ihr Geburtstag bevorstand. Ich sagte ihm: ‚Sie, lieber Grillparzer, ich kann Ihnen nicht helfen, Sie sollten mir doch ein Gedicht machen für den Geburtstag der Gosmar.‘ Er antwortete: ‚No ja, wenn mir was einfällt.‘ Ich aber: ‚No, so schauens halt, dass Ihnen was einfällt.‘ In ein paar Tagen gab er mir das Ständchen: ‚Leise klopf' ich mit gekrümmten Fingern . . . . .‘ Und wie dann bald der Schubert zu uns gekommen ist, habe ich ihm gesagt: ‚Sie, Schubert, Sie müssen mir das in Musik setzen.‘ Er: ‚Nun, geben Sie's einmal her.‘ Ans Klavier gelehnt, es wiederholt durchlesend, rief er ein- über das anderemal aus: ‚Aber wie schön das ist — das ist schön!‘ Er sah eine Weile auf das Blatt und sagte endlich: ‚So, es ist schon fertig, ich habs schon.‘ Und wirklich, am dritten Tage hat er es mir fertig gebracht und zwar für einen Mezzosopran (für die Pepi nämlich) und für vier Männerstimmen. Da sagte ich ihm: ‚Nein Schubert, so kann ich es nicht brauchen, denn es soll eine Ovation lediglich von Freundinnen der Gosmar sein. Sie müssen mir den Chor für Frauenstimmen machen. Ich weiss es noch ganz gut, wie ich ihm dies sagte; er sass da im Fenster. Bald brachte er es mir dann für die Stimmen der Pepi und den Frauenchor, wie es jetzt ist."— Die erwähnte Frl. Gosmar war eine Schülerin von Anna Fröhlich. — Die Komposition war also ursprünglich für Männerchor und Alt-Solo. Die Handschrift dieser ersten Fassung trägt den Vermerk: „Chor mit Alt-Solo. Gedicht von Grillparzer. July 1827. Frz. Schubert." Über die Abendunterhaltungen (EA. 2) vgl. die Anm. zu No. 33, über das Konzert der EA. 3 diejenigen zu No. 54. — Karl Reinecke hat das Ständchen instrumentiert (Partitur und Stimmen bei Fr. Schreiber, Wien); Orchesterbesetzung: 2 Fl., 2 Klar., 2 Fag., 2 Hr. — Str.-Orch.

III. Kammermusikwerke.

(35.) **Oktett**

für 2 Violinen, Viola, Violoncell, Kontrabass, Klarinette, Horn und Violine. F-dur. op. 166.

[GA. Ser. III No. 1.)

I. Adagio. Allegro. — II. Andante un poco mosso. — III. Scherzo. *Allegro vivace.* — IV. Andante mit Variationen. — V. Menuetto. *Allegro.* — VI. Andante molto. Allegro.

SD. *I. 15 Min. II. 13 Min.° III. 6 Min. IV. 11 Min. V. 7 Min. VI. 11 Min.* **GD.** *63 Min. (Mit allen Wiederholungen.)*

Komp.: Begonnen Februar, beendigt 1. März 1824 in Wien. (S. Anm.)

EA.: 1. Privat: Wien, 1824 bald nach Vollendung in der Wohnung des Grafen Troyer (im Spielmannschen Hause auf dem Graben) gespielt von den Herren *Ignaz Schuppanzigh* (Viol. 1), ? Graf *Rasumovsky* (Viol. 2), *Franz Weiss* (Viola), *Joseph Linke* (Violonc.), *Jos. Melzer* (Kontrab.), Graf *Troyer* (Klar.), *Friedr. Hradetzky* (Horn) und ? (S. Anm.). — 2. Öffentlich: Ebendaselbst, Ostermontag, d. 16. April 1827 im kleinen Musikvereinssaale (unter den Tuchlauben beim roten Igel) nach dem Manuskript im letzten Abonnementsquartett Schuppanzighs gespielt von den Herren *Ignaz Schuppanzigh* (Viol. 1), *Karl Holz* (Viol. 2), *Franz Weiss* (Viola), *Joseph Linke* (Violonc.), und ? (S. Anm.) — [3. Dresden, Montag, d. 10. November 1856 in Kronefelds Saal im 4. Übungsabend — und 18. Nov. d. J. im Saale des Konservatoriums im 2. Produktionsabend des Tonkünstlervereins, beide Male gespielt von den Herren *Friedr. Hüllweck, Traug. Körner, Louis Göring, Ernst Kummer* (beim zweiten Male *Fr. Aug. Kummer*, Violonc.), *Bruno Keyl, K. H. Kötzschke, Heinr. Hübler* und *Ernst Herz.* — 4. Leipzig, Sonnabend, d. 3. Januar 1857 im Saale des Gewandhauses im 4. Abonnement-Quartett gespielt von den Herren *Ferd. David, Engelb. Röntgen,*

Friedr. Val. Hermann, Friedr. Grützmacher, Ottomar Backhaus,
Wilh. Landgraf, Ferd. Lindner und *Jul. Weissenborn.* — 5. W i e n ,
Sonntag, d. 29. Dezember 1861 im Musikvereinssaale in der 5. Quartett-
produktion gespielt von den Herren *Jos. Hellmesberger sen., Math.*
Durst, F. Dobyhal, H. Röver, J. Wrany, Th. Klein und *M. Witt-*
mann. (S. Anm.)]

Ersch.: März 1853 bei C. A. Spina, Wien.

A n m e r k g. Das Oktett ist auf Bestellung des Grafen Ferdinand Troyer,
ein Klarinette blasender Musikfreund, geschrieben. Er war ein Freund des Grafen
Rasumovsky und da die private EA. in Troyers Hause durch die Mitglieder des
Rasumovsky-Quartetts Schuppanzigh, Weiss und Linke (R. spielte 2. Violine)
stattfand, so ist seine nicht verbürgte Mitwirkung beim ersten Spielen des Oktetts
wohl als sicher anzunehmen. Nicht zu ermitteln war der Fagottist. — Bei der
ersten öffentlichen Aufführung waren die Spieler des Kontrabass, der Klarinette,
des Horns und des Fagotts ebenfalls nicht festzustellen, es werden mutmasslicher-
weise gewesen sein Jos. Melzer, Georg Klein (?), Friedr. Hradetzky und Aug.
Mittag. Über diese EA. berichtet die Leipziger Allgemeine Musikzeitung (XXIX
1827, S. 370, Mai): „In Schuppanzighs letztem Abonnements-Quartett machten zwei
Neuigkeiten der wie gewöhnlich höchst gewählten, nur für das wahrhaft gute empfäng-
lichen Versammlung grosses Vergnügen. Erstens: Ein Oktett für 5 Saiten- und 3 Blasinstrumente von Schubert. Sehr solid gearbeitet, besonnen in der Anlage, klar und
wirksam in der Ausführung. Es besteht aus sechs ziemlich langen Sätzen: Pathetische
Einleitung und Allegro aus F, Andante in B, ungemein gefällig und melodisch, Menuetto
moderato in F samt Trio, Variationen in C, Scherzo vivace nebst Alternativ in F, endlich
nach einem fast unheimlichen Vorspiel das pikante Finale in demselben Tonart. Der
harmonische Bau ist durchaus geregelt, mitunter wirklich originell, die Kombination der
Instrumente, von welchen besonders Violine, Viola, Violoncell und Horn, weniger das
Fagott in Anspruch genommen sind, ist vorzüglich in den Variationen höchst effektvoll
und die Konsequenz der thematischen Ausarbeitung — eine Seltenheit unseres Zeitalters —
verdient gerechtes Lob." Bäuerles Allgemeine Theaterzeitung (Wien, 26. April
1827): „Herrn Schuberts Komposition ist dem anerkannten Talent des Autors angemessen
lichtvoll, angenehm und interessant; nur dürfte die Aufmerksamkeit der Hörer durch die
lange Zeitdauer vielleicht über die Billigkeit in Anspruch genommen worden sein. Wenn
auch in den Thematen einige ferne Anklänge an bekannte Ideen mahnen sollten, so
sind sie doch mit individueller Eigentümlichkeit verarbeitet und Herr Sch. hat sich auch
in dieser Gattung als ein wahrer und glücklicher Tonsetzer erprobt." — Das Bekannt-
werden des Oktetts, der Beginn seiner Popularität datiert sich von Hellmesbergers EA. (Wien, 5) an. Kreissle (1865, S. 325) erwähnt vorhergegangene
Aufführungen in „ein paar Städten Deutschlands", darunter zählen die in Dresden
und Leipzig. Hellmesbergers EA. war unvollständig, es fehlten die 4. und 5. Satz;
beide waren damals noch Manuskript nach Ausweis des Hellmesbergerschen Programms. Die EA. des ganzen Werkes bei Hellmesberger fand erst am 8. Dezember
1864 statt. Der Erfolg der u n v o l l s t ä n d i g e n EA. war übrigens recht zweifelhaft. Die Wiener „Recensionen über Theater, Musik und bildende Kunst" (No. 1
vom 5. Januar 1862) schrieben: „So lobenswert es von unserer Quartett-Genossenschaft
war, Schuberts im Jahre 1824 komponiertes Oktett für Streich- und Blasinstrumente in
die Öffentlichkeit zu bringen, so wenig können wir doch in den Beifall, den die Quasi-
Novität gefunden, mit einstimmen. Die Pietät vor dem grossen Liedersänger und
Instrumental-Komponisten soll uns nicht hindern, dieses Oktett als ein wenig bedeutendes
Werk zu bezeichnen. Es erhebt sich weder durch edle Melodik zur echten Liebens-

würdigkeit, noch durch ernste Ausarbeitung zu formeller Gediegenheit. Ohne die Schubertsche Firma wäre es sicher spurlos vorübergegangen; der Autoritätsglaube hat wieder einmal Wunder gewirkt."

Liter. *Medak, Hugo,* Musikführer No. 226, Schlesinger, Berlin.

(36.) Quintett
für 2 Violinen, Viola und 2 Violoncelle. C-dur. op. 163.
[GA. Ser. IV.]

I. Allegro ma non troppo. — II. Adagio. — III. Scherzo. *Presto.* — IV. Allegretto.

SD. I. 13¹/₂ Min. II. 12¹/₂ Min. III. 9¹/₂ Min. IV. 8¹/₂ Min. GD. 44 Min.

Komp.: 1828 in Wien.

EA.: 1. Wien, Sonntag, d. 17. November 1850 im kleinen Musikvereinssaale in der 2. Quartettproduktion nach dem Manuskript gespielt von den Herren *Joseph Hellmesberger sen.* (Viol. 1), *Math. Durst* (Viol. 2), *Karl Heissler* (Viola), *Karl Schlesinger* (Violonc. 1) und *J. Stransky* (Violonc.). (S. Anm.) — 2. Ebendaselbst, Sonntag, d. 28. November 1852 im gleichen Saale in der 3. Quartettproduktion nach Mspt. gespielt von *Denselben* wie bei EA. 1. — [Dresden, Montag d. 24. Juli 1854 im Saale von Thiemes Hotel im 1. Produktions-Abend des Tonkünstlervereins gespielt von den Herren *F. Hüllweck sen., Traug. Körner, Louis Göring, Ernst Kummer* und *Joseph Weixlstorffer.* (S. Anm.)]

Ersch.: Januar(?) 1853 bei C. A. Spina, Wien.

Anmerkg. Das Programm der EA. 1 (Wien) enthält die Bemerkung: „Die Herren Diabelli & Comp. haben das Manuskript von Schubert den Konzertgebern zur Aufführung aus besonderer Gefälligkeit überlassen." Auf diesem Programm ist das Quintett bereits als op. 163 bezeichnet. — Der EA. im Dresdner Tonkünstlerverein ist Erwähnung getan, da sie an dem ersten Produktionsabend, den dieser Verein überhaupt veranstaltete, stattfand. Er war am 24. Mai 1854 gegründet worden, hatte seine ersten beiden Übungsabende am 1. und 14. Juli abgehalten und trat mit diesem Produktionsabend zum erstenmal vor ein grösseres, eingeladenes Publikum. — Nottebohm schreibt in seinem thematischen Verzeichnis S. 153: „Erschienen um 1854", jedoch wird das Quintett bereits am 29. Januar 1853 in den Signalen unter „Neue Musikalien" angezeigt.

(37.) Quintett

für Pianoforte, Violine, Viola, Violoncell und Kontrabass.

A-dur. op. 114. (Forellen-Quintett.)

[GA. Ser. VII No. 1.]

I. Allegro vivace. — II. Andante. — III. Scherzo. *Presto.* — IV. Andantino mit Variationen. — V. Allegro giusto.

SD. I. 10 Min. II. 7 Min. III. 4 Min. IV. 8 Min. V. 7 Min. GD. 36 Min.

Komp.: Sommer 1819 in Steyr (Oberösterreich).

EA.: Unbekannt.

Ersch.: 1829 bei Joseph Czerny, Wien.

Anmerkg. Das Thema des 4. Satzes ist dem bekannten Liede „Die Forelle" entnommen. Schubert verwendete seine Lieder öfter als Thema zu Variationen, so in der Wanderer-Phantasie op. 15, im D-moll-Quartett „Der Tod und das Mädchen", in den Variationen op. 160.

(38.) Quartett I (in „wechselnden Tonarten")

für 2 Violinen, Viola und Violoncell.

[GA. Ser. V No. 1.]

Komp.: 1812 in Wien.

Ersch.: Partitur und Stimmen 1890 bei Breitkopf & Härtel, Leipzig.

Anmerkg. Schubert schrieb drei Quartette dieser Art „in wechselnden Tonarten" als 12—13jähriger Knabe. Es ist bei diesem Quartett von einer Mitteilung der Zeitdauer abgesehen worden. Der 1. Satz beginnt mit einem Andante in C-moll, das anschliessende Presto vivace steht in der Hauptsache in G-moll; der 2. Satz in F-dur, der 3. in B-dur, der 4. in B-dur und C-dur. Der Knabe Schubert suchte neue Pfade. (S. hierzu Revisionsbericht V, S. 53.)

Bei der Reihenfolge und Numerierung der Streichquartette ist die Ordnung der Ges.-Ausg. beibehalten worden, die, unbekümmert um von anderen später hinzugefügte Opuszahlen (z. B. op. 168, 125, 161), einzig nach chronologischen Gesichtspunkten geschehen ist.

(39.) **Quartett II**
für 2 Violinen, Viola und Violoncell. C-dur.
[GA. Ser. V No. 2.]

I. Presto. — II. Menuetto. *Allegro.*
SD. I. 5 Min. II. 2 Min. GD. 7 Min.
Komp.: September 1812 in Wien. (S. Anm.)
EA.: S. Anmerkung.
Ersch.: Partitur und Stimmen 1890 bei Breitkopf & Härtel, Leipzig.

Anmerkg. Der erste Satz trägt am Anfange das Datum: „30. September 1812." Das Quartett ist unvollständig; der langsame Satz fehlt, von einem letzten sind mehrere Blätter erhalten geblieben, die in dem Revisionsbericht (V, 53 ff.) nachgelesen werden können. — Die ersten Quartette werden im Elternhause, wohl auch im Konvikt, erstmalig gespielt worden sein. Vater (Franz Theodor Florian) Schubert musizierte in der Regel Sonntags nachmittags mit seinen Söhnen Ferdinand, Ignaz und Franz (Ferdinand und Ignaz 1. und 2. Violine, Franz Viola, der Vater Violoncell). Die ersten sog. „Hausquartette" bilden ein gutes Übungsmaterial für Quartettübungen an Musikschulen, sie werden zu diesem Zwecke nicht genug benützt.

(40.) **Quartett III**
für 2 Violinen, Viola und Violoncell. B-dur.
[GA. Ser. V No. 3.]

I. Allegro. — II. Andante. — III. Menuetto. *Allegro ma non troppo.* — IV. Allegretto.
SD. I. 12 Min. II. 4 Min. III. 5 Min. IV. 9 Min. GD. 30 Min.
Komp.: 19. November 1812 bis 21. Februar 1813 in Wien.
EA.: S. Anmerkungen zu No. 39.
Ersch.: Partitur und Stimmen 1890 bei Breitkopf & Härtel, Leipzig.

Anmerkg. Die Kompositionsdaten enthält die Partitur der Gesamt-Ausgabe am Anfang und Schluss des Quartetts.

(41.) Quartett IV

für 2 Violinen, Viola und Violoncell. C-dur.

[GA. Ser. V No. 4.]

I. Adagio. Allegro con moto. — II. Andante con moto. — III. Menuetto. *Allegro.* — IV. Allegro.

SD. *I. 8 Min. II. 4 Min. III. 5 Min. IV. 5 Min.* **GD.** *22 Min.*

Komp.: 3.—7. März 1813 in Wien. (S. Anm.)

EA.: S. Anmerkung zu No. 39.

Ersch.: Partitur und Stimmen 1890 bei Breitkopf & Härtel, Leipzig.

Anmerkg. Die handschriftliche Partitur trägt folgende Daten: Am Anfange des ersten Satzes „3. März", am Schlusse des zweiten „6. März", am Schlusse des letzten „7. März", immer mit der Jahreszahl. Die handschriftlichen Stimmen haben das Datum: „Den 16. März 1813." (GA.)

(42.) Quartett V

für 2 Violinen, Viola und Violoncell. B-dur.

[GA. Ser. V No. 5.]

I. Allegro. — II. Allegro.

SD. *I. 12 Min. II. 9 Min.* **GD.** *21 Min.*

Komp.: 8. Juni bis 18. August 1813 in Wien. (S. Anm.)

EA.: S. Anmerkungen zu No. 39.

Ersch.: Partitur und Stimmen 1890 bei Breitkopf & Härtel, Leipzig.

Anmerkg. Das Quartett ist unvollständig. Die beiden erhaltenen Sätze scheinen ein erster und letzter zu sein; Mittelsätze fehlen. Der erste am 8. Juni begonnene Satz wurde am 16. Juni beendet, der andere hat am Schlusse die Notiz: „Fine 18. Aug. 813". (GA. und Revisionsbericht.)

(43) Quartett VI

für 2 Violinen, Viola und Violoncell. D-dur.

[GA. Ser. V No. 6.]

I. Allegro ma non troppo. — II. Andante. — III. Menuetto. *Allegro.* IV. Allegro.

SD. *I. 9 Min. II. 5 Min. III. 4 Min. IV. 7 Min.* **GD.** *25 Min.*

Komp.: 22. August bis September 1813 in Wien. (S. Anm.)

EA.: S. Anmerkung zu No. 39.

Ersch.: Partitur und Stimmen 1890 bei Breitkopf & Härtel, Leipzig.

Anmerkg. Die handschriftliche Partitur trägt folgende Daten: Am Anfange des ersten Satzes: „22. August 1813", am Ende desselben: „3. September", am Schlusse des Quartetts: „Im September 1813". (GA.)

(44.) **Quartett VII**
für 2 Violinen, Viola und Violoncell. D-dur.
[GA. Ser. V No. 7.]

I. Allegro. — II. Andante con moto. — III. Menuetto. *Allegretto.* — IV. Presto.

SD. *I. 9 Min. II. 5 Min. III. 2 Min. IV. 5 Min.* **GD.** *21 Min.*

Komp.: Spätestens 1814 in Wien. (S. Anm.)

EA.: S. Anmerkung zu No. 39.

Ersch.: Partitur und Stimmen Ende 1871 bei C. F. Peters, Leipzig.

Anmerkg. Nach dem Revisionsbericht hat die handschriftliche Partitur keine Angaben über die Kompositionszeit. Die obige gibt Nottebohm im Them. Verzeichnis (S. 206) und die Partitur der Ges.-Ausgabe an.

(45.) **Quartett VIII**
für 2 Violinen, Viola und Violoncell. B-dur. op. 168.
[GA. Ser. V No. 8.]

I. Allegro ma non troppo. — II. Andante sostenuto. — III. Menuetto. *Allegro.* — IV. Presto.

SD. *I. 10 Min. II. 8 Min. III. 4 Min. IV. 6 Min.* **GD.** *28 Min.*

Komp.: 5.—13. September 1814 in Wien. (S. Anm.)

EA.: Wien, Sonntag, d. 23. Februar 1862 im Musikvereinssaale in der 3. Quartett-Produktion nach dem Manuskript gespielt von den Herren *Jos. Hellmesberger sen.* (Viol. 1), *Mathias Durst* (Viol. 2), *F. Dobyhal* (Viola) und *H. Röver* (Violonc.). (S. Anm.)

Ersch.: Mai 1863 bei C. A. Spina, Wien.

Anmerkg. Die handschriftliche Partitur enthält die genauesten Kompositionsdaten: Am Anfange des ersten Satzes: „5. Sept. 1814", am Ende desselben: „in 4½ Stunden verfertigt"; am Anfange des zweiten: „6. Sept. 1814", am Ende desselben: „10. Sept. 1814“; am Ende des dritten: „11. Sept. 1814“; am Ende des letzten: „13. Sept. 1814“. (GA.) — Die oben mitgeteilte EA. wird die erste öffentliche gewesen sein, das schliesst natürlich nicht aus, was in den Anmerkungen zu No. 39 gesagt ist. — Im Programm der EA. heisst es: „Von dem Eigentümer des Werkes, Herrn C. A. Spina, freundlichst überlassen“. — Nach den Berichten über die Aufführung ist sie nicht einwandfrei gewesen. Wiederholungssätze waren teils beschnitten, teils ganz gestrichen, von einer angeblich „allzu opernhaft klingenden Stelle“ wurde gänzlich Umgang genommen, für das eigentliche Scherzo-Trio wurde eines aus einem anderen gleichfalls hand-schriftlichen Quartett entlehnt. (N. Z. f. M., B. 56, S. 183.) Nach den Wiener „Rezensionen u. s. w.“ (1862, S. 142) war das Manuskript „bereits vor 6 oder 8 Jahren“ von Spina Hellmesberger übergeben worden. (S. auch „Signale“ 1862, S. 166.)

(46.) Quartett IX

für 2 Violinen, Viola und Violoncell.   G-moll.

[GA. Ser. V No. 9.]

I. Allegro con brio. — II. Andantino. — III. Menuetto. *Allegro vivace.* — IV. Allegro.

SD. I. 10 Min. II. 6 Min. III. 3 Min. IV. 8 Min. GD. 27 Min.

Komp.: 25. März bis 1. April 1815.

EA.: Wien, Sonntag, d. 29. November 1863 im Musikvereinssaale in der 2. Quartett-Produktion nach dem Manuskript gespielt von den Herren *Jos. Hellmesberger sen.* (Viol. 1), *M. Durst* (Viol. 2), *F. Dobyhal* (Viola) und *H. Röver* (Violonc.).

Ersch.: Partitur und Stimmen Ende 1871 bei C. F. Peters, Leipzig.

Anmerkg. Auch für EA. dieses Quartetts gelten die Anmerkungen zu No. 39 u. 45. Die Berichte über die oben mitgeteilte EA. (Wiener Rezensionen 1863, S. 879, Allgemeine Musikzeitung 1863, S. 782) sprechen auch hier noch als von einem „Hausquartett“. — Die Kompositionsdaten teilen Nottebohm (S. 266) und die Partitur der Gesamtausgabe mit.

(47.) Quartett X

für 2 Violinen, Viola und Violoncell.   Es-dur.   op. 125 No. 1.

[GA. Ser. V No. 10.]

I. Allegro moderato. — II. Scherzo. *Prestissimo.* — III. Adagio. — IV. Allegro.

SD. I. 12 Min. II. 2 Min. III. 7 Min. IV. 8 Min. GD. 29 Min.

Komp.: Um 1817. (S. Anm.)

EA.: S. Anmerkung zu No. 39.

Ersch.: Anfang 1830 bei Josef Czerny, Wien. (S. Anm.)

Anmerkg. Die Kompositionszeit ist nach der von Mandyczewski ange-
nommenen (Revisionsbericht S. 52) mitgeteilt. Nottebohm (S. 134) gibt „wahrscheinlich um 1824" an und mag sich dabei auf den Brief Schuberts an Kugel-
wieser vom 31. März 1824 gestützt haben. Es heisst da: „In Liedern habe ich
wenig Neues gemacht, dagegen versuchte ich mich in mehreren Instrumental-
sachen, denn ich komponierte zwei Quartette für Violinen, Viola und Violoncello
und ein Oktett, und will noch ein Quartett schreiben." Zwei von den Quartetten
sind das A-moll und, wie neuerdings festgestellt werden konnte, das in D-moll.
Wo das dritte blieb, ob es überhaupt geschrieben wurde, ist bisher nicht ermittelt. — Angezeigt sind beide Quartette op. 125 im Intelligenzblatt zur Mai-
Nummer der Allgemeinen Musikalischen Zeitung (Leipzig) 1830, also ist der
Erscheinungstermin in die ersten Monate dieses Jahres zu setzen.

(48.) Quartett XI

für 2 Violinen, Viola und Violoncell. E-dur. op. 125 No. 2.

[GA. Ser. V No. 11.]

I. Allegro con fuoco. — II. Andante. — III. Menuetto. *Allegro vivace.*
— IV. Rondo. *Allegro vivace.*

SD. *I. 7 Min. II. 5 Min. III. 3 Min. IV. 6 Min.* **GD.** *21 Min.*

Komp.: Um 1817. (S. Anm. zu No. 47.)

EA.: S. Anmerkung zu No. 39.

Ersch.: 1830 bei Joseph Czerny, Wien. (S. Anm. zu No. 47.)

Anmerkg. Vergl. hierzu die Anmerkungen zu No. 47.

(49.) Quartett-Satz (XII)

für 2 Violinen, Viola und Violoncell. C-moll.

[GA. Ser. V No. 12.]

GD. *7 Min.*

Komp.: Dezember 1820 in Wien.

EA.: 1. Wien, Sonntag, d. 1. März 1867 im Musikvereinssaal in einem
Konzert zum Besten des Pensionsfonds der Professoren des Konservatoriums der Gesellschaft der Musikfreunde nach dem Manuskript
gespielt von den Herren *Jos. Hellmesberger sen.* (Viol. 1), *D. Krancse-*

vics (Viol. 2), *F. Dobyhal* (Viola) und *H. Röver* (Violonc.). —
2. Dresden, Freitag, d. 2. Dezember 1870 im Saale des Hotel
de Saxe in der 2. Kammermusik-Soiree gespielt von den Herren
Jos. Lauterbach, Ferd. Hüllweck, Louis Göring und *Friedr. Grützmacher.*

Ersch.: Partitur und Stimmen Dezember 1870 bei Bartholf Senff, Leipzig.

Anmerkg. Die handschriftliche Partitur enthält ausser diesem Satze
auch noch den Anfang eines andern, „Andante" überschriebenen. In dem
Revisionsbericht ist er mitgeteilt.

<hr>

(50.) Quartett XIII

für 2 Violinen, Viola und Violoncell. A-moll. op. 29.

[GA. Ser. V No. 13.]

Seinem Freunde Ignaz Schuppanzigh gewidmet.

I. Allegro ma non troppo. — II. Andante. — III. Menuetto. *Allegretto.*
— IV. Allegro moderato.

SD. *I. 8¹/₂—9 Min. II. 7 Min. III. 3¹/₂ Min. IV. 7 Min.
GD. 26—27 Min.*

Komp.: 1824 in Wien.

EA.: Wien, Sonntag, d. 14. März 1824 im alten Musikvereinssaale im
12. Abonnementsquartett Schuppanzighs nach dem Manuskript gespielt
von den Herren *Ignaz Schuppanzigh* (Viol. 1), *Karl Holz* (Viol. 2),
Franz Weiss (Viola) und *Joseph Linke* (Violonc.).

Ersch.: 1825 bei Sauer & Leidesdorf, Wien.

Anmerkg. Aus dem Titel der ersten Ausgabe: „Trois Quators pour
deux Violons, Alto et Violoncelle, composés et dediés à son ami J. Schuppanzigh usw., Oeuvre 29 No. ...." geht hervor, dass die Herausgabe von drei
Quartetten beabsichtigt gewesen ist. Das werden die drei in dem Briefe vom
31. März 1824 (S. Anm. zu No. 47) erwähnten Quartette sein, von denen jedoch
nur zwei (No. 13 u. 14) bekannt sind. Die Herausgabe eines 2. und 3. ist jedoch
unterblieben. — Die Leipziger Allgemeine Musikalische Zeitung vom 29. April
1824 schreibt über die EA. des A-moll-Quartetts: „Als Erstgeburt nicht zu
verachten."

(51.) **Quartett XIV**

für 2 Violinen, Viola und Violoncell. D-moll.

(„Der Tod und das Mädchen.")

[GA. Ser. V No. 14.]

I. Allegro. — II. Andante con moto. — III. Scherzo. *Allegro molto.* — IV. Presto. Prestissimo.

SD. I. 11 Min. II. 12 Min. III. 3 Min. IV. 9 Min. **GD.** *35 Min.*

Komp.: 1824 in Wien. (S. Anm.)

EA.: Nicht mit Sicherheit festzustellen. (S. Anm.)

Ersch.: Juli 1831 bei Joseph Czerny, Wien.

Anmerkg. Die Kompositionszeit wurde als im Jahre 1826 liegend allgemein angenommen. Nach einem 1901 aufgefundenen Fragment der Handschrift ist es jedoch eines der 1824 komponierten Quartette (S. Heuberger, „Franz Schubert", S. 110 Anm. No. 164). — Das Quartett wurde am 29. Januar 1826 in der Wohnung eines Herrn Hacker aus den frischkopierten (!) Stimmen zum ersten Male probiert von den Herren *Karl Hacker, Franz Hauer* (Violinen), *Franz Hacker* (Viola) und *Bauer* (Violoncell). Die 3 erstgenannten waren Dilettanten, der 4. Mitglied des Hofopernorchesters. Am folgenden Tage wurde die Probe fortgesetzt (oder wiederholt) und am 1. Februar 1826 das Quartett als „neues" Werk in der Wohnung des Hofkapellsängers Joseph Barth gespielt. Schubert soll die Proben geleitet und in den „frischkopierten" Stimmen Korrekturen und Änderungen vorgenommen haben. So berichtet Kreissle (1865, S. 391, Anm.) nach Mitteilungen des Herrn Dr. Hauer und dem damit übereinstimmenden Tagebuch des Herrn Franz Hacker. Daraus darf vielleicht der Schluss gezogen werden, dass das Quartett im Jahre 1824 nicht vollendet wurde, dass man vielmehr seine Beendigung kurz vor dieser Privat-Aufführung zu vermuten habe. — In dem einzigen Konzert, das Schubert am 26. März 1828 gab (S. die Anmerkg. zu No. 54), stand als No. 1 auf dem Programm: *„Erster Satz eines neuen Streichquartetts, vorgetragen von den Herren Böhm, Holz, Weiss und Linke."* War das der erste Satz des D-moll-Quartetts, wie man vermutet, oder der erste des 1826 entstandenen G-dur-Quartetts? In dem Schreiben vom 21. Februar 1828 (Jahrbuch 1894 der Petersbibliothek, S. 109) bot Schubert dem Verlage B. Schotts Söhne in Mainz unter vielem anderen die zwei Quartette in G-dur und D-moll an, allerdings vergeblich. Auch Breitkopf & Härtel wurden bereits am 12. August 1826 „Streichquartette" angeboten. — Das Quartett ist unter dem Namen „Der Tod und das Mädchen" bekannt, so benannt nach dem Thema des 2. Satzes, der aus Variationen über das bekannte Schubertsche Lied besteht. — Eine der frühesten öffentlichen Aufführungen fand in Berlin, Dienstag, d. 12. März 1833 in einer „Musikalischen Versammlung" (die fünfte des 2. Zyklus) von Karl Moeser statt. Die Vossische Zeitung vom 14. März d. J. schrieb darüber: „Dieses Werk des zu früh verstorbenen Komponisten erregte ein allgemeines Interesse, es ist reich an originellen, freilich oft auch seltsamen und mehr gemachten als gefundenen Wendungen, zumal in der harmonischen Behandlung. Der erste Satz ist der mindest gelungene in der Gestaltung. Das Andante mit Variationen dagegen muss man reizend nennen, wiewohl wir gegen den zweiten Teil des Themas manches einzuwenden hätten. Scherzo und Finale sind lebendig, voll lebhafter Rhythmen und oft sehr kunstreich gearbeitet."

(52.) Quartett XV

für 2 Violinen, Viola und Violoncell. G-dur. op. 161.

[GA. Ser. V No. 15.]

I. Allegro molto moderato. — II. Andante un poco moto. — III. Scherzo. *Allegro vivace.* — IV. Allegro assai.

SD. I. 13 Min. II. 10 Min. III. 6 Min. IV. 9 Min. GD. 38 Min.

Komp.: 20.—30. Juni 1826 in Wien.

EA.: Wien, Sonntag, d. 8. Dezember 1850 im Musikvereinssaale in der 5. Quartettproduktion nach dem Manuskript gespielt von den Herren *Jos. Hellmesberger sen.* (Viol. 1), *Math. Durst* (Viol. 2), *Karl Heissler* (Viola) und *Karl Schlesinger* (Violonc.). (S. Anm.)

Ersch.: November 1852 bei C. A. Spina, Wien.

Anmerkg. Kompositionszeit nach der Partitur der Gesamt-Ausgabe. — Die Hellmesbergersche Quartettgenossenschaft brachte ausser diesem op. 161 in demselben Winter noch das Streichquintett op. 163 (S. No. 36) zur ersten öffentlichen Aufführung nach dem Manuskript. Wie bei diesem Werke so enthielt auch hier das Programm die Bemerkung: „Die Herren Diabelli & Co. haben das Manuskript von Schubert den Konzertgebern aus besonderer Gefälligkeit überlassen." Die Opuszahlen stammen wohl von den Verlegern. — Über eine mögliche EA. des ersten Satzes 1828 s. die Anmerkungen zu No. 51 und 54.

(53.) Grosses Trio I

für Pianoforte, Violine und Violoncell. B-dur. op. 99.

[GA. Ser. VII No. 3.]

I. Allegro moderato. — II. Andante un poco mosso. — III. Scherzo. *Allegro.* — IV. Rondo. *Allegro vivace.*

SD. I. 10 Min. II. 8 Min. III. 5 Min. IV. 8 Min. GD. 31 Min.

Komp.: 1826 in Wien.

EA.: S. Anmerkung.

Ersch.: Ostermesse 1836 bei Anton Diabelli & Co., Wien.

Anmerkg. Nottebohm schreibt S. 117: „Öffentlich gespielt zum erstenmal um Neujahr 1828 von Bocklet, Schuppanzigh und Linke in einer Quartett-
Unterhaltung Schuppanzighs." Diese Annahme scheint irrtümlich. Franz Schubert
schreibt in einem Briefe an Anselm Hüttenbrenner am 18. Januar 1828 aus Wien:
„Neulich ist von mir ein Trio für Pianoforte, Violin und Violoncello bei Schuppanzigh
aufgeführt worden und hat sehr gefallen. Es wurde von Bocklet, Schuppanzigh und
Linke vortrefflich exequirt." (Kreissle 1865, S. 418 und Grillparzer-Jahrbuch XVI,
1906, S. 134). Das könnte man auf das B-dur-Trio beziehen. Nach dem von
M. Friedländer im Jahrbuch I der Musikbibliothek Peters (1894) veröffentlichten
Briefwechsel zwischen B. Schotts Söhne in Mainz mit Schubert ist das jedoch
das Es-dur-Trio gewesen. Schubert wurde durch Schreiben der genannten Firma
vom 8. Februar 1828 um Einsendung von Werken ersucht (a. a. O. S. 110); er
bot mit Brief vom 21. Februar unter vielen anderen Werken an: „Trio für Pianoforte, Violine und Violoncelle, welches mit vielem Beyfalle hier producirt
wurde." Die Verlagshandlung verlangte am 29. Februar die Einsendung dieses
Trio (mit anderen Werken zugleich). Darauf schrieb Sch. am 10. April: „Ich
habe indess Abschrift von dem verlangten Trio (welches in meinem Concert
bei gedrängt vollem Saale mit ausserordentlichem Beyfall aufgenommen wurde) ...... machen lassen." B. Schotts Söhne lehnten das Trio,
welches das 2., Es-dur, war, ab. — Es ist bisher nicht gelungen, das Datum
der Schuppanzighschen Quartett-Unterhaltung festzustellen. — Über beide Trio
ist nachzulesen, was Robert Schumann in No. 52 des 5. Bandes der Neuen Zeitschrift für Musik (S. 208) darüber schreibt (Gesammelte Schriften, 4. Auflage
1891, I, 270).

(54.) Grosses Trio II

für Pianoforte, Violine und Violoncell. Es-dur. op. 100.

[GA. Ser. VII No. 4.]

I. Allegro. — II. Andante con moto. — III. Allegro moderato, scherzando. — IV. Allegro moderato.

SD. I. 11 Min. II. 9 Min. III. 6 Min. IV. 13 Min. GD. 39 Min.

Komp.: November 1827 in Wien.

EA.: 1. Wien, Ende 1827 oder Anfang 1828 in einer Quartett-Unter-
haltung Schuppanzighs nach dem Manuskript gespielt von den Herren
Karl Maria von Bocklet (Pfte.), *Ignaz Schuppanzigh* (Viol.) und
Joseph Linke (Violonc.). (S. Anm.) — 2. Ebendaselbst, Mitt-
woch, d. 26. März 1828 im Musikvereinssaale in dem von Franz
Schubert veranstalteten „Privatkonzert" nach Mspt. gespielt von den
Herren *Karl Maria von Bocklet* (Pfte.), *Joseph Böhm* (Viol.) und
Joseph Linke (Violonc.). (S. Anm.)

Ersch.: September 1828 bei H. A. Probst (von 1831 ab Fr. Kistner),
Leipzig.

Anmerkg. Die handschriftliche Partitur trägt den Vermerk: „Trio. Nov. 1827. Frz. Schubert." Von dieser Handschrift unterscheidet sich die Druckausgabe, dass sie im letzten Satze des Trio zwei Kürzungen enthält. Da das Trio zu Schuberts Lebzeiten erschien, ist anzunehmen, dass er sie entweder selbst vorgenommen oder doch gebilligt hat. Die Gesamt-Ausgabe enthält beide Lesarten. — Zur EA. 1 sind die Anmerkungen zum 1. Trio (No. 53) nachzulesen. — Das Programm des einzigen, von Schubert veranstalteten Konzerts (EA. 2) lautet:

1. Erster Satz eines neuen Streichquartetts, vorgetragen von den Herren *Böhm, Holz, Weiss* und *Linke.*
2. a) Der Kreuzzug von Leitner } Gesänge mit Begleitung des Piano-
   b) Die Sterne von demselben } forte, vorgetragen von Herrn *Vogl,*
   c) Der Wanderer an den Mond v. *Seidl* } k. k. pensionierten Hofopernsänger.
3. Ständchen von *Grillparzer,* Sopransolo und Chor vorgetragen von Frl. *Josephine Fröhlich* und den *Schülerinnen des Konservatoriums.*
4. Neues Trio für das Pianoforte, Violine und Violoncello, vorgetragen von den Herren *Carl Maria von Bocklet, Böhm* und *Linke.*
5. Auf dem Strome von *Rellstab,* Gesang mit Begleitung des Horns und Pianoforte, vorgetragen von den Herren *Tietze* und *Lewy dem Jüngeren.*
6. Die Allmacht von *Ladislaus Pyrker,* Gesang mit Begleitung des Pianoforte, vorgetragen von Herrn *Vogl.*
7. Schlachtgesang von *Klopstock,* Doppelchor für Männerstimmen.
   Sämtliche Musikstücke sind von der Komposition des Konzertgebers.

(Ein Facsimile dieses Programms befindet sich in Heubergers „Franz Schubert" S. 85.) Hier finde noch Platz die Ankündigung dieses Privatkonzerts in der Wiener „Allgemeinen Theaterzeitung" (A. Bäuerle) am 25. März 1828: „Unter den mannigfachen musikalischen Kunst-Ausstellungen, die in dieser Saison geboten wurden und noch bevorstehen, dürfte eine die allgemeine Aufmerksamkeit umsomehr in Anspruch nehmen, als sie durch Neuheit und Gediegenheit der Kompositionen, den anziehenden Wechsel der Tonstücke, ebenso wie durch die theilnehmende Mitwirkung der gefeiertsten hiesigen Künstlerinnen ebenso neuen als überraschenden Genuss bietet. Franz Schubert, dessen geisteskräftige, bezaubernd liebliche, originelle Tondichtungen ihn zum Liebling des gesamten Musikpublikums machen und die durch ihren echten künstlerischen Werth ihrem genialen Schöpfer einen mehr als ephemeren, ja unvergänglichen Ruhm bereiten dürften, führt uns am 26. März in einem Privatkonzert (im Lokal des österr. Musik-Vereins) einen Zyklus seiner neuesten Geistesprodukte vor, laut folgendem Programm . . . . Möchte doch dem herrlichen deutschen Tondichter eine Theilnahme werden, wie sie abgesehen von seiner künstlerischen Höhe und dem zu erwartenden, so seltenen musikalischen Hochgenuss, seine Bescheidenheit und Anspruchslosigkeit allein verdienen." — Nach Kreissle, der seine Mitteilungen von L. v. Sonnleithner hat, ist das Motiv des 2. Satzes eine schwedische Volksweise, die Schubert im Hause der Frl. Fröhlichs durch den Tenoristen Berg (seinerzeit Direktor des Konservatoriums in Stockholm) kennen gelernt hatte. (Kreissle 1865, S. 552, Anm. 1.) — In Castellis „Allgemeiner Musikalischer Anzeiger" (I [1829], No. 6 vom 7. Februar 1829) wurde das Trio folgendermassen beurteilt: „Ein Edelstein vom reinsten Wasser ist da, von Carneolen und böhmischen Diamanten eingefasst, wir meinen das kanonische, herrliche Scherzo, ein reizendes Produkt des muthwilligsten Humors, was seine Vorgänger, den ersten Satz und das Andante con moto, ebenso wie seinen Nachfolger, das endlose Finale, weit überragt. In diesem Scherzo ist der Verfasser, wie er liebte und lebte; in den andern drey Sätzen wollte er Beethovens Pfade verfolgen, und es gereicht ihm zur Ehre, dass er nicht ganz auf Abwege gerathen ist "

(55.) **Notturno**

für Pianoforte, Violine und Violoncell. Es-dur. op. 148.

[GA. Ser. VII No. 5.]

GD. *9 Min.*

Komp.: Unbekannt.

EA.: Unbekannt.

Ersch.: 1844 (Ostermessebericht 1845) bei Anton Diabelli & Co., Wien.

(56.) **Sonate** („Duo")

für Pianoforte und Violine. A-dur. op. 162.

[GA. Ser. VIII No. 6.]

I. Allegro moderato. — II. Scherzo. *Presto.* — III. Andantino. —
IV. Allegro vivace.

SD. *I. 8 Min. II. 4 Min. III. 3 Min. IV. 5 Min.* **GD.** *20 Min.*

Komp.: August 1817. (S. Anm.)

EA.: Unbekannt.

Ersch.: September 1852 bei C. A. Spina, Wien.

Anmerkg. Das Werk erschien unter dem Titel „Duo" (Hofmeisters
Musikalisch-literarischer Monatsbericht 1852, No. 10 [Oktober] S. 174, Signale
1852, No. 39 [23. Sept.], S. 342). — Die Kompositionszeit fand Nottebohm (S. 152)
auf einer vom Autograph genommenen Abschrift, die auch den Titel „Sonate" trug.

(57.) **Phantasie**

für Pianoforte und Violine. C-dur. op. 159.

[GA. Ser. VIII No. 5.]

Andante molto. Allegretto. — Andantino (Thema mit Variationen).
Allegro vivace.

GD. *30 Min.*

Komp.: 1827 in Wien (?).

EA.: Wien, Sonntag, d. 20. Januar 1828 im Saale der niederösterreichischen
Herren-Landstände in einer Akademie des Violinspielers Slawjk nach

dem Manuskript gespielt von den Herren *Karl Maria von Bocklet* (Pfte.) und *Joseph Slawjk* (Viol.). (S. Anm.)

Ersch.: April 1850 bei Anton Diabelli & Co., Wien.

Anmerkg. Das Thema der Variationen entstammt dem Liede: „Sei mir gegrüsst". — Die EA. wird irrtümlicherweise auch für den 5. Februar 1828 als im Kärntnerthor-Theater erfolgt angenommen. Die Leipziger Allgemeine musikalische Zeitung berichtete darüber und schrieb: „Am 5. Febr. im Kärntnerthor-Theater: eine musikalische Akademie, worin eine neue Phantasie für Pianoforte und Violine gegeben wurde, wollte keineswegs entsprechen. Man könnte darüber füglich das Urteil fällen, der beliebte Tonsetzer habe sich hier vercomponirt." Das ist eine Verwechselung des Berichterstatters mit der oben gegebenen Akademie gewesen, denn im Theater spielte Slawyk nach Bäuerles Theaterzeitung (1828, No. 19) vor dem Ballett „Der aus Liebe vermummte Neffe" zweimal, und zwar „Variationen" und ein Rondo, beide Stücke eigener Komposition. Der Verleger Probst verwahrt sich auf Grund des Wiener Berichts in seinem Schreiben vom 15. April 1828 gegen die Übernahme dieser „Phantasie". (Kreissle 1865, S. 434.)

(58.) **Rondo brillant**
für Pianoforte und Violine.   H-moll.   op. 70.
[GA. Ser. VIII No. 1.]

GD. 15 Min.

Komp.: 1826 in Wien (?).

EA.: Unbekannt. (Nach Kreissle [1865, S. 392] soll das Rondo von *K. M. v. Bocklet* und *J. Slawjk* in einer Gesellschaft bei dem Verleger Artaria in Schuberts Gegenwart gespielt worden sein.)

Ersch.: 1827 bei Artaria & Co., Wien.

(59.) **Sonate**
für Pianoforte und Arpeggione oder Violoncell (oder Violine).
[GA. Ser. VIII No. 8.]

1. Allegro moderato. — II. Adagio. *attacca* III. Allegretto.

SD. I. 10 Min. II. und III. 13 Min. **GD. 23 Min.**

Komp.: November 1824 in Wien.

EA.: Unbekannt. (Nach Nottebohm, S. 208) bald nach Vollendung durch Vincenz Schuster zur öffentlichen EA. gebracht.

Ersch.: Januar 1871 bei J. P. Gotthard, Wien.

Anmerkg. Arpeggione war ein gambenähnliches Instrument mit 6 Saiten: E A d g h ē. — Die Sonate würde mit einigen unerheblichen Änderungen ein dankbares Stück für Bratsche werden können. Sie teilt mit op. 159 u. 162 das Schicksal, unverdienter Weise unbekannt und ungespielt geblieben zu sein.

(60.) Introduktion und Variationen
über ein Thema („Ihr Blümlein alle") aus den Müllerliedern op. 25 für Pianoforte und Flöte.   op. 160.

[GA. Ser. VIII No. 7.]

GD. 14 Min. (ohne Wiederholungen).

Komp.: Januar 1824 in Wien.

EA.: Unbekannt.

Ersch.: April 1850 bei Anton Diabelli & Co., Wien.

Felix Mendelssohn Bartholdy.

Geb. 3. Februar 1809 in Hamburg, gest. 4. November 1847 zu Leipzig.

Vorwort.

In den Anmerkungen zu den Werken Mendelssohns nehmen die Mitteilungen über die Entstehungszeit und Umarbeitung der Kompositionen einen breiten Raum ein. Die bisher erschienenen biographischen Werke lassen in diesem Punkte empfindliche Lücken und sind oft unzuverlässig. Den zuerst 1861 (Band I) und 1863 (Band II) erschienenen Reisebriefen Mendelssohns war ein von Julius Rietz verfasstes „Verzeichnis der sämtlichen musikalischen Kompositionen von F. M. B." beigegeben, das die Jahre des Entstehens und den Ort der Vollendung der Werke mitteilte. Bei der Abfassung dieses Verzeichnisses sind Rietz die später erschienenen Briefwechsel M.s (siehe Literatur), die so viele und wichtige Äusserungen über Beginn, Fortgang und Beendigung vieler Kompositionen enthalten, unbekannt gewesen und seine an sich so verdienstliche und für spätere biographische Arbeiten grundlegende Arbeit musste deshalb lückenhaft bleiben. (Von der 6. Auflage an ist dieses Verzeichnis weggelassen worden.) Die 1874 in Angriff genommene, von Rietz redigierte Gesamtausgabe der Werke Mendelssohns (Breitkopf & Härtel) wiederholt zumeist die im erwähnten Verzeichnisse gegebenen Kompositionsdaten. Der ausgezeichnete englische Musikschriftsteller Sir George Grove lieferte im 2. Bande seines „Dictionary of Music and Musicians" auf Grund sorgfältigster eigener Studien und unter Benutzung des neu erschienenen Materials eine biographische Abhandlung über Mendelssohn, die mustergültig genannt werden kann und insbesondere für die Bestimmung der Kompositionszeiten wertvollstes authentisches Material beibrachte. Auf Groves Angaben ist in der nachfolgenden Abteilung vielfach Bezug genommen worden. Trotz aller Briefwechsel und Grove blieben noch mancherlei Lücken und Unstimmigkeiten in der Chronologie von M.s Werken, die zum grössten Teile beseitigt werden konnten durch den Dezember 1908 erschienenen Briefwechsel M.s mit Klingemann. Es scheint nunmehr gelungen, ein zuverlässiges Bild von M.s Schaffen zu geben.

Gleich wie über die Entstehung der M.schen Werke waren auch die Angaben über die Erstaufführungen einer gründlichen Nachprüfung zu unterziehen. Die Programme der Gewandhauskonzerte in Leipzig lagen, mit ganz wenig Ausnahmen, im Original vor, diejenigen der Philharmonischen Konzerte in London sind sämtlich in No. 32 des Musical Courier (London) vom Jahre 1896 veröffentlicht worden, zur Feststellung vieler anderer in Leipzig und London nicht stattgefundenen Erstaufführungen gaben die Musikzeitungen und direkte Mitteilungen der betr. Veranstalter usw. Aufschluss. [Die EA. von Elias in Deutschland gibt auch E. Wolff in seinem 1906 erschienenen „Felix Mendelssohn Bartholdy" (S. 194, Anmerkg. No. 242) noch nicht richtig, s. Elias, No. 21]. Wie bei allen anderen Komponisten ist auch bei Mendelssohn die EA. einer Anzahl von Kammermusikwerken nicht festzustellen. Für des Genannten Jugendwerke wird als Ort der EA. zu gelten haben das elterliche Haus in Berlin. In den dort vor einem grösseren Zuhörerkreise, also vor einer bedingten Öffentlichkeit stattgehabten Sonntagsmusiken spielten Eduard Rietz, Ferd. David, Mendelssohn und Julius Rietz Quartett, Fanny Mendelssohn gesellte sich ihnen am Klavier zu und andere Mitwirkende sind sicherlich zur Aufführung des Quintetts op. 18, des Sextetts op. 110, des Oktetts op. 20 zugezogen worden. Auf diese Sonntagsmusiken ist in den Anmerkungen des öfteren verwiesen. — Die Widmungen haben sich in späteren Auflagen mancherlei Änderung des Wortlautes gefallen lassen müssen; sie sind, wo irgend die Originalausgabe zu erreichen war, nach dieser mitgeteilt. — Zur genauen Feststellung der Erscheinungstermine dienten direkte Mitteilungen der Herren Verleger, versagten diese, so haben das Whistlingsche Handbuch, die Hofmeisterschen Monatsberichte und die Anzeigen in den musikalischen Zeitungen Aufschluss gegeben. — An der Hand des nachfolgenden Literaturverzeichnisses werden die gebrauchten Abkürzungen ohne weiteres verständlich sein. In das Literaturverzeichnis sind einzelne, da und dort erschienene Artikel und Abhandlungen über Mendelssohn nicht aufgenommen worden. Die bei den Hinweisungen auf die Quellen angegebenen Seitenzahlen beziehen sich stets auf die in dem Literaturverzeichnisse genannten Auflagen. — Nach jedem Titel findet man die Angabe der Serie und Nummer der Breitkopfschen Gesamtausgabe: „GA. Ser. 1 No. 1" usw. Die Ziffern in Klammer bezeichnen die fortlaufende Nummer der Gesamtausgabe. — Die Schreibweise Mendelssohn-Bartholdy ist unrichtig, er und die Angehörigen der Familie schrieben sich stets ohne den Bindestrich.

Allgemeine deutsche Literatur über Mendelssohn: 1. *W. A. Lampadius*, „Felix Mendelssohn Bartholdy. Ein Denkmal für seine Freunde" (1848, Leipzig, J. C. Hinrichssche Buchhandlung). — 2. *A. Reissmann*, „Felix Mendelssohn Bartholdy. Sein Leben und seine Werke" (1893, Leipzig, List & Franke). — 3. *E. Wolff*, „Felix Mendelssohn Bartholdy" (1906, Berlin, Verlagsgesellschaft Harmonie). — 4. *E. Polko*, „Erinnerungen an Felix Mendelssohn Bartholdy" (1868, Leipzig, F. A. Brockhaus). — 5. *S. Hensel*, „Die Familie Mendelssohn" (14. Auflage, 1908, Berlin, B. Behrs Verlag). — 6. *P. Mendelssohn Bartholdy*, „Briefe aus den Jahren 1830—1847 von Felix Mendelssohn Bartholdy" (B. I, 9. Aufl., 1882, B. II, 6. Aufl., 1875, Leipzig, Hermann Mendelssohn). — 7. *F. Moscheles*, „Briefe von Felix Mendelssohn Bartholdy an Ignaz und Charlotte Moscheles" (1888, Leipzig, Duncker & Humblot). — 8. *J. Eckardt*, „Ferdinand David und die Familie Mendelssohn Bartholdy" (1888, Leipzig, Duncker & Humblot). — 9. *F. Hiller*, „Felix Mendelssohn Bartholdy. Briefe und

Erinnerungen" (2. Aufl., 1878, Köln, M. du Mont Schaubergsche Buchhandlung).
— 10. *Jul. Schubring*, „Briefwechsel zwischen Felix Mendelssohn Bartholdy und
Julius Schubring" usw. (1892, Leipzig, Duncker & Humblot). — 11. *E. Devrient*,
„Meine Erinnerungen an Felix Mendelssohn Bartholdy und seine Briefe an mich"
(3. Aufl., 1891, Leipzig, J. J. Weber). — 12. *R. Mendelssohn Bartholdy*, „Goethe
und Felix Mendelssohn Bartholdy" (1871, Leipzig, S. Hirzel). [S. hierzu auch
No. 24.] — 13. „Acht Briefe und ein Faksimile von Mendelssohn Bartholdy"
(1871, Leipzig, F. W. Grunow). — 14. *K. Klingemann*, „Felix Mendelssohn
Bartholdys Briefwechsel mit Legationsrat Karl Klingemann in London" (1909,
Essen, G. D. Baedeker). — 15. „Biographie von Felix Mendelssohn Bartholdy".
37. Neujahrsstück der allgemeinen Musikgesellschaft in Zürich (1849, Zürich,
Orell, Füssli & Komp.). — 16. Thematisches Verzeichnis der im Druck er-
schienenen Werke von Felix Mendelssohn Bartholdy (3. Ausgabe, 1882, Leipzig,
Breitkopf & Härtel). — 17. *Otto Gumprecht*, „Felix Mendelssohn Bartholdy",
Musikalische Charakterbilder (1869, Leipzig, H. Haessel). — 18. *Josef Sittard*,
„Felix Mendelssohn Bartholdy", Sammlung Musikalischer Vorträge, III (1881,
Leipzig, Breitkopf & Härtel). — 19. Mendelssohn-Heft (1909, „Die Musik" VIII,
Heft 9, Berlin und Leipzig, Schuster & Löffler).

Nicht zu entbehren sind ausserdem: 20. „Aus Moscheles Leben". Nach
Briefen und Tagebüchern herausgegeben von seiner Frau (1872/73, Leipzig,
Duncker & Humblot). — 21. *A. B. Marx*, „Erinnerungen aus meinem Leben"
(1865, Berlin, Otto Janke). — 22. *L. Nohl*, „Musiker-Briefe" (2. Aufl., 1873,
Leipzig, Duncker & Humblot). — 23. *A. Dörffel*, „Geschichte der Gewandhaus-
Konzerte in Leipzig" (1884, Leipzig). — Aus der englischen Literatur:
24. *G. Grove*, „A Dictionary of Music and Musicians" B. II, S. 253—311 (1880,
London, Macmillan and Co.). — 25. *J. Benedict*, „A Sketch of the Life and
Works of the late Felix Mendelssohn Bartholdy" (2. Aufl., 1853, London). —
26. *F. G. Edwards*, „The History of Mendelssohns Oratorio Elijah" (1896,
London, Novello and Compagny). — 27. (S. No. 12 „In English by Miss M. E.
Glehn" 2nd. ed. 1874, London). — 28. *G. Hogarth*, „The Philharmonie Society
of London" (2nd. ed. 1862, London, Robert Locks & Co.). — Weitere Spezial-
literatur s. bei *Wolff* (No. 3) und *Grove* (No. 23).

Werke:

I. Orchesterwerke.

1. Symphonie I. op. 11.
    (Symphonie II „Lobgesang" s. No. 22).
2. Symphonie III (Schottische). op. 56.
3. Symphonie IV (Italienische). op. 90.
4. Symphonie V (Reformations-). op. 107.
5. Ouvertüre zum Sommernachtstraum.
    op. 21.
6. Ouvertüre „Die Fingalshöhle" (He-
    briden). op. 26.
7. Ouvertüre „Meeresstille und glück-
    liche Fahrt". op. 27.

8. Ouvertüre zum Märchen von der
    schönen Melusine. op. 32.
9. Ouvertüre zu Ruy Blas. op. 95.
10. Trompeten-Ouvertüre. op. 101.
11. Ouvertüre zu „Die Hochzeit des
    Camacho". op. 10.
    (Ouvertüre zu Athalia, s. No. 32).
12. Ouvertüre zu „Die Heimkehr aus
    der Fremde". op. 89.
13. Ouvertüre für Harmoniemusik.
    op. 24.

II. Konzerte u. Konzertstücke mit Orchester.

14. Klavierkonzert I. op. 25.
15. Klavierkonzert II. op. 40.
16. Violinkonzert. op. 64.
17. Capriccio brillant (Pfte.). op. 22.
18. Rondo brillant (Pfte.). op. 29.
19. Serenade und Allegro giojoso (Pfte.). op. 43.

III. Chorwerke mit Orchester.

20. Paulus. op. 36.
21. Elias. op. 70.
22. Lobgesang. op. 52.
23. Die erste Walpurgisnacht. op. 60.
24. Psalm 115. op. 31.
25. Psalm 42. op. 42.
26. Psalm 95. op. 46.
27. Psalm 114. op. 51.
28. Psalm 98. op. 91.
29. Lauda Sion. op. 73.
30. Tu es Petrus. op. 111.
31. Musik zum Sommernachtstraum. op. 61.
32. Athalia. op. 74.
33. Loreley-Finale. op. 98, No. 1.
34. Christus. op. 97.

35. Antigone. op. 55.
36. Oedipus in Kolonus. op. 93.

IV. Kammermusikwerke.

37. Streichoktett. op. 20.
38. Klaviersextett. op. 110.

39. Streichquintett I. op. 18.
40. Streichquintett II. op. 87.
41. Klavierquartett I. op. 1.
42. Klavierquartett II. op. 2.
43. Klavierquartett III. op. 3.
44. Streichquartett I. op. 12.
45. Streichquartett II. op. 13.
46. Streichquartett III. op. 44, No. 1.
47. Streichquartett IV. op. 44, No. 2.
48. Streichquartett V. op. 44, No. 3.
49. Streichquartett VI. op. 80.
50. Streichquartettsätze. op. 81.
51. Streichquartett 1823.
52. Klaviertrio I. op. 49.
53. Klaviertrio II. op. 66.
54. Sonate für Pianoforte und Violine. op. 4.
55. Sonate I für Pianoforte und Violoncell. op. 45.
56. Sonate II für Pianoforte und Violoncell. op. 58.
57. Variations concertantes für Pianoforte und Violoncell. op. 17.
58a/b. Zwei Konzertstücke für Klarinette und Bassethorn. op. 113 u. 114.

NB. Nicht aufgenommen sind: Trauermarsch op. 103 und Marsch op. 108 für Orchester, Duo für 2 Klaviere mit Orchester von Mendelssohn u. Moscheles, Hymne für Alt mit Chor und Orchester op. 96 und „Verleih uns Frieden" für Chor und Orchester.

I. Orchesterwerke.

(1.) Symphonie I für Orchester.

C-moll. op. 11. [GA. Ser. 1 No. 1.]

Der Philharmonischen Gesellschaft in London gewidmet.

I. Allegro di molto. — II. Andante. — III. Menuetto. *Allegro molto.* — IV. Allegro con fuoco.

SD. *I. 13 Min. II. 7 Min. III. 7 Min. IV. 10 Min. GD. 37 Min.*

Komp.: 3.—31. März 1824 in Berlin. (S. Anm.)

EA.: 1. Leipzig, Donnerstag, d. 1. Februar 1827 im Saale des Gewandhauses im 16. Abonnementskonzert nach dem Manuskript unter Leitung von *Joh. Phil. Christian Schulz.* — 2. London, Montag, d. 25. Mai 1829 in Argyll Rooms im 7. Konzert der Philharmonic Society nach Mspt. unter Leitung von *Felix Mendelssohn Bartholdy.* — 3. Ebendaselbst, Montag, d. 17. Mai 1830 im Opernhause im 7. Konzert derselben Gesellschaft nach Mspt. unter Leitung von *Sir George Smart.* — 4. München, Montag, d. 17. Oktober 1831 im Odeonssaale in einem Konzert zum Besten der Armenpflegschaft nach Mspt. unter Leitung von *F. M. B.* (S. Anm.)

Ersch.: Partitur und Orchesterstimmen Juli 1834 bei A. M. Schlesinger, Berlin.

Orch.Bes.: 2 Fl., 2 Ob., 2 Klar., 2 Fag., 2 Hr., 2 Tr., Pk. — Str.-Orch.

Anmerkg. Die im Besitze der Philharmonischen Gesellschaft in London befindliche handschriftliche Partitur ist als „Sinfonie XIII" bezeichnet, sie trägt für die einzelnen Sätze die Datierungen 3., 9., 31. März 1824. (Grove, II, S. 308.) Die vorausgegangenen anderen 12 Symphonien sind Manuskripte und unbekannt geblieben. Sie stammen sämtlich aus den Jahren 1821—23, bestehen aus 3, von der 7. an aus 4 Sätzen, 11 sind für Streichinstrumente, eine für volles Orchester geschrieben. — Am 2. November 1825 wurde im Konzert des Violinvirtuosen L. W. Maurer im Kgl. Schauspielhause in Berlin eine Symphonie von M. unter seiner Leitung aufgeführt. Es bleibt zweifelhaft, ob es diese op. 11, oder die früher komponierte in D-dur gewesen ist. (S. Trompeten-Ouvertüre op. 101, No. 10.) — Bei EA. 2 (London) musste der dritte Satz wiederholt werden. Das war aber nicht das zur Symphonie gehörige Menuett, sondern (wie auch bei EA. 4, München) das Scherzo aus dem Oktett op. 20, das M. für den besonderen Zweck instrumentiert hatte. (Marx, „Erinnerungen", II, S. 233 und Grove, II, S. 263.) M. trat mit der Symphonie zum ersten Male in England auf und muss mit seinem Erfolge sehr zufrieden gewesen sein. Beweis dafür ist, ausser den an seine Familie gerichteten Briefen (Familie Mendelssohn, I,

S. 209 ff.), das an den Sekretär der Philharmonischen Gesellschaft gerichtete Schreiben: *„J'ai senti vivement l'honneur dont la Société Philharmonique m'a jugé digne en voulant bien faire exécuter à son dernier concert une simphonie de ma composition. J'en conserverai toujours le souvenir. Je sais que ce succès, obtenu surtout grâce à la brillante exécution de l'orchestre, je le dois bien moins à mon talent, qu'à l'indulgence que m'a value ma jeunesse; mais encouragé par un témoignage si flatteur, je travaillerai à justifier les espérances qu'on a bien voulu former, et auxquelles je dois sans doute la bienveillance que l'on m'a montrée".* (Hogarth, „The Philharmonic Society of London", S. 51.) Am 29. November 1829 ernannte die Philharmonische Gesellschaft M. zum Ehrenmitglied. In dem obenerwähnten Briefe vom 26. Mai 1829 (a. a. O.) schildert M. sehr lebendig und anziehend diese EA. Aus der Beschreibung ist zu entnehmen, dass der *conductor* J. B. Cramer M. zum dirigieren an das Klavier führte. Zum Verständnis dessen muss man wissen, dass die Leitung von Orchesterwerken in der Philharmonischen Gesellschaft damals und später (bis 1846) in den Händen eines *leader* und eines *conductor* lag. Der *leader* war der Vorgeiger am 1. Pult (Konzertmeister), von ihm hing sehr wesentlich das Gelingen des Zusammenspiels ab, er schlug bzw. markierte auch gelegentlich den Takt mit dem Violinbogen. Der *conductor* (Kapellmeister) sass in der Mitte des Orchesters, taktierte nicht, bildete nicht die leitende, anfeuernde Spitze, sondern begnügte sich, in der Partitur nachzulesen und unter Umständen das Zusammenspiel durch Anschlagen einiger Akkorde auf dem Klavier zu stützen. Louis Spohr erzählt in seiner Selbstbiographie (II, S. 87) von dieser englischen Gepflogenheit, auch Max Maria v. Weber in „Karl Maria v. Weber" II, S. 655—56, und als M. seine Symphonie leiten wollte, wurde auch er von J. B. Cramer, dem eigentlichen *conductor* des Konzertes, an das Klavier geführt, doch hatte M. sein weisses Taktstöckchen mitgebracht. Die Programme der Philharmonischen Konzerte in London enthalten bis 1846 der Sitte entsprechend stets die Namen des *leader* und *conductor*. Das Programm der EA. 2 sagt von der Symphonie, unrichtig „never performed". — Bei EA. 2 war *leader* Franz Cramer, bei EA. 3 ebenfalls. In den folgenden Nummern der Abteilung „Mendelssohn" ist, wenn es sich um EA. in der Londoner Philharmonischen Gesellschaft handelt, immer nur der Name des *conductor* angegeben. — Das Konzert der EA. 4 in München brachte die erste Aufführung des eben vollendeten G-moll-Klavierkonzerts, von M. selbst gespielt, der auch eine der ersten Aufführungen der Sommernachtstraum-Ouvertüre (S. No. 5) leitete.

Symphonie II „Lobgesang".
(S. No. 22.)

(2.) Symphonie III (Schottische) für Orchester.

A-moll. op. 56. [GA. Ser. 1 No. 3.]

Ihrer Majestät der Königin Viktoria von England zugeeignet.

I. Andante con moto. Allegro un poco agitato. *attacca* II. Vivace non troppo. *attacca* III. Adagio. *attacca* IV. Allegro vivacissimo. Allegro maestoso assai.

GD. 38 Min.

Komp.: Begonnen Juli 1829 in Edinburg, fortgesetzt im Herbst 1830 und bis Ende März 1831 in Rom, unterbrochen bis zum Ende des Jahres 1841, beendigt 20. Januar 1842 in Berlin. (S. Anm.)

EA.: 1. Leipzig, Donnerstag, d. 3. März 1842 im Saale des Gewandhauses im 19. Abonnementskonzert nach dem Manuskript unter Leitung von *Felix Mendelssohn Bartholdy*. (S. Anm.) — 2. Ebendaselbst, Donnerstag, d. 17. März 1842 im gleichen Saale im 20. Abonnementskonzert nach Manuskript unter Leitung des Theaterkapellmeisters *Karl Bach*. (S. Anm.). — 3. London, Montag, d. 13. Juni 1842 in Hannover Square Rooms im 7. Konzert der Philharmonic Society nach Manuskript unter Leitung von *F. M. B.*

Ersch.: Partitur und Orchesterstimmen Februar 1843 bei Breitkopf & Härtel, Leipzig.

Orch.-Bes.: 2 Fl., 2 Ob., 2 Klar., 2 Fag., 4 Hr., 2 Tr., Pk. — Str.-Orch.

Anmerkg. Am 30. Juli 1829 besichtigte Mendelssohn in Edinburg den Palast Maria Stuarts. Er schreibt darüber am gleichen Tage an seine Familie („Familie Mendelssohn" I, S. 225): „Der Kapelle fehlt nun das Dach, Gras und Epheu wachsen viel darin, und am zerbrochenen Altar wurde Maria zur Königin von Schottland gekrönt. Es ist da alles zerbrochen, morsch und der heitere Himmel scheint hinein. Ich glaube, ich habe heut da den Anfang meiner Schottischen Symphonie gefunden." Am 10. September (a. a. O. S. 255) heisst es: „Meine Reformations-Symphonie denke ich dann, so Gott will, hier anzufangen [in London] und die Schottische Symphonie, sowie auch die Hebridengeschichte baut sich nach und nach zu." (Vergl. hierzu No. 4 und No. 6.) [Klingemann hatte aber schon am 7. Juli an Fanny Mendelssohn geschrieben, dass er in den Bergen (Schottland) viel für Felixens entworfene Arbeiten erhofft. „Die Drei, die ich meine und liebe [es sind die Schottische Symphonie, das Es dur-Quartett op. 12 und die Schottische Sonate (Fantasie op. 28)] sind fast auf demselben Punkte, alle zum Aufbrechen fertig." (Klingemann, S. 57.)]

Die ersten Entwürfe tragen also schon den Namen, unter dem das Werk 1842 an die Öffentlichkeit gelangte, sie fallen zusammen mit den ersten Entwürfen zur Hebriden-Ouvertüre. (S. No. 6.) Bei der Fortsetzung der Arbeit in Rom taucht dann bereits Ende Dezember (1830) die Italienische Symphonie auf (Briefe I, S. 103 u. 108). Am 29. März 1831 schreibt M. (a. a. O. I, S. 135):

„Ich habe die Symphonie deshalb [d. h. weil er sich nicht in die „schottische Nebelstimmung" zurückversetzen kann] für jetzt zurücklegen müssen." Nach mehr als zehn Jahren drängten sich die schlummernden Ideen wieder an das Licht, um sich dann von geübter Meisterhand willig zur Symphonie formen zu lassen. Im September 1842 fertigte M. selbst den 4 händigen Klavierauszug an, den er am 17. d. M. in Frankfurt a. M. mit Ferd. Hiller zum ersten Male spielte und tags darauf bei einer Gesellschaft in dessen Hause zum Vortrag brachte. (Nach Hillers Tagebuch.) Die Mitteilung Hillers, dass die Symphonie im Laufe des Sommers 1842 fertig geworden sei (Hiller, S. 154) ist irrtümlich. — Im Winter der EA. 1 u. 2 dirigierte M., der nach Berlin berufen war, einige Gewandhauskonzerte als Gast, dabei auch die EA. 1. Zwischen ihr und EA. 2 nahm er Anderungen vor, die bei der letzteren zur Ausführung gelangten. (David S. 170/71 und 178/79.) — Die Programme der beiden Leipziger EA. enthalten keine Satzangaben, bei der 3. Aufführung dort (26. Januar 1843) lauten sie, abweichend vom späteren Druck: Introduktion und Allegro agitato, Scherzo assai vivace, Adagio cantabile, Allegro guerriero und Finale maestoso. Die 4. Aufführung (22. Februar 1844) bringt dieselben Satzüberschriften mit dem Zusatz „in ununterbrochener Folge." — EA. 1 war von einem besonderen Erfolge nicht begleitet, doch schon bei der nicht von M. geleiteten EA. 2 wurden die einzelnen Sätze mit Beifall aufgenommen und der Dirigent zu den nicht beabsichtigten Pausen zwischen denselben genötigt.

Liter.: *Glück, August*, Musikführer No. 58, Schlesinger, Berlin. — *Kretzschmar, Hermann*, Kleiner Konzertführer No. 574, Breitkopf & Härtel, Leipzig.

(3.) Symphonie IV (Italienische) für Orchester.
A-dur. op. 90. [GA. Ser. 1 No. 4.]
(No. 19 der nachgelassenen Werke.)

I. Allegro vivace. — II. Andante con moto. — III. Con moto moderato. — IV. Saltarello. *Presto.*

SD. *I. 9 Min. II. 6 Min. III. 7 Min. IV. 6 Min.* **G-D.** *28 Min.*

Komp.: Begonnen Ende 1830, bzw. Anfang 1831 in Rom, unterbrochen durch die Beschäftigung mit der Walpurgisnacht, vollendet 13. März 1833 in Berlin. Nach EA. 1 neu bearbeitet. (S. Anm.)

EA.: Erste Form: 1. London, Montag, d. 13. Mai 1833 in Hannover Square Rooms im 7. Konzert der Philharmonic Society nach dem Manuskript unter Leitung von *Felix Mendelssohn Bartholdy*. (S. Anm.) — 2. Ebendaselbst, Montag, d. 2. Juni 1834 im gleichen Saale im 7. Konzert derselben Gesellschaft nach Mspt. unter Leitung von *Ignaz Moscheles.* — 3. Ebendaselbst, Montag, d. 15. Mai 1837 unter Leitung von *Cyprian Potter.* (Die ferneren Wiederholungen sind hier nicht mehr angegeben, es bleibt fraglich, ob jene am 18. Juni 1838 bereits nach der neuen Bearbeitung stattgefunden hat. S. Anm.) — **Endgültige Form:** 4. Leipzig, Donnerstag, d. 1. November 1849 im Saale des Gewandhauses im 5. Abonnementskonzert nach Mspt. unter Leitung von *Julius Rietz.*

Ersch.: Partitur und Orchesterstimmen März 1851 bei Breitkopf & Härtel, Leipzig.

Orch.Bes.: 2 Fl., 2 Ob., 2 Klar., 2 Fag., 2 Hr., 2 Tr., Pk. — Str.-Orch.

Anmerkg. Wie bei der Schottischen Symphonie bereits bemerkt (S. No. 2) hat Mendelssohn 1830/31 in Rom gleichzeitig an dieser und der Italienischen Symphonie gearbeitet. Die erstere blieb zunächst unvollendet, zur Vollendung der anderen (1833) erhielt M. die Anregung durch einen Auftrag der Philharmonischen Gesellschaft in London. Diese fasste am 5. November 1832 folgenden Beschluss: *„That Mr. Mendelssohn Bartholdy be requested to compose a symphony, an overture, and a vocal piece for the Society, for which he be offered the sum of one hundred guineas. That the copyright of the above compositions shall revert to the autor after the expiration of two years; the Society reserving to itself the power of performing them at all times: it being understoot that Mr. Mendelssohn have the privilege of publishing any arrangement of them as soon as he may think fit after their first performance at the Philharmonic Concerts."* (Hogarth, S. 59.) Mendelssohn nahm den Auftrag mit folgendem Schreiben (28. November 1832) an: *„Dear Sir, — I am much obliged to you for transmitting to me the resolution passed on 5th November, at the Meeting of the Philharmonic Society. I beg you will be so kind as to express my sincerest acknowledgments and my warmest thanks for the gratifying manner in which the Society has been pleased to remember me. I feel highly honoured by the offer the Society has made, and I shall compose, according to the request, a symphony, an overture, and a vocal piece ...... When they are finished I hope to be able to bring them over myself, and to express in person my thanks to the Society .... I shall lose no time, and I need not say how happy I shall be in thinking that I write for the Philharmonic Society."* (S. Hogarth, S. 59/60.) Am 27. April 1833 bot er dann der Philharmonischen Gesellschaft die Symphonie und *„two new overtures, finished since last year"* [die „Meeresstille" und die Trompeten-Ouvertüre] an. Die Programme der EA. der Symphonie und der Ouvertüre op. 101 (s. No. 10) in London tragen den Vermerk *„composed expressly for this [the Philharmonic] Society, and first time of performance."* — Über die Arbeit an der Symphonie berichtet M. an Klingemann am 13. u. 20. Februar und 10. April 1833 von Berlin aus (Klingemann, S. 112, 115); dem Briefe vom 20. Februar ist zu entnehmen, dass der 2. Satz am 21. Februar fertig wurde. — Juni 1834 beschäftigte sich M. mit Umarbeitung der Symphonie (Moscheles, S. 96), zu gleicher Zeit schreibt er über diese Umarbeitung an Klingemann (Klingemann, S. 135), an diesen auch wieder am 16. Februar 1835: „Auch am ersten Stück der a-dur-Sinfonie knabbere ich und kann es nicht recht kriegen — ganz anders werden muss es auf jeden Fall — vielleicht ganz neu — aber eben dieser Zweifel stört mich bei jedem Stück" (a. a. O., S. 171). Ende 1837 kann die Symphonie, wie aus einem Briefe an Moscheles hervorzugehen scheint (Moscheles,

S. 150), wohl als in der Umarbeitung beendet angesehen werden. Da Moscheles in dem eben zitierten Briefe vom 23. Dezember 1837 um die versprochene „neue Bearbeitung" für die Philharmonische Gesellschaft bittet, könnte man annehmen, dass M. dem Wunsche entsprach und, wie oben bei EA. 3 erwähnt, am 18. Juni 1838 im 8. Philharmonischen Konzert in London unter Moscheles' Leitung die EA. der neuen Bearbeitung stattgefunden hat, doch scheint das zweifelhaft. — Die Revision der Orchesterstimmen für das Gewandhaus besorgte Moscheles im März 1848. („Moscheles Leben" II, S. 188.)

Liter.: *Erlanger, Gustav*, Musikführer No. 126, Schlesinger, Berlin. — *Kretzschmar Hermann*, Kleiner Konzertführer No. 575, Breitkopf & Härtel, Leipzig.

(4.) Symphonie V (Reformations-Symphonie) für Orchester.
D-moll. op. 107. [GA. Ser. 1 No. 5.]
(No. 36 der nachgelassenen Werke.)

I. Andante. Allegro con fuoco. — II. Allegro vivace. — III. Andante. *attacca* Choral „*Ein' feste Burg ist unser Gott"*. *attacca* Allegro vivace. *attacca* Allegro maestoso.

SD. *I. 10 Min. II. 5 Min. III. 10 Min.* **GD.** *25 Min.*

Komp.: Begonnen im Herbst 1829 in England, beendet April 1830 in Berlin. (S. Anm.)

EA.: 1. Berlin, Donnerstag, d. 15. November 1832 im Saale der Singakademie im 1. der von Mendelssohn zum Besten des Orchester-Witwenfonds gegebenen Konzerte nach dem Manuskript unter Leitung von *Felix Mendelssohn Bartholdy*. (S. Anm.) — [2. Paris, Sonntag, d. 22. und Sonntag, d. 29. März 1868 im Cirque Napoleon im 21. bzw. 22. concert populair unter Leitung von *Pasdeloup*.]

Ersch.: Partitur und Orchesterstimmen März 1868 bei N. Simrock, Bonn.

Orch.-Bes.: 2 Fl., 2 Ob., 2 Klar., 2 Fag., Kontrafagott u. Serpent, 2 Hr., 2 Tr., 3 Pos., Pk. — Str.-Orch.

Anmerkg. Die ersten Andeutungen über die Komposition der sog. Reformationssymphonie finden sich in einem Briefe Mendelssohns vom 2. September 1829 („Familie Mendelssohn" I, S. 252), sie wiederholen sich in dem Briefe vom 10. September 1829 (a. a. O. I, S. 255). Die Anfänge dieser, für den 300jährigen Stiftungstag der Augsburgischen Konfession bestimmten Symphonie fallen also zusammen mit den ersten Entwürfen für die Schottische Symphonie (S. No. 2) und die Hebriden-Ouvertüre (S. No. 6). Über die Benennung des Werkes war sich M. nicht klar, denn er schreibt am 25. Mai 1830 von Weimar aus an Schwester Fanny (Briefe I, S. 7): „Sammle doch Stimmen über den Titel, den ich wählen soll. Reformationssymphonie, Konfessionssymphonie, Symphonie zu einem Kirchenfest usw." — Das in dem Vorwort genannte Verzeichnis der Werke M.s von Julius Rietz gibt eine Aufführung in London an. Diese war nicht festzustellen, weder die Programme der Philharmonic Society, noch M.s, Moscheles' oder KlingemannsBriefe geben irgend eine Auskunft, die Aufführung scheint fraglich. — Zur EA. 1 (Berlin) ist mitzuteilen, dass M. zum Besten des Orchester-Witwenfonds der Kgl. Kapelle im Winter 1832/33 drei Konzerte, am 15. November und 1. Dezember 1832 und 10. Januar 1833 veranstaltete, in denen er von seinen Werken die Reformations-symphonie (EA. 1), die Walpurgisnacht (EA. 1), die Ouvertüren „Meeresstille und glückliche Fahrt" (EA. 1), „Hebriden" (EA. 3) und „Sommernachtstraum" (EA. 8), sein G-moll-Konzert und das Kapriccio op. 22 zur Aufführung brachte und als Klaviersolist Beethovens G-dur-Konzert, Mondschein-Sonate, Sonate op. 53 und das Bachsche D-moll-Konzert spielte. Die Symphonie erschien auf dem Programm als „Symphonie zur Feier der Kirchenreformation". — In Paris sollte eine Aufführung am 18. März 1832 stattfinden, Probe dazu war am Tage vorher abgehalten worden, jedoch zur Aufführung kam es nicht (Hiller, S. 18). — Den beiden oben mitgeteilten EA. — nach Drucklegung — in Paris folgten Berlin, 9. April, London, 27. und 29. April, Leipzig, 18. Juni 1868. Diese letztere Aufführung leitete der von Dresden herübergekommene Julius Rietz, sie fand in einem Konzert zum Besten des Mendelssohn-Denkmals im Neuen Theater statt, das damit seine Pforten zum ersten Male für ein Konzert öffnete. Im Gewandhause erschien die Symphonie zum ersten Male am 29. Oktober 1868 unter Reinecke. Bemerkt sei noch, dass im September 1848 die Symphonie einmal im Gewandhause probiert worden ist. — Das durch Rich. Wagners Parsifal weitest bekannt gewordene Motiv des sog. „Dresdner Amen" — eine Responsorienformel der lutherischen Kirchen in Sachsen — findet in der Einleitung der Reformationssymphonie Verwendung. Die Beziehungen zum Titel und Inhalt des Werkes liegen auf der Hand.

(5.) **Erste Konzert-Ouvertüre zu Shakespeares Sommernachtstraum für Orchester.**

op. 21. [GA. Ser. 2 No. 2 (7).]

Seiner Königl. Hoheit dem Kronprinzen von Preussen ehrfurchtsvoll zugeeignet.

G-D. 11 Min.

Komp.: Juli-August 1826 in Berlin, vollendet 6. August 1826.

EA.: 1. Stettin, Dienstag, d. 20. Februar 1827 im Saale des Schützen-hauses im 2. Abonnementskonzert nach dem Manuskript unter Leitung von *Karl Löwe*. (S. Anm.) — 2. London, Mittwoch, d. 24. Juni 1829 in Argyll Rooms in einem Konzert des Flöten-virtuosen Louis Drouet nach Mspt. unter Leitung von *Felix Mendelssohn Bartholdy*. — 3. Ebendaselbst, Montag, d. 13. Juli 1829 in demselben Saale in einem von Henriette Sonntag gegebenen grossen Konzert zum Besten der überschwemmten Schlesier ebenfalls nach Mspt. unter Leitung von *F. M. B.* — 4a. Ebenda-selbst, Montag, d. 1. März 1830 im 1. Konzert der Philharmonic

Society — und 4b Montag, d. 21. März 1831 im 3. Konzert derselben Gesellschaft im Opernhause, das erste Mal unter Leitung von
J. B. Cramer, das zweite Mal unter Leitung von *Sir George Smart*. —
5. München, Montag, d. 17. Oktober 1831 im grossen Odeonssaale in einem Konzert zum Besten der Armenpflegschaft unter Leitung
von *F. M. B.* (S. Anm.) — 6. Paris, Sonntag, d. 19. Februar
1832 im Saale des Konservatoriums im 2. Konzert der société des
concerts du conservatoire impérial de musique unter Leitung von
Fr. A. Habeneck. (S. Anm.) — (7. London, 1. Juni 1832 in
einem von J. Moscheles gegebenen Konzert — und 18. Juni 1832
im 8. Philharmonischen Konzert unter Leitung von *F. M. B.*) —
8. Berlin, Donnerstag, d. 15. November 1832 im Saale der Sing-
Akademie im 1. der von Mendelssohn zum Besten des Orchester-
Witwenfonds gegebenen Konzerte unter Leitung von *F. M. B.*
(S. Anm.) — (Ebendaselbst, Dezember 1832 in einem Konzert
der Gebrüder Leopold und Moriz Ganz.) — 9. Wien, Sonntag,
d. 3. Februar 1833 im Musikvereinssaale in einem von dem Violin-
spieler Clement gegebenen Konzert. — 10. Leipzig, Donnerstag,
d. 21. Februar 1833 im Saale des Gewandhauses im Konzert zum
Besten der Armen unter Leitung von *Chr. A. Pohlenz*. (S. Anm.)

Ersch.: Partitur April 1835, Orchesterstimmen Oktober 1832 bei Breitkopf & Härtel, Leipzig.

Orch.-Bes.: 2 Fl., 2 Ob., 2 Klar., 2 Fag., 2 Hr., 2 Tr., Ophikleide, Pk. —
Str.-Orch.

Anmerkg. Die Erlebnisse der Mendelssohnschen Kinder im Sommer
1826 in dem Gartenhause der elterlichen Wohnung in Berlin, Leipzigerstr. 3
[das spätere Herrenhaus], sind nach „Die Familie Mendelssohn" I, 148 ff., als
der Nährboden für die Konzeption der Sommernachtstraum-Ouvertüre anzusehen.
Der Anfangstermin der Komposition ist gegeben in einem Briefe M.s vom
7. Juli 1826 in dem es heisst: „Heute oder morgen will ich anfangen, den Sommernachtstraum zu träumen"; der Beendigungstermin mit „Berlin, 6. August 1826"
ist einem Manuskript entnommen. Zum ersten Male spielte Felix mit seiner
Schwester Fanny die Ouvertüre vierhändig im obenerwähnten Gartenhause am
19. November 1826 Jg. Moscheles vor, später ist sie nach Devrient (S. 29) dort
auch mit Orchester gespielt worden. A. B. Marx, der damals im M.schen Hause
verkehrte und grossen Einfluss auf M. gewonnen hatte, schreibt sich an der
schliesslichen Gestaltung der Ouvertüre wesentlichen Anteil zu. (S. Marx, „Erinnerungen aus meinem Leben" II, S. 231 ff.) — Bei der ausserordentlichen
Erscheinung, die die Ouvertüre sowohl als Orchesterwerk an sich, wie als Produkt
eines 18jährigen Jünglings bildet, scheint die Mitteilung aller nachweislichen
Aufführungen bis zu ihrer Drucklegung gerechtfertigt. — Über die verschiedenen
EA. ist folgendes zu berichten: In dem Konzert der EA. 1 spielte M. mit Löwe ein
ungedruckt gebliebenes Doppelkonzert (wahrscheinlich das in E-dur) und Webers
F-moll-Konzertstück; ausserdem führte Löwe die 9. Symphonie von Beethoven
zum ersten Male auf. Die Konzert-Anzeige in No. 15 der Königl. Preussischen
Stettiner Zeitung vom 19. Februar 1827 kündigt die Aufführung derselben

folgendermassen an: „Neueste grosse Symphonie in d-moll von Beethoven, deren Finale Schillers ‚Ode an die Freude' in dithyrambischen Chören und Zwischenspielen behandelt". — Das von Henriette Sonntag veranstaltete Konzert, EA. 3 London, fand unter Mitwirkung aller bedeutenden Tonkünstler statt, die in Londo: weilten: Von Sängerinnen: Malibran, Sonntag, Camporese, Pisaroni; von Sängern: Velluti, Pellegrini, Zuchelli, Curioni, Donzelli, De Begnis, Torri, Graziani, Bordogni; von Instrumentalisten: Moscheles, Mendelssohn (Pfte.), Drouet (Flöte), Puzzi (Horn), Bohrer, Lindley (Violonc.) M. spielte mit Moscheles ein ungedruckt gebliebenes Konzert für 2 Klaviere mit Orchester in E-dur. („Aus Moscheles Leben" I, 208, „Familie Mendelssohn" I, 216 ff.) — Bei EA. 5 (München) spielte M. zum ersten Male sein Klavierkonzert op. 25 (S. No. 14) und dirigierte zum ersten Male die Symphonie I, C-moll (S. No. 1). Die Aufführung der EA. 6 ist sonderbarerweise nicht enthalten in A. Elwart, „Histoire de la société des concerts du conservatoire impérial de musique" S. 156 (Paris, 1860), ein Werk in dem alle Programme dieser Konzertgesellschaft von ihrer Gründung bis 1859 abgedruckt sind. Die Aufführung ist jedoch verbürgt, sie mag aber ausserhalb des offiziellen Programms stattgefunden haben. Zu EA. 8 sind die Anmerkungen zu No. 4 zu vergleichen. Bei EA 9 Leipzig heisst es auf dem Programm: „Ouvertüre von Mendelssohn Bartholdy, zu Shakespeares Sommernachtstraum: durchgängig mit nahen Beziehungen auf das Schauspiel". — Der Titel der ersten Partitur-Ausgabe lautete: „Drei Concert-Ouverturen. No. 1. Der Sommernachtstraum. No. 2. Die Fingalshöhle. No. 3. Meeresstille und glückliche Fahrt. Componirt und S. K. Hoh. d. Kronprinzen v. Preussen ehrfurchtsvoll zugeeignet". Diese Widmung ist später fälschlich nur auf die 3. Ouvertüre bezogen worden, ein Fehler, der auch in das thematische Verzeichnis (S. 100) übergegangen ist. Es kann doch gar keinem Zweifel unterliegen, dass diese Widmung allen drei, gleichzeitig in Partitur erschienenen Ouvertüren gilt. Es ist aber auch ein Fehler, wenn es in Konzertprogrammen, wie es so oft geschieht, heisst „Ouvertüre zu ‚Die Fingalshöhle'" oder „Ouvertüre zu ‚Meeresstille und glückliche Fahrt'". Die ursprüngliche M.sche Benennung: „Zweite Konzert-Ouvertüre ‚Die Hebriden" oder „Die Fingalshöhle" und „Dritte Konzert-Ouvertüre „Meeresstille und glückliche Fahrt" unterbindet allerhand schiefe Urteile und sollte, als einzig richtig, überall angewendet werden. M. sagt aber auch mit Bedacht „Erste Konzert-Ouvertüre zu Shakespeare's Sommernachtstraum".

(6.) Zweite Konzert-Ouvertüre „Die Hebriden" oder „Die Fingalshöhle" für Orchester.

op. 26. [GA. Ser. 2 No. 3 (8).]

Seiner Königl. Hoheit dem Kronprinzen von Preussen ehrfurchtsvoll zugeeignet.

GD. 10 Min.

Komp.: Erster Entwurf des Anfangs 7. August 1829 auf einer der Hebriden-Inseln, Fortsetzung Anfang September d. J. in Coed Du

(Landgut bei Chester) und London, Hauptarbeit Herbst bis Jahres-
ende 1830 in Rom, Vollendung dort 16. Dezember 1830. Umarbeitung Anfang 1832 in Paris, endgültige Vollendung nach EA.
1. am 20. Juni 1832 in London.

EA.: 1. London, Montag, d. 14. Mai 1832 im Opernhause im 6. Konzert
der Philharmonic Society nach dem Manuskript unter Leitung von
Mr. Attwood. (S. Anm.) — 2. Berlin, Donnerstag, d. 10. Januar
1833 im Saale der Singakademie im 3. der von Mendelssohn zum
Besten des Orchester-Witwenfonds gegebenen Konzerte nach Mspt.
unter Leitung von *F. M. B.* (S. Anm.) (Ebendaselbst,
Februar 1833 in einem Konzert von C. F. J. Girschner unter Leitung
von *Demselben.*) — [3. Leipzig, Donnerstag, d. 13. Februar 1834
im Saale des Gewandhauses im Konzert zum Besten der Armen
unter Leitung von *Christian August Pohlenz.* — (Ebendaselbst,
5. Mai 1834 in einem Konzert von Clara Wieck und 4. Dezember
1834 im 7. Abonnementskonzert.)]

Ersch.: Orchesterstimmen Mai 1834, Partitur April 1835 bei Breitkopf & Härtel, Leipzig.

Orch.Bes.: 2 Fl., 2 Ob., 2 Klar., 2 Fag., 2 Hr., 2 Tr., Pk. — Str.-Orch.

Anmerkg. Der erste Entwurf des Anfangs ist von Mendelssohn in einer
Einlage eines Briefes mitgeteilt, den sein Freund Klingemann am 10./11. August
1829 an die Familie Mendelssohn schrieb. Er umfasst 21 Takte im alla breve,
die mit den ersten $10^1/_2$ Takten der späteren vierverteltaktigen Form fast genau
übereinstimmen. M. schrieb dazu: „Auf einer Hebride, den 7. August 1829. Um
Euch zu verdeutlichen, wie seltsam mir auf den Hebriden zu Mute geworden ist, fiel
mir eben folgendes bei": (folgt die Skizze, S. „Die Familie Mendelssohn I."
S. 235/36). Es mag nicht unbemerkt bleiben, dass in dieselbe Zeit auch die
Anfänge der sog. Schottischen Symphonie fallen. — Die Beendigung in Rom
meldet M. an seinen Vater am 10. Dezember 1830: „Als Geschenk [zum Geburtstage des Vaters] denke ich morgen meine alte Ouvertüre zur einsamen Insel
fertig zu schreiben usw." (Briefe, S. 83). Moscheles, dem M. die Partitur am
1. Mai 1832 schenkte, nennt den 16. Dezember 1830 als Tag der Beendigung,
Die späteren Änderungen scheinen sich wesentlich auf den Mittelsatz erstreckt
zu haben (Briefe I, 329). Das Datum der endgültigen Vollendung beweist, dass
nach EA. 1 noch Änderungen stattgefunden haben. — Die Benennung der
Ouvertüre schwankt bis zu ihrer Veröffentlichung. Bei EA. 1 hiess es: „Ouvertüre ‚The Isles of Fingal'", später (Berlin u. Leipzig, EA. 2 u. 3): „Ouvertüre
zu den Hebriden" („the isle of Fingal"), im Gewandhauskonzert 4. Dezember
1834 „Ossian in Fingals-Höhle", endlich dann wie der oben gegebene Titel
besagt. — In dem Briefe vom 18. Mai 1832 schreibt M. an seinen Vater, dass
er eine Aufführung der Ouvertüre am 1. Juni d. J. im Moscheleskonzert dirigieren werde. Nach dem Originalprogramm hat jedoch diese EA. nicht stattgefunden, M. dirigierte nur die Sommernachtstraum-Ouvertüre. (S. No. 5,
EA. 7.) EA. 2 (Berlin) fand gleichzeitig mit der ersten Aufführung
der „Walpurgisnacht" in deren erster Form statt. (S. No. 23.) Über Widmung
und Originaltitel s. Anm. zu No. 5.

(7.) Dritte Konzert-Ouvertüre „Meeresstille und glückliche Fahrt" für Orchester. op. 27. [GA. Ser. 2 No. 4 (9).]

Seiner Königl. Hoheit dem Kronprinzen von Preussen ehrfurchtsvoll zugeeignet.

Meeresstille.	Glückliche Fahrt.
Tiefe Stille herrscht im Wasser,	Die Nebel zerreissen,
Ohne Regung ruht das Meer,	Der Himmel ist helle,
Und bekümmert sieht der Schiffer	Und Aeolus löset
Glatte Fläche rings umher.	Das ängstliche Band.
Keine Luft von keiner Seite!	Es säuseln die Winde,
Todesstille fürchterlich!	Es rührt sich der Schiffer.
In der ungeheuren Weite	Geschwinde! Geschwinde!
Reget keine Welle sich.	Es teilt sich die Welle,
<div align="right">Goethe.</div>	Es naht sich die Ferne;
	Schon seh' ich das Land!
	<div align="right">Goethe.</div>

GD. 12 Min.

Komp.: Sommer 1828 in Berlin, umgearbeitet Winter 1833/34 in Düsseldorf. (S. Anm.)

EA.: (Privat: Berlin, Sonntag, d. 7. September 1828 im Gartensaale der elterlichen Wohnung in einer „Sonntagsmusik" nach dem Manuskript unter Leitung von *Felix Mendelssohn Bartholdy*.) — 1. Berlin, Sonnabend, d. 1. Dezember 1832 im Saale der Singakademie im 2. der von M. zum Besten des Orchester-Witwenfonds gegebenen Konzerte nach Mspt. unter Leitung von *F. M. B.* (S. Anm.) — 2a. Leipzig, Sonntag, d. 20. April 1834 im Saale des Gewandhauses in einem Konzert zum Besten armer Bergleute nach Mspt. unter Leitung von *H. A. Matthäi.* — 2b. Ebendaselbst, Mittwoch, d. 30. April 1834 im Konzert „Zu Ehren S. K. Hoheit des Prinzen Mitregenten von Sachsen und Seiner Frau Gemahlin" unter Leitung von *H. A. M.* — 3a. Ebendaselbst, Sonntag, d. 28. September 1834 im ersten — und 3b. Sonntag, d. 5. Oktober d. J. im zweiten Abonnementskonzert nach Mspt. unter Leitung von *H. A. M.* (S. Anm.) — [Leipzig, Sonntag, d. 4. Oktober 1835 im Saale des Gewandhauses im 1. Abonnementskonzert unter Leitung von *F. M. B.* (S. Anm.]

Ersch.: Partitur April, Orchesterstimmen Juli 1835 bei Breitkopf & Härtel, Leipzig.

Orch.Bes.: Kl. Fl., 2 Fl., 2 Ob., 2 Klar., 2 Fag., Serpent und Kontrafagott, 2 Hr., 3 Tr., Pk. — Str.-Orch.

Anmerkg. Fanny Mendelssohn schreibt am 18. Juni 1828 (Familie Mendelssohn, I, S. 184) an Klingemann „Felix schreibt ein grosses Instrumentalstück ,Meeresstille und glückliche Fahrt' nach Goethe. Es wird seiner sehr würdig. Er

hat eine Ouvertüre mit Introduktion vermeiden wollen und das Ganze
in zwei nebeneinanderstehenden Bildern gehalten." — Bei der EA. 1 (Berlin) wird
dann die Ouvertüre angekündigt als „Meeresstille und glückliche Fahrt" ein
Orchesterstück nach zwei Gedichten von Goethe. — Die Umarbeitung
wird stattgefunden haben Februar-April 1834. An Devrient schreibt M. am
5. Februar „Ausserdem .... muss [ich] meine Meeresstille in Ordnung bringen,
d. h. fast das ganze Allegro umarbeiten" (Devrient, S. 165); an Klingemann am
14. Mai „meine Meeresstille, die ich diesen Winter so umgearbeitet habe, dass es
eigentlich ein ganz andres Stück geworden ist" (Klingemann, S. 131). — Zu EA. 1
sind die Anmerkungen zur Reformationssymphonie (No. 4) und zur Walpurgisnacht (No. 23) zu vergleichen. — Die am 4. Oktober 1834 abgehaltene Probe
zur EA. 3b fand in Gegenwart Mendelssohns statt, der bei dieser Gelegenheit
zum ersten Male im Konzertsaale des Gewandhauses war. Die eingeklammerte
EA. ist die erste nach der Umarbeitung gewesen. Mendelssohn trat mit der
Leitung dieses Konzerts seine Stellung als Musikdirektor des Gewandhauses an,
er dirigierte in demselben noch die Bdur-Symphonie von Beethoven.

(8.) Vierte Konzert-Ouvertüre zum „Märchen von der schönen Melusine" für Orchester.
op. 32. [GA. Ser. 2 No. 5 (10).]

GD. 10 Min.

Komp.: 1833 in Berlin und Düsseldorf. Vollendet in Düsseldorf, 14. November 1833, doch später noch mehrfachen Umänderungen unterzogen. (S. Anm.)

EA.: Erste Form: 1. London, Montag, d. 7. April 1834 in Hannover Square Rooms im 3. Konzert der Philharmonic Society nach
dem Manuskript unter Leitung von *Ignaz Moscheles.* (S. Anm.) —
Ebendaselbst, Donnerstag, d. 8. Mai 1834 im gleichen Saale in
einem von J. Moscheles gegebenen Konzert nach Mspt. unter
Leitung von *J. M.* — **Endgültige Form:** 3. Leipzig,
Montag, d. 23. November 1835 im Saale des Gewandhauses im
Konzert zum Besten des Pensionsfonds nach Mspt. unter Leitung
von *C. G. Müller.* (S. Anm.) — 4. Ebendaselbst, Donnerstag,
d. 3. Dezember 1835 im Saale des Gewandhauses im 8. Abonnementskonzert nach Mspt. unter Leitung von *Felix Mendelssohn
Bartholdy.*

Ersch.: Partitur Oktober, Orchesterstimmen April 1836 bei Breitkopf
& Härtel, Leipzig.

Orch.Bes.: 2 Fl., 2 Ob., 2 Klar., 2 Fag., 2 Hr., 2 Tr., Pk. — Str.-Orch.

Anmerkg. Über die Veranlassung zur Komposition schreibt Mendelssohn
an seine Schwester Fanny am 7. April 1834 (Briefe II. S. 37): „Ich habe diese

Ouvertüre zu einer Oper von Conradin Kreutzer geschrieben, welche ich voriges Jahr um diese Zeit im Königstädter Theater hörte. — Die Ouvertüre (nämlich die von Kreutzer) wurde da capo verlangt und missfiel mir ganz apart; .... Da bekam ich Lust, auch eine Ouvertüre zu machen, die die Leute nicht da capo riefen, aber die es mehr inwendig hätte, und was mir am sujet gefiel, nahm ich (und das trifft auch gerade mit dem Märchen zusammen) und kurz die Ouvertüre kam auf die Welt und das ist ihre Familiengeschichte". [Die EA. der Kreutzerschen Oper „Melusine" war in Berlin am 27. Februar 1833.] Bei EA. 1 (London) war die Ouvertüre auf dem Programm folgendermassen angezeigt: „Overture to „Melusine" or „The Mermaid and the Knight", bei EA. 2 ist dieser Titel umgestellt in „The Knight and the Mermaid". Aufschluss über diesen bisher unbekannten englischen Titel gibt der Brief M.s an Klingemann vom 18. Januar 1834. M. schreibt: „Auch wegen des Titels hatte ich Rosen (glaub' ich) gebeten mit Moscheles zu sprechen, da auch mir Melusina für England unverständlich scheint; ich meinte, es müsste ein ähnliches Märchen auch für England geben, und daraus sei der Name dann zu nehmen, denn solche nette Fische gibt es wohl überall; .... Aber freilich müsste dann der Name auch so schön klingen wie unserer, nicht aber Bess oder Bell oder so was, und da ich selbst nun zweifle, dass sich so einer findet, da er Euch nicht bekannt war, so ist der Name the Mermaid ganz schön und erläutert alles. Nur aber um Gottes willen keine weitere Erklärung auf dem Zettel, Du weisst, wie ich das perhorresziere, und setzt dann in Gottes Namen *Overture to Melusina (the Mermaid)* oder auch *German mermaid* oder *fair mermaid* oder *the knight and the mermaid* oder *the tale of the mermaid* oder *the tale of the fair mermaid* (etc. wie oben); aber setzt Melusina auf jeden Fall dazu, welches gut klingt" (Klingemann, S. 121/22). Klingemann berichtet dann am 7. Februar 1834 über die von Moscheles am 6. abgehaltene erste Probe (a. a. O. S. 122/23), worüber dieser auch selbst an Mendelssohn schreibt (Moscheles, S. 80/81). Die EA. 1 hatte keinen sonderlichen Erfolg, wie Frau Moscheles und Klingemann an Mendelssohn berichteten. Mendelssohns Antwort hierauf S. Moscheles S. 90. Ebendort, S. 83 ff., finden sich Mendelssohns Äusserungen über die Abschwächung der dynamischen Zeichen. Im Konzert der EA. 1 fand auch die EA. von Moscheles Concerts fantastique, vom Komponisten nach dem Manuskript gespielt und von dem leader (Konzertmeister, S. Anm. zu No. 1) Weichsel dirigiert statt. In dem Konzert der EA. 2 erlebte das Rondo brillant op. 29 von Mendelssohn seine EA. 1. Das ganze Programm dieses Konzertes siehe in den Anmerkungen zu No. 18. — M. probierte die Ouvertüre selbst zum ersten Male in Düsseldorf am 28. Juli 1834 zusammen mit dem Rondo op. 29 (S. No. 18), sein Bericht über diese Probe, die mit Bewirtung des Orchesters und grosser Fröhlichkeit endete, ist in einem Briefe an seine Eltern vom 4. August 1834 (Briefe II, S. 50) enthalten. — An der Leitung der EA. 3 Leipzig wurde M. durch den am 19. November 1835 erfolgten Tod seines Vaters verhindert. Zu den beiden Leipziger EA. ist nachzulesen R. Schumanns Artikel in der „Neuen Zeitschrift für Musik" IV, S. 6/7, bequemer in seinen „Gesammelten Schriften" I, S. 181ff. (4. Aufl., 1891). M. war mit dieser Ausdeutung seines Werkes nicht einverstanden, denn er schrieb am 30. Januar 1836 (Briefe II, S. 116): „Von der Melusine meinen manche Leute hier, sie sei meine beste Ouvertüre; jedenfalls ist sie die innerlichste; was aber die musikalische Zeitung darüber fabelt, von rothen Corallen, und grünen Seethieren, und Zauberschlössern und tiefen Meeren, das geht ins Aschgraue, und setzt mich in besonderes Staunen." Am Montag, den 19. April 1841 (!) wurde die Ouvertüre im 4. Philharmonischen Konzert in London noch, jedenfalls nach alten Stimmen, in der ursprünglichen Fassung aufgeführt. David schreibt darüber an M. (David, S. 124): „Deine Melusine spielten sie im vorigen Konzert, nach der alten, mir bis jetzt unbekannten Bearbeitung, wo sie mir lange nicht so gut gefällt, als in ihrer jetzigen Gestalt." Hierzu gehört der Brief an Klingemann vom 14. Dezember 1835, in dem M. (nachdem er erst über die Umarbeitung erzählt: „ich habe die Melusine, ehe ich sie hier zur Aufführnng und zum Druck gab, ganz neugeschrieben, weil sie mir immer nur halbfertig vorkam") bittet, man möge die Partitur der ursprünglichen Fassung verbrennen, weil er sie in ihrer vorigen Gestalt nicht mehr in der Welt haben wolle. (Klingemann, S. 195/96.) Dieser Bitte ist also in London nicht entsprochen worden. —

Liter. *Ambros, A. W.*, Schwinds und Mendelssohns „Melusina", Bunte Blätter, I, F. E. C. Leuckart, Leipzig.

(9.) Ouvertüre zu Ruy Blas
(Drama von Victor Hugo)
für Orchester.
op. 95. [GA. Ser. 2 No. 9 (14).]
(No. 24 der nachgelassenen Werke.)

GD. 7 Min.

Komp.: 5.—8. März 1839 in Leipzig. (S. Anm.)

EA.: 1. Leipzig, Montag, d. 11. März 1839 im Stadttheater in der Vorstellung zum Besten des Theater-Pensionsfonds als Ouvertüre zu dem Drama „Ruy Blas" von Victor Hugo nach dem Manuskript unter Leitung von *Felix Mendelssohn Bartholdy*. — 2. Ebendaselbst, Donnerstag, d. 21. März 1839 im Saale des Gewandhauses im 20. (letzten) Abonnementskonzert nach Mspt. unter Leitung von *F. M. B.* (S. Anm.).

Ersch.: Partitur und Orchesterstimmen November 1851 bei Fr. Kistner, Leipzig.

Orch.-Bes.: 2 Fl., 2 Ob., 2 Klar., 2 Fag., 4 Hr., 2 Tr., 3 Pos., Pk. — Str.-Orch.

Anmerkg. Ausser der Ouvertüre schrieb Mendelssohn noch eine Romanze, (d. h. Lied für 2stimmigen weiblichen Chor op. 77, No. 3), beides auf Ersuchen der Verwaltungsmitglieder des Theaterpensionsfonds. Die schnelle Entstehung der Ouvertüre schildert M. in einem Briefe an seine Mutter (Briefe II, S. 189). Bei EA. 2 erschien das Werk auf dem Programm mit dem Titel „Ouvertüre (für die Vorstellung des Theaterpensionsfonds komponiert) von F. M. B." Es war das berühmte Konzert in dem Fr. Schuberts grosse C-dur-Symphonie 11 Jahre nach ihrem Entstehen die EA. nach dem Manuskript erlebte. (S. Schubert.)

(10.) Ouvertüre (Trompeten-Ouvertüre) für Orchester.

C-dur. op. 101. [GA. Ser. 2 No. 10 (15).]
(No. 30 der nachgelassenen Werke.)

G.D. *8 Min.*

Komp.: September—Oktober 1825 in Berlin.

EA.: 1. B e r l i n , Freitag, d. 18. April 1828 im Saale der Singakademie
bei dem Dürerfest der Kgl. Akademie der Künste nach Manuskript
unter Leitung von *Felix Mendelssohn Bartholdy*. (S. Anm.) —
2. D ü s s e l d o r f , Pfingstsonntag, d. 26. Mai 1833 im Beckerschen
Saale im 1. Konzert des 15. Niederrheinischen Musikfestes nach
Mspt. unter Leitung von *F. M. B.* (S. Anm.) — 3. L o n d o n ,
Montag, d. 10. Juni 1833 in Hannover Square Rooms im 8. Konzert der Philharmonic Society nach Mspt. unter Leitung von
H. R. Bishop. (S. Anm.) — [L e i p z i g , Donnerstag, d. 2. Februar
1865 im Saale des Gewandhauses im Konzert zum Besten des
Orchester-Pensionsfonds nach Mspt. unter Leitung von *Karl Rei-
necke*.] (S. Anm.)

Ersch.: Partitur und Orchesterstimmen Juli 1867 bei Breitkopf & Härtel,
Leipzig.

Orch.Bes.: 2 Fl., 2 Ob., 2 Klar., 2 Fag., 2 Hr., 2 Tr., 3 Pos., Pk. —
Str.-Orch.

A n m e r k g . Eduard Devrient berichtet in seinen Erinnerungen (S. 20)
über eine EA., die im Winter 1825 in einem Konzert des Violinvirtuosen Maurer
in Berlin stattgefunden haben soll. Grove gibt in seinem Dictionary (II, S. 259)
für dieses Konzert den 2. November 1825 als Datum. In diesem Konzert, das
im Saale des Königl. Schauspielhauses stattfand, ist aber nicht die Ouvertüre,
sondern eine S y m p h o n i e von Mendelssohn als 1. Nummer des 2. Teils aufgeführt und von ihm geleitet worden. In der Besprechung des Konzertes, die
sich in den „Berliner Nachrichten. Von Staats- und gelehrten Sachen" (Spener)
vom 4. November 1825, No. 258, findet, heisst es: „Die Symphonie des Letzteren
haben wir dagegen nicht so gern gehört, weil es eine chaotische Masse ist, in
welcher wir zwar eine fleissige Schulübung nicht verkennen, die aber dem Zuhörer
mehr Beschwerde als Genuss gewährt." Auch in dem veröffentlichten Programm
heisst es „Symphonie von F. M. B." Devrients und demnach auch Groves
Annahme ist irrtümlich. In dem Briefwechsel zwischen Zelter und Goethe
(II, 363) ist der S y m p h o n i e - Beurteilung ebenfalls Erwähnung getan. Welche
Symphonie dies aber gewesen ist, ob die in D-dur (unveröffentlicht) oder jene
in C-moll op. 11 bleibt fraglich. (S. No. 1.) — Das Dürerfest (EA. 1), veranstaltet am 300jährigen Todestage Albrecht Dürers, brachte noch die Aufführung einer unveröffentlicht gebliebenen Kantate für Chor, Soli und Orchester,

die M. für dieses Fest geschrieben hatte. Die Soli in derselben wurden von den Damen Milder und Türrschmiedt, den Herren Stümer und Devrient gesungen; den Chor leitete Zelter am Flügel, M. führte das Ganze. — Das 15. Niederrheinische Musikfest (EA. 2) stand unter M.s Leitung, der darauf hin als städtischer Musikdirektor nach Düsseldorf berufen wurde. In der Geschichte dieser Musikfeste ist dieses 15. von Bedeutung, da zum ersten Male ein drittes Konzert — am Vormittag des 28. Mai — mit gemischtem Programm veranstaltet wurde. M. spielte in diesem Morgenkonzert Webers F-moll-Konzertstück. Die Ouvertüre trug den Titel „Fest-Ouvertüre". — Bei EA. 3 (London) verkündete das Programm unrichtig: *„composed expressly for the Philharmonic Society, and first time of performance"*. Der Irrtum ist aber nicht dieser Gesellschaft zur Last zu legen, denn M. hatte die Ouvertüre als für sie komponiert eingereicht (S. Anm. zu No. 3) infolge des in erwähnten Anmerkungen mitgeteilten Auftrags.

(11.) Ouvertüre zu der komischen Oper „Die Hochzeit des Camacho" für Orchester.

op. 10. [GA. Ser. 2 No. 1 (6).]

GD. *6 Min.*

Komp.: Sommer 1825 in Berlin. (S. Anm.)

EA.: Berlin, Sonntag, d. 29. April 1827 im Kgl. Schauspielhause gelegentlich der 1. Aufführung der Oper nach dem Manuskript.

Ersch.: Zuerst 1828 erschienen im Klavierauszug [die ganze Oper] bei Fr. Laue, Berlin, seit August 1832 im Besitze von Fr. Hofmeister, Leipzig.

Orch.Bes.: 2 Fl., 2 Ob., 2 Klar., 2 Fag., 4 Hr., 2 Tr., 3 Pos., Pk. — Str.-Orch.

Anmerkg. Der Text zu „Die Hochzeit des Camacho, Komische Oper in 2 Akten" ist von Karl Klingemann nach einer Episode aus Cervantes „Don Quixote" verfasst. Die erste und einzige Aufführung der Oper gelang erst nach Überwindung von mancherlei Schwierigkeiten und trug dem Komponisten die ersten Enttäuschungen auf seiner sonst so ruhmvollen Künstlerlaufbahn ein. (Devrient, S. 21 ff.) Die Komposition der ganzen Oper fällt nach derselben Quelle in die Zeit vom Juli 1824 bis August 1825. Als Endtermin der Komposition nennen Grove (Dictionary II, S. 308) und Goethe-Jahrbuch XII (S. 115) den 10. August 1825. Dementsprechend ist die Kompositionszeit der Ouvertüre wie oben angenommen worden. — Der unbekannte Theaterzettel der EA. lautet:

Königliche Schauspiele.

Sonntag, d. 29. April 1827

Im Schauspielhause

Zum Erstenmale:

Die Hochzeit des Gamacho.

Komische Oper in 2 Abtheilungen, mit Ballet; dem Roman des Cervantes: „Don Quixote de la Mancha" nachgebildet. In Musik gesetzt von Felix Mendelssohn-Bartholdy. Für die Königl. Bühne umgearbeitet und in Scene gesetzt vom Regisseur Herrn Baron v. Lichtenstein. Ballet vom Königl. Balletmeister Herrn Telle.

Personen:

Carrasco, ein wohlhabender Pächter	Herr Devrient d. j.
Quitteria, seine Tochter	Mad. Seidler
Gamacho, ein reicher Grundeigenthümer, ihr Verlobter	Hr. Schneider
Lucinda, Quitteria's Freundin	Mlle. Soph. Hoffmann
Basilio } junge Bakalauren und Liederdichter . . .	Hr. Bader
Bivaldo }	Hr. Stümer
Don Quixote de la Mancha, irrender Ritter	Hr. Blume
Sancho Pansa, sein Schildknappe	Hr. Wauer
Der Alkalde	Hr. Becker
Der Gerichtsschreiber	Hr. Sudhoff a. d. Chor

Brautjungfern
Carrasco's Freunde
Gamacho's Vettern } Chöre
Landleute
Köche u. Köchinnen
Tänzer u. Tänzerinnen.
Gerichtspersonen.

Ort der Handlung: Dorf und dessen Umgebungen in der spanischen Provinz la Mancha. Mlle. Lanchery und Herr Telle werden im zweiten Akt ein Pas de deux tanzen.

In der auf dem Theaterzettel noch befindlichen Repertoire-Anzeige wird für Dienstag, d. 1. Mai die zweite Aufführung der Oper angekündigt. Sie hat wegen Erkrankung des Sängers Heinrich Blume nicht stattgefunden, es ist also bei der einen Aufführung geblieben.

(12.) Ouvertüre zu dem Liederspiel „Die Heimkehr aus der Fremde" für Orchester.

op. 89. [GA. Ser. 2 No. 8 (13).]

(No. 18 der nachgelassenen Werke.)

GD. 6 Min.

Komp.: Dezember (?) 1829 in Berlin. (S. Anm.)

EA.: 1. (Privataufführung): Berlin, Sonnabend, d. 26. Dezember 1829 zur Feier der silbernen Hochzeit der Eltern Mendelssohns in derem Hause nach dem Manuskript unter Leitung von *Felix Mendelssohn*

Bartholdy. (S. Anm.) — 2. (Öffentlich): L e i p z i g, Donnerstag, d. 26. Oktober 1848 im Saale des Gewandhauses im 4. Abonnementskonzert nach Manuskript unter Leitung von *Julius Rietz.*

Ersch.: Partitur und Orchesterstimmen Juli 1851 bei Breitkopf & Härtel, Leipzig.

Orch.Bes.: 2 Fl., 2 Ob., 2 Klar., 2 Fag., 2 Hr., 2 Tr. — Str.-Orch.

Anmerkg. Das Liederspiel entstand als Gelegenheitsstück für die silberne Hochzeit von Mendelssohns Eltern; der Text ist von Klingemann verfasst worden. Die Komposition knüpfte sich unmittelbar an die Herstellung des Textbuches und ist schon im August oder Anfang September 1829 in England begonnen worden, so dass M. mindestens einen Teil des Entwurfs im November mit nach Berlin brachte. Die Komposition der Ouvertüre wird wohl erst in Berlin stattgefunden haben. Über die Entstehung und EA. unterrichten erschöpfend Devrient, S. 82 ff., „Die Familie Mendelssohn" I, S. 277 ff., über erstere vor allem Klingemann, S. 60 ff. — Die Besetzung des Liederspiels bei EA. 1 war: Hermann: Ed. Mantius, Der Kauz: Ed. Devrient, Lisbeth: Rebecka Mendelssohn, Das Schulzenpaar: Fanny und Wilhelm Hensel. — Die öffentliche EA. des ganzen Werkes fand am 10. April 1851 im Stadttheater zu Leipzig zum Besten des Theaterpensionsfonds statt. In England führte man das Liederspiel unter dem Titel „Son and Stranger" zuerst am 7. Juli 1851 im Haymarket-Theater in London auf, vorher hatte die Sängerin Frl. Graumann (spätere Frau Marchesi) eine Privataufführung in ihrem Hause veranstaltet. In Paris kam es Ende Juni 1865 im Theatre Lyrique als „Lisbeth ou la Cinquantaine" auf die Bühne.

(13.) Ouvertüre für Harmoniemusik.
op. 24. [GA. Ser. 7 No. 1 (29).]

GD. 9 Min.

Komp.: Sommer 1824 in Doberan. (S. Anm.)

EA.: Sogleich nach Beendigung der Komposition in Doberan. (S. Anm.)

Ersch.: Stimmen März 1839, Partitur April 1852 bei N. Simrock, Bonn. (S. Anm.)

Orch.Bes.: Kl. Fl., 1 Fl., 2 Ob, 2 Klar. in F, 2 Klar. in C, 2 Bassethr., 2 Fag., Kontrafag. u. Basshr., 4 Hr., 2 Tr., 3 Pos., Kl. Tr., Gr. Tr. u. Becken.

Anmerkg. Die Ouvertüre ist für die Badekapelle in Doberan und zwar für deren kleinere Besetzung komponiert. Für die im Druck erschienene Besetzung ist sie erst später von M. instrumentiert worden. M. hielt sich im Sommer 1824 in Doberan auf und es ist fraglos, dass eine EA. der Originalform dort stattgefunden hat. — In England erschien die Ouvertüre anfangs 1839 in vierhändiger Bearbeitung unter dem Titel „Military Duet" bei Cramer & Addison (London).

II. Konzerte und Konzertstücke mit Orchester.

(14.) Konzert I für das Pianoforte

mit Orchester. G-moll. op. 25. [GA. Ser. 8 No. 1 (32).]

Fräulein Delphine von Schauroth gewidmet.

I. Molto Allegro con fuoco. *attacca* II. Andante. *attacca* III. Presto. Molto Allegro e vivace.

SD. I. 8 Min. u. II. 7 Min. u. III. 8 Min. GD. 23 Min.

Komp.: Erste Entwürfe November 1830 in Rom, vollendet Anfang Oktober 1831 in München.

EA.: 1. München, Montag, d. 17. Oktober 1831 im grossen Odeonssaale in einem Konzert zum Besten der Armenpflegschaft nach dem Manuskript gespielt von *Felix Mendelssohn Bartholdy.* (S. Anm.) — 2. Paris, Montag, d. 27. Februar 1832 in einem Konzert im Saale Erard nach Mspt. gespielt von *F. M. B.* — 3a. London, Montag, d. 28. Mai 1832 im Opernhause im 7. Konzert der Philharmonic Society unter Leitung von *Cipriano Potter* — und 3b. Ebendaselbst, Montag, d. 18. Juni 1832 im 8. Konzert derselben Gesellschaft unter Leitung von *J. B. Cramer,* gespielt von *F. M. B.* — [Leipzig, Donnerstag, d. 29. Oktober 1835 im Saale des Gewandhauses im 4. Abonnementskonzert gespielt von *F. M. B.* (S. Anm.)]

Ersch.: Stimmen Ostermesse 1833, Partitur Februar 1862 bei Breitkopf & Härtel, Leipzig.

Orch.Bes.: 2 Fl., 2 Ob., 2 Klar., 2 Fag., 2 Hr., 2 Tr., Pk. — Str.-Orch.

Anmerkg. Das Konzert der EA. 1 (München) beschreibt Mendelssohn in den Reisebriefen vom 6. und 18. Oktober 1831 ausführlich (Briefe I, S. 288 ff.). Es gelangten in demselben noch die Jugendsymphonie Cmoll, op. 11 (S. No. 1) und die Sommernachtstraum-Ouvertüre (S. No. 5) unter seiner Leitung zur Aufführung. Frl. Delphine v. Schauroth, der M. das Konzert widmete, war eine gute Klavierspielerin; er hatte sie auf seiner Reise nach Italien im Juni 1830 in München kennen gelernt und viel mit ihr musiziert. („Familie Mendelssohn", I, S. 298 u. 305.) — Über die Pariser und Londoner Aufführungen berichten ebenfalls die Reisebriefe (I, S. 329/30, 335, 360), über die letzteren auch Moscheles („Moscheles Leben" I, S. 249/50). Mendelssohn führte in diesen Londoner philharmonischen Konzerten ausser dem Klavierkonzert seine Sommernachtstraum- und Hebriden-Ouvertüre auf. (S. No. 5 und 6.) Die EA. Leipzig ist bemerkenswert dadurch geworden, dass M. zum ersten Male als Klavierspieler im Gewandhause als Dirigent der Abonnementskonzerte auftrat.

Liter. *Kwast, James,* Musikführer No. 90, Schlesinger, Berlin.

(15.) Konzert II für das Pianoforte

mit Orchester. D-moll. op. 40. [GA. Ser. 8 No. 2 (33).]

I. Allegro appassionato. *attacca* II. Adagio. *attacca* III. Finale. *Presto scherzando.*

SD. *I. 10—11 und II. 6 Min. u. III. 8 Min.* **GD.** *24—25 Min.*

Komp.: Juni—Juli 1837 in Frankfurt a. M., Bingen und Horchheim bei Coblenz, vollendet dort 5. August d. J.

EA.: 1. Birmingham, Donnerstag, d. 21. September 1837 in Town Hall auf dem 19. Birminghamer Musikfest nach dem Manuskript unter Leitung von *Sir George Smart* gespielt von *Felix Mendelssohn Bartholdy.* — 2. Leipzig, Donnerstag, d. 19. Oktober 1837 im Saale des Gewandhauses im 3. Abonnementskonzert nach Mspt. unter Leitung von *Ferdinand David* gespielt von *F. M. B.* (S. Anm.) — 3. London, Montag, d. 5. März 1838 in Hannover Square Rooms im 1. Konzert der Philharmonic Society nach Mspt. unter Leitung von *Sir G. S.* gespielt von Mrs. *Anderson.*

Ersch.: Klaviersolostimme, Orchesterstimmen und Quartettbegleitung Juni 1838, Partitur April 1862 bei Breitkopf & Härtel, Leipzig.

Orch.Bes.: 2 Fl., 2 Ob., 2 Klar., 2 Fag., 2 Hr., 2 Tr., Pk. — Str.-Orch.

Anmerkg. Das Musikfest des Jahres 1837 in Birmingham bietet ausser der EA. des D moll-Konzertes, noch weiter dadurch Interesse, dass Mendelssohn den „Paulus" zum ersten Male in England dirigierte. (Die EA. des Paulus in England war das nicht, wie so oft angenommen wurde.) Über die Birminghamer Musikfeste s. die Anmerkungen zu Elias (No. 21). — Bei EA. 2 (Leipzig) hat der letzte Satz die Überschrift: „Scherzo giojoso".

Liter. *Kwast, James*, Musikführer No. 91, Schlesinger, Berlin.

(16.) Konzert für die Violine

mit Begleitung des Orchesters. E-moll. op. 64.
[GA. Ser. 4 No. 1 (18).]

I. Allegro molto appassionato. *attacca* II. Andante. *attacca* III. Allegro molto vivace.

SD. *I. 10 Min. u. II. 9 Min. u. III. 6 Min.* **GD.** *25 Min.*

Komp.: 1844, beendet 16. September d. J. in Bad Soden bei Frankfurt a. M. (S. Anm.)

EA.: 1. Leipzig, Donnerstag, d. 13. März 1845 im Saale des Gewandhauses im 20. (letzten) Abonnementskonzert nach dem Manuskript

unter Leitung von *Niels W. Gade* gespielt von *Ferdinand David*.
(S. Anm.) — 2. Ebendaselbst, Donnerstag, d. 23. Oktober 1845
im gleichen Saale im 3. Abonnementskonzert unter Leitung von
Felix Mendelssohn Bartholdy gespielt von *F. D.* — 3. Dresden,
Montag, d. 10. November 1845 im Saale des Hôtel de Saxe im
1. Abonnementskonzert unter Leitung von *Ferdinand Hiller*, gespielt von *Joseph Joachim*. (S. Anm.)

Ersch.: In Stimmen Juni 1845, Partitur April 1862 bei Breitkopf &
Härtel, Leipzig.

Orch.Bes.: 2 Fl., 2 Ob., 2 Klar., 2 Fag., 2 Hr., 2 Tr., Pk. — Str.-Orch.

Anmerkg. Die erste Andeutung über ein zu komponierendes Violin-
konzert gibt Mendelssohn in einem Briefe vom 30. Juli 1838, in dem er an
David schreibt: „Ich möchte Dir wohl auch ein Violinkonzert machen für nächsten
Winter, eins in E moll steckt mir im Kopfe, dessen Anfang mir keine Ruhe lässt"
(David, S. 94). Ein Jahr später, 24. Juli 1839, spricht er wieder von dem Plane
und sagt: „Das ganze erste Solo soll aus dem hohen e bestehen" (a. a. O., S. 118).
Die Tonart hat demnach von Anfang an festgestanden. Nach der Vollendung
hat M. das Konzert sogleich an David geschickt, denn Anfang November 1844
befindet es sich in dessen Besitz (a. a. O., S. 222). Vor EA. 1 wurden noch
vielerlei Veränderungen mit David besprochen (a. a. O., S. 224ff.); über die EA.
berichtet dann David an M. am 27. März 1845 (a. a. O., S. 232). Die EA. 1 hat
also M. nicht selbst geleitet, er weilte zu der Zeit in Frankfurt a. M.; Dirigent
der Gewandhauskonzerte war Niels W. Gade. — Das Konzert der EA. 1 war
noch bemerkenswert durch die Aufführung der Musik zu Beethovens „Ruinen
von Athen", die, wie das Programm sagt „grösstenteils noch ungedruckt" war.
— Die Abonnementskonzerte in Dresden (EA. 3) waren von Hiller und Schumann
gegründet, das obengenannte war das erste derselben, in ihm erlebte Schumanns
Ouvertüre, Scherzo und Finale (op. 52) seine EA. in der 2. Fassung. (S. Schumann, No. 13). Der 14jährige Joachim sprang als Solist für die erkrankte
Clara Schumann ein (Rob. Schumanns Briefe. Neue Folge." 1904, S. 253).

Liter. *Nodnagel, E. O.*, Musikführer No. 170, Schlesinger, Berlin. — *Kretzschmar, Hermann*,
Kleiner Konzertführer No. 547, Breitkopf & Härtel, Leipzig.

(17.) Capriccio brillant
für Pianoforte mit Orchester. H-moll. op. 22.
[GA. Ser. 8 No. 3 (34).]

GD. 12 Min.

Komp.: April—Mai 1832 in Paris und London. (S. Anm.)

EA.: 1. London, Freitag, d. 25. Mai 1832 in Hannover Square Rooms
in einem Konzert des Violinvirtuosen Nicolas Mori (S. Anm.) nach

Mspt. gespielt von *Felix Mendelssohn Bartholdy.* — 2. Berlin, Sonnabend, d. 1. Dezember 1832 im Saale der Singakademie im 2. der von Mendelssohn zum Besten des Orchester-Witwenfonds gegebenen Konzerte nach Mspt. gespielt von *F. M. B.* (S. Anm.)

Ersch.: In Stimmen Michaelismesse 1832, Partitur Dezember 1861 bei Breitkopf & Härtel, Leipzig.

Orch.Bes.: 2 Fl., 2 Ob., 2 Klar., 2 Fag., 2 Hr., 2 Tr., Pk. — Str.-Orch.

Anmerkg.: Die Komposition des Capriccio brillant wird zum grössten Teile in Paris 1832 erfolgt sein, denn Mendelssohn spielte es am 24. April d. J., einen Tag nach seiner Ankunft aus P., in London Ignaz Moscheles vor. („Mosch. Leben" I, 248.) Die definitive Vollendung meldete M. seiner Familie am 27. April 1832: „Gestern früh ist das Rondo brillant fertig geworden" (Briefe I, 360). — Der obengenannte Violinist Nic. Mori war nebenher Konzertunternehmer und Musikverleger, in seinem Verlage erschienen die englischen Ausgaben des 2. Heftes der Lieder ohne Worte und des G-moll-Konzerts op. 25 von M. (Grove, „Dictionary" II, 365.) — Über die von M. in Berlin zum Besten des Orchester-Witwenfonds gegebenen Konzerte (EA. 2) s. Reformationssymphonie (No. 4) und Walpurgisnacht (No. 23). In diesem 2. Konzert erlebte auch die Ouvertüre „Meeresstille und Glückliche Fahrt" ihre EA. — Am 2. Juli 1835 spielte M. das Capriccio in seinem Abschiedskonzert in Düsseldorf. — Clara Wink machte sich vom Winter 1835/36 an um die Verbreitung des glücklich erfundenen Werkes zuerst verdient. Am 9. November 1835 spielte sie es in einem eigenen Konzert zum ersten Male (Leipzig, Gewandhaus), M. dirigierte und äusserte sich brieflich an seine Schwester: „Clara spielte es wie ein Teufelchen" („Familie Mendelssohn", I, S. 377). Am 1. Dezember folgte durch sie die Aufführung in Plauen im Voigtland, am 10. d. M. in Chemnitz (Nach Klara Schumanns Programmsammlung, No. 80, 81 u. 84).

(18.) **Rondo brillant**

für Pianoforte mit Orchester. Es-dur. op. 29.

[GA. Ser. 8 No. 4 (35).]

Seinem Freunde Ignaz Moscheles zugeeignet.

GD. 10 Min.

Komp.: Januar 1834 in Düsseldorf, vollendet 29. Januar. (S. Anm.)

EA.: London, Donnerstag, d. 8. Mai 1834 in Hannover Square Rooms in einem von Moscheles gegebenen Konzert nach dem Manuskript gespielt von *Ignaz Moscheles* unter Leitung von *Sir George Smart.* (S. Anm.)

Ersch.: Stimmen Dezember 1834, Partitur November 1865 bei Breitkopf & Härtel, Leipzig.

Orch.Bes.: 2 Fl., 2 Ob., 2 Klar., 2 Fag., 2 Hr., 2 Tr., Pk. — Str.-Orch.

Anmerkg. Den oben genannten Tag der Vollendung gibt Grove in
seinem Dictionary (II, S. 308). Bezeichnend für Mendelssohns Selbstkritik ist,
was er am 7. Februar 1834 an Moscheles schreibt, da er ihn um Annahme der
Widmung von op. 28 und 29 bittet: „Meine eigene Armut an neuen Wendungen
fürs Klavier, ist mir wieder recht bei diesem Rondo aufgefallen; die sind es, wo ich
immer stocke und mich quäle, und ich fürchte, Du wirst es bemerken." (Moscheles,
S. 74.) — Am 28. Juli 1834 probierte M. die Korrektur der Orchesterstimmen
zusammen mit der Ouvertüre zur schönen Melusine in Düsseldorf, der Bericht
über diese heitere Probe ist nachzulesen in Briefe II, S. 50. — Das Programm
des Moschelesschen Konzerts enthielt als Eröffnungsnummer die 2. EA. der
Melusinen-Ouvertüre nach Manuskript. Bei dem Rondo befand sich die Bemerkung *„written expressly for the occasion"*. Die Reichhaltigkeit damaliger
englischer Konzertprogramme wird am besten durch folgenden wörtlichen Abdruck bewiesen:

King's Concert Rooms, Hanover Square.

Scheme
of
Mr. Moscheles
Morning Concert
Thursday, Next, May the 8th, 1834.

Part. I.

New MS. Overture to Melusine, or the Knight and
the Mermaid, (as performed at the Philharmonic) . *F. Mendelssohn Bartholdy.*
Recitativ and Song, Mrs. W. Knyvett, „From mighty
Kings" (*Judas Maccabeus*) . . . . *Händel.*
New MS. Concerto Fantastique, Mr. Moscheles.
(as performed at the Philharmonic). . . . . . *Moscheles.*
Cavatina, Madame Caradori Allan „Non v'e sguardo"
(*Anna Bolena*) . . . . *Donizetti.*
Terzetto, Miss Clara Novello, Miss Masson and Signor
De Begnis „Jo vi dico". . . . . (*La Cantatrice villane*).
New MS. Rondo brillant, with Orchestral Accompaniments
(written expressly for the Occasion), Pianoforte Mr.
Moscheles . . . . *F. Mendelssohn Bartholdy.*
Dutch Ballad „Maria", Mons. De Vrugt, First Tenor
Singer to His Majesty the King of Holland (his first
appearance in this country) . . . . *Van Bree.*
Followed by the Dutch National Hymn. (Both with the
original Dutch words) . . . . *Wilms.*
„Les Adieux des Troubadours" Concertante Fantasia,
for Voice, Pianoforte, Violin, and Guitar, on a Romance
by *Blangini*, Madame Stockhausen, Mr. Moscheles,
Mons. Ghys, and Mr. L. Schulz . . . . . . *Moscheles, Mayseder and
Giuliani.*

Part. II.

Grand Concertante Duet, Pianoforte, Messrs. Herz and
Moscheles, on a favorite Theme in *Guillaume Tell H. Herz.*

New French Romance, Miss Clara Novello, „Tyrol m'a
vue naitre", Clarinet obligato, Mr. Willman . . . *Panseron.*
New Song, Mr. Machin, „Our own British oak" (first
time of performance) . . . . *Chevalier Neukomm.*
Fantasia, Adagio, and original Theme with Variations, Violin,
Mr. Ghys . . . . *Ghys.*
New Swiss Airs, Madame Stockhausen.
Extemporaneous Performance on the Pianoforte, Mr. Moscheles.

(19.) Serenade und Allegro giojoso
für Pianoforte mit Orchester. op. 43. [GA. Ser. 8 No. 5 (36).]

G.D. 11 Min.

Komp.: April 1838 in Leipzig. (S. Anm.)

EA.: 1. Leipzig, Montag, d. 2. April 1838 im Saale des Gewandhauses
in einem Konzert der Geschwister Botgorscheck (S. Anm.) nach dem
Manuskript gespielt von *Felix Mendelssohn Bartholdy.* (S. Anm.) —
2. Ebendaselbst, Montag, d. 25. November 1839 im gleichen
Saale im Konzert für den Orchester-Pensionsfond gespielt von *F. M. B.*

Ersch.: Stimmen März 1839, Partitur Januar 1862 bei N. Simrock, Bonn.

Orch.Bes.: 1 Fl., 2 Ob., 2 Klar., 2 Fag., 2 Hr., 2 Tr., Pk. — Str.-Orch.

Anmerkg. Nach Briefe II, S. 168 ist op. 43 komponiert am 31. März
und 1. April 1838, wird aber bei seiner EA. nur in skizzenhafter Form existiert
haben. Auf dem Programm der EA. trug op. 43 den Titel „Adagio und Rondo",
doch schreibt Mendelssohn am 11. April 1838 an Ferd. Hiller von der Beendigung
eines Konzertstückes für Piano und Orchester und fügt in Klammern hinzu
„eine Art Serenade und Rondo" (Hiller „Felix Mendelssohn-Bartholdy" S. 101).
Dörffel scheint op. 29 Rondo brillant (S. No. 18) mit op. 43 zu verwechseln.
(Statistik der Gewandhauskonzerte S. 39). — Die Konzertgeber bei EA. 1 waren
Cäcilie Botgorschek, Kgl. sächs. Hofopernsängerin aus Dresden und Franz
Botgorschek, Flötist von der k. k. Oper in Wien. — An dieses op. 43 knüpft
sich die Erinnerung von K. Reineckes erstes Auftreten als Pianist im Gewand-
hause am 16. November 1843; mit ihm erschien Josef Joachim an demselben
Abend ebenfalls zum ersten Male als Solist in einem der Gewandhauskonzerte.

III. Chorwerke mit Orchester.

(20.) Paulus.

Oratorium nach Worten der heiligen Schrift
für Solostimmen, Chor, Orchester und Orgel. op. 36.

[GA. Ser. 13 No. 1 (85).]

Teil I No. 1—22. Teil II No. 23—45.

SD. Teil I ungefähr 80 Min. Teil II ungefähr 65 Min. GD. ungefähr 2 St. 25 Min. (ohne Striche).

Komp.: Beginn der Komposition Frühjahr 1834 in Düsseldorf, Beendigung des 1. Teiles August 1834 ebendaselbst, Beginn des 2. Teiles November 1834 noch in D., Unterbrechung der Komposition 1835, Beendigung Anfang 1836 in Leipzig. Umarbeitung in Frankfurt a. M. nach EA. 1. (S. Anm.)

EA.: 1. D ü s s e l d o r f, Pfingstsonntag, d. 22. Mai 1836 im Beckerschen Saale im 1. Konzert des 17. Niederrheinischen Musikfestes nach dem Manuskript unter Leitung von *Felix Mendelssohn Bartholdy;* Solisten: Frau *Fischer-Achten* (Sopran 1), Frl. *Henriette Grabau* (Sopran 2), Frl. *Lüttgen* (Alt), Herr *Schmetzer* (Tenor), Herr *Versing* (Paulus), die Herren *Fischer* und *Schiffer* (falsche Zeugen). (S. Anm.) — 2. L i v e r p o o l, Freitag, d. 7. Oktober 1836 in St. Peters Church im letzten Konzert des Liverpooler Musikfestes unter Leitung von *Sir George Smart;* Solisten: Frau *Caradori-Allan* (Sopran 1), Frl. *Wood* (Sopran 2), Frl. *Knyvett* (Sopran), Frl. *Schaw* (Alt), Herr *Braham* (Stephanus), Herr *Philipps* (Paulus), die Herren *Benett* (Tenor) und *Taylor* (Bass). — [Die EA. folgen sich nach der Drucklegung des Werkes von Anfang 1837 an schnell aufeinander, zu den ersten zählen Elberfeld (Januar), London (März), Boston (14. März), dann: L e i p z i g, Donnerstag, d. 16. März 1837 in der Pauliner Kirche in einer von der Direktion der Gewandhauskonzerte veranstalteten Aufführung unter Leitung von *F. M. B.;* Solisten: Frl. *Henriette Grabau* (Sopran), Herr *Gustav Nauenburg* [aus Halle] (Paulus). (S. Anm.)] — Aus den Aufführungen der ersten Jahre seien noch jene genannt: W i e n, 7. u. 10. November 1839, Riesenaufführungen unter dem Titel „Musikfest" in der k. k. Winterreitbahn; Leitung: *J. B. Schmiedel;* Solisten: Frl. *Cäcilie Kreutzer* u. *Elise Berndes,* Herren *Lutz* und *Julius Krause;* Gesamtbesetzung: 59 Viol. I, 59 Viol. II, 48 Viola, 41 Celli, 25 Kontrabässe, 12 Fl., 12 Ob., 12 Klar., 12 Fag., 2 Kontrafag., 3 Ophikleiden, 12 Hr., 8 Tr., 9 Pos., 4 Pk., 220 Sopr., 160 Alt, 160 Tenor, 160 Bass, insgesamt mit 2 Dirigenten (*Schmiedel:* Oberleitung, *Fischhof:* Chorleitung) 1022 Mitwirkende.

Ersch.: Klavierauszug und Chorstimmen Ende 1836, Partitur und Orchesterstimmen Februar 1837 bei N. Simrock, Bonn.

Bes.: a) S o l i : S o p r a n. (S. Anm.) — A l t. — T e n o r : Stephanus, Ananias, Barnabas, Soli. (S. Anm.) — B a s s : Paulus, 2 falsche Zeugen, Soli.

    b) C h o r : Sopran I u. II, Alt I u. II, Tenor I u. II, Bass I u. II.

    c) O r c h e s t e r : 2 Fl., 2 Ob., 2 Klar., 2 Fag., Kontrafag., Serpent, 4 Hr., 2 Tr., 3 Pos., 3 Pk. — Org. — Str.-Orch.

A n m e r k g. Der ersten Erwähnung des Paulus begegnet man in einem Briefe Mendelssohns an Klingemann, Paris, 20. Dezember 1831, in dem M. schreibt: „Sag ihm [dem Bruder Paul] dass ich Auftrag auf ein Oratorium habe, das den Titel seines Namensvetters, des Apostels, trägt" (Klingemann, S. 90). Ebenfalls aus Paris, März 1832, schreibt M. an Devrient, dass der Auftraggeber der Cäcilienverein in Frankfurt ist. Er deutet weiter den Hauptinhalt des Oratoriums an und bittet Devrient um Herstellung des Textbuches. Im August vereinigten sich M. und A. B. Marx in Berlin zu der Aufgabe, sich gegenseitig Texte zu einem Oratorium zu schreiben. M. fertigte für Marx einen „Moses", dieser für jenen einen „Paulus". (Marx, Erinnerungen" S. 139 ff.) Marx Entwurf ist von M. jedoch nicht benutzt worden, den Text stellte ihm dann Julius Schubring zusammen. Die Mitarbeiterschaft zweier theologischer Freunde Fürst und Bauer fällt gegenüber Schubrings Tätigkeit kaum ins Gewicht. Über diese gibt erschöpfenden Aufschluss der Briefwechsel zwischen Mendelssohn und Schubring. Die Entstehung der Komposition lässt sich in M.s Briefen ziemlich genau verfolgen. — Nach EA. 1 (Düsseldorf) nahm dann M. im Sommer 1836 eine erhebliche Umarbeitung vor, so dass die für die EA. gestochenen Chorstimmen völlig unbrauchbar wurden. An der Hand des ersten Düsseldorfer Textbuches lässt sich Umfang und Art der Umarbeitung ziemlich genau feststellen. Eine Arie für Sopran im ersten Teile (No. 11 des Originaltextbuches) „Der du die Menschen lässest sterben" wurde gestrichen (S. w. u.), mehrere Rezitative beseitigt, umgestellt, oder anderen Solostimmen übergeben, das Duett No. 31 der Druckausgabe „Denn also hat uns der Herr geboten" war ursprünglich eine Bass-Arie, die der Solist Versing bei der EA. sang, auf die Kavatine „Sei getreu" folgte anfänglich ein später gestrichener Choral „Erhebe dich o meine Seele" usw. Die erwähnte Sopran-Arie wurde nach dem Manuskript im Leipziger Gewandhause am 14. Dezember 1854 nach ihrer EA. 1836 zum ersten Male wieder öffentlich gesungen, sie ist nicht, wie der Auktionskatalog der Sammlung Hauser S. 9 bemerkte (Versteigerung, Leipzig 1.—3. Mai 1905) für die Leipziger Aufführung 15. September 1838 nachkomponiert worden; bei EA. 1836 wurde sie von Frau Fischer-Achten (aus Aachen) gesungen. Die EA. in Düsseldorf hatte einen glänzenden Erfolg trotz mancherlei Entgleisungen. Die berüchtigte Stelle der beiden falschen Zeugen: „Wir haben ihn gehört Lästerworte reden" geriet, wie auch später so oft, gänzlich daneben; ein dem Verfasser zugehörendes Textbuch der EA. mit vielen Bleistiftanmerkungen des damaligen Zuhörers, nach denen sich die Verteilung der Soli usw. genau feststellen lässt, enthält an dieser Stelle die witzige Bemerkung: „Dem 1. (Zeugen) schlug das Gewissen, dass er schwieg". Nach diesem Textbuche waren 2 Sopransolistinnen beschäftigt, die erste (Frau Fischer-Achten) sang die Arien „Jerusalem!", „Der du die Menschen" (S. v. o.), die Rezitative „Ananias stehe auf", „Lieber Bruder Paul" und „Und wenn er schon geopfert wird"; die zweite (Frl. Grabau aus Leipzig) sang die anderen der Apostelgeschichte entnommenen Sopran-Rezitative und das Arioso „Lasst uns singen von der Gnade des Herrn". Eine weitere wichtige Trennung liess M. in der Saulus-Pauluspartie eintreten; bis zur Bekehrung sang der Bassist Fischer (aus Frankfurt a. M.), nach derselben (von „Gott sei mir gnädig" an) der Bassist Versing (aus Düsseldorf); M. schied also streng zwei verschiedene Persönlichkeiten (!): Saulus und Paulus. Bei vielen späteren Aufführungen ist für die Partie des Stephanus ein besonderer Sänger genommen worden. — In „Blätter der Erinnerung an die 50 jährige Dauer der Niederrheinischen Musikfeste" (Köln, 1868), anonym herausgegeben, verfasst von einem der Gründer derselben, Hauchecorne, wird als Solotenor bei EA. 1 Herr v. Woringen aus Düsseldorf genannt (S. 19 der Programmzusammenstellungen), das ist ein Irrtum, Tenorsolo sang Herr Schmetzer aus Frankfurt. (Auch in E. Wolffs „Felix Mendelssohn Bartholdy" ist dieser Irrtum übergegangen.) Die Gesamtbesetzung der EA. war: 73 Viol., 24 Bratschen, 24 Celli, 12 Kontrabässe, 6 Fl., 4 Ob., 6 Klar., 4 Fag., 1 Kontrafag., 1 Serpent, 5 Hr., 4 Tr., 3 Pos., 1 Pk., 106 Sopr., 60 Alt, 90 Tenöre, 106 Bässe. — Die Niederrh. Musikfeste bestanden damals (bis 1839) nur aus 2 Konzerten, 1836 wurden zum erstenmal auch Probe-Einlasskarten zu 10 Sgr. ausgegeben, aber nur an Besitzer von Subskriptionskarten. — Die erste Aufführung des Paulus sollte November 1835 in Frankfurt durch den Cäcilienverein stattfinden (Briefe II, S. 93), doch wurde die Arbeit am Werke durch M.s Übersiedelung von Düsseldorf nach Leipzig und durch seines Vaters Tod unterbrochen. — Sämtliche Solisten der EA. Leipzig festzustellen, ist nicht gelungen. Nach der Allgem. Musikalischen Zeitung (Leipzig, Breitkopf & Härtel) 1837, S. 209, haben Dilettanten aus dem Chor zum Teil als Solisten mitgewirkt. Man geht wohl kaum fehl in der Annahme, dass Frau Livia Frege die Hauptsopranpartie gesungen hat, denn der erwähnte Bericht meldet von Frl. Grabau (S. o.) nur den Vortrag eines grossen Teils der Rezitative. — Über eine der frühesten Aufführungen, 12. Juli 1837 in Zwickau, schrieb Robert Schumann einen besonderen Artikel in der Neuen Zeitschrift für Musik. Er ist in den Gesammelten Schriften, II, S. 42 ff. unter der Überschrift „Musikfest in Zwickau" zu finden. — An der Stätte der Geburt des Paulus, in Düsseldorf, veranstaltete die Gesellschaft „Malkasten" am 2. April 1870 zur Feier ihres 25 jährigen Bestehens eine dramatische Darstellung des Paulus. Die Bearbeitung dazu fertigten die Maler Oswald Achenbach und Max Hess, die auch die Dekorationen malten. Die Darstellung verlief in der Weise, dass die Musik an geeigneter Stelle durch lebende Bilder unterbrochen wurde, zu denen der Text teilweise als Prolog diente, an denen aber auch zuweilen die Sänger handelnd teilnahmen. —

Liter. „Über das Oratorium Paulus von Felix Mendelssohn-Bartholdy. Mitgeteilt zum näheren Verständnis dieses Meisterwerkes." C. A. Kümmels Sortimentshandlung (G. C. Knapp), Halle [1839]. — *Jahn, Otto*, „Über F. Mendelssohn Bartholdys Oratorium Paulus", Gesammelte Aufsätze über Musik, Breitkopf & Härtel, Leipzig. — *Heuberger, Richard*, Musikführer No. 74, Schlesinger, Berlin. — *Kretzschmar, Hermann*, Kleiner Konzertführer No. 521, Breitkopf & Härtel, Leipzig.

(21.) Elias.
Ein Oratorium nach Worten des Alten Testaments
für Solostimmen, Chor, Orchester und Orgel. op. 70.
[GA. Ser. 13 No. 2 (86).]

Teil I No. 1—20. — Teil II No. 21—42.

SD. *Teil I ungefähr 85 Min. Teil II ungefähr 75 Min.* **GD.** *ungefähr 2 St. 40 Min. (ohne Striche).*

Komp.: Nach aus den Jahren 1837/38 stammenden Plänen in der 2. Hälfte 1845, hauptsächlich in der 1. Hälfte 1846. Erster Teil beendet gegen Mitte Mai, zweiter Teil im Juli 1846 in Leipzig. (S. Anm.) Nach EA. 1 vielfach umgearbeitet. (S. Anm.)

EA.: In England. **A. Erste Form.** 1. Birmingham, Mittwoch, d. 26. August 1846 in Town Hall in einem Morgenkonzert des 22. Birminghamer Musikfestes in englischer Sprache nach dem Manuskript unter Leitung von *Felix Mendelssohn Bartholdy.* Solisten: Mme. *Caradori-Allan* (Sopran), Miss *Maria B. Hawes* (Alt), Mr. *Charles Lockey* (Tenor), Herr *Joseph Staudigl* (Elias). Kleinere Solopartien: Misses *A.* u. *W. Williams,* Miss *Bassano,* Mr. *W. Hobbs* (Tenor), Mr. *Henry Philipps* und Mr. *Machin* (Bass); Orgel: *Dr. Gauntlett,* Chorführer Mr. *James Stimpson;* Orchester aus London; Chor aus Birmingham und London. (S. Anm.) — **B. Endgültige Form.** 2. London, Freitag, d. 16. April 1847 in Exeter Hall in einer von der Sacred Harmonic Society veranstalteten Aufführung nach Mspt. unter Leitung von *F. M. B.* Hauptsolisten: Miss *Birch* (Sopran), Miss *Dolby* (Alt), Mr. *Lockey* (Tenor), Mr. *Philipps* (Elias). Wiederholung dieser Aufführung im gleichen Saale mit denselben Solisten und unter Leitung von *F. M. B.* am 23., 28. und 30. April. [Dazwischen Manchester 20. April und Birmingham 27. April 1847 auch unter *F. M. B.*] In Deutschland: 3. Hamburg, Sonnabend, d. 9. Oktober 1847 in der Tonhalle in einer Aufführung zum Besten des Wiederaufbaues der beiden abgebrannten Kirchen unter Leitung von *Karl Krebs.* Solisten: Frl. *Babnigg* (Sopran), Frl. *Michalesi* (Alt), Herr *Ditt* (Tenor), Herr *Dalle Aste* (Elias). Kleinere Solopartien: Frl. *Trietsch* (Sopran), Frau *Fehringer* (Alt), Frl. *Jacques* und Mme. *Cornet,* die Herren *Kümpel* (Obadjah), *Kaps* (Tenor) und *Bost* (Bass). Orchester: Stadttheaterkapelle und die in Hamburg anwesende Gunglsche Kapelle sowie Hamburger Künstler; Chor: Gebildet von Gesangsnotabilitäten und Dilettanten, auch die Solisten sangen im Chor mit. [Wiederholung im Stadttheater 4. November 1847, veranstaltet von der Gesangs-Akademie auch unter Leitung von *K. K.,* doch in kleinerem Massstabe und mit vielen Strichen.] — Der EA. in Deutschland folgen nun schnell aufeinander Mainz 27. Oktober, Dresden 1. und

3. November (Dreyssigsche Singakademie), Berlin, 3. November 1847, Garnisonkirche, Leitung *J. Schneider*, Solisten: Frau *Köster-Schlegel*, Frl. *Caspary*, die Herren *Mantius* und *Zschiesche*; Frankfurt a. M., 12. November (Cäcilien-Verein), Wien, Riesenaufführungen 14. und 18. November 1847, Musikfeste in der k. k. Winterreitschule, unter Leitung von *J. B. Schmiedel* mit 1000 Mitwirkenden. Solisten: Frl. *Karoline Mayer*, Frl. *Anna Aigner*, Frl. *Babette Bury* und Frl. *Eleonora Schwarz*, die Herren *Matthäus Lutz, Anton Ausim, Joseph Staudigl* (Elias), *Heinrich Salomon.* (S. Anm.) [Von allen folgenden EA. sei noch genannt: L e i p z i g, Donnerstag, d. 3. Februar 1848 im Saale des Gewandhauses im Konzert zum Besten des Orchesterpensionsfonds unter Leitung von *Niels W. Gade.* Solisten: Frau *Livia Frege* (Sopran), Frl. *Franciska Schwarzbach*, Frl. *M. Stark*, Frl. *Sophie Schloss* (Alt), die Herren *Widemann* (Tenor), *Henry Behr* (Elias), *Pögner* und *Zimmermann;* Chor: Thomaner und Dilettanten. (S. Anm.)

Ersch.: Partitur Januar 1848, Klavierauszug, Chor- und Solostimmen Juli 1847 bei N. Simrock, Bonn.

Bes.: a) S o l i : S o p r a n : Witwe, Knabe, Engel, Eine Stimme, Soli und Quartette. — A l t : Engel, Königin, Soli, Quartette. — T e n o r : Obadjah, Ahab, Soli, Quartette, — B a s s : Elias, Quartette. — 4 weibliche Stimmen (2 Soprane und 2 Alt) und 4 männliche Stimmen (2 Tenöre und 2 Bässe) für Engelterzett und Doppelquartett. (S. Anm.)

b) C h o r : Sopran I u. II, Alt I u. II, Tenor I u. II, Bass I u. II.

c) O r c h e s t e r : 2 Fl., 2 Ob., 2 Klar., 2 Fag., 4 Hr., 2 Tr. 3 Pos., Ophikleide, Pk. — Orgel. — Str.-Orch.

Anmerkg. Alsbald nach der EA. des „Paulus" fasste Mendelssohn die Komposition eines neuen Oratoriums ins Auge. Schon am 12. August 1836 regte er bei Klingemann die Herstellung eines neuen Textes an, nannte dafür Elias und Petrus (Klingemann, S. 204), kam aber erst am 18. Februar 1837 wieder auf diese Anregung zurück und erwähnt dabei auch Saul (Klingemann, S. 211). Im September d. J. entwarf er mit Klingemann in London Plan und Skizze zu dem „Elias"-Textbuch. Anfang Januar 1838 erhielt er aus England ein Libretto „Elijah, or the Baalim in Israel", verfasst von einem Geistlichen James Barry, zugeschickt, das ihm zu umfangreich für die Komposition war. Er benutzte aber später aus diesem Buche den glücklichen Einfall, das Oratorium mit den Worten des Elias „So wahr der Herr, der Gott Israels, lebet" beginnen zu lassen (das Barry'sche Textbuch ist 1869 bei J. Parker & Co. veröffentlicht worden). Der Klingemann'sche Entwurf (s. o.) gelangte Juni 1838 wieder in M.'s Hände (Klingemann, S. 233) und wurde von ihm Schubring mitgeteilt, der mit M. in den letzten Monaten 1838 die Ausführung übernahm. 1839 beschäftigte sich M. noch mit dem Oratorium, am 30. November d. J. schreibt er an Moscheles: „Auch ein neues Oratorium habe ich angefangen, aber wie ich's schliessen werde und was in die Mitte kommt, weiss der liebe Gott". (Moscheles, S. 182). Die Arbeit blieb nun liegen bis gegen September 1844. Das erste Zeichen erneuter Beschäftigung mit der Komposition gibt der Brief an Klingemann vom 29. August d. J.: „Auch einen neuen Psalm habe ich angefangen und an Elias ernstlich gedacht. Am Ende greif ich ihn doch nun nächstens an" (Klingemann, S. 296). Mitte 1845 lud das Komitee für die Birminghamer Musikfeste M. ein, die Leitung des nächstjährigen zu übernehmen und knüpfte daran die Anfrage, ob er dafür nicht ein neues Oratorium oder eine andere Komposition schreiben wolle. M. antwortete am 24. Juli von Frankfurt aus: „Seit einiger Zeit habe ich ein neues Oratorium begonnen und hoffe imstande zu sein, es bis zu ihrem Feste zu Ende zu bringen und aufzuführen." Die aus Birmingham gekommene Anregung mag nun doch wohl die Veranlassung zur andauernden Beschäftigung und verhältnismässig schnellen Vollendung des „Elias" gegeben haben. — Nach EA. 1 (Birmingham) unterzog M. das Werk einer gründlichen Umarbeitung. Die durchgreifendste Neugestaltung erfuhr die Partie der Witwe; von weiteren wichtigen Änderungen sei erwähnt die Komposition des Engelterzetts, denn in der ursprünglichen Form war dieser Text als Duett und gänzlich abweichend von dem späteren Terzett komponiert. (Dieses Duett wurde bei EA. 1 von den Schwestern A. und W. Williams gesungen.) Neu hinzugefügt wurden der Chor No. 24 „Wehe ihm" (als Ersatz für einen anderen), das Rezitativ No. 25 „Du Mann Gottes", das Chor-Rezitativ und Elias Antwort No. 36 „Gehe wiederum hinab". Der Schlusschor wurde gänzlich umgeschrieben zu neuen Worten. Im allgemeinen ist kaum ein einziges Stück in dem ganzen Werke ohne Änderung geblieben. Man unterrichtet sich hierüber genau bei Grove, II, S. 289 oder durch „The History of Mendelssohns Oratorio ‚Elijah'" von F. G. Edwards. (S. Literatur.) Vor Veröffentlichung dieses Buches (1896) beschäftigte sich bereits 1882/83 Josef Bennet in „The Musical Times" (London, Novello) mit diesem Gegenstande. — Die Übersetzung ins Englische fertigte Mr. William Bartholomew unter M.s stetiger Mitarbeit. — Über die ersten Proben ist bekannt, dass M. am 9. August 1846 eine Korrekturprobe der Orchesterstimmen in Leipzig, am 19. d. M. die erste Solistenprobe in Moscheles' Hause in London, am 20. und 21. die Orchesterproben in Hannover Square Rooms ebendaselbst abhielt. An der der EA. waren 396 Mitwirkende beteiligt, 125 im Orchester, 271 im Chor, darunter 62 aus London. Die EA. war von ausserordentlichem Erfolge begleitet. 8 Stücke mussten wiederholt werden, es sind dies Arie No. 4, Chor No. 11, Soloquartett No. 15, Chor No. 20, Chor No. 29, Arie No. 31, Arioso No. 37 und Soloquartett No. 41 gewesen. Nach englischer Musikfestsitte sangen, gegen M.s Wunsch, nach dem „Elias" der Tenorist Mario noch eine Arie aus Mozarts „Davidde penitente", die Sopranistin Grisi eine solche aus „Abramo" von Cimarosa und der Chor ein Krönungsanthem von Händel. — Über die Birminghamer Musikfeste ist mitzuteilen, dass sie 1768 ins Leben gerufen worden sind; 1778 fand das zweite, 1784 das dritte statt, von da ab folgten sie sich in der Regel aller drei Jahre. Was in einem solchen Musikfest (1846) geboten wurde ist nachzulesen in „Moscheles Leben" II, S. 155—157. — Die zweite Londoner Aufführung (23. April 1847) besuchten die Königin Viktoria mit dem Prinzgemahl, der folgendes in das von ihm benutzte Textbuch, das er am nächsten Tage M. zuschickte, schrieb:

To the Noble Artiste who, surrounded by the Baal — worship of debased art, has been able, by his genius and science, to preserve faith fully, like another Elijah, the worship of the true art, and once more to accustom

our ear, amid the wirl of empty, frivolous sounds, to the pure tones of sym-
pathetic feeling and legitimate harmony: to the Great Master, who makes us
conscious of the unity of his conception, through the whole maze of his creation
from the soft wispering to the mighty raging of the elements.
Inscribed in grateful remembrance by

Albert.

Buckingham Palace, April 24, 1847."

(Deutsche Übersetzung im Briefe II, S. 469). — Aus der Reihenfolge der mitgeteilten EA. ist zu ersehen, dass die erste d e u t s c h e Aufführung in Hamburg
stattgefunden hat. Hanslick beanspruchte diese Tat für Wien (S. „Geschichte
des Konzertwesens in Wien" S. 295 und „Am Ende des Jahrhunderts" S. 411),
E. Wolf für Berlin (S. „Felix Mendelssohn Bartholdy" S. 194). Nach Hamburg
folgte zuerst Mainz, dann Dresden; Berlin nimmt in den deutschen Aufführungen
erst die vierte, Wien die sechste Stelle ein. Trotzdem bleibt die durch die
Gesellschaft der Musikfreunde in Wien veranstaltete EA. durch das Aufgebot
der Mitwirkenden und die begleitenden Umstände von dauerndem Interesse.
M. war zur Leitung eingeladen worden und hatte sie zugesagt. Sein am
4. November erfolgter Tod gab der am 14. d. M. stattfindenden Aufführung den
Charakter einer grossen Trauerfeier. Das Pult, an dem M. hätte dirigieren
sollen, war schwarz behangen, auf ihm befanden sich eine Notenrolle und
Lorbeerkranz. Schmiedel dirigierte nebenan an einem anderen Pulte. Vor der
Aufführung sprach die Schauspielerin Amalie Weissbach einen von Dr. Franke
verfassten Prolog, der in der Allgemeinen Musikalischen Zeitung (Leipzig,
Breitkopf & Härtel) 1847, S. 832 abgedruckt ist. Die Solosänger waren in tiefe
Trauer gekleidet. — Die Berliner und Dresdner EA. fanden am Vorabend von
M.s Tode statt, in Frankfurt a. M. traf die Todesnachricht während der ersten
Orchesterprobe zur dortigen EA. ein. Die ersten Aufführungen in Deutschland
standen alle mehr oder weniger unter dem Eindrucke des plötzlichen Todes
und gestalteten sich allenthalben zu Gedächtnisfeiern. — Die Hauptsolisten sollten
sich an der Ausführung des Doppelquartetts No. 7 und des Engelterzetts
No. 28 nicht beteiligen. Das Engelterzett wird in der Schwierigkeit seiner
Ausführung zumeist unterschätzt. Der Dirigent suche den Applaus nach demselben zu verhindern und schliesse den folgenden Chor „Siehe der Hüter Israels
schläft" unmittelbar an. Der Eindruck wird sich noch vertiefen, wenn die
Sängerinnen des Engelterzetts unsichtbar aufgestellt sind, ein Verfahren das sich
auch bei den Solostellen des Knaben „Ich sehe nichts" usw. empfiehlt.

Liter. *Jahn*, *O.*, Über Felix Mendelssohn Bartholdys Oratorium „Elias" in „Gesammelte
Aufsätze über Musik". Breitkopf & Härtel, Leipzig. — *Edwards*, *F. G.*, „The History of Mendels-
sohns Oratorio „Elijah". Novello and Co., London. — *Müller-Reu er*, *Theodor*, Musikführer No. 87,
Schlesinger, Berlin. — *Kretzschmar*, *Hermann*, Kleiner Konzertführer No. 520, Breitkopf &
Härtel, Leipzig.

(22.) Lobgesang.
Eine Symphonie-Kantate
nach Worten der heiligen Schrift
für Solostimmen, Chor, Orchester und Orgel. op. 52.
[GA. Ser. 14 No. 6 (93).]

Sr. Majestät dem König Friedrich August von Sachsen ehrfurchtsvoll zugeeignet.

Sondern ich wöllt alle künste, sonderlich die Musica, gern sehen
im Dienst des der sie geben und geschaffen hat. *Dr. M. Luther.*

I. Symphonie. 1. Maestoso con moto. Allegro. *attacca* 2. Allegretto
un poco agitato. 3. Adagio religioso. *attacca* II. a) Chor „Alles,
was Odem hat". b) Sopransolo und Chor: „Lobe den Herrn, meine
Seele". *attacca* III. Recitativ und Arie für Tenor: „Saget es, die
ihr erlöst seid". *attacca* IV. Chor „Sagt es, die ihr erlöst seid".
attacca V. Duett für zwei Soprane mit Chor „Ich harrete des Herrn".
— VI. Tenorsolo „Stricke des Todes". *attacca* VII. Chor „Die Nacht
ist vergangen". *attacca* VIII. Choral „Nun danket alle Gott". —
IX. Duett für Sopran und Tenor „Drum sing ich mit meinem Liede".
X. Chor „Ihr Völker, bringet her den Herrn".

GD. ungefähr 65 Min.

Komp.: Erstes Halbjahr 1840 in Leipzig. Nach EA. 1 vielfach umgearbeitet und stark vergrössert, in dieser endgültigen Form beendigt
27. November 1840. (S. Anm.)

EA.: Erste Form: 1. Leipzig, Donnerstag, d. 25. Juni 1840 in
einer Musikaufführung in der Thomaskirche zur Feier des Guten-
bergfestes [400jähriger Gedenktag der Erfindung der Buchdrucker-
kunst] nach dem Manuskript unter Leitung von *Felix Mendelssohn
Bartholdy*. (S. Anm.) — 2. Birmingham, Mittwoch, d. 23. September
1840 in Town Hall im 2. Konzert des 20. Birminghamer Musikfestes
nach Mspt. unter Leitung von *F. M. B.*; Solisten: Miss *Birch* (Sopran),
Mme. *Caradori Allan* (Sopran), Mrs. *Knyvett* (Sopran 2) und Mr.
Braham (Tenor). (S. Anm.) — **Endgültige Form:** 3. Leipzig, Donnerstag, d. 3. Dezember 1840 im Saale des Gewandhauses
im Konzert zum Besten des Orchester-Pensionsfonds nach Mspt. unter
Leitung von *F. M. B.* Soli: Frau *Livia Frege* (Sopran), Frl. *Sophie
Schloss* (Alt) und Herr *C. M. Schmidt* (Tenor). — 4. Ebendaselbst,
Mittwoch, d. 16. Dezember 1840 im gleichen Saale im 9. Abonnementskonzert nach Mspt. unter Leitung von *F. M. B.* (S. Anm.) —
5. London, Montag, d. 15. März 1841 in Hannover Square Rooms
im 2. Konzert der Philharmonic Society nach Mspt. unter Leitung
von Mr. *Charles Lucas*. Tenorsolo: Mr. *Braham*. (S. Anm.)

Ersch.: Partitur September 1841, Orchester- und Chorstimmen und Klavierauszug Dezember 1840 bei Breitkopf & Härtel, Leipzig.

Bes.: a) Soli: Sopran I, Sopran II (Alt), Tenor.
b) Chor: Sopran I u. II, Alt I u. II, Tenor I u. II, Bass I u. II.
c) Orchester: 2 Fl., 2 Ob., 2 Klar., 2 Fag., 4 Hr., 2 Tr., 3 Pos.,
Pk. — Org. — Str. Orch.

Anmerkg. In den Jahren 1830—40 beschäftigte sich Mendelssohn, wie
aus seinen Briefen an Moscheles hervorgeht (S. 153, 160, 178, 190) mit einer
Symphonie in Bdur; noch am 21. März 1840 — also zu einer Zeit, da die
Komposition des Lobgesanges zum mindesten vor der Türe stand — schreibt
er darüber. Es kann der Vermutung Raum gegeben werden, dass diese Bdur-
Symphonie wenigstens teilweise in die Symphonie-Kantate übergegangen ist.
Ohne die Kenntnis der M.schen Briefe schrieb Rob. Schumann in der „Neuen
Zeitschrift für Musik" (Bd. XIII, S. 7) bei der Besprechung der EA. 1:
„. . . . . Wenn wir auch beinahe überzeugt sind, dass jene Orchestersätze, schon vor
einiger Zeit geschrieben, Teile einer wirklichen Symphonie waren, der er den Lobgesang, der mir durchaus neu erscheint, für den besonderen Zweck der Aufführung
jetzt anschloss". Nach EA. 1 und 2 änderte M. vielerlei, auch in den Symphoniesätzen und vergrösserte das Werk um vier neue Stücke. Hierüber berichtet ein
Brief an Klingemann vom 18. November 1840: „Zum Konzert für die alten und
kranken Musiker [Pensionsfond-Konzert] hier soll am Ende des Monats mein Lobgesang aufgeführt werden; da hab' ich mir nun vorgenommen, ihn nicht noch einmal
in der unvollkommenen Gestalt zu geben, wie er in Birmingham aufgeführt werden
musste, meiner Krankheit wegen; und das gibt mir viel zu tun. Vier neue Stücke
kommen noch hinein, und auch in den drei Symphoniesätzen, die schon beim Ab-
schreiber sind, ist vieles verbessert. Zur Einleitung des Chores „Die Nacht ist vergangen" habe ich Worte in der Bibel gefunden, die sind gar nicht schöner denkbar,
und passen, als wären sie für diese Musik gedichtet. . . . . Du hast übrigens
mit Deinem vortrefflich gefundenen Titel viel zu verantworten" usw. (Klingemann,
S. 251, auch 245 und 255.) Der Titel Symphonie-Kantate ist also von
Klingemann! — Die Urform ist annähernd festzustellen an der Hand des bei EA. 2
(Birmingham) gebrauchten Textbuches. Von EA. 1 (Leipzig) war ein Textbuch
leider nicht ausfindig zu machen, die EA. 2 in Birmingham und die EA. 5 in
London fanden jedoch nach der Urform statt und das Londoner Textbuch stimmt
mit dem Birminghamer überein. In der Urform fehlten 1) die Arie „Er zählt
unsre Tränen", 2) das Rezitativ „Wir riefen in der Finsternis" (hierzu ist der
oben mitgeteilte Brief Mendelssohns zu vergleichen) und an Stelle des Duetts
„Drum sing ich mit meinem Liede" stand eine Arie für Tenor zu annähernd
demselben Texte. Damit stimmt die Inhaltsangabe, die Moscheles mitgeteilt hat
(„Moscheles Leben" II, S. 56), ziemlich genau überein. Die „vier neuen Stücke",
von denen Mendelssohn an Klingemann berichtet, würden also nicht ganz wörtlich zu nehmen sein. — Die Solisten der EA. 1 sind nicht festzustellen gewesen;
über die der EA. 2 (Birmingham) ist zu berichten, dass Miss Birch nur das Solo
„Lobe den Herrn meine Seele" sang, das Duett „Ich harrete des Herrn" von den
beiden anderen Solistinnen Mme. Caradori-Allan und Mrs. Knyvett gesungen wurde. —
Die EA. 5 (London) bereitete M. Ärgernis. M. wünschte nicht, dass diese Aufführung
nach der ersten Form, deren Partitur in den Händen des Verlegers Novello war,
stattfinden sollte und versuchte sie durch Klingemann zu verbieten; dieser aber war

krank und versäumte, Novello von M.s Verbot zu benachrichtigen. Aus Moscheles Briefen (S. 208/09) war bisher nicht festzustellen, ob die Aufführung nun in der alten oder neuen Form stattgefunden hat. Aus dem Dezember 1908 veröffentlichten Briefwechsel zwischen Klingemann und M. geht mit Sicherheit hervor, dass die Urform zur Aufführung gelangte. (Klingemann, S. 259/60 und 264). — Das Gutenbergfest (EA. 1) wurde am 23. Juni mit der EA. von Lortzings, für diesen Zweck geschriebene Oper „Hans Sachs" eröffnet. Am 24. wurde das Gutenberg-denkmal enthüllt und dabei M.s ohne Opuszahl erschienener „Festgesang zur Eröffnung der am ersten Tage der vierten Säkularfeier der Erfindung der Buchdruckerkunst auf dem Markte zu Leipzig stattgefundenen Feierlichkeit" aufgeführt („Familie Mendelssohn", II, S. 164/65). In der Musikaufführung in der Thomaskirche gingen dem Lobgesang voran Webers Jubelouvertüre und Händels Dettinger Tedeum. — EA. 4 (Leipzig) wohnte der König Friedrich August von Sachsen bei, der M. nach Beendigung der Aufführung besonders auszeichnete (Briefe II, S. 246/47). Die oben erwähnte Besprechung der EA. 1 durch Rob. Schumann befindet sich auch in „Gesammelte Schriften über Musik und Musiker" II unter dem Titel „Gutenbergfest in Leipzig". (Breitkopf & Härtel, 1891, 4. Aufl.).

Liter. *Riemann, Hugo,* Musikführer No. 119, Schlesinger, Berlin.

(23.) Die erste Walpurgisnacht.
Ballade von J. W. von Goethe.
Für Solostimmen, Chor und Orchester. op. 60.
[GA. Ser. 15 No. 5 (118).]

I. Ouvertüre: a) Das schlechte Wetter. b) Der Übergang zum Frühling. *attacca* II. Tenorsolo und Chor „Es lacht der Mai!" *attacca* III. Alt-solo und Frauenchor „Könnt ihr so verwegen handeln" *attacca* IV. Baritonsolo und Männerchor „Wer Opfer heut zu bringen scheut" *attacca* V. Chor „Verteilt euch, wackre Männer, hier". *attacca* VI. Rezitativ für Bass „Diese dumpfen Pfaffenchristen" und Chor „Kommt mit Zacken und mit Gabeln". *attacca* VII. Chor „Kommt mit" usw. *attacca* VIII. Baritonsolo und Chor „So weit gebracht". *attacca* IX. Tenorsolo und Männerchor „Hilf, ach hilf mir, Kriegs-geselle". *attacca* X. Baritonsolo und Chor „Die Flamme reinigt sich vom Rauch".

G.D. 33—35 Min.

Komp.: Den vokalen Teil erste Hälfte 1831 in Italien (Rom, Neapel, Mailand), vollendet 15. Juli in Mailand; die Ouvertüre Anfang 1832 in Paris, vollendet dort 13. Februar. (S. Anm.) — Ende 1842, Anfang 1843 sehr wesentlich umgearbeitet in Leipzig. (S. Anm.)

EA.: **Erste Form:** 1. Berlin, Donnerstag, d. 10. Januar 1833 im Saale der Singakademie im 3. der von Mendelssohn zum Besten des Orchester-Witwenfonds gegebenen Konzerte nach dem Manuskript unter Leitung von *Felix Mendelssohn Bartholdy.* Solisten: Frau *Türrschmicdt* (Alt), die Herren *Ed. Mantius* (Tenor), *Ed. Devrient* (Bariton) und *G. Nauenburg* (Bass); Chor: *Der Kgl. Theaterchor.* (S. Anm.) — **Endgültige Form:** 2. Leipzig, Donnerstag, d. 2. Februar 1843 im Saale des Gewandhauses im 16. Abonnementskonzert nach Manuskript unter Leitung von *F. M. B.* Solisten: Frl. *Sophie Schloss* (Alt), die Herren *C. A. Schmidt* (Tenor), *A. Kindermann* (Bariton) und *Wilh. Pögner* (Bass). (S. Anm.) — [London, Montag, d. 8. Juli 1844 in Hannover Square Rooms im 8. Konzert der Philharmonic Society unter Leitung von *F. M. B.* Solisten: Miss *Dolby,* Mr. *Allen* und Herr *Jos. Staudigl.*]

Ersch.: Klavierauszug und Chorstimmen Januar 1844, Partitur und Orchesterstimmen März 1844 bei Fr. Kistner, Leipzig.

Bes.: a) Soli: Alt. — Tenor: Ein Druide. Ein christlicher Wächter. Bariton: Der Priester. — Bass: Ein Wächter der Druiden.

b) Chor: Sopran I u. II, Alt I u. II, Tenor I u. II, Bass I u. II. [Frauenchor sowohl wie auch Männerchor allein.]

c) Orchester: Kl. Fl., 2 Fl., 2 Ob., 2 Klar., 2 Fag., 2 Hr., 2 Tr., 3 Pos., Pk., Gr. Tr., Becken. — Str.-Orch.

Anmerkg. Die erste Erwähnung der Beschäftigung mit der Komposition der Goetheschen Ballade findet sich in einem Briefe an seine Familie vom 22. Februar 1831 aus Rom. Mendelssohn schreibt: „Die erste Walpurgisnacht von Goethe habe ich seit Wien (August 1830) halb komponiert, und keine Kourage, sie aufzuschreiben. Nun hat sich das Ding gestaltet, ist aber eine Kantate mit ganzem Orchester geworden, und kann sich ganz lustig machen; denn im Anfang gibt es Frühlingslieder und dergl. vollauf. — Dann, wenn die Wächter mit ihren Gabeln, und Zacken, und Eulen Lärm machen, kommt der Hexenspuk dazu, und Du weisst, dass ich für den ein besonderes Faible habe; dann kommen die opfernden Druiden in C dur mit ihren Posaunen heraus; dann wieder die Wächter, die sich fürchten, wo ich dann einen trippelnden, unheimlichen Chor bringen will; und endlich zum Schluss der volle Opfergesang — meinst Du nicht, das könne eine neue Art von Kantate werden? usw." — An Goethe schrieb er kurz nachher, am 5. März 1831: „Was mich seit einigen Wochen fast ausschliesslich beschäftigt, ist die Musik zu dem Gedicht von Ew. Excellenz, welches die erste Walpurgisnacht heisst, ich will es mit Orchesterbegleitung als eine Art grosser Kantate komponieren, und der heitere Frühlingsanfang, dann die Hexerei und der Teufelsspuk und die feierlichen Opferchöre mitten durch könnten zur schönsten Musik Gelegenheit geben. Ich weiss nicht, ob mir's gelingen wird, aber ich fühle, wie gross die Aufgabe ist und mit welcher Sammlung und Ehrfurcht ich sie angreifen muss." (Goethe-Jahrbuch XII, 1891.) Später, mitten in der Arbeit (Neapel, 27. April 1831), macht ihm die Verwendung der grossen Trommel Sorge: „der ganze Brief schwebt eigentlich in Ungewissheit; oder vielmehr ich schwebe darin, ob ich die grosse Trommel dabei nehmen darf, oder nicht: „Zacken, Gabeln, wilde Klapperstöcke" treiben mich eigentlich zur grossen Trommel, aber die Mässigkeit rät mir ab. Ich bin auch gewiss der einzige, der den Blocksberg ohne kleine Flöte komponiert [ist nicht geschehen]; aber um die grosse Trommel täte es mir leid usw." Über die Ouvertüre heisst es am 13. Febr. 1832 von Paris aus: „Meine A-moll Ouvertüre ist fertig; sie stellt schlechtes Wetter dar. Eine Einleitung, in der es Frühling wird, ist auch vor ein paar Tagen beendet." —

Am 30. April 1832 spielte M. die fertige Kantate in der Urform Moscheles in London vor. Wenn Moscheles dazu in seinem Tagebuch (S. „Aus Moscheles Leben" I, 246) aber daran die Bemerkung knüpft, „die ich früher in Berlin gehört und bewundert, die mir nun aber in ihrer Überarbeitung und mit ihren bedeutenden in Italien gemachten Veränderungen als ein prägnantes Ganze erschien" so ist ihm hier wohl ein Irrtum untergelaufen. Eine erste Aufführung fand privatim im Mendelssohnschen Vaterhause in Berlin am 11. Oktober 1832 statt, dabei fungierten dieselben Solisten wie bei der EA. 1 (Berlin). Zwischen dieser privaten und der öffentlichen EA. mögen die Änderungen stattgefunden haben, von denen Devrient in seinen „Erinnerungen an F. M." S. 150 spricht. — Die 1842 vorgenommene Umarbeitung scheint sehr gründlich gewesen zu sein, denn M. schreibt darüber an seine Mutter von Leipzig aus am 11. Dezember 1842: „Im zweiten Teil [eines für den 21. oder 22. 12. projektierten Konzertes] soll meine Walpurgisnacht wieder auferstehen; freilich in einem etwas anderen Habit als dem vorigen, das allzu warm mit Posaunen gefüttert, und für die Singstimme etwas schabig war; aber dafür habe ich auch die ganze Partitur von A bis Z noch einmal schreiben und zwei neue Arien einsetzen müssen — der übrigen Schneiderarbeit nicht zu gedenken. (Briefe II, S. 365, auch Klingemann, S. 279.) — Später, am 3. März 1843, also kurz nach EA. der Umarbeitung, berichtet er an Ferd. Hiller: die Walpurgisnacht habe ich von A bis Z neu umgeschrieben — es ist geradezu ein andres Stück geworden und ein hundert Mal besseres" (Hiller, S. 172). — Goethe, der den Text seinerzeit an Zelter, der nichts damit anzufangen wusste, geschickt hatte, äusserte sich in einem vom 9. Sept. 1831 datierten und an M. nach Italien gerichteten Briefe über den Grundgedanken der Walpurgisnacht: „Dies Gedicht ist hochsymbolisch intentioniert. Denn es muss sich in der Weltgeschichte immerfort wiederholen, dass ein Altes, Gegründetes, Geprüftes, beruhigendes durch auftauchende Neuerungen gedrängt, geschoben, verrückt und wo nicht vertilgt, doch in den engsten Raum eingepfercht werde. Die Mittelzeit, wo der Hass noch gegenwirken kann und mag, ist hier prägnant genug dargestellt und ein freudiger, ungestörter Enthusiasmus lodert noch einmal in Glanz und Klarheit auf." — In dem Konzert der EA. 1 (Berlin) erlebte auch M.s Hebriden-Ouvertüre ihre erste Aufführung in Deutschland. — Das Programm der EA. 2 (Leipzig) [Umarbeitung] enthält folgende nützliche Vorbemerkung: „In der letzten Zeit des Heidentums in Deutschland wurden von den Christen die Opfer der Druiden bei Todesstrafe untersagt. Trotzdem suchten die Druiden und das Volk zu Anfang des Frühlings die Höhen der Berge zu gewinnen, dort ihre Opfer zu bringen, und die christlichen Krieger (gewöhnlich durch Furcht vor dem Teufel) einzuschüchtern und zu verjagen. Auf solche Versuche soll sich die Sage von der ersten Walpurgisnacht gründen". — In der Hauptprobe zu der Aufführung trat Berlioz in den Saal. Was er über die Walpurgisnacht im besonderen, über M. und die Leipziger Musikverhältnisse im allgemeinen schrieb ist nachzulesen, in „H. Berlioz, Musikalische Reisen in Deutschland", auch enthalten in „Mémoires" (Deutsche Übersetzung von Elly Ellés, Breitkopf & Härtel 1903). — Wie den Paulus in Düsseldorf (S. No. 20), so stellte man auch die Walpurgisnacht in Karlsruhe szenisch dar. Die erste dieser Bühnenaufführungen fand dort Donnerstag, den 10. Mai 1860 im Grossherzoglichen Hoftheater in einer Vorstellung statt, die im wesentlichen der Feier des 100jährigen Geburtstages von Peter Hebel galt. Der Theaterzettel enthält eine fast gleichlautende Bemerkung wie das Programm der EA. 2. — Die Bariton- und Basspartie von e i n e m Solisten singen zu lassen, ist nicht empfehlenswert.

(24.) **Der 115. Psalm**
für Chor, Solo und Orchester. op. 31. [GA. Ser. 14 No. 1 (88).]

I. Chor „Nicht unsern Namen" (Non nobis Domine). — II. Duett für
Sopran und Tenor mit Chor „Israel hofft auf dich" (Domus Israel
speravit in Domino). *attacca* III. Arioso für Bariton „Er segnete
Euch je mehr und mehr" (Adjiciat Dominus super vos). — IV. Chor
„Die Toten werden dich nicht loben" (Non mortui laudabunt te Domine).
GD. *15 Min.*

Komp.: Herbst 1830, vollendet 15. November d. J. in Rom. *(S. Anm.)*

EA.: 1. **Frankfurt** a. M., Mittwoch, d. 19. November 1834 im Saale
des Weidenbusches (Töngesgasse 167) in der 82. Aufführung (Abonnementskonzert) des Cäcilien-Vereins nach dem Manuskript unter Leitung
von *J. N. Schelble*. — 2. **Ebendaselbst**, Freitag, d. 6. Mai
1836 im Probesaal des Cäcilienvereins in der 92. Aufführung dieses
Vereins mit Klavierbegleitung unter Leitung des Herrn *Carl Voigt*
aus Hamburg (in Vertretung des erkrankten *Schelble*). — [Leipzig,
Donnerstag, d. 8. Februar 1838 im Saale des Gewandhauses im
Konzert zum Besten der Armen unter Leitung von *Felix Mendelssohn Bartholdy*. (S. Anm.)]

Ersch.: Partitur, Chor- u. Orchesterstimmen und Klavierauszug 1835 bei
N. Simrock, Bonn.

Bes.: a) **Soli**: Sopran, Tenor, Bariton.
b) **Chor**: Sopran I u. II, Alt I u. II, Tenor I u. II, Bass I u. II.
c) **Orchester**: 2 Fl., 2 Ob., 2 Klar., 2 Fag., 2 Hr. — Str.-Orch.

Anmerkg. Die Mendelssohnschen Briefe aus dem Jahre 1830 lassen
die Entstehung des 115. Psalms erkennen. Bereits am 11. August d. J. schreibt
er aus Linz: „Liebe Fanny, ich will jetzt mein Non nobis, und die A-moll Symphonie
komponieren." (S. Briefe I, S. 24). Die Hauptarbeit geschah aber wohl im
November d. J. in Rom, von wo er am 8. d. M. schreibt: „auf dem Tische liegen
. . . . . ein lateinisches Psalmenbuch, um daraus Non nobis zu komponieren" und
am 16., wo er die Vollendung an Fanny, der er mit dem Psalm ein Geburtstagsgeschenk (14. Nov.) machte, berichtet (Briefe I, S. 54, 59 u. 62). Die Komposition
ist also auf den lateinischen Text erfolgt, dementsprechend lautet auch der Titel
der Originalausgabe, „Psalm ‚Non nobis Domine etc.', ... Partitur mit
unterlegtem deutschen Text". — Die Leipziger EA. des 115. Psalms (s. o.) geschah in demselben Konzert in dem der 42. seine erste Aufführung in der endgültigen Form erlebte (s. No. 25). Die Solisten der EA. 1—3 sind unbekannt
geblieben; in Frankfurt waren es wahrscheinlich Vereinsmitglieder, in Leipzig
nach der Allgem. Mus. Zeitung Dilettanten.

(25.) **Der 42. Psalm**

für Solostimmen, Chor, Orchester und Orgel.   op. 42.

[GA. Ser. 14 No. 2 (89).]

I. Chor „Wie der Hirsch schreit". — II. Arie für Sopran „Meine Seele dürstet nach Gott". *attacca* III. Rezitativ für Sopran „Meine Tränen sind meine Speise" und Sopransolo mit Frauenchor „Denn ich wollte gern hingehen". — IV. Chor „Was betrübst du dich, meine Seele". *attacca* V. Rezitativ für Sopran „Mein Gott, betrübt ist meine Seele". *attacca* VI. Quintett für Sopransolo und Männer-quartettsolo „Der Herr des Tages hat verheissen seine Güte". — VII. Schlusschor „Was betrübst du dich, meine Seele".

GD. *26 Min.*

Komp.: April—Mai 1837 in Freiburg, beendet wohl erst Herbst 1837 in Leipzig. Nach EA. 1, im Januar 1838, sehr vergrössert. (S. Anm.)

EA.: Erste Form: 1. Leipzig, Montag, d. 1. Januar 1838 im Saale des Gewandhauses im 10. Abonnementskonzert nach dem Manuskript unter Leitung von *Felix Mendelssohn Bartholdy*. Soli: Frl. *Clara Novello* (Sopran) und die Herren *F. W. Gebhardt* (Tenor), *Kürsten* (Bass) und *C. G. Weisske* (Bass). (S. Anm.) — **Endgültige Form:** 2. Ebendaselbst, Donnerstag, d. 8. Februar 1838 im gleichen Saale im Konzert zum Besten der Armen nach Manuskript unter Leitung von *F. M. B.* Solisten sind unbekannt, nach der Allgem. Mus. Zeitung waren es Dilettanten. (S. Anm.) — 3. Ebendaselbst, Donnerstag, d 21. März 1839 im 20. Abonnementskonzert unter Leitung von *F. M. B.* Sopransolo: Frau *Bünau*.

Ersch.: Partitur März 1839, Orchesterstimmen Januar 1839, Klavierauszug und Chorstimmen Oktober 1838 bei Breitkopf & Härtel, Leipzig.

Bes.: a) Soli: Sopran. 4 Männerstimmen: Tenor I u. II, Bass I u. II.

b) Chor: Sopran I u. II, Alt, Tenor, Bass.

c) Orchester: 2 Fl., 2 Ob., 2 Klar., 2 Fag., 4 Hr., 2 Tr., 3 Pos., Pk. — Orgel. — Str.-Orch.

Anmerkg. Die Komposition des 42. Psalm geschah auf Mendelssohns Hochzeitsreise, die ihn nach Freiburg und in die Pfalz führte (die Hochzeit war am 15. März 1837 in Frankfurt a. M., wohin das junge Paar am 15. Mai zurückkehrte). Nach Ferd. Hiller, S. 79 und 94 ist der Schlusschor erst in Leipzig, wohin M. nach dem Niederrheinischen Musikfeste (Aachen) zurückkehrte, entstanden. Die Worte zu demselben „Preis sei dem Herrn, dem Gott Israels, von nun an bis in Ewigkeit" gehören nicht zu dem Psalm. Am 14. April 1838 schrieb M. an Hiller: „dass ich zu dem 42. [Psalm] noch vier Stücke zukomponiert habe, habe ich Dir doch wohl schon geschrieben". (Hiller, S. 101.) Diese 4 Stücke sind das Sopran-Rezitativ „Meine Tränen sind meine Speise" mit dem anschliessenden Sopransolo mit Frauenchor „Denn ich wollte gern hingehen", der Chor „Was betrübst du dich, meine Seele", das Rezitativ „Mein Gott, betrübt ist meine Seele" und der Schlusschor. Die Urform bestand also nur, nach Ausweis des Programms der EA. 1, aus dem Chor „Wie der Hirsch schreit", dem Sopran-Solo „Meine Seele dürstet nach Gott" und dem Quartett für Sopransolo und 4 Männerstimmen „Der Herr hat des Tages verheissen." Die Vervollständigung des Psalms 42 ist demnach in der kurzen Zeit zwischen EA. 1 und 2 geschehen. Bei der Angabe der Solisten fehlt im Programm der EA. 1 der 2. Tenor, er war nicht festzustellen. Das Programm von EA. 2 gibt überhaupt keine Solisten an. — Zu EA. 2 ist zu bemerken, dass in demselben Konzert auch EA. 1 des 115. Psalms stattfand. (S. No. 24.) Das Konzert der EA. 3 ist musikgeschichtlich von wesentlichem Interesse, denn in demselben erlebte Schuberts grosse C-dur Symphonie ihre erste Aufführung nach dem Manuskript, 11 Jahre nach ihrem Entstehen. Ausserdem führte M. seine Ruy-Blas Ouvertüre zum ersten Male im Konzertsaale auf (S. No. 9). Einer nicht unwichtigen Aufführung des Psalms ist noch zu gedenken: als Moscheles im Oktober 1840 M. in Leipzig besuchte, veranstaltete dieser ihm zu Ehren eine musikalische Privat-Gesellschaft im Gewandhause, führte in derselben zwei Lenoren-Ouvertüren von Beethoven, den 42. Psalm und die Hebriden-Ouvertüre von sich, die Ouvertüre zur Jungfrau von Orleans von Moscheles auf und spielte mit Clara Schumann und Moscheles das Triple-Konzert von Bach. Moscheles trug sein G-moll Konzert vor. (S. „Moscheles Leben" II, S. 67/68 und Moscheles, S. 200). — Nicht zu übersehen ist, dass M. ausdrücklich 4 Hörner vorschreibt, trotzdem der Hornsatz nur zweistimmig ist, er hat also eine doppelte Besetzung gewünscht.

(26.) **Der 95. Psalm**
für Tenorsolo, Chor und Orchester. op. 46.
[GA. Ser. 14 No. 3 (90).]

I. Tenorsolo und Chor „Kommt lasst uns anbeten". — II. Chor „Kommet herzu". — III. Duett für 2 Soprane „Denn in seiner Hand". — IV. Tenorsolo und Chor „Denn sein ist das Meer". *attacca* V. Tenorsolo und Chor „Heute so ihr seine Stimme höret".

G.D. 27 Min.

Komp.: In den ersten Monaten 1838 in Leipzig. Umgearbeitet und vergrössert in der ersten Hälfte 1841 in Leipzig. (S. Anm.)

EA.: Erste Form. 1. Leipzig, Donnerstag, d. 21. Februar 1839 im Saale des Gewandhauses im Konzert zum Besten der Armen nach dem Manuskript unter Leitung von *Felix Mendelssohn Bartholdy;*

Tenorsolo: Herr *Karl Maria Schmidt*. — **Endgültige Form.**
2. **Leipzig**, Montag, d. 22. November 1841 im Saale des Gewand-
hauses im Konzert zum Besten des Orchester-Pensionsfonds nach dem
Manuskript unter Leitung von *F. M. B.;* Soli: Frl. *Elisa Meerti*
(Sopran 1), Frl. *Luise Grünberg* (Sopran 2) und Herr *J. A. Tuyn*
(Tenor).

Ersch.: Partitur, Chor-, Orchesterstimmen und Klavierauszug Januar 1842
bei Fr. Kistner, Leipzig.

Bes.: a) Soli: Sopran I u. II. — Tenor.
  b) Chor: Sopran, Alt, Tenor, Bass.
  c) Orchester: 2 Fl., 2 Ob., 2 Klar., 2 Fag., 2 Hr., 2 Tr., 3 Pos.,
  Pk. — Str.-Orch.

Anmerkg. Über die Entstehung des 95. Psalms äussert sich Mendelssohn in seinen Briefen sehr spärlich. Am 14. April 1838 teilt er Hiller unter
den Kompositionen des Winters auch „einen neuen Psalm (95)" mit (Hiller,
S. 101). An Moscheles schreibt er am 26. Juni d. J.: „übermorgen singen wir
meinen neuesten Psalm in Es-dur durch ihre [d. h. Fanny's] Veranstaltung" (Moscheles,
S. 154). Danach wäre das von Grove (II, S. 308) mit „6. April 1838" gegebene
Vollendungsdatum der ersten Form richtig. Aber am 1. Januar 1839, also kurz
vor EA. 1 wird Klingemann mitgeteilt: „ein neuer Psalm in Es ist beinahe
fertig" (Klingemann, S. 236). Danach hat also M. nach der Privataufführung
bei seiner Schwester an dem Psalm erneut gearbeitet. Die Klingemannschen
Briefe geben weiteren Aufschluss. Am 21. Juli 1840 schreibt M. „. . . . zwei
Psalmen bringe ich Dir ausserdem mit", d. i. der 95. und 114. Psalm. (Klingemann, S. 245.) Und dann heisst es ausführlich am 15. Juli 1841: „dann habe
ich den Psalm, welchen ich Dir im vorigen Herbst vorspielte, und von dem nur ein
Stück mir aus Herz gewachsen war, ganz neu gemacht, bis auf das eine Stück; also
4 frische dazu [!]. Ich glaube fest, er ist der beste von den 4 Psalmen geworden"
usw. (Klingemann, S. 265). Dazu ist zu bemerken, dass M. im Herbst 1840 in
London war und bei Klingemann wohnte; die 4 Psalmen sind der 115. (op. 31),
der 42. (op. 42), der 95. (op. 46) und der 114. (op. 51). Endlich heisst es am
6. Sept. 1841 „in nächster Woche wird Novello [ein englischer Verleger] meinen
95. Psalm, den ich ihm vor 2 Jahren bereits verkauft hatte, von Kistner
in Leipzig erhalten" (Klingemann, S. 267). Bei Novello erschien ein, im thematischen Katalog nicht enthaltener, nachträglich komponierter Chor zu dem
95. Psalm, er wird zu den 4 von M. erwähnten „frischen" Stücken gehört haben.

(27.) **Der 114. Psalm**
für achtstimmigen Chor und Orchester. op. 51.
[GA. Ser. 14 No. 4 (91).]

Seinem Freunde dem Maler J. W. Schirmer in Düsseldorf zugeeignet.

GD. 13 Min.

Komp.: Im Laufe des Jahres 1839 in Leipzig, Horchheim, Leipzig. (S. Anm.)

EA.: 1. L e i p z i g, Mittwoch, d. 1. Januar 1840 im Saale des Gewandhauses im 11. Abonnementskonzert nach dem Manuskript unter Leitung
von *Felix Mendelssohn Bartholdy.* — 2. B i r m i n g h a m, Freitag,
d. 25. September 1840 in Town Hall im 4. Konzert des 20. Birminghamer Musikfestes nach Mspt. unter Leitung von *F. M. B.* —
3. F r a n k f u r t a. M., Mittwoch, d. 20. Oktober 1841 im Saale des
Weidenbusches in der 120. Aufführung des Cäcilien-Vereins unter
Leitung von *F. J. Messer.* — 4. L e i p z i g, Donnerstag, d.
25. November 1841 im Saale des Gewandhauses im 7. Abonnementskonzert unter Leitung von *F. M. B.*

Ersch.: Partitur März, Orchesterstimmen Februar, Chorstimmen und Klavierauszug Januar 1841 bei Breitkopf & Härtel, Leipzig.

Bes.: a) C h o r: Sopran I u. II, Alt I u. II, Tenor I u. II, Bass I u. II.
b) O r c h e s t e r: 2 Fl., 2 Ob., 2 Klar., 2 Fag., 4 Hr., 2 Tr., 3 Pos.,
Pk. — Str.-Orch.

A n m e r k g. Rietz nannte (S. Vorwort) nur Horchheim bei Koblenz als
Entstehungsort von op. 51. M. weilte dort 1839 von Mitte Juli bis Anfang
August und schreibt von da an Klingemann, dass er „einen halben Psalm"
fertig habe (Klingemann, S. 241). An Moscheles aber hatte er bereits im Februar
und April von einem „neuen Psalm" (Moscheles, S. 174 u. 178), an Ferd. David
Ende April geschrieben, dass er „zwei neue Chöre zu dem neuen Psalm" gemacht habe (David, S. 107). Das wird sich, da der 95. Psalm längst fertig
war, auf den 114. beziehen. Aus dem Briefe an seine Schwester vom 4. Januar
1840 (Briefe II, S. 216) ist zu folgern, dass er nach seiner Rückkehr nach Leipzig
noch daran gearbeitet hat. Hiernach ist auch die Angabe Groves (Dictionary II,
S. 276) über die Kompositionszeit „*during the spring*" (1839) zu berichtigen. —
Über die in dem Psalm zu nehmenden Tempi spricht sich M. in dem Brief an
seine Schwester Fanny vom 14. Febr. 1841 (Briefe II, S. 282) aus. —

<hr/>

(28.) Der 98. Psalm

für achtstimmigen Chor, Harfe, Orchester und Orgel. op. 91.
[GA. Ser. 14 No. 5 (92).]
(No. 20 der nachgelassenen Werke.)

Zur Feier des Neujahrstages 1844 in der Domkirche zu Berlin.

G.D. *8 Min.*
Komp.: Dezember 1843 in Berlin. (S. Anm.)
EA.: 1. B e r l i n, Montag, d. 1. Januar 1844 in der Domkirche während
des Gottesdienstes nach dem Manuskript unter Leitung von *Felix
Mendelssohn Bartholdy.* (S. Anm.) — [2. L e i p z i g, Dienstag, d.
1. Januar 1850 im Saale des Gewandhauses im 11. Abonnementskonzert nach Mspt. unter Leitung von *Julius Rietz.* (S. Anm.)]

Ersch.: Partitur, Chor- u. Orchesterstimmen und Klavierauszug Mai 1851 bei Fr. Kistner, Leipzig.

Bes.: a) S o l i : Sopran, Alt, Tenor, Bass.

b) C h o r : Sopran I u. II, Alt I u. II, Tenor I u. II, Bass I u. II. (Zwei 4 stimmige Chöre am Anfang.)

c) O r c h e s t e r : 2 Fl., 2 Ob., 2 Klar., 2 Fag., 2 Hr., 2 Tr., 3 Pos., Pk. — Hfe. — Orgel. — Str.-Orch.

A n m e r k g. Da nach einem Briefe Fanny Hensels an ihre Schwester Rebecka Dirichlet (Familie Mendelssohn II, S. 273/74 auch 268) am 26. Dezember 1843 in der Domkirche in Berlin bereits die erste Probe des Psalms stattfand, ist die Angabe Groves (II, S. 109), dass er am 27. d. M. vollendet sei, nicht ganz wörtlich zu nehmen. Ausser diesem 98. schrieb Mendelssohn zu gleicher Zeit noch den 2. Psalm für achtstimmigen Chor a cappella (op. 78, No. 1) und führte ihn erstmalig am Weihnachtstage desselben Jahres auch in der Domkirche in Berlin auf. — In dem Konzert der EA. 2 wurde im Leipziger Gewandhause Schuberts Ouvertüre zu Rosamunde zum ersten Male gespielt.

(29.) Lauda Sion
für Solostimmen, Chor und Orchester. op. 73.

[GA. Ser. 14 No. 7 (94).]

(No. 1 der nachgelassenen Werke.)

Komponiert für die Kirche St. Martin in Lüttich zur Feier des 11. Juni 1846.

I. Chor „Lauda Sion salvatorem". *attacca* II. Chor „Laudis thema specialis". — III. Sopransolo und Chor „Sit laus plena, sit sonora". *attacca* IV. Soloquartett „In hac mensa novis regis". — V. Chor „Docti sacris institutis". — VI. Sopransolo „Caro cibus, sanguis potus". *attacca* VII. Soloquartett und Chor „Sumit umus, sument mille".

G D. *30 Min.*

Komp.: Anfang 1846, vollendet 10. Februar d. J. in Leipzig. (S. Anm.)

EA.: 1. L ü t t i c h , Donnerstag, d. 11. Juni 1846 (Fronleichnamstag) in der Kirche St. Martin während des Gottesdienstes nach dem Manuskript unter Leitung von Mr. *Henri Magis-Ghysens;* Soli von Mitgliedern des Chores gesungen. (S. Anm.) — 2. L e i p z i g , Donnerstag, d. 22. März 1849 im Saale des Gewandhauses im Konzert zum Besten der Armen unter Leitung von *Julius Rietz.* Soli: Frl. *Karoline Mayer* (Sopran), Frl. *M. Stark* (Alt), die Herren *Karl Widemann* (Tenor) und *Heinrich Behr* (Bass).

Ersch.: Partitur, Chor- u. Orchesterstimmen und Klavierauszug Januar 1849 bei B. Schotts Söhne, Mainz.

Bes.: a) S o l i: Sopran, Alt, Tenor, Bass.
b) C h o r: Sopran, Alt, Tenor, Bass.
c) O r c h e s t e r: 2 Fl., 2 Ob., 2 Klar., 2 Fag., 2 Hr., 2 Tr., 3 Pos.,
Pk. — Str.-Orch.

A n m e r k g. Den oben mitgeteilten Vollendungstermin gibt Grove
(II, S. 308). Mendelssohn berichtet freilich schon am 17. Januar 1846 an
Moscheles, „dass er ein Lauda Sion komponiert habe". (Moscheles, S. 254.)
Diese brieflichen Mitteilungen M.s über seine Kompositionen sind jedoch nicht
immer buchstäblich zu nehmen. Nach Lüttich ist im Februar nur die erste
Nummer des Psalms geschickt worden, die andern folgten je nach Fertigstellung
nach. (Nach authentischen Mitteilungen aus Lüttich.) Die Manuskriptpartitur
hatte M. dem englischen Musikpädagogen Dr. John Hullah zum Geschenk
gemacht, der denn auch die erste englische Aufführung in London am
22. Mai 1850 veranstaltete. (S. hierzu auch Klingemann, S. 319). — Über den
Anlass zur Komposition ist mitzuteilen, dass in Lüttich das Fronleichnamsfest
seinen Ursprung hat. Es wurde dort am 11. Juni 1246 zum ersten Male gefeiert
und verdankt seine Entstehung einer Klosterfrau Juliana aus Cornillon-Mont bei
Lüttich. Papst Urban VI. beauftragte Thomas v. Aquino (1226—1274) mit der
Abfassung des Offiziums und des Messformulars für das neue hohe Fest. Dieser
verfasste als Hymnen für das Tagzeiten-Offizium die Hymnen „Pange lingua
gloriosi corporis mysterium" und „Sacris juncta sint gaudia", für die Messe aber
die Sequenz „L a u d a S i o n". (J. Kayser „Beiträge zur Geschichte und Erklärung der ältesten Kirchenhymnen", II, S. 77 ff.) Als 1846 die 600 jährige
Jubelfeier der Einsetzung des Fronleichnamsfestes in Lüttich begangen werden
sollte, wollte man es mit einer besonderen Komposition des Lauda Lion verherrlichen und übertrug dieselbe M. — Die Annahme, dass M. die EA. selbst
geleitet habe, ist irrtümlich, er wohnte zwar dem Feste bei, dirigierte jedoch
nicht. („Familie Mendelssohn" II, S. 373.) Der Dirigent Magis war ein Musik-
liebhaber, nicht Fachmann. Wiederholung des Werkes fand am 14. Juni statt.
Über die EA. berichtete der Ohrenzeuge H. F. Chorley in „Modern German
Music" (London, 1854), dieser Bericht ist auch enthalten in E. David, „Les
Mendelssohn Bartholdy et Robert Schumann" (Paris, 1886), S. 198/99.

(30.) Tu es Petrus

für fünfstimmigen Chor und Orchester. op. 111.
[GA. Ser. 14 No. 9 (96).]
(No. 40 der nachgelassenen Werke.)

GD. 10 Min.

Komp.: September—November 1827 in Heidelberg, Horchheim und Berlin.
(S. Anm.)

EA.: B i s h e r n i c h t z u v e r l ä s s i g f e s t z u s t e l l e n.

Ersch.: Partitur, Orchester- und Chorstimmen und Klavierauszug Oktober 1868 bei N. Simrock, Bonn.

Bes.: a) Chor: Sopran I und II, Alt, Tenor, Bass.
b) Orchester: 2 Fl., 2 Ob., 2 Hr., 2 Tr., 3 Pos., Pk. — Str.-Orch.

Anmerkg. Die in „Familie Mendelssohn" I, S. 159, 161/62, 172 mitgeteilten Briefe lassen erkennen, dass M. bereits im September 1827 mit der Komposition des „Tu es Petrus" beschäftigt gewesen ist, dass er Anfang Oktober sich mit dem Klavierauszug beschäftigte, und dass das Stück ein Geburtstagsgeschenk für die Schwester Fanny war. Sie schreibt darüber an Klingemann (a. a. O. S. 172) „Zu meinem Geburtstag hat er mir ein Stück gegeben, neunzehnstimmig für Chor und Orchester, über die Worte ‚Du bist Petrus und auf diesen Felsen will ich meine Kirche gründen' (aber lateinisch)." Mit den 19 Stimmen hat Fanny Chor und Orchester zusammen gemeint, aber wohl die erst später hinzutretenden Posaunen nicht mitgezählt. — Möglich ist, dass in der Berliner Singakademie, vielleicht auch im Frankfurter Cäcilienverein Proben oder private Aufführungen des Stückes stattgefunden haben. — Die Holzblasinstrumente doppelt zu besetzen wird sich empfehlen, ebenso die Hinzufügung einer Orgelpartie.

(31.) Musik zu „Ein Sommernachtstraum"
von Shakespeare
für Orchester, Sopran-Soli und Frauenchor. op. 61.
[GA. Ser. 15 No. 4 (117).]

Seinem Freunde Heinrich Konrad Schleinitz zugeeignet.

I. Ouvertüre. — II. Scherzo. *Allegro vivace.* — III. Melodram und Elfenmarsch. — IV. Lied (2 Solo-Soprane) mit Frauenchor „Bunte Schlangen zweigezüngt". — V. Melodram. — VI. Intermezzo. *Allegro appassionato.* — VII. Melodram. — VIII. Notturno. *Andante tranquillo.* — IX. Melodram. — X. Hochzeitsmarsch. *Allegro vivace.* — XI. Melodram und Marcia funebre. — XII. Ein Tanz von Rüpeln. *Allegro di molto.* — XIII. Melodram und Finale.

GD. Siehe Anmerkung.

Komp.: Ouvertüre s. No. 5. Die übrige Musik in der ersten Hälfte 1843, im wesentlichen wohl im März—April d. J. (S. Anm.)

EA.: I. Gesamte Musik mit Bühnen-Aufführung. a) Privataufführung: 1. Potsdam, Sonnabend, d. 14. Oktober 1843 im Königl. Theater im Neuen Palais zur Vorfeier des Geburtstages des Königs Friedrich Wilhelm IV. und vor von ihm Eingeladenen nach dem

Manuskript unter Leitung von *Felix Mendelssohn Bartholdy*. (S. Anm.)
b) Öffentliche Aufführungen: 2. Berlin, Mittwoch, d.
18. Oktober 1843 im Kgl. Schauspielhause nach Mspt. unter Leitung
von *F. M. B.* (Wiederholungen dieser Aufführung unter *M.s* Leitung
am 19. und 20. d. M.) — 3. Leipzig, Sonnabend, d. 30. Dezember
1843 im Theater nach Mspt. unter Leitung des Theaterkapellmeisters *Karl Bach.* — **II. Konzert-Aufführung:** 4. London,
Montag, d. 27. Mai 1844 in Hannover Square Rooms im 5. Konzert
der Philharmonic Society nach Mspt. unter Leitung von *F. M. B.*
Sopransoli: Miss *Rainforth* und Miss *A. Williams.* (S. Anm.) (Wiederholung im 6. Konzert 10. Juni d. J. im Beisein der Kgl. Familie.) —
5. Leipzig, Donnerstag, d. 22. Januar 1846 im Saale des Gewandhauses im 13. Abonnementskonzert nach Mspt. unter Leitung
von *F. M. B.;* Sopransoli: Frl. *Elise Vogel* und Frl. *Franziska
Schwarzbach.* — **III. Konzert-Aufführung mit verbindendem
Text:** 6. Münster, Sonntag, d. 24. Mai 1851 in einem Konzert
des Cäcilienvereins unter Leitung von *Karl Müller.* (Solisten u.
Deklamator nicht festzustellen).

Ersch.: Partitur Juni 1848, Orchesterstimmen August 1848. Klavierauszug
September 1844 bei Breitkopf & Härtel, Leipzig.

Bes.: a) Soli: 2 Soprane.
b) Chor: Sopran I u. II, Alt I u. II.
c) Orchester: 2 Fl., 2 Ob., 2 Klar., 2 Fag., 2 Hr., 3 Tr., 3 Pos.,
Ophikleide, Pk., Trgl., Becken. — Str.-Orch.

Anmerkg. Nach einem Briefe an Klingemann vom 17. Januar 1843
(Klingemann, S. 279) hat Mendelssohn bereits in diesem Monate die Komposition
begonnen gehabt. Am 25. März 1843 schreibt M. an Hiller: „ich arbeite an der
vollständigen Musik zum Sommernachtstraum mit Chören, Entreacts"; fast zu gleicher
Zeit berichten die „Signale für die Musikalische Welt" in No. 11 (ihres ersten
Jahrgangs) vom 14. März, dass M. die Elfenszenen in Shakespeares Sommernachtstraum „in der letzten Zeit" komponiert habe. In dem Briefe an seinen
Bruder Paul vom 21. Juli 1843 (Briefe II, S. 384) heisst es: „ich habe geantwortet,
dass ich Tiecks Wunsche gemäss den Sommernachtstraum zur Aufführung im neuen
Palais bearbeitet hätte" woraus man folgern kann, dass die Komposition in der
Hauptsache vollendet gewesen ist. — Die EA. sollte ursprünglich am 12. Oktober
stattfinden, wurde aber auf den 14. verschoben. M. hatte elf Proben abgehalten,
deren erste am 5. stattfand. Aus Leipzig waren bereits am 11. Gade, Hiller,
David, Schindler nach Berlin zur EA. gefahren (Hillers Tagebuch), auch der
kleine 13 jährige Joachim war mit von der Partie. Diese EA. bot für M. einen
peinlichen Moment, da während derselben der Kgl. Hof den Tee einnahm und
hierdurch eine unangenehme Störung hervorgerufen wurde. Über diese EA.
sind Berichte enthalten in „Familie Mendelssohn" II, 244, bei Devrient S. 222 ff.,
David S. 187 ff. und Hiller S. 178 ff. — Die ersten Konzertaufführungen in London
und Leipzig (EA. 4 u. 5) brachten übereinstimmend: Ouvertüre, Scherzo, Lied mit
Chor, Notturno, Hochzeitsmarsch und Finale. An EA. 4 in London knüpft sich die
Erinnerung, dass Joachim zum ersten Male das Beethovensche Violinkonzert

unter M.s Leitung öffentlich spielte. — 1851 (vielleicht auch schon 1850) veröffentlichte Professor O. L. C. Wolff in Jena, das erste verbindende Gedicht zu M.s Musik, ihm folgte im Juli 1851 Freiherr Gisbert v. Vincke, später E. Devrient und (1875) Gustav Gurski. Bei EA. 6 war auch das verbindende Gedicht von Vincke noch Manuskript. — Die GD. einer Aufführung mit verbindender Dichtung wird je nach Wahl derselben, Anordnung und Streichungen verschieden sein. Mit der Vinckeschen Dichtung beansprucht sie eine starke Stunde. — Über die Ouvertüre siehe No. 5. — Der Theaterzettel der ersten öffentlichen Aufführung (EA. 2) lautet:

Königliche Schauspiele.

Mittwoch, den 18. Oktober 1843.

Zum Erstenmale:

Ein Sommernachtstraum.

Nach Shakespeare von Schlegel, in 3 Akten. Musik von Felix Mendelssohn Bartholdy. Tänze von Hoguet. Decorationen von Gerst. In Scene gesetzt vom Regisseur Stawinsky.

Personen:

Theseus, Herzog von Athen	Hr. Rott
Egeus, Vater der Hermia	Hr. Franz
Lysander } Liebhaber der Hermia	Hr. Devrient
Demetrius }	Hr. Grua
Philostrat, Aufseher der Lustbarkeiten am Hofe des Theseus	Hr. Bethge
Squenz, der Zimmermann	Hr. Schneider
Schnock, der Schreiner	Hr. Rüthling
Zettel, der Weber	Hr. Gern
Flaut, der Bälgenflicker	Hr. Krüger
Schnauz, der Kesselflicker	Hr. Weiss
Schlucker, der Schneider	Hr. Wiehl
Hippolita, Königin der Amazonen, mit Theseus verlobt	Mad. Werner
Hermia, Tochter des Egeus, in Lysander verliebt	Mlle. Stich
Helena, in Demetrius verliebt	Mlle. Schulz
Oberon, König der Elfen	Frl. Aug. v. Hagn
Titania, Königin der Elfen	Marie Freitag
Puck oder Robin Gutgesell, ein Elfe	Frl. Charl. v. Hagn
Elfen	Mlle. Marx
	Mlle. Grünbaum
	Clara Hartmann
Bohnenblüthe }	Johanna Hartmann
Spinnweb } Elfen	Clara König
Motte }	Marie Bade
Senfsamen }	Constanze Huvart

Andere Elfen im Gefolge Oberon's und Titania's.
Gefolge des Theseus und der Hyppolita. Pagen. Wachen.

Scene: Athen und ein nahe gelegener Wald.

Liter. *Smolian, Arthur.* Musikführer No. 287, Schlesinger, Berlin.

— ❖ —

(32.) Musik zu Athalia von Racine

für Solostimmen, Chor und Orchester. op. 74.

[GA. Ser. 15 No. 2 (115).]

(No. 2 der nachgelassenen Werke.)

I. Ouvertüre. — II. Chor und Soli (2 Soprane und 2 Alt) „Herr durch die ganze Welt ist deine Macht". — III. Chor und Soli (2 Soprane und Alt) „O seht, welch' ein Stern uns erschienen". — IV. Doppelchor „Lasst uns dem heilgen Wort" und Melodram (Joad). *attacca* V. Chor und Soli (2 Soprane und Alt) „Ist es Glück, ist es Leid". — Kriegsmarsch der Priester. — VI. Chor und Soli (2 Soprane und Alt) „So geht, ihr Kinder Aarons". — VII. Chor „Ja durch die ganze Welt".

Komp.: Die Chöre (für Frauenchor) Juli 1843 in Leipzig, die Ouvertüre Juni 1844 [vollendet 13.] in London; die Frauenchöre umgearbeitet 1845 für gemischten Chor und das Ganze beendet 12. November 1845 in Berlin. (S. Anm.)

EA.: A. Bühnenaufführung: Privat 1. Charlottenburg, Montag, d. 1. Dezember 1845 im Kgl. Theater vor von dem König Friedrich Wilhelm IV. Eingeladenen nach dem Manuskript unter Leitung von *Felix Mendelssohn Bartholdy*; Soli: Frl. *Fassmann, Tuczeck* und *Brexendorf.* — **B. Konzert-Aufführung mit verbindender Dichtung:** 2. Leipzig, Donnerstag, d. 1. Februar 1849 im Saale des Gewandhauses im Konzert zum Besten des Orchesterpensionsfonds unter Leitung von *Julius Rietz*; Soli: Frau *Livia Frege* (Sopran I), Frl. *v. Bastineller* (Sopran II) und Frl. *M. Stark* (Alt); Deklamation: Herr *Eduard Devrient*. — 3. Ebendaselbst, Donnerstag, d. 1. März 1849 im gleichen Saale im 18. Abonnementskonzert unter Leitung von *J. R.*; Soli: Frl. *Karoline Mayer* (Sopran I), Frl. *Marie Halbreiter* (Sopran II) und Frl. *M. Stark* (Alt); Deklamation: Herr *Eduard Devrient*.

Ersch.: Klavierauszug und Chorstimmen Dezember 1848, Partitur und Orchesterstimmen Januar 1849 bei Breitkopf & Härtel, Leipzig.

Bes.: a) Soli: Sopran I (u. II), Alt I u. II.
  b) Chor: Sopran I u. II, Alt I u. II, Tenor I u. II, Bass I u. II.
  c) Orchester: 2 Fl., 2 Ob., 2 Klar., 2 Fag., 2 Hr., 2 Tr. im Orchester, 3 Tr. hinter der Szene, 3 Pos., Ophikleide, Pk. — Harfe. — Str.-Orch.

Anmerkg. Die Komposition der Musik zu Athalia geschah, wie diejenige zu Sommernachtstraum, Antigone und Oedipus auf Wunsch des Königs Friedrich Wilhelm IV. Das oben mitgeteilte Vollendungsdatum ist Groves Dictionary (II, S. 308) entnommen, doch lassen Mendelssohns Briefe erkennen, dass die Komposition in der Hauptsache früher vollendet gewesen ist. Am

12. März 1845 (Briefe II, S. 445) berichtet M. an den Geh. Kabinettsrat Müller in Berlin „dass die Partituren zu Oedipus zu Kolonos des Sophokles und zur Racineschen Athalia vollständig fertig daliegen". Die Bestätigung, dass die Komposition der Chöre im Juli 1843 beendigt gewesen ist, findet sich auch in dem Briefe vom 21. Juli d. J. (Briefe II, S. 393). Es handelt sich dabei aber um die ursprüngliche Form für Frauenchor. Rietz teilte in seinem Verzeichnisse (S. Vorwort) diese Urform bereits mit. Die Briefe an Klingemann enthalten hierzu das folgende. Am 12. Juni 1843 schrieb M.: „Kürzlich habe ich wieder eine grosse Arbeit zum Privatgebrauch und auf Privatbestellung des Königs gemacht, nämlich die Chöre zur Racineschen Athalia, die ich französisch, bloss für Frauenchor, aber mit grossem Orchester, komponiert habe, und die nun ins Deutsche übersetzt werden müssen" (Klingemann, S. 282). Dieser Urform verdanken also offenbar auch die Frauensolostimmen ihre Existenz. — Eine private Aufführung dieser Chöre fand dann schon im Winter 1843/44 im Hullahschen Hause in London mit Klavierbegleitung durch Moscheles statt. (Moscheles Leben, II, S. 107). — Die EA. sollte in Berlin bereits 1844 stattfinden, zu welchem Zwecke die dortige Theaterintendanz M. im Juni zur schleunigen Komposition der Ouvertüre aufforderte. (Briefe II, S. 423, „Familie Mendelssohn", II, S. 323.) — Ausser Ed. Devrient verfasste auch Freiherr Gisbert von Vinke eine verbindende Dichtung. — Der Theaterzettel der EA. 1 lautet:

Königliches Theater zu Charlottenburg.

Montag, den 1. Dezember 1845.

Athalja.

Trauerspiel in 5 Akten und 2 Abtheilungen, von Racine, übersetzt von E. Raupach. Musik von F. Mendelssohn Bartholdy. In Scene gesetzt vom Regisseur Stawinsky.

Personen:

Joas, König von Juda, Ahasja's Sohn	Mlle. Stich
Athalja, Wittwe Jorams, seine Grossmutter	Mad. Crelinger
Jojada, Hoherpriester	Hr. Rott
Joseba, seine Gemahlin, Ahasjah's Schwester	Mad. Werner
Zacharja | ihre Kinder	{Hr. Krüger
Sulamith }	{Mlle. Löhmann
Abner, Feldhauptmann	Hr. Franz
Asarja | Häupter der Priester und Leviten	{Hr. Bethge
Ismael }	{Hr. Müller
Ein Levit	Hr. Wiehl
Mathan, ein abtrünniger Priester und Diener des Baal . . .	Hr. Hoppé
Nabal, sein Vertrauter	Hr. Hartmann
Hagar, Athaljas Dienerin	Mad. Komitsch
Drei Häupter der Priester und Leviten.	
Chor von Jungfrauen aus dem Stamme Levi	{Mlle. Tuczek / {Mlle. Brexendorf / {Fr. v. Fassmann

Priester und Leviten.
Athalja's Gefolge.
Joas Amme.

Scene: Der Vorhof des Salomonischen Tempels.

(33.) **Finale**
des 1. Aktes aus der unvollendeten Oper: Loreley.

op. 98 No. 1.   [GA. Ser. 15 No. 10 (123).]

(Gedichtet von Emanuel Geibel.)

(No. 27a der nachgelassenen Werke.)

GD. 14 Min.

Komp.: Wahrscheinlich August-September 1847 in Interlaken. (S. Anm.)

EA.: 1. (Privataufführung): L e i p z i g , Ende Februar 1850 im Hause von Frau Livia Frege geb. Gerhardt nach dem Manuskript unter Leitung von *Julius Rietz;* Solo: Frau *L. Frege.* (S. Anm.) — 2. (Öffentlich): E b e n d a s e l b s t, Donnerstag, d. 27. März 1851 im Saale des Gewandhauses im 20. Abonnementskonzert nach dem Manuskript unter Leitung von *J. R.;* Solo: Fräul. *Karoline Mayer.*

Ersch.: Partitur, Orchester- und Chorstimmen und Klavierauszug Mai 1852 bei Breitkopf & Härtel, Leipzig.

Bes.: a) S o l o : Sopran (Lenore).

b) C h o r : Sopran I u. II, Alt I u. II, Tenor I u. II, Bass I u. II.

c) O r c h e s t e r : Kl. Fl., 2 Fl., 2 Ob., 2 Klar., 2 Fag., 4 Hr., 2 Tr., 3 Pos., Pk., Gr. Tr. u. Becken. — Str.-Orch.

A n m e r k g . Die Komposition einer Oper war Mendelssohns heisser Wunsch. Eduard Devrient hatte ihm Vorschläge und Entwürfe gemacht zu Hans Heiling, die Sagen von Blaubart, Drosselbart, Bisamapfel, zu Loreley, Kohlhaas, Andreas Hofer, zu einem eigenen und einem Stoffe aus den Bauern-kriegen (Ritter und Bauer). Mit Immermann und Karl v. Holtei wurden Unter-handlungen über Shakespeares „Sturm" angeknüpft und fallen gelassen, der Text zu einer Zauberoper von Bauernfeld abgelehnt, mit Ch. Birchpfeiffer und K. v. Gutzkow gepflogene Verhandlungen hatten nicht zu Resultaten geführt, auch Klingemanns Entwürfe waren unberücksichtigt geblieben. Die zuerst von Devrient zur Sprache gebrachte Idee, eine Oper Loreley zu komponieren, stammt aus dem Jahre 1844. M. wendete sich dann April 1846 an Geibel, der bis zum 14. Mai d. J. den 1. Akt vollendet hatte. Februar 1847 brachte M. das Text-buch zu Devrient nach Dresden, doch um ihm zu sagen, „dass er es so nicht komponieren könne" und um seinen Beistand zu bitten. Er machte sich trotz-dem an die Arbeit und es ist anzunehmen, dass die Anfänge zur Komposition in die Zeit vor seinem Aufenthalt in Interlaken zu setzen sind. Moritz Haupt-mann („Briefe an Spohr und Andere" 1876, Leipzig, S. 30) schreibt am 5. November 1847 in dem Briefe, der Spohr M.s Tod meldete: „In der Schweiz hat er den ersten Akt seiner Oper „Loreley" vollendet". Ausser dem Finale des 1. Aktes hinterliess M. noch aus der Oper ein Ave Maria für Sopran-Solo mit Frauenchor und Winzerchor für Männerchor. — Die Kenntnis der Privat-aufführung EA. 1 dankt man „Moscheles Leben" II, S. 211, das Liederspiel „Heimkehr aus der Fremde" wurde an demselben Abend auch aufgeführt (A. a. O.). —

(34.) Rezitative und Chöre
aus dem unvollendeten Oratorium Christus.
op. 97. [GA. Ser. 13 No. 3 (87).]
(No. 26 der nachgelassenen Werke.)

I. Aus dem ersten Teile. (Geburt Christi.) 1. Rezitativ für Sopran „Da Jesus geboren ward" und Solo für Tenor und 2 Bässe „Wo ist der neugeborene König". 2. Chor „Es wird ein Stern aus Jakob aufgehn".

II. Aus dem zweiten Teile. (Leiden Christi.) 1. Rezitativ für Tenor „Und der ganze Haufe" und Chor „Diese finden wir". 2. Rezitativ für Tenor „Da überantwortete er ihn" und Chor „Ihr Töchter Zions". 3. Choral für Männerchor „Er nimmt auf seinen Rücken".

SD. I. 8 Min. II. 14 Min. GD. 22 Min.

Komp.: Wahrscheinlich 1847. (S. Anm.)

EA.: Leipzig, Dienstag, d. 4. November 1851 im Saale des Konservatoriums in einer Feier zur Erinnerung an den Todestag Mendelssohns nach dem Manuskript unter Leitung von *Konrad Schleinitz.*

Ersch.: Partitur, Orchester- und Chorstimmen und Klavierauszug Mai 1852 bei Breitkopf & Härtel, Leipzig.

Bes.: a) Soli: Sopran (6 Takte). — Tenor. — Bass I u. II.
b) Chor: Sopran, Alt, Tenor I u. II, Bass I u. II.
c) Orch.: 2 Fl., 2 Ob., 2 Klar., 2 Fag., 2 Hr., 2 Tr., 3 Pos., Pk.
— Str.-Orch.

Anmerkg. An dem Christustextbuch soll Mendelssohn bereits im Sommer 1844 in Soden gearbeitet haben, so berichtet Grove (II, S. 285), der auch mitzuteilen weiss, dass Bunsen den Plan dazu M. am Ostersonntage d. J. übergeben habe. In einem Briefe an Schubring vom 14. Juli 1837 könnte man bereits den Hinweis auf ein Oratorium Christus erblicken (Schubring, S. 109). Devrient setzt die Beschäftigung mit den Vorbereitungen zu einem „neuen Oratorium Christus" in den Winter 1846/47, Rietz nennt als Kompositionszeit und -Ort „Leipzig 1847", Grove (II, 291) gibt ebenfalls 1847 an. Man wird also anzunehmen haben, dass nach Vollendung der Elias-Umarbeitung (Ende Februar 1847) M. sich ernstlich mit Christus beschäftigte, dass aber vielleicht Entwürfe dazu schon früherer Zeit (1844) entstammen. — Nach Moscheles haben die Schüler des Leipziger Konservatoriums sich bereits 1849 mit dem Studium des Christus beschäftigt (Moscheles Leben, II, S. 203), zu einer Aufführung ist es damals jedoch nicht gekommen.

(35.) Musik zur Antigone des Sophokles
nach Donners Übersetzung
für Männerchor und Orchester. op. 55. [GA. Ser. 15 No. 1 (114).]

Sr. Maj. Friedrich Wilhelm IV. König von Preussen ehrfurchtsvoll zugeeignet.

I. Introduktion. — II. Chor „Strahl des Helios". — III a. Chor „Vieles Gewaltige lebt". III b. Melodram. — IV. Chor „Ihr Seligen, deren Geschick". — V. Soloquartett, Chor (u. Melodram) „O Eros, Allsieger im Kampf". — VI. Melodram und Chor „Auch der Danae Reiz". — VII. Bacchus-Chor „Vielnamiger! Wonn' und Stolz der Kadmesjungfrau". — VIII. Melodram und Schlusschor.

GD. *S. Anm.*

Komp.: Mitte September bis Anfang Oktober 1841 in Berlin; vollendet 10. Oktober d. J. (S. Anm.)

EA.: A. Bühnenaufführung: Privat. 1. Potsdam, Donnerstag, d. 28. Oktober 1841 im Königl. Theater im Neuen Palais vor von dem König Friedrich Wilhelm IV. Eingeladenen nach dem Manuskript unter Leitung von *Felix Mendelssohn Bartholdy*. — 2. Ebendaselbst, Sonnabend, d. 6. November 1841 ebenso wie bei 1 unter Leitung von *F. M. B.* — Öffentlich. 3. Leipzig, Sonnabend, d. 5. März 1842 im Stadttheater zum Besten des Theater-Pensionsfonds nach Mspt. unter Leitung von *F. M. B.* — 4. Berlin, Mittwoch, d. 13. April 1842 im Kgl. Schauspielhause nach Mspt. unter Leitung von *F. M. B.* (Wiederholungen 14., 15., 28., 29. u. 30. April.) **B. Konzert-Aufführung:** [Leipzig, Donnerstag, d. 13. März 1851 im Saale des Gewandhauses im Konzert zum Besten der Armen unter Leitung von *Julius Rietz*; Deklamation: Frl. *Schäfer* und Herr *H. Behr*.]

Ersch.: Klavierauszug, Chor- u. Orchesterstimmen August 1842, Partitur Dezember 1851 bei Fr. Kistner, Leipzig.

Bes.: a) Soli: Bariton. Soloquartett.
b) Chor: Zwei vierstimmige Männerchöre.
c) Orchester: 2 Fl., 2 Ob., 2 Klar., 2 Fag., 2 Hr., 2 Tr., 3 Pos., Pk. — Harfe. — Str.-Orch.

Anmerkg. König Friedrich Wilhelm IV. hat die Anregung zur Komposition der vier Mendelssohnschen Werke: Antigone, Sommernachtstraum, Athalia und Oedipus auf Kolonos gegeben. Er wünschte einige der alten griechischen Dramen wieder aufleben zu lassen, verhandelte darüber mit Ludwig

Tieck, den er 1841 nach Berlin berufen hatte und übertrug kurzer Hand, nachdem Tieck zur Aufführung zunächst Antigone vorgeschlagen hatte, Mendelssohn die Komposition der Chöre. (An Klingemann schreibt M. am 6. September 1841: „der König wünschte sehr, sich im Schlosse die Antigone des Sophokles aufführen zu lassen, dazu soll ich die Chöre komponieren, hat er mir gesagt" (Klingemann, S. 266.) Aus Eduard Devrients Erinnerungen an Felix Mendelssohn ist genau zu ersehen, wie bereitwillig M. den Auftrag übernahm und wie schnell er ihn ausführte (a. a. O., S. 212). Innerhalb 14 Tagen etwa stellte M. die Komposition fertig. Die Hingebung mit der M. die Chöre schuf ist ersichtlich aus dem Briefe an Ferd. David vom 21. Oktober 1841, er schreibt: „und wie mich das Herrliche des Stücks so packte, da kriegt ich den alten Tieck an und sagte: jetzt oder niemals. Und der war liebenswürdig und sagte jetzt, und da komponierte ich aus Herzenslust darauflos, und jetzt haben wir täglich zwei Proben und die Chöre knallen, dass es eine wahre Wonne ist. Die Aufgabe an sich war herrlich, und ich habe mit herzlicher Freude gearbeitet. Mir war's merkwürdig, wie es so viel Unveränderliches in der Kunst gibt; die Stimmungen aller dieser Chöre sind noch heute so echt musikalisch und wieder so verschieden unter sich, dass sich's kein Mensch schöner wünschen könnte zur Komposition" usw. (David, S. 152/53). Aus der Fortsetzung dieses Briefes ist ersichtlich, dass die Chöre bei den ersten Potsdamer Aufführungen mit 16 (15 nach Boeckh s. u.) Männerstimmen besetzt waren, wozu man ausser den besten Solosängern Mantius, Bader, Fischer, Bötticher die tüchtigsten Mitglieder des Hoftheaterchors ausgesucht hatte. — Über die Anordnung der Bühne bei diesen ersten Aufführungen ist folgendes bekannt. „Die Einrichtung war im wesentlichen nach griechischem Muster getroffen. Das Theater war in zwei Teile geteilt; der vordere Teil bildete die sog. Orchestra und war mehrere Fuss tiefer als der hintere, die eigentliche Bühne. Eine Doppeltreppe von sieben Stufen führte von der Orchestra nach dieser Bühne; beide waren durch einen Vorhang getrennt, der nicht, wie bei unserem Theater, in die Höhe ging, sondern sich senkte. Im Hintergrunde der Bühne erblickte man die Königsburg zu Theben, der Eingang gewährte einen Blick des häuslichen Altars; ein Nebeneingang führte zu den Frauengemächern. Die Seiten der Bühne boten keinen Ausgang. Diejenigen Darstellenden, die nicht in den Palast zurückgingen, mussten die Stufen zur Orchestra hinabsteigen, welche zu beiden Seiten Ausgänge hatte. In den Räumen neben der Orchestra war das begleitende Orchester aufgestellt." (Reissmann „Felix Mendelssohn" usw., S. 259, und „Allgemeine Musikalische Zeitung 1841", S. 961 ff. [Abdruck eines lehrreichen Artikels von August Boeckh, Verfasser einer dem Klavierauszug der ersten Ausgabe beigedruckten neuen Übersetzung, der in der Staatsbürgerzeitung erschienen war]). Der Zuschauerraum war amphitheatralisch eingerichtet. Im untern Halbkreise sassen die königliche Familie, nächst ihnen der Hofstaat, die Logenreihen waren für die geladenen Gäste, unter denen sich die hervorragendsten Mitglieder der Geistesaristokratie befanden, reserviert. — Von der Angabe der Zeitdauer ist bei Antigone, Sommernachtstraum (No. 32), Athalia (No. 33) und Oedipus No. 34) abgesehen worden, sie wird je nach dem gewählten Aufführungsmodus zu verschieden sein. — Ein „Deklamatorium behufs der Konzertaufführungen" verfasste und veröffentlichte Ulrich Riesler (Speier, Lang). — Der Theaterzettel der EA. 2, der dem nicht mehr vorhandenen der EA. 1 entspricht, lautet:

Königliches Theater im Neuen Palais.

Sonnabend, den 6. November 1841.

Antigone.

Tragödie von Sophokles.

Übersetzung von Donner.

Musik zu den Chören vom Kgl. Kapellmeister Dr. Mendelssohn Bartholdy.

Decoration von Gerst.

Personen:

Antigone	Mad. Crelinger
Ismene	Mlle. Bertha Stich
Kreon, König von Thebe	Hr. Roll.
Eurydike, Kreons Gemahlin	Mad. Wolff
Hämon, Kreons Sohn	Hr. Devrient
Teiresias	Hr. Franz
Ein Wächter	Hr. Wauer
Ein Bote	Hr. Grua
Ein Diener	Hr. Bethge
Ein Knabe	Maria Freitag
Chor Thebischer Greise	Hr. Bader, Hr. Mantius, Hr. Bötticher, Hr. Fischer, Hr. Mickler etc.

Gefolge des Kreon. Frauen der Eurydike.

(36.) Musik zu Oedipus in Kolonus des Sophokles

für Männerchor und Orchester. op. 93. [GA. Ser. 15 No. 3 (116).]

(No. 22 der nachgelassenen Werke.)

I. Introduktion. Chor „O schau! Er entfloh!" — II. Chor „Grausam ist es, o Freund" — III. Chor „Zur rossprangenden Flur, o Freund". — IV. Melodram und Chor. — V. Chor „Ach, wär ich, wo bald die Schar". — VI. Chor „Wer ein längeres Lebensteil wünscht". — VII. Chor „Auf uns bricht von dem blinden Greis ein Unglück". — VIII. Soloquartett und Chor „Ist es verstattet, dich, nächtliche Göttin". — IX. Melodram und Chor.

Komp.: Winter 1844/45, vollendet in Frankfurt a. M. 25. Februar 1845.

EA.: A. Bühnenaufführung. Privat. 1. Potsdam, Sonnabend, d. 1. November 1845 im Königlichen Theater im Neuen Palais vor von dem König Friedrich Wilhelm IV. Eingeladenen nach dem Manuskript unter Leitung von *Felix Mendelssohn Bartholdy.* — Öffentlich. 2. Berlin, Montag, d. 10. November 1845 im Kgl. Schauspielhause nach Mspt. unter Leitung von *F. M. B.* — **B. Konzertaufführung.** 3. Leipzig, Montag, d. 25. Februar 1850 im Saale des Gewandhauses im Konzert zum Besten des Orchester-Pensionsfond nach Manuskript unter Leitung von *Jul. Rietz;* Deklamation: Frl. *Schäfer* und Herr *Stürmer.* (S. Anm.)

Ersch.: Klavierauszug und Chorstimmen September 1851, Partitur und Orchesterstimmen Mai 1852 bei Breitkopf & Härtel, Leipzig.

Bes.: a) Soli: Bariton. Soloquartett.

b) Chor: Zwei vierstimmige Männerchöre.

c) Orchester: 2 Fl., 2 Ob., 2 Klar., 2 Fag., 2 Hr., 2 Tr., 3 Pos., Pk. — Hfe. — Str.-Orch.

Anmerkg. Der Wunsch des Königs Friedrich Wilhelm IV. war gewesen, dass Mendelssohn ausser den unter No. 31, 32 u. 33 genannten Werken auch die Chöre der Eumeniden des Aeschylus komponieren sollte. M. lehnte nach einem ohne Erfolg gemachten Versuch den Antrag ab und schrieb an den Geh. Kabinetsrat Müller in Berlin am 12. März 1845 (Briefe II, S. 445), dass die Partitur zu Oedipus in Kolonus und Athalia in Partitur bereit lägen. — Die EA. vollzog sich in derselben Weise wie die der Antigone (s. No. 31); in dem Männerchor wirkten auch diesmal die Solisten der Oper Mantius, Pfister, Heinrich, Bötticher, Fischer, Mickler und Behr mit. (Es mag hier eingeschaltet werden, dass M. seine Stellung in Berlin, die ihm verleidet war, aufgegeben hatte.) — In dem Konzert der EA. 3 (Leipzig) erlebten unter des Komponisten Leitung auch ihre EA. die Genoveva-Ouvertüre und das Konzertstück für vier Hörner (op. 86) von R. Schumann. (S. R. Schumann.) — Zwischenreden und Melodramen zu Oedipus erschienen bei Breitkopf & Härtel. — Der Theaterzettel der ersten Aufführung lautet:

Königliches Theater im Neuen Palais.

Sonnabend, den 1. November 1845.

Zum Erstenmale:

Oedipus in Kolonos.

Tragödie des Sophokles.

Metrisch übertragen von Franz Fritze.

Der Text zu den Chören nach Donner.

Musik von Felix Mendelssohn Bartholdy.

Dekoration von Gerst. In Scene gesetzt vom Regisseur Stawinsky.

Personen:

Oedipus, verbannter König von Theben	Hr. Hoppé
Theseus, König von Athen	Hr. Hendrichs
Kreon, Schwager des Oedipus	Hr. Stawinsky
Polyneikes, ältester Sohn des Oedipus	Hr. Grua
Antigone } Ismene }	Mlle. Stich / Mlle. Löhmann
Ein Einwohner von Kolonos	Hr. Bethge
Ein Diener des Theseus	Hr. Franz
Chorführer	Hr. Mantius
Chor von Greisen und Bewohnern von Kolonos	Hr. Pfister / Hr. Heinrich / Hr. Bötticher / Hr. Fischer / Hr. Mickler / Hr. Behr etc.

Gefolge.

Scene: Der Hain der Eumeniden bei Kolonos.

IV. Kammermusikwerke.

(37.) Oktett für 4 Violinen, 2 Bratschen und 2 Violoncells. Es-dur. op. 20. [GA. Ser. 5 No. 1 (19).]

Seinem Freunde Eduard Rietz gewidmet. (S. Anm.)

I. Allegro moderato ma con fuoco. — II. Andante. — III. Scherzo. *Allegro leggierissimo.* — IV. Presto.

SD. *I. 11 Min. II. 7 Min. III. 4 Min. IV. 7 Min.* **GD.** *29 Min.*

Komp.: 1825 in Berlin. Vollendet 20. Oktober d. J. (S. Anm.)

EA.: [Privataufführungen werden nach Vollendung im elterlichen Hause in Berlin stattgefunden haben. (S. Anm.) 1832 fanden solche in Paris statt: 17. März im Konservatorium durch den Geiger *Baillot* mit seinen Genossen, 21. März bei dem Abbé Bardin, 22. März bei Mde. Kiéné, 26. März in einer Kirche während der Messe. (S. Anm.)] — 1. (S. Anm.) Leipzig, Donnerstag, d. 26. März 1835 im Saale des Gewandhauses in einem Konzert der Sängerin Frl. Henriette Grabau, nur ein Satz, Spieler nicht mit Sicherheit festzustellen. — 2. Ebendaselbst, Sonnabend, d. 30. Januar 1836 im gleichen Saale in der 3. (letzten) Quartettunterhaltung gespielt von den Herren *Ferd. David* (Viol. 1), *C. W. Uhlrich* (Viol. 2), *F. R. Sipp* (Viol. 3), *Chr. E. Winter* (Viol. 4), *C. A. Queisser* (Viola 1), *F. Mendelssohn* (Viola 2), *A. Grabau* (Violonc. 1), *Engelmann* (Violonc. 2). — 3. Ebendaselbst, Sonntag, d. 7. Februar 1836 in einem von der Direktion der Gewandhauskonzerte veranstalteten Morgenkonzerte gespielt von Denselben wie bei EA. 2. — 4. Berlin, Montag, d. 8. Februar 1836 im Saale des Hôtel de Russie in einer von Hubert Ries veranstalteten Extra-Quartett-Versammlung gespielt von den Königl. Kammermusikern *L. Ganz, H. Ries, L. Maurer, Ronneburger, C. H. Böhmer, E. Richter, M. Ganz* und *A. Just.* — [(S. Anm.) Leipzig, Sonnabend, d. 18. November 1843 im Saale des Gewandhauses in der 1. Musikalischen Abendunterhaltung gespielt von den Herren *Ferd. David, M. G. Klengel, Moritz Hauptmann,* Theaterkapellmeister *Bach, F. Mendelssohn, Niels W. Gade, F. W. Grenser* und *C. Wittmann.* (S. Anm.)]]

Ersch.: Stimmen Michaelismesse 1832, Partitur März 1848 bei Breitkopf & Härtel, Leipzig.

Anmerkg. Über die Kompositionszeit oder vielmehr über den Termin der Vollendung gibt Zelter ein vollwichtiges Zeugnis ab. Er schreibt am 6. November 1825 an Goethe: „Mein Felix fährt fort und ist fleissig. Er hat soeben wieder ein Oktett für acht obligate Instrumente vollendet, das Hand und Fuss hat". (Briefwechsel zwischen Zelter und Goethe, II, S. 353.) Das Oktett war als Geburtstagsgeschenk für Mendelssohns Jugendfreund, den Geiger Eduard Rietz — Bruder des bekannten Julius Rietz — bestimmt (17. Oktober). Er hat auch die Oktettstimmen abgeschrieben, was aus M.s Brief vom 4. Februar 1832 hervorgeht (Briefe, I, S. 333). — Nach „Familie Mendelssohn" II, S. 151/52 schwebte bei der Komposition des Scherzo Mendelssohn eine Stelle aus dem Walpurgisnachtstraum des Goetheschen Faust vor. Es heisst a. a. O.: „Durchaus neu in demselben [dem Oktett] ist das duftige, geistige und geisterhafte Scherzo. Er versuchte die Stelle aus dem Walpurgisnachtstraum des Goetheschen Faust zu komponieren:

> Wolkenflug und Nebelflor
> Erhellen sich von oben.
> Luft im Laub und Wind im Rohr,
> Und alles ist zerstoben.

„Und es ist wahrlich gelungen," (bemerkt Fanny in ihrer Besprechung des Oktetts in Felixens Biographie) „Mir allein sagte er, was ihm vorgeschwebt. Das ganze Stück wird staccato und pianissimo vorgetragen, die einzelnen Tremolo-Schauer, die leicht aufblitzenden Pralltriller, alles ist neu, fremd und doch so ansprechend, so befreundet, man fühlt sich so nahe der Geisterwelt, so leicht in die Lüfte gehoben, ja man möchte selbst einen Besenstiel zur Hand nehmen, der luftigen Schaar besser zu folgen. Am Schlusse flattert die erste Geige federleicht auf — und Alles ist zerstoben." Man hat in diesem Scherzo den Vorläufer der bald nachher komponierten Sommernachtstraum-Ouvertüre zu erblicken. Dass M. selbst dem Stücke gewissen Wert beilegte, beweist seine Instrumentation desselben, und die Einfügung in die C moll-Symphonie bei deren EA. in London und München (S. No. 1). — Im elterlichen Hause haben sicherlich sogleich nach Vollendung Privataufführungen, mit E. Rietz an der 1. Violine, stattgefunden. Zu den oben gegebenen EA. 1, 2 und 3 ist zu bemerken, dass diese nicht zuverlässig als überhaupt erste Aufführungen angesehen werden können, nur ist der unanfechtbare Nachweis früherer EA. bisher nicht gelungen. Lampadius (S. Lit.) spricht (S. 55) von einer EA. im Februar 1835 in Leipzig, er hat dabei offenbar die Teilaufführung im Konzerte von Frl. Grabau gemeint. Es hat nicht festgestellt werden können, welcher der Sätze dort gespielt worden ist, vermutlich ist es das Scherzo gewesen. Über die Pariser Aufführungen berichtet M. in seinen Briefen, I, S. 352, 353 und 355. Die eingeklammerte EA. ist um der Bedeutsamkeit der Spieler willen mitgeteilt; in demselben Konzert erlebte M.s 2. Cello-Sonate op. 58 ihre EA. (S. No. 56). — Die erste Ankündigung des Erscheinens der Stimmen und der vierhändigen Bearbeitung im Intelligenzblatt No. 14 zur Allgemeinen Musikalischen Zeitung 1832 lautet merkwürdigerweise: Octett pour 4 Violons avec accompagnement de 2 Violons et 2 Basses. Diese Original-Ausgabe schreibt, wie auch die Sonate op. 4 (S. No. 54) in der Widmung den Namen „Ritz". In dieser Schreibweise findet sich der Name beider Brüder Rietz auch noch später häufig in musikalischen Zeitungen, es mag also die ursprüngliche Form gewesen sein. Eine Vorbemerkung des Komponisten lautet: „Dies Oktet muss im Styl einer Sinfonie in allen Stimmen gespielt werden; die Pianos und Fortés müssen sehr genau und deutlich gesondert und schärfer hervorgehoben werden, als es sonst bei Stücken dieser Gattung geschieht."

(38.) Sextett

für Pianoforte, Violine, 2 Bratschen, Violoncello und Bass.
D-dur. op. 110. [GA. Ser. 9 No. 1 (37).]
(No. 39 der nachgelassenen Werke.)

I. Allegro vivace. — II. Adagio. — III. Menuetto. *Agitato.* —
IV. Allegro vivace.

SD. I. 12 Min. II. 5 Min. III. 4 Min. IV. 8 Min. GD. 29 Min.

Komp.: April und Mai 1824 in Berlin. (S. Anm.).

EA.: Bisher nicht zu ermitteln. (S. Anm.)

Ersch.: Mai 1868 bei Friedr. Kistner, Leipzig.

Anmerkg. Grove (II, S. 308) gibt zwei sich natürlich auf verschiedene
Sätze beziehende Daten für die Entstehungszeit, nämlich den 30. April und
10. Mai 1824. — Kurz vor Veröffentlichung wurde das Sextett, am 16. März 1868,
in London in einem der Monday Popular Concerts zum Benefiz für Miss Arabella
Goddard von Dieser, Joachim, Piatti, Zerbini, Blagrove und Reynald gespielt.
Nach Erscheinen scheint eine der ersten öffentlichen Aufführungen in Frankfurt a. M. gewesen zu sein. Wallerstein, Heermann, Becker, Welcker, Müller
und Backhaus spielten es dort Anfang Oktober 1868 im ersten Quartettabend.

(39.) **Quintett I** für 2 Violinen, 2 Bratschen und Violoncell.
A-dur. op. 18. [GA. Ser. 5 No. 2 (20).]

I. Allegro con moto. — II. Intermezzo. *Andante sostenuto.* —
III. Scherzo. *Allegro di molto.* — IV. Allegro vivace.

SD. I. 10 Min. II. 6 Min. III. 5 Min. . IV. 6 Min. GD. 27 Min.

Komp.: 1826 in Berlin. Der 2. Satz nachträglich komponiert Februar
1832 in Paris. (S. Anm.)

EA.: ? [Leipzig, Sonnabend, d. 19. März 1836 im Saale des Gewandhauses in der 3. Quartettunterhaltung (letzte des 2. Zyklus) gespielt
von den Herren *Ferd. David* (Viol. I), *C. W. Uhlrich* (Viol. II),
C. A. Queisser (Viola I), *H. O. Hunger* (Viola II) und *Andreas
Grabau* (Violonc.)]. (S. Anm.)

Ersch.: Ostern 1833 bei N. Simrock, Bonn.

Anmerkg. Grove (II, S. 268), Rietz und die Gesamt-Ausgabe nennen
übereinstimmend 1826 als Kompositionsjahr. Zelter wird dieses Quintett meinen,
als er im Juni 1826 an Goethe schreibt: „Felix hat wieder ein neues Quintett
gefertiget, das sich hören lassen wird" (Briefwechsel zwischen Zelter und Goethe,
II, S. 401). — Die ursprüngliche Form weicht von der endgültigen ab. Das
Scherzo bildete anfänglich den 2. Satz, ein Menuett in Fismoll mit einem

Doppelkanon als Trio den 3. Im Februar 1832 setzte Mendelssohn in Paris an die zweite Stelle einen neuen Satz, über dessen Entstehung seine damaligen Briefe unterrichten. Am 13. Februar 1832 schrieb M. an seine Familie: „Vor allen Dingen muss ich jetzt ein Adagio für mein Quintett machen; die Spieler schreien danach, und ich finde, sie haben Recht" (Briefe I, S. 334). Am 21. Februar heisst es: „Ich habe ein grosses Adagio komponiert, in das Quintett hinein, als ein Intermezzo. Es heisst Nachruf, und ist mir eingefallen, wie ich es eben für Baillot komponieren musste" usw. (Briefe I, S. 346). Dieser „Nachruf" bezieht sich auf seinen am 23. Januar verstorbenen Jugendfreund Eduard Rietz, dessen Todesnachricht er am 3. Februar, seinem Geburtstage, erhielt. Das Scherzo D moll rückte dann an die dritte Stelle und das dort befindlich gewesene Menuet verschwand aus dem Quintett. Bailott wird mit seinen Genossen das Werk mit dem neuen Satze, also in seiner endgültigen Form, zuerst gespielt haben. — Nach einem Berliner Bericht der Leipziger Allg. Mus.-Zeitung ist ein Quintett von M. im November 1833 in einer der Ries'schen Quartettversammlungen gespielt worden. Diese Quartettversammlung, die 2. des Winters, fand am 2. November im kleinen Saale der Singakademie statt. Die Spieler waren Ries, Maurer, Böhmer und Just. In der Besprechung in der Vossischen Zeitung vom 4. XI. von Rellstes heisst es jedoch, dass „die Künstler das geistvolle Quartett von F. M. vortrefflich vortrugen". Da das Programm nicht zu ermitteln war, auch andere Quellen versagten, bleibt es unentschieden, ob die EA. des Quintetts oder eines Quartetts stattfand.

---

(40) Quintett II für 2 Violinen, 2 Bratschen und Violoncell.
B-dur. op. 87. [GA. Ser. 5 No. 3 (21).]
(No. 16 der nachgelassenen Werke.)

I. Allegro vivace. — II. Andante scherzando. — III. Adagio e lento. *attacca* IV. Allegro molto vivace.

SD. *I. 8 Min. II. 4 Min. III. 7 Min. und IV. 6 Min. GD. 25 Min.*

Komp.: Sommer 1845, vollendet d. 8. Juli d. J. in Soden.

EA.: ? [Leipzig, Montag, d. 29. November 1852 im Saale des Gewandhauses in der 1. musikalischen Abendunterhaltung gespielt von den Herren *Ferd. David* (Viol. I), *Engelb. Röntgen* (Viol. II), *Fr. V. Hermann* (Viola I), *H. O. Hunger* (Viola II) und *Julius Rietz* Violonc.).]

Ersch.: Partitur Oktober, Stimmen Februar 1851 bei Breitkopf & Härtel, Leipzig.

(41.) Quartett I

für Pianoforte, Violine, Bratsche und Violoncell.
C-moll.   op. 1.   [GA. Ser. 9 No. 2 (38).]

Seiner Hoheit dem Fürsten Anton Radziwill gewidmet.

I. Allegro vivace. — II. Adagio. — III. Scherzo. *Presto.* — IV. Allegro
moderato.

SD. I. 10 Min. II. 8 Min. III. 6 Min. IV. 6 Min. GD. 30 Min.

Komp.: Begonnen 20. September 1822 in Secheron bei Genf, erster Satz
beendet 30. September in Frankfurt a. M., das Ganze 18. Oktober
d. J. in Berlin.

EA.: Nicht zuverlässig festzustellen.   (S. Anm.)

Ersch.: Stimmen gegen Ende 1823, Partitur November 1855 bei A. M. Schlesinger, Berlin.

Anmerkg. Die erste Nachricht über eine Aufführung gibt Moscheles,
der das Quartett am 26. November 1824 in einer der Sonntagsmusiken im
Mendelssohnschen Hause in Berlin hörte (Moscheles Leben, I, S. 95). Über die
vermutlichen Spieler siehe die Vorbemerkungen.

(42.) Quartett II

für Pianoforte, Violine, Bratsche und Violoncell.
F-moll.   op. 2.   [GA. Ser. 9 No. 3 (39).]

Herrn Professor Zelter gewidmet.

I. Allegro molto. — II. Adagio. — III. Intermezzo. *Allegro molto.*
— IV. Allegro molto vivace.

SD. I. 12 Min. II. 5 Min. III. 5 Min. IV. 9 Min. GD. 31 Min.

Komp.: November und Dezember 1823 in Berlin.   (S. Anm.)

EA.: Nicht zuverlässig festzustellen.   (S. Anm.)

Ersch.: Stimmen um 1825, Partitur April 1856 bei A. M. Schlesinger,
Berlin.

Anmerkg. Grove, II, S. 308, gibt folgende, auf die Vollendung der
einzelnen Sätze bezügliche Kompositionsdaten: 19. November, 30. November und
3. Dezember 1823. — Das Quartett wurde Moscheles vorgespielt in einer Sonntagsmusik im Mendelssohnschen Hause in Berlin am 12. Dezember 1824, also
unmittelbar nach Vollendung. (Moscheles Leben, I, S. 95). Wie zu No. 41 sind
auch hierzu die Vorbemerkungen zu vergleichen.

(43.) **Quartett III**
für Pianoforte, Violine, Viola und Violoncell.
H-moll. op. 3. [GA. Ser. 9 No. 4 (40).]

Sr. Exzellenz dem Herrn Staatsminister, Geheimrat von Goethe ehrfurchtsvoll
gewidmet.

I. Allegro molto. — II. Andante. — III. Allegro molto. — IV. Finale.
Allegro vivace.
SD. I. 9 Min. II. 7 Min. III. 7 Min. IV. 10 Min. GD. 33 Min.
Komp.: 1824 in Berlin; vollendet daselbst 18. Januar 1825. (S. Anm.)
EA.: ? [Berlin, Sonntag, d. 18. März 1832 im kleinen Saale der Singakademie
in der 4. Morgenunterhaltung der Gebrüder Ganz, gespielt von den Herren
W. Taubert (Pfte.), *Leopold Ganz* (Viol.), *Louis Maurer* (Viola)
und *Moritz Ganz* (Violonc.)] (S. Anm.)
Ersch.: 1825 bei Fr. Laue, Berlin, seit August 1832 im Besitze von
Fr. Hofmeister, Leipzig.

Anmerkg. Das Manuskript trägt folgende Daten: Andante (II): 3. Januar
1824, Allegro molto (III): 7. Oktober 1824, Allegro vivace (IV): 18. Januar 1825. —
Über die EA. gilt das bei op. 1 und 2 bereits Gesagte. Eine früheste Privataufführung fand in Paris, im Hause von Mme. Kiéné — Mutter von Mme. Bigot bei der
Felix 1816 einigen Klavierunterricht empfangen hatte — Mitte April 1825 statt
durch Mendelssohn, Baillot, Mial und Norblin („Familie Mendelssohn" I, S. 146,
anziehende Schilderung dieser EA.). Auf der Rückreise von Paris nach Berlin
besuchten Vater und Sohn Mendelssohn Goethe in Weimar, dem das Quartett vorgespielt (20. Mai 1825) und später gewidmet wurde. (Briefwechsel zwischen Zelter
und Goethe, II, S. 320 und Goethejahrbuch XII, 1891, S. 114.) Für diese Widmung
dankte Goethe mit folgendem Schreiben: „Du hast mir mein theurer Felix, durch
die gehaltvolle Sendung sehr viel Vergnügen gemacht; obschon angekündigt über-
raschte sie mich doch. Notenstich, Titelblatt, sodann der allerherrlichste Einband
wetteifern miteinander die Gabe stattlich zu vollenden. Ich habe sie daher für einen
wohlgebildeten Körper zu achten, mit dessen schöner, kräftig-reicher Seele Du mich
zu höchster Bewunderung schon bekannt machtest. Nimm daher den allerbesten
Dank und lass mich hoffen, Du werdest mir bald wieder Gelegenheit geben, Deine
staunenswürdigen Thätigkeiten in Gegenwart zu bewundern. Empfiehl mich den
würdigen Eltern, der gleichbegabten Schwester und dem vortrefflichen Meister
[Zelter]. Möge mein Andenken in solchem Kreise immerfort lebendig dauern. Weimar,
18. Juni 1825. Treulich J. W. Goethe." (S. „Goethe und Felix Mendelssohn-Bartholdy"
1871, S. 29/30). — Aufführungen im Mendelssohnschen Hause in Berlin vor und
nach der Pariser Reise sind als selbstverständlich anzusehen, auch wenn darüber
keine Nachrichten vorliegen. Eine spätere Privataufführung veranstaltete Felix
am 5. Oktober 1831 in München in seiner Wohnung. (S. Reisebriefe I, S. 290.)
Die oben gegebene EA. war die erste nachweisbare öffentliche in
Deutschland.

(44.) Quartett I für 2 Violinen, Bratsche und Violoncell. Es-dur. op. 12. [GA. Ser. 6 No. 1 (22).]

I. Adagio non troppo. Allegro non tardante. — II. Canzonetta. *Allegretto.* — III. Andante espressivo. *attacca* IV. Molto Allegro e vivace.

SD. I. 6 Min. II. 4 Min. III. 2¹/₂ Min. und IV. 6¹/₂ Min. GD. 19 Min.

Komp.: Begonnen wahrscheinlich schon Anfang 1829 in Berlin, fortgesetzt Sommer und Herbst d. J. in England und Schottland, beendigt 14. September d. J. in London. (S. Anm.)

EA.: 1. Berlin, Sonntag, d. 12. Februar 1832 im kleinen Saale der Singakademie in der 1. Morgenunterhaltung (2. Zyklus) der Gebrüder Ganz gespielt von den Herren *Leopold Ganz* (Viol. 1), *C. A. Zimmermann* (Viol. 2), *Louis Maurer* (Viola) und *Moritz Ganz* (Violonc.). — 2. Ebendaselbst, Donnerstag, d. 28. Juni 1832 im gleichen Saale in der 4. Quartettunterhaltung der Gebrüder Müller aus Braunschweig, gespielt von *Karl F. M.*, *Franz Ferd. Georg*, *Th. H. Gustav* und *Aug. Theodor Müller* [das ältere Quartett der Gebrüder Müller]. — [Leipzig, Sonnabend, d. 23. Januar 1836 im Saale des Gewandhauses in der 2. Quartettunterhaltung (1. Zyklus) gespielt von den Herren *Ferd. David* (Viol. 1), *C. W. Uhlrich* (Viol. 2), *C. A. Queisser* (Viola) und *Andreas Grabau* (Violonc.).] (S. Anm.)

Ersch.: November 1830 bei Fr. Hofmeister, Leipzig.

Anmerkg. Dieses als op. 12 erschienene Streichquartett ist später komponiert als das zweiterschienene op. 13. Die erste schriftliche Erwähnung der Komposition findet sich in einem Briefe Klingemanns an Fanny Mendelssohn vom 7. Juli 1829. Dort heisst es, nachdem von drei Werken, „die alle zum Aufbrechen fertig seien", im allgemeinen gesprochen ist: Ein neues Quartett aus B-, P-dur stehts im Adagio, — es ist da in diesen Tagen eine Wendung erfunden worden, die mich glücklich gemacht hat, so wie es ihn erfreute, dass ichs verstand" (Klingemann, S. 57). M. selbst äussert sich am 2. September von dem Landgute Coed Du: „Mein Quartett schicke ich bald fertig hinüber" und am 10.: „Mein Quartett ist in der Mitte des letzten Stückes und ich denke, es wird in diesen Tagen fertig" („Familie Mendelssohn" I, S. 252 und 255, auch 254). Ein im Besitze des Herrn Professor Ernst Rudorff befindliches handschriftliches Exemplar des Quartetts trägt von Mendelssohns eigener Hand die Datierung „London, d. 14. Sept. 1829" und die Aufschrift „An BP." Dieses BP. heisst „An Betty Pistor". Frl. B. P. — die Mutter von Professor E. R. — verkehrte viel im M.schen Hause und stand mit Fanny, Rébecka und Felix auf freundschaftlichem Fusse. Sie verlobte sich im März 1830 mit dem juristischen Dozenten, späteren ord. Professor und Geh. Justizrat, Adolf Rudorff. Ihr hatte M. eines Tages, vor ihrer Verlobung, gesagt „ich komponiere ein Quartett für Sie". Am

13. April 1830 schrieb M. an Ferd. David: „Höre und erschrick: Betty Pistor ist verlobt. Total verlobt. Sie gehört dem Dr. und Prof. jur. Rudorff erb- und eigentümlich zu. Ich beauftrage Dich, sobald Du durch Berliner Blätter ihre vollzogene, eheliche Verbindung erfährst, über meinem Quartett aus S [Es-Dur] das B. P. durch einen kleinen Federschwung geschickt in ein B. R. zu verwandeln, es geht recht leicht" (David, S. 35). Von der ihr zugedachten Widmung, die M. übrigens Dezember 1831 in einem Briefe an die Schwester Rebecka noch aufrecht erhielt (Briefe, I, S. 308), bekam Frau Rudorff erst Kenntnis nach Mendelssohns Tode durch David. Er war im Besitze der erwähnten handschriftlichen Partitur und schenkte sie ihr. Nach Mitteilungen des Herrn Professor Ernst Rudorff ist diese Partitur aber nicht eine Handschrift Mendelssohns. Abgesehen von einer Partie im ersten Satze, für die ursprünglich der Raum unverkennbar freigelassen worden war, und die etwa von M. selbst stammen könnte, sowie von verschiedentlichen kleinen Verbesserungen, rührt diese Partitur von einer fremden Hand — vielleicht von der Klingemanns? — her. — Eine frühere EA. als die in Berlin und wahrscheinlich überhaupt die erste öffentliche wird durch Ferd. David in Dorpat stattgefunden haben. Er war dort bei dem Landrat v. Liphart, sein späterer Schwiegervater, zusammen mit Kudelsky, Herdtmann u. Bernh. Romberg [an dessen Stelle später der Cellist Jul. B. Gross trat] zum Quartettspiel engagiert und veranstaltete mit seinen Genossen auch öffentliche „Quartettunterhaltungen". Anfang 1830 hat M. das Quartett David geschickt und dieser wird das Werk seines Freundes sicherlich bald gespielt bez. aufgeführt haben. Eine öffentliche EA. im Winter 1833/34 durch David, Kudelsky, Herdtmann und Gross ist durch einen Bericht der Rellstabschen Iris (1833, S. 172) verbürgt, das Datum derselben war, wie auch das der früher vermuteten, nicht mehr ausfindig zu machen. — Am 23. Dezember 1831 wurde das Quartett in Paris in einer Privatsoiree bei Baillot von diesem mit Sauzay, Urhan und Norblin, später auch daselbst im Konservatorium, gespielt. — Die EA. Leipzig hat ein gewisses Interesse durch folgendes: F. David war im Dezember 1835 von Dorpat nach Leipzig gekommen, um Nachfolger des Konzertmeisters am Gewandhause, Matthäi, zu werden, und begann im Januar 1836 seine dortigen Quartettunterhaltungen. Die obengenannte war Davids zweite derartige Aufführung in Leipzig überhaupt. Später (1840) übernahm die Gewandhaus-Konzertdirektion diese Veranstaltungen selbst unter dem Namen „Musikalische Abendunterhaltung" (S. No. 52). — Der Titel der Original-Ausgabe lautet „Grand Quatuor concertant". In der kleinen Partitur-Ausgabe von Payne trägt das erste Tempo des ersten Satzes fälschlich die Überschrift „Allegro" anstatt „Adagio".

(45.) Quartett II für 2 Violinen, Bratsche und Violoncell.
A-moll.   op. 13.   [GA. Ser. 6 No. 2 (23).]

I. Adagio. Allegro vivace. — II. Adagio non lento. — III. Intermezzo. *Allegro con moto. Allegro di molto. Tempo I.* — IV. Presto. Adagio.

SD. *I. 8 Min. II. 9 Min. III. 5 Min. IV. 12 Min.* **GD.** *34 Min.*

Komp.: Sommer und Herbst 1827, vollendet 27. Oktober d. J. in Berlin.
(S. Anm.)

EA.: (?) [Paris, Dienstag, d. 14. Februar 1832 in einer der von Baillot
veranstalteten séances de musique de quatuor gespielt von den Herren
Pierre Baillot (Viol. 1), *Eugène Sauzay* (Viol. 2), *Chrétien Urhan*
(Viola) und *L. P. Martin Norblin* (Violonc.). — Berlin, Sonntag,
d. 12. Februar 1832 im kleinen Saale der Singakademie in der
1. Morgenunterhaltung (2. Zyklus) der Gebrüder *Ganz* gespielt
von den Herren *Leopold Ganz* (Viol. 1), *C. F. A. Zimmermann*
(2. Viol.), *L. Maurer* (Viola) und *Moritz Ganz* (Violonc.).]

Ersch.: Stimmen Michaelismesse 1830, Partitur Januar 1843 bei Breitkopf & Härtel, Leipzig.

Anmerkg. Das Datum der Vollendung ist auf dem Manuskript an-
gegeben (Grove, II, S. 261 und 308). Als Mendelssohn das Quartett Anfang
Oktober 1827 Hiller in Frankfurt vorspielte (Hiller, S. 9), wird es also noch
nicht vollendet gewesen sein. Das zu Anfang und Ende erscheinende Lied
„Ist es wahr" (op. 9, No. 1) wurde während der Pfingsttage 1827 auf dem
Magnusschen Gute Sakrow bei Potsdam komponiert. — Eine Privataufführung
durch E. Rietz, F. David, Felix M. und Jul. Rietz (S. Vorwort) im elterlichen
Hause in Berlin, die bald nach Vollendung stattgefunden haben wird, bestätigt
M.s Mutter in einem Briefe vom 21. Februar 1832 (David, S. 45). — Bei der
EA. Berlin sang Ed. Devrient vor dem Quartett das Lied „Ist es wahr" (All-
gem. Musik. Zeitung 1832, S. 219). — Der Original-Ausgabe ist das Lied „Ist
es wahr" in der 1. Violinstimme vorgedruckt.

(46.) **Quartett III** für 2 Violinen, Bratsche und Violoncell.
D-dur. op. 44 No. 1. [GA. Ser. 6 No. 3 (24).]

Seiner Königl. Hoheit dem Kronprinzen von Schweden gewidmet.

I. Molto Allegro vivace. — II. Menuetto. *Un poco Allegro.* — III. Andante espressivo ma con moto. — IV. Presto con brio.

SD. *I. 9 Min. II. 4 Min. III. 3 Min. IV. 7 Min.* **GD.** *23 Min.*

Komp.: April (Leipzig) bis Ende Juli 1838 in Berlin. (S. Anm.)

EA.: Leipzig, Sonnabend, d. 16. Februar 1839 im Saale des Gewandhauses in der 4. Quartettunterhaltung nach dem Manuskript gespielt
von den Herren *Ferdin. David* (Viol. 1), *C. W. Uhlrich* (Viol. 2),
C. A. Queisser (Viola) und *Andreas Grabau* (Violonc.).

Ersch.: Stimmen Juni 1839, Partitur November 1840 bei Breitkopf &
Härtel, Leipzig.

Anmerkg. Als op. 44 sind drei Quartette in folgender Reihenfolge
erschienen: No. 1 D-dur, No. 2 E-moll, No. 3 Es-dur. Komponiert sind sie jedoch

in der Reihenfolge E-moll, Es-dur, D-dur. Die bei jedem einzelnen Werke gegebenen Kompositionsdaten stützen sich auf Mendelssohns eigene Mitteilungen in seinen Briefen. Grove (Dictionary II, S. 308) gibt davon etwas abweichende Daten und zwar: No. 1 D-dur, Berlin Juli 24, 1838; No. 2 E-moll, Juni 18, 1837; No. 3 Es-dur, Februar 6, 1838. Rietz kannte merkwürdigerweise die genaue Entstehungszeit des D-dur-Quartetts nicht und liess es in seinem Verzeichnis weg. Den Beginn der Komposition meldet M. an Hiller am 14. April 1838: „ein drittes [Quartett] habe ich angefangen", die Fortsetzung am 15. Juli d. J.: „und eben bin ich an einem dritten Violinquartett", die Beendigung am 30. Juli an David: „ich habe mein drittes Quartett in D fertig", ähnlich an Hiller am 17. August (Hiller, S. 101, 107 und 110/11).

(47.) Quartett IV für 2 Violinen, Bratsche u. Violoncell. E-moll. op. 44 No. 2. [GA. Ser. 6 No. 4 (25).]

Seiner Königl. Hoheit dem Kronprinzen von Schweden gewidmet.

I. Allegro assai appassionato. — II. Scherzo. *Allegro di molto.* — III. Andante. — IV. Presto agitato.

SD. I. 8 Min. II. 4 Min. III. 4 Min. IV. 6 Min. GD. 22 Min.

Komp.: April—Juli 1837 in Freiburg, Frankfurt und Bingen. (S. Anm.)

EA.: 1. Leipzig, Sonntag, d. 19. November 1837 im Saale des Gewandhauses in der 2. Quartett-Unterhaltung (Abonnement-Quartett) nach dem Manuskript gespielt von den Herren *Ferd. David* (Viol. I), *C. W. Uhlrich* (Viol. II), *C. A. Queisser* (Viola) und *Fr. W. Grenser jun.* (Violonc.). (S. Anm.) — 2. Ebendaselbst, Sonnabend, d. 9. Dezember 1837 im gleichen Saale in der 3. Quartettunterhaltung nach Mspt. gespielt von *Denselben* wie bei 1.

Ersch.: Stimmen Juni 1839, Partitur November 1840 bei Breitkopf & Härtel, Leipzig.

Anmerkg. Über die Chronologie der Quartette op. 44 vergleiche die Anmerkg. zu No. 46. Die oben gegebene Kompositionszeit wie den Ort bestätigt Ferd. Hiller (S. 79). Mendelssohn war von seiner Hochzeitsreise im Mai nach Frankfurt a. M. zurückgekehrt und der Komposition des 42. Psalm folgte die des E-moll-Quartetts. Von Freiburg aus berichtet M. an die Schwester am 10. April 1837 („Familie Mendelssohn" II, S. 38): „Mit einem Violinquartett [d. i. op. 44, No. 2] bin ich fast fertig und will dann ein zweites anfangen." An Klingemann wird die Beendigung von Frankfurt aus am 24. Juni d. J. berichtet (S. 216). S. hierzu auch Groves Datum in Anmerkungen zu No. 46. Hiller schreibt (a. a. O.) dass er an dem Fortgange der Komposition lebhaften Anteil genommen habe, M. bestätigt dies in dem Schreiben vom 13. Juli 1837 aus Bingen (a. a. O., S. 82): „Die Aenderungen in dem Violin-Quartett aus E-moll habe ich grossenteils nach Deinem Rate gemacht und es hat dabei sehr gewonnen."

Gleichzeitig schrieb M. an seinem 2. Klavierkonzert (S. No. 15) und berichtet unter demselben Datum an Hiller: „doch habe ich ein neues Violinquartett im Kopfe fast ganz fertig", das ist das Es dur-Quartett op. 44, No. 3. — Bei der EA. wurde das Scherzo wiederholt.

(48.) Quartett V für 2 Violinen, Bratsche und Violoncell. Es-dur. op. 44 No. 3. [GA. Ser. 6 No. 5 (26).]

Seiner Königl. Hoheit dem Kronprinzen von Schweden gewidmet.

I. Allegro vivace. — II. Scherzo. *Assai leggiero vivace.* — III. Adagio non troppo. — IV. Molto Allegro con fuoco.

SD. I. 12 Min. II. 4 Min. III. 8 Min. IV. 8 Min. GD. 32 Min.

Komp.: Mitte Juli (Bingen) 1837 bis Ende Januar 1838 in Leipzig. (S. Anm.)

EA.: Leipzig, Dienstag, d. 3. April 1838 im Saale des Gewandhauses in der 8. Quartettunterhaltung nach dem Manuskript gespielt von den Herren *Ferd. David* (Viol. 1), *C. W. Uhlrich* (Viol. 2), *C. A. Queisser* (Viola) und *Fr. W. Grenser jun.* (Violonc.).

Ersch.: Stimmen Juni 1839, Partitur November 1848 bei Breitkopf & Härtel, Leipzig.

Anmerkg. Über die Chronologie des Entstehens des Quartetts op. 44 sind die Anmerkungen zu No. 46 zu vergleichen. Der Beginn der Komposition von op. 44 No. 3 fällt zusammen mit der Beendigung von op. 44 No. 2, wie die Anmerkungen zur vorhergehenden Nummer zeigen. Die Niederschrift des Es-dur-Quartetts wird erst im November 1837 begonnen haben, da M. am 29. Oktober d. J. (Briefe II, S. 157) an seinen Bruder Paul schreibt: „In den nächsten Tagen will ich ein neues Quartett anfangen, das mir besser gefällt." Hierzu ist allerdings zu bemerken, dass das Datum dieses Briefes — gegeben mit 29. Oktober — nicht stimmen kann, oder dieser Teil des Briefes zu einem anderen, späterem Schreiben gehört. M. schreibt nämlich vorher, dass David „gestern" — d. i. der 28. Oktober — sein E-moll-Quartett öffentlich gespielt und dabei das Scherzo wiederholt habe. Diese EA. mit der Wiederholung des Scherzo fand jedoch erst am 19. November statt (Siehe No. 47). — Am 20. Januar 1838 berichtet M. an Hiller: „ich habe von neuen Sachen das Violin-Quartett fast fertig" (Hiller, S. 96). S. hierzu auch Groves Datum in den Anmerkungen zu No. 46.

(49.) Quartett VI für 2 Violinen, Bratsche und Violoncell. F-moll. op. 80. [GA. Ser. 6 No. 6 (27).]
(No. 8 der nachgelassenen Werke.)

I. Allegro vivace assai. — II. Allegro assai. — III. Adagio. — IV. Finale. *Allegro molto.*

SD. I. 7 Min. II. 5 Min. III. 6 Min. IV. 6 Min. GD. 24 Min.

Komp.: August-September 1847 in Interlaken.

EA.: Leipzig, Sonnabend, d. 4. November 1848 im Saale des Konservatoriums in der Gedächtnisfeier zu Mendelssohns Todestage nach dem Manuskript gespielt von den Herren *J. Joachim* (Viol. 1), *M. G. Klengel* (Viol. II), *F. V. Hermann* (Viola) und *C. Wittmann* (Violonc.). (S. Anm.)

Ersch.: Partitur und Stimmen Februar 1850 bei Breitkopf & Härtel, Leipzig.

Anmerkg. Das kurz vor dem Tode Mendelssohns komponierte Streichquartett spielte er am 5. Oktober 1847 Moscheles in seinem Hause in Leipzig vor. Dieser berichtet in seinem Tagebuch: „Der leidenschaftliche Charakter des Ganzen scheint mir im Einklang mit seinem tieferschütterten Seelenzustande zu sein; er kämpfte noch mit dem Schmerz über den Verlust seiner Schwester." (Moscheles' Leben, II, S. 177.) (M.s Schwester Fanny war im Mai d. J. gestorben, ihr Tod hatte ihn tief erschüttert. Moscheles konnte nicht ahnen, wie schnell ihr der Bruder folgen würde.) Die Kenntnis der EA. verdankt man demselben Tagebuch. („Aus Moscheles Leben", II, 195/96.) David, der das Quartett hätte spielen sollen, war erkrankt, für ihn übernahm Joachim die Führung. M. schreibt über diese Gedächtnisfeier (a. a. O.), über die alle anderen Quellen versagen: Nur die Professoren und ihre Frauen geladen und Alles in Trauer. Es wurde Musik gemacht und Seeburg hielt vor Mendelssohns Büste eine Rede, in welcher er die Schüler ermahnte, ihrem grossen Vorbilde, dem Gründer des Instituts nachzustreben. Uns ergriff die Feier sehr, besonders eines der letzten Lieder von Mendelssohn, das Frau Frege mit dem ihr eigenen rührenden Ausdruck und Schmerz vortrug."

(50.) Andante, Scherzo, Capriccio und Fuge
für 2 Violinen, Bratsche und Violoncell. op. 81.
[GA. Ser. 6 No. 7 (28).]
(No. 9 der nachgelassenen Werke.)

I. Tema con Variazioni. *Andante sostenuto. Un poco più animato. Presto. Andante I^mo. —* II. Scherzo. *Allegro leggiero. —* III. Capriccio. *Andante con moto. Allegro fugato, assai vivace. —* IV. Fuga. *A Tempo ordinario.*

SD. I. 7 Min. II. 4 Min. III. 5 Min. IV. 4 Min.

Komp.: I u. II August—September 1847 in Interlaken, III 1843 in Leipzig, IV Oktober 1827, vollendet 1. November d. J. in Berlin.

EA.: (?) [Wien, Sonntag, d. 7. November 1852 im Musikvereinssaale in der 1. Quartettproduktion gespielt von den Herren *Jos. Hellmesberger* (Viol. I), *Math. Durst* (Viol. II), *Karl Heissler* (Viola) und *Karl Schlesinger* (Violonc.).]

Ersch.: Partitur und Stimmen Februar 1850 bei Breitkopf & Härtel, Leipzig.

Anmerkg. Die Kompositionszeiten beweisen, dass die vier Sätze nicht zusammengehören. Sie sind aus den nachgelassenen Werken zusammengestellt. Andante und Scherzo, kurz vor M.s Tode in Interlaken komponiert, können als zusammengehörig betrachtet werden (E dur und A moll); das Capriccio (E moll) und die Fuge (Es dur) stehen als einzelne Sätze für sich. — Die oben gegebene EA. kann nicht zweifelsfrei als die erste angesehen werden, vielleicht aber doch als die erste Aufführung aller vier Sätze zusammen.

(51.) Quartett (1823)
für 2 Violinen, Viola und Violoncell. Es-dur.

I. Allegro moderato. — II. Adagio non troppo. — III. Minuetto. — IV. Fuga.

SD. I. 10 Min. II. 6 Min. III. 6 Min. IV. 4 Min GD. 26 Min.

Komp.: 5.—30. März 1823 in Berlin. (S. Anm.)

EA.: 1. Dresden, Montag, d. 9. Dezember 1878 im Saale der Udluft-schen Restauration im 7. Übungsabend des Tonkünstlervereins nach dem Manuskript gespielt von den Herren *Franz Ries* (Viol. I), *Rich. Eckhold* (Viol. II), *L. Göring* (Viola) und *Ferd. Böckmann* (Violonc). — 2. London, Montag, d. 5. Januar 1880 in St. James Hall in einem monday popular concert gespielt von Frau *W. Neruda,* den Herren *L. Ries, Zerbini* und *A. Piatti.*

Ersch.: Partitur und Stimmen November 1879 bei Hermann Erler, Berlin.

Anmerkg. Dieses Jugendwerk ist weder in der Gesamt-Ausgabe, noch in dem thematischen Verzeichnis der Mendelssohnschen Werke enthalten. Die Kompositionszeit ist Grove (II, S. 308) entnommen. — Bei der SD. des ersten Satzes ist die Wiederholung des 2. Teiles nicht gerechnet.

(52.) Grosses Trio I
für Pianoforte, Violine u. Violoncell. D-moll. op. 49.
[GA. Ser. 9 No. 5 (41).]

I. Molto Allegro agitato. — II. Andante con moto tranquillo. — III. Scherzo. *Leggiero e vivace.* — IV. Finale. *Allegro assai appassionato.*

SD. I. 11 Min. II. 6 Min. III. 4 Min. IV. 9 Min. GD. 30 Min.

Komp.: Begonnen Februar 1839 in Leipzig, Hauptarbeit Sommer d. J. in Frankfurt a. M., vollendet 23. September d. J. in Leipzig. (S. Anm.)

EA.: Leipzig, Sonnabend, d. 1. Februar 1840 im Saale des Gewandhauses in der 2. Musikalischen Abendunterhaltung nach dem Manuskript gespielt von den Herren *Felix Mendelssohn Bartholdy* (Pfte), *Ferdinand David* (Viol.) und *Karl Wittmann* (Violonc.).

Ersch.: April (Ostermesse) 1840 bei Breitkopf & Härtel, Leipzig.

Anmerkg. Den Anfang der Komposition meldet Mendelssohn am 27. Februar 1839 an Moscheles, den Fortgang am 4. April (Moscheles, S. 174 und 178), auch in Familienbriefen wird dessen Erwähnung getan. Klingemann erfährt am 1. August d. J. „von neuen Sachen habe ich ein Trio in D-moll fertig" (Klingemann, S. 236). Die Hauptarbeit geschah in Frankfurt, da der erste Satz von dort datiert ist „6. Juni 1839", der letzte „18. Juli 1839". Die abschliessende Vollendung ist oben mitgeteilt (Grove II, S. 308). Hiller, der Dezember 1839 nach Leipzig gekommen war und mit M. täglich verkehrte, schreibt sich einen Anteil an der endgültigen, also nach dem 23. September erfolgten Fassung des Klaviersatzes zu (Hiller, S. 131/32). — Die bis Anfang 1840 von David und seinen Vorgängern aus eigenem unternommenen Kammermusikveranstaltungen wurden von nun an von der Gewandhausdirektion übernommen und führten von da ab den Titel „Musikalische Abendunterhaltungen".

(53.) Grosses Trio II
für Pianoforte, Violine u. Violoncell. C-moll. op. 66.
[GA. Ser. 9 No. 6 (42).]

Ludwig Spohr gewidmet.

I. Allegro energico e fuoco. — II. Andante espressivo. — III. Scherzo. *Molto Allegro quasi Presto.* — IV. Finale. *Allegro appassionato.*

SD. *I. 11 Min. II. 6 Min. III. 3¹/₂ Min. IV. 8 Min.* **GD.** *29 Min.*

Komp.: Februar—April (?) 1845 in Frankfurt a. M. (S. Anm.)

EA.: Leipzig, Sonnabend, d. 20. Dezember 1845 im Saale des Gewandhauses in der 2. Musikalischen Abendunterhaltung des 1. Zyklus nach dem Manuskript gespielt von den Herren *Felix Mendelssohn Bartholdy* (Pfte.), *Ferdinand David* (Viol.) und *Karl Wittmann* (Violonc.).

Ersch.: Februar 1846 bei Breitkopf & Härtel, Leipzig.

Anmerkg. An Klingemann berichtet Mendelssohn den Beginn der Komposition am 15. Februar 1845 (S. 304). Es scheint in einem Zuge vollendet worden zu sein, denn am 20. April schreibt er der Schwester Fanny: „Das Trio ist ein bischen eklig zu spielen, aber eigentlich schwer ist es doch nicht: ‚Suchet, so werdet ihr finden!" (Familie Mendelssohn II, S. 361.) Es bleibe dahingestellt, ob das Trio zu dieser Zeit bereits völlig vollendet gewesen ist.

(54.) **Sonate** für Pianoforte und Violine.
F-moll. op. 4. [GA. Ser. 9 No. 7 (43).]

Seinem Freunde Eduard Rietz zugeeignet.

I. Adagio. Allegro moderato. — II. Poco Adagio. — III. Allegro
agitato.
SD. I. 6 Min. II. 7 Min. III. 5 Min. GD. 18 Min.
Komp.: 1823 in Berlin.
EA.: Unbekannt.
Ersch.: 1825 bei Fr. Laue, Berlin, seit August 1832 im Besitze von Fr. Hof-
meister, Leipzig.

(55.) **Sonate I** für Pianoforte und Violoncell.
B-dur. op. 45. [GA. Ser. 9 No. 9 (45).]

I. Allegro vivace. — II. Andante. — III. Allegro assai.
SD. I. 10 Min. II. 6 Min. III. 6 Min. GD. 22 Min.
Komp.: 1838 in Leipzig, vollendet daselbst am 13. Oktober d. J. (S. Anm.)
EA.: Bisher nicht festzustellen.
Ersch.: Februar 1839 bei Fr. Kistner, Leipzig.

Anmerkg. Den Kompositionsbeginn hat man Ausgang des Jahres 1837
oder Anfang 1838 zu vermuten nach M.s Brief an den Bruder Paul, dem er
am 29. Oktober die Absicht der baldigen Komposition einer Cello-Sonate ankündigt (Briefe II, S. 157). Mai 1838 möchte M. die Sonate schon Klingemann
vorspielen (Klingemann, S. 232), Juli und August wird sie an Hiller als „fertig"
gemeldet (Hiller, S. 107 und 111). David spielte die Sonate in der Bearbeitung
mit Violine in London April 1839 und schreibt an M.: „Die Cello-Sonate macht
viel mehr Glück mit Violine" (David, S. 104).

(56.) **Sonate II** für Pianoforte und Violoncell.
D-dur. op. 58. [GA. Ser. 9 No. 10 (46).]

Dem Grafen Mathias Wielhorsky zugeeignet.

I. Allegro assai vivace. — II. Allegretto scherzando. — III. Adagio.
attacca IV. Molto Allegro e vivace.
SD. I. 9 Min. II. 5 Min. III. und IV. 13 Min. GD. 27 Min.

Komp.: 1842, beendet wohl erst Anfang 1843 in Leipzig. (S. Anm.)

EA.: Leipzig, Sonnabend, d. 18. November 1843 im Saale des Gewand-hauses in der 1. Musikalischen Abendunterhaltung gespielt von den Herren *Felix Mendelssohn Bartholdy* (Pfte.) und *Karl Wittmann* (Violonc.). (S. Anm.)

Ersch.: September 1843 bei Fr. Kistner, Leipzig.

Anmerkg. Rietz (siehe Vorwort) setzte die Kompositionszeit in das Jahr 1843. Das konnte sich nur auf die Vollendung beziehen. Über die Be-schäftigung mit der Komposition bereits 1842 liegen drei briefliche Zeugnisse von M. vor. Am 18. November d. J. schreibt er an Moscheles unmittelbar nach der Übersiedelung von Berlin nach Leipzig: „Jetzt sitze ich noch ohne Bücher und Noten und habe nichts komponiert als eine Sonate mit Cello" (Moscheles, S. 223), am 23. d. M. an Klingemann: „ausser einer Cellosonate in D dur . . . . . . war die Ausbeute der letzten zwei Monate sehr gering" (Klingemann, S. 276) und endlich an die Mutter am 28. d. M., dass er seine Cellosonate gern beendigen möchte (Briefe II, S. 360). Im Juli 1843 ist er allerdings noch mit ihr beschäftigt gewesen, denn an Bruder Paul schreibt er am 21. d. M.: „Nun will ich auch deine Sonate vornehmen" (Briefe II, S. 393). — Eine erste Privataufführung fand am 29. Oktober 1843 bei Fanny Hensel in einer ihrer Sonntagsmusiken in Berlin statt, sie spielte Klavier, Moritz Ganz Cello („Familie Mendelssohn", II, S. 260). — In dem Konzert der EA. (Leipzig) wurde Mendelssohns Oktett durch eine auserlesene Künstlerschar, die sich in dieser Bedeutsamkeit selten zusammen-findet, gespielt (siehe Anmerkg. zu No. 37).

(57.) Variations concertantes
für Pianoforte und Violoncell. D-dur. op. 17.
[GA. Ser. 9 No. 8 (44).]

Seinem Bruder Paul Mendelssohn Bartholdy gewidmet.

GD. 10 Min.

Komp.: Januar 1829 in Berlin, vollendet daselbst 30. Januar d. J.

EA.: Unbekannt.

Ersch.: Um 1832 bei C. A. Spina, Wien.

Anmerkg. Aus „Familie Mendelssohn" I, S. 205 ist zu entnehmen, dass Mendelssohn bei seinem ersten Aufenthalte in London die Variationen am 24. April 1829 Moscheles in dessem Hause vorspielte.

(58 a/b.) Zwei Konzertstücke

für Klarinette und Bassethorn mit Begleitung des Pianoforte. op. 113 u. 114. [GA. Ser. 7 No. 2 u. 3 (30 u. 31).]

Für seine Freunde Heinrich Baermann sen. und Carl Baermann jun. komponiert.

a) Konzertstück No. 1. F-moll. op. 113. [GA. Ser. 7 No. 2.]

I. Allegro con fuoco. *attacca* II. Andante. — III. Presto.

GD. 7 Min.

Komp.: Dezember 1832 oder Anfang Januar 1833 in Berlin. (S. Anm.)

EA.: Berlin, Sonnabend, d. 5. Januar 1833 in einem Konzert des Klarinettisten Heinrich Baermann gespielt von den Herren *Heinrich Baermann* (Klarinette), *Karl Baermann* (Bassethorn) und *Felix Mendelssohn Bartholdy*. (S. Anm.)

Ersch.: Februar 1869 bei Johann André, Offenbach a. M.

Anmerkg. Grove (II, S. 309) gibt für dieses 1. Konzertstück den 19. Januar 1833 als Beendigungstag an. Er stützt sich dabei vermutlich auf den Brief Mendelssohns von demselben Tage an Baermann Vater (Nohl, Musikerbriefe, 2. Ausg. 1873, S. 316/17) mit dem M. das op. 113 an B. schickte. M. schreibt dazu:

„Lieber Bärmann. Hier schicke ich das befohlene Duett. Ein Schelm gibt es besser, als ers hat. Der Titel ist:

Grand Duo
commandé par Mr. Bärmann
composé sur un thème favori de Mr. Bärmann
pour Mrs. Bärmann
par
F. Mendelssohn Bartholdy entre autres.

Denn es kann ebenso gut von jedem anderen schlechten Komponisten sein. — Übrigens mach damit, was Du willst; wenn Du es nicht brauchen kannst, wirf es ins Feuer, und kannst Du es brauchen, so ändre es Dir nach Deinen und Deines Sohnes Fingern ab, streich hinaus und hinein, mach' was Schönes draus d. h. ändre es ganz und gar. Meine Intentionen sind folgende: beim ersten Stück, dem Dein Thema zu Grunde liegt, dachte ich mir in meiner Phantasie Herrn Stern, wenn ihr ihm Alles Geld im Whist abgenommen hattet und er nun in Wut geriet. Beim Adagio wollte ich Dir eine Erinnerung an das letzte diner bei Heinrich Beer geben, wo ich es komponieren musste, die Klarinett malt meine Sehnsuchtsgefühle, während die Bewegung des Bassethornes mein Bauchknurren dabei vorstellt. Das letzte Stück ist kalt gehalten, weil ihr nach Russland reist, wo die Temperatur ebenso sein soll. Nun Gott schütze euch mit Pelzen; Deines Sohnes Stück schicke ich aus mehreren Gründen heut nicht mit, der erste ist, dass es noch nicht angefangen, also auch noch nicht fertig ist, doch will ich mich morgen früh daran machen . . . . Ich mach' es auf jeden Fall, und so schnell ich kann" usw. — Da, wie die EA. zeigt, op. 113 bereits am 5. Januar 1833 in Berlin öffentlich gespielt worden ist, so muss die Vollendung spätestens in den ersten Tagen des Januar, wenn nicht früher, erfolgt sein. — M. spielte in dem Konzert der EA. auch sein G-moll-Klavierkonzert, das damals noch Manuskript war.

b) Konzertstück No. 2. D-moll. op. 114. [GA. Ser. 7 No. 3.]
I. Presto. — II. Andante. *attacca* III. Allegro grazioso.
G-D. 8 Min.

Komp.: Wahrscheinlich Januar 1833 in Berlin. (S. Anm.)

EA.: Unbekannt.

Ersch.: Februar 1869 bei Johann André, Offenbach a. M.

Anmerkg. Nach dem in den Anmerkungen zur vorhergehenden Nummer mitgeteilten Briefe ist anzunehmen, dass die Komposition von op. 114 alsbald nach der von op. 113 geschehen ist. In den ebendort erwähnten Musikerbriefen schreibt Mendelssohn an Baermann am 30. Oktober 1835: „Gibst Du mir ein gutes Wort, so mache ich Dir wieder so ein gutes Reisestück mit Klavierbegleitung wie ehemals in Berlin die beiden Duette."

Robert Schumann.

Geb. 8. Juni 1810 in Zwickau, gest. 29. Juli 1856 zu Endenich bei Bonn.

Allgemeine deutsche Literatur über Schumann: 1. *J. W. von Wasielewski,* „Robert Schumann" etc. (1858, Dresden, Rudolph Kuntze). — 2. *A. W. Ambros,* „Robert Schumanns Tage und Werke" aus „Kulturhistorische Bilder aus dem Musikleben der Gegenwart" (1860, Leipzig, Heinrich Matthes). — 3. *A. Reissmann,* „Robert Schumann, sein Leben und seine Werke" (1865, Berlin, J. Guttentag. 3. Aufl., 1879). — 4. *Ph. Spitta,* „Ein Lebensbild Robert Schumanns" in „Sammlung Musikalischer Vorträge", Vierte Reihe (1882, Leipzig, Breitkopf & Härtel). — 5. *F. G. Jansen,* „Die Davidsbündler. Aus Robert Schumanns Sturm- und Drangperiode" (1883, Leipzig, Breitkopf & Härtel). — 6. *W. J. von Wasielewski,* „Schumanniana" (1883, Bonn, Emil Strauss). — 7. *H. Reimann,* „Robert Schumanns Leben und Werke" (1887, Leipzig, C. F. Peters). — 8. *H. Erler,* „Robert Schumanns Leben" (1887, Berlin, Ries & Erler). — 9. *Berth. Litzmann,* „Clara Schumann. Ein Künstlerleben nach Tagebüchern und Briefen" (Band I 1902, Band II 1905, Leipzig, Breitkopf & Härtel). — 10. *Clara Schumann* „Jugendbriefe von Robert Schumann" (1886, Leipzig, Breitkopf & Härtel). — 11. *F. G. Jansen,* „Robert Schumanns Briefe". Neue Folge (Erste Auflage 1886, Zweite vermehrte und verbesserte Auflage 1904, Leipzig, Breitkopf & Härtel). — 12. *A. Whistling,* „Systematisch geordnetes Verzeichnis der im Druck erschienenen Kompositionen von Robert Schumann" (1851, Leipzig, F. Whistling). — 13. Thematisches Verzeichnis sämtlicher im Druck erschienenen Werke Robert Schumanns (Leipzig und New York, J. Schuberth & Co.). — 14. *A. Dörffel,* „Literarisches Verzeichnis der im Druck erschienenen Tonwerke von Robert Schumann" (1870, Leipzig, C. F. W. Siegel [Beilage zum 4. Quartal des Musikalischen Wochenblattes]). — 15. *W. J. von Wasielewski,* „Aus siebzig Jahren. Lebenserinnerungen" (1897, Stuttgart und Leipzig, Deutsche Verlags-Anstalt). — 16. *Bernh. Vogel,* „Robert Schumanns Tonpoesie" (1887, Leipzig, Max Hesses Verlag). — 17. *Franz Liszt,* „Robert Schumanns Klavierkompositionen op. 5, 11, 14 (1837)". [Gesammelte Schriften von Fr. L. Band II.] (1881, Leipzig, Breitkopf & Härtel.) — 18. *Fr. Liszt,* „Robert Schumann. 1855". [Gesammelte Schriften von Fr. L. Band IV.] (1882, Leipzig, Breitkopf & Härtel.) — 19. *Herm. Albert,* „Schumann-Biographie" (Berlin, Verlagsgesellschaft „Harmonie"). — 20. *Fr. Kerst,* „Schumann-Brevier" (1905, Berlin u. Leipzig, Schuster & Löffler). — 21. *A. Niggli,* „Robert Schumann, sein Leben und seine Werke" (1879, Basel). — 22. *J. Schrattenholz,* „Schumann als Schriftsteller" (1880, Leipzig). — 23. *Robert Schumann,* „Gesammelte Schriften über Musik und Musiker". 1. Ausgabe: Leipzig, G. Wigand, 1854. Neue kritische (und erste vollständige) Ausgabe von F. G. Jansen (1891, Leipzig, Breitkopf & Härtel).

NB. Die in Zeitschriften (Grenzboten, Deutsche Revue und an anderen Stellen) erschienenen Beiträge zur Schumannliteratur fehlen in vorstehendem Verzeichnis, ihr Inhalt ist in späteren biographischen Veröffentlichungen zumeist verwendet worden. Die Literatur über Brahms, Friedr. Wieck und viele andere Zeitgenossen Schumanns enthält manche wertvolle Einzelheiten über sein Leben und seine Werke. Hingewiesen sei noch auf das Schumann-Heft der Zeitschrift „Die Musik", 5. Jahr, Heft 20, 2. Juliheft 1906. Berlin, Schuster & Löffler.

Werke:
I. Orchesterwerke.
1. Symphonie I. op. 38.
2. Symphonie II. op. 61.
3. Symphonie III. op. 97.
4. Symphonie IV. op. 120.
5. Ouverture, Scherzo u. Finale. op. 52.
6. Ouverture z. Oper Genoveva. op. 81.
7. Ouverture z. Braut v. Messina. op. 100.
8. Ouverture zu Manfred. op. 115.
9. Fest-Ouverture mit Gesang. op. 123.
10. Ouverture zu Shakespeares Julius Caesar. op. 128.
11. Ouverture zu Goethes Hermann und Dorothea. op. 136.
12. Ouverture zu den Szenen aus Goethes Faust.

II. Konzerte u. Konzertstücke mit Orchester.
13. Klavierkonzert. op. 54.
14. Introduktion und Allegro appassionato. op. 92.
15. Konzert-Allegro mit Introduktion (Klavier). op. 134.
16. Phantasie für Violine. op. 131.
17. Violoncellokonzert. op. 129.
18. Konzertstück für 4 Hörner. op. 86.

III. Chorwerke mit Orchester.
19. Das Paradies und die Peri. op. 50.
20. Manfred. op. 115.
21. Der Rose Pilgerfahrt. op. 112.
22. Szenen aus Goethes Faust.
23. Der Königssohn. op. 116.
24. Des Sängers Fluch. op. 139.

25. Vom Pagen und der Königstochter. op. 140.
26. Adventlied. op. 71.
27. Nachtlied. op. 108.
28. Requiem für Mignon. op. 98 b.
29. Neujahrslied. op. 144.
30. Messe. op. 147.
31. Requiem. op. 148.
32. Das Glück von Edenhall. op. 143.

IV. Kammermusik.
33. Klavierquintett. op. 44.
34. Klavierquartett. op. 47.
35. Streichquartett I. op. 41 No. 1.
36. Streichquartett II. op. 41 No. 2.
37. Streichquartett III. op. 41 No. 3.
38. Klaviertrio I. op. 63.
39. Klaviertrio II. op. 80.
40. Klaviertrio III op. 110.
41. Phantasiestücke (Klaviertrio). op. 88.
42. Märchenerzählungen. op. 132.
43. Sonate I für Pianoforte und Violine. op. 105.
44. Sonate II für Pianoforte und Violine. op. 121.
45. Märchenbilder. op. 113.
46. Adagio und Allegro für Pianoforte und Horn. op. 70.
47. Fantasiestücke für Pianoforte und Klarinette. op. 73.
48. Romanzen f. Oboe m. Klavier. op. 94.
49. Stücke im Volkston für Violoncell und Pianoforte. op. 102.
50. Spanisches Liederspiel. op. 74.

I. Orchesterwerke.

(1.) Symphonie I für grosses Orchester.

B-dur. op. 38.

Sr. Majestät dem Könige von Sachsen Friedrich August in tiefster Ehrfurcht gewidmet.

I. Andante un poco maëstoso. Allegro molto vivace. — II. Larghetto. *attacca* III. Scherzo. *Molto vivace.* — IV. Allegro animato e grazioso.

SD. I. 11—12 Min. II. 8 Min. u. III. 5¹/₂ Min. IV. 8¹/₂—9 Min. GD. 33—35 Min.

Komp.: Skizziert 23.—26. Januar 1841, instrumentiert: Erster Satz vollendet 4. Februar, zweiter und dritter 13. Februar, vierter 20. Februar 1841 in Leipzig. (S. Anm.)

EA.: 1. Leipzig, Mittwoch, d. 31. März 1841 im Saale des Gewandhauses in einem von Clara Schumann gegebenen Konzert zum Besten des Orchester-Pensionsfonds nach dem Manuskript unter Leitung von *Felix Mendelssohn Bartholdy.* — 2. Leipzig, Montag, d. 15. November 1841 im Konzert des Musikvereins Euterpe unter Leitung von *Johann Verhulst.* — 3. Weimar, Sonntag, d. 21. November 1841 in einem Konzert zum Besten des Hofkapellmusikerfonds unter Leitung von *A. E. Chelard.* — 4. Rudolstadt, d. 21. Januar 1842 unter Leitung von *Fr. Müller.* — 5. Bremen, d. 25. Februar 1842 im 10. Privatkonzert unter Leitung von *Riem.* — 6. Dresden, d. 1. März 1842 im 7. Abonnementskonzert unter Leitung von *Hartung.* — 7. Hamburg, d. 5. März 1842 im 56. philharmon. Privatkonzert unter *F. W. Grund.* — [Petersburg, d. 9. März 1844 in einer von dem Grafen Wielhorsky für Sch. veranstalteten Privatsoirée unter Leitung von *Sch.* — Wien, Freitag, d. 1. Januar 1847 im Saale der Gesellschaft der Musikfreunde im 3. der von Clara Schumann veranstalteten Konzerte (Matinée) „ausgeführt von dem sämtlichen Orchesterpersonale des k. k. Hoftheaters" unter Leitung von *R. Sch.*]

Ersch.: Stimmen September 1841, Partitur Februar 1853 bei Breitkopf & Härtel, Leipzig.

Orch.Bes.: 2 Fl., 2 Ob., 2 Klar., 2 Fag., 4 Hr., 2 Tr., 3 Pos., 3 Pk., Trgl. — Str.-Orch.

Anmerkg. Sch. nannte sie „Frühlingssymphonie" und gab ursprünglich den Sätzen folgende Überschriften: „1. Frühlingsbeginn (Andante), 2. Abend

(Larghetto), 3. Frohe Gespielen (Scherzo), 4. Voller Frühling". Ein Gedicht
von Adolf Böttger hat Sch. die Anregung zur Komposition gegeben. Es lautet:

Du Geist der Wolke, trüb und schwer,
Fliegst drohend über Land und Meer,

Dein grauer Schleier deckt im Nu
Des Himmels klares Auge zu,

Dein Nebel wallt herauf von fern,
Und Nacht verhüllt der Liebe Stern!

Du Geist der Wolke, trüb und feucht,
Was hast du all mein Glück verscheucht,

Was rufst du Tränen ins Gesicht
Und Schatten in der Seele Licht?

O wende, wende deinen Lauf, —
Im Tale blüht der Frühling auf!"

Das erste Vorspiel der Symphonie am Klavier fand am Sonntag, d. 14. Februar
1841 im Schumann'schen Hause für Clara Schumann in Gegenwart von E. F. Wenzel
(später Lehrer am Konservatorium in Leipzig) und E. Pfundt (berühmter Pauker
des Gewandhausorchesters) statt. Die erste Orchesterprobe war Sonntag, d.
28. März, nach derselben änderte Sch. die Anfangstakte, indem er sie eine Terz
höher setzte. Mit den nach der EA. für den Druck vorgenommenen Änderungen
wurde die Symphonie am Freitag, d. 13. August im Gewandhaus probiert; bei
dieser Gelegenheit spielte Cl. Sch. zum erstenmal den ersten Satz des A-moll-
Konzertes op. 54 (siehe No. 13). — Die ersten Druckstimmen kamen an Cl.
Sch.s Geburtstag und ihres ersten Töchterchens Tauftag (Marie Sch.) am
13. September 1841 in das Haus. — NB. Kein Dirigent sollte in Unkenntnis
über Sch.s Aufführungsbemerkungen sein, sie sind bei Jansen (a. a. O.) und Erler
(a. a. O.) zu finden, werden aber leider auch jetzt noch oft genug vernachlässigt. —
Im Programm der EA. lauten die Satz-Überschriften: *Introduzione und Allegro
vivace. Larghetto und Scherzo. Allegro animato.* — Das Musikalische Wochenblatt enthält im 29. Jahrgange (1898) zwei lesenswerte Abhandlungen von
Ed. Wölfflin und F. Billig, auf die hiermit verwiesen wird. In der ersten derselben (No. 17 ff.) ist auch von der Flötenkadenz im letzten Satze die Rede und
sei dazu bemerkt, dass Cl. Sch. ebensowohl eine konsequente staccato- wie legato-
Ausführung verwarf, auch eine Vortragsweise im Sinne der Bezeichnung des
Thema nicht billigte, sondern die Ausführung als zwischen legato und staccato
stehend wünschte. — Zur Feststellung der Kompositionszeit ist eine
wichtige Quelle gewesen die von Sch. angelegte Sammlung
seiner sämtlichen Werke. Sie ist im Besitze der Familie Sch.
und hat dem Verfasser vorgelegen. Sch. schrieb zu jedem der
Werke bis Band 23, der bis op. 125 reicht, eigenhändig den Titel
und die Kompositionszeit. Nach anderen zuverlässigen Quellen
sind diese Aufzeichnungen vom Verfasser vervollständigt. —
Zur genauen Feststellung der meisten EA. Sch.scher Werke standen

dem Verfasser zwei wichtige Quellen zu Gebote: 1. Sch.s handschriftliche Aufzeichnungen in den erwähnten Kompositionsbänden und 2. die Programmsammlung Cl. Sch.s Sie ist in 5 Bänden mit 2000 Programmen aller der Konzerte, in denen Cl. Sch. spielte, im Besitze der Familie Schumann.

Liter. *Niggli*, Musikführer No. 35, Hermann Seemann Nachfolger, Leipzig. — *Kretzschmar*, Kleiner Konzertführer No. 524, Breitkopf & Härtel, Leipzig.

(2.) Symphonie II für grosses Orchester.
C-dur. op. 61.

Sr. Majestät dem Könige von Schweden und Norwegen Oskar I. ehrfurchtsvoll zugeeignet.

I. Sostenuto assai. Allegro ma non troppo. — II. Scherzo. *Allegro vivace.* — III. Adagio espressivo. — IV. Allegro molto vivace.
SD. *I. 11 Min. II. 8 Min. III. 10—11 Min. IV. 9—10 Min.*
GD. *38—40 Min.*

Komp.: Skizziert vom 12.—28. Dezember 1845 in Dresden, instrumentiert vom 12. Februar 1846 — mit einer durch Krankheit veranlassten Unterbrechung — bis 19. Oktober 1846 ebenfalls in Dresden.

EA.: 1. Leipzig, Donnerstag, d. 5. November 1846 im Saale des Gewandhauses im 5. Abonnementskonzert nach dem Manuskript unter Leitung von *Felix Mendelssohn Bartholdy.* — 2. Leipzig, Montag, d. 16. Novbr. 1846 im Saale des Gewandhauses in einem von Clara Schumann gegebenen Konzert ebenfalls nach Manuskript und unter Leitung von *Mendelssohn.* — 3. Zwickau, Sonnabend, d. 10. Juli 1847 im Saale des Gewandhauses in einem Konzert zum Besten der Notleidenden im Obergebirge (Erzgebirge), Manuskript, Leitung: *R. Sch.* — [Zu den ersten Aufführungen nach Druck zählen: Düsseldorf, Donnerstag, d. 14. Dezember 1848 im Cürtenschen Saale im 3. Konzert des Allgemeinen Musikvereins unter Leitung von *Hiller*, Winter 1848/49 in Prag unter *Kittl*, in Detmold unter *Kiel*; Elberfeld, Sonnabend, d. 13. Januar 1849 im Kasinosaal im 3. Abonnementskonzert unter Leitung von *Schornstein* (s. Anm.) und Leipzig, Donnerstag, d. 18. Januar 1849 im Saale des Gewandhauses im 13. Abonnementskonzert unter Leitung von *Schumann.*]

Ersch.: Partitur u. Stimmen November 1847 bei F. Whistling, Leipzig.

Orch.Bes.: 2 Fl., 2 Ob., 2 Klar., 2 Fag., 2 Hr., 2 Tr., 3 Pos., Pk. — Str.-Orch.

Anmerkg. Sch. schreibt Ende September 1845 an Mendelssohn „in mir paukt und trompetet es seit einigen Tagen sehr (Trombe in C); ich weiss nicht, was daraus werden wird". Er nennt die Symphonie im Gespräche mit Verhulst „so 'ne rechte Jupiter", schreibt an Fischhof nach Wien am 23. November 1846, dass sie „etwas geharnischt" auftritt. — Die EA. der Symphonie hatte nicht den erhofften Erfolg. Im 1. Teile des Programms stand die Ouvertüre zu „Wilhelm Tell" von Rossini, die Mendelssohn auf Wunsch des Publikums zweimal spielen liess. Darunter litt die im 2. Teile stehende Sch.'sche Symphonie. Es entstand eine vorübergehende Verstimmung zwischen Mendelssohn und Sch. In dieser EA. waren noch keine Posaunen, die Sch. erst nachträglich für die 2. Aufführung hinzugesetzt hat, wie er überhaupt für die 2. EA. Änderungen und Kürzungen vornahm. — Die EA. in Zwickau, der Geburtsstadt R. Sch.s, fand gelegentlich einer Art von Musikfest statt, das Sch. zu Ehren veranstaltet wurde. Clara Sch. spielte dabei auch das A-moll-Klavierkonzert, und das von Sch. soeben (21. Juni) für dies Musikfest komponierte Chorlied op. 84 „Beim Abschied zu singen" erlebte seine EA. nach dem Manuskript. — Vom König Oscar I. erhielt Sch. für die Widmung eine grosse goldene Medaille. — Im Programm der Elberfelder Aufführung heisst es zum erstenmal „2. Symphonie von R. Sch." Demnach war die ursprünglich 2. Symphonie (die nachmals als 4. [op. 120] erschien), al♀ welche diese am 6. Dezember 1841 im Gewandhause aufgeführt wurde, als „zweite" endgültig beiseite gelegt.

Liter. *Ernst Gottschald*, Robert Schumann's Zweite Symphonie. Leipzig, J. Whistling, 1850. [Separat-Abdruck aus der Neuen Zeitschrift für Musik, Band XXXII, No. 27, 28, 29, 31.] — *Niggli*, Musikführer No. 68, Hermann Seemann Nachfolger, Leipzig. — *Herm. Kretzschmar*, Kleiner Konzertführer No. 577, Breitkopf & Härtel, Leipzig.

(3.) Symphonie III (Rheinische) für grosses Orchester. Es-dur. op. 97.

I. Lebhaft. — II. Scherzo. *Sehr mässig.* — III. Nicht schnell. — IV. Feierlich. — V. Lebhaft.

SD. I. 10—11 Min. II. 5 Min. III. 5 Min. IV. 5 Min. V. 5 Min. *GD.* 30—31 Min.

Komp.: Skizziert und instrumentiert vom 2. November bis 9. Dezember 1850 in Düsseldorf. Das Autograph trägt folgende Daten: I. 23. 11. 18(50), II. 29. 11. 50, III. 1. 12. 50, am Schlusse der Symphonie: 9. Dezbr." [die Jahreszahl 50 ist abgeschnitten]. Düsseldorf.

EA.: 1. Düsseldorf, Donnerstag, d. 6. Februar 1851 im Geislerschen Saale im 6. Konzert des Allgemeinen Musikvereins nach dem Manuskript unter Leitung von *Robert Schumann* (damals städtischer Musikdirektor in D.). — 2. Köln, Dienstag, d. 25. Februar 1851 im Kasinosaale im 7. Gesellschaftskonzert, Manuskript, Leitung: *Schumann*. — 3. D ü s s e l d o r f, „Auf Verlangen wiederholt" Donnerstag, d. 13. März 1851 im Geislerschen Saale, achte musikalische Aufführung (II. im neuen Abonnement), Manuskript, Leitung: *Schumann*. — 4. L e i p z i g, Montag, d. 8. Dezember 1851 im Saale des Gewandhauses im Konzert zum Besten des Orchester-Pensionsfonds unter Leitung von *Julius Rietz*.

Ersch.: Partitur und Stimmen Oktober 1851 bei N. Simrock, Bonn.

Orch.Bes.: 2 Fl., 2 Ob., 2 Klar., 2 Fag., 4 Hr., 2 Tr., 3 Pos., Pk. — Str.-Orch.

A n m e r k g. Die sog. Rheinische Symphonie trug bei der EA. nach dem Originalprogramm folgende Satz-Überschriften: „Allegro vivace. Scherzo. Intermezzo. Im Charakter der Begleitung einer feierlichen Zeremonie. Finale." Sie sollte nach Sch.'s Ausspruch „ein Stück Leben am Rhein" wiederspiegeln. Die Entstehung des 4. Satzes ist beeinflusst durch die Feierlichkeiten, die im Dome zu Köln am 12. November 1850 bei der Erhebung des Erzbischofs von Geissel zum Kardinal stattfanden. — Das Programm der 2. Düsseldorfer Aufführung enthält auch die EA. der Ouvertüre „Die Braut von Messina" von Sch. und am Schlusse folgende Bemerkung „die früher angezeigten ‚Szenen aus Faust' mussten wegen Unwohlseins von Fräulein Hartmann ausfallen". In D. sind denn auch die Faustszenen während Sch.s Zeit nicht aufgeführt worden. In dem ersten Jahre von Sch.s Direktionstätigkeit in D. war die Zahl der Konzerte von 6 auf 10 vermehrt worden, No. 1—6 gab man im 1., No. 7—10 im 2. Abonnement. Das in Rede stehende 8. trug noch den besonderen Kopf „Konzert des Herrn M.-D. Dr. Robert Schumann" etc. Es war also sein Benefizkonzert. In diesem erlebte ausser der Ouvertüre zur Braut von Messina (s. No. 7) auch das Nachtlied (s. No. 27) seine EA.

L i t e r. *Niggli*, Musikführer No. 128, Hermann Seemann Nachfolger, Leipzig.

(4.) **Symphonie IV für grosses Orchester.**

D-moll. op. 120.

Introduktion, Allegro, Romanze, Scherzo und Finale in einem Satze.

I. Ziemlich langsam. II. Lebhaft. III. Romanze. *Ziemlich langsam.* IV. Scherzo. *Lebhaft.* V. Lebhaft.

G.D. *27—29 Min.*

Komp.: 30. Mai (Sonnabend vor Pfingsten) bis 13. September 1841 in Leipzig. (S. Anm.) — Umgearbeitet und neu instrumentiert 3. bis 19. Dezember 1851 in Düsseldorf. (S. Anm.) — Der von Sch. angefertigte vierhändige Klavierauszug trägt das Schlussdatum: 29. 12. 52.

EA.: **A. Erste Version:** 1. Leipzig, Montag, d. 6. Dezember 1841 im Saale des Gewandhauses in einem von Clara Schumann gegebenen Konzert als „Zweite Symphonie" unter Leitung von *Ferd. David* nach dem Manuskript in Anwesenheit Sch.s. — B. **Umgearbeitete Version:** 2. Düsseldorf, Donnerstag, d. 3. März 1853 im Geislerschen Saale in der 7. musikalischen Aufführung des Allgemeinen Musikvereins unter Leitung von *R. Sch.* nach dem Manuskript. — 3. Ebendaselbst, Pfingstsonntag, d. 15. Mai 1853 im Geislerschen Saale zur Eröffnung des 31. Niederrheinischen Musikfestes, ebenfalls nach Manuskript unter Leitung von *Sch.* — 4. Leipzig, Donnerstag, d. 27. Oktober 1853 im Saale des Gewandhauses im 4. Abonnementskonzert unter Leitung von *Ferd. David.* — 5. Köln, Dienstag, d. 8. November 1853 im Kasinosaale im 2. Gesellschaftskonzert unter Leitung von *F. Hiller.*

Ersch.: Stimmen November 1853, Partitur Dezember 1853 bei Breitkopf & Härtel, Leipzig.

Orch.Bes.: 2 Fl., 2 Ob., 2 Klar., 2 Fag., 4 Hr., 2 Tr., 3 Pos., Pk. — Str.-Orch.

Anmerkg. Die Urform von op. 120 trug den Titel „Symphonistische Phantasie". Das Programm der EA. 1841 besagt: „Zweite Symphonie von Rob. Schumann. (Andante, Allegro di molto, Romanze, Scherzo, Finale) (D-moll, Manuskript)". Die im Dezember 1851 in Düsseldorf vorgenommenen Änderungen beschränkten sich nicht, wie Wasielewski („Aus 70 Jahren" S. 117) sagt, auf den Part der Blasinstrumente. Die nach dem im Besitze von Joh. Brahms befindlich gewesene Partiturskizze der Urform, nach der Wüllner die Partitur hergestellt und herausgegeben hat, zeigt die vielerlei wichtigen Änderungen. Der Vergleich beider Versionen ist ebenso anziehend, wie eine Aufführung nach der Wüllnerschen Partitur (Breitkopf & Härtel) lohnend ist. (Hierzu ist zu vergleichen der Brief von J. Brahms an H. v. Herzogenberg in „Johannes Brahms Briefwechsel" [Berlin 1907] Band II, S. 127.) — Die Romanze war ursprünglich mit Guitarre begleitet, welches Instrument R. Sch. später beseitigte. — Der aus der Sch.-Literatur wohlbekannte Konzertmeister Ruppert Becker hat über die Proben und das Konzert der EA. in Düsseldorf Tagebuch-Aufzeichnungen bewahrt, die hier mitgeteilt seien:

„Dienstag, 1. März Abend, 1. Probe zum 7. Konzert. Sinfonie von Schumann zum 1. male; ein zwar kurzes, aber durchaus frisches und lebendiges Musikstück. Mittwoch, 2. früh 9 Uhr, 2. Probe zum Konzert. Donnerstag 3. 7. Konzert: Programm. —

Von den Compositionen Schumanns waren neu: Sinfonie D-moll, welche er vor 12 Jahren schon gedichtet, aber bis jetzt liegen gelassen hatte. 2 Theile aus einer Messe; beide voll der wunderbarsten, nur Schumann möglichen Harmonien. Vorzüglich die Sinfonie habe ich ihres Schwunges wegen lieb gewonnen". —

Das Programm des Konzertes lautete:

Allgemeiner Musikverein.
Düsseldorf, Donnerstag, d. 3. März 1853
Siebente
musikalische Aufführung.
Concert
des
Herr M.-D. Dr. Robert Schumann
im Geisler'schen Saale.
Programm.
Erster Theil.

1. Kyrie und Gloria für Chor und Orchester aus einer Messe von R. Schumann.
2. Konzert (G-dur) für Pianoforte mit Begleitung des Orchesters von Beethoven, vorgetragen von Frau Clara Schumann.
3. Lieder. a) Das Veilchen von Mozart, b) Die Forelle von F. Schubert, c) Reiselied von Mendelssohn Bartholdy, gesungen von Frl. Sophia Schloss.
4. Symphonie (D moll) für Orchester von R. Schumann. (Manuscript.) [Introduction, Allegro, Romanze, Scherzo und Finale in einem Satz.]

Zweiter Theil.

5. Vom Pagen und der Königstochter, Ballade von E. Geibel, für Solostimmen, Chor und Orchester von R. Schumann. Die Soli's in der Ballade haben Frl. Hartmann, Frl. Schloss und mehrere geehrte Dilettanten gefälligst übernommen.

Ausser der D-moll-Symphonie erlebten die Messe-Sätze (s. No. 30) ihre EA., die Ballade (s. No. 25) ihre 2. Aufführung. Aus den Erstaufführungen der Symphonie ist noch jene erwähnenswert, die in Gegenwart von Robert und Clara Schumann und Johannes Brahms Sonnabend, d. 21. Januar 1854 im neuen Konzertsaale des Hoftheaters in Hannover im 3. Abonnementskonzert unter Jos. Joachims Leitung stattfand, da sie einen der letzten Lichtblicke in Sch.s sich dann verdüsterndem Leben bildete. — Die Leipziger EA. der Urform ist noch weiter interessant dadurch, dass in demselben Konzert auch Sch.s op. 52 „Ouvertüre, Scherzo und Finale" — später ebenfalls umgearbeitet — seine EA. erlebte. Das Konzert erfreute sich ausserdem der Mitwirkung Franz Liszts, der mit Clara Sch. sein Duo „Hexameron" für 2 Klaviere spielte.

Von der Urform haben später noch einige Aufführungen stattgefunden, darunter: Köln, 22. Oktober 1889 im 1. Gürzenichkonzert unter Wüllner, später auch in Frankfurt a. M. unter C. Müller, zuletzt Sonnabend, d. 27. Oktober 1906 in Krefeld, anlässlich der Schumann-Gedenkfeier, unter Müller-Reuter. — Die Symphonie ist Joachim gewidmet; das in seinem Besitze befindliche Manuskript trägt auf der Titelseite die Aufschrift: „Als die ersten Klänge dieser Symphonie entstanden, da war Joseph Joachim noch ein kleiner Bursch; seitdem ist die Symphonie und noch mehr der Bursch grösser gewachsen, weshalb ich sie ihm, wenn auch nur im stillen — widme. Düsseldorf, d. 23. Dezember 1853. Robert Schumann".

Liter. *Riemann*, Musikführer No. 201, Hermann Seemann Nachfolger, Leipzig. — *Herm. Kretzschmar*, Kleiner Konzertführer No. 576, Breitkopf & Härtel, Leipzig.

(5.) Ouverture, Scherzo und Finale für Orchester.

E-dur. op. 52.

Seinem Freunde Joh. J. H. Verhulst zugeeignet.

I. Ouverture. *Andante con moto. Allegro.* — II. Scherzo. *Vivo.* — III. Finale. *Allegro molto vivace.*

SD. *I. 7 Min. II. 4¹/₂ Min. III. 8¹/₂ Min.* **GD.** *20 Min.*

Komp.: Skizziert: 1. Satz 12. u. 13. April, 2. u. 3. Satz 19.—22. April 1841, instrumentiert: 1. Satz 14.—17. April, 2. u. 3. Satz 25. April bis 8. Mai 1841 in Leipzig. — Umgearbeitet (insbesondere das Finale) Sommer 1845 in Dresden.

EA.: A. **Erste Version:** 1. Leipzig, Montag, d. 6. Dezember 1841 im Saale des Gewandhauses in einem von Clara Schumann gegebenen Konzert nach dem Manuskript unter Leitung von *Ferdinand David.* — B. **Umgearbeitete Version:** 2. Dresden, Donnerstag, d. 4. Dezember 1845 im Saale des Hôtel de Saxe in einem von Clara Schumann gegebenen Konzert nach dem Manuskript unter Leitung von *Ferdinand Hiller.* — 3. Düsseldorf, Ende 1845 oder Anfang 1846 unter Leitung von *Jul. Rietz.* — 4. Leipzig, Donnerstag, d. 12. Februar 1846 im Saale des Gewandhauses im Konzert zum Besten des Orchester-Pensionsfonds nach dem Manuskript unter Leitung von *F. Mendelssohn Bartholdy.*

Ersch.: Stimmen November 1846, Partitur Dezember 1853 bei Fr. Kistner, Leipzig.

Orch.Bes.: 2 Fl., 2 Ob., 2 Klar., 2 Fag., 2 Hr., 2 Tr., 3 Pos. (ad libitum), Pk. — Str.-Orch.

Anmerkg. Die Urform des Werkes wollte Sch. 1842 als „Zweite Symphonie" herausgeben, der Verleger Hofmeister lehnte den Verlag ab. Gleich nach Entstehung nannte Sch. das Werk „Symphonette". Die EA. der Urform fand gleichzeitig mit der der D-moll-Symphonie (op. 120) statt (s. No. 4). In dem Dresdner Konzert erlebte auch das A-moll-Konzert op. 54 seine EA. Die 4. Aufführung endlich ist noch deswegen interessant, als in diesem Konzert Richard Wagners Tannhäuser-Ouvertüre nach dem Manuskript ihre EA. (in Leipzig) erlebte. Das Scherzo trug anfänglich die Benennung: Intermezzo (Brief an Chelard, 6. Juni 1841).

Liter. *Müller-Reuter*, Musikführer No. 97, Hermann Seemann Nachfolger, Leipzig.

(6.) Ouverture zur Oper Genoveva. op. 81.

GD. *10 Min.*

Komp.: Skizziert vom 1.—5. April 1847 in Dresden. Die Instrumentation ist später erfolgt, fertig war sie am Weihnachtsabend 1847.

EA.: 1. Leipzig, Montag, d. 25. Februar 1850 im Saale des Gewandhauses im Konzert zum Besten des Orchester-Pensionsfonds nach dem Manuskript unter Leitung von *R. Sch.* — 2. Hamburg, Sonnabend, d. 16. März 1850 im Apollosaal im 4. Philharmonischen Konzert (78. philharmonisches Privatkonzert) nach dem Manuskript unter Leitung von *R. Sch.* — 3. Düsseldorf, Sonnabend, d. 7. September 1850 bei der Empfangsfeierlichkeit zu Ehren R. und Clara Sch.s im Geislerschen Saale unter Leitung von *Julius Tausch.* (S. Anm.) — 4. Köln, Dienstag, d. 22. Oktober 1850 im Kasinosaal im 2. Gesellschaftskonzert unter Leitung von *Ferd. Hiller.*

Ersch.: Partitur und Orchesterstimmen Juni 1850 bei C. F. Peters, Leipzig.

Orch.Bes.: 2 Fl., 2 Ob., 2 Klar., 2 Fag., 4 Hr., 2 Tr., 3 Pos., Pk. — Str.-Orch.

Anmerkg. Die ersten Aufführungen der ganzen Oper waren Dienstag, d. 25., Freitag, d. 28. und Sonntag, d. 30. Juni 1850 im Stadttheater zu Leipzig, die beiden ersten unter Sch.s, die dritte unter Rietz' Leitung. (Diese Auff. der Ouvertüre sind oben nicht enthalten.) In dem Konzert (s. o.) der EA. der Ouvertüre wurde auch erstmalig das Konzertstück für 4 Hörner op. 86 aufgeführt (s. No. 18), ebenso erstmalig nach dem Manuskript die Melodramen und Chöre zu „Oedipus" von Mendelssohn. — Das Programm für die Empfangsfeierlichkeiten bei der Ankunft des Sch.schen Ehepaares in Düsseldorf — R. Sch. trat dort seine Musikdirektorstellung an — lautet: (Titelseite:) „Gesang-Musikverein und Allgemeiner Musikverein | zu | Düsseldorf. | Programm | der | Empfangs-Feierlichkeiten | zu Ehren | des Herrn | Robert Schumann | und der Frau | Clara Schuhmann | geb. Wieck. | Düsseldorf, den 7. September 1850." (Programmseite:) „Concert. | 1. Ouvertüre zu Genoveva, | 2. 3 Lieder, | 3. Paradies u. Peri II. Teil von Rob. Schuhmann. — Souper. | Erster Gang. | Gesangstück. | I. Toast. | Zweiter Gang. | Gesangstück. | II. Toast. | Allgemeiner Chor: Festlied. | Dritter Gang. | Gesangstück. | III. Toast. | — Ball. |" Die drei Lieder im Konzert waren: „Widmung" (Frl. Hartmann), „Die Lotosblume" (Frl. Altgelt), „Wanderlied", [„Wohlauf noch getrunken"] (Herr Nielo). Die Gesangsvorträge beim Souper wurden ausgeführt von einem von Ferd. Hiller gebildeten Solochor. (Hiller war der Vorgänger von Sch.) Das Festlied sei auch hier mitgeteilt:

Festlied.

Melodie: „Am Rhein, am Rhein, da wachsen unsre Reben".

Am Rhein, am Rhein, Willkommen dir am Rheine,
Du edles Künstlerpaar!
Als ihre Meister grüsst euch im Vereine
Ringsum die frohe Schaar.

Dir tönt der Gruss, du reichbegabter Meister,
Der frisch voll Kraft und Muth
Mit seltnem Zauber rings bezwingt die Geister
Durch Melodienfluth.

Schon in der Weite hast du uns erhoben
Durch Lieder hell und süss,
Durch stolzer Simphonien hehres Toben,
Peri und Paradis.

Dich grüssen wir, du Meisterin der Töne,
Wenn du die Tasten schlägst
Und uns auf deines Wohllauts voller Schöne
In alle Himmel trägst.

Für uns verliesset ihr der Heimath Auen
Das schöne Sachsenland.
O mögt ihr nun ein festes Haus euch bauen
Hier an des Rheines Strand.

Eu'r Thun und Schaffen sei auch hier voll Segen,
Wie in der Heimath dort!
Euch wachse Kunst und Ruhm mit Flügelschlägen
Stets kühner, mächt'ger fort!

Ein Doppelhoch! Wir trinken's dir im Weine
Wir singen's frisch und klar:
Am Rhein, am Rhein, Willkommen dir am Rheine,
Du edles Künstlerpaar!

(7.) Ouverture zur Braut von Messina von Fr. v. Schiller für grosses Orchester. op. 100.

G.D. *8—9 Min.*

Komp.: Skizziert vom 29.—31. Dezember 1850, instrumentiert vom 3.—12. Januar 1851 in Düsseldorf.

EA.: 1. Düsseldorf, Donnerstag, d. 13. März 1851 im Geislerschen Saale in der 8. musikalischen Aufführung des Allgemeinen Musikvereins (II. im neuen Abonnement „Konzert des Herrn MD. Dr. Robert Schumann") nach dem Manuskript unter Leitung von *R. Sch.* — 2. Leipzig, Donnerstag, d. 6. November 1851 im Saale des Gewandhauses im 5. Abonnementskonzert unter Leitung von *Julius Rietz.* — 3. Weimar, Dienstag, d. 11. November 1851 im Hoftheater unter Leitung von *Franz Liszt.*

Ersch.: Oktober 1851 bei C. F. Peters, Leipzig.

Orch.Bes.: Kl.Fl., 2 Fl., 2 Ob., 2 Klar., 2 Fag., 2 Hr., 2 Tr., 3 Pos., Pk. — Str.-Orch.

Anmerkg. In dem Konzert der EA. in Düsseldorf fanden auch die EA. des Nachtliedes (F. Hebbel) op. 108 (S. No. 27) und die zweiten Aufführungen der Es-dur-Symphonie op. 97 (s. Anm. bei No. 3) und von op. 92 (s. No. 14) statt.

(8.) **Ouverture zu Manfred** von Byron.   op. 115.

[Siehe hierzu Musik zu Manfred No. 20.]

GD. 9—10 Min.

Komp.: Oktober 1848 in Dresden.   Beendet war die Ouverture am 4. November 1848.

EA.: 1. Leipzig, Sonntag, d. 14. März 1852 im Saale des Gewandhauses in einem von Robert und Clara Schumann gegebenen Konzert nach dem Manuskript unter Leitung von *R. Sch.* — 2. Weimar, Sonntag, d. 13. und Donnerstag, d. 17. Juni 1852 im Hoftheater ebenfalls nach Manuskript unter Leitung von *Franz Liszt* (gelegentlich der EA. der ganzen Manfred-Musik). — 3. Hamburg, Sonnabend, d. 5. Februar 1853 im Apollosaal im Philharmonischen Konzert unter Leitung von *Fr. Wilh. Grund.* — 4. Chemnitz unter *Meyer*, 5. Oldenburg unter *Pott*, beide Winter 52/53. — 6. Karlsruhe, Montag, d. 3. Oktober 1853 (Erstes Konzert des Karlsruher Musikfestes) im Hoftheater unter Leitung von *Fr. Liszt* (S. Anm.) — [Paris, Sonntag, d. 27. November 1853 im 1. Konzert der Gesellschaft Sainte-Cécile unter Leitung von *Seghers.* (S. Anm.)]

Ersch.: Oktober 1852 bei Breitkopf & Härtel, Leipzig.

Orch.Bes.: 2 Fl., 2 Ob., 2 Klar., 2 Fag., 4 Hr., 3 Tr., 3 Pos., Pk. — Str.-Orch.

Anmerkg. Die erste Probe der Ouverture hielt Sch. am 4. November 1851 in Düsseldorf ab. Das Programm der EA. bietet mancherlei Interessantes. Sch. führte in diesem Konzert auch erstmalig (in Leipzig) „Der Rose Pilgerfahrt" (s. No. 21) auf; es war die dritte öffentliche Aufführung des Werkes überhaupt. Frau Sch. spielte in dem Konzert das Chopin'sche F-moll-Klavierkonzert zum ersten Male ganz. — Das Karlsruher Musikfest, veranstaltet auf Wunsch und Anregung des Prinz-Regenten Friedrich von Baden, hat nachmals eine gewisse musik-historische Bedeutsamkeit gewonnen, die nicht zum geringsten von Liszts Anhängern genährt wurde. Hoplit, Pseudonym für Rich. Pohl, schrieb eine Broschüre darüber „Das Karlsruher Musikfest im Oktober 1853". Liszts Direktionsweise wurde von gegnerischer Seite schwer angegriffen, insbesondere infolge Umwerfens beim Eintritt des $^6/_8$-B-dur im Finale der 9. Symphonie von

Beethoven. Liszt schrieb darauf am 5. November von Weimar aus jenen Brief an Pohl, der die berühmt gewordenen Worte „Nous sommes pilotes, et non manœuvres" („Wir sind Steuermänner und keine Ruderknechte") enthält. — Joseph Joachim, damals noch Anhänger Liszts, spielte auf dem Musikfest zum ersten Male sein Violinkonzert No. 3, G-dur. (S. d.) — In Paris revoltierte in der 1. Probe das Orchester wegen Verworrenheit, Unspielbarkeit etc. der Ouvertüre. Die Aufführung hatte jedoch grossen Erfolg. (S. Neue Zeitschrift für Musik, Band 39, No. 24 vom 9. 12. 53.)

Liter. S. Manfred-Musik.

(9.) Fest-Ouverture mit Gesang über das Rheinweinlied für Orchester und Chor. op. 123.

GD. *8 Min.*

Komp.: Komponiert und instrumentiert 15.—19. April 1853 in Düsseldorf. Entworfen (den Anfang) bereits 1852 (?).

EA.: Düsseldorf, Dienstag, d. 17. Mai 1853 im Geislerschen Saal im Künstlerkonzert (3. Tag) des 31. Niederrheinischen Musikfestes nach dem Manuskript unter Leitung von *R. Sch.* Solisten: Frl. *Math. Hartmann* (Sopran), Frl. *S. Schloss* (Alt), Herr *v. d. Osten* (Tenor), Herr *Strauven* (Bass).

Ersch.: August 1857 bei N. Simrock, Bonn. (Ein vierhändiger Klavierauszug erschien bereits Oktober 1854.)

Bes.: a) Orchester: 2 Fl., 2 Ob., 2 Klar., 2 Fag., 4 Hr., 2 Tr., 3 Pos., Pk. — Str.-Orch.
b) Solostimmen: Sopran, Alt, Tenor, Bass.
c) Chor: Sopran, Alt, Tenor, Bass.

Anmerkg. Die Ouverture beschloss das Musikfest, bei dem am ersten Tage zur Eröffnung auch die D-moll-Symphonie in der zweiten Bearbeitung ihre erste musikfestliche Aufführung erlebte (s. No. 4). Das Programm schreibt: „Fest-Ouverture mit Schluss-Chor über das Rheinweinlied". Die einleitenden, verbindenden Worte sind von Wolfgang Müller (von Königswinter); sie werden vom Solotenor gesungen. Der Chor hat die erste („Bekränzt mit Laub") und dritte Strophe („So trinkt ihn denn"), das Soloquartett die zweite („Am Rhein, am Rhein"). — Jos. Joachim trat mit dem Beethovenschen Violinkonzert zum ersten Male auf den Niederrheinischen Musikfesten auf, Cl. Sch. spielte das A-moll-Konzert ihres Gatten. —

(10.) Ouverture zu Shakespeares Julius Caesar
für grosses Orchester. op. 128.

GD. *8—9 Min.*

Komp.: Vom 23. Januar—2. Februar 1850 skizziert und instrumentiert in Düsseldorf. (Nach Cl. Sch. war Sch. bereits am 17. Januar an der Arbeit.)

EA.: 1. Düsseldorf, Dienstag, d. 3. August 1852 bei dem, vom städt. Männergesangverein vom 1.—4. August veranstalteten 3. grossen Gesangsfest, verbunden mit dem „2. grossen Gesangswettstreit" und „Kompositions-Kampf", im „grossen Vokal- und Instrumentalkonzert", das der Preisverteilung vorausging, No. 7 des Programms (Anfang des 2. Teiles), nach dem Manuskript unter Leitung von *R. Sch.* — 2. Leipzig, Montag, d. 17. Januar 1853 im Saale des Gewandhauses im Konzert zum Besten des Orchester-Pensionsfonds ebenfalls nach Manuskript unter Leitung von *Jul. Rietz.*

Ersch.: November 1854 bei G. M. Meyer (Henry Litolff), Braunschweig.

Orch.Bes.: Kl.Fl., 1 Fl., 2 Ob., 2 Klar., 2 Fag., 4 Hr., 2 Tr., 3 Pos., Tuba, Pk. — Str.-Orch.

Anmerkg. Die erste Probe fand am 30. Juli 1852 statt, anfangs dirigierte Tausch, da Sch. heftig unwohl war, dann übernahm er aber die Leitung doch selbst. An der Leitung des Konzertes war ausser Sch., der noch die Ouvertüre op. 124 von Beethoven dirigierte, Kapellmeister Fischer von Mainz und Musikdirektor Knappe aus Düsseldorf beteiligt. — Die handschriftliche Skizze der Ouvertüre enthält gewissermassen als Überschrift die Worte: „Das war ein Mann!" „Antonius von Brutus in J. Caesar". (S. den Schluss des Trauerspiels.) Unter den Notenlinien der ersten Seite hat sich Sch., gleichsam als Programm, notiert:

Caesar. Brutus. Philippi[i].
Römisches Leben. Verschwörung. Calpurnia. Die Ide's. Tod. Octavianus Rache. Sieg über Brutus (?).

(11.) Ouverture zu Goethes Hermann und Dorothea für Orchester. op. 136.
(No. 1 der nachgelassenen Werke.)

Seiner lieben Clara.

GD. *8 Min.*

Komp.: 19.—22. Dezember 1851 in Düsseldorf. (S. Anm.)

EA.: 1. Leipzig, Donnerstag, d. 26. Februar 1857 im Saale des Gewandhauses zum Besten des Orchester-Pensionsfonds nach dem Manuskript unter Leitung von *Jul. Rietz.* (S. Anm.) — 2. **Elberfeld.** Sonnabend, d. 28. Februar 1857 im 4. Abonnementskonzert (Gedächtnisfeier für R. Sch.) im Kasinosaale nach Manuskript unter Leitung von *Schornstein.* (S. Anm.)

Ersch.: Partitur und Orchesterstimmen Anfang März 1857 bei J. Rieter-Biedermann, Leipzig und Winterthur.

Orch.Bes.: Kl.Fl., 2 Fl., 2 Ob., 2 Klar., 2 Fag., 2 Hr., 2 Tr., Kl.Tr. (hinter der Szene). — Str.-Orch.

Anmerkg. Die Ouvertüre lag 1851 auf dem Weihnachtstisch für Cl. Sch. Sch. schreibt auf der letzten leeren Seite der Partitur „diese Ouvertüre habe ich in fünf Stunden komponiert. R. Sch." Diese Handschrift trägt am Schlusse auch das oben angegebene Vollendungs-Datum. In der oben angegebenen Kompositionszeit ist also die Instrumentation inbegriffen. Er hatte die Absicht, ein Singspiel „Hermann und Dorothea" zu komponieren und korrespondierte darüber vor und nach dem Entstehen der Ouvertüre mit Moritz Horn, dem Dichter von „Der Rose Pilgerfahrt". Der Partitur ist dann auch vorbemerkt „Zur Erklärung der in die Ouvertüre eingeflochtenen Marseillaise möge bemerkt werden, dass sie zur Eröffnung eines dem Goetheschen Gedichte nachgebildeten Singspiels bestimmt war, dessen erste Szene den Abzug von Soldaten der französischen Republik darstellte". — Die Violoncelli sind zumeist in 2 Partien geschrieben, also zahlreich zu besetzen. — Die Programme der beiden ersten Aufführungen bieten manches Bemerkenswerte. Im 2. Teile (Leipzig) trat Liszt zum ersten Male im Gewandhause als Komponist und Dirigent mit den symphonischen Dichtungen „Les Préludes" und „Mazeppa", sowie dem Es-dur-Klavierkonzert (gespielt von H. v. Bülow) auf. (S. „Geschichte der Gewandhauskonzerte" von A. Dörffel, S. 190/91.) — Das Programm der Elberfelder Aufführung gewinnt an Wichtigkeit durch die nachweislich erste Aufführung von „Des Sängers Fluch", die man bisher immer auf das Niederrheinische Musikfest desselben Jahres verlegt hat. (S. No. 24.) In dieser Gedächtnisfeier spielte Brahms auch das Sch.sche A-moll-Konzert und hatte die Harfenpartie in „Des Sängers Fluch", natürlich auf dem Klavier, übernommen.

(12.) Ouverture zu den Szenen aus Goethes Faust.
(Siehe No. 22.)

Anmerkg. Da diese Ouvertüre kaum als Einzelstück gespielt wird, ist von besonderen Mitteilungen abgesehen worden, man findet das Wissenswerte darüber unter oben angegebener Nummer.

II. Konzerte und Konzertstücke mit Orchester.

(13.) Konzert für das Pianoforte

mit Begleitung des Orchesters. A-moll. op. 54.

Ferdinand Hiller freundschaftlich zugeeignet.

I. Allegro affettuoso. — II. Intermezzo. *Andantino grazioso.* *attacca* III. Allegro vivace.

SD. *I. 14 Min. II. 4¹/₂ Min. u. III. 10—11 Min.* **GD.** *29—30 Min.*

Komp.: 1. Satz Sommer 1841 in Leipzig (angefangen bereits im Mai). 2. u. 3. Satz Mai—Juli 1845 in Dresden. (S. Anm.)

EA.: 1. Dresden, Donnerstag, d. 4. Dezember 1845 (s. Anm.) im Saale des Hôtel de Saxe in einem von Cl. Sch. gegebenen Konzert nach dem Manuskript in Anwesenheit von R. Sch. Leitung: *Ferd. Hiller*, Solistin: *Cl. Sch.* — 2. Leipzig, Donnerstag, d. 1. Januar 1846 im Saale des Gewandhauses im 11. Abonnementskonzert, auch nach Manuskript. Leitung: *Mendelssohn*, Solistin: *Cl. Sch.* — 3. Wien, Freitag, d. 1. Januar 1847 im Saale der Gesellschaft der Musikfreunde im 3. der von Cl. Sch. veranstalteten Konzerte (Matinée), gespielt von *Cl. Sch.* unter Leitung von *R. Sch.* (S. B-dur-Symphonie und Anmerkg. unten.) — 4. Prag, Dienstag, d. 2. Februar 1847 in einem von Cl. Sch. gegebenen Konzert (Matinée) im königl. ständischen Theater, gespielt von *Cl. Sch.* unter Leitung von *R. Sch.*

Ersch.: Stimmen Juli 1846, Partitur September 1862 bei Breitkopf & Härtel, Leipzig.

Orch.Bes.: 2 Fl., 2 Ob., 2 Klar., 2 Fag., 2 Hr., 2 Tr., Pk. — Str.-Orch.

Anmerkg. Der erste Satz wurde von Cl. Sch. am 13. August 1841 im Gewandhause probeweise (gelegentlich der Probe für die Umänderungen der 1. Symphonie) gespielt. Er sollte damals als „Phantasie in A-moll" erscheinen, wurde verschiedenen Verlegern vergeblich angeboten, ja als „Konzert-Allegro für Pianoforte mit Begleitung des Orchesters" als unhonorierte Dreingabe zu Paradies und Peri vorgeschlagen. (Brief an Dr. Härtel in Leipzig vom 14. Dezember 1843). Wie weit vorausblickend waren diese Verleger, da sie mit der Ablehnung der Musikwelt und Literatur das nachmalige A-moll-Konzert retteten! — Nachdem Sch. 1845 den 2. und 3. Satz dazu komponiert hatte, begann seine Frau am 3. September das Studium, unmittelbar nach dem des Henseltschen Klavierkonzerts (s. d.). Nach den beiden EA. hat Sch. noch an dem Konzert gefeilt, denn erst am 21. Januar 1846 sendete er Partitur und Klavierstimme als druckfertig an Dr. Härtel. — Der genaue Zeitpunkt der Vollendung der Komposition ist festzustellen durch Cl. Sch.s Tagebuchbemerkung vom 31. Juli 1845 „Robert hat sein Konzert beendigt und es dem Notenschreiber übergeben". — In dem Konzert der EA. in Dresden wurde auch zum ersten Male nach dem Manuskript aufgeführt: „Ouvertüre, Scherzo und Finale" in der 2. Bearbeitung. Die Satzangaben im Programm der ersten Gewandhaus-Aufführung lauten: „Allegro affettuoso, Andantino und Rondo", so auch teilt er den Wortlaut Mendelssohn am 18. November 1845 mit. Diese Satzangabe ist ein vollgültiger Beweis für die Wichtigkeit der Einfügung eines attacca bei den Satzüberschriften in Konzertprogrammen überall dort, wo zwei verschiedene Sätze ineinander übergehen. Verhulst wohnte einer Probe der Leipziger EA. bei und erzählt, dass es „ziemlich schlecht" ging, insbesondere die Stelle im Schlusssatz mit den verschobenen Rhythmen — die heute überall anstandslos ausgeführt wird — gar nicht gehen wollte. — In der Wiener Aufführung erscheint zum erstenmale auf dem Programm die durch den Druck bekannte Satzangabe: Allegro affettuoso, Intermezzo und Rondo vivace.

Liter. *Schultze*, Musikführer No. 273, Hermann Seemann Nachfolger, Leipzig. — *Herm. Kretzschmar*, Kleiner Konzertführer No. 592, Breitkopf & Härtel, Leipzig.

(14.) Introduktion und Allegro appassionato.

Konzertstück für das Pianoforte mit Begleitung des Orchesters. G-dur. op. 92.

GD. 15 Min.

Komp.: Skizziert 18.—20. September 1849, vollendet (in der Instrumentation) 26. September 1849 in Dresden.

EA.: 1. Leipzig, Donnerstag, d. 14. Februar 1850 im Saale des Gewandhauses im 16. Abonnementskonzert nach dem Manuskript in Anwesenheit von R. Sch. Leitung: *Jul. Rietz.* Solistin: *Cl. Sch.* — 2. Düsseldorf, Donnerstag, d. 13. März 1851 im Geislerschen Saale in der 8. musikalischen Aufführung des Allgemeinen Musikvereins, ebenfalls nach Manuskript, unter Leitung von *R. Sch.*, gespielt von *Cl. Sch.*

Ersch.: März 1852 bei Breitkopf & Härtel, Leipzig.

Orch.Bes.: 2 Fl., 2 Ob., 2 Klar., 2 Fag., 2 Hr., 2 Tr., Pk. — Str.-Orch.

Anmerkg. Zu dem Programm der 2. Aufführung vergleiche EA. der Ouvertüre „Die Braut von Messina" und Es-dur-Symphonie.

(15.) Konzert-Allegro mit Introduktion

für das Pianoforte mit Begleitung des Orchesters. D-moll.
op. 134.

Johannes Brahms zugeeignet.

GD. *13 Min.*

Komp.: 24.—30. Aug. 1853 in Düsseldorf.

EA.: 1. Utrecht, Sonnabend, d. 26. November 1853 im Gebouw voor
Kunsten und Wissenschaften im 1. Stads-Concert. — 2. Haag,
Mittwoch, d. 30. November 1853 im 1. Konzert des Vereins Diligentia. — 3. Amsterdam, Freitag, d. 16. Dezember 1853 im
5. Konzert des Musikvereins Felix meritis. Alle diese Aufführungen
nach dem Manuskript, unter Leitung von *R. Sch.*, gespielt von
Cl. Sch. — 4. Leipzig, Montag, d. 23. Oktober 1854 in einem
von Cl. Sch. gegebenen Konzert im Saale des Gewandhauses unter
Leitung von *Jul. Rietz*, ebenfalls nach Manuskript, gespielt von *Cl. Sch.*

Ersch.: Juni 1855 bei Bartholf Senff, Leipzig.

Orch.Bes.: 2 Fl., 2 Ob., 2 Klar., 2 Fag., 2 Hr., 2 Tr., 1 Pos., Pk. — Str.-Orch.

Anmerkg. op. 134 lag am 13. September 1853, dem Geburtstage Cl.
Sch.s, zusammen mit der Phantasie für Violine op. 131 und der Ouvertüre zu
Faust, auf dem Geburtstagstische Claras.

(16.) Phantasie für Violine

mit Begleitung des Orchesters. A-moll. op. 131.

Joseph Joachim zugeeignet.

GD. *14 Min.*

Komp.: Skizziert am 2.—5. September, instrumentiert 6. und 7. September
1853 in Düsseldorf.

EA.: 1. Düsseldorf, Donnerstag, d. 27. Oktober 1853 im Geisler-
schen Saale im 1. Konzert des Allgemeinen Musikvereins nach dem
Manuskript unter Leitung von *R. Sch.*, gespielt von *J. Joachim.*
(S. Anm.) — 2. Leipzig, Donnerstag, d. 12. Januar 1854 im
Saale des Gewandhauses im 12. Abonnementskonzert nach dem
Manuskript unter Leitung von *Ferd. David*, gespielt von *J. Joachim.* —
3. Hannover, Sonnabend, d. 21. Januar 1854 im Konzertsaale des
Hoftheaters im 3. Abonnementskonzert der Hofkapelle, ebenfalls nach
dem Manuskript gespielt von *J. Joachim.* (S. Anm.)

Ersch.: Juni 1854 bei F. Kistner, Leipzig.

Orch.Bes.: 2 Fl., 2 Ob., 2 Klar., 2 Fag., 2 Hr., 2 Tr., Pk. — Str.-Orch.

Anmerkg. Die fertige Partitur lag am 13. September 1853 auf dem Geburtstagstisch von Cl. Sch. (s. No. 15 und 11), am 14. d. M. wurde sie an Joachim geschickt. Zum ersten Male spielte Joachim die Phantasie im Sch.schen Hause in Düsseldorf am 23. September dreimal hintereinander. Am 27. Oktober fand am Vormittag die erste Probe mit Orchester statt. Im Konzert desselben Tages erlebte auch die Ouvertüre zu „Hamlet" von Joachim ihre EA. Es war das letzte Konzert, das R. Sch. dirigierte; mit den Worten „Dein Licht, wer kann es rauben", aus Mendelssohns Walpurgisnacht schloss Sch.s öffentliche Tätigkeit! — Der Aufführung in Hannover wohnten R. und Cl. Sch. und Joh. Brahms bei; die D-moll-Symphonie wurde auch aufgeführt, Cl. Sch. spielte Beethovens Es-dur-Konzert. R. Sch. sollte Joachim und seine Frau zum letzten Male gehört haben!

(17.) Konzert für Violoncell

mit Begleitung des Orchesters. A-moll. op. 129.

I. Nicht zu schnell. *attacca* II. Langsam. *attacca* III. Sehr lebhaft. *SD. I. 11 Min. II. 4 Min. III. 8 Min. GD. 23 Min.*

Komp.: Skizziert 10.—16. Oktober, instrumentiert bis zum 24. Oktober 1850 in Düsseldorf. (S. Anm.)

EA.: (?) Leipzig, Sonnabend, d. 9. Juni 1860 im Saale des Kgl. Konservatoriums in einer musikalischen Abendunterhaltung zur Feier des 50jährigen Geburtstages von Robert Schumann, gespielt von Herrn *Ebert*, Herzogl. Oldenburgischer Kammervirtuos. (S. Anm.)

Ersch.: August 1854 bei Breitkopf & Härtel, Leipzig.

Orch.Bes.: 2 Fl., 2 Ob., 2 Klar., 2 Fag., 2 Hr., 2 Tr., Pk. — Str.-Orch.

Anmerkg. An dem Konzert wird Sch. nach dem oben angegebenen, seinem Kompositionsverzeichnis entnommenen Vollendungstermine noch gearbeitet haben. Als „druckfertig" meldet er es erst am 1. November 1852 in einem Briefe an Dr. Härtel, obgleich nach seinen eigenen Programm-Entwürfen er es zur Aufführung für das 10. Abonnementskonzert d. 20. Mai 1852 in Düsseldorf vorgesehen hatte. Kurz vor dem traurigst bekannten 27. Februar 1854, nach dem ersten schweren Anfall der Umnachtung (17. Februar 1854) beschäftigte er sich mit den Korrekturen der Druckausgabe (18. Februar 1854). — Die EA. des Violoncellkonzertes, wie auch einiger anderer Werke von R. Sch., war bisher nicht sicher festzustellen. Am 18. Dezember 1862 stand das Konzert auf dem Programm des 10. Abonnementskonzertes im Gewandhause zu Leipzig mit Franz Neruda als Solisten, es erregte Anstand in der Probe(!), wurde infolgedessen nicht aufgeführt, sondern durch ein Konzertino von Servais ersetzt. — Die Cellisten, die das Konzert vermutlich zuerst in die Öffentlichkeit brachten, sind wohl *Popper* und *Cossmann* gewesen, ersterer am 10. Dezember 1867 in Breslau und am 15. Dezember 1867 in Löwenberg, letzterer am 14. Dezember 1867 in Moskau.

(18.) Konzertstück für vier Hörner
und grosses Orchester. F-dur. op. 86.

I. Lebhaft. *attacca* II. Romanze. *Ziemlich langsam, doch nicht schleppend.*
attacca III. Sehr lebhaft.

SD. *I. 8 Min. II. 6 Min. III. 7 Min. GD. 21 Min.*

Komp.: Skizziert 18.—20. Februar, vollendet 14. März 1849 in Dresden.

EA.: Leipzig, Montag, d. 25. Februar 1850 im Saale des Gewandhauses im Konzert zum Besten des Orchester-Pensionsfonds nach
dem Manuskript unter Leitung von *Jul. Rietz.* Solisten: *Ed. Pohle,*
Jehnichen, E. J. Leichsenring, C. Wilke.

Ersch.: November 1851 bei Schuberth & Co., Leipzig und New York.

Orch.Bes.: Kl.Fl., 2 Fl., 2 Ob., 2 Klar., 2 Fag., 2 Hr. (ad lib.), 2 Tr.,
3 Pos., Pk. — Str.-Orch.

Anmerkg. Zum ersten Male vorgespielt wurde R. Sch. das Konzert
am 15. Oktober 1849 in einer Probe in der Wohnung des Kammermusikus Lewy
in Dresden durch die vier Mitglieder der Kgl. Hofkapelle: Lewy, Schlitterlau,
Eisner und Hübler. — Gelegentlich der EA. in Leipzig wurde auch zum ersten
Male die Ouvertüre zu Genoveva aufgeführt. (S. No. 6.)

III. Chorwerke mit Orchester.

(19.) Das Paradies und die Peri.
Dichtung aus Lalla Rookh von Th. Moore, für Solostimmen,
Chor und Orchester. op. 50.

Teil I: No. 1—9. Teil II: No. 10—17. Teil III: No. 18—26.

SD. *Teil I (ca.) 30 Min. Teil II (ca.) 32 Min. Teil III (ca.) 46 Min.*
GD. (ca.) 1 St. 50 Min.

Komp.: Skizziert und instrumentiert 20. (resp. 23.) Februar bis 16. Juni
1843 in Leipzig. Skizze des 1. Teiles bis Mitte März, fertig Ende

März; 2. Teil fertig Ende April; 3. Teil Skizze fertig am 25. Mai (Himmelfahrtstag), Beendigung des ganzen Werkes in Partitur am 16. Juni 1843.

EA.: 1. L e i p z i g, Montag, d. 4. Dezember 1843 im Saale des Gewandhauses in einem zum Besten der Leipziger Musikschule von R. Sch. veranstalteten Konzert nach dem Manuskript und unter Leitung von *R. Sch.* Solisten: Frau *Livia Frege* (Peri), Frl. *Marie Sachse* (Jungfrau und andere Sopranpartien), Frau *Henriette Bünau geb. Grabau* (Alt), Herr *M. H. Schmidt* (Tenor) [s. Anm.], Herr *A. Kindermann* (Bass). — 2. E b e n d a s e l b s t, Montag, d. 11. Dezember 1843 im gleichen Saale mit denselben Solisten (Frl. *Sachse* sang nicht, an ihrer Stelle sang diesmal Frau *Frege* auch die Jungfrau), auch unter Leitung von *R. Sch.* — 3. D r e s d e n, Sonnabend, d. 23. Dezember 1842 im Opernhause im Konzert zum Besten des Theater-Pensionsfonds nach Manuskript unter Leitung von *R. Sch.* Solisten: Frau *Kriete* (Peri), Frl. *Emma Babnigg* (Jungfrau und andere Sopranpartien), die Herren *Tichatschek* und *Bielczisky* (Tenor), *Mitterwurzer* (Bass). Orchester: *Kgl. Hofkapelle.* Chor: *Hoftheater-Singchor.*

Ersch.: Klavierauszug September 1844, Partitur Januar 1845 bei Breitkopf & Härtel, Leipzig.

Bes.: a) S o l i: S o p r a n: Peri, Jungfrau, Quartette. — M e z z o s o p r a n: Soli. — A l t: Der Engel, Soli und Quartette. — T e n o r: Soli, der Jüngling und Quartette. — B a r i t o n: Solo und der Mann. — B a s s: Gazna und Quartette. — Vier weibliche Solostimmen (Sopran 1 u. 2, Alt 1 u. 2).

b) C h o r: Sopran 1 u. 2, Alt 1 u. 2 (vierfaches Frauen-Soloquartett), Tenor 1 u. 2, Bass 1 u. 2.

c) O r c h e s t e r: Kl.Fl., 2 Fl., 2 Ob., 2 Klar., 2 Fag., 4 Hr., 2 Tr., 3 Pos., Tuba, Pk., Trgl., Becken, Gr. Tr. — Harfe. — Str.-Orch.

A n m e r k g. Die erste Beschäftigung Sch.s mit dem Text fällt in den Anfang August 1841; zum Beginn der Komposition kann den unmittelbaren Anstoss vielleicht Mendelssohns Walpurgisnacht gegeben haben, die er am 2. Februar 1843 bei ihrer ersten Aufführung im Gewandhause gehört hatte. — Die erste Probe mit Quartettbegleitung fand am 16. Oktober 1843 in Sch.s Hause in Leipzig (Inselstrasse) statt. In einer der darauffolgenden grösseren Chorproben (im kleinen Gewandhaussaale), löste der von Sch. dazu eingeladene Mendelssohn die die Begleitung spielende und etwas ermüdete Cl. Sch. ab und leitete namentlich das Finale. Der Erfolg der ersten Aufführungen war glänzend, Sch. debütierte mit der Leitung derselben als Dirigent. Er hielt vier Orchesterproben ab. — Für die Aufführung genügen zur Not 4 Solisten, doch bleibt es immer richtiger, wenigstens 2 Sopranistinnen zu beschäftigen, deren eine n u r die Peri singen soll. Bariton- und Basspartien können von e i n e m Sänger, Mezzosopran und Alt von e i n e r Sängerin gesungen werden, doch ist dabei die hohe Lage der Mezzosopransoli zu bedenken. (In der EA. spielte die Vertreterin der Altpartie, Frau Bünau, auch die Harfe.)

Störend ist immer, wenn im 2. Teil der Erzähler-Tenor auch die Partie des sterbenden Jünglings singt. — Kürzungen sind im 3. Teil zu empfehlen, insbesondere in der Arie der Peri „Verstossen etc." (Sprung vom 29.—96. Takte des Allegro), dann Auslassung des ganzen Baritonsolo „Jetzt sank des Abends etc." (No. 21). Der von Wasilewski angedeutete grosse Strich (s. seine Schumann-Biographie) ist bedenklich, da durch ihn das reizvolle Quartett der vier Peris „Peri, ist's wahr?" gänzlich beseitigt wird. — Aus rein praktischen Gründen ist zu wünschen, dass das Finale des 1. Teiles im gesamten Aufführungsmaterial (Part., Chor- und Orchesterstimmen, Klavierauszug) eine seiner Rhythmik entsprechendere Aufzeichnung erhält. Von der Tempobezeichnung „Nach und nach immer rascher" sollten immer zwei Takte zu einem zusammengezogen werden, also anstatt:

in dieser Form:

Das Schlagen und Zählen dieser schnellen und immer schneller werdenden Ganztakte, gleich lästig für den Dirigenten wie Sänger und Spieler, fällt dann fort, auch das Notenbild gewinnt an Übersichtlichkeit. — Das Finale des 2. Teiles „Schlaf nun" etc. kommt leider in den seltensten Fällen so zur Ausführung, als es sicherlich in der Absicht des Komponisten gelegen hat, weil zumeist die ihres Weges allein wandelnde Partie des Chorbasses verloren geht. Damit wird dem Finale ein Hauptreiz genommen. Um diesen Part des Chorbasses trotz *pp* hörbar zu machen, ihn von dem Schlafchor abzusondern, gibt es ein sehr einfaches, aber wundervoll wirkendes Mittel. Man lässt die Bässe aufstehen und die übrigen Stimmen sitzen. Der Versuch wird sich reichlich lohnen. — Zur EA. ist noch zu bemerken, dass der Tenorist Schmidt im ersten Teile bei der Episode des Jünglings versagte und für ihn der Sch.sche Freund Vesque von Püttlingen — er komponierte unter dem Namen J. Hoven — einsprang und die Szene vom Blatte sang. — Erwähnung sei noch der ersten Aufführung in Berlin getan, die am 17. Februar 1847 unter Sch.s Leitung stattfand und durch Absagen der Solisten etc. sehr mangelhaft geriet. Chor: Singakademie, Solisten: Frau Burchhardt, Frl. Zschiesche (Jungfrau) [Sopran], Frl. Caspari und Frau Dr. Busse geb. Fesca [Alt], Herr H. Neumann [Tenor], Herr Zschiesche [Bass]; Saal: Singakademie; Orchester: teilweis Dilettanten.

Liter. *Laurencin, F. P. Graf*, Rob. Schumanns „Das Paradies und die Peri", Matthes, Leipzig. — *Heuberger*, Musikführer No 89, Hermann Seemann Nachfolger, Leipzig. — *Kretzschmar, Herm.*, Kleiner Konzertführer No. 523, Breitkopf & Härtel, Leipzig.

(20.) **Manfred.**

Dramatisches Gedicht in drei Abteilungen von Lord Byron.
Für Deklamation, Solostimmen, Chor und Orchester. op. 115.

Ouvertüre.
Erste Abteilung: 1. Gesang der Geister. (4 Solostimmen: Sopran,
Alt, Tenor, Bass.) 2. Erscheinung eines Zauberbildes. (Melodram.)
3. Geisterbannfluch (4 Bassstimmen). 4. Alpenkuhreigen (Melodram).
Zweite Abteilung: 5. Zwischenaktmusik. 6. Rufung der Alpenfee.
(Melodram). 7. Hymnus der Geister Arimans (Chor). 8. Chor „Wirf
in den Staub dich" 9. Chor „Zermalmt den Wurm". 10. Beschwörung
der Astarte (Melodram). 11. Manfreds Ansprache an Astarte (Melodram). Nachspiel.
Dritte Abteilung: 12. „Ein Friede kam auf mich" (Melodram). 13. Abschied von der Sonne (Melodram). 14. „Blick nur hierher" (Melodram). 15. Schlussszene. Klostergesang. (Chor: „Requiem aeternam
dona eis" und Melodram).

*SD. Ouvertüre 10 Min. Abt. I. 23 Min. Abt. II. 32 Min. Abt. III.
15 Min. GD. 80 Min.*

NB. Diese Zeitangaben beziehen sich auf Konzertaufführungen mit verbindender Dichtung.

Komp : Begonnen frühestens August 1848 in Dresden. Ouvertüre Oktober
bis 4. November (Tag der Vollendung), erste Abteilung beendet
14. November 1848 in Dresden. Das Kompositionsverzeichnis setzt die
Beendigung der Manfred-Musik auf den 23. November desselben Jahres.
Sch s Briefe melden aber, dass erst am 31. Mai 1849 (Kreischa bei
Dresden) die bedeutende Arbeit „so ziemlich vollendet" ist, Anfang
November 1851 (Düsseldorf) die letzte Hand angelegt und Ende
Dezember 1851 (Düsseldorf) Text und Musik nochmals geprüft werden
sollen. Sch. arbeitete also am Manfred, mit Unterbrechungen, vom
Herbst 1848 in Dresden bis Ende 1851 in Düsseldorf. — Sch. gibt
in der bei No. 1 erwähnten Kompositionssammlung handschriftlich
als Entstehungszeit allerdings an: „Dresden im Oktober und November
1849"; das stimmt sicher nicht.

EA.: 1. Weimar, Sonntag, d. 13. Juni 1852 im Hoftheater in szeni-
scher Darstellung nach dem Manuskript unter Leitung von
Fr. Liszt. Manfred: Hofschauspieler *Pötzsch*, Regisseur: Herr *Genast.*
Wiederholung dieser Aufführung am 17. Juni. (S. Anmerkg.) —
2. Erste Konzert-Aufführung: Hamburg, Sonnabend, den
21. April 1855 in einem der von dem Musikdirektor Otten veranstalteten Abonnementskonzerte im Wörmerschen Saale nach dem
Manuskript unter Leitung von *G. D. Otten* und in Anwesenheit von
Clara Sch. und Joh. Brahms; Deklamation: Schauspieler *Kökert.* —

3. **Wiederholung:** Sonnabend, d. 25. Oktober 1856 im ersten der betr. Abonnementskonzerte unter gleicher Leitung; Deklamation: Frau Direktor *Dibbert*, Herr *Fr. Devrient* und Herr *W. Ertel.* — 4. **Jena,** Sonntag, d. 28. Februar 1858 im Akademischen Konzert im Rosensaale unter Leitung des akademischen Musikdirektors *Stade*, auch nach Manuskript, zum ersten Male mit der verbindenden Dichtung von Rich. Pohl. — 5. **Leipzig,** Donnerstag, d. 24. März 1859 im Saale des Gewandhauses im Konzert zum Besten der Armen nach dem Manuskript unter Leitung von *Julius Rietz.* (S. Anmerkg.) Solisten: I. Deklamation: Frau *Wohlstadt* (weibliche Personen), Herr *Rösicke* (Manfred), Herr *Werner* (männliche Personen); II. Gesang: Frl. *J. Dannemann* (Sopran), Frl. *M. Hinckel* (Alt), Herren *R. Wiedemann, Schmidt* und *Gebhardt.* Chor gebildet aus *Mitgliedern der Singakademie*, des *Pauliner Sängervereins* und des *Thomanerchores.* — 6. **Wiederholung dieser Aufführung** am 31. März 1859 im letzten Gewandhauskonzert. — 7. **Berlin,** Montag, d. 31. Oktober 1859, im Saale der Singakademie im 1. Abonnementskonzert (von Radecke veranstaltet) mit der verbindenden Dichtung von R. Pohl unter Leitung von *Robert Radecke.* Deklamation: Frau Hofschauspielerin *Hoppé* und Herr *Ernst Roth.* — 8. **Prag,** Sonntag, d. 20. November 1859, im Saale der Sophien-Insel, im 1. Konzert des Cäcilien-Vereins, „Zur Konzert-Aufführung eingerichtet von Josef Bayer". Solisten: Frau *Frey*, Frl. *Mick*, Frl. *Schmidt*, die Herren *Bergmann, Fischer, Strakaty* und *Walter.* — 9. **Wien,** Sonntag, 11. Dezember 1859 im grossen Redoutensaale im 1. Konzerte des Singvereins der Gesellschaft der Musikfreunde unter Leitung von *Johann Herbeck.* Mit Prolog und verbindender Dichtung von Ferdinand Kürnberger, gesprochen von *S. Lewinsky.*

Ersch.: Ouvertüre Oktober 1852, Klavierauszug November 1853, Partitur des ganzen Werkes Januar 1862 bei Breitkopf u. Härtel, Leipzig.

Bes.: a) Redende Personen: Manfred, Gemsenjäger, Abt von St. Mauritius, 2 Diener, Alpenfee, Ariman, Nemesis, Schicksalsgöttinnen, Geist der Astarte, Geister.

b) Gesangsoli: Sopran, Alt, Tenor, 4 Bassstimmen.

c) Chor: Sopran 1 und 2, Alt, Tenor, Bass.

d) Orchester: Kl. Fl., 2 Fl., 2 Ob., Englisch Horn, 2 Klar., 2 Fag., 4 Hr., 3 Tr., 3 Pos., Tuba, Pk., Gr. Tr., Becken. — Harfe. — Orgel. — Str.-Orch.

Anmerkg. Die Sch.sche Bearbeitung des dramatischen Gedichtes von Byron nach der Übersetzung von Posgaru ist für eine szenische Aufführung berechnet. Dementsprechend handelte Liszt bei der EA. Im Zwischenakte liess L. die Faust-Ouverture von Wagner spielen. — In Hamburg bei Otten wurde zur Verbindung der einzelnen Musikstücke das Gedicht mit verteilten Rollen und angemessenen Kürzungen gelesen. Der Ouvertüre ging unmittelbar voraus ein kleines Gedicht von Dr. Ed. Meyer. Vorher noch wurde die Ouvertüre zur Braut von Messina gespielt. Zur Aufführung hatte Otten 200 Mitwirkende aufgebracht.

Das einleitende Gedicht ist erhalten geblieben in der Ottenschen Programmsammlung, die dem Verfasser vorgelegen hat, es lautet:

> Ein edles, ernstes Denkmal höchsten Strebens,
> Weit überragend zweier Gräber Rand,
> Ein Abbild tief bewegten Seelenlebens,
> Enthüllet heut den Blicken uns're Hand.
> Zwei Geister hoher Art, im seltnen Bunde.
> Sie reden zu Euch mit verklärtem Munde.
>
> Des Herzens Fieberqualen haucht der Britte,
> Von wilder Gluth verzehrt, in sein Gedicht,
> Gespenstergraus umwittert Manfreds Schritte,
> Verzweiflung, Gram, umdüstern ihm das Licht.
> Die Schmerzen, die des Helden Brust durchschneiden,
> Sie zeugen von des Dichters tief'rem Leiden.
>
> Doch als gestillt sein feurig Herzenssehnen,
> Als längst sein Stern sich nieder schon getaucht,
> Als er, im Freiheitskampfe der Hellenen
> Den jugendlichen Athem ausgehaucht,
> Da sollte erst, was er so reich gegeben,
> Zu neuer, höchster Wirkung sich beleben.
>
> Denn auf der Töne Schwingen fortgetragen
> Hat geistverwandt, im Innersten erregt,
> Des deutschen Sängers Kraft, mit keckem Wagen,
> Ihr eig'nes Selbst ins Dichterwort gelegt.
> So neu beseelt, ob Jahre auch vergangen,
> Unsterblich wird's und unvergänglich prangen.
>
> So lauschet denn und zeugt, dass es gelungen,
> Dass Geist dem Geiste würdig sich verband.
> Dass Wort und Ton, verflochten und verschlungen,
> Sich ebenbürtig, ur- und wahlverwandt!
> Ihr Geister! lebensfern, im Tod vereint,
> Es rufet Euch der Zauberstab — erscheint.

Rietz verfuhr bei der Leipziger Aufführung genau nach der Vorschrift Sch.s, liess also das Gedicht wörtlich von verschiedenen Personen rezitieren, strich aber die Szene zwischen den beiden Dienern am Anfang der dritten Abteilung. Im 2. Teil des Konzertes gelangte Joachims unveröffentlichte Ouvertüre zu Heinrich IV. nach dem Manuskript zur Aufführung. — Verbindende Dichtungen zu Konzertaufführungen haben verfasst Friedrich Roeber, Richard Pohl, Otto Devrient, Ludwig Wüllner, Ernst v. Possart. — Zu Konzertaufführ-

rungen sind für die rezitierten Teile 3 Personen nötig: Manfred, ein Sprecher
der männlichen Rollen, eine Sprecherin für die weiblichen Rollen. Die Gesangsoli sind klein, doch müssen die 4 Bassstimmen gut besetzt sein. Das Englische
Horn kann von einem der Oboer geblasen werden. Starke Chorbesetzung ist
nötig. Eine Pause kann nach der 2. Abteilung stattfinden, doch ist sie nicht
lang zu bemessen. R. Pohl macht in seiner verbindenden Dichtung Vorschläge
zu einer der Genoveva zu entnehmenden Zwischenaktsmusik. — Über die Ouvertüre s. No. 8. — Eine Aufführung im Winter 1853/54 in den Düsseldorfer
Abonnementskonzerten hatte Sch. selbst geplant, seine Aufzeichnungen enthalten
den Entwurf der Solistenbesetzung dafür.

Liter. *Pohl, Rich.*, „Manfred von Byron und Schumann" in „Anregungen für Kunst,
Leben und Wissenschaft", herausgegeben von Brendel u. Pohl, Band IV. 1859, Leipzig, C. Merse-
burger. — *Waldersee, Paul, Graf,* „Robert Schumanns Manfred" in „Sammlung Musikalischer
Vorträge", Neue Reihe, No. 13, 1880, Leipzig, Breitkopf & Härtel. — *Botstiber,* Musikführer
No. 217/18, Hermann Seemann Nachfolger, Leipzig. — *Kretzschmar, Herm.*, Kleiner Konzertführer
No. 540, Breitkopf & Härtel, Leipzig.

(21.) **Der Rose Pilgerfahrt.**

Märchen nach einer Dichtung von Moritz Horn
für Solostimmen, Chor und Orchester. op. 112.

Teil I: No. 1—10.   Teil II: No. 11—24.

SD. Teil I: 28 Min. Teil II: 32 Min. GD. 60 Min.

Komp.: Skizziert Düsseldorf vom 3.—16. April 1851, vollendet Mitte Juni
in der ursprünglichen Form mit Klavierbegleitung. — Instrumentiert 7.—27. November 1851 in Düsseldorf.

EA.: 1. D ü s s e l d o r f , Sonntag, d. 6. Juli 1851 in einer Morgenaufführ-
rung zur Einweihung des Musiksalons in der neubezogenen Sch.schen
Wohnung (Kastanien-Allee, jetzt Königs-Allee) vor Eingeladenen mit
einem kleinen Chor von 24 (?) Personen nach dem Manuskript. [Sch.s
Aufzeichnungen (s. Anm.) enthalten nur die Namen von einem fünffachen
Quartett]. Solisten (nach eben diesen Aufzeichnungen mutmasslich):
Frl. *Hartmann* (Rose), Frl. *Schloss* (Fürstin), Frl. *Kniffler* (2. Sopran),
Herr *Hasenclever* (Tenor), Herr *Bäumer* (Totengräber), Herr (*Dr.*)
*Hasencle*er (Müller). Die Klavierbegleitung (Originalform) spielten
Clara Sch. [und *Jul. Tausch?*]. — 2. D ü s s e l d o r f , Donnerstag, d.
5. Februar 1852 im Geislerschen Saale im 5. Konzert des Allgemeinen
Musikvereins nach Manuskript mit Orchesterbegleitung unter Leitung
von *R. Sch.* Solisten: Frl. *Hartmann* (Rose), Frl. *Schloss* (die Alt-
partie), Frl. *Julie Meyer* (Sopran 2), Frl. *Blöm* (Sopran 3), Herr
Nielo (Tenor), Herr *Strauven* (Bass I), Herr *Albert Dietrich* (Bass II).

— 3. **Leipzig**, Dienstag, d. 2. März 1852 in der Zentralhalle in einem Konzert der Singakademie unter Leitung von *Ferd. David* nach Manuskript. Solisten: Frl. *Tonner*, Frl. *Kietz*, Herren *Schneider* und *Behr*. — 4. **Ebendaselbst**, Sonntag, d. 14. März 1852 im Saale des Gewandhauses in einer von R. u. Cl. Sch. gegebenen Matinée unter Leitung von *R. Sch.* nach dem Manuskript. Solisten: Frl. *Tonner* (Rose), Frau *Dreyschock*, Frl. *Masius*, Herren *Schneider* und *Behr*. — 5. **Elberfeld**, Sonnabend, d. 20. November 1852 im Kasinosaale im 1. Abonnementskonzert des Elberfelder Gesangvereins unter Leitung von *Johannes Schornstein* (sen.).

Ersch.: Oktober 1852 bei Fr. Kistner, Leipzig.

Bes.: a) Solostimmen: S o p r a n: Rose, Soli und Ensemble; M e z z o - s o p r a n: Elfenfürstin, Müllerin, Ensemble; A l t: Marthe, Soli und Ensemble; T e n o r: Soli und Max; B a s s: Totengräber, Müller und Solo.

b) Chor: Sopran I u. II, Alt I u. II, Tenor I u. II, Bass I u. II (Frauenchor und Männerchor).

c) Orchester: 2 Fl., 2 Ob., 2 Klar, 2 Fag., 4 Hr., 2 Tr., 3 Pos., Pk. — Str.-Orch.

A n m e r k g. In der EA. am Klavier und in der mit Orchester (in Düsseldorf) fehlten im Text noch im Mühlenlied (Duett No. 20) die zweite Strophe „Ei Knappen, liebe Knappen" und im Hochzeitschor (No. 22) ebenfalls die 2. „Im Hause des Müllers da zittert die Diele". Im Besitze des Verfassers befindet sich ein Textbuch (gedruckt 1852 in Düsseldorf bei Herm. Voss), das einer Zuhörerin der Aufführung am 5. Februar 1852 gedient hat. Das Textbuch enthält die beiden Strophen nicht, die auch in der Elberfelder EA. noch fehlen. — In dem Konzert der Gewandhausaufführung erlebte auch die Manfred-Ouverture ihre EA. (S. No. 8). — An Solisten sind erforderlich zwei erste S o p r a - n i s t i n n e n, von denen eine die Rose, die andere die anderen hohen Sopransoli singt, eine 2. Sopranistin, 1 Altistin, 1 Tenor und 2 Bässe. Im Frauenchor sind kleine Soli. Auf einen sehr gut besetzten und klangschönen Männerchor ist Bedacht zu nehmen mit Rücksicht auf das keineswegs leichte, gewöhnlich sehr mässig klingende und gelingende Waldlied No. 15. — Das Programm der öffentlichen EA. schreibt übrigens den Titel: „Die Pilgerfahrt der Rose", nicht „Der Rose Pilgerfahrt" wie die Druckausgaben. — D a b e i d e r M i t t e i l u n g d e r E A. v o n S c h u m a n n - s c h e n A u f z e i c h n u n g e n d i e R e d e i s t, sei hier bemerkt, dass Sch. w ä h r e n d s e i n e r D r e s d n e r u n d D ü s s e l d o r f e r D i r i g e n t e n t ä t i g k e i t ü b e r s ä m t l i c h e P r o b e n u n d A u f f ü h r u n g e n g e n a u e s t e A u f z e i c h - n u n g e n g e m a c h t h a t. Sie w a r e n b i s h e r u n b e k a n n t, h a b e n d e m V e r f a s s e r i m O r i g i n a l v o r g e l e g e n u n d s i n d v o n i h m z u m e r s t e n Male b e n u t z t w o r d e n. V i e l e M i t t e i l u n g e n ü b e r e r s t e P r o b e n, A u f f ü h r u n g e n u n d S o l i s t e n s i n d n u r d u r c h d i e s e A u f z e i c h n u n g e n e r m ö g l i c h t w o r d e n.

(22.) Szenen aus Goethes Faust
für Solostimmen, Chor und Orchester.

Ouvertüre.

Erste Abteilung. 1. Szene im Garten. 2. Gretchen vor dem Bilde der mater dolorosa. 3. Szene im Dom.

Zweite Abteilung. 4. Ariel, Sonnenaufgang; Faust; Chor. 5. Die vier grauen Weiber; Fausts Erblindung. 6. Fausts Tod.

Dritte Abteilung. 7. Fausts Verklärung. [1. Chor. 2. Tenor-Solo. 3. Bass- und Bariton-Solo. 4. Chor und Soli. 5. Bariton-Solo. 6. Chor und Soli. 7. Chorus mysticus (Doppel-Chor und Soli).]

SD. I. Ouvert. u. 1. Abt. 26 Min. II. 2. Abt. 52 Min. III. 3. Abt. 49 Minuten. GD. 2 Std. 10 Min.

Komp.: Begonnen Juni 1844 mit der 3. Abteilung (Fausts Verklärung) in Leipzig, beendet mit der Ouvertüre 17. August 1853 in Düsseldorf. Die Komposition vollzog sich in folgender Weise: Mit der 3. Abteilung begonnen Juni 1844, diese bis zum Schlusschor im Spätherbst nach Schumanns Tagebuchaufzeichnungen „mit Aufopferung der letzten Kräfte" in Leipzig vollendet. (S. Anm.) Fortsetzung der Arbeit mit dem Finale der 3. Abt. im April 1847 in Dresden. Beendigung der ersten Bearbeitung des Finale „endlich" am 23. April, der zweiten am 28. Juli 1847 in Dresden. 1848 bringt das Kompositionsverzeichnis: Chor zu Faust „Gerettet ist das edle Glied" B-dur (Dresden). Im Juli 1849 entstanden in Dresden die Szene im Garten, die Szene vor der mater dolorosa, die Domszene und Ariel in dieser Reihenfolge: Szene im Dom skizziert 13. und 14. Juli, Instrumentation vollendet 24. Juli; Gartenszene skizziert 15., in der Instrum. vollendet 18. Juli; mater dolorosa skizziert 18., Instrum. vollendet 29. Juli. Ariel und Fausts Erwachen 24.—26. Juli skizziert und im August instrumentiert, vollendet 20. August. Die vier grauen Weiber und Fausts Tod skizziert vom 25.—28. April 1850 in Dresden, erstgenannte Szene in der Instrumentation vollendet 4. Mai, letztgenannte am 10. Mai. — Ouvertüre skizziert 13.—15., instrumentiert 16. und 17. August 1853 in Düsseldorf. (S. Anm.)

EA.: A. **Dritte Abteilung.** Privat: Dresden, Sonntag, d. 25. Juni 1848 Vormittags in der 3. Aufführung (vor Gästen und ausserordentlichen Mitgliedern) des Chorgesangvereins (Programm siehe Anm.) im Cosel'schen Palais nach Manuskript unter Leitung von *R. Sch.* (Schlusschor 1. Bearb.) Orchester: *Kgl. Hofkapelle.* Solisten: Sopran I Frl. *Marpurg*, Sopran II, III, IV: Frau *Dr. Böttcher*, Frl. *Sendig*, Frl. *Schlipalius*, Alt I: Frl. *Kölz*, Alt II: Frl. *Rotinska*, Tenor: Herr *Weixelstorffer*, Bariton: Herr *Föppel*, Bass: Herr *Pietschel*. Öffentlich: 1. **Dresden**, Mittwoch, d. 29. August 1849 im

Palais des grossen Garten zur Feier des 100 jährigen Geburtstages von Goethe unter Leitung von *R. Sch.* Solisten: Frl. *Schwarzbach*, Frl. *Jacobi*, Frau *Dr. Böttcher* (Sopran), Frl. *v. Wiedemann* (? oder *v. Lindemann*), Frl. *Schulz* (Alt), Herr *Weixelstorffer* (Tenor), Herr *Mitterwurzer* (Bariton), Herr *Reichard* (Bass); Orchester: *Kgl. Hofkapelle;* Chor: der *Schumannsche Chorverein.* — 2. Leipzig, am gleichen Tage und bei gleicher Veranlassung im Saale des Gewandhauses unter Leitung von *Jul. Rietz.* Solisten: Frl. *Caroline Mayer* (Gretchen), Frl. *Ida Buck* (Sopran), Frl. *E. Kietz* und Frl. *Küstner* (Sopran), Frl. *Rössler* und Frl. *Schurich* (Alt), Herren *Carl Widemann* (Tenor), *Heinr. Behr* (Bariton) und *Rössler* (Bass); Harfe: Frl. *Eyth* (nachmalige Frau Richard Pohl). Orchester: *Gewandhausorchester*; Chor: *Singakademie und Thomanerchor.* — 3. Weimar, ebenfalls am gleichen Tage und bei gleicher Veranlassung im Hoftheater unter Leitung von *Fr. Liszt.* Alle diese Aufführungen nach dem Manuskript, Schlusschor in Dresden nach der 2., in Leipzig und Weimar nach der 1. Bearbeitung. — 4. Berlin, Freitag, d. 4. März 1859 im 2. Abonnementskonzert (II. Zyklus) und Freitag, d. 3. Febr. 1860 im 3. Abonnementskonzert im Saale der Singakademie unter Leitung von *Rob. Radecke.* Orchester: *Liebigsche Kapelle.* — 5. Wien, Sonnabend, d. 8. Dezember 1860 im Abendkonzert des Singvereins der Gesellschaft der Musikfreunde im Redoutensaale die beiden Chöre „Waldung sie schwankt heran" und „Gerettet ist das edle Glied" unter Leitung von *Herbeck.* 6. Desgleichen wie bei No. 5 der ganze 3. Teil: Sonntag, d. 16. Dezember 1860 in einem Konzert für den Dombaufond zum Wiederaufbau des St. Stephansturmes. —

B. Das ganze Werk: 1. Köln, Dienstag, d. 14. Januar 1862 im Gürzenichsaale im 5. Gesellschaftskonzert unter Leitung von *Ferd. Hiller.* Solisten: Frl. *Emilie Genast* (Gretchen), Frl. *Gertrude von Conraths* und Frau * aus Paris (Sopran), Frl. *Adele Assmann* (Alt), Herr *Andreas Pütz* (Tenor), Herr *Julius Stockhausen* (Bariton) und Herr *Karl Bergstein* (Bass). Harfe: Frl. *Lorent.* — 2. Elberfeld, Sonnabend, d. 1. November 1862 im grossen Saal des Kasino im 1. Abonnementskonzert des Elberfelder Gesangvereins unter Leitung von *Hermann Schornstein* (jun.). Solisten: Frl. *Henriette Rohn* (Gretchen), Herr *Th. Göbbels* (Ariel, Tenor), Herr *Julius Stockhausen* (Faust, Dr. Marianus), Herr *Fassbender* (Mephistopheles, Bass) und *Dilettanten.* Harfe: Frl. *Lorent*, Orgel: Herr *Ewald.* Orchester: *die Langenbachsche Kapelle.* — 3. Wien, Sonntag, den 29. November 1863 im grossen Redoutensaale in einem „ausserordentlichen" Konzert der Gesellschaft der Musikfreunde (Chor: der Singverein) unter Leitung von *Hellmesberger.* Soli: *J. Stockhausen* (Faust), Frau *Dustmann* (Gretchen). — Ausser diesen aber: 1. „Szene im Dom", Hamburg, Mittwoch, d. 26. März 1856 im Wörmerschen Saale (später Konventgarten) im 3. Abonnementskonzert des Musikdirektors *G. D. Otten* unter dessen Leitung nach dem Manuskript. 2. „Erste

Abteilung", Leipzig, Donnerstag, d. 24. Februar 1859 im Saale des Gewandhauses im 18. Abonnementskonzert unter Leitung von *Jul. Rietz.* Solisten: Frl. *J. Dannemann* (Gretchen), Frl. *Hinkel* (Marthe), Herr *Julius Stockhausen* (Faust) und Herr *Schmidt* (Mephistopheles).

Ersch.: Oktober 1858 bei Julius Friedländer, Berlin, später übergegangen in den Verlag von C. F. Peters, Leipzig.

Bes.: a) S o l i : S o p r a n : Gretchen, 4 Solostimmen (Sorge und Not, Magna peccatrix, mulier samaritana [besser Alt], Soli, Duette, vier Büsserinnen, Soloquartett). — A l t : Marthe, Büsserinnen, Soli (ein- und zweistimmig), Mangel und Schuld, Maria Aegyptiaca, mater gloriosa, Soloquartette. — T e n o r : Ariel, Solo (zwei-stimmig), pater ecstaticus, Soloquartett. — B a r i t o n : Faust, pater seraphicus, Dr. Marianus. — B a s s : Mephistopheles, Böser Geist, pater profundus, Soloquartette.
b) C h o r : Sopran I u. II, Alt I u. II [auch Knabenstimmen er-wünscht], Tenor I u. II, Bass I u. II. (Frauenchor, Männer-chor, Gemischter Chor und Doppelchor.)
c) O r c h e s t e r : Kl. Fl., 2 Fl., 2 Ob., 2 Klar., 2 Fag., 4 Hr., 2 Tr., 3 Pos., Tuba, Pk. — Hfe. — Str.-Orch.

A n m e r k g . Bruchstücke aus der Schlussscene sind erstmalig am 23. Febr. 1848 in der 8. Versammlung des Schumannschen Gesangvereins in Dresden ge-sungen worden, dann am 26. März die Chöre No 1 und 7 aus der Schlussscene. Die Szene im Dom wurde erstmalig in demselben Vereine probiert am 8. und 15. August (93. und 95. Versammlung) 1849, dann erst wieder am 24 April 1850 und mit No. 2 der ersten Abteilung „Gretchen vor dem Bilde der mater dolorosa" am 8. Mai einigen Eingeladenen vorgesungen, zusammen mit dem Requiem für Mignon. — Das Programm der 1. Privat-Aufführung der 3. Faust-Abteilung lautet: „Sonntag, den 25. Juni 1848 | im Saale des Coselschen Palais | Vortrag | des | Chorgesangvereins. | Programm. | 1. Kirchenstück für 2 Chöre von Palestrina (Fratres, enim ego) | 2. Capriccio für Pianoforte von F. Mendelssohn. | 3. Arie für Bass mit Choral aus der Johannes-Passion von Bach. (Mein teurer Heiland, lass dich.) | 4. Schlussscene aus dem zweiten Teile des Faust von Goethe, für Solostimmen, Chor und Orchester von R. Schumann." Das Capriccio spielte Clara Schumann, die Arie sang Herr Föppel. — In Düsseldorf war eine Auf-führung der „Szenen aus Faust" für das Konzert am 13. März 1851 beabsichtigt und auch bereits angezeigt, sie musste wegen Erkrankung von Frl. Hartmann unterbleiben (s. No. 3). Die erste Chorprobe dafür hatte am 11. Febr. 1851 stattgefunden. — Den Klavierauszug der 3. Abt. (soweit diese fertig war) fertigte Clara Sch. vom 27. April bis 3. Mai 1847 an, sie vollendete ihn [nach Massgabe des Entstehens der 2. Bearbeitung des Schlusses] Ende Dezember desselben Jahres. — Die Ouvertüre lag in Partitur vollendet am 13. Sept. 1853 auf Claras Geburtstagstisch. — Für die EA. in Weimar schrieb Sch. eine 4 stimmige Ver-einfachung der 6 stimmigen Episode der Büsserinnen [No. 6 der 3. Abt.]. — Das Verdienst der ersten Vorbereitung des ganzen Werkes für eine öffentliche erste

Auff. gebührt Hermann Schornstein in Elberfeld, der vor Weihnachten 1858 alles zur EA. vorbereitet hatte und an dieser nur durch den Brand des dortigen Kasino (in der Neujahrsnacht 58/59) verhindert wurde. — Zu einer stilvollen Auff. sind an Solisten erforderlich: zwei Soprane (einer der nur das Gretchen, ein anderer der die übrigen Soli singt), ein Alt, ein Tenor, ein ausgezeichneter Bariton und ein Bass. Dazu kommen noch 3 andere Soprane, ein 2. Alt, ein 2. Tenor, wenn nicht vorgezogen wird, die zwei- drei- und vierstimmigen Solostellen überhaupt von Nebensolisten singen zu lassen. — Die Hinzufügung einer Orgelstimme zur Domszene ist von Sch. nicht beabsichtigt gewesen, sie ist ungerechtfertigt und verbietet sich schon eigentlich durch einen Blick auf die den Orgeleffekt nachahmende Instrumentation. —

Liter. Lohmann, Peter „Über R. Sch's. Faustmusik", C. F. Kahnt, Leipzig. — Bagge, Selmar „R. Sch und seine Faustszenen", Sammlung Musikalischer Vorträge, Serie 1, No. 4, Breitkopf & Härtel, Leipzig. — Kretzschmar, Hermann, Kl. Konzertführer No. 542, Breitkopf & Härtel, Leipzig. — Heuberger, Richard, Musikführer No. 62, Hermann Seemann Nachfolger, Leipzig.

(23.) Der Königsohn.

Ballade von Ludwig Uhland
für Solostimmen, Chor und Orchester. op. 116.

GD. 25 Min.

Komp.: No. 1—6 vom 12. Mai bis 1. Juni, fertig komponiert und instrumentiert Juni 1851 in Düsseldorf.

EA.: 1. Düsseldorf, Donnerstag, d. 6. Mai 1852 im Geislerschen Saale in der 9. Musikalischen Aufführung (3. im neuen Abonnement, Sch.s Benefizkonzert) des Allgemeinen Musikvereins nach dem Mspt. unter Leitung von *R. Sch.* Solisten: Frl. *Schloss*, Herr *Nielo* (Königsohn), Herr *Bäumer* (König), Herr *Dietrich* (Fischer) und Herr *Korst* (Sänger). — 2. Leipzig, Sonnabend, d. 5. März 1853 im Saale der Buchhändlerbörse im Benefizkonzerte des Musikdirektors der Euterpe *F. Riccius* unter dessen Leitung nach Mspt. — 3. Bonn, Freitag, d. 29. Juli 1853 in einem Konzert zum Besten des Kölner Dombaues nach Mspt. unter Leitung von *v. Wasielewski* in Gegenwart R. und Cl. Schumanns.

Ersch.: Juli 1853 bei F. Whistling, Leipzig.

Bes.: a) Soli: Alt, Tenor (Jüngling), Bariton (Fischer und Sänger), Bass (König).

b) Chor: Sopran, Alt, Tenor I u. II, Bass I u. II.

c) Orchester: Kl. Fl., 2 Fl., 2 Ob., 2 Klar., 2 Fag., 4 Hr., 2 Cornets à pistons, 2 Tr., 3 Pos., Tuba, Pk., Trgl. — Str.-Orch.

Anmerkg. Die erste am 13. April 1852 in Düsseldorf abgehaltene Probe leitete Jul. Tausch an Stelle des erkrankten Sch. Im Konzert der EA.

wurde die Ouvertüre zur Braut von Messina wiederholt (s. No. 7), ausserdem die B-dur-Symphonie zum ersten Male (d. h. unter Schumanns Leitung) in Düsseldorf aufgeführt. — Sch. beabsichtigte das Werk auf dem Niederrh. Musikfeste 1853 zur Auff. zu bringen, jedoch wurde später die D-moll-Symph. dafür bestimmt. — Der Schluss der Uhlandschen Ballade hat auf Anregung Schumanns Änderungen und Zusätze von Moritz Horn, dem Dichter von „Der Rose Pilgerfahrt" erfahren. — Die Partien des Fischer und Sänger sind von einem Solisten zu besetzen, das kleine Altsolo kann von einem Chormitglied gesungen werden.

(24.) Des Sängers Fluch.

Ballade nach Ludwig Uhland bearbeitet von Richard Pohl für Solostimmen, Chor und Orchester. op. 139.

(No. 4 der nachgelassenen Werke.)

Johannes Brahms zugeeignet.

G D. 35 Min.

Komp.: Skizziert vom 1.—6., instrumentiert vom 10.—19. Januar 1852 in Düsseldorf.

EA.: 1. Elberfeld, Sonnabend, d. 28. Februar 1857 im Kasinosaale im 4. Abonnementskonzert (Gedächtnisfeier für Rob. Schumann) nach dem Mspt. unter Leitung von *H. Schornstein.* Von den Solisten war bisher nur *Schieffer* (Harfner) zu ermitteln. — 2. A a c h e n , Pfingstmontag, d. 1. Juni 1857 im Theater im 2. Konzert des 35. Niederrheinischen Musikfestes nach Mspt. unter Leitung von *Franz Liszt.* Solisten: Frau *v. Milde* (Königin), Frl. *Alberting* (Erzählerin), Herr *Goebbels* (Jüngling), Herr *Reinthaler* (Harfner, s. Anm.), Herr *Ackens* (König). — 3. K ö l n , Dienstag, d. 12. Januar 1858 im Gürzenichsaale im 5. Gesellschaftskonzert unter Leitung von *Ferd. Hiller.* Solisten: Frl. *Fr. Schreck,* Frl. *Röckel,* Herren *Goebbels* und *Schieffer.* — 4. H a m b u r g , Donnerstag, d. 14. Januar 1858 im Wörmerschen Saale im 9. Abonnementskonzert des Hamburger Musikvereins unter Leitung von *G. D. Otten.* Solisten: Frau *S. Guran,* die königl. Sänger Herren *Otto* und *Sabbath* aus Berlin und Herr *von Gerike.* — 5. D ü s s e l d o r f , Donnerstag, d. 11. März 1858 im Geislerschen Saale im 5. Konzert des Allgemeinen Musikvereins unter Leitung von *Jul. Tausch.* Solisten: *Dilettanten* und die Herren *Steinhaus* und *Remmertz.*

Ersch.: Januar bis März 1858 bei F. W. Arnold, Elberfeld.

Bes.: a) Soli: Sopran: Königin, Alt: Erzählerin, Tenor: Jüngling, Bariton: Harfner u. König.

b) Chor: Sopran, Alt, Tenor I u. II, Bass I u. II.

c) Orchester: Kl. Fl., 2 Fl., 3 Ob., 2 Klar., 2 Fag., 4 Hr., 2 Tr., 3 Pos., Tuba, Pk. — Hfe. — Str.-Orch.

Anmerkg. Bei der EA. in Elberfeld wurde auch die Ouvertüre „Hermann und Dorothea", die 2 Tage vorher in Leipzig erstmalig gespielt worden war, nach Mspt. aufgeführt. Joh. Brahms spielte das A-moll-Konzert und die Harfenpartie in „Des Sängers Fluch". (S. Anm. bei No. 11). — In Aachen sprang im letzten Augenblicke Reinthaler für den erkrankten Dalle Aste aus Darmstadt ein. Dieses Aachener Musikfest wirbelte durch die Berufung Liszts als Dirigent und durch die Aufstellung des Programms viel Staub auf. Berlioz und Liszt mit Kompositionen auf den der klassischen Musik geweihten Programmen dieser Feste zu sehen, war für Ferd. Hiller und seine Gefolgschaft ein Greuel. Er setzte sich an die Spitze der Demonstranten, schrieb berüchtigt gewordene „Briefe über das Aachener Musikfest" für die Kölnische Zeitung und soll durch Pfeifen auf einem Hausschlüssel das Signal zur lärmenden Demonstration gegeben haben (?). Von Berlioz' Trilogie „Des Heilands Kindheit" gelangte infolge mangelhafter Vorbereitung nur der Mittelteil „Die Flucht nach Ägypten" zur Aufführung. Liszts symphonische Dichtung „Festklänge", sein von H. v. Bülow gespieltes Es-dur-Klavierkonzert und Wagners Tannhäuser-Ouvertüre erregten die erhitzten Gemüter. Mit der Messias-Aufführung war man auch unzufrieden, wie es scheint nicht zu Unrecht. —

(25.) Vom Pagen und der Königstochter.
Vier Balladen von E. Geibel
für Solostimmen, Chor und Orchester. op. 140.
(No. 5 der nachgelassenen Werke.)

SD. Ball. I. 7½ Min. Ball. II. 6 Min. Ball. III. 7 Min. Ball. IV. 8 Min. **GD.** 29 Min.

Komp.: Skizziert 18.—22. Juni, instrumentiert und Klavierauszug gefertigt 28. Juli bis 12. September 1852 in Düsseldorf. An dem Werke arbeitete Sch. in Düsseldorf, Godesberg und Scheveningen unter schweren Krankheitsanfällen.

EA.: 1. Düsseldorf, Donnerstag, d. 2. Dezember 1852 im Geislerschen Saale im dritten Konzert des Allgemeinen Musikvereins nach dem Mspt. unter Leitung von *R. Sch.* Solisten: Frl. *Hartmann*, Frl. *Blöm* (Sopran), Frau *Camphausen* (Alt), Herr *Nielo* (Tenor), Herr *Schieffer*

und Herr *Bäumer* (Bass). (S. Anm.) — 2. Ebendaselbst, Donners-
tag, d. 3. März 1853 im Geislerschen Saale in der 7. Musikalischen
Aufführung des Allgemeinen Musikvereins („Konzert des Herrn
M. D. Dr. Robert Schumann") ebenfalls nach Mspt. unter *Sch's.*
Leitung. Solisten: Frl. *Hartmann*, Frl. *Blöm*, Frl. *Schloss*, die
Herren *Nielo*, Dr. *Zolling*, *Strauven* (Spielmann) und *Dietrich.*

Ersch.: Partitur, Orchesterstimmen und Klavierauszug November 1857
bei J. Rieter-Biedermann, Leipzig und Winterthur.

Bes.: a) S o l i : S o p r a n : Prinzess, Königin, Nixe, Alt, T e n o r : Page,
B a s s : König, Meermann, Spielmann, Soli.
b) C h o r : Sopran, Alt, Tenor I und II, Bass I und II.
c) O r c h e s t e r : Kl. Fl., 2 Fl., 2 Ob., 2 Klar., 2 Fag., 4 Hr., 2 Tr.,
3 Pos., Pk. — Hfe. — Str.-Orch.

A n m e r k g. Die erste Probe von Bruchstücken des Werkes hielt Sch.
mit Chor und Orchester am Dienstag, d. 10. November 1852, darauf am 23. und
26. dess. Monats nur mit Chor, während die ersten beiden in diese Zeit fallenden
Winterkonzerte 1852/53 von Tausch wegen Sch.s Erkrankung geleitet wurden.
In dem Konzert der EA. dirigierte Sch. nur sein Werk, das den 2. Teil des
Programms bildete, den 1. Teil leitete Tausch. Wenige Tage nachher brachen
die Konflikte aus, die schliesslich Sch. zum Niederlegen seiner Stellung zwangen.
Am 7. und 10. Dezember leitete Sch. noch die Proben zu den „Jahreszeiten",
am 14. leitete Tausch die Probe, Sch.s Aufzeichnungen bringen darüber die
lakonische Bemerkung „Katastrophe". An diesem Tage war ein Brief an ihn
gelangt, der ihn zum Zurücktreten von seinem Amte aufforderte. (S Litzmann II,
242/43.) — Die zweite Aufführung fand in jenem Konzert statt, in dem die
D-moll-Symphonie in der Umarbeitung zur 1. Aufführung gelangte. (S No. 4.) —
Zur Aufführung sind an Solisten erforderlich 2 Soprane (besser als einer, der
zur Not ausreicht), Alt, Tenor und 2 Bässe.

(26.) Aaventlied von Friedrich Rückert
für Sopran - Solo und Chor mit Begleitung des Orchesters.
op. 71.

GD. 17—18 Min.

Komp.: Skizziert am 25.—30. November, instrumentiert vom 31. November
bis 19. Dezember 1848 in Dresden.

EA.: 1. L e i p z i g , Montag, d. 10. Dezember 1849 im Saale des Gewandhauses in einem Konzert zum Besten der Armen nach Mspt. unter
Leitung von *Julius Rietz* Soli: Frl. *Buck*, Frl. *Schurich*, Herr
Langer, Herr *Pögner;* Chor: *Singakademie* und *Thomanerchor.* —
2. D ü s s e l d o r f , Donnerstag, d. 24. Oktober 1850 im Geislerschen

Saale im 1. Konzert des Allgemeinen Musikvereins unter Leitung von *Robert Schumann.* Soli: Frl. *Hartmann*, Frl. *Altgelt*, Herr *Nielo*, Herr *Bäumer.* (S. Anm.)

Ersch.: Klavierauszug Oktober 1849, Partitur April 1866 bei Breitkopf & Härtel, Leipzig.

Bes.: a) S o l i : Sopran (Hauptsolo), Alt, Tenor u. Bass.
b) C h o r : Sopran, Alt, Tenor I u. II, Bass.
c) Orchester: 2 Fl., 2 Ob., 2 Klar., 2 Fag., 4 Hr., 2 Tr., (3 Pos. ad lib. S. Anm.) Pk. — Str.-Orch.

A n m e r k g. Das Adventlied ist vor seiner Leipziger EA. bereits in Dresden im Schumannschen Chorgesangverein geübt worden. Die erste Probe davon fand in der 71. Versammlung dieses Vereins am 21. Febr. 1849 statt, die fortgesetzte Beschäftigung mit diesem Werke in den folgenden Proben, wie auch die Wiederholung am 12. September (101. Versammlung) lassen der Vermutung Raum, dass eine Aufführung beabsichtigt gewesen ist. — Die Aufführung in Düsseldorf geschah in dem ersten der von Sch. geleiteten Abonnementskonzerte. Das Programm desselben lautete: Ouvertüre op. 124 von Beethoven, G-moll-Klavierkonzert von Mendelssohn (Clara Sch.), Adventlied, Präludium und Fuge A-moll von Bach (Cl. Sch.) und Comala von Gade. — Die erste Düsseldorfer Probe war am 8 Oktober 1850. — Mit dem Titel Adventlied war Sch. anfänglich nicht einverstanden, er beabsichtigte es „Geistliches Gedicht" zu nennen, behielt aber dann doch den ursprünglichen Titel bei. Auf dem Programm der EA. in Düsseldorf heisst es: „Motette für Chor und Orchester." — Die Alt-, Tenor- und Basssoli sind wohl von geübten Chormitgliedern zu besetzen. — Die Posaunen sind zugesetzt und nur bei grösseren Kirchenaufführungen zu verwenden.

(27.) **Nachtlied von F. Hebbel**
für Chor und Orchester. op. 108.

Dem Dichter gewidmet.

***GD.** 10 Min.*

Komp.: Skizziert am 4. November, instrumentiert vom 8.—11. November 1849 in Dresden.

EA.: D ü s s e l d o r f, Donnerstag, d. 13. März 1851 im Geislerschen Saale in der 8. Musikalischen Aufführung (II. im neuen Abonnement, „Konzert des Herrn M.-D. Dr. R. Sch.") des Allgemeinen Musikvereins nach dem Manuskript unter Leitung v. *R. Sch.*

Ersch.: Klavierauszug November 1852, Partitur Januar 1853 bei N. Simrock, Bonn.

Bes.: a) Chor: Sopran I u. II, Alt I u. II, Tenor I u. II, Bass I u. II.

b) Orchester: 2 Fl., 2 Ob., 2 Klar., 2 Fag., 2 Hr., 2 Tr., 1 Bassposaune, Pk. — Str.-Orch.

Anmerkg. Im Chorgesangverein in Dresden wurde op. 108 erstmalig gesungen am 3. April 1850 in der 138. Versammlung. — In Düsseldorf fand die erste Probe statt am 28. Febr. 1851. Die EA. geschah in Sch.s erstem „eigenen" Konzert, in dem auch die Ouvertüre zur Braut von Messina erstmalig, die Es-dur-Symphonie zum zweiten Male aufgeführt wurde. (S. No. 7 und 3). — Die Celli sind in diesem Stück durchgängig in zwei Partien geschrieben, deren starke Besetzung ist also erforderlich. — Unerklärlich ist, dass das Nachtlied, als eines der wertvollsten Schumannschen Chorstücke, so wenig zur Aufführung gelangt.

(28.) Requiem für Mignon

aus Goethes Wilhelm Meister
für Chor, Solostimmen und Orchester. op. 98 b.

GD. 13 Min.

Komp.: Skizziert am 2. und 3. Juli 1849 in Dresden.

EA.: Privat: 1. Dresden, Mittwoch, d. 8. Mai 1850 in der vor einigen Eingeladenen stattgehabten vorletzten Probe (143. Versammlung) die Sch. mit seinem Chorgesangverein abhielt nach Manuskript mit Klavierbegleitung unter Leitung von *R. Sch.* — Öffentlich: 2. Düsseldorf, Donnerstag, d. 21. November 1850 im Geislerschen Saale im 2. Konzert des Allgemeinen Musikvereins nach Manuskript mit Orchester unter Leitung von *R. Sch.* Solisten: Frl. *Wolschky*, Frl. *Kniffler*, Frl. *Altgeld*, Frau *Hasenclever* und Herr *Bäumer*. — 3. Köln, Dienstag, d. 21. Oktober 1851 im Kasinosaale im 1. Gesellschaftskonzert unter Leitung von *Franz Weber*. (EA. nach Druck.) — 4. Leipzig, Donnerstag, d. 1. Januar 1852 im Saale des Gewandhauses im 11. Abonnementskonzert unter Leitung von *Jul. Rietz*.

Ersch.: Mitte September 1851 bei Breitkopf & Härtel, Leipzig.

Bes.: a) Soli: Sopran I u. II, Alt I u. II, Bass.

b) Chor: Sopran, Alt, Tenor I u. II, Bass I u. II.

c) Orchester: 2 Fl., 2 Ob., 2 Klar., 2 Fag., 2 Hr., 2 Tr., 3 Pos., Pk. — (Hfe. ad lib.) — Str.-Orch.

Anmerkg. Das Requiem ist zum ersten Male in Dresden am 19. September 1849 in der 102. Versammlung des Sch.schen Chorgesangvereins gesungen und April und Mai 1850 für die erste Privataufführung geübt worden. In dieser Aufführung

wurden auch zum ersten Male die „Szene im Dom" und „Gretchen vor dem Bilde
der mater dolorosa" aus den Faustszenen gesungen. (S. Anm. bei No. 22.) In
Düsseldorf fand die erste von Sch. geleitete Probe am 29. Oktober 1851 statt. —
Die vier Frauensolostimmen sind, wenn sie nicht gleichmässig gut besetzt werden
können, mit guter Wirkung durch einen kleinen Chor von 12—16 Stimmen zu
ersetzen. Auf den Programmen sollte niemals die der Partitur vorangesetzte
Prosa-Einleitung aus Wilhelm Meister fehlen: „Am Abend fanden die Exe-
quien für Mignon statt. Die Gesellschaft begab sich in den Saal der Vergangenheit und fand denselben auf das sonderbarste erhellt und ausgeschmückt.
Mit himmelblauen Teppichen waren die Wände fast von oben bis unten be-
kleidet, so dass nur Sockel und Fries hervorschienen. Auf den vier Kandelabern
in den Ecken brannten grosse Wachsfackeln, und so nach Verhältnis auf den
vier kleineren, die den Sarkophag umgaben. Neben diesen standen vier Knaben,
himmelblau mit Silber gekleidet und schienen einer Figur, die auf dem Sarkophag ruhte, mit breiten Fächern von Straussenfedern Luft zuzuwehen. Die
Gesellschaft setzte sich und zwei Chöre fingen mit holdem Gesang an zu singen".
— Am 16. Februar 1852 fand in Bonn im 3. Abonnementskonzert unter Leitung
von Professor Heimsoeth eine Aufführung statt, zu der der Herausgeber der
Rheinischen Musikzeitung, Prof. L. Bischoff, einleitende Worte sprach. Er hatte
in seinen Vortrag Anklänge aus den Liedern „Kennst du das Land" und „So
lasst mich scheinen, bis ich werde" verflochten, um die Zuhörer in den Zusammenhang und die Stimmung einzuführen, die die Musik erfordert. In einer
kritischen Besprechung des Werkes von demselben (Rhein. Musikzeitung 1851,
No. 72) gibt er nachfolgende Vorschläge: „Wir möchten Sch. veranlassen, durch
einen Nachtrag dem Ganzen denselben Schluss zu geben, den ihm Goethe gegeben hat. Ein feierlicher Instrumentalsatz würde das Versenken des
schlafenden Engels in den Sarkophag andeuten und darauf die vier Jünglinge ihren Gesang anheben: „Wohl verwahrt ist nun der Schatz, das schöne
Gebild der Vergangenheit! hier im Marmor ruht es unverzehrt; auch in euren
Herzen lebt es, wirkt es fort. Schreitet, schreitet ins Leben zurück! Nehmet
den heiligen Ernst mit hinaus, denn der Ernst, der heilige, macht allein das
Leben zur Ewigkeit." — In die letzten Worte fiel der Chor wieder ein, wie
es Goethe angibt, und in ihrem Sinne würde der geniale Tonsetzer sicher die
Begeisterung finden, den wahren Charakter eines Schlusschores zu Mignons
Requiem zu treffen, welcher harmonisch ausspräche, wie wir aus dem Schmerz
über ein erloschenes schönes Dasein den heiligen Ernst zu freudigem Wirken
uns für das Leben retten sollen". — Der unter den Solisten bei der 2. EA.
genannte Dr. Hasenclever war Hausfreund und Hausarzt bei R. Sch. Er schrieb
über die von Sch. geleiteten Düsseldorfer Konzerte Berichte für die Rheinische
Musikzeitung, war dichterisch für Sch. tätig und erfüllte die traurige Aufgabe
Sch. von Düsseldorf nach Endenich zu bringen (4. März 1854). — Das Requiem
erinnere auch daran, dass Joh. Brahms mit ihm und der Bachschen Kantate
„Ich hatte viel Bekümmerniss" am Sonntag, d. 15. November 1863 zum erstenmal in Wien als Dirigent der dortigen Singakademie auftrat.

(29.) Neujahrslied von Friedrich Rückert

für Chor mit Begleitung des Orchesters.   op. 144.

(No. 9 der nachgelassenen Werke.)

GD. *19—20 Min.*

Komp.: Skizziert vom 27. Dezember 1849 bis 3. Januar 1850 in Dresden.
Instrumentiert Ende September, Anfang Oktober 1850 in Düsseldorf.

EA.: D ü s s e l d o r f, Sonnabend, d. 11. Januar 1851 im Geislerschen Saale
im 4. Konzert des Allgemeinen Musikvereins nach dem Manuskript
unter Leitung v. *R. Sch.* (S. Anm.)

Ersch.: Partitur Februar 1861, Klavierauszug November 1861, Orchester-
und Chorstimmen Dezember 1861 bei J. Rieter-Biedermann, Leipzig
und Winterthur.

Bes.: a) S o l i: Sopran, Alt, Bass.
b) C h o r: Sopran, Alt, Tenor, Bass.
c) O r c h e s t e r: 2 Fl., 2 Ob., 2 Klar., 2 Fag., 2 Hr., 2 Tr., 4 Pos.,
Pk. — Str.-Orch.

A n m e r k g. Die EA. geriet infolge ungenügender Proben sehr mangelhaft. Sch. konnte nur eine Klavierprobe (am 7. Januar) und 2 Orchesterproben
(9. u. 11. Jan.) dazu abhalten.

(30.) Messe für vierstimmigen Chor

mit Begleitung des Orchesters.   op. 147.

(No. 10 der nachgelassenen Werke.)

I. Kyrie. Chor. — II. Gloria. Chor und Sopransolo. — III. Credo. Chor
und Sopransolo. — IV. Offertorium. Sopransolo. — V. Sanctus. Chor
und Sopran-, Tenor- und Basssolo. — VI. Agnus Dei. Chor.

SD. *I. 4 Min.   II. 10 Min.   III. 11¹/₂ Min.   IV. 2¹/₂ Min.*
V. 12 Min.   VI. 8 Min.   GD. 48 Min.

Komp.: Skizziert vom 13.—22. Februar, instrumentiert und Klavierauszug
angefertigt 24. Februar bis 5. März und 24.—30. März 1852 in
Düsseldorf.

EA.: 1. D ü s s e l d o r f, Donnerstag, d. 3. März 1853 im Geislerschen Saale
in der 7. Musikalischen Aufführung („Konzert des Herrn Musikdirektor Dr. R. Sch.") nach dem Manuskript unter Leitung von *R. Sch.*
(Kyrie und Gloria). — 2. A a c h e n, Donnerstag, d. 25. Juli 1861

im grossen Saale des Kurhauses in einem von *Franz Wüllner* gegebenen Konzert unter dessen Leitung auch nach Manuskript (Kyrie,
Sanctus, Benedictus und Agnus dei). S. Anm. — 3. L e i p z i g,
Sonntag, d. 8. März 1863 in der Thomaskirche in der 41. Aufführung des Riedel-Vereins unter Leitung von *Carl Riedel* (Agnus
dei und dona nobis). — [W i e n, Sonntag, d. 3. Mai 1863 in der
Italienischen und in der Altlerchenfelder Kirche.]

Ersch.: Klavierauszug und Chorstimmen Oktober 1862, Partitur Dezember
1862, Orchesterstimmen Januar 1863 bei J. Rieter-Biedermann, Leipzig
und Winterthur.

Bes.: a) S o l i: Sopran, Tenor, Bass.
b) C h o r: Sopran I u. II, Alt I u. II, Tenor I u. II, Bass I u. II.
c) O r c h e s t e r: 2 Fl., 2 Ob., 2 Klar., 2 Fag., 2 Hr., 2 Tr., 3 Pos.,
Pk. — Orgel. — Str.-Orch.

A n m e r k g.: Die ersten Proben zu den ersten beiden Messesätzen hielt
Sch. unmittelbar nach ihrer Vollendung am 20. und 27. April 1852, dann ruhte
das Studium bis Januar 1853. Die EA. fand gleichzeitig mit der der D-moll-
Symphonie (s. No. 4) und der 2. Aufführung der Ballade „Vom Pagen und der
Königstochter" statt. — Die Solopartien sind ganz klein und wohl überall durch
Chormitglieder auszuführen. — Das Programm der 2. EA. enthält ausdrücklich
die Bemerkung „bis jetzt noch niemals aufgeführt".

(31.) Requiem für Chor und Orchester. op. 148.
(No. 11 der nachgelassenen Werke.)

I. Requiem. Chor. — II. Te decet hymnus. Chor und 4 Soli. — III. Dies
irae. Chor. *attacca* IV. Liber scriptus. Chor und 4 Soli. — V. Qui
Mariam absolvisti Altsolo und Chor. — VI. Domine Jesu Christe.
Chor. *attacca* VII. Hostias. Chor und Sopran- und Altsolo. *attacca*
VIII. Sanctus. Chor. — IX. Benedictus. Chor und 4 Soli.

SD. I. 4 Min II. 6 Min. III. 3 Min. und IV. 5—6 Min.
V. 4 Min. VI. 4 Min. und VII. 3 Min. und VIII 5 Min.
IX. 6¹/₂ Min. GD. 41—43 Min.

Komp.: Skizziert 26. April bis 8. Mai, instrumentiert 16.—23. Mai 1852
in Düsseldorf.

EA.: K ö n i g s b e r g, Sonnabend, d. 19. November 1864 im Konzert der
Musikalischen Akademie unter Leitung von *Laudien.* — W i e n,
Sonntag, d. 9. April 1865 im alten Musikvereinssaale in einem
Konzert der Wiener Singakademie unter Leitung von *Rud. Weinwurm.*

Solisten: Frau *Th. Gugler* (Sopran), Frl. *J. Klang* (Alt), Herr *Ad. Schultner* (Tenor) und Herr *Dr. Panzner* (Bass). Orchester: *K. K. Hofoperntheaterorchester.* (S. Anm.) — [F r a n k f u r t a/M., Montag, d. 15. Mai 1871 im Saalbau im 3. Konzert (No. 60) des Rühlschen Gesangvereins unter Leitung von *F. Friedrich.* Solisten: Frau *Rosa Teblée,* Frau *Rasor,* Herr *Brennecke* und Herr *F. Mevi* (Vereinsmitglieder). Orchester: *Das Theaterorchester.* — K ö l n, Karfreitag, d. 26. März 1875 in der St. Pantaleonskirche in einer geistlichen Musik-Aufführung des Vereins für Kirchenmusik unter Leitung von *Eduard Mertke.*]

Ersch.: Klavierauszug, Partitur und Chorstimmen März 1864, Orchester-stimmen April 1864 bei Rieter-Biedermann, Leipzig und Winterthur.

Bes.: a) Soli: Sopran, Alt, Tenor, Bass.
b) C h o r: Sopran, Alt, Tenor, Bass.
c) O r c h e s t e r: 2 Fl., 2 Ob., 2 Klar., 2 Fag., 2 Hr., 2 Tr., 3 Pos.,
Pk. — Str.-Orch.

A n m e r k g.: Die Aufführungen des Requiems in K ö n i g s b e r g und W i e n gehören sicher zu den e r s t e n des Werkes; ob sie überhaupt die e r s t e n ö f f e n t l i c h e n waren ist bisher bei den überaus spärlichen Nachrichten über das Requiem nicht zuverlässig festzustellen gewesen. Die Aufführungen in F r a n k - f u r t und K ö l n können demnach auch nicht buchstäblich als 3. und 4. an-gesehen werden, sie sind aufgenommen als EA. in diesen Städten. In Leipzig fand in der letzten Woche des Jahres 1864 in dem Hause der Frau Livia Frege eine Privataufführung mit Quartett- und Orgelbegleitung statt. In diesem kunst-sinnigen Hause bestand von 1854 an ein von Hermann Langer geleiteter Gesang-verein, der unter vielen anderen Werken die H-moll-Messe von Bach, Paulus und Elias v. Mendelssohn, Faust von Schumann in Leipzig erstmalig aufführte.

(32.) Das Glück von Edenhall.

Ballade nach L. Uhland bearbeitet von R. Hasenclever
für Männerstimmen, Soli und Chor, mit Begleitung des
Orchesters. op. 143.

(No. 8 der nachgelassenen Werke.)

GD. 15 Min.

Komp.: Skizziert und instrumentiert 27. Februar bis 12. März 1853 in Düsseldorf.

EA.: L e i p z i g, Montag d. 23. Oktober 1854 im Saale des Gewandhauses in einem von Clara Schumann gegebenen Konzert nach dem Manu-skript unter Leitung von *J. Rietz.* Solisten: Herr *Schneider* und Herr *Behr,* Chor: *der Pauliner Sängerverein.*

Ersch.: Februar 1860 bei J. Rieter-Biedermann, Leipzig und Winterthur.

Bes.: a) Soli: Tenor: Lord, Bass: Schenk und der feindliche Anführer.

b) Chor: Einfacher vierstimmiger und doppelter Männerchor zu zweimal vier Stimmen.

c) Orchester: 2 Fl., 2 Ob., 2 Klar., 2 Fag., 4 Hr., 3 Tr., 3 Pos., Tuba, Pk., Trgl. — Str.-Orch.

Anmerkg. In dem Konzert der EA. erscheint zum erstenmal der Name Johannes Brahms in einem grossen Konzert im Gewandhaus, Clara Sch. spielte von ihm Andante und Scherzo aus der F-moll-Sonate zum ersten Male öffentlich nach dem Manuskript als No. 4 des Programms. [Brahms selbst war bereits am 17. Dezember 1853 in der 2. Abendunterhaltung für Kammermusik als Komponist und Pianist mit seiner C-dur-Sonate op. 1 und dem Es-moll-Scherzo op. 4 aufgetreten.] — Ausserdem enthält das Programm die 4. Manuskript-Aufführung von Rob. Schumanns Konzert-Allegro mit Introduktion op. 134 (s. No. 15). — Die Textbearbeitung von op. 143 war anfänglich von Richard Pohl erbeten, wurde aber dann später von Hasenclever angefertigt.

IV. Kammermusik.

(33.) **Quintett** für Pianoforte, 2 Violinen, Viola und Violoncello. Es-dur. op. 44.

Clara Schumann geb. Wieck zugeeignet.

I. Allegro brillante. — II. In modo d'una Marcia. *Un poco largamente.* — III. Scherzo. *Molto vivace.* — IV. Allegro ma non troppo. *SD. I. 10 Min. II. 9 Min. III. 5 Min. IV. 7 Min. GD. 31 Min.*

Komp.: Skizziert 23.—28. September 1842 in Leipzig. Vollendet: 1. Satz 6. Oktober, 2. Satz 8. Oktober, 3. Satz 9. Oktober, 4. Satz 16. Oktober 1842. (S. Anm.)

EA.: 1. Leipzig, Sonntag, d. 8. Januar 1843 im Saale des Gewandhauses in einer von R. und Cl. Sch. gegebenen Musikalischen Morgenunterhaltung nach dem Manuskript. Gespielt von *Cl. Sch., Ferd. David, M. G. Klengel, H. O. Hunger* und *C. Wittmann.* — 2. Ebendaselbst von *Denselben* am Donnerstag, d. 9. Februar 1843 in dem Abschiedskonzert der Sängerin Sophia Schloss. — 3. Dresden, Montag,

d. 20. November 1843 im Saale des Hôtel de Pologne in einem von Cl. Sch. gegebenen Konzert (*Cl. Sch.*, *Franz Schubert* [1. Viol.], *Fr. Kummer* [Cello] und ?.) — [Wien, Dienstag, d. 15. Dezember 1846 im Saale der Gesellschaft der Musikfreunde im zweiten Konzert „der Cl. Sch." (*Cl. Sch.*, Gebrüder *Hellmesberger*, *Zäch* und *Borzaga*). — 5. Berlin, Montag, d. 1. März 1847 im Saale der Singakademie in einem Konzert von Cl Sch. (*Cl. Sch.*, Konzertmstr. *Ries*, Kammermusiker *Ronneburger*, *Richter* und *Griebel*). S. Anm.]

Ersch.: September 1843 bei Breitkopf & Härtel, Leipzig.

Anmerkg. Das Quintett ist erstmalig gespielt worden im Sch.schen Hause in Leipzig Ende November 1842. Dienstag, d. 8. Dezember 1842 spielte es Mendelssohn im Hause des Herrn Carl Voigt in Leipzig. Die Probe für die erste öffentliche Aufführung fand Freitag, d. 6. Januar 1843 statt. In der Matinée der EA. erlebte auch das Streichquartett op. 41 No. 1 seine erste öffentliche Aufführung nach dem Manuskript (s. No. 35). — Die ursprüngliche Form weicht wesentlich von der Druckform ab. Im 2. Satze fehlte, als Mendelssohn ihn spielte, die lebhafte F-moll-Episode, an deren Stelle ein As-dur-Satz desselben ruhigen Charakters wie der des ersten C-dur-Alternativs stand. Im Originalmanuskript ist er in Partitur erhalten, die Klavierstimme ausserdem in der zur Druckvorlage bestimmten Abschrift, die Professor Hermann Scholtz in Dresden besitzt. Ausserdem änderte Sch. bei der Wiederholung des ersten Alternativs die Klavierbegleitung, an Stelle der genau der C-dur-Version entsprechenden vollgriffigen Akkorde traten die jetzt bekannten Arpeggien. — Das 2. Trio des Scherzo ist offenbar auch erst nachträglich eingefügt; es ist im Originalmanuskript am Schlusse des Quintetts als Beilage eingeheftet, befindet sich im fortlaufenden Manuskript nicht. — Im letzten Satz war der Schluss bereits 7 Takte vor dem Fugato beabsichtigt, dort steht auf dem Es-dur-Akkord eine Fermate, dann folgt das Schlusszeichen und die Angabe: „12. Oktober 1842, Leipzig. Robert Schumann". — Das für den Druck bestimmte Exemplar der Klavierstimme trägt von Sch.s Hand die ursprüngliche Widmung: „Ihrer kaiserlichen Hoheit der Frau Grossherzogin Maria Paulowna von Sachsen-Weimar ehrfurchtsvoll zugeeignet." — Das Originalmanuskript der Partitur schenkte Cl. Sch. im April 1858 in Berlin Johannes Brahms, der es ihr später für ihre Kinder zurückgab. Es ist jetzt im Besitze von Frl. Eugenie Schumann. — Die unter Wien und Berlin mitgeteilten Aufführungen sind nicht als 4. und 5. anzusehen, sie sind die 4. und 5. öffentlichen durch Clara Schumann, wahrscheinlich aber die ersten in den genannten Städten.

Liter. *Niemann*, Musikführer No. 248, Hermann Seemann Nachfolger, Leipzig.

(34.) **Quartett** für Pianoforte, Violine, Viola und Violoncello. Es-dur. op. 47.

Sr. Exzellenz Herrn Grafen Matthieu Wielhorsky, Hofmarschall Ihrer kaiserl. Hoheit der Frau Grossfürstin Marie Herzogin von Leuchtenberg etc. etc. zugeeignet.

I. Sostenuto assai. Allegro ma non troppo. — II. Scherzo. *Molto vivace.* — III. Andante cantabile. — IV. Finale. *Vivace.*

SD. *I. 9 Min. II. 4 Min. III. 7—8 Min. IV. 8 Min.* **GD.** *28—29 Min.*

Komp.: Skizziert 25.—30. Oktober 1842 in Leipzig.

EA.: L e i p z i g, Sonntag, d. 8. Dezember 1844 im Saale des Gewandhauses in einer von Rob. u. Clara Sch. für eingeladene Zuhörer veranstalteten musikalischen Matinée nach dem Manuskript. Gespielt von *Cl. Sch., Ferd. David, Niels W. Gade* und *C. Wittmann.*

Ersch.: Februar 1845 bei F. Whistling, Leipzig.

A n m e r k g. Das Ehepaar Sch. nahm mit der Matinée Abschied von Leipzig; am 13. Dezember siedelte es nach Dresden über. Ein in dem Besitze des Verfassers befindliches Einladungszirkular zu der Matinée (an den bekannten Geiger O. v. Königslöw) enthält das Programm: 1. Quartett für Pianoforte, Violine, Viola und Violoncello, komponiert von Rob. Sch. 2. a) Lied von Clara Sch., b) „Stille Liebe" und c) „O Sonnenschein" von Rob. Sch. 3. a) Gondel- und Frühlingslied von Mendelssohn, b) Polonaise von Chopin. — 4. Chaconne für Violine allein von J. S. Bach. 5. a) „Die Nonne", b) „Ich grolle nicht", c) „Du meine Seele" von Rob. Sch. 6. Sonate op. 53 von Beethoven. — Die Lieder wurden von Frau Livia Frege, der ersten Interpretin der Peri, gesungen. Nach Alfr. Dörffels „Geschichte der Gewandhauskonzerte" (S. 216) spielte David an Stelle der Chaconne die Air aus der D-dur-Orchestersuite von Bach. — Zum ersten Male überhaupt wurde das Quartett am 5. April 1843 in Schumanns Wohnung in Leipzig gespielt, an dem Tage an dem Sch. seine Unterrichtstätigkeit an der drei Tage vorher eröffneten Leipziger Musikschule begonnen hatte.

(35.) **Quartett I** für zwei Violinen, Viola und Violoncell.
A-moll. op. 41 No. 1.

Seinem Freunde Felix Mendelssohn Bartholdy zugeeignet.

I. Introduzione. *Andante espressivo.* Allegro. — II. Scherzo. *Presto.*
III. Adagio. — IV. Presto.

SD. *I. 8 Min. II. 4 Min. III. 6—7 Min. IV. 5 Min.* **GD.** *23—24 Min.*

Komp.: Juni 1842 in Leipzig. 3. Satz vollendet am 21., 4. Satz vollendet am 24. Juni. „Johannistag" schreibt Sch. im Manuskript hinter
das Datum.

EA.: L e i p z i g, Sonntag, d. 8. Januar 1843 im Saale des Gewandhauses
in einer von R. und Cl. Sch. veranstalteten musikalischen Morgenunterhaltung nach den Korrekturabzügen vor eingeladenen Zuhörern.
Gespielt von *Ferd. David, M. G. Klengel, H. O. Hunger* u. *C. Wittmann.*

Ersch.: Stimmen Februar 1843, Partitur Ende 1848 bei Breitkopf & Härtel,
Leipzig.

A n m e r k g. Die drei Streichquartette op. 41 sind in der kurzen Zeit
von 5—6 Wochen in einem Zuge hintereinander entstanden. Ihr erstes Vorspiel
fand im Sch.schen Hause in Leipzig, Inselstrasse 5, I, am Geburtstage Claras,
am 13. September 1842, durch die Obengenannten statt. Am 29. September 1842
wurden die Quartette in Davids Hause Mendelssohn vorgespielt. Klara Schumann
schreibt im Tagebuch: „d. 29 September spielte David Mendelssohn, der von
der Schweizerreise kam, die Quartette vor. Hauptmann, Verhulst waren dabei
und ein kleines, aber gutes Publikum." Ende November wurde das 1. Quartett im
Sch.schen Hause wiederholt. Die Probe für die EA. fand am 6. Januar 1842 statt.
In der Matinée der EA. wurde auch zum ersten Male öffentlich das Klavierquintett
op. 44 (s. No. 33) gespielt. — Die Skizzen zu den Quartetten schenkte Sch. am
16. Oktober 1853 in Düsseldorf Johannes Brahms, aus dessen Nachlass sie in
den Besitz von Joachim übergegangen sind. Das Originalmanuskript erhielt
Raimund Härtel zum Geschenk. Die ursprüngliche Widmung hatte den Wortlaut „Seinem Freunde Felix Mendelssohn Bartholdy in inniger Verehrung zugeeignet". — Die Quartette haben vor der Herausgabe mancherlei Umänderungen
erlitten, wie das Manuskript zeigt, so sind ursprünglich dem 2. Quartett dieselben 4 Takte als Einleitung vorangesetzt, die jetzt im ersten die Introduktion
in das Allegro hinüberführen u. a. m.

(36.) **Quartett II** für zwei Violinen, Viola und Violoncell.
F-dur. op. 41 No. 2.

Widmung siehe op. 41 No. 1.

I. Allegro vivace. — II. Andante quasi Variazioni. — III. Scherzo. *Presto.* — IV. Allegro molto vivace.

SD. *I. 5—6 Min. II. 9 Min. III. 3 Min. IV. 4 Min.* **GD.** *21—22 Min.*

Komp.: Anfang Juli 1842 in Leipzig. 2. Satz vollendet am 2., 4. Satz vollendet am 5. Juli.

EA.: Nicht zuverlässig festzustellen.
Ersch. u. Anmerkg. s. op. 41 No. 1.

(37.) **Quartett III** für zwei Violinen, Viola und Violoncell.
A-dur. op. 41 No. 3.

Widmung siehe op. 41 No. 1.

I. Andante espressivo. Allegro molto moderato. — II. Assai agitato. — III. Adagio molto. — IV. Finale. *Allegro molto vivace.*

SD. *I. 7¹/₂ Min. II. 8 Min. III. 10¹/₂ Min. IV. 6 Min.* **GD.** *32 Min.*

Komp.: Mitte Juli 1842 in Leipzig. 1. Satz vollendet am 18., 2. am 20., 3. am 21., 4. am 22. Juli.

EA.: Leipzig, Dienstag, d. 18. Januar 1848 im Saale des Gewandhauses in der 3. Musikalischen Abendunterhaltung (Erste Reihe). Gespielt von *Ferd. David, Rud. Sachse, Niels W. Gade* und *Bernh. Cossmann.*
Ersch. u. Anmerkg. s. op. 41 No. 1.

(38.) **Trio I** für Pianoforte, Violine und Violoncell.
D-moll. op. 63.

I. Mit Energie und Leidenschaft. — II. Lebhaft, doch nicht zu rasch. — III. Langsam, mit inniger Empfindung. *attacca* IV. Mit Feuer.

SD. *I. 14 Min. II. 6 Min. III. 9 Min. IV. 8 Min.* **GD.** *37 Min.*

Komp.: Skizziert 3.—16. Juni 1847 in Dresden. Vollendet im Manuskript: 1. Satz 20. Aug., 3. Satz 31. Aug., 4. Satz 7. September 1847 in Dresden.

EA.: 1. Leipzig, Montag, d. 13. November 1848 in einer musikalischen
Abendunterhaltung des Tonkünstlervereins, gespielt von den Herren
Enke, v. Wasielewski und *Grabau.* — 2. Leipzig, Sonnabend, d.
20. Januar 1849 im Saale des Gewandhauses im ersten Abonnement-
Quartett gespielt von *Cl. Sch., Ferd. David* und *C. Wittmann.* (Bei
dieser 2. EA. in Leipzig wurde das Scherzo wiederholt.) — [Düssel-
dorf, Sonnabend, d. 9. Februar 1850 im Saale des Herrn Cürten
in einer von Cl. Sch. gegebenen musikalischen Soirée, gespielt von
Cl. Sch., von Wasielewski und *Forberg.*]

Ersch.: Juli 1848 bei Breitkopf & Härtel, Leipzig.

Anmerkg. Op. 63 ist der Entstehung nach das zweite Trio, denn die
als op. 88 herausgegebenen Phantasiestücke sind früher als op. 63 komponiert
und wurden zur Zeit von Rob. u. Cl. Sch. als „Erstes Trio" bezeichnet. Zum
ersten Male ist das Trio gespielt worden an Cl. Sch s Geburtstag, d. 13. Sept.
1847 im Sch schen Hause in Dresden von Cl. Sch., Franz Schubert und Friedr.
Kummer. Darauf am 1. Dezember 1847 bei dem Maler Bendemann in Dresden
von Cl. Sch., Franz und Friedrich Schubert. In Leipzig am 7. April 1848 im
Hause Härtels von Cl. Sch., Ferd. David und Andreas Grabau. Am 9. Juni
1848 wurde es im Sch.schen Hause in Dresden F. Liszt vorgespielt, es kam bei
dieser Gelegenheit zu einer heftigen Szene zwischen diesem u. Schumann, über
die bei Litzmann II, S. 121 und Jansen (Schumannbriefe, N. F. 2. Aufl. S. 523)
Näheres nachzulesen ist. Diese Privat-Aufführungen fanden sämtlich nach dem
Manuskript statt

———— •‹›• ————

(39.) **Trio II** für Pianoforte, Violine und Violoncell.
F-dur. op. 80.

I. Sehr lebhaft. — II. Mit innigem Ausdruck. — III. In mässiger
Bewegung. — IV. Nicht zu rasch.

SD. *I. 8¹/₂ Min. II. 7 Min. III. 4 Min. IV. 5¹/₂ Min.* **GD.** 25 Min.

Komp.: Skizziert August bis 26. Okt. 1847 in Dresden. Vollendet erst
April 1849 in Dresden.

EA.: Privat: Dresden, Sonntag, d. 29. April 1849 im Schumannschen
Hause in einer von Rob. Sch. veranstalteten Privatmatinée. (S. Anm.)
Öffentlich: Leipzig, Freitag, d. 22. Februar 1850 im Saale des
Gewandhauses in einer von Cl. Sch. gegebenen Soirée, gespielt von *Cl. Sch.,
Ferd. David* und *Jul. Rietz.* — 2. Bremen, Donnerstag, d. 7. März
1850 im Saale der Union in einem von Cl. Sch. gegebenen Konzert,
gespielt von *Cl. Sch., O. von Königslöw* und *Cabisius.* — 3. Hamburg, Sonntag, d. 17. März 1850 im Hause des Geschäftslokales
der Firma Schuberth & Co. (Bergstrasse No. 16) in einer Matinée,

gespielt von *Cl. Sch.*, Herren *Hafner* und *Leu.* — 4. Altona, Donnerstag, d. 21. März 1850 in der Tonhalle in einer von Cl. Sch. gegebenen musikalischen Soirée, gespielt von *Cl. Sch.*, Herren *Böie* und *Kupfer.* — [Düsseldorf, Mittwoch, d. 30. April 1851 im Cürtenschen Saale in der 3. Trio-Soirée der Herren *Jul. Tausch, v. Wasielewski* und *Reimers.*]

Ersch.: Weihnachten 1849 bei J. Schuberth & Co., Leipzig und New York.

Anmerkg. Die erste Privat-Aufführung des op. 80 gewinnt an Interesse durch die bei gleicher Gelegenheit erfolgte EA. des Spanischen Liederspiels nach dem Manuskript. Das Trio war ein Lieblingsstück Clara Sch.s, damit erklären sich auch die vielen rasch aufeinanderfolgenden Aufführungen sogleich nach Vollendung, gelegentlich der Reise, die das Ehepaar Sch. im März 1850 nach dem Norden Deutschlands unternahm. — Zwischen die Skizzierung und Vollendung des op. 80 fällt die Komposition der Oper Genoveva und des ersten Teiles von Manfred. — Der Verfasser ist im Besitze eines Manuskriptes Rob. Sch.s, das auf der einen Seite die Skizze zu dem Liede „Des Sennen Abschied" (op. 79, No. 23) enthält mit dem interessanten Vermerk wenige Takte vor dem Schluss „Unterbrochen durch die Sturmglocke am 3. Mai 1849" (Dresdner Maiaufstand!), auf der anderen Seite befinden sich Skizzen zu dem Seitensatze des 2. Satzes des Trio. Sollten diese Skizzen auf demselben Blatte über einundeinhalb Jahr auseinanderliegen?

(40.) **Trio III** für Pianoforte, Violine und Violoncell. G-moll. op. 110.

Niels W. Gade zugeeignet.

I. Bewegt, doch nicht zu rasch. — II. Ziemlich langsam. — III. Rasch. — IV. Kräftig, mit Humor.

SD. I. 8¹/₂ Min. II. 5 Min. III. 4 Min. IV. 8¹/₂ Min. GD. 26 Min.

Komp.: 2.—9. Oktober 1851 in Düsseldorf.

EA.: 1. Leipzig, Sonntag, d. 21. März 1852 im Saale des Gewandhauses in einer für einen milden Zweck von Ferd. David, Heinr. Behr und Jul. Rietz veranstalteten Musikalischen Morgenunterhaltung, gespielt nach dem Manuskript von *Clara Sch.*, *Ferd. David* und *Andreas Grabau* in Anwesenheit Rob. Sch.s. — [Düsseldorf, Donnerstag, d. 29. Dezember 1853 im Cürtenschen Saale in der 3. Trio-Soirée, gespielt von den Herren *Jul. Tausch, Ruppert Becker* und *Bockmühl.*]

Ersch.: Oktober 1852 bei Breitkopf & Härtel, Leipzig.

Anmerkg. Das Trio wurde zum ersten Male probiert im Sch.schen Hause in Düsseldorf am 27. Oktober 1851 von Cl. Sch., v. Wasielewski und Reimers. Am 15. November wurde es von denselben ebenfalls im Sch.schen Hause einigen Freunden vorgespielt, nachdem vorher zum ersten Male die 2. Klavier- und Violinsonate op. 121 von Cl. Sch. und W. probiert worden war. Vor seiner ersten Aufführung spielten es Cl. Sch., F. David und A. Grabau am 15. März 1852 in Leipzig im Preusserschen Hause, zusammen mit der genannten D-moll-Sonate, Franz Liszt vor. Am Tage vorher hatte die Aufführung der Pilgerfahrt der Rose und der Manfred-Ouvertüre im Gewandhause stattgefunden. In der Morgenunterhaltung der EA. wurde auch die Violinsonate op. 105 (s. No. 43) zum ersten Male aufgeführt.

———— ⋅⋅ ————

(41.) **Phantasiestücke** für Pianoforte, Violine und Violoncell. op. 88.

Frau Sophie Petersen, geb. Petit in Altona zugeeignet.

—— ▪ ——

I. Romanze. *Nicht schnell, mit innigem Ausdruck.* — II. Humoreske. *Lebhaft.* — III. Duett. *Langsam und mit Ausdruck.* — IV. Finale. *Im Marsch-Tempo.*

SD. I. 3 Min. II. 8 Min. III. 6 Min. IV. 8 Min. GD. 25 Min.

Komp.: November und Dezember 1842 in Leipzig.

EA.: Nicht zuverlässig festzustellen.

Ersch.: November 1850 bei Fr. Kistner, Leipzig.

Anmerkg. Op. 88 sollte ursprünglich als „Erstes Trio" erscheinen, 5 Jahre nach Entstehung mit dem D-moll-Trio (op. 63) zu einem Opus vereinigt werden. Im Dezember 1844 verhandelte Sch. mit C. F. Peters über die Verlagsübernahme, hatte aber im Dezember 1847 das Manuskript noch nicht abgeliefert. Dieses 1. Trio ist etwas stiefmütterlich behandelt worden, ein halbes Jahr nach seiner Vollendung hatte es Sch. überhaupt noch nicht gehört.

———— ⋅⋅ ————

(42.) **Märchenerzählungen.**
Vier Stücke für Klarinette (ad libitum Violine) Viola und Pianoforte. op. 132.

Albert Dietrich freundschaftlich zugeeignet.

I. Lebhaft, nicht zu schnell. — II. Lebhaft und sehr markiert. — III. Ruhiges Tempo, mit zartem Ausdruck. — IV. Lebhaft, sehr markiert. **SD.** *I. 2¹/₂ Min. II. 3¹/₂ Min. III. 4 Min. IV. 5 Min.*
Komp.: Anfang Oktober 1853 in Düsseldorf.   Vollendet am 11. Oktober.
EA.: Nicht zuverlässig festzustellen.
Ersch.: Februar 1854 bei Breitkopf & Härtel, Leipzig.

Anmerkg. Die Komposition der Märchenerzählungen — Märchenphantasien nennt sie Sch. noch am Tage der Vollendung — fällt in die Zeit, da J. Brahms soeben in Sch.s Haus gekommen war und sich durch und mit ihm, mit Joachim und Albert Dietrich ein reger musikalischer Verkehr entwickelte. Die Erzählungen wurden zum ersten Male probiert am 23. Oktober 1853 von Clara Sch., R. Becker (Violine) und dem Klarinettisten Kochner. Am 28. d. M. wurden sie wieder in einer Gesellschaft, die bei Sch.s zu Ehren Joachims stattfand, (Bettina v. Arnim war anwesend) von Cl. Sch., Joachim und Kochner gespielt und von denselben am 30. d. M. wiederholt. Sch. übergab dem obengenannten Alb. Dietrich — nachmals Musikdirektor in Bonn, dann Hofkapellmeister in Oldenburg — am 20. Februar 1854 ein Widmungsexemplar mit der sehr nachdenklich stimmenden Aufschrift „An Albert Dietrich zu langer Erinnerung am 20. Februar 1854 (an einem guten Tage) von seinem Robert Schumann." Am 27. Februar trat dann die Katastrophe ein.

(43.) **Sonate I** für Pianoforte und Violine.
A-moll. op. 105.

I. Mit leidenschaftlichem Ausdruck. — II. Allegretto. — III. Lebhaft. **SD.** *I. 8 Min. II. 3 Min. III. 6 Min.* **GD.** *17 Min.*
Komp.: 12.—16. September 1851 in Düsseldorf.
EA.: 1. Leipzig, Sonntag, d. 21. März 1852 im Saale des Gewandhauses in einer für einen milden Zweck von Ferd. David, Heinr. Behr und Jul. Rietz veranstalteten Musikalischen Morgenunterhaltung, gespielt von *Cl. Sch.* und *Ferd. David* in Anwesenheit R. Sch.s. (S. Anm.) — 2. Düsseldorf, Montag, d. 31. Januar 1853 im

Cürtenschen Saale in der 3. Trio-Soirée, gespielt von *Jul. Tausch* u. *Ruppert Becker*.

Ersch.: Januar 1852 bei Fr. Hofmeister, Leipzig.

Anmerkg. Zum erstenmale probiert wurde diese Sonate in Sch.s Hause in Düsseldorf am 16. Oktober 1851 von Cl. Sch. und v. Wasielewski. Letzterer berichtet in seinem Buche „Aus siebzig Jahren" S. 125 über diese Probe. — R. Sch. war bei der EA. in Leipzig zum letztenmale im Gewandhaussaale. In diesem erlebten von seinen grösseren Werken folgende die ersten öffentlichen Aufführungen: Sinfoniesatz G-moll (nicht erschienen) in einem von Clara Wieck gegebenen Konzert, Montag, d. 23. April 1833, dann op. 38 (B-dur-Symphonie), op. 52 (Ouvertüre, Scherzo und Finale), op. 61 (C-dur-Symphonie), op. 120 (D-moll-Symphonie), die Ouvertüren zu Genoveva, Manfred und Hermann und Dorothea, op. 50 (Das Paradies und die Peri), op. 71 (Adventlied), op. 86 (Konzertstück für 4 Hörner), op. 92 (Introduktion und Allegro für Pianoforte mit Orchester), op. 44 (Klavierquartett), op. 47 (Klavierquintett), op. 41 No. 1 u. 3 (Streichquartette), op. 80 und 110 (Klaviertrios), op. 105 (Klavier-Violinsonate I). — Vor der EA. dieser Sonate wurde sie von Ferd. David (mit Cl. Sch.) in den ersten Tagen des März 1851 bei dem Fürsten Reuss in Leipzig vom Blatte gespielt. — In der Morgenunterhaltung der EA. in Leipzig wurde auch erstmalig das 3. Trio (s. No. 40) gespielt.

(44.) **Sonate II** für Pianoforte und Violine. D-moll. op. 121.

Ferdinand David zugeeignet.

I. Ziemlich langsam. Lebhaft. — II. Sehr lebhaft. — III. Leise, einfach. — IV. Bewegt.

SD. I. 9¹/₂ Min. II. 3¹/₂ Min. III. 5—6 Min. IV. 6 Min. GD. 24—25 Min.

Komp.: 26. Oktober bis 2. November 1851 in Düsseldorr.

EA.: 1. Düsseldorf, Sonnabend, d. 29. Oktober 1853 im Cürtenschen Saale in einer von Cl. Sch. und Joseph Joachim gegebenen Musikalischen Soirée nach dem Manuskript gespielt von *Cl. Sch. u. J. J.* — 2. Berlin, Sonnabend, d. 16. Dezember 1854 im Saale der Sing-Akademie in der 2. der von Cl. Sch. und J. J. gegebenen Soiréen, gespielt von *Cl. Sch. u. J. J.* — 3. Leipzig, Donnerstag, d. 21. Dezember 1854 im Saale des Gewandhauses in einer von denselben gegebenen Soirée, abermals gespielt von *Cl. Sch. u. J. J.* — 4. Weimar, Dienstag, d. 13. Februar 1855 im grossen Saale des Stadthauses, gespielt von *D. Pruckner* und *Singer*.

Ersch.: November 1854 bei Breitkopf & Härtel, Leipzig.

Anmerkg. Das erste Spiel der Sonate fand im Sch.schen Hause in Düsseldorf am 15. Oktober 1851 statt (Cl. Sch. und v. Wasielewski). (Siehe Trio op. 110.) Über Anderungen schreibt v. Wasielewski einiges in seinem Büchlein „Schumanniana" S. 31 ff. — In Leipzig wurde die Sonate am 15. März 1852 im Preusserschen Hause gespielt mit Ferd. David. (Siehe Trio op. 110.) — Joachim spielte sie (erstmalig) in Düsseldorf im Sch.schen Hause am 14. Oktober 1853 und darauf am 28. Oktober ebendort in einer ihm zu Ehren veranstalteten Gesellschaft. — An der Sonate scheint Sch. lange gefeilt zu haben, denn erst am 4. Januar 1853 (siehe die Kompositionszeit) wird sie als druckfertig Breitkopf & Härtel angeboten, aber nicht abgesendet. Cl. Sch. wollte sie in einer Soirée im Januar 1853 mit Ruppert Becker spielen, doch scheint daraus nichts geworden zu sein, denn sie spielte am 31. Januar mit diesem die erste Sonate. (S. No. 43.)

(45.) Märchenbilder.

Vier Stücke für Pianoforte und Viola (Violine ad libitum). op. 113.

Herrn J. von Wasielewski zugeeignet.

I. Nicht schnell. — II. Lebhaft. — III. Rasch. — IV. Langsam, mit melancholischem Ausdruck.

SD. *I. 3 Min. II. 4 Min. III. 3 Min. IV. 4¹/₂—5 Min.*

Komp.: März 1851 in Düsseldorf.

EA.: Nicht zuverlässig festzustellen, vermutlich aber: Bonn, Sonnabend, d. 12. November 1853 im Gasthof zum goldenen Stern in einem von Cl. Sch. gegebenen Konzert, gespielt von *Cl. Sch.* und *v. Wasielewski.*

Ersch.: Juni 1852 bei C. Luckhardt, Cassel.

Anmerkg. Erstmalig sind die „Märchenbilder" gespielt worden unmittelbar nach Vollendung im Sch.schen Hause in Düsseldorf von Cl. Sch. und Wasielewski, der von Verbesserungen in der Bratschenstimme spricht. Das an Wasielewski gesandte Widmungsexemplar trägt die Inschrift: „Erinnre Sie, lieber Wasielewski, dieses Heft an manche zusammenverlebte Stunden, die Ihre Kunst auch mir zu unvergesslichen gemacht. Düsseldorf, den 10. Juli 1852. Robert Schumann". Das erste Vorspiel fand am 25. März 1853 bei einer musikalischen Gesellschaft im Sch.schen Hause durch Cl. Sch. mit Ruppert Becker statt; am 27. d. M. durch Cl. Sch. mit Wasielewski.

(46.) Adagio und Allegro für Pianoforte und Horn (ad libitum Violoncell oder Violine). op. 70.

Langsam, mit innigem Ausdruck. Rasch und feurig.
GD. 10 Min.
Komp.: Skizziert am 14., vollendet am 17. Februar 1849 in Dresden.
EA.: Dresden, Sonnabend, d. 26. Januar 1850 im Saale des Hotel de Saxe in der 5. der von Cl. Sch. und Franz Schubert veranstalteten musikalischen Soiréen, gespielt von *Cl. Sch.* und *Fr. Sch.* (also mit Violine!). —
Ersch.: August 1849 bei Fr. Kistner, Leipzig.

Anmerkg. Im Manuskript heisst es ursprünglich: Romanze und Allegro. Nur die Skizze des Adagio trägt das handschriftliche Datum 14. 2., das Allegro ist ohne Datum in der Skizze. Am Schlusse des vollendeten Manuskriptes steht das oben mitgeteilte Datum. Danach ist anzunehmen, dass das Allegro nicht auch am 14. skizziert worden ist. — Cl. Sch. probierte das Stück erstmalig am 2. März 1849 mit dem Hornisten Schlitterlau von der Dresdner Hofkapelle.

(47.) Fantasiestücke für Pianoforte und Klarinette (ad libitum Violine oder Violoncell). op. 73.

I. Zart und mit Ausdruck. *attacca* II. Lebhaft, leicht. *attacca* III. Rasch und mit Feuer.
SD. I. 3 Min. II. 4 Min. III. 4 Min. GD. 11 Min.
Komp.: Skizziert am 11. und 12. Februar 1849 in Dresden.
EA.: 1. Leipzig, Montag, d. 14. Januar 1850 in einer musikalischen Abendunterhaltung des Leipziger Tonkünstlervereins, gespielt von den Herren *Dentler* und *Müller*. — [Düsseldorf, Donnerstag, den 18. Dezember 1851 im Cürtenschen Saale in der 3. Trio-Soirée der Herren Tausch, v. Wasielewski und Reimers, gespielt von *Tausch* und *v. Wasielewski*. (Klavier und Violine).]
Ersch.: Juli 1849 bei C. Luckhardt, Cassel.

Anmerkg. Der Titel auf dem Manuskript Sch.s lautet: „Soiréestücke". Nach derselben Quelle hat die Vollendung von No. 1 am 12., die von No. 2 und 3 am 13. Februar stattgefunden. (Die oben gegebenen Daten sind den handschriftlichen Aufzeichnungen in Sch.s Kompositionsbänden entnommen.) Die erste Probe fand in Dresden im Sch.schen Hause am 18. Februar 1849 statt durch

Cl. Sch. mit dem Klarinettisten, Mitglied der Hofkapelle, Kroth. — Die EA. in Leipzig sollte bereits in der musikalischen Abendunterhaltung des Tonkünstlervereins am 3. Dezember 1849 stattfinden, musste aber auf oben genannten Tag verschoben werden.

(48.) **Drei Romanzen** für Hoboe (ad libitum Violine oder Klarinette) mit Begleitung des Pianoforte. op. 94.

I. Nicht schnell. — II. Einfach, innig. — III. Nicht schnell.

SD. I. 3 Min. II. 3¹/₂ Min. III. 4 Min.

Komp.: Dezember 1849 in Dresden. (S. Anm.)

EA.: Nicht zuverlässig festzustellen, vermutlich aber: Leipzig, Sonnabend, d. 24. Januar 1863 in der 1. Abendunterhaltung für Kammermusik und ebendaselbst, Sonnabend, d. 14. Februar 1863 in einer von dem schwedischen Kammermusikus Lund gegebenen Soirée musicale, beide Male im Gewandhaus, gespielt von *E. Lund* und *K. Reinecke.*

Ersch.: Februar 1851 bei N. Simrock, Bonn.

Anmerkg. Diese Romanzen sind der Entstehung nach Sch.s 100. Werk. Sie waren Weihnachten 1849 vollendet.

(49.) **Fünf Stücke im Volkston** für Violoncell (ad libitum Violine) und Pianoforte. op. 102.

Herrn Andreas Grabau zugeeignet.

I. „Vanitas vanitatum". *Mit Humor.* — II. Langsam. — III. Nicht schnell, mit viel Ton zu spielen. — IV. Nicht zu rasch. — V. Stark und markiert.

SD. I. 3 Min. II. 2 Min. III. 3¹/₂ Min. IV. 2¹/₂ Min. V. 3 Min.

Komp.: 13.—15. April 1849 in Dresden.

EA.: Privat: Leipzig, Sonnabend, d. 8. Juni 1850 in einer Privatgesellschaft bei dem Konsul Preusser, gespielt von *Cl. Sch.* und *Andreas Grabau.* — [Leipzig, Dienstag, d. 6. Dezember 1859 im Saale des Gewandhauses in einer von Cl. Sch. gegebenen Soirée, gespielt von *Cl. Sch.* und *Friedrich Grützmacher.*]

Ersch.: September 1851 bei C. Luckhardt, Cassel.

Anmerkg. Das Sch.sche Ehepaar war am 18. Juni 1850 von Dresden nach Leipzig gereist, um der EA. von Genoveva beizuwohnen, bei dieser Gelegenheit fand eine Geburtstagsfeier für R. Sch. am obengenannten Tage statt. — Die oben eingeklammerte EA. kann wohl nicht als erste öffentliche angesehen werden!

(50.) Spanisches Liederspiel.

Ein Zyklus von Gesängen aus dem Spanischen für eine und mehrere Singstimmen (Sopran, Alt, Tenor und Bass) mit Begleitung des Pianoforte. op. 74.

I. Erste Begegnung. Sopran und Alt. — II. Intermezzo. Tenor und Bass. — III. Liebesgram. Sopran und Alt. — IV. In der Nacht. Sopran und Tenor. — V. Es ist verraten. Quartett. — VI. Melancholie. Sopran. — VII. Geständnis. Tenor. — VIII. Botschaft. Sopran und Alt. — IX. Ich bin geliebt. Quartett. — Anhang: Der Kontrabandiste. Bass. *GD.* (*ca.*) *30 Min.*

Komp.: 24.—28. März 1849 in Dresden.

EA.: Privat: Dresden, Sonntag, d. 29. April 1849 im Schumannschen Hause in einer Matinée nach dem Manuskript. Solisten: Frl. *Schwarzbach* (Sopran), Frl. *Jacobi* (Alt), Herr *Rudolph* (Tenor), Herr *Mitterwurzer* (Bass); Klavierbegleitung *Clara Schumann.* (S. Anm.) — [Leipzig, Dienstag, d. 2. April 1850 in einer öffentlichen Musikalischen Unterhaltung des Leipziger Tonkünstlervereins, gesungen von Frl. *Kietz*, Frl. *Thümmel*, Herrn *Röder* und Herrn *Anschütz* (nur 2 zweistimmige Lieder und die Quartette).]

Ersch.: November 1849 bei Fr. Kistner, Leipzig.

Anmerkg. „Die Texte sind den von E. Geibel übersetzten Volksliedern und Romanzen der Spanier entnommen." — Das Werk enthielt ursprünglich noch 2 Solonummern mehr, vermutlich die in die „Spanischen Liebeslieder" op. 138 übergegangene Romanze „Flutenreicher Ebro" und das Lied „Hoch, hoch sind die Berge". Man kann diese beiden Stücke bei Aufführungen einfügen und zwar das Lied nach No. 4, die Romanze nach No. 8. No. 2 trug anfänglich die Überschrift „Spanische Auswanderer", No. 8 „Blumengruss". — Die ersten Proben zur EA. fanden am 21. und 25. April 1849 statt. — In der Matinée wurde auch das Trio op. 80 zum ersten Male gespielt (s. No. 39). — Die erste öffentliche Auff. unter Schumann fand statt: Düsseldorf, Donnerstag, d. 20. Mai 1852 in der letzten (10.) Musikalischen Aufführung des Allgemeinen Musikvereins zum Vorteil der Armen im Geislerschen Saale. Soli: Frl. M. Hartmann, Frl. S. Schloss, Herr Nielo, Herr Strauven; Klavier: Cl. Schumann.

Hector Berlioz.

Geb. d. 11. Dezember 1803 in Côte Saint-André (Departement Isère), gest. d. 8. März 1869 zu Paris.

Vorwort.

Die überaus anziehende und interessante Geschichte der Entstehung und ersten Aufführungen der Berliozschen Werke ist in der einschlägigen deutschen Literatur leider nur lückenhaft und verstreut zu finden. Das reiche Material an einem Orte zu sammeln schien geboten. Die Anmerkungen zu der Abteilung Berlioz dieses Werkes dienten diesem Zwecke und sie sind infolgedessen umfangreich ausgefallen. Vorerst sei bemerkt, dass nur die Berliozschen Werke aufgenommen worden sind, die in deutschen Konzertsälen Bürgerrecht erlangt haben oder, wie die Trauer- und Triumph-Symphonie und Lelio, aus inneren Gründen nicht fortgelassen werden durften. Die symphonischen Werke sind vollzählig aufgeführt, von den Opern-Ouvertüren ist, mit Ausnahme der viel gespielten zu Benvenuto-Cellini, abgesehen worden; von Chorwerken bringt die Abteilung zunächst nur die bekannten grösseren. Titel und Widmungen in der Ursprache und Originalfassung an erster Stelle zu geben, erforderte der Zweck des Buches, auch wurde es aus demselben Grunde für geboten erachtet, sowohl die verschiedenen Lesarten der Programm-Erläuterungen wie auch die Aufführungs- und Vorbemerkungen des Komponisten im Urtext und in deutscher Sprache mitzuteilen. Wer z. B. die Entstehung der verschiedenen Lesarten zur Phantastischen Symphonie und deren Wortlaut kennt, wird das Werk gerechter beurteilen wie der sogenannte „unbefangene" Hörer. Schwierigkeiten besonderer Art bot die Ermittelung der genauen Erscheinungsdaten. Die Hofmeisterschen Monatsberichte bringen erstens die in Frankreich erschienenen Werke unvollständig, dann aber fehlen einige wichtige Jahrgänge völlig, nicht genug daran liegen auch zwischen den wirklichen Erscheinungsdaten in Frankreich und der Anzeige der Werke bei Hofmeister in mehreren Fällen nicht nur etwa Monate, sondern Jahre. Anfragen bei den jetzigen Nachfolgern der französischen Original-Verleger ergaben, dass nach einem Zeitraum von über 60 Jahren auch an diesen Stellen unanfechtbares Beweismaterial nicht für alle Werke vorhanden ist. Es bleibt zu wünschen, dass sich Ungenauigkeiten durch Spezialforschungen an Ort und Stelle werden beseitigen lassen. Bei den Erstaufführungen sind, ausser denen in Frankreich, nur die in Deutschland berücksichtigt. Es wird nicht unverständlich sein, dass auf die Angabe von EA. in ausserdeutschen Ländern verzichtet worden ist. — Die Kompositionsdaten stützen sich auf Berlioz' Briefe und Memoiren, auf die ausgezeichneten Forschungen von Jullien, Prod'homme und Boschot und auf die Angaben in der Gesamtausgabe der Berliozschen

Werke bei Breitkopf & Härtel. Das Richard Pohlsche Buch „Hector Berlioz"
(s. Lit.) ist, wie alle Pohlschen Werke, mit grosser Vorsicht, wenigstens im
Hinblick auf Daten usw., zu gebrauchen. Gleiches gilt von dem von seiner
Witwe Louise Pohl verfassten Werke (s. Lit.). Eine nicht geringe Anzahl
falscher Daten über Erstaufführungen, wie sie sich in der Berlioz-Literatur
allenthalben finden, konnte berichtigt und ergänzt werden. Das Literatur-
Verzeichnis bringt nur die hauptsächlichsten biographischen Werke; ein Spezial-
verzeichnis findet sich in Prod'hommes Biographie. Alle im Texte angeführten
Hinweise beziehen sich, wenn nicht anders bemerkt, auf die mit der Jahreszahl
angegebene Auflage. Aus Berlioz' Briefen und Memoiren ist vieles mit Rücksicht auf Treue und Feinheit des Ausdruckes in der Ursprache zitiert worden.

Hauptsächlichste Literatur über Berlioz. A. Französisch: 1. *A. Jullien*,
„Hector Berlioz, sa vie et ses œuvres" (1888, Paris, librairie de l'art). — 2. *Edm.
Hippeau*, „Berlioz et son temps" (1890, Paris, P. Ollendorf). — 3. *J. Tiersot*,
„Hector Berlioz et la Société de son temps" (1903, Paris, Hachette). —
4. *J. G. Prod'homme*, „Hector Berlioz, sa vie et ses œuvres" (1904, Paris,
librairie Ch. Delagrave). Autorisierte Übersetzung aus dem Französischen usw.
von Ludwig Frankenstein (1906, Leipzig, Deutsche Verlags-Aktiengesellschaft).
— 5. *A. Boschot*, „La jeunesse d'un Romantique" (1906, Paris, Plon-Nourrit & Co.). —
6. *A. Boschot*, „Un Romantique sous Louis-Philippe" (1908, Paris, Plon-Nourrit
& Co.). — 7. *Edm. Hippeau*, „Berlioz intime" (1883, Paris, Fischbacher). —
8. *G. Legouvé*, „Soixante ans de souvenirs, I, Ma Jeunesse" (1886, Paris, Hetzel).
— B. Deutsch: 9. *W. R. Griepenkerl*, „Ritter Berlioz in Braunschweig"
(1843, Braunschweig, E. Leibrock). — 10. *R. Pohl*, „Hector Berlioz, Studien und
Erinnerungen" (1884, Leipzig, Bernhard Schlicke). — 11. *Louise Pohl*, „Hector
Berlioz, Leben und Werke" (1900, Leipzig, F. E. C. Leuckart). — 12. *R. Louis*,
„Hector Berlioz" (1904, Leipzig, Breitkopf & Härtel). — 13. *E. Legouvé*, „Hector
Berlioz" Aus den Erinnerungen von — (1898, Leipzig, Breitkopf & Härtel). —
L. Frankenstein S. No. 4.
       Briefe und Werke von H. B.: 1. Correspondance inédite de
Hector Berlioz (1879, Paris, Calman Lévy). Deutsche Übersetzung „Neue
Briefe", Bd. IV der Gesamtausgabe der Literarischen Werke (1904, Leipzig,
Breitkopf & Härtel). — 2. Lettres intimes (1882, Paris, Calman Lévy).
Deutsche Übersetzung „Vertraute Briefe" Bd. III der Ges. d. L. W. (1904,
Leipzig, Breitkopf & Härtel). — 3. Briefe von Hector Berlioz an die
Fürstin Carolyne Wittgenstein unter dem Titel „Ideale Freundschaft
und romantische Liebe", Bd. V der Ges. d. L. W. (1904, Breitkopf & Härtel).
— 4. Mémoires. Comprenant les Voyages en Italie, en Allemagne, en Russie
et en Angleterre (1870, Paris, Michel Lévy). A. Daraus „Musikalische Reise
in Deutschland" übersetzt von Lobe (1843, Leipzig, Friedlein & Hirsch), unter
dem Titel „Musikalische Wanderung durch Deutschland" übersetzt von A. Gathy
(1844, Hamburg und Leipzig, Schuberth & Co.). B. Deutsche Übersetzung des
Ganzen „Memoiren" Bd. I u. II der Ges. d. L. W. (1905, Leipzig, Breitkopf
& Härtel). — 5. Les Soirées de l'Orchestre (1852, Paris, Michel Lévy).

Deutsche Übersetzung a) von Richard Pohl „Orchesterabende" Bd. II der Ge-
sammelten Schriften von H. B. (1877, Leipzig, F. E. C. Leuckart); b) von Elly Ellès,
Bd. VIII der Ges. d. L. W. (Leipzig, Breitkopf & Härtel). — 6. Les Grotes-
ques de la Musique (1859, Paris, Michel Lévy). Deutsche Übersetzung von
R. Pohl „Musikalische Grotesken" (s. No. 5), von Elly Ellès, Bd. VII der Ges.
d. L. W. (s. No. 5). — 7. A travers chants (1862, Paris, Michel Lévy).
Deutsche Übersetzung von R. Pohl (s. No. 5), von Elly Ellès, Bd. VI der Ges. d.
L. W. (s. No. 5). — 8. Les Musiciens et la Musique (1903, Paris, Calman
Lévy). Deutsche Übersetzung von G. Savic „Die Musiker und die Musik", Bd. IX der
Ges. d. L. W. (1903, Leipzig, Breitkopf & Härtel). — 9. Grand Traité d'In-
strumentation et d'Orchestration modernes (1844, Paris, Schönenberger),
2. Aufl. mit „L'Art du Chef d'Orchestre" (1856, ebenda). Deutsche Übersetzungen
von Grünbaum, „Die moderne Instrumentation und Orchestration" (1845 u. 1864,
Berlin, Schlesinger & Sieber), S. A. Leibrock (1843, Leipzig, Breitkopf & Härtel),
A. Dörffel (1864, Leipzig, Heinze, 1898, ebenda, Peters), A. Dörffel, „Der
Orchesterdirigent" (1864, Leipzig, Heinze), C. Frhr. von Schwerin, „Die Kunst
des Dirigierens" von Hector Berlioz (1900, Heilbronn, C. F. Schmidt), Neue
Ausgabe von Weingartner, übersetzt von Dr. Detlef Schultz, mit Anhang „Der
Dirigent" (1904, Leipzig, Breitkopf & Härtel), Richard Strauss „Instrumentations-
lehre von Hector Berlioz", ergänzt und revidiert (1905, Leipzig, C. F. Peters).
— Zur Berlioz-Literatur seien unter vielen anderen noch genannt: *Ambros*,
„Die Grenzen der Musik und Poesie"; *Marx*, „Die Musik des 19. Jahrhunderts
und ihre Pflege"; *Hiller* und *Hanslick* in deren verschiedenen Werken; *Brief-
wechsel* zwischen Wagner und Liszt, *Briefwechsel* Liszt und Bülow; *Briefe her-
vorragender Zeitgenossen an Liszt*; *Liszt* Briefe; *Liszt*, Gesammelte Schriften;
R. Wagner, Ein Brief an Hector Berlioz (Ges. Schriften VII); *La Mara*,
„Musikalische Studienköpfe"; *Almanach* des Allgemeinen Deutschen Musikvereins, 3. Jahrgang, 1870; *P. Cornelius*, Literarische Werke, Bd. III; *Berlioz-
Heft* (1903/04 „Die Musik" III, Heft 5), Berlin und Leipzig, Schuster & Löffler.

Werke:

I. Orchesterwerke.

1. Phantastische Symphonie. op. 14.
2. Trauer- und Triumph-Symphonie.
op. 15.
3. Harold in Italien. op. 16.
4. Romeo und Julie. op. 17.
5. Ouvertüre „Wawerley". op. 1bis.
6. Ouvertüre „Die Vehmrichter". op. 3.
7. Ouvertüre „König Lear". op. 4.
8. Ouvertüre „Rob Roy".
9. Ouvertüre zu „Benvenuto Cellini".
op. 23.
10. Ouvertüre „Römisch.Carneval". op. 9.
11. Ouvertüre „Der Corsar". op. 21.

II. Konzertstück mit Orchester.

12. Träumerei und Kaprice. (Viol.).
op. 8.

III. Chorwerke mit Orchester.

13. Totenmesse. op. 5.
14. Lelio. op. 14bis.
15. Te deum. op. 22.
16. Fausts Verdammung. op. 24.
17. Des Heilands Kindheit. op. 25.

IV. Bearbeitung für Orchester.

18. „Aufforderung zum Tanz" von
C. M. v. Weber.

NB. Über die nicht aufgenommenen Werke s. das Vorwort.

I. Orchesterwerke.

(1.) Episode de la vie d'un artiste.

Symphonie fantastique en cinq parties. op. 14.

Dediée à Sa Majestè Nicola I Empereur de toutes les Russies.

[Episode aus dem Leben eines Künstlers.

Phantastische Symphonie in fünf Teilen. op. 14.

Gewidmet dem Kaiser Nikolaus I. von Russland, Kaiser aller Reussen.]

I. Rêveries, Passions [Träume, Leiden]. *Largo. Allegro agitato e appassionato assai.* — II. Un bal. *Valse* [Ein Ball. *Walzer*]. *Allegro non troppo.* — III. Scène aux champs [Szene auf dem Lande]. *Adagio.* — IV. Marche au supplice [Gang zum Richtplatz]. *Allegro non troppo.* — V. Songe d'une nuit de Sabbat [Traum in einer Sabbatnacht]. *Larghetto. Allegro.* (S. Anm.)

SD. I. 15 Min. II. 6 Min. III. 17 Min. IV. 4 Min. V. 10 Min. GD. 52 Min.

Komp.: Von Anfang 1830 bis gegen Ende April d. J. in Paris. Umgearbeitet 1831 in Italien. (S. Anm.)

EA.: A. In Frankreich. Erste Fassung: 1. Paris, Sonntag, d. 5. Dezember 1830 im Saale des Konservatoriums in einem von Hector Berlioz gegebenen Konzert nach dem Manuskript unter Leitung von *François Antoine Habeneck.* (S. Anm.) — Umgearbeitete Fassung: 2a. Ebendaselbst, Sonntag, d. 9. Dezember 1832 im gleichen Saale in einem von H. B. gegebenen „dramatischen" Konzert nach Mspt. unter Leitung von *F. A. H.* (S. Anm.) 2b. Ebendaselbst Sonntag, d. 30. Dezember 1832 Wiederholung von EA. 2a. — 3. Ebendaselbst, Sonntag, d. 22. Dezember 1833 im gleichen Saale in einem von B. gegebenen Konzert nach Mspt. unter Leitung von *Narcisse Girard.* (S. Anm.) — B. In Deutschland: 1. Stuttgart, d. 29. Dezember 1842, 2. Weimar, d. 25. Januar 1843, 3. Leipzig, d. 4. Februar 1843 überall in von Berlioz gegebenen Konzerten unter seiner Leitung. (S. Anm.)

Ersch.: Partitur August, Orchesterstimmen Oktober 1845 bei M. A. Schlesinger (später Brandus & Co.), Paris. [Der von Liszt bearbeitete Klavierauszug ebendaselbst bereits November (?) 1834.]

Orch. Bes.: 2 Fl. (2. auch kl. Fl.), 2 Ob. (2. auch Engl. Hr.), 2 Klar. (1. auch
in Es), 4 Fag., 4 Hr., 2 Tr., 2 Kornette, 3 Pos., 2 Tuben, 2 Paar Pk.
mit 4 Schlägern, Gr. Tr., Kl. Tr., Becken, 2 Glocken C und G. —
2 Hfn. — Str.-Orch. (S. Anm.)

Anmerkg. Die Entstehungsgeschichte der Phantastischen Symphonie,
zwar hinreichend bekannt, muss hier mit Rücksicht auf die Programme des
Werkes kurz skizziert werden. Berlioz leidenschaftliche Liebe zu der englischen
Schauspielerin Henriette Smithson gab die Veranlassung zum Werke, das
ursprünglich bestimmt sein sollte, diese Liebe zu verherrlichen. Als B.' grenzenlose
Leidenschaft weder verstanden noch gewürdigt und seine Annäherungsversuche
zurückgewiesen wurden, wandelte er die Tendenz der Symphonie in das Gegenteil:
er wollte nun die Angebetete durch sein Werk verächtlich machen. Eine Liebes-
episode mit Camilla Moke (später Camilla Pleyel [die Klavierspielerin]) liess
vorübergehend die frühere Leidenschaft erkalten. In Italien (1831) fügte B. dann
der „Phantastischen" die Ergänzung durch „Lelio" (s. No. 14) hinzu — beide
Werke bilden nun erst eigentlich zusammen die *„episode de la vie d'un artiste"* —
errang mit der EA. des Gesamtwerkes (1832) endlich sowohl Interesse wie Zu-
neigung von H. Smithson und stellte die ursprüngliche Huldigungstendenz
wieder her. Zum Verständnis der weiter unten mitgeteilten verschiedenen Lesarten des Programms der Phantastischen Symphonie ist die Kenntnis dieser
Liebesirrungen nötig. Von den Programmen sind im Anhange drei Lesarten in
der Originalsprache und zwei in deutscher Übersetzung mitgeteilt, ihnen ist die
wenig bekannte Fassung von P. Cornelius angefügt. Im ersten Entwurfe (s. I),
den B. seinem Freunde Ferrand am 16. April 1830 (Lettres intimes XXV,
S. 66 ff.) sendete, steht die *„Scène aux champs"* an zweiter, *„Un bal"* an dritter
Stelle, der vierte Satz heißt *„marche du supplice"*. Von der 2. der Lesarten
an (s. II) haben die Szene auf dem Lande und der Ball die Plätze gewechselt
und der vierte Satz heisst von da an *„marche au supplice"*; beide Lesarten
haben gemeinsam, dass die Vergiftung des jungen Künstlers n a c h d e m d r i t t e n
S a t z e erfolgt. Die endgültige, später der Partitur vorgedruckte Lesart stellt
die Vergiftung a n d e n A n f a n g d e s W e r k e s, so dass der ganze Inhalt des
Werkes als im narkotischen Rausche geträumt erscheint. Felix Weingartner
hat in seiner Schrift *„Die Symphonie nach Beethoven"* (1898, Berlin, S. Fischer)
S. 58/59 Anm., die Bemerkung gemacht „Liszt hat in seiner Klavierbegleitung
der *Symphonie fantastique* das Programm geändert, indem er die ersten Sätze
als natürliche Vorgänge und erst die letzten beiden als Träume, hervorgerufen
durch das in selbstmörderischer Absicht genommene Opium, angibt. Ich halte
diese Änderung nicht für günstig, weil sie das Werk unnötigerweise in zwei
Teile teilt." Diese Bemerkung ist nach dem vorher gesagten gegenstandslos.
Was die „unnötige Teilung" betrifft wird insbesondere auf Boschot (S. Lit.)
verwiesen. — Die Konzeption der Phantastischen Symphonie liegt gewiss
vor 1830, dieser Kompositionstermin markiert nur die Zeit der Niederschrift,
die nach dem Briefe vom 6. Februar 1830 an Ferrand (Lettres intimes S. 64):
„J' étais sur le point de commencer ma grande Symphonie (Episode de la vie d'un
artiste), où le developpement de mon infernale passion doit être peint; je l'ai toute
dans la tête, mais je ne puis rien écrire . . . Attendons" vor diesem Tage noch

nicht begonnen war. Die Beendigung der Niederschrift wird nach dem Briefe
vom 16. April d. J. (Lettres intimes S. 68): „Je viens d'en (d. h. von der ‚immense
symphonie‘) écrire la dernière note" nicht lange nach diesem Tage erfolgt sein,
denn bereits am 13. Mai (a. a. O. S. 70) meldet der nächste Brief: „nous
commençons à répéter la Symphonie gigantesques dans trois jours; toutes les parties
sont copiées avec le plus grand soin". Die Umarbeitung hat sich nach Berlioz'
öfteren Mitteilungen in seinen Memoiren auf das ganze Werk und über mehrere
Jahre erstreckt. Gänzliche Umarbeitung erlitt die „Szene auf dem Lande" im
Frühjahr 1831 in Rom, neuinstrumentiert und mit einer Coda verlängert wurde
der „Ball" im April d. J. in Florenz. — Im ersten Satze griff B. auf zwei
frühere Werke zurück. Die Melodie des Largo (in den Violinen Takt 3—16
und 27—42) ist entnommen einer Romanze, die B. in früher Jugend auf Worte
aus „Estella" von Florian komponierte. Er berichtet darüber selbst in den
Memoiren: „Quant à la mélodie de cette romance, brulée comme le sextuor, comme
les quintettes, avant mon départ pour Paris, elle se représenta humblement à ma
pensée, lorsque j'entrepris en 1829 d'écrire ma symphonie fantastique. Elle me
sembla convenir de cette tristesse accablante d'un jeune coeur qu'un amour sans
espoir commence à torturer, et je l'acueillis. C'est la mélodie que chantent les
premiers violons au début du largo de la première partie de cet ouvrage, intitulé:
Rêveries, Passions; je n'y ai rien changé". (Mémoires, S. 16). Die Melodie
der „idée fixe" hat ihren Ursprung (die ersten 8 Takte) in der Kantate „Herminia
und Tancred", mit der B. 1828 den 2. Preis im Konservatorium zu Paris erhielt.
Der Marsch (4. Satz) entstammt der Musik, die B. zu dem von Ferrand gedichteten lyrischen Drama „Les Francs-Juges" geschrieben hatte. (S. Adolphe
Boschot „La jeunesse d'un romantique", der der Phantastischen Symphonie das
7. Kapitel des höchst lehrreichen und lesenswerten Buches widmet, auch im
5. Kapitel S. 247/48 interessante Bemerkungen über den möglichen Ursprung
der Szene auf dem Lande macht. Berlioz' eigene Angabe in seinen Memoiren,
dass er den Marsch „in einer Nacht" geschrieben habe, wird von Boschot
widerlegt). —

Eine erste Aufführung der Symphonie sollte stattfinden am Himmelfahrts-
tage, den 30. Mai 1830 im Théatre des Nouveautés in Paris. Trotz statt-
gehabter Proben gelang sie infolge mangelnder Vorbereitungen nicht. (Mémoires I, S. 122). Die EA. 1 fand in dem 3. der von B. für Aufführung seiner
Werke veranstalteten Konzerte statt. In demselben gelangten noch zur Aufführung vor der Symphonie die Ouvertüre zu Die Vehmrichter (S. No. 6),
Hymne und Kriegerchor aus den irländischen Melodien und die Szene aus
Sardanapal, mit der B. wenige Monate vorher den ersten sog. Rompreis des
Konservatoriums errungen hatte. Liszt, Pixis, Spontini, Meyerbeer, Fétis
wohnten der EA. bei. — EA. 2 der Phantastischen Symphonie war zugleich
EA. 1 der Ergänzung dieses Werkes: des „Lelio" (S. No. 14). Die dem Konzert
beiwohnende Henriette Smithson erkannte die Bezugnahme auf sich und Berlioz
in dem musikalischen Drama, Berlioz gelangte an das Ziel seiner glühendsten
Wünsche und nach Jahresfrist war Sie seine Gattin. (Mémoires, S. 183 ff.)
EA. 3 ist bemerkenswert durch die Bekanntschaft, die B. nach derselben mit
Paganini machte. (Mémoires, S. 193.) Die Folgen dieser Bekanntschaft waren
die Komposition der Symphonie Harold in Italien und das nach einer späteren
Aufführung derselben (16. Dez. 1838) von Paganini an Berlioz erfolgende

königliche Geschenk von 20000 frcs. (S. No. 2). — Dezember 1842 trat Berlioz seine erste Reise nach Deutschland an, die ihn über Brüssel nach Mainz und Frankfurt führte. Die in beiden Städten projektierten Konzerte konnten nicht stattfinden, erst in Stuttgart schwang B. zum ersten Male auf deutschem Boden den Taktstock und führte zum ersten Male die Phantastische Symphonie in Deutschland auf. Die Erlebnisse der Reise schilderte B. in Briefen an seine Freunde, die 1843 in Feuilletons des *Journal des débats* veröffentlicht wurden und bald nachher in Deutschland in mehreren Übersetzungen erschienen. (S. Lit.) Auf dieser Reise trat B. auch zum erstenmal im Gewandhause auf, das er in der Probe zur Mendelssohnschen Walpurgisnacht betrat. Nach seinem eigenen Konzert (4. Februar 1843) dirigierte er noch auf Wunsch der Direktion des Gewandhauses im Armenkonzert am 23. Februar die Ouvertüre zu *„König Lear"* und das *„Offertorium"* aus dem Requiem. — Auf Robert Schumanns berühmt gewordene Kritik der Phantastischen Symphonie sei besonders aufmerksam gemacht. Sie erschien in der Neuen Zeitschrift für Musik III (1835) No. 1, 9, 10, 11, 12 und 13, ging stark verkürzt in die gesammelten Schriften über, ist aber von der 4. Auflage derselben an (1891) von F. Gustav Jansen wieder in ihrer ursprünglichen Gestalt hergestellt worden. Schumann schrieb diese bewundernswerte Kritik auf Grund des von Liszt angefertigten Klavierauszugs. Anknüpfend hieran sei bemerkt, dass die Neue Zeitschrift für Musik in ihrem 2. Bande (1835) in No. 17 und 18 einen Artikel von Panofka über die Phantastische und in No. 49 und 50 eine von Schumann stammende Übersetzung des gehässigen Urteils von Fétis, das in der von ihm redigierten *Revue musicale* erschienen war, brachte. (Über Schumann und Berlioz befindet sich in „Die Davidsbündler" von F. G. Jansen S. 88 ff. ein lesenswerter Artikel.) Der Kuriosität halber sei hier eine Besprechung, die Joseph Mainzer, der auch aus Schumanns Neuer Zeitschrift bekannte Pariser Musikberichterstatter, in der von Gottfried Weber redigierten, bei B. Schotts Söhnen in Mainz erscheinenden Zeitschrift Cäcilia (1837, Bd. 19, Heft 74, S. 127) veröffentlichte:

Paris im Januar 1837.

„.......... Berlioz eröffnete im Konservatorium die diesjährigen Winterkonzerte. Seine phantastischen Symphonien wurden mit grossem Beifall gegeben. — Die erste — Eine Künstlerepisode — enthält, unter vielem, wilden, unerklärlichen Hin- und Her-Werfen der Ideen, manche grosse und herrliche Momente. Die erste Abteilung: Liebesschwärmereien genannt, ist mitunter zart und schön, aber langweilig. Herrliche Lichtpunkte steigen aus dem dunklen unsicheren regel- und charakterlosen Gewühle einer jugendlich-feurigen, aber verworrenen Phantasiewelt auf. — Schöner und weit in engerem Zusammenhange erscheinen die Ideen in dem zweiten Teile „Der Szene auf dem Balle". Der Walzer, wie ihn Berlioz hier angebracht, ist hinreissend und gehört wohl zu dem Wärmsten, Innigsten, was mir dieser Art bekannt ist. — Der dritte Teil: Szene im Erzgebirge [!], hat wieder, mit wundervollen Momenten, grosse Längen und viele Abrisse. — Am schönsten und gediegensten ist der vierte Teil: Der Marsch zum Richtplatz. Eine ernste, düstere Farbe ist diesem Tongemälde aufgetragen. Die Instrumentierung ist grandios und in einem ganz originalen Charakter geschrieben. — Der letzte Teil: Die Nacht auf dem Blocksberge [!], enthält eine wahre satanische Musik. Wenn je Dantes Hölle, wenn je Goethes Maiennacht [!] in Töne zu übertragen ist, so hat es Berlioz getan. Trotz den verworrenen, wilden und unerklärbaren Tonverbindungen muss man darin doch die grotesken Instrumentaleffekte, die Berlioz aus seinem Orchester hervorzurufen weiss, bewundern. — Das ganze Werk ist ein buntes Gewirre schöner und verworrener Ideen, die teils Mitleid für eine grandiose Auffassung und eine gänzlich neue Instrumentierung in uns aufregen.

Dasselbe gilt wohl von seiner zweiten Symphonie: Harold im Gebirge. Lord Byrons Harold scheint hierzu den jungen Künstler bei seinem Aufenthalte in Rom begeistert zu haben. Alle Vorzüge und Schwächen der ersten Kompositionen von Berlioz findet man auch bei diesem Werke wieder. Sein Pilgermarsch ist der schönste und klarste Teil dieses Werkes. Die Räuberorgie hingegen ist das verworrenste und undeutlichste Lärm- und Spektakelgewirr was irgend im Tonreiche noch zu Tage gebracht wurde."

In Berlioz' autobiographischer Skizze ist die Symphonie als No. 14 bezeichnet „Episode de la vie d'un artiste, grande Symphonie Fantastique en cinq parties. *Genre passioné, violent, expressiv*".

Liter. *Pohl, Richard,* „Die Sinfonie fantastique" in „Hector Berlioz, Studien und Erinnerungen", Bernhard Schlicke, Leipzig. — *Magnette, Paul,* „La Symphonie Fantastique" No. 1 von „Les grandes étapes dans l'œuvre de Hector Berlioz", Vve. Léop. Muraille, Liége. — *Schumann, Robert,* s. oben im Texte der Anmerkungen. — *Noufflard, Georges,* „La Symphonie fantastique d'Hector Berlioz, essai sur l'expression de la musique instrumentale", Brandus, Paris. — *Hahn, Arthur,* Musikführer No. 124, Schlesinger, Berlin. — *Kretzschmar, Hermann,* Kleiner Konzertführer No. 507. Breitkopf & Härtel, Leipzig.

Programme zur Phantastischen Symphonie.

I.

Erste Fassung. (Enthalten in dem Briefe von Berlioz an H. Ferrand vom 16. April 1830. Lettres intimes, S. 66 ff.)

Episode de la vie d'un artiste

(grande symphonie fantastique en cinq parties).

Premier Morceau: double, composé d'un court adagio, suivi immédiatement d'un allégro développé (vague des passions; rêveries sans but; passion délirante avec tous ses accés de tendresse, jalousie, fureur, craintes, etc. etc.).

Deuxième morceau: Scène aux champs (adagio, pensées d'amour et espérances troublées par de noirs pressentiments).

Troisième morceau: Un bal (musique brillante et entraînante).

Quatrième morceau: Marche au supplice (musique farouche, pompeuse).

Cinquième morceau: Songe d'une nuit du sabbat.

[A présent, mon ami, voici comment j'ai tissé mon roman, ou plutôt mon histoire, dont il ne vous est pas difficile de reconnaître le héros.]

„Je suppose qu'un artiste doué d'une imagination vive, se trouvant dans cet état de l'âme que Chateaubriand a si admirablement peint dans *René*, voit pour la première fois une femme qui réalise l'idéal de beauté et de charmes que son cœur appelle depuis longtemps, et en devient éperdument épris. Par une singulière bizarrerie l'image de celle qu'il aime ne se présente jamais à son esprit que accompagnée d'une pensée musicale dans laquelle il trouve un caractère de grâce et de noblesse semblable à celui qu'il prête à l'objet aimé. Cette double idée fixe le poursuit sans cesse: telle est la raison de l'apparition constante, dans tous les morceaux de la symphonie, de la mélodie principale du premier allégro (nᵒ 1).

Après mille agitations, il conçoit quelques espérances; il se croit aimé. Se trouvant un jour à la campagne, il entend au loin deux pâtres qui dialoguent un ranz de vaches; ce duo pastoral le plonge dans une rêverie délicieuse (nº 2). La mélodie reparaît un instant au travers des motifs de l'adagio.

Il assiste à un bal, le tumulte de la fête ne peut le distraire; son idée fixe vient encore le troubler, et la *mélodie* chérie fait battre son cœur pendant une valse brillante (nº 3).

Dans un accès de désespoir, il s'empoissone avec de l'opium; mais, au lieu de le tuer, le narcotique lui donne une horrible vision, pendant laquelle il croit avoir tué celle qu'il aime, être condamné à mort et assister à sa propre exécution. Marche au supplice; cortège immense de bourreaux, de soldats, de peuple. A la fin, la *mélodie* reparaît encore, comme une dernière pensée d'amour, interrompue par le coup fatal (nº 4).

Il se voit ensuite environné d'une foule dégoutante de sorciers, de diables, réunis pour fêter la nuit du sabbat. Ils appellent au loin. Enfin arrive la *mélodie*, qui n'a encore paru que gracieuces, mais qui alors est devenue un air de guinguette trivial, ignoble; c'est l'objet aimé qui vient au sabbat, pour assister au convoi funèbre de sa victime. Elle n'est plus qu'une courtisane digne de figurer dans une telle orgie. Alors commence la cérémonie. Les cloches sonnent, tout l'élément infernal se prosterne, un chœur chante la prose des morts, le plain-chant (*Dies irae*), deux autres chœurs le répètent en le parodiant d'une manière burlesque; puis enfin la ronde du sabbat tourbillonne, et, dans son plus violent éclat, elle se mêle avec le *Dies irae*, et la vision finit (nº 5).

II.

Zweite Fassung. (Veröffentlicht in der Pariser Zeitung „Figaro" am 21. Mai 1830, mit kleinen Zusätzen und Änderungen (durch [ ] gekennzeichnet) in das Programm der EA. 1 aufgenommen.)

Episode de la vie d'un artiste
Symphonie fantastique en cinq parties
par
M. Hector Berlioz.

Programme.

Le compositeur a eu pour but de développer dans ce qu'elles ont de musical, différentes situations de la vie d'un artiste. Le plan du drame instrumental, privé du secours de la parole, a besoin d'être exposé d'avance. Le programme suivant doit donc être considéré comme le texte parlé d'un opéra, servant à amener des morceaux de musique dont il motive le caractère et l'expression.

Rêveries. — Existence Passionée. [Rêveries. — Passions.]
Première Partie.

L'auteur suppose qu'un jeune musicien, affecté de cette maladie morale qu'un écrivain célèbre appelle le vague des passions, voit pour la première fois une femme qui réunit tous les charmes de l'être idéal qui rêvait son imagination et en devient éperdûment amoureux. Par une singulière bizarrerie, l'image chérie ne se représente jamais à l'esprit de l'artiste que liée à une *pensée musicale*, dans laquelle il trouve un certain caractère passionné, mais noble et timide comme celui qu'il prête à l'objet aimé.

Ce reflet mélancolique avec son modèle le poursuivent sans cesse dans [comme] un double *idée fixe*. Telle est la raison de l'apparition constante, dans tous les morceau de la symphonie[,] de la mélodie qui commence le premier *allégro*. Le passage de cet état de rêverie mélancolique interrompu[e] par quelques accès de joie sans sujet, à celui d'une passion délirante, avec ses mouvemens de fureur, de jalousie, ses retours de tendresse, ses larmes, ses consolations religieuses, est le sujet du premier morceau.

Un Bal.
Deuxième Partie.

L'artiste est placé dans les circonstances [de la vie] les plus diverses, au milieu du tumulte d'une fête[,] dans la paisible contemplation des beautés de la nature; mais partout, à la ville, aux champs, l'image chérie vient se présenter à lui et jeter le trouble dans son âme.

Scènes Aux Champs.
Troisième Partie.

Se trouvant un soir à la campagne, il entend au loin deux pâtres qui dialoguent un ranz des vaches; ce duo pastoral, le lieu de la scène, le léger bruissement des arbres doucement agités par le vent, quelques motifs d'espérance qu'il a conçu depuis peu, tout concourt à rendre à son cœur un calme inaccoutumé[,] et à donner à ses idées une couleur plus riante. Il réfléchit sur son isolement; il espère n'être bientôt plus seul . . . Mais si elle le trompait! . . . Ce mélange d'espoir et de crainte, ces idées de bonheur troublées par quelques noirs pressentimens[,] forment le sujet de *l'adagio*.
[A la fin, l'un des pâtres reprend de ranz des vaches; l'autre ne répond plus . . . Bruit éloigné de tonnerre . . . Solitude . . . Silence.]

Marche Du [De] Supplice.
Quatrième Partie.

Ayant acquis la certitude que, non seulement celle qu'il adore ne répond pas à son amour, mais qu'elle est incapable de le comprendre, et que, de plus, elle en est indigne; l'artiste [„Ayant acquis la certitude que son amour est méconnu l'artiste“ =] s'empoisonne avec de l'opium. La dose du narcotique, trop faible pour lui donner la mort, le plonge dans un sommeil accompagné des plus horribles visions. Il rêve qu'il a tué celle qu'il aimait, qu'il est condamné, conduit au supplice, et qu'il assiste *à sa propre exécution*. Le cortège s'avance aux sons d'une marche [bruyante] tantôt sombre et farouche, tantôt brillante et solennelle, dans laquelle un bruit sourd de pas graves succède[,] sans transition aux éclats les plus bruyans. A la fin de la marche, les quatre premières mesures de *l'idée fixe* reparaissent comme une dernière pensée d'amour interrompue lar le coup fatal.

Songe D'Une Nuit De Sabbat.
Cinquième Partie.

Il se voit au sabbat, au milieu d'une troupe affreuse d'ombres, de sorciers, de monstres, de toute(s) espèce(s) réunis pour ses funérailles. Bruits étranges, gémissemens, éclats de rire, cris lointains, auxquel[le]s d'autres cris semblent répondre. La mélodie aimée reparaît encore, mais elle a perdu son caractère de noblesse et de timidité; ce n'est plus qu'un air de danse ignoble, trivial et grotesque;[:] c'est *elle* qui vient au sabbat . . . rugissement de joie à son arrivée . . . elle se mêle à l'orgie diabolique . . . cérémonie [glas] funèbre, parodie burlesque du *Dies Irae*, ronde du sabbat,[. La] ronde du sabbat et [le] *Dies Irae* ensemble.

III.

Deutsche Übersetzung der zweiten Fassung nach Robert Schumann. (Neue Zeitschrift für Musik, B. III [1835 Juli bis Dezember] No. 13. — Gesammelte Schriften R. Schumanns 4. Aufl., S. 146 ff.)

Der Komponist wollte einige Momente aus dem Leben eines Künstlers durch Musik schildern. Es scheint nötig, dass der Plan zu einem Instrumentaldrama vorher

durch Worte erläutert werde. Man sehe das folgende Programm wie den die Musik-
sätze einleitenden Text in der Oper an.

Erste Abteilung. Träume, Leiden (rêveries, passions). Der Komponist
nimmt an, dass ein junger Musiker, von jener moralischen Krankheit gepeinigt,
die ein berühmter Schriftsteller mit dem Ausdruck: le vague des passions bezeichnet, zum erstenmal ein weibliches Wesen erblickt, die alles in sich vereint,
um ihm das Ideal zu versinnlichen, das ihm seine Phantasie vormalt. Durch
eine sonderbare Grille des Zufalls erscheint ihm das geliebte Bild nie anders
als in Begleitung eines musikalischen Gedankens, in dem er einen gewissen
leidenschaftlichen, vornehm-schüchternen Charakter, den Charakter des Mädchens
selbst findet: diese Melodie und dieses Bild verfolgen ihn unausgesetzt wie eine
doppelte fixe Idee. Die träumerische Melancholie, die nur von leisen Tönen der
Freude unterbrochen wird, bis sie sich zur höchsten Liebesraserei steigert, der
Schmerz, die Eifersucht, die innige Glut, die Tränen der ersten Liebe bilden
den Inhalt des ersten Satzes. — **Zweite Abteilung.** Ein Ball. Der Künstler
steht mitten im Getümmel eines Festes in seliger Beschauung der Schönheiten
der Natur, aber überall in der Stadt, auf dem Lande verfolgt ihn das geliebte
Bild und beunruhigt sein Gemüt. — **Dritte Abteilung.** Szene auf dem
Lande. Eines Abends hört er den Reigen zweier sich antwortenden Hirten;
dieses Zwiegespräch, der Ort, das leise Rauschen der Blätter, ein Schimmer der
Hoffnung von Gegenliebe, — alles vereint sich, um seinem Herzen eine ungewöhn-
liche Ruhe und seinen Gedanken eine freundlichere Richtung zu geben. Er
denkt nach, wie bald er nicht mehr allein stehen wird .... Aber wenn sie
täuschte! Diesen Wechsel von Hoffnung und Schmerz, Licht und Dunkel drückt
das Adagio aus. Am Schluss wiederholt der eine Hirt seinen Reigen, der
andere antwortet nicht mehr. In der Ferne Donner .... Einsamkeit — tiefe
Stille. — **Vierte Abteilung.** Der Gang zum Richtplatz (marche du supplice). Der Künstler hat die Gewissheit, dass seine Liebe nicht erwidert wird
und vergiftet sich mit Opium. Das Narkotikum, zu schwach, um ihn zu töten,
versenkt ihn in einen von fürchterlichen Visionen erfüllten Schlaf. Er träumt,
dass er sie gemordet habe und dass er zum Tode verurteilt seiner eigenen Hinrichtung zusieht. Der Zug setzt sich in Bewegung; ein Marsch, bald düster
und wild, bald glänzend und feierlich, begleitet ihn; dumpfer Klang der Tritte,
roher Lärm der Masse. Am Ende des Marsches erscheint, wie ein letzter Gedanke an die Geliebte, die fixe Idee, aber vom Hiebe des Beiles unterbrochen
nur halb. — **Fünfte Abteilung.** Träume in einer Sabbatnacht. Er sieht
sich inmitten greulicher Fratzen, Hexen, Missgestalten aller Art, die sich zu
seinem Leichenbegängnisse zusammengefunden haben. Klagen, Heulen, Lachen,
Wehrufen. Die geliebte Melodie ertönt noch einmal, aber als gemeines, schmut-
ziges Tanzthema: sie ist es, die kömmt. Jauchzendes Gebrüll bei ihrer Ankunft.
Teuflische Orgien. Totenglocken. Das Dies irae parodiert.

(NB. Eine getreue Übersetzung des französischen Originals der 2. Fassung
ist zu finden in der Frankensteinschen Übersetzung des Prod'hommeschen Werkes.
S. Liter. Eine andere deutsche Lesart ist enthalten in den Signalen 1843, S. 54/55.)

IV.

Dritte, der Partitur vorgedruckte endgültige Fassung.

Programm de la Symphonie.

Un jeune musicién d'une sensibilité maladive et d'une imagination ardente s'empoissonne avec de l'opium, dans un accès de désespoir amoureux. La dose de narcotique, trop faible pour lui donner la mort, le plonge dans un lourd sommeil accompagné des plus étranges visions, pendant le quel ses sensations, ses sentimens, ses souvenirs se traduisent dans son cerveau malade, en pensées et en images musicales. La femme aimée elle-même est devenue pour lui une mélodie et comme une idée fixe qu'il retrouve et qu'il entend partout.

Première Partie. Rêveries, Passions.

Il se rapelle d'abord ce malaise de l'âme, ce vague des passions, ces mélancolies, ces joies sans sujet qu'il éprouva avant d'avoir vu celle qu'il aime; puis l'amour volcanique qu'elle lui inspira subitement, ses délirantes angoisses, ses jalouses fureurs, ses retours de tendresse, ses consolations religieuses.

Deuxième Partie. Un Bal.

Il retrouve l'aimée dans un bal au milieu du tumulte d'une fête brillante.

Troisième Partie. Scène aux champs.

Un soir d'été à la campagne, il entend deux pâtres qui dialoguent un Ranz des vaches; ce duo pastoral, le lieu de la scène, le léger bruissement des arbres doucement agités par le vent, quelques motifs d'espoir qu'il a conçu depuis peu, tout concourt à rendre à son cœur un calme inaccoutumé, à donner à ses idées une couleur plus riante; mais elle apparaît de nouveau, son cœur se serre, des douloureux pressentiments l'agitent, si elle le trompait ... L'un des pâtres reprend sa naïve mélodie, l'autre ne répond plus. Le soleil se couche ... bruit éloigné du tonnerre ... solitude ... silence ...

Quatrième Partie. Marche au supplice.

Il rêve qu'il a tué celle qu'il aimait, qu'il est condamné à mort, conduit au supplice. Le cortège s'avance, aux sons d'une marche tantôt sombre et farouche, tantôt brillante et solennelle, dans laquelle un bruit sourd de pas graves succède sans transition aux éclats les plus bruyants. A la fin, l'idée fixe reparaît un instant comme une dernière pensée d'amour interrompue par le coup fatal.

Cinquième Partie. Songe d'une nuit de sabbat.

Il se voit au sabbat, au milieu d'une troupe affreuse d'ombres, de sorciers, de monstres de toute espèce réunis pour ses funérailles. Bruits étranges, gémissemens, éclats de rire, cris lointains auxquels d'autres cris semblent répondre. La mélodie-aimée reparaît encore; mais elle a perdu son caractère de noblesse et de timidité; ce n'est plus qu'un air de danse ignoble, trivial et grotesque; c'est elle qui vient au sabbat ... Rugissemens de joie à son arrivée ... elle se mêle à l'orgie diabolique ... glas funèbre, parodie burlesque du Dies irae. Ronde du sabbat. La ronde du sabbat et le Dies irae ensemble.

V.

Deutsche Übersetzung der endgültigen Fassung.
(Nach der Partitur der Gesamt-Ausgabe.)

Programm der Symphonie.

Ein junger Musiker von krankhafter Empfindsamkeit und glühender Phantasie hat sich in einem Anfalle verliebter Verzweiflung mit Opium vergiftet. Zu schwach, den Tod herbeizuführen, versenkt ihn die narkotische Dosis in einen langen Schlaf, den die seltsamsten Visionen begleiten. In diesem Zustande geben sich seine Empfindungen, seine Gefühle und Erinnerungen durch musikalische Gedanken und Bilder in seinem kranken Gehirne kund. Die Geliebte selbst wird für ihn zur Melodie, gleichsam zu einer fixen Idee, die er überall wiederfindet, überall hört.

Erster Satz. Träumereien, Leidenschaften.

Zuerst gedenkt er des beängstigenden Seelenzustandes, der dunkeln Sehnsucht, der Schwermut und des freudigen Aufwallens ohne bewussten Grund, die er empfand, bevor ihm die Geliebte erschienen war; sodann erinnert er sich der heissen Liebe, die sie plötzlich in ihm entfachte, seiner fast wahnsinnigen Herzensangst, seiner wütenden Eifersucht, seiner wieder erwachenden Liebe, seiner religiösen Tröstungen.

Zweiter Satz. Ein Ball.

Auf einem Balle, im Tumulte eines glänzenden Festes, findet er die Geliebte wieder.

Dritter Satz. Auf dem Lande.

An einem Sommerabende, auf dem Lande, hört er zwei Schäfer, die abwechselnd den Kuhreigen blasen. Dies Schäfer-Duett, der Schauplatz, das leise Flüstern der sanft vom Winde bewegten Bäume, einige Aussicht auf Hoffnung, die ihm erst kürzlich bekannt geworden, alles vereinigt sich, um seinem Herzen eine ungewohnte Ruhe wieder zu geben, seinen Vorstellungen eine lachende Farbe zu verleihen. Da erscheint sie aufs neue; sein Herz stockt, schmerzliche Ahnungen steigen in ihm auf: Wenn sie ihn hinterginge!... Der eine Schäfer nimmt die naive Melodie wieder auf; der andere antwortet nicht mehr ... Sonnen-Untergang ... fernes Rollen des Donners ... Einsamkeit ... Stille ...

Vierter Satz. Der Gang zum Hochgericht.

Ihn träumt, er habe seine Geliebte gemordet, er sei zum Tode verdammt und werde zum Richtplatze geführt. Ein bald düsterer und wilder, bald glänzender und feierlicher Marsch begleitet den Zug: den lärmendsten Ausbrüchen folgen ohne Übergang dumpfe abgemessene Schritte. Zuletzt erscheint die fixe Idee, auf einen Augenblick, gleichsam ein letzter Liebesgedanke, den der Todesstreich unterbricht.

Fünfter Satz. Hexensabbat.

Er glaubt einem Hexentanze beizuwohnen, inmitten grausiger Gespenster, unter Zauberern und vielgestaltigen Ungeheuern, die sich zu seinem Begräbnisse eingefunden haben. Seltsame Töne, Ächzen, gellendes Lachen, fernes Schreien, auf welches anderes Geschrei zu antworten scheint. Die geliebte Melodie taucht wieder auf, aber sie hat ihren edlen und schüchternen Charakter nicht mehr; sie ist zu einer gemeinen, trivialen und grotesken Tanzweise geworden. Sie ist's, die zur Hexenversammlung kommt. Freudiges Gebrüll begrüsst ihre Ankunft ... Sie mischt sich unter die höllische Orgie. Sterbegeläute ... burleske Parodie des Dies irae; Hexen-Rundtanz. Der Tanz und das Dies irae zu gleicher Zeit.

VI.

Fassung von Peter Cornelius. (Wien, 4. Philharmonisches Konzert 23. März 1862 im K. K. Hof-Operntheater unter Leitung von O. Dessoff.)

Erster Satz. Träumereien — Leidenschaften.

Der Verfasser denkt sich das Seelenleben eines jungen Komponisten, der beim ersten Begegnen glühende Liebe zu einem weiblichen Wesen erfasst hat, in welchem sein erträumtes Ideal zur entzückenden Wirklichkeit geworden schien. Ihr Bild verdichtet sich zu Tönen in seinem Innern und zwar so, dass sein Gedenken an sie sich völlig mit der Melodie identifiziert, welche wir vom Beginn des C-dur-Allegro im ersten Satz und in allen folgenden Teilen wieder vernehmen. Der erste Satz mit seinen wechselnden Momenten unerklärlicher Lust, Sehnsucht und Schwermut bis zur Flucht in das Gebet ist vornehmlich dem innigen Verkehr der Seele mit dem gehegten Ideal gewidmet, und also ganz von jener Melodie durchwebt und getragen.

Zweiter Satz. Ein Ball.

Überall, bei rauschenden Festen, wie in der Stille des Waldes, tritt die wundersame Erscheinung, das Melodiebild der Geliebten, vor seine Seele.

Dritter Satz. Im Freien.

Eine Abendlandschaft umgibt ihn, Hirten halten ein Zwiegespräch auf ihren Schalmeien. Die friedliche Stille, das leise Wogen der Blätter und Halme, ein leiser Hoffnungsschimmer — alles beseligt ihn. Es ist wie ein Vorabend seines Glücks. Dennoch mischt sich Furcht in seine Hoffnung, trübe Ahnung in seine Zuversicht. Nochmals lockt die Schalmei des Hirten den Gefährten zur Antwort, doch sein Ruf bleibt unerwidert. — Gewitterschwüle, Einsamkeit, Schweigen.

Vierter Satz. Der Gang zum Hochgericht.

Die zerstörende Gewissheit, dass seine Liebe eine hoffnungslose bleiben wird, treibt den Verschmähten, den Tod zu suchen. Doch findet er ihn nicht, nur aber eine schwere, dumpfe Betäubung voll von schauerlichen Visionen. Er träumt, dass er die Geliebte tötet, dass er verurteilt, zum Schafott geführt wird und seiner eigenen Hinrichtung zusieht. Auch nun ertönt nochmals der Anfang jenes Motivs — wie ein letzter Gedanke der Liebe.

Fünfter Satz. Traum vom Hexensabbat.

Gespenster, Hexen, Unholde bilden seinen Leichenzug. Auch die Geliebte stellt sich ein, aber höhnisch, entstellt und verzerrt; von gellendem Lachen empfangen mischt sie sich in den Tanz der Hexen. Grabgeläute, Karikatur des Dies irae, Runde des Sabbats. Beides im Zusammenklang.

Anmerkung. Berlioz empfand die ungelöste ästhetische Dissonanz, welche den unvermittelten Sprung aus den zarteren, pathetischen, verklärenden Regionen der Leidenschaft in die tiefste, verzweifeltste Selbstverneinung der letzten Sätze in dem Zuhörer zurücklassen musste. Er versuchte die Lösung derselben in einem zweiten Teil: „Rückkehr ins Leben", wo er einen Helden in einer Art Melolog selbstredend einführt, ihn zur Resignation, zum Besinnen auf sich selber zurückführt, ihn im künstlerischen Schaffen wieder genesen lässt. Dort führt der Komponist mit seinen Kollegen seine Symphonie-Kantate nach Shakespeares „Sturm" auf und findet in dem reizend melodischen Lebewohl der Luftgeister an Miranda den versöhnenden Abschluss dieses Jugendwerkes, in welchem neben der ganzen genialen Kraft und Fülle seiner Begabung auch die Untiefen der Zeitströmung nicht fehlen, aus welcher es hervorgegangen. **Peter Cornelius.**

(2.) Symphonie funêbre et triomphale
pour grande harmonie militaire
composée pour la translation des cendres des victimes du
Juillet et l'inauguration de la colonne de la Bastille. op. 15.

À son Altesse Royale Monseigneur le Duc d'Orléans.

[Trauer- und Triumph-Symphonie

für grosses Militär-Orchester [mit Streichinstrumenten und einem Chor ad
libitum] komponiert für die Überführung der im Juli Gefallenen und
zur Einweihung der Bastillensäule. op. 15.

Seiner Königlichen Hoheit dem Herzog von Orleans.]

I. Marche Funêbre. — II. Oraison funêbre. *attacca* III. Apothéose.
[I. Trauermarsch. — II. Leichenrede. — *attacca* III. Apotheose.]

SD. I. 17 Min. II. und III. 15 Min. GD. 32 Min.

Komp.: Erstes Halbjahr 1840 in Paris.

EA.: A. In Frankreich: 1. Paris, Dienstag, d. 28. Juli 1840 um die
Mittagsstunde auf dem Bastilleplatz nach dem Manuskript unter
Leitung von *Hector Berlioz;* Posaunensolo: *Mr. Dieppo* (Professor
am Konservatorium). (S. Anm.) — 2. Ebendaselbst, Donnerstag,
d. 6., und 3. Freitag, d. 14. August 1840 im Saal Vivienne nach Mspt.
unter Leitung von *H. B.* — B. In Deutschland: 4. Dresden,
Freitag, d. 17. Februar 1843 im Kgl. Hoftheater in einem grossen
Konzert nach Mspt. unter Leitung von *H. B.,* nur Oraison funêbre
und Apotheose. (S. Anm.)

Ersch.: Partitur und Orchesterstimmen Oktober 1843 bei Brandus & Co.,
Paris.

Bes.: a) Chor: Sopran, Alt, Tenor I u. II, Bass I u. II.
b) Orchester: Kl. Fl. (4), Fl. (5), 2 Ob. (5), Klar. in Es (5), 2 Klar.
in B (14 u. 12), Bassklar. (2), 6 Hr. (12), 2 Fag. (8), Kontrafag. (ad lib.), 4 Tr. (8), 2 Kornette (4), Posaune Solo, 4 Pos.
(4, 3, 3, 1 [diese ad lib.]), 2 Tuben (3 u. 3). — Pk., Becken
(3 Paar), Gr. Tr., Kl. Tr. I u. II (4 u. 4), Tamtam, Schellen-
baum (Capello chinese). — Str.-Orch. (ad lib., 20, 20, 15,
15, 10). (S. Anm.)

Anmerkg. Gleichwie die Totenmesse verdankt die Trauer- und Triumph-
Symphonie einem Auftrage der Regierung ihre Entstehung. Die Gebeine der
bei der Juli-Revolution (27.—29.) 1830 Gefallenen lagen in Paris verstreut begraben, sie sollten gesammelt und zur zehnjährigen Gedenkfeier in feierlicher

Zeremonie in einem ihnen vom dankbaren Vaterland errichteten gemeinsamen Ruheort überführt werden (Bastillesäule). Berlioz erhielt von dem Minister des Inneren Ch. Rémusat den Auftrag, für diese Feier eine Musik zu komponieren, die man ihm mit 10 000 frcs. honorierte. Von diesem Honorar hatte er allerdings die Kosten für Noten und Musiker zu bestreiten, so dass ihm nur 2800 frcs. verblieben. Berlioz hat das 50. Kapitel seiner Memoiren der Erzählung dieser Angelegenheit gewidmet. Prod'homme (s. „Hector Berlioz" S. 204) nimmt an, dass in die Trauer- und Triumph-Symphonie ein Teil der 1835 begonnenen, aber nicht vollendeten Komposition „Fête funèbre à la mémoire des hommes illustres de la France" (lettres intimes S. 160) übergegangen ist. Über die Ideen, die B. bei der Konzeption des Werkes leiteten, sagt er: „Je voulus rappeler d'abord les combats des trois journées fameuses, au milieu des accents de deuil d'une marche à la fois terrible et désolée, qu'on exécuterait pendant le trajet du cortège; faire entendre une sorte d'oraison funèbre ou d'adieu adressée aux morts illustres, au moment de la descente des corps dans le tombeau monumental; et enfin, chanter un hymne de gloire, l'apothéose, quand, la pierre funèbre scellée, le peuple n'aurait plus devant ses yeux que la haute colonne surmontée de la liberté aux ailes étendues et s'élançant vers le ciel, comme l'âme de ceux qui moururent pour elle." (Mémoires, S. 221). — Über die Überführung berichtet ein Augenzeuge (G. Kastner) in der Allgemeinen Musikalischen Zeitung (1840, No. 33): „Wir haben noch selten einen imposanteren Trauerzug gesehen. Die in Paris sich augenblicklich aufhaltende Garnison, Soldaten zu Fuss und zu Pferd, eine Mischung der verschiedenen Waffen, die zwölf Legionen der Nationalgarde unter Gewehr und in grosser Uniform, die Munizipalitäten der Stadt, die Gelehrten der verschiedenen Akademien, Schriftsteller, Studierende, Julidekorierte, die Verwandten und Waisen der 500 gefallenen Märtyrer, eine endlose Trauerbegleitung, eine Menschenmenge zahllos beinah wie der Sand am Meere." Der Überführung nach dem Bastilleplatz ging ein Trauergottesdienst mit einer von Habeneck geleiteten Cherubinischen Seelenmesse in Saint-Germain-l'Auxerrois voraus. Beim Verlassen der Kirche wurde der Trauermarsch der Symphonie zum erstenmale gespielt. Die Aufführung des ganzen Werkes auf dem Bastilleplatz missglückte, doch hatte B. am 26. Juli eine Generalprobe im Saal Vivienne veranstaltet, und dazu viele Einladungen ergehen lassen, um sich die Anerkenntnis zu sichern (Mémoires, S. 222). Die Originalform des Werkes ist nur für Blasorchester geschrieben, später erst hat B. das Streichorchester und den Chor hinzugefügt. Das von B. für die EA. engagierte Orchester war, entsprechend seinen ins Massenhafte gehenden Neigungen und dem bei der Überführung zu entfaltenden Pomp, folgendermassen besetzt: 6 kleine Flöten, 6 grosse Flöten, 8 Oboen, 10 Es- und 18 B-Klarinetten, 24 Hörner, 10 F- und 9 B-Trompeten, 10 Kornette, 19 Posaunen, 16 Fagotte, 8 Ophikleiden in C und 6 in B, 6 Rolltrommeln, 12 kl. Trommeln mit Überzug, 6 gr. Tr., 10 Paar Pauken, 10 Paar Becken, 4 Schellenbäume, 2 Tamtams! — Die oben bei Besetzung „in Klammern zugefügten Zahlen geben die Berlioz'sche Forderung" in der Partitur an; dieser Aufwand ist nicht nötig, wenngleich eine mehrfache Besetzung der Holzblasinstrumente auch nicht umgangen werden kann. — In Deutschland hat das Werk, trotz seiner Bedeutsamkeit, auf die kein Geringerer als Richard Wagner 1840 hinwies, keine Verbreitung erlangen können, Wagner hörte in Paris das Werk und veröffentlichte in der Dresdner Abendzeitung am 5. Mai 1841 einen Aufsatz, dem folgende Sätze entstammen: „Man kann Berlioz nicht absprechen, dass er es sogar versteht, eine vollkommen populäre Komposition zu liefern, allerdings: populär im idealsten Sinne. Als ich seine Symphonie hörte, die er für die Translation der Juligefallenen schrieb, empfand ich lebhaft, dass jeder Gamin mit blauer Bluse und roter Mütze sie bis auf den tiefsten Grund verstehen müsse . . . Wahrlich, ich bin nicht übel willens, diese Komposition allen übrigen Berlioz'schen vorzuziehen; sie ist edel und gross von der ersten bis zur letzten Note; — aller krankhaften Exaltation wehrt eine hohe patriotische Begeisterung, die sich von der Klage bis zum höchsten Gipfel der Apotheose erhebt . . . ich muss mit Freude meine Überzeugung aussprechen, dass diese Juli-Symphonie existieren und begeistern wird, so lange eine Nation existiert, die sich Franzosen nennt."

(3.) Harold en Italie.
Symphonie en 4 parties, avec un Alto principal. op. 16.

Dediée à Humbert Ferrand.

[Harold in Italien.
Symphonie in 4 Sätzen mit einer Solobratsche. op. 16.

Humbert Ferrand gewidmet.]

I. Harold aux montagnes. Scènes de melancolie, de bonheur et de joie. *Adagio. Allegro.* — II. Marche de pélerins chantant la prière du soir. *Allegretto.* — III. Sérénade d'un montagnard des Abruzzes à sa maîtresse. *Allegro assai.* — IV. Orgie des Brigands. Souvenirs des scènes précédentes. *Allegro frenetico.*

[I. Harold in den Bergen. Szenen der Melancholie, des Glückes und der Freude. *Adagio. Allegro.* — II. Marsch der Pilger, ihr Abendgebet singend. *Allegretto.* — III. Serenade eines Bergbewohners der Abruzzen an seine Geliebte. *Allegro assai.* — IV. Orgie der Briganten. Erinnerungen an die vorhergehenden Szenen. *Allegro frenetico.*]

SD. *I. 16 Min. II. 12 Min. III. 7 Min. IV. 12 Min.* **G.D.** *47 Min.*

Komp.: Begonnen Anfang 1834, beendigt am 22. Juni d. J. in Paris.

EA.: A. In Frankreich: 1. Paris, Sonntag, d. 23. November 1834 im Saale des Konservatoriums in einem von Berlioz veranstalteten Konzert nach dem Manuskript unter Leitung von *Narcisse Girard;* Bratschensolo: *Christian Urhan.* (S. Anm.) — 2. Ebendaselbst, Sonntag, d. 14. Dezember — und 3. Sonntag, d. 28. Dezember 1834 unter gleicher Leitung und mit demselben Solisten wie bei EA. 1. (S. Anm.) — B. In Deutschland: Dresden, Freitag, d.

17. Februar 1843 im Kgl. sächs. Hoftheater in einem „Grossen Konzert" nach Mspt. unter Leitung von *Hector Berlioz;* Bratschensolo: *R. J. Lipinsky.* (S. Anm.)

Ersch.: Partitur März 1849, Orchesterstimmen Dezember 1847 bei Brandus & Co.

Orch.Bes.: 2 Fl. (2. auch kl. Fl.), 2 Ob. (1. auch Engl. Hr.), 2 Klar., 4 Fag., 4 Hr., 2 Tr., 2 Kornette, 3 Pos., Tuba, Pk., Trgl., Becken, 2 baskische Tr. — Harfe. — Solobratsche. — Str.-Orch.

Anmerkg. Nach dem Konzert am 22. Dezember 1833, in dem Paganini die Phantastische Symphonie gehört und bewundert hatte, bat er Berlioz um die Komposition eines Werkes für Bratsche. P. empfahl (Gazette musicale, 26. Januar 1834) ein Stück über „Maria Stuarts letzte Stunde". Schumanns Neue Zeitschrift für Musik berichtete bereits darüber (Bd. 1, 1834, No. 8): „Der junge französische Komponist Berlioz hat für Paganini eine dreiteilige Sonate mit Orchester gesetzt, die die Gefangenschaft und den Tod der Maria Stuart darstellen soll". Aus diesem Plane ist nichts geworden, aber Paganinis Auftrag war der äussere Anlass zur Komposition der Harold-Symphonie. Die Wurzeln ihres poetischen und musikalischen Gehalts liegen nach Berlioz eigenen Aussprüchen in den Erlebnissen und Eindrücken, die er auf seinen Wanderungen in den Abruzzen während seines Aufenthalts in Rom (1831/32) empfing. Über die Entstehung berichten sowohl die lettres intimes wie die Memoiren, sie verschweigen aber, dass B. ganze Partien aus der früher komponierten, nachmals unterdrückten Ouvertüre „Rob Roy" (S. No. 8) in die Symphonie hinübernahm. Man begegnet solchen Entlehnungen bei B. des öfteren. Die Lösung der Aufgabe befriedigte den „Solisten" Paganini nicht, der auch bei EA. 1 das Bratschen-Solo nicht spielte. Sein Name bleibt mit der Harold-Symphonie nicht nur verbunden, weil er zur Komposition den Anstoss gab, sondern auch weil sich an die Aufführung am 16. Dezember 1838, in der er das Werk zum ersten Male hörte, die Übersendung des reichen Geldgeschenks an Berlioz schloss, die diesem die Komposition von Romeo und Julie in sorgenfreier Ruhe gestattete. Über das Nachspiel dieser Aufführung schreibt Berlioz ausführlich in Mémoires, S. 216. Der auf das Geschenk bezügliche Briefwechsel ist weiter unten ausführlich mitgeteilt. — Bei EA. 1 wurde, wie auch oft später (insbesondere bei Aufführungen in Frankreich) der Pilgermarsch wiederholt, jedoch verunglückte durch des Dirigenten Schuld die Wiederholung (Mémoires, S. 195). Zur EA. 1 gelangten in demselben Konzert noch „La Captive (Die Gefangene)" und „le jeune pâtre bréton (Der junge Bretagner Hirte)", beide gesungen von Frl. Falcon. EA. 3 ist bemerkenswert durch die Mitwirkung von Franz Liszt, der in diesem Konzert seine zweihändige Bearbeitung des Ball und des Gang zum Richtplatz aus der Phantastischen Symphonie spielte. — Auf der schon bei No. 1 erwähnten ersten deutschen Reise führte Berlioz den Pilgermarsch in Stuttgart und Hechingen, die drei ersten Sätze des Harold in Mannheim, den Pilgermarsch abermals in Weimar auf und brachte endlich in Dresden am 17. Februar 1843 die ganze Symphonie zum ersten Male in Deutschland zu Gehör. Das Programm dieses Konzerts ist bemerkenswert genug, dass es hier nach dem Original mitgeteilt wird.

Königlich Sächs. Hoftheater.

Freitag, den 17. Februar 1843.

Grosses Concert
unter der Direktion des Herrn Berlioz aus Paris.

Erster Theil.

1. **Ouverture** zu Benvenuto Cellini.
2. **Offertorium** aus einem Requiem.
   Instrumental-Fuge mit Chor auf zwei Noten.
3. **Reverie et Caprice,** Romanze für die Violine, vorgetragen vom Herrn ersten Conzertmeister **Lipinsky.**
4. **Der fünfte Mai,** Gesang mit Chor auf den Tod des Kaisers Napoleon; das Solo vorgetragen von Herrn **Wächter.**
5. **Harold;** Sinfonie in vier Abtheilungen mit obligater Viola, vorgetragen vom Herrn ersten Conzertmeister **Lipinsky.**
   1. Abth. Harold auf den Gebirgen, Scenen der Schwermuth, des Glückes und der Freude.
   2. „ Marsch der Pilger, welche das Abendlied singen.
   3. „ Serenade eines Bergbewohners in den Abruzzen an seine Geliebte.
   4. „ Orgie der Räuber. Erinnerungen an die vorhergehenden Scenen.

Zweiter Theil.

6. **Stanzen** aus dem Prolog zu **Romeo und Julie;** Symphonie mit Chören, gesungen von Mad. **Schubert.**
7. **Instrumentalfragment** aus derselben Symphonie. Romeo allein, entferntes Ball- und Konzertgeräusch. Grosses Fest bei Capulet.
8. **Die schöne Reisende.** Irländische Legende, gesungen mit Orchesterbegleitung von **Dem. Recio.** (Absence, Melodie mit Begleitung des Pianoforte).
9. **Oraison funèbre. — — Apotheose.**
   Fragment aus der Trauer- und Triumph-Symphonie für zwei Orchester und Chor.

   Sämmtliche Compositionen sind von Herrn Berlioz.

In seiner autobiographischen Skizze schreibt Berlioz: „16. Harold en Italie, Symphonie avec un alto principal, ou se retrouvent les impressions de voyage dans les Abbruzes et le souvenir des belles nuits sereines d'Italie." — Unbekannt ist die kurze Erläuterung die Peter Cornelius der Harold-Symphonie gegeben hat. Sie lautet nach dem Programm des 4. Konzerts der Gesellschaft der Musikfreunde am 16. März 1862 in Wien:

Harold in Italien.
Symphonie in vier Sätzen. Mit einer Solobratsche.

1. Harold im Gebirge (Adagio — Allegro). Wechselnde Empfindungen der Schwermut, der Freude und der Beseligung.
2. Marsch der Pilger, ihr Abendgebet singend.
3. Ständchen in den Abruzzen. (Nach einer Pifferari-Weise.)
4. Orgie der Banditen. Nachklänge aus den ersten Sätzen.

Anmerkung.

Die Benennung der Symphonie bezieht sich auf Lord Byrons Gedicht: „Ritter Harolds Brautfahrt", das in einzelnen Gesängen nach längeren Zwischenzeiten erschien, von denen namentlich der zweite „Harold in Italien" den allgemeinsten Enthusiasmus hervorrief. — In betreff der eigentümlichen Form dieses Musikwerkes dürfte vielleicht manchen Zuhörern die Andeutung nicht unwillkommen sein, dass ein Hauptmotiv in allen vier Sätzen wieder vorkommt und zu den verschiedenen Thematas derselben in die mannigfachsten Beziehungen tritt. Es ist dies die von der Solo-Bratsche gleich im ersten Einleitungssatze vorgetragene Melodie in G-dur in ungerader Takteinteilung. Nach der Absicht des Tonsetzers soll sie die Erscheinung des Dichters (Harold-Byron) versinnlichen, als eine Art Staffage sich von der jemaligen Umgebung abheben, in welche uns der Tonmaler versetzen möchte, so dass dies „persönliche Motiv" gewissermassen das in den vier Sätzen Gegebene, durch Titel Angedeutete, erlebt, und wandernd an sich vorübergleiten sieht. Wenn wir entgegenkommend den Standpunkt einnehmen, auf welchen uns der Tonmaler seinem Bilde gegenüber wünscht, so werden wir im Anhören der drei ersten Sätze einen Tag voll der innigsten Eindrücke mit dem wandernden Dichter verleben, und ihm sogar mit ungetrübtem Touristen-Humor im letzten Satze zu den Banditen folgen, als deren stolz bewirteten Gast, nicht als Gefangenen wir ihn betrachten müssen, wenn er unter dem wilden tollen Lärm die schöneren Eindrücke des Tages noch einmal heraufzubeschwören strebt um sie dichterisch festzuhalten.   Cornelius.

Briefwechsel zwischen Paganini, Berlioz usw.

1. Schreiben Paganinis an Berlioz:

„Mio caro amico. Beethoven estinto, non c'era che Berlioz che potesse rivivere; ed io che ho gustato le vostra divine composizioni, degne diun genio quale siete, credo mio dovere di pregarri a voler accetare in segno del mio omaggio ventimila franchi: quali vi saranno rimessi dal Sg-Baron de Rothschild dope che gli avrete prezentato l'acclusa.

„Credete mi sempre

„Il vostro affo amico

„Nicolo Paganini

„Parigi li 18 Decembre 1838."

*   *   *

2. Schreiben Paganinis an Rothschild:

„Monsieur le baron, je vous prie de vouloir remettre au porteur de la présente, M. Hector Berlioz, les 20,000 fr. que j'ai laissés en dépôt chez vous hier. Vous obligerez infiniment votre dévoué

„Nicolo Paganini."

*   *   *

3. Schreiben von Berlioz an Paganini:

„18. Décembre 1838.

„O digne et grand artiste Comment vous exprimer ma reconnaissance!! Je ne suis pas riche, mais croyez moi, le suffrage d'un homme de Génie tel que vous me touche mille fois plus que la générosité royale de votre présent. Les paroles me manquent, je courrai vous embrasser dès que je pourrai quitter mon lit où je suis encore retenu aujourd'hui

„H. Berlioz"

*   *   *

4. Schreiben von Berlioz an den Musikverleger Maurice Schlesinger in Paris.

„Mon cher Maurice

Je suis encore en lit, je souffre beaucoup. Mais il faut que je vous ecrire.
Paganini vient de m'envoyer une lettre qui m'a emu jusqu' aux larmes et qui contient un present de
vingt mille francs.

„H. Berlioz"

Liter. *Liszt, Franz*, „Berlioz und seine ‚Harold-Symphonie‘", Gesammelte Schriften IV, S. 1—102, Breitkopf & Härtel, Leipzig. — *Ritter, Hermann*, „Einiges zum Verständnis von Berlioz Haroldsymphonie und Berlioz' künstlerische Bedeutung." Zwei Vorlesungen, Georg Maske, Oppeln. — *Hahn, Arthur*, Musikführer No. 156, Schlesinger, Berlin. — *Kretzschmar, Hermann*, Kleiner Konzertführer No. 506, Breitkopf & Härtel, Leipzig.

(4.) Roméo et Juliette.

Symphonie dramatique, avec chœurs, solos de chant et prologue en récitatif choral d'après la tragédie de Shakespeare. op. 17. (Paroles de Emil Deschamps.)

Dédiée à Nicolo Paganini.

[Romeo und Julie.

Dramatische Symphonie, mit Chören, Gesangsoli und Prolog mit Chorrezitativen nach der Tragödie von Shakespeare. op. 17. (Text von Emil Deschamps.)

Nicolo Paganini gewidmet.]

Première partie. I. Introduction instrumental. Combats. Tumulte. Intervention du Prince. — II. Prologue. a) Récitatif chorale. *attacca* b) Strophes (Contralto). *attacca* c) Récitatif et Scherzetto (Tenor-Solo et petit chœur).

Deuxième partie. Roméo seul. Tristesse. Bruit lointain de bal et de concert. Grande fête chez Capulet (Orchestre seul).

Troisième partie. Nuit sereine. Le jardin de Capulet silencieux et désert. Les jeunes Capulets, sortant de la fête, passent en chantant des reminiscences de la musique du bal. — Scène d'amour. Juliette sur le balcon et Roméo dans l'ombre (Orchestre seul).

Quatrième partie. 1. Scherzo: La reine Mab, ou la fée des songes (Orchestre seul). — 2. Convoi funèbre de Juliette.

Marche fuguée, instrumentale d'abord, avec une psalmodie sur une seul note dans les voix; vocal ensuite avec la psalmodie dans l'orchestre. — 3. Roméo au tombeau des Capulets· Invocation. Reveil de Juliette. Elan de joie délirante, brisé par les premières atteintes du poison. Dernières angoisses et mort des deux amants (Orchestre seul). — 4. Finale. La foule accourt au cimetière. Rixe des Capulets et des Montagus. Récitatif et air du père Laurence. Serment de réconciliation.

[**Erster Teil.** I. Instrumental-Einleitung. Kampf. Tumult. Beilegung desselben durch den Fürsten. — II. Prolog. a) Chor-Rezitativ. *attacca* b) Lied (Altsolo). *attacca* c) Rezitativ und Scherzetto (Tenorsolo und kleiner Chor).

Zweiter Teil. Romeo allein. Melancholie. Konzert und Ball in der Ferne. Grosses Fest bei Capulet (Instrumentalsatz).

Dritter Teil. Capulets Garten in nächtlicher Stille. Die jungen Capulets ziehen, vom Feste heimkehrend, vorüber, Nachklänge der Ballmusik singend. — Liebesszene. Julie auf dem Söller, im Schatten lauschend Romeo (Instrumentalsatz).

Vierter Teil. 1. Scherzo: Königin Mab, die Traumfee (Instrumentalsatz). — 2. Juliens Leichenzug. Fugierter Marsch, zuerst im Orchester mit Psalmodie auf einem Tone im Chor; dann umgekehrt im Chor die Fuge und die Psalmodie im Orchester. — 3. Romeo in der Gruft der Capulets. Anrufung. Juliens Erwachen. Freudentaumel und die ersten Wirkungen des Giftes. Todesängste und Verscheiden der Liebenden (Instrumentalsatz). — 4. Finale. Das Volk eilt nach dem Friedhof. Streit zwischen den Capulets und Montagus. Rezitativ und Arie des Pater Lorenzo. Schwur und Versöhnung.]

SD. *I. 20 Min. II. 13 Min. III. 20 Min. IV. 1) 10 Min., 2) 9 Min., 3) 8 Min., 4) 20 Min.* **GD.** *ungefähr 1 St. 40 Min.*

Komp.: 24. Januar bis 8. September 1839 in Paris. Später mehrfacher Umarbeitung unterzogen. (S. Anm.)

EA.: A. In Frankreich: 1. Paris, Sonntag, d. 24. November 1839 im Saale des Konservatoriums in einem von Berlioz veranstalteten Konzert nach dem Manuskript unter Leitung von *Hector Berlioz;* Solisten: Mme. *Widemann* (Alt), die Herren *Alexis Dupont* (Tenor) und *A. J. Louis Alizard* (Bass). (S. Anm.) — 2. Ebendaselbst, Sonntag, d. 1. Dezember — und 3. Sonntag, d. 15. Dezember 1839 in demselben Saale nach Mspt. unter Leitung von *H. B.;* Solisten:

Mme. *Stoltz* und die Herren wie bei EA. 1. — B. EA. des vollständigen Werkes ausserhalb Frankreichs: Wien, Freitag, d.
2. Januar 1846 im Theater an der Wien im 4. der von Berlioz veranstalteten Konzerte nach Mspt. unter Leitung von *Groidl;* Solisten:
Frl. *Betty Bury* (Alt), die Herren *Behringer* (Tenor) und *Jos.
Staudigl* (Bass). (S. Anm.) — Prag, Freitag, d. 17. April 1846
im Saale auf der Sophien-Insel im 6. der von Berlioz veranstalteten
Konzerte nach Mspt. unter Leitung von *H. B.;* Solisten: Frl. *Rzepka*
(Alt), Herr *Strakaty* (Bass). (S. Anm.)

Ersch.: Partitur Oktober, Orchester- und Chorstimmen September 1847
bei Brandus & Co., Paris (2. vom Komponisten korrigierte Ausgabe
1857), Klavierauszug von Theodor Ritter November 1858 bei J. Rieter-
Biedermann, Winterthur.

Bes.: a) Soli: Alt. — Tenor. — Bass.

b) Chor: 2 vierstimmige gemischte Chöre und ein kleiner Chor
(Alt, Tenor, Bass) von 14—20 Stimmen, 2 vierstimmige
Männerchöre (nicht zu stark zu besetzen).

c) Orchester: Kl. Fl., 2 Fl., 2 Ob. (2. auch Engl. Hr.), 2 Klar.,
4 Fag., 4 Hr., 2 Tr., 2 Kornette, 3 Pos., Tuba (Ophikleide),
2 Paar Pauken, Gr. Tr., Becken, 2 Trgl., 2 baskische Trommeln,
2 antike Cymbeln (F u. B). — 2 Harfen (mehrfach zu besetzen). — Viol. I (15), Viol. II (15), Bratschen (10), Violoncell (6 erste und 5 bez. 8 zweite), Kontrabass (9). [NB. Die
in Klammer gegebene Besetzung ist die Mindestforderung
von Berlioz.]

Anmerkg. Der Gedanke Romeo und Julie zum Gegenstand eines musikalischen Werkes zu machen wird dem Jahre 1828 entstammen, in dem Berlioz
mit den Dichtungen Shakespeares durch die Vorstellungen des Frl. Smithson
bekannt wurde. Vier Jahre später veröffentlichte Berlioz den Plan in der Revue
européenne (Band III, März—Mai 1832, s. Prod'homme S. 197, Frankenstein
S. 123/24), die Ausführung jedoch geschah erst 1839. In den Mémoires (S. 219)
schrieb B. darüber: „Enfin, après une assez longue indécision je m'arrêtai à l'idée
d'une symphonie avec chœurs, solos de chant et récitatif choral, dont le drame de
Shakespeare, Roméo et Juliette, serait le sujet sublime de toujours nouveau. J'écrivis
en prose tout le texte destiné au chant entre les morceaux de musique instrumentale;
Émile Deschamps, avec sa charmante obligeance ordinaire et sa facilité extraordinaire,
le mit en vers, et je commençai. —
Ah! cette fois, plus de feuilletons, ou du moins presque plus; j'avais de l'ar-
gent, Paganini me l'avait donné pour faire de la musique, et j'en fis. Je travaillai
pendant sept mois à ma symphonie, sans m'interrompre plus de trois ou quatre jours
sur trente pour quoi que ce fût. — De quelle ardente vie je vécus pendant tout ce
temps! Avec quelle vigueur je nageai sur cette grande mer de poésie, caressé par la
folle brise de la fantaisie, sous les chauds rayons de ce soleil d'amour qu'alluma
Shakespeare, et me croyant la force d'arriver à l'île merveilleuse où s'élève le temple
de l'art pur!" — Die Umarbeitungen haben sich über das ganze Werk erstreckt
und noch bis zur 2. Ausgabe der Partitur, die an der Spitze die Worte
„2me Édition corrigé par l'auteur. 1857" trägt, gewährt. Über einige wichtige
Änderungen, wie Komposition einer neuen Coda an das Scherzo, grosser Strich

in der Erzählung des Pater Lorenzo usw. sind Andeutungen von Berlioz selbst
in seinen Memoiren und Briefen gemacht. Auf die Schwierigkeit des Verständnisses der Grabesszene macht B. schon in der Partitur aufmerksam, man wird
seinem Vorschlage, diese Szene in der Regel zu streichen, wohl zumeist nachkommen. — Die ersten Ausgaben der Partitur enthalten sowohl ein „Préface“,
wie auch „Observations pour l'éxecution“ aus Berlioz' Feder, die später weggelassen worden sind; „Préface“ ist auch noch in dem bei Rieter-Biedermann
1858 erschienenen Klavierauszuge abgedruckt. Beides wird, weil zur Geschichte
des Werkes gehörend, weiter unten im Wortlaut mitgeteilt. — Bei der von B.
geleiteten EA. 1 war das Orchester mit 160 Musikern besetzt, dem stand ein
verhältnismässig schwacher Chor von 98 Sängern zur Seite. Den rauschendsten
Beifall fanden das Fest bei Capulet und die Fee Mab, minder sprach die
Liebesscene an, doch steigerte sich der Erfolg von Aufführung zu Aufführung.
Schumann veröffentlichte in der Neuen Zeitschrift (1840, Bd. XII, No. 8, 9, 10,
13 u. 14) einen langen Artikel von Stephan Heller „Die neue Symphonie von
Berlioz“ (Auszug aus der Gazette musicale), dem einige über die Urform des
Werkes aufklärende Einzelheiten zu entnehmen sind. Die Symphonie war in
zwei Teile gegliedert, deren erster mit dem Scherzo schloss. Heller schreibt
dann: „Der zweite Teil beginnt mit einem anderen Prolog, dessen Rezitativ noch
merkwürdiger als das des ersten ist.

Plus de bal maintenant, plus de scène d'amour
La fête de la mort commence.

Einige Stellen haben vorzüglich meine Bewunderung erregt, so bei den Worten: *Romeo*
pousse un serre delirant; dann bei den Versen, welche von Bassstimmen gesungen werden:

Les deux familles ennemies
Dans les mêmes fureurs si long-temps affermies,
D'un saint moine, devant le lugabre tableau,
Entendent le parole austère,
Et sur les corps, objets d'amour et de douleurs,
Abjurent en ses mains la traine héréditaire.

Diese Strophe wird abwechselnd von zwei Posaunen und zwei Bässen unterstützt,
welches eine sehr schöne Harmonie gibt. Dieser prologische Chor schliesst unmittelbar darauf mit folgendem letzten Verse auf eine höchst ergreifende Weise:

Qui fit verser, hélas! tant de sang et de pleurs.“

Dieser 2. Prolog ist später gestrichen worden. Innerhalb des fugierten Marsches
(Leichenbegängnis) hatte Berlioz noch ein von ihm ganz unabhängiges Requiem
aeternam dona ei angebracht, wozu Heller bemerkt: „Es ist peinlich und unangenehm, dieselben Personen, welche erst so poetisch ‚Jetez de fleurs, etc.‘ gesungen
haben, gleich hinterher diesen monotonen Sing-Sang aufführen zu hören“. Am Schlusse
der Symphonie befand sich noch ein „etwas zu lang gezogener letzter Satz des
Orchesters“, der, wie auch das Requiem, später gestrichen ist. — Die „Allgemeine Musikalische Zeitung“ (Leipzig) brachte in No. 2 vom 8. Januar 1840
einen begeisterten Artikel über die ersten Aufführungen von Kastner; beide
Artikel erwähnen besonders die erstmalige Anwendung der antiken Cymbeln
(im Scherzo), die Berlioz aus Rom mitgebracht hatte. — Zu den EA. in Wien
und Prag ist zu bemerken, dass B. in jeder dieser Städte sechs Konzerte mit
wachsendem Erfolge veranstaltete. In der Berlioz-Literatur sind die Daten dieser
Konzerte nicht immer genau und vollzählig mitgeteilt, sie sind gewesen 1. in

Wien: 16., 23., 29. November 1845, 2., 11. Januar und 1. Februar 1846; 2. in Prag: 19., 25., 27. Januar, 31. März, 7. und 17. April 1846. Die Programme enthielten von Orchesterwerken die Phantastische Symphonie, Harold in Italien, Romeo und Julie (vollständig und in Bruchstücken), die Ouvertüren zu Vehmrichter, König Lear und Römischer Karneval (wurde stets wiederholt), das Finale aus der Trauer- und Triumph-Symphonie, die Aufforderung zum Tanz. — Die bei der EA. Wien und Prag gebrauchte deutsche Übersetzung stammte von Duisberg aus Paris. EA. Prag half Liszt vorbereiten, die Grabesszene war gestrichen. — In der autobiographischen Skizze sagt B.: *„Cet ouvrage est je crois l'un des meilleurs que j'aie produite"*.

Liter. *Pohl, Richard,* „Romeo und Julie, dramatische Symphonie", in „Hektor Berlioz, Studien und Erinnerungen", Bernhard Schlicke, Leipzig. — *Ambros, Aug. Wilh.,* „Die Grenzen der Musik und Poesie" S. 164 ff., Heinrich Matthes, Leipzig. — *Voltz, L.* und *Pochhammer, Arth.,* „Romeo und Julie" in „Hektor Berlioz, sein Leben und seine Werke" (Musikführer No. 92), Schlesinger, Berlin. — *Kretzschmar, Hermann,* Kleiner Konzertführer No. 516, Breitkopf & Härtel, Leipzig.

I. Préface.
(Nach der Partitur von 1857 und dem Klavierauszug von 1858.)
(Die eingeklammerten Schlusssätze befinden sich nur in dem Klavierauszuge.)

On ne se méprendra pas sans doute sur le genre de cet ouvrage. Bien que les voix y soient souvent employées, ce n'est ni un opéra de concert, ni une cantate, mais une sinfonie avec chœurs.

Si le chant y figure presque dès le début, c'est afin de préparer l'esprit de l'auditeur aux scènes dramatiques dont les sentiments et les passions doivent être exprimés par l'orchestre. C'est en outre pour introduire peu à peu dans le développement musicale les masses chorales, dont l'apparition trop subite aurait pu nuire à l'unité de la composition. Ainsi le prologue, où, à l'exemple de celui du drame de Shakespeare lui-même, le chœur expose l'action, n'est chanté que par quatorze voix. Plus loin se fait entendre (hors de la scène) le chœur des Capulets (hommes) seulement; puis, dans la céremonie funèbre, les Capulets hommes et femmes. Au début du final figurent les deux chœurs entiers des Capulets et des Montagus et le père Laurence; et à la fin les trois chœurs réunis.

Cette dernière scène de la réconciliation des deux familles est seule du domaine de l'opéra ou de l'oratorio. Elle n'a jamais été, depuis le temps de Shakespeare, représentée sur aucun théâtre; mais elle est trop belle, trop musicale, et elle couronne bien un ouvrage de la nature de celui-ci, pour que le compositeur pût songer à la traiter autrement.

Si dans les scènes célèbres du jardin et du cimetière, le dialogue des deux amants, les *aparté* de Juliette et les élans passionés de Roméo ne sont pas chantés, si enfin les duos d'amour et de désespoir sont confiés à l'orchestre, les raisons en sont nombreuses et faciles à saisir. C'est d'abord, et ce motif seul suffirait à la justification de l'auteur, parce qu'il sagit d'une sinfonie et non d'un opéra. Ensuite, les duos de cette nature ayant été traités mille fois vocalement et par les plus grands maîtres, il était prudent autant que curieux de tenter un autre mode d'expression. C'est aussi parce que la sublimité même de cet amour en rendait la peinture si dangereuse pour le musicien qu'il a dû donner à sa fantaisie une latitude que le sens positif des paroles chantées ne lui eût pas laissée, et recourir à la langue instrumentale, langue plus riche, plus variée, moins arrêtée et, par son vague même, incomparablement plus puissante en pareil cas.

[Cet arrangement pour le piano de ma sinfonie „Roméo et Juliette" a été fait sous mes yeux. Il me semble fidèle autant qu'une intelligente traduction puisse l'être. De plus il exempt des fautes et des erreurs assez graves, qui déparent tous les exemplaires de la grande partition répandus dans le public jusqu'à ce jour et dont plusieurs s'étaient reproduites dans les parties séparées d'orchestre. La nouvelle édition publiée en 1857 chez Brandus & Comp. à Paris est seule correcte et c'est d'après celle-là qu'a été transcrite la présente partition de piano et chant.]

Hector Berlioz.

II. Deutsche Übersetzung des Vorworts nach der Fassung im Klavierauszug.

Es wird wohl ohne Zweifel über die Gattung dieses Werkes kein Missverständnis obwalten. Obgleich der Gesang öfters darin zur Anwendung kommt, so ist es weder eine Konzertoper, noch eine Kantate, sondern eine Sinfonie mit Chören.

Wenn die Singstimmen fast gleich von Anfang an eintreten, so geschieht dies teils um den Zuhörer auf die dramatischen Szenen, deren Gefühle und Leidenschaften durch das Orchester geschildert werden sollen, vorzubereiten, teils auch um die Chormassen, deren zu plötzlicher Eintritt der Einheit des Werkes hätte schaden können, in der musikalischen Entwicklung nur allmählich einzuführen. So wird der Prolog, in welchem, gleich wie bei Shakespeares Drama selbst, der Chor die Handlung ausstellt, nur von vierzehn Stimmen gesungen. Später lässt sich (hinter der Szene) der Chor der Capulets (bloss Männerstimmen) hören; sodann in der Trauerzeremonie der ganze (gemischte) Chor der Capulets. Das Finale beginnt mit den beiden vollständigen Chören der Capulets und Montagues in Verbindung mit Pater Lorenzo und endigt mit sämtlichen drei vereinigten Chören.

Diese letzte Szene der Versöhnung zwischen den beiden Familien gehört einzig in das Gebiet der Oper oder des Oratoriums. Sie kam seit Shakespeares Zeiten niemals auf irgend einem Theater zur Aufführung, ist jedoch zu schön, zu musikalisch, und bildet einen zu würdigen Schluss für ein Werk dieser Art, als dass der Komponist sie anders hätte behandeln können.

Dass in den berühmten Szenen im Garten und auf dem Friedhofe der Dialog zwischen den beiden Liebenden, die a parte Juliens und die leidenschaftlichen Regungen Romeos nicht gesungen werden, dass endlich die Duette der Liebe und Verzweiflung dem Orchester anvertraut sind, dafür sind die Gründe zahlreich und leicht begreiflich. Der erste, welcher allein schon zur Rechtfertigung des Komponisten hinreichend wäre, ist, weil es sich um eine Sinfonie, und nicht um eine Oper handelt. Sodann war es, da ähnliche Duette schon sehr oft und von den grössten Meistern für Gesang geschrieben wurden, ebensowohl der Klugheit angemessen, als auch interessant, einmal eine andere Art der Behandlung zu versuchen. Auch machte die Erhabenheit selbst dieser Liebe deren Schilderung für den Tondichter so schwierig, dass er seiner Phantasie einen Spielraum geben musste, welchen der positive Sinn der gesungenen Worte nicht zugelassen hätte, und daher zur Instrumentalsprache seine Zuflucht nahm, einer Sprache, mit welcher, wegen ihrem grösseren Reichtume, ihrer grösseren Mannigfaltigkeit, ihrer Unbeschränktheit sogar, in diesem Falle ungleich mächtigere Wirkung erzielt werden konnte.

[Das Arrangement dieses Klavierauszuges meiner Sinfonie „Romeo und Julie" wurde unter meinen Augen gemacht. Es scheint mir so getreu, als eine geschickte, einsichtsvolle Übertragung es nur irgendwie sein kann. Zudem ist es frei von all den ziemlich groben Fehlern, welche sämtliche bisher im Publikum verbreitete Exemplare der Partitur verunzieren, und die auch teilweise sich in den Orchesterstimmen vorfinden. Die neue im Jahre 1857 bei Brandus & Co. in Paris erschienene Ausgabe ist die einzig korrekte und nach dieser wurde gegenwärtiger Klavierauszug bearbeitet.]

Hector Berlioz.

III. Observations pour l'exécution.
(Nach der Partitur von 1857.)

La meilleure manière de disposer les chœurs et l'orchestre pour l'exécution de cette symphonie est la suivante:

Dans un grand théâtre d'opéra, comme ceux de Paris, de Berlin, de Dresde, de Vienne, de Londres et de Saint-Pétersbourg, on établira un plancher sur l'emplacement qu'occupe ordinairement l'orchestre; ce plancher sera d'un pied et demi moins élevé que l'avant-scène. La ligne de la rampe sera fermée. Sur le théâtre on placera un grand *salon fermè*, dont le fond ira jusqu'au sixième plan à peu près; ou fond de ce décor, quatre gradins, chacun de deux pieds et demi de hauteur. Devant ces gradins restera libre le reste de l'avant-scène sur une profondeur de dix mêtres environ. Ces dispositions étant prises pour une masse de 270 exécutants, on placera sur *le plancher établi sur l'orchestre* et plus bas que celui du théâtre, *à droite*, le chœur des Capulets, *à gauche*, le chœur des Montagus. Les soprani, étant sur le devant chanteront *assis*; les ténors et les basses, au contraire, chanteront *debout*, leur voix, de cette façon, n'étant pas étouffées par les femmes qui occupent les premiers rangs.

Les choristes du prologue, dont on pourra élever le nombre jusqu'à vingt au lieu de quatorze, seront *debout* sur l'avant-scène (ligne de la rampe), et par conséquent derrière les chœurs des Capulets et des Montagus, mais plus élevés qu'eux. Les trois soli, contralto, ténor et le père Laurence, seront au milieu des voix du prologue et devant elles.

Tout près du prologue et des soli sera le *chef d'orchestre*. La masse entière des choristes et chanteurs, regardant le public et tournant le dos au chef d'orchestre, ne pourront en conséquence voir la mesure; mais un *maître de chant*, placé sur le devant du plancher de l'orchestre, devant les premiers rangs des soprani et tournant le dos au public, suivra tous les mouvements du chef d'orchestre et les communiquera aux chœurs avec la plus grande précision.

L'orchestre sera disposé à la manière ordinaire. Les premiers violons à droite sur la scène, et présentant le profil au public; les deuxièmes violons à gauche, dans la même position, et regardant les premiers violons. Entre eux un pupitre de contre-basse et un pupitre de violoncelle, et deux harpes. Tout le reste de l'orchestre sur les gradins dans l'ordre ordinaire, en ayant soin seulement de mettre les altos sur le devant. Les huit harpes supplémentaires, pour la deuxième partie (*la Fête chez Capulet*) trouveront de la place devant les deux masses de violons, le chœur du prologue devant sortir de la scène quand le prologue est terminé. Après le morceau de la Fête, on emportera les huit harpes, et leur place redeviendra libre pour la rentrée du petit chœur et des solistes, qui aura lieu après le scherzo seulement et avant de commencer le *Convoi funèbre de Juliette*.

J'ai expliqué, dans une note placée au bas de la partition, la manière d'exécuter le double chœur d'hommes derrière la scène; il n'y a pas besoin que le maître de chant qui le dirigera voie la mesure du chef d'orchestre: c'est à celui-ci de suivre le mouvement du chœur qu'il entendre aisément.

Il est mieux, dans la morceau instrumental de la *Fèe Mab*, de ne pas faire jouer toute la masse des instruments à cordes, si elle est très-considérable; il ne faut conserver que douze ou quatorze violons de chaque côté, dix altos, dix violoncelles et huit contrebasses au plus. En outre, il est prudent de p!acer, à ce moment-là, les deux cymbaliers chargés des parties de petites cymbales antiques en *si* b et en *fa*, tout près du chef d'orchestre, et non sur le dernier gradin de l'amphithéâtre, comme à l'ordinaire; sans cette précantion, à cause de leur éloignement et de la rapidité du mouvement, ils retarderont toujours. Enfin, les choristes, Capulets et Montagus, ne devront se placer en vue du public qu'après le scherzo instrumental, pendant l'entré acte qui sépare se morceau du *Convoi funèbre*.   H. Berlioz.

(5.) Grande Ouverture de „Waverley". op. 1bis.

„Dreams of love and Lady's charms
Give place to honour and to arms."

À Mr. le Colonel F. Marmion.

[Grosse Ouvertüre zu „Waverley". op. 1bis.

„Frauenzauber und Liebestraum
Geben Waffen und Ehre Raum."
_____ Walter Scott, Waverley.

Dem Obersten F. Marmion gewidmet.]

GD. 9 Min.

Komp.: 1827/28 in Paris.

EA.: A. In Frankreich: 1. Paris, Pfingstmontag, d. 26. Mai 1828 im Saale des Konservatoriums in dem ersten der von Berlioz veranstalteten Konzerte nach dem Manuskript unter Leitung von *Bloc* (Kapellmeister am Théâtre des Nouveautés). (S. Anm.) — 2. Ebendaselbst, Sonntag, d. 1. November 1829 im gleichen Saale im 2. der Berliozschen Konzerte nach Mspt. unter Leitung von *Antoine Habeneck*. (S. Anm.) — B. In Deutschland: 3. Leipzig, Montag, d. 11. November 1839 im Saale des Hotel de Pologne im 1. Konzert der Musikgesellschaft Euterpe unter Leitung von *J. J. H. Verhulst*. (S. Anm.)

Ersch.: Mit Genauigkeit nicht festzustellen. Wohl Mitte der Dreissiger Jahre sowohl in Partitur und Orchesterstimmen bei Richault, Paris. (Die Hofmeisterschen Monatsberichte zeigen das Erscheinen erst im 2. Vierteljahr 1839 an, sie hinken aber besonders bei ausländischen Werken immer lange hinterher.)

Orch.Bes.: 2 Fl. (2. auch kl. Fl.), 2 Ob., 2 Klar., 2 (bzw. 4) Fag., 4 Hr., 1 Kornett, 2 Tr., 3 Pos., Tuba, Pk. — Str.-Orch.

Anmerkg. Nach B.s Memoiren ist die Ouvertüre Waverley, die zu dem Walter Scottschen Roman geschrieben wurde und ursprünglich im Manuskript den Titel trug „Grande Ouverture caractéristique", später entstanden als die zu Vehmrichter. Beide Werke gehören noch in die Studienzeit von Berlioz am Pariser Konservatorium. Die Programme der EA. 1 und 2 sind mitgeteilt mit Rücksicht auf die gleichzeitig zur EA. 1 und 2 gelangende Vehmrichter-Ouvertüre bei den Anmerkungen zu dieser (S. No. 6). Die Frankensteinsche Übersetzung der Prod'hommeschen Berlioz-Biographie (s. Lit.) bringt S. 42 die Bemerkung, dass bei EA. 1 die Ouvertüre dreimal wiederholt wurde. In der Kritik des Figaro heisst es: „qui a été applaudie à trois reprises" (Prod'homme, S. 64), doch ist darunter nicht eine dreimalige Aufführung zu verstehen. Die Erläuterung gibt Berlioz selbst in seinem Briefe vom 6. Juni 1828 an Ferrand, in dem er schreibt·

„puis quelle a obtenu trois salves d'applaudissements" (Lettres intimes,
S. 10), also die Ouvertüre erhielt „drei Beifallssalven". — Robert Schumann widmete
der Ouvertüre eine lange Besprechung in der „Neuen Zeitschrift für Musik"
(1839, Bd. X, No. 47). Bereits hatte er den berühmten langen Artikel über
die Phantastische Symphonie und eine Kritik über die Vehmrichter-Ouvertüre
geschrieben und warm Berlioz' Partei ergriffen. In der erwähnten Besprechung
heisst es, nachdem die Rede von Ouvertüren von Verhulst und Bennet die Rede
war: „Andere Kränze sucht Berlioz, dieser wütende Bacchant, der Schrecken der
Philister, ihnen ein zottiges Ungeheuer geltend mit gefrässigen Augen. Aber wo erblicken wir ihn heute? Am knisternden Kamin, in einem schottischen Herrenhause,
unter Jägern, Hunden und lachenden Landfräuleins. Eine Ouvertüre zu — „Waverley"
liegt vor mir, zu jenem W. Scottischsten Roman . . . . Dazu nun schrieb
Berlioz eine Musik . . . . . . Berliozsche Musik muss gehört werden; selbst der
Anblick der Partitur reicht nicht hin, wie man sich auch vergebens mühen würde,
sie sich auf dem Klavier zu versinnlichen. Oft sind es geradezu nur Schall- und
Klangwirkungen, eigen hingeworfene Akkordklumpen, die den Ausschlag geben, oft
sonderbare Umhüllungen, die sich auch das geübte Ohr nach blossem Anblick der
Noten auf dem Papier nicht deutlich vorzustellen vermag. Geht man den einzelnen
Gedanken auf den Grund, so scheinen sie, für sich betrachtet, oft gewöhnlich, sogar
trivial. Berlioz hat sich in jedem seiner Werke anders gezeigt, sich in jedem auf
anderes Gebiet gewagt; man weiss nicht, ob man ihn ein Genie, oder einen frechen
Abenteurer nennen soll: wie ein Wetterstrahl leuchtet er, aber auch einen Schwefel-
gestank hinterlässt er; er stellt grosse Sätze und Wahrheiten hin und fällt bald darauf
in schülerhaftes Gelalle. . . . . . . Also eile man das Werk kennen zu lernen, das
trotz aller Jugendschwächen doch an Grösse und Eigentümlichkeit der Erfindung das
hervorragendste, was uns das Ausland an Instrumentalmusik neuerdings gebracht."
(S. den ganzen Artikel in Schumanns Gesammelten Schriften, 4. Aufl. 1891 „mit
Nachträgen und Erläuterungen von F. G. Jansen" II. S. 178.) — Die Ouvertüre
trägt die Opuszahl 1, ist so auch in B.s autobiographischer Skizze mit dem Zusatze „couleur mélodique, Ecossaise" aufgeführt. Als op. 1 waren früher jedoch
schon die „Nuit scènes de Faust" erschienen (S. No. 16 „Fausts Verdammung").
Das Titelblatt der ersten Ausgabe besagt, dass B. dieses opus 1 vernichtet habe
und Waverley als erstes Werk angesehen wünsche. Schumann macht dazu die
Bemerkung „Wer aber steht uns dafür, dass ihn das zweite Werk I später einmal
auch nicht mehr anmutet?" — Die bei EA. 3 hier zum erstenmal erwähnte
Musikgesellschaft Euterpe in Leipzig ist Anfang des Winters 1824 ins Leben
gerufen worden. Der Vereinigung von 6 jungen Künstlern und Dilettanten
(die Herren Krätzschmar, Fölk, Sipp, Sommerfeld, Hermsdorf und Rosenkranz),
die sich zur Aufführung von Orchesterwerken mit schwacher Besetzung zusammen-
fanden, wurde 1826 feste Organisation und Erweiterung gegeben. Die Euterpe
ist lange Zeit neben dem Gewandhause eine für Leipzigs Musikleben äusserst
wichtige Institution gewesen, die sich zeitweise der Unterstützung fortschrittlicher
Bestrebungen eifrig angenommen hat.

(6.) Grande Ouverture des „Francs-Juges". op. 3.

À mon ami Girard.

[Grosse Ouvertüre zu „Die Vehmrichter". op. 3.

Meinem Freunde Girard.]

GD. *14 Min.*

Komp.: 1827/28 in Paris.

EA.: A. In Frankreich: 1. Paris, Pfingstmontag, d. 26. Mai 1828 im Saale des Konservatoriums in dem ersten der von Berlioz veranstalteten Konzerte nach dem Manuskript unter Leitung von *Bloc* (Kapellmeister am Théâtre des Nouveautés). (S. Anm.) — 2. Ebendaselbst, Sonntag, d. 1. November 1829 im gleichen Saale im 2. der Berliozschen Konzerte nach Mspt. unter Leitung von *Antoine Habeneck*. (S. Anm.) — B. In Deutschland: 3a. Leipzig, Montag, d. 7.(?) und 3b Montag, d. 21.(?) November 1836 im Saale des Hotel de Pologne im 2. u. 3. Konzert der Musikgesellschaft Euterpe unter Leitung von *C. G. Müller*. (S. Anm.) — 4. Weimar, Sonntag, d. 19. März 1837 im Grossherzogl. Hoftheater im 1. Konzert der Hofkapelle zum Besten des Witwen-Pensionsfonds unter Leitung von *B. Chelard*. (S. Anm.)

Ersch.: 1834 bei S. Richault, Paris. (Der Hofmeistersche Monatsbericht zeigt das Erscheinen der Partitur erst im Juli 1837, S. 82, an.)

Orch.Bes.: 2 Fl. (beide auch kl. Fl.), 2 Ob., 2 Klar., 2 Fag., Kontrafag., 4 Hr., 1 Kornett, 2 Tr., 3 Pos., 2 Tuben, Pk., Gr. Tr., Becken. — Str.-Orch.

Anmerkg. „Lénor, ou les derniers Francs-Juges" ist der Titel eines „Drame lyrique en trois actes", das Ferrand zum Verfasser hatte. Berlioz, der sich mit der Komposition des Buches etwa schon im Herbst 1826 befasste, hat die Arbeit nicht zu Ende geführt. Mit dem 2. Akte begann er, es wird dann die Ouvertüre gefolgt sein, die also geschrieben war, bevor er das Textbuch zum 1. und 3. Akte in den Händen hatte, das geht wenigstens aus dem Briefe vom 28. Juni 1828 an Ferrand (lettres intimes IV) hervor „J'attends avec la plus vive impatience le premier et troisième acte des Francs-Juges." Über den Inhalt dieses „lyrischen Dramas" berichtet ausführlich Boschot in „La jeunesse d'un Romantique" S. 242 ff. Berlioz schreibt in den Memoiren (S. 39) allerdings von einer „grossen Oper", bekennt auch dort, dass er hier und da die besten Gedanken dieser Oper ausgearbeitet und in späteren Werken verwendet habe und teilt S. 44 mit, dass die Vehmrichter-Ouvertüre vor der zu Waverley entstanden ist. — Die EA. der Ouvertüre geschah in dem ersten Konzert, das Berlioz veranstaltete; er berichtet darüber und über die Schwierigkeiten, die ihm Cherubini machte, in den Memoiren XVIII und XIX. Folgende Werke gelangten zur Aufführung: Ouvertüre Waverley, Arie und Terzett mit Chor („Melodie pastorale") aus dem 2. Akte der Francs-Juges, Marche religieuse des

Mages, Resurrexit aus der 1824—27 komponierten Messe, Ouvertüre Francs Juges und Scène héroïque sur la Révolution grecque. Aufgeführt sollte noch werden die zur Erlangung des Rompreises geschriebene, von den Preisrichtern für unaufführbar erklärte Kantate „La Mort d'Orphée" (S. Anm. zu Lelio, No. 14), diese Aufführung fand jedoch wegen Heiserkeit des Solisten nicht statt. Sehr ausführlich beschreibt B. in dem Briefe vom 6. Juni 1828 an Ferrand (lettres intimes III) das ganze Konzert: „Grand, grand succès! Succès d'étonnement dans le public, et d'enthousiasme parmi les artistes. . . . . . Le seconde partie s'ouvrait par l'ouverture des Francs Juges. Il faut que je vous raconte ce qui etait arrivé à la première répétition de ce morceau. A peine l'orchestre a-t-il entendu cet épouvantable solo de trombone et d'ophicléide sur lequel vous mis des paroles pour Olmerik [Person im Drama], au troisième acte [folgt das Notenbeispiel] que l'un des violons s'arrête et s'écrie: — ‚Ah! ah! l'arc-en-ciel est l'archet de votre violon, les vents jouent de l'orgue, le temps bat la mesure.' Là-dessus, tout l'orchestre est parti et a salué par ses applaudissements une idée dont il ne connaissait pas même l'étendue; ils ont interrompu l'éxécution pour applaudir. Le jour du concert, cette introduction a produit un effet de stupeur et d'épouvante qui est dificile à décrire; je me trouvais à côté du timbalier, qui, me tenant un bras qu'il serrait de toutes ses forces, ne pouvait s'impêcher de s'écrier convulsivement, à divers intervalles ‚C'est superbe! . . . C'est sublime, mon cher! . . . C'est effrayant! il y a de quoi en perdre la tête! . . .' — De mon autre bras, je me tenais une touffe de cheveux que je tirais avec rage; j'aurais voulu pouvoir m'écrier, oubliant que c'était de moi. ‚Que c'est monstrueux colossal, horrible!'" usw. — Die Ouvertüre hat später mehrere Federn in Bewegung gesetzt. Robert Schumann schrieb zuerst darüber in der Neuen Zeitschrift für Musik (1836, IV, S. 101) eine Kritik, deren Schluss lautete: „Wir fordern einfür allemal unsre Nachkommen auf, uns zu bezeugen, dass wir in Hinsicht der Kompositionen von Berlioz mit unsrer kritischen Weisheit nicht wie gewöhnlich zehn Jahre hinterdrein gefahren, sondern im Voraus gesagt, dass etwas von Genie in diesem Franzosen gesteckt." (S. Schumanns Artikel über die Phantastische Symphonie NZfM. 1835, III, Anmerkg. zu No. 1.) Auf Schumanns Anregung ist auch die EA. in Deutschland zurückzuführen, die allerdings nicht, wie in der Berlioz-Literatur vielfach zu lesen ist, unter seiner Leitung stand. (S. EA. 3.) Die Daten der EA. 3ᵃ und ᵇ (Leipzig, Euterpe) sind vielleicht nicht unbedingt zuverlässig. Die Euterpe veranstaltete ihre Konzerte aller 14 Tage an Montagen. Das erste der Konzerte 1836/37 fand Montag, den 24. Oktober 1836 statt, darüber berichtet die Allgemeine Musikalische Zeitung in No. 45 vom 9. November 1836 (S. 745) mit Angabe des Programms in dem sich die Berliozsche Ouvertüre nicht befindet. In dem nächsten Bericht derselben Zeitung über die Euterpe-Konzerte (No. 1 vom 4. Januar 1837, S. 13) wird ohne Angabe von Daten mitgeteilt, dass die Ouvertüre in 2 auf einanderfolgenden Konzerten gespielt wurde. Programme sind nicht mehr vorhanden, auch geben weder andere Musik- oder Leipziger Tageszeitungen Daten an. Wohl aber enthält das Leipziger Tageblatt vom Mittwoch, den 16. November folgendes:

„Dank und Bitte.

Nächst dem Danke an unsern geehrten Musikdirektor Müller und sein braves Orchester für die erste Aufführung der Ouvertüre von Berlioz „Les francs Juges" (Die heimliche Vehme) ergeht hiermit an Ersteren die dringende Bitte um Wiederholung dieser so grossartigen und phantastischen Schöpfung im nächsten Euterpen-Konzerte.

Trotz des zweifelhaften Beifalls der meisten Anwesenden möchte es doch interessant sein, das erste hier aufgeführte Werk eines genialen Tonsetzers, der jetzt in Paris durch seine Sinfonien so grosses Aufsehen erregt, durch wiederholtes Anhören besser würdigen zu lernen.

Viele Freunde der Musik."

Nach einem 1837 erschienenen Schriftchen über die Euterpe ist die Ouvertüre dann auch — übereinstimmend mit dem genannten Bericht der Allg. Musik-Zeitung — im nächsten Konzert wiederholt worden. Der 2. und 4. Montag nach dem 24. Oktober 1836 waren die oben gegebenen Daten des 7. und 21. November d. J. Über die 3. Aufführung, die am 23. Oktober 1837 im ersten Konzert stattfand, ist ein Programm noch vorhanden auf der Leipziger Stadtbibliothek. Die musikgeschichtliche Bedeutsamkeit der ersten deutschen Aufführung eines Berliozschen Orchesterwerkes rechtfertigt hinlänglich diese ausführlichen Mitteilungen, umsomehr als die gesamte Berlioz-Literatur das wirkliche Datum dieser wichtigen EA. nicht kennt. Irreführen kann den Berlioz-Forscher noch ein falsches Datum in Schumanns Neuer Zeitschrift für Musik: In No. 52 des 7. Bandes (30. Juni 1837, S. 209) heisst es, dass in dem Winterhalbjahre 1836/37 vom 12. November bis 14. März zwölf Euterpe-Konzerte stattgefunden haben. Das falsche Datum des zwölften November ist in der 4. Auflage der Gesammelten Schriften (Bd. II, S. 40) richtig gestellt auf den 24. Oktober. — Nach Schumann kam J. E. Lobe zum Wort. Er veröffentlichte auch in der NZfM. (1837, VI, No. 37) ein „Sendschreiben ân Hector Berlioz in Paris" voll jugendlichen Enthusiasmus unter dem Eindrucke der EA. in Weimar (EA. 4), die er als 2. Bratschist mitgespielt hatte. Das Sendschreiben ist zu lang, als dass es hier mitgeteilt werden könnte, es muss der Hinweis auf die Quelle genügen. Einem anderen Mitarbeiter derselben Zeitung, Anton Zuccalmaglio, der unter dem Pseudonym „Dorfküster Gottschalk Wedel" (ausser anderen) schrieb, hatte die Ouvertüre nicht den Eindruck wie Schumann und Lobe gemacht, er sendete der Zeitschrift ein „Sendschreiben an die deutschen Tonkundigen" ein, das Schumann seiner Länge wegen und „weil uns die Ouvertüre nicht das viele Reden wert und mit den paar Worten, die die Zeitschrift Bd. IV, S. 101 (s. o.) über sie enthält, an ihre rechte Stelle gesetzt zu sein scheint" (B. VII, S. 128) ablehnte. Zuccalmaglio kürzte das Sendschreiben und bat die Redaktion um ein entscheidendes Schlusswort. Nun veröffentlichte es Schumann (1837, Bd. VII, No. 47, 49 und 50). Das Schlusswort ist nachzulesen in den Gesammelten Schriften Schumanns, 4. Aufl. 1891 „mit Nachträgen und Erläuterungen von J. G. Jansen" I, S. 340. Der Dorfküster Wedel fand übrigens für die erste lange Form seines Sendschreibens in der Leipziger Allgemeinen Musikalischen Zeitung an dem nichts weniger als fortschrittlich gesinnten Redakteur G. W. Fink einen dankbaren Abnehmer. Es erschien dort unter dem Titel „Die Vehmrichter-Ouvertüre und ihre Bewunderer" (1838 in No. 1), der Redakteur begleitete den Abdruck mit der Randbemerkung „Durch Zufall verspätet, aber wichtig." Die Correspondance inédite S. 116 enthält ein Schreiben von Berlioz an Schumann, das an die von letzterem vermittelte EA. Leipzig anknüpft und von ihm mit einer geringen Kürzung am Schlusse in der Neuen Zeitschrift für Musik (Bd. VI, 1837, No. 18) veröffentlicht wurde. Es ist so anziehenden Inhalts, dass auf seine Lektüre besonders verwiesen werden muss. („Neue Briefe" S. 44 ff.) Auch der Brief an den Verleger Hofmeister in Leipzig, in dem Berlioz gegen ein in dessem Verlage erschienenes vierhändiges Arrangement protestiert, gehört zur Kenntnis der Geschichte der

Ouvertüre (Correspondance inédite, S. 113, Neue Briefe S. 41 ff.) — Über das Konzert der EA. 2 ist zu bemerken, dass in diesem auch die Waverley-Ouvertüre (S. No. 5) zum 2. Male gespielt und „Le Concert de Sylphes“ (Huit Scènes de Faust, s. Fausts Verdammung) erstmalig aufgeführt wurde. Hierzu gehört der Brief an Ferrand vom 6. November 1829 (lettres intimes S. 54/55). — In der autobiographischen Skizze charakterisiert B. die Ouvertüre als *„dramatique, passionnée“*.

(7.) Grande Ouverture du Roi Lear,

tragédie de Shakespeare, à grand orchestre.   op. 4.

Dediée à Armand Bertin.

[Grosse Ouvertüre zu König Lear,

Trauerspiel von Shakespeare, für grosses Orchester.   op. 4.

Armand Bertin gewidmet.]

GD. *12 Min.*

Komp.: Mai 1831 in Florenz und Nizza. (S. Anm.)

EA.: A. In Frankreich: 1. Paris, Sonntag, d. 9. November 1834 im Saale des Konservatoriums in einem von Berlioz veranstalteten Konzert nach dem Manuskript unter Leitung von *Narcisse Girard*. (S. Anm.) — 2. Ebendaselbst, Sonntag, d. 14. Dezember 1834 usw. wie bei EA. 1. (S. Anm.) — B. In Deutschland: 3. Braunschweig, Sonnabend, d. 18. Januar 1840 im Saale des Medizinischen Gartens im 1. Vereinskonzert unter Leitung von *A. B. Bohrer*.

Ersch.: September 1839 bei Ch. S. Richault, Paris.

Orch.-Bes.: 2 Fl. (2. auch kl. Fl.), 2 Ob., 2 Klar., 2 Fag., 4 Hr., 2 Tr., 3 Pos., Tuba (Ophikleide), Pk. — Str.-Orch.

Anmerkg. Die Entstehung der Ouvertüre ist ziemlich genau aus Berlioz' Briefen und Memoiren zu ersehen. In der correspondence inédite (Brief vom 6. Mai 1831 aus Nizza an seine Freunde) schreibt er: „Je passais des journées sur le bord de l'Arno, dans un bois delicieux à une lieue de Florence, à lire Shakespeare. C'est là que j'ai lu pour la première fois le Roi Leare usw.“, am Schlusse des Briefes heisst es: „J'ai presque terminé l'ouverture du Roi Lear; je n'ai plus que l'instrumentation à achever. Je vais beaucoup travailler.“ Die Beendigung teilt er am 10. (oder 11.) Mai seinem Freunde Ferrand mit: „Mon répertoire vient d'etre augmenté d'une nouvelle ouverture (d. i. Rob Roy, Mac Gregor). J'ai achevé hier celle du Roi Lear de Shakespeare.“ (Lettres intimes XXXVII.) In seinen Memoiren (S. 126/27) schildert B. das Zusammentreffen mit der Polizei des Königs von Sardinien während der Zeit der Komposition. Er wurde als Spion beargwöhnt und aus Nizza verwiesen. — Im Konzert der EA. 1 wurden noch zum

ersten Male aufgeführt „Sara la baigneuse" (op. 11) und „La belle Voyageuse"
(aus op. 2). — EA. 2 geschah in dem Konzert, in dem auch EA. 2 der Harold-
Symphonie stattfand.

Liter. *Schattmann, Alfred,* Musikführer No. 292, Schlesinger, Berlin.

(8.) Ouverture de „Rob Roy".
[Ouvertüre zu „Rob Roy".]

G.D. 12 Min.

Komp.: Frühling bis Herbst 1831 in Nizza, Subiaco und Rom. (S. Anm.)

EA.: Paris, Sonntag, d. 14. April 1833 im Saale des Konservatoriums
im 5. Konzert der „societé des Concerts du Conservatoire" nach dem
Manuskript unter Leitung von *Antoine Habeneck.*

Ersch.: Partitur und Stimmen Januar 1900 in der Gesamtausgabe bei
Breitkopf & Härtel, Leipzig.

Orch.Bes.: 2 Fl. (2. auch kl. Fl.), Oboe, Engl. Hr., 2 Klar., 2 Fag., 4 Hr.,
2 Kornette, 2 Tr., 3 Pos., Pk. — Hfe. — Str.-Orch.

Anmerkg. Über die Komposition der Ouvertüre schreibt B. von Rom
am 1. Januar 1832 an Ferdinand Hiller: „Vous voulez savoir ce que j'ai fait depuis
mon arrivée en Italie; 1. ouverture du Roi Lear (à Nice); 2. ouverture de Rob Roy,
Mac Gregor (esquisse à Nice, et que j'ai eu la bêtise de montrer à Mendelssohn, à
mon corps défandant, avant qu'il y en eût la dixième partie de fixée). Je l'ai finie
et instrumentée aux montagnes de Subiaco" (Correspondance inédite, S. 91). In
Nizza war B. von Ende April bis Mitte Mai 1831, nach Subiaco ging er
von Rom aus im Juli und kehrte Anfang November d. J. nach Rom in die
Akademie (Villa Medici) zurück. Berlioz' eigene Aufzeichnungen sind massgebend
gewesen für die oben mitgeteilte Kompositionszeit, über die die Gesamtausgabe
schreibt „Rom 1832". „Mac Gregor ou *les Montagnards écossais*" war ein
zweiaktiges Theaterstück des Berlioz befreundeten Bohain, dessen Inhalt B.
zur Komposition eben dieser Ouvertüre „Rob-Roy ou Mac Gregor" Veranlassung
gegeben haben wird. — In den Memoiren (S. 155) erzählt B., dass er nach der
vom Publikum schlecht aufgenommenen EA. die Ouvertüre verbrannt habe. Sie
ist denn auch bis zur Herausgabe der gesamten Werke ungekannt geblieben.
Zu einer späteren eigenen Ausgabe konnte und durfte sich freilich Berlioz selbst
nicht entschliessen, denn ganze Partien der Ouvertüre hatte er später im Harold
in Italien verwendet. — Die Ouvertüre war das erste B.sche Werk, das in den
Pariser Konservatoriumskonzerten aufgeführt wurde. Es mussten 16 Jahre vergehen, ehe sich der Name Berlioz wieder auf den Programmen der Konzertgesellschaft fand, denn erst am 15. April 1849 führte man Bruchstücke aus
Fausts Verdammung auf.

(9.) Grande Ouverture de „Benvenuto Cellini".

Dédié à Mr. Ernest Legouvé.

[Grosse Ouvertüre zu „Benvenuto Cellini".

Ernst Legouvé gewidmet.]

G.D. *12 Min.*

Komp.: Anfang 1838 in Paris.

EA.: A. In Frankreich: 1. Paris, Montag, d. 10. September 1838 im Opernhause bei der ersten Aufführung der Oper „Benvenuto Cellini" nach dem Manuskript unter Leitung von *Antoine Habeneck.* (S. Anm.) — B. In Deutschland: 2. Braunschweig, Donnerstag, d. 9. März 1843 im Schauspielhause in einem von Berlioz veranstalteten Konzert unter Leitung von *Hector Berlioz.* (S. Anm.)

Ersch.: Partitur Juni 1839, Orchesterstimmen April 1855 bei M. Schlesinger, Paris und Berlin.

Orch.Bes.: 2 Fl. (2. auch kl. Fl.), 2 Ob, 2 Klar. (1. auch Bassklar.), 4 Fag., 4 Hr., 4 Tr., 2 Kornette, 3 Pos., Tuba, 3 Pauker mit 3 Pk., Gr. Tr., Becken, Trgl. — Str.-Orch.

Anmerkg. Der Zeitpunkt der Komposition lässt sich bestimmen durch einen Brief von B. an den Verleger Moritz Schlesinger in Paris vom 7. Januar 1838: „Il me faut absolument du repos et un abri contre les albums. Voici bientôt quinze jours que je cherche inutilement trois heures pour rêver à loisir à l'ouverture de mon opéra [d. i. Benvenuto Cellini]; ne pouvoir les obtenir est une supplice dont vous n'avez pas d'idée et qui m'est absolument insupportable. Je vous préviens donc que, dussé-je vivre de pain et d'eau, jusqu'au moment où ma partition sera finie, je ne veux plus entendre parler de critique d'aucune espèce" (Correspondance inédit, S. 122). Die Oper schrieb B. von 1835 bis April 1837, sie hatte bei ihren ersten Aufführungen in Paris (10., 12. und 14. September 1838 und 11. Januar 1839) das Gegenteil von Erfolg. Franz Liszt erweckte sie als unermüdlicher Vorkämpfer für B. am 20. März 1852 in Weimar zu neuem Leben. Die Berlioz-Literatur berichtet so eingehend über die ersten traurigen Schicksale der Oper, dass darauf verwiesen werden kann. Kapitel 48 der Memoiren enthält B.s eigene Schilderungen, denen in bezug auf die Ouvertüre zu entnehmen ist, dass man wenigstens ihr einen grossen Erfolg bereitete.

Liter. *Schattmann, Alfred,* Musikführer No. 292, Schlesinger, Berlin.

(10.) Le Carnaval Romain.

Ouverture caractéristique à grand orchestre. op. 9.

Dédié à S. A. S. le Prince de Hohenzollern-Hechingen.

[Römischer Karneval.

Charakteristische Ouvertüre für grosses Orchester. op. 9.

Seiner Hoheit dem Fürsten von Hohenzollern-Hechingen gewidmet.]

GD. 6 Min.

Komp.: 1843 in Paris, entworfen vielleicht schon auf der Reise in Deutschland.

EA.: A. In Frankreich: 1. Paris, Sonnabend, d. 3. Februar 1844 im Saale Herz in einem von Berlioz veranstalteten Konzert nach dem Manuskript unter Leitung von *Hector Berlioz*. (S. Anm.) — 2. Ebendaselbst, Sonnabend, d. 6. April 1844 in der Opéra comique in einem von B. veranstalteten Konzert nach Mspt. unter Leitung von *H. B.* — B. Ausserhalb Frankreichs: 3. Wien, Sonntag, d. 16. November 1845 im Theater an der Wien im 1. der sechs von B. veranstalteten Konzerte unter Leitung von *H. B.* (S. Anm.)

Ersch.: Partitur und Orchesterstimmen Juni 1844 bei Brandus & Co., Paris.

Orch.Bes.: 2 Fl. (2. auch kl. Fl.), 2 Ob. (2. auch Engl. Hr.), 2 Klar., 4 Fag., 4 Hr., 2 Tr., 2 Kornette, 3 Pos., Pk., Becken, Trgl.. 2 Baskische Trommeln. — Str.-Orch. (15, 15, 10, 12, 9 nach B.s Angabe!)

Anmerkg. Über die genaue Entstehungszeit verlautet in Berlioz' Briefen und Memoiren nichts. Die Ouvertüre, nach Motiven der Oper Benvenuto Cellini komponiert, ist später als 2. Ouvertüre zu derselben bezeichnet worden, sie wird vor deren 2. Akte gespielt. Zu der EA. hatten Proben mit den Musikern der Blasinstrumente nicht stattfinden können, trotzdem gelang die Ouvertüre so gut und gefiel so ausgezeichnet, dass sie wiederholt werden musste. (Mémoires, S. 212.) Dieses Schicksal ist der Ouvertüre treu geblieben insbesondere auf den Reisen B. in Deutschland und Russland. — Die in der Literatur vielfach falsch angegebenen Daten der 6 Wiener Konzerte sind richtig gestellt in den Anmerkungen zu Romeo und Julie (S. No. 4). Das Orchester für das Wiener Konzert (EA. 3) war zusammengestellt aus dem des Theaters a. d. Wien und dem des 2. Artillerie-Regiments. Das Programm enthielt: Ouvertüre zu Karneval in Rom (wurde wiederholt), Hymne mit Chor (?), Kavatine aus Benvenuto Cellini (Frl. v. Marra), die Harold-Symphonie (Bratsche Herr Heissler), „Le cinq mai" (Basssolo Herr J. Staudigl) und Apotheose-Finale aus der Trauerund Triumphsymphonie.

Liter. *Brecher, Gustav*, Musikführer No. 175, Schlesinger, Berlin.

(11.) **Ouverture du Corsaire.** op. 21.

À son ami Davison.

[Ouvertüre „Der Corsar". op. 21.

Seinem Freunde Davison gewidmet.]

GD. 8 Min.

Komp.: 1831/32 in Rom bzw. Nizza. (S. Anm.) Umgearbeitet 1855 in Paris.

EA.: A. In Frankreich: 1. Paris, Sonntag, d. 19. Januar 1845 im Cirkus Frankoni der Champs-Elysées im 1. der Musikfestkonzerte nach dem Manuskript unter Leitung von *Hector Berlioz*. (S. Anm.) — 2. Ebendaselbst, Sonntag, d. 1. April 1855 im Saale der Gesellschaft Saint-Cécile im letzten Konzert dieser Gesellschaft nach Mspt. unter Leitung von *H. B.* — B. In Deutschland: 3. Weimar, Sonnabend, d. 17. Februar 1856 im Grossherzogl. Schlosse in einem Hofkonzert unter Leitung von *H. B.*

Ersch.: Partitur und Orchesterstimmen 1855 bei S. Richault, Paris.

Orch.Bes.: 2 Fl., 2 Ob., 2 Klar., 2 Fag., 4 Hr., 2 Tr., 2 Kornette, 3 Pos., Tuba (Ophikleide), Pk. — Str.-Orch.

Anmerkg. Authentisch beglaubigt scheint die Kompositionszeit der Ouvertüre nicht. Als sie ihre erste Aufführung in Deutschland (s. EA. 3) erlebte, schrieben die damals von Weimar aus gut bedienten „Signale für die musikalische Welt" in No. 11 des Jahrgangs 1856 (28. Februar, S. 125) „es kam darin (in dem Hofkonzert) dessen Ouvertüre ‚die Corsaren' zur Aufführung, welche er in drei Tagen komponiert hatte, auf einer durch Sturm verzögerten Seereise" (!). Der Berichterstatter war zweifellos durch Berlioz selbst orientiert worden; gemeint ist der Seesturm, den B. zwischen dem 16. und 26. Februar 1831 auf seiner Fahrt nach Rom zwischen Marseille und Livorno erlebte. (Mémoires, S. 113 ff.) — Bei EA. 1 trug die Ouvertüre den Namen „Ouverture de la tour de Nice" (Der Turm von Nizza), der ja auch auf den italienischen Aufenthalt hinweist. Später arbeitete B. die Ouvertüre um und veröffentlichte sie unter dem obigen Titel, der vielleicht der ursprüngliche war, da sich B. vor und während seines Aufenthaltes in Italien mit der Lektüre von Byrons Werken viel beschäftigt und aus dessen gleichnamiger Dichtung die Anregung zur Komposition der Ouvertüre gewonnen haben wird.

II. Konzertstück mit Orchester.

(12.) Rêverie et Caprice
pour Violon avec accompagnement d'Orchestre ou de Piano.
op. 8.

À son ami J. Artot.

[Träumerei und Kaprice
für Violine mit Orchester- oder Pianofortebegleitung. op. 8.

Seinem Freunde J. Artot.]

GD. *9 Min.*

Komp.: 1839 in Paris.

EA.: A. In Frankreich: 1. Paris, Dienstag, d. 1. Februar 1842 im Saal Vivienne in einem von Hector Berlioz veranstalteten Konzert unter Leitung von *Hector Berlioz*, gespielt von *Delphin Alard*. — B. In Deutschland: 2. Leipzig, Sonnabend, d. 4. Februar 1843 im Saale des Gewandhauses in einem von H. B. veranstalteten Konzert unter Leitung von *H. B.*, gespielt von *Ferdinand David*. — 3. Dresden, Freitag, d. 17. Februar 1843 im Kgl. Hoftheater in einem grossen Konzert unter Leitung von *H. B.*, gespielt von *Karl Lipinsky*.

Ersch.: Mit Klavierbegleitung 1841 bei Mechetti, Wien; Partitur (und Orchesterstimmen?) 1854 bei Richault, Paris.

Orch.Bes.: Gr. Fl., Kl. Fl., 2 Ob., 2 Klar., 2 Hr., 2 Fag. — Str.-Orch.

Anmerkg. Folgende „Note" gab Berlioz seinem Werke bei:

Note de Berlioz.

Une lumière douce enveloppe la Terre de transparences. Des brumes frissonnent avec les senteurs du soir parmi les bouffeés de brise. Un homme regarde ces pâles clartés, écoute ces bruissements vagues. Mais il ne voit pas; il n'entend pas . . . Il rêve! Son cœur, tordu sous l'étreinte de la souffrance, gêmit sourdement. L'intensité de son mal lui révèle les délices incomprises du bonheur perdu. Il fouille le passé. Quelques sourires y apparaissent, épars au sein des amertumes . . . O nécessité implacable de croire et d'aimer! Son âme s'éveille sous leur rayonnement. Tout son être s'emplit d'avidités soudaines. L'avenir le fascine. Il va s'élancer dans ces sentiers lumineux où la vie se dépense insoucieuse, tout éperdu de tressaillements . . . Le doute le retient courbé sous son embrassement farouche. Il souffre encore; il désespère . . . Pourtant la vision le poursuit dans ses ténèbres. Des désirs insensés vibrent en lui. Il se débat contre la douleur qui l'enserre . . . Les regrets cédent à l'espérance. La soif triomphe du dégoût . . . Il revit! A lui les voluptés fougueuses, les plaisirs et les fièvres . . .

Erklärung von Berlioz.

Ein zartes Licht hüllt die Erde durchsichtig ein. Leise erschauern die Nebel und die Düfte des Abends unter den sanften Stössen des Windhauchs. Ein Mann ist in Betrachtung dieser bleichen Helle versunken, lauscht dem undeutlichen Rauschen. Aber er sieht nicht — er hört nicht — er träumt. Sein Herz windet sich dumpf stöhnend in der Umarmung des Leides. Die Gewalt seines Schmerzes enthüllt ihm ganz die unverstandene Wonne des verlorenen Glückes. Er durchwühlt die Vergangenheit. Weniges lächelt ihm dort, verstreut am Busen des Grames . . . O unerbittliche Notwendigkeit zu glauben und zu lieben! Seine Seele erwacht unter ihrem Strahlen. Sein ganzes Wesen wird von plötzlicher Begierde erfüllt. Die Zukunft fesselt ihn. Erbebend wird er sich in diese leuchtenden Pfade sorglosen Daseins-Genusses stürzen . . . Der Zweifel hält ihn zurück, beugt ihn in wilder Umarmung. Er leidet noch; er verzweifelt . . . Doch die Vision folgt ihm bis in seine Finsternis. Unsinniges Verlangen durchzittert ihn. Er kämpft mit dem Schmerz, welcher ihn zu erdrücken droht . . . Die Reue weicht der Hoffnung, der Abscheu der Begierde . . . Er lebt neu! Sein sind nun die wilden Wonnen, die Freuden und die Leidenschaften . . .

III. Chorwerke mit Orchester.

(13.) Grande Messe des Morts. op. 5.

Dédié à Mr. Le Comte de Gasparin, Pair de France.

[Grosse Totenmesse
für Tenorsolo, Gemischten Chor, ein Haupt- und vier Neben-Orchester.
op. 5.

Dem Grafen von Gasparin, Pair von Frankreich, gewidmet.]

I. Requiem und Kyrie (Chor). — II. Dies irae (Chor). — III. Quid sum miser (Chor). — IV. Rex tremendae (Chor). — V. Quaerens me (Chor a capella). — VI. Lacrymosa (Chor). — VII. Offertorium: Domine Jesu Christe (Chor). — VIII. Hostias (Männerchor). — IX. Sanctus (Tenorsolo und Chor). — X. Agnus Dei (Chor).

SD. I. 12 Min. II. 9 Min. III. 3 Min. IV. 6 Min. V. 5 Min. VI. 11 Min. VII. 8 Min. VIII. 3 Min. IX. 10 Min. X. 12 Min. GD. 80 Min.

Komp.: Ende März bis Ende Juni 1837. Die handschriftliche Partitur trägt das Vollendungsdatum: 29. Juni 1837. Später noch Abänderungen unterzogen.

EA.: A. In Frankreich: 1. Paris, Dienstag, d. 5. Dezember 1837 in dem Invalidendom bei dem Trauergottesdienst für den General Damrémont und die bei der Einnahme von Konstantine (Algier) [13. Oktober 1837] gefallenen französischen Offiziere und Soldaten nach dem Manuskript unter der Oberleitung von *François Antoine Habeneck*, Chorleitung: *Schneitzhoeffer;* Tenorsolo: *G. Duprez.* (S. Anm.) — B. In Deutschland das ganze Werk: 2. Altenburg Sonntag, d. 19. Juli 1868 in der Brüderkirche im 1. Konzert der 6. Tonkünstlerversammlung des Allg. Deutschen Musikvereins nach der vereinfachten Instrumentation von Karl Götze unter Leitung von *Karl Riedel;* Tenorsolo: Herr *Josef Schild,* Chor: *Der Riedelsche Verein aus Leipzig.* (S. Anm.) — 3. Halle, Sonnabend, d. 25. Juli 1874 in der Marktkirche im 1. Konzert der 12. Tonkünstlerversammlung des Allgem. Deutschen Musikvereins wieder nach der vereinfachten Instrumentation von K. G. unter Leitung von *Karl Riedel;* Tenorsolo: Herr *Pielke,* Chor: *Der Riedelsche Verein.* (S. Anm.) — 4. Karlsruhe, Donnerstag, d. 28. Mai 1885 in der städtischen Festhalle im 1. Konzert der 22. Tonkünstlerversammlung des Allgem. Deutschen Musikvereins zum ersten Male in Deutschland nach der Original-Instrumentation unter Leitung von *Felix Mottl;* Tenorsolo: Herr *Alfred Oberländer.* (S. Anm.) — C. Bruchstücke des Werkes: 5. Paris, Sonntag, d. 1. November 1840 im Saale der grossen Oper in einem vom Operndirektor Léon Pillet veranstaltetem grossen Konzert (Musikfest) das Dies irae und Lacrymosa unter Leitung von *Hector Berlioz.* (S. Anm.) — 6. Dresden, Freitag, d. 17. Februar 1843 im Kgl. Hoftheater in einem grossen Konzert. — 7. Leipzig, Donnerstag, d. 23. Februar 1843 im Saale des Gewandhauses im Konzert zum Besten der Armen. — 8. Braunschweig, Donnerstag, d. 9. März 1843 im Schauspielhause und 9. Berlin, Sonnabend, d. 8. April 1843 im Konzertsaale des Kgl. Opernhauses in von H. B. gegebenen Konzerten stets unter Leitung von *H. B.:* in Leipzig und Dresden das Offertorium, in Braunschweig ausserdem das Quarens me, in Berlin das Offertorium, Dies irae und Lacrymosa [in der Original-Instrumentation] (S. Anm.)

Ersch.: Partitur Oktober 1838, Orchester- und Chorstimmen Juli 1852 bei M. Schlesinger (Brandus & Co. Succeseurs), Paris.

Bes.: a) Solo: Tenor. (S. Anm.)
b) Chor: Sopran I u. II, Alt, Tenor I u. II, Bass I u. II.
c) Orchester: A. Hauptorchester: 4 Fl., 2 Ob., 2 Engl. Hr., 4 Klar., 8 Fag., 12 Hr., 4 Kornette, 4 Tuben. — Str.-Orch. (25, 25, 20, 20, 18). — Schlaginstrumente: 8 Paar Pk. mit 10 Paukern, Gr. Rolltr., Gr. Tr., Tamtam u. Becken. —

B. 4 Nebenorchester: 1. im Norden: 4 Kornette, 4 Pos.,
2 Tuben; 2. im Osten: 4 Tr., 4 Pos.; 3. im Westen: 4 Tr.,
4 Pos.; 4. im Süden: 4 Tr., 4 Pos., 4 Tuben. (S. Anm.)

Anmerkg. Die Geschichte der Entstehung und ersten Aufführung der
Totenmesse hat Berlioz in seiner phantastischen Weise in den Memoiren erzählt.
Im Jahre 1836 erhielt der damals Vierunddreissigjährige von dem Minister des
Inneren Adrien de Gasparin den Auftrag zur Komposition einer Totenmesse.
(Memoires S. 196 ff.) Sie sollte nach ministeriellem Beschlusse auf Regierungskosten bei der Trauerfeier für die bei der Revolution im Juli 1830 Gefallenen
am 29. Juli 1837 aufgeführt werden. B. schrieb in den Memoiren: „Le texte
du Requiem était pour moi une proie dès longtemps convoitée, qu'on me livrait enfin,
et sur laquelle je me jetai avec une sorte de fureur. Ma tête semblait prête à crever
sous l'effort de ma pensée bouillonante" usw. Ähnlich an seine Schwester bereits
am 17. April 1837: „J'ai eu de la peine à dominer mon sujet: dans les premiers
jours, cette poésie de la Prose des morts m'avait enivré et exalté, à tel point que rien
de lucide ne se présentait à mon esprit, ma tête bouillonait, j'avais des vertiges.
Aujourd'hui l'éruption est réglée, la lave a creusé son lit, et, Dieu aidant, tout ira bien.
C'est une grande affaire!" usw. (S. auch den Brief an Ferrand vom 11. April 1837
in lettres intimes, S. 176.) Ein ministerieller Beschluss, nach dem die *Cérémonie
funèbre des victimes de Juillet* im Invalidendom ohne Musik stattfinden solle,
machte den bereits begonnenen Proben ein Ende. Um das Zustandekommen
der EA. am 5. Dezember 1837 hat sich B. nach den bei Prod'homme mitgeteilten Briefen („Hector Berlioz", S. 167/68) an Alexander Dumas und den
Kriegsminister Bernard selbst lebhaft bemüht, danach scheint die Erzählung
in den Memoiren nicht durchaus glaubhaft. — Als Vorbereitungen zu der
Totenmesse sind aus Berlioz' früheren Werken und Plänen anzusehen das Iterum
venturus aus seiner, am 10. Juli 1825 in der Kirche Saint-Roch unter Leitung
des Kapellmeisters der grossen Oper Valentino aufgeführten ersten Messe und
die Konception eines Oratoriums „Le Dernier Jour du monde". Der hierüber
an Ferrand am 3. Juli 1831 aus Rom gerichtete Brief enthält darüber folgende
Sätze: „Les morts sortant du tombeau, les vivants éperdus poussant des cris d'épouvante,
les mondes fracassés, les anges tonnant dans les nuées, formeraient le final de ce drame
musical. Il faut, comme vous pensez bien, employer des moyens entièrement nouveau.
Outre le deux orchestres, il y aurait quatre groupes d'instruments de
cuivre placés aux quatre points cardinaux du lieu de l'éxécution."
(Lettres intimes, S. 104.) — Es ist übrigens bisher nicht genügend beachtet
worden, welche Freiheiten sich B. bei der Gruppierung des liturgischen Textes
genommen hat. In das Rex tremendae nahm er das Confutatis und ganze Sätze
aus dem Offertorium hinein, die dann natürlich in diesem fehlen. Das Quid
sum miser, das Quaerens me u. s. f. stellte er sich nach seinem Belieben und
Bedürfnis ganz willkürlich zusammen, dem Offertorium gab er die Überschrift
„Chœur des âmes du purgatoire", worüber das Programmbuch der EA. Altenburg besagt, dass diese Bezeichnung „den Chor mit dem Reize einer dramatischen Person auftreten lässt". Das Benedictus liess B. ganz weg. Diese mit
grosser Unbekümmertheit vorgenommenen, von der liturgischen Vorschrift stark
abweichenden, die schöne Dichtung der Sequenz Dies irae zerpflückenden
Berliozschen Gruppierungen werden am besten durch folgende Gegenüberstellung
veranschaulicht:

Liturgischer Text.

(Nach Joh. Kayser „Beiträge zur Geschichte und Erklärung der alten Kirchenhymnen", II, S. 202 und nach dem Graduale Romanum.)

1. Dies irae, dies illa
   Solvet saeclum in favilla
   Teste David cum Sibylla.

2. Quantus tremor est futurus,
   Quando judex est venturus
   Cuncta stricte discussurus!

3. Tuba mirum spargens sonum
   Per sepulchra regionum
   Coget omnes ante thronum.

4. Mors stupebit et natura
   Cum resurget creatura
   Iudicanti responsura.

5. Liber scriptus proferetur
   In quo totum continetur
   Unde mundus judicetur.

6. Iudex ergo cum sedebit
   Quidquid latet, apparebit
   Nil inultum remanebit.

7. Quid sum miser tunc dicturus
   Quem patronum rogaturus
   Cum vix justus sit securus

8. Rex tremendae majestatis
   Qui salvandos salvas gratis
   Salva me, fons pietatis.

9. Recordare, Jesu pie,
   Quod sum causa tuae viae,
   Ne me perdas illa die.

10. Quaerens me sedisti lassus
    Redemisti crucem passus:
    Tantus labor non sit cassus!

11. Juste judex ultionis,
    Donum fac remissionis
    Ante diem rationis!

12. Ingemisco tanquam reus,
    Culpa rubet vultus meus
    Supplicanti parce, Deus.

13. Qui Mariam absolvisti
    Et latronem exaudisti,
    Mihi quoque spem dedisti.

14. Preces meae non sunt dignae,
    Sed tu bonus fac benigne,
    Ne perenni cremer igne.

15. Inter oves locum praesta
    Et ab hoedies me sequestra,
    Statuens in parte dextra.

16. Confutatis maledictis,
    Flammis acribus addictis
    Voca me cum benedictis!

17. Oro supplex et acclinis
    Cor contritum quasi cinis
    Gere curam mei finis!

18. Lacrimosa dies illa,
    Qua resurget ex favilla
    Iudicandus homo reus.

Fassung von Berlioz.

Die fettgedruckten Anfangsworte sind die Berliozschen Satzüberschriften.

Dies irae, dies illa
Solvet saeclum in favilla
Teste David cum Sibylla.

Quantus tremor est futurus,
Quando judex est venturus
Cuncta stricte discussurus

Tuba mirum spargens sonum
Per sepulchra regionum
Coget omnes ante thronum.

Mors stupebit et natura
Cum resurget creatura
Iudicanti responsura.

Liber scriptus proferetur
In quo totum continetur
Unde mundus judicetur.

Iudex ergo cum sedebit
Quidquid latet, apparebit
Nil inultum remanebit.

Quid sum miser tunc dicturus
Quem patronum rogaturus
Cum vix justus sit securus

9. Recordare, Jesu pie,
   Quod sum causa tuae viae
   Ne me perdas illa die.

17. Oro supplex et acclinis
    Cor contritum quasi cinis
    Gere curam mei finis

8. **Rex tremendae** majestatis
   Qui salvandos salvas gratis,
   Salve me, fons pietatis!

9. Recordare, Jesu pie
   Quod sum causa tuae viae

16. Confutatis maledictis,
    Flammis acribus addictis,
    Voca me et de profundo lacu libera me
    de ore leonis, ne cadam in obscurum,
    ne absorbeat me tartarus.

10. **Quaerens me** sedisti lassus,
    Redemisti crucem passus;
    Tantus labor non sit cassus!

11. Juste judex ultionis
    Donum fac remissionis
    Ante diem rationis!

12. Ingemisco tanquam reus,
    Supplicanti parce deus!

14. Preces mea non sunt dignae
    Sed tu, bonus, fac benigne,
    Ne perenni cremer igne.

13. Qui Mariam absolvisti
    Et latronem exaudisti,
    Mihi quoque spem dedisti.

15. Inter oves locum praesta
    Et ab hoedies me sequestra,
    Statuens in parte dextra.

19. Huic ergo parce, Deus
Pie Jesu Domine
Dona eis requiem. Amen.

18. Lacrimosa dies illa
Qua resurget ex favilla
Iudicandus homo reus!
19. Pie Jesu, Domine,
Dona eis requiem.

Die in der Berliozschen Fassung in das Rex tremendae eingeschmuggelten Sätze aus dem Offertorium sind oben kursiv gedruckt.

Die Leitung der EA. 1 konnte B. nicht erreichen, er musste sie A. Habenek überlassen. Die Memoiren erzählen von einer Prise Tabak, die der Dirigent im ungeeignetsten Zeitpunkte, beim Beginn des tuba mirum genommen haben und womit er das Gelingen dieser Stelle mit den ersten Einsätzen der vier Nebenorchester gefährdet haben soll. Die Wahrheit dieses Intermezzo wird bezweifelt. Die EA. war von grossem Erfolge begleitet, sie fand mittags 12¹/₄ Uhr „devant les princes, les ministres, les pairs, les députés, toute la presse française, les correspondents des presses étrangères et une foule immense", wie B. in den Memoiren berichtet, statt und machte den Komponisten populär. (S. lettres intimes, S. 178 ff.) Für Schumanns Neue Zeitschrift für Musik schrieb C. A. Mangold (später Hofmusikdirektor in Darmstadt, gest. 1889 in Oberstdorf) eine allerdings sehr absprechende Kritik, die hier in der Hauptsache mitgeteilt wird (B. VIII, No. 6 vom 19. Januar 1838): Berlioz ist vorzuwerfen, dass er für die Kirche schreibt, ohne die höhere Bedeutung derselben erkannt zu haben, ohne von dem Heiligen derselben durchdrungen zu sein. Er schreibt musikalische Phantastereien nieder, statt ein gläubiges, schlichtes und grossartig fühlendes Gemüt uns zu entfalten und springt mit struppigen Haaren und zerlumpten Kleidern in Krautfeldern umher, statt auf dem gesitteten auf dem geebneten Wege, d. h. auf dem einzigen Wege des Wahren und Schönen zu bewegen . . . Nicht zu leugnen ist, dass schöne Ideen mitunter in dem Werke sind, dass Einzelnes sich über das Gewöhnliche erhebt . . . doch bleibt die Behandlung so kleinlich, so fratzenhaft, dass es zu einer dauernden Erhebung nie kommt. Violinen, Kontrabässe, Posaunen und Flöten, alles tanzt und gaukelt an unseren Sinnen vorüber, wie Geister und Schatten. Das ist ein Topf mit Salamandern, Kröten, Unken, Luchsaugen usw der überfliesst und das Feuer, das ihn erhitzt, selbst auslöscht" usw. Ein anderer Berichterstatter derselben Zeitung (vielleicht J. Mainzer?) urteilt anders „Das harmonische Gedicht des Herrn B. ist empfangen und wiedergegeben in kolossalen Verhältnissen, alle Schätze der Begeisterung sind darin mit vollen Händen ausgestreut, es ist nicht allein der Genius der Kunst, der dies Werk diktiert hat, es ist geschaffen für eine Idee und nicht für einen Menschen". (A. o. a. O.) — Über die anderen EA. ist folgendes von Interesse. Im Auftrage des Allgem. Deutsch. Musikvereins verfertigte der Musikdirektor Karl Götze in Weimar eine Umarbeitung der Instrumentation für die übliche Orchesterbesetzung. Das Manuskript dieser Bearbeitung befindet sich im Besitze des Riedelschen Vereins in Leipzig. Die EA. in Altenburg und Halle sind nach dieser, seinerzeit vielleicht verdienstvollen Reduktion geschehen. Das Quaerens me wurde, wie es überhaupt stets empfehlenswert sein und bleiben wird, beide Male von einem kleinen Chor, der damals aus den Solisten der Musikfeste bestand, gesungen. Die erste Aufführung in Deutschland nach der Originalinstrumentation in Karlsruhe (EA. 4) geschah in grossem Stile. Einem Orchester von 120 Musikern stand ein Chor von ungefähr 600 Sängern zur Seite. Beinahe 50 Jahre waren seit Entstehung des Werkes verstrichen, ehe es in seiner Originalform vollständig in Deutschland zur Aufführung kommen konnte. — Die unter „Orchesterbesetzung" gegebenen Zahlen stellen Berlioz' Forderungen nach der Originalpartitur dar. Diese starke Besetzung mag für die Räume des Invalidendoms in Paris nötig gewesen sein, unbedingt erforderlich ist sie nicht. Man kommt, ohne die Wirkung zu beeinträchtigen, mit sehr viel weniger Musikern aus. Für die Blasinstrumente im Hauptorchester schreibt der Komponist beinahe durchgehends doppelte Besetzung vor, die nicht unbedingt nötig ist. Die Nebenorchester sind stark genug, wenn sie folgendermassen besetzt werden: 1. Im Norden: 2 Kornette, 2 Pos., 1 Tuba in B; 2. im Osten: 2 Tr. in F, 2 Tr. in B, 2 Pos.; 3. im Süden: 2 Tr. in Es, 2 Pos.; 4. im Westen: 2 Tr. in tief B, 2 Pos., 2 Tuben in F. Die in Deutschland beliebte Art, die 4 Nebenorchester auf den Galerien oder sonstwo getrennt vom Hauptorchester zu plazieren, widerspricht den Vorschriften des Komponisten. B. schreibt ausdrücklich in der Partitur: les quatre petits Orchestres, d'instruments de cuivre doivent être placés isolément, aux quatre angles de la grande masse chorale et instrumentale. Vereinigungen oder Unternehmungen die über die Mittel verfügen, das Requiem nach der Original-Instrumentation aufführen zu können, werden auch den Raum gewinnen und die Mittel aufwenden können für die 4 Estraden, die an den vier Ecken (angles) oder Winkeln des Podiums zu errichten sind. Die Gesamtwirkung gewinnt zudem ganz bedeutend dadurch und es ist nicht abzustreiten, dass die Aufstellung auf Galerien, entfernt von der Hauptmasse, besondere Dirigenten erfordernd und niemals die Gewähr für tadelloses Zusammenwirken gebend, etwas reklamöses hat. Verfasser versichert aus Erfahrung, dass die 4 Estraden ohne grossen Kostenaufwand zu beschaffen sind. Wenn B. selbst seinerzeit in Baden-Baden die 4 Nebenorchester auf einer Tribüne hinter dem Orchester aufstellen liess (S. A travers chants I, 23), so hat er damit doch seiner Forderung, die Nebenorchester in Verbindung mit dem Hauptorchester aufzustellen, Genüge geleistet. Die von B. vorgeschriebenen 8 Paar Pauken mit 10 Schlägern sind nicht nötig. B. selbst hatte für die erwähnte Aufführung in Baden-Baden die Paukenstimmen auf drei eingeschränkt und danach eingerichtet (S. a. a. O.), er hat dabei vieles weglassen müssen. Man kann mit 10 Pauken (darunter allerdings 2 Maschinenpauken) mit 4 Paukern auskommen, ohne einen wesentlichen Ton der B.schen Originalinstrumentation wegzulassen. Mit weniger Pauken ist es unmöglich. Für die übrigen Schlaginstrumente genügen bei praktischer Einteilung drei Musiker. Nicht unerwähnt bleibe hier, dass das Quaerens me am besten von einem ausgewählten kleinen Chor gesungen wird und dass die von B. selbst angeregte (S. Partitur) Ersetzung des Solotenors durch 6—10 ausgesuchte Chor-Tenöre den Solisten erspart, ohne dass die Wirkung irgend erheblich beeinträchtigt wird. —

Liter. *Grüters*, *August*, „Requiem" in „Hektor Berlioz, sein Leben und seine Werke" (Musikführer No. 9/10), Schlesinger, Berlin. — *Kretzschmar*, *Hermann*, Kleiner Konzertführer No. 515, Breitkopf & Härtel, Leipzig.

(14.) Lelio ou Le Retour à la vie.

Monodrame lyrique avec orchestre, Chœurs et soli invisibles
suite et fin de la Symphonie fantastique. op. 14bis.

Paroles de Hector Berlioz.

À mon fils Louis Berlioz.

[Lelio oder die Rückkehr ins Leben.

Lyrisches Monodrama mit Orchester, unsichtbaren Chor und Soli.
Fortsetzung und Ende der Phantastischen Symphonie. op. 14^b.

Meinem Sohne Louis Berlioz.]

*GD. Ungefähr 1 St. 15 Min. (Richtet sich ganz nach dem Tempo
des Deklamators. Die Musikstücke beanspruchen etwa 45 Min.)*
1. Le Pêcheur. [Ballade de Goethe.] — 2. Chœur d'Ombres. — 3. Chanson
de Brigands. — 4. Chant de Bonheur. — 5. La Harpe Eolienne.
Souvenirs. (Orch.) — 6. Fantaisie sur la Tempête de Shakespeare.
(Chœur et Orch.)
[1. Der Fischer. [Ballade von Goethe.] (Tenorsolo.) — 2. Geisterchor. —
3. Räuberlied. (Baritonsolo und Männerchor.) — 4. Gesang des Glückes.
(Tenorsolo.) — 5. Die Äolsharfe. Erinnerungen. (Orch.) — 6. Phantasie über Shakespeares „Sturm". (Chor, Orch. u. Klavier zu 4 Hd.)]

Komp.: No. 1 1827 in Paris. No. 2, entnommen aus der im Juli 1829
zur Erlangung des Rompreises geschriebenen Kantate „Kleopatra", in
Paris. No. 3 1829 oder 1830 in Paris. No. 4 u. 5, entnommen aus
der im Juni 1827 zur Erlangung des Rompreises geschriebenen Kantate
„Der Tod des Orpheus", in Paris. No. 6 September und Oktober 1830
in Paris. Das ganze Werk im Mai 1831 auf der Reise von Nizza
nach Rom entworfen, vollendet im Herbst 1832 in La Côte-St. André.
(S. Anm.) Später sehr geändert.

EA.: A. In Frankreich: „La Tempête": Paris, Sonntag, d. 7. November 1830 in der Grossen Oper in einem Konzert zum Besten der
Theater-Pensionskasse nach dem Manuskript unter Leitung von *Narcisse
Girard.* — Das ganze Werk: 1. Paris, Sonntag, d. 9. Dezember
1832 im Saale des Konservatoriums in einem von Hector Berlioz
gegebenen „dramatischen" Konzert nach Mspt. unter Leitung von
François Antoine Habeneck; Deklamation: Mr. *Bocage,* Tenorsolo:
Mr. *Alexis Dupont.* (S. Anm.) — 2. Ebendaselbst, Sonntag,
d. 30. Dezember 1832 Wiederholung im gleichen Saale mit denselben
Solisten und unter gleicher Leitung. — B. In Deutschland:
3. Weimar, Mittwoch, d. 21. Februar 1855 im Grossherzogl. Hof-

theater im Konzert zum Besten des Pensionsfonds für die Witwen und Waisen verstorbener Kapellmitglieder nach Mspt. mit der deutschen Übersetzung von P. Cornelius unter Leitung von *Hector Berlioz*; Deklamation: Herr *Grans*, Tenorsolo: Herr *Caspari*, Baritonsolo: Herr *v. Milde*, am Klavier: *Franz Liszt*. (S. Anm.) (1. Bühnen-Aufführung.)

Ersch.: Partitur Oktober 1857, Orchester- und Chorstimmen und Klavierauszug Oktober 1855 bei S. Richault, Paris.

Bes.: a) S o l i : 2 Tenöre (1 genügt), Bariton. Ein Deklamator.
b) C h o r : Sopran I u. II, Alt, Tenor I u. II, Bass I u. II.
c) O r c h e s t e r : 2 Fl. (2. auch kl. Fl.), 2 Ob. (2. auch Engl. Hr.), 2 Klar., 2 Fag., 4 Hr., 2 Kornette, 2 Tr., 3 Pos., Tuba, 2 Paar Pk., Gr. Tr., Becken, Tamtam, Gr. Rolltrommel. — Hfe., Pianoforte 2- u. 4händig. — Str.-Orch. (1 Vl. u. 2 Vl. mit je 4 Soli, Celli mit 4 Soli, Kontrabässe mit 2 Soli).

A n m e r k g . Lelio ist, wie der Originaltitel zeigt, als Ergänzung der Phantastischen Symphonie gedacht und bildet mit ihr zusammen die „Épisode de la vie d'un artiste." Die Anzeige für die EA. 1855 in Weimar lautete:

„E p i s o d e a u s d e m L e b e n e i n e s K ü n s t l e r s .
Gedichtet und komponiert von Hector Berlioz.
Erster Teil: Phantastische Symphonie in 5 Sätzen.
Zweiter Teil: Rückkehr ins Leben. Lyrisches Melodram."

Die oben kurz skizzierte Entstehung des absonderlichen, nichts weniger als ein aus einem Gusse geschaffenen Werkes sei hier im einzelnen erläutert. Der heftigen Leidenschaft für die englische Schauspielerin Smithson folgte die Liebe zu Camilla Moke (später die als Klavierspielerin berühmt gewordene Camilla Pleyel). Die Briefe an Ferrand (lettres intimes) lassen erkennen, dass diese Liebe nicht so harmlos war, wie sie Berlioz in seinen Memoiren glaubhaft machen wollte. Als erstes künstlerisches Ergebnis dieser neuen Leidenschaft ist die „Ouverture de la Tempête de Shakespeare" anzusehen; der Absicht, sie zu komponieren, wird erstmalig Erwähnung getan in dem Briefe vom 23. August 1830. „Le nouveau chef d'orchestre (des italienischen Theaters) m'a demendé de lui écrire une ouverture pour ce jour-la (Konzert am 1. November). Je vois lui faire l'ouverture de la *Tempête* de Shakespeare, pour piano, chœur et orchestre. Ce sera un morceau d'un genre nouveau" (A. a. O., S. 77). Auch heisst es dort und schon früher von Camilla „O mon délicat *Ariel*" und weiter zur Erläuterung dieses Namens im Oktober: „A sa taille élancée, à son vol capricieux, à sa grâce enivrante, à son génie musical, j'ai reconnu l'*Ariel* de Shakespeare." Mes idées poétiques tournées vers le drame de la *Tempête*, m'ont inspiré une *o u v e r t u r e g i g a n t e s q u e d'un g e n r e e n t i è r e m e n t n e u f , p o u r o r c h e s t r e , c h œ u r , d e u x p i a n o s à q u a t r e m a i n s e t H a r m o n i c a é t c .* " Diese Ouvertüre erhielt dann den Titel: „Fantaisie sur la Tempête" und sollte später das Haupt- und Schlussstück des Lelio bilden. (Bei der Oben mitgeteilten EA. lautete der Titel „Grande Ouverture pour L a T e m p ê t e , Drame de William Shakespeare." B. hatte dafür ein besonderes Programm entworfen, welches besagte: „Cette ouverture est divisée en quatre parties, liées néan moins entre elles et ne formant qu'un seul morceau: le Prologese, la Tempête, l'Action et le Dènouement.") — Über die Entstehungszeit der Fischer-Ballade heisst es in Lelio, nachdem Horatio die erste Strophe gesungen hat: „Il y a cinq ans qu' Horatio cerivit cette Ballade imitée de Goethe et que j'en fis la musique" usw. Die Entstehung der Chanson de Brigands wird von A. Boschot („Un Romantique sous Louis Philipp" S. 37 ff.) im Anfang 1829 vermutet. Er findet den Grund zu dieser Vermutung in B.s Brief vom 2. Februar 1829 an Ferrand (s. lettres intimes S. 31/32): „Avez vous lu *les Orientales* de Victor Hugo? . . . . . J'ai fait sa *Chanson des pirates* avec accompagnement de tempête". Andere Biographen setzen die Entstehungszeit ein Jahr später und beziehen sich dabei auf den Brief vom 2. Januar 1830 (s. lettres intimes, S. 62): „Si je réussis dans *votre chanson de Brigands*, que je trouve sublimes, vous ne l'attendrez pas longtemps". Es könnten sich dann auch darauf die Äusserungen im vorhergehenden Briefe vom 27. Dezember 1829: „J'ai essayé une musique pour un des couplets de votre satanique chanson" beziehen. Danach wäre die Dichtung des Räuberlieds von Ferrand. Der Geisterchor (No. 2) entstammt der Kantate (scène lyrique) „Kleopatra", die die Bewerber um den Rompreis 1830 nach einer Dichtung von Vieillard zu komponieren hatten. Es wurde kein Preis erteilt. B. schreibt in seinen Memoiren (S. 93) über die Unterhaltung, die er mit einem der Preisrichter (Boildieu) am Tage nach der Beschlussfassung hatte. Es ist hier einzuschalten, dass B. dem Chor der Schatten (Geisterchor) bei seiner Einverleibung in Lelio einen Text in derselben Sprache unterlegt hatte, die er viel später im Pandämonium von Fausts Verdammung wieder verwendete; er ersetzte ihn später durch französische Worte. Auch die Glückshymne (Chant de bonheur) und Die Äolsharfe (Harpe Eolienne) entstammen einer Rompreiskantate mit der B. kein Glück hatte. Es war „La mort d'Orphée," komponiert in der Klausur im Juni 1827 in Paris. Im 34. Kapitel der Memoiren sagt B. zwar, dass er die Glückshymne in Rom, wo er 1831 „Das Monodrama Lelio auf dem dichtbewachsenen in Mauerform beschnittenen Buchsbaum des klassischen Gartens der Akademie erträumt haben will" komponiert habe, doch wird darunter nur die Umarbeitung für die Einfügung in Lelio zu verstehen sein. Auf die Verwendung eines Teiles der Kantate in Lelio bezieht sich der Brief an Hiller vom 8. Dezember 1831 aus Rom: „Veuillez aller trouver M. Réty au Conservatoire et lui demander de prendre dans ma musique la Cantate de la Mort d'Orphée. Je la lui avais demandée, mais Prévost, qui devait l'apporter, paraît ne pas devoir venir. Vous la prendrez d'onc et vous me feriez copier sur papier à lettre la dernière page de la partition, l'adagio con tremulandi, qui succède à la Bacchanale; puis vous le mettrez sous enveloppe à la poste. J'en ai besoin absolument. (D. i. Die Äolsharfe.) (Correspondance inédite, S. 89.) Auch der Brief an Ferrand vom 3. Juli 1831 bezieht sich auf diese Entlehnung und überhaupt auf die Entstehung des ganzen Werkes (Lettres intimes, S. 100 ff). Die Rompreis-Kantate „La mort d'Orphée" wurde nach einer verunglückten Vorführung am Klavier durch einen seiner Aufgabe nicht gewachsenen Pianisten Rifaut vom Preisgericht für unaufführbar erklärt und B. erhielt den ersehnten Preis nicht. Er rächte sich an den Preisrichtern auf die ihm eigene Weise, indem er die Kantate für sein Konzert am 26. Mai 1828 zur Aufführung ansetzte. Nach der Generalprobe versagte der Sänger Alexis Dupont und B. musste das Werk vom Programm streichen. (Mémoires, S. 71/72). Das Manuskript ist von B. vernichtet worden. Eine Abschrift desselben, die 1869 in der Allgemeinen Musikalischen Zeitung zum Verkauf angezeigt wurde, ist verschollen. — Diese unter den verschiedensten Umständen entstandenen, von einander gänzlich unabhängigen

Kompositionen verband B. durch einen von ihm selbst verfassten Text und formte daraus „Lelio." Ein Schreiben an seinen Freund Gounet, vom 14. Juni 1831 aus Rom, mitgeteilt von Prod'homme in seiner Berlioz-Biographie S. 101, berichtet darüber. Der Text ist eine absonderliche Zusammenstellung von Bruchstücken aus Briefen an Ferrand, Lobpreisungen Shakespeares, Angriffe heftigster Art gegen Fétis, Anreden an Ophelia, d. h. an Miss Smithson, eine seltsame Enthüllung alles dessen was B. damals bewegte. Die Liebe zu Harriette Smithson war zurückgekehrt. Die der EA. beiwohnende Angebetete erkannte sich u. B. als Lelio selbst und reichte B. die lange versagte Hand. (S. hierzu die Anmerkg. zu No. 1.) — Die erste Aufführung in Deutschland (EA. 3, Weimar) gab Gelegenheit zu einem grossen Feste des „Neu-Weimar Vereins", ein Verein des Fortschritts, der alles was Weimar an Kapazitäten besass unter Liszts Vorsitz vereinigte. Hoffmann von Fallersleben hatte bei einer früheren Anwesenheit von B. ein lateinisches Gedicht improvisiert, das Raff nun vierstimmig komponiert hatte. Es ist z u e r s t gedruckt worden im Weimarer Sonntagsblatt 1855 No. 9 vom 25. Februar und lautet:

Nostrum desiderium
tandem implevisti
n >bis venit gaudium
quia in venisti.

Sicuti coloribus
pingit nobis pictor;
pictor es eximius
harmoniae victor,

Vivas crescas floreas
hospes Germanorum
et amicas maneas
Neo-Wimoronum.

Dem Vortrage dieses Chores war eine lateinische Rede Raffs auf Berlioz vorausgegangen. In Verbindung mit dieser EA. stand das am 17. Februar stattgehabte Hofkonzert, in dem Liszt unter Berlioz' Leitung zum ersten Male sein Es dur-Konzert spielte. (S. Liszt No. 18.) Ein gut gemeintes Gedicht eines Unbekannten veröffentlichte die Weimarische Zeitung in dem Annoncenteil von No. 46, am 23. Februar:

In der Künste heilge Tempelräume
Dringt nur der geweihte Priester ein;
S c h ö n e s fühlt er in dem Reich der Träume
Und dem kalten Leben haucht er W ä r m e ein.

Ihre Pforten sind vor I h m auch aufgesprungen,
Kühn schlug E r an ihr geweihtes Thor;
T i e f - G e f ü h l t e s ist im T o n erklungen
S e e l e n k l ä n g e in der M e l o d i e n C h o r!

Drum ward auch der L o r b e e r ihm gewunden
Und die K u n s t reicht ihm den Lorbeerkranz.
Wagner, Liszt und Berlioz verbunden,
Schöne Trias; Weimars neuer Glanz.

Vor der „Episode de la vie d'un artiste" gelangte zum ersten Male in Deutschland die „Kindheit Christi" als ganzes Werk zur Aufführung (S. No. 17). Der Partitur sind folgende Berliozschen Erläuterungen vorgedruckt:

Personnages réels.
Lelio, compositeur de musique.
Musiciens, Choristes, Amis et Elèves de Lelio.

Personnages fictifs.

Horatio, ami de Lelio
Un Capitaine de Brigands.
Brigands, Spectres.

Note.

Cet ouvrage doit être entendu immédiatement après la Symphonie Fantastique, dont il est la fin et le complément. L'orchestre, le chœur et les chanteurs invisibles doivent être placés sur le théâtre, derrière la toile. L'acteur parle et agit seul sur l'avant-scène. A la fin du dernier monologue il sort, et le rideau, se levant, laisse à découvert tous les exécutants pour le Final.

En conséquence, un plancher devra être établi au-dessus de l'endroit ordinairement occupé dans les théâtres par l'orchestre.

Le rôle de Lelio exige un Acteur habile, non chanteur. Il faut en outre un Ténor pour la Ballade, un autre Ténor pour le Chant de bonheur, et un Baryton énergique pour le capitaine de brigands.

(15.) Te Deum

pour trois chœurs avec orchestre et orgue. op. 22.

À son Altesse Royal Monseigneur le Prince Albert.

[Te Deum

für drei Chöre mit Orchester und Orgel. op. 22.

Seiner Königlichen Hoheit dem Prinzen Albert.]

---

1. Te Deum. Hymne. (3 Chöre.) *attacca* 2. Tibi omnes. Hymne. — 3. Praeludium. (Orchester.) *attacca* 4. Dignare. Gebet. (Chor 1 u. 2.) — 5. Christe, rex gloriae. Hymne. (Chor 1 u. 2 und Soli.) — 6. Te ergo quaesumus. Gebet. (Tenorsolo und Chor 1 u. 2.) — 7. Iudex crederis. Hymne und Gebet. (3 Chöre.) — 8. Marsch für die Überreichung der Fahnen. (Orchester.)

GD. *ungefähr 55 Min.*

Komp.: Begonnen gegen 1849, beendet 1855 in Paris.

EA.: A. In Frankreich: 1. Paris, Montag, d. 30. April 1855 in der Kirche St. Eustache nach dem Manuskript unter Leitung von *Hector Berlioz;* Tenorsolo: Mr. *Perrier,* Orgel: Mr. *Edouard Batiste.* (S. Anm.) — B. In Deutschland: 2. Weimar, Sonnabend, d. 24. Mai 1884 in der Stadtkirche im 2. Konzert der 21. Tonkünstler-Versammlung des Allgem. Deutschen Musikvereins unter

Leitung von *Karl Müller-Hartung;* Tenorsolo: Herr *M. Alvary,* Orgel: Herr *B. Sulze.*

Ersch.: Partitur Ende 1855, Stimmen März 1887 bei Brandus & Co., Paris.

Bes.: a) S o l i : Tenor.
    b) C h o r : E r s t e r C h o r : Sopran (Soprani I) I u. II, Tenor I u. II, Bass I u. II. Z w e i t e r C h o r : Alt (Soprani II) I u. II, Tenor I u. II, Bass I u. II. D r i t t e r C h o r (Kinderchor): Sopran und Alt.
    c) O r c h e s t e r : 2 Fl., Kl. Fl., 2 Ob. (eine auch Engl. Hr.), 2 Klar. (eine auch Basskl.), 3 Fag., 4 Hr., 2 Tr., 2 Kornette, 1 Saxhorn (hoch), 3 Pos., 2 Tuben, Pk., Becken, Gr. Tr., Militärtrommeln (!) — Hfn. — Orgel. — Str.-Orch. (Die Berliozschen Vorschriften s. in Anmerkg.)

A n m e r k g. Die erste Nachricht über den Beginn der Komposition eines Te Deum enthält Berlioz' Brief vom 23. Februar 1849 an Al. Lwoff: „Je travaille en ce moment à un grand Te Deum à deux chœurs avec orchestre et orgue obligés. Cela prend une certaine tournure. J'en ai encore pour deux mois à travailler; il y aura sept grands morceau." (Correspondance inédite S. 176.) Spätere Briefe an Morel und Liszt, in denen von Aufführungsmöglichkeiten gesprochen wird, lassen annehmen, dass das Werk bis zu einem gewissen Grade 1851 vollendet gewesen zu sein scheint. (S. correspondance inédite u. Briefe an Liszt I. u. II.) Am 1. Januar 1853 schreibt B. folgendes an L.: „Tu me parles du Te Deum, il m'est impossible de le l'envoyer dans l'incertitude où l'Empereur nous laisse de ses décisions. Je pourrais en avoir besoin à l'improviste. Cela ne peut guère s'exécuter en Allemagne qu'à un grand Festival. Au reste tout est prêt, chœur et orchestre, et pour un nombre considérable d'exécutants. Cela dure une heure. Il y a 8 grands morceau dont un Final que je crois cousin germain du Lacrymosa de mon Requiem. Il y a en outre une prière pour Ténor solo avec chœur, et une autre prière à deux voix (de chœur) en imitations canoniques, sur cette singulière série de Pédales tenues par les autres voix du chœur et les instruments graves.

[Das sind die Grundlagen für den harmonischen Aufbau des D i g n a r e.]

Bien chanté par les Ténors et Soprani je crois que ce morceau doit être touchant et original. Cela peut être aussi fort ennuyeux . . . . . Pour le reste, ce sont les pompes harmoniques du Te Deum proprement dit, il y a une fugue sur un choral proposé par l'orgue et circulant ensuite dans les voix et dans l'orchestre. L'ensemble de la partition est t o u j o u r s à d e u x c h œ u r s; chaque chœur n'est qu'à trois voix. L'orgue n'accompagne pas, il dialogue avec l'orchestre." (Briefe an Liszt, I, S. 253.) Diese und andere, hier nicht mitteilensnötige Briefe lassen also erkennen, dass das Te Deum Anfang 1849 begonnen und damals als Werk von 7 Sätzen für zwei Chöre, Orchester und Orgel geschrieben worden ist. Später, wahrscheinlich schon 1852 als B. den Wunsch hegte, das Te Deum bei der Hochzeitsfeierlichkeit Napoleons III. aufzuführen, ist der 8. Satz dazu gekommen (wohl das Orchester-Präludium No. 3). Die Hinzufügung des Kinderchores ist erst 1854 geschehen, als die EA. zur Eröffnung der Industrieausstellung, die für den 1. Mai 1855 geplant war, in Aussicht genommen wurde. Dieser Plan wird wieder in einem Briefe an Liszt vom 2. Juli 1854 ausgesprochen: „J'ai demain une réunion relative a l'exécution du Te Deum dans l'Eglise de St. Eustache l'an prochain la veille de l'ouverture de l'Exposition. Quelques amis je réunissent pour faire les frais de cette exécution. L'un donne trois mille francs, l'autre deux mille, et ils sont en train d'avoir le reste. C'est Ducroquet, l'auteur du nouvel orgue de St. Eustache, qui a mis cela en train. . . . . . Nous comptons aussi sur l'appui de l'Impératrice, à cause d'une institution d'enfants qu'elle protége et dont j'emploierai sept ou huit cents pour le choral du Te Deum." (Briefe an Liszt, I, S. 339/40.) Am 28. Juli: „L'affaire du Te Deum est définitivement arrangée." (A. a. O., S. 341.) — Zwei Musikzeitungen haben Aufklärungen über den wahren Ursprung des Te Deum gegeben, die Pariser Gazette musicale im Mai 1855 und die Neue Zeitschrift für Musik am 2. Juni d. J. (Bd. 42, No. 23). Die letztere veröffentlicht den Bericht eines Eingeweihten und Ohrenzeugen. „Nach dem Plan des Komponisten sollte dies Te Deum Teil eines in den kolossalsten Dimensionen angelegten halb epischen, halb dramatischen Werkes sein, welches bestimmt war, den Kriegsruhm des ersten Konsuls zu verherrlichen. Ursprünglich war es nur eine Episode mit dem Titel: Die Rückkehr aus dem italienischen Feldzug. Im Augenblick, wo der General Bonaparte unter die Wölbung der Kathedrale tritt, ertönt von allen Seiten der heilige Gesang; die Fahnen werden geschwenkt, die Trommeln wirbeln, die Kanonen donnern, die Glocken tönen in gewaltigen Klängen." (Derselbe Bericht gibt Kunde von der Aufstellung der ausführenden Massen, er ist oft genug ohne Quellen-Angabe benutzt worden.) — Zwei Stücke des Werkes haben mit einem Te Deum nichts zu schaffen. Es sind 1. das Präludium No. 3 und der Fahnenmarsch No. 8, beide für Orchester und nur mit Rücksicht auf die ursprüngliche militärische Tendenz geschrieben. Zu dem Präludium machte B. in der Partitur selbst die Bemerkung: „Si le Te Deum n'est pas exécuté dans une cérémonie d'actions de grâce pour une victoire ou toute autre se ralliant par quelque point aux idées militaires, on n'exécutera pas ce prélude." Es scheint bei EA. 1 weggelassen worden zu sein; der Fahnenmarsch wurde bei der deutschen EA. nicht aufgeführt. EA. 1 war mit allem Pomp in Szene gesetzt. Mehr als 160 Instrumentalisten, zwei Chöre, jeder mit etwa 100 Sängern besetzt, und ein 600köpfiger Kinderchor, insgesamt also wenigstens 950 Mitwirkende, waren an der Aufführung beteiligt. Drei Briefe von B. geben Kunde von dem Eindrucke der EA. An seinen Sohn Louis B. schreibt er drei Tage vor der EA., am 27. April: „nous avons fait hier à Saint-Eustache la première répétition d'orchestre avec les six cents enfants. Aujourd'hui je fais répéter l'ensemble de mes deux cents choristes artistes. Cela va marcher. C'est colossal! Le diable m'emporte, il y a un final qui est plus grand que le *Tuba mirum* de mon Requiem" (Correspondance inédite, S. 227). An Liszt richtet er unmittelbar nach der EA. (30. April) folgenden Brief: „Je t'écris trois lignes pour te dire que le Te Deum a été exécuté aujourd'hui avec la plus magnifique précision. C'etait colossal, Babylonien, Ninivite.

. . . . . Je t'assure que c'est une œuvre formidable; le *Judex* dépasse toutes les énormités dont je me suis rendu coupable auparavant. . . . . . Oui, le Requiem a un frère, un frère qui est venu au monde avec des dents, comme Richard trois (moins la bosse);" usw. (Briefe an Liszt, II, S. 19/20). Ähnlich lautet der Bericht vom 2. Juni an A. Morel: „Vous me demandez de vous parler du *Te Deum*, c'est très difficile à moi. Je vous dirai seulement que l'effet produit sur moi par cet ouvrage a été énorme et qu'il en a été de même pour mes exécutants. En général, la grandeur démesurée du plan et du style les a prodigieusement frappés et vous pouvez croire que le *Tibi omnes* et le *Iudex*, dans deux genres différents, sont des morceaux babyloniens, ninivites, qu'on trouvera bien plus puissants encore, quand ou les entendra dans une salle moins grande et moins sonore que l'église Saint-Eustache." (Correspondance inédite, S. 228.) Mit diesen unter dem unmittelbaren Eindrucke der EA. geschriebenen Zeugnissen B.s steht in engen Zusammenhange das später in den Memoiren niedergelegte Selbstbekenntnis, dass das Finale des Te Deum (Iudex crederis) ohne Zweifel das grossartigste sei, was er komponiert habe. — Gleichwie im Requiem erfuhr auch im Te Deum B. mit dem Texte sehr eigenmächtig und gruppierte ihn nach künstlerischem Bedürfnis und Belieben. Im Anhange sind liturgischer Text und B.sche Fassung gegenübergestellt. (S. w. u.) — Die Vorschriften des Komponisten über die Orchesterbesetzung fordern: 4 Fl., 4 Ob., 4 Klar., 4 Fag., 4 Hr., 2 Tr., 2 Kornette, 1 Saxhorn, 6 Pos., 2 Tuben, Pauken, Gr. Tr., Becken, 4—5 Militärtrommeln, 12 Harfen, 25 erste und 24 zweite Violinen, 18 Bratschen, 18 Celli und 16 Kontrabässe. Es ist also eine doppelte Besetzung der Holzblasinstrumente und der 3 Posaunen, abgesehen von den Trommeln und Harfen und dem Str.-Orch., gedacht. Hierzu in jedem der beiden Chöre 40 Frauen- und 60 Männerstimmen und endlich 600 Kinderstimmen. — Die EA. in Weimar kam mit 200 Singenden und gegen 80 Instrumentalisten aus. Diese EA. eröffnete die erste grosse Oratorienaufführung der Tonkünstler-Versammlung in Weimar zur Feier des 25 jährigen Bestehens des Allgem. deutschen Musikvereins. Überreich war diese Feier ausgestattet. Am 23. Mai führte man im Grossherzogl. Hoftheater szenisch Liszts „Heilige Elisabeth" auf, es folgten vom 24.—27. Mai zwei Kammermusikkonzerte, 2 Kirchenkonzerte und 2 Orchesterkonzerte. Am 28. Mai veranstaltete die grossherzogl. Orchesterschule ein Konzert und am Abend wurde Weingartners Sakuntala aufgeführt. Ausser dem Te Deum gelangten an Chorwerken noch zur Aufführung: Raffs „Welt-Ende, Gericht, Neue Welt" und Liszts „Graner-Festmesse"! —

Der Partitur ist vorgedruckt:

Avis pour l'exécution.

L'orchestre et les chœurs doivent être placés à l'extrémité de l'église opposée à celle qu'occupe le grand orgue. Si le chef d'orchestre n'a pas de métronome électrique pour se mettre en communication immédiate avec l'organiste, il devra placer dans la tribune de l'orgue un batteur de mesure, de façon que celui-ci voie les mouvements du chef d'orchestre, et puisse, en les imitant exactement, les transmettre de près à l'organiste, qui, sans cela, retardera toujours.

Le chœur d'enfants doit être aussi nombreux que possible, isolé des deux autres chœurs et élevé sur une estrade à peu de distance de l'orchestre. Deux ou trois maîtres de chant sont nécessaires pour le diriger et lui communiquer les mouvements du chef. Ce troisième chœur peut, à la rigeur, être supprimé, bien qu'il contribue puissamment à l'effet.

Dans le cas où l'on voudrait exécuter cet ouvrage dans une grande salle de concerts ou dans un grand théâtre où il n'y aurait pas d'orgue, on remplacerait cet instrument par un harmonium.   H. Berlioz.

Bemerkung zur Aufführung.

Das Orchester und die Chöre müssen am äussersten Ende der Kirche gegenüber der grossen Orgel aufgestellt sein. Wenn der Dirigent kein elektrisches Metronom hat, um sich mit dem Organisten unmittelbar in Verbindung zu setzen, so muss ein Kapellmeister auf der Tribüne der Orgel, welcher die Bewegung des Dirigenten sieht, diese jenem nachahmen und sie dem Organisten aus der Nähe übermitteln, sonst bliebe der Organist fortwährend im Zeitmass zurück.

Der möglichst zahlreiche Kinderchor muss, isoliert von den beiden anderen Chören, auf einer erhöhten Estrade in geringer Entfernung vom Orchester aufgestellt sein. Zwei oder drei Chordirigenten sind notwendig, um ihn zu dirigieren und ihm die Tempi des Dirigenten mitzuteilen. Der dritte Chor kann im Notfalle weggelassen werden, obwohl er sehr viel zur Wirkung beiträgt.

Will man dieses Werk in einem grossen Konzertsaal oder in einem Theater aufführen, wo keine Orgel vorhanden ist, so möge man statt ihrer ein Harmonium verwenden.

Liter. *Pohl, Richard,* „Te Deum" usw. in „Hektor Berlioz, Studien und Erinnerungen", Bernh. Schlicke, Leipzig. — *Smolian, Arthur,* Musikführer No. 193/94, Schlesinger, Berlin.

Te Deum laudamus.

Text des römischen Breviers	Fassung von Berlioz.
(nach „Beiträge zur Geschichte und Erklärung der ältesten Kirchenhymnen" v. Joh. Kayser, I, S. 445 ff.).	

1. Te deum laudamus
te dominum confitemur

2. Te aeternam patrem
omnis terra veneratur.

3. Tibi omnes angeli
tibi coeli et universae potestates

4. Tibi Cherubim et Seraphim
incessabile voce proclamant

5. Sanctus, sanctus, sanctus
Dominus Deus Sabaoth!

6. Pleni sunt coeli et terra
majestatis gloriae tuae

7. Te gloriosus
apostolorum chorus

8. Te prophetarum
laudabilis numerus

9. Te martyrum candidatus
laudat exercitus

10. Te per orbem terrarum
sancta confitetur ecclesia

11. Patrem immensae
majestatis.

12. Venerandum tuum verum
et unicum filium.

13. Sanctum quoque
paraclitum spiritum.

14. Tu rex gloriae
Christe,

I. Te Deum laudamus
te dominum confitemur

Te aeternam patrem
omnis terra veneratur.

II. Tibi omnes angeli
tibi coeli et universae potestates

Tibi Cherubim et Seraphim
incessabile voce proclamant

Sanctus, sanctus, sanctus
Dominus Deus Sabaoth!

Pleni sunt coeli et terra
majestatis gloriae tuae

Te gloriosus
apostolorum chorus

Te prophetarum
laudabilis numerus

Te martyrum candidatus
laudat exercitus

Te per orbem terrarum
sancta confitetur ecclesia

Patrem immensae
majestatis.

Venerandum tuum verum
et unicum filium.

Sanctum quoque
paraclitum spiritum.

IV. 26. (Dignare domine die isto
(sine peccato nos custodire

15. Tu patris sempiternus
es filius

16. Tu ad liberandum suscepturus hominem
non horruisti virginis uterum

17. Tu devicto mortis aculeo
aperuisti credentibus regna coelorum

18. Tu ad dexteram dei sedes
in gloria patris.

19. Iudex crederis
esse venturus.

20. Te ergo quaesumus, tuis famuli subveni
quos pretioso sanguine redemisti.

21. Aeterna fac cum sanctis tuis
in gloria numerari.

22. Salvum fac populum tuum domine
et benedic hereditati tuae

23. Et rege eos et extolle illos
usque in aeternum.

24. Per singulos dies
benedicimus te

25. Et laudamus nomen tuum in saeculum
et in saeculum saeculi.

26. Dignare domine die isto
sine peccato nos custodire

27. Miserere nostri, domine,
miserere nostri

28. Fiat misericordia tua domine super nos
quemadmodum speravimus in te.

29. In te, domine, speravi
non confundar in aeternum.

21. {Aeterna fac cum sanctis tuis
in gloria numerari

27. {Miserere nostri, domine
miserere nostri.

V. 14. {Tu Christe, rex gloriae,
u. 15. patris sempiternus filius

17. {Tu devicto mortis aculeo
aperuisti credentibus regna coelorum

16. {Tu ad liberandum suscepturus hominem
non horruisti virginis uterum.

18. {Tu ad dexteram dei sedes
in gloria patris.

VI.
20. {Te ergo quaesumus, tuis famulis subveni
quos pretioso sanguine redemisti

28. {Fiat misericordia tua domine super nos
quemadmodum speravimus in te.

VII.
19. {Iudex crederis
esse venturus

29. {In te, domine, speravi
non confundar in aeternum

22. {Salvum fac populum tuum
et benedic hereditati tuae domine

24. {Per singulos dies
benedicimus, laudamus te

25. Et laudamus nomen tuum.

NB. Auf einzelne Wortumstellungen ist keine Rücksicht genommen.

— 250 —

(16.) La Damnation de Faust.

Légende Dramatique en 4 Parties. op. 24.

Poème d'après la traduction du Faust de Goethe de Gérard de Nerval, Almire Gandonnière et H. Berlioz. (S. Anm.)

À Franz Liszt.

[Fausts Verdammung.

Dramatische Legende in 4 Abteilungen. op. 24. (S. Anm.)

Für Solostimmen, Chor und Orchester.

Dichtung nach der Übersetzung des Goetheschen Faust von Gérard de Nerval, Almire Gandonnière und H. Berlioz.

An Franz Liszt.]

Prémière Partie. Plaines de Hongrie. I. Introduction (Faust). II. Ronde de Paysans (Chœur). III. Recitatif (Faust) et Marche hongroise (Orchestre).

Deuxième Partie. Nord d'Allemagne. IV. Faust seul dans son cabinet de travail. Chant de la Fête de Paques (Chœur). V. Faust. Méphistophélès. — La Cave d'Auerbach à Leipsic. VI. Chœur des Buveurs. Chanson (Brander). Fugue (Chœur). Recitatif (Méph. et Chœur) et Chanson (Méph.). — Bosquets et prairies au bord de l'Elbe. Air (Méph.). Chœur de Gnomes et de Sylphes. Ballet de Sylphes. — Finale. Chœur de Soldats. Chanson d'Étudiants.

Troisième Partie. Dans la chambre de Marguerite. La Retraite. — Air (Faust). Faust et Méphistophélès. — Marguerite. Le Roi de Thulé (Marg.). — Evocation (Méph.). Menuet des Follets (Orchestre). Sérénade (Méph. et Chœur). — Duo (Marg. et Faust). Trio (Marg., Faust, Méph.) et Chœur.

Quatrième Partie. Romance (Marg.). — Invocation à la nature (Faust). — Recitatif et Chasse (Faust et Méph.). — La Course à l'Abîme (Faust, Méph. et Chœur). — Pandaemonium (Chœur). — Le Ciel (Chœur).

[Erste Abteilung. Ebene in Ungarn. Einleitung (Faust). Bauerntanz (Chor). Rezitativ (Faust) und Ungarischer Marsch (Orchester).

Zweite Abteilung. In Norddeutschland. Faust allein in seinem Studierzimmer. Osterhymne (Chor). — Faust, Mephistopheles. —

Auerbachs Keller in Leipzig. Chor der Trinker. Lied
(Brander). Fuge (Chor). Rezitativ (Meph. und Chor). Lied (Meph.). —
Gebüsch und Auen an den Ufern der Elbe. Arie (Meph.).
Chor der Gnomen und Sylphen. Sylphentanz. — Finale. Sol-
datenchor. Studentenlied.

Dritte Abteilung. In Margaretens Zimmer. Zapfenstreich.
Arie (Faust). Faust und Mephistopheles. — Margarete. Der König
von Thule (Marg.). — Beschwörung (Meph.). Irrlichtertanz (Orch.).
Ständchen (Meph. u. Chor). — Duett (Marg. u. Faust). Terzett (Marg.,
Faust u. Meph.) und Chor.

Vierte Abteilung. Romanze (Marg.). Beschwörung der Natur (Faust). —
Rezitativ und Jagd (Faust u. Meph.). — Die Höllenfahrt (Faust,
Meph. u. Chor). — Pandämonium (Chor). — Im Himmel (Chor).]

SD. *I. 17 Min. II. 51 Min. III. 36 Min. IV. 32 Min. GD. 2 St. 16 Min.*

Komp.: „Huit Scènes de Faust" September 1828 in Grenoble und Anfang
1829 in Paris. (S. Anm.) — Ende 1845 bis April 1846 auf der
Reise nach Österreich und Deutschland und nach der Rückkehr nach
Frankreich Sommer d. J. auf dem Landgute des Barons von Montville
das gesamte Werk mit Einverleibung der *huit scènes* komponiert
und am 19. Oktober d. J. in Paris vollendet. (S. Anm.)

EA.: I. 1. Concert de Sylphes: Paris, Sonntag, d. 1. November 1829
im Saale des Konservatoriums in einem von Berlioz gegebenen Konzert
nach dem Manuskript unter Leitung von *Antoine Habeneck*, gesungen von 6 Schülern des Konservatoriums Mlles. *Leroux, Saint-
Ange, Beck* und Mrssrs. *Cambon, Canaste* und *Devillers*. (S. Anm.)
— 2. Rakockzy-Marsch: Pest, Donnerstag, d. 15. und Freitag, d 20. Februar 1846 im Nationaltheater in von B. gegebenen
Konzerten nach Mspt. unter Leitung von *Hector Berlioz*. (S. Anm.) —
II. Das ganze Werk. A. In Frankreich: 3a. Paris, Sonntag,
d. 6. Dezember 1846 nachmittags im Saale der Komischen Oper nach
Mspt. unter Leitung von *H. B.;* Solisten: Mme. *Duflot-Maillard*
(Margarete), die Herren *Gustave Hippolite Roger* (Faust), *Hermann
Léon* (Mephistopheles) und *Henri* (Brander). (S. Anm.). — 3b. Ebendaselbst, Sonntag, d. 20. Dezember 1846 im gleichen Saale mit
denselben Solisten unter Leitung von *H. B.* — B. In Deutsch-
land: 4. Berlin, Sonnabend, d. 19. Juni 1847 im Kgl. Opernhause in einem Konzert mit aufgehobenem Abonnement unter Leitung
von *H. B.;* Solisten: Frl. *Brexendorf* (Marg.), die Herren *Krause*
(Faust) und *Boetticher* (Meph.). — 5a. Dresden, Sonnabend, d.
22. April 1854 im Kgl. Hoftheater in einem von B. veranstaltetem
Konzert unter Leitung von *H. B.;* Solisten: Frl. *Agnes Bunke*
(Marg.), die Herren *Weixlstorfer* (Faust), *Mitterwurzer* (Meph.) und
Abiger (Brander). (S. Anm.) — 5b. Ebendaselbst, Montag, d.

24. April 1854 Wiederholung unter gleicher Leitung mit denselben Solisten. — 6. Weimar, Sonnabend, d. 1. März 1856 im Grossherzogl. Hoftheater in einem Konzert zum Besten des Pensionsfonds für die Witwen und Waisen verstorbener Hofkapellmitglieder unter Leitung von *H. B.*; Solisten: Frau *v. Milde* (Marg.), die Herren *Caspari* (Faust), *v. Milde* (Meph.), *Roth* (Brander). Erste vollständige Aufführung nach Drucklegung. (S. Anm.) — **III. Teile des Werkes:** 7. Petersburg, 3. März 1847, Moskau, 6. April 1847, Riga Mai 1847, London, 7. Februar 1848 unter Leitung von *H. B.* — 8 a. Weimar, Sonnabend, d. 20. November 1852 im Grossherzogl. Hoftheater in einem grossen Konzert unter Leitung von *H. B.*, und 8 b. Ebendaselbst, Donnerstag, d. 3. Februar 1853 im Konzert zum Besten der Mitglieder des Hoftheaterchores unter Leitung von *Franz Liszt*, die beiden ersten Abteilungen. (S. Anm.) — 9 a. Leipzig, Donnerstag, d. 1. Dezember 1853 im Saale des Gewandhauses im 8. Abonnementskonzert Sylphenchor- und -tanz mit der vorausgehenden Arie des Mephisto und 9 b. Ebendaselbst, Sonnabend, d. 10. Dezember 1853 in einem von H. B. gegebenen Konzert die beiden ersten Abteilungen, beide Male unter Leitung von *H. B.*; Solisten: die Herren *Schneider* (Faust), *H. Behr* (Meph.) und *Cramer* (Brander). (S. Anm.)

Ersch.: Partitur der *huit scènes* März 1829 bei M. A. Schlesinger, Paris. — Des ganzen Werkes Partitur und Orchesterstimmen September, Chorstimmen November, Klavierauszug Mai 1854 bei S. Richault, Paris.

Bes.: a) Soli: Sopran: Margarete. Solo hinter der Szene. (S. Anm.) — Tenor (Faust). — Bariton oder Bass: Mephistopheles. — Bass: Brander. — 6 Tenöre und 6 Bässe.

b) Chor: Sopran, Alt, Tenor I u. II, Bass I u. II (Männerchor sehr stark zu besetzen. Kleiner Männerchor hinter der Szene.) Zahlreich besetzter Knabenchor erwünscht. (S. Anm.)

c) Orchester: 3 Fl. (alle 3 auch kl. Fl.), 2 Ob. (beide auch Engl. Hr.), 2 Klar., Bassklar., 4 Fag., 4 Hr., 2 Tr., 2 Kornette, 3 Pos., Tuba (doppelt besetzt), 2 Paar Pk., Becken, Tamtam, Gr. u. kl. Tr., Trgl., Glocke. — 2 Hfn. — Str.-Orch.

Anmerkg. Die ersten Äusserungen Berlioz' über die Beschäftigung mit Goethes Faust finden sich in den Lettres intimes an Ferrand. Am 16. September 1828 schreibt er von Grenoble: „J'ai fait avant-hier, en voiture, la ballade du Roi de Thulé en style gothique; je vous la donnerai pour la mettre dans votre Faust, si vous en avez un". Das ist also der Beginn der Komposition der „huit scènes de Faust". Am 2. Februar 1829 berichtet er von Paris: „J'attendais toujours, mon cher et excellent ami, que ma partition de Faust fût entièrement terminée pour vous écrire en vous l'adressant; mais l'ouvrage ayant pris, une dimension plus grande que je ne croyais, la gravure n'est pas encore finie, et je ne puis me passer plus longtemps de vous écrire". In demselben Briefe heisst es dann später: „j'ai dans la tête depuis longtemps une symphonie descriptive de Faust qui fermente; quand je lui donnerai la liberté, je veux qu'elle épouvante le monde musicale". Am 9. April wird das fertige Druckexemplar der „huit scènes" an Ferrand geschickt: „Je vous envoie Faust, dédié à M. de la Rochefoneault; ce n'était pas pour lui! .... Die „huit scènes", der Krystallisationspunkt der „damnation", sind gewesen: 1. Les Chants de la fête de Pâques (Osterhymne), 2. Paysans sous les tilleuls (Bauerntanz), 3. Concert des Sylphes (Sylphenchor), 4. Chanson du Rat (Lied von der Ratt' im Kellernest), 5. Chanson de la Puce (Lied vom Floh), 6. Roi de Thulé [ballade gothique] (Der König von Thule), 7. Romance de Marguerite „d'amour l'ardente flamme" (Romanze „Der Liebe heisse Flamme") und 8. Sérénade de Méphistophélès (Serenade des Mephistopheles). Mit Änderungen und Umarbeitungen einverleibte B. diese acht Szenen 1845/46 Fausts Verdammung, nachdem er schon früher die aufzutreibenden Partituren aufgekauft und vernichtet hatte. Die Monographie Prod'hommes „La Damnation de Faust" (s. Lit.) unterrichtet ausgezeichnet über diese acht Szenen und teilt auch die Shakespeareschen Dramen entnommenen Mottos mit, die B. jeder der Szenen vorgesetzt hatte. In derselben Monographie findet sich auch das Schreiben von B., mit dem er die Widmung an Rochefoucault begleitete (es ist auch in der Vorrede zur Correspondence inédite S. 19/20 enthalten). Das Schreiben ist besonders interessant, weil es B.s Absicht, die Musik zu einem „Ballet" Faust zu schreiben, bestätigt. Die Entstehungsgeschichte von „Fausts Verdammung" hat B. in seinen Memoiren niedergelegt, in denen er schreibt: „Je dus me résoudre à écrire moi-même presque tout le livret; les fragments de la traduction française du Faust de Goethe, par Gérard de Nerval, que j'avais déjà mis en musique vingt ans auparavant, et que je comptais faire entrer, en les retouchant, dans ma nouvelle partition, et deux ou trois autres scènes écrites sur mes indications par M. Gandonnière, avant mon départ de Paris, ne formaient pas dans leur ensemble la sixième partie de l'œuvre. J'essayai donc, tout en roulant dans ma vieille chaise de poste allemande, de faire les vers destinés à ma musique. Je débutai par l'invocation de Faust à la nature, ne cherchant ni à traduire, ni même à imiter le chef-d'œuvre, mais à m'en inspirer seulement et à en extraire la substance musicale qui y est contenue. Et je fis ce morceau qui me donna l'espoir de parvenir à écrire le reste: *„Nature immense, impénétrable et fière!"* — Une fois lancé, je fis les vers qui me manquaient au fur et à mesure que me venaient les idées musicales, et je composai ma partition avec une facilité que j'ai bien rarement éprouvée pour mes autres ouvrages. Je l'écrivais quand je pouvais et où je pouvais: en voiture, en chemin de fer, sur les bateaux à vapeur, et même dans les villes, malgré les soins divers auxquels m'obligeaient les concerts que j'avais à y donner. Ainsi dans une auberge de Passau, sur les frontières de la Bavière, j'ai écrit l'introduction: *„Le vieil hiver a fait place au printemps".* — A Vienne, j'ai fait la scène des bords de l'Elbe, l'air de Méphistophélès: *„Voici des roses"* et le ballet des Sylphes. J'ai dit à quelle occasion et comment je fis un une nuit, à Vienne également, la marche sur le thème hongrois de Rakoczy. L'effet extraordinaire qu'elle produisit à Pesth, m'engagea à l'introduire dans ma partition de *Faust*, en prenant la liberté de placer mon héros en Hongrie au début de l'action et en le faisant assister au passage d'une armée hongroise à travers la plaine où il promène ses rêveries. — A Pesth, à la lueur du bec de gaz d'une boutique, un soir que je m'étais égaré dans la ville, j'ai écrit le refrain en chœur de la *„Ronde des Paysans".* — A Prague, je me levai au milieu de la nuit pour écrire un chant que je tremblais d'oublier, le chœur d'anges de l'Apothéose de Marguerite: *„Remonte au ciel, âme naïve que l'amour égara".* — A Breslau, j'ai fait les paroles et la musique de la chanson latine des étudiants: *„Jam nox stellata velamina pandit".* — De retour en France, étant allé passer quelques jours près de Rouen à la campagne de M. le baron de Montville, j'y composai le grand trio: *„Ange adoré dont la céleste image"* ... — La reste a été écrit à Paris, mais toujours à l'improviste, chez moi, au café, au jardin des Tuileries, et jusque sur une borne du boulevard du Temple. Je ne cherchais pas les idées, je les laissais venir, et elles se présentaient dans l'ordre le plus imprévu. Quand enfin l'esquisse entière de la partition fut tracée, je me mis à retravailler le tout, à en polir les diverses parties, à les unir, à les fondre ensemble avec tout l'acharnement et toute la patience dont je suis capable, et à terminer l'instrumentation qui n'était qu'indiquée cà et là". (Mémoires, S. 397 ff.) — Die Entstehungsgeschichte wird noch weiter erläutert durch zwei Briefe (s. Correspondance inédite S. 142 ff.) aus Breslau vom 13. März und aus Prag vom 16. April 1846. Im ersten derselben spricht B. von: „mon grand operade F a u s t, quel je travaille avec fureur et qui sera bientôt achevé", im zweiten schreibt er: „j'ai encore quatre grands morceaux à faire pour la terminer". Vom Rakoczy-Marsch erzählt B. in den Memoiren (S. 366/67) sehr anschaulich Entstehung und EA. — Die Partitur der „huit scènes" sendete B. am 10. April 1829 an Goethe, der sie seinem Freunde Zelter in Berlin übermittelte. Zelter antwortete Goethe erst am 5. Juli, wie nicht anders vorauszusetzen, mit wenig schmeichelhaften Worten für die B.sche Musik, ihm stand sein Schüler Felix Mendelssohn Bartholdy näher. (B.s Brief an Goethe ist mitgeteilt bei Prodhomme „Hector Berlioz" S. 70, der Zeltersche Brief in dem „Briefwechsel zwischen Goethe und Zelter", Ausgabe Reclam, III, S. 159.) — Die Partitur-Ausgabe (1854) besagt auf dem Titelblatt über das Textbuch und deren Verfasser: „Quelques morceaux du Livret sont empruntés à la traduction Française du Faust de Gœthe, par M. Gerard de Nerval, une partie des scènes 1, 4, 6 et 7 est de M. Gandonnière, le reste des paroles est de M. H. Berlioz". Die erste deutsche Übersetzung fertigte M. Minslaff an. Spätere Übersetzung lieferten Julius Kniese (in der Ausgabe bei Richault), nach ihm Klindworth (in der Ausgabe bei Schott Söhne), neuerdings Julius Buths (ungedruckt, Eigentum von C. F. Peters); Volbach und Weingartner beteiligten sich an der Übersetzung bei Breitkopf & Härtel. Von deutschen Sängern legten sich insbesondere Messchaërt und Wüllner den Text der Partien des Mephistopheles und Faust abweichend von den bekannten Übersetzungen zurecht. Bei der Tatsache, dass eine Rückübersetzung einer Übersetzung vorgenommen werden muss, ist diese Variabilität der Fassungen nicht verwunderlich. Es ist und bleibt immer das beste, la Damnation de Faust auch in Deutschland in der Originalsprache aufzuführen. Dass die Sprachschwierigkeiten insbesondere für die deutschen Chormitglieder nicht unüberwindlich sind, hat die von dem Verfasser am 2. Februar 1907 im 5. Abonnementskonzert der Konzertgesellschaft in Krefeld veranstaltete und geleitete Aufführung d u r c h a u s n a c h d e m f r a n z ö s i s c h e n O r i g i n a l t e x t hinreichend bewiesen. — Die erste Aufführung sollte ursprünglich bereits am 29. November 1846 stattfinden, sie wurde auf den 6. Dezember verlegt, da „un service forcé du théâtre" die Generalprobe unmöglich machte. Die Generalprobe zur EA. fand am 4. Dezember statt. Beide erste Aufführungen hatten nichts weniger als Erfolg und fanden vor halbvollem Saale statt. B. schrieb in seinen Memoiren darüber: „Rien, dans ma carrière d'artiste, ne m'a plus profondément blessé que cette indifférence inattendue". Zum Unglück war auch der Sänger des Faust Roger bei EA. 2 heiser. Es bedurfte eines Zeitraums von 30 J a h r e n ehe in Paris das ganze Werk wieder zur Aufführung gelangte, bis dahin begnügte man sich mit einigen wenigen Aufführungen von Fragmenten. B. erlebte in seiner Heimat eine vollständige Aufführung nach den ersten beiden überhaupt nicht mehr. Am 18. Februar 1877 führten Colonne im Châtelet und Pasdeloup im Cirque d'hiver, beide unabhängig von einander, den Parisern das ganze Werk zum ersten Male wieder vor; seitdem ist *la damnation* ein Repertoirestück in Paris geworden.

— Zu den oben genannten EA. ist mitzuteilen, dass EA. 4 (Berlin) auf besonderen Befehl des Königs Friedrich Wilhelm IV. stattfand. Die Anhänger des Fürsten Radziwill hatten versucht, diese EA. zu verhindern, um der Faustmusik des Fürsten keine Konkurrenz zu bereiten. Zeitlich kommen dann in Deutschland zunächst die unter No. 8 u. 9 oben mitgeteilten Teilaufführungen in Weimar und Leipzig. Die in Weimar fand im Rahmen der sogenannten „Berlioz-Woche" statt. Diese bestand in 2 Aufführungen von Benvenuto Cellini am 17. u. 21. November unter Liszts Leitung und dem Konzert am 20. d. M., in dem ausser den beiden ersten Abteilungen des Faust unter B.s Leitung noch die vier ersten Sätze von Romeo und Julie zur Aufführung gelangten. (Benvenuto Cellini war von Liszt erstmalig bereits am 20. März 1852 in Weimar aufgeführt worden.) An den Schlaginstrumenten wirkten im Konzert Bülow, Pruckner, Klindworth mit. Ein Festmahl am 22. November beschloss die Feier. Den besten und eingehendsten Bericht über diese erste Berlioz-Woche schrieb Franz Brendel in der Neuen Zeitschrift für Musik (Bd. 37, No. 22, 23 u. 24) unter dem Titel „Ein dritter Ausflug nach Weimar"! — Zur Leipziger Teilaufführung (EA. 9 a u. b) sind die Anmerkungen zu No. 17 zu vergleichen. — An EA. 5 a u. b (2. EA. des ganzen Werkes) in Dresden schlossen sich am 29. April (1854) noch ein drittes und am 1. Mai ein viertes Konzert, beide von B. geleitet, mit den beiden Cellini-Ouvertüren, der Flucht nach Egypten und Romeo und Julie (ganz!). Es mag dabei nicht unbeachtet bleiben, dass die beiden Solisten im B.schen Faust, Weixlstorfer und Mitterwurzer, fünf Jahre vorher (am 29. August 1849) Schumanns Faustszenen 3. Abteilung aus der Taufe gehoben hatten (s. Schumann, No. 22). Über B.s Konzerte und Erfolge in Dresden berichtete sehr ausführlich Bülow an Liszt: „La soirée d'hier a été un des plus éclatants triomphes que Berlioz ait célébrés en Allemagne" usw. (s. Briefwechsel zwischen Liszts und Bülow, S. 75 ff.). — Eine ausgedehnte Berlioz-Woche fand dann auch gelegentlich EA. 6 in Weimar statt. Am 17. Februar war Festkonzert bei Hofe mit der Ouvertüre zum Korsar, „Abschied der Hirten" und „Ruhe der heiligen Familie" aus der Flucht nach Egypten und „Beschwörung und Tanz der Irrlichter" aus Faust unter B.s Leitung, vorhergegangen war am 16. eine Aufführung des Benvenuto Cellini (zum ersten Male mit der Übersetzung von Peter Cornelius, nachdem die erste Übersetzung von Riccius sich nicht bewährt hatte) und am 1. März (nicht am 28. Februar, wie in der Prodhommschen Berlioz-Biographie steht) folgte Fausts Verdammung. Joachim Raff schrieb in der Weimarischen Zeitung drei für die Berlioz-Biographie nicht unwichtige Artikel „Betrachtungen bei Berlioz' Anwesenheit in Weimar im Februar 1856" (No. 39, 41 u. 47 des genannten Blattes am 15., 17. u. 24. Februar). — Hinsichtlich der Besetzung ist zu bemerken, dass 1. die 4 Fagotte ebenso unerlässlich sind wie die beiden Kornette, dass anstatt der geforderten 2 Tuben deren nur eine genügt und dass bei entsprechender Verteilung bei den Schlaginstrumenten mit 4 Musikern auszukommen ist. Die für den Zapfenstreich hinter der Szene nötigen Hornisten und Trompeter können bequem aus dem Orchester abgeordnet werden. Dasselbe ist ebenso leicht möglich bei der Wiederholung des Zapfenstreichs am Ende der Romanze Margaretens (4. Abt., Szene 15). Der dort hinter der Szene singende Männerchor wird praktisch mit 3 Fagotten, die im Hauptorchester an dieser Stelle entbehrlich sind, unterstützt. Das Sopransolo in der letzten Szene wünscht der Komponist von 4 Knabenstimmen gesungen, doch verliert die Wirkung kaum etwas, wenn dafür eine Sopranistin eintritt. Der Kinderchor am Schlusse ist nicht unbedingt erforderlich. Bei der grossen Bedeutsamkeit des Männerchors ist es am praktischsten, wenn er vorn auf dem Podium Platz nimmt, die Frauenstimmen hinter ihm. — Die Bemerkung B. in der autobiographischen Skizze lautet:

„24. La Damnation de Faust Légende dramatique en 4 parties, où se trouvent les morceaux aujourd'hui célébres: Le Chœur des Sylphes, le ballet des Follets, la Marche hongroise, la Romance de Marguerite et le morceau fantastique la Course à l'abime".

Liter. *Prodhomme, J G.*, „La Damnation de Faust", Bibliothèque de l'Association, Paris. — *Jahn, Otto*, „Die Verdammniss des Faust von H. Berlioz" in „Gesammelte Aufsätze über Musik", Breitkopf & Härtel, Lgipziġ. — *Hanslick, Eduard*, „Berlioz, ‚Fausts Verdammung' " in „Aus dem Tagebuche eines Musikers", Allgemeiner Verein für Deutsche Literatur, Berlin. — *Volbach, Fritz*, „Fausts Verdammung" in „Hektor Berlioz, sein Leben und seine Werke" (Musikführer No. 33), Schlesinger, Berlin. — *Kretzschmar, Hermann*, Kleiner Konzertführer No. 532, Breitkopf & Härtel, Leipzig.

I. Der ersten Partitur-Ausgabe war folgendes, zwar von Berlioz nicht unterzeichnete, aber zweifellos von ihm stammende Vorwort vorgedruckt.

Avant-Propos.

Le titre seul de cet ouvrage indique qu'il n'est pas basé sur l'idée principale du Faust de Goethe, puisque, dans l'illustre poème, Faust est sauvé. L'auteur de la Damnation de Faust a seulement emprunté à Goethe un certain nombre de scènes qui pouvaient entrer dans le plan qu'il s'était tracé, scènes dont la séduction sur son esprit était irrésistible. Mais fût-il resté fidèle à la pensée de Goethe, il n'en eût pas moins encouru le reproche, que plusieurs personnes lui ont déjà adressé (quelques-unes avec amertume), d'avoir mutilé un monument.

En effet, ou sait qu'il est absolument impraticable de mettre en musique un poème de quelque étendue, qui ne fut pas écrit pour étre chanté, sans lui faire subir une foule de modifications. Et de tous les poèmes dramatiques existants, Faust, sans aucun doute, est le plus impossible à chanter intégralement d'un bout à l'autre. Or si, tout en conservant la donnée du Faust de Goethe, il faut, pour en faire le sujet d'une composition musicale, modifier le chef-d'œuvre de cent façons diverses, le crime de lèse-majesté du génie est tout aussi évident dans ce cas que dans l'autre et mérite une égale réprobation.

Il s'ensuit alors qu'il devrait être interdit aux musiciens de choisir pour thèmes de leurs compositions des poèmes illustres. Nous serions ainsi privés de l'opéra de Don Juan, de Mozart, pour le livret duquel Da Ponte a modifié le Don Juan de Molière; nous ne posséderions pas non plus son Mariage de Figaro, pour lequel le texte de la comédie de Beaumarchais n'a certes pas été respecté; ni celui du Barbier de Séville, de Rossini, par la même raison; ni l'Alceste de Gluck, qui n'est qu'une paraphrase informe de la tragédie d'Euripide; ni son Iphigenie en Aulide, pour laquelle on a inutilement (et ceci est vraiment coupable) gâté des vers de Racine, qui pouvaient parfaitement entrer avec leur pure beauté dans les récitatifs; on n'eût écrit aucun des nombreux opéras qui existent sur les drames de Shakespeare; enfin, M. Spohr serait peut-être condamnable d'avoir produit une œuvre qui porte aussi le nom de Faust, où l'on trouve les personnages de Faust, de Méphistophélès, de Marguerite, une scène de sorcières, et qui pourtant ne ressemble point au poème de Goethe.

Maintenant, aux observations de détail qui ont été faites sur le livret de la Damnation de Faust, il sera également facile de répondre.

Pourquoi l'auteur, dit-on, a-t-il fait aller son personnage en Hongrie?

Parce qu'il avait envie de faire entendre un morceau de musique instrumentale dont le thème est hongrois. Il l'avoue sincèrement. Il l'eût mené partout ailleurs, s'il eût trouvé la moindre raison musicale de le faire. Goethe, lui-même, dans le second Faust, n'a-t-il pas conduit son héros à Sparte, dans le palais de Ménélas?

La légende du docteur Faust peut être traitée de toutes manières: elle est du domaine public; elle avait été dramatisée avant Goethe; elle circulait depuis longtemps sous diverses formes dans le monde littéraire du nord de l'Europe, quand il s'en empara; le Faust de Marlow jouissait même, en Angleterre, d'une sorte de célébrité, d'une gloire réelle que Goethe a fait pâlir et disparaître.

Quant à ceux des vers allemands, chantés dans la Damnation de Faust, qui sont des vers de Goethe altérés, ils doivent évidemment choquer les oreilles allemandes, comme les vers de Racine, altérés sans raison dans l'Iphigénie, de Gluck, choquent les orailles françaises. Seulement, on ne doit pas oublier que la partition de cet ouvrage fut écrite sur un texte français, qui, dans certaines parties, est lui-même une traduction de l'allemand, et que, pour satisfaire ensuite au désir du compositeur de soumettre son œuvre au jugement du public le plus musical de l'Europe, il a fallu écrire en allemand une traduction de la traduction.

Peut-être ces observation paraîtront-elles puériles et d'excellents esprits qui voient tout de suite le fond des choses et n'aiment pas qu'on s'evertue à leur prouver qu'on est incapable de vouloir mettre à sec la mer Caspienne ou faire sauter le Mont Blanc. M. H. Berlioz n'a pas cru pouvoir s'en dispenser, néanmoins, tant il luit est pénible de se voir accuser d'infidélité à la religion de toute sa vie, et de manquer, même indirectement, de respect au génie.

II. Deutsche Fassung des Vorworts.
(Nach der Partitur der Gesamt-Ausgabe.)

Aus dem Titel dieses Werkes ist bereits zu ersehen, dass es nicht auf der Idee des Goetheschen Faust beruht, da jenes weltberühmte Gedicht ja mit Fausts Rettung schliesst. Der Verfasser von Fausts Verdammung hat aus dem Goetheschen Faust nur eine Anzahl Situationen und Szenen entlehnt, welche seinem vorgezeichneten Plane sich unschwer einfügen liessen und deren reizvoller Anregung er sich nicht zu entziehen vermochte. Wäre er indes auch der Goetheschen Idee treu gefolgt, so hätte er dennoch jenem Vorwurfe, der ihm von mancher Seite her, zum Teil nicht ohne Bitterkeit, entgegengehalten worden ist, schwerlich ausweichen können, nämlich: ein Denkmal des Geistes verstümmelt zu haben.

Ohne Zweifel ist bekannt, dass es absolut unmöglich ist, ein Gedicht von irgend welchem Umfange, das nicht von seinem Autor zur Komposition für den Gesang geschrieben wurde, in Musik zu setzen, ohne es vielfältigen Modifikationen zu unterziehen. Unstreitig würde aber wohl von allen dramatischen Dichtungen Goethes Faust am allerwenigsten geeignet sein, von Anfang bis zu Ende durchkomponiert zu werden. Wollte man trotzdem den Plan von Goethes Faust beibehalten, um sich desselben als Stoffes zur musikalischen Komposition zu bedienen, so wäre es nötig gewesen, das Meisterwerk auf die verschiedenste Art umzuändern; in dem einen, wie in dem andern Falle hätte man das nämliche crimen laesae majestatis begangen, sich dem nämlichen Verdammungsurteile ausgesetzt.

Hieraus folgt aber, dass es dem Musiker überhaupt verwehrt sein müsse, berühmte Dichtungen zum Vorwurf von Kompositionen zu nehmen? Wir wären dann aber auch des Mozartschen Don Juan beraubt, dessen Libretto von Da Ponte aus den Trümmern von Molières Don Juan hergestellt worden ist; aus demselben Grunde besässen wir keine Hochzeit des Figaro, wofür der Text des Beaumarchaisschen Lustspiels gewiss ebensowenig geschont wurde, wie seitens Rossinis der des Barbier von

Sevilla; wir besässen keine Alceste von Gluck, die eine formwidrige Bearbeitung der Tragödie des Euripides ist, noch seine Iphigenie in Aulis, für welche unnötigerweise (und in diesem Falle ist es in der Tat unverzeihlich) Racines Verse, die in ihrer ungetrübten Schönheit sehr wohl zu rezitativer Behandlung gepasst hätten, grausam verstümmelt worden sind. Es hätte keine jener zahlreichen Opern nach Shakespeare-schen Dramen geschrieben werden können und vor allem müsste auch Spohr ver-urteilt werden, weil er eine Oper komponiert hat, die Faust heisst, und in welcher, trotzdem wir in ihr den Personen Fausts, Mephistopheles, Gretchens und ebenfalls einer Hexenszene begegnen, keine Spur von Ähnlichkeit mit der Dichtung Goethes aufzufinden ist.

Es wird nunmehr ebenso leicht sein, auf einzelne Bemerkungen, die zum Text-buch von Fausts Verdammung gemacht worden sind, eine Antwort zu geben.

Weshalb, fragen Einige, lässt der Verfasser seinen Helden durch Ungarn ziehen? Ganz einfach deshalb, weil er ein Tonstück zu Gehör bringen wollte, dem ein magyarisches Thema zu Grunde liegt. Dies gesteht er ganz offen ein. Er würde ihn ohne weiteres überall sonst wohin geführt haben, wenn er hierzu durch das geringste musikalische Motiv veranlasst gewesen wäre. Hat nicht Goethe selbst im zweiten Teile seinen Faust nach Sparta, in des Menelaus' Palast geführt? — Die Legende von Faust eignet sich zu der verschiedenartigsten Behandlung; sie gehört dem Volke an und war lange vor Goethe dramatisch bearbeitet worden; sie war lange vorher unter den verschiedensten Formen in der Literatur des nördlichen Europa verbreitet, ehe er sich ihrer bemächtigte. Marlows Faust erfreute sich in England einer Art von Berühmtheit, eines wirklichen Ruhmes, den erst Goethe erbleichen und erlöschen machte.

Was nun die deutschen Verse anlangt, die in Fausts Verdammung gesungen werden, so müssen sie zum Teil allerdings als sehr getrübte Goethesche Verse ein deutsches Ohr beleidigen, wie die Racineschen Verse, die im Texte zu Glucks Iphi-genie grundlos verstümmelt worden sind, ein französisches Ohr verletzen. Nur möge man nicht vergessen, dass die Partitur dieses Werkes auf einen französischen Text komponiert wurde, der in manchen Teilen selbst aus dem Deutschen übertragen ist, und dass später der sehnliche Wunsch des Komponisten, sein Werk dem musikver-ständigsten Publikum in Europa zur Beurteilung vorzulegen, wieder die Rücküber-setzung einer Übersetzung notwendig machte.

Vielleicht mögen diese Bemerkungen hervorragenden Geistern geringfügig er-scheinen, die sofort das Wesen einer Sache ins Auge fassen und uns die Mühe des Beweises ersparen, dass z. B. das Kaspische Meer nicht auszutrocknen und der Montblanc nicht z. verrücken sei. Der Autor [H. B.] hat jedoch geglaubt, sich dieser Mitteilung nicht entheben zu dürfen, weil ihm eine Anklage, den Grundsätzen seines Lebens untreu geworden zu sein, indem er die dem Genius schuldige Ehr-furcht, wenn auch nur indirekter Weise, verletzt hätte, zu peinlich gewesen wäre.

(17.) L'Enfance du Christ.

Trilogie sacrée. op. 25.

Prémière Partie: Le songe d'Hérode. [Dédiée a mesdemoiselles Josephine et Nanci Suat, mes nièces.]

Deuxième Partie: La Fuite en Égypte. [Dédiée à M. Ella, Directeur de l'Union Musicale de Londres.]

Troisième Partie: L'Arrivée à Saïs. [Dédiée à l'Académie des Chanteurs de Saint Paul, de Leipzig.]

Paroles et Musique de Hector Berlioz.

[Des Heilands Kindheit.

Geistliche Trilogie für Solostimmen, Chor und Orchester. op. 25.

Deutsche Übersetzung von Peter Cornelius.

Erster Teil: Der Traum des Herodes. [Meinen Nichten Frl. Josephine und Nancy Suat gewidmet.]

Zweiter Teil: Die Flucht nach Egypten. [Herrn Ella, Direktor der Union Musicale in London gewidmet.]

Dritter Teil: Die Ankunft in Saïs. [Dem Universitätsgesangverein der Pauliner in Leipzig gewidmet.]]

SD. I. 40 Min. II. 15 Min. III. 25 Min. GD. 80 Min.

Komp.: Die Flucht nach Egypten Herbst 1850, Die Ankunft in Saïs Ende 1853, Anfang 1854 in Paris, Der Traum des Herodes Juni—Juli 1854 in Paris. Beendigung 25. Juli 1854. (S. Anm.)

EA.: 1. **Chor der Schäfer aus der „Flucht":** Paris, Dienstag, d. 12. November 1850 im Saale der Musik-Gesellschaft Saint-Cécile im 1. Abonnementskonzert der grande Société philharmonique nach dem Manuskript unter Leitung von *Hector Berlioz* unter fingiertem Komponistennamen. (S. Anm.) — 2. **Bruchstücke aus der „Flucht":** Baden-Baden, August 1852, London, 30. Mai 1853, Frankfurt, 24. August 1853, Braunschweig, 22. Oktober 1853, Hannover, November 1853, überall unter Leitung von *H. B.* — **EA. der vollständigen Flucht nach Egypten:** A. In Deutschland: 3a. Leipzig, Donnerstag, d. 1. Dezember 1853 im 8. Abonnementskonzert und 3b. Sonnabend, d. 10. Dezember 1853 in einem von *H. B.* gegebenen Konzert, beide Male im Saale des Gewandhauses und unter Leitung von *H. B.;* Tenorsolo: Herr *Schneider;* Chor: *Singakademie, Pauliner* und *Thomaner.* (S. Anm.) — 4. Weimar, Freitag, d. 27. Januar 1854 in einem Hofkonzert im Grossherzogl. Schlosse unter Leitung von *Franz Liszt;* Tenorsolo: Herr *Götze.* (S. Anm.) — B. In Frankreich: 5. Paris,

Sonntag, d. 18. Dezember 1853 im Saale der Musik-Gesellschaft Saint-Cécile im 2. Konzert (ausser Abonnement) dieser Gesellschaft unter Leitung von *F. G. Baptiste Seghers;* Tenorsolo: *M. Chaperon.* (S. Anm.) — **Das ganze Werk:** A. In Frankreich: 6. Paris, Sonntag, d. 10. Dezember 1854 im Saale Herz in einem von H. B. veranstalteter Konzert teilweise nach Mspt. unter Leitung von *H. B.;* Solisten. Mme. *Meillet* (die heilige Maria), die Herren *Meillet* (Joseph), *Depassio* (Herodes), *Noir* (Polydorus), *Chaperon* (Centurio), *Jourdan* (Erzähler), *Bataille* (Hausvater), *Brunet, Magnier* und *Prunier* (Terzett für 2 Flöten und Harfe). Wiederholungen dieser Aufführung 24. Dezember 1854 und 28. Januar 1855. (S. Anm.) — B. In Deutschland: 7. Weimar, Mittwoch, d. 21. Februar 1855 im Grossherzogl. Hof-theater in einem grossen Konzert zum Besten des Pensionsfonds für die Witwen und Waisen der verstorbenen Kapellmitglieder unter Leitung von *H. B.;* Solisten: Frl. *E. Genast* (Sopr.), die Herren *Caspari* (Tenor), *v. Milde* (Bariton), *Hermanns* (Bass). (S. Anm.)

Ersch.: 1. Partitur, Stimmen und Klavierauszug von „Fuite en Egypte" (S. Anm.) 1852 bei S. Richault, Paris. — 2. „Die Flucht nach Egypten" Partitur März, Orchester- und Chorstimmen und Klavier-auszug Februar 1854 bei Fr. Kistner, Leipzig. — 3. „L'Enfance du Christ" (das ganze Werk) Partitur Oktober, Stimmen September, Klavierauszug Juli 1855 bei S. Richault, Paris.

Bes.: a) Soli: Sopran: Maria. — Tenor: Ein Erzähler. Ein Centurio. — Bariton: Joseph. — Bass: Herodes, Polydor, Hausvater.

b) Chor: Sopran I u. II, Alt I u. II, Tenor I u. II, Bass I u. II. (S. Anm.)

c) Orchester: 2 Fl. (2. auch kl. Fl.), Ob., Engl. Hr., (auch 2. Ob.), 2 Klar., 2 Fag., 2 Hr., 2 Kornette, 2 Tr., 3 Pos., Pk. — Hfe. — Orgel oder Harmonium. — Str.-Orch. (Cello-Solo).

Anmerkg. Die Entstehungszeit des ersten und dritten Teiles kann genau verfolgt werden in den Briefen von Berlioz an Liszt im Jahre 1854 (S. Briefe an Liszt, herausgegeben von La Mara, I, No. 206, 208, 218, 224, 225 u. 226), auch der Brief an H. v. Bülow (S. Correspondance inédite S. 211) vom 28. Juli 1854 gibt Aufschluss. Sicher hat B. nach dem von ihm selbst genannten Voll-endungstage an dem Werke noch geändert und gefeilt. Über die Entstehung des 2. Teiles und die mit der EA. des Schäferchores von B. verübte lustige Täuschung unterrichtet ein langer Brief an Ella, der in London am 15. Mai 1852 geschrieben, von diesem am 18. Mai in No. 3 von „the Musical Union" veröffentlicht wurde. [NB. Diese erste Veröffentlichung scheint bisher un-bekannt geblieben zu sein; der Verfasser fand sie in der Programmsammlung des Geigers O. von Königslöw, die jetzt sich in seinem Besitze befindet.] B. stellte den Brief an die Spitze der ersten in Paris erschienenen französischen Partitur-Ausgabe. 1855 veröffentlichte ihn Richard Pohl unter seinem Pseudonym Hoplit in der Neuen Zeitschrift für Musik (Bd. 42, No. 5), B. nahm ihn 1859 in seine „Les Grotesques de la musique" auf (Bd. 7 der literarischen Werke, Breitkopf & Härtel). Mit der EA. des Schäferchors (EA. 1) mystifizierte B.

sein Publikum und seine Kritiker („bons gendarmes de la critique française" Briefe an Liszt, I, No. 153), denn das Programm kündigte als No. 4 an:

L'Adieu des bergers à la Sainte Famille
chanson en chœur de *la Fuite en Egypte*
mystère de Pierre Ducré, exécuté pour la première fois en 1679.

Die Täuschung gelang vollkommen, B. bewahrt die Erinnerung daran in dem Titel der ersten Ausgabe

La Fuite en Égypte
Fragments d'un mystère en style ancien
Pour Ténor Solo Chœur et un petit Orchestre
attribué à Pierre Ducré, *Maitre de chapelle imaginaire* et composé par Hector Berlioz.

Die EA. der vollständigen „Flucht nach Egypten" führte B. zum zweiten Male in die Räume des Gewandhauses, das er zehn Jahre vorher (S. Anm. zu No. 1) zum ersten Male betreten hatte. Während dieser zehn Jahre war das Gewandhaus für seine Musik verschlossen gewesen und nachher verging abermals derselbe Zeitraum, bis 12. März 1863, ehe wieder ein Ton von ihm dort gespielt wurde. (S. Dörffel, „Statistik der Konzerte im Saale des Gewandhauses zu Leipzig" S. 9.) Die Programme der beiden Konzerte im Gewandhause (EA. 3 a u. 3 b) waren: I. 1. Dezember 1853: 8. Symphonie von Beethoven (Leitung Ferd. David), Flucht nach Egypten, Harold-Symphonie (1., 2. u. 3. Satz, Bratschensolo: David), der junge Bretagner Schäfer (Herr Schneider), Fee Mab aus Romeo und Julia, Rezitativ und Arie des Mephistopheles „Die Lüfte kosen" und Chor und Tanz der Sylphen aus Faust Verdammnis (Leitung H. B.); II. 10. Dezember 1853: Romeo und Julia (die 4 ersten Sätze, Soli Frau Dreyschock und Herr Schneider), Flucht nach Egypten (Solo Herr Schneider), Faust Verdammnis (1. u. 2. Teil, Soli: Faust Herr Schneider, Mephistopheles Herr Behr, Brander Herr Cramer; Leitung H. B.) Nach diesem 2. Konzert brachte der Pauliner Sängerverein B. eine Serenade. — Über beide Konzerte ist in O. Jahns „Gesammelte Aufsätze über Musik" S. 95 ff. ein Bericht „Berlioz in Leipzig" enthalten. — Die 2. EA. der Flucht in Deutschland (S. EA. 4 Weimar) ist bisher gänzlich unbekannt geblieben, ihre Mitteilung erfolgt nach den in Weimar aufbewahrten Programmen der Hofkonzerte. In Weimar fand auch die erste Aufführung des ganzen Werkes in Deutschland und in deutscher Sprache nach der Übersetzung von Peter Cornelius statt (EA. 7). Darüber ist weiteres zu finden in den Anmerkungen zu Lelio (No. 14). — Über die EA. des ganzen Werkes in Paris berichtet ganz ausführlich Prod'homme in seiner Monographie „L'Enfance du Christ". (S. Lit.) Über die Aufstellung des Chores bestimmt eine Note von H. B. folgendes:

Nota.

Pendant toute la première partie de la Trilogie les choristes hommes doivent seuls être en vue du public sur l'un des côtés de la scène. Les femmes, Soprani et Contralti, sont derrière le théâtre, groupées autour de l'orgue-mélodium et du maître de chant. Au commencement de la seconde partie, elles viennent se placer sur la scène au côté opposé à celui qu'occupent les hommes, ne laissant au Post-Scénium que 4 Soprani et 4 Contralti, qui doivent y rester jusqu'à la fin pour l'Alleluia et l'Amen.

Si le chef d'orchestre n'a pas de Métronome Electrique, le maître de chant conduira le chœur invisible du Post-Scènium, et le chef d'orchestre suivra de l'oreille ses mouvements.

Liter. *Prod'homme, J. G.*, „L'Enfance du Christ", Édition du Mercure de France. Paris. — *Pohl, Richard*, „Pierre Ducré" und „L'enfance du Christ" in „Hector Berlioz", Bernhard Schlicke, Leipzig.

IV. Bearbeitung für Orchester.

(18.) Karl Maria von Weber — „Invitation à la Valse"

instrumentée pour le grand orchestre par Hector Berlioz.

[Karl Maria von Weber — „Aufforderung zum Tanz"

für grosses Orchester instrumentiert von Hector Berlioz.]

G.D. $8^1/_2$ *Min.*

Bearbeitet: 1841 in Paris.

EA.: In Frankreich: 1. Paris, Montag, d. 7. Juni 1841 in der Grossen Oper, gelegentlich der ersten Aufführung des „Freischütz" nach der Berliozschen Bearbeitung nach dem Manuskript unter Leitung des Theaterkapellmeisters *Battu*. (S. Anm.) — In Deutschland: 2. Hannover, Sonnabend, d. 6. Mai 1843 im Hoftheater in einem von B. veranstalteten Konzert unter Leitung von *Hector Berlioz*.

Ersch.: In Stimmen Juli 1842 bei Schlesinger, Berlin, etwa gleichzeitig auch bei M. Schlesinger, Paris in Partitur und Stimmen. Partitur in Deutschland erst 1890 bei Schlesinger, Berlin.

Orch.Bes.: Kl. Fl., Fl., 2 Ob., 2 Klar., 4 Fag., 4 Hr., 2 Tr., 2 Kornette, 3 Pos., Pk. — 2 Hfn. — Str.-Orch.

Anmerkg. Im Frühling 1841 beschäftigte sich Berlioz damit, Webers Freischütz, der bis dahin nur in verstümmelter Form in Paris gegeben worden war, für eine Neueinstudierung vorzubereiten. Da in der grossen Oper das gesprochene Wort verboten war, komponierte er an Stelle der Dialoge Rezitative und um der Forderung nach einem Ballett gerecht zu werden, schuf er ein solches aus Motiven aus Preciosa und Oberon und instrumentierte ausserdem dafür die Aufforderung zum Tanz. Die Memoiren (S. 327 ff.) enthalten darüber eine eingehende Schilderung. Der damals in Paris lebende Richard Wagner schrieb hierzu „Der Freischütz, Vorbericht an das Pariser Publikum" (Ges. Schriften und Dichtungen I, S. 259) und veröffentlichte in der Augsburger Abendzeitung 1841, No. 169 ff. „Le Freyschutz, Bericht nach Deutschland"

(a. a. O. S. 274). Nach B.s Angaben in den Memoiren ist von dem Ballet nach einigen Vorstellungen nur noch die Aufforderung zum Tanz übrig geblieben. Der bei Brandus in Paris erschienene Klavierauszug zur Oper wurde mit einer offenbar von B. stammenden Vorbemerkung eingeleitet, die folgende Sätze enthält: „La partition du maître n'a subi aucune altération: on a respecté strictement l'ordre, la suite, l'intégralité, l'instrumentation. Seulement, comme le dialogue parlé est interdit à l'Academie royale de Musique, il a fallu y suppléer par des recitatifs dans lequels on a tâché de conserver le coloris particulier qui distingue tout l'ouvrage. La musique des divertissements se compose des airs de ballets d'Oberon et de Preciosa (opéras de Weber), auxquels l'auteur la musique des récitatifs a ajouté, en l'instrumentant pour l'orchestre sans y changer une note, le célèbre rondo de piano intitulé: L'Invitation à la valse (également de Weber).

Franz Liszt.

Geb. 22. Oktober 1811 in Raiding bei Oedenburg (Ungarn), gest. 31. Juli 1886 zu Bayreuth.

Vorwort.

Die Anmerkungen zu den Werken Liszts sind sehr umfangreich ausgefallen. Um sie nicht noch mehr anschwellen zu lassen, musste mancherlei Bio- und Bibliographisches in dieses besondere Vorwort verwiesen werden. Die bisher existierenden biographischen Werke über Liszt sind, insbesondere in Beziehung auf das Tatsächliche der Aufführungen seiner Kompositionen, der Ergänzung und Richtigstellung in hohem Masse bedürftig gewesen, und wenn es auch nicht gelang, jeden Irrtum zu beseitigen, jede Lücke auszufüllen und jedes Dunkel zu lichten, so wird doch vielerlei Unrichtiges, Falsches und als solches immer wieder Nachgedrucktes seine Korrektur erfahren haben.

Es ist bisher nicht festgestellt, welche Gründe Liszt zu der Reihenfolge veranlasst haben, die er seinen ersten neun Symphonischen Dichtungen bei deren Veröffentlichung gab. Die chronologische Folge ihres Entstehens kann nicht allein massgebend gewesen sein, auch sind die Gründe nicht ersichtlich aus der Reihenfolge des Erscheinens im Stiche. Am 30. Januar 1857, zur Zeit da sich die Drucklegung dieser ersten Serie ihrem Ende näherte (s. u.), schrieb Liszt an Hans von Bülow: *„J'ai plusieurs volumes de choses à vous dire, entre autres sur le sens que j'attache à la ,Reihenfolge' de mes Poèmes symphoniques etc. etc."* Da es nicht in der Aufgabe des vorliegenden Werkes lag, die geheimsten Regungen der Künstlerseele des Komponisten Liszt zu ergründen, so ist die Reihenfolge der Druckausgabe beibehalten worden. Die Kenntnis der Erscheinungstermine der Partituren, Klavierausgaben und Orchesterstimmen nach Monat und Jahr ist nicht unwichtig, lehrt sie doch genauestens erkennen, wie lange die Aufführungen nach Manuskript stattgefunden haben, wie lange Zeit vergehen musste, bis sich die Werke das Vertrauen sowohl der Verleger wie des Publikums errungen hatten. Es folgen hier zunächst die Erscheinungstermine der Lisztschen Symphonischen Dichtungen in zwei Zusammenstellungen, deren erste Partituren, Ausgaben für 2 Klaviere und Orchesterstimmen der ersten Serie (1—9), deren zweite Partituren und Ausgaben für 2 Klaviere aller 12 in chronologischer Ordnung enthalten.

Liszt, Franz. (Vorwort.)

I.

	Partitur	2 Klaviere	Orchesterstimmen
1. Ce qu'on entend sur la montagne	Juni 1857	Januar 1857	April 1882
2. Tasso	April 1856	Juni 1856	März 1865
3. Les Préludes	April 1856	Juni 1856	Januar 1865
4. Orpheus	April 1856	Juni 1856	September1879
5. Prometheus	April 1856	Juni 1856	Juli 1880
6. Mazeppa	April 1856	Juli 1856	März 1865
7. Festklänge	April 1856	Juli 1856	Juli 1880
8. Héroïde funèbre	Januar 1857	Juli 1856	März 1865
9. Hungaria	Februar 1857	Oktober 1856	Oktober 1880

II.

1. Orpheus	April 56	Part.	13. Héroïde	Juli 56	2 Klav.
2. Prometheus	April 56	Part.	14. Hungaria	Okt. 56	2 Klav.
3. Tasso	April 56	Part.	15. Héroïde	Jan. 57	Part.
4. Mazeppa	April 56	Part.	16. Ce qu'on entend	Jan. 57	2 Klav.
5. Festklänge	April 56	Part.	17. Hungaria	Febr.57	Part.
6. Préludes	April 56	Part.	18. Ce qu'on entend	Juni 57	Part.
7. Orpheus	Juni 56	2 Klav.	19. Ideale	Okt. 58	Part.
8. Prometheus	Juni 56	2 Klav.	20. Ideale	Okt. 58	2 Klav.
9. Tasso	Juni 56	2 Klav.	21. Hamlet	Mai 61	2 Klav.
10. Préludes	Juni 56	2 Klav.	22. Hunnenschlacht	Mai 61	2 Klav.
11. Mazeppa	Juli 56	2 Klav.	23. Hamlet	Juli 61	Part.
12. Festklänge	Juli 56	2 Klav.	24. Hunnenschlacht	Juli 61	Part.

(Die Erscheinungstermine entstammen den freundlichen Mitteilungen der Firma Breitkopf & Härtel.)

Die Orchesterstimmen zu allen Symphonischen Dichtungen sind, wie die Übersicht zeigt, weit später erschienen als die Partituren und Ausgaben für 2 Klaviere, sie existierten bis dahin nur in autographierten Exemplaren.

Die Symphonischen Dichtungen sind ohne Widmung geblieben, doch waren sie der Fürstin Wittgenstein bestimmt. Die Widmungsworte schrieb L. am 8. Februar 1855 — dem Geburtstage der Fürstin — (s. L.-Br. IV, S. 211 u. Anmerkg. zu No. 3) und wiederholte sie in seinem Testamente vom 14. September 1860 (s. L.-Br. V, S. 60) mit folgender letztwilliger Verfügung: *Je désire aussi que les quelques lignes de Dédicace que j'ai écrites pour mes 12 Poëmes symphoniques („Symphonische Dichtungen", publiés chez Härtel à Leipzig) soient imprimées en tête de l'édition. Elles sont datées du 8. Février 1855 et je les transcris ici"* usw. [Folgen dann die in obengenannter Anmerkg. zu findenden Widmungsworte.]

Über die Vorworte bzw. programmatischen Erläuterungen oder dichterischen Grundlagen ist im allgemeinen folgendes zu sagen: 1854 liess Liszt für seine Freunde Vorworte usw. zu No. 1, 2, 3, 4, 5, 6 und 8 in der Hofbuchdruckerei in Weimar in einem Einzelheft drucken. Die darin enthaltenen Vorworte zu Les Préludes und Mazeppa sind später beseitigt und, nicht zum Vorteile des Verständnisses dieser beiden Werke, in der Druckausgabe durch die Originaldichtungen von Lamartine und V. Hugo ersetzt worden. Die Originalformen dieser Vorworte sind mitgeteilt bei den betr. Werken (No. 5 u. 8) mit dem Wunsche, dass sie in Zukunft in den Programmen an Stelle der Originaldichtungen treten möchten. In den Anmerkungen ist näheres darüber gesagt. Es schien nicht unwichtig, die Vorworte sowohl in ihrem originalen französischen Wortlaut wie in ihrer deutschen Übersetzung zum Abdruck zu bringen, da in der letzteren doch manche Feinheit des sprachlichen Ausdruckes des Originals verloren gegangen ist. Die Übersetzung des Gedichtes „Ce qu'on entend sur la montagne" ist übrigens nicht von P. Cornelius, sondern von Oswald Marbach. — Im Juli 1861 sendete Liszt den Partituren nach: „Anhang. Varianten zu No. 7, Fest-Klänge. Kürzungen und Errata." (Breitkopf & Härtel, Leipzig.) Eine kurze Bemerkung in diesem Anhange ist von Bedeutung, leider aber nicht genügend bekannt. Sie lautet: *„Bei Aufführungen in kleineren Konzertsälen ist eine passende Aufstellung der Schlaginstrumente (so dass dieselben nicht das Orchester überschallen) und deren Mässigung, ja selbst gänzliche Hinweglassung, wo sie nicht notwendig einwirken, den Herren Dirigenten anzuempfehlen".* Über diesen selben Gegenstand äussert sich Liszt in einem Briefe an seinen Vetter Eduard Liszt vom 26. März 1857 (s. L.-Br. I, S. 275), dessen darauf bezügliche Stelle in den Anmerkungen zu dem Es-dur-Konzert (No. 18) nachzulesen ist.

Als L. Ende der 40er Jahre ernstlich begann, für grosses Orchester zu schreiben, weilte Joachim Raff bei ihm. Dessen Tochter, Frl. Helene Raff, hat im 1. Jahrgange der „Musik" (1901/02) den Briefwechsel ihres Vaters mit L. veröffentlicht („Franz Liszt und Joachim Raff im Spiegel ihrer Briefe"), aus dem der Anteil ersichtlich ist, den Raff an der Instrumentation von mindestens 5 der Symphonischen Dichtungen, nämlich Ce qu'on entend, Les Préludes, Tasso, Prometheus und Héroide gehabt hat. Dieser Anteil kann sich allerdings nur auf die erste instrumentale Form dieser Werke beziehen, da L. an allen vor ihrem späteren Erscheinen sehr erhebliche Änderungen, Umarbeitungen und Neuinstrumentierungen vorgenommen hat. Immerhin wird diese erste instrumentale Form der späteren revidierten zur Grundlage gedient haben und es mag sich manches in den genannten Werken befinden, was aus Raffs Kopf und Feder stammt. Die diesen Gegenstand betreffende Briefstelle ist nachzulesen in „Die Musik, I, S. 894". Dem darin enthaltenen Bekenntnisse Raffs stellen wir einen Brief zur Seite, den Joseph Joachim am 29. Oktober 1895 an die Witwe Raffs schrieb, deren Güte wir seine Kenntnis und die Erlaubnis des Abdruckes verdanken. Joachim schreibt: *„Sehr begreiflich finde ich es, dass es Sie verletzt und beunruhigt, wenn das Andenken Ihres verehrten lieben Gatten durch die Notiz — er wäre Kopist von Liszt gewesen — getrübt wird. Es ist dies eine entschiedene Entstellung des Sachverhalts. Ich habe Raff wie Liszt während meines Aufenthaltes in Weimar [1849—1853] sehr nahe gestanden und oft Gelegenheit gehabt, die Art der Raffschen Arbeit für Liszt genau kennen zu lernen. Sie bestand darin, dass er im Klavierauszug-Skizziertes vollständig instrumentierte — also eine ganz selbständige Arbeit. Eher konnte man Raff einen Berater und Sekretär Liszts nennen, wenn man den sehr freundschaftlichen Beziehungen eine andere Benennung geben will. Die Bezeichnung Kopist beruht auf einem vollständigen Verkennen von Raffs Bedeutung an sich und für Liszt. Fast erscheint es mir unnötig, mit einer so selbstverständlichen Sache vor die Öffentlichkeit zu treten, doch stelle ich Ihnen frei, falls Sie von* *meinen Bemerkungen Gebrauch machen wollen, dies im weitesten Sinne zu tun, Ihr Vertrauen kann mich nur ehren."* Dieser Brief Joachims wird durch einen anderen von B. Cossmann ergänzt, den wir derselben Quelle verdanken. C. schreibt am 8. Januar 1899 an Frau Raff: *„Ihnen sichere Auskunft über Raffs Mittätigkeit bei Liszts Werken zu geben, bin ich zu meinem Bedauern nicht imstande. Nur Raffs Instrumentierung der Prometheusmusik kann ich verbürgen. Bei der Probe desselben im Theater sass ich neben Raff, der zu mir sagte: ‚Höre Dir mal die Instrumentation an, sie ist von mir.'"* — Die in den Anmerkungen zu Liszts Werken gegebenen Hinweisungen auf eine Mitarbeiterschaft Raffs an der Instrumentation sind auf Grund des obenerwähnten Briefwechsels L.-R. abgefasst, dem die beiden Originale als Beweisstücke für die Richtigkeit der R.schen Beihilfe zur Seite stehen sollten. Was bereits oben gesagt wurde, „dass diese Mitarbeiterschaft sich nur auf die erste instrumentale Form beziehen kann, die der späteren endgültigen zur Grundlage gedient habe," möge hier nochmals wiederholt werden, um jede Missdeutung gänzlich auszuschliessen. —

Die Kompositionszeiten stützen sich auf L. Ramanns und R. Pohls biographische Werke (s. Allgemeine deutsche Literatur über L.), auf die in seinen Briefen enthaltenen Mitteilungen über Stand, Fortgang und Vollendung seiner Werke, sowie auf manche, dem Verfasser von dem Custos des Weimarer Liszt-Museums, Herrn Dr. Obrist, zugekommene Nachrichten über Manuskriptdaten.

Besondere Sorgfalt ist auf die Nachricht aller Daten über die Erstaufführungen (EA.) verwendet worden, nachdem sich herausgestellt hatte, dass sich sowohl bei Ramann wie Pohl erhebliche Irrtümer befanden, die immer wieder nachgedruckt, aber nicht nachgeprüft worden sind. Die Weimarischen Aufführungen sind an Ort und Stelle genauestens nach den Originalprogrammen und Zeitungsannoncen neu festgestellt worden, viele andere stützen sich ebenfalls auf mühsam zusammengetragene Originalprogramme, eine andere nicht unerhebliche Anzahl endlich auf Nachforschungen, die andere Hilfsbereite an Ort und Stelle, in Zeitungen etc. angestellt und dem Verfasser übermittelt haben. Es war lehrreich und anziehend zugleich, den Weg zu verfolgen, den Liszts Werke anfänglich genommen haben. Sehr viele Konzertsäle standen dem Komponisten Liszt seinerzeit nicht zur Verfügung, zumeist musste er sich, wo er nicht selbst mit seiner Person und Tüchtigkeit eintreten konnte, auf seine Schüler und Jünger, allen voran Bülow, Tausig, v. Bronsart, Pruckner, Jaell, Ed. Stein (Sondershausen), Leopold Damrosch (Breslau), Max Seifriz (Löwenberg) u. a. m. stützen. Bei der Graner Messe und der Krönungsmesse ist vieles mitgeteilt, was überhaupt noch nicht bekannt war. Den Herren Domorganist Franz Kersch in Gran und Stadtarchivar Joh. Batka in Pressburg, deren hingebender Unterstützung das weitaus Wertvollste der Mitteilungen über diese beiden Werke zu danken ist, sei an dieser Stelle ein ganz besonderer Dank ausgesprochen. Nicht minderer Dank gebührt Frau Doris Raff und Frau Marie v. Bülow, ersterer für die andauernde Unterstützung, letzterer für die Überlassung von Hans v. Bülows Programmsammlung, auf Grund deren die Festellung der EA. einer Anzahl von Werken überhaupt einzig ermöglicht worden ist.

Allgemeine deutsche Literatur über Liszt: 1. *Christern*, „Franz Liszt. Nach seinem Leben und Wirken aus authentischen Berichten dargestellt" (1841, Leipzig, Schuberth & Co.). — 2. *L. Rellstab*, „Franz Liszt" (1842, Berlin, Trautwein & Co.). — 3. *Otto Lessmann*, „Franz Liszt. Eine Charakterstudie" (1881, Berlin, E. Behr's Verlag [E. Bock]). — 4. *Richard Pohl*, „Franz Liszt" aus „Gesammelte Schriften über Musik und Musiker" Band II (1883, Leipzig, Bernhard Schlicke). — 5. *L. Ramann*, „Franz Liszt. Als Künstler und Mensch" (1880—1894, Leipzig, Breitkopf & Härtel). — 6. *Eduard Reuss*, „Franz Liszt. Ein Lebensbild" (1898, Dresden und Leipzig, Karl Reissner). — 7. *Friedrich Kempe*, „Franz Liszt. Richard Wagner. Ein Erinnerungsblatt für die Teilnehmer des dritten Anhalt-Bernburger Musikfestes" (1852, Eisleben, Ferdinand Kuhnt). — 8. *Hoplit (Richard Pohl)*, „Das Karlsruher Musikfest im Oktober 1853" (1853, Leipzig, Bruno Hinze). — 9. *Richard Pohl*, „Die Tonkünstler-Versammlung zu Leipzig am 1.—4. Juni 1859" (1859, Leipzig, C. F. Kahnt). — 10. *A. W. Ambros*, „Franz Liszt und seine Instrumentalkompositionen" aus „Kulturhistorische Bilder aus dem Musikleben der Gegenwart" (1860, Leipzig, Heinrich Matthes). — 11. *A. W. Ambros*, „Abbé Liszt in Rom" aus „Bunte Blätter" I (1872, Leipzig, F. E. C. Leuckart). — 12. *Richard Wagner*, „Ein Brief über F. Liszts symphonische Dichtungen" (1857, Leipzig, C. F. Kahnt. NB. Zuerst erschienen in der Neuen Zeitschrift für Musik Bd. 46 No. 15 vom 10. April 1857 unter dem Titel „Ein Brief von Richard Wagner über Franz Liszt", später aufgenommen in Richard Wagners Gesammelte Schriften und Dichtungen mit dem Titel „Uber Franz Liszts Symphonische Dichtungen". Brief an M. W. [Marie Wittgenstein]). — 13. *Felix Draeseke*, „Franz Liszts neun symphonische Dichtungen" aus „Anregungen für Kunst, Leben und Wissenschaft", herausgegeben von Franz Brendel und Richard Pohl, Band II, III u. IV (1857, 1858, 1859, Leipzig, K. Merseburger). — 14. *Franz Brendel*, „Franz Liszt als Symphoniker" (1859, Leipzig, K. Merseburger). — 15. „Briefwechsel zwischen Wagner und Liszt" (1887, Leipzig, Breitkopf & Härtel). — 16. *La Mara*, „Briefwechsel zwischen Franz Liszt und Hans von Bülow" (1898, Leipzig, Breitkopf & Härtel). — 17. *La Mara*, „Franz Liszts Briefe" I—VIII (1893—1905, Leipzig, Breitkopf & Härtel). — 18. *La Mara*, „Briefe hervorragender Zeitgenossen an Franz Liszt" I—III (1895 u. 1904, Leipzig, Breitkopf & Härtel). — 19. *Adolf Stern*, „Franz Liszts Briefe an Karl Gille" (1903, Leipzig, Breitkopf & Härtel). — 20. *Helene Raff*, „Franz Liszt und Joachim Raff im Spiegel ihrer Briefe" (1901—02, „Die Musik" I, Berlin und Leipzig, Schuster & Löffler). — 21. Liszt-Heft (1906, „Die Musik" V, Heft 13, Berlin und Leipzig, Schuster & Löffler). — 22. Thematisches Verzeichnis der Werke von F. Liszt. Von dem Autor verfasst (1855, Leipzig, Breitkopf & Härtel). — 23. Thematisches Verzeichnis der Werke, Bearbeitungen und Transkriptionen von F. Liszt (1877, Leipzig, Breitkopf & Härtel). — 24. *A. Göllerich*, „Zur Erinnerung an Franz Liszt". Vollständiges Verzeichnis seiner sämtlichen (im Drucke erschienenen) musikalischen Werke, „Neue Zeitschrift für Musik" 1887, 1888, 1889, C. F. Kahnt, Leipzig). — 25. *Franz Liszt*, „Gesammelte Schriften" I—VI (Leipzig, Breitkopf & Härtel). — [*Eduard Hanslick*, Biographische und kritische Abhandlungen in „Am Ende des Jahrhunderts", „Musikalisches Skizzenbuch", „Fünf Jahre Musik" etc. sämtlich: Berlin, Allgemeiner Verein für Deutsche

Literatur.] — In der Liszt-Literatur sind nicht zu entbehren: *Hans von Bülow*, „Briefe" (Leipzig, Breitkopf & Härtel); *Adelheid von Schorn*, „Zwei Menschenalter. Erinnerungen und Briefe" (1901, Berlin, S. Fischer); *W. Weissheimer*, „Erlebnisse mit Richard Wagner, Franz Liszt etc." (Stuttgart und Leipzig, Deutsche Verlags-Anstalt), wie endlich die „Neue Zeitschrift für Musik" (Leipzig, C. F. Kahnt) in den 50er und 60er Jahren.

Werke:

I. Orchesterwerke.

a) Symphonien.

1. Faust-Symphonie.
2. Dante-Symphonie.

b) Symphonische Dichtungen.

3. Ce qu'on entend sur la montagne. (Berg-Symphonie.)
4. Tasso. Lamento e Trionfo.
5. Les Préludes. (Präludien.)
6. Orpheus.
7. Prometheus. (S. auch No. 31.)
8. Mazeppa.
9. Festklänge.
10. Héroïde funèbre. (Heldenklage.)
11. Hungaria.
12. Hamlet.
13. Hunnenschlacht.
14. Die Ideale.
15. Von der Wiege bis zum Grabe.
16. Le Triomphe funèbre du Tasse.
17. Zwei Episoden aus Lenaus Faust:
    a) Nächtlicher Zug.
    b) Der Tanz in der Dorfschenke. (Mephisto-Walzer.)

II. Konzerte u.Konzertstücke mit Orchester.

a) Original-Kompositionen.

18. Klavierkonzert I. Es-dur.
19. Klavierkonzert II. A-dur.
20. Totentanz.
21. Fantasie über Ruinen von Athen.
22. Fantasie über ungarische Volksmelodien. (Ungarische Fantasie.)

b) Bearbeitungen.

23. Fr. Schubert. Fantasie op. 15. (Wanderer-Fantasie.)
24. C. M. v. Weber. Polonaise brillante op. 72.

III. Chorwerke mit Orchester.

25. Missa solennis. (Graner Messe.)
26. Ungarische Krönungsmesse.
27. Legende von der heiligen Elisabeth.
28. Christus.
29. Der 13. Psalm.
30. Die Glocken des Strassburger Münsters.
[31. Chöre zu Herders: „Der entfesselte Prometheus". (Siehe bei No. 7.)]

Vorwort Liszts für seine Orchesterwerke.

Eine Aufführung, welche den Intentionen des Komponisten entsprechen, und ihnen Klang, Farbe, Rhythmus und Leben verleihen soll, wird bei meinen Orchester-Werken am zweckmässigsten und mit dem geringsten Zeitverlust durch geteilte Vor-Proben gefördert werden. Demzufolge erlaube ich mir, die HH. Dirigenten, welche meine symphonischen Dichtungen aufzuführen beabsichtigen, zu ersuchen, der General-Probe Separat-Proben mit dem Streich-Quartett, andere mit Blas- und Schlag-Instrumenten vorangehen zu lassen.

Gleichzeitig sei mir gestattet, zu bemerken, dass ich das mechanische, takt-mässige, zerschnittene Auf- und Abspielen, wie es an manchen Orten noch üblich ist, möglichst beseitigt wünsche, und nur den periodischen Vortrag, mit dem Her-vortreten der besonderen Akzente und der Abrundung der melodischen und rhyth-mischen Nuancierung, als sachgemäss anerkennen kann. In der geistigen Auffassung des Dirigenten liegt der Lebensnerv einer symphonischen Produktion, vorausgesetzt, dass im Orchester die geziemenden Mittel zu deren Verwirklichung sich vorfinden; andernfalls möchte es ratsamer erscheinen, sich nicht mit Werken zu befassen, welche keineswegs eine Alltags-Popularität beanspruchen.

Obschon ich bemüht war, durch genaue Aufzeichnungen meine Intentionen zu verdeutlichen, so verhehle ich doch nicht, dass manches, ja sogar das Wesentlichste, sich nicht zu Papier bringen lässt, und nur durch das künstlerische Vermögen, durch sympathisch schwungvolles Reproduzieren, sowohl des Dirigenten als der Aufführenden, zur durchgreifenden Wirkung gelangen kann. Dem Wohlwollen meiner Kunstgenossen sei es daher überlassen, das Meiste und Vorzüglichste an meinen Werken zu vollbringen.

Weimar, März 1856.

Pour obtenir un résultat d'exécution correspondant aux intentions de mes œuvres orchestrales, et leur donner le coloris, le rhythme, l'accent et la vie qu'elles réclament, il sera utile d'en préparer la répétition générale par des répétitions partielles des instrumens à cordes, à vent, en cuivre, et à percussion. Par cette méthode de la division du travail on épargnera du temps en facilitant aux exécutans l'intelli-gence de l'ouvrage. Je me permets en conséquence de prier M.Mrs les chefs d'orchestre qui seraient disposés à faire exécuter l'un de ces Poèmes symphoniques, de vouloir bien prendre le soin de faire précéder les répétitions générales, des répétitions pré-alables indiquées ci-dessus.

En même temps j'observerai que la mesure dans les œuvres de ce genre demande à être maniée avec plus de mesure, de souplesse, et d'intelligence des effets de coloris, de rhythme, et d'expression qu'il n'est encore d'usage dans beaucoup d'orchestres. Il ne suffit pas qu'une composition soit régulièrement bâtonnée et machi-nalement exécutée avec plus ou moins de correction pour que l'auteur ait à se louer de cette façon de propagation de son œuvre, et puisse y reconnaître une fidèle inter-prétation de sa pensée. Le nerf vital d'une belle exécution symphonique gît princi-palement dans la compréhension de l'œuvre reproduite, que le chef d'orchestre doit surtout posséder et communiquer, dans la manière de partager et d'accentuer les pé-riodes, d'accuser les contrastes tout en ménageant les transitions, de veiller tantôt à établir l'équilibre entre les divers instrumens, tantôt à les faire ressortir soit isolément soit par groupes, car à tel moment il convient d'intonner ou de marquer simplement les notes, mais à d'autres il s'agit de phraser, de chanter, et même de déclamer. C'est au chef qu'il appartient d'indiquer à chacun des membres de l'orchestre la signification du rôle qu'il a à remplir.

Je me suis attaché à rendre mes intentions par rapport aux nuances, à l'accé-lération et au retard des mouvemens, etc. aussi sensibles que possible par un emploi détaillé des signes et des expressions usitées; néanmoins ce serait une illusion de croire qu'on puisse fixer sur le papier ce qui fait la beauté et le caractère de l'exé-cution. Le talent et l'inspiration des artistes dirigeans et exécutans en ont seuls le secret, et la part de sympathie que ceux-ci voudront bien accorder à mes œuvres, seront pour elles le meilleur gage de succès.

Weimar, Mars 1856.

I. Orchesterwerke.

(1.) Eine Faust-Symphonie
(nach Goethe)

in drei Charakterbildern

für grosses Orchester, Tenor-Solo und Männerchor.

Hektor Berlioz gewidmet.

I. Faust. — II. Gretchen. — III. Mephistopheles. *attacca* Schlusschor
für Männerstimmen.

Faust, zweiter Teil,
Chorus mysticus.

Alles Vergängliche
Ist nur ein Gleichnis;
Das Unzulängliche,
Hier wird's Ereignis;
Das Unbeschreibliche,
Hier ist es getan;
Das Ewig-Weibliche
Zieht uns hinan.

SD. *I. 27 Min. II. 17 Min. III. mit Schlusschor 27—28 Min., ohne
Schlusschor 20—21 Min.* (S. Anm.) **GD.** *72 oder 65 Min.*

Komp.: Nach früher gefassten Plänen von Ende Juli bis Mitte Oktober
1854 die ersten drei Teile, Schlusschor Anfang 1857 in Weimar.
(S. Anm.)

EA.: 1. Weimar, Sonnabend, d. 5. September 1857 in einem grossen
Vokal- und Instrumentalkonzert gelegentlich der Grundsteinlegung
für das Denkmal des Grossherzogs Karl August und der Enthüllung
der Denkmäler von Goethe-Schiller und Wieland im Grossherzogl.
Hoftheater nach dem Manuskript unter Leitung von *Franz Liszt;*
Tenorsolo: Herr *Caspari.* (S. Anm.) — [Breslau, Donnerstag,
d. 8. Dezember 1859 im Liebichschen Saale im Benefizkonzert der
Musikgesellschaft Philharmonie (für ihren Dirigenten) nach dem
Manuskript nur der 2. Satz unter Leitung von *Dr. L. Damrosch.*] —
2. Weimar, Dienstag, d. 6. August 1861 im Grossherzogl. Hoftheater im 2. Festkonzert der 2. Versammlung der deutschen Ton-
künstler nach dem Manuskript unter Leitung von *Hans von Bülow;*
Tenorsolo: Herr Hofopernsänger *Meffert.* (S. Anm.) — 3. Leipzig,
Dienstag, d. 11. März 1862 im Saale der Buchhändler-Börse im
10. Konzert der Konzertgesellschaft Euterpe unter Leitung von *Hans*

von Bronsart; Tenorsolo: Herr *Schnorr von Carolsfeld.* — [4. L ö w e n -
b e r g, Januar 1862 in einem Konzert der Hofkapelle des Fürsten
von Hohenzollern - Hechingen unter Leitung von *M. Seifriz.* —
5. S o n d e r s h a u s e n, 20. Juli 1862 in einem Lohkonzert unter
Leitung von *Eduard Stein.*] (Die Aufführungen 4 und 5 geschahen
ohne den Schlusschor.)

Ersch.: Partitur August 1861 (zweite Ausgabe September 1866), Orchesterstimmen Oktober 1874 bei J. Schuberth & Co., Leipzig.

Bes.: a) S o l o: Tenor.

b) C h o r: Tenor I u. II, Bass I u. II.

c) O r c h e s t e r: 3 Fl. (3. auch kl. Fl.), 2 Ob., 2 Klar., 2 Fag.,
4 Hr., 3 Tr., 3 Pos., Tuba, Pk., Becken, Trgl. — Hfe. —
Orgel oder Harmonium (nur für den Schlusschor). — Str.-Orch.

A n m e r k g. Nach Ramann („Franz Liszt" II², S. 196) und R. Pohl
(„Franz Liszt", S. 223) stammen Plan und erste Entwürfe des Werkes bereits
aus den Jahren 1840—45. Beide wissen auch von Proben der 3 Charakter-
bilder im Herbst 1854 in Weimar zu berichten. Die „Neue Zeitschrift für Musik"
schreibt von einer b e v o r s t e h e n d e n Probe-Aufführung unter dem 3. November
1854 (Bd. 41, S. 210) und weiter über stattgehabte Proben in einem Weimarer
Bericht vom 11. Oktober 1856 (Bd. 45, S. 176), also vor Hinzufügung des
Schlusses. — Wie bei den meisten seiner Werke nahm Liszt auch an der Faust-
Symphonie nach der ersten Aufführung nicht unerhebliche Änderungen vor. —
Das Werk kann auch ohne den Schlusschor aufgeführt werden. (Siehe hierzu
Brief an Brendel vom 29. August 1862, Liszt-Briefe II, S. 26.)

Über das Programm der EA. 1 Weimar und die sog. Septemberfeste 1857
in Weimar siehe die Anmerkg. bei „Die Ideale" (No. 14), welches Werk bei
dieser Gelegenheit auch seine EA. erlebte. — An die 2. Aufführung 1861 in
Weimar knüpft sich die musikgeschichtlich interessante Erinnerung der G r ü n -
d u n g d e s A l l g e m e i n e n D e u t s c h e n M u s i k v e r e i n s. 1859 hatte in
Leipzig die e r s t e T o n k ü n s t l e r v e r s a m m l u n g vom 1.—4. Juni stattgefunden (Näheres über diese in den Anmerkg. zur Graner Messe), auf der
(Freitag, d. 3. Juni) die Gründung eines D e u t s c h e n M u s i k v e r e i n s beschlossen worden war. Die Gründung wurde zur Tat auf der z w e i t e n Tonkünstlerversammlung, die, anfangs für 1860 und in Leipzig in Aussicht genommen, vom 4.—8. August 1861 in Weimar stattfand. Die in No. 11 des
53. Bandes der Neuen Zeitschrift für Musik (7. September 1860) im Entwurfe
veröffentlichten Satzungen des „Deutschen Tonkünstler-Vereins" wurden in drei
Sitzungen (5., 6. und 7. August) beraten; nach Abschluss der Beratung erklärte
Mittwoch, d. 7. August 1861 Dr. Franz Brendel den „A l l g e m e i n e n D e u t s c h e n
M u s i k v e r e i n" für konstituiert. Als erste Vorstandsmitglieder waren vorher
gewählt worden: Franz Liszt, Richard Wagner, Louis Köhler, C. F. Weitzmann,
Dr. Franz Brendel, Dr. Richard Pohl, Carl Riedel, Dr. Karl Gille, Hans
von Bülow, Julius Stern, Hans von Bronsart, J. Ch. Lobe. Diese vervollständigten durch Zuwahl den Gesamtvorstand, nachdem Lobe abgelehnt hatte,
mit Adolph Blassmann, Alfred Dörffel, C. F. Kahnt, J. F. Kittl, Dr. jur. Eduard

Liszt (Wien), Carl Müller (Meiningen), J. G. Piefke, G. Rebling, Julius Schäffer, Max Seifriz, Ludwig Stark, Eduard Stein, Carl Stör, August Walter. — Hans von Bülow vollbrachte mit der Leitung der Faust-Symphonie ein Meisterstück, von dem Liszt oft in seinen Briefen spricht. Er leitete die Proben auswendig und hatte sich das Werk so zu eigen gemacht, dass er aus dem Kopfe die Buchstaben angab, wenn Wiederholungen und Korrekturen nötig waren. — Diese 2. Tonkünstlerversammlung bestand aus einem Kirchenkonzert am 5. August mit der missa solemnis von Beethoven durch den Riedelverein aus Leipzig und dem Montagschen Verein aus Weimar unter Leitung C. Riedels, einem zweiten Festkonzert am 6. August im Grossherzogl. Hoftheater mit Liszts vollständiger Musik zu „Der entfesselte Prometheus" (verbindende Dichtung von R. Pohl) unter Leitung von Carl Stör und der Faust-Symphonie, dem dritten Festkonzert am 7. August nur „mit Manuskriptwerken von Komponisten der Jetztzeit": Draeseke, Otto Singer, W. Weissheimer, L. Damrosch, Bülow, Lassen, Stör, Cornelius, Liszt, O. Bach und Seifriz, und einem Kammermusikkonzert am 8. August im Saale der Erholung (Programm unwesentlich). —

Liter. *Pohl, Rich.*, „Franz Liszt" S. 247ff., Bernhard Scllicke, Leipzig. — *Blum, Eugen*, „Beleuchtung des durch Franz Liszts ‚Faust-Symphonie' in Breslau hervorgerufenen Zeitungsstreites", 1864, Kommissionsverlag von W. Jakobsohn & Co., Breslau. — *Hahn*, Musikführer No. 150, Schlesinger, Berlin. — *Kretzschmar, Hermann*, Kl. Konzertführer No. 510, Breitkopf & Härtel, Leipzig.

———⋄⟡⋄———

(2.) Eine Symphonie zu Dantes Divina Commedia.
Für grosses Orchester und Sopran- und Alt-Chor.

Richard Wagner gewidmet. (S. Anm.)

I. Inferno. *Lento. Allegro frenetico. Quasi Andante. Andante amoroso (Paolo und Franzeska). Tempo primo.* —

II. a) Purgatorio. *Andante con moto quasi Allegretto. Lamentoso. Poco a poco più di moto. attacca*

b) Magnificat. *[Frauen- oder Knabenchor]*

„Magnificat anima mea Dominum, et exultavit spiritus meus in Deo salutari meo. Hosanna, Halleluja!"
(Lucas I, 46—47.)
[„Meine Seele erhebet den Herrn und mein Geist freut sich Gottes, meines Heilands. Hosanna, Hallcluja!"]

———————

SD. I. 22 Min. II. 24 Min. GD. 46 Min.

Komp.: Nach früher gefassten Plänen von Sommer 1855 bis Juli 1856 in Weimar. Erster Teil beendigt Ende April 1856, zweiter Teil beendigt 8. Juli 1856. (S. Anm.)

EA.: 1. Dresden, Sonnabend, d. 7. November 1857 im Kgl. Hof-Schauspielhause in einem Konzert zum Besten des Pensions-Fonds für den
Sängerchor des Königl. Hoftheaters nach dem Manuskript unter
Leitung von *Franz Liszt.* (S. Anm.) — 2. Prag, Donnerstag,
d. 11. März 1858 in dem 1. Konzert zur Gründung eines Unterstützungsfonds für mittellose Studierende der Medizin (sog. 1. Mediziner-Konzert) nach Manuskript unter Leitung von *F. L.* (S. Anm.)
— 3. Pest, Donnerstag, d. 17. August 1865 im grossen Redoutensaale im 2. Festkonzert des 1. Ungarischen Musikfestes zur Feier
des 25jährigen Bestehens des Konservatoriums nur das „Inferno" unter
Leitung von *F. L.* — 4. Rom, Montag, d. 26. Februar 1866 in
einem Konzert zur Eröffnung der Dante-Galerie und in derselben
(Sala Dantesca) unter Leitung von *G. Sgambati.* Wiederholung
dieser Aufführung 3. März 1866. (S. Anm.)

Ersch.: Partitur Dezember 1858, Ausgabe für 2 Pfte. Dezember 1858,
Orchesterstimmen April 1865, Chorstimmen Juli 1865 bei Breitkopf & Härtel, Leipzig.

Bes.: a) Orch.: Kl. Fl., 2 Fl., 2 Ob., Engl. Hr., 2 Klar., Bassklar., 2 Fag.,
4 Hr., 2 Tr., 3 Pos., Tuba, 4 Pk., Becken, Gr. Tr., Tamtam.
— 2 Hf. — Harmonium. — Str.-Orch.
b) Chor: Sopran I u. II, Alt I u. II (Frauen- oder Knabenstimmen), Kurzes Sopran-Solo.

Anmerkg. Die Widmung an Richard Wagner lautet:
„Wie Virgil den Dante, hast Du mich durch die geheimniss-
vollen Regionen der lebensgetränkten Tonwellen geleitet. —
Aus innigstem Herzen ruft Dir zu:
„Tu se 'lo mio maestro, e'l mio autore!"
und weiht Dir dies Werk in unwandelbar getreuer Liebe
Dein
Weymar — Ostern — 59. F. Liszt.

Die ersten Entwürfe entstanden 1847/48 auf dem Landgute Woronince
(Südrussland), die oben mitgeteilten Kompositionsdaten sind den durch La Mara
veröffentlichten Briefen Liszts entnommen. Nach der EA. in Dresden hat L.
noch erhebliche Änderungen in der Partitur vorgenommen. Über die ersten
weitausschauenden Pläne usw. ist nachzulesen in Ramanns Liszt-Biographie II²,
S. 16ff. — Über das Vorwort zur Dante-Symphonie (als „Einleitung zu Liszts
Dante-Symphonie" von Rich. Pohl bei Breitkopf & Härtel erschienen, s. Lit.)
sei hier folgendes mitgeteilt: Am Tage oder vielmehr in der Nacht vor der EA.
in Dresden schrieb R. Pohl, nachdem selbst die ausführenden Musiker dem Werke
in den Proben verständnislos gegenüber gestanden hatten, ein Vorwort, das der
Besitzer der Konstitutionellen Zeitung als Extrablatt drucken und an die Zuhörer
verteilen liess. Die Fürstin Wittgenstein war mit diesem Vorwort nicht einverstanden, veranlasste Pohl vor der Prager Aufführung zu einer Umarbeitung oder
vielmehr, sie unternahm diese selbst. (In Liszts Briefen IV, S. 406, 408 ist die Fürstin
als Verfasserin genannt.) Diese 2. Fassung ist in Prag 1858 gedruckt und weicht
erheblich ab von der endgültigen dritten, die mit R. Pohls Unterschrift der

Partitur beigegeben wurde und in Breitkopf & Härtels Textbibliothek (No. 311) auch einzeln erschienen ist. Die Vergleichung der drei Versionen ist überaus lehrreich, da sie deutlich lehrt, was die Fürstin W. und was R. Pohl verfasst hat, also einen Einblick in die Mitarbeiterschaft der Fürstin in derlei Dingen gewährt. Pohls „Lebenserinnerungen", dem die obigen Mitteilungen entnommen sind, sind nicht gedruckt, haben dem Verfasser jedoch im Manuskript vorgelegen, ebenso wie die erste nur von Pohl für die Dresdner EA. bestimmte Version der Einleitung sich in seinem Besitze abschriftlich befindet. Der Abdruck aller drei Versionen, so anziehend er auch gewesen wäre, musste hier wegen Raummangel unterbleiben. Ausser in den oben angezogenen Briefstellen äussert sich L. über die Autorschaft der Fürstin W. noch Bd. IV, S. 478. — Das Motiv des Magnificat entstammt den Intonationen des gregorianischen Chorals in der Form des 2. Kirchentons; es ist von L. auch in anderen Werken (Hunnenschlacht, Graner Messe, Heilige Elisabeth) verwendet. — Nach den Angaben in der Partitur soll der Chor mit dem ihn unterstützenden Harmonium unsichtbar verbleiben, oder, bei amphitheatralischer Aufstellung des Orchesters, oberhalb desselben, bez. auf einer Galerie über dem Orchester Platz nehmen. Knabenchor ist, falls genügende Schulung möglich, dem Frauenchor vorzuziehen. — Bei der EA. in Dresden erlebte das Werk einen Misserfolg. Hans von Bülow schrieb darüber gelegentlich der Aufführung des Inferno in Pest (17. 8. 65, s. Hlg. Elisabeth) [in der Neuen Zeitschrift für Musik, Bd. 61, No. 39, vom 22. 9. 1865] „ein Fiasko, welches sich mit dem von Wagners Tannhäuser in Paris vergleichen lässt"; er hatte mit seiner jungen Frau Cosima der EA. beigewohnt. Die Symphonie wurde in Dresden auf dem Programm wie folgt (— sehr nachahmenswert —) angezeigt:

Symphonie zu Dantes „Divina Commedia" in zwei Abteilungen:

1. Die Hölle (mit der Episode der Franzeska di Rimini).

2. Das Fegfeuer mit dem Schlusschor: Magnificat anima mea Dominum.

In dem Konzerte der EA. Dresden erlebte auch L.s Prometheus-Musik (S. No. 7) ihre zweite vollständige Aufführung nach dem Manuskript. — Das Programm der 2. EA. in Prag enthielt noch die symphonische Dichtung „Die Ideale" und das von Tausig gespielte 2. Klavierkonzert (A dur) von Liszt. — Über EA. Pest ist zu vergleichen die Anmerkung zu „Die Legende von der Hl. Elisabeth" (No. 27). Das Inferno wurde dabei wiederholt. — Am 30. Oktober 1856 spielte Liszt die Symphonie Richard Wagner in Zürich am Klavier vor. Der dabei anwesende Dichter Georg Herwegh schrieb daraufhin nachstehendes Gedicht (Briefe an Liszt, III 31/32):

Die lichte Blum' im dunkeln Kranz,
Den aus Geschicken du gewunden,
Franzeska war's, o Meister Franz,
Drin ich dein Wesen tief empfunden.

Hinan, hinaus zieht uns der Klang,
Wo Erd' und Himmel sich berühren;
Zum wonnevollsten Untergang
Lässt sich das Herz durch dich verführen.

Die namenlose Trauer klärt
Sich auf in Paradieses Weise;
Der Engel senkt sein flammend Schwert
Und öffnet uns die Pforten leise.

Ich hör' und möchte nimmersatt,
Den Atem in die Brust beschwören,
Als könnt' ein fallend Rosenblatt
Den Frieden, den du bringst, zerstören.

O mehr als Zauber von Merlin!
Wie goldne Himmelsfunken blitzen
Die überird'schen Melodien
Aus deinen trunknen Fingerspitzen.

Und diese Hand voll Seel' und Geist
Darf ich nach Jahren wieder drücken —
Du lieber Magier, das heisst
Mein Haus zehntausendfach beglücken.

Ohne die Kenntnis des oben erwähnten Vorworts bleibt für das Publikum in dem Werke manches unverständlich. Es empfiehlt sich, ähnlich wie bei den Idealen, dem Programme Notenbeispiele zur Orientierung beizugeben. Siehe diese weiter unter. —

Liter. *Draeseke, Felix*, „Liszts Dante-Symphonie" in „Neue Zeitschrift für Musik, Bd. 53, C. F. Kahnt, Leipzig. — *Ambros, A. W.*, „Franz Liszt und seine Instrumentalkompositionen" in „Kulturhistorische Bilder aus dem Musikleben der Gegenwart", Heinrich Matthes, Leipzig. — *Pohl, Rich.*, „Liszts Symphonie zu Dantes Divina Comedia" in „Franz Liszt", Bernhard Schlicke, Leipzig. — *Pohl, Rich.*, „Einleitung zu Liszts Dante-Symphonie", Breitkopf & Härtel, Leipzig. — *Hahn, Arthur*, Musikführer No. 145, Schlesinger, Berlin.

Dem Programm beizugebende Notenbeispiele.

I. Inferno.

*) Per me si va nel - la cit - tà do - lente:

Per me si va nell' e - ter - no do - lo - re:

*) Inschrift über dem Höllentor (Dante, 3. Gesang):
„Der Eingang bin ich zu der Stadt der Schmerzen,
Der Eingang bin ich zu der ew'gen Qualen,
Der Eingang bin ich zum verlor'nen Volke . . .
Lasst, die ihr eingeht, alle Hoffnung fahren."

Per me si va tra la per - du - ta gen - te;

ff La - scia - te ogni spe - ran - za, voi ch'en - tra - te!

2. Allegro frenetico.

Vl. u. Vcl.

3. Quasi Andante.

a)

p Viol. con sord.

Engl. Hr.

b)

Nes-sun mag-gior do - lo - re che ri - cor - dar - - si del

do - len - te

sf rinf.

tem - po fe - li - ce nel - la mi - se - ri - a.

(„Kein Schmerz ist grösser
Als sich der Zeit des Glückes zu erinnern,
Wenn man im Elend ist —".)

4. Andante amoroso. [Paolo und Franzeska.]

Vl.

Harfe

— 278 —

5. Tempo primo.
(Allegro, Alla Breve.)

* Anm. i. d. Part. „Diese ganze Stelle als ein lästerndes Hohngelächter aufgefasst."

II. Purgatorio.

6. Andante con moto quasi Allegretto.

7. Lamentoso (Fugato).
Viola con sord.

8. Poco a poco più di moto.
Ob. Klar. Fag. Quart. Harfe.

Fl.

Vl. II.

9. Magnificat.

Mag - - ni - fi - cat a - - ni - ma me - a.

(3.) Ce qu'on entend sur la montagne.

(„Was man auf dem Berge hört.")

[Berg-Symphonie.]

Symphonische Dichtung (No. 1) für grosses Orchester.

(Nach Viktor Hugo.)

GD. *36—38 Min.*

Komp.: Entworfen Winter 1847/48 in Woronince (Südrussland). **Aus**-gearbeitet 1849, beendet wohl November 1849 in Eilsen (Bücke-burg.) Umgearbeitet März 1854. [Überarbeitung Mai und Juni 1856 in Weimar, nach R. Pohl.] S. Anm.

EA.: 1. Weimar, Mittwoch, d. 7. Januar 1857 im Grossherzogl. Hoftheater in einem Konzert Hans von Bronsarts (s. Anm.) zum Besten des Orchesterpensionsfonds nach dem Manuskript unter Leitung von Franz Liszt. (S. Anm.) — 2. Sondershausen, Sonntag, d. 9. August 1857 im 11. Lohkonzert und 3. Ebendaselbst, Sonntag, d. 20. September 1857 im 16. Lohkonzert, beidemale unter Leitung von Eduard Stein. (S. Anm.)

Ersch.: Partitur Juni 1857, Ausgabe für 2 Pfte. Januar 1857, Orchesterstimmen April 1882 bei Breitkopf & Härtel, Leipzig.

Orch.Bes.: Kl.Fl., 2 Fl., 2 Ob., 2 Klar., Bassklar., 2 Fag., 4 Hr., 3 Tr., 3 Pos., Tuba, 3 Pk., Gr. Tr., Becken, Tamtam. — Hfe. — Str.-Orch.

Anmerkg. Die Dichtung Viktor Hugos ist aus dessen Feuilles d'automne (No. 5) entnommen. Sowohl R. Pohl („Franz Liszt" S. 220), wie L. Ramann (Liszt-Biographie I, S. 283) berichten, dass die Pläne zur Komposition des Werkes in der Pariser Zeit Liszts (1830—1835) entstanden seien. Die Vorrede Hugos zu den Feuilles d'automne ist datiert: 24. November 1831, das Gedicht trägt die Datierung: 27. juillet 1829. Hat Liszt, wie L. Ramann mitteilt, die Dichtung schon im Manuskript durch Viktor Hugo kennen gelernt, so mögen die Keime zu seinem Werke wohl schon früher als 1833, diese Zeit nimmt R. Pohl an, liegen. — Zur Feststellung der wirklichen Kompositionszeit und Vollendung wie wiederholten Umarbeitung des Werkes dienten die weiter unten mitzuteilenden brieflichen Äusserungen Joach. Raffs, die Briefe Liszts an die Fürstin Wittgenstein, in deren einem vom 31. März 1854 er von Gotha aus die Beendigung meldet (L.-Br. IV, S. 187) und endlich der Brief an Raff (L.-Br. I, S. 265) vom Februar 1857, in dem Liszt von der Berg-Symphonie „in ihrer jetzigen Gestaltung" spricht. — Eine öffentliche Aufführung der ersten Version, von der R. Pohl (a. a. O. S. 220) zu melden weiss „Weimar 1853 in einem Hofkonzert" hat nicht stattgefunden, wenigstens geben die Programme der Weimarer Hofkonzerte keine Kenntnis davon. — Die Berg-Symphonie ist das erste der symphonischen Werke Liszts, an deren Instrumentation Joach. Raffs Mitarbeiterschaft unter den im Vorworte (zu dieser Abteilung) erörterten Einschränkungen anzunehmen ist. R. schreibt Ende Januar 1850 von Eilsen aus, indem er die für Liszt zu erledigenden Arbeiten aufzählt, an Frau Heinrich in Stuttgart: „Dann folgt die Instrumentation und Reinschrift von einer Ouvertüre „Ce qu'on entend sur la montagne" nach einem weitläufigen Programm in Versen abgefasst" und weiter „ich habe seine beiden Konzert-Ouvertüren ‚Ce qu'on entend sur la montagne' und ‚die 4 Elemente' [d. i. ‚Les Preludes, s. No. 5] zum Teil instrumentiert und ins Reine geschrieben." — Dass die erste Umarbeitung durch Liszt in ihrem wesentlichen Teile im März 1854 in Gotha stattgefunden hat, ist nachgewiesen in seinen Briefen an die Fürstin Wittgenstein (s. Liszt-Briefe IV, S. 182, 186, 187). Über die 2. Umarbeitung, oben in Klammer mitgeteilt, schreibt Richard Pohl 1857 in der Neuen Zeitschrift für Musik (Bd. 46, S. 42) „Da ich so glücklich war, dasselbe [d. h. die Symph. Dichtung] gleichsam entstehen zu sehen, (es war bereits im Frühjahr 1854 in Partitur vollendet, wurde aber seitdem vom Meister noch einmal vollständig überarbeitet, schon im vorigen Frühjahr in zwei Proben aufgeführt") etc.

— Der Abdruck des ganzen Hugoschen Gedichtes in den Konzertprogrammen ist wünschenswert, die kurze Prosa-Erläuterung (s. u.) scheint unzureichend. — Zu der EA. 1 sei mitgeteilt, dass der damalige Schüler Liszts, spätere Generalintendant am Hoftheater in Hannover, Hans von Bronsart, ein „Abschiedskonzert" vor seiner Abreise nach Paris veranstaltete. Das ganze Programm lautete: 1. „Ce qu'on entend sur la montagne" (Berg-Symphonie) Symphonische Dichtung (nach Viktor Hugo) von Franz Liszt (nach Manuskript). 2. „Schön Hedwig" und „Der Haideknabe", Balladen von Hebbel, mit Klavierbegleitung von Robert Schumann; gesprochen von Frl. Marie Seebach, Klavierbegleitung von H. v. Bronsart. 3. „Trio" für Piano, Violine und Violoncell von H. v. Bronsart (Manuskript), gespielt von den HH. v. Bronsart, Konzertmeister Singer und Kammervirtuos Cossmann. 4. „Zwanzig, dreissig, vierzig", humoristisches Gedicht, gesprochen von Frl. Marie Seebach. 5. „Zweites Konzert" für Piano mit Orchesterbegleitung von Franz Liszt (Manuskript), gespielt von H. v. Bronsart. Das Bronsartsche Trio und Liszts A dur-Klavierkonzert erlebten in dem Konzert auch ihre Uraufführungen. — In dem Konzert der EA 3. Sondershausen, dem Liszt mit der Fürstin Wittgenstein beiwohnte, wurde noch sein Tasso (s. No. 4) aufgeführt. — In Beziehung auf die Besetzung des Orchesters ist zu bemerken, dass das Streichquintett eine sehr starke Besetzung erfordert und an den Schlaginstrumenten nichts gespart werden darf, jedes derselben erfordert einen besonderen Musiker zu seiner Bedienung. — Schliesslich gehört noch folgendes hierher: Am 8. Februar 1855 schenkte Liszt der Fürstin Wittgenstein zu ihrem Geburtstage die Originalpartituren von zwei seiner Symphonischen Dichtungen mit nachstehender Widmung (s. Liszt-Briefe IV, S. 211):

Dédicace de mes Poëmes symphoniques
Ce qu'on entend sur la Montagne,
Hungaria
8 Février 1855.
A celle qui a accompli sa foi par l'amour —
agrandi son espérance à travers les douleurs —
édifié son bonheur par le sacrifice!
A celle qui demeure la compagne de ma vie,
le firmament de ma pensée, la prière vivante
et le Ciel de mon âme —
à
Jeanne Elisabeth Carolyne
F. Liszt.

(Vergleiche hierzu das Vorwort). —

Liter. *Draeseke, Felix*, „Liszts symphonische Dichtungen" in „Anregungen etc." s. Allgem. Literatur), Band III, C. Merseburger, Leipzig. — *Hahn, Arthur*, Musikführer No. 71, Schlesinger, Berlin.

Ce qu'on entend sur la montagne.

O altitudo!

Avez-vous quelquefois, calme et silencieux,
Monté sur la montagne, en présence des cieux?
Était-ce aux bords du Sund? aux côtes de Bretagne?
Aviez-vous l'océan au pied de la montagne?
Et là, penché sur l'onde et sur l'immensité,
Calme et silencieux, avez-vous écouté?

Voici ce qu'on entend: — Du moins un jour qu'en rêve
Ma pensée abattit son vol sur une grève,
Et, du sommet d'un mont plongeant au gouffre amer,
Vit d'un côté la terre et de l'autre la mer,
J'écoutai, j'entendis, et jamais voix pareille
Ne sortit d'une bouche et n'émut une oreille.

Ce fut d'abord un bruit large, immense, confus,
Plus vague que le vent dans les arbres touffus,
Plein d'accords éclatants, de suaves murmures,
Doux comme un chant du soir, fort comme un choc d'armures
Quand la sourde mêlée étreint les escadrons
Et souffle, furieuse, aux bouches des clairons.
C'était une musique ineffable et profonde,
Qui, fluide, oscillait sans cesse autour du monde,
Et dans les vastes cieux, par ses vastes flots rajeunis,
Roulait élargissant ses orbes infinis
Jusqu'au fond où son flux s'allait perdre dans l'ombre
Avec le temps, l'espace et la forme et le nombre.
Comme une autre atmosphère épars et débordé,
L'hymne éternel couvrait tout le globe inondé.
Le monde, enveloppé dans cette symphonie,
Comme il vogue dans l'air, voguait dans l'harmonie.

Et pensif, j'écoutais ces harpes de l'éther,
Perdu dans cette voix comme dans une mer.

Bientôt je distinguai, confuses et voilées,
Deux vois dans cette voix l'une à l'autre mêlées,
De la terre et des mers s'epanchant jusqu'au ciel,
Qui chantaient à la fois le chant universel;
Et je les distinguai dans la rumeur profonde,
Comme on voit deux courants qui se croisent sous l'onde.

L'une venait des mers; chant de gloire! hymne heureux!
C'était la voix des flots qui se parlaient entre eux.
L'autre, qui s'élevait de la terre où nous sommes,
Était triste; c'était le murmure des hommes.
Et dans ce grand concert, qui chantait jour et nuit,
Chaque onde avait sa voix et chaque homme son bruit.

Or, comme je l'ai dit, l'océan magnifique
Épandait une voix joyeuse et pacifique,
Chantait comme la harpe aux temples de Sion,
Et louait la beauté de la création.
Sa clameur, qu'emportaient la brise et la rafale,
Incessamment vers Dieu montait plus triomphale,
Et chacun de ces flots, que Dieu seul peut dompter,
Quand l'autre avait fini, se levait pour chanter.

Comme ce grand lion dont Daniel fut l'hôte,
L'océan par moments abaissait sa voix haute,
Et moi je croyais voir, vers le couchant en feu,
Sous sa crinière d'or passer la main de Dieu.

Cependant, à côté de l'auguste fanfare,
L'autre voix, comme un cri de coursier qui s'effare,
Comme le gond rouillé d'une porte d'enfer,
Comme l'archet d'airain sur la lyre de fer,
Grinçait; et pleurs, et cris, l'injure, l'anathême,
Refus du viatique et refus du baptème,
Et malèdiction, et blasphème, et clameur,
Dans le flot tournoyant de l'humaine rumeur,
Passaient, comme le soir on voit dans les vallées
De noirs oiseaux de nuit qui s'en vont par volées.
Qu'était-ce que ce bruit dont mille échos vibraient?
Hélas! c'etait la terre et l'homme qui pleuraient.

Frères! de ces deux voix étranges, inouïes,
Sans cesse renaissant, sans cesse évanouies,
Qu'écoute l'Éternel durant l'éternité,
L'une disait: NATURE! et l'autre: HUMANITÉ!

Alors je méditai; car mon esprit fidèle,
Hélas! n'avait jamais déployé plus grande aile;
Dans mon ombre jamais n'avait lui tant de jour;
Et je rêvai longtemps, contemplant tour à tour,
Après l'abîme obscur que me cachait la lame,
L'autre abîme sans fond qui s'ouvrait dans mon âme.
Et je me demandai pourquoi l'on est ici,
Quel peut étre après tout le but de tout ceci,
Que fait l'âme, lequel vaut mieux d'être ou de vivre,
Et pourquoi le Seigneur, qui seul lit à son livre,
Mêle éternellement dans un fatal hymen
Le chant de la nature au cri du genre humain?

Was man auf dem Berge hört.

O altitudo!

Seid ihr wohl schon zuweilen ernst und still
Auf einen Berg gestiegen, nah den Himmeln?
An Sundes Ufern? an Bretagnes Küsten?
Saht ihr des Meer zu eures Berges Füssen?
Dort über Wogen, über Unermess'nes
Euch neigend, habt ihr ernst und still gelauscht?

Das hört man: — ich wenigstens, als träumend
Mein Geist den Flug gelenket auf ein Ufer,
Und, sich vom Gipfel in den Abgrund senkend,
Die Erde dort und dort das Meer ersah,
Ich lauschte, hörte, was aus keinem Munde
Jemals ertönte, noch ein Ohr bewegt.

Zuerst verworr'ner, unermess'ner Lärm,
Undeutlich, wie der Wind in dichten Bäumen,
Voll klarer Töne, süssen Lispelns, sanft
Wie'n Abendlied, und stark wie Waffenklirren,

Wenn dumpf das Treffen die Schwadronen mischt,
Und wütend stösst in der Trompete Mündung.
Es war ein Tönen, tief und unaussprechlich,
Das, flutend, Kreise zog rings um die Welt,
Und durch die Himmel, welche seine Wogen
Verjüngt, rollend sein unendlich Wort
Verbreitete, bis wo es in den Schatten
Mit Zeit, Raum, Zahl, Gestaltung überging!
Ein andrer Luftkreis, weit und fessellos,
Umgab die Erde ganz der ew'ge Hymnus.
Die Welt, gehüllt in diese Symphonie,
Schwamm, wie in Luft, so in der Harmonie.

Und sinnend lauscht' ich diesen Ätherharfen,
Verloren in der Stimme, wie im Meer.
Bald unterschied ich, noch verwirrt, verschleiert,
Gemischt zwei Stimmen in der einen Stimme,
Vor Erd' und Meeren in den Himmel steigend,
Ich schied sie deutlich in dem Lärm, wie man
Zwei Ströme sieht sich unter Wogen kreuzen.

Vom Meer die eine; Ruhmes-Glückslied!
Die Wogen sprachen also zu einander;
Die andre hob von unsrer Erde sich,
Sie war voll Trauer — das Geräusch der Menschen;
Und in dies Lied, das Tag und Nacht nicht schweigt,
Klingt jede Welle mit und jeder Mensch.

Der präch't'ge Ozean — ich sagt' es schon —
Liess eine friedlich frohe Stimme hören,
Sang, wie die Harfe singt in Sions Tempeln,
Und pries der Schöpfung Schönheit. Sein Getöse
Ward mitgenommen von des Windes Wogen,
Stieg ungesäumt, wie im Triumph zu Gott,
Und — welche Gott nur zähmt — der Wellen jede
Fing, wenn die and're schwieg, zu singen an.
Zuweilen liess das Meer, wie Daniels Gast,
Der grosse Leu, die laute Stimme sinken;
Und unter seinen goldnen Mähnen glaubt' ich
Im Flammenabend Gottes Hand zu sehn.

Doch unter diesen hehren Klängen schrillte
Die and're Stimme, wie ein ängstlich Ross,
Wie einer Höllenpforte rost'ge Angel,
Wie ehr'ner Bogen auf der Eisenlaute.
Und Schreien, Weinen, Schmähen und Verfluchen,
Der Taufe Weig'rung und des letzten Mahles,
Und Fluch und Lästerung und wild Geschrei
Taucht' aus des Menschenlärmes Wirbelwogen,
Wie man des Abends in den Tälern schwarze
Nachtvögel sieht, die scharenweise ziehen.
Was war dies Rauschen, endlos widerhallend?
Der Mensch, ach! und die Erde, welche weinten.

Die wundersamen unerhörten Stimmen,
Stets wiederkehrend und verschwindend, die
In alle Ewigkeit der Ew'ge hört;
Die eine sprach: N a t u r! die and're: M e n s c h h e i t!

Da dacht' ich nach — noch hatte leider nie
Zu grösserm Schwunge sich mein Geist entfaltet,
Nie schien noch in mein Dunkel solches Licht, —
Da träumt' ich lange, wechselweis' betrachtend
Nach jenem Abgrund, den die Wellen bargen,
Den tiefern, der in mir sich öffnete.
Ich fragte mich, warum man hier ist, was
Der Zweck von allem diesem endlich, was
Die Seele tut, ob Sein, ob Leben besser,
Und warum Gott, der einzig lies't sein Buch,
Beständig einet zu des Liedes Misston
Sang der Natur mit seiner Menschen Schreien.

(Übersetzung von O. Marbach.)

Vorschrift von Liszt in der Partitur.

Les lignes suivantes devront être toujours jointes au programme du concert, dans lequel ce poème symphonique sera éxécuté:

„Le poète écoute deux voix; l'une immense, magnifique, inéffable, chantant la beauté „et les harmonies de la création; l'autre gonflée de soupirs, de gémissemens, de sanglots, „de cris révolte et de blasphèmes:

„L'une disait NATURE, et l'autre HUMANITÉ!

. . . .
. . . . ces deux voix étranges, inouïes,
„Sans cesse renaissant, sans cesse évanouies,

„se succédent, de loin d'abord; puis se rapprochent, se croisent, entremêlant leurs accords „tantôt stridens, tantôt harmonieux, jusqu'à ce que la contemplation émue du poète touche „silencieusement aux confins de la prière"

Diese, den Inhalt andeutenden Worte sollen dem Programm der Konzerte, worin die folgende symphonische Dichtung aufgeführt wird, beigefügt werden:

„Der Dichter vernimmt zwei Stimmen; die eine unermesslich, glorreich und ordnungs- „voll, dem Herrn ihren jubelnden Lobgesang entgegenbrausend; — die andere dumpf, voll „Schmerzenslaut, von Weinen, Lästern und Fluchen angeschwellt. Die eine sprach: Natur, „die andere: Menschheit! Die beiden Stimmen ringen sich einander näher und näher, „durchkreuzen und verschmelzen sich, bis sie endlich in geweihter Betrachtung aufgehen „und verhallen."

(4.) Tasso.
Lamento e Trionfo.
Symphonische Dichtung (No. 2) für grosses Orchester.

GD. 19 Min.

Komp.: August 1849 in Weimar. Umarbeitung 1850 und (nach R. Pohl) 1854. (S. Anm.)

EA.: Erste Form: 1. Weimar, Dienstag, d. 28. August 1849 im Grossherzogl. Hoftheater als Ouverture zu Goethes Tasso in der Festvorstellung gelegentlich der Feier des 100 jährigen Geburtstages

von Goethe nach dem Manuskript unter Leitung von *Franz Liszt.*
(S. Anm.) — 2. **Ebendaselbst**, Dienstag, d. 19. Februar 1850
im Stadthaussaale, in einem Konzert zum Besten der Armen unter
dem Titel: „Lamento e Trionfo, Ouverture zu Tasso", ebenfalls nach
Manuskript unter Leitung von *F. L.* — **Umgearbeitete
Form:** 3. **Ebendaselbst**, Mittwoch, d. 19. April 1854 im
Saale des Grossherzogl. Schlosses in einem Hofkonzert und 4. **Berlin,**
Donnerstag, d. 6. Dezember 1855 im Saale der Sing-Akademie im
5. Konzert des Sternschen Orchestervereins, beidemal nach Manuskript
unter Leitung von *F. L.* (S. Anm.) — 5. **Sondershausen,**
August oder September 1856 in einem Loh-Konzert unter Leitung
von *Eduard Stein.* — 6. **Ballenstedt**, Sonntag, d. 30. November
1856 im 1. Hofkonzert unter Leitung von *V. Klauss.*

Ersch.: Partitur April 1856, Ausgabe für 2 Pfte. Juni 1856, Orchesterstimmen März 1865 bei Breitkopf & Härtel, Leipzig.

Orch.Bes.: Kl. Fl., 2 Fl., 2 Ob., 2 Klar., Bassklar., 2 Fag., 4 Hr., 4 Tr.,
3 Pos., Tuba, Pk., Trgl., Kl. Tr., Gr. Tr., Becken. — Hfe. — Str.-Orch.
(S. Anm.)

Anmerkg. In Rich. Pohls „Franz Liszt" wird (S. 221) mitgeteilt, dass
Tasso 1840 in Venedig entworfen und in den 40er Jahren bei Haslinger in
Wien in einer Ausgabe für Pianoforte erschienen sei, dass die Platten und Ab-
züge nach der Instrumentation aber vernichtet wurden. Diese Kenntnis kann
wohl nur von Liszt selbst stammen, denn die Biographin L. Ramann weiss
darüber nichts zu berichten; die 1855 und 1877 erschienenen thematischen Verzeichnisse, wie endlich Liszts Briefe enthalten ebenfalls nichts. Allerdings war
L. 1838 in Venedig, wird dort die sog. Tassosänger gehört und sich die seinem
späteren Werke einverleibte Melodie gemerkt oder notiert, vielleicht auch in
einem Klavierstücke benützt haben, so dass man in einem solchen wohl die
ersten Keime zur späteren Ouvertüre und Symphonischen Dichtung erblicken
könnte. (Über diese Tassosänger schreibt der Vater Hans von Bülows, Eduard
von Bülow, in seinem Reisetagebuche sehr anziehend, s. Neue Zeitschrift für
Musik, Bd. 40, S. 259/60.) Der weiteren Angabe Pohls „für Orchester bearbeitet
1848" widerspricht Liszts eigene Mitteilung vom 1. August 1849 an Raff „zur
Feyer des 28. August komponiere ich eine Tasso-Ouvertüre". L. Ramann sagt,
dass der Weimarische Hof ihn mit dieser Komposition beauftragt habe. Ob
Raff an der Instrumentation dieser Orchesterform mitgewirkt hat, ist zweifelhaft.
Ende Februar 1850 aber schreibt er „ich bin nun mit der Umarbeitung der
Tasso-Ouvertüre beschäftigt, aus der ich ihm eine Symphonie in 2 Sätzen
zu machen gedenke". (S. Die Musik, I, 5, S. 397.) Anfang Juni 1851 (Brief
vom 5.) sendet Liszt vom Bad Eilsen (Bückeburg) aus die Partitur von „Lamento e
Trionfo [Tasso-Ouvertüre]" an Raff nach Weimar mit dem Auftrage: „Die paar
angedeuteten Korrekturen" reinzuschreiben oder dem Kopisten zu explizieren.
(A. a. O., S. 1163.) Die Umarbeitung unter Raffs Mitwirkung liegt also zwischen
Ende Februar 1850 und Ende Mai 1851. Es ist sehr bedauerlich, dass keine
Briefe von Raff an Liszt bekannt geworden sind, die sich mit diesem Gegen-
stande beschäftigen, denn es ist doch nicht anzunehmen, dass Raff darüber

gar nicht von Weimar nach Eilsen an Liszt berichtet hätte. — Zu der EA. 1
ist übrigens noch zu bemerken, dass H. v. Bülow an seine Mutter am 26. August
1849 von Weimar aus schreibt (Bülow-Briefe I, S. 190) „Am Dienstag [d. i. der
28. Aug.] ist Tasso mit Ouvertüre von Liszt und Entreakts von Conradi.“
[Über dieses Conradi Mitarbeiterschaft an der Instrumentation des Lisztschen
Goethe-Festmarsches und Raffs Tätigkeit an demselben Stücke etc. siehe „Die
Musik“, I, 5, S. 397]. Im Widerspruche zu dieser Bülowschen Mitteilung steht
die Besprechung dieser ersten Aufführung in der Weimarischen Zeitung. Diese
Besprechung in No. 70 genannter Zeitung vom 1. September 1849 lautet:
„Um 6 Uhr eröffnete die Theater-Vorstellung Liszts eigens hierfür komponierte Ouvertüre, welche, wie die ebenfalls von ihm komponierten symphonischen Zwischenakte, auch von ihm selbst dirigiert wurde.“ — Die
von Pohl mitgeteilte Umarbeitung des Jahres 1854 wird sich ohne Raffs
Mitwirkung vollzogen haben. In einer im Liszt-Museum zu Weimar befindlichen Handschrift fehlt die Fis-dur-Episode. Man wird in dieser Fassung wohl
die erste Form des Werkes zu erblicken haben. — Unter den verschiedenen EA.
beansprucht jene vom 6. Dezember 1855 besonderes Interesse. Julius Stern
gründete im Winter 1855 Orchesterkonzerte (Orchesterverein) mit durchaus
fortschrittlicher Tendenz als Gegengewicht gegen die klassischen Symphonie-
Soireen der Kgl. Kapelle und die mehr der Unterhaltung gewidmeten Konzerte
der Liebigschen Kapelle. Im 5. dieser neuen Konzerte trat Liszt erstmalig als
Komponist vor das Berliner Publikum mit folgendem Programm: Les Préludes,
Symph. Dichtung, 2. Ave Maria für gem. Chor mit Orgelbegleitung, 3. Klavierkonzert 1 (Es-dur) gespielt von H. von Bülow, 4. Torquato Tasso, Symph.
Dichtung und 5. Der 13. Psalm für Solo, Chor und Orchester. Alle Werke
waren Manuskript, die beiden symphonischen Dichtungen bisher nur in Weimar,
das Ave maria in Leipzig, der 13. Psalm noch nicht aufgeführt. Liszt wurde
bei dieser Gelegenheit sehr gefeiert, aber als Komponist ebensosehr angefeindet. —
Hinsichtlich der Instrumentation sei bemerkt, dass nach einer Bemerkung in
der Partitur die Bassklarinette durch drei Celli unisono ersetzt werden kann;
es ist ein schlechter Tausch. — Hans von Bülow schlägt mehrere Kürzungen
in dem Stück vor, die hier mitgeteilt werden. Die erste derselben stammt aus
dem Jahre 1862 und ist enthalten in einem Schreiben an G. Goltermann in
Frankfurt a. M. (Bülow-Briefe III, S. 489 ff.): 1. Vom Schluss des Taktes 14
Sprung nach Takt 1 der Seite 6 der Partitur, verbunden mit einer kleinen
Änderung in den Blasinstrumentstimmen:

2. Beseitigung der drei Takte auf Seite 8 (Part.) unter Unterstützung des letzten
halben Taktes von Seite 7 durch die Kontrabässe. 3. Streichung der Seiten 42,

43 und 46; der letzte Takt der Seite 41 wird durch Weglassung des ersten
Viertels in einen Dreivierteltakt umgewandelt. 4. Streichung der drei letzten
Takte Seite 78 und der drei ersten Seite 89, also Beseitigung der Fanfaren. —
Ein anderer Kürzungs- bez. Änderungsvorschlag, der mit Liszt vereinbart wurde,
(Briefwechsel Liszt-Bülow No. 162 und 184, 8. Juli 1873) ist zum Teil
mit vorigem übereinstimmend: 1. Strich vom Takt 15 bis Takt 22 inkl.
2. Beseitigung der Blechblas- und Schlaginstrumente (mit Ausnahme der Pauken)
auf Seite 4, 6, 8 und 46 der Part., 3. Streichung der Seiten 17—23 (!) mit
folgender Änderung bei Takt 1 der Seite 16 beginnend (es ist eine Transposition
mit einem eingeschobenen Takt*):

4. Beseitigung der 3. und 4. Trompete am Schlusse (es sind dann überhaupt
nur 2 nötig). 5. Strich der 13 letzten Takte vor M., 6. Strich des 1. Taktes
Seite 75 (Beseitigung des Quartsextakkordes), sofortiger Beginn des Stretto mit
dem 2. Takte und endlich Strich der Fanfaren wie oben bei 4. — Zu der programmatischen Erläuterung ist zu bemerken, dass eine veränderte und wesentlich
gekürzte Fassung in dem Programm der Berliner Aufführung enthalten ist.
ebenso wie zu den in demselben Konzert zur Aufführung gelangenden Les Pré-

ludes. Nach dem Programm ist sie von Albert Hahn verfasst, doch aber von Liszt beeinflusst. Es gilt von ihr dasselbe, was bei Les Préludes (s. No. 5) darüber mitgeteilt ist. Diese Berliner Erläuterung ist weiter unten abgedruckt. — Nach dem „Anhang" zu den Symphonischen Dichtungen (s. Vorwort zu dieser Abteilung) kann der Schlusssatz, das „Trionfo", für sich allein aufgeführt werden, ebenso wie bei Mazeppa (No. 8). Man beginnt bei Buchstabe H, Seite 47 der Partitur. —

Liter. *Draeseke, Felix*, „Liszts symphonische Dichtungen" in „Anregungen" (s. o.), Band III, C. Merseburger, Leipzig. — *Hahn, Arthur*, Musikführer No. 82, Schlesinger, Berlin. — *Kretzschmar, Hermann*, Kleiner Konzertführer No. 549, Breitkopf & Härtel, Leipzig.

Programmatische Erläuterungen.

I. Versionen der Partitur.

Tasso.

Lamento e Trionfo.

Poëme Symphonique de F. Liszt.

Préface.

En 1849 l'Allemagne entière célébra avec éclat le centième anniversaire de la naissance de Goethe. A Weimar où nous nous trouvions alors, le programme des fêtes avait marqué la représentation de son drame le Tasse pour le soir du 28 Août.

Les malheurs de la destinée du plus infortuné des poètes avaient frappé et occupé l'imagination des plus puissans génies poétiques de notre temps, Goethe et Byron; Goethe, dont le sort fut entouré des plus brillantes prospérités, Byron, dont les avantages de naissance et de fortune contrebalancés par de si vives souffrances. Nous ne saurions dissimuler que lorsqu'on nous chargea en 1849 d'écrire une ouverture pour le drame de Goethe, nous nous sommes plus directement inspirés de la respectueuse compatissance de Byron pour les mânes du grand homme qu'il évoquait, que de l'œuvre du poète allemand. Toutefois, Byron en nous transmettant en quelque sorte les gémissemens du Tasse dans sa prison, n'a pu joindre au souvenir de ses poignantes douleurs si noblement et si éloquemment exprimées en sa Lamentation, celui du Triomphe qui attendait, par une tardive mais éclatante Justice, le chevaleresque auteur de la »Jerusalem délivrée«. Nous avons voulu indiquer ce contraste dans le titre même de notre œuvre, et eussions souhaité réussir à formuler cette grande antithèse du génie maltraité durant sa vie, et rayonnant après sa mort d'une lumière écrasante pour ses persécuteurs. Le Tasse a aimé et souffert à Ferrare; il a été vengé à Rome; sa gloire est encore vivante dans les chants populaires de Venise. Ces trois sont inséparables de son immortel souvenir. Pour les rendre en musique nous avons d'abord fait surgir la grande ombre du héros telle qu'elle nous apparaît aujourd'hui hantant les lagunes de Venise; nous avons entrevue ensuite sa figure hautaine et attristée glisser à travers les fêtes de Ferrare où il avait donné le jour à ses chefs-d'œuvres; enfin nous l'avons suivi à Rome la ville éternelle qui en lui tendant sa couronne, glorifia en lui le martyr et le poète.

Lamento e Trionfo: telles sont les deux grandes oppositions de la destinée des poètes, dont il a été justement dit, que si on fait peser parfois la malédiction sur leur vie, la bénédiction ne manque jamais à leur tombe. Afin de donner à cette idée non seulement l'autorité mais l'éclat du Fait, nous avons voulu emprunter au fait sa forme même, et pour cela nous avons pris comme thème de notre poème musical le motif sur lequel nous avons entendu les gondoliers de Venise chanter sur les lagunes les strophes du Tasse, et redire encore trois siècles après lui:

Canto l'armi pietoso e'l Capitano,
Che'l gran Sepolcro liberò di Cristo!

Ce motif est en lui-même plaintif, d'une gémissante lenteur, d'un deuil monotone; mais les gondoliers lui prêtent un miroitement tout particulier en traînant certaines notes par la retenue des voix, qui à distance planent et brillent comme des traînées de gloire et de lumière. Ce chant nous avait profondément impressioné jadis, et lorsque nous eûmes à parler du Tasse, il eut été impossible à notre sentiment ému de ne point prendre comme pour texte de nos pensées, cet hommage persistant rendu par sa nation à l'homme de génie dont la cour de Ferrare ne méritait ni l'attachement ni la fidélité. Le motif vénitien respire une mélancolie si navrée, une tristesse si irrémeable, qu'il suffit de le poser pour révéler le secret des douloureuses émotions du Tasse. Il s'est prêté ensuite, tout comme l'imagination du poète à la peinture des brillantes illusions du monde, des décevantes et fallacieuses coquetteries de ces sourires dont le perfide poison amena l'horrible catastrophe qui semblait ne pouvoir trouver de compensation en ce monde, et qui néanmoins fut revêtue au Capitole d'une pourpre plus pure que celle du manteau d'Alphonse.

Tasso.
Lamento e Trionfo.
Symphonische Dichtung von F. Liszt.
Vorwort.

Im Jahre 1849 wurde in ganz Deutschland der hundertjährige Geburtstag Goethes durch Feste verherrlicht; das Theater in Weimar, wo wir uns damals befanden, feierte den 28. August durch eine Darstellung des Tasso.

Das herbe Geschick dieses unglücklichen Dichters hat den beiden grössten Poeten, welche Deutschland und England im letzten Jahrhundert hervorbrachten, Stoff zu dichterischen Gebilden gegeben: Goethe und Byron. Goethe, dem das glänzendste Lebenslos fiel, Byron, welchem die Vorzüge des Ranges und der Geburt durch die tiefsten Dichterleiden verkümmert wurden. Wir wollen nicht in Abrede stellen, dass, als wir im Jahre 1849 den Auftrag bekamen, eine Ouvertüre zu Goethes Drama zu schreiben, das ehrfurchtsvolle Mitleid, mit welchem Byron die Manen des grossen Dichters beschwört, einen vorherrschend bestimmenden Einfluss auf unsere Gestaltung dieses Gegenstandes übte. Aber Byron konnte, indem er Tasso im Kerker selbstredend einführt, mit der Erinnerung der tödlichen Schmerzen, denen er in seiner Klage eine so hinreissende Gewalt edlen Ausdrucks verleiht, nicht das Andenken des Triumphes verbinden, durch welchen dem ritterlichen Sänger des »Befreiten Jerusalem« eine späte aber glänzende Vergeltung ward. Wir wollten diesen Gegensatz schon im Titel des Werkes klar aussprechen und unser Bestreben ging dahin, in Tönen die grosse Antithese des im Leben verkannten, im Tode aber von strahlender Glorie umgebenen Genius zu schildern, von einer Glorie, welche mit vernichtenden Strahlen in die Herzen der Verfolger trifft. Tasso liebte und litt in Ferrara, er wurde in Rom gerächt, und er lebt noch heute in den Volksgesängen Venedigs. Diese drei Momente sind von seinem unvergänglichen Ruhme untrennbar. Um sie musikalisch wiederzugeben, riefen wir zuerst seinen grossen Schatten herauf, wie er noch heute an Venedigs Lagunen wandelt; dann erschien uns sein Antlitz stolz und schwermütig den Festen Ferraras zuschauend, wo er seine Meisterwerke geschaffen, und folgten wir ihm endlich nach Rom, der ewigen Stadt, die ihm die Ruhmeskrone reichte und so den Märtyrer und Dichter in ihm feierte.

Lamento e Trionfo: So heissen die beiden grossen Kontraste im Geschick der Poeten, von denen mit Recht gesagt wurde, dass, ob auch oft mit

Fluch ihr Leben belastet werde, nimmer der Segen ausbleibe auf ihrem Grabe. Um aber unsrer Idee nicht allein die strenge Autorität, sondern auch den Glanz der Tatsachen zu verleihen, entlehnten wir selbst die Form zu ihrer künstlerischen Gestaltung aus der Wirklichkeit, und wählten deshalb zum Thema unsres musikalischen Gedichtes die Melodie, auf welche wir venetianische Lagunenschiffer drei Jahrhunderte nach des Dichters Tode die Anfangsstrophen seines Jerusalem singen hörten:

> Canto l'armi pietoso e'l Capitano,
> Che'l gran Sepolcro liberò di Christo!

Das Motiv selbst hat eine langsame Bewegung, es teilt die Empfindung seufzender Klage, monotoner Schwermut mit; die Gondoliere geben ihm aber durch das Ziehen gewisser Töne eine ganz eigentümliche Färbung, und die melancholisch gedehnten Klänge machen aus der Ferne einen Eindruck, als wenn lange Streifen verklärten Lichtes vom Wellenspiegel zurückgestrahlt würden. Dieser Gesang hatte uns einst lebhaft ergriffen, und als wir später Tasso musikalisch darstellen sollten, drängte er sich uns gebieterisch zum Text unserer Gedanken auf, als ein immer fortlebender Beweis der Huldigung seiner Nation für den Genius, dessen Treue und Anhänglichkeit Ferrara so schlecht vergalt. Die venetianische Melodie ist so voll von unheilbarer Trauer, von nagendem Schmerz, dass ihre einfache Wiedergabe genügt, um Tassos Seele zu schildern. Sie gibt sich dann, ganz wie die Einbildung des Dichters, den glänzenden Täuschungen der Welt, der trügerischen, gleissenden Koketterie jenes Lächelns hin, dessen Gift die schreckliche Katastrophe herbeiführte, für welche scheinbar keine irdische Vergütung möglich war, und welche dann doch zuletzt auf dem Kapitol mit einem Mantel überdeckt wurde, der in einem reineren Purpur glänzte, als der des Alphons.

(Übers. v. P. Cornelius.)

II. Version der Aufführung in Berlin, 6. Dezember 1855.

Torquato Tasso.

Lamento e Trionfo.

Symphonische Dichtung für Orchester.

Die Veranlassung zu der Komposition gab das Goethe-Fest in Weimar, zu dem Liszt gebeten wurde, eine Ouvertüre zum Goetheschen Torquato Tasso zu schreiben. Liszt schrieb infolgedessen — keine Ouvertüre — die „symphonische Dichtung", welche das Wesen des Dichters zum Vorwurf hat, wie es, bei den Kollisionen, welche ihm von aussen her kamen, hervortreten musste.

Italien ist der Boden Tassos — Italien, die untergegangene Königin. — Zwar trägt die Adria die langsamen Gesänge der Gondoliere noch in die Ferne, zwar hört man dort noch immer die ersten Strophen des befreiten Jerusalems:

> Canto l'armi pietoso e'l Capitano
> Che'l gran sepolcro liberò di Christo!

nach alter Weise singen, allein geschwunden ist die Herrlichkeit.

So beginnt Liszt mit dem Motive der Tonweise der Schiffer, und die Klage, da sie sich gesättigt, führt uns zu der eben berührten Weise. Diese erhebt sich zu ihrer ganzen Fülle, sie hebt uns an die Seite des Dichters und ruft all' den Schmerz von neuem hervor, der bei der Betrachtung seines Schicksales sich uns aufdrängt.

So sehen wir uns zu Tasso geführt, und der zweite Satz (im Menuett-Rhythmus) zeigt uns den Liebling im Hofleben. Inmitten dieser glitzernden Flatterhaftigkeit hören wir von neuem jene erste Melodie, wir sehen unter dem Hofgünstling auch noch den Dichter. Beides aber streitet sich um die Herrschaft und führt hierdurch zur Katastrophe, da es sich unlösbar gegenübersteht.

Der Krisis folgt die neue Erkräftigung — das Schwache zerbricht — des Starken Haupt umstrahlt hinterher ein neuer Glanz. Tassos Wesen siegt, der blaue Himmel, die unerschöpfliche Kraft des italischen Geistes reichen sich zu seiner Belohnung die Hand — dasselbe Motiv, welches uns einmal melancholisch in die Vergangenheit zog, welches selbständig sich aus dem Getändel hervorarbeitete, führt uns jetzt zu dem Triumphe, dem Lohne der eigenen Göttlichkeit unseres Inneren.

———— ◇ ◇ ————

(5.) Les Préludes.
(Präludien.)
Symphonische Dichtung (No. 3) für grosses Orchester.
(Nach Lamartine.)

G.D. 15 Min.

Komp.: Nach Entwürfen aus früherer Zeit 1849/50 in Weimar. (S. Anm.)

EA.: 1. **Weimar**, Donnerstag, d. 23. Februar 1854 im Grossherzogl. Hoftheater im Konzert zum Besten des Pensionsfonds für die Witwen und Waisen verstorbener Hofkapellmitglieder nach dem Manuskript unter Leitung von *Franz Liszt.* (S. Anm.) — 2. **Berlin**, Donnerstag, d. 6. Dezember 1855 im Saale der Sing-Akademie im 5. Konzert des Sternschen Orchestervereins ebenfalls nach Manuskript unter Leitung von *Fr. L.* (S. Anm.) — 3. **Sondershausen**, Sonntag, d. 3. August 1856 in einem Loh-Konzert unter Leitung von *Eduard Stein.* (S. Anm.) — 4. **Pest**, Montag, d. 8. September 1856 im Ungarischen Nationaltheater in einer von Franz Liszt veranstalteten musikalischen Akademie zum Besten des Pensionsfonds dieses Theaters unter Leitung von *Fr. L.* (S. Anm.) — 5. **St. Gallen**, Mittwoch, d. 23. November 1856 im 3. Abonnementskonzert der Musikgesellschaft unter Leitung von *Fr. L.* (S. Anm.) — 6. **Leipzig**, Donnerstag, d. 26. Februar 1857 im Saale des Gewandhauses im Konzert zum Besten des Orchester-Pensions-Instituts unter Leitung von *Fr. L.* (S. Anm.) — [**Wien**, 8. März 1857, Leitung: *J. Hellmesberger.* — **Mainz**, d. 9. März 1857, Leitung: *Fr. Marpurg.* — **Löwenberg**, d. 2. April 1857, Leitung: *M. Seifriz.*]

Ersch.: Partitur Mai 1856, Ausgabe für 2 Pfte. Juni 1856, Orchesterstimmen Januar 1865 bei Breitkopf & Härtel, Leipzig.

Orch.Bes.: 3 Fl. (1. auch kl. Fl.), 2 Ob., 2 Klar., 2 Fag., 4 Hr., 2 Tr., 3 Pos., Tuba, 3 Pk., Gr. Tr., Kl. Tr., Becken. — Hfe. — Str.-Orch.

Anmerkg. L. Ramann führt die Entstehung des Werkes (Liszt-Biographie II², 304) auf eine frühere Komposition Liszts „Les 4 Elements" (La Terre, Les Aquilons, Les Flots, Les Astres) nach einem Gedichte von Aubray zurück und setzt die Zeit dieser Komposition gegen 1844. Die im Liszt-Museum zu Weimar befindlichen Manuskripte dieser Kompositionen tragen jedoch folgende

Überschriften und Datierungen: Les 4 Elemens. 4 Männerchöre. La terre, Lisbonne et Malaga, Avril 45; Les flots, Valence, Dim. de Paque 45; Les astres, 14. 4. 48; Les aquilons, ohne Datum. R. Pohl schreibt „begonnen 1845 in Marseille" (Franz Liszt, S. 221). Mit den 4 Elementen wird es seine Richtigkeit haben. In dem bereits erwähnten Briefwechsel Liszt-Raff schreibt Raff (S. Anm. zur Bergsymphonie) an Frau Heinrich Anfang Januar 1850 von der teilweisen Instrumentation und Reinschrift einer Ouvertüre „Die 4 Elemente", die er für Liszt anzufertigen habe (S. „Die Musik" I, S. 389). Raff war also auch an der Instrumentation dieses Werkes für Orchester beteiligt. Später ist von derselben Komposition in einem Briefe Liszts an Raff vom 5. Juni 1851 (a. a. O. S. 1163) noch einmal die Rede, jetzt aber unter der Benennung Meditation-Symphonie, ein Titel, den auch eine handschriftliche Partitur trägt. —

Über die von Liszt gegebene programmatische Erläuterung und deren in Lamartines Dichtung zu findende poetische Grundlage sei hier folgendes bemerkt. Lamartines Gedicht ist enthalten in seinen „Nouvelles Meditations Poétiques" als XVme Meditation: „Les Préludes" à M. Victor Hugo". Ein Vergleich dieses Gedichtes mit dem Lisztschen Vorwort lässt nicht erkennen, dass dieses jenem seine Entstehung verdankt; nur eine einzige Stelle „wenn der Drommete Sturmsignal ertönt" ist bei Lamartine zu finden: „la trompette a jeté le signal des alarmes". Das Lisztsche Vorwort schwebt gleichsam in der Luft. Die Nachforschungen des Verfassers haben ihn in den Besitz der ersten Versionen der erläuternden Programme zu den Symphonischen Dichtungen gebracht, die Liszt 1854 in einem besonderen Hefte in Weimar für seine Freunde drucken liess. Diese erste Version weicht in den Erläuterungen zu „Les Préludes" und „Mazeppa" (S. No. 8) sehr erheblich ab von denen, die der Partitur-Ausgabe beigegeben sind. Sie enthält (betr. Les Préludes) jene Stellen der Lamartineschen Dichtung, die dem Lisztschen Werke zu Grunde gelegt und durch Prosa untereinander verbunden wurden. Von dieser ersten Version ist, nicht zum Vorteil des Verständnisses des Werkes, eigentlich nur der erste Satz übrig geblieben. Ähnlich wie bei dem Programm zu der Symphonischen Dichtung „Die Ideale" (S. No. 14) hat Liszt die Ausschnitte aus dem Gedichte Lamartines nach seinem Belieben und musikalischem Bedürfnis gruppiert, sich also keinesfalls an den Verlauf der Dichtung selbst gehalten. Beinahe hat es den Anschein, als habe Liszt mit dem später veröffentlichten Vorwort alle Spuren eines früheren verwischen wollen. Eine dritte Version — sie ist chronologisch die zweite — findet sich in dem Programm der 2. Aufführung in Berlin. Julius Stern war der erste, der den zur Aufführung gelangenden Werken Erläuterungen im Konzertprogramm beigab. Er begann mit dieser instruktiven Neuerung in den von ihm in Berlin Oktober 1855 ins Leben gerufenen Orchesterkonzerten, die den Titel „Konzerte des Orchestervereins" trugen. — Es ist interessant genug, an dieser Stelle den Wortlaut der Einleitung mitzuteilen, die das erste der Sternschen Programme enthielt. Sie lautete: *„Der Orchesterverein hat es sich zur Aufgabe gemacht, die Werke anerkannter Meister, welche in Berlin seltener zur Aufführung gekommen sind, als andere, denen sie durchaus ebenbürtig sind, sowohl, als auch die hervorragendsten Produkte der Zeitgenossen zur Aufführung zu bringen, welche von der früheren ausgehend eine neue Richtung eingeschlagen haben.*

Ob sie an einer unvollendeten Aufgabe weiterarbeiten, oder ob sie, in Irrtümern befangen, von dem richtigen Wege ableiten, kann nur die Zukunft entscheiden. Die Gegenwart aber ist verpflichtet, mit diesen Bestrebungen bekannt zu machen. In dem Glauben, den Wünschen weiter entgegen zu kommen, soll der Versuch gemacht werden: die Intentionen der Verfasser und die Verhältnisse der Entstehung jeder einzelnen Komposition kurz anzudeuten." (6. Okt. 1855!) — Das Programm jenes vorerwähnten Konzerts enthält Erläuterungen zu Les Préludes [und zu Tasso], die von Liszt beeinflusst sind. Zwar ist das ganze Programm am Schlusse mit Albert Hahn unterzeichnet, den auch Bülow als Verfasser früherer Erläuterungen nennt, doch ist Liszts Einfluss unverkennbar. Bülow erbittet von Liszt bereits am 13. Oktober 1855 „einige Notizen" über die No. 2, 3 und 5 des weiter unten mitgeteilten Programms. Der Vergleich der ursprünglichen Erläuterung (s. u.) mit der Berliner lehrt deren Verwandtschaft und gleiche Abstammung erkennen. Die Berliner Erläuterung sieht beinahe aus wie eine Entschuldigung bezüglich der Abweichung von Lamartine. Als Einleitung zur Erläuterung zu Les Préludes gingen ausser biographischen Notizen über Liszt folgende Sätze voraus:

„Liszt ist ein Charakter des Handelns, treibende Bewegung im grandiosen Massstab ist das Wesen seiner Geistestätigkeit, die stets Ziele scharf ins Auge fasst. Der Zustand der Ruhe im Lyrischen ist deshalb in dem Gegenstande seiner Kompositionen gemeinhin die Folie für den in seiner Entwickelung stets gärenden und fortdrängenden Gedanken."

(Nun folgt die unter No. 3 abgedruckte Erläuterung.)

Eine vierte Version endlich scheint Hans von Bülow zum Verfasser zu haben, sie ist enthalten in dem Programm des 3. sog. Mediziner-Konzerts, das Bülow am 30. April 1860 in Prag dirigierte. Die knappe Fassung, die Enthaltung von dichterischen Überschwänglichkeiten zeichnet diese Version aus. Dem wohl-unterrichteten Hans von Bülow mag die Erläuterung der Partitur bedenklich gewesen sein, wenn er sich zu einer anderen Fassung entschloss. Unter No. 4 der verschiedenen Versionen wird sie weiter unten zum Abdruck gebracht.

Zu den EA. ist folgendes mitzuteilen. In dem Konzert der EA. 1 (Weimar) führte L. auch zum ersten Male in neuer Bearbeitung „Gesang an die Künstler" auf, der bei der EA. auf dem Karlsruher Musikfest am 3. Oktober 1853 mindestens erfolglos geblieben war. Ausser diesen beiden eigenen Werken leitete Liszt Schumanns 4. Symphonie und das Konzert für 4 Hörner. — Die EA. 2 (Berlin) erschien in Begleitung von lauter Lisztschen Novitäten und zwar: Ave Maria für gemischten Chor mit Orgelbegleitung, Klavierkonzert 1 (Es-dur) gespielt von Hans von Bülow, der 13. Psalm für Solo, Chor und Orchester, Torquato Tasso, Symphonische Dichtung. (Siehe hierzu Anmerkung bei No. 4). — Zur EA. 3 (Sondershausen) wird verwiesen auf den Artikel, den Hans von Bülow in der Neuen Zeitschrift für Musik, Bd. 45, S. 99 (No. 10, vom 29. August 1856) unter dem Titel „Ein Lohkonzert der Fürstlichen Kapelle in Sondershausen" schrieb, in dem er von dem „frühlingsfrischen" Programm spricht. Es enthielt noch die Vehmrichter-Ouvertüre von Berlioz, die kurz vorher im Druck erschienene Faust-Ouvertüre von Wagner und die 2. EA. von Liszts Mazeppa (S. No. 8), ausserdem Soli für Flöte (Hofmusikus Heindl) und Violine (Konzertmeister Uhlrich).

Liszt mit seinen Getreuen war anwesend. — Auch die EA. 4 (Pest) bietet durch die sie begleitenden Umstände mancherlei Mitteilenswertes. Sie schloss sich an die Uraufführungen von Liszts Graner Messe an (S. No. 25). Liszt wurde mit Ehren in Ungarn überschüttet. Das Programm des Konzertes brachte ausser Préludes noch die EA. 1 der Symphonischen Dichtung Hungaria (S. No. 11), Solisten waren D. Pruckner und E. Singer; Préludes mussten wiederholt werden, ebenso wie auch bei EA. 5 (St. Gallen). Über diese ist folgendes von Interesse. Liszt war bald nach der Aufführung seiner Graner Messe (S. No. 25) nach Zürich zum Besuche Richard Wagners gereist. Beide vereinten sich zur Leitung des 3. Abonnementskonzertes in St. Gallen, in dem Liszt seinem grösseren Freunde zum ersten Male zwei Symphonische Dichtungen „Préludes" und „Orpheus" vorführte und Wagner die Eroica von Beethoven leitete. Über dieses Konzert enthält die Neue Zeitschrift Bd. 46, S. 83, 95 und 276 drei sehr eingehende und interessante Artikel. Im Gegensatze zu diesen Erfolgen stand das Konzert der EA. 6 im Leipziger Gewandhaus. Das Programm lautete: 1. Ouvertüre zu Hermann und Dorothea von R. Schumann (EA. nach Manuskript), 2. Gebet aus Genoveva von Schumann (Frau von Milde), 3. Adagio und Rondo von Vieuxtemps (Herr Grün), 4. Les Préludes, 5. Duett aus dem fliegenden Holländer (Herr und Frau von Milde), 6. Klavierkonzert 1 (Es-dur) von Liszt (Hans von Bülow), 7. Romanze „Englein hold im Lockengold" von Liszt und 8. „Mazeppa", Symphonische Dichtung von Liszt. Den ersten Teil (No. 1—3) leitete Julius Rietz, den zweiten Liszt. Es war Liszts erstes Auftreten als Instrumentalkomponist in dem konservativen Gewandhause. Die Opposition regte sich insbesondere nach Mazeppa, dessen Aufführung an dieser Stelle auch Bülow (Briefe III, S. 76/77) in seinem Schreiben an H. von Bronsart als zu „riskiert" nannte. (Siehe auch Dörffel, Geschichte der Gewandhauskonzerte, Chronik S. 191.) In Anknüpfung an dieses Gewandhauskonzert verfasste Peter Cornelius ein noch immer sehr lesenswertes Gedicht „Franz Liszt in Leipzig" in den Brendel-Pohlschen „Anregungen" Bd. II (1857), S. 166 ff. — Eine Umarbeitung hat Liszt, wie mit den meisten anderen Symphonischen Dichtungen der 1. Serie (No. 1—9), auch mit Préludes vorgenommen; sie wird 1853 oder 54 geschehen sein, wie aus Liszts Briefen (L.-Br. IV, S. 414) hervorgeht. Von EA. 2 ab wäre also von einer umgearbeiteten Form zu sprechen. Eine Wiederholung der Préludes in Sondershausen unter Stein, die im Sommer 1856 vor Pest noch stattgefunden hat, ist oben unter den EA. nicht mitgeteilt. — Die erst am Schlusse in Tätigkeit tretenden Schlaginstrumente sind wie bei den andern Lisztschen Symphonischen Dichtungen von je einem Musiker zu bedienen.

Liter. *Brendel, Franz,* „Liszts symphonische Dichtung ‚Les Préludes' und ein Urteil von A. W. Ambros" in „Anregungen für Kunst, Leben und Wissenschaft" V, 1860, K. Merseburger, Leipzig. — *Draeseke, Felix,* „Liszts symphonische Dichtungen" in „Anregungen" (s. o.) Bd. III, K. Merseburger, Leipzig. — *Pohl, Richard,* „Praktische Bemerkungen zur Aufführung von Liszts symphonischer Dichtung ‚Les Préludes'. Neue Zeitschrift für Musik, 1889, No. 17, C. F. Kahnt, Leipzig. — *Hahn, Arthur,* Musikführer No. 65, Schlesinger, Berlin.

Programmatische Erläuterungen.

I. Version der Partitur.

Les Préludes.

D'après Lamartine.*)

Poëme Symphonique de F. Liszt.

Préface.

Notre vie est-elle autre chose qu'une série de Préludes à ce chant inconnu dont la mort entonne la première et solennelle note? — L'amour forme l'aurore enchantée de toute existence; mais quelle est la destinée où les premières voluptés du bonheur ne sont point interrompues par quelque orage dont le souffle mortel dissipe ses belles illusions, dont la foudre fatale consume son autel, et quelle est l'âme cruellement blessée qui, au sortir d'une de ces tempêtes, ne cherche à reposer ses souvenirs dans le calme si doux de la vie des champs? Cependant l'homme ne se résigne guère à goûter longtemps la bienfaisante tiédeur qui l'a d'abord charmé au sein de la nature, et lorsque „la trompette a jété le signal des alarmes" il court au poste périlleux quelle que soit la guerre qui l'appelle à ses rangs, afin de retrouver dans le combat la pleine conscience de lui-même et l'entière possesion de ses forces.

Präludien.

Nach Lamartine.

Symphonische Dichtung von F. Liszt.

Vorwort.

Was andres ist unser Leben, als eine Reihenfolge von Präludien zu jenem unbekannten Gesang, dessen erste und feierliche Note der Tod anstimmt? Die Liebe ist das leuchtende Frührot jedes Herzens; in welchem Geschick aber wurden nicht die ersten Wonnen des Glücks von dem Brausen des Sturmes unterbrochen, der mit rauhem Oden seine holden Illusionen verweht, mit tödlichem Blitz seinen Altar zerstört, — und welche, im Innersten verwundete Seele suchte nicht gern nach solchen Erschütterungen in der lieblichen Stille des Landlebens die eigenen Erinnerungen einzuwiegen? Dennoch trägt der Mann nicht lange die wohlige Ruhe inmitten besänftigender Naturstimmungen, und „wenn der Drommete Sturmsignal ertönt", eilt er, wie immer der Krieg heissen möge, der ihn in die Reihen der Streitenden ruft, auf den gefahrvollsten Posten, um im Gedränge des Kampfes wieder zum ganzen Bewusstwerden seiner selbst und in den vollen Besitz seiner Kraft zu gelangen.

(Übers. v. P. Cornelius.)

II. Ursprüngliche Version.

Les Préludes.

D'après Lamartine.

Poëme symphonique de F. Liszt.

Notre vie est elle autre chose qu'une série de Préludes à ce chant inconnu dont la Mort entonne la première et solennelle note? Le poète fut bien inspiré lorsqu'il nomma ainsi la peinture des sentimens divers dont la poursuite occupe

*) Méditations poétiques.

nos ferveurs juvéniles, les âpretés de notre âge mûr, les attachemens avides et trompés de notre soir, et que notre inconstance, notre ennui, notre insuffisance, nous font quitter et interrompre aussi brusquement dans la réalité, qu'il le fait dans son poème. Ce qu'il a imagé pour la pensée, la musique peut le rendre en exprimant directement les sentimens dont la parole décrit les effets. A parler de l'Amour sera-t-elle plus habile?

> L'Amour n'a pas te tons qui puissent l'exprimer:
> Pour révéler sa langue, il faut, il faut aimer.
> . . . .
> L'Amour est à l'amour, le reste est au génie.

Mais,

> On dirait qu'on entend au séjour des douleurs
> Rouler à flots plaintifs, le sourd torrent des pleurs. . .

Tristesses et navrements, défaillances et desespoirs, élégies et lamentations, vous appartenez à notre plume, qui eternellement notera vos accents, sans jamais avoir entendu tous les éloquents soupirs de vos silences, toutes les apostrophes de vos indignations, tous les mots sublimes de vos résignations bénies, tous les sanglots de vos douleurs innommées.

> Faut-il que le regret comme une ombre ennemie,
> Vienne s' asseoir sans cesse au festin de la vie,
> Et d'un regard funèbre effrayant les humains
> Fasse tomber toujours la coupe de leurs mains!

Si la vie des champs qui s'écoule à

> Respirer le parfum que la colline exhale,
> Ou l'humide fraicheur qui tombe des forêts,
> Voir onduler au loin l'haleine matinale
> Sur le sein flottant des guérets
> . . . .
> Sentir sans les compter dans leur ordre paisible
> Les jours suivre les jours, sans faire plus de bruit
> Que ce sable léger dont la fuite insensible
> Nous marque l'heure qui s'enfuit:

si cette vie offre un doux repos', encore est il mélancolique de penser que celui qui n'a point connu tous les désenchantements et tous les désillusionnements, qui n'a pas vu la tendresse mentir au dévouement, l'amitié s'évaporer sous une mâle étreinte, la bonté et la justice se métamorphoser en astuce et en duplicité, celui là ignore que le repos est un repos, qu'en ce monde la quietude est un bonheur, et que l'oubli des hommes peut être désiré comme un sommeil rafraichissant. Celui qui n'a pas encore reçu ces blessures qui balafrent la primitive beauté de l'adolescence, celui qui n'a pas été brûlé par les rayons d'une ardeur passionnée, ni battu par les tempêtes du sort, celui là fuit et hait le repos, et qu'il lui en soit fait honneur, car lorsque

> La trompette a jeté signal des alarmes

tout coeur bien né court au poste périlleux, quelque soit la guerre qui appele à ses rangs. Puisque la guerre est partout et en tout, l'homme ne lui échappe pas, et il en est broyé s'il ne la domine. Toutes sont également meurtrières et glorieuses ; chacune d'elle découvre à nos regards

> Des coursiers et des chars brisés dans la carrière,
> Des membres mutilés épars sur la poussière,
> Les débris confondus des armes et des corps,
> Et les drapeaux jetés sur des monceaux de morts.
> . . . .
> Mais le sol engraissé de leurs restes fumans,
> Cachera sous des fleurs leurs pâles ossemens!

Que ce sol ainsi fertilisé par le sang et les larmes fasse éclore le laurier sur la tombe du guerrier succombé sous des coups, tous reçus de face, ou bien le cyprès qui ombrage un deuil domestique, son sort est beau, s'il ne l'a jamais

Präludien.

Nach Lamartine.

Symphonische Dichtung von F. Liszt.

Was andres ist unser Leben, als eine Reihenfolge von Präludien zu einem unbekannten Gesang, dessen erste und feierliche Note der Tod anstimmt? Es war eine treffende Eingebung des Dichters, diese Benennung der Schilderung wechselnder Gefühle zu geben, wie wir sie in der Inbrunst der Jugend, in den Kämpfen reiferen Alters und in den leidig unersättlichen Neigungen unsres Lebensabends empfinden, und in welchen wir aus Unbeständigkeit, Überdruss, aus inneren Unbehagen ebenso ungestüm abbrechen, wie er. Was der Poet für den Geist erfand, vermag die Musik wiederzugeben, indem sie das Wesen der Empfindungen, deren Wirkung die Poesie beschreibt, unmittelbar ausdrückt. Wird sie den Preis vor jener erringen, wenn sie der Liebe ihre Sprache leiht?

> Liebe hat Töne nicht, die Ausdruck voll ihr leihn,
> Es kennt ihr Idiom wer liebt, wer liebt allein.
>
> . . . .
> Lieb eignet nur der Lieb, sonst Alles dem Genie.

Doch

> An der Schmerzen Sitz hörst du erbangend nicht
> Wie sich der Tränen Strom dumpf Well' an Welle bricht?

Trauer und Herzeleid, Entmutigung und Verzagen, Elegie und Wehklage, ihr gehört unsre Feder, welche unaufhörlich genetzt sein wird in euren Tränen, ohne je die beredten Seufzer eures Schweigens, den Aufschrei eures Zorns, die erhabnen Laute eurer gebenedeiten Resignation, das Schluchzen eurer namenlosen Schmerzen zu erschöpfen.

> So trittst, o Gram, du stets ein höhnisches Gespenst
> Ins Lebensfest, wo Lust den Becher uns kredenzt,
> Dass, wenn dein stierer Blick des Menschen Herz entsetzt,
> Der Becher ihm entsinkt, eh er die Lippe netzt!

Wenn auch süsse Ruhe des Landlebens uns labt, dieses Lebens, welches wir verbringen

> Inmitten Wohlgeruchs uns zu ergehen,
> Die Frische atmend, die dem Wald entschweift
> Zu schauen, wie der Morgenduft im Wehen
> Des Kornfelds wogenden Busen streift.
>
> . . . .
> Zu sehn wie Tag auf Tag still friedlich schwebt von hinnen,
> Ohn' ihrer Zahl zu achten, wenn sie sanft entfliehn,
> Ohn' allen Lärm, wie stumm der Sanduhr Körner rinnen,
> Ist eine neue Stunde wieder hin. —

so berührt uns dennoch der Gedanke schwermütig, dass, wer nicht alle Enttäuschungen, alle Entzauberungen des Lebens erfahren hat, wer nicht gesehen hat, wie die Hingebung getäuscht wird von der Liebe selbst, wie die Freundschaft dem ersten herben Ruck erliegt, wie Güte und Gerechtigkeit in Arglist und Trug sich wandelt, dass der nicht weiss, was Ruhe ist, nicht weiss, welch Glück die Abgeschiedenheit birgt, und dass man das gänzliche Vergessen der Menschen, wie einen erquickenden Schlaf ersehnen kann. Wer die Wunden noch nicht empfangen, welche die erste frühe Schönheit der Adolescenz durch Narben entstellen, wen die Strahlen leidenschaftlicher Glut noch nicht gesengt haben, wer noch nicht durchschauert ist von den Stürmen des Schicksals, der flieht die Ruhe, er hasst sie, und es gereicht ihm zum Ruhm, denn alsbald

> Wenn der Drommete Sturmsignal ertönt —

drängt jeder Edelgesinnte sich zu den gefährlichen Posten, welches auch der Krieg sein möge, der ihn in die Reihen ruft. Krieg ist überall und in allem, und der Mensch entrinnt ihm nicht, er wird von ihm zermalmt, wenn nicht er

ihn bändigt. Glorreich und zerstörend sind sie alle, denn jeder Krieg zeigt dem
entsetzten Blick

Renner und Wagen in den Staub gestreckt,
Von Gliederstümpfen rings das Land bedeckt;
In Trümmern Mann und Schwert auf blut'gem Plane,
Auf hochgetürmten Leichenmeer die Fahne.
. . . .
Den blutgen Dünger saugt die Erde gierig ein.
Und Blumenfülle sprosst auf bleichenden Gebein.

Möge aus dem also getränkten Boden der Ruhmeslorbeer entspringen auf
dem Grab des Kriegers, dessen Stirne die tödlichen Schwertschläge aufnahm, oder
die Zypresse, mit welcher trauernde Liebe seine Ruhestätte beschattet, sein Los
ist schön, wenn er es nie verleugnet hat.

III. Version der Aufführung in Berlin, 6. Dez. 1855. (EA. 2.)

Les Préludes.
Symphonische Dichtung für Orchester.

Den Anstoss zu dieser „symphonischen Dichtung" gab das Gedicht „Les
Préludes" in den Méditations poétiques von Lamartine. Liszt selbst nennt es
in den Erklärungen, welche er zu seinen sämtlichen symphonischen Dichtungen
herausgegeben hat, eine treffende Eingebung des Dichters, „das Leben, als eine
Reihenfolge von Präludien zu einem unbekannten Gesang, dessen erste ernste
und feierliche Note der Tod anstimmt" anzusehen.

Ein der Musik eigentümlicher Vorzug ist jedoch die klare Evidenz, mit der
die Harmonie des Vorwurfs in seiner Entwickelung der Folge nach hervortritt,
und oft sieht sich der Musiker veranlasst, Änderungen zugunsten dieses Umstandes
zu machen, welche bei dem Gedichte weniger nötig sind.

Lamartine erkennt das erste Zeichen des erwachenden Geistes im Menschen,
nachdem das Geschäft der körperlichen Entwickelung abgemacht ist, in dem
Sehnen nach dem Idealen, das sich bei dem Mangel an innerem Stoff gewöhnlich
auf andere Menschen überträgt und Liebe wird. Eine solche Liebe trägt die
Enttäuschung schon im Keime und die Fragen, die Verzweiflung, welche einen
Sturm in uns erheben, führen ihn auf das Feld des Krieges, um in blinder
Leidenschaft aus der Nichtachtung aller Menschlichkeit sich den Lorbeer zu
holen. Diese Anspannung muss jedoch erlahmen, und friedlichere Gedanken
müssen sich einstellen; sie treiben ihn, wie den grossen Römer, auf das Land,
und sein Geist ist nicht zu gross, um sich in ein Sandmeer von Kleinigkeiten
nicht verlieren zu können.

Die Einleitung beginnt mit einem zweimaligen Anpochen des Streichquartetts, dem sogleich das Motiv folgt, welches den Menschen, als das auf
Erden unlösbare Problem, uns vor die Seele führen soll; es drängt sich immer
mehr zur Steigerung zusammen und führt zu dem grossen Gedanken, der uns am
Schlusse noch einmal begegnet: einem Bilde des Menschen nach dem Kampfe.
Jetzt folgt er im ersten und zweiten Satze der Lamartinischen Gedankenreihe;
dann aber flüchtet Liszt sich auf das Land, da ihn das Fragen und Zweifeln
nach dem sich abdämpfenden Kampfe zur Meditation drängt. Hier aber fühlt er
gleich einem Achilles die Last der leichten Frauengewänder unerträglich schwer
und greift zu Helm und Schwert. —

Werfen wir von einem anderen Standpunkte aus den Blick auf die Komposition, so erkennen wir ein viersätziges Orchesterstück mit Introduktion in ihr, die
in allen Sätzen dasselbe, oben bezeichnete Motiv verarbeitet und zu neuen
Dingen entfaltet.

IV. Version der Aufführung in Prag, 30. April 1860,
3. Mediziner-Konzert.

Die Lehrjahre des Jünglings, die Erlebnisse und Erleidnisse, welche seine
Entwickelung zum Mannes-Bewusstsein, zur Erfüllung seines Berufes in der Welt
vorbereitend rufen — sie bilden gleichsam eine Reihe von Präludien, welche
man als notwendiges Vorspiel des eigentlichen Lebens, das seinen Ernst und
Wert durch die freie Tätigkeit des Mannes erhält, auffassen mag. Die
Liebe erscheint als das leuchtende Frührot des jungen Herzens, es folgt die
Enttäuschung, sobald die rauhen Stürme des Schicksals die ersten Wonnen
des Glückes verwehend zerstören; das niedergebeugte, trostbedürftige Herz flüchtet
an den Busen der Natur; die Einkehr in das eigene Innere fördert die Er-
kenntnis, und jenes Aufraffen, welches mutig des Rufes harrt, der zum Kampfe
mit dem Leben erschallt, und dann auf den gefährlichsten Posten eilt, um ruhm-
voll nach dem Preise des Kampfes zu ringen: Manneswürde, Manneskraft.

(6.) Orpheus.
Symphonische Dichtung (No. 4) für grosses Orchester.

GD. 12 Min.

Komp.: Januar 1854 in Weimar. (S. Anm.)

EA.: 1. Weimar, Donnerstag, d. 16. Februar 1854 im Grossherzogl.
Hoftheater in der Festvorstellung zur Geburtstagsfeier der Frau
Grossherzogin-Grossfürstin (Maria Paulowna) als Einleitung zu Glucks
„Orpheus und Euridice" nach dem Manuskript unter Leitung von
Franz Liszt. (S. Anm.) — 2. Ebendaselbst, Freitag, d.
10. November 1854 im Stadthaussaale in einem Konzert zum Besten
des Frauenvereins zur Nachfeier des festlichen Erinnerungstages (des
vor 50 Jahren erfolgten Einzugs der Grossherzogin-Grossfürstin
s. Festklänge, No. 9) ebenfalls nach Manuskript unter Leitung von
Fr. L. — 3. Jena, Montag, d. 12. März 1855 im Rosensaale im
7. Akademischen Konzert nach Manuskript unter Leitung von *Fr. L.* —
4. Braunschweig, Donnerstag, d. 18. Oktober 1855 im Saale
des Altstadt-Rathauses im 3. Symphoniekonzert der Herzogl. Hofkapelle zum Besten von deren Witwen- und Waisenkasse auch nach
Manuskript unter Leitung von *Fr. L.* — 5. St. Gallen, Mittwoch,
den 23. November 1856 im 3. Abonnementskonzert der Musikgesellschaft unter Leitung von *Fr. L.* (S. Anm.)

Ersch.: Partitur April 1856, Ausgabe für 2 Pfte. Juni 1856, Orchesterstimmen September 1879 bei Breitkopf & Härtel, Leipzig.

Orch.Bes.: Kl. Fl., 2 Fl., 2 Ob., Engl. Hr., 2 Klar., 2 Fag., 4 Hr., 2 Tr.,
3 Pos., Tuba, Pk. — 2 Hfen. — Str.-Orch. (S. Anm.)

Anmerkg. Wie aus dem Lisztschen „Vorwort" zu entnehmen ist,
komponierte er die spätere Symphonische Dichtung als Einleitungsstück zur

Gluckschen Oper. Der Theaterzettel enthält die Bemerkung „Mit Orchester-
vorspiel und Schluss mit Musik von Fr. Liszt." Die Besprechung der Festvorstellung in der Weimarischen Zeitung enthält auch die Bemerkung „Orchester-
vorspiel und Schlussmusik, von dem genialen Franz Liszt komponiert", und bleibt
es zukünftiger Forschung überlassen, zu untersuchen, ob und inwieweit die
Schlussmusik in die Symphonische Dichtung übergegangen ist. Die Neue Zeitschrift (Bd. 40, S. 114) nennt das Werk „grosser symphonischer Prolog". —
In dem Festkonzert der EA. 2 gelangten noch zur Aufführung das 3. u. 4. der
Symphoniekonzerte für Pianoforte und Orchester von H. Litolff, von ihm selbst
gespielt, 3 altdeutsche Minnelieder bearbeitet von Stade und Mendelssohns Lobgesang. Der Violinvirtuos Edmund Singer debütierte mit dem Violinsolo im
Orpheus als Grossherzogl. Kammervirtuos in Weimar. — Bei EA. 3 Jena erlebte
Liszts Es dur-Klavierkonzert eine seiner ersten Aufführungen, bei EA. 4 Braunschweig wurde erstmalig die symphonische Dichtung „Prometheus" als solche
allein (ohne die Chöre) aufgeführt. Allgemeiner bekannt ist geworden die EA. 5
St. Gallen, über die in den Anmerkungen zu Les Préludes (No. 5) nachzulesen
ist. — Besetzung von 2 Harfen ist nicht unbedingt nötig, da sich die Partien
beider leicht zusammenziehen lassen. Liszt selbst spricht diese Meinung in einem
Brief an Bülow aus. (S. Briefwechsel Liszt-Bülow S. 241.)

Liter. *Draeseke, Felix,* „Liszts symphonische Dichtungen" in „Anregungen" (s. o.)
Bd. III, K. Merseburger, Leipzig. — *Hahn, Arthur,* Musikführer No. 64, Schlesinger, Berlin.

Programmatische Erläuterungen.

Orphée.

Poëme symphonique de F. Liszt.

Préface.

Nous eûmes un jour à diriger l'Orphée de Gluck. Il nous fût impossible
pendant les répétitions de ne pas abstraire notre imagination du point de vue
touchant dans sa simplicité, dont ce grand maitre a envisagé son sujet, pour
nous reporter en pensée vers cet Orphée, dont le nom plane si majestueusement
et si harmonieusement au dessus des plus poètiques mythes de la Grèce. Nous
av ons revu en pensée un vase etrusque de la collection du Louvre, représentant
le premier poète-musicien, le front ceint de la bandelette mystiquement royale,
drapé d'une robe étoilée, les lèvres dont s'exhalent des paroles et des chants
divins ouvertes, et fesant energiquement résonner les cordes de sa lyre de ses
beaux doigts, longs et effilés. Nous crûmes appercevoir autour de lui, comme
si nous l'eussions contemplé vivant, les bètes féroces des bois écouter ravis: les
instincts brutaux de l'homme se taire vaincus; les pierres s'amollir: des cœurs
plus durs peut-être, arrosés d'une larme avare et brûlante; les oiseaux gazouillants
et les cascades murmurantes suspendre leurs mélodies: les ris et les plaisirs se
recueillir avec respect devant ces accens qui révélaient à l'Humanité la puissance
bienfaisante de l'art, son illumination glorieuse, son harmonie civilisatrice.
Prêchée par la plus pure des morales, enseignée par les dogmes les plus
sublimes, éclairée par les fanaux les plus brillans de la science, avertie par les
philosophiques raisonnements de l'intelligence, entourée de la plus raffinée des
civilisations, l'Humanité aujourd'hui comme jadis et toujours, conserve en son sein
ses instincts de férocité, de brutalité, et de sensualité, que la mission de l'art est

d'amollir, d'adoucir, d'ennoblir. Aujourd'hui comme jadis et toujours, Orphée, c'est-à-dire l'Art, doit épandre ses flots mélodieux, ses accords vibrans comme une douce et irrésistible lumière, sur les élémens contraires qui se déchirent et saignent en l'âme de chaque individu, comme aux entrailles de toute société. Orphée pleure Eurydice, Eurydice cet emblême de l'Idéal englouti par le mal et la douleur, qu'il lui est permis d'arracher aux monstres de l'Erèbe, de faire sortir du fond des ténèbres cimmériennes, mais qu'il ne saurait hélas! conserver sur cette terre. Puissent du moins, ne plus jamais revenir ces temps de barbarie, où les passions furieuses, comme des ménades ivres et effrênées, vengeant le dédain que fait l'art de leurs voluptés grossières, le font périr sous leurs tyrses meurtriers et leurs furies stupides.

S'il nous avait été donné de formuler notre pensée complètement, nous eussions desiré rendre le caractère sereinement civilisateur des chants qui rayonnent de toute œuvre d'art; leur suave energie, leur auguste empire, leur sonorité noblement voluptueuse à l'âme, leur ondulation douce comme des brises de l'Elysée, leur élévement graduel comme des vapeurs d'encens, leur Ether diaphane et azuré enveloppant le monde et l'univers entier comme dans une atmosphère, comme dans un transparent vêtement d'ineffable et mystérieuse Harmonie.

Orpheus.
Symphonische Dichtung von F. Liszt.
Vorwort.

Glucks Orpheus wurde als Festvorstellung in Weimar aufgeführt. Während der Proben zu dieser Oper konnten wir unsere Phantasie nicht verhindern, von dem Standpunkt dieses grossen Meisters zu abstrahieren, und sich jenem Orpheus zuzuwenden, dessen Name so majestätisch und voll Harmonie über den poetischen Mythen der Griechen schwebte. Es ward dabei das Andenken an eine etrurische Vase in der Sammlung des Louvre in uns wieder lebendig, auf welcher jener erste Dichter und Musiker dargestellt ist, mit dem mystischen königlichen Reif um die Schläfe, von einem sternbesäeten Mantel umwallt, die Lippen zu göttlichen Worten und Gesängen geöffnet und mit mächtigem Griff der feingeformten schlanken Finger die Saiten der Lyra schlagend. Da scheinen die Steine gerührt zu lauschen und aus versteinten Herzen lösen sich karge, brennende Tränen. Entzückt aufhorchend stehen die Tiere des Waldes, besiegt verstummen die rohen Triebe der Menschen. Es schweigt der Vögel Gesang, der Bach hält ein mit seinem melodischen Rauschen, das laute Lachen der Lust weicht einem zuckenden Schauer vor diesen Klängen, welche der Menschheit die milde Gewalt der Kunst, den Glanz ihrer Glorie, ihre völkererziehende Harmonie offenbaren.

Heute noch sprosst aus dem Herzen der Menschheit, wie auch die lauterste Moral ihr verkündigt ward, wie sie belehrt ist durch die erhabensten Dogmen, erhellt von Leuchten der Wissenschaft, aufgeklärt durch die philosophischen Forschungen des Geistes und umgeben von der verfeinertsten Zivilisation, heute noch wie ehemals und immer sprosst aus ihrem Herzen der Trieb zur Wildheit, Begier, Sinnlichkeit, und es ist die Mission der Kunst, diesen Trieb zu bändigen, zu besänftigen, zu veredlen. Heute wie ehemals und immer ist es Orpheus, ist es die Kunst, welche ihre melodischen Wogen, ihre gewaltigen Akkorde wie ein mildes, unwiderstehliches Licht über die widerstrebenden Elemente ergiesst, die sich in der Seele jedes Menschen, und im Innersten jeder Gesellschaft in blutigem Kampf befehden. Orpheus beweint Euridice und diese ist uns das Symbol des im Übel und im Schmerz untergegangnen Ideals. Es ist ihm vergönnt, sie den Dämonen des Erebus zu entreissen, sie heraufzuführen aus den Finsternissen der Unterwelt; nicht aber sie im Leben zu erhalten. Möchten mindestens nie jene Zeiten der Barbarei wiederkehren, wo wie trunkne zügellose Mänaden, wilde Leidenschaften die Kunst erliegen machen unter mörderischen Thyrsusstäben, indem sie in fiebertollem Wahn sich rächen für die Verachtung, mit welcher jene auf ihre rohen Gelüste herabsah.

Wäre es uns gelungen, unsren Gedanken vollständig zu verkörpern, so hätten wir gewünscht, den verklärten ethischen Charakter der Harmonien, welche von jedem Kunstwerk ausstrahlen, zu vergegenwärtigen, die Zauber und die Fülle zu schildern, womit sie die Seele überwältigen, wie sie wogen gleich elysischen Lüften, Weihrauchwolken ähnlich mählich sich verbreiten; den lichtblauen Äther, womit sie die Erde und das ganze Weltall wie mit einer Atmosphäre, wie mit einem durchsichtigen Gewand unsäglichen mysteriösen Wohllauts umgeben.

(Übers. von P. Cornelius.)

(7.) Der entfesselte Prometheus.

Symph. Dichtung (No. 5) für grosses Orchester und Chöre
zu G. v. Herders gleichnamigem Gedicht
mit verbindender Dichtung von Richard Pohl. (S. Anm.)

I. Symphonische Dichtung. — II. Chöre: 1. Chor der Oceaniden (Frauenchor), 2. Chor der Tritonen (Gemischter Chor, Sopran- und Altsolo), 3. Chor der Dryaden (Frauenchor und Altsolo), 4. Chor der Schnitter (Gemischter Chor), 5. Chor der Winzer (Männerchor und Männerquartett-Solo), 6. Chor der Unterirdischen (Männerchor), 7. Chor der Unsichtbaren (Männerchor und Männerquartett-Solo), 8. Schlusschor [Chor der Musen] (Gemischter Chor).

SD. *I. 12 Min. II. etwa 55 Min.* **GD.** *ungefähr 70 Min.*

Komp.: Frühsommer 1850 in Weimar. Umarbeitung und Neuinstrumentation — unterbrochen durch die Komposition des 13. Psalm (S. No. 29) — Juni und Juli 1855 und später. An der Instrumentation der Chöre ist noch Ende Februar, Anfang März 1861 vor deren Veröffentlichung (Autographie) wie vor Erscheinen der Neuauflage im Stich (1876) manche Änderung vorgenommen worden. (S. Anm.)

EA.: **Erste Form, ohne verbindende Dichtung:** 1. Weimar, Sonnabend, d. 24. August 1850 im Grossherzogl. Hoftheater zur Vorfeier des Herder-Festes gelegentlich der Aufführung der mythologischen Szenen „Der entfesselte Prometheus" von G. v. Herder nach dem Manuskript unter Leitung von *Franz Liszt*. (S. Anm.) — **Die Symphonische Dichtung allein:** 2. Braunschweig, Donnerstag, d. 18. Oktober 1855 im Saale des Altstadt-Rathauses im 3. Symphoniekonzert der Herzogl. Hofkapelle zum Besten von deren Witwen-und Waisenkasse nach dem Manuskript unter Leitung von *Fr. L.* (S. Anm.) — **Zweite Form, mit verbindender Dichtung:** 3. Weimar, Dienstag, d. 21. April 1857 im Grossherzogl. Hoftheater in einem Konzert zum Besten des Witwen-Pensionsfonds der Grossherzogl. Hofkapelle (Symphonische Dichtung nach Druck, Chöre nach dem Manuskript) unter Leitung von *Fr. L.;* Deklamation: Herr Hofschauspieler *Grans;* Gesangssolisten: Frl. *v. Heimburg,* die Herren *Caspari, Knopp, v. Milde* und *Roth* (Männer-Soloquartett); Chor: *der Montagsche Singverein* und *der Hoftheaterchor.* — 4. D r e s d e n, Sonnabend, d. 7. November 1857 im Kgl. Hof-Schauspielhause in dem Konzert zum Besten des Pensionsfonds für den Sängerchor des Königl. Hoftheaters unter Leitung von *Fr. L.;* Deklamation: Herr *Bogumil Dawison;* Gesangssolisten: Frl. *Steeger* (Sopran), Frau *Krebs-Michalesi* (Alt); die Herren: *Tichatschek, Hollmann, Mitterwurzer* und *Conradi* (Männer-Soloquartett). (S. Anm.) — 5. Z w i c k a u, 15. November 1859 im 2. Konzert des Musikvereins unter Leitung von *Fr. L.;* Deklamation: Frau *Alexander Ritter.* — 6. W i e n, 26. Februar 1860 im 3. Konzert der Gesellschaft der Musikfreunde unter Leitung von *Joh. Herbeck;* Deklamation: *Jos. Lewinsky.* — 7. L e i p z i g, 19. Februar 1861 im 9. Euterpekonzert unter Leitung von *H. v. Bronsart;* Deklamation: Dr. *Hanisch.* — 8. W e i m a r, 6. August 1861 im 2. Festkonzert der zweiten Tonkünstlerversammlung unter Leitung von *Carl Stör;* Deklamation: Hofschauspieler *Lehfeld.* (S. Anm.)

Ersch.: I. Die Symphonische Dichtung: Partitur April 1856, Ausgabe für 2 Pianoforte Juni 1856, Orchesterstimmen Juli 1880 bei Breitkopf & Härtel, Leipzig.

II. Die Chöre: Partitur mit unterlegtem Klavierauszug, erste autographierte Ausgabe April 1861, neue gestochene Ausgabe 1876, Chorstimmen November 1862, Klavierauszug allein Februar 1874, Orchesterstimmen 1895 bei C. F. Kahnt. (S. Anm.)

Bes. (des ganzen Werkes):
a) S o l i: Sopran, Alt, Männerquartett: Tenor I u. II, Bass I u. II.
b) C h o r: Sopran I u. II, Alt I u. II, Tenor I u. II, Bass I u. II.
c) O r c h e s t e r: Kl. Fl., 2 Fl., 2 Ob., Engl. Hr., 2 Klar., 2 Fag., 4 Hr., 4 Tr., 3 Pos., Tuba, 3 Pk., Becken, Gr. Tr., Trgl. — Hfe. — Str.-Orch.

(In der Symph. Dichtung allein fallen weg 3. u. 4. Tromp, Becken, Gr. Tr., Trgl. und Harfe.)

A n m e r k g. Die Lisztsche Prometheus-Komposition zählt zu den Werken, an dessen Instrumentation Joach. Raff in bereits des öfteren erörterter Weise beteiligt gewesen ist. (S. das Vorwort u. No. 3 u. 4.) Raff schreibt (Musik I, 8, S. 691) Dezember 1850 an Frau Heinrich in Stuttgart: „Anfangs Juli begann ich die Partitur des Lisztschen Prometheus. Die 3 Bände starke Partitur nebst der eines Militärmarsches und eines Festchores waren in 6 Wochen fertig." Ergänzt wird dieses Schreiben durch den bereits im Vorwort mitgeteilten Brief B. Cossmanns an Frau Raff, der der Vollständigkeit halber hier wiederholt wird: „Ihnen sichere Auskunft über Raffs Mittätigkeit bei Liszts Werken zu geben, bin ich zu meinem Bedauern nicht imstande. Nur R a f f s I n s t r u m e n t i e r u n g d e r P r o m e t h e u s m u s i k k a n n i c h v e r b ü r g e n. Bei der P r o b e d e r s e l b e n i m T h e a t e r sass ich neben R a f f, d e r z u m i r s a g t e: H ö r e dir einmal die Instrumentation an, sie ist von mir." (Cossmann war damals mit Raff und Joachim zusammen in Weimar.) — Zur EA. 1 Weimar ist folgendes zu bemerken: Die Enthüllung des von Schaller (München) ausgeführten Herder-Denkmals war auf den 25. August festgesetzt, eine Aufführung von Herders „Der entfesselte Prometheus" für den Vorabend bestimmt und Liszt mit der Komposition der Musik dazu beauftragt worden. Die Nähe von Goethes Geburtstag (28. Aug.), dessen hundertjährige Wiederkehr im Jahre zuvor in Weimar und im übrigen ganzen Deutschland sehr festlich begangen worden war, legte den Gedanken nahe und liess ihn zur Ausführung bringen, diesen Tag in die Festlichkeiten einzubeziehen. Es geschah mit der Uraufführung des Lohengrin Sonntag, d. 28. August 1850 unter der Leitung von Franz Liszt. — (Der von Raff [s. o.] erwähnte, auch von ihm instrumentierte Festchor war von Liszt für die Enthüllungsfeierlichkeit komponiert nach einem Gedicht von Schöll, er ist für Männerchor geschrieben.) — Die Symphonische Dichtung Prometheus trug anfänglich den Namen „Ouvertüre" und wird in dem Programm der Tonkünstlerversammlung 1861 auch noch offiziell so genannt. Liszt schreibt (S. Gesammelte Schriften III 2, S. 75) über die EA. 1 des Werkes: „Der Dichtung musste .... eine grosse Ouvertüre vorausgehen, welcher die Chöre, die wir für diese Gelegenheit komponierten, verbunden durch von Schauspielern deklamierte Dialoge folgten. Die Art und Weise, wie das Ganze in Szene gesetzt war, das Erscheinen der Personen in antikem Kostüme in einer Vorstellung, die sich ihrer Natur nach, sowie durch das Nichtvorhandensein der vom Drama bedingten Handlung mehr dem Oratorium als dem letzteren näherte, brachten eine überraschende Wirkung hervor, welche sich den ungeteilten Beifall des Publikums errang. Man schien eine Reihe tönender Gemälde vor sich zu sehen, bei welchen die Gestalten zu Gesang, der Gesang zu Gestalten wurde." — Die Absicht Liszts, dem ganzen Werke eine Form zu geben, die es für Konzertaufführungen geeignet machte, geht schon aus seinem Vorworte hervor, in einem Schreiben an Dingelstedt vom 14. Juli 1850 (s. Liszt-Briefe VIII, S. 69) spricht er bereits den Wunsch nach einem „anderen" verbindenden Text und die Gedanken eines „mythologischen Oratoriums" aus. — Zu den anderen oben mitgeteilten EA. des ganzen Werkes ist zu bemerken, dass EA. 3 (Weimar), 4 (Dresden) und 5 (Zwickau) von vollem Erfolge begleitet waren, in 3 u. 4 der Schnitterchor wiederholt werden musste. Der Erfolg in Dresden konnte allerdings die in demselben Konzert zur EA. gelangende Dante-Symphonie nicht vor dem Fiasko schützen. (S. No. 2.) Die Aufführung in Wien war ein Misserfolg, wurde „mit heftigen Protesten der Mehrheit wiederholt unterbrochen. Die darauffolgende G moll-Symphonie von Mozart wurde, sie war kaum begonnen, mit anhaltendem dauerndem Jubel begrüsst". — Von den EA. der Symphonischen Dichtung allein ist nur die erste in Braunschweig mitgeteilt. Das Programm dieses Konzertes enthielt noch die EA. der Symphonischen Dichtung „Orpheus" (S. No. 6) ausserhalb Weimars. Die von R. Pohl in das Jahr 1856 gesetzte Aufführung von Prometheus in Sondershausen hat erst 1857 in einem der dortigen Lohkonzerte unter Eduard Stein stattgefunden. Ausser dem der Symphonischen Dichtung beigegebenen Vorworte existiert eine viel kürzere Fassung, die Hans von Bülow verfasst haben kann. Sie erscheint auf dem

Programm des 3. der sogenannten Mediziner-Konzerte am 30. April 1860 in Prag, das Bülow dirigierte. Dieses Konzertprogramm enthält auch eine kurze Erläuterung zu Les Préludes, über die die Anmerkungen zu diesem Werke zu vergleichen sind. Die Prager Fassung ist weiter unten abgedruckt.

Liter. *Draeseke*, *Felix*, „Liszts Symphonische Dichtungen" in „Anregungen" (s. o.) Bd. III, K Merseburger, Leipzig. — *Pohl*, *Richard*, „Franz Liszt", S. 232 ff., Bernh. Schlicke, Leipzig. — *Hahn*, *Arthur*, Musikführer No. 125, Schlesinger, Berlin.

Programmatische Erläuterungen.

I. Version der Partitur.

Prométhée.

Poëme symphonique de F. Liszt.

Préface.

L'inauguration de la statue de Herder eut lieu à Weimar en 1850, et à ce jour la représentation théâtrale fût spécialement consacrée au souvenir de ce poète-penseur. D'entre toutes ses cantates et poésies quasi dramatiques, nous avions choisi le Prométhée délivré, une des œuvres de ce genre où se traduit le mieux ce qu'il y'avait de plus pur et de plus généreux dans les sentiments de celui qui fut appelé l'apôtre de l'Humanité, — pour y adapter quelques morceaux de chant, cet ouvrage ayant été originairement destinée à être mis en musique. Outre la partition présente qui servit d'Ouverture, nous en avons composé les chœurs, que nous nous réservons de relier plus tard en un ensemble, d'exécution plus usuelle sur les théâtres ou dans les concerts que celle qui eut lieu alors, où, pour ne rien toucher à la pensée et à l'œuvre de l'illustre philosophe, son texte fût déclamé dans son entier, quelque peu approprié qu'il fût à nos habitudes dramatiques actuelles.

Le mythe de Prométhée est plein de mystérieuses idées, de vagues traditions, d'espoirs aussi dénués de corps que vivaces de sentiment. Interprété de plus d'une façon par les savantes et poétiques exégèses de croyances et de négations aussi convaincues, qu'opposées entre elles, il a toujours parlé à l'imagination émue par les secrètes concordances de ce symbolique récit avec nos instincts les plus opiniâtres, avec nos douleurs les plus âcres, avec nos pressentimens les plus doux. Les marbres antiques nous montrent combien il préoccupait la rêverie inquiète de l'art grec; le fragment d'Eschyle nous prouve que la poésie y trouvait un profond sujet de méditation. Nous n'avons pas eu à choisir entre tant de gloses accumulées autour de ces sublimes monumens, ni à créer une variante nouvelle à cette antique légende, si apparentée à d'antiques et confus souvenirs, à d'éternelles et toujours jeunes espérinces. Il suffit à la musique de s'assimiler les sentimens qui, sous toutes les formes successivement imposées à ce mythe, en ont fait le fond et comme l'âme. Audace, Souffrance, Endurance, et Salvation: aspiration hardie vers les plus hautes destinées que l'esprit humain puisse aborder; activité créatrice, besoin d'expansion ... douleurs expiatoires livrant à un rongement incessant nos organes vitaux, sans nous anéantir; condamnation à un dur enchaînement sur les plus arides plages de notre nature; cris d'angoisses et larmes de sang . mais inamissible conscience d'une grandeur native, d'une future délivrance; foi tacite en un libérateur qui fera monter le captif longtemps torturé aux régions transmondaines dont il dérobait la lumineuse étincelle ... et enfin, l'accomplissement de l'œuvre de miséricorde, le grand jour venu!

Malheur et Gloire! ainsi resserrée, la pensée fondamentale de cette trop véridique fable, ne se prêtait qu'à une expression orageuse, fulgurante dirions nous. Une désolation triomphante par la persévérance de la hautaine energie forme le caractère musical de cette donnée.

Prometheus.
Symphonische Dichtung von F. Liszt.
Vorwort.

Die Inauguration der Statue Herders fand im Jahre 1850 in Weimar statt und der betreffende Tag sollte durch eine Theatervorstellung gefeiert werden, welche speziell der Verehrung dieses poetischen Denkers gewidmet war. Unter seinen Kantaten und Gedichten in dramatischer Form wählten wir d e n e n t - f e s s e l t e n P r o m e t h e u s — eines seiner Werke dieser Gattung, aus welchem am reinsten die Lauterkeit und der Seelenadel dieses Mannes hervorleuchtet, welchen man den Apostel der Humanität nannte — um die lyrischen Partien daraus in Musik zu setzen, zu welchem Zwecke sie ursprünglich gedichtet waren. Der vorliegenden Komposition, welche als Ouverture diente, fügten wir Chöre zu, die wir uns vorbehalten, später zu einem bühnen- oder konzertmässigen En-semble zu vereinigen, da die damalige Vorstellung eine ausnahmsweise war, in dem man um die Gedanken und das Werk des grossen Philosophen unangetastet zu lassen, seinen Text im ganzen wiedergab, so wenig er unseren bestehenden dramatischen Anforderungen entspricht.

Der Prometheusmythus ist voll mysteriöser Ideen, dunkler Traditionen, voll Hoffnungen, deren Berechtigung immer bezweifelt wird, so lebendig sie im Ge-fühl leben. In mehrfacher Weise gedeutet von den gelehrten und poetischen Exegesen der verschiedenen Überzeugungen und Negationen, spricht dieser Mythus immer lebhaft zur bewegten Einbildungskraft durch geheime Übereinstimmungen seiner Symbolik mit unseren beharrlichen Instinkten, unseren herbsten Schmerzen und beseligendsten Ahnungen. Die antiken Bildwerke tun uns kund, wie sehr die erregte Phantasie der griechischen Kunst sich mit ihm beschäftigte. Wie die Poesie sich in diesen Gegenstand vertiefte, zeigt uns das Fragment des Aeschylus. Wir brauchten nicht unter den verschiedenen Auslegungen zu wählen, welche sich reichlich um diese erhabenen Momente angesammelt haben, noch auch die antike Legende mit ihren reichen Anklängen an alte, dunkle Erinne rungen, ewige Hoffnungen in neuer Weise zu gestalten. Es ge-nügte, in der Musik die Stimmungen aufgehen zu lassen, welche unter den ver-schiedenen wechselnden Formen des Mythus seine Wesenheit, gleichsam seine Seele, bilden: Kühnheit, Leiden, Ausharren, Erlösung. Kühnes Hinanstreben nach den höchsten Zielen, welche dem menschlichen Geiste erreichbar scheinen, Schaffensdrang, Tätigkeitstrieb .... Sündentilgende Schmerzen, welche un-ablässig an dem Lebensnerv unseres Daseins nagen, ohne es zu zerstören; Ver-urteilung, angeschmiedet zu sein an den öden Uferfelsen unserer irdischen Natur; Angstrufe und Tränen aus unserem Herzblut ... Aber ein unentreissbares Be-wusstsein angeborener Grösse und künftiger Erlösung; untilgbarer Glaube an einen Befreier, welcher den langgequälten Gefangenen emporheben wird zu den überirdischen Regionen, denen er den lichten Funken entwandte, und endlich .... Vollendung des Werkes der Gnade, wenn der ersehnte Tag gekommen.

Leid und Verklärung! So zusammengedrängt erheischte die Grundidee dieser nur zu wahren Fabel einen gewitterschwülen, sturmgrollenden Ausdruck. Ein tiefer Schmerz, der durch trotzbietendes Ausharren triumphiert, bildet den musikalischen Charakter dieser Vorlage.

(Übers. v. P. Cornelius.)

II. Version des Konzerts in Prag, 30. April 1860.

Der tiefe ethische Gehalt des Prometheusmythus, welcher die bildende Kunst und die Poesie der Alten vielfach begeistert hat, birgt so unsterblichreligiöse, weil allgemein-menschliche Ideen, dass auch die moderne Philosophie, wie die Tonkunst sich derselben bemächtigen durfte. Letztere hatte einfach die Grundstimmungen, welche unter den verschieden wechselnden Formen des Mythus seine Wesenheit, ja gleichsam seine Seele bilden, in geordneter Folge erklingen zu lassen: kühnes Wagen — büssendes Leiden — selbstbewusstes Ausharren — Erlösung und Sieg.

(8.) Mazeppa.

Symphonische Dichtung (No. 6) für grosses Orchester.

(Nach V. Hugo.)

GD. 18 Min.

Komp.: Nach einer bereits 1826 (?) komponierten Klavieretüde 1837 und 1841 erweitert und unter den „Grandes Etudes" (1839), später „Etudes d'execution transcendente" als „Mazeppa" veröffentlicht, etwa 1850 zur Symphonischen Dichtung umgestaltet und instrumentiert in Weimar. (S. Anm.)

EA.: 1. Weimar, Ostersonntag, d. 16. April 1854 im Grossherzogl. Hoftheater in einem Wohltätigkeits-Konzert der Hofkapelle nach dem Manuskript unter Leitung von *Franz Liszt.* — 2. Sondershausen, a) Sonntag, d. 3. August 1856 und b) Sonntag, d. 28. September in Lohkonzerten unter Leitung von *Eduard Stein.* (S. Anm.) — 3. Wien, Montag, d. 15. September 1856 unvollständige Aufführung (nur das Finale) im Volksgarten zu Ehren der Anwesenheit Fr. Liszts unter Leitung von *J. Strauss.* (S. Anm.) — 4. Leipzig, Donnerstag, d. 26. Februar 1857 im Saale des Gewandhauses im Konzert zum Besten des Orchester-Pensions-Instituts unter Leitung von *Fr. L.* (S. Anm.) — 5. Magdeburg, Mittwoch, d. 17. März 1858 im Saale der Harmonie im Benefizkonzert des Musikdirektors J. Mühling unter Leitung von *J. M.* (S. Anm.) — 6. Prag, Sonnabend, d. 12. März 1859 im 2. Mediziner-Konzert (S. Anm.) unter Leitung von *Hans v. Bülow.* (S. Anm.) — [Löwenberg, Sonntag, d. 15. Dezember 1861 im 3. Konzert der Fürstl. Hofkapelle unter Leitung von *M. Seifriz.*]

Ersch.: Partitur April 1856, Ausgabe für 2 Pfte. Juli 1856, Orchesterstimmen März 1865 bei Breitkopf & Härtel, Leipzig.

Orch.Bes.: Kl. Fl., 2 Fl., 2 Ob., Engl. Hr., 2 Klar., Bassklar., 3 Fag., 4 Hr., 3 Tr., 3 Pos., Tuba, Pk., Trgl., Becken, Gr. Tr. — Str.-Orch.

Anmerkg. Das erläuternde Programm des Mazeppa existiert in drei verschiedenen Formen. Die erste ist zu finden in den Erläuterungen, die Liszt 1854 drucken liess, die zweite in dem ganzen aus V. Hugos „Les Orientales" (No. 34) stammenden Gedicht, das der gedruckten Partitur beigegeben wurde und die dritte in der von R. Pohl besorgten Kürzung dieser Dichtung. Nachstehend werden alle drei Versionen gegeben, aus deren erster zu ersehen ist, dass die von Ramann (S. Liszt-Biographie II², 274) erwähnte Annahme, nach der sich festgesetzt habe „dass Liszts Mazeppa als ein Sinnbild des Künstlermartyriums, dem endlich die Siegeskrone zu teil wird, von ihm gedacht sei", nicht ohne tatsächliche Unterlage war. Diesem Programme scheint auch der Schluss mit dem Marsch nicht zu widersprechen. Einer Unterdrückung der ersten Programm-Erläuterung ist man schon bei „Les Préludes" begegnet (S. No. 5). Uns will dünken, dass die ursprüngliche Version den Vorzug vor der zweiten, nach der die Symphonische Dichtung nur eine musikalische Ausdeutung des Hugoschen Gedichtes ist, verdient; damit fällt dann auch Pohls Kürzung. — In dem Anhang, den Liszt den Symphonischen Dichtungen nachsendete (s. das Vorwort), ist gesagt, dass der Schlusssatz des Mazeppa von S. 89 der Partitur an (Allegro) allein aufgeführt werden könnte. Danach verfuhr J. Strauss bei EA. 3 Wien. — Über die Programme usw. der EA. 2a und 4 (Sondershausen und Leipzig) ist zu vergleichen das in den Anmerkungen zu „Les Préludes" (S. No. 5) mitgeteilte. Bei EA. 5 (Magdeburg) sprach vor der Aufführung Herr Kaufmann Fritze das ganze Gedicht. — Wichtigkeit gewinnt die EA. 6 in Prag, da mit ihr die Uraufführung des Vorspiels zu „Tristan und Isolde" nach dem Manuskript unter Bülows Leitung verbunden ist. Das Programm des Konzertes lautete: 1. Grosse Ouvertüre zu Benvenuto Cellini von Berlioz; 2. „Wanderer", Lied von Fr. Schubert (Herr Herzogl. Braunschweig. Hofopernsänger Hartmuth); 3. Grosse Fantasie von Franz Schubert, op. 15, für Piano und Orchester symphonisch bearbeitet von Liszt (Hans von Bülow); 4. „Festklänge", Symphonische Dichtung von Fr. Liszt; 5. Eine Faustouvertüre von Rich. Wagner; 6. „Widmung" von R. Schumann und „Er ist gekommen" von R. Franz (Herr Meller, Mitglied des Städt. Theaters in Prag); 7. Ungarische Rapsodie für Piano mit Begleitung des Orchesters von Fr. Liszt (H. v. Bülow).

„8. Vorspiel zum ersten Akte aus der Oper Tristan und Isolde von Richard Wagner (durch die Güte des Komponisten zu allererst in Prag aufgeführt.)"

9. „Mazeppa", Symphonische Dichtung von Liszt.

Das ganze Konzert stand unter Leitung von Hans von Bülow, der auch das nächste, 30. April 1860, dirigierte. — Das Streichorchester erfordert eine aussergewöhnlich starke Besetzung. Hinsichtlich der Schlaginstrumente wird auf das Vorwort verwiesen.

Liter. *Draeseke, Felix*, „Liszts symphonische Dichtungen" in „Anregungen" (s. o.) Bd. III, K. Merseburger, Leipzig. — *Hahn, Arthur*, Musikführer No. 76, Sehlesinger, Berlin.

Programmatische Erläuterungen.

I. Version von Fr. Liszt.

Mazeppa

d'après Victor Hugo.*)

Poëme symphonique de F. Liszt.

Un cri part . . .

Si des pleurs vagissants marquent le premier éveil de l'homme à la vie, un cri de douleur est d'ordinaire le premier bégaiement du génie atteint par l'aiguillon de flamme. Ce cri, d'ordinaire encore, jette l'effroi autour de lui. On s'empresse de le garotter; liens de fer et liens de fleurs, liens d'or et liens d'épines sont tressés ensemble pour le retenir immobile et muet.

> Sur ses membres gonflés la corde se replie,
> Et comme un long serpent resserre et multiplie
> Sa morsure et ses noeuds.

Il se trouve toujours assez de nains pour faire trébucher le géant, et l'enlacer après. Mais le génie finit par leur échapper emporté vers de distans horizons que leurs yeux myopes n'apperçoivent plus. Alors

> Son œil s'égare, et luit . . .

Attirés par cet œil fascinateur et beau, les oiseaux de nuit et les oiseaux de proie, les impures visions et les cruelles illusions s'élancent à sa poursuite, pendant que

> Lui, sanglant, éperdu, sourd à leurs cris de joie
> Demande en les voyant, qui donc là haut déploie
> Ce grand éventail noir?

Bientôt il s'affaisse, et l'on croit pouvoir dire de lui,

> Voilà l'infortuné, gisant nu, misérable . . .

Mais ceux là qui se réjouissent d'une infâme joie à contempler le génie dans la prostration de ses forces énervées ou dans une épouvantable défaite, lorsque d'ignobles créatures s'attroupent autour de sa chûte, et que

> Maint bec ardent aspire à ronger dans sa tête
> Ses yeux brûlés de pleurs:

ceux là ignorent que

> Sa sauvage grandeur naitra de son supplice,

qu'un jour il sera

> Grand à l'œil ébloui,

et qu'après avoir été submergé de peines et d'afflictions haletantes, un moment vient, où secouant loin de lui comme d'une puissante crinière chagrins et désespoirs, aussi bien que frivolités et voluptés, il s'étend comme un lion après un rêve, jette un regard clair et fauve dans le passé comme dans l'avenir, s'arrête, mesure son bond, brise ses chaines,

> Et se relève Roi!

---

*) Orientales.

Mazeppa
nach Victor Hugo.
Symphonische Dichtung von F. Liszt.

— Es gellt ein Schrei —

Wie das erste Erwachen des Menschen zum Leben durch einen kläglichen Schrei des Neugebornen bezeichnet wird, so ist oft ein Schmerzensschrei das erste Lallen des von flammendem Sporn gestachelten Genius. Ein solcher Schrei pflegt die Welt in Schrecken zu setzen. Man beeilt sich, den Genius zu fesseln, Eisen- und Blumenbande, goldene und Dornenketten, alle werden ineinander geschlungen, um ihn stumm und unbeweglich zurückzuhalten.

> „Die Fessel windet sich um die geschwollnen Glieder,
> Der Schlange gleich verdoppelt stets sie wieder
> Die Schlingen und den Biss."

Es finden sich immer Zwerge genug, um den Riesen zum Fall zu bringen und ihn dann zu binden. Aber das Genie entrinnt ihnen, hingetragen zu fernen Horizonten, welche ihr blödes Auge nicht erreichen kann. Dann

> „Blitzt sein irrend Aug'"

Angezogen von diesem bezaubernden glänzenden Auge nahen sich die befiederten Räuber, die Vögel der Nacht. Es sind dies die unlautren Träume, die grausamen Täuschungen, die ihn verfolgen, während

> „Er, blutend, sinnverwirrt, taub ihrem Lustgeschrei,
> Fragt Sich, da er sie schaut, was wohl der Fächer sei
> So riesig dort und schwarz?

Bald beugt er sich unter der Last der Schmerzen, und man wähnt ihn zurufen zu können:

> „Da liegt der Arme nun, nackt, elend liegt er da!"

Aber sie, die aus schmählicher Lust sich an dem Anblick des Genius in der gänzlichen Erschlaffung seiner entnervten Kräfte weiden, oder wie er fällt in schrecklicher Niederlage, wo dann gemeine Kreaturen um seinen Fall sammeln und

> „Manch gier'ge Klaue harrt, ihm aus dem Haupt zu reissen
> Das tränenmüde Aug',"

sie wissen nicht

> „Dass aus dem Untergang ihm wilde Gröss' erblüht"

dass er eines Tages

> „Gross dem betroffnen Aug'"

sein wird, dass, nachdem Leiden und hetzende Betrübnisse sein Leben unterwühlt haben, ein Augenblick naht, wo er wie mit hoch aufgesträubter Mähne weit wegschleudert Kummer und Verzweiflung, kleinliche Makel und Lüste, sich reckt wie ein aus Träumen erwachender Löwe, einen klaren, durchbohrenden Blick auf die Vergangenheit und in die Zukunft richtet, sich zusammenrafft, die Sprungweite ermisst, seine Ketten bricht und

> „Ein König sich erhebt."

(Übersetzung von P. Cornelius.)

II. Original-Version des Gedichtes.
Der Partitur vorgedruckt.
(Auch in der Erläuterung 1854 enthalten.)

Mazeppa.

Away! — Away! —
Byron. *Mazeppa.*
En avant! En avant!

I.

Ainsi, quand Mazeppa, qui rugit et qui pleure,
A vu ses bras, ses pieds, ses flancs qu'un sabre effleure,
   Tous ses membres liés
Sur un fougueux cheval, nourri d'herbes marines,
Qui fume, et fait jaillir le feu de ses narines
   Et le feu de ses pieds;

Quand il s'est dans ses noeuds roulé comme un reptile,
Qu'il a bien réjoui de sa rage inutile
  i Ses bourreaux tout joyeux,
Et qu 'l retombe enfin sur la croupe farouche,
La sueur sur le front, l'écume dans la bouche,
   Et du sang dans les yeux,

Un cri part; et soudain voilà que par la plaine
Et l'homme et le cheval, emportés, hors d'haleine,
   Sur les sables mouvants,
Seuls, emplissant de bruit un tourbillon de poudre
Pareil au noir nuage où serpente la foudre,
   Volent avec les vents!

Ils vont. Dans les vallons comme un orage ils passent,
Comme ces ouragans qui dans les monts s'entassent,
   Comme un globe de feu;
Puis déjà ne sont plus qu'un point noir dans la brume,
Puis s'effacent dans l'air comme un flocon d'écume
   Au vaste océan bleu.

Ils vont. L'espace est grand. Dans le désert immense,
Dans l'horizon sans fin qui toujours recommence,
  r Ils se plongent tous deux.
Leue course comme un vol les emporte, et grands chênes,
Vills et tours, monts noirs liés en longues chaînes,
   Tout chancelle autour d'eux.

Et si l'infortuné, dont la tête se brise,
Se débat, le cheval, qui devance la brise,
   D'un bond plus effrayé.
S'enfonce au désert vaste, aride, infranchissable,
Qui devant eux s'étend, avec ses plis de sable,
   Comme un manteau rayé.

Tout vacille et se peint de couleurs inconnues;
Il voit courir les bois, courir les larges nues,
   Le vieux donjon détruit,
Les monts dont un rayon baigne les intervalles;
Il voit; et des troupeaux de fumantes cavales
   Le suivent à grand bruit!

Et le ciel, où déjà les pas du soir s'allongent,
Avec ses océans de nuages où plongent
      Des nuages encor,
Et son soleil qui fend leurs vagues de sa proue,
Sur son front ébloui tourne comme une roue
      De marbre aux veines d'or.

Son oeil s'égare et luit, sa chevelure traîne,
Sa tête pend; son sang rougit la jaune arène,
      Les buissons épineux;
Sur ses membres gonflés la corde se replie,
Et comme un long serpent resserre et multiplie
      Sa morsure et ses noeuds.

Le cheval, qui ne sent ni le mors ni la selle,
Toujours fuit, et toujours son sang coule et ruisselle,
      Sa chair tombe en lambeaux;
Hélas! voici déjà qu'aux cavales ardentes
Qui le suivaient, dressant leurs crinières pendantes,
      Succèdent les corbeaux!

Les corbeaux, le grand-duc à l'oeil rond, qui s'effraie,
L'aigle effaré des champs de bataille, et l'orfraie,
      Monstre au jour inconnu,
Les obliques hiboux, et le grand vautour fauve
Qui fouille au flanc des morts, où son col rouge et chauve
      Plonge comme un bras nu!

Tous viennent élargir la funèbre volée;
Tous quittent pour le suivre et l'yeuse isolée
      Et les nids du manoir.
Lui, sanglant, éperdu, sourd à leurs cris de joie,
Demande en les voyant: Qui donc là-haut déploie
      Ce grand éventail noir.

La nuit descend lugubre, et sans robe étoilée.
L'essaim s'acharne, et suit, tel qu'une meute ailée,
      Le voyageur fumant.
Entre le ciel et lui, comme un tourbillon sombre,
Il les voit, puis les perd, et les entend dans l'ombre
      Voler confusément.

Enfin, après trois jours d'une course insensée,
Après avoir franchi fleuves à l'eau glacée,
      Steppes, forêts, déserts,
Le cheval tombe aux cris de mille oiseaux de proie,
Et son ongle de fer sur la pierre qu'il broie
      Éteint ses quatre éclairs.

Voilà l'infortuné gisant, nu, misérable,
Tout tacheté de sang, plus rouge que l'érable
      Dans la saison des fleurs.
Le nuage d'oiseaux sur lui tourne et s'arrête;
Maint bec ardent aspire à ronger dans sa tête
      Ses yeux brûlés de pleurs.

Eh bien! ce condamné qui hurle et qui se traîne,
Ce cadavre vivant, les tribus de l'Ukraine
    Le feront prince un jour.
Un jour, semant les champs de morts sans sépultures,
Il dédommagera par de larges pâtures
    L'orfraie et le vautour.

Sa sauvage grandeur naîtra de son supplice.
Un jour, des vieux hetmans il ceindra la pelisse,
    Grand à l'œil ébloui;
Et quand il passera, ces peuples de la tente,
Prosternés, enverront la fanfare éclatante
    Bondir autour de lui!

II.

Ainsi, lorsqu'un mortel, sur qui son dieu s'étale,
S'est vu lier vivant sur ta croupe fatale,
    Génie, ardent coursier,
En vain il lutte, hélas! tu bondis, tu l'emportes
Hors du monde réel, dont tu brises les portes
    Avec tes pieds d'acier!

Tu franchis avec lui déserts, cimes chenues
Des vieux monts, et les mers, et, par delà les nues,
    De sombres régions;
Et mille impurs esprits que ta course réveille
Autour du voyageur, insolente merveille,
    Pressent leurs légions.

Il traverse d'un vol, sur tes ailes de flamme,
Tous les champs du possible, et les mondes de l'âme;
    Boit an fleuve éternel;
Dans la nuit orageuse ou la nuit étoilée,
Sa chevelure, aux crins des comètes mêlée,
    Flamboie au front du ciel.

Les six lunes d'Herschel, l'anneau du vieux Saturne
Le pôle, arrondissant une aurore nocturne
    Sur son front boréal,
Il voit tout; et pour lui ton vol, que rien ne lasse,
De ce monde sans borne à chaque instant déplace
    L'horizon idéal.

Qui peut savoir, hormis les démons et les anges,
Ce qu'il souffre à te suivre, et quels éclairs étranges
    A ses yeux reluiront,
Comme il sera brûlé d'ardentes étincelles,
Hélas! et dans la nuit combien de froides ailes
    Viendront battre son front?

Il crie épouvanté, tu poursuis implacable.
Pâle, épuisé béant, sous ton vol qui l'accable
    Il ploie avec effroi;
Chaque pas que tu fais semble creuser sa tombe.
Enfin le terme arrive . . . il court, il vole, il tombe,
    Et se relève roi!   V. Hugo.

Mazeppa.

Away! Away!
Byron, *Mazeppa*.

I.

Wie sie Mazeppa trotz Knirschen und Toben,
Gebunden an allen Gliedern, gehoben
Auf das schnaubende Ross,
Dem glühend die weiten Nüstern dampften,
Des Hufen den bebenden Boden stampften,
Dass er Funken ergoss;

Wie schlangengleich er in Banden gerungen,
Dass rings Gelächter schallend erklungen
Seiner Henker im Chor,
Bis widerstandslos ihn die Fessel zwinget,
Und Schaum vom Munde, Blut ihm dringet
Aus den Augen hervor:

Da gellt ein Schrei, und schneller als Pfeile
Fliegt mit dem Mann in rasender Eile
In die Weite das Ross:
Staubwirbel hüllet die Atemlosen,
Der Wolke gleich, darin Donner tosen
Und der Blitze Geschoss.

Sie flieh'n; sie fliegen durch Talesengen
Wie Stürme, die zwischen Bergen sich drängen,
Wie der fallende Stern;
Nun sind sie ein schwärzlicher Punkt noch zu sehen,
Bis sie wie Schaum auf der Welle zergehen
An dem Horizont fern.

Sie flieh'n; in die unermesslichen, wilden
Öden, wo endlos sich Kreise bilden
Immer neu, immer mehr;
Ihr Ritt ist ein Flug, und die Türm' und Städte
Und Bäume und riesiger Berge Kette
Tanzen wild um sie her.

Und wenn der Gebund'ne im Krampf sich rühret,
Dann sprengt das Ross wie vom Sturm entführet,
Immer jäher erschreckt,
In die Wildnis, die kahlen unwohnlichen Steppen,
Wo das Land mit faltigen Sandesschleppen
Wie ein Mantel sich streckt.

Rings alles in düstren Farben brennet,
Es rennt der Wald, die Wolke rennet
Ihm vorbei, und der Turm
Und der Berg in rötliches Licht sich tauchend,
Und hinter ihm Rosse, die schnaubend und rauchend
Galoppieren im Sturm.

Und hoch der abendlich strahlende Bogen,
Der Ozean, der aus den Wolkenwogen
Neue Wolken entrollt!

Die Sonne, eh' ihm die Sinne vergehen,
Sieht er, ein marmornes Rad, sich drehen
Mit Geäder von Gold.

Dann dunkelt sein Blick, sein Haupthaar hänget
Hernieder straff, sein Blut besprenget
Das Gestrüpp und den Sand,
Ihm schwillt der Leib im umwindenden Strange,
Der ihn, wie gierig ihr Opfer die Schlange
Immer enger umwand.

Und rasender immer tobt und schiesset
Das Ross dahin, dem Blut entfliesset
Aus zerrissenem Fleisch;
Und weh! schon mengt in der Rosse Traben,
Das dumpf dahinbraust, ein Zug von Raben
Sein unheimlich Gekreisch.

Es kommen die Raben, und hoch in Lüften
Der Aar, verscheuchet von Modergrüften,
Es vermehren den Schwarm
Die Eulen, der Geier, der mästend auf Leichen
Taucht mit dem Hals in modernde Weichen
Wie mit nackendem Arm.

Ihr Nest verlassend im nächt'gen Fluge
Gesellen sie sich dem Leichenzuge,
Der die Lüfte durchschnellt;
Mazeppa, sinnlos, hört nicht ihr Toben,
Er starrt nach dem riesigen Fächer nur oben,
Wessen Hand ihn wohl hält?

Sternlos die Nacht! Die geflügelte Meute
Folgt gierig, rastlos, der sichern Beute,
Bis sie fiel und erlag:
Er sieht nur ein wirbelndes, düstres Gewirre,
Und hört wie im Traum nur im dumpfen Geschwirre
Ihrer Fittiche Schlag.

Und nach dem rasenden Ritt dreier Tage,
Der sie durch Wüsten, Steppen und Hage
Über Eisbrücken trug,
Hinstürzt das Ross bei der Vögel Rufe,
Es löschen die Blitze, die mit dem Hufe
Aus den Steinen es schlug.

Da liegt er niedergeschmettert und glühet
Vom Blute röter, als Ahorn blühet
Wenn der Lenz ihn belaubt.
Der Vögel Wolke kreiset, die graue,
Begierig harret manch' scharfe Klaue
Zu zerfleischen sein Haupt.

Und doch! Der sich windet im Staub und ächzet,
Der lebende Leichnam von Raben umkrächzet,
Wird ein Herrscher, ein Held!
Als Held der Ukraine einst wird er streiten,
Und reichliche Mahlzeit den Geiern bereiten
Auf dem blutigen Feld.

Ihm blühet Grösse aus Qual und Leiden,
Der Mantel der Hetmans wird ihn umkleiden,
    Dass ihm Alles sich neigt;
Der Zelte Volk wird sich huldigend scharen
Um seinen Thron, ihn begrüssen Fanfaren,
    Wenn er herrlich sich zeigt.

II.

So, wenn ein Sterblicher den Gott empfunden
Tief in der Brust, und fühlet sich gebunden
    An den Geist, der ihn trägt,
O Genius, feurig Ross! umsonst sein Ringen,
Des Lebens Schranken wirst du überspringen,
    Die kein Huftritt zerschlägt.

Du führst durch Wüsten ihn, auf eis'ge Gipfel,
Durch Meeresflut und über moos'ge Wipfel
    Zu den Wolken empor,
Und Nachtgestalten, die du aufgescheuchet,
Umdrängen ihn, es krächzt um ihn und keuchet
    Der gespenstische Chor.

Du lässest ihn auf deinen Feuerschwingen
Die Körperwelt, die Geisterwelt durchdringen,
    An dem ewigen Strom
Tränkest du ihn, und wo Kometen streifen
Lässt du sein Haupthaar unter Sternen schweifen
    Hoch am himmlischen Dom.

Die Monde Herrschels und mit seinen Ringen
Saturn, den Pol, um dessen Stirne sich schlingen
    Diademe von Licht,
Er sieht sie all', auf schrankenlosem Gleise
Erweiterst unaufhörlich du die Kreise
    Seinem geist'gen Gesicht.

Nur Engel und Dämone mögen ahnen,
Welch' Leiden ihn auf nie betretnen Bahnen
    Überwältigen mag,
Wenn Flammen er in tiefster Seele spüret,
Und ach! des Nachts, wenn ihm die Stirn berühret
    Feuchter Fittiche Schlag.

Er stöhnt entsetzt — du reissest unaufhaltsam
Den Schreckensbleichen fort im Flug gewaltsam,
    Dass er zittert und bebt,
Bei jedem Schritt scheint er dem Tod zum Raube,
Bis er sich neigt und stürzt, und aus dem Staube
    Sich ein König erhebt.

                   (Übersetzt von P. Cornelius.)

III. Gekürzte Version II von Richard Pohl.

Mazeppa.

Gedicht von Victor Hugo.

Zur symphonischen Dichtung von Franz Liszt.

Als sie Mazeppa, trotz Knirschen und Toben,
Gebunden an allen Gliedern, gehoben
    Auf das schnaubende Ross,
Dem glühend die weiten Nüstern dampften,
Des Hufe den bebenden Boden stampften,
    Dass er Funken ergoss:

Da gellt ein Schrei, und schneller als Pfeile
Fliegt mit dem Mann in rasender Eile
    In die Weite das Ross;
Staubwirbel hüllt die Atemlosen,
Der Wolke gleich, darin Donner tosen
    Und der Blitze Geschoss.

Es kommen die Raben, und hoch in den Lüften
Der Aar, verscheuchet von Modergrüften;
    Es vermehren den Schwarm
    Die Eulen, die Geier;
Ihr Nest verlassend im nächt'gen Fluge,
Gesellen sie sich dem Leichenzuge,
    Der die Lüfte durchschnellt.

Und nach dem rasenden Ritt dreier Tage,
Der sie durch Wüsten, Steppen und Hage,
    Über Eisbrücken trug,
Hinstürzte das Ross. — — —

Da liegt er niedergeschmettert und glühet
Vom Blute röter, als Ahorn blühet:
Der Vögel Wolke kreiset, die graue,
Begierig harret die scharfe Klaue
    Zu zerfleischen sein Haupt.

Doch sieh! Der sich windet im Staube und ächzet,
Der lebende Leichnam, von Raben umkrächzet,
    Wird ein Herrscher, ein Held!
Als Herr der Ukraine wird er einst streiten
Und reichliche Mahlzeit den Geiern bereiten
    Auf dem blutigen Feld.

Ihm blühet Grösse aus Qual und Leiden,
Der Mantel der Hetmans wird ihn umkleiden,
    Dass sich alles ihm neigt.
Das Volk der Zelte wird huld'gend sich scharen
Um seinen Thron; ihn begrüssen Fanfaren,
    Wenn er herrlich sich zeigt.

(9.) Festklänge.
Symphonische Dichtung (No. 7) für grosses Orchester.

GD. *18 Min. ohne Kürzungen.*

Komp.: 1853 nach R. Pohl, jedoch von L. Ramann in das Jahr 1851 gesetzt. Eine Handschrift im Liszt-Museum in Weimar trägt die Datierung: Karlsbad, 11. August 1853. (S. Anm.)

EA.: 1. Weimar, Donnerstag, d. 9. November 1854 im Grossherzogl. Hoftheater in einer Festvorstellung (S. Anm.) nach dem Manuskript unter Leitung von *Franz Liszt.* — 2. Ebendaselbst, Montag, d. 21. Mai 1855 im Grossherzogl. Schlosse in einem Hofkonzert nach Manuskript unter Leitung von *Fr. L.* — 3. Sondershausen, Ende August oder Anfang September in einem Lohkonzert unter Leitung von *Eduard Stein.* — 4. Aachen, Pfingstmontag, d. 1. Juni 1857 im Theater im 2. Konzert des 35. Niederrheinischen Musikfestes unter Leitung von *Fr. L.* — 5. Berlin, Donnerstag, d. 14. Januar 1858 im Saale der Singakademie im ersten der von Hans v. Bülow veranstalteten Orchesterkonzerte unter Leitung von *Hans v. Bülow.* (S. Anm.) — 6. Löwenberg, Sonntag, d. 25. April 1858 im 26. Konzert der Fürstl. Hofkapelle unter Leitung von *Fr. L.* — [Breslau, d. 9. und 16. Dezember 1858, Leitung: *Dr. Leopold Damrosch.* — Prag, d. 12. März 1859, Leitung: *Hans von Bülow.*]

Ersch.: Partitur April 1856, Ausgabe für 2 Pianoforte Juli 1856, Orchesterstimmen Juli 1880 bei Breitkopf & Härtel, Leipzig.

Orch.-Bes.: 2 Fl., 2 Ob., 2 Klar., 2 Fag., 4 Hr., 3 Tr., 3 Pos., Tuba, 4 Pk., Becken, Gr. Tr. — Str.-Orch.

Anmerkg. Die von R. Pohl („Franz Liszt", S. 222) mit 1853 angegebene durch die handschriftliche Datierung (s. o.) bestätigte Kompositionszeit wird von Liszt in einem Briefe vom 30. August 1864 (L.-Br. VI, S. 37) nochmals beglaubigt. Das schliesst nicht aus, dass die ersten Pläne zur Komposition dem Jahre 1851 entstammen, wie nach L. Ramann (Liszt-Biogr. II², 309) anzunehmen ist. — Die in dem Anhange zu den Symphonischen Dichtungen veröffentlichten Varianten und Kürzungen für die Festklänge kommen einer zweiten Version des Werkes gleich und nach einem Briefe Bülows an Bronsart vom 28. September 1861 — also bald nach der Veröffentlichung des im Juli erschienenen Anhangs — rät Liszt, „Festklänge mit den neuen Varianten, und wenn zweckmässig, mit den angegebenen Kürzungen aufzuführen. (S. Bülow-Briefe III, S. 434.) — Für die Festklänge existiert kein von dem Komponisten verfasstes Programm, nach Ramann (Liszt-Biographie II², 309) sollte diese Symphonische Dichtung eine „Hochzeitsmusik" sein, die Liszt schrieb, als er eine eheliche Verbindung mit der Fürstin Wittgenstein für nahe bevorstehend hielt. (Vergl. hierzu das über die Zeit der Komposition (w. o.) mitgeteilte.) Ohne Kenntnis dieser Grundidee versuchte Draeseke (S. Literatur) eine Deutung, nach ihm der Wiener Musikreferent Eduard Kulke. Das von dem Genannten, nach der in

Wiener Musikreferent Eduard Kulke. Das von dem Genannten, nach der in einem Konzerte Karl Tausigs am 20. Januar 1861 in Wien stattgehabten Aufführung, der Komposition untergelegte Programm lautet:

„Ein grosses, allgemeines, volkstümliches Fest ruft eine bewegte Menge froher Menschen, die Freude auf der Stirne, den Himmel in der Brust, in seine Zauberkreise. Pauken und Trompeten verkünden die Ankunft edler, befreundeter Gäste. Gleichwie bei den olympischen Spielen der Griechen eine heilige, grosse Gemeinde sich versammelte zu grossen Zwecken, also auch hier; und wie dort jeder Grosse Gelegenheit hatte, für seine Taten die Anerkennung von Tausenden zu ernten und zum Schlusse als Sieger begrüsst zu werden, so tritt uns auch hier in der Schar der Versammelten ein Held des Festes entgegen, weit über die Anderen hinausragend, und sein Sieg ist seine Freude und seine Freude ist die Aller. Den Preis empfängt er aus der Hand eines anmutigen Weibes, und die innige Teilnahme, die von allem Neid und aller Missgunst freie Übereinstimmung Aller mit der Anerkennung des sieghaften Helden steigert die Freude zum höchsten, begeistertsten Ausdruck, der Tausende von Menschen von einem einheitlichen, hocherregten Gefühle ergriffen zeigt, dessen Erinnerung dann jedem Einzelnen eine einzige bleibt." — Eine von Pohl (Franz Liszt, S. 222) mitgeteilte Aufführung Dezember 1855 in Berlin hat nicht stattgefunden, sie war allerdings, wie aus dem Briefwechsel Liszt-Bülow hervorgeht, beabsichtigt, ist aber unterblieben. —

Bei der EA. 1 dienten die Festklänge als Ouvertüre zu Schillers „Huldigung der Künste", zum 50jährigen Jubiläum des Einzugs der verwitweten Grossherzogin-Grossfürstin Maria Paulowna in Weimar, das zugleich das 50jährige Jubiläum der ersten Aufführung dieses Schillerschen Spieles war. [Er schrieb diese seine letztvollendete Dichtung für den Einzug des jungen grossherzoglichen Paares im November 1804 und liess sie am 12. November dieses Jahres zum ersten Male aufführen.] Ausser Liszts Festklängen, dem Schillerschen Festspiel mit Musik von dem Weimarischen Hofkapellmeister Stör gelangte noch Rubinsteins einaktige Oper „Die sibirischen Jäger" als Manuskript unter Leitung Liszts zur Aufführuug. — Die EA. 2 stand in Verbindung mit dem Geburtstag der regierenden Grossherzogin, zu dessen Feier Liszt am 9. April 1855 Schumanns Genoveva in Weimar aufführte. — Das Niederrheinische Musikfest des Jahres 1857 (EA. 4) stand unter Liszts Leitung, dessen Berufung viel Staub aufwirbelte und zu Demonstrationen Veranlassung gab. Die Berichte Ferd. Hillers in der Kölnischen Zeitung (abgedruckt in „Aus dem Tonleben unserer Zeit" II, 137 ff.), diejenigen Ludwig Bischoffs in der Niederrheinischen Musikzeitung (1857, S. 193, 201 und 212), wie auch R. Pohls Reisebriefe „Vom Aachener Musikfest, Pfingsten 1857" (in dessen „Franz Liszt" S. 181 ff.) lassen die Anfeindungen von Liszts Direktionsweise und Programmaufstellung deutlich genug erkennen. Auf dem Programm des Musikfestes standen unter anderem „Die Kindheit Christi" v. Berlioz (nur teilweise aufgeführt), die 2. Aufführung von Robert Schumanns „Des Sängers Fluch", Liszts Es-dur Konzert (von Hans von Bülow gespielt), die Tannhäuser-Ouvertüre etc. Der „Messias" mag unter Liszt nicht in der in den Rheinlanden üblichen, altgewohnten und traditionellen Weise zu Gehör gekommen sein. — Das von Hans von Bülow mit der Liebigschen

Kapelle veranstaltete Orchesterkonzert (EA. 5) enthielt im Programm die Ouvertüre zu „Benvenuto Cellini" von Berlioz, Bülows eigene Ouvertüre zu „Julius Caesar", Liszts von Karl Tausig gespieltes 2. Klavierkonzert A-dur (eine der frühesten Aufführungen nach dem Manuskript), Duett aus dem „Fliegenden Holländer" (gesungen von dem Ehepaar v. Milde aus Weimar), Berlioz' Romanze „Le jeune patre breton" (Frau v. M.) und Lieder von Lassen und Franz (Herr v. M.). Die „Festklänge" wiederholte Liebig wenige Tage nachher in einem seiner Symphoniekonzerte. — Die unter EA. an letzter Stelle genannte Aufführung in Prag gewinnt an Interesse durch die in demselben Konzert unter Hans von Bülows Leitung stattgehabte Uraufführung des Vorspiels zu „Tristan und Isolde" von R. Wagner. (S. Anmerkg. zu Mazeppa No. 8.) — Zur Bedienung der Pauken sind 2 Musiker erforderlich.

Liter. *Draeseke, Felix,* „Liszts symphonische Dichtungen" in ,,Anregungen" (s. o.), Bd. III, K. Merseburger, Leipzig. — *Hahn, Arthur,* Musikführer No. 132, Schlesinger, Berlin.

(10.) Héroide funèbre. (Heldenklage.)
Symphonische Dichtung (No. 8) für grosses Orchester.

GD. *20 Min.*

Komp.: Nach Entwürfen einer aus 1830 stammenden „Symphonie révolutionnaire" bearbeitet und instrumentiert 1849—50 in Weimar. (S. Anm.)

EA.: 1. B r e s l a u, Dienstag, d. 10. November 1857 im Saale des Weissgarten in einem Benefizkonzert des Musikdirektors Schön unter Leitung von *Moritz Schön.* (S. Anm.) — [F r a n k f u r t a. d. O. im Oktober 1858 in einem Militärkonzert (oder bei einer Parade) in der Bearbeitung G. Piefkes für Militärorchester unter Leitung von *Gottfried Piefke.* — B e r l i n, d. 1. März 1859 bei einem Ständchen, welches Piefke vor der Wohnung des Grafen Redern Liszt brachte.] (S. Anm.)

Ersch.: Partitur Januar 1857, Ausgabe für 2 Pianoforte Juli 1856, Orchesterstimmen März 1865 bei Breitkopf & Härtel, Leipzig.

Orch.Bes.: Kl. Fl., 2 Fl., 2 Ob., Engl. Hr., 2 Klar., 2 Fag., 4 Hr., 2 Tr., 3 Pos., Tuba, 4 Pk., 2 tiefe Glocken (des, ges), Kl. Tr., Gr. Tr., Becken, Tamtam. — Str.-Orch.

A n m e r k g. Héroide funèbre gehört zu den Symphonischen Dichtungen Liszts, an deren ursprünglicher Instrumentation Joach. Raff nach seinem eigenen Zeugnis beteiligt gewesen ist. Er schreibt Ende Februar 1851 an Frau Heinrich in Stuttgart (s. Briefwechsel Liszt-Raff „Die Musik" 1901/02): „Ich instrumentierte eben die Héroide funèbre von Liszt" und später „Eine Héroide funèbre von Liszt instrumentierte und kopierte ich". — Über die EA. sind folgende Mitteilungen am Platze. Ramann schreibt sie Damrosch in Breslau zu und gibt an „1857 (?)" [Liszt-Biographie II² 304), R. Pohl nennt ebenfalls Breslau, aber ohne

Jahreszahl. Eine Aufführung unter Damrosch hat nach sehr sorgfältig angestellten Ermittlungen in den Breslauer Zeitungen bis 1862 nicht stattgefunden. Die Neue Zeitschrift für Musik aber teilt Bd. 48, No. 2 vom 8. Januar 1858 in einem Berichte Heinrich Gottwalds aus Breslau mit, dass Herr Musikdirektor M. Schön in seinem Benefizkonzerte die Héroide zur Aufführung gebracht hatte und kritisiert diese Aufführung ungünstig. Das Benefizkonzert fand am oben mitgeteilten Tage (nach den Breslauer Zeitungen) statt, aber weder in den Annoncen noch den kurz gehaltenen Berichten ist ein Programm erwähnt. Ebensowenig wie in Breslau unter Damrosch war in den andern damaligen Hochburgen der Lisztschen Muse, in Löwenberg unter Seifriz oder in Sondershausen unter Stein, eine Aufführung der Héroide ausfindig zu machen. — Von der Piefkeschen Bearbeitung für Militärmusik ist nichts bekannt geworden, wir wissen nur aus einem Artikel Hans v. Bülows „Zur preussischen Militärmusik" (N. Z. f. M. Bd. 49) die Zusammensetzung von Piefkes Kapelle. Der Bülowsche Artikel ist gekürzt abgedruckt in seinen ausgewählten Schriften. — Die 4 Pauken müssen von 2 Musikern bedient werden. Bezüglich der Schlaginstrumente sei auf Liszts Bemerkungen im Vorwort zu dieser Abteilung verwiesen.

Liter. *Draeseke*, *Felix*, „Liszts symphonische Dichtungen" in „Anregungen" (s. o.), Bd. III, K. Merseburger, Leipzig. — *Hahn*, *Arthur*, Musikführer No. 122, Schesinger, Berlin.

Programmatische Erläuterungen.

Héroïde Funèbre.
Poëme symphonique de F. Liszt.

On a parlé plusieurs fois d'une symphonie que nous avons composé en 1830. Diverses raisons nous ont engagé à la garder en portefeuille. Cependant, en publiant cette série de poëmes symphoniques, nous avons voulu y insérer un fragment de cet ouvrage, sa première partie.

L'esprit humain loin d'être plus stable que le reste de la nature, nous apparait au contraire plus mouvementé que quoi que ce soit. De quelque nom qu'on appele sa constante activité, marche, progrès spirale, ou simplement révolution circulaire, toujours est-il constaté qu'il ne reste jamais stationnaire ni dans les peuples, ni dans les individus. De leur côté les choses, jamais immobiles, comme les vagues d'une marée éternellement montante sur la plage des siècles, avancent et passent; on dirait un songe. Ainsi d'une part les aspects diffèrent sans cesse, de l'autre nous ne les considérons plus de même. De cette double impulsion il résulte, que bien des points de vue changent nécessairement pour les yeux de notre esprit: celui çi les embrase dans des cadres divers, et ceux là s'y réfléchissent sous des couleurs très dissemblables. Mais dans cette perpétuelle transformation d'objets et d'impressions, il en est qui survivent à tous les changements, a toutes les mutations, et dont la nature est invariable. Telle entr'-autres et surtout la Douleur, dont nous contemplons la morne présence toujours avec le même pâle recueillement, la même terreur secrète, le même respect sympathique et la même frémissante attraction, soit qu'elle visite les bons ou les méchans, les vaincus ou les vainqueurs, les sages ou les insensés, les forts ou les faibles. Quel que soit le coeur et le sol sur lesquels elle étend sa végétation funeste et vénéneuse, quelles que soit son extraction et son origine, sitôt qu'elle grandit de toute sa hauteur, elle nous parait auguste, elle impose la révérence. Sorties de deux camps ennemis, et fumantes encore d'un sang fraichement versé, les douleurs se reconnaissent pour soeurs, car elles sont les fatidiques faucheuses de tous les orgueils, les grandes niveleuses de toutes les destinées. Tout peut changer dans les sociétés humaines, moeurs et cultes, lois et idées; la Douleur reste une même chose; elle reste ce qu'elle a été depuis le commencement des temps. Les empires croulent, les civilisations s'effacent, la science conquiert des mondes, l'intelligence humaine luit d'une lumière toujours plus intense; rien ne fait pâlir s o n intensité, rien ne la déplace du siège où elle règne en notre âme, rien ne l'expulse de ses privilèges de primogéniture, rien ne modifie sa solennelle et inexorable suprématie. Ses larmes sont toujours de la même eau amère et brûlante; ses sanglots sont toujours modulés sur les mèmes notes stridentes et lamentables; ses défaillances se perpétuent avec une inaltèrable monotonie; sa veine noire court à travers chaque coeur, et son dard brûlant contagie chaque âme de quelque incurable blessure. Son étendard funéraire flotte sur tous les temps et tous les lieux.

Si nous avons su recueillir quelques uns de ses accens, si nous avons saisi le sombre coloris de ses rouges ténèbres, si nous avons réussi à peindre la déso-lation qui s'abat sur les décombres et les majestés qui se répandent sur les ruines, à prêter une voix aux silences qui suivent les catastrophes, à répéter les cris effarés jetés durant les désastres; si nous avons bien écouté et bien entendu les lugubres scènes qui se jouent dans les calamités publiques produites par la mort ou la naissance d'un ordre de choses, un pareil tableau peut être vrai partout et toujours. Sur ce seuil tranchant que tout événement sanglant bâtit entre le passé et l'avenir, les souffrances, les angoisses, les regrets, les funérailles se ressemblent partout et toujours. Partout et toujours on entend sous les fan-fares de la victoire, un sourd accompagnement de râles et de gémissemens, d'oraisons et de blasphêmes, de soupirs et d'adieux, et l'on pourrait croire que l'homme ne revêt des manteaux de triomphe et des habits de fête, que pour cacher un deuil qu'il ne saurait dépouiller, comme s'il etait une invisible épiderme.

De Maistre observe que sur des milliers d'années, c'est à peine si l'on en pourrait compter quelques unes durant lesquelles par rare exception, la paix régna sur cette terre, qui ressemble ainsi à une arène où les peuples se combattent comme jadis les gladiateurs, et où les plus valeureux en entrant en lice, saluent le Destin leur maître, et la Providence leur arbitre. Dans ces guerres et ces carnages qui se succèdent, sinistres jeux, quelle que soit la couleur des drapeaux qui se lèvent fiers et hardis l'un contre l'autre, sur les deux camps ils flottent trempés de sang heroïque et de larmes intarrissables. A l'art de jeter son voile trans-figurant sur la tombe des vaillants, d'encercler de son nimbe d'or les morts et les mourants, pour qu'ils soient enviés des vivants.

Heldenklage.
Symphonische Dichtung von F. Liszt.

Man hat mehrfach von einer Symphonie gesprochen, welche wir im Jahre 1830 komponiert haben. Verschiedene Gründe haben uns veranlasst, sie im Portefeuille zu bewahren. Indem wir aber diese Reihe von symphonischen Dichtungen veröffentlichen, fügen wir ein Fragment jenes Werkes, den ersten Teil desselben, bei. —

Der menschliche Geist, weit entfernt, in grösserer Stabilität zu verharren, als die übrige Natur, erscheint im Gegenteil beweglicher als irgend etwas. Wie man auch seine beständige Tätigkeit bezeichnen möge, als fortschreitende Ent-wicklung, als spiralförmige Bewegung oder als einfachen Kreislauf, so steht eines immer fest: dass er bei Völkern wie bei Individuen niemals gänzlichem Stagnieren anheimfällt. In stetem Wechsel erscheinen und vergehen die Dinge wie ein Traum, wie die Wellen einer ewig zu den Küsten der Jahrhunderte empor-schwellenden Flut, so dass einerseits die Ansichten unaufhörlich sich ändern, wie andrerseits sie verschieden auffassen. Dieser zweifache Impuls hat zur Folge, dass viele Gesichtspunkte in unsrer geistigen Anschauung notwendig sich verändern, dass unser Verstand sie in sehr verschiedene Rahmen fasst, dass sie in unserem Geiste in durchaus veränderten Färbungen sich wiederspiegeln. Von dieser unaufhörlichen Umwandlung der Gegenstände und Eindrücke sind aber einige ausgenommen, welche jeden Wechsel überdauern, welche in ihrem Wesen unveränderlich sind. So unter anderen und vor allem der Schmerz, dessen finstre Gegenwart uns immer denselben Schauer einflösst, uns zu ehrerbietigem Beugen zwingt, uns sympathisch anzieht, während er uns mit Schrecken erfüllt, uns immer gleiches Beben empfinden lässt, suche er nun Gute oder Böse, Sieger oder Besiegte, Weise oder Sinnlose, Mächtige oder Schwache heim. In welchem Herzen, auf welchem Boden er immer seine giftschwangere Vegetation ausbreiten möge, woher er stamme, welches sein Ursprung sei, sobald er in seiner wahrhaften Grösse vor uns steht, ist er erhaben und erheischt unsere Ehrfurcht. Aus zwei feindlichen Lagern hervorgegangen und rauchend von jüngstvergossenem Blut, erkennen die Schmerzen sich als Sprossen desselben Stammes; sie sind die schicksalwaltenden unabwendbaren Schnitter jedes Stolzes, die unerbittlichen Ebner aller Geschicke. Alles ist in der menschlichen Gesellschaft dem Wechsel untertan, Sitte und Kultus, Gesetze und Ideen: Der Schmerz bleibt stets ein und derselbe, wie er es seit dem Anfang der Dinge gewesen ist. Reiche werden erschüttert, Zivilisationen verblühen, die Wissenschaft erobert neue Welten, der menschliche Geist leuchtet stets intensiver — durch nichts aber wird die Intensität des Schmerzes gebleicht, durch nichts wird er von dem Sitz entthront, auf welchem er herrscht in unserer Seele, nichts vermag ihm die Vorrechte der Erstgeburt zu entreissen, nichts mildert sein feierliches, unerbittliches Obwalten. Die Tränen, die er erzeugt, sind immer dasselbe bittere brennende Nass, sein Schluchzen moduliert immer in denselben durchschneidenden Tönen, mit unveränderlicher Monotonie pflanzt sein Verzagen sich fort. Seine dunkle Ader strömt durch alle Herzen und verbreitet unheilbare Wunden in ihnen. Über alle Zeiten und Orte weht sein Leichenpanier.

Wenn es uns gelungen ist, einige seiner Akzente zu Klängen zu gestalten, das Kolorit seiner roten Finsternisse wiederzugeben, wenn wir vermocht haben, die Verheerung zu schildern, welche sich niedersenkt auf Trümmer, die Majestät, welche um verödete Ruinen schwebt, dem Schweigen eine Stimme zu leihen, das auf Katastrophen folgt, den Schrei des Entsetzens während Schreckensereignissen nachtönen zu machen, wenn wir die trüben Szenen erschaut und richtig erfasst haben, wie sie die, den Hingang einer alten Ordnung der Dinge oder das Entstehen einer neuen stetsbegleitende, allgemeine Not im Gefolge hat — so möchte unser Bild immer und überall als wahr befunden werden. Auf jener zweischneidigen Schwelle, welche jedes blutige Ereignis zwischen Vergangenheit und Zukunft stellt, bleiben Leid, Angst, Trauer und Leichenzüge immer und überall dieselben. In jede Siegesfanfare mischt sich immer und überall eine trübe Begleitung von Sterbeseufzern und Angstrufen, Gebeten und Lästerungen, gepresstem Schluchzen und Scheidegrüssen. Man möchte sagen, dass der Mensch mit triumphalen Kostümen und Festkleidern sich nur bedecke, um den Trauerflor zu verbergen, der wie ein Epiderm dicht verwachsen ist mit seiner sterblichen Hülle.

De Maistre bemerkt, dass man auf je tausend von Jahren als seltene Ausnahmen nur einige rechnen kann, in welchen Frieden auf Erden herrschte, auf dieser Arena, wo Völker wie Gladiatoren sich bekämpfen und wo die Tapfersten, wenn sie in die Schranken treten, vor dem Schicksal als Meister und der Vorsehung als Schiedsrichter sich neigen. Welches auch die Farben der Fahnen sein mögen, welche in diesen gleich unheilvollen Spielen aufeinander folgenden Kriegen und Verwüstungen sich kühn und stolz in den feindlichen Lagern gegeneinander stellen — alle sind in Heldenblut, in unversiegbare Tränen getaucht. Da naht die Kunst und hüllt den Grabhügel der Tapferen in ihren schimmernden Schleier, und krönt Sterbende und Tote mit ihrer Glorie, auf dass ihr Los neidenswert sei vor den Lebenden.

(11.) Hungaria.

Symphonische Dichtung (No. 9) für grosses Orchester.

GD. 22 Min. ohne Kürzungen.

Komp.: Nach Motiven des Heroischen Marsches (im ungarischen Stil) zur Symphonischen Dichtung erweitert vielleicht schon Ende der 40er, bzw. Anfang der 50er Jahre. Spätere Revisionen und Umarbeitungen 1853/54 und 1856 in Weimar. (S. Anm.)

EA.: 1. Pest, Montag, d. 8. September 1856 im Ungarischen National-theater in einer von Franz Liszt veranstalteten musikalischen Akademie zum Besten des Pensionsfonds dieses Theaters nach dem Manuskript unter Leitung von *Franz Liszt.* (S. Anm.) — [Wien, Sonntag, d. 10. März 1861 im Saale der Gesellschaft der Musikfreunde im 3. der von Tausig veranstalteten Liszt-Konzerte unter Leitung von *Karl Tausig.*] (S. Anm.)

Ersch.: Partitur Februar 1857, Ausgabe für 2 Pianoforte Oktober 1856, Orchesterstimmen Oktober 1880 bei Breitkopf & Härtel, Leipzig.

Orch.Bes.: Kl. Fl., 2 Fl., 2 Ob., Engl. Hr., 2 Klar., 2 Fag., 4 Hr., 3 Tr., 3 Pos., Tuba, 3 Pk., Trgl., Gr. u. Kl. Tr., Becken, Tamtam. — Str.-Orch.

Anmerkg. Die von Liszt in einem Briefe an den Legationsrat Franz v. Schober vom 22. April 1848 (L.-Br. I, S. 71/72) erwähnte Komposition „Hungaria" ist nicht die Symphonische Dichtung, sondern eine ungedruckt gebliebene Kantate für Basssolo und Männerchor, zu der Schober den Text verfasst hatte. — Zusammen mit dem Manuskript der Bergsymphonie schenkte Liszt das der Hungaria der Fürstin Wittgenstein an derem Geburtstage 8. Februar 1855 und verband damit die Widmung aller symphonischen Dichtungen. (S. das Vorwort zu dieser Abteilung und die Anmerkungen zur Bergsymphonie [No. 3].) Beide genannten Werke sind die letzterschienenen der ersten Serie (No. 1—9). — Die EA. in Pest steht in engster Verbindung mit der Uraufführung der Graner Messe (s. No. 25) und dem erfolgreichen Aufenthalte Liszts August und September 1856 in Ungarn. Am 31. August und 4. September waren die ersten Aufführungen der Graner Messe in Gran und Pest gewesen, am 8. September fanden eine Aufführung von Liszts Männerchor-Messe und ausserdem das Konzert mit der EA. der Hungaria statt. Das Programm dieses Konzerts enthielt noch Les Pré-ludes, die auf stürmisches Verlangen wiederholt wurden, Dionysius Pruckner spielte Liszts Capriccio über die „Ruinen von Athen" mit Orchesterbegleitung, dann mit Edmund Singer dessen Klavier-Violin-Duo über Motive aus der ungarischen Oper „Ilka" von Franz Doppler; Singer begeisterte seine Landsleute noch mit dem Paganinischen Violinkonzert und den Schluss bildete die „Hungaria". — Ein Programm hat Liszt der Symphonischen Dichtung nicht beigegeben, doch ist als solches das weiter unten mitgeteilte Bruchstück eines Gedichtes von Vörösmarty anzusehen, auf das schon der Pester Berichterstatter für die „Neue Zeitschrift für Musik" in seinem Referate über die EA. hinweist. (N.Z.f.M. Bd. 45, S. 143.) — Die Aufführung in Wien unter Tausig wird nicht als die zweite des Werkes anzusehen sein, sie hängt jedoch mit der zu damaliger Zeit von den Lisztschülern betätigten Propaganda für die Werke ihres Meisters so eng zusammen und bildet einen so wichtigen Teil derselben, dass ihrer zu gedenken nicht überflüssig schien. In Wien fand Liszt für seine Werke bei der Kritik, wie auch an anderen Orten, kein Verständnis, kein Entgegenkommen. Tausig veranstaltete drei Liszt-Konzerte im Musikvereinssaale mit dem Hofopernorchester am 20. Januar, 24. Februar und 10. März 1861. In diesen führte er von Orchesterwerken auf: „Festklänge" (im 1.), „Die Ideale" (2 mal, im 1. und 2.), „Les Préludes" (2 mal, im 2. und 3.), die „Hungaria" (im 3.) und den „Goethe-Festmarsch" (im 1.). Er spielte ausserdem das 2. Klavierkonzert (im 1. unter Leitung von F. Doppler), 3 Ungarische Rhapsodien (No. 9, 10 und 14), Scherzo und Marsch, Valse-Caprice (aus Soirées de Vienne), Valse-Impromptu und Cantique d'amour (aus den Harmonies poétiques et réligieuses). — Im Anhang zu den Symphonischen Dichtungen (s. Vorwort) ist S. 33 eine lange Kürzung angegeben, die von der in der Partitur vermerkten abweicht. Über die Anwendung bzw. Aufstellung der Schlaginstrumente wird auf das Vorwort verwiesen.

Liter. *Draeseke, Felix,* „Liszts symphonische Dichtungen" in „Anregungen" (s. o.) Bd. IV, K. Merseburger, Leipzig. — *Hahn, Arthur,* Musikführer No. 99, Schlesinger, Berlin.

Programmatische Erläuterungen.

Hungaria.

Gib ein L i e d uns, Du, der Töne Meister!
Wenn's uns früh'rer Tage Bild entrollt,
Sei es Flügel denn der Sturmesgeister,
Draus der Schlachten ferner Donner grollt,
Und in ihrem wogenden Gedränge
Schallen laut des Siegs Triumphgesänge.

Gib ein L i e d uns, das im Reich der Schatten
Unsre Väter aus den Gräbern weckt,
Dass im Enkel sich die Seelen gatten,
Deren Hülle nun der Rasen deckt,
Segen spendend Ungars teurem Lande,
Dem, der's je verraten — Fluch und Schande.

Denkst Du trüber Zeiten, dunkler Grüfte;
Dämpf' ein Schleier Deiner Saiten Klang,
Sei Dein Ton ein Flötenhauch der Lüfte,
Der durchs Herbstlaub schauert, leis und bang,
Und bei dessen träumerischen Weisen
Schmerz und Trauer unser Herz umkreisen.

[Aus „An Franz Liszt" von Martin Vörösmarty, gedichtet 1840 nach Fr. Liszts Aufenthalt in Pest, ins Deutsche übersetzt von G. Steinacker in „Ungarische Lyriker" (Leipzig, Joh. Ambr. Barth, B u d a p e s t, Grillsche Buchhandlung, 1874); Strophe 7, 8 und 9 des Gedichtes.]

(12.) Hamlet.

Symphonische Dichtung (No. 10) für grosses Orchester.

GD. *10 Min.*

Komp.: Mai und Juni 1858 in Weimar. (S. Anm.)

EA.: 1. (?) Sondershausen, Sonntag, d. 2. Juli 1876 im 4. Lohkonzert unter Leitung von *Max Erdmannsdörfer.* (S. Anm.) — [Sondershausen, Donnerstag, d. 3. Juni 1886 im Fürstl. Hoftheater im 2. Konzert der 23. Tonkünstlerversammlung des Allgemeinen Deutschen Musikvereins unter Leitung von *Carl Schroeder.* (S. Anm.)]

Ersch.: Partitur Juli 1861, Ausgabe für 2 Pianoforte Mai 1861, Orchesterstimmen Februar 1881.

Orch.Bes.: Kl. Fl., 2 Fl., 2 Ob., 2 Klar., 2 Fag., 4 Hr., 2 Tr., 3 Pos., Tuba, Pk. — Str.-Orch.

Anmerkg. Hamlet ist die zuletzt komponierte der 12 Symphonischen Dichtungen. Die im Liszt-Museum zu Weimar befindliche handschriftliche Partitur trägt den Titel „Vorspiel zu Shakespeares Drama" und die Datierung „Juni 1858". Dass Hamlet bereits im Mai 1858 „im Entwurf" vollendet war, berichtet die „Neue Zeitschrift für Musik" Bd. 54, S. 83, dass sie am 25. Juni 1858 mit dem Orchester probiert wurde, schreibt Liszt an Frau Agnes Street-Klindworth (Briefe an eine Freundin S. 111). Hans von Bülow (Briefe III, S. 418) meint, dass Hamlet im Konzert unaufführbar ist, vor dem Trauerspiel allenfalls exekutiert werden könnte. Ob nicht in Weimar selbst eine Aufführung unter Liszts Leitung gemäss der handschriftlichen Titelbestimmung vor einer Hamlet-Vorstellung stattgefunden hat, muss dahingestellt bleiben. — Der EA. 1 (?) wohnte Liszt mit einer Anzahl seiner Freunde aus Weimar und Leipzig bei. Die Aufführung geschah auf seinen besonderen Wunsch (Liszt-Briefe II, S. 241). In demselben Konzert erfolgte eine der ersten Aufführungen des Rich. Wagnerschen Philadelphia-Festmarsches. — Das Konzert der eingeklammerten Aufführung, die nicht als eine EA. anzusehen ist, galt der Vorfeier des 76. Geburtstages Franz Liszts. Es enthielt nur Lisztsche Werke und zwar: Die Ideale, Hamlet, Bergsymphonie, Hunnenschlacht, Totentanz (gespielt von Siloti), Ballade und Ungarische Rhapsodie No. 6 (gespielt von Friedheim), Vier ungarische Portrait-Skizzen für Orchester übertragen von Friedheim, die Lieder „Wer nie sein Brot", „Lebewohl", „An Editam" (gesungen von Marianne Brandt), „Ich liebe dich", „Wie singt die Lerche schön" (gesungen von Frl. Marie Breidenstein), „Der Glückliche" und „Bist Du!" (gesungen von Herrn Carl Dierich). Auch Liszts „Christus" gelangte in der Tonkünstlerversammlung zur Aufführung. — Das war die letzte Tonkünstlerversammlung, der der greise Liszt beiwohnte, er starb bald darauf, am 31. Juli, zu Bayreuth; der 76. Geburtstag des Lebenden konnte nicht mehr gefeiert werden.

Liter. *Hahn, Arthur,* Musikführer No. 140, Schlesinger, Berlin.

(13.) **Hunnenschlacht.**
(Nach Kaulbach.)
Symphonische Dichtung (No. 11) für grosses Orchester.

G·D. 16 Min.

Komp.: Januar bis Februar 1857 in Weimar. Vollendet 10. Februar 1857. (S. Anm.)

EA.: 1. W e i m a r, Dienstag, d. 29. Dezember 1857 im Grossherzogl. Hoftheater in einem von Camillo Sivori gegebenen Konzert nach dem Manuskript unter Leitung von *Franz Liszt*. — [D e s s a u, Freitag, d. 26. Mai 1865 im Herzogl. Hoftheater im 2. Konzert der 4. Tonkünstler-versammlung des Allgemeinen Deutschen Musikvereins unter Leitung von *Max Seifriz*. (S. Anm.)]

Ersch.: Partitur Juli 1861, Ausgabe für 2 Pianoforte Mai 1861, Orchester-stimmen Oktober 1879 bei Breitkopf & Härtel, Leipzig.

Orch.Bes.: Kl. Fl., 2 Fl., 2 Ob., 2 Klar., 2 Fag., 4 Hr., 3 Tr., 3 Pos., Tuba, 3 Pk., Becken. — Orgel (oder Harmonium). — Str.-Orch.

A n m e r k g. Die ersten Entwürfe zur Komposition der Hunnenschlacht mögen bereits 1856 entstanden sein, jedenfalls entstammt der Plan zur Komposition dem Sommer des Jahres 1855, wo die Fürstin Wittgenstein in Berlin weilte, dort Kaulbachs Treppengemälde im Museum kennen lernte und Liszt darüber berichtete. Nach der Komposition hat Liszt im Jahre 1860 (Mai) noch daran geändert (S. Liszt-Briefe V, S. 5). — Zur Hunnenschlacht existiert ein von dem Komponisten verfasstes Programm, wie auch zu Festklänge, Hungaria und Hamlet, nicht. Richard Pohl hat ein solches entworfen und in seinem Buche „Franz Liszt" veröffentlicht (S. d. S. 400/401). Als erläuterndes Programm können die Mitteilungen dienen, die Liszt in einem Briefe an Walter Bache in London macht (S. Liszt-Briefe II, S. 284):

„Kaulbachs weltberühmtes Bild führt zwei Schlachten vor: die eine auf dem Erdboden, die andere in der Luft, gemäss der Legende, dass die Krieger noch nach ihrem Tode als Gespenster unaufhaltsam fortkämpfen. Inmitten des Bildes erscheint das K r e u z und sein geheimnisvolles Licht; daran haftet meine symphonische Dichtung. Der sich allmählich entwickelnde Choral: ‚crux fidelis' verdeutlicht die Idee des endlich siegenden Christentums in wirksamer Liebe zu Gott und den Menschen."

Damit wäre auch der Brief vom 1. Mai 1857 an Frau Kaulbach zu vergleichen (Liszt-Briefe I, S. 280), mit dem Liszt die Übersendung des Manuskriptes der zweiklavierigen Übertragung begleitete. Nicht unwesentlich für eine objektive Würdigung der geheimsten Beweggründe zur Komposition ist jenes, in einem Briefe an Eduard Liszt (Liszt-Briefe II, S. 235) enthaltene Geständnis „Wegen der Hymne ‚Crux fidelis' schrieb ich schlechthin die Hunnenschlacht" etc. — Der erwähnte katholische Choral lautet:

„Crux fidelis, inter omnes arbor una nobilis,
Nulla talem silva profert fronde, flore germine:
Dulce lignum, dulci clavo dulce pondus sustinens."

(„Kreuz, getreues, unter allen allein noch edler Baum,
Kein Wald bringt Deinesgleichen hervor an Laub, Blüten, Zweigen:
Du süsses Holz, an süssem Nagel eine süsse Bürde tragend.")

Der Text ist die achte Strophe des Hymnus „Pange lingua gloriosi proelium certaminis", als dessen Verfasser der im 6. Jahrhundert n. Chr. lebende lateinische Dichter Venantius Fortunatus genannt wird. — Eine Aufführung im April 1858 im Pensionskonzert, die von R. Pohl („Franz Liszt" S. 223) als EA. genannt wird, hat nicht stattgefunden, wie überhaupt in diesem Jahre kein Pensionskonzert, da Liszt März und April in Prag, Wien, Pest, Löwenberg weilte. — Bei der EA. 1 Weimar erlebte auch H. v. Bronsarts Frühlingsphantasie ihre Uraufführung. — Zwischen der EA. in Weimar und der oben mitgeteilten Aufführung in Dessau auf der Tonkünstlerversammlung werden wohl noch andere stattgefunden haben, die bisher nicht zuverlässig nachzuweisen waren. — Die Orgel (bzw. das Harmonium) kann ersetzt werden durch Holzblasinstrumente; dadurch geht allerdings eine grosse Wirkung verloren, insbesondere am Schlusse, wo der Komponist mit der Mitwirkung einer grossen Orgel gerechnet hat.

Liter. *Pohl, Richard*, „Franz Liszt", S. 400/401, Bernhard Schlicke, Leipzig. — *Hahn Arthur*, Musikführer No. 131, Schlesinger, Berlin.

(14.) Die Ideale.
(Nach Schiller.)

Symphonische Dichtung (No. 12) für grosses Orchester.

GD. *28—30 Min.*

Komp.: Januar (wahrscheinlich!) 1857 in Weimar bis Ende Juli 1857 in Aachen. (S. Anm.)

EA.: 1. Weimar, Sonnabend, d. 5. September 1857 in einem grossen Vokal- und Instrumentalkonzert gelegentlich der Grundsteinlegung für das Denkmal des Grossherzogs Karl August und der Enthüllung der Denkmäler von Goethe, Schiller und Wieland im Grossherzogl. Hoftheater nach dem Manuskript unter Leitung von *Franz Liszt.* (S. Anm.) — 2. Prag, Donnerstag, d. 11. März 1858 in dem 1. Konzert zur Gründung eines Unterstützungsfonds für mittellose Studierende der Medizin (sog. 1. Mediziner-Konzert) ebenfalls nach Manuskript unter Leitung von *Fr. L.* (S. Anm.) — 3. Berlin, Freitag, d. 14. Januar 1859 im Saale der Singakademie im 2. der von Hans von Bülow veranstalteten Orchesterkonzerte (Liebigsche Kapelle) auch nach Manuskript unter Leitung von *Hans von Bülow.* (S. Anm. — 4. Breslau, Donnerstag, d. 17. Februar 1859 in Liebichs Saal im 21. Abonnementskonzert der Musikgesellschaft

Philharmonie unter Leitung von *Dr. Th. Damrosch.* — [5. Wiederholung in **Breslau**, d. 24. Februar 1859. — 6. Wiederholung in **Berlin** am 27. Februar 1859 unter Leitung von *Fr. L.* (S. Anm.) — Es folgen **Löwenberg**, Herbst 1859 und **Wien**, 19. Januar und 24. Februar 1861 unter *Fr. L.*]

Ersch.: Partitur Oktober 1858, Ausgabe für 2 Pianoforte Oktober 1858, Orchesterstimmen Dezember 1880 bei Breitkopf & Härtel, Leipzig.

Orch.Bes.: 2 Fl., 2 Ob., 2 Klar., 2 Fag., 4 Hr., 2 Tr., 3 Pos., Tuba, Pk., Becken. — Str.-Orch.

Anmerkg. Das poetische Programm (s. u.) ist dem Schillerschen Gedichte „Die Ideale" entnommen und von Liszt der Partitur an den entsprechenden Stellen eingefügt. Er benutzte die **erste** Fassung des Gedichtes, wie sie im Musenalmanach 1796 erschienen war und gruppierte die Auszüge nach persönlichem Ermessen und musikalischem Bedürfnisse. Die durch Klammer gekennzeichnete Stelle ist in der **späteren** Fassung des Gedichtes **nicht enthalten**. Die Überschriften **Aufschwung**, **Enttäuschung** und **Beschäftigung**, wie auch die **Apotheose** stammen von Liszt selbst. Bei der EA. 3 (Berlin) war in das Konzertprogramm nach Liszts eigenem Entwurfe (Briefe an Bülow, Bd. 1, 59) folgender Hinweis auf den Inhalt des Werkes aufgenommen:

„Die musikalische Komposition, genau dem Schillerschen Gedichte folgend, teilt sich nach der Einleitung in drei Hauptstrophen:

1. Aufschwung — 2. Enttäuschung —
3. Beschäftigung

deren Motive in gesteigerter Wiederkehr am Schlusse die **Apotheose** des Dichters bilden."

(Abdruck nach dem Originalprogramm.)

Die Mitteilung der Schillerschen Verse in der Lisztschen Anordnung und mit seinen Überschriften in den Konzertprogrammen ist unbedingt erforderlich. Wesentlich gefördert wird das Verständnis des Werkes, wenn diesen poetischen Erläuterungen die Notenbeispiele beigegeben werden; sie sind am praktischsten den betr. Textstellen an die Seite zu drucken. —

Die EA. 1 (Weimar) geschah in dem grossen Vokal- und Instrumentalkonzert, das die sog. Septemberfeste 1857 in Weimar (Grundsteinlegung für das Denkmal Karl Augusts und Enthüllung des Goethe-Schiller-Denkmals von Rietschel und der Wieland-Statue von Gasser) abschloss. Die Grundsteinlegung zu dem Denkmale Karl Augusts erfolgte am Vormittag des 3. September (am 100jährigen Geburtstage von K. A.), die Enthüllung der anderen Denkmäler am 4. September. Das Weimarer Theater hatte für diese Festtage ausserordentliche Vorstellungen vorbereitet, deren Einzelheiten hier mitgeteilt seien. Für den 2. September war Goethes **Iphigenie auf Tauris** gewählt. Am 3. September (dem sog. Karl August-Tag) führte man ein Gelegenheitsstück (Festspiel) von Franz von Dingelstedt, die dramatische Allegorie Goethes „Paläophron und Neoterpe" und den 3. Akt von „Don Carlos" mit **Dawison** als König Philipp und **Devrient** als Marquis Posa auf. Am 4. September, dem Dichtertage, bestand die Theater-Vorstellung aus sechs verschiedenen Dramen Schillers und Goethes entnommenen Akten. Frl. Fuhr, die Herren Dawison und Devrient spielten vereint im Tasso. Herr Genast, noch von Goethes Zeiten her an der Weimarischen Bühne tätig, gab Götz von Berlichingen in mehreren Szenen dieses Schauspiels. Frl. Seebach und Herr Devrient erschienen als Klärchen und Egmont in der Tragödie dieses Namens. Herr Dawison gesellte sich ihnen im Faust zur Seite; Frl. Fuhr spielte die grosse Szene der Thekla im Wallenstein; Schillers Glocke dialogisiert und mit Musikstücken des Theaterkapellmeisters Stöhr ausgestattet, wurde zum Schlusse vorgeführt, woran sich ein von Transparenten begleiteter Epilog von Dingelstedt schloss. Von nicht minderem Interesse als diese Vorstellungen ist das Programm des Abschlusskonzerts. Es schloss sich durchweg an Beziehungen auf Goethesche und Schillersche Werke an und bestand aus: Erster Teil: 1. *An die Künstler*, Festgesang von Schiller für Orchester, Soli und Chor (Männerstimmen); 2. *Die Ideale* (E A. 1), symphonische Dichtung nach Schillers gleichnamigen Gedicht; 3. *Gruppe aus dem Tartarus* von Schiller, für Männerchor; 4. *Über allen Wipfeln ist Ruh* von Goethe, für Männerquartett; 5. *Schwager Kronos* von Goethe, für Männerchor. Zweiter Teil: 6. *Faust-Symphonie* in drei Teilen mit dem Chorus mysticus aus dem Ende des zweiten Teiles von Goethes Faust als Beschluss (E A. 1. S. No. 1); 7. *Weimars Volkslied*, Text von Cornelius. Sämtliche Kompositionen — mit Ausnahme von No. 3 und 5 (Franz Schubert) — von Franz Liszt. Im Orchester wirkten von berühmten Virtuosen mit: David, Grützmacher, Hermann und Röntgen aus Leipzig, Kapellmeister Bott aus Kassel, Kammermusikus Teetz und Komponist Wendt aus Berlin, Hofquartett der Gebrüder Müller aus Meiningen, Uhlrich aus Sondershausen, Grün aus Pest. Im Weimarer Orchester sassen zudem Singer und Cossmann. Von sonstigen bedeutsamen Namen nicht nur der damaligen Zeit seien genannt: Zellner, Herbeck, Smetana, Radecke, Andersen, Gerstäcker, Auerbach, Schloenbach, Griepenkerl, Giesecke, R. Pohl. — Über das Programm der EA. 2 (Prag) ist näheres bei der Dante-Symphonie nachzulesen. — Die EA. 3 (Berlin) bietet wieder allerhand Interessantes. Hans von Bülow, der diese Berliner Orchesterkonzerte mit Aufwendung nicht unbedeutender eigener Mittel veranstaltete, debutierte bei diesem als Konzertredner. Als sich in die Beifalls-äusserungen nach Liszts Idealen Zischlaute mischten, trat Bülow vor das Orchester und sprach: „Ich bitte die Zischenden den Saal zu verlassen, es ist hier nicht üblich, zu zischen!" Die Presse und die Gegner der Lisztschen Kompositionsrichtung haben ihm das Leben nach diesem maidenspeech recht sauer gemacht. Das Programm dieses Konzertes enthielt nachfolgende Werke: 1. Ouvertüre zu Byrons „Korsar" von Berlioz; 2. 4. Klavierkonzert von Beethoven, gespielt von Bülow, dirigiert von Hieronymus Truhn; 3. Arie aus der Oper „Benvenuto Cellini" von Berlioz, gesungen von Frau Rosalie v. Milde; 4. Liszts „Ideale"; 5. „Der heilige Gral", Vorspiel zur Oper „Lohengrin" von R. Wagner; 6. Gebet aus der Oper „Tannhäuser und der Sängerkrieg auf der Wartburg", gesungen von Frau v. Milde; 7. Die Liebesfee, Konzertstück für eine Sologeige mit kleinem Orchester von Joachim Raff, gespielt von Ludwig Strauss aus Wien; 8. Lieder: a) „Auf dem Wasser zu singen" von Fr. Schubert, b) „Loreley" von Fr. Liszt, gesungen von Frau v. Milde; 9. Grosse Ouvertüre zu den „Vehmrichtern" (Francs Juges) von Hektor Berlioz. Das Programm konnte sich im

Jahre 1859 in Berlin sehen und hören lassen. — Wie aus den Aufzeichnungen der EA. unter No. 6 zu sehen, wurden die Ideale in Bülows 3. Orchesterkonzert am 27. Februar 1859, diesmal unter Liszts eigener Leitung, wiederholt. Daneben dirigierte Bülow Wagners Faust-Ouvertüre, Berlioz' Ouvertüre Carneval romain und einen das Konzert eröffnenden symphonischen Prolog zu Byrons „Kain" von sich, ausser diesem trat er als Klavierspieler mit der Wanderer-Fantasie von Schubert in der Lisztschen Bearbeitung und mit Liszts Capriccio über Motive aus Beethovens Musik zu „Die Ruinen von Athen" auf, beide Werke dirigierte Liszt. Diesmal zischten die Berliner nach Bülows Komposition, aber Liszt hielt keine Konzertrede. — Nach den ersten drei Aufführungen hat Liszt an dem Werke noch allerhand Umänderungen vorgenommen und für die Aufführung in Berlin unter seiner Leitung Striche angebracht. — Die erste Idee Liszts ging auf eine Schiller-Symphonie in drei Teilen!

Liter. *Hahn, Arthur*, Musikführer No. 113, Schlesinger, Berlin.

Programmatische Erläuterungen.

Die Ideale.

So willst du treulos von mir scheiden
Mit deinen holden Phantasien,
Mit deinen Schmerzen, deinen Freuden,
Mit allen unerbittlich fliehn?
Kann nichts dich, Fliehende, verweilen,
O meines Lebens goldne Zeit?
Vergebens, deine Wellen eilen
Hinab ins Meer der Ewigkeit.

Andante.
(Notenbeispiel 1.)

Erloschen sind die heitern Sonnen,
Die meiner Jugend Pfad erhellt,
Die Ideale sind zerronnen,
Die einst das trunkne Herz geschwellt;
. . . .

Aufschwung.

Es dehnte mit allmächt'gem Streben
Die enge Brust ein kreisend All,
Herauszutreten in das Leben,
In Tat und Wort, in Bild und Schall.
. . . .

Allegro spiritoso.
(Notenbeispiel 2.)

Wie aus des Berges stillen Quellen
Ein Strom die Urne langsam füllt,
Und jetzt mit königlichen Wellen
Die hohen Ufer überschwillt,
Es werfen Steine, Felsenlasten
Und Wälder sich in seine Bahn,
Er aber stürzt mit stolzen Masten
Sich rauschend in den Ozean.
So sprang, von kühnem Mut beflügelt,
Beglückt in seines Traumes Wahn,
Von keiner Sorge noch gezügelt,

Siehe Anm.

Der Jüngling in des Lebens Bahn!
Bis an des Äthers bleichste Sterne
Erhob ihn der Entwürfe Flug!
Nichts war so hoch und nichts so ferne,
Wohin ihr Flügel ihn nicht trug.

Da lebte mir der Baum, die Rose,   *Quieto e sostenuto assai.*
Mir sang der Quellen Silberfall,   (Notenbeispiel 3.)
Es fühlte selbst das Seelenlose
Von meines Lebens Widerhall.

Wie einst mit flehendem Verlangen   (Notenbeispiel 4.)
Pygmalion den Stein umschloss,
Bis in des Marmors kalte Wangen
Empfindung glühend sich ergoss,
So schlang ich mich mit Liebesarmen
Um die Natur mit Jugendlust,
Bis sie zu atmen, zu erwarmen
Begann an meiner Dichterbrust.

Wie tanzte vor des Lebens Wagen   [*Allegro molto mosso.*]
Die luftige Begleitung her!   (Notenbeispiel 5.)
Die Liebe mit dem süssen Lohne,
Das Glück mit seinem goldnen Kranz,
Der Ruhm mit seiner Sternenkrone,
Die Wahrheit in der Sonne Glanz!

Enttäuschung.

Doch, ach! schon auf des Weges Mitte   *Andante.*
Verloren die Begleiter sich,   (Notenbeispiel 6.)
Sie wandten treulos ihre Schritte,
Und einer nach dem andern wich.

. . . .
Und immer stiller ward's und immer
Verlass'ner auf dem rauhen Steg;
. . . .

Von all dem rauschenden Geleite,
Wer harrte liebend bei mir aus?   (Notenbeispiel 7.)
Wer steht mir tröstend noch zur Seite
Und folgt mir bis zum finstern Haus?
Du, die du alle Wunden heilest,
Der Freundschaft leise, zarte Hand,
Des Lebens Bürden liebend teilest,
Du, die ich frühe sucht' und fand.

Beschäftigung.

Und du, die gern sich mit ihr gattet,   *Allegretto mosso.*
Wie sie, der Seele Sturm beschwört,   (Notenbeispiel 8.)
Beschäftigung, die nie ermattet,
Die langsam schafft, doch nie zerstört,
Die zu dem Bau der Ewigkeiten
Zwar Sandkorn nur für Sandkorn reicht,
Doch von der grossen Schuld der Zeiten
Minuten, Tage, Jahre streicht.

Apotheose.

Allegro maestoso.
(Notenbeispiel 9.)

„Das Festhalten und dabei die unaufhaltsame Betätigung des Ideals ist unseres Lebens höchster Zweck. In diesem Sinne erlaubte ich mir das Schillersche Gedicht zu ergänzen durch die jubelnd bekräftigende Wiederaufnahme der im ersten Satz vorausgegangenen Motive als Schluss-Apotheose." (F. Liszt.)

Notenbeispiele zum poetischen Programm.

„So willst du treulos von mir scheiden" etc.

„Es dehnte mit allmächt'gem Streben" etc.

„Da lebte nur der Baum, die Rose" etc.

„Wie einst mit flehendem Verlangen" etc.

„Wie tanzte vor des Lebens Wogen" etc.

„Doch, ach! schon auf des Weges Mitte" etc.

„Von all' dem rauschenden Geleite" etc.

„Du, die du alle Wunden heilest" etc.

„Und du, die gern sich mit ihr gattet".

Apotheose.
[*Allegro maestoso.*]

9.

(15.) Von der Wiege bis zum Grabe.
Symphonische Dichtung nach einer Zeichnung von Michael Zichy.

Michael von Zichy verehrungsvoll gewidmet.

I. Die Wiege. *attacca* II. Der Kampf ums Dasein. *attacca* III. Zum Grabe: Die Wiege des zukünftigen Lebens.

GD. 14 Min.

Komp.: Mai bis Juni 1881 in Weimar, zuerst nur für Klavier. Instrumentation erst Anfang Oktober 1882, ebenfalls in Weimar, beendet.

EA.: Bisher nicht festzustellen.

Ersch.: Partitur und Klavierarrangements Februar 1883 (Orchesterstimmen bisher nicht gedruckt) bei Bote & Bock, Berlin.

Orch.Bes.: Kl. Fl., 2 Fl., 2 Ob. (2. auch Engl. Hr.), 2 Klar., 2 Fag., 4 Hr., 2 Tr., 3 Pos., Tuba, Pk., Becken. — Hfe. (ad lib.) — Str.-Orch.

Anmerkg. Diese letzte der Symphonischen Dichtungen Liszts verdankt ihre Entstehung einer Federzeichnung des ungarischen Historien-Malers Grafen Michael v. Zichy, die er Liszt zum Geschenk machte. Sie trug die Inschrift „du berceaux jusqu'au cercueil". Die Fürstin W. machte aus dem „cercueil" eine „tombe", dementsprechend dann die Aufschrift geändert wurde. (S. L.-Br. VII, 321 u. 328.) Den Dank Liszts an Zichy teilt L. Ramann mit (Liszt-Biographie II², 466), er lautet nach dieser Quelle: „Berühmter Maler! Sie machen mir ein grossartiges Geschenk. Ihre Zeichnung: „Du berceau jusqu'au tombe" ist eine wunderbare Symphonie. Ich werde versuchen, sie in Noten zu setzen und Ihnen dann das Werk zu widmen" etc. Der Brief ist von L. Ramann leider ohne Datum und Quellenangabe mitgeteilt; das ist bedauerlich, da am

19. September 1881 — also einige Monate nach der Schenkung — Liszt die Widmung A. Gevaërt anbietet (L.-Br. II, 310), am 26. Juni aber bereits an die Fürstin über seinen Dank und die in demselben ausgesprochene Absicht der Komposition berichtet hat (L.-Br. VII, 321), in dem Dankschreiben an Zichy auch bereits die abgeänderten Titel gebraucht, für dessen von der Fürstin vorgenommene Änderung er sich aber erst ihr gegenüber am 27. September ausspricht. — Die drei kurzen Teile des Werkes sind ohne Pause als ein Ganzes aufzuführen. Aufnahme hat die sog. „Symphonische Dichtung" nur als letztes Instrumentalwerk Liszts gefunden, der musikalische Wert konnte sie nicht rechtfertigen.

(16.) Le Triomphe funèbre du Tasse.

Epilogue du poème symphonique „Tasso. Lamento e Trionfo".

Für grosses Orchester.

Herrn Dr. Leopold Damrosch.

GD. 13 Min.

Komp.: 1868 in Rom. (S. Anm.)

EA.: New York, Anfang März 1877 im 5. Konzert der Philharmonic Society nach dem Manuskript unter Leitung von Dr. *Leopold Damrosch.* — [Weimar, Freitag, d. 22. Oktober 1886 im Grossherzogl. Hoftheater im 1. Abonnements-Konzert: „Zum Andenken an Franz Liszt" († 1. August 1886) unter Leitung von *Eduard Lassen.*]

Ersch.: Partitur und Orchesterstimmen November 1877, Ausgabe für 2 Pianoforte Dezember 1877 bei Breitkopf & Härtel, Leipzig.

Orch.Bes.: Kl. Fl., 2 Fl., 2 Ob., 2 Klar., 2 Fag., 4 Hr., 2 Tr., 3 Pos., Tuba, 3 Pk., Tamtam oder tiefe Glocke. — Str.-Orch.

Anmerkg. L. Ramann versieht das oben angegebene Kompositionsjahr mit einem Fragezeichen. (Liszt-Biographie II², S. 518.) Die Übersendung der Manuskript-Partitur an Damrosch begleitete Liszt mit folgenden Worten: „Diese Trauer-Ode befiel mich entlang der Strasse des Trauer-Triumphs Tassos, die ich oftmalen nächtlich durchwanderte etc. — Den Kommentar hierzu — aus Tassos Biographie von Pier Antonio Serassi — bitte ich Sie, in guter englischer Übersetzung Ihrem Konzertprogramm beizufügen." (L.-Br. VIII, S. 325.) Dieser Kommentar lautet nach L. Ramann (Liszt-Biographie II² S. 290):
Tasso erreichte ein Alter von einundfünfzig Jahren, einem Monat und vierzehn Tagen; auch hierin Virgil ähnlich, der sein Leben nicht über zweiundfünfzig Jahre brachte. Durch seinen Tod empfing die italienische Dichtkunst einen schweren Schlag und blieb gleichsam unter ihren Trümmern begraben. So war es kein Wunder, wenn ganz Italien trauerte, als es sich seiner höchsten Zier beraubt sah. Freunde und Verehrer waren untröstlich. Vor allem vermochte sich der Kardinal Cintio (Aldobrandino) nicht zufrieden zu geben, und es bekümmerte ihn über die Massen, dass so viel Verdienst nicht in

Zeiten mit der gebührenden Krone gelohnt worden war, welches Ehrenzeichen er Torquato Tasso wenigstens nach dem Tode nicht vorenthalten wollte. Somit liess er den Leichnam mit einer kostbaren Toga bekleiden und befahl, ihm die Stirne mit dem verdienten Lorbeer zu kränzen, sich selbst dadurch Genüge tuend, dass dem Verklärten wenigstens bei der Trauerfeier der Schmuck werde, der ihm bei der ihm zugedachten Dichterkrönung zu tragen nicht mehr vergönnt war. Gross und prächtig war das von Aldobrandino veranstaltete Leichenbegängnis, wie es der Bedeutung Tassos und dem edlen Wohlwollen seines Gönners geziemte. Unter glänzender Beleuchtung wurde der Leichnam von dem Kloster, darin er sich befand, herab nach der Stadt und dem ansehnlichen Platz St. Peters getragen, ausser einer Anzahl von Ordensgeistlichen, vom ganzen Hofstaat des Papstes, von der Dienerschaft der beiden Kardinalnepoten, von den Lehrern der Wissenschaft und vielen Vornehmen und Gelehrten geleitet. Ein jeder beeilte sich ihn zu sehen, begierig, ein letztes Mal noch das Angesicht eines Mannes zu schauen, der sein Jahrhundert so hoch geehrt hatte. Die Maler drängten sich zu dem Toten, um seine Züge festzuhalten, und wetteiferten alsbald in der öffentlichen Aufstellung seines Bildnisses." (Aus „Das Leben Torquato Tassos" vom Abbate Pierantonio Serassi; Buch 3, Seite 325.) — Bei der EA. in New York liess Damrosch vorher die Symphonische Dichtung „Tasso" spielen.

(17.) Zwei Episoden aus Lenaus Faust
für grosses Orchester.

Karl Tausig gewidmet.

I. Der nächtliche Zug.

G.D. *15 Min.*

Komp.: 1858/59/60 (?) in Weimar. Vollendet Januar 1861.

EA.: Bisher nicht zuverlässig festzustellen.

Ersch.: Partitur Januar 1866, Pianoforte-Ausgaben November 1862 bei J. Schuberth & Co., Leipzig.

Orch.Bes.: 3 Fl. (3. auch Kl. Fl.), 2 Ob., Engl. Hr., 2 Klar., 2 Fag., 4 Hr., 3 Pos., Tuba, Pk., Glocke in Cis (oder Tamtam). — Hfe. — Str.-Orch. (S. Anm.)

Anmerkg. R. Pohl gibt (Franz Liszt, S. 224) eine EA. beider Episoden mit: Weimar, Hofkonzert, 8. April 1860, an. In diesem Hofkonzert, das nicht 1860 (S. 17 II), sondern 1861 stattfand, ist nur die zweite der Episoden „Der Tanz in der Dorfschenke" (S. 17, II) zur Aufführung gekommen. — Besetzung des Engl. Horn ist nicht unbedingt nötig, der Choral „Pange lingua gloriosi" kann nach der Lisztschen Anordnung von Klarinette und Fagott geblasen und die 2. kleine Stelle S. 38—40 der Partitur ohne Bedenken weggelassen werden.

Liter. *Sakolowski, Paul*, Musikführer No. 205, Schlesinger, Berlin.

Der Nächtliche Zug.

Am Himmel schwere, dunkle Wolken hangen
Und harrend schon zum Walde niederlauschen.
Tiefnacht; doch weht ein süsses Frühlingsbangen
Im Wald, ein warmes sehnsuchtsvolles Rauschen,
Die blütentrunknen Lüfte schwinden, schwellen,
Und hörbar rieseln alle Lebensquellen.
O Nachtigall, du teure, rufe, singe!
Dein Wonnelied ein jedes Blatt durchdringe!
Du willst des Frühlings flüchtige Gestalten
Auch Nachts in Lieb und Sehnsucht wach erhalten,
Dass sie, so lang die holden Stunden säumen,
Vom Glücke nichts verschlafen und verträumen. —
Faust aber reitet fürder durch die Nacht,
Und hat im düstern Unmut nimmer Acht
Der wunderbar bewegten Frühlingsstimmen.
Er lässt nunmehr sein Ross gelassen schlendern
Den Weg dahin an frischen Waldesrändern.
Leuchtkäfer nur, die hin und wieder glimmen,
Bedämmern ihm die Pfade manchesmal,
Und selten ein verlorner Sternenstrahl.
Je tiefer ihn die Bahn waldeinwärts führt
Je stiller wird's, und ferner stets verhallen
Der Bäche Lauf, das Lied der Nachtigallen,
Der Wind stets leiser an den Zweigen rührt.
Was leuchtet dort so hell zum Wald herein,
Dass Busch und Himmel glüh'n im Purpurschein?
Was singt so mild in feierlichen Tönen
Als wollt' es jedes Erdenleid versöhnen?
Das ferne, dunkle, sehnsuchtsvolle Lied
Weht süss erschütternd durch die stille Luft,
Wie einem Gläubigen, der an der Gruft,
Von seinen Lieben weinend, betend kniet,
In seine hoffnungsmilden Schmerzensträume,
Hinter den Gräbern flüstern die Gesänge
Der Seligen: so säuseln diese Klänge
Wohllautend durch die aufhorchsamen Bäume.
Faust hält sein Ross und lauscht gespannter Sinne
Ob nicht der helle Schein und Klang zerrinne
Vor Blick und Ohr, ein träumerischer Trug?
Doch kommts heran, ein feierlicher Zug,
Da scheucht es ihn, ins Dunkel hoher Eichen
Seitab des Wegs mit seinem Ross zu weichen
Und abzuschreiten zwingt unwiderstehlich
Der Zug ihn jetzt, der näher wallt allmählich.
Mit Fackellichtern wandelt Paar an Paar,
In weissen Kleidern, eine Kinderschar,
Zur heilig nächtlichen Johannisfeier,
In zarten Händen Blumenkränze tragend;
Jungfrauen dann, im ernsten Nonnenschleier,
Freudvoll dem süssen Erdenglück entsagen;
Mit Kreuzen dann, im dunkeln Ordensrocke
Ziehn priesterliche Greise, streng gereiht,
Gesenkten Hauptes, und in Bart und Locke
Den weissen Morgenreif der Ewigkeit.
Sie schreiten singend fort die Waldesbahnen.

Horch, wie in hellen Kinderstimmen singt
Die Lebensahnung, und zusammen klingt
Mit greiser Stimme tiefem Todesahnen!
Horch, Faust, wie ernster Tod und heitres Leben,
In Gott verloren, hier so schön verschweben!
Er starrt hervor aus dunklem Buschesgitter,
Die Frommen und ihr Glück beneidend bitter.
Als sie vorüber, und der letzte Ton
Des immer fernern, leisern Lieds entflohn,
Und als der fernen Fackel letzter Schein
Den Wald noch einmal zauberhell verklärt,
Und nun dahin am Laube zitternd fährt,
Als Faust im Finstern wieder steht allein:
Da fasst er wild und fest sein treues Ross,
Und drückt das Antlitz tief in seine Mähnen
Und weint an seinem Halse heisse Tränen,
Wie er noch nie so bitter sie vergoss.

N. Lenau.

(17.) Zwei Episoden aus Lenaus Faust
für grosses Orchester.

Karl Tausig gewidmet.

II. Der Tanz in der Dorfschenke.
(Mephistos Walzer).

GD. 10 Min.

Komp.: 1858/59/60 (?) in Weimar. Vollendet Januar 1861.

EA.: 1. Weimar, Freitag, d. 8. März 1861 im Grossherzogl. Schlosse im 3. Hofkonzert nach dem Manuskript unter Leitung von *Franz Liszt*. (S. Anm.) — 2. Karlsruhe, Freitag, d. 26. August 1864 im Grossherzogl. Hoftheater im 5. Konzert der 3. Tonkünstlerversammlung des Allgemeinen Deutschen Musikvereins nach Manuskript unter Leitung von *Max Seifriz*. (S. Anm.). — 3. Löwenberg, Mittwoch, d. 29. März 1865 im Fürstl. Schlosse im 18. Konzert der Hofkapelle des Fürsten von Hohenzollern-Hechingen unter Leitung von *Max Seifriz*.

Ersch.: Partitur November 1865, Pianoforte-Ausgaben November 1862 bei J. Schuberth & Co., Leipzig.

Orch.Bes.: 3 Fl. (3. auch Kl.Fl.), 2 Ob., 2 Klar., 2 Fag., 4 Hr., 2 Tr., 3 Pos., Tuba, Pk., Becken, Trgl. — Hfe. — Str.-Orch.

Anmerkg. Die EA. Weimar fand nicht 1860, wie R. Pohl („Franz Liszt" S. 224) mitteilt, sondern 1861 statt. Es war eines der letzten Hofkonzerte in dem Liszt in Weimar dirigierte. Seine letzte Dirigentat als

„Hofkapellmeister in ausserordentlichen Diensten" hatte bereits früher ihr Ende gefunden, aber nicht mit der Leitung der EA. von Cornelius „Der Barbier von Bagdad" am 15. Dezember 1859, wie allgemein angenommen worden ist. Diese öffentliche Tätigkeit beschloss Liszt mit der Leitung des grossen Vokal- und Instrumentalkonzertes, das unter dem Titel „Zu Beethovens Gedächtnisfeier" zwei Tage nach der angefeindeten Aufführung der Corneliusschen Oper am 17. Dezember 1859 im Grossherzogl. Hoftheater in Weimar stattfand. Liszt dirigierte in diesem Konzert die Ouvertüre op. 124 „Die Weihe des Hauses", op. 112 „Meeresstille und glückliche Fahrt", das Es-dur-Konzert (Martha Sabinin), die F-dur-Romanze (Edm. Singer), Adelaide (Caspari) und die A-dur-Symphonie. — Die 3. Tonkünstlerversammlung des A. D. M.-V., deren Hauptdirigent M. Seifriz war (ausser ihm noch Kalliwoda, Lassen, H. Strauss jun., Abert und Gottwald), brachte in ihren 5 Aufführungen folgende Lisztschen Werke: der 13. Psalm (S. No. 29, EA. nach der Veröffentlichung), H-moll Sonate (Frl. Alide Topp), Mephistowalzer für Klavier (Frl. A. Topp), Konzerto patetico (Bendel und Pflughaupt), Ungarische Rhapsodie (Fr. Bendel), Mignon (Frau Hauser), „Es muss ein Wunderbares sein" und „In Liebeslust" (Herr Hauser), Symphonische Dichtung „Festklänge". Die Generalprobe zu dem 5. Konzert (Faust-Episode und Festklänge) leitete Liszt selbst, die Aufführung jedoch M. Seifriz. Der Mephisto-Walzer kam also bei dieser Tonkünstlerversammlung zweimal zur Aufführung, in der Version für Pianoforte zweihändig und in der für Orchester. Geplant und bereits in das Programm aufgenommen war die EA. von Liszts Totentanz (S. No. 20), die wegen Erkrankung Bülows ausfallen musste, ebenso wie die des Klavierkonzertes von Fr. Kiel. — Als H. v. Bülow am 4. April 1866 den Mephisto-Walzer zum ersten Male in München zur Aufführung brachte, liess er auf das Programm setzen „Mephisto-Walzer, nach einer Episode aus Lenaus Faust „Der Tanz in der Dorfschenke". Dazu dirigierte er die Faustsymphonie und Tasso. — Das Werk ist mit zwei Schlüssen erschienen, deren zweiter die letzte Zeile der Lenauschen Dichtung als Überschrift „Und brausend verschlingt sie das Wonnemeer" trägt. —

Liter.: *Sakolowski*, *Paul*, Musikführer No. 206, Schlesinger, Berlin.

Der Tanz in der Dorfschenke.

Hochzeit, Musik und Tanz.

Mephistopheles.
(Als Jäger zum Fenster herein.)
Da drinnen geht es lustig zu:
Da sind wir auch dabei, Juchhu!
(Mit Faust eintretend.)
So eine Dirne lustentbrannt
Schmeckt besser als ein Foliant.

Faust.
Ich weiss nicht wie mir da geschieht
Wie mich's an allen Sinnen zieht.
So kochte niemals noch mein Blut,
Mir ist ganz wunderlich zu Mut.

Mephistopheles.

Dein heisses Auge blitzt es klar;
Es ist der Lüste tolle Schar,
Die eingesperrt dein Narrendünkel,
Sie brechen los aus jedem Winkel.
Fang eine dir zum Tanz heraus
Und stürze keck dich ins Gebraus.

Faust.

Die mit den schwarzen Augen dort
Reisst mir die ganze Seele fort.
Ihr Aug' mit lockender Gewalt
Ein Abgrund tiefer Wonnen strahlt.
Wie diese roten Wangen glüh'n,
Ein volles frisches Leben sprüh'n!
's muss unermesslich süsse Lust sein,
An diese Lippen sich zu schliessen,
Die schmachtend schwellen, dem Bewusstsein
Zwei wollustreiche S t e r b e k i s s e n.
Wie diese Brüste ringend hangen
In selig flutendem Verlangen!
Um diesen Leib, den üppig schlanken,
Möcht ich entzückt herum mich ranken,
Ha, wie die langen, schwarzen Locken
Voll Ungeduld den Zwang besiegen
Und um den Hals geschwungen fliegen,
Der Wollust rasche Sturmesglocken.
Ich werde rasend, ich verschmachte,
Wenn länger ich das Weib betrachte;
Und doch versagt mir der Entschluss,
Sie anzugeh'n mit meinem Gruss.

Mephistopheles.

Ein wunderlich Geschlecht fürwahr,
Die Brut vom ersten Sündenpaar!
Der mit der Höll' es hat gewagt,
Vor einem Weiblein jetzt verzagt,
Das viel zwar hat an Leibeszierden,
Doch zehnmal mehr noch an Begierden.

(Zu den Spielleuten.)

Ihr lieben Leutchen, euer Bogen
Ist viel zu schläfrig noch gezogen!
Nach eurem Walzer mag sich drehen
Die sieche Lust auf zahmen Zehen,
Doch Jugend nicht voll Blut und Brand,
Reicht eine Geige mir zur Hand,
s'wird geben gleich ein andres Klingen,
Und in der Schenk' ein andres Springen!
— — — — — — — —

Der Spielmann dem Jäger die Fiedel reicht,
Der Jäger die Fiedel gewaltig streicht.
Bald wogen und schwinden die scherzenden Töne
Wie selig hinsterbendes Lustgestöhne,
Wie süsses Geplauder, so heimlich und sicher,
In schwülen Nächten verliebtes Gekicher.

Bald wieder ein Steigen und Fallen und Schwellen;
So schmiegen sich lüsterne Badeswellen
Um blühende nackte Mädchengestalt.
Jetzt gellend ein Schrei ins Gemurmel schallt:
Das Mädchen erschrickt, sie ruft nach Hilfe,
Der Bursche, der feurige, springt aus dem Schilfe,
Da fassen sich, fassen sich mächtig die Klänge,
Und kämpfen verschlungen im wirren Gedränge.
Die badende Jungfrau, die lange gerungen,
Wird endlich vom Mann zur Umarmung gezwungen.
Dort fleht ein Buhle, das Weib hat Erbarmen,
Man hört sie von seinen Küssen erwarmen.
Jetzt klingen im Dreigriff die lustigen Saiten,
Wie wenn um ein Mädel zwei Buben sich streiten;
Der eine, besiegte, verstummt allmählich,
Die liebenden Beiden umklammern sich selig,
Im Doppelgeton die verschmolzenen Stimmen
Aufrasend die Leiter der Lust erklimmen.
Und feuriger, brausender, stürmischer nimmer,
Wie Männergejauchze, Jungferngewimmer,
Erschallen der Geige verführende Weisen,
Und alle verschlingt ein bacchantisches Kreisen.
Wie närrisch die Geiger des Dorfs sich gebärden,
Sie werfen ja sämtlich die Fiedel zur Erden.
Der zauberergriffene Wirbel bewegt,
Was irgend die Schenke Lebendiges hegt.
Mit bleichem Neide die dröhnenden Mauern
Dass sie nicht mit tanzen können bedauern.
Vor allem aber der selige Faust
Mit seiner Brünette den Tanz hinbraust;
Er drückt ihr die Händchen, er stammelt Schwüre,
Und tanzt sie hinaus durch die offene Türe,
Sie tanzen durch Flur und Gartengänge,
Und hinterher jagen die Geigenklänge,
Sie tanzen taumelnd hinaus zum Wald,
Und leiser und leiser die Geige verhallt.
Die schwindenden Töne durchsäuseln die Räume,
Wie lüsterne, schmeichelnde Liebesträume.
Da hebt den flötenden Wonneschall
Aus duftigen Büschen die Nachtigall,
Die heisser die Brust der Trunkenen schwellt,
Als wäre der Sänger vom Teufel bestellt.
Da ziehet sie nieder die Sehnsucht schwer,
Und brausend verschlingt sie das Wonnemeer.

Lenau.

II. Konzerte und Konzertstücke mit Orchester.

(18.) Konzert I (Es-dur)
für das Pianoforte und Orchester.

Henry Litolff zugeeignet.

Allegro maestoso. *attacca* Quasi Adagio. *attacca* Allegretto vivace. *attacca* Allegro animato. Allegro marziale animato.

G.D. *17—18 Min.*

Komp.: Nach Entwürfen aus den ersten vierziger Jahren ausgearbeitet und vollendet etwa 1848/49 in Weimar. (S. Anm.)

EA.: 1. W e i m a r, Sonnabend, d. 17. Februar 1855 im Saale des Grossherzoglichen Schlosses in einem Hofkonzert nach dem Manuskript unter Leitung von *Hector Berlioz*, gespielt von *Franz Liszt*. (S. Anm.) — 2. J e n a, Montag, d. 12. März 1855 im Saale der Rose im 7. Akademischen Konzert nach Manuskript unter Leitung von *Fr. L.*, gespielt von *Dionysius Pruckner*. (S. Anm.) — 3. B e r l i n, Donnerstag, d. 6. Dezember 1855 im Saale der Sing-Akademie im 5. Konzert des Sternschen Orchestervereins nach Manuskript unter Leitung von *Fr. L.*, gespielt von *Hans von Bülow*. (S. Anm.) — 4. H a n n o v e r, Sonnabend, d. 29. Dezember 1855 im Konzertsaale des Kgl. Hoftheaters im 2. Abonnements-Konzert unter Leitung von *Joseph Joachim*, gespielt von *Alfred Jaell*. (Folgen Aufführungen durch *Jaell* in Norddeutschland und Holland.) — [B r e m e n, d. 10. Februar 1857 und R o s t o c k, d. 14. Februar 1857, *H. v. Bülow*; W i e n, d. 2. März 1857, *Pruckner*; L e i p z i g, d. 26. Februar 1857, *Liszt-Bülow* (s. Anm.); A a c h e n, 2. Juni 1857 (35. Niederrhein. Musikfest), *Liszt-Bülow* (S. Anm.).]

Ersch.: Partitur und Ausgabe für 2 Pianoforte Mai 1857, Orchesterstimmen Juni 1872 bei Karl Haslinger, Wien, seit 1875 im Besitze von Schlesinger, Berlin.

Orch.Bes.: Kl. Fl., 2 Fl., 2 Ob., 2 Klar., 2 Fag., 2 Hr., 2 Tr., 3 Pos., Pk., Trgl. (obligat! s. Anm.), Becken. — Str.-Orch.

A n m e r k g. Nach Hans v. Bülows Briefen (I, S. 180) soll das Konzert beendigt gewesen sein im Juni 1849. In dem Buche „Joseph Joachim" nennt A. Moser, vermutlich nach Mitteilungen Joachims, Raff als denjenigen, der das Konzert instrumentiert hat. Dass dieser das Konzert kopiert und „bereinigt" hat, geht allerdings auch hervor aus dem wiederholt erwähnten Briefwechsel Liszt-Raff. War Raff auch an der Instrumentation beteiligt, so doch gewiss nur unter den Einschränkungen, deren ebenfalls wiederholt Erwähnung getan worden ist. — An die EA. Weimar knüpfen sich mancherlei musikgeschichtlich wichtige Erinnerungen. Berlioz war in Weimar zur ersten deutschen Aufführung seines Werkes „Des Heilands Kindheit" (d. h. des vollständigen Werkes) und seines „Lelio", zweite Abteilung der „Episode aus dem Leben eines Künstlers" (S. beides bei Berlioz). Diese Aufführungen fanden am 21. Februar 1855 im Grossherzogl. Theater in einem Pensionsfond - Konzert unter Berlioz' Leitung statt. Vorher ging am 17. Februar das von Berlioz geleitete Hofkonzert, dessen Programm hier im Wortlaute folgt:

17. Februar 1855.
Concert dirigé par H. Berlioz.
1. Fête de Romeo et Juliette. 2. La Captive. (Rêverie) paroles de V. Hugo. 3. Concerto de Piano. 4. Chasse et danse des sylphes de Faust. 5. Trio et choeur des Ciseleurs de l'opéra: Benvenuto Cellini. (Nach dem Originale mitgeteilt. In der Neuen Zeitschrift für Musik B. 42, No. 9, S. 95 befindet sich eine andere Version dieses Programms.) —

Die EA. 2 in Jena ist bemerkenswert durch die in demselben Konzert erfolgende erste Aufführung der Symphonischen Dichtung Orpheus von Liszt ausserhalb Weimars. (S. No. 6). Ein seinerzeit viel gespieltes und berühmtes Stück „Duo über Motive aus Tannhäuser" von Bülow und Singer, sowie Lieder von Raff waren die anderen Manuskriptwerke des von Liszt dirigierten Konzerts, zu dessen Ausführung er die Weimarer Künstler Frl. Genast (Gesang), Frau Pohl (Harfe), Ed. Singer (Violine) und D. Pruckner (Klavier) mitgenommen hatte. — Über das Konzert der EA. 3, in dem Bülow zum ersten Male das Es dur-Konzert öffentlich spielte, ist näheres bereits mitgeteilt in den Anmerkungen zu Tasso (S. No. 4) und Les Préludes (S. No. 5), welche beiden Werke zusammen mit dem 13. Psalm (S. No. 29) und dem Ave Maria dabei unter Liszts Leitung zur Aufführung gelangten. — Die begleitenden Umstände der Aufführung in Leipzig (26. Febr. 1857) sind erwähnt in den Anmerkungen zu Mazeppa (S. No. 8), jene auf dem Niederrheinischen Musikfest in Aachen bei Festklänge (S. No. 9). — Bei den ersten Aufführungen des Konzertes ausserhalb Weimars und ausserhalb des der Lisztschen Kompositionsrichtung ergebenen Kreises erregte die Anwendung der Schlaginstrumente, unter diesen besonders die obligate Partie des Triangel, Widerspruch. In Liszts Briefen ist davon wiederholt die Rede, insbesondere aber in jenem an seinen Vetter und Vermögensverwalter Eduard Liszt, den er an ihn nach den Aufführungen des Konzertes und der Préludes in Wien (2. u. 8. März 1857) schrieb und der in seinem wesentlichsten Teile von der thematischen Gestaltung des Konzertes handelt. (L.-Briefe I, S. 270 ff.) Über die Triangel schreibt Liszt dort „Was den Triangel anbetrifft, verhehle ich nicht, dass er Anstoss geben kann, besonders wenn er zu stark und nicht präzis geschlagen wird. Gegen den Gebrauch der Schlaginstrumente herrscht überhaupt eine vorgefasste Meinung und Perhorreszierung, die durch den häufigen Missbrauch derselben nicht ungerechtfertigt erscheint. Wenig Dirigenten sind auch umsichtig genug, um sie in den Kompositionen, wo sie mit Bedacht verwendet sind, nach der Absicht des Komponisten — ihr rhythmisches Element ohne die rohe Zutat plumpen Gelärms — zur Geltung zu bringen. Die dynamische und rhythmische Würze und Steigerung, welche die meisten Schlaginstrumente bewirken können, wäre in den meisten Fällen durch sorgfältiges Probieren und Proportionieren derartiger Ein- und Zusätze weit effektvoller herzustellen." (L.-Briefe I, S. 275.) — Später äusserte Liszt in einem Briefe an Pruckner (L.-Briefe I, S. 302) über die Anwendung der Triangel im Esdur-Konzert „Bei dem Esdur (No. 1) habe ich jetzt den Ausweg getroffen, den Anstoss und Ärgernis erregenden Triangel durch eine Stimmgabel ganz leise schlagen zu lassen — und im Finale (Marcia) zumeist gänzlich wegzustreichen, weil die gewöhnlichen Triangel-Virtuosen falsch einsetzen und roh draufschlagen." — Die EA. 1 wird oft mit falschem Datum in Programmbüchern angegeben, sie ist oben nach dem Originalprogramm mitgeteilt. — Im Liszt-Museum in Weimar befinden sich zwei voneinander abweichende handschriftliche Bearbeitungen.

Liter. *Nodnagel, Otto*, Musikführer No. 168, Schlesinger, Berlin. — *Kretzschmar, Hermann*, Kleiner Konzertführer No. 593, Breitkopf & Härtel, Leipzig.

(19.) Konzert II (A-dur)
für das Pianoforte und Orchester.

Hans von Bronsart gewidmet.

Adagio sostenuto assai. *attacca* Allegro agitato assai. *attacca* Allegro moderato. *attacca* Allegro deciso. *attacca* Marziale un poco meno Allegro. *attacca* Allegro animato.

GD. *20 Min.*

Komp.: Entworfen 1839. (S. Anm.) Vollendet und instrumentiert 1849. (S. Anm.)

EA.: 1. Weimar, Mittwoch, den 7. Januar 1857 im Grossherzogl. Hoftheater in einem Konzert Hans von Bronsarts zum Besten des Orchesterpensionsfonds nach dem Manuskript unter Leitung von *Franz Liszt*, gespielt von *Hans von Bronsart*. — 2. Berlin, Donnerstag, d. 14. Januar 1858 im Saale der Sing-Akademie im ersten der von Hans von Bülow veranstalteten Orchesterkonzerte nach Manuskript unter Leitung von *Hans von Bülow*, gespielt von *Karl Tausig*. (S. Anm.) — 3. Leipzig, Sonnabend, d. 16. Januar 1858 im Saale des Gewandhauses in einem Konzert Hans von Bronsarts nach dem Manuskript unter Leitung von *Julius Rietz*, gespielt von *H. v. Br.* — 4. Löwenberg, Freitag, d. 5. März 1858 im Konzertsaale des Fürstl. Schlosses im 18. Konzert der Fürstl. Hofkapelle (Festkonzert zur Namensfeier des Fürsten von Hohenzollern-Hechingen) nach dem Manuskript unter Leitung von *Max Seifriz*, gespielt von *K. T.* (S. Anm.) — 5. Prag, Donnerstag, d. 11. März 1858 im 1. der sogenannten Mediziner-Konzerte nach dem Manuskript unter Leitung von *Fr. L.*, gespielt von *K. T.*

Ersch.: Partitur April 1863, Ausgabe für 2 Pianoforte November 1862, Orchesterstimmen November 1874, bei B. Schotts Söhne, Mainz.

Orch.Bes.: 3 Fl. (3. auch Kl. Fl.), 2 Ob., 2 Klar., 2 Fag., 2 Hr., 2 Tr., 3 Pos., Tuba, Pk., Becken. — Str.-Orch.

A n m e r k g. R. Pohl setzt in seinem „Franz Liszt" (S. 224) die Zeit der ersten Entwürfe beider Konzerte zwischen 1840 – 1845. Im Liszt-Museum in Weimar befinden sich aber von dem A-dur-Konzert zwei Handschriften, von denen die eine das Datum 13. September 1839 (!), die andere das des 6. Mai 1849 trägt. Danach ist also die oben angegebene Entwurfs- und Vollendungszeit wohl als richtig anzunehmen. Dass von dem Konzert zwei Versionen existierten, bestätigt Hans von Bülow in einem Schreiben an W. Weissheimer („Erlebnisse mit Richard Wagner, Franz Liszt" etc. S. 185) vom 18. Oktober 1862. Diese beiden Versionen werden aber wohl dem Jahre 1849/50 entstammen, wenn nicht die eine einer noch späteren Zeit angehört, da Pohl (a. a. O., S. 224) von einer Instrumentation des Jahres 1853 spricht. Auch der Briefwechsel Liszt-Raff („Die Musik" I) erwähnt des öfteren ein Klavierkonzert von Liszt, lässt jedoch die Frage offen, welches von beiden wirklich gemeint ist. Liszt schreibt am 1. August 1849 an Raff „die Partituren meiner 2 Konzerte sind nun fertig abgeschrieben", Raff wiederum berichtet, dass er Dezember 1849 bis Januar Listzs erstes s y m p h o n i s c h e s Konzert „bereinigt", später, dass er von dem e r s t e n Konzert eine Reinschrift gemacht habe und weiterhin, dass das z w e i t e fertig ist, d. h. die von Raff angefertigte Reinschrift! Zu denken gibt Raffs Ausdruck „erstes s y m p h o n i s c h e s Konzert, da Liszt das in Rede stehende zweite in A-dur auf dem Manuskript „Concert symphonique" überschrieben hatte; doch kann Raff diesen Ausdruck ebensogut auf das erste bezogen haben. Für eine spätere Vollendung der endgültigen Instrumentation des A-dur-Konzerts spricht der Umstand, dass es auch später als das Es-dur zur Aufführung gelangte und nicht durch Bülow, sondern durch Bronsart, der später zu Liszt kam als der erstgenannte. — Über das Programm des Konzertes der EA. 1 ist näheres bei der Bergsymphonie (S. No. 3) mitgeteilt. Zur EA. 2 ist zu berichten, dass Karl Tausig mit derselben in Berlin als Klavierspieler debütierte, über das Programm sind die Anmerkungen zu Festklänge (S. No. 9) nachzulesen. — In dem von H. v. Bronsart gegebenen Leipziger Konzerte (EA. 3) erlebte dessen Franz Liszt gewidmete Frühlingsphantasie für grosses Orchester ihre zweite Aufführung nach dem Manuskript, nachdem sie kurz vorher, 29. Dezember 1857, in einem Konzerte Sivoris in Weimar unter Liszts Leitung zur ersten gelangt war. — Das Konzert der EA. 5 ist eingehends erwähnt bei der Dante-Symphonie (S. No. 2). — Von wichtigeren späteren Aufführungen seien noch erwähnt jene vom 20. Januar 1861 in Wien in einem der Konzerte von Tausig, vom 7. August 1861 auf der Tonkünstlerversammlung in Weimar und die des durch die EA. des Meistersinger-Vorspiels musikgeschichtlich bekannt gewordenen Weissheimerschen Konzerts im Leipziger Gewandhaus 1. November 1862.

Liter. *Nodnagel, Otto*, Musikführer No. 169, Schlesinger, Berlin. — *Kretzschmar, Hermann*, Kleiner Konzertführer No. 594, Breitkopf & Härtel, Leipzig.

(20.) **Totentanz. (Danse macabre.)**

Paraphrase über „Dies irae" für Piano und Orchester.

Dem hochherzigen Progonen unserer Kunst Hans von Bülow
verehrungsvoll und dankbar.

GD. ca. 14—17 Min. je nach Kürzungen.

Komp.: Nach Entwürfen des Jahres 1839 ausgearbeitet etwa 1849/50 in
Weimar, vollendet mit Instrumentation aber wohl später (1853),
revidiert 1859. (S. Anm.)

EA.: 1. H a a g, Mittwoch, d. 15. März 1865 im 6. Konzert der Musikgesellschaft Diligentia nach dem Manuskript unter Leitung von
Joh. J. H. Verhulst, gespielt von *Hans v. Bülow.* — 2. H a m -
b u r g, Freitag, d. 24. März 1865 im Wörmerschen Saale im
149. Philharmonischen Privatkonzert nach Manuskript unter Leitung
von *Julius Stockhausen,* gespielt von *H. v. B.* — 3. L ö w e n b e r g,
Sonntag, d. 3. Dezember 1865 im Konzertsaale des Fürstl. Schlosses
im 4. Konzert der Fürstl. Hofkapelle unter Leitung von *Max Seifriz,*
gespielt von *H. v. B.*

Ersch.: Partitur und Ausgabe für 2 Pianoforte April 1865 (Orchesterstimmen nur Streichquartett im Druck, Blasinstrumente abschriftlich)
bei C. F. W. Siegel in Leipzig.

Orch.-Bes.: Kl. Fl., 3 Fl., 2 Ob., 2 Klar., 2 Fag., 2 Hr., 2 Tr., 3 Pos.,
Tuba, 3 Pk., Becken, Trgl., Tamtam. — Str.-Orch.

A n m e r k g. Die oben mit 1853 angenommene Vollendung der Instrumentation gründet sich auf Liszts Schreiben an Hans von Bülow vom 12. Mai
1853, in dem Liszt über die vorzunehmende definitive Abschrift seiner 2 Konzerte und des Totentanz berichtet. Die von R. Pohl („Franz Liszt" S. 224)
mitgeteilte Aufführung im Jahre 1861 durch Hans von Bülow scheint ein Irrtum zu sein, weder ist eine solche in den Musikzeitungen irgendwo erwähnt,
noch gibt die Bülowsche Programmsammlung Aufschluss darüber. Im November
1864 beginnt dann Liszt wieder an Bülow über die Veröffentlichung, die ersten
Aufführungen (wie oben mitgeteilt) und die Widmung zu schreiben. — Der
Titel mit dem das Werk bei der EA. 1 Haag auf dem Programm erscheint,
lautet: „Danse macabre, Fantaisie pour piano met orchest op een thema
van de 13e. eeuw: Dies irae, dies illa." — R. Pohl hat eine kurze Erläuterung
zum Abdruck in den Programmen verfasst, die nachmals viel benutzt worden
ist und noch jetzt häufig Verwendung findet. Sie ist weiter unten mitgeteilt.
Pohl stützt diese Erläuterung auf Holbeins Totentanz, während Ramann nach
Liszts eigenen Mitteilungen das Gemälde Andrea Orcagnas „Der Triumph des
Todes", das sich in den Hallen des Campo Santo in Pisa befindet, als Anregung
zu der Komposition bezeichnet und zum besseren Verständnis des Werkes einen
Nachtrag empfiehlt, d. h. einen Hinweis auf das Orcagnasche Wandgemälde. —

In dem thematischen Katalog seiner Werke, den Liszt 1855 herausgab, ist der Totentanz mit anderen bis dahin ungedruckten Werken bereits enthalten unter der Rubrik „Konzerte für Pianoforte und Orchester" und mit diesen mit der Bemerkung versehen „sollen demnächst in Partitur erscheinen". Die Neue Zeitschrift für Musik nennt noch im Mai 1858 (Band 48, S. 231) den Totentanz ein „drittes" Klavierkonzert. Übrigens weichen in dem erwähnten thematischen Verzeichnis des Jahres 1855 schon die wenigen ersten Takte von der Version des späteren Verzeichnisses (1877) erheblich ab.

Programm von Richard Pohl.
(„Franz Liszt" S. 401).

Bekanntlich hat Hans Holbein der Jüngere nach dem Vorgange älterer Meister in Basel eine Reihe von berühmten Zeichnungen für den Holzschnitt ausgeführt, welche den Namen „Totentanz" führen. Die Idee entstand unter dem Eindrucke der Verheerungen, welche im Mittelalter die Pest in Europa anrichtete. Wie kein Stand, kein Alter von dem hereinbrechenden Tode verschont bleibt, zeigt Hans Holbein — der schliesslich selbst von der Pest hinweggerafft ward — in seinem Totentanz. In einer Reihe von Gruppen schildert er, wie der Tod hereinbricht in jeden Beruf, jede Lust des Erdenlebens; wie er alle Lebensalter in seinen Reigen hineinzieht und mit einem Schlage seiner furchtbaren Sense den Lebensfaden jäh durchschneidet.

Diesen malerischen Vorwurf hat nun Franz Liszt in origineller Weise in Töne übertragen. Sein scharfer Blick hatte erkannt, dass die musikalische Illustration des „Totentanz" eine besonders geeignete Aufgabe für Variationen im grossen Stile sei. — Wie die alles überwältigende Macht des Todes in allen Lagen des Lebens unvermeidlich zur endlichen Herrschaft gelangt, so tritt ein hier alles beherrschendes Motiv auf, das durch seinen tiefen Ernst dem Charakterbild eine düstere, mystische Stimmung verleiht. Es ist das altertümliche „Dies irae", ein Cantus firmus aus dem 6. Jahrhundert. Unaufhaltsam und unabänderlich schreitet dieses drohende Motiv vorwärts. Bald offen hervortretend als Melodie, bald als Kontrapunkt zum Fundamente dienend, bald verhüllt unter allerlei fremden Formen und originellen Umgestaltungen. Und jede Variation zeigt einen anderen Charakter: den ernsten Mann, den leichtsinnigen Jüngling, den höhnenden Zweifler, den betenden Mönch, den kecken Kriegsmann, die liebliche Jungfrau, das spielende Kind. — In bunter Reihe ziehen sie an uns vorüber an der Hand des Todes. Geläute der Glocken gibt das Zeichen zum Beginn des unheimlichen Reigens — zermalmende Schläge der blitzenden Sense des Todes schliessen ihn. — Es ist kein heiteres, unterhaltendes Genrebild, das sich hier entrollt, sondern ein ernstes, ergreifendes Charakterstück, dessen poetischer Gehalt weit über die Grenzen von Konzertvariationen hinausgeht.

(21.) **Fantasie**
über Motive aus Beethovens „Ruinen von Athen"
für Pianoforte und Orchester.

Nicolaus Rubinstein gewidmet.

G.D. *14 Min. ohne Kürzungen.*

Komp.: Nach dem 1846/47 komponierten „Capriccio alla turca" (für Pianoforte-Solo) 1852 in Weimar umgearbeitet für Pianoforte und Orchester. (S. Anm.)

EA.: 1. P e s t, Mittwoch, d. 1. Juni 1853 im ungarischen National-theater in einer Theatervorstellung nach dem Manuskript unter Leitung von *Fr. Erkel*, gespielt von *Hans von Bülow*. (S. Anm.) — 2. K a r l s r u h e, Mittwoch, d. 5. Oktober 1853 im Grossherzogl. Hoftheater im 2. Konzert des Karlsruher Musikfestes nach dem Manuskript unter Leitung von *Franz Liszt*, gespielt von *H. v. B.* (S. Anm.)

Ersch.: Partitur, Ausgabe für 2 Pianoforte und für Pianoforte - Solo Oktober 1865 (Orchesterstimmen, nur Streichquartett gedruckt, Blas-instrumente abschriftlich) bei C. F. W. Siegel, Leipzig.

Orch.-Bes.: Kl. Fl., 2 Fl., 2 Ob., 2 Klar., 2 Fag., 2 Hr., 2 Tr., 3 Pos., 3 Pk., Trgl., Becken, Gr. Tr. — Str.-Orch.

A n m e r k g. Über die Zeit der Bearbeitung für Pianoforte und Orchester ist zu vergleichen die A n m e r k g. bei No. 22. Gleichzeitig mit der EA. 1 erfolgte auch durch Hans von Bülow die EA. der sog. ungarischen Fantasie, auch hierzu ist die obengenannte Anmerkg. zu vergleichen. Das Stück trug bei EA. 1 den Titel „Capriccio à la Turca, Beethoven, Ruinen von Athen", doch in Karlsruhe bereits den endgültigen. Wie bei der Ungarischen Fantasie ist das Werk vor der Drucklegung von Bülow und anderen Liszt-Schülern unter verschiedenen Titeln gespielt worden. Die Benennung „Capriccio alla Turca" stammt von der ersten Form für Pianoforte allein und erscheint auch in dem 1. thematischen Katalog von 1855. — Das Karlsruher Musikfest hat, wie das Ballenstädter (1852) Berühmtheit erlangt. Ihm verdankt man die Abfassung des Briefes von Liszt an Pohl, vom 5. November 1853, der die bekannten Worte enthält „W i r (d. h. die Dirigenten) sind S t e u e r m ä n n e r u n d k e i n e R u d e r k n e c h t e" [„Nous sommes pilotes, et non manœuvres"]. R. Pohl (unter seinem Pseudonym „Hoplit") hat über dieses Musikfest eine Broschüre veröffentlicht „Das Karlsruher Musikfest im Oktober 1853", (Leipzig, 1853). Hier sind die Programme des Festes: I. Montag, den 3. Oktober. E r s t e r T e i l: 1. Ouvertüre zu „Tannhäuser" von R. Wagner; 2. Konzert-Arie [Ah perfido] von Beethoven (Frau Howitz-Steinau); 3. Violin-Konzert von Joachim, gespielt vom Komponisten; 4. Finale aus „Loreley" von Mendelssohn (Lenore, Frau Howitz-Steinau). Z w e i t e r T e i l: 5. Ouvertüre zu Byrons „Manfred" von

R. Schumann; 6. Festgesang aus „Die Künstler" von Schiller, komponiert von Liszt. (Die Soli gesungen von den Herren Chrudimsky, Eberius, Uetz, Hoffmann, Hauser, Oberhoffer, Bregenzer, Brulliot.) 7. Neunte Symphonie mit Chor von Beethoven (die Soli: Frau Howitz-Steinau und Frau Hauser, die Herren Eberius und Oberhoffer). II. Mittwoch, den 1. Oktober. Erster Teil: 1. Ouvertüre zu „Struensee" von Meyerbeer; 2. Arie aus „Titus" von Mozart (Fräulein Kathinka Heinefetter); 3. Chaconne von Bach (Konzertmeister Joachim); 4. Phantasie über Motive aus den „Ruinen von Athen" von Beethoven, für Klavier und Orchester von Liszt (H. v. Bülow). Zweiter Teil: 5. Zweiter Teil aus „Romeo und Julie" dramatische Symphonie von Berlioz (Romeo allein, Fest bei Capulet); 6. Arie aus dem „Prophet" von Meyerbeer (Frl. K. Heinefetter); 8. Aus „Lohengrin" von R. Wagner: der heilige Gral, Männerszene und Brautzug, Hochzeitsmusik und Brautlied; 8. Ouvertüre zu „Tannhäuser". (Auf Verlangen wiederholt.) — Diese Programme boten an EA. diejenigen des Lisztschen Künstlerchores und des Joachimschen 1. Violinkonzertes. Schumanns Manfred- und Meyerbeers Struensee - Ouvertüre waren ebenfalls Neuheiten, die 9. Symphonie in Karlsruhe noch unbekannt, ebenso die Bruchstücke aus Lohengrin und die Tannhäuser-Ouvertüre. Von Berlioz „Romeo und Julie" sollten laut Originalprogramm zur Aufführung gelangen: II. Teil: Fest bei Capulet; III. Teil: Liebesszene; IV. Teil: Fee Mab, doch blieb es bei II infolge der verlangten Wiederholung der Tannhäuser-Ouvertüre. Der Lisztsche „Gesang an die Künstler" erlitt Fiasko und wurde später einer Umarbeitung unterzogen. In der 9. Symphonie fand im Finale bei dem Eintritt des Allegro assai vivace, alla marcia, ($^6/_8$, B-dur) eine Entgleisung statt, die von Liszts Gegnern ebenso zu Ungunsten seiner Direktionsweise bespöttelt, wie von seinen Freunden beschönigt wurde. Mangelnde Vertrautheit mit dem Werke von seiten eines ad hoc zusammengesetzten Orchesterkörpers (Darmstädter, Mannheimer und Karlsruher Orchester) und ungenügende Zahl von Proben werden nicht ohne Schuld am Unfalle gewesen sein. —

(22.) Fantasie über Ungarische Volksmelodien
für Pianoforte und Orchester.

Für Hans von Bülow komponiert.

GD. 14—15 Min.

Komp.: Nach der 14. Ungarischen Rhapsodie für Pianoforte und Orchester bearbeitet 1852 in Weimar.

EA.: 1. Pest, Mittwoch, d. 1. Juni 1853 im ungarischen Nationaltheater in einer Theatervorstellung nach dem Manuskript unter Leitung von *Fr. Erkel,* gespielt von *Hans v. Bülow.* (S. Anm.). — 2. Dresden, Montag, den 12. September 1853 im Kgl. Hoftheater in einer Theatervorstellung nach dem Manuskript unter Leitung von *Jul. Rietz,* gespielt von *H. v. B.* (S. Anm.) — 3. Hannover,

Sonnabend, d. 7. Januar 1854 im Konzertsaale des Kgl. Hoftheaters nach dem Manuskript unter Leitung von *Joseph Joachim*, gespielt von *H. v. B.*

Ersch.: Partitur 1864, Ausgabe für 2 Pianoforte August 1865, (Orchesterstimmen?), bei Gustav Heinze, Leipzig, jetzt im Besitze von C. F. Peters, Leipzig.

Orch.Bes.: Kl. Fl., 2 Fl., 2 Ob., 2 Klar., 2 Fag., 2 Hr., 2 Tr., 3 Pos., Pk., Trgl., Gr. Tr., Becken. — Str.-Orch.

Anmerkg. Die Zeit der Bearbeitung der 14. Ungarischen Rhapsodie für Pianoforte und Orchester kann nicht später erfolgt sein als in dem oben angegebenen Jahre 1852, da Bülow sie 1853 im Juni (EA. 1) in Pest öffentlich spielte, am 27. Januar d. J. aber bereits an seinen Vater schrieb (B.-Br. I, 501): „Dahin gehören — d. h. zu den Manuskripten die Liszt Bülow mit auf seine 1. Kunstreise nach Österreich-Ungarn mitgab — z. B. die Instrumentierung und Effektuierung einer Weberschen Polonaise, eine Fantasie für Klavier und Orchester über Beethovens „Ruinen von Athen", eine dergl. über ungarische Motive (alles von Liszt und gänzlich neu, nicht einmal den Namen nach bekannt)." Sie wird aber auch nicht vor Oktober 1851 erfolgt sein, da B. erst von diesem Zeitpunkte an in enge musikalische Beziehungen zu L. als sein Schüler trat. In dem 1. thematischen Verzeichnis des Jahres 1855 ist die Bearbeitung bereits enthalten unter dem Titel „Ungarische Rhapsodie No. 14 für Pianoforte und Orchester", aber noch ohne den späteren Zusatz: „Für Hans von Bülow komponiert". B. spielte das Stück unter den verschiedensten Titeln: „Ungarische Rhapsodie für P. u. Orch.", „Fantasie über Ungarische Nationalmelodien für P. u. Orch.", „Ungarische Fantasie" so lange es Manuskript war, am 23. Februar 1863 in Weimar noch unter der ganz neuen Benennung: „Ungarische Rhapsodie (No. 14, Manuskript) für P. u. O." Bei der EA. in Pest sagt das Programm allerdings nur „Magyar rapsodia", doch geht aus dem Bülow-Briefe an die Mutter mit der Überschrift „Le lendemain de la première victoire" vom 2. Juni 1853 (B.-Br. II, 53/54) hervor, dass es diese mit Orchester gewesen ist. Die von H. v. B. zitierten Werke der Lisztschen Feder (s. o.) begleiteten ihn nicht nur auf dieser ersten grösseren Reise, wo er abwechselnd heute dieses, morgen jenes spielte, er blieb ihnen viele Jahre treu. Die EA. 1 fand, wie schon mitgeteilt, in Pest in einer Theatervorstellung statt, in der man „Parisi Napló" von Nagy Ignacz aufführt, wobei B. nach dem ersten Aufzuge die Fantasie über Motive aus Beethovens Ruinen von Athen v. Liszt (auch EA. 1) und nach dem zweiten die Ungarische Fantasie spielte. Dieses Auftreten von Virtuosen in den Zwischenakten war damals und noch später vielfach gebräuchlich, die Programmsammlung Clara Schumanns (S. Anm. bei Rob. Schumann No. 1) gibt davon auch viele Beispiele. Die EA. 2 Dresden fand ebenfalls in einer Theatervorstellung, zusammen mit EA. 1 der Bearbeitung der Weberschen Polonaise statt (S. No. 24). — Bei EA. 3 befanden sich beide Stücke in klassischer Umgebung: Wasserträger-Ouvertüre von Cherubini und Eroica von Beethoven! Der dirigierende Joachim hatte sich innerlich schon von Liszt abgewendet, sein Freund H. v. B. hingegen gab sich ganz weimarisch. Derlei Programmstudien geben oft die interessantesten Aufschlüsse. Man denke sich zu den obengenannten

Stücken nun noch eine Arie aus dem Mozartschen Titus und 2 Lieder aus der schönen Müllerin von Schubert, um zu sehen, wie sehr Bülow mit den beiden Lisztschen Werken aus dem Rahmen heraustrat. — Die ursprüngliche Form der Bearbeitung wird später noch Umänderungen erlitten haben, denn wie bei dem Totentanz (s. No. 20) weichen die Anfangstakte in den beiden thematischen Verzeichnissen schon voneinander ab. Die Bearbeitung steht in E, während die zweihändige Originalform der 14. Rhapsodie in F steht.

B. Bearbeitungen.

(23.) **Franz Schubert. Grosse Fantasie.** op. 15.

[Wanderer-Fantasie.]

Symphonisch bearbeitet für Piano und Orchester
von Franz Liszt.

Allegro con fuoco ma non troppo. *attacca* Adagio. *attacca* Presto. *attacca* Allegro.

GD. *19 Min.*

Bearbeitet: 1850 bzw. erste Hälfte von 1851 in Weimar (S. Anm.), später aber wohl noch einer Umarbeitung unterzogen.

EA.: 1. **Wien**, Sonntag, d. 14. Dezember 1851 im grossen Redouten-saale im 2. Konzert der Gesellschaft der Musikfreunde nach dem Manuskript unter Leitung von *J. Hellmesberger,* gespielt von *Julius Egghard.* (S. Anm.) — 2. **Jena**, Montag, d. 10. März 1856 im Saale der Rose im 7. Akademischen Konzert nach dem Manuskript unter Leitung von *Franz Liszt,* gespielt von *Hans von Bronsart.* (S. Anm.)

Ersch.: Partitur November 1858, Orchesterstimmen Mai 1874 bei C. A. Spina, (nachmals Friedrich Schreiber), Wien.

Orch.Bes.: 2 Fl., 2 Ob., 2 Klar., 2 Fag., 2 Hr., 2 Tr., 3 Pos., Pk. — Str.-Orch.

Anmerkg. Die Zeit der Bearbeitung der Wanderer-Fantasie (s. u.) ist annähernd zu bestimmen durch die Liszt-Briefe (B. IV, S. 113) und den Brief-wechsel Liszt-Raff (Die Musik, Jahrgang I.). Nach ersteren ist die Revision einer Partitur-Abschrift Liszts Werk Anfang Mai 1851 gewesen, aus dem zweiten ist zu entnehmen, dass diese Revision am 6. Juni 1851 beendet war, da sie Liszt an diesem Tage zusammen mit Berg-Symphonie, Tasso und der Bear-beitung der Weberschen Polonaise op. 72 von Eilsen aus an Raff schickte. Hier-nach wäre die von Ramann (Liszt-Biographie II², S. 232 u. 509) auf „1856 (?)" festgesetzte, bez. vermutete Zeit der Bearbeitung richtig zu stellen. — Die EA. 1 Wien ist gänzlich unbekannt geblieben, trotzdem C. F. Pohl sie in „Die Gesell-schaft der Musikfreunde etc." (Wien 1871) auf S. 87 (hier mit dem falschen Solisten Tausig) und S. 192 ohne genaues Datum mitteilt. Die Ankündigung

auf dem Originalprogramm lautete: „Franz Schuberts grosse Pianoforte-Sonate
(op. 15) für Orchester und Pianoforte, symphonisch bearbeitet von Franz Liszt
(neu).“ In demselben Konzert dirigierte und führte in Wien Franz Lachner
erstmalig seine G-moll-Symphonie auf, ausserdem wurde Mendelssohns Ouvertüre zu „Ruy Blas“ zum ersten Male in den Gesellschaftskonzerten gespielt. —
Die EA. 2 fand in einem Konzert statt, dessen Leitung in Liszts Händen lag.
Er war mit seinen Weimaranern Singer, Cossmann, v. Bronsart, Raff und den
Sängern Caspari, Knopp, v. Milde und Roth (Mitglieder des Grossherzogl. Hoftheaters) nach Jena gefahren, um dort zur Aufführung zu bringen: Beethovens
C-moll-Symphonie, seine Bearbeitung der Wanderer-Fantasie und seinen 1853
bei dem Karlsruher Musikfest zur EA. gelangten, dort aber verunglückten
„Künstlerchor“ („An die Künstler“. Gedicht von Schiller. Für Männergesang
[Soli und Chor] mit Orchester). Joachim Raff führte in diesem Konzert
seine Ouvertüre zu dem Genastschen Schauspiele „Bernhard von Weimar“, die
später als Ouvertüre „Eine feste Burg ist unser Gott“ veröffentlicht worden ist
(s. Raff), zum ersten Male ausserhalb der Stätte ihrer Entstehung auf. —
Schuberts Fantasie op. 15 ist angeblich komponiert um 1820, erschienen Februar
1823 in ihrer Originalform für Pianoforte zu 2 Händen. Im Adagio ist eine
Stelle aus dem Liede „Der Wanderer“ benutzt, daher der Name „Wanderer-
Fantasie“. Der Titel der ersten Ausgabe lautet nach dem von Nottebohm 1874
herausgegebenen thematischen Verzeichnis der im Druck erschienenen Werke von
Franz Schubert (Friedrich Schreiber, Wien) „Fantaisie pour le Piano-Forte
composée et dediée à Monsieur Em. Noble de Liebenberg de Littin par François
Schubert. Œuvre 15.)“

(24.) C. M. v. Weber. Polonaise brillante. op. 72.
Für Pianoforte und Orchester instrumentiert von Franz Liszt.

Adolph Henselt freundschaftlichst gewidmet.

GD. *10 Min.*

Bearbeitet: 1850 bez. erste Hälfte 1851 in Weimar, zu gleicher Zeit
wie die Schubertsche Wanderer-Fantasie. (S. Anm.)

EA.: 1. Dresden, Montag, den 12. September 1853 im Königl. Hof-
theater in einer Theatervorstellung (s. Anm.) unter Leitung von
Julius Rietz, gespielt von *Hans von Bülow*. — 2. Hannover,
Sonnabend, d. 7. Januar 1854 im Konzertsaale des Kgl. Hoftheaters
im 2. Abonnementskonzert der Kgl. Hofkapelle unter Leitung von
Josef Joachim, gespielt von *H. v. B.* (S. Anm.) — 3. Hamburg,
Freitag, d. 24. Februar 1854 im Stadttheater in einem von Hans
von Bülow gegebenen Konzert, gespielt von *H. v. B.* (S. Anm.)

Ersch.: Partitur April 1853 bei Schlesinger, Berlin.

Orch.Bes.: 2 Fl., 2 Ob., 2 Klar., 2 Fag., 2 Hr., 2 Tr., 3 Pos., Pk., Trgl.,
Becken. — Str.-Orch.

Anmerkg. Über die Zeit der Bearbeitung gilt das über die Wanderer-Fantasie (S. No. 23) mitgeteilte. Ausserdem sind hiermit zu vergleichen die Anmerkungen zur Ungarischen Fantasie (No. 22). — Hans von Bülow führte die Bearbeitung zur Polonaise gleichzeitig mit Liszts sog. Ungarischer Fantasie (S. No. 22) in seinen Konzerten in Dresden, Hannover und Hamburg im Anfange seiner Virtuosenlaufbahn in die Öffentlichkeit ein. Liszt war bei der EA. in Dresden zugegen. Der Theaterzettel lautete: 1. C. M. v. Webers Polonaise brillante für Pianoforte (mit Orchesterbegleitung von F. Liszt); 2. „Der Kammerdiener" Posse in 4 Akten von P. A. Wolff; 3. Ungarische Rhapsodie für Pianoforte und Orchester von F. Liszt; 4. „Die Engländer auf Reisen", Vaudeville-Schwank in einem Akt, nach dem Französischen von Albert Ellmenreich. (S. Bülow-Briefe II, S. 82.) — Die Polonaise ist von Weber komponiert im Sommer 1819, vollendet am 25. August d. J. in Hosterwitz bei Dresden.

III. Chorwerke mit Orchester.

(25.) Missa solennis
zur Einweihung der Basilika in Gran.
Für Soli, Chor, Orchester und Orgel.

I. Kyrie. — II. Gloria. — III. Credo. — IV. Sanctus — V. Benedictus. — VI. Agnus Dei.

SD. I. 9 Min. II. 18 Min. III. 19 Min. IV. 6 Min. V. 8 Min. VI. 9 Min. GD. ungefähr 70 Min.

Komp.: Mitte März bis Anfang Mai 1855 in Weimar. (S. Anm.)

EA.: [Öffentliche Generalproben: P e s t, Dienstag, d. 26. und Donnerstag, d. 28. August 1856 im Prunksaale des Nationalmuseums zu Gunsten des Baufonds der Leopoldkirche.] 1. G r a n, Sonntag, d. 31. August 1856 im Dom zu Gran zu dessen Einweihung — und 2. P e s t, Donnerstag, d. 4. September 1856 in der Pfarrkirche der Innerstadt, beidemale nach dem Manuskript unter Leitung von *Franz Liszt.* Solisten: Frau *Josepha Kaiser* (Sopran), Frau *Kovalcsik* (Alt), Herr *Joseph Ellinger* teils Herr *Ludwig Jekelfalusy* (Tenor), Herr *Karl Köszegi* (Bass), sämtlich Mitglieder des Nationaltheaters in Pest. (S. Anm.) — 3. P r a g, Sonnabend, d. 28. September 1856 in der Metropolitankirche zu St. Veit (am Wenzelstage, Patroziniumsfest des Königreichs Böhmen) während des Gottesdienstes, welchem der Kardinal-Erzbischof Fürst Schwarzenberg pontifizierte, nach dem Manuskript unter Leitung von *Johann Skraup.* Solisten: Frau *Cäcilia Botschou-Soukup* (Sopran), Frl. *Müller* (Alt), Herr *Joseph Reichel* (Tenor), Herr *Karl Strakaty* (Bass); Chor: *Der Kirchenchor*; Orchester: *Theater-Orchester und Dilettanten.* — 4. E b e n-

daselbst, Montag, d. 13. Oktober 1856 in der St. Salvator-Kirche
(Fürstl.-erzbisch. Seminarkirche) „auf höheren Befehl" bei dem
„Veni sancte" für die Schüler der k. k. deutschen Oberrealschule
nach dem Manuskript unter Leitung von *Johann Skraup*; *Solisten
und Chor mit Orchester wie bei No. 3.* — 5. und 6. Wien,
Montag, d. 22. und Dienstag, d. 23. März 1858 im grossen Redouten-
saale unter Leitung von *Fr. L.* Solisten: Frau *J. Kaiser*, Frau
J. Ellinger, die Herren *Jekelfalusy* und *Köszegi*. — 7. Pest,
Sonnabend, d. 10. April 1858 im Prunksaale des Nationalmuseums
zum Besten des Konservatoriums als Hauptprobe zu 8. Eben-
daselbst, Sonntag, d. 11. April 1858 in der Pfarrkirche der
Innerstadt während des Gottesdienstes unter Leitung von *Fr. L.*
Solisten wie bei 5 und 6. — 9. Leipzig, Donnerstag (Himmel-
fahrtstag), d. 2. Juni 1859 in der Thomaskirche in der 2. Auf-
führung der 1. Tonkünstler-Versammlung unter Leitung von *Fr. L.*
Solisten: Frau *Rosalie von Milde* (Sopran), Frl. *Klara Hinkel*
(Alt), Herr *Weixelstorfer* (Tenor) und Herr *v. Milde* (Bass);
Orgel: Herr *Christian Fink*, Harfe: Frau *Pohl*; Chor: *Mitglieder
mehrerer Leipziger Gesangvereine;* Orchester: *Gewandhaus-
Orchester*. (S. Anm.)

Ersch.: Die Partitur mit unterlegtem Klavierauszug auf Regierungskosten
gedruckt in der k. k. Staatsdruckerei in Wien erschien April
1859. Übergegangen Oktober 1870 in den Verlag von J. Schuberth
& Co., Leipzig. Klavierauszug allein und Chorstimmen 1871 ebenfalls bei J. Schuberth & Co., Leipzig.

Bes.: a) Soli: Sopran, Alt, Tenor, Bass.
  b) Chor: Sopran I u. II, Alt I u. II, Tenor I u. II, Bass I u. II.
  c) Orchester: 3 Fl., 2 Ob., 2 Klar., 2 Fag., 4 Hr., 4 Tr., 3 Pos.,
    Tuba, 4 Pk., Gr. Tr., Becken, Tamtam. — Hfe. ad lib. —
    Org. — Str.-Orch.

Anmerkg. Das unter dem Namen „Graner Festmesse" bekannte Werk
ist im Auftrage des Kardinal-Primas von Ungarn Erzbischof von Gran Johann
Szitovszky komponiert. Das Titelblatt der auf Staatskosten gedruckten Partitur
besagt über Auftrag und EA. folgendes:

Missa solennis

quam ad mandatum

Eminentissimi ac Reverendissimi Dominé Domini

Joannis Scitovszky a Nagykér

S. R. Eccl. Presbyteri Cardinalis Archiepiscopi Strigonensis Principis Primatis

Regni Hungariae etc. etc. etc.

composuit

Franciscus Liszt.

Die XXXI Mensis Augusti Anno Domini MDCCCLVI dum basilica strigoniensis praesente
ipso Augustissimo Austriae Imperatore ac Rege Apostolico
Francisco Josepho I⁰
solenni ritu consecratur, per artis musicae peritos pestanos ac strigonensis socios sub moderamine
ipsius auctoris prima cantate vici.

Die EA. in Gran und Pest gaben Liszt Veranlassung zu umfangreichen Änderungen, deren erste in Zürich, wohin er alsbald nach dem Aufenthalte in seinem Vaterlande zum Besuche Richard Wagners gereist war, entstanden sind. 16 Blätter von Liszts Handschrift, die im Liszt-Museum in Weimar aufbewahrt werden, tragen den Vermerk: Zürich, November 1856. Im Februar 1857 schreibt L. an Raff, dass eine ganz neue Schlussfuge des Gloria hinzugekommen ist, in anderen Briefen aus dem Anfange desselben Jahres wird über Änderungen im Credo, Gloria und Agnus dei berichtet. Die Änderungen reichen hinein bis in die Zeit des Stiches der Partitur, der im Mai 1857 begonnen wurde. Noch im April 1858 sendete Liszt eine Variante von 4 Seiten zu dem Gloria an den Direktor der k. k. Staatsdruckerei in Wien, Hofrat v. Auer, und als 1870 bezw. 1871 das Werk in das Eigentum von Schuberth & Co. in Leipzig überging, hat Liszt noch Änderungen daran vorgenommen. — Der EA. in Gran wohnten der österr. Kaiser mit Gefolge, die Minister, die gesamte hohe Geistlichkeit, die Magnaten und Notabeln des Ungarlandes bei, deren aller Anwesenheit allerdings der Einweihung der Graner Basilika galt. Über dieses Bauwerk berichtet Joh. Batka (Stadt-Archivar in Pressburg) sehr lehrreich in einem Artikel „Die Entstehung der Graner Messe" in einem Beiblatt zur Zeitung „Vaterland", (Zeitung für die österr. Monarchie) das den Titel „Die Kirche" trägt, am 18. Januar 1908 in No. 3. Wir entnehmen diesem Berichte folgendes: „Die Erzbischöfe von Gran verliessen beim Türkeneinbruche mit dem Erzkapitel ihre Residenz. Paulus de Varda versetzte 1543 Kapitel, kirchlichen Hausrat und Archiv zuerst nach Pressburg, dann nach Tyrnau. Er selbst starb 1549 in Pressburg. Und nun blieb Gran an 277 Jahre verwaist. Es war von Erzherzog Karl von Lothringen und König Johann Sobieski 1683 den Türken für immer entrissen worden. Die Erzbischöfe kehrten auf den völlig verwüsteten alten Sitz nicht zurück, sondern residierten weiter in Pressburg. Schon Primas Erzbischof Barkoczy hatte den Entschluss gefasst, nach Gran zurückzukehren. Das war unter Maria Theresia. Er starb aber schon 1765. Was diesem Primas nicht auszuführen bestimmt war, Alexander Rudnay, 1819 bis 1831, hat es zustande gebracht. Im Jahre 1820 brachte er den erzbischöflichen Sitz und das Metropolitankapitel wieder nach Gran zurück. Rudnay hat den Grund zum neuen ungarischen Sion gelegt und den uralten, vom heilig gesprochenen König Stephan gegründeten Bischofssitz zu neuem Leben erweckt. — Primas Rudnay legte auch 1822 den Grundstein zu einer neuen, der hehren Würde des Ortes entsprechenden Basilika. Er beauftragte mit dem Baue den Wiener Architekten P. Kühnel. Zur Ausführung erhielt sie später der Budapester Architekt Johann Packh. Als derselbe jedoch 1839 ermordet war, berief Primas Kopacsy (nach neunjähriger Sedisvakanz 1838—1847) im Jahre 1840 den Budapester Architekten Josef Hild, der den heutigen Zentralbau (um die Hälfte kleiner als St. Peter in Rom) geschaffen hat. Als Primas Johann v. Scitovszky (1849—1866) seinen Sitz einnahm, war die Basilika in ihrem Äusseren bis zum Kuppelkreuze vollendet. Primas Scitovszky liess nun das Innere herstellen und die Orgel von Moser erbauen. Dann fasste der Kirchenfürst anfangs der fünfziger Jahre schon den Entschluss, die Basilika in Gegenwart Ihrer k. u. k. Majestäten des Kaisers und apostolischen Königs von Ungarn Franz Josef I. und seiner Gemahlin feierlich einzuweihen und diese Festlichkeit zu einer Landesfeier emporzuheben." Dem ist noch hinzuzufügen, dass Gran der erste Sitz des Christentums in Ungarn ist. Dort wurde der erste König von Ungarn — der hl. Stephan — geboren, getauft und gekrönt. — Den Auftrag zur Komposition erhielt Liszt von dem genannten Fürstprimas Scitovszky und aus dem Briefwechsel Wagner-Liszt ist jenes Schreiben vom 2. Mai 1855 (Bd. II, S. 69, No. 185) bekannt, in welchem Liszt sagt: „Während diesen letzten Wochen hatte ich mich gänzlich in meine Messe eingesponnen, und gestern bin ich endlich damit fertig geworden. Ich weiss nicht, wie das Ding klingen wird, — kann aber wohl sagen, dass ich mehr daran gebetet als komponiert habe." — An Intriguen, die Aufführung in Gran zu verhindern, hat es nicht gefehlt. Hauptgegner war der Liszt befreundete Graf Leo Festetics. Am 10. Juni 1856 setzte der Fürstprimas Liszt in Kenntnis, dass zur Einweihung eine Messe des Domkapellmeisters Josef Seyler zur Aufführung kommen werde. Liszts besserem Freunde, Baron Augusz, gelang es dann, die Kabalen unwirksam zu machen. Über alle diese in ihren Einzelheiten bis heute nicht genügend bekannt gewesenen Vorgänge brachte neuerdings der derzeitige Domkapellmeister an der Graner Basilika Fr. Kersch gründliche Aufklärung. Anlässlich der Wiederaufführung der Messe in Pest, 50 Jahre nach der dort vorangegangenen letzten Konzert-Aufführung, veröffentlichte er zwei Broschüren in ungarischer Sprache. Die Geschichte der ersten Aufführung, sowie die der Drucklegung der Partitur durch die k. k. Staatsdruckerei in Wien haben darin auf Grund amtlichen Quellenmaterials ihre authentische Darstellung gefunden; einige wichtige und bisher unbekannte Briefe Liszts sind in den Broschüren zum ersten Male veröffentlicht. (S. Literatur.) — Das gesamte Aufführungspersonal fuhr am 29. August 1856 mit dem Dampfschiff auf der Donau nach Gran. Die EA. dortselbst litt unter den schlechten akustischen Verhältnissen des Domes, doch brachte die Wiederholung in Pest grossen Erfolg. Graduale und Offertorium bei der EA. waren von dem Graner Domkapellmeister Seyler im Auftrage des Konsistoriums komponiert. Er schrieb dafür 2 Duette für Sopran und Tenor, die unter seiner Leitung von Herrn Fehervary und Frau Feigler aus Gran gesungen wurden. — Im Anschlusse an die EA. in Gran und Pest veranstaltete Liszt am 8. September 1856 in Pest ein grosses Wohltätigkeitskonzert, in dem die Symphonische Dichtung Hungaria (s. No. 13) zum ersten Male zur Aufführung gelangte, ausserdem noch Les Prèludes (s. No. 5). — Von den übrigen EA. ist besonders die in Leipzig (No. 9) von Interesse, da sie gelegentlich der Ersten Tonkünstler-Versammlung stattfand und überhaupt die erste in Deutschland war. Diese Versammlung, vom 1. bis 4. Juni 1859, zeitigte als wichtigstes Resultat die Annahme eines Antrages von Louis Köhler „Die Bildung eines Deutschen Musikvereines aus der Vereinigung aller Parteien, zum Zwecke „das Wohl der Musikverhältnisse und der Musiker tatkräftig zu fördern". — Zur Partitur des Werkes ist endlich zu bemerken, dass die erste in Wien in Riesenformat hergestellte Druckform später von Liszt berichtigt worden ist und diese 2. Version dann für alle späteren Aufführungen gedient hat.

Liter. *Zellner, L. A.*, „Über Franz Liszts Graner Festmesse" etc., F. Mang & Co., Wien. — *Pinkert, K.*, „Illustrationen zur Graner Messe. Eine musikalische Studie". J. Schuberth & Co., Leipzig. — *Kersch, Franz*, „Historische Daten zur Graner Festmesse von Liszt" [„Történeti adalékok Liszt esztergomi miséjéhez"], G. Bugarowitsch, Gran (1908). — *Kersch, Franz,* „Eine Studie über die Graner Festmesse von Liszt" [„Tanulmany Liszt esztergomi miséjérol"], G. Bugarowitsch, Gran. — *Volbach, Fritz,* Musikführer No. 200, Schlesinger, Berlin. — *Heuss, Alfred,* Kl. Konzertführer No. 600, Breitkopf & Härtel, Leipzig.

(26.) Ungarische Krönungs-Messe.
Für Soli, Chor und Orchester.

I. Kyrie. — II. Gloria. — III. Graduale *(Psalm 116).* — IV. Credo. — V. Offertorium *(Orchester).* — VI. Sanctus. — VII. Benedictus. — VIII. Agnus Dei.

SD. I. 6 Min. II. 7 Min. III. 5 Min. IV. 8 Min. V. 4 Min. VI. 3 Min. VII. 6—7 Min. VIII. 7 Min. GD. 47 Min.

Komp.: Herbst 1866 bis Mitte April 1867 in Rom. Vollendet am Palmsonntag, d. 14. April 1867. Das Graduale ist später (Juni 1867) komponiert. (S. Anm.)

EA.: 1. Budapest, Sonnabend, d. 8. Juni 1867 in der Mathias-Kirche bei der Krönung des Kaisers Franz Josef I. zum apostolischen König von Ungarn, während des Gottesdienstes, nach dem Manuskript unter Leitung von *Gottfried Preyer.* Solisten: Sopran und Alt *zwei Hofsängerknaben*; Herr *Erl* sen. (Tenor); Herr Dr. *Panzner* (?) (Bass); Herr *Jos. Hellmesberger* (Violinsolo), Herr *Rotter* (Orgel); Chor und Orchester: *Die k. k. Hofkapelle aus Wien,* bestehend aus 10 Hofsängerknaben, 8 Hofsängern (4 Ten. und 4 Bass, einschl. der Solisten) und 38 Hofmusikern. (S. Anm.) — 2. Wien, Sonntag, d. 2. August 1868 in der k. k. Hofkapelle (beim Gottesdienste) nach dem Manuskript unter Leitung von *Joh. Herbeck.* — 3. Ebendaselbst, Ostermontag, d. 29. März 1869 in der k. k. Hofkapelle (beim Gottesdienste) nach dem Manuskript unter Leitung von *Joh. Herbeck.*

Ersch.: Partitur, Klavierauszug und Chorstimmen Mai 1871 bei Jul. Schuberth & Co., Leipzig.

Bes.: a) Soli: Sopran, Alt, Tenor, Bass.
b) Chor: Sopran I u. II, Alt I u. II, Tenor I u. II, Bass I u. II.
c) Orchester: 2 Fl., 2 Ob., 2 Klar., 2 Fag., 4 Hr., 2 Tr., 3 Pos., Tuba, Pk. — Org. — Str.-Orch.

Anmerkg. Der EA. stellten sich anfänglich nicht unbedeutende Hindernisse entgegen. Da die biographischen Werke über diese Angelegenheit bisher sich als nicht genügend unterrichtet erweisen, sei hiermit eine Darstellung, die sich in Kornel Abranyis „Die ungarische Musik im 19. Jahrhundert" (Budapest, Rozsovölgyi, 1900, S. 338 ff.) befindet, in deutscher Übersetzung mitgeteilt. Abranyi schreibt dort selbst: „Die ungarische Krönungsmesse Liszts bildet ein überaus interessantes Incidenz in der Geschichte der ungarischen Musik. Von jenem achtgliedrigen Bunde, dem es zuzuschreiben ist, dass auf das Haupt des mit der Nation ausgesöhnten ungarischen Königs die Krone des hl. Stephan nicht unter den Klängen einer Messe des deutschen Hofkapellmeisters der ‚Wiener Hofkapelle‘, sondern unter den Klängen der ungarischen Messe Liszts aufgesetzt wurde, und dass Primas Joh. Simor unter ungarisch ertönenden Motiven auf ihn den ersten Segen Gottes herabflehen konnte, bin ich allein mehr am Leben. Als die ‚Graner Messe‘ zur Einweihung der Graner Basilika (1856) aufgeführt wurde, verlangte schon damals Primas Scitovsky im Falle der Krönung eine Messe von Liszt und Primas Simor wiederholte dieses Ansinnen. Baron Angusz war der Vermittler des Ersuchschreibens, sendete dasselbe nach Rom an Liszt, der sofort antwortete: „Paratum cor meum et psalmum dicam — Mein Herz ist bereit und ich werde den Psalm singen. Dies meine kurze Antwort, die ich dem Fürstprimas Simor zu überbringen unter der Bitte um seinen heiligen Segen Dich ersuche. Als der verewigte Fürstprimas mir den Wunsch äusserte, dass er zur Krönung Sr. Majestät des Königs von Ungarn eine neue Messe von mir gerne aufführen und durch mich dirigieren lassen würde, begann ich sofort deren Niederschrift. Der Klavierauszug des Werkes ist also schon fertig. Ich habe es nur noch zu instrumentieren. Ich habe mir dabei den Gang der allerhöchsten Krönungsfeierlichkeit und die Weisungen des verewigten Fürstprimas vor Augen gehalten. Die Dauer der Messe ist auf die kürzeste Zeit berechnet. Dich wird mein Vorgehen überraschen, nach welchem mir das Zusammenfassen der Ideen zu erreichen gelungen ist, ohne alle Schwierigkeit bei der Aufführung. Die Abschrift findet am zuverlässigsten in Pest statt. Dazu genügen drei Wochen, und eine Woche für die Proben. Bevor ich aber mein Werk endgültig abschliesse und das Manuskript einsende, erwarte ich die nötige höhere Anordnung, welche ich mich nicht berechtigt halte zu übergehen oder erfolglos zu erbitten. Aber im Falle der Aufforderung würde ich es als teure Pflicht erachten, einer solchen mit aller Ehre und dankbarster Bereitwilligkeit nachzukommen.“

Es vergingen einige Wochen nach diesem Briefe und es geschah nichts. Aber das auftauchende Gerücht, dass die Hofkreise gemäss der Hofsitte darauf beständen, die Krönungsmesse könne nur ad hoc der kaiserliche Hofkapellmeister allein für diesen Zweck schreiben, erregte in Zeitungen und in der Gesellschaft Pest-Ofens grosse Bewegung. Man fing aber bald an, die Sache als vollendete Tatsache zu betrachten. Doch damit waren die ungarischen Künstler nicht einverstanden. Es bildete sich der obenerwähnte Bund von 8 Mitgliedern, die sich verpflichteten, jeden Stein aus dem Wege zu räumen, damit die ungarische Kunst bei der Gelegenheit der Krönung Sr. Majestät zum König von Ungarn keine so empfindliche Beiseiteschiebung erleide: Die Mitglieder waren: Baron Augusz, Engesser, Erkel, Huber, Mosonyi, Reményi, Rosti und ich. Jedem Gliede wurde sein Wirkungskreis angewiesen. Ich erhielt die Aufgabe in meiner Musikzeitung und in der Presse die Frage stets lebendig zu erhalten. Baron Augusz und der Schwager Treforts, Rosti, hatten vermöge ihrer Verbindungen auf die hohen kirchlichen und Laien-Kreise zu wirken. Erkel und Huber auf die Musikkreise. Mosonyi, der im Lesen der Notenschrift Liszts Geübteste und Vertrauteste, hatte aus dem Manuskript, wie es aus Rom kam, zwei Exemplare der Partitur herzustellen. Engesser hatte das Ausschreiben der Stimmen zu besorgen, damit die Hofkapelle, falls die Hofkreise günstig zu stimmen seien, nicht sagen könnten, es sei zum Ausschreiben der Stimmen etc. bereits zu spät. Reményi, für den das Solo im Benedictus eigens komponiert worden war, hatte die Stimmung der breiten Kreise in Atem zu halten.

Alles aber hatte keinen Erfolg. Da entschloss sich der Bund zu einem letzten entscheidenden Schritte: in dieser Angelegenheit sich direkt an die künftige Königin Elisabeth, deren warme Liebe für die Nation allgemein bekannt war, zu wenden und sie zu ersuchen, dem Genius der ungarischen Kunst ihren mächtigen Schutz angedeihen zu lassen.

Auf meinen (d. h. Abranyis) Antrag hin beschloss der Bund, Max Falk, der damals der Lehrer Elisabeths in der ungarischen Sprache, Literatur und Geschichte war, bei Kenntnis seines grossen Einflusses auf die hohe Frau, zu ersuchen, in dieser Sache zu vermitteln und die Königin für die Aufführung der ungarischen Messe zu gewinnen. Sofort wurde ein Brief an Falk konzipiert, von allen Bundesmitgliedern unterschrieben und ihm nach Wien gesandt. Der grosse Patriot übernahm mit aller Bereitwilligkeit die Mission und ich erhielt nach ein paar Wochen von ihm eine erfreuliche Antwort, worin er dem Bunde freudige Nachricht gab, den Erfolg seiner Intervention als gesichert zu erachten, denn er stellte in Aussicht, dass der erste Obersthofmeister Sr. Majestät, Fürst Hohenlohe, Liszt dringend auffordern werde, binnen wenigen Tagen ihm die Partitur aus Rom einzusenden. Dieses Ersuchschreiben wurde auch abgesandt, aber weiter geschah wieder nichts. Das alles trug sich gegen Ende April zu und am 8 Juni fand die Krönung statt. Nun kam uns der Vorteil, dass die Partitur bereits in 2 Exemplaren samt Abschriften der Stimmen fertig vorlag, segensreich zu Hilfe. Der Komponist erfüllte damit den offiziellen Wunsch des Hofes völlig, sonst wäre die Messe wegen Kürze der Zeit ganz vom Programm abgesetzt worden.

Nun konnte man der Aufführung keine Prügel mehr in den Weg legen, aber die ungarischen Künstler und den Komponist als kompetenten Dirigenten seines Werkes vermochte man doch in den Hintergrund zu drängen, denn es gab keine Gewalt, welche imstande gewesen wäre, die Hofkapelle mit ihrem roten Frack und weissen Beinkleidern von der Aufführung auszuschalten. Auch die persönliche Leitung des Komponisten ging in Rauch auf."

Diese Abranyische Darstellung ist zu ergänzen, bezw. zu berichtigen, durch folgendes: Am 15. April (1867) schrieb Fürst Hohenlohe an den Fürstprimas Simor: „ob sich das Gerücht von der Komposition einer Messe für die Krönung in Budapest durch Liszt auf Wahrheit gründe und ob Liszt sich das Dirigieren vorbehalte". Am 20. April ging die Antwort in Begleitung eines Briefes von Liszt — den Baron Augusz erhalten hatte — zurück, „dass er", der Fürstprimas „hiervon auch nur privatim unterrichtet sei". Der Hof hielt fest an der Tradition, dass während des Krönungsaktes unbedingt die Wiener Hofkapelle mitzuwirken habe. Liszts Werk wurde zwar aufgeführt, aber nicht unter seiner Leitung und nicht von Pester, sondern von Wiener Kräften. Die von Zellner herausgegebenen „Wiener Blätter für Theater und Musik" berichteten unter dem 2. und 16. April 1867 über die oben geschilderten Vorkommnisse, und wenn man diese Daten und

Darstellungen mit Abranyis Mitteilungen und den Daten der erwähnten Briefe vergleicht, so geht daraus hervor, dass Zellner durch Falk früher und besser unterrichtet gewesen ist, als der Oberhofmeister Hohenlohe. — Die Leitung der Proben in Wien lag in den Händen von Joh. Herbeck, als damaligen Hofkapellmeister, der auch am 24. Mai die erste Generalprobe im k. k. Redoutensaale abhielt, dann aber erkrankte, so dass an seiner Stelle der Vizehofkapellmeister Gottfried Preyer sowohl die Leitung der Generalprobe in Pest am 6. Juni als auch die der Aufführung übernehmen musste. Preyer reiste mit der Hofkapelle, die aus folgenden Musikern: 14 Viol. u. Bratschen, 2 Celli, 3 Bässe, 2 Fl., 2 Ob., 2 Klar., 2 Fag., 4 Hr., 7 Tr., 4 Pos., 1 Tuba und 1 Pk. und der bereits mitgeteilten Zahl von Sängern bestand, am 3. Juni nach Pest und kehrte am 10. Juni zurück nach Wien. In amtlichen Verzeichnissen sind die Namen aller Mitwirkenden erhalten geblieben, die hier der Vollständigkeit wegen mitgeteilt werden. Er waren ausser 10 Hofsängerknaben folgende: Tenor: Erl sen., Dr. Peschka, Zoczek, Erl jun.; Bass: Dr. Pantzer, Westermayer, Meinal, Behringer; Violine u. Bratsche: Jos. Hellmesberger, Otter, Benesch, Dont, Strebinger, Proch, Häusler, Bezdeck, Thalmann, Bauer, Kaesmayer, Hofmann, Böhm, Kreipel; Cello: Hartinger, Röver; Bass: Richter, Vrany, Schmidt; Flöte: Fahrbach, Doppler; Oboe: Furig, Pöck; Klar.: Fridlovsky, Otter; Fagott: Wittmann, Isener; Hörner: Lewy, Kleinecke, Piehler, Niemann; Tromp.: Burger, Swoboda, Maschek, Rabensteiner, Töpfermann, Bardolf, Blaha; Pos.: F. Segner, M. Segner, Turek, Fretze; Pauke: Weidinger. Die 7 Trompeten waren nötig für die Ausführung der kirchlichen Intraden und Fanfaren bei dem Krönungsakte. — Die von Liszt in seinen Briefen erwähnte Wiederholung der Messe einige Tage nach der Krönung (L.-Br. VI, S. 132) hat nicht stattgefunden, wie auch wohl die Unterstützung der EA. durch einheimische Pester Kräfte in das Gebiet der Fabel zu verweisen ist. Die Hofkapelle reiste, wie bereits erwähnt, am 10. Juni zurück. Der Tod der Erzherzogin Mathilde hatte alle Feierlichkeiten umgestossen und selbst der neugekrönte König musste seinen Aufenthalt unterbrechen. Die Hauptprobe fand am 6. Juni statt und befriedigte wenig infolge der schwächlichen Chorbesetzung. Am 7. Juni erschien die Kritik und es ist nicht anzunehmen, dass man ohne Proben (die wieder wegen Dekorationsarbeiten in der Kirche unmöglich waren) die Aufführung riskiert hätte. — Die bei der EA. benutzte Partitur, die auch für alle späteren Aufführungen in der k. k. Hofkapelle benutzt worden ist und in derem Archive aufbewahrt wird, enthält nur Kyrie, Gloria, Credo, Sanctus, Benedictus und Agnus Dei. Das Offertorium befindet sich in einem Sonderheft, Graduale ist — da nachträglich komponiert — nicht vorhanden. Bei der Krönung wird mutmasslich ein Graduale von Preyer aufgeführt worden sein. In die Partitur sind die meisten Änderungen, die Liszt später vorgenommen hat, nachgetragen. Ein unbekannter Brief Liszts an den ungarischen Komponisten Mosonyi in Pest, der die Reinschrift der Partitur besorgt hatte, sei hier auch noch mitgeteilt: „Vorerst habe ich mich bei Ihnen zu entschuldigen ob der seltenen Einfachheit dieser Messe. Gemäss der unumgänglichen Vorschrift musste ich sie möglichst kurz halten und auf grössere Proportionen verzichten. Indessen hoffe ich, dass die beiden Hauptcharakter — der kirchliche und der national-ungarische — deutlich eingeprägt sind. Daneben werden Sie bemerken, wie sehr ich besorgt gewesen, die Ausführung unter allen Umständen leicht und flüssig zu machen. Die Singstimmen bewegen sich in den bequemsten Registern, die Instrumente in den behaglichsten Begleitungen. Ich versagte mir Enharmonien, um Disharmonien vorzubeugen, und beschränkte mich auf die gewohnten Mittel." — Die eingehende Darstellung der Geschichte der EA. der Krönungsmesse an dieser Stelle rechtfertigt sich durch das völlige Unbekanntsein derselben. Die im Vorwort bereits erwähnten Herren Domkapellmeister Fr. Kersch in Gran und Stadtarchivar Joh. Batka in Pressburg haben dem Verfasser das authentische Material bereitwilligst zur Verfügung gestellt. Der letztgenannte hat, gleichwie über die Graner, so auch über die Krönungsmesse nach authentischem Material in „Die Kirche" (Wochenbeilage zum „Vaterland", Zeitung für die österreichische Monarchie) No. 31 vom 1. August 1908 die Geschichte von deren EA. veröffentlicht.

Liter. *Abrayi, Kornel,* „Franz Liszts Ungarische Krönungsmesse" (Aus dem Ungarischen von H. Gobbi), J. Schuberth & Co., Leipzig.

(27.) **Die Legende von der heiligen Elisabeth.**
Oratorium für Soli, Chor und Orchester.

Dichtung von O. Roquette.

Seiner Majestät Ludwig II. König von Bayern in dankbarer Ehrfurcht.

Erster Teil. Orchestereinleitung. 1. Ankunft auf der Wartburg. 2. Landgraf Ludwig. 3. Die Kreuzritter.
Zweiter Teil. 4. Landgräfin Sophie. 5. Elisabeth. 6. Feierliche Bestattung der Elisabeth.

SD. *Teil I: 1 St. 30 Min. Teil II: 1 St. 20 Min.* **GD.** *2 St. 50 Min. (ohne Striche).*

Komp.: Begonnen etwa Herbst 1857 in Weimar. Erstes und zweites Bild daselbst komponiert 1858/59. Das Ganze vollendet — nach einer Unterbrechung während 1860 — in Rom und zwar die Komposition etwa Mai 1862, die Partitur Anfang August 1862. (S. Anm.)

EA.: 1a. Pest, Dienstag, d. 15. August 1865 im grossen Saale der Redoute im 1. Festkonzert des 1. Ungarischen Musikfestes (s. Anm.), nach dem Manuskript unter Leitung von *Franz Liszt,* in ungarischer Sprache nach der Übersetzung von Kornel Abrányi. Solisten: Frau *Pauli-Markowits* (Elisabeth), Frl. *Rabatinski* (Landgräfin Sophie), Herr *Bignio* aus Wien (Landgraf Ludwig), Herr *v. Thaiss* (Magnat und Seneschall) und Herr *Köszegi* (Landgraf Hermann und Kaiser Friedrich). *Orchester des ungarischen Nationaltheaters.* — 1b. Ebendaselbst, Dienstag, d. 22. August 1865 Wiederholung im gleichen Saale mit *denselben Solisten* auch unter Leitung von *F. L.* (S. Anm.) — 2a. München, Sonnabend, d. 24. Februar 1866 im Kgl. Hof- und Nationaltheater in der Grossen Musikaufführung zum Vorteile des Hoftheater-Sing-Chores nach dem Manuskript unter Leitung von *Hans von Bülow.* Solisten: Frau *Diez*, Frl. *Deinet*, die Herren *Fischer*, *Hartmann* und *Simons* (sämtlich Mitglieder des Hoftheaters). 2b u. ç. Ebendaselbst, Wiederholungen Donnerstag, d. 1. März 1866 und Donnerstag, d. 10. Mai mit *denselben Solisten* und unter Leitung von *H. v. B.* (Auff. 3b auf königlichen Befehl). — 3. Prag, Freitag, d. 20. April 1866 im Neustädter Theater im Konzert des Künstlervereins (Umělecká Beseda) nach dem Manuskript (in böhmischer Sprache) unter Leitung von *Friedrich Smetana.* Solisten: Frl. *Bubenicek* (Elisabeth), die anderen sind bisher nicht zu ermitteln gewesen. — 4a. Eisenach, Mittwoch, d. 28. August 1867 im Rittersaale der Wartburg zur Feier des 800jährigen Bestehens der Wartburg, unter Leitung von *F. L.* Solisten: Frl. *Sophie Diez* (Elisabeth), Frl. *Karen Holmsen*, die Herren *Hartmann*, *v. Milde* und Kantor *Zech.* (S. Anm.) — 4b. Ebendaselbst, Donnerstag, d. 29. August 1867 in der Hauptkirche Wiederholung dieser Aufführung mit *denselben Solisten* unter Leitung von *Karl Müller-Hartung.* (S. Anm.) — 5. Leipzig, Mittwoch, d. 22. Januar 1868, Pauliner Kirche, 66. Konzert des Riedelvereins, Leitung: *Karl Riedel.* Solisten: Frau *S. Diez* (Elisabeth), Frl. *Cl. Martini* (Sophie), Herr *P. Richter* (Hermann, Ludwig, Seneschall), Herr *Goldberg* (Magnat). — 6a. Wien, Sonntag, d. 4. April 1868 im grossen Redoutensaale im 2. (letzten) ausserordentlichen Konzert der Gesellschaft der Musikfreunde unter Leitung von *Joh. Herbeck*; Solisten: Frl. *Bertha Ehnn* (Sopran), Frl. *Gindele* (Mezzosopran), Herr *Bignio* (Tenor), Herr *Walter* und Herr *Dr. Kraus* (Bariton und Bass). 6b. Ebendaselbst, Sonntag, den 11. April 1868 Wiederholung dieser Aufführung unter *gleicher Leitung* und mit *denselben Solisten.*

Ersch.: Partitur Februar 1868, Klavierauszug März 1867, Chorstimmen Oktober 1867, Orchesterstimmen Dezember 1870 bei C. F. Kahnt, Leipzig.

Bes.: a) Soli: Sopran: Die heilige Elisabeth, Ludwig (Kinderstimme). — Mezzosopran: Landgräfin Sophie. — Bariton: Landgraf Ludwig, Ungarischer Magnat, Seneschall. — Bass: Landgraf Hermann, Kaiser Friedrich von Hohenstaufen.

b) Chor: Sopran I u. II, Alt I u. II, Tenor I u. II, Bass I u. II. Frauenchor und Männerchor. Im Frauenchor auch 3 Solostimmen oder Halbchor.

c) Orchester: 3 Fl. (3. auch Kl. Fl.), 2 Ob., Engl. Hr., 2 Klar., 2 Fag., 4 Hr., 3 Tr., 3 Pos., Tuba, 2 Pk., Becken, Gr. Tr., Kl. Tr., Tiefe Glocke in E. — Hfe. — Harmonium und Orgel. — Str.-Orch.

Anmerkg.: Die ersten Entwürfe zur Komposition mögen schon dem Jahre 1856 entstammen. Ob und inwieweit Eduard Lassens Oper „Landgraf Ludwigs Brautfahrt", die denselben Stoff behandelt, Einfluss auf Liszts und der Fürstin Wittgenstein Pläne gewonnen hat, wird der zukünftige Liszt-Biograph zu untersuchen haben. Lassen kam mit der fertigen, ursprünglich nach französischem Texte geschriebenen Oper (über die Liszt bereits informiert war) Ende Februar 1856 nach Weimar (S. L.-Br. III, No. 36 und 37 und Br. a. L. II, No. 34 und 48). Schwind hatte den Zyklus seiner Gemälde in der Wartburg bereits Ende September 1855 beendet. Auch der Librettist O. Roquette war schon im Sommer 1855 in Weimar. Über dies alles berichtet das noch zu erwähnende Weimarer Sonntagsblatt. Bei der Besprechung der ersten szenischen Aufführung der hl. Elis. (s. unten) durch Dr. Richard Falkenberg im Musikalischen Wochenblatt (1881, No. 47 u. 48) wird auch die Operndichtung „Elisabeth" eines Thüringer Organisten Riedel, als eines Libretto erwähnt, das Liszts Interesse an dem Stoffe geweckt habe. Auch darüber würde eine ihrer Aufgabe gewachsene Liszt-Biographie Aufklärungen zu bringen haben. Die Mitteilung L. Ramanns (Liszt-Biographie II[2], S. 448), dass der Grossherzog von Sachsen-Weimar die Dichtung im Juli 1857 an den zur Kur in Aachen weilenden Liszt geschickt und dieser sich erst daraufhin für die Komposition entschieden habe, kann in dieser Form nicht richtig sein. Das ist auch ersichtlich aus dem Briefe Liszts vom 3. Juni 1857 (L.-Br. III, S. 92) in dem er schreibt: „ich hebe mir Elisabeth zum Herbst auf. Das legendäre Libretto hat mir O. Roquette gedichtet". Die Liszt nahestehende Neue Zeitschrift für Musik berichtete im Oktober 1856 (Bd. 45, S. 175) über seine Werke und Pläne und schreibt: „Diese Legende wird allem Vermuten nach ihre erste Aufführung im grossen Sängersaale der Wartburg erleben, da sie zur feierlichen Einweihung der unter dem regierenden Grossherzog Karl Alexander schon seit zehn Jahren in Restauration begriffenen und nunmehr in zwei Jahren vollendeten Wartburg, des berühmten Stammschlosses der Landgrafen von Thüringen, bestimmt sein dürfte. — O. Roquette war fleissiger Mitarbeiter am Weimarer Sonntagsblatt, einer 1855—1857 erschienenen „Zeitschrift für Unterhaltung aus Kunst und Literatur". Von R. wurde das Trauerspiel „Jacob von Artevelde" am 27. März 1856 auf der Weimarer Bühne aufgeführt. — Eine im Liszt-Museum in Weimar befindliche Handschrift Liszts, enthaltend Entwürfe zu dem Vorspiel, der Arie des Landgrafen, dem Rosenwunder und dem Abschied und zur Partie der Sophie, kann vielleicht als erste Skizze angesehen werden. Bestätigt sich bei strenger Forschung diese Annahme, dann ist auch bewiesen, dass in Weimar ausser dem ersten und zweiten Bilde noch anderes entstanden bez. entworfen ist. Die Komposition scheint im Jahre 1860 gänzlich geruht zu haben, die Hauptarbeit ist in Rom 1861/62 geschehen. Die Beendigung der Komposition setzt Liszt selbst in den Mai 1862 (s. L.-Br. III, S. 189), über die Vollendung der Partitur schreibt er am 10. August 1862 (s. L.-Br. II, S. 17): „Die Legende der Heiligen Elisabeth ist bis zur letzten Note der Partitur fertig geschrieben." Das Nachwort zur Partitur trägt die Datierung: Rom, Oktober 1862. Zwanzig Jahre nach Vollendung schreibt Liszt an die Fürstin W. über die Heil. Elisabeth (s. L.-Br. VII, S. 354) „dirigèe par votre inspiration et inculquée à Otto Roquette". —

Über das 1. Ungarische Musikfest, das zur Feier des 25jährigen Bestehens des Konservatoriums in Pest stattfand, und während dessen die Legende aus der Taufe gehoben wurde, ist folgendes zu berichten. Das 1. Festkonzert (15. August 1865) wurde eröffnet mit einem Hymnus für Soli, Chor und Orchester aus der Oper: „Dosza György" von Erkel (damals Kapellmeister in P.), dem die Legende folgt. Das 2. Festkonzert, am 17. August Vormittags 10 Uhr im grossen Redoutensaale, brachte folgendes Programm: 1. Fest-Ouvertüre von R. Volkmann (EA. nach dem Manuskript) und 2. Die dramatische Szene „Sappho" für Sopransolo und Orchester (ebenfalls EA. nach Manuskript) unter Leitung des Komponisten; 3. Den ersten Satz von Liszts Dante-Symphonie: das Inferno, unter Leitung Liszts. Dieses hier zur 3. Aufführung gelangende Werk, das bei seiner EA. in Dresden (s. No. 2) Fiasko erlebt hatte, erfreute sich bei den Landsleuten des Komponisten eines aussergewöhnlichen Erfolges, es wurde von der Franzeska-Episode an bis zum Schlusse wiederholt; 4. Festmusik für Orchester von Mosonyi; 5. Ungarisches Violinkonzert von Remenyi, nach dem Manuskript zum ersten Male gespielt vom Komponisten; 6. Ungarische Volkslieder, gesungen von Frau Hollòsy-Lonnovics und 7. Rakóczy-Marsch in der symph. Bearbeitung von F. Liszt. Am 29. August veranstalteten dann Liszt, Bülow und Remenyi ein Wohltätigkeitskonzert (unter dem bescheidenen Titel „Musikalische Vorträge") das einen Reingewinn von über 5000 Gld. erzielte. Liszt spielte in diesem Konzert seine Klavierstücke: „Der heilige Franziskus von Paula auf den Wogen schreitend" und „Die Vogelpredigt des heiligen Franziskus von Assisi", „Ave Maria" und „Cantique d'amour" aus den Harmonies poëtiques et religieuses. Hans von Bülow spielte die für ihn komponierte sog. Ungarische Fantasie, die ihm Liszt begleitete. — Entgegen den Meldungen in mehreren Musikzeitungen der damaligen Zeit über eine Wiederholung der EA. 3 in Prag sei festgestellt, dass eine solche nicht stattgefunden hat. — Die EA. 4 auf der Wartburg fand im Anschluss an die 5. Tonkünstler-Versammlung des Allgemeinen Deutschen Musikvereins in Meiningen als deren 6. Aufführung „Zur Feier der vor 800 Jahren erfolgten Gründung der Wartburg" statt. Diese Aufführung war nur einem beschränkten Kreise von Eingeladenen zugänglich. Aus den Konzertprogrammen der vom 22.—29. August währenden Tonkünstlerversammlung sind erwähnenswert: Bülow, Nirwana, symph. Stimmungsbild; Volkmann, Sappho (s. oben); L. Damrosch, Violinkonzert, vom Komponisten gespielt; Draeseke, Szene für Sopran und Tenor aus der Oper „König Sigurd"; Lassen, Symphonie No. 1, D dur; Kiel, Klavierkonzert; Liszt, Bergsymphonie, 23. Psalm für Sopransolo, Orgel und Harfe und „Die Seligkeiten" für Bariton, Chor und Orgel aus Christus; Berlioz, Duett für Sopran und Alt aus „Beatrice und Benedikt". — Die erste szenische Aufführung fand im Hoftheater in Weimar am 23. Oktober 1881 zur Nachfeier des 70. Geburtstags Liszts unter Leitung von E. Lassen statt. Die Solopartien wurden gesungen von Frau Fichtner-Spohr (Elisabeth), Frl. Schärnack (Landgräfin), Herren O. Milde (Magnat und Kaiser Friedrich), Scheidemantel (Landgraf Ludwig), Wiedey (Landgraf Hermann), Hennig (Seneschall) und Fräulein Sicca (Der junge Ludwig). —

Zur Besetzung der Solopartien ist zu bemerken, dass zur Not mit einem

Baritonisten (für Magnat, Landgraf Ludwig und Seneschall) und einem Bassisten (für Landgraf Hermann und Kaiser Friedrich) auszukommen ist; richtiger bleibt es immerhin, dem Sänger der Partie des Landgrafen Ludwig eine weitere Solopartie nicht zuzuerteilen. — In dem Korrekturexemplar der Partitur befinden sich im Kreuzrittermarsch und in der Orchestereinleitung zu No. 6 Sprünge eingezeichnet, die von Liszt selbst herrühren mögen oder doch von ihm gutgeheissen worden sind. Ihres authentischen Ursprungs wegen werden diese Sprünge hier mitgeteilt: 1. Im Kreuzrittermarsch Sprung vom Ende des 2. Taktes der Seite 155 der Partitur bis zum Beginn des 3. Taktes der Seite 165; 2. in der Orchestereinleitung zu No. 6 Sprung vom Ende des 14. Taktes der S. 265 bis zu Beginn des 15. Taktes der Seite 271. [Die nötigen kleinen Änderungen in den Blasinstrumenten ergeben sich von selbst; die ersten Violinen nehmen die beiden Auftaktviertel h-gis vor dem Sprung eine Oktave höher, die zweite Violine verdoppelt diese beiden Viertel in der eingestrichenen Oktave, Bratsche und Cello streichen den halben Takt vor dem Sprung.] — Über die von Liszt in der Legende verwendeten liturgischen und ungarischen Motive berichtet ausführlich das von dem Verfasser herausgegebene „Neue Textbuch" (s. Literatur). —

Liter. *Bülow, Hans von,* „Die erste Aufführung von Fr. Liszts Oratorium „Die Heilige Elisabeth" auf dem ersten ungarischen Musikfeste" Neue Zeitschrift für Musik, Bd. 61 (1865) No. 37 und 38, C. F. Kahnt, Leipzig. (Wieder abgedruckt in Bülows „Ausgewählte Schriften" S. 298 ff., Breitkopf & Härtel, Leipzig). — *Cornelius, Peter,* „Die heilige Elisabeth von Franz Liszt" Almanach des Allgemeinen Deutschen Musikvereins, Erster Jahrgang, 1868, S. 137 ff., C. F. Kahnt, Leipzig — *Arnold, Y. v.,* Franz Liszts Oratorium „Legende von der heiligen Elisabeth" und die neue Musikrichtung im Allgemeinen. Rhode, Leipzig. — *Müller-Reuter, Theodor,* Die Legende von der heiligen Elisabeth etc.", Neues Textbuch mit literar- und musikgeschichtlichen Erläuterungen", C. F. Kahnt Nachfolger, Leipzig. — *Volbach, Fritz,* Musikführer No. 147, Schlesinger Berlin. — *Kretzschmar, Herm.,* Kleiner Konzertführer No. 511, Breitkopf & Härtel, Leipzig.

(28.) Christus.

Oratorium nach Texten aus der heiligen Schrift und der katholischen Liturgie.

Für Soli, Chor, Orgel und grosses Orchester.

Erster Teil. Weihnachtsoratorium. 1. Einleitung: „Rorate coeli". (Orchester.) *attacca* 2. Pastorale und Verkündigung des Engels. (Orchester, Soli und Chor.) 3. Stabat mater speciosa. (Chor und Orgel.) 4. Hirtengesang an der Krippe. (Orchester.) 5. Die heiligen drei Könige. Marsch. (Orchester.)

Zweiter Teil. Nach Epiphania. 6. Die Seligpreisungen. (Baritonsolo, Chor und Orgel.) 7. Pater noster. Das Gebet des Herrn. (Chor und Orgel.) 8. Die Gründung der Kirche. (Chor und Orchester.) 9. Das Wunder. (Orchester und Chor.) 10. Der Einzug in Jerusalem. (Orchester, Soli und Chor.)

Dritter Teil. Passion und Auferstehung. 11. Tristis est anima mea. (Baritonsolo und Orchester.) 12. Stabat mater dolorosa. (Orchester, Soli und Chor.) 13. Osterhymne. (Frauen- oder Kinderchor und Harmonium oder Blasinstrumente.) 14. Resurrexit. (Orchester, Soli und Chor.)

SD. Teil I. 1. u. 2. 22 Min. 3. 13 Min. 4. 11 Min. 5. 12 Min. GD. ca. 60 Min.
Teil II. 6. 12 Min. 7. 8 Min. 8. 7 Min. 9. 9 Min. 10. 14 Min. GD. ca. 50 Min.
Teil III. 11. 12 Min. 12. 32 Min. 13. 3 Min. 14. 8 Min. GD. ca. 55 Min.
Teil I. 60 Min. Teil II. 50 Min. Teil III. 55 Min.
GD. ca. 2 St. 45 Min. (ohne Striche).

Komp.: Begonnen mit den Seligpreisungen Frühjahr 1859 in Weimar, diese sind beendet worden Ostern d. J. (Ende April), ein Manuskript desselben trägt die Zeitbestimmung Mai 1859. (S. Anm.) Nach mehrjähriger Pause wurde der Plan der Komposition eines Oratoriums Christus 1862 in Rom wieder aufgenommen. Hauptarbeit in den Jahren 1863, 1865 und 1866 in Rom, wo die Vollendung Anfang Oktober 1866 erfolgte. — Das Weihnachtsoratorium wird zum grössten Teile 1863 entstanden bzw. entworfen sein; die Beendigung des stabat mater speciosa meldet Liszt an die Fürstin Wittgenstein am 7. September 1863, doch trägt das Manuskript die Datierung Oktober 1865. (An Kardinal Hohenlohe schreibt Liszt, dass das Weihnachtsoratorium Sommer 1865 komponiert sei.) Pater noster gehört auch in die Weimarer Zeit auf der Altenburg, bevor die Fürstin Wittgenstein diese verliess, also vor Mai 1860. (L.-Br. VII, 347.) Gründung der Kirche und Das Wunder entstanden nach brieflichen Äusserungen Liszts Herbst 1865, Tristis ist beendet worden August 1866, Stabat mater dolorosa wurde 1865 begonnen, aber erst Sommer 1866 beendet, 1864 und erste Hälfte 1865 hat die Arbeit geruht. (S. Anm.) (S. L.-Br. VII, 347.)

EA.: **I. Teil-Aufführungen.** A. Die Seligpreisungen. 1. Weimar, Sonntag, d. 2. Oktober 1859 in der Haupt- und Stadtkirche in einem von dem Organisten Töpfer veranstalteten Konzert zum Besten des Gustav Adolf-Vereins [insbesondere für den Wiederaufbau des evangelischen Kirchleins in Geisa und zum Besten der Pestalozzi-Stiftung für Schullehrer-Witwen und Waisen] nach dem Manuskript unter Leitung von *Karl Montag;* Bariton: Herr v. *Milde,* Orgel: Herr *Töpfer,* Chor: der *Montagsche Singverein* und der *Kirchenchor.* (S. Anm.) — 2. Leipzig, Sonntag, d. 12. Mai 1861 in der Thomaskirche im 31. Konzert des Riedel-Vereins unter Leitung von *Karl Riedel;* Bariton: Herr v. *Milde,* Orgel: Herr *Höpner.* — B. Pater noster. 3. Dessau, Donnerstag, d. 25. Mai 1865 in der Schlosskirche im 1. Konzert der 4. Tonkünstler-Versammlung des Allgem. Deutschen Musikvereins — und 4. Leipzig, Sonntag, d. 18. Juni 1865 in der Thomaskirche im 53. Konzert des Riedel-Vereins unter

Leitung von *Karl Riedel;* Orgel: Herr *G. A. Thomas,* Chor: der *Riedel-Verein.* — C. Stabat mater speciosa. 5. Rom, Donnerstag, d. 4. Januar 1866 in der Franziskanerkirche Ara Coeli (auf dem Kapitol) nach dem Manuskript unter Leitung des regens chori *Davies.* Chor: der *Kirchenchor.* (S. Anm.) — D. Das Weihnachtsoratorium. 6. Rom, Sonnabend, d. 6. Juli 1867 in der Dante-Galerie nach dem Manuskript unter Leitung von *G. Sgambati.* (S. Anm.) — 7. Wien, Sonntag, d. 31. Dezember 1871 im Musikvereinssaale im 3. Konzert der Gesellschaft der Musikfreunde nach dem Manuskript unter Leitung von *Anton Rubinstein;* Orgel: Herr *Bruckner,* Chor: der *Singverein der Gesellschaft der Musikfreunde.*
II. Gesamt-Aufführungen. 1. Weimar, Donnerstag, d. 29. Mai 1873 in der Stadtkirche unter Leitung von *Franz Liszt.* Solisten: Frau *Rosalie v. Milde* (Sopran), Frl. *Bertha Dotter* (Alt), Herr *Borchers* (Tenor), Herr *v. Milde* (Bariton und Bass); Chor: *Sing-Akademien aus Weimar, Erfurt und Jena;* Orchester: *Grossherzogl. Hofkapelle;* Orgel: Stadtorganist *Sulze.* (S. Anm.) — 2. Pest, Sonntag, d. 9. November im grossen Redoutensaale zur Feier des 50jährigen Künstlerjubiläums von Liszt unter Leitung von *Hans Richter.* Solisten: Frl. *Naday* (Sopran), Frl. *Kvassay* (Alt), Herr *Lang* (Tenor), Herr *Pauli* (Bariton), Herr *Köszegi* (Bass) [sämtlich Mitglieder der ungarischen Oper], Herr *Bellovits* (Orgel), Herr *Fr. Erkel* (Harmonium); Chor: *Verein der Musikfreunde, Ofener Sing-Akademie, Liszt-Verein, Chor des ungarischen Theaters;* Orchester: das *Orchester* (verstärkt) *des ungarischen Theaters.* (S. Anm.) — 3. München, Montag, d. 12. April 1875 im Saale des Kgl. Odeon in einem Konzert des Hoffbauerschen Gesangvereins unter Leitung von *Karl Hoffbauer.* Solisten: Frl. *M. Breidenstein* (Sopran), Frl. *Dotter* (Alt), Herr *Borchers* (Tenor), Herr *Schuegraf* (Bariton und Bass), Herr *Miegler* (Orgel), Herr *Schmeidler* (Harmonium); Orchester: *Die verstärkte Kapelle des 1. (Kgl. Bayr.) Infanterie-Regiments.*

Ersch.: Seligkeiten März 1861, Pater noster September 1864 als Einzelstücke bei C. F. Kahnt, Leipzig. Das ganze Werk Partitur und Klavierauszug Mai 1872, Chor- und Orchesterstimmen August 1872 bei Jul. Schuberth & Co., Leipzig, übergegangen Juni 1880 in den Besitz von C. F. Kahnt, Leipzig.

Bes.: a) Soli: Sopran: Angelus und Quartette. — Alt: Quartette. Tenor: Soli und Quartette. — Bariton: Christus u. Soli (Seligpreisungen). — Bass: Quartette. — (8 Frauenstimmen: 4 Sopr., 4 Alt.)
b) Chor: Sopran I u. II, Alt I u. II, Tenor I u. II, Bass I u. II. (4—7stimmiger gemischter Chor. Ausgewählter kleiner Chor erwünscht, ebenso Kinderchor für Osterhymne. S. Anm.)
c) Orchester: Kl. Fl. (2), 2 Fl., 2 Ob., Engl. Hr., 2 Klar., 2 Fag., 4 Hr., 3 Tr., 3 Pos., Tuba, 4 Pk., Gr. Tr., Becken, Glocken. — Hfe. — Orgel, Harmonium. — Str.-Orch. (S. Anm.)

Anmerkg. Mit der Idee eines „Christus" scheinen sich Liszt und die Fürstin Wittgenstein bereits im Jahre 1853 beschäftigt zu haben, darauf deuten die Briefe, die L. im Juli dieses Jahres von Zürich, wo er zum Besuche Wagners weilte, an die Fürstin schrieb und in denen er von Unterhaltungen über diese Idee und diesen Stoff mit Herweg berichtet. Die Kompositionsdaten geben Zeugnis davon, wieviel später sich der Plan verwirklichte, denn bei der Komposition der „Seligpreisungen", die schliesslich der Kristallisationspunkt des Werkes geworden sind, scheinen weder L. noch seine Planhelferin an den später daraus erwachsenden Christus gedacht zu haben. Die Absicht der Komposition des Beati ist bereits ausgesprochen in Briefen der Jahre 1855, 1856 und 1857, erst 1859 jedoch ging L. an die Ausführung. Einige Jahre nach der Vollendung der Seligpreisungen und deren EA. betrachtet L. dieses Werk noch als ein Chorstück, geeignet als Graduale innerhalb der katholischen Messe zu dienen. So schreibt er an H. v. Bülow, als es sich um eine von diesem beabsichtigte Aufführung der Graner Messe handelt. (Briefe L.-B. S. 312/313.) Dass die Fürstin W. der Komposition der Seligpreisungen nahe gestanden hat, scheint hervorzugehen aus der auf dem Manuskript befindlichen Widmung:

„Pour Carolyne. Elle est l'inspiration, la liberté et le salut [„l'insépendance" ist ausgestrichen] de ma vie — et je prie Dieu, que nous fructifions ensemble pour la vie eternelle."   F. L. 15. Oktober 1859.

Diese Worte schrieb Liszt nach der ersten Aufführung, die, wie oben mitgeteilt, am 2. Oktober 1859 stattgefunden hatte. Dieser ersten Aufführung soll eine andere in der Schlosskapelle in Weimar vorausgegangen sein. Die oben mitgeteilten EA. der Seligpreisungen sind nicht die einzigen vor der Aufführung des Gesamtwerkes gewesen; in Rom, Prag, Meiningen haben deren auch stattgefunden, allerdings sämtlich erst nach der Drucklegung. Auf dem Programm der EA. Weimar lautet der Titel des Stückes: „Die acht Seligpreisungen aus der Bergpredigt (Matth. V, 3—10)" etc. In demselben Konzert wurde auch Liszts 23. Psalm zum ersten Male zur Aufführung gebracht, der dann am 30. Oktober desselben Jahres, zusammen mit dem 137. Psalm wiederholt wurde. — Die Geschichte der Komposition des Lisztschen Christus einwandfrei zu schreiben wird eine schwere, aber dankbare Aufgabe sein. Rammanns und Pohls Mitteilungen können nicht durchaus als zuverlässig angesehen werden, da die brieflichen Äusserungen Liszts über die Entstehung der einzelnen Teile des Werkes abweichend lauten. Erste Entwürfe und endliche Vollendung liegen weit auseinander, da die Arbeit am Werke im Jahre 1864 gänzlich geruht zu haben scheint und auch 1865 erst im Spätjahr wieder aufgenommen worden ist. Den festen Plan zum Oratorium gefasst zu haben, bekundet Liszt in einem Briefe vom 19. November 1862 in Rom, in dem er schreibt „Nun stelle ich mir die grosse Aufgabe des Christus-Oratoriums" etc. (L.-Br. III, S. 32/33). Die Texte zu den stabat mater speciosa und dolorosa sendete Emile Ollivier im Hochsommer 1858 von Paris aus an L., der die Absicht der Komposition beider Gedichte im Juli 1860 der Fürstin W. anzeigt (L.-Br. V, S. 26). Über die Placierung des speciosa im Weihnachtsoratorium spricht sich L. im August 1866, als er mitten in der Arbeit sass, aus (L.-Br. VIII, S. 184). Die erste Aufführung dieses Stückes in Rom (s. o.) muss nicht sonderlich

gelungen gewesen sein, da nach einem Berichte des „osservatore romano"
(13. Jan. 1866) an derselben nur „7–8 Knaben hier und dort durch die Kraft
weniger Sänger unterstützt" an derselben beteiligt waren. [Liszt schreibt selbst
über diese Aufführung (L.-Br. VI, S. 321): „Le stabat mater speciosa, qui
avait été quasi massacré à Ara Coeli."] A. W. Ambros hat dieser Aufführung beigewohnt („Bunte Blätter" I, S. 65), nennt für sie jedoch ein falsches
Datum, nämlich „Weihnachtstag 1865." Auch aus Liszts Schreiben an Brendel
(L.-Br. II, S. 90) ist das richtige Datum nicht zu konstruieren gewesen, das sich
dann schliesslich aus dem bereits erwähnten Berichte mit Genauigkeit feststellen liess. Auch die erste Aufführung des Weihnachtsoratoriums in Rom
wird mangelhaft gewesen sein, da L. die Erlaubnis dazu erst nach der Generalprobe erteilte. Ausser dem Weihnachtsoratorium scheint dabei auch die „Gründung
der Kirche" erstmalig aufgeführt worden zu sein. — Über die in dem Oratorium
verwendeten liturgischen Melodien, die Texte der beiden Stabat mater und der
Osterhymne und manches andere ist nachzulesen des Verfassers bei C. F. Kahnt
Nachfolger neu herausgegebenes und mit Erläuterungen versehenes „Neues Textbuch". — Der Partitur setzte Liszt die Worte vor: Veritatem autem facientes
in caritate, crescamus in illo per omnia, qui est caput Christus", „Wahrheit in
Liebe wirkend, lasset uns in Allem wachsen an dem, der das Haupt ist,
Christus". (Paulus, an die Epheser, 4, 15.) —

Eine ganz strichlose Aufführung des Werkes ist kaum empfehlenswert.
Auch bei der EA. Weimar waren Kürzungen, vorzugsweise im Weihnachtsoratorium, gemacht worden, dabei war die Gründung der Kirche zwischen die
Seligpreisungen und das Vater unser eingeschoben, eine Platzvertauschung die
durchaus empfehlenswert ist. Richard Wagner wohnte mit Cosima der EA. 1 bei.
— Die EA. 2 Pest war der Mittelpunkt von Liszts 50jährigem Künstlerjubiläum
am 8. und 9. November 1873. Aus den Festlichkeiten sind hervorzuheben:
1. Serenade am 8. November, ausgeführt von zwei Militärmusikchören, die
Liszts „Sturmmarsch", „Goethemarsch" und „Krönungsmarsch" spielten;
2. Matinee am 9. November im kl. Redoutensaale mit der Aufführung einer
von Emil Abrányi gedichteten, von Heinrich Góbbi komponierten „Liszt-Kantate"
(für Gesangssoli, Chor und Klavier) durch den Liszt-Verein, die Damen Kauser
und Frl. Scholz, die Herren Gobbi, Sepos (Klavier), Dubez (Harfe) unter Leitung
von Engesser. Nach der Kantate erfolgte die Überreichung der Ehrengaben,
bestehend in einem goldenen Lorbeerkranz, gestiftet von vaterländischen Ver-
ehrern und überreicht mit der Stiftungsurkunde über 3 Stipendien der Stadt
Pest von einem Repräsentanten der Hauptstadt, Herrn Paul Kiralyi, einem
von dem Allgemeinen Deutschen Musikverein gestifteten silbernen Kranz überreicht von Robert Volkmann und Baron von Loën, Geschenken des Wiener
Musikvereins überreicht von J. Hellmesberger. Am 10. November fand ein
Bankett statt, dessen besondere Erwähnung getan wird, da dabei folgendes
vom Erzbischof Haynald verlesene Telegramm Richard Wagners eintraf:

> Dem Neid den Wert der Dankesschuld entringen,
> Vergebne Müh', der Mancher müd' erlag!
> Muss sich der Genius der Welt entschwingen,
> Dem Fluge nur die Liebe folgen mag.

Dich liebt Dein Volk: ihm sollt' es auch gelingen,
Würdig zu feiern Deinen Ehrentag.
Was heut ein Volk an Huld Dir will erzeigen:
Durch Liebe ist's auch uns'ren Herzen eigen.
Bayreuth, am 10. November 1873.   Richard und Cosima Wagner.

Eine Festvorstellung im Nationaltheater mit der Aufführung des ungarischen Volksstückes „Csikos" beschloss das Jubiläum. —

Liter. *Ramann, L.*, „Franz Liszts Oratorium Christus" Leipzig, C. F. Kahnt. — *Pohl, Rich.*, „Christus" in „Franz Liszt", Leipzig, Bernhard Schlicke. — *Jordan, Wolfgang*, Musikführer No. 189/90, Berlin, Schlesinger. — *Kretzschmar, Herm.*, Kleiner Konzertführer No. 551, Leipzig, Breitkopf & Härtel. — *Müller-Reuter, Theod.*, „Neues Textbuch etc., Leipzig, C. F. Kahnt Nachfolger. — *L. v. N.*, „F. Liszts Oratorium ‚Christus'. Eine Studie zur zeit- und musikgeschichtlichen Stellung desselben. Mit Notenbeispielen." Weimar, J. F. A. Kühn.

(29.) **Der 13. Psalm**
„Herr wie lange willst du meiner sogar vergessen?"
Für Tenor-Solo, Chor und Orchester.

Peter Cornelius gewidmet.

GD. 25—26 Min.

Komp.: Mitte Juli bis Mitte September 1855 in Weimar.

EA.: 1. Berlin, Donnerstag, d. 6. Dezember 1855 im Saale der Sing-Akademie im 5. Konzert des Sternschen Orchestervereins nach dem Manuskript unter Leitung von *Franz Liszt*. Solisten: Frl. *Geiselcr*, die Herren *Theodor Formes* (Tenor) und *Sabbath* (Bass). Chor: *Sternscher Gesangverein;* Orchester: *Liebigsche Kapelle*. (S. Anm.) —
2. Jena, Sonntag, den 15. März 1857 in den Akademischen Rosensälen im 7. Akademischen Konzert nach dem Manuskript (zum ersten Male in der Bearbeitung mit nur einer Solostimme) unter Leitung von *Wilhelm Stade*; Tenorsolo: Herr *Caspari* aus Weimar. — [Karlsruhe, Dienstag, d. 23. August 1864 im Grossherzogl. Hoftheater im 2. Konzert der 3. Tonkünstlerversammlung des Allgemeinen Deutschen Musikvereins unter Leitung von *Max Seifriz*; Tenorsolo: Herr *Brandes*. (Vergl. hierzu Anmerkg. zu No. 17 II.)]

Ersch.: Partitur (mit unterlegtem Klavierauszug), Chor- und Orchesterstimmen April 1864, Klavierauszug allein April 1878 bei C. F. Kahnt, Leipzig.

Bes.: a) Solo: Tenor.
b) Chor: Sopran I u. II, Alt I u. II, Tenor I u. II, Bass I u. II.
c) Orchester: 2 Fl., 2 Ob., 2 Klar., 2 Fag., 4 Hr., 2 Tr., 3 Pos., Tuba, 3 Pk. — Str.-Orch.

Anmerkg. In dem 13. Psalm sind ursprünglich **mehrere** Solopartien gewesen, wie aus den oben mitgeteilten dem Originalprogramm entnommenen Namen und ausserdem aus den Referaten über die EA. in Berlin hervorgeht. Für die spätere Umarbeitung gibt Ramann (L.-Biogr. II², S. 509) 1861/62 an. Der Psalm ist jedoch bereits 1857 in Jena mit nur einer Solostimme (Tenor), also abweichend von der ersten Version in Berlin, aufgeführt worden. Wenn Ramanns Angabe richtig ist, so hat man also nach 1857 eine 2. Umarbeitung anzunehmen, die diejenige sein wird, von der Liszt in dem Briefe vom 29. August 1862 (s. L.-Br. II, S. 21) spricht. Er schreibt darin von der „neuen definitiven Gestaltung" von 3 Psalmen und erwähnt dabei ausdrücklich den 13., dessen Partitur aber noch im November 1863 bei Liszt in Rom war. Die Aufführung in Berlin sei für ihn nur „eine erste Korrektur-Aufführung" gewesen, heisst es noch in dem Briefe und weiter „der Tenorpart ist sehr wichtig; — ich habe mich dabei **selbst** singen lassen und das Gebaren des Königs David in Fleisch und Blut mir eingegossen." Hierzu ist dann noch zu vergleichen der Brief an Brendel vom 11. November 1863. In dem Berliner Konzert, in dem sich Liszt zum ersten Male dort als Komponist vorstellte, gelangten noch unter seiner Leitung zur Aufführung die symphonischen Dichtungen Tasso (s. No. 4) und Les Preludes (s. No. 5), Ave Maria für Chor und Orgel und das 1. Klavierkonzert (s. No. 18), gespielt von H. v. Bülow. Die von Julius Stern ins Leben gerufenen Orchesterkonzerte sind bei den genannten symphonischen Dichtungen bereits eingehender besprochen, auch ist dort darauf hingewiesen, dass die Programme derselben erläuternde Bemerkungen über die aufgeführten Werke enthielten. Zu dem Psalm wird folgendes gesagt:

„Chorkompositionen setzen nicht bloss menschliche Stimmen voraus, sondern auch Menschen, denen diese Stimmen angehören. Wir haben uns also unter einem Chore und unter den Solis nicht nur quantitative Verschiedenheiten vorzustellen, sondern geistig motivierte Abwechselungen oder richtiger Gegenverhältnisse.

Hier befinden wir uns inmitten einer Menge, die sich — sei es infolge von Erlebnissen oder ausserordentlichen Einwirkungen — in derselben Gefühlsstimmung befindet und der Bedeutendste unter ihnen gibt dieser Stimmung die Form in Worten. Der Chor wird sich dadurch seiner selbst erst bewusst und stimmt ein. Jener, einmal an der Spitze der Aktion, wird das Organ, welches jetzt nach dem ewigen Gesetze der ‚Bewegung' uns dem inneren Leben der Menge, das Stück „Volkes" folgen lässt. — Die Unzahl der Bearbeitungen der Psalmen aber sind ein Beweis für die innere Wahrheit und die schwunghafte Glut, welche in ihnen liegen." Als Verfasser dieser und der anderen Erläuterungen im Programm zeichnete der Musikreferent Albert Hahn.

Liter. *Ramann, L.*, „Franz Liszt als Psalmensänger" (S. 47 ff.), Leipzig, Breitkopf & Härtel. — *Sakolowski, Paul,* Musikführer No. 204, Berlin, Schlesinger.

(30.) Die Glocken des Strassburger Münsters.

Gedicht von H. W. Longfellow.

Für Bariton, Chor und Orchester.

Gewidmet dem Dichter H. W. Longfellow.

GD. 16 Min.

Komp.: 1874 in Rom; Klavierauszug als Entwurf beendet 5. Mai 1874 („Villa d'Este"); Partitur beendet 19. Juli 1874.

EA.: ? Wien, Dienstag, d. 23. März 1880 im Musikvereinssaale im 1. Ausserordentlichen Konzert der Gesellschaft der Musikfreunde unter Leitung von *Franz Liszt*; Baritonsolo: Herr *Louis von Bignio*. (S. Anm.)

Ersch.: Partitur, Klavierauszug, Chor- u. Orchesterstimmen Oktober 1875 bei J. Schuberth & Co., Leipzig.

Bes.: a) Soli: Mezzosopran. (S. Anm.) — Lucifer (Bariton).
b) Chor: Sopran I u. II, Alt, Tenor I u. II, Bass I u. II.
c) Orchester: 2 Fl., 2 Ob., 2 Klar., 2 Fag., 4 Hr., 2 Tr., 3 Pos., Tuba, Pk., Becken, Tiefe Glocken oder Tamtam. — 2 Hfn. — Orgel. — Str.-Orch. (S. Anm.)

Anmerkg. Eine Aufführung (nämlich die EA.) war beabsichtigt im März 1875 in dem Konzerte, das R. Wagner in Pest am 10. März leitete und in dem er Fragmente aus den Nibelungen dirigierte. Die Aufführung unterblieb jedoch, Liszt spielte in diesem Konzert Beethovens Es-dur-Konzert. — Es bleibt fraglich, ob die oben angegebene EA. wirklich die erste gewesen ist. — R. Wagner soll sein Motiv im Parsifal „Nehmet hin mein Blut" der Einleitung zu Liszts Werk verdanken, es bleibe dahingestellt, ob hier wirklich bewusste Entlehnung vorliegt. (S. Ramanns Liszt-Biographie II², S. 354 u. 464/65.) — Das Mezzosopran-Solo ist ganz klein, nur in der Einleitung „Excelsior". — Ersatz der tiefen Glocken durch Tamtam ist nicht ratsam, da dadurch das charakteristische Steigen der für die Glocken vorgeschriebenen Töne Es, E, F, Fis, G beseitigt wird. — Wie zu der letzten Symphonischen Dichtung „Von der Wiege bis zum Grabe" soll auch zu dieser Komposition ein Bild (Kreidezeichnung des jüngsten Sohnes von Liszts Weimarer Freundin Baronin von Meyendorf) den Anlass gegeben haben. (?)

(31.) Chöre zu Herders „Der entfesselte Prometheus".

(Siehe No. 7.)

Joachim Raff.

Geb. 27. Mai 1822 in Lachen am Züricher See, gest. 25. Juni 1882
zu Frankfurt a. M.

Vorwort.

Biographische Werke über Joachim Raff existieren bisher nicht. Albert
Schäfer trug sich mit der Absicht, eine Raff-Biographie zu schreiben, förderte
jedoch als Frucht seiner Studien nur ein „Chronologisch‑systematisches Verzeichnis der Werke von Joachim Raff usw.". (Wiesbaden, Rud. Bechtold & Co.)
Dieses sehr fleissig und pietätvoll gearbeitete Werk ist als eine wichtige Vor-
arbeit für die nachfolgende Abteilung anzusehen, seine Benutzung konnte und
durfte aber nicht von der Pflicht entbinden, alle von Schäfer gegebenen Daten
von Grund aus nachzuprüfen. Aus welchen Quellen Schäfer seine Mitteilungen
über die Kompositionszeiten geschöpft hat, ist unbekannt. Das von dem Verfasser benutzte reiche Material von Briefen an und von Raff hat er nicht gekannt. Aus diesem waren besonders ergiebig die Briefe Raffs an Hans v. Bülow,
von denen leider ein grosser Teil durch Bülow selbst zur Zeit seines Aufenthaltes in Godesberg vernichtet worden ist. Der übrig gebliebene Rest von
22 Briefen, zu denen einige an Louis Lüstner u. A. gerichtete, wie auch die
Briefe an seine Frau traten, ermöglichte die Berichtigung mancher von Schäfer
gegebenen Kompositionszeiten; sie sind gekennzeichnet durch R.-B. Alle anderen
dem Schäferschen Verzeichnis entnommenen Angaben über die Zeit der Komposition tragen den Vermerk: Sch. In Raffs Manuskripten, seien es Entwürfe
oder Reinschriften, findet sich nirgend eine Angabe über die Zeit der Komposition und wird es wohl nie gelingen, diese mit Genauigkeit zu ermitteln. —
Für die Nachprüfung der von Schäfer gegebenen Daten der EA. stand ein weit
reicheres und zuverlässiges Material zur Verfügung, bestehend in den Originalprogrammen der meisten EA. und vielen Kritiken über dieselben. Dieses
authentische Material verdankt der Verfasser, wie überhaupt die weitgehendste
Unterstützung, der Güte von Frau Doris Raff. Für die EA. der Kammermusikwerke war freilich dieses Material unzureichend und trotz mühsamsten Suchens
und Forschens ist es bisher nicht gelungen, die EA. von vielen derselben festzustellen. Was irgend zweifelhaft war, ist mit einem „?" gekennzeichnet. —
Die Erscheinungs-Notizen bei Schäfer erwiesen sich in vielen Fällen als unzuverlässig, da Sch. offenbar vielfach die Hofmeisterschen musikalisch-literarischen

Monatsberichte als Quelle benutzt hat. Diese Berichte geben jedoch die Zeit des Erscheinens in vielen Fällen um einen, auch um mehrere Monate zu spät, wie sich bei Anfragen an die Verleger feststellen liess. Versagte dieses letztgenannte Mittel und gaben auch die Anzeigen in den Musikzeitungen, die gewöhnlich den Hofmeisterschen Berichten vorauseilen, keine Auskunft, dann blieben die Angaben der Monatsberichte bestehen.

In einem Anhange befinden sich einige Mitteilungen über unveröffentlichte, sowohl unaufgeführte wie aufgeführte Werke Raffs. Die Manuskripte der meisten dieser Werke haben dem Verfasser vorgelegen.

Werke:

I. Orchesterwerke.

1. Symphonie I. „An das Vaterland." op. 96.
2. Symphonie II. op. 140.
3. Symphonie III. „Im Walde" op. 153.
4. Symphonie IV. op. 167.
5. Symphonie V. „Lenore" op. 177.
6. Symphonie VI. op. 189.
7. Symphonie VII. „In den Alpen" op. 201.
8. Symphonie VIII. „Frühlingsklänge" op. 205.
9. Symphonie IX. „Im Sommer" op. 208.
10. Symphonie X. „Zur Herbstzeit" op. 213.
11. Symphonie XI. „Der Winter" op. 214.
12. Suite I. op. 101.
13. Suite II. (Im ungarischen Stil) op. 194.
14. Italienische Suite.
15. Suite „Aus Thüringen".
16. Jubel-Ouvertüre. op. 103.
17. Fest-Ouvertüre. op. 117.
18. Konzert-Ouvertüre. op. 123.
19. Ouvertüre „Ein feste Burg". op. 127.
20. Orchester-Vorspiel „Romeo und Julie".
21. Orchester-Vorspiel „Macbeth".

II. Konzerte und Konzertstücke mit Orchester.

22. Klavierkonzert. op. 185.
23. Klaviersuite. op. 200.
24. Frühlings-Ode (Klavier) op. 76.
25. Violinkonzert I. op. 161.
26. Violinkonzert II. op. 206.
27. Violinsuite. op. 180.
28. „Liebesfee." (Violine) op. 67.
29. Violoncellkonzert. op. 193.
[„Die Tageszeiten" siehe No. 32.]

III. Chorwerke mit Orchester.

30. Welt-Ende — Gericht — Neue Welt. op. 212.
31. De Profundis. op. 141.
32. Die Tageszeiten. (Klavier, Chor u. Orchester.) op. 209.

IV. Kammermusikwerke.

33. Sinfonietta. (Blasinstrum.) op. 188.
34. Streichoktett. op. 176.
35. Streichsextett. op. 178.
36. Klavierquintett. op. 107.
37. Klavierquartett I. op. 202, No. 1.
38. Klavierquartett II. op. 202, No. 2.
39. Streichquartett I. op. 77.
40. Streichquartett II. op. 90.
41. Streichquartett III. op. 136.
42. Streichquartett IV. op. 137.
43. Streichquartett V. op. 138.
44. Streichquartett VI. (Suite älterer Form) op. 192, No. 1.
45. Streichquartett VII. (Die schöne Müllerin) op. 192, No. 2.
46. Streichquartett VIII. (Suite in Kanonform) op. 192, No. 3.
47. Klaviertrio I. op. 102.
48. Klaviertrio II. op. 112.
49. Klaviertrio III. op. 155.

50. Klaviertrio IV. op. 158.
51. Sonate I für Pianoforte u. Violine. op. 73.
52. Sonate II für Pianoforte u. Violine. op. 78.
53. Sonate III für Pianoforte u. Violine. op. 128.
54. Sonate IV für Pianoforte u. Violine. op. 129.
55. Sonate V für Pianoforte u. Violine. op. 145.
56. Sonate für Pianoforte u. Violoncell. op. 183.
57. Suite für Pianoforte u. Violine. op. 210.
58. „Volker". Zyklus für Pianoforte und Violine. op. 203.
59. Aus der Schweiz. Pianoforte und Violine. op. 57.
60. Zwei Phantasiestücke für Pianoforte und Violine. op. 58.

61. Sechs Stücke für Pianoforte und Violine. op. 85.
62. Duo für Pianoforte und Violoncell. op. 59.
63. Zwei Phantasiestücke für Pianoforte und Violoncell. op. 86.
64. Zwei Romanzen für Horn (Violoncell) und Pianoforte. op. 182.

V. Bearbeitungen.

65. J. S. Bach. „Ciaconna." Für Orchester.
66. J. S. Bach. „Englische Suite No. 3." Für Orchester.

VI. Anhang. *Unveröffentlichte Werke.*

67. Elegie für Orchester.
68. Vorspiel zu Shakespeares „Sturm".
69. Vorspiel zu Shakespeares „Othello".

I. Orchesterwerke.

(1.) „An das Vaterland."
Eine Preis-Symphonie in fünf Abteilungen für das grosse Orchester.
D-dur. op. 96.

Seiner Königlichen Hoheit dem Durchlauchtigsten Fürsten und Herrn Karl Alexander Grossherzog von Sachsen-Weimar-Eisenach in tiefster Ehrfurcht gewidmet.

I. Allegro. — II. Scherzo. *Allegro molto vivace.* — III. Larghetto. — IV. Allegro dramatico. — V. Larghetto sostenuto. Un poco meno lento, quasi Andante moderato. Allegro deciso, trionfante.

SD. I. 18 Min. II. 10 Min. III. 13 Min. IV. 6 Min. V. 22 Min. GD. 69 Min.

Komp.: September 1859 bis Frühling (Sommer) 1861 in Wiesbaden. (S. Anm.)

EA.: 1. Wien, Sonntag, d. 22. Februar 1863 im Saale der Gesellschaft der Musikfreunde in einem besonderen Konzert (S. Anm.) dieser Gesellschaft nach dem Manuskript unter Leitung von *Josef Hellmcsberger.* (S. Anm.) — [2.(?) Chemnitz, Montag, d. 8. Februar 1864 in einem Abonnementskonzert des Kapellmeisters Mannsfeldt.]

Ersch.: Partitur und Orchesterstimmen Januar 1864 bei Jul. Schuberth & Co., Leipzig und New York. (S. Anm.)

Orch.Bes.: 2 Fl., 2 Ob., 2 Klar., 2 Fag., 4 Hr., 2 Tr., 3 Pos., Pk. — Str.-Orch.

Anmerkg. Unterm 20. April 1861 erliess „die Direktion der Gesellschaft der Musikfreunde des österr. Kaiserstaates" eine Einladung an die Tonsetzer zur Einsendung von Symphonien, die aber weder im Musikhandel erschienen, noch aufgeführt sein dürften. Von den eingehenden Symphonien sollten zwei durch das Preisgericht der Herren Dr. Wilh. Ambros, Ferd. Hiller, Franz Liszt, Karl Reinecke und Rob. Volkmann zur Aufführung in den Konzerten der Gesellschaft 1861/62 bestimmt, die Namen der betreffenden Komponisten jedoch erst nach geschehener Aufführung bekannt gegeben werden. Aus dem Preisgericht trat Liszt aus, an dessen Stelle Vincenz Lachner gewählt wurde. Ein anderer Preis als der der Manuskript-Aufführung wurde nicht in Aussicht gestellt und auch nicht gewährt. Von den eingegangenen 32 Symphonien wurden die eine (No. 31) mit dem Motto „An das Vaterland", die andere (No. 17) mit einem Lenauschen Verse als Motto als die besten zur Aufführung am 22. Februar 1863 (ursprünglich für den 15. vorgesehen) in Vorschlag gebracht. Als Komponist der erstgenannten, aber an zweiter Stelle aufgeführten wurde Joachim Raff, als der der anderen Albert Becker am Konzertabend proklamiert. [Raff war anwesend.] Die Beckersche Symphonie blieb ohne Erfolg, während die Raffsche grossen Beifall fand. (Dass Raff seine Symphonie verspätet eingereicht und ihre Annahme nur durch Entgegenkommen des Direktoriums ermöglicht wurde, sei festgestellt.) Der damalige Dirigent der Musikvereinskonzerte war Joh. Herbeck. Er leitete nur die erste Probe am 19. Februar 1863, musste die weitere Einübung und die Leitung der EA. Hellmesberger überlassen, da schwere Erkrankungen seiner Kinder ihn an der Ausübung seiner Direktionstätigkeit hinderten. Der zweiten Probe wohnten Brahms, Graedener, Haslinger, Laurencin, Epstein, Weissheimer bei. — Aus dem Bericht der Gesellschaft der Musikfreunde geht hervor, dass die Raffsche Symphonie von Hiller und Ambros als die erste, von Reinecke und Lachner als die zweite, von Volkmann als die dritte vorgeschlagen war. Da die Gesellschaft mit diesem Urteil umsoweniger etwas anzufangen wusste, als keines der anderen Werke von zwei Preisrichtern als das erste vorgeschlagen war, so wendete sie sich abermals an dieselben mit der Frage, welches Werk, abgesehen von den persönlichen Anschauungen und Liebhabereien die zweite Aussicht auf Erfolg habe. Hierauf erst vereinigte man sich auf die Symphonien von Raff und Becker. —

Der Raffschen Symphonie diente folgendes Programm zur Erläuterung:

1. Satz. *A-dur, Allegro:* Bild des deutschen Charakters: Aufschwungsfähigkeit, Hang zur Reflexion; Milde und Tapferkeit als Kontraste, die sich

mannigfach berühren, durchdringen, überwiegender Hang zum Gedanken-haften.

2. Satz. *D-moll, Allegro vivace:* Im Freien, zum deutschen Wald mit Hörner-schall, zur Flur mit den Klängen des Volksliedes.

3. Satz. *D-dur, Larghetto:* Einkehr zu dem durch die Musen und die Liebe verklärten häuslichen Herd.

4. Satz. *G-moll, Allegro dramatico:* Vereiteltes Streben, die Einigkeit des Vaterlandes zu begründen.

5. Satz. *D-moll, Larghetto — D-dur, Allegro trionfale:* Klage, neuer Auf-schwung.

Der gedruckten Partitur gab Raff folgenden

Vorbericht:

Die letzten Jahre haben wenig Deutsche, welche für ihr Volkstum offen Herz und Sinn bewahren, ungerührt lassen können. Steht auch der Tondichter ge-wissen äusseren Formen der Bewegung fern, so erfüllt sich doch sein Gemüt mit nachhaltigen Eindrücken, die denn wohl auch zur künstlerischen Darlegung drängen. So entstand die Reihe der hier gebotenen Tonsätze.

In dem ersten derselben versuchte der Tondichter freien Aufschwung — ge-dankenhafte Vertiefung — Sittigung und Milde — sieghafte Ausdauer — als be-deutende Momente in der Anlage der Deutschen, welche sich vielfach ergänzen, durchdringen und bedingen, tonbildlich zu schildern.

Der zweite Satz sollte den Zuhörer unter kräftigem Hörnerschall mit deutschen Männern zum Weidwerk im deutschen Walde führen — sollte ihn unter dem frischen Klange des Volksliedes mit Mädchen und Burschen bei ihrem heiteren Zuge um ge-segnete Fluren geleiten.

Im dritten Satze möchte der Tonsetzer zur Einkehr an den häuslichen Herd laden, den er sich bei seinen Landsleuten gern durch die sittigenden Musen, durch treue Gatten- und Kindesliebe verklärt denkt.

Wenn zunächst erfreuliche Anschauungen vorwalten durften, so war dies nicht mehr der Fall, als der Tondichter den Blick nach einer anderen Seite deutschen Volkslebens wandte. So gewahrt man im vierten Satze wiederholte Anläufe zur Einigung unseres Vaterlandes durch feindliche Macht vereitelt. (Der Tondichter glaubte hier ein von ihm nicht erfundenes musikalisches Motiv, die Reichardtsche Melodie des Arndtschen Liedes „Was ist des Deutschen Vaterland" symbolisch ein-führen zu dürfen, — eine Melodie, die überall gekannt ist, wo Deutsche atmen.)

Im fünften Satze unterdrückt der Tondichter die Wehmut nicht, mit der ihn die Zerrissenheit des Vaterlandes erfüllt. Tröstend naht sich ihm nun die Hoffnung, und von ihrer Hand geleitet und gewiesen erblickt er sehnsüchtig-ahnungsvoll einen neuen sieggekrönten Aufschwung seines Volkes zur Einheit und Herrlichkeit. —

Soviel als Andeutung des Stofflichen dieser Symphonie. — Dieselbe wurde nach dem Frieden von Villa Franca — im Spätsommer 1859 — begonnen und lag im Sommer 1861 druckfertig für den Verleger bereit, als ihr Verfasser darauf auf merksam gemacht wurde, dass die ehrwürdige Gesellschaft der Musikfreunde des österreichischen Kaiserstaates durch ein Ausschreiben zur Einsendung von sympho-nischen Werken behufs einer Preiskonkurrenz eingeladen habe. — Mehrseitig sah er sich ermuntert, das vorliegende Werk zur Mitbewerbung einzusenden, was er denn auch tat. Die Folg^e dieses Schrittes ist aus dem nachfolgenden Schreiben ersichtlich, welches die ehrwürdige Gesellschaft der Musikfreunde des österreichischen Kaiser-staates an den Tondichter richtete:

Eure Wohlgeboren!

Der infolge Einladung der Gesellschaft der Musikfreunde vom 20. April 1861 von Eurer Wohlgeboren unter dem Motto: „An das Vaterland" eingesandten Sym-phonie wurde infolge Urteils der Herren Preisrichter: Ferdinand Hiller, Karl Reinecke, Dr. Ambros, Robert Volkmann und Vincenz Lachner der erste Rang unter den eingelangten zweiunddreissig Kompositionen zuerkannt.

Infolgedessen wurde Ihre Komposition in dem von der Gesellschaft der Musikfreunde am 22. Februar l. J. veranstalteten öffentlichen Konzerte zur Aufführung gebracht und von dem zahlreich versammelten kunstsinnigen Publikum mit ausserordentlichem Beifalle begrüsst.

Indem die Direktion diesen ehrenden Erfolg hiermit bekundet, spricht selbe ihre freudige Teilnahme an diesem Erfolge aus und dankt Eurer Wohlgeboren für die ihrer Einladung freundlichst geleistete Folge.

Wien, den 9. März 1863.

Die Direktion der Gesellschaft der Musikfreunde
des österreichischen Kaiserstaates.

Konstantin Czartorsky,   Parmentier,
Präses.   Kanzleidirektor.

☞ Verehrliche Herren Dirigenten, welche diese Symphonie aufführen, sind gebeten, vorstehende Notiz auf den für das Publikum auszugebenden Konzertprogrammen abdrucken zu lassen, sowie auch bei der Aufführung selbst nach dem ersten und dritten Satze Pausen zu machen.

Im Anschluss an die Aufführung der Preissymphonie veranstaltete der Musikverleger Carl Haslinger am Sonntag, den 1. März eine Soiree, in der nur Raffsche Werke bei Anwesenheit des Komponisten aufgeführt wurden. Das Programm lautete: 1. Erster Satz und Adagio aus dem Quartett in D-moll (S. No. 39), 2. Zwei Klavierstücke, 3. „Wanderers Nachtlied" v. Goethe und Ballade von E. M. Arndt [Vokalquartette], 4. Quartett (A-dur, neu) [S. No. 40]. Die Streichquartette wurden gespielt von dem Hellmesbergerschen Quartett, die Vokalquartette gesungen von Mitgliedern des akademischen Gesangvereins; es sind op. 122, No. 5 und op. 97, No. 6. Die von Epstein zu spielenden Klavierstücke fielen wegen Indisposition desselben aus.

(2.) Symphonie II für grosses Orchester.
C-dur. op. 140.

Seiner Hoheit Ernst Herzog zu Sachsen-Koburg in tiefster Ehrfurcht dargebracht.

I. Allegro. — II. Andante con moto. — III. Allegro vivace. — IV. Andante maestoso. Allegro con spirito.

SD. *I. 12 Min. II. 10 Min. III. 5 Min. IV. 8 Min.* **GD.** *35 Min.*

Komp.: 1866 in Wiesbaden. (Sch.)

EA.: 1. Wiesbaden, Freitag, d. 1. März 1867 im Kgl. Hoftheater im 4. Symphoniekonzert der Kgl. Hofkapelle nach dem Manuskript unter Leitung von *Wilhelm Jahn*. (S. Anm.) — 2. Leipzig, Donnerstag,

d. 28. Januar 1869 im Saale des Gewandhauses im 15. Abonnementskonzert unter Leitung von *Joachim Raff.* — 3. B e r l i n, Sonntag,
d. 11. April 1869 im Kgl. Opernhause in der 1. Symphonie-
M a t i n e e der Kgl. Hofkapelle unter Leitung von *Wilhelm Taubert.* —
4. D r e s d e n, Dienstag, d. 11. Januar 1870 im Kgl. Hoftheater im
3. Symphoniekonzert der Kgl. Hofkapelle unter Leitung von *Karl Krebs.*

Ersch.: Partitur und Orchesterstimmen Oktober 1868 bei B. Schotts Söhne,
Mainz.

Orch.Bes.: 2 Fl., Kl. Fl., 2 Ob., 2 Klar., 2 Fag., 4 Hr., 2 Tr., 3 Pos.,
Pk. — Str.-Orch.

A n m e r k g. Bei EA. 1 (Wiesbaden) trug die Symphonie die Opuszahl
136, die später das 3. Streichquartett erhalten hat. Man kann darin einen Beweis erblicken, dass die Symphonie früher als das Quartett, dessen Kompositionszeit in das Ende des Jahres 1866 fällt, komponiert worden ist, sie erschien aber
später als dieses und wird darin der Grund für die der Symphonie gegebene
Opuszahl 140 zu finden sein. — Die Symphonieaufführungen der Kgl. Hofkapelle in Berlin (EA. 3) wurden von oben genanntem Tage ab in der Form
von Matineen abgehalten, während sie früher und auch wieder später abends
stattfanden.

(3.) **Im Walde.**
Symphonie III für grosses Orchester.
F-dur. op. 153.

I. Abteilung: **Am Tage.** Eindrücke und Empfindungen. *Allegro.*
II. Abteilung: **In der Dämmerung.** A. Träumerei. *Largo.* B. Tanz
der Dryaden. *Allegro assai.*
III. Abteilung: **Nachts.** Stilles Weben der Nacht im Walde. Einzug
und Auszug der wilden Jagd mit Frau Holle (Hulda) und Wotan.
Anbruch des Tages. *Allegro.*

SD. *I. 11 Min. II A. 6 Min. II B. 3 Min. III. 11 Min.* **GD. 31 Min.**

Komp.: Entworfen und ausgeführt 1869 in Wiesbaden, doch Anfang 1870
und nach EA. 1 noch mehrfachen Umänderungen unterworfen. (R.-B.)

EA.: 1. W e i m a r, Sonntag (Ostern), d. 17. April 1870 im Grossherzogl.
Hoftheater im Konzert zum Vorteil der Witwen und Waisen verstorbener Kapellmitglieder nach dem Manuskript unter Leitung von
Karl Stör. (S. Anm.) — 2. W i e s b a d e n, Freitag, d. 24. März
1871 im Kgl. Hoftheater im 5. Symphoniekonzert der Kgl. Hofkapelle unter Leitung von *Wilhelm Jahn.* — 3. S o n d e r s h a u s e n,
Sonntag (Pfingsten), d. 28. Mai 1871 im 1. Lohkonzert unter Leitung
von *Max Erdmannsdörfer.*

Ersch.: Partitur und Orchesterstimmen Januar (bzw. Februar) 1871 bei Fr. Kistner, Leipzig.

Orch.Bes.: Kl. Fl., 2 Fl., 2 Ob., 2 Klar., 2 Fag., 4 Hr., 2 Tr., 3 Pos., 3 Pk., Trgl. — Str.-Orch.

Anmerkg. Der EA. in Weimar war vorhergegangen die EA. von Raffs Oper „Die Dame Kobold" am 9. April in Weimar, deren 1. Wiederholung am 18. April 1871 sich an die EA. der Wald-Symphonie schloss. — Von späteren wichtigeren Aufführungen derselben seien erwähnt: 1. Cassel, 28. Juni 1872 im 2. Konzert der 10. Tonkünstler-Versammlung des Allgem. Deutschen Musikvereins; 2. Leipzig, 7. Dezember 1872 im Alten Theater in einem Konzert zum Besten der Beethovenstiftung; 3. Spa, 9. und 10. September 1873 und 4. München, 1. November 1874 im kgl. Odeon im 1. Abonnementskonzert der musikalischen Akademie, sämtlich unter Raffs Leitung.

Gänzlich unbekannt ist geblieben, dass Raff für die Symphonie ein vollständiges Programm entworfen hatte, dessen Veröffentlichung bedauerlicherweise unterblieb. Wir teilen es hier nach dem handschriftlichen Entwurfe mit:

Erste Abteilung: Am Tage. Eindrücke und Empfindungen.

Den Wanderer lockt es wie mit fernem leisen Grüssen zum Walde, dem er auf bekanntem Pfade zuschreitet. Bald tritt er in den smaragdenen Dom, den die ragenden Wipfel über ihm wölben; ihn befällt jener leise Schauer, welchen man beim Eintritt in unsere gotischen Tempel empfindet, deren Pfeilerbündel uns an die Gruppen schlanker Stämme gemahnen, unter denen wir im Walde dahin schreiten. Da raschelt's im Laube, es ist das erschreckte Wild, das den Tritt des Jägers zu vernehmen glaubt. Der Wanderer schreitet ruhig weiter und gibt sich seinen Empfindungen hin; auf seine Lippen tritt eine einfache Weise, die nicht ohne jenen Zug von Melancholie ist, welche ihren Grund im Bewusstsein des Bruches zwischen Menschheit und Natur hat. Aber ist es nicht, als ob der singende Wanderer die Stimmen des Waldes erweckte? Ist es nicht, als ob die Wipfel und die Vögel, die in denselben sich wiegen, in sein Lied mit einstimmten, ja als ob die Natur selbst dem Sänger mit einem Gegengesang antwortete, der, verstummend, ein langes Echo erweckt, welches dem Dahinschreitenden wie ein Nachruf folgt.

Weiter geht's waldeinwärts. Da klettert das Eichhorn, dort hackt der Specht.

a) Der Weg wird beschwerlicher, der Wald dichter; jetzt geht es aufwärts über einen Weg, der durch blossliegende Baumwurzeln fast ungangbar gemacht wird; nun noch eine Strecke Durcharbeitens durch Dickicht, da langt der Wanderer oben in einem prachtvollen Schlage von hohen kräftigen Stämmen an. Es weitet sich wieder die Brust und die ersten frohen Stimmungen kehren zurück.

oder

b) Mannigfache Laute der hier hausenden Tierwelt schlagen an das Ohr des Wanderers, der auf wenig begangenem und beschwerlichen Pfade einen dichtbewachsenen Bezirk durchstreift, bis er endlich in einen lichten Teil des Waldes gelangt, wo sich die Brust wieder weitet und die früheren Stimmungen zurückkehren.

Inzwischen kommt der Wanderer an eine andere Stelle des Waldes. Da . . . horch! Das ist fliehendes Wild, das ist wahrhaftig der Tritt der Jäger. Von da sieht man deutlich die Flucht der verfolgten Tiere . . . jetzt knallen die Schüsse . . . endlich ist die Blutarbeit getan, die Jäger eilen herbei, man hört ihre lustigen Fanfaren . . . Der Wanderer wendet sich ab von diesem Bilde; sein Blick fällt auf eine andere Seite des Waldes, dessen hohe Kronen friedlich auf das Treiben der Menschen herabschauen. Hier vernimmt der Wanderer nochmals jene Antistrophe mit ihrem langen Nachhall, an dessen Schlusse die Disharmonie in einem mächtig anschwellenden Akkorde untergeht.

Zweite Abteilung: In der Dämmerung. a) Träumerei.

Der Wanderer ruht von seinem Gange aus. In der geheimnisvollen Stille, die ihn umgibt, nahen ihm holde Erinnerungen. Er glaubt die Stimme der Geliebten zu hören, und sein Herz antwortet dieser Stimme. Aber den Seufzern seiner Sehnsucht erwidert teilnehmend, beschwichtigend die Stimme der Natur. Das Herz wird ruhiger, der Schlummer naht den müden Sinnen. Unmerklich verirren sich die Gedanken: der Traum beginnt. In diesem aber zeigt sich der entfesselten Phantasie ein unheimlicher, schreckhafter Gegenstand. Der angstgequälte Wanderer erwacht plötzlich . . . Der Traum hat ihn glücklicherweise getäuscht . . . es ist nichts in seiner Nähe, was ihn beunruhigen könnte; nur das leise Flüstern der vom Abendhauch bewegten Wipfel ist zu hören. Der Wanderer atmet leise auf. Die Beklommenheit weicht vom Herzen, dessen Stimme sich wieder vernehmen lässt. Stiller wird's nun in der Natur, auch die Wipfel schweigen. Mit den letzten Gedanken bei der fernen Geliebten, ein Gebet für sie auf den Lippen, entschlummert der Wanderer.

b) Tanz der Dryaden.

Im Zwielicht huschen jene zarten Wesen, womit die Phantasie den Wald bevölkert, hervor und umgaukeln den Schläfer. Jetzt umschwebt ihn eine einzelne, dann mehrere, dann ein ganzer Chor. Jetzt wiegen sie sich hoch in den Wipfeln, aus denen ihr Gesang herniederklingt, dann beginnen sie abermals den Reigen und necken den schlummernden Wanderer, dessen Geheimnis sie erlauscht haben, worauf sie verschwinden.

Dritte Abteilung: Nachts.

Hat der Tondichter bis hierher den Wald immer noch in Beziehung zum Menschen dargestellt, so lässt er ihn nunmehr als etwas elementarisch Selbständiges erscheinen, und symbolisiert ihn durch eine Melodie, die wir Waldweise nennen wollen. — Das stille Weben der Nacht im Walde beginnt, allein es wird bald unterbrochen durch die mahnenden Hornrufe des treuen Eckart, der das Nahen der wilden Jagd ankündet, die denn auch alsbald ihren Einzug hält. Pferdegetrappel, Peitschenknall, Rüdengebell, wilder Gesang, Geschrei, Flüche, Hohngelächter, dröhnende Signale bezeichnen den Zug der Jagd. Unter den unheimlichen Klängen eines Gespensterreigens erscheint das Geleite der Frau Holle; dann naht diese selbst. Wehklagend verwünscht das unselig wonnige Weib ihr Los, welches sie verdammt, an Wotans Seite ewig dem nächtlichen Zuge zu folgen. Wotan selbst, der Ahasver des Waldes, schliesst sich erst dieser Klage an, dann aber erhebt er sich grollend und zieht in finsterer Majestät dem Gefolge voraut, welches mit wildem Jubel den gefallenen Gott begleitet. So ziehen sie waldeinwärts. Das Getöse verhallt allmählich.

Einen Augenblick scheint die Natur aufzuatmen von den rings verbreiteten Schrecken. Allein nun hört man geraume Zeit das unheimliche Treiben der Jagd aus der Ferne. Schon glaubt man, dass sie den Wald gänzlich verlassen habe, als sie zurückkehrt, aber gleichsam in überstürzter Hast, vom Grauen des jungen Tages zur Eile angespornt. Endlich hat der Gespensterzug den Wald verlassen. Da erhebt sich mild und warm die Stimme der wieder beruhigten Natur, die Waldweise. Der Morgenwind und die Vögel erwachen und stimmen mit ein. Mächtiger stets rauscht die Weise durch die bewegten Wipfel. Auch der erwachte Wanderer erhebt seine Stimme und schliesst sich den Hymnus der Natur an." —

Ebenso unbekannt, wie dieses Raffsche Programm ist eine poetische Umschreibung des Werkes nach einer Frankfurter Aufführung geblieben, die der Vergessenheit entrissen werden soll. Sie findet sich in dem Beiblatt „Siesta.

Feuilleton des Frankfurter Beobachters" vom 25. Juni 1884 (No. 147) und stammt
von dem Musikschriftsteller und Lehrer Gotthold Kunkel.

Raffs Waldsymphonie.

Drückend schwül war die Luft, er suchte den Schatten des Waldes, —
Dort, am laubigen Baum ward ein einsam Plätzchen gefunden,
Hier, dacht er, hier wohl vollend ich's — und legte träumend sich nieder.
Eltern, Geschwister und Freunde, sie zogen im Geist ihm vorüber.
Eine sel'ge Erinnerung verdrängte die andre, bis endlich
Schön wie ein Engel ihn umschwebte die ferne Geliebte.
Allgemach schwand der Tag und die Dämmrung kam in die Lande,
Nixen verliessen die Tiefen, es tanzten die munteren Faunen,
Freundlich umkreisend ihn, den würdigen Liebling der Musen.
Da, auf einmal erschien eine grosse Gestalt in
Blendend ätherischer Hülle. Des Sees dunkler Spiegel
Diente ihr zur Palette, sie nahm von des Helios Strahlen
Sich die hellsten und führte als Pinsel in sicher Hand sie
Fest und malte in seltsamen Tinten, die Perlentropfen geschäftig,
Zweckbewusst an das Blau des Himmels; im Mischen der Farben
Kundig, goss sie den Schein, den fahlen, des gelbblassen Mondes
Und die glitzernden Funken der Sterne auf das Gemälde.
Rasch entschwand die Erscheinung, wie sie plötzlich gekommen.
Doch, was hört jetzt im Traume der tiefaufatmende Schläfer?
Leise beginnt es und dumpf, wie entferntes Rossegestampfe,
Wie das Gezische der Schlange, das Schreien des Uhu und Käuzchens,
Näher kommt das Gelärm und wird lauter vernehmbar dem Ohre; —
Hoch in den Lüften braust es und tost wie gischende Brandung;
Feuerschnaubende Rosse beginnen den nächtlichen Reigen,
Fliegend Gewürm der Hölle, die Eule, der Eber, die Schlangen, —
Menschengerippe dahinter, sie treiben mit Peitschengeknall den
Schwarm mit höllischem Lärm, den die bellende Meute vermehret.
Furchtbarer wird das Getöse: ein Heulen und Tosen des Wahnsinns
Dringt durch die kämpfenden Wolken, entfesselt die ganze Natur. Frau
Holle auf Donnergotts Wagen, gezogen vom eiligen Blitze
Zieht jetzt vorüber mit Wotan: ein Donnern — zerstoben ist alles. — —
Von dem schrecklichen Schlage erwacht der träumende Künstler,
Länger hält es ihn nicht, den müden, geängstigten Träumer. —
Heimwärts lenkt er die Schritte, am Kloster des Waldes vorüber.
Beten und Singen der Mönche, der majestätischen Orgel
Töne halten ihn fest; wie gebannt muss er stehen und lauschen.
Weihvolle Andacht entrückt ihn völlig irdischem Dasein. —
Als die Hora zu Ende, da zieht's ihn ins trauliche Stübchen.
So entstand die Waldsymphonie des schwäbischen Meisters.

Liter. *Müller-Reuter*, *Theod.*, Musikführer No. 138, Schlesinger, Berlin.

(4.) Symphonie IV für grosses Orchester.
G-moll. op. 167.

I. Allegro. — II. Allegro molto. — III. Andante, non troppo mosso. —
IV. Allero. g
SD. I. 10 Min. II. 6 Min. III. 10 Min. IV. 7 Min. GD. 33 Min.

Komp.: 1871 in Wiesbaden. (Sch.)˙
EA.: 1. Wiesbaden, Donnerstag, d. 8. Februar 1872 im Kgl. Hoftheater im 4. Symphoniekonzert der Kgl. Hofkapelle nach dem Manuskript unter Leitung von *Wilhelm Jahn.* — 2. Frankfurt a. M.,
Freitag, d. 25. Oktober 1872 im grossen Saale des Saalbaues im
2. Museumskonzert unter Leitung von *Karl Müller.* — 3. Leipzig,
Donnerstag, d. 31. Oktober 1872 im Saale des Gewandhauses im
5. Abonnementskonzert unter Leitung von *Joachim Raff.* — 4. Mann-
heim, Donnerstag, d. 28. November 1872 im grossen Saale des
Hoftheaters in der 2. Musikalischen Akademie unter Leitung von *J. R.*
Ersch.: Partitur und Orchesterstimmen August 1872 bei J. Schuberth & Co.,
Leipzig.
Orch.Bes.: 2 Fl., 2 Ob., 2 Klar., 2 Fag., 4 Hr., 2 Tr., Pk. — Str.-Orch.

(5.) Lenore.
Symphonie V für grosses Orchester.
E-dur. op. 177.

Erste Abteilung: **Liebesglück.** a) *Allegro.* b) *Andante quasi
Larghetto.* — Zweite Abteilung: **Trennung.** *Marschtempo.* —
Dritte Abteilung: **Wiedervereinigung im Tode.** Intro-
duktion und Ballade. (Nach G. Bürgers: „Lenore".) *Allegro.*
SD. Ia. 8 Min. Ib. 9 Min. II. 7 Min. III. 10 Min. GD. 34 Min.

Komp.: Idee und erster Entwurf sind zur Zeit des deutsch-französischen
Krieges entstanden. Vollendung im Sommer 1872 in Wiesbaden.
EA.: Privataᵘ.ffführung nach dem Manuskript: 1. Sonders-
hausen, Freitag, d. 13. Dezember 1872 in einer Probe der Fürstl.
Kapelle unter Leitung von *Joachim Raff.* (S. Anm.) — Öffentlich:
2. Berlin, Mittwoch, d. 29. Oktober 1873 im Saale des Konzert-
hauses in einem Symphoniekonzert des Bilseschen Orchesters unter
Leitung von *Bernhard Bilse.* (S. Anm.) — 3. Nürnberg, Sonntag,
d. 2. November 1873 im Saale des Rathauses unter Leitung von *Grobe.*
Ersch.: Partitur und Orchesterstimmen September 1873 bei Robert Seitz,
Leipzig, seit Oktober 1879 im Besitze von F. Ries, Dresden, seit
Oktober 1881 Ries & Erler, Berlin.
Orch.Bes.: Kl. Fl., 2 Fl., 2 Ob., 2 Klar., 2 Fag., 4 Hr., 2 Tr., 3 Pos., Pk.,
Trgl., Kl. Tr. — Str.-Orch.

Anmerkg. Über die EA. 1 (Sondershausen), die nicht als eine Konzert-
aufführung angesehen werden kann, berichtet Raff am 13. Dezember 1872 „Auch
diese Geburtswehen wären glücklich überstanden! Nachdem ich gestern morgen
bis zur Probe immerfort Stimmen korrigiert, machten wir die Symphonie
so ziemlich zweimal durch. Heute früh um 9 Uhr machte ich nochmal die zwei

letzten Sätze. Um 10 Uhr kamen einige eingeladene Personen, nämlich der Oberhofmarschall und die Frau des Ministers, einige Offiziere, der Bürgermeister, in Summa etwa 20 Köpfe, und vor dieser Gesellschaft wurde die Symphonie nochmal gespielt. Wesentlich zur grösseren Ehre Gottes und meiner Erbauung, weniger zu der des besagten Publikums, welches dadurch vielmehr in einige Schrecken versetzt worden zu sein scheint." — Der EA. Berlin wohnte Hans von Bülow bei, der an Raff darüber berichtete. (S. Bülow-Briefe V, S. 105/106.) — Von späteren wichtigen Aufführungen sind mitzuteilen: 1. Weimar, 5. Jan. 1874, Ltg. E. Lassen, 2. Leipzig, 15. März 1874, Armenkonzert im Gewandhaus, Ltg. J. Raff, 3. Wiesbaden, 28. März 1874, Konzert zum Besten der Kranken-Unterstützungskasse des städt. Kurorchesters, Ltg. J. Raff.

Liter. *Müller-Reuter, Theodor*, Musikführer No. 419, Schlesinger, Berlin.

(6.) Symphonie VI für grosses Orchester.
D-moll. op. 189.

Gelebt: Gestrebt, Gelitten, Gestritten; — Gestorben; — Umworben.

I. Allegro non troppo. — II. Vivace. — III. Larghetto, quasi Marcia funebre. — IV. Allegro con spirito.

SD. I. 9 Min. II. 5 Min. III. 7 Min. IV. 8 Min. GD. 29 Min.

Komp : Sommer und Herbst 1873 in Wiesbaden. (Sch.)

EA.: 1. Berlin, Mittwoch, d. 21. Oktober 1874 im Saale des Kgl. Opernhauses in der 1. Symphonie-Soiree der Kgl. Kapelle zum Besten ihres Witwen- und Waisen-Pensions-Fonds unter Leitung von *Wilh. Taubert.* — 2. Ebendaselbst, Sonnabend, d. 7. November 1874 im Saale des Konzerthauses in einem Symphoniekonzert der Bilseschen Kapelle unter Leitung von *Bernhard Bilse.* — 3. Weimar, Montag, d. 16. November 1874 im Grossherzogl. Hoftheater im 2. Abonnementskonzert unter Leitung von *Joachim Raff.* (S. Anm.) — 4. Wiesbaden, Freitag, d. 20. und Sonntag, d. 22. November 1874 im Saale des Kurhauses im 10. bzw. 11. Symphoniekonzert des Städt. Kurorchesters unter Leitung von *Louis Lüstner.*

Ersch.: Partitur und Orchesterstimmen Oktober 1874 bei Bote & Bock, Berlin.

Orch.Bes.: 2 Fl., 2 Ob., 2 Klar., 2 Fag., 4 Hr., 2 Tr., 3 Pos., Pk. — Str.-Orch.

Anmerkg. Gleichwie zur Waldsymphonie (S. No. 3) hat Raff zu dieser VI. eine bisher unveröffentlichte Skizze des Inhaltes hinterlassen, die einem Briefe an Hans von Bülow vom 13. April 1875 entstammt. [Von dieser Inhaltsskizze ist der Entwurf im Konzept, nach dem sie wörtlich in den Brief aufgenommen wurde, erhalten geblieben.] Sie lautet:

„Das Leben des Künstlers als solches ist Streben. Dieses Streben selbst ist nichts anderes als der fortwährende Kampf gegen die Negation. (Leiden und Streiten.) Der Künstler kämpft aber nicht mit dem Prügel oder mit Zeitungsartikeln, sondern indem er die ihn beseelenden Ideen in neuen Manifestationen entwickelt. Dies wollte ich von der erhabenen Seite darstellen im ersten, von der humoristischen im zweiten Satze meiner VI. Der dritte Satz nun sollte die Totenklage derjenigen darstellen, die den Erlegenen betrauern. Der vierte Satz ist keineswegs eine Apotheose im gewöhnlichen Sinne. Vielmehr beginnt er mit der Freude darüber, dass der Hingeschiedene ausgelitten, bis dann die Stimmen angesummt kommen, die da finden, dass derselbe doch so gar schlimm nicht gewesen sei, und die Idee, die derselbe im Leben verfolgt, endlich mit dreister Akklamation beloben."

In dem Konzert der EA. 3 (Weimar) gelangten nur Raffsche Werke unter seiner Leitung zur Aufführung und zwar: die Orchester-Bearbeitung der Bachschen Ciaconna, Lieder op. 173 No. 5, op. 98 No. 19 und 29 gesungen von Frl. Dotter, das Klavierkonzert op. 185 gespielt von E. Lassen und die VI. Symphonie.

(7.) In den Alpen.
Symphonie VII für grosses Orchester.
B-dur. op. 201.

I. Wanderung im Hochgebirg. *Andante. Allegro* — II. In der Herberge. *Andante quasi Allegro.* — III. Am See. *Larghetto.* — IV. Beim Schwingfest; Abschied. *Allegro.*

SD. *I. 14 Min. II. 5 Min. III. 5 Min. IV. 9 Min.* **GD.** *33 Min.*

Komp.: Frühling bis Herbst 1875 in Wiesbaden. (Sch.)

EA.: 1a. Wiesbaden, Donnerstag, d. 30. Dezember 1875 im Saale des Kurhauses im 20. Symphoniekonzert des Städt. Kurorchesters nach dem Manuskript unter Leitung von *Louis Lüstner.* 1b. Ebendaselbst, Sonnabend, d. 1. Januar 1876 im 21. Symphoniekonzert usw. wie oben. — 2. Stuttgart, Dienstag, d. 17. Oktober 1876 im Saale des Königsbau im 1. Abonnementskonzert zum Besten des Witwen- und Waisenfonds der Mitglieder der Kgl. Hofkapelle und der Kgl. Hofbühne unter Leitung von *Joachim Raff.* — 3. Leipzig, Donnerstag, d. 26. Oktober 1876 im Saale des Gewandhauses im 4. Abonnementskonzert unter Leitung von *Karl Reinecke.*

Ersch.: Partitur und Orchesterstimmen September 1876 bei Robert Seitz, Leipzig, seit Oktober 1879 im Besitze von F. Ries, Dresden, seit Oktober 1881 Ries & Erler, Berlin.

Orch.Bes.: 2 Fl., 2 Ob., 2 Klar., 2 Fag., 4 Hr., 2 Tr., 3 Pos., Pk., Trgl. — Str.-Orch.

Anmerkg. Von der EA. 1 dieser VII. Symphonie an geschahen alle EA. der nachfolgenden Raffschen Symphonien in Wiesbaden unter der Leitung von Louis Lüstner, der seine Tätigkeit als Pionier für Raffsche Orchesterwerke allerdings schon mit der EA. der ungarischen Suite (S. No. 13) begonnen hatte.

(8.) Frühlingsklänge.
Symphonie VIII für grosses Orchester.
A-dur. op. 205.
(Erster Teil des symphonischen Zyklus „Die Jahreszeiten".)

I. Frühlings Rückkehr. *Allegro.* — II. In der Walpurgisnacht. *Allegro.* — III. Mit dem ersten Blumenstrauss.
Larghetto. — IV. Wanderlust. *Vivace.*

SD. *I. 14 Min. II. 8 Min. III. 7 Min. IV. 12 Min GD. 41 Min.*

Komp.: Sommer und Herbst 1876 in Wiesbaden. (Sch.)

EA.: 1. Wiesbaden, Donnerstag, d. 15. März 1877 im Saale des Kurhauses im 18. Symphoniekonzert des Städt. Kurorchesters nach dem
Manuskript unter Leitung von *Louis Lüstner.* — 2. Sondershausen, Sonnabend, d. 29. September 1877 im Fürstl. Hoftheater
in einem Konzert zum Besten des Witwen- und Waisen-Pensions-
fonds der Fürstl. Hofkapelle unter Leitung von *Max Erdmannsdörfer.* (S. Anm.)

Ersch.: Partitur und Orchesterstimmen September 1877 bei C. F. W. Siegel,
Leipzig.

Orch.Bes.: Kl. Fl., 2 Fl., 2 Ob., 2 Klar., 2 Fag., 4 Hr., 2 Tr., 3 Pos., Pk. —
Str.-Orch.

Anmerkg. Die EA. 2 (Sondershausen) geschah gelegentlich einer Art
Musikfest, das aus einem Raffkonzert am 29. September und einer Rubinstein-
Matinee am 30. September 1877 in Sondershausen zu oben mitgeteilten Zwecke
stattfand. Das Programm des Raff-Konzerts bestand aus: 1. Streichquartett
„Die schöne Müllerin" op. 192, No. 2 (die Herren Konzertmeister Petri, Kammer-
musiker Martin, Kämmerer und Wihan), 2. Lieder op. 173 No. 1, op. 98 No. 12
und No. 29 (Frau Rabatinsky-Zacharias), 3. Klavierkonzert op. 185 (Frau Erd-
mannsdörfer-Fichtner), 4. Lieder op. 98 No. 7, 18 und 10 (Frau R.-Z.), 5. Phantasie für 2 Pianoforte op. 209 [EA. nach dem Manuskript] (Herr und Frau
Erdmannsdörfer) und 6. „Frühlingsklänge" Symphonie VIII. Die Rubinstein-
Matinee enthielt dessen op. 66, 65, 73, 68, ausserdem eine Arie aus „Feramors,
Lieder aus op. 34 und Romanze und Kaprice für Viol. mit Orchesterbegl.

(9.) Im Sommer.
Symphonie IX für grosses Orchester.
E-moll. op. 208.
(Zweiter Teil des symphonischen Zyklus „Die Jahreszeiten".)

I. Ein heisser Tag. *Allegro.* — II. Die Jagd der Elfen. *Allegro.*
(Versammlung der Elfen; Oberon und Titania; Die Jagd; Rück-
kehr der Elfen mit Oberon und Titania.) — IIIa) Ekloge.
Larghetto. b) Zum Erntekranz. *Allegro.*

SD. *I. 12 Min. II. 11 Min. IIIa. 7 Min. IIIb. 9 Min. GD. 39 Min.*

Komp.: Sommer und Herbst 1878 in Frankfurt a. M.

EA.: 1a. Wiesbaden, Freitag, d. 28. März 1879 im Saale des Kurhauses in einem Extra-Symphoniekonzert des Städt. Kur-Orchesters
nach dem Manuskript unter Leitung von *Louis Lüstner.* — 1b. Ebendaselbst, Sonntag, d. 30. März 1879 im 22. Symphoniekonzert
des Städt. Kurorchesters usw. wie oben.

Ersch.: Partitur und Orchesterstimmen November 1879 bei C. F. W. Siegel,
Leipzig.

Orch.Bes.: 3 Fl. (3. auch Kl. Fl.), 2 Ob., 2 Klar., 2 Fag., 4 Hr., 2 Tr.,
3 Pos., Pk., Trgl. — Str.-Orch.

Anmerkg. Auf dem Programm der EA. 1 heisst es im zweiten Satze
„Oberons und Titanias Liebesgesang". Die Ekloge trägt auch dort die Tempobezeichnung „Andante".

(10.) Zur Herbstzeit.
Symphonie X. F-moll. op. 213.
(Dritter Teil des symphonischen Zyklus „Die Jahreszeiten".)

I. Eindrücke und Empfindungen. *Allegro moderato.* — II. Ge-
spenster-Reigen. *Allegro.* — III. Elegie. *Adagio.* —
IV. Die Jagd der Menschen. (Auszug; Rast; Jagd; Hallali;
Rückkehr.) *Allegro.*

SD. *I. 9 Min. II. 6 Min. III. 7 Min. IV. 9 Min. GD. 31 Min.*

Komp.: Sommer und Herbst 1879 in Frankfurt a. M. Neukomposition
des 3. Satzes und Umarbeitung vom Schlusse des 4. Satzes Sommer
1881, beendet Anfang Oktober 1881. (S. Anm.)

EA.: Ursprüngliche Form: 1a. Wiesbaden, Freitag, d.

12. November 1880 im grossen Saale des Kurhauses in einem Extra-(30.)Symphoniekonzert des Städt. Kur-Orchesters nach dem Manuskript unter Leitung von *Louis Lüstner*. 1 b. E b e n d a s e l b s t, Sonntag, d. 14. November 1880 im 31. Symphoniekonzert usw. wie oben. — **E n d g ü l t i g e F o r m:** 2 a. W i e s b a d e n, Freitag, d. 18. November 1881 im grossen Saale des Kurhauses im 3. Abonnementskonzert der Städt. Kurdirektion nach dem Manuskript unter Leitung von *L. L.* 2 b. E b e n d a s e l b s t, Sonntag, d. 20. November 1881 im 35. Symphoniekonzert des Städt. Kurorchesters usw. wie oben.

Ersch.: Partitur und Orchesterstimmen Oktober 1882 bei C. F. W. Siegel, Leipzig.

Orch.Bes.: 3 Fl., 2 Ob., 2 Klar., 2 Fag., 4 Hr., 2 Tr., 3 Pos., Pk. — Str.-Orch.

A n m e r k g. Wie oben bereits bemerkt, hat Raff an die Stelle der ursprünglichen Elegie (3. Satz) eine völlig neue Komposition gesetzt und den Schluss des letzten Satzes umgearbeitet. Diese in dem „chronologisch - systematischen Verzeichnisse der Werke Joachim Raffs" auf S. 110 und 134/35 mitgeteilten Tatsachen finden authentische Bestätigung in dem Briefwechsel Raffs mit Lüstner über diesen Gegenstand. Am 10. Oktober 1881 schreibt R. an L. „Ich habe einen ganz neuen dritten Satz dafür [für die 10. Symph.] komponiert und ausserdem die acht letzten Seiten des Finales nochmals überarbeitet". Nach einem späteren Schreiben vom 17. Oktober 1881 beginnen die Änderungen im letzten Satze bei Buchstabe O.

(11.) **Der Winter.**
Symphonie XI für grosses Orchester.
A-moll. op. 214. (S. Anm.)
(Vierter Teil des symphonischen Zyklus „Die Jahreszeiten".)

———

I. D e r e r s t e S c h n e e. *Allegro.* — II. *Allegretto.* — III. A m K a m i n. *Larghetto.* IV. K a r n e v a l. *Allegro.*

SD. I. 11 Min. II. 5 Min. III. 9 Min. IV. 9 Min. GD. 34 Min.

Komp.: 1876/77 in Wiesbaden.

EA.: 1. W i e s b a d e n, Mittwoch, d. 21. Februar 1883 im Saale des Kurhauses im 12. Abonnementskonzert der Städt. Kurdirektion nach dem Manuskript unter Leitung von *Louis Lüstner.* — 2. E b e n d a s e l b s t, Sonntag, d. 25. Februar 1883 in einem Symphoniekonzert des Städt. Kur-Orchesters usw. wie oben.

Ersch.: Partitur und Orchesterstimmen Oktober 1883 bei C. F. W. Siegel, Leipzig.

Orch.Bes.: 2 Fl., 2 Ob., 2 Klar., 2 Fag., 4 Hr., 2 Tr., 3 Pos., Pk., Trgl. — Str.-Orch.

Anmerkg. Die 11. Symphonie gehört mit der Thüringer und Italienischen Suite und den vier Orchestervorspielen zu Shakespeares Dramen: „Der Sturm", „Macbeth", „Romeo und Julie" und „Othello" zu den nachgelassenen Orchesterwerken Raffs. Revidiert und herausgegeben wurde sie von Max Erdmannsdörfer. Die Satzangaben bei EA. 1 a und b lauten auf den Programmen: 1. Abteilung: Der erste Schnee. Eindrücke und Empfindungen. a) Allegro. b) Allegretto. — 2. Abteilung: Am Kamin. c) Larghetto. — 3. Abteilung: Karneval. d) Allegro.

-------->◄--------

(12.) Suite I für Orchester.
C-dur. op. 101.

Sr. Kgl. Hoheit dem Durchlauchtigsten Fürsten und Herrn Friedrich Grossherzog von Baden ehrfurchtsvoll gewidmet.

------■■------

I. Introduktion (*Maestoso*) und Fuge (*Allegro*). — II. Menuett. *Allegro molto*. — III. Adagietto. — IV. Scherzo. *Presto*. — V. Marsch. *Deciso*. (*Allegro*.)

SD. I. 8 Min. II. 4 Min. III. 5 Min. IV. 4 Min. V. 6 Min. GD. 27 Min.

Komp.: Satz 4 und 5 1854 in Weimar, die anderen Sätze 1863 in Wiesbaden. (S. Anm.)

EA.: 1. Karlsruhe, Freitag, d. 26. Februar 1864 im grossen Musenmssaale im 5. Abonnementskonzert des Grossherzogl. Hoforchesters nach dem Manuskript unter Leitung von *Wilhelm Kalliwoda*. — 2. Berlin, Sonnabend, d. 21. Januar 1865 im Saale der Singakademie im 2. Konzert der Gesellschaft der Musikfreunde unter Leitung von *Hans von Bronsart*. — 3. Löwenberg, Sonntag, d. 5. Februar 1865 im Saale des Fürstl. Schlosses in einem Konzert der Hofkapelle des Fürsten von Hohenzollern-Hechingen unter Leitung von *Joachim Raff*. (S. Anm.) — 4. Leipzig, Donnerstag, d. 16. Februar 1865 im Saale des Gewandhauses im 16. Abonnementskonzert unter Leitung von *J. R.*

Ersch.: Partitur und Orchesterstimmen November 1864 bei B. Schotts Söhne, Mainz.

Orch.Bes.: Kl. Fl., 2 Fl., 2 Ob., 2 Klar., 2 Fag., 4 Hr., 2 Tr., 3 Pos., Pk. — Str.-Orch.

Anmerkg Der 4. und 5. Satz (Scherzo und Marsch) entstammen dem ersten Orchesterwerke Raffs, das er 1854 in Weimar komponierte: „Symphonie für das Orchester in fünf Abteilungen." Das Konzert, in dem diese Symphonie ihre EA. erlebte, fand im Grossherzogl. Hoftheater in Weimar am Freitag, d. 20. April 1855 statt, war von Raff veranstaltet und von ihm geleitet und brachte

folgendes Programm: 1. Symphonie für das Orchester in fünf Abteilungen.
2. „Die Liebesfee". Charakterstück für eine Solo-Violine und Orchester. Die
Solopartie vorgetragen von Hrn. Kammervirtuosen Singer. 3. Traumkönig und
sein Lieb. Dichtung von Geibel, in Musik gesetzt für eine Singstimme mit
Orchesterbegleitung, vorgetragen von Frl. Genast. 4. Der 121 Psalm für Solo-
und Chorstimmen mit Orchesterbegleitung. Die Soli vorgetragen von Frl. Bleyel
und Wolf. In einer Anmerkung sagt das Programm: „Die aufzuführenden
Werke sind Manuskripte des Konzertgebers." Diese Symphonie in Emoll erlebte weitere Aufführungen 1. in Wiesbaden, Mittwoch, den 23. Januar 1856
im zweiten Konzert des Cäcilienvereins, 2. Ebendaselbst „Auf Verlangen"
Dienstag, d. 29. Januar 1856 im Theater vor der Aufführung des Lustspieles
„Eine kleine Erzählung ohne Namen" von C. Görner, beide Male unter Leitung
von J. B. Hagen und 3. Gotha, Freitag, d. 11. April 1856 im Herzogl. Hoftheater in einem von Raff veranstalteten Konzert, in dem er noch den oben
erwähnten ungedruckt gebliebenen Psalm und seine Ouvertüre „Ein feste Burg
ist unser Gott" (S. No. 19) zur Aufführung brachte. Von dieser Symphonie sind
nur die beiden in die Suite übergegangenen Sätze erhalten geblieben. — Bei
der EA. 2 der Suite (Berlin) erlebte Rubinsteins Cello-Konzert op. 65 durch
Popper unter Bronsarts Leitung seine Uraufführung. In dem Konzert der
EA. 3 (Löwenberg) dirigierte Raff auch seine dem Fürsten von Hohenzollern-
Hechingen gewidmete Konzertouvertüre op. 123 als deren 2. EA. (S. No. 18).

(13.) Suite II, in ungarischer Weise,
für das grosse Orchester. F-dur. op. 194.

I. An der Grenze. Ouvertüre. *Adagio. Allegro.* — II. Auf der
Pussta. Träumerei. *Larghetto.* — III. Bei einem Aufzuge
der Honvéd. Marsch. *Quasi Marcia.* — IV. Volkslied mit
Variationen.—V. Vor der Czárda. Finale. *Larghetto. Vivace.*
SD. *I. 7 Min. II. 7 Min. III. 4 Min. IV. 7 Min. V. 7 Min.* **GD.** *32 Min.*
Komp.: Herbst 1874 in Wiesbaden, Partitur vollendet 13. Dezember 1874.
(R.-B.)
EA.: 1a. Wiesbaden, Freitag, d. 5. März 1875 im Saale des Kur-
hauses im 32. Symphoniekonzert des Städt. Kur-Orchesters nach dem
Manuskript unter Leitung von *Louis Lüstner.* 1b. Ebendaselbst,
Sonntag, d. 7. März 1875 im 33. Symphoniekonzert wie oben. —
[2.(?) Sondershausen, Sonntag, d. 18. Juni 1876 im 2. Loh-
konzert unter Leitung von *Max Erdmannsdörfer.*]
Ersch.: Partitur und Orchesterstimmen November 1875 bei M. Bahn, Berlin.
Orch.Bes.: 2 Fl., 2 Ob., 2 Klar., 2 Fag., 4 Hr., 2 Tr., 3 Pos., Pk. — Str.-Orch.
Anmerkg. Wie bereits bei No. 7 mitgeteilt, begann L. Lüstner in
Wiesbaden mit der EA. von op. 194 seine langjährige erfolgreiche Tätigkeit

als Dirigent der Erstaufführungen der Raff'schen Orchesterkompositionen. Es mag hierbei erwähnt werden, dass in Wiesbaden die löbliche Gepflogenheit herrschte, neue und unbekannte Werke dem Publikum zweimal, in unmittelbar aufeinanderfolgenden Konzerten vorzuführen. Die EA. der Raff'schen Symphonien No. 7, 9, 10 u. 11 (s. d.) geben dafür Beweise. Für diese ungarische Suite im besonderen, wie für Raffs Kompositionen im allgemeinen, trat Hans von Bülow ein. Er studierte sie mit der Meininger Hofkapelle, mit der er sie Sonntag, d 26. Okt. 1884 in einem Extrakonzert im Herzogl. Hoftheater zu Meiningen erstmalig aufführte; später nahm er sie als von ihm hochgeschätztes Glanzstück mit auf seine Reisen mit der Hofkapelle. Nachdem H. v. B. die Suite am 23. April 1884 in Karlsruhe in einem Konzert des Grossherzogl. Hoforchesters, in dem er als Solist und Komponist auftrat, gehört hatte, schrieb er an Raffs Tochter (s. Bülow-Briefe V, S. 274). „Letzteres [d. h. das Koloristengenie Raffs] habe ich neuerdings anzustaunen gehabt in der urfamosen Ungarischen Suite, welche ein Glanzstück meiner Kapelle werden soll . . . Auf die Suite zurückzukommen, so steht sie auf derselben Höhe, wie die besten Symphonien, nämlich wie No. 1 (Vaterland), 3 (Wald), 4 (G-moll), Lenore und Sommer; die übrigen überragt sie an Erfindung, wie an natürlichem, dramatischen Fortgange.‘

———⊸⊸———

(14.) Italienische Suite für grosses Orchester.
(Nachgelassenes Werk.)

I. Ouvertüre. *Allegro molto.* — II. Barcarole. *Andantino.* — III. Intermezzo. (Pulcinella.) *Presto.* — IV. Notturno. *Andante, non troppo lento.* — V. Tarantella. *Molto vivace.*

SD. *I. 7 Min. II. 5 Min. III. 5 Min. IV. 7 Min. V. 6 Min.* **GD.** *30 Min.*

Komp.: 1871 in Wiesbaden. (S. Anm.)

EA.: 1. Berlin, Montag, d. 26. November 1883 im Saale der Singakademie im 3. Abonnementskonzert der Philharmonischen Gesellschaft nach dem Manuskript unter Leitung von *Franz Wüllner.* — 2. Wiesbaden, Freitag, d. 21. November 1884 im Saale des Kurhauses im 3. Konzert der Städt. Kurdirektion unter Leitung von *Louis Lüstner.*

Ersch.: Partitur und Orchesterstimmen Januar 1884 bei Ries & Erler, Berlin.

Orch.Bes.: 2 Fl., 2 Ob., 2 Klar., 2 Fag., 4 Hr., 2 Tr., 3 Pos., Pk. — Str.-Orch.

Anmerkg. Die oben angegebene Kompositionszeit steht auf der Druckpartitur. Sie kann nicht als unbedingt zuverlässig gelten, möglich, dass das Werk erst nach der Veröffentlichung der Lenoren-Symphonie (sie erschien September 1873) entstanden ist. Der ursprüngliche Titel lautete „Aus dem Süden“. Raff hielt das Werk zurück, da er eine Umarbeitung beabsichtigte. Das Notturno hat Raff nachmals auch in der unveröffentlichten und unaufgeführten Oper „Benedetto Marcello“ als Zwischenaktsmusik verwendet.

———⊸⊸———

(15.) „Aus Thüringen.“
Suite für grosses Orchester.
(Nachgelassenes Werk.)

I. Salus intrantibus. *Allegro.* — II. Elisabethenhymne. *Larghetto.* — III. Reigen der Gnomen und Sylphen. *Vivace.*—IV. Variationen über das Volkslied.—V. Ländliches Fest. *Allegro, quasi Marcia giojosa.*

SD. I. 10 Min. II. 6 Min. III. 4 Min. IV. 7 Min V. 8 Min. GD. 35 Min.

Komp.: 1875 in Wiesbaden.

EA.: 1. Sondershausen, Mittwoch, d. 27. März 1878 im 4. Konzert der Fürstl. Hofkapelle in der Gesellschaft Erholung nach dem Manuskript unter Leitung von *Max Erdmannsdörfer.* — 2. Weimar, Montag, d. 17. April 1893 im Grossherzogl. Hoftheater im 2. Konzert zum Vorteile der Grossherzogl. Hofkapelle nach Mspt. unter Leitung von *Eduard Lassen.*

Ersch.: Partitur September, Orchesterstimmen November 1893 bei Ries & Erler, Berlin.

Orch.Bes.: 2 Fl., 2 Ob., 2 Klar., 2 Fag., 4 Hr., 2 Tr., 3 Pos., Pk., Trgl., Kl. Tr. — Str.-Orch.

Anmerkg. Auf den Programmen der beiden EA. erscheint die Suite mit der Opuszahl 208 und dem Vermerk „Suite No. 3“. Als op. 208 ist jedoch die 9. Symphonie „Im Sommer“ erschienen und wird demnach die Suite vor der Symphonie komponiert worden sein. — Die Reihenfolge der Sätze bei beiden EA. war 1, 2, 4, 3, 5; der letzte Satz trägt ursprünglich den Titel „Beim Vogelschiessen“, bei EA. 1 u. 2 „Zum Schützenfest“. Das Thema der Variationen ist das bekannte Volkslied „Ach wie ist's möglich dann“.

(16.) Jubelouvertüre für das grosse Orchester.
op. 103.

Zur Jubelfeier der 25jährigen Regierung Sr. Hoheit des Durchlauchtigsten Fürsten und Herrn Adolf Herzogs von Nassau.

GD. 13 Min.

Komp.: Januar 1864 in Wiesbaden. (Sch.)

EA.: 1. Wiesbaden, Mittwoch, d. 24. August 1864 im Herzogl. Hoftheater zur Eröffnung der Festvorstellung zur Feier des 25jährigen Regierungsjubiläums des Herzogs Adolf von Nassau nach dem Manuskript unter Leitung von *Wilhelm Jahn.* (S. Anm.) — 2. Leipzig, Dienstag, d. 8. November 1864 im Saale der Buchhändlerbörse im

2. Konzert der Musikgesellschaft Euterpe unter Leitung von *Julius v. Bernuth*.

Ersch.: Partitur Oktober 1864, Orchesterstimmen August 1887 bei C. F. Kahnt, Leipzig.

Orch.Bes.: Kl. Fl., 2 Fl., 2 Ob., 2 Klar., 2 Fag., 4 Hr., 2 Tr., 3 Pos., Pk. — Str.-Orch.

Anmerkg. Die Festvorstellung der EA. 1 bestand aus der Ouvertüre, einem Prolog von Adolf Glaser und der Aufführung der Oper Stradella" von Flotow. Die Feierlichkeiten des Regierungsjubiläums hatten auch andere in Wiesbaden lebende Komponisten zu Gelegenheitswerken angeregt, so Keler-Bela (Kapellmeister der Kurkapelle) zu einem Jubelmarsch und J. B. Hagen zu einer Kantate; beide Kompositionen wurden bei der Serenade am 23. Aug. aufgeführt. Ein Festkonzert am 24. mit buntestem Programm vereinigte die Solisten Frau Caggiati, Frau Kastner-Escudier, und die Herren Schnorr von Carolsfeld, Henri Wieniawski und Piatti.

(17.) Fest-Ouvertüre für das grosse Orchester.
op. 117.

Sr. Maj. Karl König von Württemberg in untertänigster Ehrfurcht gewidmet.

G.D. 13 Min.

Komp.: 1864 in Wiesbaden. (Sch.)

EA.: 1. Leipzig, Donnerstag, d. 14. Dezember 1865 im Saale des Gewandhauses im Konzert zum Besten des Orchester-Pensionsfonds unter Leitung von *Karl Reinecke*. (S. Anm.) — 2. Stuttgart, Dienstag, d. 13. März 1866 im Kgl. Hoftheater im 7. Abonnements-konzert der Kgl. Hofkapelle unter Leitung von *Karl Eckert*. — 3. Amsterdam, Mittwoch, d. 25. April 1866 in het Park im concert ten Vordeele van het nieuw op te rigten Gasthuis unter Leitung von *H. J. J. van Bree*.

Ersch.: Partitur und Orchesterstimmen November 1865 bei Friedrich Kistner, Leipzig.

Orch.Bes.: 2 Fl., 2 Ob., 2 Klar., 2 Fag., 4 Hr., 2 Tr., 3 Pos., Pk. — Str.-Orch.

Anmerkg. In dem Konzert der EA. 1 (Leipzig) erlebte auch Franz Lachners 3. Orchestersuite ihre Leipziger EA., ausserdem trug Karl Reinecke zum ersten Male sein op. 84 „Variationen über ein Thema von Händel" öffentlich vor.

(18.) Konzert-Ouvertüre

für grosses Orchester. op. 123.

Seiner Hoheit dem Fürsten zu Hohenzollern-Hechingen Friedrich Wilhelm Konstantin in ehrfurchtsvoller Dankbarkeit.

GD. 10 Min.

Komp.: Gegen Ende 1862 in Wiesbaden.

EA.: 1. Mannheim, Sonnabend, d. 25. April 1863 im grossen Saale des Theaters in der 4. Musikalischen Akademie nach dem Manuskript unter Leitung von *Vincenz Lachner.* — 2. Löwenberg, Sonntag, d. 5. Februar 1865 im Saale des Fürstl. Schlosses in einem Konzert der Hofkapelle des Fürsten von Hohenzollern-Hechingen nach Manuskript unter Leitung von *Joachim Raff.* (S. Anm.)

Ersch.: Partitur und Orchesterstimmen Februar 1866 bei C.F.W.Siegel, Leipzig.

Orch.Bes.: Kl. Fl., 2 Fl., 2 Ob., 2 Klar., 2 Fag., 4 Hr., 2 Tr., 3 Pos., Pk. — Str.-Orch.

Anmerkg. Die Ouvertüre ist zum überhaupt ersten Male gespielt worden Ende Februar 1863 in Wien in einer Probe zu einem Philharmonischen Konzert unter Leitung von Dessoff. Raff hielt sich in Wien zur EA. seiner Preisssymphonie „An das Vaterland" (S. No. 1) auf. Über eine ihm zu Ehren bei dieser Gelegenheit veranstaltete Soiree bei Haslinger siehe No. 1 u. 40. — In Löwenberg (EA. 2) führte Raff in demselben Konzert auch seine Orchestersuite op. 101 auf (S. No. 12.)

(19.) Eine feste Burg ist unser Gott.

Ouvertüre zu einem Drama aus dem 30jährigen Kriege für grosses Orchester. op. 127.

Dem Freiherrn Dr. Hans v. Bülow in Hochschätzung und Anerkennung.

GD. 17 Min.

Komp.: Sommer 1854 in Weimar. Umgearbeitet Herbst 1865 in Wiesbaden. (Sch.)

EA.: Erste Form: 1. Weimar, Dienstag, d. 2. Januar 1855 im Grossherzogl. Hoftheater als Ouvertüre zu dem geschichtlichen Trauerspiel „Bernhard von Weimar" von Wilhelm Genast nach dem Manuskript unter Leitung von *Joachim Raff.* (S. Anm.) — 2. Jena, Montag, d. 10. März 1856 im Saal der Rose im 7. Akademischen Konzert nach Mspt. unter Leitung von *J. R.* (S. Anm.) — 3. Gotha, Freitag, d. 11. April 1856 im Herzogl. Hoftheater in einem grossen Konzert nach Mspt. unter Leitung von *J. R.*

(S. Anm.) — 4. Wiesbaden, Freitag, d. 20. Februar 1857 im grossen Saale des Gasthauses zum Adler im 2. Konzert des Cäcilienvereins nach Mspt. unter Leitung von *J. B. Hagen*. — 5. Mainz, Montag, d. 9. März 1857 im grossen Kasinosaale im 3. Vereins- und Abonnementskonzert der Liedertafel und des Damengesangvereins nach Mspt. unter Leitung von *Fr. Marpurg*. (S. Anm.) — **Umgearbeitete Form:** 6. Karlsruhe, Palmsonntag, d. 25. März 1866 im Grossherzogl. Hoftheater in dem grossen Konzert zum Vorteile des Unterstützungsfonds für die Witwen und Waisen der Mitglieder des Grossherzogl. Hoforchesters nach dem Manuskript unter Leitung von *Wilhelm Kalliwoda*. (S. Anm.)

Ersch.: Partitur und Orchesterstimmen November 1866 bei Friedrich Hofmeister, Leipzig.

Orch.Bes.: Kl. Fl., 2 Fl., 2 Ob., 2 Klar., 2 Fag., 4 Hr., 2 Tr., 3 Pos., Pk. — Str.-Orch.

Anmerkg. Die zu dem geschichtlichen Trauerspiel „Bernhard v. Weimar" geschriebene Musik wird auf den Theaterzetteln angeführt als: „Ouvertüre, Entreakte und die zur Handlung gehörige Musik". [Die Wiederholungen bei den Wiederaufführungen des Wilhelm Genastschen Trauerspiels sind bei der EA. nicht angegeben.] — Nach dem Manuskript bestand die Musik aus der Ouvertüre, einem Marsch vor dem 3. Akt, einer Reihe von Fanfaren für 4 Trompeten und Trommeln im 3. Akt, einer marschmässigen Musik am Schlusse des 3. Aktes, einer längeren Fanfare für 4 Trompeten im 5. Akt und der Wiederholung des Ouvertürenschlusses am Ende des Stückes. — Die ursprüngliche Ouvertüre trägt im Manuskript nicht, wie nach Schäfer (a. a. O.), den Zusatz „über den Choral ‚Eine feste Burg'". Die spätere Umarbeitung war durchgreifend. Die Ouvertüre wurde zunächst von C dur nach D dur gesetzt, erlitt ganz wesentliche Veränderungen im Satze und in der Instrumentation und wurde um etwa ein Viertel ihrer ursprünglichen Ausdehnung verlängert; aus dem Gelegenheitsstück wurde eine selbständige Ouvertüren-Komposition. Der Titel der Ouvertüre lautete bei EA. 2 (Jena) „Ouvertüre zu ‚Bernhard von Weimar', Trauerspiel von Genast", bei EA. 3 (Gotha) „Dramatische Ouvertüre über den Choral ‚Eine feste Burg' usw.", bei EA. 4 (Wiesbaden) „Dramatische Ouvertüre zu dem Schauspiel ‚Bernhard von Weimar'", bei EA. 5 (Mainz) „Dramatische Ouvertüre über den Choral ‚Ein feste Burg' zu dem Schauspiel ‚Herzog Bernhard von Weimar'" und endlich (bei EA. 6 (Karlsruhe) „Ein feste Burg ist unser Gott', heroisch-dramatisches Tonstück in Ouvertürenform". — Über die Programme dieser Konzerte ist folgendes zu berichten. Das Konzert der EA. 2 (Jena) stand unter Leitung von Franz Liszt (mit Ausnahme der Ouvertüre), der in diesem Beethovens C moll-Symphonie dirigierte und ausserdem sein Männerchorwerk „An die Künstler" und die Bearbeitung der Schubertschen Wanderer-Fantasie aufführte. (S. hierzu Liszt No. 23.) Beide Werke waren Manuskript. — In dem Konzert der EA. 3 (Gotha) gelangten noch von Raff zur Aufführung die bereits bei der Orchestersuite op. 101 erwähnte „Grosse Symphonie" und der ebenfalls dort erwähnte 121. Psalm. Ein Bühnenstück von Bauernfeld „Zu Hause" und eine melodramatische Komposition des Herzogs

Ernst von Sachsen-Koburg „Der Spielmann, Gedicht von Anderson" vervollständigten das Programm. — Im Konzert der EA. 5 (Mainz) fand eine der frühesten Aufführungen von Liszts „Les Préludes" (s. Liszt, No. 5) statt.

(20.) Orchester-Vorspiel zu Shakespeares „Romeo und Julie"

für grosses Orchester. Nachgelassenes Werk. (S. Anm.)

Revidiert und herausgegeben von E. A. Mac-Dowell.

GD. 7 Min.

Komp.: 1879 in Frankfurt a. M. (Sch.)

EA.: 1a. Wiesbaden, Freitag, d. 4. Januar 1884 im Saale des Kurhauses in einem Extrakonzert der Städt. Kurdirektion nach dem Manuskript unter Leitung von *Louis Lüstner*. (S. Anm.) — 1b. Ebendaselbst, Sonntag, d. 6. Januar 1884 im 1. Symphoniekonzert des Städt. Kurorchesters wie oben.

Ersch.: Partitur und Orchesterstimmen Mai 1891 bei Arthur P. Schmidt, Leipzig und Boston.

Orch.Bes.: 2 Fl., 2 Ob., 2 Klar., 2 Fag., 4 Hr., 2 Tr., 3 Pos., Pk. — Str.-Orch.

Anmerkg. „Raff schrieb bald nach seiner Ende September 1877 erfolgten Übersiedelung von Wiesbaden nach Frankfurt — also Ende der siebziger Jahre — zu vier Shakespeareschen Dramen: „Der Sturm", „Macbeth", „Romeo und Julie" und „Othello" Orchestervorspiele, in denen er, einer langen mit sich herumgetragenen Idee folgend, die herkömmlichen Ouvertüren-Formen mied, um in Übereinstimmung mit dem Drama selbst, der Entwickelung desselben musikalischen Ausdruck zu verleihen." (Aus dem Programm der EA. 1a, verfasst von L. Lüstner, der mit Raff in lebhaftem Verkehr stand.) — Für den Druck der 4 Vorspiele bei Simrock verwendete sich Hans v. Bülow bei Brahms vergeblich, der betreffende Briefwechsel ist nachzulesen in Bülow-Briefe VI, S. 306—308. Die Herausgabe aller 4 Vorspiele ist beabsichtigt gewesen, doch sind nur „Romeo und Julie" und „Macbeth" im Druck erschienen. Das Titelblatt dieser Druckausgabe verkündet: „4 Shakespeare-Ouvertüren usw." 1. Romeo und Julie, 2. Macbeth, 3. Othello, 4. Der Sturm." Über 3 und 4 s. Anhang „Unveröffentlichte Werke". — Auf dem Programm der EA. war das Werk als op. 214 bezeichnet. — Hans von Bülow beabsichtigte (S. Bülow-Briefe VI, S. 309), die „neuen Manuskript-Ouvertüren" Raffs in der Matinee, die er mit der Herzogl. Mein. Hofkapelle am 18. November 1884 in München veranstaltete, aufzuführen. Die Aufführung hat nicht stattgefunden. (S. Richard Strauss, Unveröffentlichte Werke, Suite in B-dur.)

(21.) Orchester-Vorspiel zu Shakespeares „Macbeth"

für grosses Orchester. Nachgelassenes Werk.
Revidiert und herausgegeben von E. A. Mac-Dowell.

GD. *11 Min.*

Komp.: 1879 (?) in Frankfurt a. M. (Sch.) (S. Anm.)

EA.: 1 a. Wiesbaden, Freitag, d. 13. Januar 1882 im Saale des Kurhauses im 9. Konzert der Städt. Kurdirektion nach dem Manuskript unter Leitung von *Louis Lüstner.* — 1 b. Ebendaselbst, Sonntag, d. 15. Januar 1882 im 5. Symphoniekonzert des Städt. Kurorchesters wie oben.

Ersch.: Partitur und Orchesterstimmen Mai 1891 bei Arthur P. Schmidt, Leipzig und Boston.

Orch.Bes.: 2 Fl., Kl. Fl., 2 Ob., 2 Klar., 2 Fag., 4 Hr., 2 Tr., 3 Pos., Pk., Kl. Tr. — Str.-Orch.

Anmerkg. Die von Schäfer angegebene Kompositionszeit scheint unrichtig. Raff schickte die Partitur an L. Lüstner am 17. Oktober 1881 (!) zugleich mit der Partitur der umgeänderten Herbst-Symphonie. Die Neukomposition des 3. Satzes und die Umänderungen des 4. Satzes dieser Symphonie haben Sommer—Herbst 1881 stattgefunden, es ist anzunehmen, dass R. das Vorspiel vor dieser Arbeit, also etwa 1880 oder Anfang 1881 komponiert haben wird. (S. hierzu No. 10.) Der Brief an L. enthält den charakteristischen Satz: „Sorgen Sie dafür, dass ausser Ihnen und dem Kopisten Niemand (5 mal unterstrichen), diese Sachen zu Gesicht bekomme."

II. Konzerte und Konzertstücke mit Orchester.

(22.) Konzert für das Pianoforte

mit Begleitung des Orchesters. C-moll. op. 185.

Herrn Dr. Hans von Bülow in freundschaftlicher Verehrung zugeeignet.

I. Allegro. — II. Andante, quasi Larghetto. — III. Finale. *Allegro.*
SD. *I. 12 Min. II. 5 Min. III. 10 Min.* **GD.** *27 Min.*

Komp.: Plan und erste Entwürfe stammen aus dem Anfang des Jahres 1870. Die Ausarbeitung und Niederschrift geschah jedoch erst im Frühjahr 1873 in Wiesbaden; am 1. Mai d. J. waren die ersten beiden Sätze in Partitur vollendet, das Finale wurde im Laufe dieses Monats niedergeschrieben. Nach EA. 1 erfolgte teilweise Umarbeitung. (R.-B.)

EA.: 1. Wiesbaden, Mittwoch, d. 30. Juli 1873 im grossen Saale des Kurhauses im 4. Konzert der Städt. Kurdirektion nach dem Manuskript unter Leitung von *Karl Müller-Berghaus*, gespielt von *Hans v. Bülow*. — 2. Homburg, Donnerstag, d. 21. August 1873 im Saale des Kurhauses in einem grossen Vokal- und Instrumentalkonzert nach Mspt. (EA. nach Umarbeitung) unter Leitung von *Gustav Härtel*, gespielt von *H. v. B.* — 3. Zürich, Dienstag, d. 14. Oktober 1873 im grossen Saale der Tonhalle in einem Extrakonzert der Tonhalle-Gesellschaft unter Leitung von *Friedrich Hegar*, gespielt von *H. v. B.* — 4. Kassel, Freitag, d. 24. Oktober 1873 im Kgl. Theater im 4. Abonnementskonzert unter Leitung von *Karl Reiss*, gespielt von *H. v. B.* — 5. London, Freitag, d. 14. November 1873 in St. James Hall im 1. Konzert der Wagner-Society unter Leitung von *Eduard Dannreuther*, gespielt von *H. v. B.*

Ersch.: Partitur, Solostimme und Orchesterstimmen Dezember 1873 bei C. F. W. Siegel, Leipzig.

Orch.Bes.: 2 Fl., 2 Ob., 2 Klar., 2 Fag., 4 Hr., 2 Tr., 3 Pos., Pk. — Str.-Orch.

Anmerkg. Die EA. 3—5 haben noch als Manuskript-Aufführungen zu gelten, Bülow und das Orchester spielten nach den Druckbogen, wie es bestätigt ist in den Bülow-Briefen V, S. 100.

(23.) **Suite für das Pianoforte**

mit Begleitung des Orchesters. Es-dur. op. 200.

I. Introduktion und Fuge. *Allegro.* — II. Menuett. *Allegro.* — III. Gavotte und Musette. *Allegro.* — IV. Kavatine. *Larghetto.* — V. Finale. *Allegro.*

SD. *I. 12 Min. II. 9 Min. III. 6 Min. IV. 7 Min. V. 9 Min. GD. 43 Min.*

Komp.: Anfang 1875 in Wiesbaden; vollendet im April. (R.-B.)

EA.: 1. Homburg v. d. H., Mittwoch, d. 22. September 1875 im Saale des Kurhauses nach dem Manuskript unter Leitung von *Gustav Härtel*, gespielt von *Karl Faelten*. — 2. Nürnberg, Donnerstag, d. 20. April 1876 im Adlersaale in einem Konzert des Männergesangvereins unter Leitung von *Bayerlein*, gespielt von *Karl Wunder*. (S. Anm.) — [Köln, Sonnabend, d. 14. April 1877 im grossen

Saale des Gertrudenhofs im 2. Abonnementskonzert der Philhar-
monischen Gesellschaft und des Vereins für Kirchenmusik unter
Leitung von *Eduard Mertke*, gespielt von Frau *Marie Heckmann-
Hertwig*. (S. Anm.) — Sondershausen, Dienstag, d. 7. August
1877 im Fürstl. Schlosse in einem Hofkonzert unter Leitung von
Max Erdmannsdörfer, gespielt von Frau *Pauline Erdmannsdörfer-
Fichtner*.]

Ersch.: Partitur und Orchesterstimmen Februar 1876 bei C. F. W. Siegel.
Leipzig.

Orch.Bes.: 2 Fl., 2 Ob., 2 Klar., 2 Fag., 2 Hr., 2 Tr., Pk. — Str.-Orch.

Anmerkg. Die EA. 2 und 3 waren unvollständig. In EA. 2 (Nürnberg) spielte Herr Karl Wunder (ein Dilettant) nur den 1., 2., 4. und 5. Satz,
in EA. 3 (Köln) spielte Frau Heckmann-Hertwig nur 2 (nicht bestimmbare)
Sätze des Werkes.

(24.) Frühlings-Ode.
(Ode au Printemps.)
Konzertstück für Pianoforte und Orchester. G-dur. op. 76.

Frau Betty Schott, geb. von Braunrasch.

Larghetto. Presto.
GD. 13 *Min.*

Komp.: Etwa Anfang 1857 in Wiesbaden.

EA.: 1. Mainz, Montag, d. 6. Februar 1860 im Saale des Kasino im
Vereinskonzert der Liedertafel und des Damengesangvereins nach
dem Manuskript unter Leitung von *Friedrich Marpurg*, gespielt
von Frau *Betty Schott*. (S. Anm.) — 2. Dresden, Dienstag,
d. 29. Dezember 1863 im Saale des Hotel de Saxe im 6. (letzten)
der von H. v. Bronsart veranstalteten Abonnementskonzerte unter
Leitung von *Hans von Bronsart*, gespielt von Frau *Ingeborg
von Bronsart*. — 3. Leipzig, Donnerstag, d. 7. Januar 1864 im
Saale des Gewandhauses im 12. Abonnementskonzert unter Leitung
von *Karl Reinecke*, gespielt von Frau *I. v. Br.* (S. Anm.)

Ersch.: Partitur Februar 1862, Orchesterstimmen August 1877, Ausgabe
für 2 Pianoforte August 1860 bei B. Schotts Söhne, Mainz.

Orch.Bes.: 2 Fl., Kl. Fl., 2 Ob., 2 Klar., 2 Fag., 4 Hr., 2 Tr., Pk. — Str.-Orch.

Anmerkg. Die von A. Schäfer (s. Vorwort) gegebene EA. mit 12. Oktober 1857 ist positiv falsch. Die EA. 1 ist zwar für den Winter 1857/58 beabsichtigt gewesen, hat aber erst an dem oben mitgeteilten Tage stattgefunden.
Da Raff die Stimmen der Frühlingsode erst am 28. Dezember 1859 an Schott
in Mainz sendete, so ist nicht ausgeschlossen, dass in der Zeit von der eigentlichen Vollendung des Werkes, die die Signale am 20. März 1857 meldeten und

der Absendung der Stimmen noch Änderungen an dem Werke vorgenommen worden sind. — In dem Konzert der EA. 3 (Leipzig) erlebte auch Franz Lachners 2. Orchestersuite (D-moll) ihre erste Leipziger Aufführung.

(25.) Konzert I für die Violine
mit Begleitung des Orchesters. H-moll. op. 161.

Herrn Professor August Wilhelmj.

I. Allegro patetico. — II. Andante non troppo. — III. Allegro trionfale.
SD. I. 14 Min. II. 8 Min. III. 7 Min. GD. 29 Min.
Komp.: 1870/71 in Wiesbaden.
EA.: 1. Wiesbaden, Donnerstag, d. 24. August 1871 im Saale des Kurhauses im 5. Konzert der Kurhaus - Administration nach dem Manuskript unter Leitung von *Wilhelm Jahn*, gespielt von *August Wilhelmj*. — 2. Mainz, Dienstag, d. 16. Januar 1872 im Kasinosaale des Frankfurter Hof im 3. Symphoniekonzert unter Leitung von *Friedrich Lux*, gespielt von *A. W.* — 3. Weimar, Dienstag, d. 9. April 1872 im Grossherzogl. Hoftheater im 8. Abonnementskonzert unter Leitung von *Joachim Raff*, gespielt von *A.W.* (S. Anm.) — [Kassel, Sonntag, d. 30. Juni 1872 im Kgl. Theater im 5. Konzert der 10. Tonkünstler-Versammlung des Allgem. Deutschen Musikvereins unter Leitung von *Karl Reiss*, gespielt von *A. W.* (S. Anm.)]
Ersch.: Klavierauszug u. Orchesterstimmen November 1871 bei C. F. W. Siegel, Leipzig. (Partitur nicht im Druck erschienen.)
Orch.Bes.: 2 Fl. 2 Ob., 2 Klar., 2 Fag., 4 Hr., 2 Tr., Pk.. — Str.-Orch.

Anmerkg. In dem Konzert der EA. 2 dirigierte Raff auch seine 2. Symphonie (S. No. 2), nachdem kurz vorher, am 28. März 1872, sein De profundis zur EA. 1 gelangt war (S. No. 31). — Die 10. Tonkünstler-Versammlung in Kassel vom 27.—30. Juni bestand aus fünf Konzerten und brachte eine Aufführung der „Heiligen Elisabeth" von Liszt, in zwei Orchesterkonzerten Werke von Volkmann (Ouvertüre Richard III.), Johann S. Svendsen (Symphonische Dichtung „Sigurd Slembe"), M. Erdmannsdörfer (Ouvertüre zu „Prinzessin Ilse"), E. v. Mihalovich (Orchesterstück „Das Geisterschiff"), J. Raff (Symphonie „Im Walde" und Violinkonzert), E. Lassen (Musik zu der Trilogie „Die Nibelungen" von Hebbel), Rubinstein (Violoncellkonzert op. 65) und R. Wagner (Huldigungsmarsch). Das Programm der Kammermusik-Aufführung am 29. verzeichnet an wichtigen Werken Rheinbergers Klavierquartett op. 38 und Brahms Klavierquintett op. 34; das Kirchenkonzert am gleichen Tage Heinrich Schütz' „Die sieben Worte", Wüllners doppelchöriges Miserere (zwei Sätze), Müller-Hartungs Psalm 42, Bachs Kantate „Ach wie nichtig" und Liszts „Ave Maria" und „Ave maris stella" für Chor a cappella.

(26.) Konzert II für die Violine
mit Begleitung des Orchesters. A-moll. op. 206.

I.
Allegro.

Dein Lebensschifflein siehst du schwanken,
Es peitschen Stürme seine Flanken,
Und fruchtlos stemmet-ihrer Wut
Entgegen sich dein frommer Mut.

II.
Adagio.

Des Trosts, der Hoffnung lindes Wehen,
Es naht sich dir aus fernen Höhen.
Du fühlst dich wieder kraftdurchglüht,
Und Ruhe zieht in dein Gemüt.

III.
Allegro.

Scheint auch der Sturm sich neu zu regen:
Du achtest nicht auf sein Bewegen;
Denn was dein Herz mit Leid beschwert,
Ist nun in Freud und Lust gekehrt.

Arnold Börner.

SD. *I. 10 Min. II. 10 Min. III. 12 Min.* **GD.** *32 Min.*

Komp.: Sommer und Herbst 1877 in Wiesbaden, beendet Ende September.
(R.-B.)

EA.: 1. Erfurt, Donnerstag, d. 1. November 1877 im Kaisersaale im
1. Konzert des Sollerschen Musikvereins nach dem Manuskript unter
Leitung von *Adolf Golde*, gespielt von *Hugo Heermann*. —
2. Frankfurt a. M., Freitag, d. 9. November 1877 im grossen
Saale des Saalbaues im 3. Museumskonzert nach Manuskript unter
Leitung von *Karl Müller*, gespielt von *H. H.*

Ersch.: Partitur und Orchesterstimmen November 1878 bei C. F. W. Siegel,
Leipzig.

Orch.Bes.: 2 Fl., 2 Ob., 2 Klar., 2 Fag., 4 Hr., 2 Tr., Pk., — Str.-Orch.

(27.) Suite für Solo-Violine und Orchester.
G-moll. op. 180.

Herrn Hugo Heermann.

I. Pre lu di o. *Allegro.* — II. Min u e tt o. *Largamente.* — III. Cor re n t e. *Allegro* — IV. A r i a. *Larghetto.* — V. Il mo to per pet u o. *Finale, Allegro.*
SD. *I. 6 Min. II. 6 Min. III. 4 Min. IV. 8 Min. V. 5 Min.*
GD. *29 Min.*
Komp.: Herbst 1873 in Wiesbaden.
EA.: [1.? G r e n c h e n (Schweiz), Dezember 1873 in einer musikalischen Soirée der Herren *Wagner* (Pianoforte) und *Vogl* (Violine).] — 2. H o m b u r g v. d. H., Dienstag, d. 9. Dezember 1873 im Saale des Kurhauses im 2. Abonnementskonzert der Städt. Kurkapelle unter Leitung von *Gustav Härtel*, gespielt von *Hugo Heermann*. — 3. B r e m e n, Dienstag, d. 16. Dezember 1873 im Unionssaale im 4. Privatkonzert unter Leitung von *Karl Reinthaler*, gespielt von *H. H.*
Ersch.: Partitur und Orchesterstimmen Oktober 1873 bei C. F. W. Siegel, Leipzig.
Orch.Bes.: 2 Fl., 2 Ob., 2 Klar., 2 Fag., 2 Hr., 2 Tr., Pk. — Str.-Orch.

(28.) Die Liebesfee.
(La Fée d'Amour.)
Charakteristisches Konzertstück für Violine mit Begleitung des Orchesters. op. 67.

An Herrn Edmund Singer.

GD. *ungefähr 22 Min.*
Komp.: Ende 1854 bez. Anfang 1855 in Weimar. (S. Anm.)
EA.: 1. W e i m a r, Freitag, d. 20. April 1855 im Grossherzogl. Hoftheater in einem von Raff veranstalteten Konzert nach dem Manuskript unter Leitung von *Joachim Raff*, gespielt von *Edmund Singer*. (S. Anm.) — 2. W i e s b a d e n, Freitag, d. 14. März 1856 im grossen Saale des Gasthauses zum Adler im 3. Vereins-Konzert des Cäcilien - Vereins nach Mspt. unter Leitung von *J. B. Hagen*, gespielt von *Aloys Baldenecker*. — 3. W i e n, Sonntag, d. 5. April

1857 in einer der von Haslinger veranstalteten Novitäten-Soireen, gespielt von *J. Hellmesberger* und *D. Pruckner.* — 4. Leipzig, Donnerstag, d. 25. November 1858 im Saale des Gewandhauses im 7. Abonnementskonzert unter Leitung von *Ferdinand David,* gespielt von *Edmund Singer.* — 5. Berlin, Freitag, d. 14. Januar 1859 im Saale der Sing-Akademie im 2. der von Hans von Bülow veranstalteten Orchesterkonzerte (Liebigsche Kapelle) unter Leitung von *Hans von Bülow,* gespielt von *Ludwig Strauss.* (S. Anm.)

Ersch.: Partitur Juli 1877, Orchesterstimmen März 1877, Klavierauszug Dezember 1856 (Wilhelmj veranstaltete November 1885, Sarasate Dezember 1889 eine Ausgabe) bei B. Schotts Söhne, Mainz.

Orch.Bes.: 2 Fl., 2 Ob., 2 Klar., 2 Fag., 2 Hr., Pk. — Str.-Orch.

Anmerkg. Das Programm des Konzertes der EA. 1 ist bereits in den Anmerkungen zu der 1. Orchestersuite op. 101 (S. No. 12) ausführlich mitgeteilt. Die Programme der EA. 2 und 4 bieten nichts erwähnenswertes. Bezüglich EA. 5 wird verwiesen auf die Anmerkungen zu Fr. Liszts „Die Ideale" (Liszt, No. 14), die das interessante Programm dieses Konzertes und Mitteilungen über Bülows in demselben gehaltene erste Konzertrede enthalten. — Die Partitur enthält zwei Schlüsse, deren zweiter nach der EA. 2 (Wiesbaden) komponiert wurde. Mit diesem 2. Schlusse wurde das Werk erstmalig in Leipzig (EA. 4) gespielt. Über den dem Stücke etwa zu Grunde liegenden Gedanken lassen sich nur Vermutungen aufstellen. Raff schrieb es im Brautstande und es ist anzunehmen, dass er seiner späteren Gattin, Frl. Doris Genast aus Weimar, damit eine verschwiegene Huldigung hat bereiten wollen.

(29.) Konzert für Violoncell
mit Begleitung des Orchesters. D-moll. op. 193.

Für Herrn Friedrich Grützmacher komponiert.

I. Allegro. *attacca* II. Larghetto. *attacca* III. Finale. *Vivace.*
SD. I. 7 Min. II. 5 Min. III. 7 Min. GD. 19 Min.
Komp.: 1874 in Wiesbaden. (S. Anm.)
EA.: 1. Dresden, Mittwoch, d. 4. November 1874 im Saale des Hotel de Saxe in einem von Fr. Grützmacher gegebenen Konzert nach dem Manuskript unter Leitung von *Julius Rietz* und mit Begleitung durch die *Kgl. Hofkapelle,* gespielt von *Friedrich Grützmacher.* — 2. Ebendaselbst, Freitag, d. 6. November im Saale der Gesellschaft Harmonie in einem Konzert dieser Gesellschaft nach Mspt. unter Leitung von *Herm. Mannsfeldt* und mit Begleitung durch dessen Kapelle, gespielt von *Fr. Gr.* — [Leipzig, Donnerstag, d. 14. Januar 1875 im Saale des Gewandhauses im 12. Abonne-

mentskonzert nach dem Mspt. unter Leitung von *Karl Reinecke*, gespielt von *Fr. Gr.*]

Ersch.: Solostimme und Klavierauszug März 1875, Partitur und Orchesterstimmen August 1875 bei C. F. W. Siegel, Leipzig.

Orch.Bes.: 2 Fl., 2 Ob., 2 Klar., 2 Fag., 2 Hr., 2 Tr., Pk. — Str.-Orch.

Anmerkg. Zwischen EA. 1 und 2 hat Raff auf Grützmachers Wunsch noch einige Änderungen an dem Konzert vorgenommen, über die er sich selbst folgendermassen äusserte: „Im Original ist die Kadenz unmittelbar an das vorausgehende Solo angeschlossen. Infolgedessen hat Grützmacher nicht genug Zeit zum Ausruhen vor der Kadenz. Jetzt lasse ich das Orchester 12 Takte weiterspielen, ehe die Kadenz anfängt, womit ihm wohl gedient sein wird, wenn dies auch noch nicht genug ist, so muss ich ihm freilich die Stelle noch anders einrichten." — Raff wohnte, wie man aus diesem Briefe vom 6. November 1874 ersieht, der EA. bei, war dazu von München gekommen, wo er am 1. November im 1. Abonnementskonzert der musikalischen Akademie seine Wald-Symphonie dirigiert hatte. Kurz vorher, am 21. Oktober, war die EA. der 6. Symphonie in Berlin gewesen, der er nicht beiwohnte.

III. Chorwerke mit Orchester.

(30.) Welt-Ende; Gericht; Neue Welt.
Oratorium nach Worten der heiligen Schrift zumal der Offenbarung Johannis.
op. 212.

Erste Abteilung: Welt-Ende.

A. Vision des Johannes.

1. Rezitativ und Arie des Johannes. *attacca* 2. Rezitativ des Johannes. *attacca* 3. Chor der Engel. (Frauenchor.)

B. Die apokalyptischen Reiter.

4. Rezitativ des Johannes. *attacca* 5. Intermezzo: Die Pest. (Orchester.)
6. Rezitativ des Johannes. *attacca* 7. Intermezzo: Der Krieg. (Orch.)
8. Rezitativ des Johannes. *attacca* 9. Intermezzo: Der Hunger. (Orch.)
10. Rezitativ des Johannes. *attacca* 11. Intermezzo: Tod und Hölle. (Orch.)

C. Frage und Dank der Märtyrer.

12. Rezitativ des Johannes. *attacca* 13. Chor der Märtyrer. (Gem. Chor.)
14. Rezitativ des Johannes. *attacca* 15. Chor der Märtyrer. (Gem. Chor.)

D. Letzte Zeichen in der Natur und Verzweiflung der Menschen.

16. Rezitativ und Arie. (Mezzosopran.) 17. Rezitativ des Johannes. *attacca* 18. Intermezzo: Die letzten Zeichen. (Orch.) *attacca* 19. Rezitativ des Johannes. *attacca* 20. Chor.

Zweite Abteilung: Gericht.

21. Rezitativ des Johannes. *attacca* 22. Intermezzo: Posaunenruf. (Orch.) *attacca* 23. Rezitativ des Johannes. *attacca* 24. Intermezzo: Die Auferstehung. (Orch.) *attacca* 25. Rezitativ des Johannes. *attacca* 26. Doppelchor der Guten und Bösen. *attacca* 27. Rezitativ des Johannes. *attacca* 28. Intermezzo: Das Gericht. (Orch.) *attacca* 29. Arioso (Mezzosopran) und Chor.

Dritte Abteilung: Neue Welt.

30. Intermezzo. (Orch.) 31. Rezitativ des Johannes. *attacca* 32. Arie (Mezzosopran.) 33. Chor. 34. Rezitativ und Arie des Johannes. 35. Chor. 36. Chor.

SD. *Erste Abteilung: A. 13—14 Min. B. 16 Min. C. 10—11 Min. D. 15 Min. GD. ungefähr 56 Min. — Zweite Abteilung: 18 Min. — Dritte Abteilung: 26 Min. — GD. (des ganzen Werkes) ungefähr 1 St. 40 Min.*

Komp.: Nach früher gefassten Plänen niedergeschrieben 1879 bis Anfang 1880. (S. Anm.)

EA.: 1. Weimar, Dienstag, d. 17. Januar 1882 in der Stadtkirche nach dem Manuskript unter Leitung von *Karl Müller-Hartung.* Solisten: Frl. *Louise Schärnack* (Mezzosopran) und Herr *Karl Scheidemantel* (Johannes); Orgel: Herr *Sulze;* Chor: *Singakademie, Chorgesangverein, Chor der Musikschule, Kirchenchor;* Orchester: *Grossherzogl. Hofkapelle* und *Streichorchester der Musikschule.* (S. Anm.) — 2. Leeds (England), Donnerstag, d. 11. Oktober 1883 in Town Hall in einem Konzert des Leedser Musikfestes in englischer Sprache (Übersetzung von Morgan) unter Leitung von *Arthur Sullivan.* Solisten: Frl. *Grace Damian* und Herr *Charles Santley;* Orgel: Herr *Walter Parrat.* — 3. Düsseldorf, Donnerstag, d. 25. Oktober 1883 in der Tonhalle im 1. Konzert des Musikvereins unter Leitung von *Julius Tausch.* Solisten: Frl. *Fides Keller* und Herr *Karl Scheidemantel.* — 4. Weimar, Freitag, d. 14. Dezember 1883 in der Stadtkirche in einem Konzert zum Besten der Töpferstiftung. Leitung, Solisten, Chöre, Orchester und Orgel wie bei EA. 1. — 5. Wiesbaden, Dienstag, d. 19. Februar 1884 im Saale des Kurhauses im 2. Konzert des Cäcilienvereins unter Leitung von *Leonhard Wolff.* Solisten: Frl. *Hermine Spiess* und Herr *Karl Scheidemantel.* — 6. Weimar, Sonnabend, d. 24. Mai 1884 in der Stadtkirche in dem 2. Konzert der 21. Tonkünstlerversammlung des Allgemeinen Deutschen Musikvereins unter Leitung von *Karl Müller-Hartung.* Solisten: Frl. *Louise Schärnack* und Herr *Karl Scheidemantel.* (S. Anm.) — 7. B e r l i n, Montag, d. 23. November 1885 in der Garnisonkirche durch den Schnöpfschen Gesangverein unter Leitung von *Schnöpf.* Solisten: Frl. *Helene Wegener* und Herr *Adolf Schulze.*

Ersch.: Partitur Mai 1883, Orchesterstimmen Juli 1883, Chorstimmen März 1882, Klavierauszug Januar 1882 bei Breitkopf & Härtel, Leipzig.

Bes.: a) S o l i: M e z z o s o p r a n: Eine Stimme. — B a r i t o n: Johannes.
b) C h o r: Sopran I, II u. III, Alt I u. II, Tenor I u. II, Bass I u. II. Auch Doppelchor (2 gem. Chöre) und Frauenchor (3 Sopr. u. Alt).
c) O r c h e s t e r: 3 Fl. (alle 3 auch Kl. Fl.), 2 Ob., 2 Klar., 2 Fag., 4 Hr., 2 Tr., 3 Pos., Tuba, Pk., Trgl., Kl. Tr., Gr. Tr. (S. Anm.) — Str.-Orch.

A n m e r k g. Über **Plan** und **Entstehung** des Werkes berichtet ein Schreiben von Raffs Witwe folgendes:

„Den Plan zu dem Werke hatte Raff viele Jahre mit sich herumgetragen, nur beabsichtigte er anfangs, die vier apokalyptischen Reiter als selbständiges Orchesterwerk zu arbeiten. Je mehr er sich indes in den gewaltigen Stoff vertiefte, desto mehr nahm derselbe ihn gefangen und gab ihm schliesslich den Gedanken zum Oratorium ein, zu welchem er sich den Text aus der Bibel zusammenstellte. Über die Gliederung des Werkes war er bald mit sich im Reinen; dem erzählenden Bariton dachte er die Partie des Evangelisten Johannes zu, die der Altstimme schuf er in der Absicht 1. dem lyrischen Element sein Recht zu lassen und 2. durch Einführung einer Frauenstimme gleichsam den Eindruck der ‚Stimme von Oben‘ hervorzubringen. Weitere Solostimmen einzuführen, fand er nicht ratsam, da alle bedeutenden Momente in den Händen des Chores oder Orchesters liegen sollten. — Das Motiv, womit das Werk beginnt

und das am häufigsten wiederkehrt, dachte sich Raff als Gottes- oder Offenbarungsmotiv. — Die 3 ersten Intermezzi der apokalyptischen Reiter haben als choralartigen, in verschiedenen Tonarten wiederkehrenden Schluss: das Todesmotiv,

welches im 4. Intermezzo ‚Tod und Hölle‘ zu selbständiger Entfaltung gelangt. Der ‚Hunger‘ schleicht langsam auf hinkendem Pferde, gefolgt vom Ächzen der Verschmachtenden. Durch den orientalisch gefärbten Satz der ‚Pest‘ tönt der scharfe Klang der schwirrenden Pfeile. Dem Rhythmus aller 4 Orchestersätze liegt das Traben der Rosse zugrunde. — Für das Orchesterstück ‚Die letzten Zeichen‘ bildet das vorausgegangene Rezitativ gewissermassen den Text. Über die ‚Auferstehung‘ im zweiten Teile und den darin vorkommenden *Basso ostinato* findet sich schon eine Bemerkung im Klavierauszug. Das ‚Gericht‘ bringt zuerst das Gottesmotiv mit der Verklärung der Seligen, die langsam emporschweben. Als sich die Pforte des Lichts hinter ihnen geschlossen, kehrt das Gottesmotiv des Richters wieder und es folgt der Sturz der Verdammten, wobei das Höllenmotiv dominiert. Hier bedachte sich Raff einen Augenblick, ob er statt dieser Orchesterschilderung einen nochmaligen Chor der Guten und Bösen einfügen solle, dann aber sagte er: Nein, es geht nicht; so hoch wie z. B. meine Seligen hinaufmüssen, will ich weder Tenor noch Sopran zumuten zu fistulieren." — — — — — So ist das Werk zwar während mehrerer Jahre nach und nach entstanden, aufgeschrieben aber wurde es erst Ende der 70er Jahre und Anfang der 80er." [Allgemeine Musik-Zeitung 1885, No. 48.]

Bei EA. 1 und 2 ist eine Orgelpartie gespielt worden, eine solche findet sich aber weder in Raffs Partitur-Entwurf, noch in der Druckpartitur. Sie mag also wohl von fremder Hand zugefügt worden sein. — Mit 2 Pauken ist nicht auszukommen, am besten werden 2 Paare verwendet, die jedoch von einem Musiker bedient werden können. Wiederholt wird tiefe Pauke mit dem grossen E gefordert.

(31.) De profundis (130. Psalm)
für achtstimmigen gemischten Chor mit Begleitung des grossen Orchesters. op. 141.

Franz Liszt verehrungsvoll gewidmet.

I. Instrumental-Einleitung. *attacca* II. De profundis (Chor). — III. Si iniquitates. (Männerchor.) *attacca* IV. Quia apud te. (Sopran-Arie mit Frauenchor.) — V. A custodia. (Chor.) — VI. Et ipse redimet. (Chor.)

SD. *I. und II. 10 Min. III. 4 Min. IV. 6 Min. V. 4 Min. VI. 7 Min. GD. 31 Min.*

Komp.: 1867 in Wiesbaden. (Sch.)

EA.: 1. Weimar, Donnerstag, d. 28. März 1872 in einer geistlichen Musikaufführung in der Stadtkirche unter Leitung von *Karl Müller-Hartung.* Sopransolo: Frau *Deez;* Chor: *Singakademie, Kirchenchor und Theaterchor;* Orchester: *Grossherzogl. Hofkapelle.* — [Erfurt, Sonntag, d. 23. Juni 1878 im Stadttheater im 3. Konzert der 15. Tonkünstler-Versammlung des Allgem. Deutschen Musikvereins unter Leitung von *Max Erdmannsdörfer.* Sopransolo: Frl. *Marie Breidenstein;* Chor: *Erfurter Singakademie.* (S. Anm.)

Ersch.: Partitur, Orchester- und Chorstimmen Juni 1868 bei Jul. Schuberth & Co., Leipzig.

Bes.: a) Solo: Sopran.
b) Chor: Sopran I u. II, Alt I u. II, Tenor I u. II, Bass I u. II. Frauen- und Männerchor auch allein. Vorübergehend sind auch noch einzelne Chorstimmen geteilt.
c) Orchester: 2 Fl., 2 Ob., 2 Klar., 2 Fag., 4 Hr., 2 Tr., 3 Pos., Pk. — Str.-Orch.

Anmerkg. Die EA. 1 (Weimar) stand in Verbindung mit der 2. Weimarischen Aufführung des deutschen Requiems von Brahms. — Die Tonkünstler-Versammlung in Erfurt bietet in ihren Programmen nichts besonders erwähnenswertes. Sie bestand aus einem Konzert in der Barfüsser Kirche (22. Juni), 3 Orchester- (22., 23. u. 25. Juni) und 2 Kammermusikkonzerten (beide am 24. Juni). Ihr vorauf ging in Weimar am 21. Juni die Aufführung von „Das Rheingold" von R. Wagner, ihr folgten, auch in Weimar, ein Konzert mit Vorträgen der Grossherzogl. Orchesterschule und die Aufführung von „Fausts Verdammnis" von Berlioz (am 26. Juni). Mit der Tonkünstlerversammlung war ein sog. Musikertag verbunden.

<hr />

(32.) Die Tageszeiten.
(Dichtung von Helga Heldt.)
Konzertante in vier Sätzen für Chor, Pianoforte und Orchester.
op. 209.

I. A capriccio. Largo. Allegro. „Im hellsten Licht erglänzt die Welt." — II. Andante. „Die Sonne sich neiget, der Abend, er steiget." — III. Allegro. „Still ist's nun." — IV. Allegro. „Es ist mit Dunkel und Schatten verschwunden die lange Nacht."

SD. *I. 13 Min. II. 9 Min. III. 6 Min. IV. 13 Min.* **GD.** *41 Min.*

Komp.: 1877/78 in Frankfurt a. M. (Sch.)

EA.: 1. Wiesbaden, Montag, d. 12. Januar 1880 im Kgl. Theater im 4. Symphoniekonzert nach dem Manuskript unter Leitung von *Wilhelm Jahn*. Pianoforte: *Karl Faelten;* Chor: *das Chorpersonal des Kgl. Theaters.* — 2. Mainz, Mittwoch, d. 21. Januar 1880 im Saale des Frankfurter Hof im 5. Konzert des Vereins für Kunst und Literatur nach Mspt. Leitung, Solo, Chor und Orchester wie oben.

Ersch.: Partitur, Orchester- und Chorstimmen Juli 1880 bei Breitkopf & Härtel, Leipzig.

Bes.: a) Solo: Pianoforte.
b) Chor: Sopran, Alt, Tenor, Bass.
c) Orchester: 3 Fl. (3. auch Kl. Fl.), 2 Ob., 2 Klar., 2 Fag. 4 Hr., 2 Tr., 3 Pos., Pk. — Str.-Orch.

IV. Kammermusikwerke.

(33.) **Sinfonietta** für 2 Flöten, 2 Oboen, 2 Klarinetten, 2 Fagotte und 2 Hörner. F-dur. op. 188.

I. Allegro. — II. Allegro molto. — III. Larghetto. — IV. Vivace.
SD. I. 7 Min. II. 4 Min. III. 6 Min. IV. 4 Min. **GD.** *21 Min.*
Komp.: Frühling 1873 in Wiesbaden.
EA.: 1. (?) P e t e r s b u r g, Sonnabend, d. 13. März 1875 im Saale der St. Petri-Schule im 12. Vereinsabend des Vereins für Kammermusik gespielt von den Herren *Waterstrad* (Fl. 1), *Klose* (Fl. 2), *Peschkau* (Ob. 1), *Breitbart* (Ob. 2), *Schlenzog* (Klar. 1), *Franke I* (Klar. 2), *Kutschbach* (Fag. 1), *Baryscheff* (Fag. 2), *Franke II* (Hr. 1) und *Gerner* (Hr. 2). — 2. (?) D r e s d e n, Mittwoch, d. 17. November 1875 im Saale des Hotel de Saxe im 1. Produktionsabend des Tonkünstlervereins gespielt von den Herren *Moritz Fürstenau* (Fl. 1), *Franz Fritsche* (Fl. 2), *Rud. Hiebendahl* (Ob. 1), *J.W. Beck* (Ob. 2), *Friedr. Demnitz* (Klar. 1), *C. F. Förster* (Klar. 2), *Gust. Lange* (Fag. 1), *Karl Tränkner* (Fag. 2), *Heinr. Hübler* (Hr. 1), *Wilh. Lorenz* (Hr. 2), sämtlich Mitglieder der Kgl. Hofkapelle.
Ersch.: Stimmen Oktober 1874 (Partitur nur abschriftlich) bei C. F. W. Siegel,, Leipzig.

(34.) **Oktett**

für 4 Violinen, 2 Bratschen und 2 Violoncelle. C-dur. op. 176.

Herrn Konzertmeister Johann Lauterbach.

I. Allegro. — II. Allegro molto. — III. Andante moderato. — IV. Vivace.
SD. I. 8 Min. II. 3 Min. III. 6 Min. IV. 4 Min. **GD.** *21 Min.*
Komp.: 1872 in Wiesbaden.
EA.: 1. L e i p z i g, Sonntag, d. 30. März 1873 im Musiksaal des Verlegers R. Seitz in dem 1. der von ihm veranstalteten Novitätenkonzerte gespielt von den Herren *J. A. Raab* (Viol. 1), *Rauchfuss* (Viol. 2), *Hoffmann* (Viol. 3), *Essigke* (Viol. 4), *Heinr. Klesse* (Bratsche 1), *Günther* (Bratsche 2), *J.A.Grabau* (Violonc.1) und *Dautner* (Violonc.2). (S. Anm.) — 2. E b e n d a s e l b s t, Dienstag, d. 15. April 1873 im Saale des Gewandhauses im Kammermusikkonzert der 11. Tonkünstler-

versammlung des Allgemeinen Deutschen Musikvereins (S. Anm.) und 3. Dresden, Dienstag, d. 22. April 1873 im Saale des Hotel Stadt Petersburg in einem erweiterten Übungsabend (Familienabend) des Tonkünstlervereins, beidemale gespielt von den Herren *Joh. Lauterbach* (Viol. 1), *Ferd. Hüllweck* (Viol. 2), *Edm. Medefind* (Viol. 3), *Rich. Eckhold* (Viol. 4), *Louis Göring* (Bratsche 1), *E. Wilhelm* (Br. 2), *Friedrich Grützmacher* (Cello 1) und *Karl Hüllweck jun.* (Cello 2), sämtlich Mitglieder der Dresdner Hofkapelle.

Ersch.: März 1873 bei Robert Seitz, Leipzig und Weimar, seit Oktober 1879 ' im Besitze von F. Ries, Dresden, seit Oktober 1881 Ries & Erler, Berlin.

Anmerkg. Der Musikverleger Robert Seitz veranstaltete zur Einführung von in seinem Verlage erschienenen Kompositionen 1873/74 drei Novitätenkonzerte in seinem Musiksaale — Königsplatz 19 — von denen das obengenannte das erste war; es folgten ihm noch 2 weitere, am 22. Februar 1874 und 13. Dezember 1874. In dem ersten wurde ausser Raffs Oktett noch zur ersten Aufführung gebracht Lassens op. 49 „Fünf biblische Bilder aus den Palmblättern von K. Gerok" für 6 Solostimmen, Violine, Violoncell, Harfe, Horn und Orgel. Im zweiten fand die EA. 2 von Raffs Streichsextett (s. No. 35), im dritten die EA. von Erdmannsdörfers op. 18 „Schneewittchen" statt. — Die 11. Tonkünstlerversammlung (EA. 2) trug den offiziellen Titel: „Dritter deutscher Musikertag". (Der erste hatte 1869 in Leipzig, der zweite 1871 in Magdeburg stattgefunden.) Das Hauptgewicht dieses Musikertages war auf Verhandlungen und Statutenberatungen gelegt, den musikalischen Aufführungen wenig Raum gegönnt worden. Sie bestanden nur aus dem oben genannten Kammermusikkonzert (Matinee) und einem Orgelkonzert in der Nikolaikirche, deren beider Programme ausser der EA. von Peter Cornelius „Trost in Tränen" (für 5 Solostimmen mit Pianoforte) nichts besonders nennenswertes enthielten. Die geplante Aufführung von Franz von Holsteins Oper „Der Erbe von Morley" kam nicht zu stande, man gab dafür Iphigenie auf Aulis von Gluck. Im Anschluss an den Musikertag veranstaltete Richard Metzdorff ein Konzert mit nur eigenen Kompositionen.

———⋄⋄———

(35.) Sextett

für 2 Violinen, 2 Bratschen und 2 Violoncelle. G-moll. op. 178.

I. Allegro. — II. Allegro molto. — III. Larghetto. — IV. Allegro. **SD.** *I. 9 Min. II. 4 Min. III. 8 Min. IV. 4 Min.* **GD.** *25 Min.* **Komp.**: 1872 in Wiesbaden. (Sch.)

EA.: (S. Anm.) 1. (?) Breslau, Montag, d. 12. Januar 1874 im Saale des Hotel de Silésie in der 8. Versammlung des Tonkünstlervereins gespielt von den Herren *Louis Lüstner* (Viol. 1), *Hoppe* (Viol. 2),

Rudolf Trautmann (Bratsche 1), *Franz Ries* (Bratsche 2), *Heyer* (Violonc. 1), *Bork* (Violonc. 2). (S. Anm.) — 2. (?) Le i p z i g, Sonntag, d. 22. Februar 1874 im Musiksaal des Verlegers R. Seitz im 2. der von ihm veranstalteten Novitätenkonzerte gespielt von den Herren *J. A. Raab* (Viol. 1), *A. W. J. Fiehrig* (Viol. 2), *Gustav Ewald* (Bratsche 1), *Heinr. Klesse* (Bratsche 2), *Ferd. Klesse* (Violonc. 1) und *J. A. Grabau* (Violonc. 2).

Ersch.: Partitur und Stimmen September 1873 bei Robert Seitz, Leipzig und Weimar, seit Oktober 1879 im Besitze von Franz Ries, Dresden, seit Oktober 1881 Ries & Erler, Berlin.

A n m e r k g. Schäfer berichtet (a. a. O. S. 88) von einer EA., die am 13. Dezember 1872 in einem Privatkonzert in Sondershausen stattgefunden haben soll. Das ist wie folgt zu berichtigen. Am 13. Dezember 1872 fand in Sondershausen die erste Privataufführung der Lenoren-Symphonie unter Raffs Leitung vor einem kleinen Kreise Eingeladener statt. (S. No. 5.) A m T a g e v o r h e r wurde das Sextett, laut Brief von Raff an seine Frau vom 13. Dezember, gespielt, aber nur im Privatkreise bei M. Erdmannsdörfer. Eine Aufführung hat nicht stattgefunden. — Über den Breslauer Tonkünstlerverein in dem die vermutliche EA. stattfand, ist zu berichten: Er wurde im Jahre 1869 durch die Herren Lüstner (Vater Peter und Söhne Louis, Otto und Georg), H. Gottwald, Rob. Seidel, Conrad Schmeidler, K. Mahlberg, H. Greis und Julius Lehnert ins Leben gerufen. In des letztgenanntem Hause fanden die ersten Versammlungen dieses kleinen Kreises statt, dem sich dann zur endgültigen Bildung des Ver-eins Leop. Damrosch, M. Brosig, Dr. F. C. Baumgart, Dr. Jul. Schäffer und Musikalienhändler Lichtenberg anschlossen. In den ersten Jahren des Bestehens pulsierte in dem Vereine, wie die auf der Breslauer Stadtbibliothek aufbewahrte Programm-Sammlung beweist, ein reges Leben. 1893/94 ist der Verein wieder eingegangen. Über die Seitzschen Novitätenkonzerte s. Anmerkg. bei No. 34.

(36.) Grosses Quintett für Pianoforte, 2 Violinen, Bratsche und Violoncell. A-moll. op. 107.

Seiner Majestät dem Könige der Niederlande Wilhelm III.

I. Allegro mosso assai. — II. Allegro vivace, quasi Presto. — III. Andante, quasi Larghetto mosso. — IV. Allegro brioso, patetico.
SD. *I. 9 Min. II. 4 Min. III. 10 Min. IV. 8 Min.* **GD.** *31 Min.*
Komp.: 1862 in Wiesbaden. (Sch.)
EA.: 1. (?) B r e m e n, Mittwoch, d. 22. März 1865 im Künstlerverein gespielt von den Herren *L. Rakemann* (Pfte.), *Jacobsohn* (Viol. 1), *Weber* (Viol. 2), *Böhm* (Bratsche) und *Weingardt* (Violonc.). —

2. (?) Königsberg, Sonntag, d. 2. April 1865 in einer von den Gebrüdern Müller veranstalteten Raff-Matinee gespielt von den Herren *Adolf Jensen* (Pfte.), *Karl, Hugo, Bernhard* und *Wilhelm Müller* (das jüngere Streichquartett der Gebrüder Müller). (S. Anm.) — 3. (?) Dresden, Sonnabend, d. 14. Oktober 1865 in Kronefelds Saal im 1. Übungsabend des Tonkünstlervereins gespielt von den Herren *Bernh. Rollfuss* (Pfte.), *Traugott Körner* (Viol. 1), *Edmund Feigerl* (Viol. 2), *Wilh. Mehlhose* (Bratsche) und *Ferd. Böckmann* (Violonc.). —

Ersch.: November 1864 bei Jul. Schuberth & Co., Leipzig.

Anmerkg. Die Nachrichten über die ersten Aufführungen der Raffschen Kammermusikwerke fliessen sehr spärlich und es muss bei diesem, wie bei einigen anderen Werken dahingestellt bleiben, ob die angegebenen EA. wirklich die ersten gewesen sind. Zu den nachweislich frühesten zählen sie sicherlich. — Das Streichquartett der jüngeren Gebrüder Müller (Söhne des 1. Violinisten des älteren Quartetts Karl Friedrich Müller) erwarb sich um die Verbreitung der Raffschen Kammermusikwerke, insbesondere der Streichquartette, grosse Verdienste; das 1. grosse Quartett (S. No. 39) hat es zuerst auf seinen Reisen in die Öffentlichkeit eingeführt. Die oben genannte Raff-Matinee enthielt ausser dem Quintett noch das Streichquartett No. 2, op. 90 und das Trio op. 102. — Neben den Gebrüdern Müller bemühte sich Hans von Bülow eifrig um die Verbreitung der Kammermusikwerke Raffs, das Quintett spielte er erstmalig in Basel, Dienstag, d. 9. Oktober 1866 im Kasinosaal in der 5. Soiree für Kammermusik (2. Zyklus) mit L. Abel, A. Bargheer, Fischer u. M. Kahnt.

(37.) Quartett I für Pianoforte, Violine, Viola und Violoncell. G-dur. op. 202, No. 1.

I. Allegro — II. Allegro molto. — III. Andante quasi Adagio. — IV. Allegro.

SD. I. 13 Min. II. 7 Min. III. 11 Min. IV. 9 Min. GD. 40 Min.

Komp.: 1876 in Wiesbaden. (Sch.)

EA.: 1. (?) Dresden, Montag, d. 19. Februar 1877 im Saale des Restaurant Fiebiger im 11. Übungsabend des Tonkünstler-Vereins gespielt von den Herren *Emil Höpner* (Pfte.), *Franz Schubert jun.* (Viol.), *Wilhelm Mehlhose* (Viola), und *Karl Hüllweck jun.* (Violonc.) — 2. (?) Ebendaselbst, Dienstag, d. 27. März Wiederholung im Saale des Hotel de Saxe im 3. Produktionsabend des Tonkünstlervereins gespielt von *Denselben* wie bei 1. — 3. (?) Stuttgart, Freitag, d. 23. März 1877 im Saale des oberen Museums in der 4. Quartett-Soiree gespielt von den Herren *Vögeli* (Pfte.), *Wehrle* (Viol.), *Wien* (Viola) und *Cabisius* (Violonc.).

Ersch.: September 1876 bei C. F. W. Siegel, Leipzig.

(38.) **Quartett II** für Pianoforte, Violine, Viola und Violoncell. C-moll. op. 202, No. 2.

I. Allegro. — II. Allegro. — III. Larghetto. — IV. Allegro.
SD. I. 16 Min. II. 7 Min. III. 10 Min. IV. 10 Min. GD. 43 Min.
Komp.: 1876 in Wiesbaden. (Sch.)
EA.: 1. S o n d e r s h a u s e n, Sonntag, d. 5. August 1877 in der 2. Matinee bei Herrn und Frau Erdmannsdörfer gespielt von Frau *Pauline Erdmannsdörfer-Fichtner* (Pfte.), den Herren *Henri Petri* (Viol.), *Kämmerer* (Viola) und *Wihan* (Violonc.). — 2. C h e m n i t z, Mittwoch, d. 26. September 1877 im Saale des Gasthauses zur Linde im 1. Gesellschaftsabend der Singakademie gespielt von den Herren *Rich. Holzhauer* (Pfte.), *Theod. Kellerbauer* (Viol.), *W. Hepworth* (Viola) und *Theod. Schneider* (Violonc.).
Ersch.: August (bez. September) 1877 bei C. F. W. Siegel, Leipzig.

----—▸◂——

(39.) **Quartett I**
für 2 Violinen, Bratsche und Violoncell. D-moll. op. 77

1. Mässig schnell, ruhig, breit. — II. Sehr lustig, möglichst rasch. — III. Mässig langsam, getragen. — IV. Rasch.
SD. I. 10 Min. II. 3 Min. III. 7 Min. IV. 8 Min. GD. 28 Min.
Komp.: Herbst 1855 in Weimar. (Sch.)
EA.: 1. (?) W i e n, Sonntag, d. 28. November 1858 im Musikvereinssaale in der 2. Quartett-Produktion nach dem Manuskript gespielt von den Herren *Jos. Hellmesberger sen.* (Viol. 1), *M. Durst* (Viol. 2), *F. Dobyhal* (Bratsche) und *Bernhard Cossmann* (Violonc.). (S. Anm.) — [D r e s d e n, Sonnabend, d. 26. Oktober 1861 in Kronefelds Saal im 2. Übungsabend des Tonkünstler-Vereins gespielt von den Herren *Traugott Körner, W. Mehlhose, Ernst Schleissing* u. *Ferdinand Böckmann*.]
Ersch.: Partitur u. Stimmen Oktober 1860 bei Jul. Schuberth & Co., Leipzig.

A n m e r k g. Die EA. des ersten Streichquartetts war für eine der Quartettsoireen des Winters 1855/56 in W e i m a r durch das Quartett Singer, Stör, Walbrül und Cossmann beabsichtigt. Das Weimarer Sonntagsblatt gibt am 4. Nov. 1855 bekannt, dass drei Manuskript-Quartette von Raff, Graedener und Rubinstein zur Aufführung gelangen sollten, doch ist eine Aufführung des Raffschen Quartetts unterblieben. Ausser den Zeitungsberichten über die 4 Quartettsoireen ist ein wichtiges Beweisstück das Konzerttagebuch des Violinspielers

Edmund Singer, das alle Konzerte (einschl. der Kammermusiksoireen) mit Datum und Programm verzeichnet, in denen er je auftrat. Raff ging dann 1856 nach Wiesbaden und verlor einen Teil seiner musikalischen Beziehungen zu Weimar infolge des Gegensatzes, in den er zu der dort herrschenden Musikrichtung geraten war. Raffs Freund B. Cossmann wird dann das Quartett als Manuskript nach Wien gebracht haben. Die Hellmesberger'schen Quartett-Produktionen fanden zumeist Sonntags nachmittags 5 Uhr statt. (Hierzu siehe: Hanslick, Geschichte des Konzertwesens in Wien, S. 400 ff.) — Nach der Veröffentlichung nahm sich dann das Streichquartett der Gebrüder Müller in Meiningen des Werkes an, die ersten Aufführungen durch dasselbe haben stattgefunden in Naumburg, 15. 3. 62, Halle 16. 3. 62 u. Leipzig, 18. 3. 62. — Hans von Bülow erhielt das Quartett unmittelbar nach seinem Erscheinen, verwendete sich bei F. Laub um seine Aufführung aber vergeblich. (S. Bülowbriefe III, S. 364.)

(40.) Quartett II

für 2 Violinen, Bratsche und Violoncell. A-dur. op. 90.

Den Herren Gebrüder Müller, Hofquartett Sr. Hoh. des Herzogs von Meiningen.

I. Rasch, jedoch ruhig. — II. Rasch. — III. Langsam, doch nicht schleppend. — IV. Rasch.

SD. *I. 10 Min. II. 4 Min. III. 7 Min. IV. 7 Min.* **GD.** *28 Min.*

Komp.: Frühling 1857 in Weimar (?). (Sch.)

EA.: 1. Wiesbaden, Montag, d. 29. März 1858 im Saale des Hotels zu den „Vier Jahreszeiten" in der letzten (3.) Soiree für Kammermusik (2. Zyklus) nach dem Manuskript gespielt von den Herren *Baldenecker* (Viol. 1), *Grimm* (Viol. 2), *Scholle* (Bratsche) und *Weyner* (Violonc.). — 2. Weimar, Donnerstag, d. 9. Mai 1859 in einem von dem Sänger Edmund Höfer veranstalteten Konzert nach dem Manuskript gespielt von den Herren *Edmund Singer, Stör, Walbrül* und *Bernh. Cossmann.* (S. Anm.) — 3. Wien, Sonntag, d. 1. März 1863 in der zweiten der von Carl Haslinger veranstalteten Novitäten-Soireen gespielt von den Herren *Jos. Hellmesberger, M. Durst, F. Dobihal* u. *H. Röver.* (S. Anm.)

Ersch.: Partitur und Stimmen Oktober 1862 bei Jul. Schuberth & Co., Leipzig.

Anmerkg. Die EA. 2 nach dem Manuskript ist verbürgt durch das bereits bei Nr. 39 erwähnte Konzerttagebuch von Edm. Singer. — Zu EA. 3 ist zu berichten, dass die von Carl Haslinger veranstaltete Soiree zu Ehren Joachim Raffs, dessen 1. Symphonie am 22. Februar zum erstenmal aufgeführt worden war (s. No. 1), stattfand. Das Programm bestand nur aus Raffschen Kompositionen, und zwar D-moll-Quartett op. 77 1. u. 3. Satz, die beiden Männerchöre op. 122,

No. 5 (Wanderers Nachtlied von Goethe) und op. 57, No. 6 (Ballade von Arndt) nach Manuskript (Mitglieder des akademischen Gesangvereins), sowie A-dur-Quartett. Zwei von Epstein zu spielende Klavierstücke — sie sind auf dem Originalprogramm nicht näher benannt — fielen aus, da Epstein erkrankte. Während seines Wiener Aufenthaltes verkehrte Raff viel mit Brahms, der ihm, wie aus einem Briefe R.s an seine Frau hervorgeht, in diesen Tagen (am 24. oder 25. Februar 1863) „sein neues Quintett" (op. 34) vorspielte. In einer Probe zu einem der damals unter Leitung von Desoff stehenden Philharmonischen Konzerte wurde auch Raffs Ouvertüre op. 123 (s. No. 18) gespielt.

(41.) Quartett III

für 2 Violinen, Bratsche und Violoncell. E-moll. op. 136.

Der löbl. Hellmesbergerschen Quartettgesellschaft in Wien.

I. Allegro. — II. Allegro con moto. — III. Andante con moto (Variationen). — Allegro con spirito.

SD. *I. 8 Min. II. 4 Min. III. 6 Min. IV. 5 Min.* **GD.** *23 Min*

Komp.: Dezember 1866 in Wiesbaden (Sch.).

EA.: Nicht mit Sicherheit festzustellen.

Ersch.: Partitur und Stimmen Februar 1868 bei Jul. Schuberth & Co., Leipzig.

(42.) Quartett IV

für 2 Violinen, Bratsche und Violoncell. A-moll. op. 137.

Herrn Ferdinand Laub.

I. Allegro patetico. — II. Allegro, non troppo vivo, quasi Allegretto. — III. Andante. — IV. Andante. Allegro patetico. Presto.

SD. *I. 8 Min. II. 4¹/₂ Min. III. 7¹/₂ Min. IV. 5 Min.* **GD.** *25 Min.*

Komp.: Januar 1867 in Wiesbaden (Sch.).

EA.: Nicht mit Sicherheit festzustellen.

Ersch.: Partitur und Stimmen Januar 1869 bei Jul. Schuberth & Co., Leipzig.

(43.) Quartett V

für 2 Violinen, Bratsche und Violoncell. G-dur. op. 138.

Herrn Nikolas Rubinstein.

I. Allegro, tranquillo. — II. Allegro vivace. — III. Larghetto. —
IV. Allegretto, vivace.
SD. I. 10 Min. II. 4 Min. III. 7 Min. IV. 6 Min. GD. 27 Min.
Komp.: 1867 in Wiesbaden (Sch.).
EA.: Nicht mit Sicherheit festzustellen.
Ersch.: Partitur und Stimmen März 1869 bei Jul. Schuberth & Co., Leipzig.

(44.) Quartett VI für 2 Violinen, Bratsche und Violoncell.
Suite älterer Form. C-moll. op. 192, No. 1.

I. Präludium. Larghetto. Allegro. — II. Menuett. Allegro. —
III. Gavotte und Musette. Allegro. — IV. Arie. Largo. —
V. Gigue-Finale. Vivace.
SD. I. 6 Min. II. 4 Min. III. 3 Min. IV. 5 Min. V. 6 Min.
GD. 24 Min.
Komp.: Winter und Frühling 1874 in Wiesbaden (Sch.).
EA.: Nicht mit Sicherheit festzustellen.
Ersch.: Partitur und Stimmen März 1876 bei C. F. Kahnt, Leipzig.

(45.) Quartett VII für 2 Violinen, Bratsche und Violoncell.
Die schöne Müllerin. Zyklische Tondichtung.
D-dur. op. 192, No. 2.

I. Der Jüngling. Allegretto. — II. Die Mühle. Allegro. —
III. Die Müllerin. Andante, quasi Adagietto. — IV. Un-
ruhe. Allegro. — V. Erklärung. Andantino, quasi Allegretto
— VI. Zum Polterabend. Vivace.
SD. I. 6 Min. II. 1½ Min. III. 7 Min. IV. 2 Min. V. 3 Min.
VI. 6 Min. GD. 26 Min.

Komp.: Winter und Frühling 1874 in Wiesbaden (Sch.).

EA.: 1.(?) Leipzig, Sonntag, d. 23. April 1876 im Betsaale der 3. Bürger-schule in der 40. Aufführung des Leipziger Zweig-Vereins vom Allgemeinen Deutschen Musikverein gespielt von den Herren *Schra-dieck* (Viol. 1), *Bolland* (Viol. 2), *Thümer* (Viola) und *Schröder* (Violonc.). — 2.(?) Köln, Montag, d. 10. Juli 1876 im Saale der Pianoforte-Niederlage von Obladen im 2. Musikabend des Ton-künstler-Vereins gespielt von den Herren *G. Japha* (Viol. 1), *O. v. Königslöw* (Viol. 2), *Gustav Jensen* (Viola) und *L. Ebert* (Violonc.).

Ersch.: Partitur und Stimmen März 1876 bei C. F. Kahnt, Leipzig.

(46.) Quartett VIII für 2 Violinen, Bratsche und Violoncell. Suite in Kanonform. C-dur. op. 192, No. 3.

I. Marsch. Allegro. — II. Sarabande. Andante, moderato assai — III. Kapriccio. Vivace. — IV. Arie *(Doppelkanon)*. Quasi Larghetto. — V. Gavotte und Musette. Allegro. — VI. Menuett. Allegro molto. — VII. Gigue. Allegro.
SD. I. 4 Min. II. 2 Min. III. 2 Min. IV. 4 Min. V. 2 Min. VI. 3 Min. VII. 2 Min. GD. 19 Min.

Komp.: Anfang 1874 in Wiesbaden. (Sch.)

EA.: Altenburg, Dienstag, d. 30. Mai 1876 im Hoftheater im 4. Konzert (Kammermusikaufführung) der 13. Tonkünstlerversammlung des All-gemeinen deutschen Musikvereins gespielt von den Herren *Robert Heckmann* (Viol. 1), *Wilhelm Allekotte* (Viol. 2), *Otto Forberg* (Bratsche) und *Ludwig Ebert* (Violonc.): *Das Heckmann-Quartett aus Köln.* (S. Anm.)

Ersch.: März 1876 bei C. F. Kahnt, Leipzig.

Anmerkg. Die Tonkünstlerversammlung vom 28.—31. Mai 1876 stand in Verbindung mit einem sog. Musikertag, dem 4. Ausführlicher Bericht über diesen ist zu finden in der Neuen Zeitschrift für Musik, Band 72 (1876) Extra-beilage zu No. 27. Die Versammlung selbst brachte 1 Kirchenkonzert am 28., 3 grosse Orchester- bezw. Chorkonzerte am 28., 29. u. 31., sowie 2 Kammer-musikaufführungen am 30. Mai, zum Teil mit Riesenprogrammen. Aus denselben sind folgende Werke namhaft zu machen: Kiel, Christus, Berlioz, Romeo und Julie, Liszt, Prometheusmusik [mit verb. Dichtung von R. Pohl] und Hunnenschlacht, Draeseke, Germania [Sopransolo, Männerchor u. Orchester], Volkmann, Klavier-Konzertstück C-moll. Brahms, Streichquintett op. 51,

Raff und Herzogenberg, Streichquartette, Cornelius, Szenen aus dem Barbier von Bagdad. (Das Herzogenberg'sche Streichquartett [op. 42, D-moll] war noch Manuskript, es erlebte hier seine dritte Aufführung, s. Herzogenberg.) Von dem Raffschen Quartett wurden nur 6 Sätze gespielt in folgender Anordnung: Marsch, Sarabande, Gavotte und Musette, Arie, Menuett, Gique, es fiel also das Kapriccio aus. — Robert Heckmann gehört zu denen, die sich um die Einführung sowohl Raffscher wie anderer zeitgenössischer Komponisten Kammermusikwerke in die Öffentlichkeit verdient machten. Seine Quartettveranstaltungen in Köln und anderwärts waren im wesentlichen der Aufführung von Novitäten gewidmet.

(47.) Erstes grosses Trio
für Pianoforte, Violine und Violoncell. C-moll. op. 102.

Herrn Dionys Pruckner freundschaftlich gewidmet.

I. Rasch. — II. Sehr rasch. — III. Mässig langsam. — IV. Rasch bewegt.

SD. I. 9 Min. II. 5 Min. III. 8 Min. IV. 6 Min. GD. 28 Min.

Komp.: 1861 in Wiesbaden. (Sch.)

EA.: 1. Stuttgart, Sonnabend, d. 10. Dezember 1864 im oberen Saale des Museums in der 2. der von *Pruckner* veranstalteten Soireen gespielt von den Herren *Dionys Pruckner* (Pfte.), *Bennewitz* (Viol.) und *Goltermann* (Violonc.) — 2. Dresden, Sonnabend, d. 10. Dezember 1864 im Saale des Konservatoriums im 7. Übungsabend des Tonkünstler-Vereins gespielt von den Herren *Bernh. Rollfuss* (Pfte.), *Traugott Körner* (Viol.) und *Ferd. Böckmann* (Violonc.). — 3. Aachen, Montag, d. 12. Dezember 1864 im Bernartsschen Saale in der 3. Kammermusiksoiree gespielt von den Herren *R. Pflughaupt* (Pfte.), *C. Fleischhauer* (Viol.) und *Joh. Wenigmann* (Violonc.).

Ersch.: Oktober 1864 bei Jul. Schuberth & Co., Leipzig.

(48.) Zweites grosses Trio
für Pianoforte, Violine und Violoncell. G-dur. op. 112.

Ihrer Majestät Olga Königin von Württemberg in untertänigster Ehrfurcht gewidmet.

I. Rasch, frohbewegt. — II. Sehr rasch. — III. Mässig langsam. — IV. Rasch, durchaus belebt.

SD. I. 9 Min. II. 4 Min. III. 10 Min. IV. 8 Min. GD. 31 Min.

Komp.: 1863 in Wiesbaden. (Sch.)

EA.: 1.(?) B a s e l, Dienstag, d. 20. November 1866 im Kasinosaal in der 2. Triosoiree gespielt von den Herren *H. v. Bülow* (Pfte.), *L. Abel* (Viol.) und *M. Kahnt* (Violonc.).

Ersch.: November 1865 bei J. Rieter-Biedermann, Leipzig.

- - - - -

(49.) Drittes grosses Trio
für Pianoforte, Violine und Violoncell. A-moll. op. 155.

Frau Wilhelmine Clauss-Szarvady gewidmet.

- - - - -

I. Quasi a capriccio. Allegro agitato. — II. Allegro assai. — III. Adagietto. — IV. Larghetto. Allegro.

SD. I. 10 Min. II. 5 Min. III. 9 Min. IV. 9 Min. **GD.** *33 Min.*

Komp.: 1870 in Wiesbaden.

EA.: B i s h e r n i c h t z u v e r l ä s s i g f e s t z u s t e l l e n.

Ersch.: September 1871 bei E. Bote u. Bock, Berlin.

- - - - -

(50.) Viertes grosses Trio
für Pianoforte, Violine und Violoncell. D-dur. op. 158.

- - - - -

I. Allegro. — II. Allegro assai. — III. Andante quasi Larghetto. — IV. Allegro.

SD. I. 13 Min. II. 7 Min. III. 7 Min. IV. 7 Min. **GD.** *34 Min.*

Komp.: 1870 in Wiesbaden.

EA.: 1. (?) H a m b u r g, Sonnabend, d. 28. Oktober 1871 im Saale des Lingsschen Hotels im e r s t e n Vereinsabend des Tonkünstlervereins gespielt von den Herren *Th. Heine* (Pfte.), *H. Schradieck* (Viol.) und *Th. Klietz* (Violonc.). — 2.(?) S t u t t g a r t, Sonnabend, d. 4. November 1871 im oberen Saale des Museums in der 2. Soiree für Kammermusik gespielt von den Herren *Wilhelm Speidel* (Pfte.), *Edmund Singer* (Viol.) und *Theodor Krumbholz* (Violonc.). — 3. (?) B r e s l a u, Montag, den 6. November 1871 im Musiksalon des Musikalienhändlers Lichtenberg in der 3. Versammlung des Tonkünstler-Vereins gespielt von den Herren *Julius Lehnert* (Pfte.), *Louis Lüstner* (Viol.) und *Georg Lüstner* (Violonc.).

Ersch.: August 1871 bei Robert Seitz, Leipzig, seit Oktober 1879 im Besitze von Fr. Ries, Dresden, seit Oktober 1881 Ries & Erben, Berlin.

- - - - -

(51.) Erste grosse Sonate
für Pianoforte und Violine. E-moll. op. 73.

Herrn Ferdinand Laub freundschaftlich gewidmet.

I. Bewegt, mit elegischem Pathos. — II. Sehr rasch und fein. — III. Nicht zu langsam. — IV. Bewegt, sehr bestimmt.

SD. *I. 9 Min. II. 5 Min. III. 9 Min. IV. 8 Min.* **GD.** *31 Min.*

Komp.: Winter 1853/54 in Weimar. (Sch.)

EA.: 1. Weimar, Dienstag, d. 27. März 1855 im grossen Saale des Stadthauses in der 3. Soiree für Kammermusik nach dem Manuskript gespielt von den Herren *Dionysius Pruckner* (Pfte.) und *Edmund Singer* (Viol.). (S. Anm.) — 2. Berlin, Mittwoch, d. 23. Januar 1856 im Saale des Englischen Hauses in einer Vereins-Aufführung des Sternschen Gesangvereins nach Mspt. gespielt von den Herren *Hans von Bülow* (Pfte.) und *Ferdinand Laub* (Viol.). (S. Anm.) — 3. Wien, Sonntag, d. 21. Dezember 1856 im Musikvereinssaale in der 4. Quartett-Produktion Hellmesbergers nach Mspt. gespielt von den Herren *Dionysius Pruckner* (Pfte.) und *Joseph Hellmesberger* (Viol.). — 4. Dresden, Sonntag, den 7. Januar 1860 in Kronefelds Saal im 9. Übungsabend des Tonkünstler-Vereins gespielt von den Herren *Friedrich Reichel* (Pfte.) und *Friedrich Seelmann* (Viol.). — 5. Leipzig, Dienstag, d. 4. Dezember 1860 im Hauptsaale der Buchhändler-Börse im 4. Konzert (Kammermusik) des Musikvereins Euterpe gespielt von den Herren *Hans v. Bülow* (Pfte.) und *Dr. Leopold Damrosch* (Viol.).

Ersch.: Mai 1859 bei Jul. Schuberth & Co., Leipzig.

Anmerkg. Das Konzert der EA. 1 (Weimar) brachte an Novitäten ausser Raffs op. 73 noch Manuskript-Lieder (Frl. Genast) von Cornelius, — leider war nicht zu ermitteln welche, da sowohl das Originalprogramm wie die Kritiker darüber schweigen — eine der ersten öffentlichen Aufführungen des Volkmann-schen B-moll-Trios (v. Bronsart, Singer u. Cossmann), das bis dahin nur von H. v. Bülow öffentlich gespielt worden war, Les Préludes von Liszt in der Version für 2 Klaviere (Pruckner u. v. Bronsart), auch nach dem Manuskript, und endlich Manuskript-Lieder von Stade (Frl. Genast). Diese von Singer und Cossmann arrangierten Kammermusiksoireen hatten Joachim Raff in demselben Winter schon zweimal Gelegenheit gegeben, mit Manuskript-Kompositionen an die Öffentlichkeit zu treten. In der 1., am 13. Februar 1855, spielten v. Bronsart u. Cossmann zum erstenmale No. 1 der Fantasiestücke op. 86 für Klavier und Violoncell, in der 2., am 9. März 1855, sang Frl. E. Genast nicht mehr be-stimmbare Lieder. Kurz nach der 3. Soiree (EA. op. 73) veranstaltete dann Raff sein grosses Orchesterkonzert mit Manuskriptkompositionen (am 20. April 1855) über dessen Programm die Anmerkungen zu No. 12 nachzulesen sind. —

Das Programm des Konzertes der EA. 2 Berlin bietet nichts besonders Interessantes, man kann über sie nachlesen in den Bülow-Briefen III, S. 30/31. Mit EA. Dresden fasste J. Raff festen Fuss im Dresdner Tonkünstler-Verein, zu dem er später in enge Beziehungen treten sollte. Für Raffs Kammermusik-werke ist dieser Tonkünstler-Verein ein eifriger Vorkämpfer geworden, die Violinsonate war das erste seiner dort zur Aufführung gelangenden Werke — Die EA. Leipzig ist mitgeteilt, da sie auf besonderen Wunsch und Vorschlag Hans v. Bülows stattfand, denen der damalige Vorstand der Euterpe nur wider-willig nachkam; es wird empfohlen, hierüber nachzulesen die Bülow-Briefe III, No. 133, 135 und 138. Tragen die Programme der EA. 1, 2, 3 keinerlei Satz-angaben, so verkündet das Leipziger Programm: Allegro, Scherzo, Adagio, Finale. Hans von Bülow spielte dann noch allein Toccata (C-moll), Bourée (A-moll), Gigue (G-moll) und Gavotte (G-moll) von J. S. Bach, Damrosch schloss an diese Klaviersoli die Bachsche Chaconne und Bülow setzte Liszts H-moll-Sonate (!) darauf. Nach Gesängen von Schubert (Lindenbaum) und Schumann (Belsatzar) beendigten Bülow und Damrosch das Konzert mit Beethovens Klavier-Violin-sonate op. 96. Das ist freilich ein Programm, das sich sehen und hören lassen konnte.

(52.) Zweite grosse Sonate

für Pianoforte und Violine. A-dur. op. 78.

Herrn Joseph Hellmesberger.

I. Rasch, mit Wärme und Bewegung. — II. Nicht zu langsam. — III. In raschem Zeitmasse, doch nicht zu bewegt. — IV. Rasch und feurig.

SD. I. 6 Min. II. 14 Min. III. 6 Min. IV. 12 Min. GD. 38 Min.

Komp.: Gegen Ende 1858 (bez. Anfang 1859?) in Wiesbaden.

EA.: 1. (?) Dresden, Sonnabend, d. 8. März 1862 in Kronefelds Saal im 2. Übungsabend des Tonkünstlervereins gespielt von den Herren *Bernhard Rollfuss* (Pfte.) und *Friedrich Seelmann* (Viol.). — 2. (?) Stuttgart, Dienstag, d. 25. März 1862 im Museumssaale in der 3. Kammermusiksoiree gespielt von den Herren *Dionysius Pruckner* (Pfte.) und *Edmund Singer* (Viol.).

Ersch.: April 1861 bei Jul. Schuberth & Co., Leipzig.

Anmerkg. Die Sonate ist als Manuskript von Raff an Hans von Bülow gesendet worden etwa Januar oder Februar 1859. In Bülows Hause spielte sie Liszt am letzten Februar mit Ludwig Strauss. Eine EA. mit Hellmesberger in Wien ist von Bülow beabsichtigt gewesen im April 1860, doch hat sie nicht stattfinden können. (Vergleiche hierzu Liszt-Briefe IV, S. 452, Bülow-Briefe III, S. 224, 308 u. 401.)

(53.) **Dritte grosse Sonate**
für Pianoforte und Violine. D-dur. op. 128.

Herrn Ferdinand David.

I. Allegro. — II. Allegro assai. — III. Andante quasi Larghetto. — IV. Allegro vivace.

SD. I. 8 Min. II. 5 Min. III. 6 Min. IV. 6 Min. GD. 25 Min.

Komp.: 1865 in Wiesbaden. (Sch.)

EA.: 1. L e i p z i g, Sonnabend, d. 8. Dezember 1866 im Saale des Gewandhauses in der 3. Abendunterhaltung für Kammermusik gespielt von den Herren *Karl Reinecke* (Pfte.) und *Ferdinand David* (Viol.). (S. Anm.) — 2. D r e s d e n, Sonnabend, d. 5. Januar 1867 im Saale des Konservatoriums im 10. Übungsabend des Tonkünstler-Vereins gespielt von den Herren *Bernh. Rollfuss* (Pfte.) und *Fr. Seelmann* (Viol.). — 3. B a s e l, Montag, d. 4. März 1867 im Kasinosaale in der 3. Triosoiree gespielt von den Herren *H. v. Bülow* (Pfte) und *L. Abel* (Viol.).

Ersch.: November 1866 bei Jul. Schuberth & Co., Leipzig.

A n m e r k g. Die EA. 1 (Leipzig) stand in Verbindung mit der Einführung des jungen Komponisten Svendsen in die grössere Öffentlichkeit. Sein Oktett für Streichinstrumente, komponiert von ihm noch als Schüler des Leipziger Konservatoriums (Anfang 1866) und im Manuskript in der Hauptprüfung am 9. Mai d. J. erstmalig aufgeführt, erlebte in dieser musikalischen Abendunterhaltung für Kammermusik seine erste öffentliche Aufführung durch David, Röntgen, Haubold, Bollandt I, Hermann, Thümer, Hegar u. Pester.

(54.) **Vierte grosse Sonate** für Pianoforte und Violine.
(Chromatische Sonate in einem Satze.) G-moll. op. 129.

Herrn Henry Vieuxtemps.

Allegro. *attacca* Andante (non troppo lento, ma largamente). *attacca* Allegro (come prima).

GD. 16 Min.

Komp.: Winter (?) 1866 in Wiesbaden. (Sch.)

EA.: Nicht mit Sicherheit festzustellen.

Ersch.: Januar 1867 bei Jul. Schuberth & Co., Leipzig.

(55.) Fünfte grosse Sonate
für Pianoforte und Violine. C-moll. op. 145.

Herrn H. Léonard.

I. Allegro patetico. — II. Andante. — III. Presto. — IV. Allegro agitato
SD. I. 9 Min. II. 8 Min. III. 4 Min. IV. 8 Min. GD. 29 Min.
Komp.: 1869 in Wiesbaden. (R.-B.)
EA.: Nicht mit Sicherheit festzustellen. (S. Anm.)
Ersch.: August 1869 bei Jul. Schuberth & Co., Leipzig.

   Anmerkg. Nach Briefen von L. Léonard an Raff hat die EA. kurz
nach Ende Januar 1870 in Paris stattgefunden. Es ist nicht gelungen, darüber
Genaues festzustellen und bleibt mangels jedes bestimmten Nachweises in Briefen
und Musikzeitungen die Möglichkeit offen, dass diese EA. eine private Veranstaltung Léonards gewesen ist.

(56.) Sonate für Pianoforte und Violoncell.
D-dur. op. 183.

I. Allegro. — II. Vivace. — III. Andante. — IV. Allegro.
SD. I. 15 Min. II. 3 Min. III. 5 Min. IV. 10 Min. GD. 33 Min.
Komp.: Winter 1873 in Wiesbaden. (Sch.)
EA.: 1. Berlin, Montag, d. 1. Dezember 1873 im Saale der Sing-
   akademie im 2. Novitäten-Konzert des „Ständigen Ausschusses des
   Musikertages" gespielt von den Herren *Otto Alsleben* (Pfte.) und
   A. Rohm (Violonc.). — 2. Dresden, Montag, d. 19. Januar 1874
   im Saale des Hotel Stadt Petersburg im 7. Übungsabend des Ton-
   künstler-Vereins gespielt von den Herren *Emil Höpner* (Pfte.) und
   Karl Hüllweck jun. (Violonc.).
Ersch.: Oktober 1873 bei C. F. W. Siegel, Leipzig.

   Anmerkg. Der dritte deutsche Musikertag vom 14.—16. April, in Verbindung mit der 11. Tonkünstlerversammlung des Allg. deutschen Musik-Vereins
abgehalten, hatte den Antrag der Herren Sander (Leipzig) und Eichberg (Berlin)
„Der Musikertag erklärt es für eine Ehrenpflicht aller musikalischen Körper-
schaften, in ihren Konzerten möglichst Rücksicht auf musikalische Novitäten
zu nehmen" angenommen. Auf Grund desselben rief die Abteilung Berlin des
„Ständigen Ausschuss" Novitätenkonzerte in Berlin ins Leben. Sechs solcher
Konzerte sollten im Winter 73/74 veranstaltet werden, doch kamen nur drei,
am 3. November, 1. u. 15. Dezember zustande. (Zu der erwähnten Tonkünstler-
versammlung sind die Anmerkung zu Raffs Oktett (Nr. 32) zu vergleichen.)

(57.) **Suite** für Pianoforte und Violine. A-dur. op. 210.

I. Prélude. Allegro. — II. Pavane. Allegro. — III. Chanson
de Louis XIII varié. Adagio non troppo lento. — IV. Gavotte et Musette. Con moto. — V. Tambourin. Allegro
assai.

*SD. I. 4 Min. II. 2 Min. III. 6 Min. IV. 2 Min. V. 3 Min.
GD. 17 Min.*

Komp.: Winter (?) 1879 in Frankfurt a. M. (Sch.)
EA.: Nicht mit Sicherheit festzustellen.
Ersch.: August 1880 bei C. F. W. Siegel, Leipzig.

(58.) **Volker.**
Zyklische Tondichtung für Violine mit Begleitung des
Pianoforte. op. 203.

I. Abschied von Alzey. Larghetto. — II. Da er zum Banner-
träger erkoren war. Andante. — III. Im Rosengarten
zu Worms. Tranquillo. — IV. Da Siegfried erschlagen
war. Allegro. — V. Was er von Werbelein gelernt. Larghetto.
— VI. Dank zu Bechelaren. Adagio con moto. — VII. Auf
der Nachtwache. a) Kampflied. Fieramente. — VIII. Auf
der Nachtwache. b) Schlummerlied. Adagio. —
IX. Schwanengesang. Larghetto.

Komp.: Winter 1876 (?) in Wiesbaden. (Sch.)
Ersch.: März 1877 bei C. F. W. Siegel, Leipzig.

Anmerkg. EA. einzelner Stücke aus dem Zyklus sind allerorten
geschehen, eine öffentliche EA. des ganzen Werkes wird kaum stattgefunden
haben. Der erste Geiger, mit dem Raff die Stücke spielte, war Lüstner in
Wiesbaden. Die Kompositionszeit ist wohl richtiger bestimmt mit „Ende 1876".
Raff hat No. 5 auch mit Orchesterbegleitung, No. 8 mit Begleitung von Streichquartett und 2 Hörnern bearbeitet.

(59.) **Aus der Schweiz.**
Phantastische Ekloge für Pianoforte und Violine.　op. 57.

Seinem Freunde Josef Joachim gewidmet.

GD. 12 Min.

Komp.: Frühling 1848 in Stuttgart. Umarbeitung 1852 in Weimar. (Sch.)

EA.: Weimar, Freitag, d. 13. Januar 1854 im Grossherzogl. Schlosse in einem Hofkonzert gespielt von den Herren *Franz Liszt* (Pfte.) und *Josef Joachim* (Viol.). (S. Anm.)

Ersch.: November 1853 bei Chr. Bachmann, Hannover.

Anmerkg. In dem Hofkonzert sang Frl. Emilie Genast nach dem Manuskript das Raffsche Lied „Abendfeier in Venedig" op. 51 No. 4.

(60.) **Zwei Phantasie-Stücke**
für Pianoforte und Violine.　op. 58.

Herrn Ferdinand David gewidmet.

GD. I. 11 Min. — II. 12 Min.

Komp.: No. 1 Oktober 1850, No. 2 Frühling 1852 in Weimar. (Sch.)

Ersch.: Juli 1854 bei H. Heinrichshofen, Magdeburg, seit Dezember 1859 im Besitze von Jul. Schuberth & Co., Leipzig.

Anmerkg. Die beiden Phantasie-Stücke sind ursprünglich unter dem Titel „Deux Nocturnes pour Piano et Violon" erschienen.

(61.) **Sechs Stücke** für Violine und Pianoforte. op. 85.

An Herrn Ludwig Strauss.

I. Marcia. Allegro. — II. Pastorale. Andantino. — III. Cavatina. Larghetto quasi Andantino. — IV. Scherzino. Allegro. — V. Canzona. Andante non troppo lento. — VI. Tarantella. Presto.

Komp.: 1859 in Wiesbaden. (Sch.)

Ersch.: November 1861 bei Fr. Kistner, Leipzig.

(62.) Duo

für Pianoforte und Violoncell. A-dur. op. 59.

Seinem Freunde, dem Grossherzoglich sächsischen Kammervirtuosen Bernhard
Cossmann gewidmet.

GD. 9 Min.

Komp.: Februar 1848 in Stuttgart. Umarbeitung 1852 in Weimar. (Sch.)
Spätere „Verbesserung" etwa 1866/67 in Wiesbaden.

Ersch.: Juni 1854 bei Nagel, Hannover, seit April 1864 im Besitze von
Jul. Schuberth & Co., Leipzig.

(63.) Zwei Phantasie-Stücke

für Pianoforte und Violoncell. op. 86.

Dem Freiherrn Olivier von Beaulieu-Marconnay verehrungsvoll gewidmet.

I. Begegnung. Andante, quasi Moderato. II. Erinnerung.
Andantino, quasi Larghetto.

GD. I. 7 Min. — II. 7 Min.

Komp.: 1854 in Weimar (Sch.).

EA.: No. 1. Weimar, Dienstag, d. 13. Februar 1855 im grossen Saale
des Stadthauses in der 1. Soiree für Kammermusik nach dem Manuskript gespielt von den Herren *Hans v. Bronsart* (Pft.) und *Bernhard Cossmann* (Violonc.).

Ersch.: Juni 1862 bei J. Rieter-Biedermann, Leipzig und Winterthur.

Anmerkg. Über die Soireen für Kammermusik im Winter 1855 sind
die Anmerkg. zu No. 51 zu vergleichen.

(64.) Zwei Romanzen
für Horn (oder Violoncello) und Pianoforte. op. 182.

GD. No. 1. *4 Min.* No. 2. *6 Min.*

Komp.: Etwa Oktober 1873 in Wiesbaden.

EA.: No. 1. 1. W i e s b a d e n, Freitag, d. 5. Dezember 1873 im Saale des Kurhauses in einem Symphoniekonzert des städt. Kurorchesters unter Leitung von *K. Müller-Berghaus* geblasen von Herrn *Zschernek.* (S. Anm.) — 2. D r e s d e n, Montag, d. 26. Januar 1874 im Saale des Hotel Stadt Petersburg im 9. Übungsabend des Ton-künstlervereins gespielt von den Herren *B. Franz II* (Horn) und *E. Krantz* (Pfte.). — No. 2. U n b e k a n n t.

Ersch.: Oktober 1873 bei C. F. W. Siegel, Leipzig.

A n m e r k g. Die Pianofortepartie von No. 1 ist für Orchester bearbeitet von K. Müller-Berghaus.

Bearbeitungen.

(65.) J. S. Bachs Ciaconna für Solo-Violine
für grosses Orchester bearbeitet.

Der Philharmonischen Gesellschaft zu New York gewidmet.

GD. *ungefähr 14 Min.*

Bearb.: Herbst 1873 in Wiesbaden (Sch.).

EA.: W i e s b a d e n, Sonnabend, d. 28. März 1874 im grossen Saale des Kurhauses im Konzert zum Besten der Krankenunterstützungskasse des städt. Kurorchesters nach dem Manuskript unter Leitung von *Joachim Raff.* (S. Anm.) — 2. W e i m a r, Montag, d. 16. No-vember 1874 im Grossherzogl. Hoftheater im 2. Abonnementskonzert unter Leitung von *Joachim Raff.* (S. Anm.)

Ersch.: Partitur und Orchesterstimmen August 1874 bei Robert Seitz, Leipzig, seit Oktober 1879 im Besitze von Franz Ries, Dresden, seit Oktober 1881 Ries & Erler, Berlin.

Orch.Bes.: 2 Fl., 2 Ob., 2 Klar., 2 Fag., 4 Hr., 2 Tr., 3 Pos., Pk. — Str.-Orch.

A n m e r k g. In dem Konzert der EA. dirigierte Raff auch noch die erste Wiesbadener Aufführung seiner Symphonie „Lenore". — Der Partitur gab Raff folgendes Vorwort mit: „J. S. Bachs Kompositionen für eine Violine haben, wie jeder weiss, der sie näher kennen gelernt hat, einen so bedeutenden polyphonen Gehalt, dass die Vermutung nahe liegt, sie möchten — zum grösseren Teil wenigstens, ursprünglich gar nicht für Violine gedacht sein, eine Vermutung, die in einigen Fällen bereits durch die Tatsachen bestätigt ist. — Auch mit der Ciaconna verhält es sich unzweifelhaft so; die zahlreichen Ansätze und Verstümmelungen in diesem Stück müssen selbst dem Laien auffallen und ihn auf den Gedanken bringen, dass dasselbe anfänglich in anderer Gestalt vorhanden gewesen und die jetzige ein blosses Arrangement sei. — Dem polyphonen Gehalt, der in der ersten Fassung der Ciaconna gelegen haben muss, nachzuspüren und selbigen im modernen Orchester flüssig zu machen, war nun der Zweck gegenwärtiger Bearbeitung, die kein anderes Verdienst für sich in Anspruch nimmt, als der erste Versuch dieser Art zu sein.“ — EA. 2 (Weimar) steht in Verbindung mit EA. 3 der 6. Symphonie, die in dem gleichen Konzert stattfand. (S. Anm. bei Nr. 6.)

(66.) Suite (G moll) von Joh. Seb. Bach

(No. 3 der Englischen Klaviersuiten)

für Orchester bearbeitet.

(Revidiert von Max Erdmannsdörfer.)

I. Prélude. — II. Allemande. — III. Courante. — IV. Sarabande. — V. Gavotte. (S. Anm.)

SD. I. 2 Min. II. 3 Min. III. 2 Min. V. 4 Min. VI. 3 Min. GD. 14 Min.

Bearb.: Herbst 1874 in Wiesbaden.

Ersch.: Partitur und Orchesterstimmen Januar 1892 bei Ries & Erler, Berlin.

Orch.Bes.: 2 Fl., 2 Ob., 2 Klar., 2 Fag., 2 Hr., 2 Tr., Pk. — Str.-Orch.

Anmerkg. Das Raff'sche Partitur-Konzept, völlig übereinstimmend mit der autographierten Druck-Partitur, enthält die ganze Suite, also auch den im Druck fehlenden letzten Satz, die Gigue. L. Lüstner führte in Wiesbaden am 1. Januar 1905 die Raff'sche Bearbeitung mit der Gigue nach dem Manuskript auf. Die Gründe der Nichtveröffentlichung sind unbekannt geblieben.

Anhang.
Unveröffentlichte Werke.

(67.) Elegie für Orchester.

Komp.: 1879 in Frankfurt a. M. (Sch.)

EA.: Wiesbaden, Freitag, d. 12. November 1880 im Saale des Kurhauses in einem Extra-Symphoniekonzert (30.) des städt. Kurorchesters unter Leitung von *Louis Lüstner*. (S. No. 10.)

Anmerkg. Diese ungedruckt gebliebene Elegie gehörte ursprünglich als 3. Satz der 10. Symphonie „Zur Herbstzeit" an. Nach den auch unter No. 10 mitgeteilten EA. nahm sie Raff aus der Symphonie heraus und ersetzte sie durch einen völlig neuen, dieselbe Benennung tragenden Satz.

(68.) Orchester-Vorspiel zu Shakespeares „Sturm".

Komp.: 1879 in Frankfurt a. M. (Sch.).

EA.: Wiesbaden, Freitag, d. 4. Februar 1881 im Saale des Kurhauses im Extra-Symphoniekonzert (10.) des städt. Kurorchesters nach dem Manuskript unter Leitung von *Louis Lüstner*. Einzige Wiederholung Sonntag, d. 6. Februar ebendaselbst im 11. Symphoniekonzert.

Anmerkg. Vergleiche hierzu die Anmerkungen zu No. 20.

(69.) Orchestervorspiel zu Shakespeares „Othello".

Komp.: 1879 in Frankfurt a. M. (Sch.).

Anmerkg. Eine Aufführung dieses Manuskriptwerkes hat nicht stattgefunden. Vergleiche auch die Anmerkungen zu No. 20. — Ausser den unter No. 14, 15, 20, 21, 67, 68 u. 69 mitgeteilten Werken hatte Raff eine grosse Anzahl von Manuskripten hinterlassen, von denen die meisten eine Aufführung nicht erlebt haben. Näheres darüber ist nachzulesen in dem oft erwähnten chronologisch-systematischen Verzeichnis von Albert Schäfer. Für das vorliegende Werk wären davon nur in Frage gekommen ein 1876 in Wiesbaden komponiertes, unaufgeführt gebliebenes 2. Violoncell-Konzert, ein aus dem Jahre 1882 (Frankfurt a. M.) stammendes Duo für Pianoforte und Violine und eine Kantate für Chor und Orchester „Die Sterne", beide ebenfalls unaufgeführt. Der 121. Psalm für Chor, Solostimme und Orchester ist in den Anmerkungen zu Nr. 12 bereits erwähnt worden. Aus Raffs bester Schaffensperiode (Ende der 60. Jahre) stammen einige wertvolle Werke für gemischten Chor a cappella. Es sind Vier Marianische Antiphonen (5—8 stimmig), Kyrie und Gloria (6 stimmig), Pater noster (8 stimmig) und Ave Maria (8 stimmiger Doppelchor). Von dramatischen Werken sind als aufgeführt zu nennen die Opern „König Alfred" (EA. Weimar, 9. 3. 1851 unter Raffs Leitung), die Manuskript geblieben ist und „Dame Kobold" (EA. Weimar, 9. 4. 1870 unter Leitung von E. Lassen), erschienen bei Bote & Bock. Die Opern Samson, Benedetto Marcello und „Die Eifersüchtigen" sind unaufgeführt geblieben. Endlich ist noch zu erwähnen Dornröschen, Märchen-Epos von Wilhelm Genast, erstmalig aufgeführt in Weimar, 24. 5. 1856 unter Raffs Leitung. (S. Liszt, Gesammelte Schriften, V, S. 131 ff.) — Ein seinerzeit viel Aufsehen erregendes Buch von Raff „Die Wagnerfrage" [erschienen 1854 bei Fr. Vieweg und Sohn, Braunschweig] ist noch heute sehr lesenswert, es gedieh aber nur der erste Teil „Wagners letzte künstlerische Kundgebung Lohengrin". Die kunsthistorische Skizze „Die Stellung der Deutschen in der Geschichte der Musik" erschienen in „Weimarische Jahrbücher" (1855) ist Schäfer unbekannt geblieben, deswegen sei sie hier erwähnt·

Richard Wagner.

Geb. 22. Mai 1813 in Leipzig, gest. 13. Februar 1883 zu Venedig.

Vorwort.

Gemäss dem in der Einleitung ausgesprochenen Grundsatze, dass Bruchstücke und Bearbeitungen aus Bühnenwerken nicht in das vorliegende Werk aufzunehmen waren, beschränkt sich die Abteilung Wagner neben den 3 Märschen und dem Siegfried-Idyll auf die Ouvertüren und Vorspiele, die, losgelöst vom Drama, einen sehr wesentlichen, unentbehrlichen Bestandteil des Konzert-Repertoirs bilden. Die Aufnahme des Tannhäuser-Bacchanale ist nur scheinbar eine Ausnahme, denn diese Komposition gelangt in Verbindung mit der Ouvertüre oft genug zur Konzertaufführung und durfte deswegen nicht fehlen. Der Verfasser gesteht, dass ihm der Verzicht auf „Walkürenritt", „Waldweben" und „Trauermarsch" nicht ganz leicht geworden ist. — Die Kompositionszeiten stützen sich zumeist auf Glasenapp; wo dessen Angaben nicht ausreichend schienen, mussten andere biographische Werke als Quellen dienen, bei einigen Werken standen dem Verfasser wertvolle Mitteilungen wissender Wagnerkenner zur Verfügung. Dafür sei an dieser Stelle den Herren Hans von Wolzogen und Dr. Hans Richter besonderer Dank ausgesprochen. Der naheliegenden Versuchung, in den Anmerkungen die Kompositionszeiten der betr. Bühnenwerke mitzuteilen, ist der Verfasser mit Rücksicht auf den Zweck dieses Buches aus dem Wege gegangen. — Bei Vorspielen zu Bühnenwerken, deren EA. zugleich die des ganzen Werkes war, ist nur die erste Bühnenaufführung mitgeteilt; wichtigen ersten Aufführungen im Konzertsaale ist dagegen grösserer Raum gewährt worden. — Eine Wagner-Biographie hat wichtigere Aufgaben zu erfüllen, als alle diese ins einzelne gehenden Angaben zu sammeln und zu registrieren, doch aber kann es nicht unrichtig sein, wie von allen Grossen, so von einem der Grössten, von Richard Wagner, zu wissen, wo, wie und wann die Ouvertüren usw. entstanden, zum ersten Male aufgeführt worden sind, und was sich bei diesen Erstaufführungen zugetragen hat. In diesem bescheidenen Sinne findet ein Biograph dann vielleicht da und dort einiges nicht allgemein Bekannte, neben gewisslich manchem Unrichtigen (s. hierzu die Einleitung).

Der Reichtum der Wagnerliteratur bildete ein Hindernis für die Anfertigung des Literaturverzeichnis. Das Verzeichnis gibt also nur eine

Auswahl, und es war nicht ganz leicht, diese richtig zu treffen. Zunächst mussten die Werke ausgeschieden werden, die vorwiegend oder ausschliesslich einem kunstgeschichtlichen, kunstphilosophischen, ästhetischen Zwecke dienen, oder die, wie die zahllosen „Führer" die einzelnen Bühnenwerke behandeln und endlich alle in besonderer Beziehung zu dem grossen Bayreuther Werke stehenden Schriften. Zu besserer Übersicht ist dann das Literaturverzeichnis in mehrere Kategorien geteilt, doch war das nicht unbedenklich, weil man verschiedener Meinung sein kann, in welche der Kategorien das eine und andere Werk gehört. In irgend einer Beziehung zum Inhalte der Abteilung Wagner stehen die meisten der im Literaturverzeichnis namhaft gemachten Werke. — Über die Programme und Erläuterungen zu Wagners Ouvertüren usw. ist hier noch das folgende zu berichten. Ihre Entstehungszeit und ersten Veröffentlichungen zu wissen wird nicht nur den Musiker interessieren, der ja ohnehin die Pflicht hat, sich darüber zu belehren. Der Musikfreund, der schwer an das dazu nötige Material gelangen kann, findet jeweils das Wissenswerte mitgeteilt. Vom Abdrucke der Wagnerschen Erläuterungen zum Tristan- und Parsifalvorspiel ist mit Rücksicht auf deren Veröffentlichung in „Entwürfe. Gedanken. Fragmente." abgesehen worden. Das Gedicht zum Siegfried - Idyll ist der Partitur vorgedruckt, konnte also auch unbedenklich hier zur Veröffentlichung gelangen.

———————

Allgemeine deutsche Literatur über Richard Wagner (S. Vorwort):

A. Biographisches, zur Biographie gehöriges: 1. *Carl Fr. Glasenapp*, „Das Leben Richard Wagners in sechs Büchern dargestellt" (Bd. I, II u. III, 4. Ausg. 1905, Bd. IV, 4. Ausg. 1908, Bd. V, 3. u. 4. Ausg. 1907, Leipzig, Breitkopf & Härtel). — 2. *Houston Stewart Chamberlain*, „Richard Wagner" (4. Aufl. 1907, München, F. Bruckmann A.-G.). — 3. *Wilhelm Tappert*, „Richard Wagner, sein Leben und seine Werke" (1883, Elberfeld, Samuel Lucas). — 4. *Richard Pohl*, „Richard Wagner, Studien und Kritiken". Bd. I der Gesammelten Schriften über Musik und Musiker (1883, Leipzig, Bernhard Schlicke). — 5. *Richard Pohl*, „Richard Wagner", Sammlung Musikalischer Vorträge V. (1884, Leipzig, Breitkopf & Härtel). — 6. *Heinrich T. Finck*, „Wagner und seine Werke. Die Geschichte seines Lebens mit kritischen Erläuterungen". Deutsch von Georg von Skal. (2. Aufl. 1906, Breslau, Schlesische Buchdruckerei und Verlagsanstalt.) — 7. „*Richard Wagners Lebensbericht*". Deutsche Originalausgabe herausgegeben von H. von Wolzogen. (1906, Hannover, Louis Oertel.) — 8. *Bernhard Vogel*, „Richard Wagner, sein Leben und seine Werke". (1883, Leipzig, Rühle & Rüttinger.) — 9. *Fr. Muncker*, „Richard Wagner. Eine Skizze seines Lebens und Wirkens". (1891, Bamberg.) — 10. *Wilhelm Kienzl*, „Richard Wagner" aus „Die Weltgeschichte in Charakterbildern", 5. Abteilung, Die Neueste Zeit. (1904, München, Kirchheimsche Verlagsbuchhandlung.) — 11. *Henri Lichtenberger*, „Richard Wagner der Dichter und Denker. (1904,

Dresden, Karl Reissner.) — 12. Dr. *Max Koch*, „Richard Wagner". Erster Teil 1813—1842 [Bd. 55/56 der Biographiensammlung „Geisteshelden"], (1907, Berlin, Ernst Hoffmann & Co.). — 13. Dr. *Adolph Kohut*, „Der Meister von Bayreuth. Neues und Intimes aus dem Leben und Schaffen Richard Wagners". (1905, Berlin, Richard Schröder.) — 14. *Richard Bürkner*, „Richard Wagner, sein Leben und seine Werke". (1906, Jena, Hermann Costenoble.) — 15. *Ludwig Nohl*, „Richard Wagner, Biographie". (1883, Leipzig, Ph. Reclam jun.) — 16. *Gustav Levy*, „Richard Wagners Lebensgang in tabellarischer Darstellung". (1904, Berlin, Verlagsgesellschaft Harmonie.) — 17. *Paul Moos*, „Richard Wagner als Ästhetiker". Versuch einer kritischen Darstellung (1906, Berlin und Leipzig, Schuster & Löffler). — 18. *Hans Bélart*, „Richard Wagner in Zürich". (1900, Leipzig, Hermann Seemann Nachfolger.) — 19. *A. Steiner*, „Richard Wagner in Zürich". (Neujahrsblätter der Allgemeinen Musikgesellschaft in Zürich 1901, 1902 u. 1903, Zürich, Orell Füssli.) — 20. *Henry Perl*, „Richard Wagner in Venedig". Mosaikbilder aus seinen letzten Lebenstagen. (1883, Augsburg, Gebrüder Reichel).

B. Bibliographisches und Statistisches: 21. *Emerich Kastner*, „Wagner-Katalog. Chronologisches Verzeichnis der von und über Richard Wagner erschienenen Schriften, Musikwerke usw. nebst biographischen Notizen" (1878, Offenbach a. M., Joh. André). — 22. *Nikolaus Oesterlein*, „Katalog einer Richard Wagner-Bibliothek. Nach den vorliegenden Originalien systematisch-chronologisch geordnetes und mit Zitaten und Anmerkungen versehenes authentisches Nachschlagebuch durch die gesamte Wagner-Literatur". (I 1882, II 1886, III 1891, IV 1895, Leipzig, Breitkopf & Härtel.) — 23. *Emerich Kastner*, „Die dramatischen Werke Richard Wagners. Chronologisches Verzeichnis der ersten Aufführungen. (2. Aufl. 1899, Leipzig, Breitkopf & Härtel.) — 24. *Joseph Kürschner*, „Richard Wagner-Jahrbuch". (1886, Stuttgart, Selbstverlag des Verfassers.) — 25. *Ludwig Frankenstein*, „Richard Wagner-Jahrbücher" (I 1906, II 1907, III 1908, Leipzig, Deutsche Verlags-Aktiengesellschaft). — 26. *Richard Wagner-Kalender*. Historische Daten aus, des Meisters Leben und Wirken (2. Aufl. 1883, Wien, Fromme). — 27. *Wagner-Kalender auf das Jahr 1908*. (Berlin und Leipzig, Schuster & Löffler.)

C. Literarische Werke Wagners und Briefwechsel: 28. *Richard Wagner*, „Gesammelte Schriften und Dichtungen", 10 Bde (1. Aufl. 1871—1883, Leipzig, E. W. Fritzsch, jetzt C. F. W. Siegel [Robert Linnemann].) — 29. *Richard Wagner*, „Entwürfe. Gedanken. Fragmente". Aus nachgelassenen Papieren zusammengestellt". (1885, Leipzig, Breitkopf & Härtel.) — 30. *Richard Wagner*, „Nachgelassene Schriften und Dichtungen". (1895, Leipzig, Breitkopf & Härtel.) — 31. *Richard Wagner*, „Gedichte". (1906, Berlin, G. Grote.) — 32. *Richard Wagners Briefe an August Röckel*. (1884, Leipzig, Breitkopf & Härtel.) — 33. *Briefwechsel zwischen Wagner und Liszt*. (1887, Leipzig, Breitkopf & Härtel.) — 34. *Richard Wagners Briefe an Theodor Uhlig, Wilhelm Fischer, Ferdinand Heine* (1888, Leipzig, Breitkopf & Härtel). — 35. *Briefe Richard Wagners an Emil Heckel*. Zur Entstehungsgeschichte der Bühnenfestspiele in Bayreuth. (1899, Berlin, S. Fischer.) — 36. *Richard Wagner an Mathilde Wesendonk*. Tagebuchblätter und Briefe 1853—1871. (1904, Berlin, Alexander

Duncker. — 37. *Briefe Richard Wagners an Otto Wesendonk.* 1852—1870 (4. Aufl., Neue vollständige Ausgabe, 1905, Berlin, Alexander Duncker.) — 38. *Richard Wagner,* „Briefe an eine Putzmacherin" (Unverkürzte Ausgabe, 1906, Wien, Karl Konegen). — 39. *Richard Wagner,* „Familienbriefe von 1832—1874" (1907, Berlin, Alexander Duncker). — 40. *Bayreuther Briefe von Richard Wagner.* 1871—1883 (1907, Berlin und Leipzig, Schuster & Löffler.) — 41. *Richard Wagner an seine Künstler.* Zweiter Band der „Bayreuther Briefe" 1872—1883 (3. Aufl. 1908, Berlin und Leipzig, Schuster & Löffler). — 42. *Richard Wagner an Eliza Wille.* Fünfzehn Briefe des Meisters nebst Erinnerungen und Erläuterungen von Eliza Wille (1908, Berlin und Leipzig, Schuster & Löffler). — 43. *Richard Wagner an Ferdinand Präger.* Herausgegeben mit kritischem Anhang von Houston Stewart Chamberlain. (1908, Berlin und Leipzig, Schuster & Löffler.) — 44. *Richard Wagner an Minna Wagner.* (1908, Berlin und Leipzig, Schuster & Löffler.) — 45. *Emerich Kastner,* „Briefe von Richard Wagner an seine Zeitgenossen". 1830—1883 (1897, Berlin, Leo Liepmannssohn.) — 46. *Wilhelm Altmann,* „Richard Wagners Briefe nach Zeitfolge und Inhalt. Ein Beitrag zur Lebensgeschichte des Meisters". (1905, Leipzig, Breitkopf & Härtel.)

D. Besonderes: 47. *Friedrich Nietzsche,* „Unzeitgemässe Betrachtungen. Viertes Stück: Richard Wagner in Bayreuth". (Nietzsches Werke, Erste Abteilung, Bd. I, Leipzig, C. G. Naumann.) — 48. *Friedrich Nietzsche,* „Der Fall Wagner. Ein Musikanten-Problem". (Nietzsches Werke, Erste Abteilung, Bd. VIII, Leipzig, C. G. Naumann.) — 49. *Friedrich Nietzsche,* „Nietzsche kontra Wagner". (Nietzsches Werke, Erste Abteilung, Bd. VIII, Leipzig, C. G. Naumann.) — 50. *C. F. Glasenapp und H. v. Stein,* „Wagner-Lexikon. Hauptbegriffe der Kunst und Weltanschauung Richard Wagners in wörtlichen Anführungen aus seinen Schriften zusammengestellt". (1883, Stuttgart, J. G. Cotta.) — 51. *C. F. Glasenapp,* „Wagner-Enzyklopädie. Haupterscheinungen der Kunst- und Kulturgeschichte im Lichte der Anschauung Richard Wagners. In wörtlichen Anführungen aus seinen Schriften dargestellt". (1891, Leipzig, E. W. Fritzsch.) — 52. *Joachim Raff,* „Die Wagnerfrage". (1854, Braunschweig, Fr. Vieweg & Sohn.) — 53. *Franz Liszt,* „Gesammelte Schriften", 3. Bd. 2 Abt. (1881, Leipzig, Breitkopf & Härtel.) — 54. *Wendelin Weissheimer,* „Erlebnisse mit Richard Wagner, Franz Liszt und vielen anderen Zeitgenossen nebst deren Briefen". (1898, Stuttgart und Leipzig, Deutsche Verlagsgesellschaft.) — 55. *Wilhelm Tappert,* „Richard Wagner im Spiegel der Kritik". Wörterbuch der Unhöflichkeit usw. (2. Aufl. 1903, Leipzig, C. F. W. Siegels Musikalienhandlung). — 56. *Arthur Seidl,* „Wagneriana". (1901/02, Berlin und Leipzig, Schuster & Löffler.) — 57. *Richard Wagner in den Jahren 1842—1849 und 1873—1875.* Erinnerungen von Gustav Adolph Kietz. Aufgezeichnet von Marie Kietz. (1905, Dresden, Karl Reissner.) — 58. *Richard Fricke,* „Bayreuth vor dreissig Jahren. Erinnerungen an Wahnfried und aus dem Festspielhause". (1906, Dresden, Richard Bertling.) — 59. *Angelo Neumann,* „Erinnerungen an Richard Wagner". (1907, Leipzig, L. Staakmann.) — 60. Dr. *Heinrich Schmidt und Ulrich Hartmann,* „Richard Wagner in Bayreuth. Erinnerungen". (1909, Leipzig, Richard Klinner.) — 61. *Hans von Wolzogen,* „Wagner-Brevier". (1904, Berlin, Bard, Marquardt &

Co.) — 62. *Hans von Wolzogen*, „Von deutscher Kunst". (1906, Berlin, C. A. Schwetschke & Sohn.) — 63. *Hans von Wolzogen*, „Wagneriana. Gesammelte Aufsätze über Richard Wagners Werke vom Ring bis zum Gral". (Hannover, Louis Oertel.) — 64. *Hans von Wolzogen*, „Aus Richard Wagners Geisteswelt. Neue Wagneriana und Verwandtes". (1908, Berlin und Leipzig, Schuster & Löffler.) — 65. *Rudolf Louis*, „Die Weltanschauung Richard Wagners". (1898, Leipzig, Breitkopf & Härtel.) — 66. *Erich Kloss*, „Wagner, wie er war und ward". (1901, Berlin, Otto Elsner.) — 67. *Erich Kloss*, „Ein Wagner-Lesebuch. Volkstümliches über Wagner und Bayreuth". (1904, Leipzig, C. F. W. Siegels Musikalienhandlung.)

In der Wagner-Literatur sind nicht zu entbehren die Briefe *Liszts* und *Bülows*, die *„Bayreuther Blätter"*, die *„Neue Zeitschrift für Musik"*, das *„Musikalische Wochenblatt"*, 8 *Wagner-Hefte* der „Musik" (I. 9, I. 20/21, II. 16, III. 20, IV. 10, V. 19, VII. 19, VIII. 19). — Von fremdsprachigen Biographien seien genannt: *Jullien, A.*: „Rich. Wagner, sa vie et ses œuvres" (Paris 1886) und *Ellis, Wm. Ashton*, „Life of Richard Wagner" (London 1900/8).

***

Werke:

I. Orchesterwerke.

1. Ouvertüre „König Enzio".
2. Ouvertüre „Polonia".
3. Ouvertüre „Christoph Columbus".
4. Ouvertüre „Rule Britannia".
5. Eine Faust-Ouvertüre.
6. Ouvertüre zu Rienzi.
7. Ouvertüre zu Der fliegende Holländer.
8. Ouvertüre zu Tannhäuser.
9. Der Venusberg (Bacchanale).
10. Vorspiel zu Lohengrin.
11. Vorspiel zu Tristan und Isolde.
12. Vorspiel zu Die Meistersinger.
13. Vorspiel zu Parsifal.
14. Huldigungsmarsch.
15. Kaisermarsch.
16. Grosser Festmarsch.
17. Siegfried-Idyll.

II. Chorwerk mit Orchester.

18. Das Liebesmahl der Apostel.

III. Anhang.

19. Symphonie in C-dur.

I. Orchesterwerke.

(1.) Ouvertüre zu C. Raupachs historischem Schauspiel „König Enzio".

GD. 7—8 Min.

Komp.: Anfang 1832 in Leipzig; vollendet daselbst 3. Februar d. J.

EA.: L e i p z i g, Freitag, d. 16. März 1832 im Kgl. Theater gelegentlich der Aufführung des Raupachschen Schauspiels nach dem Manuskript unter Leitung von *Heinrich Dorn* (?) (S. Anm.).

Ersch.: Partitur und Orchesterstimmen November 1907 bei Breitkopf & Härtel, Leipzig.

Orch.Bes.: 2 Fl., 2 Ob., 2 Klar., 2 Fag., 4 Hr., 2 Tr., Pk. — Str.-Orch.

A n m e r k g. Die Ouvertüre zu König Enzio wird dem Umstande, dass Wagners Schwester Rosalie in dem Raupachschen Schauspiele die Rolle der Lucia di Viadagoli spielte, ihre Entstehung verdanken. Auf dem Theaterzettel vom 16. März 1832 heisst es: „Die Ouvertüre und Schlussmusik im 5. Akte ist neu hinzukomponiert von Richard Wagner", also hatte W. nicht nur eine Ouvertüre zu dem Schauspiele geschrieben. Die Schlussmusik ist nicht bekannt geworden. Bei der EA. bleibt die Leitung durch Heinrich Dorn zweifelhaft. In der Leipziger Zeitung findet sich eine Anmerkung: „Ferner dürfen wir des Herrn Schindelmeisser eines Stiefbruders unseres Musikdirektors am Kgl. Theater unserer Stadt, ebenfalls eines sehr jungen Mannes nicht vergessen." Schindelmeisser, der später als Kapellmeister bekannt gewordene Musiker, war Dorns jüngerer Stiefbruder und es ist wohl möglich, dass er die Wagnersche Musik unter Dorns Anleitung dirigiert haben kann. — Über die von Richard Wagner komponierten Ouvertüren, von denen 4 erst vor kurzer Zeit an die Öffentlichkeit gekommen sind, dürften folgende allgemeine Notizen hier am Platze sein. Eine erste Ouvertüre in B-dur wurde am 24. Dezember 1830 im Kgl. Theater in Leipzig unter Dorns Leitung aufgeführt. Es ist dasjenige Werk, zu dessen Niederschrift sich W. verschiedenfarbiger Tinten bediente. 1831 folgte eine zweite Ouvertüre D-moll. Sie wurde am 26. September d. J. vollendet und am 4. November einer Umarbeitung unterzogen. Ihre erste Aufführung geschah im 16. Abonnementskonzert im Gewandhause, am 23. Februar 1832. (Ein Faksimile des Programms enthält Kürschner Wagners-Jahrbuch 1886 S. 371, ein Originalprogramm ist im Besitze des Verfassers.) Es folgte die Ouvertüre König Enzio und nach ihr eine am 17. März 1832 beendete, „ziemlich fugierte" Ouvertüre in C-dur, die erstmalig in der Euterpe, dann am 30. April 1832 im Gewandhause in einem Konzert der Sängerin Palazzesi, wahrscheinlich auch am 1. Januar 1836 als Anfangsnummer zu einer Festvorstellung im Stadttheater zu Magdeburg unter R. Wagners Leitung, aufgeführt wurde. (Spätere Aufführungen fanden statt am 60. Geburtstage W.s, am 22. Mai 1873, im Kgl. Opernhause in Bayreuth in der für R. W. veranstalteten Festvorstellung [Programm faksimiliert bei Glasenapp V, S. 87] und am 30. November 1877 in Berlin bei Bilse).

Die 5. der Ouvertüren ist die zu den „Feen", die im Gewandhause am 10. April 1834 in einem Konzert der Sängerin Elisabeth Fürst aufgeführt wurde. Auch in Magdeburg gelangte diese Ouvertüre am 10. Januar 1835 in einem Konzert des Violinspielers Lafont unter W.s Leitung zur Aufführung, worüber in Rellstabs Iris (1835, No. 16) eine kurze Erwähnung zu finden ist. In Magdeburg schrieb dann W. 1835 die 6. Ouvertüre „Columbus" (s. No. 3), in Riga 1837 die „Rule Britannia" (s. No. 4). (Über die Tätigkeit Wagners in Magdeburg veröffentlichte Max Hesse 1898 in No. 251 u. 253 der Magdeburgischen Zeitung einen interessanten Aufsatz.) Eine 8. Ouvertüre „Polonia" scheint in das Jahr 1836 zu gehören (S. No. 2). Endlich folgte 1840 die Faust-Ouvertüre. König Enzio, Polonia, Columbus und Rule Britannia erschienen 1907 bei Breitkopf & Härtel. Drei von ihnen, nämlich Polonia, Columbus und Rule Britannia waren nach Manuskript am 2. Januar 1905 in London im Neujahrskonzert in Queens Hall aufgeführt worden. Das Programmbuch dieses Konzerts berichtete eingehendst über die Geschichte der Ouvertüren. Das Wesentlichste dieser Berichte fand Unterkunft in No. 92 der „Mitteilungen der Musikalienhandlung Breitkopf & Härtel" (November 1907). In den Anmerkungen zu den betr. Ouvertüren ist auf das Londoner Programmbuch öfter bezug genommen.

(2.) Ouvertüre Polonia.

GD. 11 Min.

Komp.: Entworfen vielleicht schon 1832 in Leipzig, nach Glasenapp I, S. 151 jedoch erst später (1836?) vollendet. (S. Anm.)

EA.: 1. P a l e r m o , Weihnachten 1881 zur Feier des Geburtstages von Frau Cosima nach dem Manuskript unter Leitung von *Richard Wagner*. — 2. L o n d o n , Montag, d. 2. Januar 1905 in Queens Hall im New Years Concert nach Mspt. unter Leitung von *Henry J. Wood*.

Ersch.: Partitur und Orchesterstimmen 1907 bei Breitkopf & Härtel, Leipzig.

Orch.Bes.: 2 Kl. Fl., 2 Fl., 2 Ob., 2 Klar., 2 Fag., 4 Hr., 4 Tr., 3 Pos., Tuba, Pk., Militärtr., Rolltr., Trgl., Gr. Tr. und Becken. — Str.-Orch.

A n m e r k g . In den ersten Monaten des Jahres 1832, nach der Niederwerfung des polnischen Aufstandes durch die Russen, zogen Tausende polnischer Emigranten auch durch Leipzig. R. W. hatte der Revolution von 1831 lebhafte Anteilnahme entgegengebracht und berichtet selbst „Polnische Emigranten, stolze, schöne Gestalten, die mich entzückten und für das traurige Schicksal ihres Vaterlandes mit tiefem Mitleid erfüllten, wurden mir persönlich bekannt." Aus diesen politisch bewegten Tagen empfing W. die Anregung zur Komposition der Ouvertüre Polonia. Glasenapp meint, dass die Zeit der wirklichen Komposition später als 1832 liegt. Der Berichterstatter der „Neuen Zeitschrift für Musik" *Sobolewski* schrieb unter dem Pseudonym „*M. Hahnbüchn*" in einem Bericht Ende Juli 1837 aus Königsberg (Bd. V, No. 17). „Seine [d. h. Wagners] Kompositionen, von denen ich eine Ouvertüre gehört und eine gesehen habe" usw. Die von ihm gehörte war Rule Britannia (s. No. 4), die gesehene kann wohl Polonia gewesen sein. Von einer Aufführung ist nichts bekannt geworden. Während

Ws. Aufenthalt in Paris 1840 veranstaltete die Prinzessin *Czartoryska* ein Wohltätigkeitsfest zum Besten der polnischen Flüchtlinge, das am 3. März im Théâtre de la Renaissance stattfand. W. bot seine Ouvertüre dem Orchesterdirigenten *Duvinage* als für diese Aufführung besonders geeignet an, doch wurde augenscheinlich nichts aus der Aufführung. *Duvinage* scheint das Manuskript zwanzig Jahre behalten und dann an *Henry Litolff* verliehen zu haben, aus dessen Händen es in die eines Herrn *Arban* gelangte. Dann blieb es wieder verschollen, bis es der Verleger *Choudens* 1879 von dem Impressario *Escudier* erwarb. Von Choudens kam es an *Pasdeloup*, von dem es *Nuitter*, der Freund Wagners, für den Komponisten reklamierte. 1881 gelangte das Manuskript dann nach 40 Jahren wieder in die Hände seines Schöpfers zurück. —

Über das Programm der EA. London s. die Anmerkungen zu König Enzio (No. 1). Dieses Programm enthielt in bezug auf die drei Ouvertüren die Bemerkung. *„By permission of Messrs. Metzler & Co., sole proprietors of the right of performancee and publication for the whole world."*

(3.) Ouvertüre zu Th. Apels Schauspiel „Christoph Columbus"

GD. 9 Min.

Komp.: Anfang 1835 in Magdeburg.

EA.: 1. Leipzig, Donnerstag, d. 2. April 1835 im Saale des Gewandhauses im 19. Abonnementskonzert nach dem Manuskript unter Leitung von *Christian August Pohlenz*. — 2. Magdeburg, Sonnabend, d. 2. Mai 1835 im Saale des Hotel Stadt London in einem von Richard Wagner veranstaltetem Konzert nach Mspt. unter Leitung von *Richard Wagner*. — 3. Leipzig, Montag, d. 25. Mai 1835 im Abschiedskonzert der Sängerin Frl. Livia Gerhardt, Saal und Leitung wie bei EA. 1. — 4. Riga, Sonnabend, d. 1. April 1838 im Schwarzhäupterhaus in einem von Wagner veranstaltetem Konzert nach Mspt. unter Leitung von *R. W.* (S. Anm.) — 5. Paris, Donnerstag, d. 4. Februar 1841 im Saale Herz im 9. der von dem Musikverleger Schlesinger veranstalteten Konzerte nach Mspt. unter Leitung des Kapellmeisters *Valentino*. (S. Anm.) — 6. London, Montag, d. 2. Januar 1905 im Queens Hall im New Years Concert nach Mspt. unter Leitung von *Henry J. Wood*.

Ersch.: Partitur und Orchesterstimmen November 1907 bei Breitkopf & Härtel, Leipzig.

Orch.Bes.: Kl. Fl., 2 Fl., 2 Ob., 2 Klar., 2 Fag., 4 Hr., 6 Tr., 3 Pos., Tuba, Pk. — Str.-Orch.

Anmerkg. Der Verfasser des Schauspiels war Wagner befreundet. Das Schauspiel selbst ist seinerzeit in Magdeburg aufgeführt worden. — Über die EA. 1 in Leipzig berichteten sonderbarerweise die dortigen Musikzeitungen nichts. Die Allgemeine Musikalische Zeitung erwähnt bei der Besprechung des 19. Abonnementkonzerts (1835, S. 302) eine Ouvertüre überhaupt nicht, Schumanns Neue Zeitschrift für Musik (Bd. II, S. 114) nennt bei Mitteilung des Programms sogar eine andere Ouvertüre, nämlich die zur Zauberflöte. Ein Faksimile des Konzertprogramms ist in Kienzls „Richard Wagner" (S. 25) enthalten, auch die Statistik der Gewandhauskonzerte registriert die Aufführung (Dörffel, S. 75). — Das Programm der EA. 2 ist abgedruckt bei Glasenapp I, S. 232; in dem durch mangelnden Besuch verunglückten Konzert wirkte Frau Schröder-Devrient mit. Wagner nahm mit diesem Konzert, in dem er auch noch eine „Konzertouvertüre" aufführte, Abschied von Magdeburg. — Über die EA. 4 (Riga) und R. Wagner gab *Heinrich Dorn* für Schumanns Neue Zeitschrift für Musik (Bd. 9, No. 7) folgenden hier vollständig mitgeteilten Bericht: „Letzterer [d. h. R. W.] producierte zwei Ouvertüren eigener Composition, eine über *„Rule Britannia,"* die andere *„Columbus"* genannt. Diese Tondichtungen, namentlich die zweite, bestanden aus sehr heterogenen Theilen. Die Conception und Durchführung konnte man nicht anders als Beethovenisch nennen: grosse, schöne Gedanken, kühne, rhythmische Abschnitte, die Melodie weniger vorherrschend, die Durchführung breit und in absichtlich schwerfälligen Massen, die Länge fast ermüdend — dagegen war das Aussenwerk hochmodern, beinahe Bellinisch, wie ich denn nur die nackte Wahrheit erzähle, dass im Kolumbus zwei Klapptrompeten in Bewegung sind, deren Stimmen zusammen vierzehntehalb eng beschriebene Seiten ausfüllten; dazu verhältnismässig alle übrigen Spektakel- und Reizmittel. Mag auch eine solche Verbindung von Kern und S c h a a l e nicht undenkbar sein — hier wenigstens war sie misslungen und bot nur den Eindruck eines Hegelianers im Heinischen Styl. Noch gar wohl entsinne ich mich, wie Wagner in Leipzig seine erste Ouvertüre (B-dur, 6/8) zu mir brachte und um deren Aufführung im Theater bat. [S. die Anmerkungen zu No. I.] Sie kam wirklich zu Stande; das Orchester wollte sich schon in der Probe vor Lachen ausschütten und das Publikum sah des Abends ganz trübselig und verblüfft darein. Aber es war etwas in dieser Komposition, was mir Achtung abgenötigt hatte, und ich tröstete den sichtlich betretenen Autor aus Überzeugung mit der Zukunft. Seine nächste Symphonie erregte im Gewandhause schon allgemeine und verdiente Aufmerksamkeit und wurde auch von der Kritik ausführlicher behandelt; ich zweifle, dass es zu irgend welcher Zeit einen jungen Tonkünstler gegeben, der mit Beethovens Werken vertrauter, als der damals 18jährige Wagner. Des Meisters Ouvertüren und grössere Instrumentalkompositionen besass er grösstenteils in eigens abgeschriebenen Partituren, mit den Sonaten ging er schlafen und mit den Quartetten stand er auf, die Lieder sang er, die Konzerte pfiff er (denn mit dem Spielen wollte es nicht recht vorwärts), kurz es war ein furor teutonicus, der gepaart mit höherer wissenschaftlicher Bildung und eigentümlicher geistiger Regsamkeit kraftvolle Schösslinge zu treiben versprach; dazu führte ihn der alte Weinlig ins Allerheiligste des Doppelten (scil. Kontrapunkts) und der Zeit überliess man den Schliff scharfer Kanten. Sie schliff nur zu sehr. Denn Wagner wandte sich zum Theater und während er jetzt mit den Armen in Allerweltspartituren herumfegte, mit den Füssen in Beethovens Werken wurzelte, schlug das noch zu jugendliche Herz in ungestümer Wallung bald hier- bald dorthin und der Kopf perpendikelte dazu zwischen den Doppelbeen, Bach und Bellini. Aber man kann nicht Gott und dem Teufel zusammen dienen und wer nicht für mich ist, ist wider mich. Aus Herzensgrunde verachte ich jene langweiligen Menschen, die weil sie einmal dies oder jenes für das Beste erkannt haben, nun auch alles Andere mit fanatischem Eifer verfolgen; wird ein solcher obenein Kapellmeister, so ist er zugleich der Ruin des Theaters, denn über seine erkorenen Lieblinge vernachlässigt er die übrigen, und das Publikum ist bekanntlich ein vielköpfiges Ungeheuer, dem man Kräuter verschiedener Gattung in den Rachen stopfen muss. Aber in seinen eigenen Kompositionen alle möglichen Style und Manieren vereinigen zu wollen, um alle Parteien für sich zu haben, ist der sicherste Weg, um es mit Allen zu verderben, und wenn ich nicht überzeugt wäre, dass es ein g r o s s e s T a l e n t ist, welches diesen unseligen Pfad betreten, so würde ich wahrlich nicht in einer vielgelesenen Zeitschrift über den Kapellmeister des Rigaer Theaters eine so lange Dissertation geschrieben haben." Faksimile des Konzertprogramms dieser EA. in Riga findet sich im 4. Wagnerhefte der „Musik" (III, 20). Das Datum ist dort nach dem russischen Kalender mit „Sonnabend, d. 19. März" gegeben! — Die EA. 5 (Paris) erwähnt die Neue Zeitschrift für Musik (Bd. XIV, 1841, No. 14): „In dem 9. Konzert, das Hr. Schlesinger in Paris den Abonnenten seiner Zeitung am 4. gab, kam u. A. eine Ouvertüre von Richard Wagner zur Aufführung, einem Sachsen, wenn wir nicht irren, der seit längerer Zeit verschollen schien und zu unserer Freude sich wieder thätig zeigt." — Das bei No. 1 genannte Programmbuch erzählt, dass die Ouvertüre nach dieser Pariser Aufführung nach London an *Jullien* gesendet, von ihm wieder nach Paris zurückbefördert sei, dass aber Wagner das Rückporto nicht bezahlen konnte und also das Manuskript verloren ging So berichtete auch H. T. Finck (s. Lit.) in dem Abschnitt „Verlust der Columbus-Ouvertüre" seines Werkes. 1878 soll nach derselben Quelle das Manuskript bei einem Antiquar in Paris verkauft worden sein.

———— ＊ ◆ ————

(4.) Ouvertüre „Rule Britannia".

GD. 8 Min.

Komp.: 1837 in Königsberg, vollendet daselbst 15. März d. J.

EA.: 1. Königsberg, Ausgang des Winters 1836—1837 (wohl im März 1837) im Saale des Schauspielhauses in einem Orchesterkonzert nach dem Manuskript unter Leitung von *Richard Wagner*. (S. Anm.) — 2. Riga, Sonnabend, d. 1. April 1838 im Schwarzhäupterhaus in einem von Wagner veranstaltetem Konzert nach Mspt. unter Leitung von *R. W.* (S. Anm.) — 3. London, Montag, d. 2. Januar 1905 in Queens Hall im New Years Concert nach Mspt. unter Leitung von *Henry J. Wood*.

Ersch.: Partitur und Orchesterstimmen November 1907 bei Breitkopf & Härtel, Leipzig.

Orch.Bes.: 2 kl. Fl., 2 Fl., 2 Ob., 3 Klar. (1 in F, 2 in C), 2 Fag., Kontrafag., 4 Hr., 4 Tr., 3 Pos., Tuba (Ophikleide), Pk., Trgl., kl. Tr., gr. Tr. und Becken. — Str.-Orch.

Anmerkg. Die Komposition der Ouvertüre fällt in jene traurige Zeit, von der R. W. in der Autobiographischen Skizze (Ges. Schriften u. Dichtungen I, S. 16) schreibt: „Das Jahr, welches ich in Königsberg zubrachte, ging durch die kleinlichsten Sorgen gänzlich für meine Kunst verloren. Eine einzige Ouvertüre schrieb ich: *Rule Britannia.*" — Die EA. 1 scheint der Vollendung der Komposition auf dem Fusse gefolgt zu sein, denn ein von Sobolewsky unter dem Pseudonym *Feski* — er bediente sich auch, wie die Anmerkungen zu No. 2 zeigen, des Decknamens *M. Hahnbüchn* — für die Neue Zeitschrift für Musik geschriebener Bericht (Bd. VI, No. 30) ist vom 23. März 1837 datiert. Feski schreibt: „Die einfache Dekoration des Schauspielsaals, worin sie [die Konzerte] gegeben werden, das Halbdunkel, verleihen den Tönen zuweilen einen ganz eigenen mystischen Reiz, was Uneingeweihte für irreguläre Durchgänge halten; auch ist hier der einzige Ort, wo junge Componisten ohne Risico ihre neugeschaffenen Werke baldigst zur Aufführung bringen können. So hörten wir dies Jahr eine Ouvertüre von Gervais [soll wohl Servais heissen] sind eine von Musikdirektor Wagner . . . . . Herr MD. Wagner dirigierte das Ganze mit imponierendem Anstande, und suchte sich vor dem Fehler mit zwei Armen zu dirigieren, welcher Herrn Theatermusikdirektor Schuberth vorgeworfen wird, dadurch zu schützen, dass er einen beständig in die Seite setzt." — Das Konzertprogramm der EA. 2 ist faksimiliert im 4. Wagnerhefte der „Musik" III, 20. Zu dem dort zu lesenden Datum ist die Anmerkung zu No. 3 zu vergleichen. — Über die Schicksale des Werkes nach EA. 2 weiss das wiederholt erwähnte englische Programmbuch (s. No. 1—3) zu berichten, dass die Ouvertüre 1840 von Wagner aus Paris nach London an die Philharmonische Gesellschaft gesendet, von dieser aber nicht aufgeführt worden sei. Das Manuskript blieb bis 1904 verschollen, befand sich zu dieser Zeit im Besitze eines Musikers *Cyrus Bertie Gamble*, der es mit anderen Musikalien von *E. W. Thomas*, früherer Kapellmeister am Opernhause in Leicester, erworben hatte. Nach einem von Frau Schlesinger am 14. Oktober 1904 an die Times gerichteten Brief soll Wagner die Ouvertüre 1839 der Philharmonischen Gesellschaft während seines kurzen Aufenthalts in London angeboten haben. Als ihm die Partitur später nach Paris zurückgesendet wurde, konnte er (wie bei der Columbus-Ouvertüre!) das Porto nicht bezahlen. (?) Was später daraus geworden ist, und wie das Manuskript vom französischen Postamte nach Leicester zu *Thomas* kam, bleibt zunächst Geheimnis. — Das Manuskript trägt am Schlusse den Vermerk „Richard Wagner, 15. März 1837: Königsberg in Preussen"; ein Anhang enthält eine Instrumentation der Koda für Militärmusik.

(5.) Eine Faust-Ouvertüre für grosses Orchester.

> „Der Gott, der mir im Busen wohnt,
> „Kann tief mein Innerstes erregen:
> „Der über allen meinen Kräften thront,
> „Er kann nach aussen nichts bewegen;
> „Und so ist mir das Leben eine Last
> „Der Tod erwünscht, das Leben mir verhasst."
>
> *(Faust im 2. Dialog mit Mephisto).*

GD. 12 Min.

Komp.: Januar 1840 in Paris, umgearbeitet im Januar 1855 in Zürich. (S. Anm.)

EA.: A. Erste Fassung: 1a. Dresden, Montag, d. 22. Juli 1844 im Palais des Kgl. Grossen Garten in einer musikalischen Akademie der Kgl. Hofkapelle zum Besten der Armen nach dem Manuskript unter Leitung von *Richard Wagner.* (S. Anm.) 1b. Ebendaselbst, Montag, d. 19. August 1844 im gleichen Saale in einer musikalischen Akademie der Kgl. Hofkapelle und der Sänger des Kgl. Hoftheaters nach Mspt. unter Leitung von *R. W.* — 2. Weimar, Mittwoch, d. 11. Mai 1852 im 3. Konzert des Montagschen Singvereins nach Mspt. unter Leitung von *Franz Liszt.* — B. Umgearbeitete Fassung. 3a. Zürich, Dienstag, d. 23. Januar und 3b Ebendaselbst, Dienstag, d. 20. Februar 1855 im Kasinosaale in Abonnementskonzerten der Allgemeinen Musikgesellschaft nach Mspt. unter Leitung von *R. W.* (S. Anm.) — 4. L e i p z i g, Donnerstag, d. 8. November 1855 im Gewandhaussaale im Konzert zum Besten des Orchesterpensionsfonds unter Leitung von *Julius Rietz.* — [B e r l i n, Freitag, d. 1. Februar 1856 im Saale der Singakademie im 1. Konzert (2. Zyklus) des Sternschen Orchestervereins unter Leitung von *Hans von Bülow.* (S. Anm.)]

Ersch.: Partitur und Orchesterstimmen Oktober 1855 bei Breitkopf & Härtel, Leipzig.

Orch.Bes.: Kl. Fl., 2 Fl., 2 Ob., 2 Klar., 3 Fag., 4 Hr., 2 Tr., 3 Pos., Tuba, Pk. — Str.-Orch.

A n m e r k g. Die 1851 erfolgte Herausgabe von „Drei Operndichtungen" (Der fliegende Holländer, Tannhäuser und Lohengrin) begleitete W. mit „einer Mitteilung an seine Freunde als Vorwort". In die gesammelten Schriften und Dichtungen ging dieser lange Aufsatz unter demselben Titel über. W. äussert sich darin über die Entstehung der ersten Fassung der Faust-Ouvertüre folgendermassen: „Aus meinem tief unbefriedigten Innern stemmte ich mich gegen die widerliche Rückwirkung dieser äusserlichen künstlerischen Tätigkeit — es ist vorher die Rede von der Komposition französischer Romanzen und der wieder aufgenommenen Beschäftigung mit seiner Jugendoper „Das Liebesverbot" — durch den schnellen Entwurf und die ebenso rasche Ausführung eines Orchesterstückes, das ich „Ouvertüre zu Goethes Faust" nannte, das eigentlich aber nur den ersten Satz einer grossen Faustsymphonie bilden sollte." (a. a. O., IV, 322/23,) Diese ursprüngliche Form hatte seinen Beifall 1848 nicht mehr, denn er schreibt am 30. Januar d. J. an Liszt, „dass sie ihm nicht mehr gefällt" (Briefwechsel zwischen Wagner und Liszt I, S. 4). Nachdem Liszt eine Aufführung veranstaltet (EA. 2) hatte, bei der sie nach dessen Mitteilungen „Sensation gemacht habe" (a. a. O. I, S. 173), reizte es W. „sie etwas zu überarbeiten" (a. a. O., I, S. 191)· Liszt schlug Abänderungen vor (a. a. O., I, S. 194), worauf W. folgende Antwort gab: „Von der Faustouvertüre will ich dir schreiben. Du hast mich prächtig auf der Lüge ertappt, als ich mir weiss machen wollte, eine „Ouvertüre zu Faust" geschrieben zu haben. Sehr richtig hast Du herausgefühlt, wo es da fehlt: es fehlt — das Weib! — Vielleicht würdest Du schnell aber mein Tongedicht[!] verstehen, wenn ich es „Faust in der Einsamkeit" nenne! — Damals wollte ich eine ganze Faustsymphonie schreiben: der erste Teil (der fertige) war eben der „einsame Faust" — in seinem Sehnen, Verzweifeln und Verfluchen: das „Weibliche" schwebt ihm nur als Gebild seiner Sehnsucht, nicht in seiner göttlichen Wirklichkeit vor: und dies ungenügende Bild seiner Sehnsucht ist es eben, was er verzweiflungsvoll zerschlägt. Erst der zweite Satz sollte nun Gretchen — das Weib — vorführen: schon hatte ich das Thema für sie — es war aber eben ein Thema —: Das Ganze blieb liegen — ich schrieb meinen „fliegenden Holländer". — Da hast Du die ganze Erklärung! — Will ich nun — aus einem letzten Rest von Schwäche und Eitelkeit — die Faustkomposition nicht ganz umkommen lassen, so kann ich sie allerdings etwas zu überarbeiten — aber doch nur die instrumentale Modulation: das von Dir gewollte Thema [S. den Brief von Liszt, S. 171] unmöglich noch einzuführen: es würde dann natürlich eine ganz neue Komposition werden müssen, die ich nicht Lust zu machen habe. Gebe ichs heraus, so will ichs aber richtig benennen: „Faust in der Einsamkeit" oder „Der einsame Faust" — ein Tongedicht für Orchester." (a. a. O., I, S. 201.) Ganz ebenso schrieb W. am 27. 11. 52 an Theodor Uhlig (S. „Richard Wagners Briefe an Uhlig" usw., S. 248). Die Umarbeitung liess noch 2 Jahre auf sich warten. Januar 1855 berichtet W. an Liszt darüber: „Lächerlicherweise überfiel mich gerade jetzt [Liszt hatte die

Vollendung seiner Faustsymphonie gemeldet] eine völlige Lust, meine alte Faust-Ouvertüre noch einmal neu zu bearbeiten; ich habe eine ganz neue Partitur geschrieben; die Instrumentation durchgehends neu gearbeitet, manches ganz geändert, auch in der Mitte etwas mehr Ausdehnung und Bedeutung (zweite Motiv) gegeben. In einigen Tagen führe ich mirs in einem hiesigen Konzerte auf (S. EA. 3), und nenne es „Eine Faust-Ouvertüre." [Folgt das Motto.] (a. a O., II, S. 50.) Nach EA. 3 b schickte dann W. die Partitur an Liszt mit folgenden Worten: „Hier, liebster Franz, hast Du meine umgearbeitete Faustouvertüre, die Dir neben Deiner Faust-Symphonie recht unbedeutend vorkommen wird. Mir ist die Komposition interessant nur der Zeit willen, aus der sie stammt; jetzt nahm mich die Umarbeitung wieder für sie ein, und in bezug auf die letztere bin ich so kindisch, Dich zu bitten, sie einmal recht genau mit der ersten Abfassung zu vergleichen, weil es mich reizt, in dieser Kundgebung meiner Erfahrung und meines gewonnenen feineren Gefühls mich Dir mitzuteilen; mir ist, als ob man an dergleichen Umarbeitungen am deutlichsten sehen könnte, wess Geistes Kind man geworden ist, und welche Roheiten man von sich abgestreift hat. Der Mittelsatz wird Dir jetzt besser gefallen: natürlich konnte ich kein neues Motiv einführen, weil ich dann alles hätte neu machen müssen: ich konnte hier nur, gleichsam in weiter Kadenzform, die Stimmung etwas breiter entwickeln. Von Gretchen kann natürlich nicht die Rede sein, vielmehr immer nur von Faust selbst

> „ein unbegreiflich holder Drang
> trieb mich durch Wald und Wiesen hin usw. — "

(a. a. O., II, S. 54). — Durch die Erinnerungen von Mathilde Wesendonk ist bekannt geworden, dass W. die Absicht hatte, ihr die Ouvertüre zu widmen. Er stand davon zurück mit der Begründung: „Unmöglich kann ich Ihnen das furchtbare Motto an die Brust heften" und schenkte ihr die Partitur mit den daruntergesetzten Worten: R. W. Zürich 17. Jan. 55 zum Andenken S(einer) l(ieben) F(rau)!" — Das Programm der EA. 1 lautet:

1. **Ouvertüre** zu Goethes Faust (erster Theil) von *Richard Wagner.*
2. **Die erste Walpurgisnacht,** Ballade für Chor und Orchester, gedichtet von Goethe, komponiert von *Felix Mendelssohn-Bartholdy.*
3. **Sinfonia Pastorale,** von *L. Beethoven.*

Die Dresdner Abendzeitung bezeichnete die Ouvertüre als eine verfehlte Komposition und als eine sehr bedeutende Nachahmung Berliozscher Manier. — Bei EA. 2 (Weimar) führte Liszt auch den Schumannschen Faust auf. — Es ist hinreichend bekannt, dass Wagner in Zürich in den Konzerten der Allgemeinen Musikgesellschaft als Sinfoniedirigent tätig war. Hierüber unterrichtet man sich in Glasenapps Biographie, dann noch weiter durch Hans Bélart „Richard Wagner in Zürich" (s. Lit.) und auch bei A. Steiner „Richard Wagner in Zürich" (s. Lit.). In der letztgenannten verdienstvollen Arbeit sind viele Züricher Programme, darunter das mit der Faust-Ouvertüre, und Theaterzettel faksimiliert. — Über die Konzerte des Sternschen Orchestervereins in Berlin (EA. 5) sind nachzulesen die Anmerkungen zu Liszts Tasso. Die Neue Zeitschrift für Musik (Bd. 44, No. 10, S. 110) berichtete: „In dem am 31. Januar [das ist falsch] stattgefundenen Konzerte des Sternschen Orchestervereins in Berlin kam Wagners Faust-Ouvertüre zur Aufführung und wurde nach dem Schlusse sofort applaudiert. Heftiges Zischen erfolgte, und man erblickte unter den Zischern mehrere sehr bekannte musikalische Persönlichkeiten. Auf diese Opposition indess antwortete ein donnerndes, ziemlich allgemeines Bravo, welches nicht eher endete, bis v. Bülow, der das Werk dirigiert hatte, hervortrat und sich im Namen des Komponisten bedankte." — Es mag bei dieser Gelegenheit daran erinnert werden, dass Liszt beabsichtigte, im Februar 1856 eine „Faustwoche", gleich den voraufgegangenen

„Wagner-" und „Berlioz"wochen zu veranstalten. Sie sollte enthalten: 1. den ganzen Faust von Berlioz, 2. Faust-Ouvertüre von Wagner, 3. Faust von Schumann und 4. die eben beendete eigene Faustsymphonie (Weimarer Sonntagsblatt 1855, No. 49 vom 2. Dezember).

Liter. *Bülow, Hans von*, „Über Richard Wagners Faust-Ouvertüre", C. F. Kahnt, Leipzig. — *Santen-Kolff, J. v.*, „Der Faust-Ouvertüre Werden und Wachsen. Geschichtliches — Biographisches — Ästhetisches. Zum fünfzigjährigen Jubiläum ihrer ersten Aufführung". Bayreuther Blätter 1894. — *Stransky, Josef*, Musikführer No. 137, Schlesinger, Berlin.

(6). Ouvertüre zu der grossen tragischen Oper „Rienzi, der Letzte der Tribunen".

GD. 10—11 Min.

Komp.: Oktober 1840 in Paris; beendet daselbst 23. Oktober d. J.

EA.: D r e s d e n, Donnerstag, d. 20. Oktober 1842 im Kgl. sächsischen Hoftheater gelegentlich der ersten Aufführung der Oper nach dem Manuskript unter Leitung von *K. G. Reissiger*. (Bei der 6. Aufführung der Oper, Montag, d. 12. Dezember, dirigierte *R. Wagner* die Ouvertüre zum ersten Male selbst.)

Ersch.: Partitur litographiert August 1844, Partitur und Orchesterstimmen im Stich 1860 bei C. F. Meser Dresden, seit 1872 im Besitz von Ad. Fürstner, Berlin.

Orch.Bes.: 2 Fl., Kl. Fl., 2 Ob., 2 Klar., 2 Fag., Kontrafag. (Serpent), 4 Hr., 4 Tr., 3 Pos., Tuba (Ophikleide), Pk., gr. Tr., Rolltrommel, Trgl., Becken. — Str.-Orch.

A n m e r k g. Die erste Aufführung der Rienzi-Ouvertüre im Konzertsaale zu ermitteln ist bisher nicht gelungen. Von einer Mitteilung der ersten Wiederholungen Wagnerscher Ouvertüren und Vorspiele bei Theatervorstellungen ist Abstand genommen worden. — Die Ausführung des Doppelschlags (Mordents) in der Rienzi-Ouvertüre (Takte 19, 23 u. s. f.) wird verschieden gehandhabt und gedeutet. In Musikzeitungen ist sowohl für seine Ausführung von oben nach unten, wie auch für eine solche von unten nach oben,, in beiden Fällen unter Berufung auf W. selbst und auf „Tradition" plaidiert worden. Man unterrichtet sich über das Für und Wider vortrefflich in Arthur Seidls „Wagneriana" I, S. 62 ff. Es sei hier dazu bemerkt, dass der Verfasser die von Seidl S. 70/71 erwähnte Aufzeichnung des Doppelschlags von oben nach unten v o n R i c h a r d W a g n e r s Hand für den Kapellmeister Laube in Strassburg i. E. selbst des öfteren gesehen hat und zwar, wenn die Erinnerung nach etwa 26 Jahren

nicht völlig trügt, in der Form einer Quintole:  usw.

(7.) Ouvertüre zu der romantischen Oper „Der fliegende Holländer".

GD. *10¹/₂ Min.*

Komp.: Entworfen wohl September 1841 in Meudon bei Paris, vollendet und instrumentiert November d. J. in Paris.

EA.: D r e s d e n , Montag, d. 2. Januar 1843 im Kgl. Opernhause gelegentlich der ersten Aufführung der Oper nach dem Manuskript unter Leitung von *Richard Wagner.*

Ersch.: Partitur 1861, Orchesterstimmen 1860 bei C. F. Meser, Dresden, seit 1872 im Besitz von Ad. Fürstner, Berlin. (Die Partitur der Oper war bereits 1844 in Autographie erschienen.)

Orch.Bes.: Kl. Fl., 2 Fl., 2 Ob. (2. auch Engl. Hr.), 2 Klar., 2 Fag., 4 Hr., 2 Tr., 3 Pos., Tuba, Pk. — St.-Orch.

A n m e r k g. Über die Komposition der Oper und der Ouvertüre berichtet W. in der Autobiographischen Skizze: „Mit dem Matrosenchor und dem Spinnerlied begann ich zuerst; alles ging mir im Fluge von Statten, und laut auf jauchzte ich vor Freude bei der innig gefühlten Wahrnehmung, dass ich noch Musiker sei. In sieben Wochen war die ganze Oper komponiert. Am Ende dieser Zeit überhäuften mich aber wieder die niedrigsten äusseren Sorgen: zwei volle Monate dauerte es, ehe ich dazu kommen konnte, die Ouvertüre zu der vollendeten Oper zu schreiben, trotzdem ich sie fast fertig im Kopfe herumtrug." — 1852 änderte W. den Schluss der Ouvertüre, worüber die Briefe an Fischer vom Januar 1853 (s. Briefe an Uhlig, Fischer und Heine, S. 299 ff.) und an Liszt ebenfalls vom Januar (Briefwechsel Wagner-Liszt I, S. 208 ff.) Aufschluss geben. 1860 wurde eine 2. Änderung des Ouvertüre-Schlusses für die Pariser Konzerte vorgenommen (s. Briefe an Mathilde Wesendonk, S. 213 u. 244, und Bülow-Briefe III, S. 353). Der englische Wagner-Biograph W. A. Ellis (s. Lit.) hat im 4. Bande seines ausgezeichneten Werkes die verschiedenen Schlüsse einer Untersuchung unterzogen. — Das Programm zur Holländer-Ouvertüre (s. u.) schrieb W. Anfang Mai 1853 für das in Zürich von ihm veranstaltete und geleitete Musikfest. Über dieses ist mitzuteilen, dass es aus 3 grossen Musikaufführungen im Theater am 18., 20. und 22. Mai statt-fand. Das Programm für alle drei Aufführungen war:

Zur Eröffnung: **Friedensmarsch** aus *Rienzi.*

I. Der fliegende Holländer

1. Ballade der Senta.
2. Lied norwegischer Matrosen.
3. Des Holländers Seefahrt |: Ouvertüre :|.

II. Tannhäuser:

1. Festlicher Einzug der Gäste auf der Wartburg.
2. Tannhäusers Bussfahrt und Gesang der heimkehrenden Pilger.
3. Der Venusberg |: Ouvertüre :|.

III. Lohengrin:

1. Der heilige Gral |: Orchester-Vorspiel :|.
2. Männer-Szene und Brautzug.
3. Hochzeitmusik und Brautlied.

Über dieses Züricher Musikfest unterrichtet, abgesehen von den Biographien, eingehendst A. Steiner in „Richard Wagner in Zürich", 2. Teil [Neujahrsblatt der Allgemeinen Musikgesellschaft in Zürich, 1902]. — Das Programm zu der Ouvertüre wurde veröffentlicht in der Neuen Zeitschrift für Musik, Bd. 39, No. 6 vom 5. August 1853, S. 59/60 und ging in die Gesammelten Schriften und Dichtungen V, 228 über. — (Der unter Literatur (s. u.) mitgeteilte Aufsatz Liszts, der eine besondere Abteilung der Ouvertüre widmet, erschien zuerst in der Weimarischen Zeitung 1854, No. 118, 120, 121, 124, 125, 133, 139, 144, 145 u. 153 und ging dann in die Neue Zeitschrift für Musik, Bd. 41 (1854 II), No. 12, 13, 14, 15 u. 16 über, er enthielt aber die Notenbeispiele noch nicht.)

Liter. *Liszt, Franz*, „Der fliegende Holländer" in „Gesammelte Schriften" Bd. III² S. 160 ff., Breitkopf & Härtel, Leipzig.

Ouvertüre zum „fliegenden Holländer"
von Richard Wagner.

Das furchtbare Schiff des „fliegenden Holländers" braust im Sturme daher; es naht der Küste und legt am Lande an, wo seinem Herrn dereinst Heil und Erlösung zu finden verheissen ist; wir vernehmen die mitleidsvollen Klänge dieser Heilsverkündigung, die uns wie Gebet und Klage erfüllen: düster und hoffnungslos lauscht ihnen der Verdammte; müde und todessehnsüchtig beschreitet er den Strand, während die Mannschaft, matt und lebensübernächtig, in stummer Arbeit das Schiff zur Ruh' bringt. — Wie oft erlebte der Unglückliche schon ganz das Gleiche! Wie oft lenkte er sein Schiff aus den Meerfluten nach dem Strande der Menschen, wo ihm nach jeder siebenjährigen Frist zu landen vergönnt war; wie oft wähnte er das Ende seiner Qual erreicht, und ach! — wie oft musste er furchtbar enttäuscht sich wieder aufmachen zur wahnsinnig irren Meerfahrt! Seinen Untergang zu erzwingen, wütete er hier mit Flut und Sturm gemeinsam wieder sich: in den gähnenden Wogenschlund stürzte er sein Schiff, — doch der Schlund verschlang es nicht; zur Brandung trieb er es an die Felsenklippe — doch die Klippe zerschellte es nicht. All' die schrecklichen Gefahren des Meeres, deren er in einst wilder Männerthaten-Gier lachte, jetzt lachen sie seiner — sie gefährden ihn nicht; er ist gefeit und verflucht, in alle Ewigkeit auf der Meereswüste nach Schätzen zu jagen, die ihn nicht erquicken, nie aber zu finden, was ihn einzig erlöste! — Rüstig und gemächlich streicht ein Schiff an ihm vorbei; er vernimmt den lustig traulichen Gesang der Mannschaft, die auf der Rückfahrt sich der nahen Heimat freut; Grimm fasst ihn bei diesem heiteren Behagen; wüthend jagt er im Sturm vorbei, schreckt und scheucht die frohen, dass sie in Angst verstummen und fliehen. Aus furchtbarem Elend schreit er da auf nach Erlösung: in die grauenvolle Männeröde seines Daseins soll nur — ein Weib ihm das Heil bringen können! Wo, in welchem Lande weilt die Retterin? Wo schlägt seinen Leiden ein fühlendes Herz? Wo ist sie, die ihn nicht flieht in Grausen und Schreck wie diese feigen Männer, die bang das Kreuz vor seiner Ankunft schlagen? — Da bricht ein Licht in die Nacht; wie ein Blitz zuckt es durch seine gequälte Seele. Es verlischt und wieder strahlt es auf: der Seemann fasst den Leuchtstern fest in's Auge und steuert rüstig durch Flut und Woge auf ihn zu. Was ihn so mächtig zieht, es ist der Blick eines Weibes, der voll erhabener Wehmuth und göttlichen Mitgefühls zu ihm dringt! Ein Herz erschloss seine unendlichste Tiefe dem ungeheuren Leiden des Verdammten: es muss sich ihm opfern, vor Mitgefühl brechen, um mit seinem Leiden sich zu vernichten. Vor dieser göttlichen Erscheinung bricht der Unselige zusammen, wie sein Schiff in Trümmer zerschellt; der Meeresschlund verschlingt diess: doch den Fluten entsteigt er, heilig und hehr, von der siegprangenden Erlöserin an rettender Hand der Morgenröthe erhabenster Liebe zugeleitet.

(8.) Ouvertüre zu „Tannhäuser und der Sängerkrieg auf der Wartburg".

G.D. 12 Min. (S. Anm.)

Komp.: Wohl im März-April 1845 in Dresden. Vollendung der ganzen Oper daselbst am 13. April d. J.

EA.: 1. D r e s d e n, Sonntag, d. 19. Oktober 1845 im Kgl. Opernhause gelegentlich der ersten Aufführung der Oper nach dem Manuskript unter Leitung von *Richard Wagner.* — EA. im K o n z e r t s a a l: 2. L e i p z i g, Donnerstag, d. 12. Februar 1846 im Gewandhaussaale im Konzert zum Besten des Orchester-Pensions-Instituts-Fonds nach Mspt. unter Leitung von *Felix Mendelssohn Bartholdy.* (S. Anm.) [W e i m a r, Sonntag, d. 12. November 1848 im Grossherzogl. Hoftheater in einem Konzert „bei aufgehobenem Abonnement" und Montag, d. 1. Januar 1849 im Konzert zum Besten des Hoftheaterchores unter Leitung von *Franz Liszt.*]

Ersch.: Partitur der Oper 1845 in Autographie; die Ouvertüre im Stich 1860, Orchesterstimmen 1845 bei C. F. Meser, seit 1872 im Besitz von A. Fürstner, Berlin.

Orch.Bes.: Kl. Fl., 2 Fl., 2 Ob., 2 Klar., 2 Fag., 4 Hr., 3 Tr., 3 Pos., Tuba, Pk., Trgl., Becken, Tamb. — Str.-Orch.

A n m e r k g. Die Tannhäuser-Ouvertüre ist seit langer Zeit ein dem Volke so vertrautes Stück geworden, dass die von Wagner dafür verfasste Erläuterung kaum noch abgedruckt wird. Er schrieb sie für die von ihm am 16. März 1852 in einem Konzert in Zürich geleitete Aufführung. (Brief an Uhlig aus Zürich vom 26. Febr. 1852: „In der ersten Probe zur Tannhäuserouvertüre [die bereits gegen all mein Erwarten sehr gut ausfiel] verlangte das Orchester, nach dem Vorgang der Koriolanouvertüre, sogleich eine Erklärung des Inhaltes von mir, weil sie dann „besser spielen" könnten. Die Erklärung ist fertig: ich lege sie Dir in 2 Exemplaren bei.") Sie wurde darauf abgedruckt im Programm des von Liszt geleiteten Musikfestes in Ballenstedt am 22. Juni 1852 und in der Neuen Zeitschrift für Musik 1853 (Bd. 38, No. 3) unter dem Titel „Über Inhalt und Vortrag der Tannhäuser-Ouvertüre" veröffentlicht. Diese Veröffentlichung, gezeichnet „Vom Componisten", enthielt als No. 1 „Programm zu der Tannhäuser-Ouvertüre", als No. 2 „Über den Vortrag der Tannhäuser-Ouvertüre", dies mit der Randbemerkung „Aus Richard Wagners Broschüre: ‚Über die Aufführung des Tannhäuser'." In einer früheren Nummer der Zeitschrift (Bd. 37, No. 23) war darüber gesagt: „Diese Broschüre ist weder im Buchhandel vorhanden, noch auch für die Öffentlichkeit bestimmt. Sie liegt uns [der Redaktion] vor mit der Erlaubnis ihres Verfassers zu einer t h e i l w e i s e n Veröffentlichung in dieser Zeitschrift." Später ging die Abhandlung in die Gesammelten Schriften und Dichtungen über (Bd. V, S. 230, 1. Aufl.). Das „Programm" hatte dabei eine Abänderung seines Anfanges erlitten (s. w. u.). — Über die von W. geleitete Aufführung (s. o.) in Zürich schrieb W. an Theodor Uhlig (s. Briefe an Uhlig usw. S. 173): „Nach dem, was ich hier mit ihm [d. h. dem Werk] angerichtet, bilde ich mir auf dieses Tonstück etwas ein; ich weiss mich wirklich auf keine andere Tondichtung zu besinnen, die eine ähnliche Wirkungsmacht auf sinnlich-sinnvolle Gemüter auszuüben imstande wäre. Aber im Konzertsaal ist ihr Platz, nicht nur vor der Oper im Theater: dort würde ich, wenn ich es bestimmen dürfte, nur das erste Tempo der Ouvertüre ausführen lassen; das übrige ist — im glücklichen Falle des Verständnisses — zu viel vor dem Drama, im anderen aber zu wenig." — Bei der EA. im Konzertsaal (Leipzig) hatte allerdings der Berichterstatter der „Signale" einen anderen Eindruck als die Züricher Zuhörer empfangen. Er schrieb (Signale 1846, No. 8): „Die Probe, die wir heute von Wagners Musik erhielten, können wir nicht vorteilhaft nennen; Effektsucht und schonungslose Verwendung der Orchesterkräfte verleiden Einem den Genuss, wenn die Melodien ja noch dergleichen übrig liessen, welche man indess nur mit Mühe zu entdecken vermag. Nur wenige Orchester werden wie das unsrige, das sich seit Berlioz kaum dergleichen erinnern dürfte, den Tannhäuseraufgaben gewachsen sein, und vermöchten wir, wenn in der Oper nur theilweise wie in der Ouvertüre fortmusicirt wird, dieselbe vor Befürchtung gänzlicher Abstumpfung nicht anzuhören." In diesem Konzert wurde auch Rob. Schumanns „Ouvertüre, Scherzo und Finale" die erste Male umgearbeiteten, endgültigen Fassung zum ersten Male (in Leipzig) noch als Manuskript gespielt (s. Schumann, No. 5). — Es ist vielleicht nicht überflüssig, hier festzustellen, dass die Hervorhebung der Hornpartien am Schlusse der Ouvertüre keine Errungenschaft der Neuzeit ist, sondern dass man sie auf Liszt, wenn nicht auf Wagner selbst, zurückführen muss. Auf dem Karlsruher Musikfest (Oktober 1853) führte Liszt die Ouvertüre auf und Richard Pohl schrieb darüber: „Sämmtliche Mittelstimmen kamen zur vollsten Geltung, sogar der, nur selten vernommene herrliche Gang der Hörner im Schlussgesang. Dieser letztere brauste mit doppelter Besetzung der Blasinstrumente wahrhaft gigantisch einher zwischen den stürmischen Wogen der Saiteninstrumente." Diese doppelte Besetzung der Blasinstrumente am Schlusse scheint die erste Veranlassung zu der Gepflogenheit einiger Dirigenten, die Blechbläser am Schlusse aufstehen zu lassen, gegeben zu haben Solcher Mittelchen und Nachhülfen bedarf die Tannhäuser-Ouvertüre sicherlich nicht. W. selbst schreibt in seinen Anweisungen zum Vortrage über den Schluss: „Vom dritten Takte der Seite 66 an (gemeint ist der 4. Takt der Seite 33 der Partitur-Ausgabe von der Ouvertüre allein, wo un poco accelerando steht) hat der Dirigent das Zeitmass in regelmässigem Fortschritte, aber mit auffallender Wirkung, der Art zu beschleunigen, dass mit dem Eintritt des Fortimisso auf Seite 68 (d. i. Takt 4 S. 34 Assai stretto) die nötige Steigerung der Bewegung gewonnen ist, in welcher einzig das rhythmisch so stark vergrösserte Thema zur verständlichen Wahrnehmung in der Art gelangen kann, dass die Noten desselben nicht als vereinzelte, unzusammenhängende Töne erscheinen. — Ich habe endlich dem Dirigenten und dem Orchester wohl nicht erst nöthig an das Herz zu legen, dass nur mit dem Aufwande der äussersten Energie und Kraft die Wirkung des andauernden Fortissimos in der beabsichtigten Bedeutung erreicht werden kann."

Aus diesen Vortragsanweisungen mag denn auch, mit Rücksicht auf so vielfach beliebtes Abspielen der Ouvertüre noch folgende Stelle hier in Erinnerung gebracht werden: „Bei der Vertheilung der Violinen in acht Partien (S. 17, Takt 3) ist darauf zu sehen, dass die sechs unteren gleichmässig stark, die zwei oberen aber (von S. 18, Takt 2 u. 3 an) so besetzt seien, dass die zweite Partie stärker als die erste ausfalle; für die erste kann selbst ein Vorspieler allein genügen, während die zweite Partie zahlreicher als alle übrigen besetzt sein muss." —

Liter. *Liszt, Franz*, Ges. Schriften III², S. 15ff., Breitkopf & Härtel, Leipzig. — *Hahn, Arthur*, Musikführer No. 178, Schlesinger, Berlin. — *Kretzschmar, Herm.*, Kleiner Konzertführer No. 582, Breitkopf & Härtel, Leipzig.

Programm zu der Tannhäuser-Ouvertüre:

A. Nach dem Karlsruher Programm 1853 (dort auch noch mit der besonderen Überschrift „Der Venusberg") und der Version in den Ges. Schriften und Dichtungen.

Im Beginn führt uns das Orchester allein den Gesang der Pilger vor; er naht, schwillt dann zum mächtigen Ergusse an, und entfernt sich endlich. —

B. Nach dem Ballenstedter Programm 1852 und der 1. Version in der Neuen Zeitschrift für Musik (Bd. 38, No. 3).

Ein Zug von Pilgern schreitet an uns vorüber; ihr Gesang, gläubig, reuevoll und bussfertig, zur Hoffnung und zur Zuversicht des Heiles sich erhebend, nähert sich am Anfange, schwillt dann — wie in nächster Nähe — zum mächtigen Ergusse an, und entfernt sich endlich.

Nun gleichlautend weiter:

Abenddämmerung: letztes Verhallen des Gesanges. — Beim Einbruche der Nacht zeigen sich zauberische Erscheinungen: ein rosig erdämmernder Duft wirbelt auf, wollüstige Jubelklänge dringen an unser Ohr; wirre Bewegungen eines grauenvoll üppigen Tanzes lassen sich gewahren. Dies sind die verführerischen Zauber des „Venusberges" die in nächtlicher Stunde denen sich kundgeben, in deren Brust ein kühnes sinnliches Sehnen brennt. — Von der verlockenden Erscheinung angezogen naht sich eine schlanke männliche Gestalt: es ist Tannhäuser, der Sänger der Liebe. Er lässt sein stolz jubelndes Liebeslied ertönen, freudig und herausfordernd, wie um den üppigen Zauber zu sich herzuzwingen. — Mit wildem Jauchzen wird ihm geantwortet: dichter umgibt ihn das rosige Gewölk, entzückende Düfte hüllen ihn ein und berauschen seine Sinne. Im verführerischesten Dämmerscheine vor ihm ausgegossen, gewahrt sein wundersichtiger Blick jetzt eine unsäglich reizende Weibesgestalt; er hört die Stimme, die in süssem Erbeben ihm den Sirenenruf zutönt, der dem Kühnen die Befriedigung seiner wildesten Wünsche verheisst. Venus selbst ist es, die ihm erschienen. — Da brennt es ihm durch Herz und Sinne; ein glühend zehrendes Sehnen entzündet das Blut in seinen Adern: mit unwiderstehlicher Gewalt treibt es ihn näher, und vor die Göttin selbst tritt er mit seinem Liebesjubelliede, das er jetzt in höchstem Entzücken zu ihrem Preise ertönen lässt. — Wie auf seinen Zauberruf thut sich nun das Wunder des Venusberges in hellster Fülle vor ihm auf: ungestümes Jauchzen und wilder Wonneruf erheben sich von allen Seiten; in trunkenem Jubel brausen die Bacchantinnen daher und reissen in ihrem wütenden Tanze Tannhäuser fort bis in die heissen Liebesarme der Göttin selbst, die ihn, den in Wonne Ertrunkenen, mit rasender Glut umschlingt, und in unnahbare Fernen, bis in das Reich des Nichtmehrseins, mit sich fortzieht. Es braust davon wie das wilde Heer, und schnell legt sich dann der Sturm. Nur ein wollüstig klagendes Schwirren belebt noch die Luft, ein schaurig üppiges Säuseln wogt, wie der Atem unselig sinnlicher Liebeslust, über der Stätte, auf der sich der entzückende unheilige Zauber kund that, und über die sich nun wieder die Nacht ausbreitet. — Doch bereits dämmert der Morgen herauf: aus weiter Ferne lässt sich der wieder nahende Pilgergesang vernehmen. Wie dieser Gesang sich immer mehr nähert, wie der Tag immer mehr die Nacht verdrängt, hebt sich auch jenes Schwirren und Säuseln der Lüfte, das uns zuvor wie schauriges Klagegetön Verdammter erklang, zu immer freudigerem Gewoge, so dass endlich, als die Sonne prachtvoll aufgeht, und der Pilgergesang in gewaltiger Begeisterung aller Welt und Allem, was ist und lebt, das gewonnene Heil verkündet, dieses Gewoge zum wonnigen Rauschen erhabener Entzückung anschwillt. Es ist der Jubel des aus dem Fluche der Unheiligkeit erlösten Venusberges selbst, den wir zu dem Gottesliede vernehmen. So wallen und springen alle Pulse des Lebens zu dem Gesange der Erlösung; und beide getrennten Elemente, Geist und Sinne, Gott und Natur, umschlingen sich zum heilig einenden Kusse der Liebe.

(9.) **Der Venusberg (Bacchanale).**
Neue komponierte Szene zur Oper „Tannhäuser und der Sängerkrieg auf der Wartburg".

GD. 11—12 Min.

Komp.: Januar 1861 in Paris.

EA.: 1. Paris, Mittwoch, d. 13. März 1861 in der grossen Oper gelegentlich der ersten Aufführung des Tannhäuser in der sog. Pariser Bearbeitung nach dem Manuskript unter Leitung von *Louis Dietsch*. (S. Anm.)

Ersch.: Partitur und Orchesterstimmen Februar 1876 bei C. F. Meser (Ad. Fürstner), Berlin.

Orch.Bes.: Kl. Fl. (auch 3. gr. Fl.), 2 Fl., 2 Ob., 2 Klar., 2 Fag., 4 Hr., 3 Tr., 3 Pos., Tuba, 3 Pauken mit 2 Paukenschlägern, Trgl., Tamb., Kastagnetten, Becken, — Hfe. — Str.-Orch.

Anmerkg. Es ist hinreichend bekannt, dass Wagner für die Pariser Aufführungen des Jahres 1861 den „Tannhäuser" einer Neubearbeitung unterzog und dabei die Ouvertüre in ein umfangreiches Bacchanale überführte. Im Zusammenhang mit der Ouvertüre wird dieses Bacchanale oft im Konzertsaal aufgeführt, so dass ihm in diesem Buche ein Platz eingeräumt werden musste. Ouvertüre und Bacchanale sind gesondert erschienen, ihre Zusammenfügung geschieht so, dass nach dem 16. Takte nach Buchstabe F der 29. Takt des Bacchanale folgt. Das Bacchanale wird mit der Überschrift „Der Venusberg" auch allein aufgeführt. Über das Bacchanale berichtete als Augen- und Ohrenzeuge der Pariser EA. Hans von Bülow an den Kapellmeister Kalliwoda folgendes: „Auf die Ouvertüre folgt eine grosse mimische Scene, die man nicht mit dem Namen Ballet insultiren kann. Wunderbare, aber sehr complicirte Musik, ohrberauschend für einen Wagnerianer. Ein sehr langes, feuriges Allegro mit einigen neuen kürzeren Motiven, hierauf ein ganz prachtvoller, ebenfalls ziemlich ausgedehnter Andantesatz mit untermischtem Chor (Sirenen, wie im Original), dessen Motiv jedoch im Orchester zu einem Dreiviertelrhythmus umgemodelt und mit den melodischen Phrasen der Venus im letzten Akte verschmolzen ist" (s. „Deutsche Revue", 1896, Juliheft).
Über die Pariser Aufführungen schrieb Wagner selbst einen Bericht, der, brieflich datiert 27. März 1861, Paris, in der Beilage der „Deutschen Allgemeinen Zeitung" No. 80 v. 7. April 1861, in der „Neuen Zeitschrift für Musik" Bd. 54, No. 16 v. 12. April veröffentlicht wurde und später in die Gesammelten Schriften und Dichtungen VII, S. 181 ff. überging. — In Konzertprogrammen die aus de rPartitur gezogenen Erläuterungen der choreographischen Szene mitzuteilen, wird sich empfehlen.

Der Venusberg (Bacchanale).
(Nach der Partitur.)

(Beim Aufzuge des Vorhanges sind, auf den erhöhten Vorsprüngen bei Bechern, noch die Jünglinge gelagert, welche jetzt sofort den verlockenden Winken der Nymphen folgen, zu diesen hinabeilen; die Nymphen hatten um das schäumende Becken des Wasserfalls den auffordernden Reihen begonnen, welcher die Jünglinge zu ihnen führen sollte: die Paare finden und mischen sich: Suchen, Fliehen und reizendes Necken bilden den Tanz.)

Aus dem fernen Hintergrunde naht ein Zug von Bacchantinnen, welcher durch die Reihen der liebenden Paare, zu wilder Lust auffordernd, daher braust. Durch

Gebärden begeisterter Trunkenheit reizen die Bacchantinnen die Liebenden zu wachsender Ausgelassenheit auf.

Die Berauschten stürzen sich in brünstige Liebesumarmungen.

Satyre und Faunen sind aus den Klüften erschienen und drängen sich jetzt mit ihrem Tanze zwischen die Bacchanten und liebenden Paare, sie vermehren durch ihre Jagd auf die Nymphen die Verwirrung; der allgemeine Tumult steigert sich zur höchsten Wut.

Beim Ausbruch der höchsten Raserei erheben sich entsetzt die drei Grazien. Sie suchen den Wütenden Einhalt zu tun und sie zu entfernen. Machtlos fürchten sie selbst mit fortgerissen zu werden: sie wenden sich den schlafenden Amoretten, rütteln sie auf und jagen sie in die Höhe. Diese flattern wie eine Schaar Vögel aufwärts auseinander, nehmen in der Höhe, wie in Schlachtordnung, den ganzen Raum der Höhle ein, und schiessen von da herab einen unaufhörlichen Hagel von Pfeilen auf das Getümmel in der Tiefe. Die Verwundeten lassen von mächtigem Liebessehnen ergriffen, vom rasenden Tanze ab, und sinken in Ermattung; die Grazien bemächtigen sich der Verwundeten und suchen, indem sie die Trunkenen zu Paaren fügen, sie mit sanfter Gewalt nach dem Hintergrunde zu zerstreuen; dort, nach den verschiedensten Richtungen hin, entfernen sich, teils auch von der Höhe herab durch die Amoretten verfolgt die Bacchanten, Faunen, Satyren, Nymphen, und Jünglinge. Ein immer dichterer rosiger Duft senkt sich herab, in ihm verschwinden zuerst die Amoretten, dann bedeckt er den ganzen Hintergrund, so dass endlich ausser V e n u s und T a n n h ä u s e r nur noch die drei Grazien sichtbar zurück bleiben. Diese wenden sich jetzt nach dem Vordergrunde zurück; in anmutigen Verschlingungen nahen sie sich V e n u s ihr gleichsam von dem Siege berichtend, den sie über die wilden Leidenschaften der Untertanen ihres Reiches gewonnen. V e n u s blickt dankend zu ihnen.

Der dichte Duft im Hintergrunde zerteilt sich: ein Nebelbild zeigt die Entführung der E u r o p a , welche auf dem Rücken des, mit Blumen geschmückten, weissen Stieres von T r i t o n e n und N e r e i d e n geleitet, durch das blaue Meer dahinfährt.

Der rosige Duft schliesst sich wieder, das Bild verschwindet, und die Grazien deuten nun durch einen anmutigen Tanz den geheimnissvollen Inhalt des Bildes als ein Werk der Liebe an.

Von neuem teilt sich der Duft. Man erblickt in sanfter Morgendämmerung L e d a am Waldesteiche ausgestreckt. Der Schwan schwimmt auf sie zu und birgt schmeichelnd seinen Hals an ihren Busen.

Allmählig verbleicht auch dieses Bild. Der Duft verzieht sich endlich ganz und zeigt die ganze Grotte einsam und still. Die Grazien verneigen sich schelmich vor Venus und entfernen sich langsam nach der Liebesgrotte. Tiefste Ruhe. Unveränderte Gruppe der V e n u s und T a n n h ä u s e r .

(10.) Vorspiel zu der romantischen Oper „Lohengrin".

G.D. 6¹/₂ Min.

Komp.: 28. August 1847 in Dresden.

EA.: 1. W e i m a r , Mittwoch, d. 28. August 1850 im Grossherzogl. Hoftheater gelegentlich der ersten Aufführung der Oper nach dem Manuskript unter Leitung von *Franz Liszt*. (S. Anm.) — EA. im K o n z e r t s a a l : 2. L e i p z i g , Montag, d. 17. Januar 1853 im Saale des Gewandhauses im Konzert zum Besten des Orchesterpensionsfonds nach Mspt. unter Leitung von *Julius Rietz*. (S. Anm.) —

3. **Ebendaselbst**, Donnerstag, d. 20. Januar 1853 im gleichen Saale im 13. Abonnementskonzert unter gleicher Leitung wie bei EA. 2. — 4. **Zürich**, Mittwoch, d. 18. Mai 1853 im Stadttheater im 1. Konzert des von Wagner veranstalteten Musikfestes nach Mspt. unter Leitung von *Richard Wagner*. (Wiederholung im 2. und 3. Konzert am 20. und 22. Mai.) (S. Anm.) — 5. **Karlsruhe**, Mittwoch, d. 5. Oktober 1853 im Grossherzogl. Hoftheater im 2. Konzert des Karlsruher Musikfestes nach Mspt. unter Leitung von *Franz Liszt*. (S. Anm.)

Ersch.: Partitur Februar 1866, Orchesterstimmen März 1867 bei Breitkopf & Härtel, Leipzig.

Orch.Bes.: 3 Fl., 2 Ob., Engl. Hr., 2 Klar., Bassklar., 3 Fag., 4 Hr., 3 Tr., 3 Pos., Tuba, Pk., Becken. — Str.-Orch.

Anmerkg. Die Originalpartitur enthält eine Jahreszahl bei dem Kompositionsdatum des Vorspieles nicht, doch ist ein Zweifel an der Richtigkeit ausgeschlossen. — Über das Tempo des Vorspiels gibt der Brief Wagners an Liszt vom 16. August 1852 Aufschluss. W. schreibt vor: $\flat = 76$ und setzt die Bemerkung darunter: „Die **Triolen** immer recht gemessen." (S. Briefwechsel Wagner-Liszt, I, S. 72.) Zwei von W. an den Kapellmeister Louis Schindelmeisser nach dem Züricher Musikfest gerichtete Briefe enthalten Angaben über Vortragsweise des Vorspiels. W. schrieb: „Mein ganz persönlicher Zweck bei diesem Unternehmen [d. i. das Züricher Musikfest 1853] war ursprünglich, das Orchestervorspiel einmal zu Gehör zu bekommen. Dies hat mich auch so ergriffen, und es wurde auch gut vorgetragen: über die nötige Vortragsweise wird Dir Frisch berichten: es gilt eigentlich nur die genaueste Beachtung der vorgeschriebenen Zeichen, namentlich des „gleichmässig p." in den Violinen und den Holzblasinstrumenten von da ab, wo sie jedesmal das Thema an eine neue Instrumentenfamilie übergeben und nur noch Begleitung bilden, wogegen es höchst wichtig ist, dass das Thema jedesmal mit voller Nuancirung gespielt wird. Das Tempo ist sehr langsam; vermeide, dass bei den vorkommenden Triolen im Thema geeilt wird! —

Im übrigen kann ich Dir nicht mehr sagen, als: halte stets auf die skrupulöseste Beachtung der Vortragszeichen; ich habe mich überzeugt, dass ich den ganzen Vortrag stets genau und lebhaft vorgeführt habe. — Leider wirst Du nicht viel Violinen haben; halte daher für die Verteilung an die Pulte folgendes fest: — die vier Solovioliinen werden am ersten Pulte der ersten und am ersten Pulte der zweiten Violinen gespielt. Von da ab, wo die Violinen dauernd in vier Partien vereinigt sind, lass von den ersten Violinen die erste und dritte Stimme spielen, von den zweiten die zweite und vierte. So vereinigen sie sich dann auch am leichtesten zum endlich wieder eintretenden zweistimmigen Satze: und die Wirkung dieser Verteilung selbst ist vortrefflich. Wo die Violinen in drei Partien geteilt sind, lass von den ersten Pulten der ersten und zweiten Violine die erste Partie spielen, von den übrigen Pulten der ersten Violine aber die zweite und von den übrigen Pulten der zweiten Violine die dritte Partie . . . . . ." (Zu diesem Briefe ist zu bemerken, dass Schindelmeisser am 2. Juli 1853 den Lohengrin in Wiesbaden, der 2. Bühne, die das Werk brachte, aufführte.) — Als musikalisches Kuriosum ist zu erwähnen, dass Aug. Wilhelmy das Vorspiel für 4 Violinen, 2 Bratschen, 2 Celli und Kontrabass arrangiert und in dieser Form mehrfach aufgeführt hat. (Eine dieser Aufführung, 1868 in der Societa del quartetto in Florenz, registriert Kastner in seinem Wagner-Katalog 1878, S. 32, eine andere fand am 12. März 1868 in Moskau in Wilhelmys 2. Kammermusikmatinée statt.) — Die von Liszt geleitete erste Aufführung der Oper fand im Anschluss an das Herderfest (25. Aug. 1850) am Geburtstage Goethes statt. (S. Liszt, No. 7.) — Musikgeschichtlich bemerkenswert war die erste Konzert- aufführung des Vorspiels unter Rietz in Leipzig durch die in demselben Konzert stattfindende EA. 2 der Ouvertüre zu Julius Caesar von Schumann. Das Züricher Musikfest (EA. 4) ist in den Anmerkungen zur Holländer-Ouvertüre (No. 7) aus- führlicher behandelt. — Über das Karlsruher Musikfest wird auf die An- merkungen zur Manfred-Ouvertüre von Schumann, zur Tannhäuser-Ouvertüre und zu der Fantasie über Beethovens „Ruinen von Athen" von Liszt, sowie auf die Broschüre von Richard Pohl „Das Karlsruher Musikfest im Oktober 1853" verwiesen. — Gleichwie das Programm zur Holländer-Ouvertüre schrieb W. das zum Lohengrin-Vorspiel „Der heilige Gral" Anfang Mai 1853 für das Züricher Musikfest. Unter dem Titel „Die Instrumental-Einleitung zu Lohengrin" wurde dieses Programm in der Neuen Zeitschrift für Musik, Bd. 38, No. 26 vom 17. Juni 1853 veröffentlicht, in der oben genannten Pohlschen Broschüre trug der Ab- druck wieder die Überschrift „Der heilige Gral". In den Ges. Schriften und Dichtungen V, S. 232 heisst es dann schlicht „Vorspiel zu Lohengrin".

Liter. *Liszt, Franz*, Ges. Schriften III², S. 89 ff., Breitkopf & Härtel, Leipzig.

Vorspiel zu Lohengrin.
Von R i c h a r d W a g n e r.

Aus einer Welt des Hasses und des Haders schien die Liebe verschwunden zu sein: in keiner Gemeinschaft der Menschen zeigte sie sich deutlich mehr als Gesetz- geberin. Aus der öden Sorge für Gewinn und Besitz, der einzigen Anordnerin alles Weltverkehres, sehnte sich das unertötbare Liebesverlangen des menschlichen Herzens endlich wiederum nach Stillung eines Bedürfnisses, das, je glühender und überschweng- licher es unter dem Drucke der Wirklichkeit sich steigerte, um so weniger in eben dieser Wirklichkeit zu befriedigen war. Den Quell, wie die Ausmündung dieses unbe- greiflichen Liebesdranges setzte die verzückte Einbildungskraft daher ausserhalb der wirklichen Welt, und gab ihm, aus Verlangen nach einer tröstenden sinnlichen Vor- stellung dieses Übersinnlichen, eine wunderbare Gestalt, die bald als wirklich vorhanden, doch unnahbar fern, unter dem Namen des „heiligen Grales" geglaubt, ersehnt und aufgesucht ward. Dies war das kostbare Gefäss, aus dem einst der Heiland den Seinen den letzten Scheidegruss zutrank, und in welchem dann sein Blut, da er am Kreuze aus Liebe zu seinen Brüdern litt, aufgefangen und bis heute in lebensvoller Wärme als Quell unvergänglicher Liebe verwahrt wurde. Schon war dieser Heilskelch der unwürdigen Menschheit entrückt, als einst liebesbrünstige, einsamen Menschen eine Engelschar ihn aus Himmelshöhen wieder herabbrachte, den durch seine Nähe wunder- bar Gestärkten und Beseligten in die Hut gab, und so die Reinen zu irdischen Streitern für die ewige Liebe weihte. —

Diese wunderwirkende Darniederkunft des Grales im Geleite der Engelschar, seine Übergabe an hochbeglückte Menschen, wählte sich der Tondichter des „Lohengrin" — eines Gralsritters — als Einleitung für sein Drama zum Gegenstande einer Dar- stellung in Tönen, wie es hier zur Erläuterung ihm erlaubt sein möge, der Vor- stellungskraft sie als einen Gegenstand für das Auge vorzuführen. — Dem verzückten Blicke höchster, überirdischer Liebessehnsucht scheint im Beginne sich der klarste blaue Himmelsäther zu einer wundervollen, kaum wahrnehmbaren, und doch das Gesicht zauberhaft einnehmenden Erscheinung zu verdichten; in unendlich zarten Linien zeichnet sich mit allmählich wachsender Bestimmtheit die wunderspendende Engels- schar ab, die, in ihrer Mitte das heilige Gefäss geleitend, aus lichten Höhen unmerklich sich herabsenkt. Wie die Erscheinung immer deutlicher sich kundgibt und immer ersichtlicher dem Erdentale zuschwebt, ergiessen sich berauschend süsse Düfte aus ihrem Schosse: entzückende Dünste wallen aus ihr wie goldenes Gewölk hernieder, und nehmen die Sinne des Erstaunten bis in die innigste Tiefe des bebenden Herzens mit wunderbar heiliger Regung gefangen. Bald zuckt wonniger Schmerz, bald schauernd selige Lust in der Brust des Schauenden auf; in ihr schwellen alle erdrückten Keime der Liebe, durch den belebenden Zauber der Erscheinung zu wundervollem Wachstume erweckt, mit unwiderstehlicher Macht an: wie sehr sie sich erweitert, will sie doch noch zerspringen vor der gewaltigen Sehnsucht, vor einem Hingebungsdrange, einem Auflösungstriebe, wie noch nie menschliche Herzen sie empfanden. Und doch schwelgt diese Empfindung wieder in höchster, beglückendster Wonne, als in immer traulicherer Nähe die göttliche Erscheinung vor den verklärten Sinnen sich ausbreitet; und als endlich das heilige Gefäss selbst in wundernackter Wirklichkeit entblösst und deutlich dem Blicke des Gewürdigten hingereicht wird; als der „Gral" aus seinem göttlichen Inhalte weithin die Sonnenstrahlen erhabenster Liebe, gleich dem Leuchten eines himmlischen Feuers, aussendet, so dass alle Herzen rings im Flammenglanze der ewigen Glut erbeben: da schwinden dem Schauenden die Sinne; er sinkt nieder in anbetender Vernichtung. Doch über den in Liebeswonne Verlorenen giesst der Gral nun seinen Segen aus, mit dem er ihn zu seinem Ritter weiht: die leuchtenden Flammen dämpfen sich zu immer milderem Glanze ab, der jetzt wie ein Atemhauch unsäglichster Wonne und Rührung sich über das Erdental verbreitet, und des Anbetenden Brust mit nie geahnter Beseligung erfüllt. In keuscher Freude schwebt nun, lächelnd herabblickend, die Engelschar wieder zur Höhe: den Quell der Liebe, der auf Erden versiegt, führte sie von Neuem der Welt zu; den „Gral" liess sie zurück in der Hut reiner Menschen, in deren Herzen sein Inhalt selbst segnend sich ergossen: und im hellsten Lichte des blauen Himmelsäthers verschwindet die hehre Schaar, wie aus ihm sie zuvor sich genaht.

(11.) Vorspiel zu Tristan und Isolde.

G.D. *8 Min.*

Komp.: Oktober 1857 in Zürich. (S. Anm.)

EA.: A. **Mit dem Schlusse von Hans von Bülow.** 1. P r a g , Sonnabend, d. 12. März 1859 im Saale auf der Sofieninsel im 2. sogenannten Mediziner-Konzert nach dem Manuskript unter Leitung von *Hans von Bülow.* (S. Anm.) — 2. L e i p z i g , Mittwoch, d. 1. Juni 1859 im Stadttheater im 1. Konzert der ersten Tonkünstler-Versammlung nach Mspt. unter Leitung von *Franz Liszt.* (S. Anm.) — B. **Mit dem Schlusse von Richard Wagner.** 3. P a r i s , Mittwoch, d. 25. Januar 1860 im théâtre italien im ersten der drei von R. W. veranstalteten Konzerte nach Mspt. unter Leitung von *Richard Wagner.* (S. Anm.) — 4. W i e n , Sonntag, d. 25. März 1860 im k. k. Hofoperntheater in einer musikalisch-deklamatorischen Akademie zum Vorteile des Bürgerspital-Fonds nach Mspt. unter Leitung von *Heinrich Proch.* (S. Anm.)

Ersch.: Partitur Juni 1860, Orchesterstimmen November 1865 bei Breitkopf & Härtel, Leipzig.

Orch.Bes.: 3 Fl., 2 Ob., Engl. Hr., 2 Klar., Bassklar., 3 Fag., 4 Hr., 2 Tr., 3 Pos., Tuba, Pk. — Hfe. — Str.-Orch.

A n m e r k g . Aus den Briefen W a g n e r s an Mathilde Wesendonk weiss man, dass der Konzertschluss des Tristan-Vorspiels erst im Dezember 1859 von

W. in Paris geschrieben worden ist. (S. „Richard Wagner an Mathilde Wesendonck", S. 201/02 und das Faksimile am Schlusse dieses Buches.) Nach dem
Faksimile trägt dieser Wagnersche Schluss das Datum „Paris, 15. Dez. 59".
Für die EA. 1 und 2 diente ein von Hans von Bülow angefügter Schluss, über
den Richard Pohl in der Neuen Zeitschrift für Musik (Bd. 51, No. 6 vom
5. August 1859, S. 49) und in der Broschüre „Die Tonkünstlerversammlung zu
Leipzig am 1. bis 4. Juni 1859" (S. 52/53) schrieb: „Im Wagnerschen Drama
greift die Instrumental-Einleitung unmittelbar in die erste Szene des ersten Aufzugs
über . . . Für die Konzertaufführung war aber ein die Introduktion abrundender Schluss
erforderlich, und H. v. Bülow (dem auch die Bearbeitung des Klavierauszugs vom
Komponisten selbst anvertraut war) hatte diese Aufgabe mit feinstem Verständnis und
reinster Pietät so vortrefflich gelöst, dass sicher Keiner von Allen, welchen dieser
Umstand unbekannt war, das Walten einer fremden Künstlerhand in Abschluss dieses
wundervollen Seelengemäldes empfunden hat, und selbst für den Kenner der Punkt,
wo Bülows Arbeit an die seines Freundes und Meisters sich anreihte, ohne Einblick
in die Original-Partitur kaum zu bestimmen sein dürfte." (Dieses Urteil ist abge-
kürzt bereits veröffentlicht in den Bülow-Briefen III, S. 219.) Das Programm
der EA. 1 (Prag) ist musikgeschichtlich von so grosser Wichtigkeit, dass sein
wörtlicher Abdruck nach dem Original an dieser Stelle geboten scheint:

Mediciner-Concert

unter der

persönlichen Leitung und Mitwirkung

des königl. preuss. Hofpianisten

Herrn

Hans von Bülow.

12. März 1859.

Programm:

1. Abteilung:

Prolog von Walter-Lindau, gesprochen von Fräul. Rudloff, Mitglied des städt. Theaters.

1. Grosse Ouvertüre zur Oper Benvenuto Cellini von *Hector Berlioz*.
2. „Wanderer", Lied von *Fr. Schubert*, gesungen von Herrn Hartmuth, herzogl.
   braunschw. Hofopernsänger.
3. Grosse Fantasie von Franz Schubert, op. 15, für Piano und Orchester
   symphonisch bearbeitet von *Franz Liszt*, vorgetragen von Herrn *Hans von Bülow*.
4. Festklänge, symphonische Dichtung von *Franz Liszt*.

2. Abteilung:

5. Eine Faustouvertüre von *Richard Wagner*.
6. „Widmung" von *Robert Schumann*.
   „Er ist gekommen" von *Robert Franz*, Lieder vorgetragen von Frau Meller,
   Mitglied des st. Theaters.
7. Ungarische Rhapsodie von *Franz Liszt*, für Piano mit Begleitung des Orchesters,
   vorgetragen von Herrn *Hans von Bülow*.
8. Vorspiel zum ersten Akte aus der Oper Tristan und Isolde von *Richard
   Wagner* (durch die Güte des Komponisten zu allererst in Prag aufgeführt).
9. Mazeppa, symphonische Dichtung von *Franz Liszt*.

(Dieses Programm ist, nicht ganz wörtlich, bereits enthalten in den Bülowbriefen III, S. 218.
S. auch die Abteilung Liszt No. 8 und 9.)

Lautet der Titel bei dieser EA. 1 noch

„Vorspiel zum ersten Akte der **Oper** Tristan und Isolde",

so heisst es im Programm der EA. 2 (Leipzig)

„**Tristan und Isolde.**"

Instrumental-Einleitung (Manuskript) von *R. Wagner.*

In der bisher kaum bekannt gewordenen EA. 4 (Wien) — das Originalprogramm davon befindet sich in Clara Schumanns Programm-Sammlung III, No. 551 — heisst es dann wieder: Einleitung zur Oper „Tristan und Isolde". In diesem Konzert war das Schlussstück (No. 14 des Programms)

„**Neu.** Festmarsch, komponiert zu Schillers hundertjähriger Geburtstagsfeier in Paris von Giacomo Meyerbeer"

und eine Bemerkung am Ende des Programms besagt: „Die Herren Richard Wagner und Giacomo Meyerbeer haben, in Anbetracht des edlen Zweckes, die Aufführung ihrer oben angeführten, hier noch nicht gehörten Compositionen für diesen einen Abend freundlichst gestattet." Es ist wohl anzunehmen, dass das Tristan-Vorspiel hier mit dem Wagnerschen Schlusse gespielt wurde. — Für die Pariser Aufführungen verfasste W. eine Erläuterung des Vorspiels, die er zusammen mit dem Konzertschluss an Mathilde Wesendonk schickte (s. „Richard Wagner an Mathilde Wesendonck", S. 201/02, und das am Schlusse dieses Buches beigegebene Faksimile). Diese erste Inhaltsangabe des Vorspiels war bereits veröffentlicht in „Entwürfe. Gedanken. Fragmente". S. 101 ff.; der Abdruck in vorliegendem Werke schien nicht statthaft zu sein, ebensowenig wie der der am gleichen Orte, S. 106/07, der Öffentlichkeit übergebenen Inhaltsangabe des Parsifal-Vorspiels. — Als Weissheimer das Konzert in Leipzig vorbereitete, in dem das Meistersingervorspiel seine EA. erlebte (s. No. 12), empfahl Wagner die Aufführung noch eines 2. Orchesterstückes und schlug vor:

„Fragment aus ‚Tristan und Isolde':

a) Vorspiel

b) Schlusstempo der Oper (ohne Gesang)."

Nach der Anweisung über die Verbindung dieser beiden Bruchstücke schreibt Wagner:

„Das Ganze würde ich etwa betiteln:

a) „Liebestod". Vorspiel.

b) „Verklärung". Schluss der Oper."

(S. W. Weissheimer „Erlebnisse mit Richard Wagner" usw., S. 177/78.) Die Ausführung dieses Vorschlags unterblieb damals, doch fügte Wagner später beide Stücke selbst zusammen und gab ihnen eine Inhaltserklärung bei. In dem 6. Wagnerhefte der „Musik" (V, 19) veröffentlichte der Wagnerforscher Professor Golther einen Aufsatz „Entstehung von Wagners Tristan", der S. 7 den Satz: „Wagner hat den Grundgedanken seines Dramas in kurzen Worten zusammengefasst, als er Vorspiel und Schlusssatz am 27. Dezember 1863 zum erstenmal in Wien aufführte", enthält und im Anschluss hieran die erwähnte Inhaltserklärung (oder Programm-Erläuterung) bringt. Die Zusammenfassung dieses Grundgedankens, d. i. also die Abfassung der Programm-Erläuterung durch Wagner, ist aber bereits für frühere Aufführungen geschehen, denn die

Programme der Konzerte vom 14. November 1863 in Karlsruhe und 2. Dezember d. J. in Löwenberg enthalten bereits beide Stücke mit den Erläuterungen. — Es wird hier noch hingewiesen auf den Brief Bülows an H. v. Bronsart vom 26. 10. 60 (Bülow-Briefe III, S. 352/53), in dem es heisst „*A propos*: sehr grosse Freiheit im Tempo! Als ob Du Chopin spieltest. Im grossen Forte vor dem „Einschlag" wirst Du gut tun, die Trompeten à 2 unisono gehen zu lassen; eine kömmt nicht durch, wie ich in Paris erlebt und der Autor ditto." Gemeint ist der 81. und 82. Takt.

Programm-Erläuterung von Richard Wagner.

(Nach den Programmen der Konzerte, die unter Wagners Leitung am 14. (und 19.) November 1863 in Karlsruhe und 2. Dezember d. J. in Löwenberg stattfanden.)

Tristan und Isolde.

Vorspiel und Schlusssatz.

a) Vorspiel. (Liebestod.)

Tristan führt, als Brautwerber, Isolde seinem Könige und Oheim zu. Beide lieben sich. Von der schüchternsten Klage des unstillbaren Verlangens, vom zartesten Erbeben bis zum furchtbaren Ausbruch des Bekenntnisses hoffnungsloser Liebe, durchschreitet die Empfindung alle Phasen des sieglosen Kampfes gegen die innere Glut, bis sie ohnmächtig in sich zurücksinkend, wie im Tode zu verlöschen scheint.

b) Schlusssatz. (Verklärung.)

Doch, was das Schicksal für das Leben trennte, lebt nun verklärt im Tode auf: Die Pforte der Vereinigung ist geöffnet. Über Tristans Leiche gewahrt die sterbende Isolde die seligste Erfüllung des glühenden Sehnens: ewige Vereinigung in ungemessenen Räumen, ohne Schranken, ohne Banden, unzertrennbar.

(12.) Vorspiel zu der Oper „Die Meistersinger von Nürnberg".

GD. *10 Min.* (S. Anm.)

Komp.: Skizziert Februar 1862 in Biebrich a. Rh., Instrumentation vollendet daselbst gegen Anfang Juni d. J. (S. Anm.)

EA.: 1. Leipzig, Sonnabend, d. 1. November 1862 im Gewandhaussaale in einem von Wendelin Weissheimer gegebenen Konzert nach dem Manuskript unter Leitung von *Richard Wagner*. (S. Anm.) — 2. Ebendaselbst, Montag, d. 24. November 1862 im gleichen Saale im Konzert zum Besten des Orchester-Pensionsfonds nach Mspt. unter Leitung von *Karl Reinecke*. (S. Anm.) — 3a. Wien, Sonnabend, d. 26. Dezember 1862, 3b. Freitag, d. 1. Januar und 3c. Freitag, d. 8. Januar 1863 im Theater an der Wien in drei von Richard Wagner gegebenen Konzerten nach Mspt. unter Leitung von *R. W.* (S. Anm.) — 4. Weimar, Freitag, d. 1. Januar 1863 im Grossherzogl. Schlosse in einem Hofkonzert nach Mspt. unter Leitung von *Eduard Lassen*. —

Ersch.: Partitur und Orchesterstimmen Februar 1866 bei B. Schotts Söhne, Mainz.

Orch.Bes.: Kl. Fl., 2 Fl., 2 Ob., 2 Klar., 2 Fag., 4 Hr., 3 Tr. 3 Pos., Tuba, Pk., Trgl. Becken. — Hfe. — Str.-Orch.

Anmerkg. Über die Entstehung des Meistersingervorspiels berichtet ausführlich W. Weissheimer (s. Literatur), S. 93 ff.; die fertige Partitur desselben sah er Anfang Juni bei Wagner in Biebrich. Hans von Bülow schrieb darüber etwas später an R. Pohl (s. Bülow-Briefe III, S. 480). Das Weissheimersche Buch unterrichtet auch ausführlich über das Konzert der EA. 1, dessen vollständiges Programm nach dem Originale folgendermassen lautete:

Concert

im Saale des Gewandhauses zu Leipzig

Sonnabend, d. 1. November 1862

gegeben von

Wendelin Weissheimer

unter gütiger Mitwirkung des Herrn Hofkapellmeister Richard Wagner, Hofpianist Hans v. Bülow, Musikdirektor John, Opernsänger Rübsamen und Frl. Lessiak. Die Ausführung der Chöre haben Mitglieder mehrerer hiesiger Gesangvereine, sowie der akademische Gesangverein Arion gütigst übernommen.

Erster Theil.

Vorspiel zu „Die Meistersinger von Nürnberg" von *Richard Wagner*. (Neu.) Unter Leitung des Componisten.

Das Grab im Busento. Ballade für Basssolo, Männerchor und Orchester, componiert von *W. Weissheimer*. Das Solo gesungen von Herrn Rübsamen.

Concert für das Pianoforte, in A-dur (No. 2) von *Franz Liszt* vorgetragen von Herrn von Bülow.

„O lieb, so lang du lieben kannst." Cantate für gemischten Chor und Solo mit Orchester von *W. Weissheimer*.

Zweiter Theil.

Ritter Toggenburg. Symphonie in einem Satze (5 Theile) für grosses Orchester von *W. Weissheimer*.

Chöre. I. Trocknet nicht Thränen der ewigen Liebe ⎱ componirt von *W. Weiss-*
II. Frühlingslied ⎰ *heimer*.

Der Zwiegesang im Frühlingslied gesungen von Frl. Lessiak und Herrn John.

Ouvertüre zur Oper „Tannhäuser" von *Richard Wagner*. Unter Leitung des Componisten.

Die erste Probe des Vorspiels fand Freitag, den 31. Oktober statt; im Konzert musste es, obgleich der Saal halb leer war, wiederholt werden. Weissheimer hat in seinem Buche die Besprechungen über das Konzert abgedruckt, davon mögen die Sätze über das Vorspiel, wie sie in den Signalen (1862, No. 45 vom 6. November, S. 605/06) zu lesen waren, hier Platz finden: „Als Musikstück an sich nun dem Vorspiel nur den mindesten Geschmack abzugewinnen, sind wir nicht im Stande. Es ist reizlos, wüst, unübersichlich, weil ohne gehörige melodische und rhythmische Gliederung, die Erfindung ist eben so barock wie die Ausarbeitung unorganisch, verworren und unbeholfen. In dem ganzen Stücke ist Nichts, woran entweder der Laie oder der Musiker Freude haben könnte, eben aus den oben ausgesprochenen Gründen. Oder wird man, um nur vom Musiker zu reden, die vorkommende Verarbeitung mehrerer Themen zu gleicher Zeit uns als Muster musikalischer Combination entgegenhalten wollen? Dann erklären wir, dass es an sich gar keine so stupende Kunst ist, verschiedene Thema's mit einander zu bringen, und dass es bei derlei Verknüpfungen als Hauptsache darauf ankommt, immer durchsichtig, klar und fasslich zu erscheinen. Und ist dies der Fall bei den beregten Stellen im Vorspiel? Nein, und abermals nein! Ein Chaos, ein Tohu-Wabohu ist vorhanden, weiter Nichts! Nun noch Eins. Die „Meistersinger" sollen, wie wir vernehmen, eine komische Oper sein; dieses Vorspiel aber mit seinem aller Heiterkeit absolut baren, rohen und lärmenden Wesen, mit seiner ungesunden Aufgedunsenheit, lässt in der That keinen günstigen Schluss auf die Fähigkeit Wagners zur komischen Oper ziehen." — Die Kritik nach der von Reinecke geleiteten EA. 2 war nicht besser (Signale 1862, No. 49). Es verdient bemerkt zu werden, dass W. bei dem Konzert der EA. 1 zum ersten Male nach seiner 10jährigen Verbannung wieder in sein Heimatland Sachsen und seine Vaterstadt Leipzig kam. — Von Leipzig begab sich W. nach Wien und veranstaltete dort die oben unter EA. 3 genannten Konzerte, in denen er ausser dem Vorspiele zum ersten Male Bruchstücke aus der Oper, sowie solche aus der Walküre und aus Rheingold zur Aufführung brachte. Mit Hinweglassung der dem Programm beigegebenen Erläuterungen und Texte wird das des ersten Konzerts hier nach dem Originale mitgeteilt. [NB. Die Erläuterung zum Vorspiel war damals noch nicht abgefasst.]

I.

Die Meistersinger von Nürnberg.

1. Vorspiel.
2. a) Versammlung der Meistersingerzunft (für Orchester allein).
   b) Pogner's Anrede an die Versammlung.

II.

Die Walküre.

(Erstes Hauptstück des grossen Bühnen-Festspieles: „Der Ring des Nibelungen".)

1. Der Ritt der Walküren (für Orchester allein).
2. Siegmunds Liebesgesang.
3. Wotans Abschied und Feuerzauber.

III.

Das Rheingold.

(Vorspiel des „Ringes der Nibelungen".)

1. Der Raub des Rheingoldes.
2. Einzug der Götter in Walhall.

Im 2. Konzerte wurden noch die „Schmiedelieder", im 3. die Faust- und Tannhäuser-Ouvertüren aufgeführt, die Rheingoldfragmente in letzterem aber weggelassen. — Nach den Wiener Konzerten führte W. das Vorspiel am 8. Februar in Prag auf. — Die EA. 4 in Weimar, gleichzeitig mit dem 2. Wiener Konzert stattfindend und bisher unbekannt geblieben, ist verbürgt durch die vom Verfasser eingesehenen Hofkonzertprogramme. — Für die späteren Aufführungen verfasste W. dann ein Programm des Vorspiels, das von R. Pohl etwas vergrössert worden ist. — Die Mitteilungen W.s über den Vortrag und die Tempomodifikationen des Meistersingervorspiels sind nachzulesen in seiner

Abhandlung „Über das Dirigieren" (Gesammelte Schriften und Dichtungen VIII, S. 325 ff.), er gedenkt dabei auch der EA. 1 u. 2. Die Abhandlung erschien zuerst in der Neuen Zeitschrift für Musik (1869, Bd. 65, No. 405, 417, 425, 437 und 445). Nach vielen Jahren äusserte sich K. Reinecke über die von ihm geleitete EA. 2, den angeblichen Misserfolg und das „Auszischen", von dem R. Wagner in eben erwähntem Aufsatze spricht. Hierüber ist nachzulesen das Musikalische Wochenblatt 1905, S. 394 ff. — Über die Zeitdauer verdient bemerkt zu werden, dass Wagner in Mannheim (Dezember 1871) nach dem Zeugnisse Richard Pohls wenige Sekunden über 8 Minuten, Levi in Karlsruhe die oben angegebene Zeit brauchte (s. Richard Pohl „Richard Wagner" S. 198/99, auch „Musikalisches Wochenblatt" 1872, No. 4).

Liter. *Merian, Hans*, Musikführer No. 353, Schlesinger, Berlin.

Programm-Erläuterung von Richard Wagner.
(Nach den Programmbüchern der Aufführungen 14. und 19. November 1863 in Karlsruhe und 2. Dezember 1863 in Löwenberg.)

Vorspiel.

Die Meistersinger ziehen in festlichem Gepränge vor dem Volke von Nürnberg auf; sie tragen in Prozession die „leges tabulaturae", diese einzig bewahrten altertümlichen Gesetze einer poetischen Form, deren Inhalt längst verschwunden war. — Dem hochgetragenen Banner, mit dem Bildniss des harfespielenden Königs David, folgt die einzig wahrhaft volkstümliche Gestalt des Hans Sachs: seine eigenen Lieder schallen ihm aus dem Munde des Volkes als Begrüssung entgegen.

Mitten aus dem Volke vernehmen wir aber den Seufzer der Liebe: er gilt dem schönen Töchterlein eines der Meister, das, zum Preisgewinn eines Wettsingens bestimmt, festlich geschmückt, aber bang und sehnsüchtig seine Blicke nach dem Geliebten aussendet, der wohl Dichter, nicht aber Meistersinger ist. Dieser bricht sich durch das Volk Bahn; seine Blicke, seine Stimme, raunen der Ersehnten das alte Liebeslied der ewig neuen Jugend zu. — Eifrige Lehrbuben der Meister fahren mit kindischer Gelehrtthuerei dazwischen und stören die Herzensergiessung; es entsteht Gedränge und Gewirr. Da springt Hans Sachs, der den Liebesgesang sinnig vernommen hat, dazwischen, erfasst hilfreich den Sänger, und zwischen sich und der Geliebten, gibt er ihm seinen Platz an der Spitze des Festzuges der Meister. Laut begrüsst sie das Volk; — das Liebeslied tönt zu den Meisterweisen: Pedanterie und Poesie sind versöhnt: „Heil Hans Sachs!" erschallt es mächtig.

Richard Pohl fährt hier fort:

Und Hans Sachs ruft seinem Volke zu:

„Ehrt eure deutschen Meister,
Dann bannt ihr gute Geister!
Und gebt ihr ihrem Wirken Gunst:
Zerging in Dunst
Das heilge röm'sche Reich,
Uns bliebe gleich
Die heilge deutsche Kunst!"

Und

„Heil, Heil, Hans Sachs!
Heil Nürnbergs teuren Sachs!"

erschallt es jubelnd von den Meistersingern, wie von dem Volk.

(13.) Vorspiel zu dem Bühnenweihfestspiel „Parsifal".

G.D. *12—13 Min.*

Komp.: September 1877 in Bayreuth; Orchesterskizze daselbst beendet 26. September d. J.

EA.: A. **Privataufführungen:** 1. **Bayreuth**, Mittwoch, d. 25. Dezember 1878 in der Halle der Villa Wahnfried zur Feier des Geburtstages von Frau Cosima als Morgenständchen mit der Meininger Hofkapelle nach dem Manuskript unter Leitung von *Richard Wagner.* Wiederholung am Abend desselben Tages im Saale von Wahnfried vor geladenen Gästen usw. wie oben unter Leitung von *R. W.* (S. Anm.) — 2. **München**, November 1880 im Kgl. Hoftheater auf Wunsch des Königs Ludwig II. und für diesen nach Mspt. unter Leitung von *R. W.* (S. Anm.) — B. **Offentliche Aufführungen:** 3. **Bayreuth**, Mittwoch, d. 26. Juli 1882 im Festspielhause gelegentlich der ersten Aufführung des Bühnenweihfestspieles nach Mspt. unter Leitung von *Hermann Levi.* (S. Anm.) — **Erste öffentliche Konzertaufführung:** 4. **Breslau**, Freitag, d. 1. September 1882 in Liebigs Sälen in einem von Angelo Neumann veranstaltetem Richard Wagner-Konzert unter Leitung von *Anton Seidl.* (S. Anm.)

Ersch.: Partitur und Orchesterstimmen Oktober 1882 bei B. Schotts Söhne, Mainz.

Orch.Bes.: 3 Fl., 3 Ob., Engl. Hr., 3 Klar., Bassklar., 3 Fag., Kontrafag., 4 Hr., 3 Tr., 3 Pos., Tuba, Pk. — Str.-Orch.

Anmerkg. Die Vorspiele zu Tristan, Meistersinger und Parsifal sind entstanden, bevor die Hauptarbeit der schriftlichen Fixierung der Musik zu den drei Werken in Angriff genommen war. Zu dem Parsifal-Vorspiel schrieb R. W. ein Programm, das in „Entwürfe. Gedanken. Fragmente". (S. 106/7) veröffentlicht worden ist. Wie bei dem Tristan-Vorspiel (s. No. 11) ist dieser Wagnersche Entwurf hier nicht zum Abdruck gelangt; das (s. u.) mitgeteilte Programm von Richard Pohl stützt sich ohnehin auf Erläuterungen, die direkt von W. selbst herstammen (s. Musikalisches Wochenblatt, 1882, No. 51). — Über die Vorbereitungen zur EA. 1 unterrichten die Briefe des Meisters an den Meininger Konzertmeister Fleischhauer (s. „R. W. an seine Künstler", S. 295/96 u. 298/99). Bei der Wiederholung des Vorspiels in Wahnfried am Abend gelangten noch das „Siegfried-Idyll", „Lohengrin-Vorspiel" und Beethovensche Werke unter Wagners Leitung zur Aufführung (s. „Die erste Aufführung des Parsifal-Vorspiels zu Frau Cosima Wagners Geburtstag usw." in „Richard Wagner in Bayreuth", S. 99 ff.) — EA. 2, deren genaues, zwischen dem 4. bis 16. November liegendes Datum noch nicht ermittelt wurde, steht in Zusammenhang mit den Aufführungen Wagnerscher Werke (Holländer 4. 11., Tristan 7. 11. und Lohengrin 16. 11. 1882) in München, denen W. als Zuhörer beiwohnte. — Mit EA. 4, der ersten öffentlichen Konzertaufführung des Vorspiels, begann Angelo Neumann seine Richard Wagner-Tournée mit dem „Ring des Nibelungen" in Breslau (s. „Erinnerungen an Richard Wagner" von Angelo Neumann, S. 250).

Liter. *Pfohl, Ferdinand*, Musikführer No. 354, Schlesinger, Berlin.

Vorspiel zu „Parsifal".

(Nach dem Programm der ersten Veröffentlichung im Konzert am 2. Dezember 1882 in Baden-Baden. Musikalisches Wochenblatt 1882, No. 51.)

Der leitende Grundgedanke des Instrumental-Vorspiels ist:

Liebe — Glaube — Hoffen.

Das erste Thema bringt uns unmittelbar die Botschaft von der göttlichen Liebe des Heilandes, der für uns in den Tod gegangen ist. Wir vernehmen die feierlich ernste Melodie der Einsetzungsworte des heiligen Liebesmahles der Gralsritter, dessen Zeugen wir am Schlusse des ersten Aktes von „Parsifal" sind:

> „Nehmet hin mein Blut
> „Um unserer Liebe willen!
> „Nehmet hin meinen Leib,
> „Auf dass ihr mein gedenket!"

Zweimal wird diese Melodie in einfacher Grösse intoniert; zweimal wird sie nach oben verschwebend gleichsam im Gebet der Gemeinde wiederholt, während die Saiteninstrumente wie Weihrauchwolken auf und nieder wogen.

Jetzt wird der heilige Gral — das Weihgefäss mit dem Blute des Heilands, von ihm am Kreuze vergossen — vom königlichen Priester (Amfortas) enthüllt. Ein blendender Lichtstrahl fällt von oben auf die heilige Schale herab, diese erglüht in leuchtender Purpurpracht: die aufsteigende Figur des Gralsmotivs ertönt zwei Mal, erst kräftig, dann leise.

Der Anblick des heiligen Grales befestigt den Glauben an das hehre Wunder der göttlichen Erlösung. Mit voller Macht tritt auch sofort (in den Blechinstrumenten) das gewaltige Glaubensthema ein:

> „Der Glaube lebt;
> „Die Taube schwebt,
> „Des Heilandes holder Bote."

Fest und mächtig erklärt sich der Glaube; gesteigert, unerschütterlich bewährt er sich auch in Kämpfen und Leiden. Aus himmlischer Höhe senkt die göttliche Verheissung, wie auf dem zarten Gefieder der weissen Taube, zu den Gläubigen sich herab; immer breiter und voller nimmt der Glaube die Herzen der Menschen ein, erfüllt die Welt mit seiner mächtigen Kraft. — Sanft beruhigt blickt er dann wieder zum Himmelsäther auf.

Ein dunkler Wolkenvorhang schliesst sich jetzt über dem hehren Bilde frommer Entzückung. (Dumpfer Paukenwirbel, tiefes Tremolo der Bässe). Aus Schauern der Einsamkeit, im Gefühle der Verlassenheit, wenn die göttliche Gnade uns nicht nahe ist, erbebt die Klage und Bitte des bangen Herzens: das ist der bittere Schmerzenskelch des Ölberges, das göttliche Leiden auf Golgatha. Der Leib muss sterben, das Blut muss fliessen, ehe es mit himmlischer Glut im Kelche erglühen kann, um über die Menschheit die Gnadenwonne der Erlösung durch die Liebe auszugiessen.

Dies bestätigt uns die Heilandsklage, deren Klänge wir wieder finden im Gesange der Jünglinge bei der Feier des Liebesmahles:

„Den sündigen Welten,
„Mit tausend Schmerzen,
„Wie einst sein Blut geflossen:

„Dem Erlösungs-Helden,
„Mit freudigem Herzen,
„Sei nun mein Blut vergossen.

„Der Leib, den er zur Sühn uns bot
„Er leb in uns durch seinen Tod!"

Das heisse Ringen ist zu Ende. Noch einmal vernehmen wir die göttliche Verheissung. Jetzt aber kehrt mit ihr die beseligende Hoffnung bei uns ein:

„Höchsten Heiles Wunder:
„Erlösung dem Erlöser!"

verkünden die Stimmen der Unsichtbaren aus der Höhe.

(14.) Huldigungs-Marsch für grosses Orchester.

Seiner Majestät Ludwig II. König von Bayern.

GD. 9 Min.

Komp.: Juli 1864 in Starnberg für Militär-Orchester. [Für grosses Orchester instrumentiert von Joachim Raff Frühjahr 1871 in Wiesbaden.] (S. Anm.)

EA.: München, Mittwoch, d. 5. Oktober 1864 bei einer Serenade zur Begrüssung des von Hohenschwangau nach der Residenzstadt kommenden Königs Ludwig II. im Kgl. Schlosse nach dem Manuskript durch die Musikkorps der drei in München garnisonierenden Infanterieregimenter unter Leitung des Militär-Musikmeisters (vom Leibregiment) *Siebenkäs*. (S. Anm.)

Ersch.: Partitur und Orchesterstimmen Juli 1871, vierhändige Bearbeitung von Hans von Bülow bereits Juni 1865 bei B. Schotts Söhne, Mainz.

Orch.Bes.: Kl. Fl., 2 Fl., 2 Ob., 2 Klar., Bassklar., 2 Fag., 4 Hr., 3 Tr., 3 Pos., Tuba, Pk., Trgl., kl. Tr., gr. Tr., Becken. — Str.-Orch.

Anmerkg. Die Originalform des Marsches ist unveröffentlicht geblieben. Mit der Instrumentation für grosses Orchester hatte Wagner im März oder Anfang April 1866 selbst begonnen, wie Bülow an Raff berichtet: „Lass den Huldigungsmarsch von W. Er hat schon angefangen zu instrumentieren — etwa acht Partiturseiten" usw. (Bülow-Briefe IV, S. 104). Bülows Briefe (IV, S. 171, 183, 186) lassen erkennen, dass der Auftrag zur Instrumentation an Raff durch B.s Vermittlung im Mai 1867 geschehen ist. Raff hat aber wohl erst ernstlich Hand angelegt, als der Verleger am 16. Dezember 1870 schrieb: „Wir erlauben uns, Sie an Ihr freundliches Versprechen zu erinnern, den Huldigungsmarsch von R. Wagner für gewöhnliches Orchester einrichten zu wollen, und wovon Sie s. z. die Partitur für

Militär-Musik von uns empfingen." Nach Mitteilungen der Witwe Raffs beginnt dessen Arbeit mit dem 20. Takte nach dem Buchstaben B. Bei Übersendung des Probedrucks an Raff schreibt der Verleger: „Indem ich Ihnen anbei den Probedruck des Ludwig-Marsches vom Meister Wagner zur gefl. Durchsicht überreiche, bemerke ich Ihnen, im Falle der Meister es Ihnen noch nicht ausgesprochen haben sollte, dass derselbe mit Ihrer Bearbeitung zufrieden ist, sogar sehr zufrieden und als sehr gelungen bezeichnet hat." — Die EA. der Bearbeitung scheint stattgefunden zu haben im November 1871 in Wien, im 1. Philharmonischen Konzert, unter Leitung von Otto Desoff. Ihr folgte am 28. 11. d. J. die Aufführung im 3. Konzert der Euterpe in Leipzig unter Alfred Volkland.

Liter. *Riemann, Hugo,* Musikführer No. 123, Schlesinger, Berlin.

(15.) Kaiser-Marsch für grosses Orchester
(mit Chor ad libitum).

GD. 9 Min.

Komp.: Zweite Hälfte Februar bis Anfang März 1871 in Triebschen bei Luzern. (S. Anm.)

EA.: 1. Berlin, Freitag, d. 14. April 1871 im Konzerthause (Leipziger Strasse) in einem Konzert zum Besten des Augusta-Hospitals unter Leitung von *Bernhard Bilse.* — 2. München, Montag, d. 17. April 1871 im Café National durch die Koch'sche Kapelle unter Leitung des Kapellmeisters *Koch.* — 3. Ebendaselbst, Dienstag, d. 18. April 1871 im Kgl. Odeon im V. Abonnementskonzert der Musikalischen Akademie unter Leitung von *Franz Wüllner.* — 4. Meiningen, Freitag, d. 21. April 1871 im Herzogl. Hoftheater im 9. Abonnementskonzert der Herzogl. Hofkapelle unter Leitung von *E. Büchner.* 5. Leipzig, Freitag, d. 21. April 1871 Privataufführung im Neuen Stadttheater Vormittags zur Begrüssung Richard Wagners unter Leitung des Theaterkapellmeisters *G. Schmidt,* darauf sogleich Wiederholung unter Leitung von *Richard Wagner.* — 6. Leipzig, Sonntag, d. 23. April 1871 a) in einem Konzert von *Gungl,* b) Abends im Stadttheater vor der Vorstellung und desgl. am 24. April; Weimar, 24. April, Pensionskonzert, Ltg. *Ed. Lassen;* Dresden, 26. April, Gewerbehauskonzert, Ltg. *B. Mansfeldt;* Cassel, 28. April, 7. Abonnementskonzert der Hofkapelle, Ltg. *Reiss.* — [Berlin, Freitag, d. 5. Mai 1871 im Kgl. Opernhause in einem Konzert zum Besten des „König Wilhelm Vereins" unter Leitung von *R. W.,* am Anfang und Ende des Konzerts. (S. Anm.)]

Ersch.: Partitur und Orchesterstimmen 14. April 1871 bei C. F. Peters, Leipzig.

Bes.: a) Chor, Einstimmiger Volksgesang.

b) Orchester: Kl. Fl., 2 Fl., 3 Ob., 3 Klar., 3 Fag., 4 Hr., 3 Tr., 3 Pos., Tuba, 3 Pk., Trgl., gr. Tr., kl. Tr., Becken. — Str.-Orch.

Anmerkg. Die Bestimmung der Kompositionszeit konnte nach den nachfolgenden Mitteilungen Hans Richters geschehen: „Ich war mit der Kopiatur des Kaisermarsches am 13. März fertig, brauchte zum Abschreiben 3 ganze Tage, der Meister dürfte mit dem Niederschreiben 5—6 Tage gebraucht haben, höchstens eine Woche; die Komposition des Marsches dürfte h ö c h s t e n s 3 Wochen vorher begonnen haben. Der Meister war auf den gemeinsamen Spaziergängen sehr mit sich beschäftigt und sprach wenig. Ich bin ziemlich sicher, wenn ich behaupte, dass er den Kaisermarsch auf diesen Spaziergängen entwarf. Die Niederschrift ging flott von statten, der Verleger drängte, auch ist die Partitur nicht so tadellos sauber geschrieben wie die anderen handschriftlichen Partituren." (Wörtlich nach Hans Richter.) — Im 10. Bande der Ges. Schriften und Dichtungen R. Wagners befindet sich ein Aufsatz „Was ist deutsch", dem die ersten Sätze von R. Pohls später verfassten Programm zum Kaisermarsch (s. u.) entnommen sind. Ein an den Generalmusikdirektor Wieprecht in Berlin unterm 15. März 1871 gerichteter Brief Wagners, der von der Übersendung der Partitur begleitet war, spricht von der Ausführung des Schlusses durch einen grossen Männerchor, der Einrichtung des Marsches für Militärmusik und dessen Aufführung beim Einzuge der Truppen in Berlin. Das fügte sich aber nicht in die „längst voraus getroffenen Dispositionen", wie W. selbst in oben zitierten Aufsatze schreibt. — Den Schluss hat W. vierstimmig später wohl selbst gesetzt, denn in dieser Form wurde er am 22. Mai 1872 in dem Konzert zur Feier der Grundsteinlegung des Festspielhauses in Bayreuth gesungen. (So berichtet Richard Pohl viel später in der Neuen Zeitschrift für Musik [1880, No. 25].) — Unter den EA. sind bemerkenswert die in Leipzig und Berlin. W. wünschte in L. eine „Anhörung, keine Festaufführung" seines Kaisermarsches (Brief an Kapellmeister G. Schmidt vom 11. 4. 71). Über den Empfang Wagners am Vormittag des 21. April im Stadttheater, die Aufführung des Marsches unter Schmidts und die Wiederholung unter des Komponisten eigener Leitung brachte die Neue Zeitschrift für Musik (Bd. 67, No. 18) ausführlichen Bericht. — In Berlin ehrte man den Meister durch ein Festmahl am 29. und eine grössere Feierlichkeit in der Singakademie am 30. April. Die Nichte des Meisters, Johanna Jachmann-Wagner, begrüsste ihn mit einem Festgedicht, Prof. Stern dirigierte die Faustouvertüre, Musikdirektor Thadewald den Tannhäusermarsch. In einigen Worten sprach Wagner den Dank an das Orchester und die Bitte aus, unter seiner Leitung nochmals die Faustouvertüre zu spielen. (Wortlaut der Ansprachen in der Neuen Zeitschrift für Musik, Bd. 67, No. 20.) Das von W. veranstaltete und geleitete Konzert im Opernhause (5. 5. 71) begann mit dem Kaisermarsch, brachte dann Beethovens C-moll-Symphonie, Lohengrin-Vorspiel, Wotans Abschied (ges. von Betz) mit dem Feuerzauber und das Lohengrin-Finale. Stürmischer Jubel veranlasste W., am Schlusse den Kaisermarsch zu wiederholen.

Liter. *Riemann, Hugo*, Musikführer No. 133, Schlesinger, Berlin.

Programm zu Wagners Kaiser-Marsch von Richard Pohl. (Zum erstenmal veröffentlicht in dem Programmbuch der 17. Tonkünstlerversammlung des Allgemeinen Deutschen Musikvereins 1880 in Baden-Baden.)

„Bei der Rückkehr unseres siegreichen Heeres schlug ich in Berlin unter der „Hand ein Musikstück vor, welches den E i n z u g d e r T r u p p e n begleiten, und in „welches schliesslich, etwa beim D e f i l i e r e n v o r d e m s i e g r e i c h e n M o n a r c h e n,

„die im preussischen Heer so gut gepflegten Sängercorps mit einem volkstümlichen „Gesange einfallen sollten. Allein dies hätte bedenkliche Änderungen in den längst „vorausgetroffenen Dispositionen veranlasst, und mein Vorschlag ward mir abgeraten. — „Meinen Kaisermarsch richtete ich für den Konzertsaal ein: dorthin „möge er nun passen so gut er kann." —

Durch diese Andeutungen Richard Wagners über die Entstehung seines Kaisermarsches haben wir dankenswerte Fingerzeige erhalten, die uns auf das Bestimmteste angeben, welcher Gedankengang den Dichter-Componisten hierbei leitete. Es ist ein grosses Volksbild im Rahmen einer freien Marschform.

Der Kaisermarsch giebt uns die musikalische Schilderung der Siegesfeier in Berlin, des imposanten Heereszuges durch die via triumphalis. Die volkstümliche, wie die kriegerische Seite dieses einzigen Festes gelangen hier zum künstlerischen Ausdruck. Wir gewahren zunächst das Drängen und Wogen der freudig erregten Massen. Fernes Glockengeläute begrüsst den herannahenden Heereszug. Die Empfindungen des Stolzes auf die tapferen Söhne des Vaterlandes mischen sich mit den Erinnerungen an die blutigen Kämpfe und an überstandene bange Tage der Besorgnis. Der Dank gegen den Höchsten, der Preis Gottes, der „Ein feste Burg" allein den Sieg verliehen, erfüllet Aller Herzen. Beim Anmarsch des mit Siegeskränzen geschmückten Heeres bricht das Volk in lautem Jubel aus. Der aus der Ferne herübertönende Ruf: „Heil Kaiser Wilhelm!" verkündet uns das Herannahen des höchsten Kriegsherrn. Immer lauter und stürmischer werden die Rufe, von Luthers Choral noch übertönt.

Da erscheint endlich der lorbeerbekränzte Heldenkaiser selbst, und das ganze deutsche Volk giebt seinen Empfindungen einmütigen Ausdruck, indem es Ihn mit dem Jubelgesange begrüsst:

Heil, Heil dem Kaiser!
König Wilhelm!
Aller Deutschen
Hort und Freiheitswehr!
Höchste der Kronen
Wie ziert Dein Haupt sie hehr!
Ruhmreich gewonnen
Soll Frieden Dir lohnen!
Der neu ergrünten Eiche gleich
Erstand durch Dich das deutsche Reich
Heil seinen Ahnen,
Seinen Fahnen,
Die Dich führten, die wir trugen,
Als mit Dir den Feind wir schlugen!
Feind zum Trutz,
Freund zum Schutz,
Allem Volk
Das deutsche Reich
Zu Heil und Nutz.

(16.) Grosser Festmarsch

zur Eröffnung der hundertjährigen Gedenkfeier der Unabhängigkeits-Erklärung der Vereinigten Staaten von Nordamerika.

Dem Festfeier-Frauenverein gewidmet.

G.D. 12 Min.

Komp.: Skizziert vom 9. bis 20. Februar 1876 in Bayreuth, mit der Instrumentation beendet 17. März d. J. in Berlin.

EA.: 1. **P h i l a d e l p h i a**, Mittwoch, d. 10. Mai 1876 bei der Eröffnungs-
feier zur Weltausstellung nach dem Manuskript unter Leitung von
Theodor Thomas. (S. Anm.) — 2. **P r i v a t a u f f ü h r u n g** (Probe):
B a y r e u t h, Sonntag, d. 2. Juli 1876 vormittags im Festspielhause
zweimal nacheinander, das erstemal unter Leitung von *Richard
Wagner*, das zweitemal unter *Hans Richter*. (S. Anm.) —
3. **M ü n c h e n**, 30. Juni, **K ö l n** (Musikalische Gesellschaft), 1. Juli,
S o n d e r s h a u s e n (Lohkonzert), 2. Juli, **W i e s b a d e n**, (Kurhaus).
5. Juli 1876.

Ersch.: Partitur und Orchesterstimmen Juni 1876 bei B. Schotts Söhne,
Mainz.

Orch.Bes.: Kl Fl., 3 Fl., 3 Ob., 3 Klar., 3 Fag., Kontrafag., 4 Hr., 3 Tr.,
Basstr., 3 Pos., Kontrabasstuba, 3 Pk., Trgl., kl. Tr., gr. Tr., Becken,
Tamtam. — Str.-Orch.

A n m e r k g. An die Spitze der Partitur setzte Richard Wagner das Motto:

„Nur der verdient sich Freiheit wie das Leben,
Der täglich sie erobern muss."

Dazu bemerkte er in einem Briefe vom 25. März an Theodor Thomas: „Aus
dem Motto, welches ich über den Titel setzte, werden Sie ersehen, dass ich es mit
der Sache ernst nahm. Einige zarte Stellen meiner Composition deutete ich meinen
Freunden so, dass hier die schönen und tüchtigen Frauen Nordamerikas im Festzuge
mit dahinschreitend zu denken wären." Eine Bemerkung in einem Briefe aus Berlin
vom 18. März an Herrn Federlein erinnert etwas an Berlioz: „Auf Seite 23 und
24 der Partitur habe ich die beiden grossen Generalpausen bezeichnet, deren Feierlichkeit bei der ersten Festaufführung dadurch gesteigert werden könnte, dass in der Umgebung — wohl in einiger Entfernung — Geschütz- und Gewehrsalven abgefeuert
würden. Vielleicht könnte die Erinnerung an diese feierliche Wirkung bei späteren
Wiederholungen durch die Nachahmung durch grosse Trommelschläge und sogenannte
„Ratschen", wie sie Beethoven in der Schlacht bei Vittoria anwendete (in einem
Nebenraume — um wie aus der Entfernung zu klingen), festgehalten werden." —
Über die private EA. 2 (Bayreuth) berichtete zuerst Lesimple in Kürschners
Wagner-Jahrbuch (S. 87), ausführlicher Fricke in „Bayreuth vor 30 Jahren",
S. 114/115. Mitteilungen Hans Richters an den Verfasser, die mit Genehmigung
des Urhebers hier veröffentlicht werden, ergänzen Frickes Darstellung: „Die
Aufführung des Marsches hat auch eine Vorgeschichte. Samstag, d. 24. Juni bemerkte
der Meister nach der Orchesterprobe, Abends um 9 Uhr, dass er nächsten Morgen
den Marsch, den er noch nicht gehört hatte, gerne mit dem Orchester durchspielen
würde; Viele waren schon fortgegangen, Andere machten die Bemerkung, dass die
meisten schon über den f r e i e n Sonntag verfügten und sich Wagen zu Ausflügen be-
stellten u. s. w. Das Durchspielen des Marsches wurde dann für nächsten Sonntag
bestimmt. An diesem Sonntage (2. Juli) nahm ich vom 8 Uhr morgens bis 11.45 Probe
mit den Bläsern. In Folge der sehr fehlerhaft und lüderlich geschriebenen Stimmen
(siehe „An Franz Fischer" Gedichte, S. 120) konnte ich die Probe nicht um 11 Uhr
— wie ausgemacht — schliessen; so lange aber die um das Festspielhaus promenierenden
Streicher die Bläser spielen hörten, dachten die Ersteren, dass die Probe des Marsches
noch nicht stattfände und blieben draussen. Der Meister kam um 11 Uhr zu die leere
Orchester, war wütend und rief laut zu den auf der Bühne Versammelten: „Man in-
triguirt gegen die Aufführung dieses Marsches; mir liegt gar nichts dran an dieser . . .
Komposition. (So erzählten übereinstimmend S., M. u. F., die auf der Bühne standen.)
Das Orchester eilte nun auf seinen Platz; als der Meister zum Anfangen aufklopfte

jubelten ihm die Musiker zu und Alles war wieder gut.“ — Der englische Titel des Marsches hat diesen Wortlaut: „*Grand Festival March, for the Opening of the Centennial Commemorative of the Declaration of the Independence of the United States of America. Composed and Dedicated to the Women's Centenial Committees by Richard Wagner.*“

(17.) Siegfried-Idyll.

Es war Dein opfermuthig hehrer Wille,
der meinem Werk die Werdestätte fand,
von Dir geweiht zu weltentrückter Stille,
wo nun es wuchs, und kräftig uns erstand,
die Heldenwelt uns zaubernd zum Idylle,
uraltes Fern zu trautem Heimatland.
Erscholl ein Ruf da froh in meine Weisen:
„ein Sohn ist da!“ — der musste Siegfried heissen.

Für ihn und Dich durft ich in Tönen danken, —
wie gäb' es Liebesthaten hold'ren Lohn?
Sie hegten wir in uns'res Heimes Schranken,
die stille Freude, die hier ward zum Ton,
die sich uns treu erwiesen ohne Wanken,
so Siegfried hold, wie freundlich uns'rem Sohn
mit Deiner Huld sei ihnen jetzt erschlossen,
was sonst als tönend Glück wir still genossen.

GD. *20 Min.*

Komp.: November 1870 in Triebschen bei Luzern. (S. Anm.)

EA.: 1. Triebschen bei Luzern, Sonntag, d. 25. Dezember 1870 im Hause Richard Wagners als Geburtstagsüberraschung für Frau Cosima nach dem Manuskript unter Leitung von *Richard Wagner.* (S. Anm.) — 2. Mannheim, Mittwoch, d. 20. Dezember 1871 im Privatkreise (S. Anm.) nach Mspt. unter Leitung von *R. W.* — 3. Meiningen, Sonnabend, d. 10. März 1877 im Herzogl. Schlosse durch die Herzogl. Hofkapelle nach Mspt. unter Leitung von *R. W.* (S. Anm.)

Ersch.: Partitur und Orchesterstimmen Februar 1878 bei B. Schotts Söhne, Mainz.

Orch.Bes.: Fl., Ob., 2 Klar., Fag., 2 Hr., Tr. — Str.-Orch.

Anmerkg. Über Entstehung und EA. 1 des Siegfried-Idylls veröffentlichte Richard Pohl im Musikalischen Wochenblatt, 1877, No. 17 vom 20. April, S. 245 einige Mitteilungen, die in der Neuen Zeitschrift in No. 22 ohne Namensunterschrift nachgedruckt und später von Pohl in sein Buch „Richard Wagner“ (s. Lit.), S. 316 aufgenommen wurden. Nach diesen Mitteilungen leitete W. die erste Privataufführung selbst, einige biographische Werke nennen jedoch den damals in Triebschen bei W. tätigen Hans Richter als Dirigenten. Von diesem stammt die mit grosser Bereitwilligkeit gegebene authentische Darstellung der EA., die nach dem Wortlaut hier mitgeteilt wird (Schreiben Hans Richters an den Verfasser vom 18. Sept. 1909):

„Den 4. Dezember 1870 übergab mir der Meister die Originalpartitur des eben vollendeten Siegfried-Idylls; für Frau Wagner besorgte er selbst eine herrlich schöne Reinschrift, die Originalpartitur aber schenkte er mir. Ich copierte sofort die Orchesterstimmen und fuhr nach Zürich, wo ich mit Hilfe meines Freundes Oskar Kahl, damals Konzertmeister des städt. Orchesters, die Musiker engagirte. Mittwoch, den 21. Dezember fand im Foyer des alten Theaters die erste Probe statt. Wesendonk's waren anwesend. Die Musiker waren vortrefflich und das Werk klang herrlich. Samstag, den 24. Dezember kamen die Musiker nach Luzern; im Saale des Hôtel du Lac hielt der Meister von 3—5 Uhr Nachmittags die Generalprobe. Alles ging zu seiner Zufriedenheit. Sonntag, den 25. Dezember 1870 früh morgens kamen die Musiker; mit grösster Vorsicht und geräuschlos wurden die Pulte aufgestellt und das Stimmen der Instrumente in der Küche, die sehr geräumig war, besorgt. Das kleine Orchester nahm Stellung auf der Treppe, zu oberst der Meister, dann die Violinen, Bratschen, Holzbläser, Hörner, und zu unterst Violoncello und Bass. Letztere konnten den Dirigenten gar nicht mehr sehen, aber die Aufführung ging doch glatt ab; bei den schwierigeren Stellen vermittelte ich den ungestörten Zusammenhang. Die Aufstellung war beiläufig so:

(Oben:)

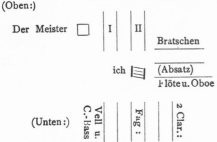

[P. S. Nachmittags spielten die Musiker noch das Sextett von Beethoven (ohne die Variationen).]

Punkt halb 8 Uhr begann die Produktion.

Wegen der Aufstellung auf der Treppe nannten die Kinder das Stück „die Treppenmusik". Die Musiker hiessen:

I. Oskar Kahl, Georg Rauchenecker.

II. Stöckel, Alfred Groschupf.

Br.: Karl Grosser, Hans Richter (auch Trompete).

Violoncello: Hermann Ruhoff.

Bass: Robert Gläss.

Flöte: Oberlein. — Hoboe: Horn. — 1. Clar.: Karl Kühlberg — 2. Clar. Joh. Unger. — Fagott: Uhle. — 1. Horn: Anton Gläss. — 2. Horn Josef Frank.

Die wenigen Takte für Trompete übernahm ich; das Instrument lieh mir ein Militairmusiker. Um daheim kein Aufsehen zu erregen ging ich täglich in die (damals leere) Kaserne auf der Trompete üben; diese täglichen Ausgänge und mehrere Reisen nach Zürich erregten Bedenken bei Frau Wagner, die meinte, ich sei nicht mehr so fleissig wie früher; die sehr gelungene Aufführung des Idylls klärte dieses Missverständniss auf. Die „Treppenmusik" wurde im Laufe des Tages mehreremale wiederholt.

Gez.

Hans Richter.

Über EA. 2 (Mannheim) berichten die Briefe Richard Wagners an Emil Heckel, S. 24 und 29; sie fand in Verbindung mit dem grossen Wagner-Konzert in Mannheim vor wenigen Eingeladenen statt. Die eben genannten Briefe, wie ein Artikel R. Pohls, „Ein Wagner-Konzert in Mannheim" (a. o. a. O., S. 186 ff.), geben ausführliche Nachrichten über dieses Konzert. — EA. 3 (Meiningen) fand gelegentlich eines Aufenthaltes von Wagner und Cosima in M. als Gäste des Herzogs statt (s. Liszt-Briefe VII, S. 185).

Liter. *Teibler, Hermann,* Musikführer No. 197, Schlesinger, Berlin.

Folgende Ausdeutung des Siegfried-Idylls wurde im Musikalischen Wochenblatte, No. 26, vom 18. Juni 1880, S. 311 veröffentlicht:

Ein Programm zum Siegfried-Idyll von Richard Wagner.

Schiller singt vom Kinde:

> Ihm ruhen noch im Zeitenschoosse
> Die schwarzen und die heitern Loose
> Der Mutterliebe zarte Sorgen
> Bewachen seinen goldnen Morgen.

So singen auch im Siegfried-Idyll die ersten 90 Takte von der Reinheit und Heiligkeit der Seele des Kindes, denn das zu Grunde liegende Motiv Brünnhilde's aus dem Drama „Siegfried" von Wagner („Ewig war ich, ewig bin ich") bezeichnet deren göttliche Herkunft. Nun ertönt ein Kinderlied: die Mutter an seinem Bettchen singt das Knäblein in Schlaf. Bei den sanften, aber stockenden Horntönen beginnt der Knabe einzuschlafen; die Mutter bemerkt es wohl und singt, mehrmals absetzend, nur noch vereinzelte Klänge des Schlummerliedes. Eine Trillerkette führt von a (D-dur-Dreiklang) über ais nach dem Septimenakkorde von b: hier ist der Knabe völlig entschlummert; die Mutter betrachtet sinnend den Liebling und denkt über die Zukunft desselben nach. Ein Schauer über das ungewisse Loos des werdenden Mannes scheint sie zu berühren bei den Arpeggien der Saiteninstrumente — beim Eintritte des Dreivierteltaktes — zeigt sich ihr das Bild eines herrlichen Jünglings in blühender Jugendschöne. Es ist das Verherrlichungsmotiv des Siegfried aus demselben Werke („Siegfried, du herrlicher, Hort der Welt") welches hier ertönt, von Flöten, Klarinetten und Oboen in anmutigem Wechsel vorgetragen. Nach einem Sechszehntellauf der Klarinette aus der Höhe herab, der gleichsam einen Entzückungsschauer der Mutter bezeichnet, nehmen die Saiteninstrumente das Thema auf und führen es nach H-dur, wo sich das Heiligkeitsmotiv mit ihm verbindet: in der Seele der Mutter berührt sich also die Erinnerung an die Kinderjahre des Knaben und ihre Sorgen und Mühen mit diesem Bilde des reifer entwickelten Jünglings. Nun entsteht bei der Wendung nach As-dur eine neue Veränderung des Bildes. Der Jüngling wächst an Kraft, wird männlicher; zu Taten drängt es ihn! In voller Lebenslust erkämpft er sich (beim F-dur-Eintritt) unverdrossen seine Stellung in der Menschenwelt. — Nun aber doch (C-dur, $^4/_4$ Takt) ein Moment der Einkehr in sich selbst. Ein namenloses Sehnen fasst des Jünglings Herz — er irrt allein — (Waldklänge und Vogelsang — Motiv der Liebeseinigkeit aus „Siegfried") — Liebessehnsucht hat ihn ergriffen. — Bei der Triolenpassage (auch einem bezeichneten Motive aus „Siegfried") erwacht die Leidenschaft in ihm und erweckt ihm „sehrende" Schmerzen; immer höher wächst sie an, bis endlich (im E-dur) der Sieg der Liebe ihn beglückt. Gleich darauf (C-dur): höchster Jubel des vollen Lebensglückes in der Liebe! Da, wo sich auch das Motiv des siegverheissenden Vogelgesanges aus „Siegfried" hinzugesellt, spricht sich das Gefühl der vollsten Wonne aus in Verbindung mit zartester Empfindung, die wieder zur reinen Kindheit des Gemütes zurückleitet. „Aus der Jugendzeit, aus der Jugendzeit klingt ein Lied mir immerdar."

Beim E-dur erwacht die Mutter aus ihrem Zukunftstraume und wendet sich wieder betrachtend zum schlummernden Kinde; sie preist sich glücklich in der Gegen-

wart und erfleht den Segen des Himmels für des Knaben Zukunft. Noch einmal erklingt das Kinderlied, jenes Heiligkeitsmotiv sanft umschlingend, — da ertönen plötzlich
ganz sanft wieder jene bezaubernden Waldhornklänge und der Vogelgesang: — träumt
der Knabe etwa selbst schon seiner Zukunft Traum? — Nein, nein, er schläft ruhig
und mit friedlichem Lächeln. Eine letzte Ausweichung nach A-dur (vor dem rallentando
und diminuendo) könnte heissen: noch ein Liebeskuss der Mutter. Und nun ruht der
zukünftige Held weiter in Gottes Schutz.

Alb. Heintz.

II. Chorwerk mit Orchester.

(18.) Das Liebesmahl der Apostel.
Eine biblische Szene für Männerstimmen und Orchester.

Frau Charlotte Emilie Weinlig der Wittwe seines unvergesslichen Lehrers
gewidmet.

G.D. *Ungefähr 26 Min.*

Komp.: 14. Mai bis 16. Juni 1843 in Dresden (S. Anm.).

EA.: 1. Dresden, Donnerstag, d. 6. Juli 1843 in der Frauenkirche im
Festkonzert des 2. allgemeinen (sächsischen) Männergesangsfestes nach
dem Manuskript unter Leitung von *Richard Wagner*. (S. Anm.) —
2. Ballenstedt, Mittwoch, d. 23. Juni 1852 in der herzoglichen
Reitbahn im 2. Konzert des Ballenstedter Musikfestes unter Leitung
von *Franz Liszt*. (S. Anm.)

Ersch.: Partitur, Orchester- und Chorstimmen und Klavierauszug März
1845 bei Breitkopf & Härtel, Leipzig.

Bes.: a) Chor: 1. Chor der Apostel: 12 Bässe. — 2. Erster Chor
der Jünger: Tenor I u. II, Bass I u. II. — 3. Zweiter Chor
der Jünger: Tenor I u. II, Bass I u. II. — 4. Dritter Chor
der Jünger: Tenor I u. II, Bass I u. II. — 5. Stimmen
aus der Höhe: Tenor I u. II, Bass I u. II (jede Stimme geteilt).
b) Orchester: Kl. Fl., 2 Fl., 2 Ob., 2 Klar., 4 Fag., Kontrafag., 4 Tr.,
4 Hr., 3 Pos., Tuba, 2 Paar Pk. — Str.-Orch. (S. Anm).

Anmerkg. Das Liebesmahl der Apostel wurde von Wagner eigens für
das Männergesangsfest komponiert. Das Manuskript enthält folgende Daten:
Auf dem ersten Blatte oben rechts ist der 14. Mai eingezeichnet, bei dem Chor
„Wir sind betrübt" steht „19. Mai", am Schlusse „16. Juni". Der Chor „All-
mächtiger Vater" war ursprünglich „Gebet" überschrieben. (Eine Beschreibung
des Manuskriptes befand sich in dem Katalog No. 352 der Buchhändler- und
Antiquariatsfirma Karl W. Hiersemann, Leipzig, die es für 12500 Mk. zum Ver-
kaufe ausbot.) In den Briefen an seine Frau berichtet Wagner wiederholt
über die Arbeit an der Komposition, deren Instrumentation am 29. Juni beendet

worden ist (a. a. O., S. 21). Nach derselben Quelle fand die erste Probe am 26. Juni statt. Zwei Berichte der an der Aufführung am wesentlichsten beteiligten Dresdner Vereine, nämlich „Der Dresdner Männergesangverein Orpheus nach seinem 30jährigen Bestehen" (1864) und „Festschrift zur Feier des fünfzigjährigen Bestehens der Dresdner Liedertafel" (1889) enthalten mancherlei wichtige Daten über Proben und Aufführung. Das Programm lautete nach erstgenanntem Bericht:

Allgemeines Männergesangfest in Dresden.

Erster Festtag.

Grosse geistliche Musik in der Frauenkirche.

Programm.

1. **Choral:** Allein Gott in der Höh sei Ehr', arrangirt von J. G. Müller.
2. **Requiem** (D-moll) von L. Cherubini, unter Leitung des Herrn Hofkapellmeister C. G. Reissiger.
3. **Hymne** nach dem 97. Psalm, von C. G. Reissiger. (Unter Leitung des Componisten.)
4. **Hymnus** für zwei vierstimmige Männerchöre mit Instrumentalbegleitung von Dr. Fr. Schneider. (Unter Leitung des Componisten.)
5. **Das Liebesmahl der Apostel.** Für das zweite allgemeine Männergesangfest zu Dresden componirt von R. Wagner. (Unter Leitung des Componisten.)

Die Soli's werden von den Herren Hofoper- und Kammersängern Bielcziski, Curti, Dettmer, Mitterwurzer, Risse, Recke, Schuster und Wächter vorgetragen. Die Königliche musikalische Kapelle und die hiesigen Musikchöre unterstützen diese Aufführung.

Das Liebesmahl gelang, infolge zu weniger Proben und bei der Zusammenwürfelung der Sänger von 30 Vereinen, nicht sonderlich, obgleich die Dresdner Vereine Liedertafel, Orpheus, Arion und Singakademie den Kern der Schar bildeten. Die „Stimmen aus der Höhe" liess Wagner aus der Kuppel der Frauenkirche von etwa 40 auserwählten Sängern singen. (Die Klangwirkung von da oben herab ist ganz wundervoll. Ob sie Wagner nicht im Parsifal vorgeschwebt hat?) Dem Festkonzert folgte am nächsten Tage eine Sängerfahrt nach Blasewitz und ein Wettsingen daselbst, das Fest aber endete mit einem regelrechten Sänger„streit" (Signale 1843, 228). Der oben erwähnte Liedertafelbericht enthält nachstehende Rezension (vermutlich aus einer Dresdner Zeitung): „Als letztes Musikstück kam endlich ‚Das Liebesmahl der Apostel' zur Aufführung. Es war vom Kapellmeister Richard Wagner eigens für das zweite allgemeine Männergesangfest geschrieben. Unter den fünf Piècen, welche das Gesangsfest uns geboten, war unstreitig die Wagnersche Composition die interessanteste Gabe. Von dem herkömmlichen Kirchenstile wich sie allerdings ganz und gar ab und trug wie alle Werke des Künstlers so sehr den Stempel der Originalität, dass man entweder die entgegengesetztesten Urteile von Kunstkennern vernahm, oder falls sie bedächtiger Natur waren, mit einem vieldeutigen Schweigen abgefertigt wurde. Dem grossen Publikum indess gewährte das erwähnte Musikstück sicherlich den meisten Genuss. Es war im Allgemeinen mehr episch als lyrisch; ein Epos war es, voll von prachtvollen Schilderungen, ein lebendiges, mit glühenden Farben aufgetragenes, höchst charakteristisches Tongemälde. Man wollte hier und da in dieser geistlichen Musik Anklänge aus „Rienzi" finden. Das „Apostelmahl" war durchweg originell, auch in der Harmonisierung. Unser Gefühl musste sich mit den fremdartigsten Dissonanzen befreunden, und es war uns Laien wohl zu verzeihen, wenn wir Anfangs zuweilen meinten, es müsse mitunter falsch gesungen worden sein." Freilich wurden auch heftig tadelnde und geifernde Stimmen laut. —

Das Ballenstedter Musikfest (EA. 2) hat ähnliche Berühmtheit wie das Züricher und Karlsruher (1853) erlangt. Ein faksimiliertes Programm ist in den Bülow-Briefen I, S. 450 enthalten. Dem Feste wurde eine kleine Broschüre „Franz Liszt. Richard Wagner. Aphoristische Memoiren und biographische Rhapsodien" von Friedrich Kempe (Eisleben, 1852) gewidmet. Diese Broschüre bringt auch einen der ersten Abdrucke von Wagners Programm zur Neunten Symhonie. Das Liebesmahl wurde in der Hauptsache von den Leipziger Paulinern gesungen. Hans von Bülow beg eitete auf dem Klavier „um dem schwierigen Gesange (ohne Begleitung) hier und da eine Stütze für das Innehalten des richtigen Tones zu geben" (Bülow-Briefe I, S. 456). Auf die Notwendigkeit solcher Unterstützung hatte Wagner, der in Dresden dazu zwei Harfen verwendete, Liszt aufmerksam gemacht (Briefwechsel Wagner-Liszt I, S. 175/76). Demselben Briefwechsel (I, S. 165) ist zu entnehmen, dass W. „die Instrumentation für einen sehr grossen Raum (die Frauenkirche) und einen Sängerchor von 1000 Mann berechnet hatte" und dass „für einen kleineren Raum und für einen minder zahlreichen Männerchor das Blasinstrument-Orchester auf das gewöhnliche Mass zu reduzieren wäre", namentlich aus den 4 Trompeten nur 2 zu machen."

Liter. *Seidl, Arthur,* „Das Liebesmahl der Apostel" in „Wagneriana" I, Schuster & Löffler, Berlin und Leipzig. — *Volbach, Fritz,* Musikführer No. 46, Schlesinger, Berlin. — *Mielke, A.,* Kleiner Konzertführer No. 606, Breitkopf & Härtel, Leipzig.

III. Anhang.

(19.) Symphonie in C-dur. (Manuskript.)

I. Sostenuto e maestoso. Allegro con brio. — II. Andante ma non troppo, un poco maëstoso. — III. Allegro assai. — IV. Allegro molto e vivace.

Komp.: Erstes Halbjahr 1832 in Leipzig.

EA.: 1. Leipzig, Sonnabend, d. 15. Dezember 1832 im Saale des „Musikvereins Pohlenz" (Grundstück der Schneiderinnung am Thomaskirchhofe) im 5. Konzert der Musikgesellschaft Euterpe nach Manuskript wahrscheinlich unter Leitung von *Ch. G. Müller.* (S. Anm.) — 2. Ebendaselbst, Donnerstag, d. 10. Januar 1833 im Gewandhaussaale im 12. Abonnementskonzert nach Mspt. unter Leitung von *Christian A. Pohlenz.* (S. Anm.) — 3. Venedig, Sonnabend, d. 23. Dezember 1882 im Konzertsaal des Liceo Benedetto Marcello zur Vorfeier des Geburtstages von Frau Cosima mit dem Orchester des genannten Lyceum nach Mspt. unter Leitung von *Richard Wagner*. (S. Anm.). — 4. B e r l i n , Montag, d. 31. Oktober 1886 im Saale der Philharmonie in einem Konzert des Wagner-Vereins nach Mspt. unter Leitung von *Joseph Sucher*. (S. Anm.)

Orch.Bes.: 2 Fl., 2 Ob., 2 Klar., 2 Fag., Kontrafag., 4 Hr., 2 Tr., 3 Pos., Pk. — St.-Orch.

A n m e r k g . Über dieses ungedruckt gebliebene Jugendwerk berichtet R. W. vorübergehend in der autobiographischen Skizze (Ges. Schr. u. D., I, S. 12, 1. Aufl.), später ausführlicher in dem Sylvesterbrief 1882 aus Venedig an den Herausgeber des Mus. Wochenblattes, E. W. Fritzsch, der den Brief am 11. Januar 1883 in No. 3 des genannten Blattes veröffentlichte. (Unter dem Titel „Bericht über die Wiederaufführung eines Jugendwerkes" im 10. Bande der Ges. Schriften und Dichtungen enthalten.) Den Wagnerschen Mitteilungen ist zu entnehmen, dass eine erste P r i v a t a u f f ü h r u n g im Herbst 1832 im Konservatorium zu Prag durch Schüler desselben und, wie es scheint, unter Leitung von Dionys Weber stattgefunden hat. Wagner, der auf der Rückreise von Wien war, wohnte der Aufführung, bez. diesem Vorspiele bei. — Das oben gegebene Datum der Euterpe-Aufführung scheint bisher gänzlich unbekannt geblieben zu sein, seine Feststellung ist gelungen durch einen Brief Clara Wiecks an Robert Schumann — es war der erste, den sie ihm schrieb — der enthalten ist in B. Litzmanns „Clara Schumann", I, S. 54 ff. Clara schreibt am 17. Dez. 1832: „Am Sonnabend war Vater [d. i. Friedrich Wieck] in der Euterpe. Hören Sie, Herr Wagner hat Sie überflügelt; es wurde eine Symphonie von ihm aufgeführt, die aufs Haar wie die A-dur Symphonie von Beethoven ausgesehen haben soll. Der Vater sagte: die Sinfonie von F. Schneider [der Dessauer Hofkapellmeister] welche im Gewandhause gemacht wurde [13. 12. 1832], sei zu vergleichen einem Frachtwagen, der z w e i Tage bis Wurzen führe und hübsch im Geleise bliebe und ein alter langweiliger Fuhrmann mit einer grossen Zippelmütze murmelte immer zu den Pferden: ho, ho, ho, hotte, hotte. Aber Wagner führe in einem Einspänner über Stock und Stein und läge aller Minuten im Chausseegraben, wäre aber demungeachtet in e i n e m Tage nach Wurzen gekommen, obgleich er braun und blau gesehen habe." [Der Eingangssatz Claras mit der Bemerkung, dass Herr Wagner Schumann „überflügelt" habe, wird erst verständlich durch die Tatsache, dass am 18. November 1832 in einem Konzerte der jungen Virtuosin in Zwickau ein Symphoniesatz (G-moll) von Schumann aufgeführt worden war]. Der Brief ist Montag, den 17. Dezember geschrieben, am „Sonnabend" war Fr. Wieck in der Euterpe, d. i. der 15. Dezember. Nach der 1874 bei C. F. Kahnt erschienenen Broschüre „Der Musikverein Euterpe in Leipzig 1824—1874" fand die Mehrzahl der Konzerte in dem Winter 1832/33 an Sonnabenden statt, das 1. am 20. 10., andere am 3., 10. und 24. 11. Die Broschüre berichtet, dass die Konzerte dieses Winters nicht sorgfältig registriert sind — es gab dort damals noch keine gedruckten Programme, und das 5. Konzert, gerade am Sonnabend, den 15. Dezember, fehlt gänzlich — deswegen ist in der Seite 16/17 enthaltenen Aufzählung der aufgeführten Werke auch nicht Wagners Symphonie und der von Clara Wieck weiter erwähnte Solovortrag eines Klavierspielers Bahrdt enthalten. Bewiesen wird die Euterpe-Aufführung auch noch durch den weiter unten ausführlich zu erwähnenden Bericht in der Allgemeinen Musikalischen Zeitung, in dem es über die Euterpe-Konzerte heisst: „Ausser mehreren Symphonien von Haydn, Mozart und Beethoven hörten wir eine neue, sehr gut gearbeitete und eigenthümlich gehaltene Symphonie von einem Mitgliede des Vereins, Herrn F. L. Schubert, dann von Richard Wagner" usw. — Die Symphonie blieb nun bis 1876 völlig verschollen, wurde dann auf Veranlassung Wagners von Wilh. Tappert gesucht, dem es gelang, den Stimmen in Dresden auf die Spur zu kommen. Sie fanden sich, bis auf 2 Posaunenstimmen, in einem Koffer mit Musikalien wieder, den Wagner, wie er in dem erwähnten Sylvesterbriefe schreibt, „in wilder Zeit" in Dresden hinterlassen hatte, und stammten von der Hand eines Prager Kopisten. Die an Mendelssohn seinerzeit gegebene Partitur blieb verschollen, Anton Seidl stellte aus den Stimmen eine neue zusammen. Wagner führte dann das Jugendwerk seiner Frau zur Vorfeier von derem Geburtstag (EA. 3) „nach einer starken Anzahl Proben" selbst vor. Es war seine letzte Dirigententat! Dieser privaten EA. wohnten nur die Wagnersche Familie und Liszt bei. Nach der Aufführung tat Wagner den Ausspruch: „Ich werde nie mehr dirigieren", von den umstehenden Musikern darüber befragt, sagte er noch: „Weil ich bald sterben werde". (S Perl „Richard Wagner in Venedig", S. 75 ff. und 81.) —

1886 erwarb der Konzertunternehmer Hermann Wolff das Aufführungsrecht von der Familie Wagner für die beiden Winter 1886/87 und 1887/88, lieferte, nachdem die Symphonie ihren Rundzug gemacht, das handschriftliche Material wieder nach Bayreuth zurück, wo es nun wohl für immer ruht. Im Auftrage Wolffs verfasste Oskar Eichberg eine ausgezeichnete Analyse, die einleitend manches zur Geschichte des Werkes gehörige enthält, leider aber völlig vergriffen ist. Die Angaben der Satzüberschriften und der Orchesterbesetzung sind ihr entnommen.

Über EA. 2 enthielt die von Breitkopf & Härtel herausgegebene, von G. W. Fink redigierte „Allgemeine Musikalische Zeitung" in No. 7 vom 13. Februar 1833, S. 110 folgende, aller Wahrscheinlichkeit nach von Rochlitz stammende Besprechung:

„Die neue Symphonie unseres noch ganz jugendlichen Richard Wagners (er zählt kaum 20 Jahre) wurde in allen Sätzen, mit Ausnahme des zweiten, von der immer sehr zahlreichen Versammlung mit lautem Beyfalle und nach Verdienst begrüsst. Wir wüssten kaum, was man von einem ersten Versuche einer jetzt so hoch gesteigerten Tondichtungsgattung mehr verlangen könnte, wenn man nicht geradezu alle Billigkeit bei Seite setzen will. Der Arbeit gebührt das Lob eines grossen Fleisses und der Gehalt der Erfindung ist nichts weniger als gering; die Zusammenstellungen zeigen von eigenthümlicher Auffassung und die ganze Intention beurkundet ein so rechtliches Streben, dass wir auf diesen jungen Mann mit freudigen Hoffnungen sehen. Ist auch der Eifer, sich treu zu bleiben, noch eben so angestrengt, als die Benutzung der Orchestereffekte noch nicht erfahren genug ist; ist auch wohl die beharrliche Durchführung eines und des andern Gedankens noch zu lang, zu viel gewendet: so sind dies durchaus einzig nur solche Punkte die sich durch redlich fortgesetzte Arbeit von selbst geben. Das aber, was Hr. W. hat, gibt sich nicht, wenn es nicht schon in der Seele lebt."

Wenn doch die musikalische Presse Leipzigs und die Gewandhausleitung ähnliche Ansichten beibehalten und weiter bekundet hätten! — In den Anmerkungen zur Columbus-Ouvertüre ist ein Bericht Heinrich Dorns mitgeteilt worden, der auch auf diese Gewandhaus-Aufführung bezug nimmt. Ein Exemplar des Originalprogramms befindet sich im Besitze des Verfassers. Das Programm lautet:

Zwölftes

Abonnement-Concert

im Saale des Gewandhauses,

Donnerstag, den 10. Januar 1833.

Erster Theil.

Symphonie von *Richard Wagner*. (Neu.)
Scene und Arie aus Sargino v. Pär, gesungen v. Dem. Gerhardt.
Pianoforte-Concert von *Pixis*, vorgetragen von Demois. Clara Wieck.

Zweiter Theil.

Ouvertüre, zu König Stephan, von *Beethoven*.
Terzett, aus „la villanella rapita" von *Mozart*, gesungen von Dem. Grabau,
Herrn Otto und Herrn Bode.
Finale aus „I Capuleti e Montecchi", von *Bellini*. (Auf Verlangen wiederholt.)
Solo-Parthien haben: Dem. Grabau, Dem. Gerhardt, Herr Otto, Herr
Pögner und Herr Bode.

Der Zuhörer hat auf dem Programm bei Wagners Symphonie mit Tinte
bemerkt „à la Beethoven". Auch Fr. Wieck hatte sich (s. o.) im gleichen Sinne
ausgesprochen und Wagner selbst sagt in dem Sylvesterbrief, dass „ohne das Andante der C-moll und das Allegretto der A-dur Symphonie die Melodie seines
zweiten Satzes (Andante) wohl nicht das Licht der Welt erblickt haben würde".
Fortfahrend berichtet dann W. dass er diese selbe Andantemelodie „in einem zu
Magdeburg veranstalteten Neujahrsfestspiel als melodramatische Begleitung des
trauernd auftretenden und Abschied nehmenden alten Jahres wieder benützte."
Diese Neujahrskantate wurde in Magdeburg am 1. Januar 1835 aufgeführt. —
Der Eichbergschen Analyse sind nachstehende Sätze entnommen:

„Das Finale scheint, einem äussern Umstand nach zu schliessen, dem Komponisten am wenigsten zugesagt, oder doch, nach seiner Meinung, Überflüssiges ent-
enthalten zu haben. W. Tappert hat aus den Stimmen ersehen, dass es ursprünglich
492 Takte lang war [S. Allgemeine deutsche Musik-Zeitung 1883, No. 2. Richard
Wagners Symphonie. Von W. Tappert.]; von diesen waren aber (doch wahrscheinlich
schon bei Gelegenheit der Leipziger Aufführung im Jahre 1833) 40 Takte gestrichen
und demgemäss 452 übrig geblieben. Die jetzt vorliegende Partitur enthält aber in
diesem Satze nur 397 Takte, also noch 55 weniger; Wagner muss also vor der Aufführung in Venedig nochmals eine grosse Stelle des Finale beseitigt haben."

Bei der musikgeschichtlichen Wichtigkeit des Gegenstandes scheint es
nicht überflüssig, die Hauptthemen der der Öffentlichkeit entrückten Symphonie
mitzuteilen. Das geschieht nach den Vorlagen in der Eichbergschen Analyse.

Notenbeispiele zur C-dur-Symphonie
von Richard Wagner.

I. Aus der Introduction.

II. Hauptthema des 1. Satzes.

III. Zweites Thema des 1. Satzes.

IV. Hauptthema des 2. Satzes: Andante ma non troppo, un poco maestoso.

V. Hauptthema des 3. Satzes: Allegro assai.

VI. Trio des 3. Satzes: Un poco meno Allegro.

VII. Hauptthema des 4. Satzes: Allegro molto e vivace.

18048

Felix Draeseke.

Geb. 7. Oktober 1835 in Koburg.

Werke:

I. Orchesterwerke.

1. Symphonie I. op. 12.
2. Symphonie II. op. 25.
3. Symphonia tragica. op. 40.
4. Serenade. op. 49.
5. Ouverture zu Gudrun.
*6. Akademische Fest-Ouverture.
7. Jubel-Ouverture. op. 65.
8. Symphonisches Vorspiel zu Calderons „Das Leben ein Traum". op. 45.
9. Symphonisches Vorspiel zu Heinrich von Kleists „Penthesilea". op. 50.
10. Symphonisches Vorspiel zu Grillparzers „Der Traum ein Leben".

II. Konzerte mit Orchester.

11. Klavierkonzert. op. 36.

III. Chorwerke mit Orchester.

12. Requiem. op. 22.
13. Adventlied. op. 30.
14. Osterszene aus Goethes „Faust". op. 39.
15. Messe (Fis-moll). op. 60.
16. Christus.

17. Columbus. op. 52.

IV. Kammermusikwerke.

18. Klavierquintett. op. 48.
19. Streichquintett. op. 77.
*20. Quintett für Stelzner-Instrumente.
21. Streichquartett I. op. 27.
22. Streichquartett II. op. 35.
23. Streichquartett III. op. 66.
24. Sonate für Klarinette und Pianoforte. op. 38.
25. Sonate für Violoncello und Pianoforte. op. 51.
*26. Sonate I für Viola alta und Pianoforte.
*27. Sonate II für Viola alta und Pianoforte.

NB. Die mit * bezeichneten Werke sind noch unediert, aber wiederholt als Manuskripte aufgeführt.

Von unaufgeführten Manuskriptwerken Draesekes sind zu nennen:

1. Symphonisches Vorspiel zu Kleists „Hermannsschlacht".
2. Symphonische Dichtung „Der Thuner See".

Nicht aufgenommen sind die Vorspiele zu den Opern „Herrat" und „Bertran de Born".

I. Orchesterwerke.

(1.) Symphonie I für Orchester.
G-dur. op. 12.

I. Introduzione ed Allegro. *Adagio con espressione. Allegro con brio ma non troppo Presto.* — II. Scherzo. *Presto leggiero.* — III. Adagio molto. — IV. Finale. *Allegro con brio e vivace.*
SD. *I. 10 Min. II. 7 Min. III. 11 Min. IV. 6 Min.* **GD.** *34 Min.*
Komp.: 1870—72 in Lausanne und Dresden. Vollendet 1872 in Dresden.
EA.: 1. D r e s d e n, Freitag, d. 31. Januar 1873 im Saale des Gewerbe-
hauses im 4. Symphoniekonzert der Kgl. Hofkapelle nach dem Manu-
skript unter Leitung von *Julius Rietz.* — 2. S o n d e r s h a u s e n,
Sonntag, d. 27. Juli 1873 im 7. Loh-Konzert nach dem Manuskript
unter Leitung von *Max Erdmannsdörfer.* (S. Anm.)
Ersch.: Partitur und Orchesterstimmen des Scherzo allein Oktober 1873,
des ganzen Werkes Oktober 1875 bei C. F. Kahnt, Leipzig.
Orch.Bes.: 2 Fl., 2 Ob., 2 Klar., 2 Fag., 4 Hr., 3 Tr., Pk. — Str.-Orch.
A n m e r k g. Über die Bedeutung des Namens „Lohkonzert" s. Anm. bei
M. Bruch, No. 1.

(2.) Symphonie II für grosses Orchester.
F-dur. op. 25.

Seiner Majestät König Albert von Sachsen in tiefster Ehrfurcht zugeeignet.

I. Allegro con moto. — II. Allegretto marciale. — III. Allegro comodo. —
IV. Presto leggiero.
SD. *I. 11 Min. II. 9 Min. III. 8 Min. IV. 8—9 Min.* **GD.** *36—37 Min.*
Komp.: Mitte 1876 in Genf und Koburg. Vollendet: 1. Satz 4. April,
2. Satz 25. April, 3. Satz 29. April 1876 in Genf, 4. Satz 10. Juni
1876 in Koburg.
EA.: 1. D r e s d e n, Freitag, d. 15. Februar 1878 im Saale des Gewerbehauses im 5. Symphoniekonzert der Kgl. Hofkapelle nach dem Manuskript unter Leitung von *Ernst Schuch.* — 2. Z i t t a u, Montag,
d. 3. Februar 1879 im Stadttheater im 43. Konzert des Konzert-

vereins ebenfalls nach Manuskript unter Leitung von *Paul Fischer.* —
[3. W e i m a r , Sonntag, d. 25. Mai 1884 im Grossherzogl. Hoftheater im 3. Konzert der 21. Tonkünstler-Versammlung des Allgemeinen deutschen Musikvereins (zur Feier des 25jährigen Bestehens
des A. d. M.-V.) nach dem Manuskript unter Leitung von *Eduard
Lassen.*]

Ersch.: Partitur und Orchesterstimmen Oktober 1884 bei Fr. Kistner, Leipzig.

Orch.Bes.: 2 Fl., 2 Ob., 2 Klar., 2 Fag., 4 Hr., 3 Tr., 2 Pos., Pk., Trgl. —
Str.-Orch.

A n m e r k g . Die Triangel ist nur im letzten Satze nötig, ein besonderer
Musiker dafür erforderlich. Da nur 2 Posaunisten beschäftigt sind, kann der
Dritte die Triangel übernehmen.

(3.) Symphonia tragica für grosses Orchester.
C-dur. op. 40.

I. Andante. Allegro risoluto. — II. Grave. (Adagio ma non troppo.) —
III. Scherzo. *Allegro molto vivace.* — IV. Finale. *Allegro con brio.*
SD. I. 13 Min. II. 11 Min. III. 9 Min. IV. 16 Min. GD. 49 Min.

Komp.: Ende 1886 in Dresden. Vollendet: Satz 1 24. Oktober, Satz 2
29. Oktober, Satz 4 7. Dezember 1886.

EA.: 1. D r e s d e n , Freitag, d. 13. Januar 1888 im Saale des Gewerbehauses im 4. Symphoniekonzert der Kgl. Hofkapelle unter Leitung
von *Ernst Schuch.* — 2. B e r l i n , Montag, d. 10. Dezember im
5. Philharmonischen Konzert — und 3. E b e n d a s e l b s t , Dienstag,
d. 11. Dezember 1888 in einem populären Konzert des Philharm.
Orchesters, beidemale im Saale der Philharmonie unter Leitung von
H. v. Bülow. (S. Anm.)

Ersch.: Partitur und Orchesterstimmen Oktober 1887 bei Fr. Kistner, Leipzig.

Orch.Bes.: 2 Fl., Kl.Fl., 2 Ob., 2 Klar., 2 Fag., 4 Hr., 3 Tr., 3 Pos., Tuba,
Pk., Becken. — Str.-Orch.

A n m e r k g . Die Druckausgabe ist ohne Widmung geblieben, jedoch hatte
der Komponist die Absicht, das Werk der Kgl. sächs. Hofkapelle zu widmen. —
Kontrabässe mit tiefer C-Saite sind nötig. Die nur im letzten Satze einen
Schlag ausführenden Becken können nicht weggelassen werden und sind von
einem besonderen Musiker zu bedienen. Eine sehr starke Besetzung des Streichorchesters ist erforderlich. — Das von H. von Bülow geleitete populäre Konzert
(EA. 3) galt im wesentlichen der Wiederholung der Draesekeschen Symphonie.

Am Schlusse wurde die Freischütz-Ouvertüre vom Publikum so jubelnd applaudiert, dass sich Bülow zu einer seiner berühmten Konzertreden veranlasst sah. Er dankte für das ihm bezeigte Wohlwollen und fügte hinzu, dass er zu verschiedenen Zeiten und an verschiedenen Orten seine Unfähigkeit als Hofkapellmeister glänzend dokumentiert habe. Sein stark ausgeprägtes Unabhängigkeitsgefühl habe ihn wohl zu anderen Zielen hingetrieben. Dieses Ziel glaube er damit erreicht zu haben, dass er, dank der Unterstützung so vortrefflicher Kräfte, wie die Philharmoniker, und der Aufnahme, die er beim heutigen Publikum gefunden, nunmehr unter die deutschen Volkskapellmeister zu rangieren hoffen dürfe. —

Liter. *Bayer*, *Carl*, Musikführer No. 32, Hermann Seemann Nachfolger, Leipzig. — *Kretzschmar*, *Hermann*, Kleiner Konzertführer No. 536, Breitkopf & Härtel, Leipzig.

(4.) Serenade für kleines Orchester.
D-dur. op. 49.

Dem Dresdner Tonkünstlerverein zugeeignet.

I. Marsch. — II. Ständchen. — III. Liebesszene. — IV. Polonaise. — V. Finale.

SD. I. 4¹|₂ Min. II. 3¹|₂ Min. III. 4 Min. IV. 5 Min. V. 6 Min. GD. 23 Min.

Komp.: Winter 1888 in Dresden. Vollendet No. 1: 23. November, No. 2: 18. Dezember, No. 3: 29. November, No. 4: 6. Dezember, No. 5: 20. November 1888.

EA.: 1. Dresden, Montag, d. 21. Oktober 1889 in Meinholds Sälen im 2. Übungsabend des Dresdner Tonkünstlervereins nach dem Manuskript unter Leitung von *Ernst Schuch;* Orchester: *Mitglieder des Tonkünstlervereins bez. der Kgl. Hofkapelle.* — 2. Ebendaselbst, Freitag, d. 8. November 1889 im Saale des Gewerbehauses im 1. Aufführungsabend des Tonkünstlervereins ebenfalls nach Manuskript unter gleicher Leitung von denselben Ausführenden wie oben.

Ersch.: Partitur und Orchesterstimmen Juli 1889 bei Fr. Kistner, Leipzig.

Orch.Bes.: 2 Fl, 2 Ob., 2 Klar., 2 Fag., 2 Hr., 2 Tr., 1 Pos., Pk. — Str.-Orch.

Anmerkg. Nach des Komponisten Mitteilung könnte der Inhalt des Werkes aufgefasst werden als Liebeswerbung mit nachfolgender Hochzeitsfeier. — Im „Ständchen" Cello-Solo.

(5.) Ouverture zur Oper „Gudrun"
für grosses Orchester.

G.D. *11 Min.*

Komp.: 1882 in Dresden. (S. Anm.)

EA.: Dresden, Freitag, d. 12. Januar 1883 im Saale des Gewerbe-hauses im 4. Symphoniekonzert der Kgl. Hofkapelle nach dem Manu-skript unter Leitung von *Ernst Schuch*. (S. Anm.)

Ersch.: Partitur und Orchesterstimmen Juli 1885 bei Fr. Kistner, Leipzig.

Orch.Bes.: Kl.Fl., 2 Fl., 2 Ob., 2 Klar., 2 Fag., 4 Hr., 3 Tr., 3 Pos., Tuba, Pk., Becken. — Str.-Orch. (S. Anm.)

Anmerkg. Die Vollendung der ganzen Oper in Partitur erfolgte am 9. November 1884. Die erste Aufführung derselben fand statt in Hannover am 14. Januar 1886 im Kgl. Hoftheater unter Leitung von Herner. Solisten dieser EA. waren: Frl. Börs (Gudrun), Frl. Hartmann (Gerlind), Frl. Calmbach (Hild-burg, Herr Bletzacher (Ludwig), Herr Müller (Hartmuth) und Herr v. Milde (Herwig). — Zur Instrumentation ist zu bemerken, dass 3 Tenorposaunen (vom grossen E bis eingestrichen b reichend) gefordert werden. Becken und Gr. Tr. sind mit je einem Musiker zu besetzen, ist dies nicht möglich, so bleibt die Partie der Gr. Tr. weg.

(6.) Akademische Fest-Ouverture
für grosses Orchester.

G.D. *11 Min.*

Komp.: 1889 in Dresden.

EA.: 1. Dresden, Sonnabend, d. 19. Dezember 1891 im Saale des Kgl. Belvédère in einem Symphoniekonzert der Kapelle des Kgl. Sächs. Leibgrenadier-Regiments No. 100 unter Leitung von *Oscar Herrmann*. — 2. Leipzig, Sonnabend, d. 2. Juli 1892 im Krystallpalast im Sommerfest des akademischen Männergesangvereins Arion durch die *Kapelle des 134. Infanterie-Regiments* unter Leitung von *Jahrow*. — 3. Krefeld, Dienstag, d. 17. März 1896 im Saale der Stadthalle im 3. populären Symphoniekonzert unter Leitung von *Th. Müller-Reuter*.

Ersch.: Noch unediert.

Orch.Bes.: Kl.Fl., 2 Fl., 2 Ob., 2 Klar., 2 Fag., 4 Hr., 3 Tr., 3 Pos., Tuba, Pk., Trgl., Gr. Tr., Becken. — Str.-Orch.

(7.) Jubel-Ouverture für grosses Orchester.

Im Auftrage der Kgl. Haupt- und Residenzstadt Dresden zur Feier des siebzigsten Geburtstages und des fünfundzwanzigjährigen Regierungsjubiläums Sr. Maj. des Königs Albert von Sachsen komponiert. op. 65.

GD. *9 Min.*

Komp.: Anfang 1898 in Dresden.

EA.: 1. Dresden, Donnerstag, d. 23. April 1898 im grossen Saale des Ausstellungspalastes (Grosser Garten) bei dem Städtischen Fest zur Feier des Doppeljubiläums Sr. Maj. des Königs Albert nach dem Manuskript durch die gesamte *Kgl. Hofkapelle* unter Leitung von *E. Schuch.* — 2. Leipzig, Sonnabend, d. 1. Oktober 1898 in der Alberthalle im 1. Abonnementskonzert des Liszt-Vereins unter Leitung von *Rich. Strauss.* (S. Anm.) — 3. Berlin, Montag, d. 28. November 1898 im Saale der Philharmonie im 4. Philharmonischen Konzert unter Leitung von *Arth. Nikisch.*

Ersch.: Partitur u. Orchesterstimmen April 1898 bei Breitkopf&Härtel, Leipzig.

Orch.Bes.: 3 Fl., (eine auch Kl.Fl.), 2 Ob., 3 Klar., 2 Fag., 4 Hr., 4 Tr., 3 Pos., Kontrabassposaune, 4 Tuben, Pk., Trgl., Becken, Glockenspiel, Kl. Tr. — 2 Hfn. — Str.-Orch.

Anmerkg. Das Konzert der 2. EA. kann musik-historische Bedeutung beanspruchen, da es im engen Zusammenhange mit der Gründung der Genossenschaft deutscher Tonsetzer, die am 30. September 1898 in Leipzig im Saale des Kaufmännischen Vereinshauses stattfand, stand. Die zur Gründung dieser Genossenschaft auf Veranlassung von R. Strauss in Leipzig versammelten Komponisten (anwesend waren 36, vertreten liessen sich 14, ihre generelle Zustimmung zu den Leipziger Beschlüssen hatten von vornherein 100 andere vertrauensvoll ausgedrückt) folgten der Einladung zum Besuche dieses Konzertes des Liszt-Vereins beinahe sämtlich. Ausser Rich. Strauss dirigierten noch Reinecke sein von F. v. Bose gespieltes C-dur-Klavierkonzert und Rudorff seine Orchestervariationen in D-moll. Orchester: Kapelle des 134. Infanterie-Regiments.

(8.) Symphonisches Vorspiel zu Calderons „Das Leben ein Traum"

für grosses Orchester. op. 45.

Herrn Major Harry von Burt zugeeignet.

GD. *18 Min.*

Komp.: 1888 in Dresden. Vollendet 23. August 1888.

EA.: Dresden, Freitag, d. 25. Januar 1889 im Saale des Gewerbehauses im 5. Symphoniekonzert der Kgl. Hofkapelle unter Leitung von *Ad. Hagen.*

Ersch.: Partitur und Orchesterstimmen Mai 1884 bei Fr. Kistner, Leipzig.

Orch.Bes.: 2 Fl., 2 Ob., 2 Klar., 2 Fag., Kontrafag., 4 Hr., 2 Tr., 3 Pos., Pk. — Hfe. — Str.-Orch.

(9.) Symphonisches Vorspiel zu Heinrich von Kleists „Penthesilea"
für grosses Orchester. op. 50.

Herrn Dr. Hans von Bülow in alter Freundschaft gewidmet.

GD. 24 Min.

Komp.: Sommer 1888 in Dresden, vollendet 15. August 1888 in Kötzschenbroda bei Dresden.

EA.: Eisenach, Donnerstag, d. 19. Juni 1890 im Stadttheater im 1. Konzert der 27. Tonkünstler-Versammlung des Allgemeinen Deutschen Musikvereins unter Leitung von *R. Strauss.*

Ersch.: Partitur und Orchesterstimmen September 1889 bei Fr. Kistner, Leipzig.

Orch.Bes.: Kl.Fl., 2 Fl., 2 Ob., 2 Klar., 2 Fag., 4 Hr., 4 Tr., 3 Pos., Pk., Becken, Schellentrommel — Str.-Orch.

Anmerkg. Im Programm ist vorzudrucken: „Haupthandlung der Tragödie Penthesilea". Der trojanische Krieg ist durch Penthesilea, die Königin der Amazonen plötzlich unterbrochen worden. Den Gewohnheiten des Volkes folgend, welches alljährlich Heereszüge unternahm, um Helden als Kriegsgefangene heimzuführen, welchen sich die Amazonen alsdann vermählten, hat sie sich das Schlachtfeld vor Troja, wo die Blüte der griechischen Könige versammelt lag, zum Schauplatze ihres Sieges erkoren. Der Anblick Achills entflammt sie zu heftigster Liebe und auch bei ihm entbrennen gleichartige Gefühle. Durch einen jähen Sturz ist sie in seine Macht geraten; die Bitten ihrer vertrautesten Freundin Prothoë bestimmen aber Achilles, Penthesilea im Glauben zu lassen, als sei er der Amazonenkönigin Gefangener. Als sie schliesslich durch die Hauptmasse des Heeres befreit wird und nun die Wahrheit erfährt, bemächtigt sich ihrer eine unbezähmbare Wut. Dem vertrauensvoll und sorglos herannahenden Helden begegnet sie in der vollen Ausrüstung einer kriegerischen Furie und bringt ihn in entsetzlicher Weise ums Leben. Darauf erstarrt sie; schliesslich aber erwacht die Reue. Angesichts ihrer greuelvollen, masslosen Rache sinkt sie infolge eines ebenso masslosen, übermenschlichen Reuegefühles tot zur Erde.

(10.) Symphonisches Vorspiel zu Grillparzers „Der Traum ein Leben"
für grosses Orchester.

GD. 20 Min.

Komp.: 1904 in Dresden.

EA.: D r e s d e n , Freitag, d. 13. Oktober 1905 im Kgl. Hoftheater im 1. Symphoniekonzert (Serie A) der Kgl. Kapelle nach dem Manuskript unter Leitung von *E. Schuch.*

Ersch.: Noch unediert.

Orch.Bes.: 2 Fl., Kl.Fl., 2 Ob. 2 Klar., 2 Fag., 4 Hr., 3 Tr., 3 Pos., Tuba, Pk., Becken, Kl. Tr. — Hfe. — Str.-Orch.

A n m e r k g. Über den Stoff, der den Komponisten zu dem Werke angeregt hat, teilt er selbst folgendes mit: „Grillparzers Märchendrama ‚Der Traum ein Leben', das gewissermassen ein Gegenstück zu Calderons ‚Leben ein Traum' bildet, unterscheidet sich vom spanischen Drama hauptsächlich dadurch, dass die Haupthandlung des Ganzen sich nicht in Wahrheit abspielt, sondern ein Traumbild des Helden bleibt, das von diesem am nächsten Morgen als solches erkannt wird.

Rustan, der Neffe Massuds, eines mittelasiatischen Landmannes, von dessen Tochter Mirza heimlich geliebt, hat bisher in ländlicher Ruhe gelebt, obwohl er von jeher zu Jagd und Abenteuern aller Art einen Zug in sich verspürt hat. Durch einen schwarzen Sklaven Zanga mehr und mehr angestachelt, erzwingt er vom Oheim seine Freiheit und gedenkt am nächsten Morgen die Welt auf-zusuchen. In der Nacht vorher aber durchlebt er träumend die abwechselndsten und furchtbarsten Schicksale.

Gleich im Anfang begegnet er dem König von Samarkand, der dem Khan von Tiflis seine Tochter nicht zum Weibe geben wollte und von diesem mit Krieg überzogen wird. Der König ist vor einer ungeheuren Schlange geflüchtet, die von Rustan verfehlt, aber von einem fremden Manne erlegt wird. Da dieser sofort verschwindet, schreibt auf Zangas Rat Rustan sich die Tat zu und wird hochgeehrt. Er darf sogar hoffen, die Prinzessin zu erringen, obwohl der König, mehr und mehr zur Besinnung gekommen, sich des fremden Schützen erinnert und an Rustans Aussage zu zweifeln beginnt. Als nach dem Abgang des Königs und seines Hofstaats der Fremde sich aber wieder zeigt, Rustan bedroht und von der Brücke stürzen will, durchbohrt ihn dieser mit dem vom König geschenkten Dolche. Zum Heerführer erhoben, führt er, obwohl selbst im Ge-fecht gestürzt, das Volk zum Siege und sieht sich am Ziel seiner Wünsche. Als aber der Leichnam des getöteten Fremden in die Stadt gebracht wird und man in seiner Brust den Dolch des Königs gefunden hat, wendet sich all-gemeiner Verdacht, auch der des Königs, gegen Rustan, so dass dieser, immer mehr in die Enge getrieben, den König mittelst eines Trankes zu vergiften sich entschliesst, was ihm, begünstigt durch äussere Umstände, auch gelingt. Da aber auch des Königs Tod bald mit Rustan in Verbindung gebracht wird und die Heerführer sich gegen ihn wenden, wird er nur durch die Prinzessin gerettet, die in Rustans Ankläger den Mörder ihres Vaters vermutet, und bei Rustan, dessen Namen der König zuletzt ausgerufen, für sich selbst Schutz sucht. Nun aber gebärdet sich Rustan als Despot, erregt aufs neue Verdacht beim Volk wie bei der Prinzessin, wird zuletzt auch des Königsmordes überführt, muss flüchten und schliesslich, von allen Seiten umzingelt, sich in den Strom werfen. Der nächste Morgen findet ihn auf seinem Lager und nur langsam erkennt er, dass all das Furchtbare, was an ihm vorübergezogen, ein Traum gewesen. Zanga erhält die Freiheit, Rustan aber preist das Glück stiller Zufriedenheit mit den schönen Worten:

> Breit es aus mit deinen Strahlen,
> Senk es tief in jede Brust,
> Eines nur ist Glück hienieden,
> Eins: des Innern stiller Frieden
> Und die schuldbefreite Brust!
> Und die Grösse ist gefährlich
> Und der Ruhm ein leeres Spiel,
> Was es gibt sind nicht'ge Schatten,
> Was er nimmt, es ist so viel!« —

Die EA. bildete einen Teil der vielen musikalischen Veranstaltungen, die Oktober und November 1905 zu Ehren des 70. Geburtstages von Draeseke in Dresden veranstaltet wurden. Sie seien hier sämtlich mitgeteilt:

1) 1. Oktober 1905, zur Vorfeier, Matinee in Bertrand Roths Musiksalon (Sonate op. 6 [*B. Roth*], Lieder [Frau *Wedekind*], Quintett op. 48 [*Roth, Lange-Frohberg, Wilhelm, Böckmann, Lindner*]). — 2) 6. Oktober 1905, Erster Übungsabend des Tonkünstlervereins im Musenhaus (Sonate C-moll für Viola alta und Klavier [*Spitzner* und *Sherwood*], Lieder [*Nüssle*], Quintett wie oben). — 3) 7. Oktober 1905, Geburtstag, Aufführung der neueinstudierten Oper Herrat im Kgl. Hoftheater [*Schuch*]. — 4) 8. Oktober 1905, Draeseke-Matinée im Vereinshaus veranstaltet von der Lehrerschaft des Kgl. Konservatoriums (Sonate op. 6 [*Sherwood*], Prolog von Ad. Stern [*Wilcke*], Lieder [*Schrauff*], Quintett für Stelzner-Instrumente [*Petri-Quartett*]). — 5) 13. Oktober 1905 siehe oben. — 6) 16. Oktober 1905, Petri-Quartett (Quartett op. 27). — 7) 23. Oktober 1905, Lewinger-Quartett (Quartett op. 35). — 8) 30. Oktober 1905, Konzert des Dresdner Schriftsteller- und Künstler-Vereins (2. und 3. Satz der Klarinetten-Sonate [*Lang* und *Richter*], Bergidylle op. 18 [Frl. *Alberti*], Mönch von Bonifazio [Frau *Wallner-Thurm*], Klavierstücke und Lieder [*Richter*]). — 9) 2. November 1905, Konzert für den Patronatsverein des Kgl. Konservatoriums (Ouverture zur Oper Bertran de Born, Ballade Pausanias op. 34 [*V. Porth*], 6 stimmiger Chorgesang Meleager von Platen, Sonntags am Rhein [für 4 stimmigen Frauenchor], Die Heinzelmännchen [für gemischten Chor] op. 41, Lieder aus op. 16 [*V. Porth*], Konzert für Klavier mit Orchester op. 36 [Frau *Rappoldi*]). — 10) 3. November

1905, Aufführung im Musikpädagogischen Verein (Sonate op. 6 [*B. Roth*], Pausanias [Frl. *Ottermann*], Sonate für Violoncell und Klavier op. 51 [*Joh. Schmidt* und *B. Roth*], Lieder [Frl. *Ottermann*]). — 11) 15. November 1905, Kammermusik-abend in der Gesellschaft für Literatur und Kunst (Szene für Pianoforte und Violine [*Elsmann sen. und jun.*], Streichquartett op. 35 [*Quartett Elsmann*], Lieder [Frl. *Kunze*]). Diese Reihe von Aufführungen spricht eine beredte Sprache!

II. Konzerte mit Orchester.

(11.) Konzert für Pianoforte
mit Orchester. Es-dur. op. 36.

Frau Laura Rappoldi-Kahrer gewidmet.

I. Allegro moderato. — II. Adagio. — III. Allegro molto vivace.

SD. *I. 11¹/₂ Min. II. 10—11 Min. III. 10 Min.* **GD.** *32—33 Min.*

Komp.: Winter 1885/86 in Dresden. Vollendet: 1. Satz 31. Januar, 2. Satz 3. Februar, 3. Satz 6. März 1886.

EA.: 1. Sondershausen, Freitag, d. 4. Juni 1886 im Fürstl. Hof-theater im 3. Konzert der 23. Tonkünstler-Versammlung des All-gemeinen Deutschen Musikvereins, nach dem Manuskript gespielt von Frau *Rappoldi-Kahrer* unter Leitung von *Karl Schroeder*. — 2. Dresden, Freitag, d. 15. Oktober 1886 im Saale des Gewerbe-hauses im 1. Produktionsabend des Dresdner Tonkünstlervereins, eben-falls nach Manuskript gespielt von Frau *Rappoldi-Kahrer* unter Leitung von *Adolf Hagen*.

Ersch.: Partitur und Orchesterstimmen März 1887 bei Fr. Kistner, Leipzig.

Orch.Bes.: 2 Fl., 2 Ob., 2 Klar., 2 Fag., 2 Hr., 2 Tr., 3 Pos., Pk. — Str.-Orch.

Anmerkg. Das Programm der EA. in Sondershausen lautet: a) *Allegro moderato* (Marschartig), b) *Adagio* (Thema mit fünf Variationen), c) *Allegro vivace*.

III. Chorwerke mit Orchester.

(12.) Requiem.
Für vier Solostimmen, Chor und grosses Orchester.
H-moll. op. 22.

I. Requiem. — Kyrie. — II. Dies irae. — III. Domine Jesu Christe. — IV. Sanctus. — Osanna. — Benedictus. — V. Agnus dei.

SD. *I. 11 Min. II. 18 Min. III. 10 Min. IV. 8 Min. V. 9 Min. GD. 56 Min.*

Komp.: 1877—80 in Dresden. Vollendet April 1880. (S. Anm.)

EA.: [Neuchatel, Sonntag, d. 23. April 1876 im 7. Konzert der société chorale nur das Lacrymosa nach dem Manuskript unter Leitung von *K. Munzinger* (mit Orgelbegleitung) — und Zittau, Freitag, d. 23. November 1877 in der Johanniskirche in der 15. Aufführung für Kirchenmusik des Gymnasialchors auch nur das Lacrymosa nach dem Manuskript (S. Anm.) unter Leitung von *Paul Fischer*. Orchester: *Die Stadtkapelle*.] — 1. Dresden, Mittwoch, d. 26. Oktober 1881 im Akademiesaale auf der Brühlschen Terrasse (S. Anm.) in einer Privataufführung der Dreyssigschen Sing-Akademie als Totenfeier für die verstorbenen Mitglieder Frau Siedel und Frau Rehfeld, — und 2. Ebendaselbst, Sonnabend, d. 29. Oktober 1881 im Saale des Hotel de Saxe, am Todestage des Königs Johann von Sachsen, im Konzert der Dreyssigschen Sing-Akademie, beidemale nach dem Manuskript unter Leitung von *Adolf Blassmann*. Chor: *Dreyssigsche Sing-Akademie;* Orchester: *Allgem. Musiker-Verein;* Solisten: Frau *Anna Hildach* (Sopran), Frl. *Rosa Reinel* (Alt), Herr *Josef Oppitz* (Tenor) und Herr *Robert Meinhold* (Bass). — 3. Leipzig, a) Freitag, d. 24. November 1882 in der Thomaskirche im 155. Konzert des Riedel-Vereins nach dem Manuskript unter Leitung von *Karl Riedel* nur das Lacrymosa. Solisten: Frl. *M. Breidenstein*, Frl. *Fides Keller*, Herr *von der Meden* und Herr *Eugen Franck*. Orchester: *Das Gewandhaus-orchester;* b) Sonntag, d. 4. Februar 1883 in der Thomaskirche im 156. Konzert des Riedel-Vereins nach dem Manuskript unter Leitung von *K. R.* nur das Sanctus. Solisten: Frl. *Verhulst*, Frau *Friedrich Eichler*, Herr *Karl Dierich* und Herr *Haller*. [Mit Orgelbegleitung, Orgel: Herr *Paul Homeyer*.] — 4. Ebendaselbst, Donnerstag, d. 3. Mai 1883 in der Thomaskirche im 1. Konzert der 20. Tonkünstler-Versammlung des Allgemeinen Deutschen Musikvereins ebenfalls nach Manuskript unter Leitung von *K. R.* Chor: *Der Riedel-*

verein, Mitglieder des akad. Männergesangvereins Arion und des Männerchors Concordia; Orchester: Gewandhausorchester; Solisten: Frl. Marie Breidenstein, Frl. Rosa Reinel, Herr Karl Dierich und Herr Bernhard Nöldechen; Orgel (!): Paul Homeyer.

Ersch.: Partitur, Klavierauszug, Orchester- und Chorstimmen Oktober 1883 bei Fr. Kistner, Leipzig.

Bes.: a) Soli: Sopran, Alt, Tenor, Bass.
   b) Chor: Sopran I u. II, Alt, Tenor I u. II, Bass I u. II.
   c) Orchester: 2 Fl., 1 Ob., 1 Engl. Hr., 2 Fag., 4 Hr., 3 Tr., 4 Pos., Pk. — Str.-Orch. (S. Anm.)

Anmerkg. Der bei der EA. erwähnte Akademiesaal war das ehemalige Brühlsche Theater auf der bekannten Brühlschen Terrasse in Dresden, den die Dreyssigsche Sing-Akademie mit königlicher Erlaubnis von 1843 bis 30. Januar 1885 als Übungs- und Aufführungslokal benutzte. Er wurde dann abgebrochen. — Mit dem Studium des Requiem begann die Dreyssigsche Sing-Akademie bereits im Sommer 1880, dann wurde das Werk beiseite gelegt. Am 8. September 1881 versendete der Vorstand nachfolgend mitgeteiltes, weil für die Draeseke-Biographie wichtige und für den Vorstand ehrenvolle Zirkular: „Wir sind bei der Annahme des Draesekeschen Werkes von der Ansicht ausgegangen, dass es unserer Akademie wohl ansteht, ein ganz neues Werk strengen Stiles herauszubringen, wir erachten solches für förderlich für den Ruf unserer Gesellschaft — es mag wohl angenehmer und bequemer sein, zu älteren und bekannten Kompositionen zurückzugreifen — ehrenvoller und anregender wirkt aber die Aufführung eines völlig neuen Werkes, wenn auch das Studium desselben mit grösseren Mühen verknüpft ist". — Dieses Zirkular ist die erste gedruckte und offizielle Hinweisung auf das Requiem. — Draeseke bearbeitete den Orchesterpart für eine Gedächtnisfeier zu Ehren der verstorbenen Ehrenmitglieder der Dreyssigschen Sing-Akademie Ferdinand v. Hiller und Gustav Merkel für Klavier und Harmonium, zu denen im Dies irae, Domine Jesu und Sanctus eine Trompete und Posaune für den cantus firmus treten. Diese Bearbeitung ist Manuskript. Die Aufführung in dieser Form fand statt: Dresden, Montag, d. 17. Mai 1886 im Börsensaale unter Leitung von Emil Hagen. Solisten: Frl. Siegler und Reinel, die Herren Wriedt und Jost, Klavier und Harmonium die Herren Buchmayer und Sherwood, Trompete und Posaune die Kgl. Kammermusiker Herren Friede und Meisel. — Das Lacrymosa ist weit früher als die anderen Sätze komponiert und später in wenig veränderter Gestalt in das Requiem aufgenommen worden. Bei C. F. Kahnt (Leipzig) erschien von dieser Urform des Lacrymosa Partitur und Stimmen ohne Opuszahl, der Komponist hatte op. 10 dafür angenommen. Aufführungen dieser ersten Form fanden statt: EA.: Jena, Mittwoch, d. 6. August 1876 in der Universitätskirche in einem Konzert der Singakademie unter Leitung von K. E. Naumann und Weimar, d. 27. Mai 1870 in der 3. Aufführung des Allgemeinen Deutschen Musikvereins. Die oben unter Neuchatel und Zittau mitgeteilten Aufführungen sind EA. der 2. Fassung nach Manuskript. — Hinsichtlich der Instrumentation und deren Ausführung in der Praxis äussert sich der Komponist wie folgt: „Das in diesem Requiem verwendete Orchester besteht aus Violinen (in zwei Partien), Bratschen, Violoncellos, Kontrabässen, zwei Flöten, einer Oboe, einem englischen Horn, zwei Fagotten, vier Hörnern, zwei (bezw. drei) Trompeten, drei (bezw. vier) Posaunen und einem Paar Pauken. Die nur zu Beginn des „Dies irae" und während des „Benedictus" sowie am Schlusse des „Sanctus" tätigen Hornisten können, da gewöhnlich unter zwei Hornisten einer mit der Trompete vertraut ist, die wenigen Takte zu Beginn des „Sanctus", wo für nur eine Note (e) eine dritte Trompete erforderlich ist, mit übernehmen und sind die betreffenden Noten in der Partie des ersten und des dritten Hornes vorgemerkt. Die vierte Posaune geht stets mit der dritten an den Stellen, die mit à 2 bezeichnet sind und soll, wo sie nicht zu besetzen wäre, weggelassen, in keinem Falle aber durch Tuba ersetzt werden. Falls das englische Horn nicht vorhanden wäre, möge eine A-Klarinette an seine Stelle treten, deren Partie sich unter den Orchesterstimmen findet wie ebenso die einer dritten Trompete und einer ersten Tenorposaune, welche eventuell zu zweit die mangelnde Altposaune zu ersetzen hätten. Doch rechnet der Komponist auf das Vorhandensein einer solchen wirklichen Altposaune, welche in den grösseren guten Orchestern sich ja noch vorfindet, da er die hohen Noten derselben nur sehr ungern der Ventiltrompete übertragen sähe. — Die Oboestimme hat in jedem Falle unverändert zu bleiben".

(13.) Adventlied: „Dein König kommt".
Dichtung von Fr. Rückert.
Für Solostimmen, Chor und Orchester. op. 30.

Der Dreyssigschen Sing-Akademie gewidmet.

GD. 15 Min.

Komp.: 1875 in Genf. Vollendet „Am Geburtstage seines Vaters" (25. November [1875]).

EA.: 1. Dresden, Freitag (sächs. Busstag), d. 22. November 1878 in der Frauenkirche in einer geistlichen Musikaufführung nach dem Manuskript unter Leitung von *Friedrich Reichel*. Solisten: Frau *Otto-Alvsleben* (Sopran), Frau *Dr. Mahr* (Alt), Herr *A. Wachtel* (Tenor), Herr *P. Bulss* (Bass); Chor: *Dreyssigsche Sing-Akademie, Neustädter Chorgesangverein und Schumannsche Sing-Akademie;* Orchester: *Mannsfeldtsche Kapelle.* — 2. Ebendaselbst, Mittwoch, d. 30. März 1887 im Saale des Gewerbehauses im Schlusskonzert des Kgl. Konservatoriums unter Leitung von *Adolf Hagen.* Solisten: Frl. *Susanne Apitz,* Frau *Bertha Schlegel,* Herr *Eduard Mann* und Herr *Paul Jensen;* Chor: *Die vereinigten Chorklassen;* Orchester: *Das Schüler-Orchester des Kgl. Konservatoriums.* — 3. Köln, Montag, d. 27. Juni 1887 im grossen Saale des Gürzenich im 3. Konzert der 24. Tonkünstler-Versammlung des Allgemeinen Deutschen Musikvereins unter Leitung von *Franz Wüllner.* Solisten:

Frl. *Cäcilie Mohor*, Frl. *MarieSchneider*, Herr *Carl Dierich* und Herr *Ernst Hungar*. — 4. Leipzig, Freitag, d. 18. November 1887 in der Peterskirche im (188.) Konzert des Riedelvereins unter Leitung von *Karl Riedel*. Solisten: Frl. *Wally Spliet*, Frau *Metzler-Löwy*, Herr *Gustav Wulff*, Herr *Ernst Hungar*.

Ersch.: Partitur, Klavierauszug, Orchester- und Chorstimmen September 1886 bei Fr. Kistner, Leipzig.

Bes.: a) Soli: Sopran, Alt, Tenor, Bass.
b) Chor: Sopran I u. II, Alt I u. II, Tenor I u. II, Bass I u. II.
c) Orchester: 2 Fl., 2 Ob., 2 Klar., 2 Fag., 2 Hr., 2 Tr., 3 Pos., Pk. — Str.-Orch.

Anmerkg. Die Aufführung erfordert einen stark besetzten Chor mit hohen Sopranen, auch die Solostimmen müssen vorzüglich besetzt sein.

(14.) Osterszene aus Goethes „Faust".

Für Baritonsolo, gemischten Chor und Orchester. op. 39.

Herrn Kammersänger Karl Hill zugeeignet.

GD. 13—14 Min.

Komp.: 1863 in Yverdon (Schweiz), Anfang 1887 in Dresden umgearbeitet, vollendet 20. Februar 1887 daselbst.

EA.: Dresden, Montag, d. 9. Dezember 1889 im Saale von Brauns Hotel in einer Chor-Aufführung für die Zwecke des Patronats-Vereins des Kgl. Konservatoriums mit Begleitung von Klavier und Harmonium. Leitung und Klavier: Herr *E. Krantz*; Baritonsolo: Herr *P. Jensen;* Harmonium: Herr *Fr. Böhme;* Chor: *die oberste Chorklasse des Konservatoriums.*

Ersch.: Klavierauszug und Chorstimmen Mai 1886, Partitur und Orchesterstimmen Mai 1906 bei Fr. Kistner, Leipzig.

Bes.: a) Solo: Bariton.
b) Chor: Sopran I u. II, Alt I u. II, Tenor, Bass I u. II.
c) Orchester: 2 Fl., 2 Ob., 2 Klar., 2 Fag., Kontrafag., 4 Hr., 2 Tr., 3 Pos., Pk., Tamtam. — Harmonium. — Str.-Orch. (S. Anm.)

Anmerkg. Der Chor hat durchweg hinter der Szene zu singen. Er muss der mancherlei Gruppierungen in Chor der Engel, der Weiber, der Jünger wegen recht gut besetzt sein. — Die Baritonpartie erfordert eine Stimme von erheblichem Umfange. — Tamtam, Kontrafagott und Harmonium sind nur, Trompete und Pauke teilweise hinter der Szene. Die Partie des Harmonium kann von den Holzblasinstrumenten auch im Orchester ausgeführt werden, doch ist dies nur ein Notbehelf, der nicht empfohlen werden kann.

(15.) **Grosse Messe.**

Für Chor, Soli und Orchester. Fis-moll. op. 60.

Herrn Professor Dr. Hermann Kretzschmar verehrungsvoll gewidmet.

I. Kyrie. — II. Gloria. — III. Credo. — IV. u. V. Sanctus und Benedictus. — VI. Agnus Dei.

*SD. I. 7 Min. II. 12 Min. III. 17—18 Min. IV. u. V. 9 Min.
VI. 10 Min. GD. 55—56 Min.*

Komp.: Ende 1890 bis Frühjahr 1891 in Dresden. Vollendet Kyrie 21. April
1891, Gloria 3. November 1890, Credo 20. März 1891, Sanctus mit
Benedictus 17. April 1891, Agnus 3. Dezember 1890.

EA.: 1. L e i p z i g, Freitag (sächs. Busstag), d. 18. November 1892 in der
Thomaskirche im (214.) Konzert des Riedel-Vereins unter Leitung
von *H. Kretzschmar* nach Manuskript. S o l i s t e n: Frl. *Anna Münch*
(Sopran), Frau *Pauline Metzler-Löwy* (Alt), Herr *Karl Dierich*
(Tenor), Herr *Paul Knüpfer* (Bass); O r c h e s t e r: *Gewandhaus-
orchester.* — 2. D r e s d e n, Sonnabend, d. 8. April 1893 im Saale
von Brauns Hotel im Konzert der Dreyssigschen Sing-Akademie
unter Leitung von *Th. Müller-Reuter*, ebenfalls nach Manuskript.
S o l i s t e n: Frl. *Anna Münch*, Frl. *Agnes Witting*, Herr *Eduard
Mann*, Herr *Edmund Glomme;* O r c h e s t e r: *Kapelle des 2. sächs.
Grenadier-Regiments No. 101.*

Ersch.: Klavierauszug und Chorstimmen 1893 bei Otto Junne, Leipzig.
Partitur und Orchesterstimmen bisher unveröffentlicht.

Bes.: a) S o l i: Sopran, Alt, Tenor, Bass.
    b) C h o r: 4 stimmiger gemischter Chor, im Gloria und Credo 8 stim-
       miger Doppelchor. (Auch kleiner Chor.)
    c) O r c h e s t e r: 2 Fl., 2 Ob., 2 Fag., 4 Hr., 2 Tr., 3 Pos., Pk. —
       Str.-Orch.

    A n m e r k g. Die Einrichtung für 4 Soli wurde bei der EA. 1 von
H. Kretzschmar angeordnet. Draeseke schrieb ursprünglich nur Sopransolo für
das Benedictus. Wenngleich unser Buch keinerlei Kritik enthalten soll, so möge
doch an dieser Stelle dem Bedauern Ausdruck gegeben werden, dass Draesekes
Werke von Chorvereinen, Dirigenten und anderen so ungebührlich vernachlässigt werden.

(16.) Christus.
Ein Mysterium in einem Vorspiele und drei Oratorien.
Für Solostimmen, Chor, Orchester und Orgel.

Vorspiel: Die Geburt des Herrn.

I. Israels Erwartung des Messias. II. In Bethlehem. (Engel. Hirten. Lobgesang der Jungfrau. Die drei Könige.) III. In Jerusalem. (Jesus
im Tempel. Simeon.) IV. In Bethlehem. (Flucht nach Ägypten.)

Erstes Oratorium: Christi Weihe.

Erste Abteilung. Johannes der Täufer. I. Johannes der Täufer
und das Volk. II. Johannes und die Pharisäer. III. Johannes der
Täufer und Jesus.

Zweite Abteilung. I. Aussendung Jesu in die Welt. II. Die bösen
Geister. III. Satan und Jesus. IV. Lobgesänge der Engel.

Zweites Oratorium: Christus der Prophet.

Erste Abteilung. I. Hochzeit zu Cana. II. Seligpreisungen und andere
Stücke der Bergpredigt. III. Heilung der Gichtbrüchigen. IV. Kommet
her zu mir.

Zweite Abteilung. Orchester-Vorspiel. I. Das Vater unser. II. Der barm-
herzige Samariter. III. Die Auferweckung des Lazarus. IV. Schlusschor.

Dritte Abteilung. L Salbung Jesu durch Maria. II. Einzug in Jerusalem. III. Jesus in Jerusalem.

Drittes Oratorium: Tod und Sieg des Herrn.

Erste Abteilung. I. Bereitung des Osterlammes und Fusswaschung.
II. Das Abendmahl. III. Jesu Seelenkampf. IV. Der Verrat.

Zweite Abteilung. I. Jesus vor Caiphas. II. Jesus vor Pilatus. III. Der
Gang zum Kreuz. IV. Jesus am Kreuz.

Dritte Abteilung. I. Die Auferstehung. II. Weitere Bezeugungen der
Auferstehung. III. Jesus erscheint den Jüngern. IV. Himmelfahrt
und Schlusschor.

Die Worte des Mysteriums sind, mit ganz geringen Ausnahmen, aus
der heiligen Schrift entnommen.

SD. *Vorspiel: 55 Min. — Erstes Oratorium: ca. 1¹/₂ St. — Zweites
Oratorium: ca. 2¹/₄ St. — Drittes Oratorium: ca. 2 St. 35 Min.*

Komp.: 1895—1899 in Dresden. Begonnen 1895 am ersten Osterfeiertag
mit der dritten Abteilung (Auferstehung) des dritten Oratoriums.

Vorspiel beendet (Partitur) 15. Mai 1898. Erstes Oratorium Erste
Abteilung beendet 15. September 1899, zweite Abteilung 10. Juni
1897. Zweites Oratorium Erste Abteilung beendet 23. Januar 1896,
zweite Abteilung 17. März 1896, dritte Abteilung 18. Dezember 1896.
Drittes Oratorium Erste Abteilung beendet 24. September 1898,
zweite Abteilung 21. Januar 1899, dritte Abteilung bis zur Himmelfahrt beendet 19. Mai 1895, Schluss beendet 17. November 1897.

EA.: 1. Oratorium III: Tod und Sieg des Herrn, Erste Abteilung und
dritte Abteilung ohne Himmelfahrt und Schlusschor. Meiningen,
Mittwoch, d. 4. April 1900 in der Stadtkirche in einem grossen
Kirchenkonzert der Herzogl. Hofkapelle und des Singvereins zum
Besten der Kinderheilstätte „Charlottenhall" in Salzungen nach dem
Manuskript unter Leitung von *Fritz Steinbach*. Solisten: Frl. *Maly
von Trützschler* (Sopran), Frau *Marie Knoch* (Alt), Herren *Fritz
Haas* (Jesus) und *Ludwig Hess* (Tenor); Orgel: Herr *Reinhold
Otto*. — 2. Oratorium II: Christus als Prophet, Erste und
zweite Abteilung. Bremen, Donnerstag, d. 24. Mai 1900 im Saale des
Künstler-Vereins im ersten Festkonzert der 36. Tonkünstler-Versamm-
lung des Allgemeinen Deutschen Musikvereins unter Leitung von
Karl Panzner. Solisten: Frau *Marie Blanck-Peters* (Sopran),
Frl. *Johanna Höfken* (Alt), die Herren *Emil Liepe* (Jesus), *Müller*
(Tenor) und *Weissbarth* (Bass) [Mitglieder des Bremer Lehrergesang-
vereins]; Chor: *Philharmonischer Chor, Neue Singakademie, Brom-
bergerscher Damenchor, Lehrergesangverein*; Orchester: *Das ver-
stärkte Philharmonische Orchester*. — 3. Oratorium III: Tod und
Sieg des Herrn, Erste und zweite Abteilung vollständig, dritte Ab-
teilung ohne Himmelfahrt und Schlusschor. Dresden, Mittwoch,
Buss- und Bettag, d. 21. November 1900 in der Dreikönigskirche
in einer geistlichen Musikaufführung unter Leitung von *Felix Ramoth*.
Solisten: Frl. *Marg. Knothe* und Frl. *Marg. Weissbach* (Sopran),
Frl. *Clara Henrici* (Alt), die Herren *Karl Perron* (Jesus), *Syburg*
(Tenor), *Osw. Hache* (Bariton) und *L. Schrauff* (Bass); Chor: *Der
Neustädter Chorgesangverein, die Dreyssigsche und die Rob.
Schumannsche Singakademie und Mitglieder des Männergesang-
vereins Orpheus;* Orchester: *Die verstärkte Gewerbehauskapelle;*
Orgel: Herr *Friedmar Töpfer*.

Ersch.: 1. Vorspiel: Partitur Oktober 1903, Klavierauszug und Chorstimmen Dezember 1902.
2. Erstes Oratorium: Klavierauszug Dezember 1902, Chorstimmen
   Februar 1903.
3. Zweites Oratorium: Klavierauszug Februar 1903.
4. Drittes Oratorium: Partitur Januar 1903, Klavierauszug Juni
   1903, Chorstimmen Februar 1904.
Alles bei Hermann Seemann Nachfolger, Leipzig, seit 1906 bei
Lauterbach & Kuhn, Leipzig.
NB. Das Material ist teilweise autographiert.

Besetzung:

A. Solostimmen.

Vorspiel. Sopran: Der Engel Gabriel und die heilige Jungfrau. — Tenor, Bariton und Bass: Die heiligen drei Könige. — Bass: Simeon.

Oratorium I. Erste Abteilung: Tenor: Johannes der Täufer. — Bariton: Jesus. — Zweite Abteilung: Hoher Sopran. — Mezzosopran. — Alt: Engel und Solo. — 3 Altstimmen unisono. — Tenor. — Bariton: Jesus. — Bass: Satan, böser Geist und Solo.

Oratorium II. Erste Abteilung: Alt: Jungfrau Maria. — Tenor: Gichtbrüchiger und ein Träger. — Bariton: Jesus. — Bass: Ein Träger. — Zweite Abteilung: Sopran: Maria. — Mezzosopran: Martha. — Tenor: Ein Bote und Thomas. — Bariton: Jesus. — Bass: Schriftgelehrter. — Dritte Abteilung: Mezzosopran: Martha. — Tenor: Lazarus. — Bariton: Jesus. — Bass: Simon und Judas Ischarioth.

Oratorium III. Erste Abteilung: Alt: Johannes und Engel. — Bariton: Jesus. — Bass: Petrus und Judas Ischarioth. — Zweite Abteilung: Sopran: Maria Magdalena und Maria Cleophae. — Alt: Salome. — Tenor: Pilatus und erster Schächer. — Bariton: Jesus. — Bass: Caiphas, Judas Ischarioth, zweiter Schächer und Einer aus dem Volke. — Dritte Abteilung: Sopran: Maria Magdalena, Frau und Engel. — Alt: Frau, Engel, Jünger. — Tenor: Jünger und Engel. — Bariton: Jesus. — Bass: Petrus.

B. Chor.

Vorspiel. Einfacher vierstimmiger bis zu siebenstimmigen gemischten Chor (Sopran I u. II, Alt I u. II, Tenor, Bass I u. II). Männerchor bis zur Fünfstimmigkeit (Tenor I u. II, Bass I, II u. III).

Oratorium I. Drei- bis achtstimmiger Chor in den verschiedensten Stimmanordnungen. Soprane vorübergehend bis zu dreifacher Teilung, viel zweifach; Alt und Tenor einfach und geteilt; Bass bis zu dreifacher Teilung, meist zweifach. Sehr starke Chorbesetzung, zumal in den Männerstimmen, nötig.

Oratorium II. Stärkste Chorbesetzung: Achtstimmiger gemischter Chor (Sopran I u. II, Alt I u. II, Tenor I u. II, Bass I u. II) zusammen mit einem vierstimmigen Chor (Alt, Tenor, Bass I u. II). Viel doppelte Chöre in verschiedensten Stimmanordnungen. Alle Stimmen fast durchgehends geteilt, doch auch in drei- und vierfacher Teilung gefordert. Dazu noch Knabenstimmen: Sopran und Alt. Aussergewöhnlich starke Männerchorbesetzung nötig. [Dieses 2. Oratorium ist eine gewaltige Choraufgabe.]

Oratorium III. Achtstimmiger Doppelchor (2 vierstimmige Chöre). Einfacher gemischter Chor bis zur Siebenstimmigkeit. Alle Stimmen geteilt, Bass auch dreifach.

A n m e r k g . z u r C h o r b e s e t z u n g . Bei Einzelaufführung von Oratorien-
teilen oder auch ganzen Oratorien wird eine Besetzung des Chores mit 150 bis
200 Stimmen genügen, insbesondere wenn nicht gerade die Teile ausgewählt
werden, in denen die chorischen Höhepunkte sich befinden. Bei einer Gesamt-
aufführung des Christus ist aber eine stärkere Besetzung, die mit 400 Sängern
noch nicht zu hoch gegriffen wäre, dringend zu wünschen.

C. Orchester.

3 Fl. (eine auch kl. Fl.), 3 Ob. (1. auch engl. Hr.), 2 Klar., 2 Fag., Kontrafag.,
4 Hr., 3 Tr., ausserdem zeitweilig 2 lange Naturtrompeten (D oder C),
3 Pos., 1 Quartventilposaune, 1 Kontrabassposaune, Pk., Gr. Tr.,
Becken, Tamtam. — 2 Hfn. — Orgel. — Str.-Orch.

A n m e r k g . z u r O r c h e s t e r b e s e t z u n g . Die Kontrabassposaune findet
nur Verwendung in der 2. Abteilung des 1. Oratoriums. Die Quartventilposaune
kann in derselben Abteilung in No. 2 und 3 mit einer Tuba vertauscht werden,
nicht aber in No. 4 dieser Abteilung. — Tamtam ist nur beschäftigt in Oratorium II, 2. Abteilung und Oratorium III, 2. und 3. Abteilung. — Harfe nicht
durchgängig doppelte Besetzung nötig. — Gr. Tr. und Becken nur in Oratorium I,
2. Abteilung.

A n m e r k g . Der Komponist hat seinem Werke eine „Einführung" mit-
gegeben, die alles auf Inhalt und Aufführung wissenswerte enthält und auf die
hiermit verwiesen wird. „Jeder der neun Oratorienteile bietet ein für sich ab-
geschlossenes Ganze, das man allenfalls vom übrigen abgetrennt für sich allein
aufführen könnte, wie andrerseits die getrennte Aufführung jedes der drei vollständigen Oratorien, sowie des allerdings nur einen Oratorienteil darstellenden
Vorspieles, sehr wohl möglich erscheint." (Aus der „Einführung".) — Christus
soll stets nur von einem Bariton, der nichts anderes singt, gesungen werden.
Im übrigen sind nötig für Dreigesänge Tenor, Bariton, Bass, — Sopran, Mezzosopran, Alt, — Sopran, Mezzosopran, Tenor. Alle anderen Solostimmen singen
nach einander, oder zu zwei, können also verschiedene Partien übernehmen.

(17.) Columbus.
Kantate für Soli, Männerchor und Orchester. op. 52.

I. Instrumental-Vorspiel. — Chor. *attacca* II. Columbus, Diego. *attacca*
III. Columbus, Diego, Chor. *attacca* IV. Columbus allein. *attacca*
V. Columbus, Diego, Chöre und einzelne Stimmen. *attacca* VI. Co-
lumbus, Diego, Chor.

GD. *35 Min.*

Komp.: Herbst 1889 in Dresden, vollendet 18. Dezember 1889.

EA.: Leipzig, Montag, d. 16. Februar 1891 im Saale des Neuen Gewandhauses im Winterfestkonzert des Universitäts-Sängervereins zu

St. Pauli unter Leitung von *Hermann Kretzschmar*. Solisten: Fräulein *Paula Mark* (Sopran) und Herr *Karl Schneider* (Bariton). Orchester: *Die Kapelle des 134. Infanterie-Regiments*.

Ersch.: Partitur, Klavierauszug, Orchester- und Chorstimmen August 1890 bei Fr. Kistner, Leipzig.

Bes.: a) **Soli: Sopran:** Diego und Stimme vom Mast. — **Bariton:** Columbus.

b) **Chor:** Einfacher vierstimmiger (vorübergehend fünfstimmiger) und doppelter (2 vierstimmige getrennte Chöre) Männerchor.

c) **Orchester:** 2 Fl. (2. auch Kl.-Fl.), 2 Ob., 2 Klar., (1. auch Bassklar.), 2 Fag., 2 Hr., 2 Tr., 3 Pos., Tuba, Pk., Becken. — Str.-Orch. (S. Anm.)

Anmerkg. Die beiden Sopranpartien sind von einer Solistin auszuführen. — Für die Orchesterbesetzung ist zu bemerken, dass Bassklarinette und Tuba nicht unbedingt erforderlich sind und dass eine Naturtrompete in C zwar erwünscht, aber auch nicht unumgänglich nötig ist.

———— ✦ ✦ ————

(18.) **Quintett** für Pianoforte, Violine, Viola, Violoncell und Horn. B-dur. op. 48.

Herrn Professor Adolf Stern in alter Freundschaft gewidmet.

———— ■ ————

I. Allegro con brio, ma non troppo vivace — II. Andante grave — III. Presto leggiero. — IV. Finale. *Allegro con brio. Allegro vivace e leggiero.*

SD. *I. 13 Min. II. 10 Min. III. 9 Min. IV. 8 Min.* **GD.** *40 Min.*

Komp.: Ende 1888 in Dresden. Vollendet: Erster Satz 14. Oktober, zweiter Satz 9. November, dritter Satz 27. Oktober, vierter Satz 3. November; „Alles beendet" 12. November 1888.

EA.: 1. **Dresden**, Montag, d. 18. März 1889 in Meinholds Sälen in einem ausserordentlichen Übungsabend des Tonkünstlervereins nach dem Manuskript. (S. Anm.) Gespielt von den Herren *Bertrand Roth* (Pianof.), *E. Feigerl* (Viol.), *Louis Göring* (Viola), *Ferd. Böckmann* (Violonc.), *Wilh. Ehrlich* (Horn.). — 2. **Wiesbaden**, Sonnabend, d. 29. Juni 1889 im weissen Saale des Kurhauses im 4. Konzert (Kammermusik-Auff.) der 26. Tonkünstler-Versammlung des Allgemeinen Deutschen Musikvereins. Gespielt von Frau *Marg. Stern* und den Herren *Halir*, *Nagel*, *Leopold Grützmacher* und *Petzold*.

Ersch.: Mai 1889 bei Fr. Kistner, Leipzig.

Anmerkg. Der ausserordentliche Übungsabend des Dresdner Tonkünstler-Vereins fand zu Ehren Draesekes statt und enthielt nur Kompositionen von demselben, nämlich a) Sonate (op. 6, E-dur) für Pianoforte [Herr B. Roth], b) Ritter Olaf (op. 18), Ballade in drei Teilen [Herren G. Jensen u. E. Krantz] und das obige Quartett.

(19.) **Quintett** für zwei Violinen, Bratsche und 2 Violoncelle. F-moll. op. 77.

Henri Petri in Freundschaft und Verehrung.

I. Langsam und düster. Noch einmal so schnell, aber ruhig. — II. Scherzo. *Sehr schnell und prickelnd.* — III. Langsam und getragen. — IV. Finale. *Langsam und düster. Rasch und feurig.*
SD. *I. 7 Min. II. 4 Min. III. 9 Min. IV. 8 Min* **GD.** *28 Min.*

Komp.: Winter 1900/01 in Dresden. Vollendet: Erster Satz 5. November 1900, zweiter Satz 25. Januar, dritter Satz 11. Januar, vierter Satz 16. Februar 1901.

EA.: 1. Basel, Sonnabend, d. 13. Juni 1903 im Musiksaal im ersten Künstlerkonzert (Matinee) der 39. Tonkünstler-Versammlung des Allgemeinen Deutschen Musik-Vereins nach dem Manuskript, gespielt von den Herren *Henri Petri* (Viol. 1), *Erdmann Warwas* (Viol. 2), *Alfred Spitzner* (Viola), *Georg Wille* (Violonc. 1) und *Paul Michael* (Violonc. 2). — 2. Dresden, Montag, d. 28. Dezember 1903 im Saale des Musenhauses im 3. Streichquartett-Abend nach dem Manuskript, gespielt von den Herren *Petri*, *Warwas*, *Spitzner*, *Wille* (wie oben) und *E. Robert Hansen* (Violonc. 2).

Ersch.: Partitur und Stimmen August 1903 bei N. Simrock, Berlin.

Anmerkg. In dem unter 2. mitgeteilten Konzert wurde das Quintett zweimal gespielt, am Anfang und Ende des Programms!

(20.) **Quintett** für Stelzner-Instrumente. [S. Anm.] A-dur. (Violine I u. II, Viola, Violotta. Violoncello.)

I. Sehr mässig bewegt; mit Feuer. — II. Sanft bewegt; getragen. — III. Scherzo, *rasch und leicht bewegt.* — IV. Finale, *frisch und keck.*
SD. *I. 10 Min. II. 6¹/₂ Min. III. 3¹/₂ Min. IV. 8 Min.* **GD.** *28 Min.*

Komp.: Anfang 1897 in Dresden. Vollendet 1. Satz: 30. Januar, 2. Satz 31. Januar, 3. Satz 1. Februar, 4. Satz 9. Februar 1897.

EA.: 1. D r e s d e n, Montag, d. 6. Dezember 1897 im Saale des Musenhauses im 2. Kammermusik-Abend des Ehepaares Rappoldi mit Genossen nach dem Manuskript, gespielt von den Herren *Eduard
Rappoldi* (Viol. 1), *Theodor Blumer* (Viol. 2), *Rudolph Remmele*,
(Viola), *Georg Naumann* (Violotta) und *Friedrich Grützmacher*
(Violoncell). — 2. G r a z, Sonntag, d. 4. Juni 1905 im Stephanien-
saal im 2. Kammermusik-Konzert der 41. Tonkünstler-Versammlung
des Allgemeinen Deutschen Musik-Vereins ebenfalls nach dem Manuskript, gespielt von den Herren *Arnold Rosé* (Viol. 1), *Paul Fischer*
(Viol. 2), *Anton Ruzitska* (Viola), *Franz Jelinck* (Violotta) und
Fr. Buxbaum (Violonc.). — 3. D r e s d e n, Sonntag, d. 8. Oktober
1905 im Saale des Vereinshauses in einer zu Ehren des 70. Geburtstages F. Draeseke's veranstalteten Draeseke-Matinee ebenfalls nach
Manuskript, gespielt von den Herren *Henri Petri, Erdmann Warwas,
Arthur Spitzner, Arthur Eller* und *Georg Wille*.

A n m e r k g. Über die sog. Stelzner-Instrumente sei hiermit eingehend berichtet. Herr Dr. Alfred Stelzner, als Komponist durch seine Opern „Rübezahl"
[EA. Dresden, 14. Juni 1902] und „Swätowits Ende" [EA. Kassel, 15. Dezember
1903] bekannt, konstruierte Streichinstrumente nach eigenem System.

„S t e l z n e r s System für den Bau der Streichinstrumente beruht im Gegensatz zu der bisherigen, auf blosser Empirie fussenden Praxis im Instrumenten-
bau auf wissenschaftlicher Grundlage.

Nach Stelzners System, welches ausschliesslich in neuen, richtigen und
endgültigen Proportionen des Resonanzkörpers besteht, derart, dass den Schall-
wellen nunmehr die d e n k b a r günstigsten Bedingungen für ihre Wirksamkeit
geboten sind, werden die neuen Instrumente notwendigerweise mit d e n k b a r
g ü n s t i g s t e n Vorzügen an Kraft und Schönheit des Tones gebaut.

In der bisherigen Besetzung des Streichquartetts sind die v i e r verschiedenen Stimmen durch nur d r e i verschiedene Tonwerkzeuge vertreten.
Diesem schon von Bach, Händel, Spohr u. A. lebhaft empfundenen Mangel ab-
zuhelfen, ist die „Violotta" bestimmt, eine Armgeige von der Länge und Mensur
einer mittelgrossen Bratsche, mit v i e r Saiten in Quinten gestimmt, eine Oktave
tiefer stehend als die Violine und im Violinschlüssel notiert. Die Violotta füllt
nach Tonumfang und Klangfarbe die Lücke zwischen Viola und Cello und ist
Repräsentant der Tenorstimme.

Ein zweites, völlig neues Streich-Instrument — das Cellone — konstruierte
Dr. Stelzner, um einen Ersatz für den Kontrabass — der seiner Natur nach
ausserhalb des Bereiches der Kammermusik fällt — zu schaffen und damit zugleich ein weiteres neues Ausdrucksmittel in die Kammermusik (Quintett, Sextett usw.) einzuführen. Das Cellone ist kaum merklich grösser als das Cello,
hat vier Saiten in Quinten gestimmt und steht eine Quart tiefer als das Cello,
also z w e i Oktaven tiefer als die Violine, mit seinem tiefsten Tone also nur
eine kleine Terz höher als der Kontrabass.

Die um Violotta und Cellone bereicherte Streichinstrumenten Familie besteht demnach aus drei G-Geigen, der Violine, der Violotta und dem Cellone
und zwei C-Geigen, der Viola und dem Cello.

Die Violotta wird in einem neuen G-Schlüssel, dem umgekehrten Violin-schlüssel — 𝄞 — der das kleine G bezeichnet, notiert, das Cellone im Bass-schlüssel, wie die Töne klingen."

Um diese beiden neuen Instrumente der Anwendung, insbesondere der Kammermusik, zuzuführen, wurde am 1. Mai 1896 ein von dem damaligen Direktor des Kgl. Konservatoriums in Dresden Eugen Krantz „im Auftrage" unterzeichnetes Preisausschreiben erlassen. Als Preise wurden ausgesetzt je 500 Mark für ein Quartett für Violine, Viola, Violotta und Violoncell und für ein Sextett für 2 Violinen, Viola, Violotta, Violoncell und Cellone. Als Preis-richter fungierten Felix Draeseke, Friedrich Grützmacher, Eduard Rappoldi, Eugen Krantz und Dr. Alfred Stelzner. Es gingen ca. 40 Quartette und Sextette ein. Von den Quartetten wurde keines des Preises für würdig befunden, von den Sextetten erhielt das von Arnold Krug komponierte den Preis. (Erschienen als op. 68 „Preissextett für zwei Violinen, Viola, Violotta, Violoncell und Viola" bei Fr. Kistner, zugeeignet dem König Albert von Sachsen.) Ein Sextett von Behm fand bei der Konkurrenz eine „ehrenvolle Erwähnung". Beide Werke erlebten dann am Donnerstag, den 14. Januar 1897 in Dresden in einem zu diesem Zwecke im Saale des Musenhauses veranstalteten Kammermusik-Abend ihre Uraufführung durch die Herren Rappoldi, Blumer (Viol.), Spitzner (Viola), Remmele (Violotta), Hüllweck (Cello), Grützmacher (Cellone). Ein auf dem Programm befindliches Quartett von M. L. wurde abgesetzt und an dessen Stelle Mozart Es-dur gespielt. Von Werken anderer Komponisten für Stelzner-Instru-mente sind noch bekannt geworden und aufgeführt: Kaletsch, Streichsextett (Kassel, 30. März 1897), Gerspacher, Streichquartett (Karlsruhe, 9. Oktober 1899), Miegler, Streichsextett (Berlin, 25. November 1900). Max Schillings verwendete die Violotta zuerst im Orchester als Soloinstrument in der Oper „Der Pfeifer-tag". Auch der Erfinder hat Violotta und Cellone in seinen beiden oben ge-nannten Opern im Orchester und zwar chorisch „gleichberechtigt und gleich-bepflichtet" mit den anderen Streichinstrumenten. —

Die Anregung zur Komposition des Quintetts hat Draeseke natürlich durch die Stelzner-Instrumente gewonnen. Das Werk ist noch Manuskript.

(21.) **Quartett I** für zwei Violinen, Viola und Violoncello. C-moll. op. 27.

I. Allegro risoluto. — II. Largo. — III. Menuetto. *Allegro moderato. Intermezzo (più mosso). Tempo I.* — IV. Presto con fuoco.

SD. *I. 10 Min. II. 6—7 Min. III. 5 Min. IV. 7 Min.* **GD.** *28—29 Min.*

Komp.: Anfang 1880 in Dresden. Vollendet: Erster Satz 6. Februar, vierter Satz 15. Februar 1880.

EA.: Dresden, Montag, d. 28. März 1881 im weissen Saale der Udluft-
schen Restauration im 11. Übungs-Abend des Tonkünstler-Vereins
nach dem Manuskript, gespielt von den Herren *Alfred Wolfermann*
(Viol. 1), *Richard Eckhold* (Viol. 2), *E. S. Wilhelm* (Viola) und
Ferd. Böckmann (Violoncell).

Ersch.: Juli 1885 bei Fr. Kistner, Leipzig.

(22.) **Quartett II** für zwei Violinen, Viola und Violoncello.
E-moll. op. 35.

Herrn Professor Eduard Rappoldi gewidmet.

I. Allegro moderato. — II. Scherzo. *Allegro vivace. Un poco piu
largo. Tempo I.* — III. Adagio, molto espressivo. — IV. Finale.
Allegro molto vivace.

SD. I. 9 Min. II. 6 Min. III. 7 Min. IV. 9 Min. GD. 31 Min.

Komp.: 1886 in Dresden. Vollendet: Erster Satz 30. Mai, zweiter Satz
12. Mai, vierter Satz 25. Mai 1886.

EA.: 1. Dresden, Freitag, d. 8. Oktober 1886 im Saale des Hotel de Saxe
in einer Soiree für Kammermusik, nach dem Manuskript, gespielt
von *Eduard Rappoldi* (Viol. 1), *Adolf Elsmann* (Viol. 2),
Joh. Ackermann (Viola) und *Julius Klengel* [aus Leipzig] (Violoncell). — 2. Leipzig, Freitag, d. 6. Mai 1887 im Saale des alten
Gewandhauses im 5. Konzert des Liszt-Vereins, gespielt von den
Obengenannten.

Ersch.: Mai 1887 bei Fr. Kistner, Leipzig.

(23.) **Quartett III** für zwei Violinen, Viola und Violoncello.
Cis-moll. op. 66.

Sr Königlichen Hoheit dem Herzog Alfred von Sachsen-Koburg-Gotha in tiefster
Ehrfurcht zugeeignet.

I. Andantino elegiaco. — II. Scherzo. *Allegro spumante.* —
III. Adagio non tanto, molto espressivo. — IV. Intermezzo.
Allegretto grazioso. — V. Finale. *Allegro risuluto.*

SD. I. 8 Min. II. 4 Min. III. 7 Min. IV. 2¹/₂ Min. V. 6 Min. GD. 28 Min.

Komp.: 1896 in Dresden.

EA.: Dresden, Montag, d. 28. Dezember 1896 im Saale des Musen-
hauses im 2. Kammermusik-Abend von E. Rappoldi nach dem
Manuskript, gespielt von den Herren *Eduard Rappoldi* (Viol. 1),
Theodor Blumer (Viol. 2), *Rudolph Remmele* (Viola) und *Friedr.
Grützmacher* (Violoncell).

Ersch.: Anfang 1899 bei Robert Forberg, Leipzig.

(24.) Sonate für Klarinette oder Violine und Pianoforte.
B-dur. op. 38.

Herrn Friedrich Demnitz gewidmet.

I. Allegro moderato. — II. Adagio ma non troppo. — III. Scherzo.
Allegro molto vivace. (*Presto.*) — IV. Allegro con brio.

SD. I. 7 Min. II. 6 Min. III. 5 Min. IV. 7 Min. **GD.** *25 Min.*

Komp.: Frühjahr 1887 in Dresden. Vollendet 22. Mai.

EA.: 1. Dresden, Montag, d. 14. November 1887 in Meinholds Sälen
im 4. Übungsabend des Tonkünstler-Vereins nach dem Manuskript,
gespielt von *Friedr. Demnitz* (Klarin.) und *Rich. Buchmayer* (Pianoforte). — 2. Ebendaselbst, Freitag, d. 27. Januar 1888 im Saale
des Gewerbehauses im 2. Produktions-Abend des Tonkünstler-Vereins,
gespielt von *Denselben.* — 3. Dessau, Sonnabend, d. 12. Mai
1888 im Herzogl. Hoftheater im fünften Konzert (1. Kammermusik-
aufführung) der 25. Tonkünstler-Versammlung des Allgemeinen
Deutschen Musik-Vereins, gespielt von Denselben.

Ersch.: April 1888 bei Fr. Kistner, Leipzig.

Anmerkg. Die eben erwähnte 25. Tonkünstler-Versammlung war eine
der reichst ausgestatteten überhaupt; sie umfasste 7 Konzerte: 3 geistliche
Musikaufführungen, 2 grosse Orchesterkonzerte und 2 Kammermusikaufführungen.
Von Draeseke gelangten noch zur Aufführung die Ouvertüre zu der Oper
„Gudrun" und die wenig gekannte Bergidylle op. 18.

(25.) Sonate für Violoncello und Pianoforte. D-dur. op. 51.

Herrn Paul Klengel gewidmet.

I. Allegro moderato. — II. Largo, molto espressivo. — III. Finale. *Allegro vivace, con fucco.*
SD. *I. 10—11 Min. II. 10—11 Min. III. 8 Min.* **GD.** *28—30 Min.*
Komp.: 1891 in Dresden.
EA.: 1. D r e s d e n, Montag, d. 10. Oktober 1892 in Meinholds Sälen im 2. Übungs-Abend des Tonkünstler-Vereins, gespielt von den Herren *Bertrand Roth* (Pianoforte) und *Friedr. Grützmacher* (Violoncell). — 2. E b e n d a s e l b s t, Freitag, d. 9. Dezember 1892 im Saale des Gewerbehauses im 1. Aufführungs-Abend des Tonkünstler-Vereins, gespielt von *Denselben.*
Ersch.: Januar 1892 bei Robert Forberg, Leipzig.

(26.) Sonate I für Viola alta und Pianoforte. C-moll.

I. Moderato. — II. Larghetto. — III. Allegretto.
SD. *I. 10 Min. II. 7 Min. III. 10 Min.* **GD.** *27 Min.*
Komp.: Anfang 1892 in Dresden. Vollendet: Erster Satz 15. Februar, zweiter Satz 27. Februar, dritter Satz 14. April 1892.
EA.: 1. D r e s d e n, Donnerstag, d. 12. Januar 1893 im Saale von Brauns Hotel in einem Konzert des Patronatsvereins des Kgl. Konservatoriums nach dem Manuskript, gespielt von *Th. Müller-Reuter* (Pianoforte) und *R. Remmele* (Viola alta). — 2. E b e n d a s e l b s t, Dienstag, d. 31. Januar 1893 im Saale des Neustädter Kasino in einem Musikalischen Unterhaltungsabend der Dreyssigschen Singakademie ebenfalls nach Manuskript, gespielt von den beiden obengenannten. — 3. E b e n d a s e l b s t, Montag, d. 26. November 1894 in Meinholds Sälen im 5. Übungs-Abend des Tonkünstler-Vereins auch nach Manuskript, gespielt von den Herren *Richard Buchmayer* (Pianof.) und *Rud. Remmele* (V. a.).

A n m e r k g. Die Literatur für die von Hermann Ritter eingeführte Viola alta hat durch diese und die folgende Sonate von Draeseke eine wertvolle Bereicherung erfahren. In den drei mitgeteilten Aufführungen spielte Remmele auch Viola alta, nicht die bekannte Bratsche. Die beiden Sonaten können übrigens auch sehr wohl auf einer solchen gespielt werden. Beide Werke sind noch Manuskript. In dem Programm der 3. Auff. trägt das Werk die Opuszahl 56.

(27.) **Sonate II** für Viola alta und Pianoforte. F-dur.

I. Bewegt. — II. Langsam und gewichtig. — III. Mässig bewegt, leicht.
SD. I. 6 Min. II. 7 Min. III. 6 Min. GD. 19 Min.

Komp.: Winter 1901/02 in Dresden. Vollendet: Erster Satz 13. Dezember, zweiter Satz 18. Dezember 1901, dritter Satz 11. Januar 1902.

EA.: Krefeld, Montag, d. 20. Juni 1904 im Saale der Königsburg im 5. Kammermusik-Konzert des Städt. Konservatoriums, nach dem Manuskript, gespielt von Frl. *Klara Röhmeyer* (Pianof.) und Herrn *Georg Ofterdinger* (Bratsche).

Ersch.: Noch unediert.

Anmerkg. In der bisher einzigen Aufführung wurde das Werk mit Bratsche gespielt. Auch diese Sonate ist zur Zeit (Sommer 1907) noch Manuskript. S. Anm. zum vorhergehenden Werke.

Karl Reinecke.

Geb. 23. Juni 1824 in Altona.

Literatur: 1. *W. J. v. Wasielewski*, „Carl Reinecke. Sein Leben, Wirken und Schaffen" (Leipzig, Jul. Heinr. Zimmermann). — 2. *Eugen Segnitz*, „Carl Reinecke" (Leipzig, Herm. Seemann Nachfolger). — 3. *Franz Reinecke*, „Verzeichnis der bis jetzt im Druck erschienenen Compositionen von Carl Reinecke" (1889, Leipzig, Gebrüder Reinecke).

Werke:

I. Orchesterwerke.

1. Symphonie I. op. 79.
2. Symphonie II. op. 134.
3. Symphonie III. op. 227.
4. „Von der Wiege bis zum Grabe". op. 202.
5. Serenade f. Streichorchester. op. 242.
6. Ouverture zu „Der vierjährige Posten". op. 45.
7. Ouverture zu „Dame Kobold". op. 51.
8. Ouverture zu „Alladin". op. 70.
9. Ouverture zu „König Manfred". op. 93.
10. Ouverture „Friedensfeier". op. 105.
11. In memoriam. Introduktion und Fuge mit Choral. op. 128.
12. Fest-Ouverture. op. 148.
13. Ouverture „Zur Jubelfeier". op. 166.
14. Zur Reformationsfeier. Variationen über „Eine feste Burg". op. 191.
15. Ouverture zu „Zenobia". op. 193.
16. Festouverture m. Schlusschor. op. 218.
17. Prologus solemnis. op. 223.
18. Gaudeamus. Praeludium und Fuge mit Schlusschor. op. 244.
19. Ouverture zu „Der Gouverneur von Tours".

II. Konzerte u. Konzertstücke mit Orchester.

20. Konzertstück für Pianoforte. op. 33.
21. Klavierkonzert I. op. 72.
22. Klavierkonzert II. op. 120.
23. Klavierkonzert III. op. 144.
24. Klavierkonzert IV. op. 254.
25. Violinkonzert. op. 141.
26. Violoncellkonzert. op. 82.
27. Romanzero. Konzertstück für Violoncell. op. 263.
28. Harfenkonzert. op. 182.

III. Chorwerke mit Orchester.

29. Ein geistliches Abendlied. op. 50.
30. Belsazar. op. 73.
31. Sommertagsbilder. op. 161.

IV. Kammermusikwerke.

32. Octett für Blasinstrumente. op. 216.
33. Sextett für Blasinstrumente. op. 271.
34. Klavierquintett. op. 83.
35. Klavierquartett I. op. 34.
36. Klavierquartett II. op. 272.
37. Streichquartett I. op. 16.
38. Streichquartett II. op. 30.
39. Streichquartett III. op. 132.
40. Streichquartett IV. op. 211.

41. Klaviertrio I. op. 38.
42. Klaviertrio II. op. 230.
43a. Serenade I ⎫ für ⎫
43b. Serenade II ⎰ Klaviertrio ⎰ op. 126.
44. Trio für Pianoforte, Oboe und Horn. op. 188.
45. Trio für Pianoforte, Klarinette und Viola. op. 264.
46. Trio für Pianoforte, Klarinette und Horn. op. 274.
47. Streichtrio. op. 249.

48. Sonate f. Pianoforte u. Violine. op. 116.
49. Phantasie für Pianoforte und Violine. op. 160.
50. Sonate I für Pianoforte und Violon-cell. op. 42.
51. Sonate II für Pianoforte und Violon-cell. op. 89.
52. Sonate III für Pianoforte und Violon-cell. op. 238.
53. Undine. Sonate für Pianoforte und Flöte. op. 167.

I. Orchesterwerke.

(1.) Symphonie I für grosses Orchester.
A-dur. op. 79.

Ihrer Kaiserlichen Hoheit der Frau Grossfürstin Helene Pawlowna von Russland ehrfurchtsvoll zugeeignet.

I. Lento. Allegro con brio. — II. Andante. — III. Scherzo. *Molto vivace.* — IV. Finale. *Allegro ma non troppo.*
SD. *I. 6 Min. II. 7 Min. III. 5 Min. IV. 6 Min.* **GD.** *24 Min.*
Komp.: 1858 in Barmen.
EA.: Erste Form: 1. Leipzig, Donnerstag, d. 2. Dezember 1858 im Saale des Gewandhauses im 8. Abonnementskonzert nach dem Manuskript unter Leitung von *Julius Rietz.* — 2. Barmen, Sonnabend, d. 22. Januar 1859 im Saale der Concordia im Konzert des Herrn Musikdirektor Karl Reinecke auch nach Manuskript unter Leitung von *Karl Reinecke.* — **Endgültige Form:** 3. Leipzig, Donnerstag, d. 22. Oktober 1863 im Saale des Gewandhauses im 3. Abonnementskonzert ebenfalls nach Manuskript unter Leitung von *K. R.* — 4. Barmen, Sonnabend, d. 20. Februar 1864 im Saale der Concordia im 4. Abonnementskonzert nach Manuskript unter Leitung von *K. R.* (S. Anm.)
Ersch.: Orchesterstimmen April und Partitur September 1864 bei Breit-kopf & Härtel, Leipzig.
Orch.Bes.: 2 Fl., 2 Ob., 2 Klar., 2 Fag., 4 Hr., 2 Tr., 3 Pos., Pk. — Str.-Orch.

Anmerkg. Die Symphonie op. 79 hat nach ihren ersten Aufführungen eine sehr wesentliche Umarbeitung erfahren. Bei der EA. 2 Barmen lauteten die Satzüberschriften, die bei der EA. 1 Leipzig fehlen: Allegro vivace, Andante con moto, Allegretto, Presto. Die beiden Mittelsätze wurden durch gänzlich neue ersetzt, der erste und letzte Satz erlitten hier und da Umänderungen und Zusätze. Alfred Dörffel ist, wie die von ihm verfasste Chronik und Statistik der Gewandhauskonzerte (Statistik S. 53) beweist, die Identität der 1858 und 1863 aufgeführten Symphonie mit der vom 15. 2. 1866 (A-dur-Symphonie) ebenso unbekannt geblieben wie Wasielewski (Reinecke-Biographie). — In dem Konzert der EA. 1 Leipzig erlebten auch eine Konzert-Ouverture von Woldemar Bargiel nach Manuskript, ferner das nachmals so viel gesungene Morgenlied für Männerchor von Rietz (nach Manuskript vorgetragen von den Paulinern) und Fr. Grützmachers 3. Cellokonzert ihre EA. im Gewandhause.

------◦◦------

(2.) Symphonie II (Hakon Jarl) für grosses Orchester. C-moll. op. 134.

Der Niederländischen Gesellschaft zur Beförderung der Tonkunst zugeeignet.

------■------

I. Allegro. — II. Andante. — III. Intermezzo. *Allegretto moderato.* — IV. Finale. *Allegro.*

SD. *I. 14 Min. II. 7 Min. III. 6 Min. IV. 11 Min. GD. 38 Min.*

Komp.: 1874 in Leipzig.

EA.: Leipzig, Donnerstag, d. 7. Januar 1875 im Saale des Gewandhauses im 11. Abonnementskonzert nach dem Manuskript unter Leitung von *Karl Reinecke.*

Ersch.: Partitur und Orchesterstimmen Mai 1875 bei Robert Forberg, Leipzig.

Orch.Bes.: 2 Fl., 2 Ob., 2 Klar., 2 Fag., 4 Hr., 2 Tr., 3 Pos., Pk. — Str.-Orch.

Anmerkg. Die Benennung „Hakon Jarl" findet sich auf dem Programm der EA. nicht. Aufschluss gibt das Vorwort der Partitur: „Es sei dem Komponisten die Mitteilung gestattet, dass diese Symphonie ihre Entstehung den Eindrücken verdankt, welche er durch Oehlenschlägers „Hakon Jarl" empfangen; er hat jedoch keineswegs getrachtet, den dramatischen Gang der Tragödie wiederzugeben, sondern versuchte nur unwillkürlich die Eindrücke jenes nordischheidnischen Helden und der ihn umgebenden poetischen Gestalten wiederzuspiegeln. Sollte es aber bei Aufführungen des Werkes wünschenswert erscheinen, die Symphonie durch einen Hinweis auf ihre Entstehung dem Verständnisse des Publikums näher zu rücken, so dürften die folgenden Überschriften für die einzelnen Sätze die geeignetesten sein: „I. Hakon Jarl. II. Thora. III. In Odins Hain. IV. Olufs Sieg." — Es empfiehlt sich, diese Überschriften den Satzangaben im Programm beizufügen.

------◦◦------

(3.) Symphonie III für grosses Orchester.

G-moll. op. 227.

Der Gesellschaft der Musikfreunde in Wien.

I. Allegro. — II. Andante sostenuto. — III. Scherzo. *Allegro vivace.* — IV. Finale. *Maëstoso. Allegro con fuoco. Presto.* **SD.** *I. 11 Min. II. 7 Min. III. 7 Min. IV. 7 Min.* **GD.** *32 Min.*
Komp.: 1894 in Leipzig.
EA.: 1. L e i p z i g, Donnerstag, d. 21. Februar 1895 im Saale des Neuen Gewandhauses im 18. Abonnementskonzert nach dem Manuskript unter Leitung von *Karl Reinecke.* — 2. W i e n, Sonnabend, d. 7. März 1896 im Saale der Gesellschaft der Musikfreunde in dem 4. Gesellschaftskonzert unter Leitung von *K. R.*
Ersch.: Partitur und Orchesterstimmen August 1895 bei Bartholf Senff, Leipzig.
Orch.Bes.: 2 Fl., 2 Ob., 2 Klar., 2 Fag., 4 Hr., 2 Tr., 3 Pos., Pk. — Str.-Orch.

A n m e r k g. Die Gesellschaft der Musikfreunde in Wien hatte bei Gelegenheit der Feier des 25jährigen Bestandes ihres neuen Vereinshauses 1895 Reinecke zum Ehrenmitglied ernannt, wofür er durch die Widmung der Symphonie op. 227 seinen Dank abstattete.

(4.) „Von der Wiege bis zum Grabe".

Ein Zyklus von sechzehn Fantasiestücken für Orchester. op. 202.

Seinem Freunde Heinrich Leo in treuer Freundschaft gewidmet.

1. Kindesträume. — 2. Spiel und Tanz. — 3. In Grossmutters Stübchen. — 4. Rüstiges Schaffen. — 5. In der Kirche. — 6. Hinaus in die Welt. — 7. Schöne Maiennacht, wo die Liebe wacht. — 8. Hochzeitszug. — 9. Des Hauses Weihe. — 10. Stilles Glück. — 11. Trübe Tage. *attacca* 12. Trost. — 13. Geburtstagsmarsch. — 14. Im Silberkranze. — 15. Abendsonne. — 16. Ad Astra.
SD. *I. 5 Min. II. 3 Min. III. 5 Min. IV. 3 Min. V. 2 Min. VI. 3 Min. VII. 5 Min. VIII 6 Min. IX. 3 Min. X. 4 Min. XI. 4 Min. XII. 3 Min. XIII. 4 Min. XIV. 4 Min. XV. 4 Min. XVI. 5 Min.* **GD.** *Eine reichliche Stunde.*

Komp.: 1888 in Leipzig.

EA.: Leipzig, Sonntag, d. 9. Februar 1890 im Saale des Neuen Gewand-hauses in einer Matinee zur Begründung des Pensionsfonds der Aspiranten des städtischen Orchesters nach dem Manuskript unter Leitung von *Karl Reinecke*, Deklamation Frl. *Rohde*. (S. Anm.)

Ersch.: Partitur und Orchesterstimmen Mai 1890 bei Jul. Heinr. Zimmer-mann, Leipzig.

Orch.Bes.: 2 Fl., 2 Ob., 2 Klar., 2 Fag., Kontrafagott (ad lib.), 4 Hr., 2 Tr., 3 Pos., Tuba, Pk., Gr. Tr., Kl. Tr., Becken. — Hfe. (ad lib.) — Str.-Orch. (S. Anm.)

Anmerkg. Das Werk ist ursprünglich für Klavier komponiert und Juni 1889 in dieser Form erschienen. Für Aufführungen empfiehlt sich nach Vor-schlag des Komponisten die Auslassung von No. 11, 12, 13. Den verbindenden Text, der bei der Aufführung des ganzen Werkes nicht wohl zu entbehren ist, hat Reinecke selbst verfasst. — Zur Bedienung der Schlaginstrumente sind 2 Musiker genügend, auf Besetzung von Kontrafagott, teilweise auch Tuba und Harfe kann ohne Schaden für die Wirkung des Ganzen verzichtet werden.

(5.) Serenade für Streichorchester.
G-moll. op 242.

Seiner Hoheit dem Herzog Georg Alexander von Mecklenburg-Strelitz.

I. Marcia. *Molto moderato.* — II. Arioso. *Andante sostenuto.* — III. Scherzo. *Allegretto.* — IV. Cavatine. *Adagio.* — V. Fug-hetta giojosa. *Vivace.* — VI. Finale. *Allegretto.*

SD. I. 4 Min. II. 3¹/₂ Min. III. 2¹/₂ Min. IV. 5 Min. V. 4 Min. VI. 5 Min. GD. 24 Min.

Komp.: Herbst 1898 in Leipzig.

EA.: Leipzig, Donnerstag, d. 10. November 1898 im Saale des Neuen Gewandhauses im 6. Abonnementskonzert unter Leitung von *Arth. Nikisch.*

Ersch.: Partitur und Orchesterstimmen September 1898 bei J. H. Zimmer-mann, Leipzig.

Orch.Bes.: Viol. I, Viol. II, Viola, Violoncell u. Kontrabass.

Anmerkg. Eine reichliche Besetzung der Violoncelli ist für No. 4, mit Rücksicht auf Cello-Solo und mehrfache Teilung der Tutti-Celli, erforderlich. Der seltene Gast des ⁵/₄-Taktes tritt den Spielern in diesem Satze entgegen. — Im letzten Satze ist eine russische Volksmelodie benutzt.

(6.) Ouverture zu der Operette „Der vierjährige Posten" für Orchester. op. 45.

GD. 6 Min.

Komp.: Frühjahr 1855 in Barmen.

EA.: 1. B a r m e n, Sonnabend, d. 12. Juli 1855 im Saale der Concordia in der 1. musikalischen Abendunterhaltung zum Vorteil der musikalischen Institute in B. gelegentlich der 1. Aufführung der Operette nach dem Manuskript unter Leitung von *Karl Reinecke.* — 2. E b e n - d a s e l b s t, Sonnabend, d. 19. Juli 1855 im gleichen Saale auch nach Manuskript (bei der 2. Aufführung der Operette) unter Leitung von *K. R.* — 3. E b e n d a s e l b s t, Sonnabend, d. 22. August 1857 in der Schützenhalle im Konzert der Liedertafel zum Besten der Abgebrannten an der Mosel wie oben, aber die Ouverture allein.

Ersch.: Orchesterstimmen Januar und Partitur September 1870 bei Breitkopf & Härtel, Leipzig.

Orch.Bes.: 2 Fl. (2. auch Kl.Fl.), 2 Ob., 2 Klar., 2 Fag., 4 Hr., 2 Tr., Pk., Trgl., Gr. Tr. und Becken (ad lib.). — Str.-Orch.

A n m e r k g. „Der vierjährige Posten" ist das bekannte Singspiel von Theodor Körner, das auch Franz Schubert (1815) komponiert hat, nach ihm noch Wilh. Alsdorf, Friedr. Hieron. Truhn, Jak. E. Schmölzer, Gustav Hinrichs, Ferd. Frenzel. (Nach dem Opernhandbuch von Hugo Riemann.)

NB. Ausser den in diesem Werke mitgeteilten Ouverturen schrieb Reinecke noch die Manuskript gebliebenen:

1. Konzert-Ouverture, aufgeführt unter R.s Leitung Januar 1851 in Bremen und 18. Mai 1851 in Düsseldorf,

2. Ouverture zu „Hamlet", aufgeführt unter Leitung Ferd. Hillers 15. März 1853 in Köln und um annähernd die gleiche Zeit unter v. Wasielewski in Bonn, und

3. Ouverture zu dem Trauerspiel „Sophonisbe" (von Friedr. Röber) aufgeführt in Barmen, 29. Dezember 1857, Leipzig (Gewandhaus), 4. Februar 1858 etc. unter R.s Leitung.

(7.) Ouverture zu Calderons „Dame Kobold" für Orchester. op. 51.

Herrn Kapellmeister Julius Rietz zugeeignet.

GD. 9—10 Min.

Komp.: 1854/55 in Barmen.

EA.: 1. B a r m e n, Sonnabend, d. 20. Januar 1855 im Saale der Concordia in einem Konzert „zum Vorteile des Herrn Musikdirektors Karl Reinecke" nach dem Manuskript unter Leitung von *Karl Reinecke.*

(S. Anm.) — 2. Cleve, Montag, d. 4. August 1856 im Saale des Schützenhauses im 2. Konzert des 3. niederrheinischen Sängerfestes ebenfalls nach Manuskript unter Leitung von *K. R.* (S. Anm.) — 3. Leipzig, Sonntag, d. 12. Oktober 1856 im Saale des Gewandhauses im 2. Abonnementskonzert auch nach Manuskript unter Leitung von *Julius Rietz.*

Ersch.: Partitur und Orchesterstimmen Oktober 1856 bei Breitkopf & Härtel, Leipzig.

Orch.Bes.: 2 Fl., 2 Ob., 2 Klar., 2 Fag., 2 Hr., 2 Tr., Pk. — Str.-Orch.

Anmerkg. Bei der EA. 1 Barmen trug das Werk den Namen „Lustspiel-Ouverture; als „Ouverture zu Calderons Lustspiel Dame Kobold" erschien es erstmalig bei der EA. 2 Cleve. — Der Niederrheinische Sängerbund wurde 1853 gegründet. Die Leitung des obengenannten Festes lag in den Händen von Karl Reinecke (damals Musikdirektor in Barmen) und Curt Fiedler (aus Cleve), welch letzterer für den anfänglich als Festdirigent mitberufenen erkrankten Carl Wilhelm (Dirigent der Krefelder Liedertafel, Komponist der „Wacht am Rhein") einsprang.

(8.) **Ouverture zu „Alladin"**

für grosses Orchester. op. 70.

Herrn Kapellmeister Ferdinand Hiller zugeeignet.

G.D. 8 Min.

Komp.: Sommer 1859 in Breslau.

EA.: 1. Breslau, Montag, d. 19. Dezember 1859 im Musiksaale der Universität im 2. Symphoniekonzert nach dem Manuskript unter Leitung von *Karl Reinecke.* — 2. Leipzig, Donnerstag, d. 31. Januar 1861 im Saale des Gewandhauses im 15. Abonnementskonzert unter Leitung von *K. R.*

Ersch.: Partitur und Orchesterstimmen Februar 1861 bei C. F. W. Siegel, Leipzig. (S. Anm.)

Orch.Bes.: 2 Fl., 2 Ob., 2 Klar., 2 Fag., 4 Hr., 3 Tr., 3 Pos. (ad lib.), Pk. — Str.-Orch.

Anmerkg. Die zu dem bekannten Märchen geschriebene Ouverture ist im Jahre 1879 von Reinecke umgearbeitet worden und in dieser Form Oktober 1879 neu erschienen, nachdem die Verlagshandlung die noch vorhandenen Partituren an Reinecke zurückgeliefert hatte. Die Änderungen bezogen sich [nach Mitteilung des Komponisten] nur auf die Instrumentation, bei deren erster Form für R. die Verhältnisse der damals in Breslau ansässigen Bilseschen Kapelle massgebend gewesen sind. Eine EA. der endgültigen Form hat sich nicht zuverlässig ermitteln lassen, wird aber vor dem zweiten Erscheinungstermin (vielleicht 3. Januar 1874 Leipzig, Gewandhaus) nach Manuskript stattgefunden haben.

(9.) Ouverture zur Oper „König Manfred"
für grosses Orchester. op. 93.

GD. *10 Min.*

Komp.: Ende 1866 in Leipzig. (S. Anm.)

EA.: 1. Wiesbaden, Freitag, d. 26. Juli 1867 im Kgl. Hoftheater gelegentlich der Erstaufführung der ganzen Oper nach dem Manuskript
unter Leitung von *Wilhelm Jahn.* — 2. Leipzig, Donnerstag, d.
27. Februar 1868 im Saale des Gewandhauses im Konzert zum Besten
des Orchester-Pensionsfonds unter Leitung von *Karl Reinecke.*

Ersch.: Partitur Januar 1868, Orchesterstimmen Dezember 1867 bei
Breitkopf & Härtel, Leipzig.

Orch.Bes.: Kl.Fl., 2 Fl., 2 Ob., 2 Klar., 2 Fag., 4 Hr., 2 Tr., 3 Pos., Pk. —
Hfe. — Str.-Orch.

Anmerkg. Die Komposition der ganzen Oper fällt in die Zeit vom
April bis Dezember 1866. — Bei der EA. der Oper in Wiesbaden sangen die
Solopartien Frl. Lichtmay (Ghismonde), Frl. Boschetti (Helene), Frl. Waldmann
(Page), Herr Caffieri (Manfred), Herr Klein (Kardinal), Herr Carnor (Eckart).
Der Text ist von Friedrich Röber verfasst. — Eine doppelte Besetzung der
Harfe ist wünschenswert.

(10.) Friedensfeier.
Fest-Ouverture für grosses Orchester. op. 105.

GD. *10 Min.*

Komp.: September 1870 in Leipzig.

EA.: 1. Leipzig, Donnerstag, d. 20. Oktober 1870 im Saale des Gewandhauses in einem Konzert zum Besten der Invaliden und Hinterbliebenen
der Gefallenen nach dem Manuskript unter Leitung von *Karl Reinecke.*
(S. Anm.) — 2. Frankfurt a. M., Freitag, d. 18. November 1870
im Saalbau im 3. Museumskonzert ebenfalls nach Manuskript unter
Leitung von *K. R.* — 3. Leipzig, Donnerstag, d. 23. Februar
1871 im Konzert zum Besten des Orchester-Pensionsfonds im Saale
des Gewandhauses unter Leitung von *K. R.* (S. Anm.)

Ersch.: Partitur und Orchesterstimmen Dezember 1870 bei Robert Seitz,
Leipzig und Weimar, seit Juli 1881 im Besitze von Ries & Erler, Berlin.

Orch.Bes.: Kl.Fl., 2 Fl., 2 Ob., 2 Klar., 2 Fag., 4 Hr., 3 Tr., 3 Pos.,
Tuba, Pk., Trgl., Gr. Tr. und Becken. — Str.-Orch.

Anmerkg. Bei der EA. 1 trägt das Werk nur den Titel „Festouverture",
die Benennung „Friedensfeier" erscheint erst bei EA. 3 nach der Drucklegung. —

Am Schlusse der Ouverture ist die Melodie „Seht er kommt mit Preis gekrönt" (aus Judas Makkabäus von Händel) verschmolzen mit dem Choral „Nun danket alle Gott". — Am Schlagzeug kann kein Musiker gespart werden. — Ausser oben mitgeteilten Aufführungen sei noch die erwähnt, die in Köln am 28. Mai 1871, bei dem 48. Niederrheinischen Musikfest, das den Titel „Feier des Friedens" führte, unter Leitung von F. Hiller stattfand.

(11.) In memoriam.
Introduktion und Fuge mit Choral für grosses Orchester.
op. 128.

GD. 7 Min.

Komp.: Juli 1873 in Leipzig.

EA.: 1. Leipzig, Donnerstag, d. 2. Oktober 1873 im Saale des Gewandhauses im 1. Abonnementskonzert (S. Anm.) nach dem Manuskript unter Leitung von *Karl Reinecke.* (S. Anm.)

Ersch.: Partitur und Orchesterstimmen November 1873 bei Robert Forberg, Leipzig.

Orch.Bes.: 2 Fl., 2 Ob., 2 Klar., 2 Fag., 4 Hr., 2 Tr., 3 Pos., Tuba, Pk. — Str.-Orch.

Anmerkg. Das obengenannte Abonnementskonzert war eine Gedächtnisfeier für den am 18. Juli 1873 auf einem Ausflug nach der Klubhütte unterhalb des Silvrettagletschers (bei Klosters in der Schweiz) plötzlich verstorbenen Ferdinand David. Dieser war seit November 1835 in Leipzig, wohin ihn Mendelssohn berufen hatte. Zum Nachfolger des Konzertmeisters Matthäi gewählt, stand David 38 Jahre an der Spitze des Gewandhausorchesters, wirkte 30 Jahre als erster Violinlehrer am Leipziger Konservatorium und hatte in beiden Ämtern grössten Anteil an der Entwickelung des Leipziger Musiklebens. Es ist nicht ohne Interesse hier das ganze Programm dieses dem Gedächtnisse Davids gewidmeten Gewandhauskonzertes mitzuteilen:

1. „In memoriam" von K. Reinecke, 2. Psalm „Mein Auge erheb' ich zu den Bergeshöhn" für 2 Soprane von David (gesungen von Frl. Gutzschbach und Frl. Degener), 3. Adagio aus dem Streichsextett op. 38 von David (vorgetragen vom gesamten Streichorchester), 4. „Tota pulchra est", Offertorium aus der Messe op. 147 von R. Schumann, 5. „Nachruf", Adagio für Orchester von Ferd. Hiller, 6. Konzert für Posaune von Ferd. David (vorgetragen von Herrn Kammermusikus Bruns aus Dresden), 7. Symphonie (A-moll) von Mendelssohn. — Einer der späteren Aufführungen der Reineckeschen Komposition sei hier noch Erwähnung getan. Sie fand am Sonnabend, d. 3. April 1875 in Köln im Saale des Gürzenich gelegentlich der Jubiläumsfeier des Konservatoriums und des Herrn Dr. Ferd. Hiller als Leiter desselben und als Dirigent der Konzert-

gesellschaft statt. Das Programm besagt darüber: „Zur Erinnerung an die verstorbenen Lehrer und Direktoren des Konservatoriums, die Herren R. Benedix, F. Derckum, F. Hartmann, F. Heuser, Dr. W. Müller, J. Nacken, Th. Pixis, A. Schmit und Dr. E. Weyden „In memoriam" etc. Reinecke war vom Herbst 1851 bis zu seiner Berufung als Musikdirektor nach Barmen (1854) Lehrer an dem Kölner Konservatorium. An der Leitung seines Werkes war Reinecke durch Krankheit verhindert, Ferd. Hiller übernahm sie dafür. In dem Jubiläumskonzert wirkten die früheren und damaligen Lehrer des Konservatoriums W. Bargiel, J. Brambach, F. Gernsheim, E. Rudorff, L. Ebert, G. Japha, G. Jensen, O. von Königslöw, J. Kwast, E. Mertke, C. Schneider, J. Seiss und F. Weber mit, an der Spitze stand natürlich Ferd. Hiller.

(12.) **Festouverture** für grosses Orchester. op. 148.

Den Mitgliedern des Gewandhaus-Orchesters vom Jahre 1877/78 hochachtungsvoll zugeeignet.

GD. 8 Min.

Komp.: Frühjahr 1878 in Leipzig.

EA.: 1. Kiel, Montag, d. 24. Juni 1878 im Wriedtschen Saale im 2. Konzert des 2. Schleswig-Holsteinischen Musikfestes nach dem Manuskript unter Leitung von *Karl Reinecke*. — 2. Leipzig, Donnerstag, d. 31. Oktober 1878 im Saale des Gewandhauses im 4. Abonnementskonzert ebenfalls unter Leitung von *K. R.*

Ersch.: Partitur und Orchesterstimmen Oktober 1878 bei Breitkopf & Härtel, Leipzig.

Orch.Bes.: 2 Fl. (2. auch Kl.Fl.), 2 Ob., 2 Klar., 2 Fag., 4 Hr., 2 Tr., 3 Pos., Tuba, Pk. — Str.-Orch.

Anmerkg. Das 2. Schleswig-Holsteinische Musikfest fand in Kiel am 23. und 24. Juni 1878 statt und stand unter Reineckes Leitung. Die Programme der beiden Festkonzerte bieten nichts irgend Bemerkenswertes. Diese Ouverture ist später dem op. 161 „Sommertagsbilder" einverleibt worden, in dem sie No. 1 bildet. (S. No. 31.)

(13.) **„Zur Jubelfeier".**

Ouverture für grosses Orchester. op. 166.

Der Direktion der Gewandhaus-Konzerte hochachtungsvoll gewidmet. (S. Anm.)

GD. 11 Min.

Komp.: 1881 in Leipzig.

EA.: Leipzig, Freitag, d. 25. November 1881 im Saale des Gewandhauses im 7. Abonnementskonzert nach dem Manuskript unter Leitung von *Karl Reinecke*. (S. Anm.)

Ersch.: Partitur und Stimmen Januar 1882 bei Breitkopf & Härtel, Leipzig.

Orch.Bes.: Kl.Fl., 2 Fl., 2 Ob., 2 Klar., Bassethorn (ad lib.), 2 Fag., 4 Hr., 2 Tr., 3 Pos., Pk. — Str.-Orch.

Anmerkg. Der Partitur ist das Gewandhaus-Motto vorgedruckt: „Res severa est verum gaudium", dementsprechend lautet es auch im Programm der EA.: „Zur Jubelfeier. Res severa est verum gaudium. Ouverture von K. R." Das betr. Abonnementskonzert bildete die Jubelfeier zur Erinnerung an die Eröffnung des Konzertsaales im Gewandhause zu Leipzig 25. November 1781. — Die Direktion der Gewandhauskonzerte, der die Ouverture gewidmet ist, bestand aus den Herren Konsul Limburger, Professor Dr. Braune, Oberbürgermeister Dr. Georgi, Direktor Dr. Günther, Geh. Legationsrat Dr. Keil, Dr. Lampe-Vischer, Graf Münster, Hofrat Dr. Petschke, E. Trefftz, Dr. Wachsmuth, Dompropst Dr. Wendler.

(14.) Zur Reformationsfeier.
Variationen über Luthers Choral „Ein' feste Burg"
für grosses Orchester. op. 191.

Dem Grafen Bolko von Hochberg.

GD. 9 Min.

Komp.: Sommer 1887 in Leipzig.

EA.: Leipzig, Donnerstag, d. 27. Oktober 1887 im Saale des Neuen Gewandhauses im 4. Abonnementskonzert (Zur Vorfeier des Reformationsfestes) unter Leitung von *Karl Reinecke*.

Ersch.: Partitur und Orchesterstimmen April 1887 bei Robert Forberg, Leipzig.

Orch.Bes.: 2 Fl., 2 Ob., 2 Klar., 2 Fag., Kontrafagott, 4 Hr., 2 Tr., 3 Pos., Pk. — Str.-Orch.

(15.) Ouverture zu Kleins Trauerspiel „Zenobia"
für grosses Orchester. op. 193.

Anton Rubinstein gewidmet.

GD. 10 Min.

Komp.: 1884 in Leipzig.

EA.: Leipzig, Donnerstag, d. 3. März 1887 im Saale des Gewandhauses im 19. Abonnementskonzert zum Besten des Orchester-Pensions-fonds unter Leitung von *Karl Reinecke*.

Ersch.: Partitur und Orchesterstimmen März 1887 bei Breitkopf & Härtel.

Orch.Bes.: 2 Fl., 2 Ob., 2 Klar., 2 Fag., 4 Hr., 2 Tr., 3 Pos., Pk. — Str.-Orch.

Anmerkg. Reinecke schrieb ausser der Ouverture noch die ganze zu dem genannten Trauerspiele gehörige Musik, die aus 11 Nummern besteht. Auf-führungen dieses Trauerspiels mit der ganzen Musik fanden in der Saison 1884/85 in Frankfurt a. M. und München statt. Erschienen ist nur die Ouverture.

(16.) Fest-Ouverture

mit Schlusschor „An die Künstler" von Friedrich Schiller.
Für Orchester und Männerchor. op. 218.

GD. 8 Min.

Komp.: Anfang 1893 in Leipzig.

EA.: 1. Leipzig, Freitag, d. 10. März 1893 im Saale des Konservatoriums gelegentlich der Feier des 50jährigen Bestehens des Konservatoriums unter Leitung von *Karl Reinecke* mit dem *Chor und Orchester des Instituts*. (S. Anm.) — 2. Ebendaselbst, Dienstag, d. 23. Mai 1893 im Saale des Neuen Gewandhauses in dem für die 30. All-gemeine Deutsche Lehrerversammlung veranstalteten Festkonzert unter Leitung von *Karl Reinecke*. Männerchor: *Leipziger Lehrergesang-verein*.

Ersch.: Partitur, Orchester- und Chorstimmen Februar 1893 bei Gebrüder Reinecke, Leipzig.

Bes.: a) Chor: 3stimmiger Männerchor.
b) Orchester: 2 Fl., 2 Ob., 2 Klar., 2 Fag., 4 Hr., 2 Tr., 3 Pos., Pk. — Str.-Orch.

Anmerkg. Die Ouverture ist für die bei EA. 1 erwähnte Jubelfeier des 1843 von Mendelssohn unter dem Namen „Leipziger Musikschule" gegründeten Kgl. Konservatoriums komponiert worden. [Die Eröffnung der Musikschule fand am 3. April 1843 statt; der Lehrkörper bestand am Anfang aus Felix Mendelssohn-Bartholdy, Moritz Hauptmann, Ferdinand David, Robert Schumann, August Pohlenz und Carl Ferdinand Becker.] — Man kann die Ouverture auch ohne Männerchor aufführen, dessen Part zu diesem Zwecke in die Blasinstrumente eingezogen ist. Empfehlenswert ist das jedoch nicht.

(17.) **Prologus solemnis**

in Form einer Ouverture für grosses Orchester komponiert
zur 150 jährigen Jubelfeier der Leipziger Gewandhauskonzerte.
op. 223.

GD. 10 Min.

Komp.: Sommer 1893 in Leipzig.

EA.: 1. Leipzig, Donnerstag, d. 19. Oktober 1893 im Saale des Neuen
Gewandhauses im ersten Festkonzert zur Feier des 150 jährigen Bestehens der Gewandhauskonzerte (zugleich 1. Abonnementskonzert)
nach dem Manuskript unter Leitung von *Karl Reinecke.* — 2. Baden-
Baden, Freitag, d. 26. Januar 1894 im Saale des Konversationshauses im 5. Abonnementskonzert (Festkonzert zur Feier des Geburts-
festes Sr. Majestät des Kaisers) unter Leitung von *Paul Hein.*

Ersch.: Partitur Januar 1893, Orchesterstimmen Dezember 1892 bei
Breitkopf & Härtel, Leipzig.

Orch.Bes.: 2 Fl., 2 Ob., 2 Klar., 2 Fag., 4 Hr., 3 Tr., 3 Pos., Tuba, Pk. —
Str.-Orch.

Anmerkg. Zur obenerwähnten Feier wurden drei Festkonzerte im Gewandhause, Donnerstag, d. 19. Oktober, Freitag, d. 20. Oktober (1. und 2. Abonnementskonzert) und Montag, d. 23. Oktober 1893 (Kammermusikkonzert) veranstaltet. Die Programme lauteten I: Die obengenannte Ouverture von Reinecke,
Festgedicht von Gottschall, Motette „Ein' feste Burg" (1. Teil) von Johann
Friedrich Doles (erster Kapellmeister des sog. „Grossen Konzertes" 1744), Konzert
für 3 Klaviere (D moll) von J. S. Bach, Symphonie III (A-moll) von Mendelssohn.
II: Ouverture zu „Leonore" (No. 3) von Beethoven, Das Paradies und die Peri
von Schumann. III: Streichquartett (D-dur) von Haydn, Streichquintett (G-moll)
von Mozart, Lieder von Schubert, Klaviersoli: op. 57 von Beethoven, op. 90 No. 3
von Schubert, C-moll-Passacaglia von Bach-d'Albert, A-moll-Rondo von Mozart.
An der Ausführung dieser drei Konzerte waren beteiligt: Der Thomanerchor
(Schreck), der Gewandhauschor, die Gesangssolisten: Frau Emma Baumann,
Frl. Dorothea Schmidt, Frau Pauline Metzler, Frl. Susanne Stade, Frl. Emmy
Rebling, die Herren Gust. Borchers, Gustav Trautermann und Anton Sistermans;
die Klaviersolisten: Frau Klara Kretzschmar, Frl. Johanna Müller, Herren Karl
Reinecke und Eugen d'Albert; für die Kammermusikwerke die Herren: Prill,
Hilf, Becker, Rother, Sitt, Unkenstein, Wille und Klengel. — Im Verlaufe der
Ouverture verwendet und kombiniert Reinecke Themen von Bach, Haydn, Mozart
und Beethoven und zwar 1. aus der Matthäuspassion „Wahrlich, dieser ist Gottes
Sohn gewesen", 2. aus der Schöpfung „Und eine neue Welt", 3. aus dem Finale
der Jupiter-Symphonie und 4. aus der grossen Leonoren-Ouverture.

(18.) **Gaudeamus.**

Präludium und Fuge für grosses Orchester mit Schlusschor „Gaudeamus igitur" für Männerstimmen. op. 244.

GD. 7 Min.

Komp.: Anfang 1899 in Leipzig.

EA.: L e i p z i g, Freitag, d. 26. Mai 1899 im Saale des Neuen Gewandhauses im 2. Festkonzert zur Feier des Jubiläums des 50 jährigen Bestehens des Akademischen Gesangvereins „Arion" unter Leitung von *Alfred Richter.*

Ersch.: Partitur, Orchester- und Chorstimmen Mai 1899 bei J. H. Zimmermann, Leipzig.

Bes.: a) C h o r : Tenor I u. II, Bass I und II.
b) O r c h e s t e r : Kl.Fl., 2 Fl., 2 Ob., 2 Klar., 2 Fag., 4 Hr., 2 Tr., 3 Pos., Tuba, Pk., Trgl., Gr. Tr., Becken. — Str.-Orch.

(19.) **Ouverture zur Oper „Der Gouverneur von Tours"** für grosses Orchester.

GD. 8 Min.

Komp.: 1890 in Leipzig.

EA.: S c h w e r i n, Sonntag, d. 22. und Montag, d. 30. November 1891 im Grossherzogl. Hoftheater gelegentlich der Erstaufführung der ganzen Oper unter Leitung von *Alois Schmitt.*

Ersch.: Partitur und Orchesterstimmen September 1891 bei J. H. Zimmermann, Leipzig.

Orch.Bes.: Kl.Fl., 2 Fl., 2 Ob., 2 Klar., 2 Fag., 4 Hr., 2 Tr., 3 Pos., Pk. Trgl., Gr. Tr., Becken. — Str.-Orch.

II. Konzerte und Konzertstücke mit Orchester.

(20.) Konzertstück für Pianoforte mit Begleitung des Orchesters. G-moll. op. 33.

Ignaz Moscheles gewidmet.

Allegro. *attacca* Lento ma non troppo. *attacca* Allegro.
GD. 12 Min.
Komp.: Sommer 1848 in Hamburg.
EA.: 1. L e i p z i g , Donnerstag, d. 9. November 1848 im Saale des Ge-
wandhauses im 6. Abonnementskonzert nach dem Manuskript unter
Leitung von *Julius Rietz*, gespielt von *Karl Reinecke*. — 2. B r e m e n ,
Montag, d. 15. Oktober 1849 im grossen Saale der Union in einem
von Karl Reinecke gegebenen Konzert a l s N o n e t t f ü r P i a n o -
f o r t e , S t r e i c h q u i n t e t t , F l ö t e , K l a r i n e t t e u n d V e n t i l -
h o r n nach dem Manuskript, gespielt von den Herren *K. R.* (Pianoforte),
Böttcher, *Arnold*, *Schmidt*, *Cabisius*, *Sastedt* (Streichquintett),
Klier, *Rakemann* und *Funk* (Blasinstrumente). [S. Anm.]
Ersch.: November 1852 bei Schuberth & Co., Hamburg. (S. Anm.)
Orch.Bes.: 2 Fl., 2 Ob., 2 Klar., 2 Fag., 2 Hr., 2 Tr., 3 Pos., Pk. — Str.-Orch.
A n m e r k g. Das Konzertstück ist zuerst als Nonett (wie oben bei EA. 2)
erschienen, da sich der Verleger zur Herausgabe in der Originalgestalt nicht
verstehen wollte. In dem Konzert in Bremen (s. o.) wirkte Franz Liszt zu
Gunsten Reineckes mit und spielte mit ihm das Duo concertant über den Marsch
aus Preciosa von Moscheles und Mendelssohn (für 2 Klaviere) und allein seine
Don Juan-Fantasie. H. Behr aus Leipzig sang Manuskript-Lieder von Mendelssohn
(also aus dem Nachlass, da M. am 4. November 1847 gestorben war), vermutlich
aus op. 71 oder 84.

(21.) Konzert I für das Pianoforte
mit Begleitung des Orchesters. Fis-moll. op. 72.

Seiner Hoheit dem Herzog Ernst von Sachsen-Coburg-Gotha.

I. Allegro. — II. Adagio ma non troppo. — III. Finale. *Allegro con brio.*
SD. I. 15 Min. II. 7 Min. III. 10 Min. GD. 32 Min.
Komp.: 1860 in Leipzig.

EA.: Leipzig, Donnerstag, d. 24. Oktober 1861 im Saale des Gewandhauses im 4. Abonnementskonzert nach dem Manuskript unter Leitung
von *Ferdinand David,* gespielt von *Karl Reinecke.*

Ersch.: Partitur und Stimmen Oktober 1880 bei Breitkopf & Härtel, Leipzig.

Orch.Bes.: 2 Fl., 2 Ob., 2 Klar., 2 Fag., 2 Hr., 2 Tr., Pk. — Str.-Orch.

(22.) Konzert II für das Pianoforte

mit Begleitung des Orchesters. E-moll. op. 120.

Herrn Joseph Kirkmann in London.

I. Allegro. — II. Andantino quasi Allegretto. — III. Allegro brillante.
SD. I. 10 Min. II. 5 Min. III. 7 Min. GD. 22 Min.
Komp.: 1872 in Leipzig.

EA.: Leipzig, Donnerstag, d. 14. November 1872 im Saale des Gewandhauses im 7. Abonnementskonzert nach dem Manuskript unter Leitung
von *Ferdinand David,* gespielt von *Karl Reinecke.* (S. Anm.)

Ersch.: Orchesterstimmen und Solostimme (ohne Partitur) Juni 1873 bei
Fr. Kistner, Leipzig.

Orch.Bes.: 2 Fl., 2 Ob., 2 Klar., 2 Fag., 2 Hr., 2 Tr., Pk. — Str.-Orch.

Anmerkg. Die 2. EA. sollte unter F. Hillers Leitung mit Reinecke als
Solist am 3. Dezember 1872 im 4. Gürzenichkonzert in Köln stattfinden, das
Programm war bereits gedruckt. Diese Aufführung konnte nicht stattfinden,
da der Koffer mit dem Manuskript-Konzert auf der Bahn verloren gegangen
war. Reinecke spielte dafür Beethovens C-moll-Konzert. — In dem Konzert
der EA. Leipzig wurde auch erstmalig nach dem Manuskript (unter der Leitung
des Komponisten) Jadassohns Kanon-Serenade in 4 Sätzen aufgeführt.

(23.) Konzert III für das Pianoforte

mit Begleitung des Orchesters. C-dur. op. 144.

Seiner Majestät dem König Albert von Sachsen ehrfurchtsvoll gewidme

I. Allegro. — II. Largo. — III. Finale. *Allegro vivace e grazioso.*
SD. I. 12 Min. II. 7 Min. III. 10 Min. GD. 29 Min.
Komp.: 1877 in Leipzig.

EA.: Leipzig, Donnerstag, d. 11. Oktober 1877 im Saale des Gewandhauses im 1. Abonnementskonzert (S. Anm.) nach dem Manuskript
unter Leitung von *Ferdinand David,* gespielt von *Karl Reinecke.*

Ersch.: Partitur und Orchesterstimmen Januar 1878 bei C. F. W. Siegel,
Leipzig.

Orch.Bes.: 2 Fl., 2 Ob., 2 Klar., 2 Fag., 4 Hr., 2 Tr., Pk. — Str.-Orch.

Anmerkg. Das Gewandhauskonzert der EA. war eine Totenfeier für
den am 12. September 1877 verstorbenen Julius Rietz, der der Dirigent der
Gewandhauskonzerte von 1848—60 (mit Ausschluss der zwei Jahre 1852/53 und
1853/54) gewesen war. Zu seinem Gedächtnis enthielt das Programm die von
ihm für das Düsseldorfer Musikfest 1839 komponierte, viel gespielte Konzert-
Ouverture in A dur, sowie seine 3. Symphonie (Es-dur) (EA. nach Manuskript
18. November 1855), ausserdem mit Rücksicht auf den Zweck des Konzertes
die Maurerische Trauermusik von Mozart.

(24.) **Konzert IV für das Pianoforte**
mit Begleitung des Orchesters. H-moll. op. 254.

I. Allegro. — II. Adagio ma non troppo. — III. Finale. *Allegro.*
SD. I. 8 Min. II. 6 Min. III. 5 Min. GD. 19 Min.

Komp.: 1901 in Leipzig.

EA.: Leipzig, Freitag, d. 14. Februar 1902 im Saale des Kgl. Konservatoriums in einer öffentlichen Prüfungs-Aufführung dieses Instituts
unter Leitung von *Hans Sitt,* mit Begleitung durch das *Schüler-
Orchester,* gespielt von Frl. *Charlotte Bresch.*

Ersch.: Orchesterstimmen und Solostimme (ohne Partitur) Oktober 1901
bei J. H. Zimmermann, Leipzig.

Orch.Bes.: 2 Fl., 2 Ob., 2 Klar., 2 Fag., 2 Hr., 2 Tr., Pk. — Str.-Orch.

Anmerkg. Der Komponist gibt seinem Werke nachfolgendes für Klavier-
pädagogen usw. beherzigenswerte Vorwort:

„Der Umstand, dass in der an sich überreichen Klavier-Literatur doch
nur sehr wenige Konzerte vorhanden sind, welche an die Technik, an die Ausdauer und Kraft des Spielers mässigere Ansprüche machen, dass aber diese
wenigen fast ausschliesslich die ältere Klaviertechnik kultivieren, veranlasste
den Komponisten, ein Konzert zu schreiben, welches geeignet sein dürfte, in
die schweren Konzerte neuerer Zeit einzuführen und welches — ohne auf
weitere Spannungen, Doppelgriffe, Ineinandergreifen der Hände u. dergl. gänzlich
zu verzichten — dennoch keine allzu hohen Ansprüche an den Spieler macht."

(25.) **Konzert für die Violine**
mit Begleitung des Orchesters. G-moll. op. 141.

Seinem Freunde Joseph Joachim.

I. Allegro moderato. — II. Lento. — III. Finale. *Moderato con grazia.*
SD. I. 11 Min. II. 7 Min. III. 10 Min. GD. 28 Min.
Komp.: 1876 in Leipzig.
EA.: Leipzig, Donnerstag, d. 21. Dezember 1876 im Saale des Gewand-
hauses im 11. Abonnementskonzert nach dem Manuskript unter Leitung
von *Karl Reinecke,* gespielt von *Joseph Joachim.*
Ersch.: Partitur und Orchesterstimmen Oktober 1877 bei Breitkopf & Härtel,
Leipzig.
Orch.Bes.: 2 Fl., 2 Ob., 2 Klar., 2 Fag., 2 Hr., 2 Tr., 3 Pos. (ad lib.),
Pk. — Str.-Orch.

Anmerkg. Ausser diesem Violinkonzert schrieb Reinecke im Jahre 1857
in Barmen ein anderes, das Manuskript geblieben ist. Dieses wurde aufgeführt
in Barmen, 21. November 1857 (Solist Franz Seiss) und in Leipzig, 3. Oktober
1858 (Solist Ferdinand David), beidemale unter Reineckes Leitung. Die Satz-
überschriften lauteten: Allegro. — Andante und Rondo.

(26.) **Konzert für das Violoncell**
mit Begleitung des Orchesters. D-moll. op. 82.

Herrn Friedrich Grützmacher freundschaftlichst zugeeignet.

I. Allegro moderato — II. Romanze. *Andante con moto.* — III. Finale.
Allegro vivace.
SD. I. 9 Min. II. 5 Min. III. 6 Min. GD. 20 Min.
Komp.: 1864 in Leipzig.
EA.: Leipzig, Donnerstag, d. 24. November 1864 im Saale des Gewand-
hauses im 7. Abonnementskonzert nach dem Manuskript unter Leitung
von *Karl Reinecke,* gespielt von *Friedrich Grützmacher.*
Ersch.: Partitur und Orchesterstimmen Oktober 1865 bei B. Schotts Söhne,
Mainz.
Orch.Bes.: 2 Fl., 2 Ob., 2 Klar., 2 Fag., 2 Hr., 2 Tr., Pk. — Str.-Orch.

(27.) **Romanzero** in Form eines Konzertstückes
für Violoncell und Orchester. A-moll. op. 263.

Julius Klengel freundschaftlich zugeeignet.

Allegro moderato. Andante sostenuto. Allegro moderato. *(In einem Satze.)*
GD. 16 Min.
Komp.: 1902 in Leipzig.
EA.: Leipzig, Sonnabend, d. 20. Januar 1906 im Saale des städt. Kauf-
hauses in einem von J. Klengel gegebenen Konzert unter Leitung
von *H. Winderstein*, gespielt von *Julius Klengel.*
Ersch.: Klavierauszug und Orchesterstimmen (ohne Partitur) März 1903 bei
Gebrüder Reinecke, Leipzig.
Orch.Bes.: 2 Fl. (2. auch Kl.Fl.), 2 Ob., 2 Klar., 2 Fag., 4 Hr., 2 Tr.,
Pk. — Hfe. (ad lib.) — Str.-Orch.

(28.) **Konzert für die Harfe**
mit Begleitung des Orchesters. E-moll. op. 182.

Herrn Edmund Schuëcker zugeeignet.

I. Allegro moderato. — II. Adagio. — III. Scherzo-Finale. *Allegro vivace.*
SD. I. 9 Min. II. 3 Min. III. 11 Min. GD. 23 Min.
Komp.: 1884 in Leipzig.
EA.: Leipzig, Donnerstag, d. 16. Oktober 1884 im Saale des alten
Gewandhauses (S. Anm.) im 2. Abonnementskonzert nach dem Manu-
skript unter Leitung von *Karl Reinecke*, gespielt von *Edmund
Schuëcker.*
Ersch.: Partitur und Orchesterstimmen Dezember 1884 bei Barthol£ Senff,
Leipzig.
Orch.Bes.: 2 Fl., 2 Ob., 2 Klar., 2 Fag., 4 Hr., 2 Tr., Pk., Trgl. — Str.-Orch.

Anmerkg. Die EA. dieses Werkes gibt Veranlassung zu nachfolgenden
Mitteilungen von musikgeschichtlicher Bedeutung. Sie fand, wie oben durch
Sperrdruck hervorgehoben ist, im alten Gewandhause statt. Wenige Wochen
später wurde das Neue Gewandhaus am 11., 12. und 13. Dezember 1884 mit
3 Festkonzerten eröffnet. Das 1.—6., 14. und 15. und 21. und 22. Abonnementskonzert fand noch im alten Hause, das 7.—13. und 16.—20. im neuen Hause
statt. Donnerstag, den 26. März 1885 wurde im alten Hause das letzte Abonnements-

konzert mit folgendem Programm abgehalten: Coriolan-Ouverture von Beethoven, Arie: „Ombra Felice" von Mozart (Frl. A. Asmann), Klavierkonzert (A-moll) von Schumann (Frau Clara Schumann, die am 20. Oktober 1828 zum ersten Male im Gewandhause öffentlich aufgetreten war), Lieder von Schubert, Schumann und Rubinstein (Frl. A. A.) und C-moll-Symphonie von Beethoven. Über hundert Jahre hatten die Räume des alten, am 25. November 1781 eröffneten Gewandhauses den vornehmsten künstlerischen Zwecken gedient und eine musikgeschichtliche Bedeutung wie kein anderer Konzertsaal Deutschlands erlangt.

III. Chorwerke mit Orchester.

(29.) Ein geistliches Abendlied.
Dichtung von Gottfried Kinkel.
Für Tenor-Solo, Chor und Orchester. op. 50.

Herrn Musikdirektor Julius Stern zugeeignet.

GD. 8 Min.

Komp.: 1854 in Barmen.

EA.: 1. Barmen, Sonnabend, d. 25. November 1854 im Saale der Concordia im 2. Abonnementskonzert nach dem Manuskript unter Leitung von *Karl Reinecke*, Tenorsolo: Herr *Ernst Koch* aus Köln. — 2. Ebendaselbst, Montag, d. 6. August 1855 im gleichen Saale in der 2. musikalischen Abendunterhaltung zum Vorteile der musikalischen Institute Barmens unter Leitung von *K. R.*, Tenorsolo: Herr *E. K.*

Ersch.: Partitur, Klavierauszug, Chor- und Orchesterstimmen 1855 bei Ernst ter Meer, Aachen, seit 1858 im Besitze von C. F. W. Siegel, Leipzig.

Bes.: a) Solo: Tenor.
b) Chor: Sopran I u. II, Alt I u. II, Tenor und Bass.
c) Orchester: 2 Fl., 2 Klar., 2 Fag., 2 Hr., 3 Pos., Pk. — Str.-Orch.

Anmerkg. Das geistliche Abendlied war das erste Werk, das Reinecke in Barmen, wohin er Frühling 1854 als Dirigent des städtischen Singvereins berufen worden war, komponierte und mit dem er in dieser Stellung zum ersten Male als Komponist auftrat. Zu seiner Biographie sei hier mitgeteilt, dass er am 26. Mai 1854 in diese Stellung eingeführt wurde. Zur Begrüssung fand eine festliche Veranstaltung statt, in der ihm, gleich wie Robert und Clara Schumann 7. September 1850 in Düsseldorf (Siehe R. Schumann No. 6), ein dichterischer Willkommensgruss geboten wurde. Dieser sei hier nach dem Originale mitgeteilt:

Städtischer Singverein.

Festgesang dem Musikdirektor Carl Reinecke bei seiner Einführung als Dirigent des Städtischen Sing-Vereins in Barmen gewidmet am 26. Mai 1854.

Töne froher Jubelsang!
Brause mächtig, voller Chor!
Bring mit deinem schönsten Klang
Unsre Grüsse ihm zuvor.

Ihm der Künste treuem Sohn
Der aus tiefstem Herzensschrein
Manchen vollen, frischen Ton
Warf ins deutsche Volk hinein.

Nun der unsre! Herz und Mund
Jauchzt Willkommen Dir, jauchzt Heil,
Dass nun unserm Sängerbund
Deine Liebe ward zu Theil.

Thal der Wupper, schönes Thal!
Bringe Freude ihm und Lust,
Bring mit jedem Sonnenstrahl
Neue Lieder seiner Brust.

Des Gesanges Allgewalt,
Edles Streben unverwandt
Schling' um unsre Herzen bald
Fest der Eintracht schönes Band.

Töne froher Jubelsang etc. etc.

NB. Ein Chorwerk Reineckes ist Manuskript geblieben: Der 130. Psalm für Chor, Soli und Orchester. Die EA. dieses Werkes fand statt: Barmen, Sonnabend, d. 24. November 1855 im grossen Saale der Concordia im 2. Abonnementskonzert unter Leitung des Komponisten. Nach dem Originalprogramm ist die Einteilung des Werkes folgende gewesen: 1. Chor „Aus der Tiefe rufe ich", 2. Arioso (Sopran) „So du willst, Herr, Sünde zurechnen", 3. Quartett und Chor „Ich harre des Herrn" und 4. Chor „Israel, hoffe auf den Herrn".

(30.) **Belsazar.**
Dichtung von Friedrich Röber.
Für Soli, Chor und Orchester. op. 73.

Seiner Majestät Georg V., König von Hannover ehrfurchtsvoll zugeeignet.

Ouverture. I. Chor der Babylonier. — II. Arie (Belsazar). *attacca* III. Rezitativ (Prophet Daniel). *attacca* IV. Chor der Israeliten. — V. Chor der Babylonier. — VI. Rezitativ und Arie (Alt) mit Chor. — VII. Doppelchor mit Tenor-Solo. — VIII. Szene (Belsazar, Daniel, Ein Babylonier) mit Chor. — IX. Chor der Israeliten. — X. Rezitativ und Arioso (Prophet Daniel). *attacca* XI. Chor der Israeliten.

SD. *Ouverture 7 Min. I. 7 Min. II—IV. 10 Min. V. 2 Min. VI. 5 Min. VII. 7 Min. VIII. 5 Min. IX. 2 Min. X u. XI. 9 Min. GD. 54 Min.*

Komp.: Ende 1859 und Anfang 1860 in Breslau.

EA.: 1. B r e s l a u, Sonnabend, d. 80. Juni 1860 in der Aula der Kgl. Universität in einem Konzert der Singakademie zur Feier ihres Stiftungsfestes nach dem Manuskript unter Leitung von *Karl Reinecke*. Solisten: Frl. *Ottilie Mutzel* (Frau Direktor Musewius), Frl. *Elise Gillet*, Herr Musiklehrer *Fritsch*, Herr Gesanglehrer *Schubert* (alle vier Mitglieder der Singakademie); Orchester: *Bilsesche Kapelle.* — 2. L e i p z i g, Donnerstag, d. 6. Februar 1862 im Saale des Gewandhauses im Konzert zum Besten der Armen unter Leitung von *K. R.* Solisten: Frl. *Emmy Hauschtek*, Frl. *Laura Lessiak* und die Herren *Rudolph Otto* und *E. Sabbath.*

Ersch.: Partitur, Klavierauszug, Orchester- und Chorstimmen Oktober 1862 bei Fr. Kistner, Leipzig.

Bes.: a) S o l i : S o p r a n : Eine Coryphäe. — A l t : Eine Israelitin. — T e n o r : Prophet Daniel und Ein Babylonier. — B a r i t o n : Belsazar und ein Babylonier.
  b) C h o r : Gemischter Chor mit geteilten Stimmen und Doppelchor (2 vierstimmige Chöre).
  c) O r c h e s t e r : Kl.Fl., 2 Fl., 2 Ob., 2 Klar., 2 Fag., 4 Hr., 2 Tr., 3 Pos., 3 Pk., — Str.-Orch.

A n m e r k g. Zur Aufführung genügen 3 Solisten: Alt, Tenor und Bariton; das Sopransolo kann auch von 6—8 Chorsopranistinnen gesungen werden. — Reinecke siedelte bald nach der EA. 1 nach Leipzig als Nachfolger von Jul. Rietz als Dirigent der Gewandhauskonzerte über. Seine Stellungen als Dirigent der Singakademie und Universitätsmusikdirektor in Breslau bekleidete er nur ein Jahr: Frühjahr 1859 bis Sommer 1860.

(31.) **Sommertagsbilder.**
Konzert-Stück für Chor und Orchester. op. 161.

Dem Chor-Vereine und dem Orchester der Gewandhaus-Konzerte in Leipzig.

I. Ouverture. — II. Sonnenglut (Chor). — III. Dämmerung (Orch.). — IV. Das Abendläuten (Chor). — V. Tanz unter der Dorflinde (Intermezzo für Orch.). — VI. Sommernacht (Chor). — VII. Morgenhymnus (Chor). (S. Anm.)

SD. *I. 8 Min. II. 10 Min. III. 6 Min. IV. 6 Min. V. 4 Min. VI. 4 Min. VII. 17 Min. GD. 55 Min.*

Komp.: 1880 in Leipzig. (Ouverture 1878, s. Anm.)

EA.: 1. B a r m e n, Sonnabend, d. 5. Februar 1881 im Saale der Concordia im 5. Abonnementskonzert der Konzertgesellschaft nach dem Manuskript unter Leitung von *Karl Reinecke.* — 2. A l t o n a, Dienstag, d. 6. Dezember 1881 im grossen Saale des Bürger-Vereins im 1. Konzert der Altonaer Sing-Akademie unter Leitung von *K. R.* — 3. Leipzig, Donnerstag, d. 15. Dezember 1881 im Saale des Gewandhauses im 10. Abonnementskonzert unter Leitung von *K. R.*

Ersch.: Partitur, Klavierauszug, Chor- und Orchesterstimmen März 1881 bei Breitkopf & Härtel, Leipzig.

Bes.: a) C h o r: Sopran I u. II, Alt I u. II, Tenor I u. II, Bass I u. II. (S. Anm.) b) O r c h e s t e r: Kl.Fl., 2 Fl., 2 Ob., 2 Klar., 2 Fag., 4 Hr., 2 Tr., 3 Pos., Tuba, Pk., Trgl. — Str.-Orch.

A n m e r k g. Die Texte sind von Altmann (I u. III), Carsten (II), Scheuerlin (IV), Heine (V), Reinick (VI) und Rückert (VII). — In No. 6 ist eine kleine Solostelle für 2 Soprane leicht von Chormitgliedern auszuführen. — Für die Triangel ist ein besonderer Musiker nicht erforderlich, der Pauker kann die wenigen Takte übernehmen. — Die Ouverture ist vorher bereits als selbständiges Werk „Festouverture op. 148" erschienen und aufgeführt worden. (S. No. 12.)

IV. Kammermusikwerke.

(32.) **Octett** für Flöte, Oboe, 2 Klarinetten, 2 Hörner und 2 Fagotte. B-dur. op. 216.

Herrn Gustav Hinke.

I. Allegro moderato. — II. Scherzo. *Vivace.* — III. Adagio ma non troppo. — IV. Finale. *Allegro molto e grazioso.*
SD. I. 7 Min. II. 3 Min. III. 6 Min. IV. 7 Min. GD. 23 Min.
Komp.: 1891/92 in Leipzig.
EA.: L e i p z i g, Sonnabend, d. 10. Dezember 1892 im kleinen Saale des Neuen Gewandhauses in der 4. Kammermusik, gespielt von den Herren *Schwedler* (Flöte), *Hinke* (Oboe), *Kessner* und *Heyneck* (Klarinetten), *Gumpert* und *Müller* (Hörner) und *Freitag* und *Göpel* (Fagotte) unter Leitung von ·*Karl Reinecke.*
Ersch.: Partitur und Stimmen September 1892 bei Fr. Kistner, Leipzig.

(33.) **Sextett** für Flöte, Oboe, Klarinette, 2 Hörner und Fagott. B-dur. op. 271.

I. Allegro moderato — II. Adagio molto. Vivace ma non troppo. Adagio. — III. Finale. *Allegro moderato, ma con spirito. Moderato. Tempo Imo. Molto piu Allegro, quasi doppio movimento.*
SD. I. 8 Min. II. 7 Min. III. 7 Min. GD. 22 Min.
Komp.: 1903 in Leipzig.
EA.: 1. T r i e s t, Sonnabend, d. 28. Januar 1905 im akademischen Saale des Liceo Musicale „Giuseppe Tartini" in der 3. musikalischen Aufführung dieses Institutes, gespielt von den Herren *Almacchio Arasich* (Flöte), *Riccardo Scozzi* (Oboe), *Angiolo Delbravo* (Klar.), *Allessandro Smacchi* und *Giovanni Barazetti* (Hörner) und *Domenico Delledonne* (Fagott). — 2. D r e s d e n, Freitag, d. 17. Februar 1905 im Saale des Musenhauses im 9. Übungsabend des Dresdner Tonkünstler-Vereins, gespielt von den Herren *Bauer, Biehring, Kaiser, Tränkner, May* und *Köhler.* (S. Anm.)
Ersch.: Partitur und Stimmen Oktober 1904 bei J. H. Zimmermann, Leipzig.

Anmerkg. Das Programm der EA. 2 sagt von op. 271: „An seinem 80. Geburtstage, den 7. Juni 1904, erschienen". Reineckes Geburtstag ist jedoch der 23. Juni und ausserdem gibt die Verlagsfirma den Erscheinungstermin wie oben mitgeteilt an.

(34.) Quintett für Pianoforte, 2 Violinen, Viola und Violoncello. A-dur. op. 83.

Seinem Freunde Heinrich Leo gewidmet.

I. Lento ma non troppo. Allegro con brio. — II. Andante con Variazioni. — III. Intermezzo. *Allegretto.* — IV. Finale. *Allegro con spirito.*
SD. I. 7 Min. II. 7 Min. III. 6 Min. IV. 7 Min. GD. 27 Min.
Komp.: Anfang 1865 in Leipzig.
EA.: Leipzig, Montag, d. 6. März 1865 im Saale des Gewandhauses in der 3. Abendunterhaltung für Kammermusik (2. Zyklus) nach dem Manuskript, gespielt von *Karl Reinecke* (Pianoforte), *Ferdinand David* (Violine I), *Engelbert Röntgen* (Violine II), *Valentin Hermann* (Viola) und *Theodor Lübeck* (Violoncell).
Ersch.: August 1866 bei Aug. Cranz, Hamburg.

(35.) Quartett (I) für Pianoforte, Violine, Viola und Violoncello. Es-dur. op. 34.

Seinem Freunde Cornelius Gurlitt zugeeignet.

I. Allegro molto e con brio. — II. Andante. — III. Intermezzo. *Allegretto grazioso.* — IV. Finale. *Allegro molto vivace.*
SD. I. 9 Min. II. 5 Min. III. 6 Min. IV. 10 Min. GD. 30 Min.
Komp.: 1844 in Leipzig.
EA.: Leipzig, Ende November oder Anfang Dezember 1845 in einer Versammlung des Musikervereins zu Leipzig nach dem Manuskript, gespielt von *Karl Reinecke* (Klavier), *O. v. Königslöw* (Violine), *J. v. Wasielewski* (Viola) und *A. Grabau* (Violoncell). (S. Anm.)
Ersch.: Mai 1853 bei Meyer jun., nachmals Henry Litolff in Braunschweig.
Anmerkg. Über den Musiker-Verein in Leipzig, dessen Gründung und Aufführungen s. Anm. bei Reinecke No. 37. — 1848 ist das Quartett noch nach Manuskript in Kopenhagen öffentlich zur Aufführung gelangt durch K. Reinecke,

Ernst, v. Königslöw und Sahlgren, ausserdem noch am 18. Dezember 1848 in Leipzig in der 3. musikalischen Unterhaltung des Tonkünstlervereins durch die Herren Meyer, R. Becker, Riccius jun. und Reimers. Nach Drucklegung hat die erste Aufführung in Köln stattgefunden, in der 3. Kammersoiree 1853/54 durch Reinecke, Hartmann, Peters und Breuer.

(36.) **Quartett (II)** für Pianoforte, Violine, Viola und Violoncell (in leichterem Stile). A-dur. op. 272.

Herrn Dr. Alexander von Naprawnik.

Komp.: 1904 in Leipzig.

Ersch.: Oktober 1904 bei Augener, London.

Anmerkg. Das für mässige Spieler geschriebene Werk hat öffentliche Aufführungen nicht erlebt, es wird hier nur mitgeteilt, um die Aufmerksamkeit von Musikinstitutsleitungen etc. darauf zu richten, die es im Unterricht in den Kammermusikübungen von Mittelklassen gut verwenden können.

(37.) **Quartett I** für 2 Violinen, Viola und Violoncell. Es-dur. op. 16.

Seinem Freunde O. v. Königslöw gewidmet.

I. Allegro agitato. — II. Andante con moto. — III. Scherzo. *Presto.* — IV. Finale. *Molto vivace.*

SD. I. 8 Min. II. 5 Min. III. 6 Min. IV. 8 Min. GD. 27 Min.

Komp.: Dezember 1843 in Leipzig.

EA.: Leipzig, Montag, d. 11. März und Montag, d. 8. April 1845 im Saale des Pianofortemagazins der Herren Schambach & Merhaut in der 4. bez. 6. Versammlung des Leipziger Musikvereins nach dem Manuskript, gespielt von den Herren *O. v. Königslöw* (Viol. 1), *W. J. v. Wasielewski* (Viol. 2), *K. Reinecke* (Viola) und *Andr. Grabau* (Violoncell). (S. Anm.)

Ersch.: Mai 1848 bei Fr. Hofmeister, Leipzig.

Anmerkg. Für die unbedingte Richtigkeit der unter EA. angeführten Daten kann keine Gewähr geleistet werden. Herm. Hirschbach berichtet als einziger über diese Manuskript-Aufführungen in seinem Repertorium für Musik (II, S. 62 und 109). Der Musikverein ist Anfang 1845 von Leipziger

Musikbeflissenen gegründet worden, über seinen Zweck besagen die Statuten:
„Der Musikverein zu Leipzig bildet sich durch Zusammentreten gebildeter
Musiker von Fach zur Förderung aller der höheren musikalischen Interessen,
die ihrer Natur nach dem einzelnen als solchen allseitig zu verfolgen schwer,
wenn nicht unmöglich ist. In Berücksichtigung solchen Zweckes schliesst er
auch Männer von anerkannt künstlerischer Wirksamkeit, obschon nicht Musiker
von Fach, nicht aus. Der Verein hält monatlich zwei Versammlungen. In
diesen findet eine geziemende Freiheit der Unterredung statt. Neben dieser
sollen ausgewählte Kompositionen aller Art Kammermusik zu Gehör gebracht
werden und zwar die beachtenswertesten neuen Erscheinungen, gleichviel ob
gedruckt oder Manuskript. Von den wertvollen älteren sind immer die selten
oder noch gar nicht gehörten vorzuziehen etc.". — Die erste Versammlung fand
am 27. Januar, die zweite am 10. Februar 1845 statt. In den den Versammlungen vorausgehenden Proben wurden die vorzutragenden Werke bestimmt; die
meisten derselben sind gänzlich verschollen.

(38.) **Quartett II** für 2 Violinen, Viola und Violoncell.
F-dur. op. 30.

Seinem Freunde Joseph Joachim gewidmet.

I. Allegro con brio. — II. Andante. — III. Scherzo. *Vivace. attacca*
IV. Finale. *Allegro molto vivace.*
SD. I. 7 Min. II. 9 Min. III. 9 u. IV. 8 Min. GD. 33 Min.
Komp.: 1851 in Bremen.
EA.: Nicht zuverlässig festzustellen.
Ersch.: 1852 bei Fr. Hofmeister, Leipzig.

(39.) **Quartett III** für 2 Violinen, Viola und Violoncell.
C-dur. op. 132.

Sr. Majestät dem König Oskar II. von Schweden und Norwegen.

I. Allegro animato. — II. Lento ma non troppo. — III. Molto moderato. —
IV. Finale. *Allegro molto e con brio.*
SD. I. 7 Min. II. 6 Min. III. 4 Min. IV. 9 Min. GD. 26 Min.
Komp.: 1874 in Leipzig.

EA.: (?) L e i p z i g , Sonnabend, d. 24. Februar 1877 im Saale des Gewand-
hauses in der 3. Kammermusik (Zyklus 2), gespielt von den Herren
Röntgen (Viol. 1), *Haubold* (Viol. 2), *Thümer* (Viola) und *Schröder*
(Violoncell).

Ersch.: Partitur und Stimmen September 1874 bei Rob. Forberg, Leipzig.

(40.) **Quartett IV** für 2 Violinen, Viola und Violoncell.
D-dur.   op. 211.

Herrn Julius Klengel freundschaftlich gewidmet.

I. Lento. Allegro. — II. Adagio ma non troppo. — III. Scherzo. *Vivace
ma non troppo, quasi Allegretto.* — IV. Finale. *Allegro giojoso.*
SD. I. 7 Min. II. 7 Min. III. 4 Min. IV. 6 Min. GD. 24 Min.
Komp.: 1890 in Leipzig.
EA.: L e i p z i g , Sonnabend, d. 23. Januar 1892 im kleinen Saale des
Neuen Gewandhauses in der 5. Kammermusik, gespielt von den
Herren *A. Hilf* (Viol. 1), *H. Becker* (Viol. 2), *H. Sitt* (Viola) und
J. Klengel (Violoncell).
Ersch.: Partitur und Stimmen März 1891 bei Breitkopf & Härtel, Leipzig.

(41.) **Trio I** für Pianoforte, Violine und Violoncell.
D-dur.   op. 38.

Robert Schumann zugeeignet.

I. Lento. Allegro ma non troppo. — II. Andante. -- III. Scherzo.
Vivace ma non troppo. — IV. Finale. *Allegro brillante.*
SD. I. 12 Min. II. 6 Min. III. 6 Min. IV. 10 Min. GD. 34 Min.
Komp.: 1851 in Köln.
EA.: K ö l n , Sonntag, d. 25. Januar 1852 im Saale des Hotel Disch in
der 2. Matinée für Kammermusik nach dem Manuskript, gespielt
von den Herren *Karl Reinecke* (Pianoforte), *Franz Hartmann*
(Violine) und *Bernhard Breuer* (Violoncell).
Ersch.: Februar 1853 bei Breitkopf & Härtel, Leipzig.

(42.) **Trio II** für Pianoforte, Violine und Violoncell.
C-moll. op. 230.

Herrn Oberbürgermeister Dr. Georgi in Leipzig hochachtungsvoll zugeeignet.

I. Allegro. — II. Andante sostenuto. — III. Scherzo. *Vivace ma non troppo.* — IV. Finale. *Lento. Allegro appassionato.*
SD. I. 8 Min. II. 5 Min. III. 6 Min. IV. 7 Min. GD. 26 Min.
Komp.: 1895 in Leipzig.
EA.: Leipzig, Sonnabend, d. 7. Dezember 1895 im kleinen Saale des Neuen Gewandhauses in der 2. Kammermusik, gespielt von den Herren *Karl Reinecke* (Pianoforte), *Arno Hilf* (Violine) und *Julius Klengel* (Violoncell).
Ersch.: September 1895 bei Breitkopf & Härtel, Leipzig.

(43 a.) **Serenade I** für Pianoforte, Violine und Violoncell.
C-dur. op. 126, No. 1.

Herrn S. Jadassohn freundschaftlichst zugeeignet.

I. Adagio. Molto moderato. — II. Intermezzo. *Allegro con moto.* — III. Fandango. *Moderato molto.* — IV. Finale. *Allegro con brio.*
SD. I. 6 Min. II. 2 Min. III. 3¹/₂ Min. IV. 3¹/₂ Min. GD. 15 Min.
Komp.: 1873 in Leipzig.
EA.: Nicht mit Sicherheit festzustellen. (S. Anm. zu No. 43 b.)
Ersch.: Mai 1874 bei Fr. Kistner, Leipzig.
Anmerkg. S. Serenade No. II (No. 43 b).

(43 b.) **Serenade II** für Pianoforte, Violine und Violoncell.
A-moll. op. 126, No. 2.

Herrn S. Jadassohn freundschaftlichst zugeeignet.

I. Marsch. *Moderato.* — II. Canon *[In der Unterseptime].* *Andante sostenuto.* — III. Humoreske. *Allegro.* — IV. Andante und Variationen.
SD. I. 2 Min. II. 2 Min. III. 4 Min. IV. 6 Min. GD. 14 Min.

Komp.: 1873 in Leipzig.

EA.: 1. Köln, Mittwoch, d. 6. Januar 1875 im grossen Saale des Konservatoriums in der 3. Soirée für Kammermusik, gespielt von Frau *Heckmann-Hertwig* (Pianoforte), den Herren *R. Heckmann* (Violine) und *Ferd. Grüters* (Violoncell). — 2. Stuttgart, Montag, d. 15. März 1875 im grossen Saale der Liederhalle in der 3. Soirée für Kammermusik, gespielt von den Herren *D. Pruckner, E. Singer* und *Th. Krumbholz.*

Ersch.: Mai 1874 bei Fr. Kistner, Leipzig.

Anmerkg. Die beiden Trio-Serenaden, wohl mehr der Haus- als Konzertmusik angehörig, eignen sich vortrefflich für die mittleren Kammermusikklassen der Konservatorien. Sie stellen musikalisch wie technisch keine sehr hohen Ansprüche. — Im Leipziger Gewandhause führte Reinecke mit Schradieck und Schröder die 2. Serenade am 12. Januar 1878 auf und fügte den Fandango aus der 1. Serenade zwischen No. 3 und 4 ein; das Beispiel ist nachahmenswert.

(44.) **Trio** für Pianoforte, Oboe und Horn.
A-moll. op. 188.

Ihrer Kaiserlichen Hoheit der Grossfürstin Catharine Michailowna von Russland,
Herzogin von Mecklenburg-Strelitz.

I. Allegro moderato. — II. Scherzo. *Molto vivace.* — III. Adagio. —
IV. Finale. *Allegro ma non troppo.*
SD. I. 9 Min. II. 4 Min. III. 5 Min. IV. 7 Min. GD. 25 Min.

Komp.: 1886 in Leipzig.

EA.: Leipzig, Sonnabend, d. 27. November 1886 im kleinen Saale des Neuen Gewandhauses in der 4. Kammermusik (der 2. Serie zweite), gespielt von *Karl Reinecke* (Pianoforte), *G. A. Hinke* (Oboe) und *F. A. Gumpert* (Horn).

Ersch.: Oktober 1886 bei Breitkopf & Härtel, Leipzig.

(45.) **Trio** für Pianoforte, Karinette und Viola.
A-dur. op. 264.

Herrn Dr. Philipp Fiedler.

I. Moderato. Allegro. — II. Intermezzo. *Moderato.* — III. Legende. *Andante.* — IV. Finale. *Allegro moderato.*
SD. I. 9 Min. II. 4 Min. III. 5 Min. IV. 7 Min. GD. 25 Min

Komp.: 1903 in Leipzig.

EA.: Leipzig, Sonnabend, d. 30. Januar 1904 im kleinen Saale des Neuen Gewandhauses in der 4. Kammermusik, gespielt von den Herren *Karl Reinecke* (Pianoforte), *Edmund Heyneck* (Klarinette) und *Alexander Sebald* (Viola).

Ersch.: September 1903 bei Bartholf Senff, Leipzig.

(46.) Trio für Pianoforte, Klarinette und Horn.
B-dur. op. 274.

Dem Liceo Musicale Giuseppe Tartini in Triest zugeeignet.

I. Allegro. — II. Ein Märchen. *Andante*. — III. Scherzo. *Allegro*. — IV. Finale. *Allegro*.

SD. I. 9 Min. II. 5 Min. III. 6 Min. IV. 8 Min. GD. 28 Min.

Komp.: 1905 in Leipzig.

EA.: 1. Dresden, Sonntag, d. 14. Oktober 1906 im Musiksalon Bertrand Roth in der 82. der von B. R. veranstalteten Aufführungen, gespielt von den Herren *Bertrand Roth* (Pianoforte), *Hermann Lange* (Klarinette) und *Adolf Lindner* (Horn). (S. Anm.). — 2. Leipzig, Montag, d. 22. Oktober 1906 im Saale des städt. Kaufhauses in einer von Fritz von Bose veranstalteten Kammermusikaufführung, gespielt von den Herren *Fritz von Bose* (Pianoforte), *Oskar Schubert* (Klarinette) und *Arno Rudolph* (Horn). — 3. Triest, Sonntag, d. 9. Dezember 1906 im akademischen Saale des Liceo Musicale „Giuseppe Tartini" in einer musikalischen Aufführung dieses Institutes, gespielt von Frl. *Ida Luzzato-de Filippi* und den Herren *Angiolo del Bravo* und *Allessandro Smacchi*.

Ersch.: Februar 1906 bei Breitkopf & Härtel, Leipzig.

Anmerkg. Die von Bertrand Roth in Dresden veranstalteten Matinéen gelten im wesentlichen der Aufführung zeitgenössischer Tonwerke. Die Obengenannte war nur Reineckeschen Werken gewidmet und brachte ausser Liedern noch die EA. von dessen Sonate op. 275 für 2 Klaviere, gespielt von Karl Reinecke und Bernhard Roth. Den Klavierpart des Trio sollte Reinecke auch selbst spielen — das Programm nennt seinen Namen —, er trat die Ausführung jedoch an B. R. ab.

(47.) **Trio** für Violine, Viola und Violine.
C-moll. op. 249.

I. Allegro moderato. — II. Andante. — III. Intermezzo. *Vivace, ma non troppo.* — IV. Adagio, ma non troppo lento. Allegro un poco maëstoso.
SD. I. 5 Min. II. 5 Min. III. 2 Min. IV. 7 Min. GD. 19 Min.
Komp.: 1901 in Leipzig.
EA.: H a m b u r g, Sonnabend, d. 8. November 1902 im Saale des Konservatoriums in einem Reinecke-Abend des Hamburger Tonkünstlervereins, gespielt von den Herren *F. Merwege* (Violine), *A. Krüss* (Violine) und *A. Gowe* (Violoncell).
Ersch.: Partitur und Stimmen November 1901 bei Breitkopf & Härtel, Leipzig.

(48.) **Sonate** für Pianoforte und Violine.
E-moll. op. 116.

Seinem Freunde Ferdinand David.

I. Allegro con fuoco. — II. Andante, ma non troppo lento. — III. Finale. *Allegro con brio.*
SD. I. 12 Min. II. 8 Min. III. 9 Min. GD. 29 Min.
Komp.: 1872 in Leipzig.
EA.: L e i p z i g, Sonnabend, d. 20. Dezember 1873 im Saale des Gewandhauses in der 4. Kammermusik, gespielt von den Herren *Karl Reinecke* (Pianoforte) und *Engelbert Röntgen* (Violine).
Ersch.: Oktober 1872 bei Breitkopf & Härtel, Leipzig.

(49.) **Phantasie** für Pianoforte und Violine.
A-moll. op. 160.

Herrn Jean Becker und dessen Tochter Johanna zugeeignet.

GD. 13 Min.
Komp.: 1880 in Leipzig.

EA.: Leipzig, Sonnabend, d. 27. November 1880 im Saale des Gewandhauses in der 3. Kammermusik, gespielt von *Karl Reinecke* (Pianoforte und *Henry Schradieck* (Violine).

Ersch.: September 1880 bei Eduard Wedl, Wiener-Neustadt, seit Mai
1893 im Besitze von Max Brockhaus, Leipzig.

(50.) **Sonate I** für Pianoforte und Violoncell.
A-moll. op. 42.

Seinem Freunde Andreas Grabau zugeeignet.

I. Allegro moderato. — II. Lento ma non troppo. *attacca* III. Inter-
mezzo. *Moderato.* — IV. Finale. *Allegro molto ed appassionato.*
SD. I. 7 Min. II. und III. 6 Min. IV. 6 Min. GD. 19 Min.
Komp.: 1847/48 in Kopenhagen.
EA.: (?) Barmen, Mittwoch, d. 7. April 1858 im Saale der Concordia
in der 3. Soirée für Kammermusik, gespielt von den Herren *Karl
Reinecke* (Pianoforte) und *Hermann Jäger* (Violoncell). (S. Anm.)
Ersch.: Februar 1855 bei F. W. Arnold, Elberfeld, jetzt im Besitze von
Ad. Fürstner, Berlin.

Anmerkg. Eine frühere als oben angegebene Aufführung hat sich
bisher nicht ermitteln lassen, es ist auch nach des Komponisten Erinnerung die
erste öffentliche. — Die Sonate wurde später von dem Komponisten für eine
neue (revidierte) Ausgabe mit ganz unwesentlichen Änderungen versehen.

(51.) **Sonate II** für Pianoforte und Violoncell.
D-dur. op. 89.

Herrn Carl Voigt zugeeignet.

I. Lento. Allegro molto moderato. — II. Andante. — III. Finale. *Moderato.*
SD. I. 8 Min. II. 5 Min. III. 9 Min. GD. 22 Min.
Komp.: Anfang 1866 in Leipzig.
EA.: Leipzig, Sonnabend, d. 10. März 1866 im Saale des Gewand-
hauses in der 3. Abendunterhaltung für Kammermusik (2. Zyklus)
nach dem Manuskript, gespielt von *Karl Reinecke* (Pianoforte) und
Friedrich Grützmacher (Violoncell).
Ersch.: September 1866 bei Breitkopf & Härtel, Leipzig.

(52.) Sonate III für Pianoforte und Violoncell.
G-dur. op. 238.

Den Manen Johannes Brahms.

I. Adagio. Allegro moderato. — II. Andante mesto. — III. Finale. *Allegro.*
SD. I. 13 Min. II. 6 Min. III. 6 Min. GD. 25 Min.
Komp.: Sommer 1897 in Leipzig.
EA.: Nicht zuverlässig festzustellen.
Ersch.: November 1897 bei Breitkopf & Härtel, Leipzig

(53.) Undine.
Sonate für Pianoforte und Flöte. E-moll. op. 167.

Herrn Wilhelm Barge zugeeig et.

I. Allegro. — II. Intermezzo. *Allegretto vivace.* — III. Andante tran-
quillo. — IV. Finale. *Allegro molto agitato ed appassionato,
quasi Presto.*
SD. I. 8 Min. II. 4 Min. III. 4 Min. IV. 6 Min. GD. 22 Min.
Komp.: 1882 in Leipzig.
EA.: Mannheim, Donnerstag, d. 19. Oktober 1882 im Kasinosaale in
der (überhaupt) 1. Kammermusik-Aufführung für Blasinstrumente,
gespielt von den Herren *Emil Paur* (Pianoforte) und *Alfred Wernicke*
(Flöte).
Ersch.: Oktober 1882 bei Robert Forberg, Leipzig.

Max Bruch.

Geb. 6. Januar 1838 in Köln.

Werke:

I. Orchesterwerke.
1. Symphonie I. op. 28.
2. Symphonie II. op. 36.
3. Symphonie III. op. 51.
4. Vorspiel zur Oper „Loreley". op. 16.

II. Konzerte und Konzertstücke mit Orchester.
5. Violinkonzert I. op. 26.
6. Violinkonzert II. op. 44.
7. Violinkonzert III. op. 58.
8. SchottischeFantasie.(Violine.) op.46.
9. Serenade. (Violine.) op. 75.

III. Chorwerke mit Orchester.
10. Schön Ellen. op. 24.
11. Odysseus. op. 41.
12. Arminius. op. 43.
13. Das Lied von der Glocke. op. 45.
14. Achilleus. op. 50.

15. Das Feuerkreuz. op. 52.
16. Moses. op. 67.
17. Gustav Adolf. op. 73.
18. Damajanti. op. 78.

19. Jubilate, Amen. op. 3.
20. Die Birken und die Erlen. op. 8.
21. Die Flucht der heiligen Familie. op. 20.
22. Rorate coeli. op. 29.
23. Römische Leichenfeier. op. 34.
24. Kyrie, Sanctus und Agnus Dei. op.35.
25. Dithyrambe. op. 39.
26. Gruss an die heilige Nacht. op. 62.

27. Frithjof. op. 23.

IV. Kammermusikwerke.
28. Klaviertrio. op. 5.
29. Streichquartett I. op. 9.
30. Streichquartett II. op. 10.

I. Orchesterwerke.

(1.) Symphonie I für grosses Orchester.
Es-dur. op. 28.

Johannes Brahms in Freundschaft zugeeignet.

I. Allegro maëstoso. — II. Scherzo. *Presto.* — III. Quasi Fantasia. *Grave. attacca* IV. Finale. *Allegro guerriero.*
SD. I. 12 Min. II. 6 Min. III. 5 Min. IV. 12 Min. GD. 35 Min.
Komp.: 1868 in Sondershausen.

EA.: 1. Sondershausen, Sonntag, d. 26. Juli ım 9. und Sonntag, d. 16. August 1868 im 12. Loh-Konzert (S. Anm.) nach dem Manuskript unter Leitung von *Max Bruch*. — 2. Leipzig, Donnerstag, d. 22. Oktober 1868 im Saale des Gewandhauses im 3. Abonnementskonzert ebenfalls nach Manuskript unter Leitung von *M. Br.* — 3. Köln, Dienstag, d. 16. Februar 1869 im Saale des Gürzenich im 8. Abonnementskonzert der Konzertgesellschaft unter Leitung von *M. Br.* (S. Anm.) — 4. Krefeld, Montag, d. 22. Februar 1869 im Saale der Königsburg im 4. Abonnementskonzert der Konzertgesellschaft unter Leitung von *M. Br.* (S. Anm.)

Ersch.: Partitur und Orchesterstimmen November 1868 bei Aug. Fr. Cranz, Bremen, seit Juli 1877 im Besitze von C. F. W. Siegel, Leipzig.

Orch.Bes.: 2 Fl., 2 Ob., 2 Klar., 2 Fag., 4 Hr., 2 Tr., 3 Pos., Pk. — Str.-Orch.

Anmerkg. Die sogenannten „Loh"konzerte fanden bei gutem Wetter im Freien, in einem Eichenpark statt. Es hiess „Konzert im Loh". Das gibt den Hinweis auf die Entstehung des Namens. „Loh", „Der Loh" ist provinzialer Ausdruck für „Hain", „Wäldchen" etc. der vielfach auch in Städtenamen vorkommt. Lohkonzert bedeutet also „Konzert im Hain", „Waldkonzert". — Bei der EA. in Köln erlebte auch Brahms' „Deutsches Requiem" eine seiner ersten Aufführungen, allerdings unvollständig mit den Sätzen I, II, IV u. VI. — Im Konzert der EA. in Krefeld fand auch die EA. von Bruchs „Rorate coeli" (s. No. 22) statt.

(2.) **Symphonie II für grosses Orchester.**
F-moll. op. 36.

Seinem Freunde Joseph Joachim zugeeignet.

I. Allegro passionato, ma un poco maëstoso. — II. Adagio ma non troppo. *attacca* III. Allegro molto tranquillo.

SD. *I. 12^1|$_2$ Min. II. 9 Min. III. 8 Min.* **GD.** *30 Min.*

Komp.: 1870 in Köln und Berlin.

EA.: 1. Leipzig, Donnerstag, d. 24. November 1870 im Saale des Gewandhauses im 6. Abonnementskonzert nach dem Manuskript unter Leitung von *Max Bruch*. — 2. Berlin, Sonnabend, d. 25. Februar 1871 im Kgl. Opernhause in der 7. Symphoniesoirée (No. 1 des 2. Cyclus) unter Leitung von *Wilh. Taubert*.

Ersch.: Partitur und Orchesterstimmen Dezember 1870 bei N. Simrock, Berlin.

Orch.Bes.: 2 Fl., 2 Ob., 2 Klar., 2 Fag., 4 Hr., 2 Tr., 3 Pos., Pk. — Str.-Orch.

(3.) Symphonie III für Orchester.

E-dur. op. 51.

Der Symphony-Society in New York zugeeignet.

I. Andante sostenuto. Allegro molto vivace. — II. Adagio ma non troppo. — III. Scherzo. *Vivace.* — IV. Finale. *Allegro ma non troppo.* **SD.** *I. 11 Min. II. 10 Min. III. 6 Min. IV. 9 Min. GD. 36 Min.*

Komp.: 1885—86 in Breslau.

EA.: 1. Breslau, Dienstag, d. 26. Oktober 1886 im Saale des Konzerthauses im 2. Abonnementskonzert des Orchestervereins nach dem Manuskript unter Leitung von *Max Bruch.* — 2. Leipzig, Donnerstag, d. 2. Dezember 1886 im Saale des Neuen Gewandhauses im 7. Abonnementskonzert ebenfalls nach Manuskript unter Leitung von *M. Br.* — 3. Berlin, Donnerstag, d. 9. Dezember 1886 im Saale der Philharmonie in einem Konzert der Berliner Philharmonischen Gesellschaft (Serie A. Königl. Akademie der Künste) auch nach Manuskript unter Leitung von *Jos. Joachim.* — 4. Hamburg, Dienstag, d. 11. Januar 1887 im Saale des Konventgarten im 3. der „Neuen Abonnementskonzerte" nach Manuskript unter Leitung von *H. v. Bülow.*

Ersch.: Partitur und Orchesterstimmen September 1887 bei Breitkopf & Härtel, Leipzig.

Orch.Bes.: 2 Fl., 2 Ob., 2 Klar., 2 Fag., 4 Hr., 3 Tr., 3 Pos., Tuba, Pk. — Str.-Orch.

(4.) Vorspiel zur Oper „Die Loreley". op. 16.

Herrn Hofkapellmeister Vincenz Lachner in Verehrung zugeeignet.

GD. 7 Min.

Komp.: April 1863 in Mannheim. (S. Anm.)

EA.: Mannheim, Sonntag, d. 14. Juni 1863 im Hof- und Nationaltheater gelegentlich der EA. der ganzen Oper nach dem Manuskript unter Leitung von *Vincenz Lachner.* (S. Anm.)

Ersch.: Partitur und Orchesterstimmen März 1868 bei F. E. C. Leuckart, Breslau, seit Juni 1875 im Besitze von C. F. W. Siegel, Leipzig.

Orch.Bes.: 2 Fl., 2 Ob., 2 Klar., 2 Fag., 4 Hr., 2 Tr., 3 Pos., Pk. — Str.-Orch.

Anmerkg. In dem Vorspiel ist eine ältere, aus Br.s Aufenthalt in München 1862 stammende Melodie benutzt worden. — Die Solisten der EA. der Oper in Mannheim waren: Frau Michaelis-Nimbs (Lenore), Frl. Rohn (Pfalzgräfin Bertha), Herr Schlösser (Pfalzgraf), Herr G. Becker (Reinald).

II. Konzerte und Konzertstücke mit Orchester.

(5.) Konzert I für die Violine
mit Begleitung des Orchesters. G-moll. op. 26.

Joseph Joachim in Freundschaft zugeeignet.

I.Vorspiel.*Allegro moderato. attacca* II.Adagio.—III.Finale.*Allegro energico.*
SD. I. u. II. 19 Min. III. 6 Min. GD. 25 Min.

Komp.: 1866/67 in Coblenz und Sondershausen. (S. Anm.)

EA.: 1. Coblenz, Dienstag, d. 24. April 1866 in der Aula des städt. Gymnasiums im 8. (letzten) Winterkonzert des Musik-Instituts [zum Vorteil des evang. Frauen-Vereins] nach dem Manuskript unter Leitung von *Max Bruch* gespielt von *Otto v. Königslöw*. (S. Anm.) — 2. Bremen, Dienstag, d. 7. Januar 1868 im Unionssaale im 5. Privatkonzert unter Leitung von *Reinthaler* gespielt von *Jos. Joachim* (Mspt.). — 3. Aachen, Donnerstag, d. 13. Februar 1868 im grossen Kurhaussaale unter Leitung von *Ferd. Breunung* gespielt von *Jos. Joachim* (Mspt.). — 4. Brüssel, Palmsonntag, d. 5. April 1868 in einem concert populaire des Herrn Samuel unter Leitung von *Samuel* gespielt von *Jos. Joachim* (Mspt.). — 5. Leipzig, Donnerstag, d. 21. Mai 1868 im Blüthnerschen Musiksaal in einer von R. Heckmann veranstalteten Matinée gespielt von *Rob. Heckmann* (mit Klavierbegleitung). — 6. Köln, Dienstag, d. 2. Juni 1868 im Gürzenichsaale im 3. Konzert des 54. Niederrheinischen Musikfestes unter Leitung von *Ferd. Hiller* gespielt von *Jos. Joachim*.

Ersch.: Klavierauszug März, Partitur und Orchesterstimmen April 1868 bei Aug. Fr. Cranz, Bremen, seit Juli 1877 im Besitze von C. F. W. Siegel, Leipzig.

Orch.Bes.: 2 Fl., 2 Ob., 2 Klar., 2 Fag., 4 Hr., 2 Tr., Pk. — Str.-Orch.

Anmerkg. Die ersten Skizzen sind schon 1857 in Köln entstanden. Die EA. in Coblenz sollte bereits am 10. April, dann am 17. April stattfinden, als Solist war Naret-Koning aus Mannheim bestimmt, der aber erkrankte; für ihn sprang Königslöw ein. Nach dieser Aufführung arbeitete Bruch das Konzert gänzlich um und schickte das Manuskript im Sommer 1866 an Joachim nach Harzburg. An der endgültigen formalen Gestaltung hat J. einigen Anteil. — Eine erste nicht öffentliche Probe der endgültigen Form fand im Oktober 1867 im Kgl. Hoftheater in Hannover unter Leitung Bruchs mit Joachim als Solist statt. — Im Programm der EA. in Coblenz lauten die Satz-Überschriften: „Introduzione, quasi Fantasia. Adagio sostenuto. Finale Allegro con brio", im Programm des Niederrheinischen Musikfestes 1868: „Vorspiel, Andante und Finale".

Liter. *Witting*, Musikführer No. 221, H. Seemann Nachfolger, Leipzig.

(6.) **Konzert II für die Violine**
mit Begleitung des Orchesters. D-moll. op 44.

Seinem Freunde Pablo de Sarasate gewidmet.

I. Adagio ma non troppo. — II. Recitativ. *attacca* III. Finale. *Allegro molto.*
SD. *I. 12 Min. II. u. III. 12 Min.* **GD.** *24 Min.*

Komp.: 1877 in Bonn.

EA.: 1. L o n d o n, Sonntag, d. 4. November 1877 in the orchestral concerts (Dirigent Manns) im Crystal-Palace nach dem Manuskript unter Leitung von *Max Bruch*, gespielt von *Pablo de Sarasate*. — 2. K o b l e n z, Freitag, d. 9. November 1877 in der Aula des Kgl. Gymnasiums im 1. Abonnementskonzert des städtischen Musikinstituts nach dem Manuskript unter Leitung von *M. Br.* gespielt von *Sarasate*. — 3. B o n n, Donnerstag, d. 15. November 1877 in der Beethovenhalle im 1. Abonnementskonzert des Städt. Gesangvereins ebenfalls nach Manuskript unter Leitung von *M. Br.* gespielt von *Sarasate.*

Ersch.: Partitur und Orchesterstimmen Mai 1878, Klavierauszug Februar 1878 bei N. Simrock, Berlin.

Orch.Bes.: 2 Fl., 2 Ob., 2 Klar., 2 Fag., 4 Hr., 2 Tr., 3 Pos., Pk. — Str.-Orch.

Anmerkg. Nach Mitteilungen des Komponisten entstand das Werk auf Veranlassung von Sarasate. Die Erzählungen desselben von den Karlisten-Kriegen in Kastilien weckten bei Bruch romantische Vorstellungen, die sich zu Tonbildern verdichteten, dem Komponisten während der Schöpfung des Werkes vorschwebten und sie beeinflussten. — Die erste (nicht öffentliche) Probe fand im September 1877 in Baden-Baden unter Bruchs Leitung mit Sarasate als Solist und mit Begleitung der Kurkapelle statt, ihr wohnte Joh. Brahms bei.

(7.) **Konzert III für die Violine**
mit Begleitung des Orchesters. D-moll. op. 58.

Joseph Joachim freundschaftlichst zugeeignet.

I. Allegro energico. — II. Adagio. — III. Finale. *Allegro molto.*
SD. I. 13 Min. II. 8¹/₂ Min. III. 9 Min. — GD. 31—32 Min.
Komp.: Sommer 1890 bis Februar 1891 in Berlin.

EA.: 1. D ü s s e l d o r f, Sonntag, d. 31. Mai 1891 in der Tonhalle in
einem von Max Bruch veranstalteten Festkonzert nach dem Manuskript unter Leitung von *Max Bruch* gespielt von *Jos. Joachim* mit
Begleitung durch das *Städtische Orchester.* [S. Anm.] — 2. L e i p z i g,
Freitag, d. 23. Oktober 1891 in der Alberthalle im 1. Konzert des Liszt-
Vereins unter Leitung von *Paur* gespielt von *Karl Halir* mit Begleitung der *Kapelle des 134. Infanterie-Regiments.* — 3. B e r l i n,
Montag, d. 9. November 1891 im Saale der Philharmonie im 2. Philharmonischen Konzert unter Leitung von *Hans von Bülow* gespielt
von *Jos. Joachim.*

Ersch.: Partitur und Orchesterstimmen September 1891, Klavierauszug
Juli 1891 bei N. Simrock, Berlin.

Orch.Bes.: 2 Fl., 2 Ob., 2 Klar., 2 Fag., 4 Hr., 2 Tr., 3 Pos., Pk. —
Str.-Orch.

A n m e r k g. Bruch komponierte das Konzert als ein Dankeszeichen an
J. Joachim für dessen Mitwirkung in des Komponisten Abschiedskonzert in
Breslau (April 1890), in dem J. nach langer Zeit Bruchs erstes, ihm auch ge-
widmetes Konzert gespielt hatte. (Nach Mitteilung des Komponisten.) — In dem
unter EA. 1 registrierten Festkonzert wurden Teile aus „Das Lied von der Glocke",
„Frithjof", „Achilleus" und „Feuerkreuz" aufgeführt. Den Chor bildeten der
Städtische Gesangverein, der Bachverein und der Gesangverein aus Düsseldorf,
der Städtische Singverein aus Barmen, der Städtische Gesangverein aus M.-Glad-
bach, der Singverein aus Reydt, Männergesangverein und Damenchor aus Neuss
und Mitglieder des Städt. Gesangvereins aus Bonn, insgesamt 800 Sängerinnen
und Sänger. Solisten: Jos. Joachim, Max Büttner, Wally Schauseil und H. Eigenbertz. Das Konzert leitete Max Bruch. Orchester: das verstärkte städt. Orchester
von Düsseldorf.

(8.) Fantasie für die Violine

mit Orchester und Harfe, unter freier Benutzung schottischer
Volksmelodien. Es-dur. op. 46.

[Schottische Fantasie.]

Pablo de Sarasate gewidmet.

Einleitung. *Grave. attacca* I. Adagio cantabile. — II. Allegro. (*Tanz*). *attacca*
III. Andante sostenuto. — IV. Finale. *Allegro guerriero.*
SD. *Einl. u. I. 9 Min. II. 7 Min. III. 7 Min. IV. 7 Min. GD. 30 Min.*
Komp.: Winter 1879/80 in Berlin.
EA.: [1. Berlin, (?) Mai 1880 in einer Privatprobe im Saale der alten
Hochschule für Musik (Palais Rasczynski) mit dem Hochschulorchester
nach dem Manuskript unter Leitung von *Max Bruch* gespielt von
Jos. Joachim.] — 2. Liverpool, Dienstag, d. 22. Februar 1881
in Philharmonic Hall im 10. Subskriptionskonzert der Philharmonic
Society ebenfalls nach Manuskript unter Leitung von *M. Br.* gespielt
von *Jos. Joachim* mit Begleitung durch das *Hallésche Orchester*
aus Manchester.
Ersch.: Partitur Oktober 1880, Orchesterstimmen September 1880 bei
N. Simrock, Berlin.
Orch.Bes.: 2 Fl., 2 Ob., 2 Klar., 2 Fag., 4 Hr., 2 Tr., 3 Pos., Pk. —
Hfe. — Str.-Orch.

Anmerkg. Die Komposition ist angeregt durch die Lektüre von Walter
Scott. Die verwendeten Volksmelodien sind 1. im Adagio ein altes schottisches
Liebeslied, 2. im Scherzo das Lied „vom staubigen Müller", 3. im Andante „Mir
ist so leid um Johnie", 4. im Schlusssatze das Kriegslied das der König Robert
Bruce in der Schlacht bei Bannokburn (1314) anstimmen liess. — Harfen-
begleitung ist unerlässlich.

(9.) Serenade für Violine und Orchester. op. 75.

I. Andante con moto. — II. Alla marcia. — III. Notturno. —
IV. Allegro energico e vivace.
SD. *I. 10 Min. II. 8 Min. III. 9 Min. IV. 8 Min. GD. 35 Min.*
Komp.: 1899 in Bergisch-Gladbach und Berlin.
EA.: 1. Paris, Mittwoch, d. 15. Mai 1901 im Saal Pleyel in einem von
J. Debroux gegebenen Konzert. Solist: *Joseph Debroux*, Dirigent:

Camille Chevillard, Orchester: *Lamoureux.* — 2. B e r l i n, Sonnabend, d. 30. November 1901 im Saale der Singakademie in einem von Debroux gegebenen Konzert. Solist: *Debroux*, Dirigent: *M. Bruch, Philharmonisches Orchester.* — 3. K ö l n, Dienstag, d. 25. Februar 1902 im Saale des Gürzenich im 9. Abonnementskonzert der Konzertgesellschaft. Solist: *W. Hess*, Dirigent: *M. Bruch.*

Ersch.: Partitur April 1900, Orchesterstimmen Mai 1900 bei N. Simrock, Berlin.

Orch.Bes.: 2 Fl., 2 Ob., 2 Klar., 2 Fag., 4 Hr., 2 Tr., Pk. — Str.-Orch.

A n m e r k g.: Die erste Probe nach dem Manuskript fand am 19. Dezember 1899 im grossen Saale der (alten) Hochschule für Musik in Berlin (Potsdamerstrasse 120) statt. Solist: J. Joachim, Dirigent: M. Bruch, Hochschulorchester.

III. Chorwerke mit Orchester.

(10.) Schön Ellen.

Ballade von Emanuel Geibel.

Für Sopran- und Bariton-Solo, Chor und Orchester. op. 24.

Ihrer Durchlaucht der Prinzessin Elisabeth von Schwarzburg-Sondershausen ehrfurchtsvoll zugeeignet.

GD. 14. Min.

Komp.: Sommer 1866 in Koblenz. (S. Anm.)

EA.: 1. K o b l e n z, Freitag, d. 22. Februar 1867 im 7. Konzert des Musik-Institutes in der Aula des städt. Gymnasiums nach dem Manuskript unter Leitung von *Max Bruch.* Solisten: Frl. *Hedwig Scheuerlein* und Herr *Marchesi.* — 2. K r e f e l d, Freitag, d. 15. März 1867 im Saale der Oehlmühle im 4. Abonnementskonzert der Konzertgesellschaft auch nach Manuskript unter Leitung von *M. Br.* Solisten: Frl. *Marie Büschgens* und Herr *Jul. Stockhausen.* — 3. K ö l n, Dienstag, d. 19. März 1867 im grossen Saale des Gürzenich im 9. Abonnementskonzert der Konzertgesellschaft ebenfalls nach Manuskript unter Leitung von *M. Br.* Solisten: Frl. *H. Scheuerlein* und Herr *C. Borkowsky.*

Ersch.: Klavierauszug und Chorstimmen Oktober 1867, Partitur und Orchesterstimmen März 1868 bei Aug. Fr. Cranz, Bremen, seit Juli 1877 im Besitze von C. F. W. Siegel, Leipzig.

Bes.: a) S o l i : Sopran und Bariton.

b) C h o r : Sopran, Alt, Tenor, Bass.

c) O r c h e s t e r : 2 Fl., 2 Ob., 2 Klar., 2 Fag., 4 Hr., 2 Tr., 3 Pos., Pk., Gr. Tr., Becken. — Hfe. — Str.-Orch.

A n m e r k g .: Die Komposition entstand unmittelbar unter dem Eindrucke der Nachricht des Sieges von Königgrätz (3. 7. 66) am 5. u. 6. Juli 1866 und zwar als Ballade für 1 Singstimme mit Klavierbegleitung. Im Sommer arbeitete Bruch das Werk für Soli, Chor und Orchester um. Das Gedicht war ihm bereits 1863 von Geibel nach Mannheim zugesendet worden. In der Ballade ist der 2. Teil eines altschottischen Geschwindmarsches, dem um 1715 der Text „The Campbells are coming" unterlegt wurde, verwendet; auch Rob. Volkmann benützt diese Melodie in seiner Ouvertüre „Richard III". — An dieser Stelle sei ein Irrtum in H. Kretzschmars „Führer durch den Konzertsaal" berichtigt. Es handelt sich in dem Gedichte nicht um eine Burg in Schottland, sondern um die Belagerung und den Entsatz der Festung Lucknow in Ostindien während des Aufstandes der eingeborenen Truppen gegen die Engländer (1857).

(11.) Odysseus.

Szenen aus der Odyssee. Dichtung von Paul Graff. Für Chor, Solostimmen und Orchester. op. 41.

Der Singakademie in Bremen zugeeignet.

T e i l I: Einleitung. 1. Odysseus auf der Insel der Calypso. (Frauenchor, Bariton- und Tenorsolo.) — 2. Odysseus in der Unterwelt. (Chor, Bass-, Bariton- und Tenorsolo.) — 3. Odysseus und die Sirenen. (Chor und Baritonsolo.) — 4. Der Seesturm. (Chor, Bariton- und Sopransolo.)

T e i l II: 5. Penelopes Trauer. (Rezitativ und Gebet für Mezzosopran.) — 6. Nausikaa. (Frauenchor, Sopran- und Baritonsolo.) — 7. Das Gastmahl bei den Phäaken. (Chor und Soloquartett.) — 8. Penelope, ein Gewand wirkend. (Arie für Mezzosopran.) — 9. Die Heimkehr. (Chor, Alt-, Bariton- und Basssolo.) — 10. Fest auf Ithaka. (Chor, Mezzosopran- und Baritonsolo.)

S D. Teil I. 58—60 Min. Teil II. 66—70 Min. G D. ca. 2 St. 10 Min.

Komp.: Entworfen No. 1, 2, 3, 4, 7 u. 10 November und Dezember 1871 in Bergisch-Gladbach, instrumentiert Anfang 1872 in Berlin. No. 5, 6 u. 8 komponiert Sommer 1872 in Hinterzarten (Schwarzwald), No. 9 November 1872 in Berlin.

EA.: 1. B r e m e n , Montag, d. 6. Mai 1872 im Saale des Künstlervereins im 3. Abonnementskonzert zum Besten der Musiker - Witwen- und Unterstützungskasse nach dem Manuskript unter Leitung von *Max*

Bruch. Solisten: Frl. *F. Keller,* Herr *Schelper* und *Dilettanten.* Chor: *Bremer Singakademie, Mitglieder der Liedertafel.* Orchester: *Bremer Konzert-Orchester.* (Unvollständige Aufführung. S. Anm.) — 2. Barmen, Sonnabend, d. 8. Februar 1873 im Saale der Concordia im 5. Abonnementskonzert der Konzertgesellschaft unter Leitung von *M. Br.* Solisten: Frl. *Sandberg* (Sopran), Frl. *Adolfine Graf* (Alt), Herr *Adolph Neuhoff* (Tenor, Mitglied des Chores), Herr *Jos. Bletzacher* (Bariton). — 3. Bremen, Dienstag, d. 18. Februar 1873 im Unionssaale im 8. Privatkonzert unter Leitung von *M. Br.* Solisten: Frl. *Stürmer* (Sopran), Frl. *F. Keller* (Alt), [Tenor?], Herr *Schelper* (Bariton) und *Mitglieder der Singakademie.* Chor und Orchester wie bei 1. — 4. Krefeld, Donnerstag, den 27. März 1873 im Saale der Königsburg im 4. Abonnementskonzert der Konzertgesellschaft unter Leitung von *M. Br.* Solisten: Frl. *Marie Büschgens* (Sopran), Frl. *Fides Keller* (Alt), [Tenor?], *Carl Hill* (Bariton). — 5. Düsseldorf, Sonntag, den 4. Mai 1873 in der städtischen Tonhalle in einem von M. Bruch veranstalteten Konzert unter Leitung von *M. Br.* Solisten: Frl. *Louise Lauterbach* (Sopran), Frau *Amalie Joachim* (Alt), Herr *H. Eigenbertz* (Tenor), Herr *Georg Henschel* (Bariton) [für den verhinderten Herrn C. Hill]. Chor: *Gesang-Musikverein* und *Bachverein aus Düsseldorf, Städt. Singverein aus Barmen, Konzertgesellschaft aus Krefeld.* Orchester: *Das Düsseldorfer städt. Orchester verstärkt durch Kölner Musiker.*

Ersch.: Klavierauszug u. Chorstimmen Dezember 1872, Partitur Februar 1873, Orchesterstimmen Januar 1873 bei N. Simrock, Berlin.

Bes.: a) Soli: Sopran: Leukothea, Nausikaa. — Mezzosopran: Penelope. — Alt: Antiklea, Arete, Pallas Athene. — Tenor: Hermes. — Bariton: Odysseus. — Bass: Tereisias, Akinos, Steuermann.

b) Chor: Sopran I u. II, Alt I u. II, (6 Frauenstimmen Solo), Tenor I u. II, Bass I u. II.

c) Orchester: 2. Fl., 2 Ob., 2. Klar., 2 Fag., 4 Hr., 2 Tr., 3 Pos., Tuba, Pk. — Hfe. — Str.-Orch.

Anmerkg.: Bei der ersten unvollständigen Aufführung in Bremen fehlten die Arien der Penelope, die Nausikaa-Szene und die Heimkehr des Odysseus. Bei der 1. vollständigen Aufführung des Werkes (Barmen) sollten ursprünglich singen Frl. Beranek aus Wien (Sopran) und Frau Joachim (Alt). Beide erkrankten und die obengenannten sprangen ein. — Die Altpartien können zur Not von der Mezzosopranistin (Penelope) übernommen werden. Die Tenorpartie ist unbedeutend. Erforderlich sind 3 Hauptsolisten: Sopran, Mezzosopran, Bariton. Alt, Tenor und Bass sind unschwer zu besetzen.

Liter. *Ernst Maschke* „Odysseus". Erläutert von —. N. Simrock, Berlin.

(12.) **Arminius.**

Dichtung von J. Cüppers.

Oratorium für Chor, Solostimmen und Orchester. op. 43.

Seinem Freunde Georg Henschel zugeeignet.

Teil I: 1. Einleitung. Chor. *attacca* 2. Rezitativ (Tenor und Bariton) und Chor. *attacca* 3. Chor der Römer. 4. Rezitativ (Bariton). *attacca* 5. Chor und Duett (Bariton und Tenor).
Teil II: Im heiligen Hain. 6. Szene (Alt und Chor). *attacca* 7. Chor.
Teil III: Der Aufstand. 8. Rezitativ (Bariton) und Chor. 9. Rezitativ und Arie (Tenor). *attacca* 10. Chor. 11. Szene (Bariton). *attacca* 12. Schlachtgesang (Tenor, Bariton und Chor).
Teil IV: Die Schlacht. 13. Rezitativ und Arie (Alt). 14. Chor. *attacca* 15. Rezitativ (Alt) und Chor. 16. Szene (Tenor u. Chor). 17. Chor. *attacca* 18. Rezitativ (Bariton). *attacca* 19. Schluss - Hymnus (Alt, Bariton und Chor).

SD. *I. 30 Min. II. 32 Min. III. 30 Min. IV. 35 Min.* **GD.** *2 St. 7 Min.*

Komp.: 1875 in Bonn und Bergisch-Gladbach.

EA.: 1. Barmen, Sonnabend, d. 4. Dezember 1875 im Saale der Concordia im 3. Abonnements-Konzert der Konzertgesellschaft nach dem Manuskript unter Leitung von *Max Bruch*. Solisten: Frl. *Amalie Kling* (Alt), Herr *Franz Diener* (Tenor) und Herr *Georg Henschel* (Bariton). — 2. Zürich, Sonntag, d. 21. Januar 1877 in der Tonhalle in einem von M. Bruch unter Mitwirkung des *„Gemischten Chores"* veranstalteten Konzert nach dem Manuskript (s. Anm.) unter Leitung von *M. Br.* Solisten: Frau *Hegar* (Alt) und Herr *Georg Henschel* (Tenor und Bariton!) (S. Anm.).

Ersch.: Partitur, Orchesterstimmen, Klavierauszug und Chorstimmen Dezember 1877 bei N. Simrock, Berlin.

Bes.: a) Soli: Alt: Priesterin. — Tenor: Siegmund. — Bariton: Arminius.
b) Chor: Sopran I u. II, Alt I u. II, Tenor I u. II, Bass I u. II (Vier- bis sechsstimmiger gemischter Chor).
c) Orchester: 2 Fl., 2 Ob., 2 Klar., 2 Fag., 4 Hr., 2 Tr., 3 Pos., Tuba, Pa. — Org. — Str.-Orch.

Anmerkg. Nach der EA. in Barmen arbeitete Br. das Oratorium um; die EA. in Zürich fand nach dieser Umarbeitung, in der das Werk nachher gedruckt wurde, statt. — Das Programm der Züricher Aufführung nennt als Verfasser des Textes „Friedr. Hellmuth", das ist Pseudonym für J. Cüppers. Die Tenorpartie sollte in Zürich Herr Holdampf singen, er erkrankte und für ihn sang dann Georg Henschel ausser dem Arminius auch noch den Siegmund.

(13.) Das Lied von der Glocke.

Für Chor, vier Solostimmen, Orchester und Orgel. Op. 45.

Dem Andenken Schillers.

Teil I: Einleitung: (Vivos voco, mortuos plango, fulgura frango) Chor. No. 1. Solo für Bass und Männerchor: „Festgemauert in der Erden". No. 2. Praeludium (Orchester). No. 3. Chor: „Denn mit der Freude Feierklange". No. 4. Rezitativ: „Die Jahre fliehen pfeilgeschwind" (Tenor). *attacca* No. 5. Ensemble: „O zarte Sehnsucht (4 Solostimmen und Chor). No. 6. Solo für Bass: „Wie sich schon die Pfeifen bräunen". No. 7. Rezitativ und Arioso: „Denn wo das Strenge mit dem Zarten" (4 Solostimmen). *attacca* No. 8. Chor: „Der Mann muss hinaus". No. 9. Rezitativ und Chor: „Und der Vater mit frohem Blick" (Tenor-Solo und Chor). No. 10. Rezitativ: „Wohl, nun kann der Guss beginnen" (Bass-Solo). *attacca* No. 11. Rezitativ: „Wohltätig ist des Feuers Macht" (Alt- und Sopran-Solo). *attacca* No. 12. Chor: „Hört ihr's wimmern". Alt-Solo: „Leer gebrannt". No. 13. Rezitativ und Quartett mit Chor: „Einen Blick nach dem Grabe".

Teil II: No. 14. Solo für Bass: „In die Erd' ist's aufgenommen". *attacca* No. 15. Rezitativ: „Dem dunkeln Schoss" (Bass-Solo). *attacca* No. 16. Chor: „Von dem Dome schwer und bang". No. 17. Arie: „Ach, die Gattin ist's" (Mezzosopran bez. Alt). No. 18. Solo für Bass: „Bis die Glocke sich verkühlet". *attacca* No. 19. Intermezzo: „Munter fördert seine Schritte" (Alt-, Tenor- und Bass-Solo). *attacca* No. 20. Rezitativ: „Heil'ge Ordnung" (Bass-Solo). *attacca* No. 21. Chor: „Heil'ge Ordnung". No. 22. Terzett: „Holder Friede" (Sopran-, Alt- und Tenor-Solo). No. 23. Rezitativ: „Nun zerbrecht mir das Gebäude" (Bass-Solo). *attacca* No. 24. Szene: „Der Meister kann die Form zerbrechen" (Alt-, Tenor- u. Bass-Solo. Marsch. Chor). *attacca* No. 25. Szene: Rezitativ: „Freude hat mir Gott gegeben" (Bass-Solo). *attacca* No. 26. Quartett mit Chor: „Und dies sei fortan ihr Beruf". *attacca* No. 27. Schlussgesang: „Jetzo mit der Kraft des Stranges" (4 Solostimmen und Chor).

SD. Teil I 60 Min. Teil II 70 Min. GD. 2 St. 10 Min.

Komp.: 1877 in Bergisch-Gladbach und Bonn.

EA.: 1. Köln, Sonntag, d. 12. Mai 1878 im grossen Saale des Gürzenich in einem für die Erstaufführung veranstalteten Konzert nach dem Manuskript unter Leitung von *Max Bruch*. Solisten: Frau *Anna Walter-Strauss* (Sopran), Frl. *Auguste Hohenschild* (Alt). Herr *Wilhelm Candidus* (Tenor) und Herr *Paul Bulss* (Bass); Chor: *400 Mitglieder der Kölner Gesangvereine;* Orchester: *Das Gürzenich-Orchester;* Orgel: Herr *S. de Lange.* — 2. Zürich, Sonntag, d. 22. Dezember 1878 im Saale der Tonhalle in einem Extrakonzert des Gemischten Chores nach dem Manuskript unter

Leitung von *Fr. Hegar*. (Siehe Anm.). Solisten: Frau *Walter-Strauss*, Frau *Hegar*, Herr *Spörri* und Herr *Hermany*. — 3. Berlin, Freitag, d. 17. Januar 1879 im Saale der Singakademie im Konzert des Sternschen Gesangvereins unter Leitung von *M. Br.* Solisten: Frau *L. Lehmann*, Frau *Joachim*, Herr *von zur Mühlen* und Herr *P. Bulss.*

Ersch.: Partitur und Orchesterstimmen Mai 1879, Klavierauszug April 1879, Chorstimmen März 1879 bei N. Simrock, Berlin.

Bes.: a) Soli: Sopran, Alt, Tenor, Bass.
b) Chor: Sopran I u. II, Alt I u. II, Tenor I u. II, Bass I u. II.
c) Orchester: 2 Fl., 2 Ob., 2 Klar., 2 Fag., 4 Hr., 2 Tr., 3 Pos., Tuba, Pk., Gr. Tr., Becken. — Org. — Str.-Orch.

Anmerkg. Die Orgel ist nicht unbedingt nötig, doch ist deren Mitwirkung von Wichtigkeit und im Interesse der eindrucksvollen Wirkung zu wünschen. — Das Konzert der EA. in Zürich fand auf Rechnung M. Bruchs statt, der zur Leitung der Aufführung auch dort eingetroffen war; da dieselbe wegen Solistennöten verschoben werden musste, reiste Br. wieder ab und überliess die Leitung Fr. Hegar.

Liter. *Jahn, August*, „Erläuterungen zu M. Brs. Das Lied von der Glocke", Fedor Reinboth, Leipzig. — *Maschke, Ernst*, „Das Lied von der Glocke". Erläutert von —, N. Simrock, Berlin.

(14.) Achilleus.

Dichtung nach Motiven der Ilias von Heinrich Bulthaupt.
Für Solostimmen, Chor und Orchester. op. 50.

Teil I: Prolog (Chor). 1. Szene (Neun Herolde, Agamemnon, Odysseus und Chor). 2. Szene. Am Gestade des Meeres (Achilleus und Männerchor). 3. Chor. *attacca* 4. Rezitativ (Thetis). *attacca* 5. Solo mit Chor (Thetis, Frauen- und Männerchor). 6. Rezitativ und Duett (Thetis und Achilleus). *attacca* 7. Chor.

Teil II: 8. Szene (Andromache). 9. Morgengesang der Trojaner (Polyxena, Andromache, Hektor, Priamos und Chor). 10. Duett (Andromache und Hektor). 11. Quartett mit Chor (Polyxena, Andromache, Hektor, Priamos und Chor). *attacca* 12. Szene (Chor).

Teil III: 13^a. Szene: Die Leichenfeier des Patroklus (Achilleus und Chor). Wettspiele zu Ehren des Patroklus. 13^b. Ringkämpfer (Orchester). 13^c. Wagenszenen (Orchester). 13^d. Die Sieger (Orchester). 14. Chor. *attacca* 15. Rezitativ und Duett (Achilleus und Priamos). 16. Szene (Andromache). 17. Epilog des Chors.

SD. *Teil I 57—60 Min. Teil II 36—38 Min. Teil III 55—58 Min.* **GD.** *ca. 2 St. 30 Min.*

Komp.: Von September 1882 in Liverpool bis Frühjahr 1885 in Breslau.

EA.: 1. B o n n , Sonntag, den 28. Juni 1885 in der Beethovenhalle im ersten Konzert eines grossen Musikfestes nach dem Manuskript unter Leitung von *Max Bruch.* Solisten: Frau *Schröder-Hanfstängl* (Sopran), Frau *Am. Joachim* (Alt), Herr *Emil Götze* (Tenor), Herr *Georg Henschel* (Bariton) und Herr *Josef Hoffmann* (Bass). Chor: Der *Städt. Gesangverein in Bonn* und *Mitglieder von Gesangvereinen aus Köln* und *Barmen* (400 Personen). Orchester: Zusammengesetzt aus *Orchestermitgliedern verschiedenster Städte* (103 Musiker). — 2. B a r m e n , Sonnabend, d. 28. November 1885 im grossen Saale der Concordia im 2. Abonnementskonzert der Konzertgesellschaft unter Leitung von *M. Br.* Solisten: Frl. *W. Schauseil,* Frau *Cl. Bruch,* Herr *H. Gudehus,* Herr *G. Henschel* und Herr *M. Friedländer.* — 3. K ö l n , Dienstag, d. 15. Dezember 1885 im grossen Saale des Gürzenich im 4. Abonnementskonzert der Konzertgesellschaft unter Leitung von *Fr. Wüllner.* Solisten: Frau *Haas-Bosse,* Frau *Joachim,* Herr *E. Götze,* Herr *C. Scheidemantel* und Herr *Joh. Messchaërt.*

Ersch.: Partitur und Orchesterstimmen November 1885, Klavierauszug Oktober 1885, Chorstimmen April 1885 bei N. Simrock, Berlin.

Bes.: a) S o l i : S o p r a n : Polyxena und Thetis. — A l t : Andromache. — T e n o r : Achilleus. — B a r i t o n : Hektor und Odysseus. — B a s s : Agamemnon und Priamus. — Ausserdem: 3 T e n ., 3 B a s s I und 3 B a s s II: Neun Herolde.

b) C h o r : 4—6 stimmiger gemischter Chor; alle Stimmen oft geteilt. [Ausserdem ein kleiner Frauenchor.] Dabei kleiner gem. Chor mit 16 Stimmen. Auch Männerchor allein. Die 9 Herolde (s. Soli) können dem Chor entnommen werden.

c) O r c h e s t e r : 2 Fl., 2 Ob., 2 Klar., 2 Fag., 4 Hr., 3 Tr., 3 Pos., Tuba, Pk., Becken. — Hfe. — Str.-Orch.

A n m e r k g . Die Idee des Werkes entstammt bereits dem Jahre 1873. — Das Musikfest gelegentlich dessen die EA. (s. o.) stattfand, währte vom 28.—30. Juni und umfasste 3 grosse Konzerte. In dem zweiten derselben (29. Juni) wurde auch erstmalig die von Hanslick 1884 in Wien aufgefundene, bis dahin für verschollen gehaltene Kantate von Beethoven „Trauer-Kantate auf den Tod Josefs II.“ als ungedrucktes Werk aufgeführt. Hanslick berichtet über diese und eine andere gleichzeitig aufgefundene Beethovensche Kantate („Kantate auf die Erhebung Leopold des Zweiten zur Kayserwürde“) in seiner „Suite“ (Wien), über das Musikfest in „Musikalisches Skizzenbuch“ (Berlin, 1888).

(15.) Das Feuerkreuz.

Dramatische Kantate nach einem Motiv aus Walter Scotts „Lady of the lake", Dichtung von Heinrich Bulthaupt. Für Solostimmen, Chor und Orchester. (Orgel ad libitum.) op. 52.

Der Breslauer Sing-Akademie zugeeignet.

I. Der Chor (Chor, Sopran- und Bariton-Solo). *attacca* II. Chor *attacca* III. Ensemble (Sopran-, Bariton- und Bass-Solo und Chor). — IV. Norman in den Bergen (Szene für Bariton). *attacca* V. Das Aufgebot. — VI. Ave Maria (Sopran-Solo). — VII. Kriegsgesang (Bariton-Solo und Männerchor). — VIII. Die Schlacht (Sopran- und Bariton-Solo, Frauenchor, Männerchor und Ensemble).

SD. I., II. u. III. 18 Min. IV. u. V. 14 Min. VI. 7 Min. VII. 5 Min. VIII. 16 Min. GD. 60 Min.

Komp.: Erster Entwurf 1874 in Bonn, Vollendung 1888 in Breslau. (S. Anm.)

EA.: 1. Breslau, Dienstag, d. 26. Februar 1889 im Konzerthaus in einem von Max Bruch unter Mitwirkung der Breslauer Sing-Akademie veranstalteten Extrakonzert nach dem Manuskript unter Leitung von *Max Bruch*. Solisten: Frl. *Pia v. Sicherer* (Sopran), Herr *K. Scheidemantel* (Bariton), Herr *Kühn* (Bass). — 2. Barmen, Sonnabend, d. 19. Oktober 1889 im Saale der Concordia im 1. Abonnementskonzert der Konzertgesellschaft unter Leitung von *A. Krause*. Solisten: Frl. *Pia v. Sicherer*, Herr *Carl Listemann* und Herr *Fr. Schwarz*. — 3. Bonn, Donnerstag, d. 28. November 1889 in der Beethovenhalle im 2. Abonnementskonzert des Städt. Gesangvereins unter Leitung von *Leonh. Wolff*. Solisten: Frau *A.* und Herr *E. Hildach* und Herr *Bassin*. — 4. Leipzig, Donnerstag, d. 30. Januar 1890 im Saale des Gewandhauses im 15. Abonnementskonzert unter Leitung von *Max Bruch*. Solisten: Frl. *v. Sicherer*, Herr *K. Perron* und Herr *E. Hungar*.

Ersch.: Partitur, Orchesterstimmen, Klavierauszug und Chorstimmen Juli 1889 bei N. Simrock, Berlin.

Bes.: a) Soli: Sopran: Mary. — Bariton: Norman. — Bass: Angus.
b) Chor: Sopran I und II, Alt I und II, Tenor I und II, Bass I und II.
c) Orchester: 2 Fl. (1. auch Kl.-Fl.), 2 Ob., 2 Klar., 2 Fag., Kontrafag., 4 Hr., 2 Tr., 3 Pos., Tuba, Pk., Glocke, Trgl., Gr. Tr., Becken. — Hfe. — Orgel — Str.-Orch.

Anmerkg. Der Plan zur Komposition und der erste Entwurf entstammen bereits dem Jahre 1874. 1888 nahm Br. die Idee wieder auf und arbeitete sie in kürzerer als der ursprünglich geplanten Form — die Absicht ging auf ein den ganzen Abend füllendes Werk — um. — Die Besetzung der Orgel ist nicht unbedingt nötig, ihr Part kann durch Blasinstrumente ersetzt werden. Am Schlagzeug ist ausser dem Pauker nur noch ein Musiker erforderlich. — Der Partitur ist nachstehendes Vorwort vorgedruckt: „Im frühen Mittelalter hatte sich, noch lange nach der Einführung des Christentums, im schottischen Hochland eine seltsame heidnische Sitte erhalten. Wenn ein Gau (Clan) dem anderen den Krieg erklärte, dann weihte der Häuptling unter feierlichen Bräuchen das „Feuerkreuz". Ein Kreuz von Eibenholz wurde an einem Altar in Brand gesetzt, mit dem Blut eines Opfertieres gelöscht und einem Boten edlen Geschlechtes übergeben, der es im schnellsten Lauf bis zum nächsten Ort zu tragen und dort einem zweiten Boten (und wiederum nur einem Edlen des Clans) zu übergeben hatte. Auch dieser musste es ohne Aufenthalt weiter befördern, bis er es einem Dritten aushändigen konnte, und so fort. Auf diese Weise kreiste das Feuerkreuz als das Zeichen des Krieges in kürzester Zeit im ganzen Lande und rief jeden waffenfähigen Mann, der es sah und zu dem der Kriegsruf drang, zu den Fahnen."

(16.) Moses.

Ein biblisches Oratorium von Ludwig Spitta.
Für Chor, Solostimmen, Orchester und Orgel. op. 67.

Erster Teil: I. **Am Sinai.** 1. Chor. 2. Der Engel des Herrn (Sopransolo). 3. Moses (Basssolo). *attacca* 4. Lobgesang (Moses, Aaron und Chor). 5. Der Engel des Herrn (Sopransolo, Moses und Aaron). *attacca* 6. Chor.
II. **Das goldene Kalb.** 7. Szene (Chor). *attacca* 8. Rezitativ (Aaron) und Chor. *attacca* 9. Rezitativ (Moses und Aaron) und Chor.
Zweiter Teil: III. **Die Rückkehr der Kundschafter aus Kanaan.** 10. Chor. 11. Rezitativ (Moses). *attacca* 12. Szene. (Aaron und Chor). *attacca* 13. Moses, der Engel des Herrn und Chor. IV. **Das Land der Verheissung.** 14. Der Engel des Herrn (Sopransolo). 15. Moses (Basssolo). 16. Chor. *attacca* 17. Der letzte Segen Moses (Basssolo). 18. Chor-Rezitativ. *attacca* 19. Die Klage des Volkes über Moses (Chor).

SD. *I. 30 Min. II. 30 Min. III. 32 Min. IV. 34 Min.* **GD.** *2 St. 6 Min.*

Komp.: 1894 in Berlin.

EA.: 1. **Barmen,** Sonnabend, d. 19. Januar 1895 im Saale der Concordia im 4. Abonnementskonzert der Konzertgesellschaft nach dem

Manuskript unter Leitung von *Max Bruch*. Solisten: Frl. *W.Schauseil* (Sopran), Herr *G. Ritter* (Tenor), Herr *J. Messchaërt* (Bass). — 2. D ü s s e l d o r f, Donnerstag, d. 19. März 1896 in der Städtischen Tonhalle im 8. Konzert des Städtischen Musikvereins unter Leitung von *J. Buths*. Solisten: Frl. *W. Schauseil*, Herr *Fr. Litzinger*, Herr *C. Perron*. — 3. S c h w e r i n, Sonntag, d. 3. Mai 1896 im Konzertsaale des Hoftheaters im 6. Hoftheater-Orchester-Abonnements-konzert unter Leitung von *K. Gille*. Solisten: Frau *Liebeskind*, Herr *Lang* und Herr *Karlmayer*. (Chor: *Hoftheaterchor* und *Schweriner Gesang-Verein*.) — 4. B e r l i n, Donnerstag, d. 7. Mai 1896 im Saale der Philharmonie bei Gelegenheit der Feier des 200 jährigen Be-stehens der Kgl. Akademie der Künste unter Leitung von *J. Joachim*. Solisten: Frau *C. Herzog*, Herr *K. Dierich* und Herr *Fessler* [für Messchaërt.] (Chor ungefähr 800 Personen, zusammengesetzt aus dem *Chor der Hochschule*, dem *Philh. Chor*, *Lehrergesangverein* u. a.)

Ersch.: Partitur Juni 1895, Orchesterstimmen Dezember 1894, Klavier-auszug Mai 1895, Chorstimmen Oktober 1894 bei N. Simrock, Berlin.

Bes.: a) S o l i: S o p r a n: Der Engel des Herrn. — T e n o r: Aaron. — B a s s: Moses.

b) C h o r: Sopran I und II, Alt I und II, Tenor I und II, Bass I und II.

c) O r c h e s t e r: 2 Fl. (2. auch Kl.-Fl.), 2 Ob. (2. auch Engl. Hr.), 2 Klar., 2 Fag., 4 Hr., 3 Tr., 3 Pos., Tuba, Pk., Becken. — Hfe. — Orgel. — Str.-Orch.

A n m e r k g. Die Partie der Orgel kann von Blasinstrumenten ausgeführt werden. — In der EA. Barmen sprang der Tenorist G. Ritter für den auf dem Programme genannten R. von Zur-Mühlen ein.

(17.) Gustav Adolf.

Dichtung von A. Hackenberg.

Für Chor, Solostimmen, Orchester und Orgel. op. 73.

T e i l I: 1. Szene. Am Meergestade (Chor: Das Volk und 9 Prediger). 2. Szene (Volk, Prediger, Schwedische Krieger, der König). 3. Szene. Im Lager an der Havel, Lied (Leubelfing). 4. Szene (Leubelfing und der König). 5. Szene. Kriegslied (Schwedische Krieger und Volk). 6. Szene. Volkslied (Mädchen, Frauen und der König). 7. Szene (Leubelfing, Bern-hard, der König und Volk).
T e i l II: 8. Szene. Vor München (Chor: Krieger und Volk). 9. Szene. Lied (Leubelfing). 10. Szene (Bernhard, der König, Krieger und Volk). 11. Szene (Leubelfing, der König, Priester und Mönche, Krieger und Volk). 12. Szene. Bei Lützen (Leubelfing, der König, Bernhard, die Prediger, Krieger und Volk). 13. Szene. In Naumburg (Leubelfing). 14. Szene. Schloss-

kirche zu Wittenberg. Nacht. Über Luthers Gruft die aufgebahrte Leiche Gustav Adolfs (Bernhard, die Prediger, Volk).

SD. *Teil I 55 Min. Teil II 65 Min.* **GD.** *2 St.*

Komp.: 1897 in Berlin.

EA.: 1. Barmen, Sonntag, d. 22. Mai 1898 in einem von der Barmer Konzertgesellschaft veranstalteten Extrakonzert im grossen Saale der Stadthalle nach dem Manuskript unter Leitung von *Max Bruch.* Solisten: Frau *L. Geller-Wolter* (Leubelfing), Herr *Carl Dierich* (Bernhard) und Herr *Max Büttner* (Gustav Adolf). — 2. Magdeburg, Montag, d. 31. Oktober 1898 in einem Konzert des Brandtschen Gesangvereins und der Liedertafel unter Leitung von *M. Br.* Solisten: Frau *Geller-Wolter*, Herr *C. Dierich* und Herr *M. Büttner*. — 3. Mühlhausen i. Thür., Mittwoch, d. 30. November 1898 im Konzertsaale des Schauspielhauses im Konzert des Allgemeinen Musikvereins unter Leitung von *John Moeller.* Solisten: Frl. *Elv. Lorn,* Herr *Friedr. Marx* und Herr *M. Büttner*.

Ersch.: Partitur September 1898, Orchesterstimmen Oktober 1898, Klavierauszug August 1898, Chorstimmen Februar 1898 bei N. Simrock, Berlin.

Bes.: a) Soli: Alt: Leubelfing. — Tenor: Herzog Bernhard von Weimar, Ratsherr. — Bariton: König Gustav Adolf. — 3 Tenöre und 6 Bässe: Neun Prediger.

b) Chor: Sopran I und II, Alt I und II, Tenor I und II, Bass I und II.

c) Orchester: Kl. Fl., 2 Fl., 2 Ob. (1. auch Engl. Hr.), 2 Klar., 2 Fag., 4 Hr., 3 Tr., 3 Pos, Tuba, 3 Pk., Trgl., Gr. Tr., Kl. Tr., Becken. — Orgel. — Str.-Orch. (S. Anm.)

Anmerkg. Die in den Soli geforderten 9 Prediger können dem Chor nicht entnommen werden; sie sind besonders zu besetzen und zu placieren, können auch mit 4 Tenoristen und 5 Bassisten besetzt werden. — Das in der 12. Szene vorübergehend geforderte Blasorchester hinter der Szene kann ohne Schwierigkeit von Musikern des Hauptorchesters übernommen werden. — Herzog Bernhard und die kleine Tenorpartie des Ratsherrn sind von einem Solisten zu singen. — Ein sehr stark besetzter Männerchor ist unbedingt erforderlich.

Liter. *Ernst Maschke.* „Gustav Adolf". Erläutert und mit Notenbeispielen versehen von —, N. Simrock, Berlin.

(18.) Damajanti.

Szenen aus der indischen Dichtung „Nala und Damajanti". Für Sopran-Solo, Chor und Orchester. op. 78.

Joseph Joachim freundschaftlichst zugeeignet.

Vorspiel für Orchester. — I. Szene. Damajanti. II. Chor. Im Hain der Büsser. III. Szene. Die Büsser. Damajanti. Genien.

GD. *33 Min.*

Komp.: Begonnen Sommer 1902, beendigt Frühjahr 1903 in Friedenau bei Berlin. (S. Anm.)

EA.: Köln, Dienstag, d. 20. Oktober 1903 im grossen Saale des Gürzenich im 1. Abonnementskonzert der Konzertgesellschaft unter Leitung von *Fr. Steinbach.* Sopran-Solo: Frau *Cäcilie Rüsche.*

Ersch.: Partitur und Orchesterstimmen September 1903, Klavierauszug Juni 1903, Chorstimmen Juli 1903 bei N. Simrock, Berlin.

Bes.: a) Soli: Sopran.

b) Chor: Sopran I u. II, Alt I u. II, Tenor I u. II, Bass I (auch geteilt) u. II.

c) Orchester: 2 Fl., 2 Ob., Engl. Hr., 2 Klar., 2 Fag., Kontrafag, 4 Hr., 3 Tr., 3 Pos., Tuba, Pk., Becken. — Str.-Orch.

Anmerkg. Im Programm sollte die der Partitur entnommene Einführung nicht fehlen: „Der junge indische König Nala, der, von einem bösen Geist verwirrt, im Spiel sein Reich an einen erbarmungslosen Gegner verloren hat, wandert mit seiner schönen Gattin Damajanti, aller Hilfe beraubt, ins Elend. Trostlos über das gemeinsame Leid beschwört er sie, ihr Schicksal von dem seinen zu trennen; da sie aber eher ihr Leben lassen will als ihn, findet er sich, scheinbar beruhigt, in ihren Entschluss.

Als aber die Nacht die Irrenden überfällt und Damajanti in der Wüste entschlummert, verlässt Nala, von denselben feindlichen Dämonen verführt, und in dem trügerischen Glauben, seiner unschuldigen Gattin werde kein Unheil nahen, sobald sie nicht mehr an seine verderbliche Nähe gekettet sei, die Schlummernde heimlich.

So bleibt Damajanti allein im Dickicht des Waldes zurück.

Der vorliegende Text ist aus der Rückertschen Übersetzung des altindischen Epos „Nala und Damajanti", sowie aus Fragmenten einer Dichtung von Heinrich Bulthaupt vom Komponisten zusammengestellt worden." — Mit der Leitung des oben genannten Gürzenich-Konzertes trat Fr. Steinbach seine Stellung als Städt. Kapellmeister in Köln an. — Die ursprüngliche Absicht Bruchs mit Damajanti ein den Abend füllendes Werk zu schreiben wurde durch längere Krankheit verhindert, aus derselben erklärt sich auch die lange Kompositionszeit.

Liter. *E. Maschke:* „Damajanti" von Max Bruch, op. 78. N. Simrock, Berlin.

———— ⟡ ⟡ ————

(19.) Jubilate, Amen.

Gedicht von Th. Moore

aus dem Englischen übersetzt von Freiligrath.

Für Sopran-Solo, Chor und Orchester. op. 3.

————

G.D. 4¹/₂ Min.

Komp.: 1856 in Köln.

EA.: 1. Köln, Donnerstag, d. 1. Mai 1857 im grossen Kasinosaale in einer öffentlichen Versammlung der Singakademie vor eingeladenen Zuhörern nach dem Manuskript unter Leitung von *F. Weber* [mit Klavierbegleitung]. — 2. Köln, Dienstag, d. 12. Januar 1858 im grossen Saale des Gürzenich im 4. Gesellschaftskonzert ebenfalls nach Manuskript unter Leitung von *Ferd. Hiller* [mit Orchesterbegleitung], Sopransolo: Frl. *Röckel.*

Ersch.: Partitur, Klavierauszug, Orchester- und Chorstimmen Dezember 1858 bei Breitkopf & Härtel, Leipzig.

Bes.: a) Chor: Sopran, Alt, Tenor, Bass.
b) Orchester: 2 Fl., 2 Ob., 2 Klar., 2 Fag., 2 Hr., 2 Tr., Pa. — Str.-Orch.

Anmerkg. In dem Konzert der EA. mit Orchester erlebte auch Rob. Schumanns „Des Sängers Fluch" seine erste Kölner Aufführung.

(20.) Die Birken und die Erlen.

Gedicht aus den Waldliedern von Gustav Pfarrius.
Für Sopran-Solo, Chor und Orchester. op. 8.

GD. 15 Min.

Komp.: Sommer 1857 in Bergisch-Gladbach.

EA.: 1. Köln, Mittwoch, d. 4. November 1857 im Saale des Hotel Disch in einer von M. Bruch als Abschiedskonzert veranstalteten Soirée mit Klavierbegleitung unter Leitung von *Max Bruch.* Sopran-Solo: Frl. *Anna Zimmermann,* Chor: *Mitglieder verschiedener Vereine.* — 2. Köln: Donnerstag, d. 16. Februar 1860 im grossen Saale des Gürzenich im 8. Gesellschaftskonzert unter Leitung von *Ferd. Hiller.* Sopran-Solo: Frl. *Emilie Genast.*

Ersch.: Partitur Dezember 1859, Orchesterstimmen Januar 1860, Klavierauszug September 1859, Chorstimmen Januar 1860 bei Breitkopf & Härtel, Leipzig.

Bes.: a) Solo: Sopran.
b) Chor: Sopran, Alt, Tenor I u. II, Bass I u. II.
c) Orchester: 2 Fl., 2 Ob., 2 Klar., 2 Fag., 2 Hr., 2 Tr., Pa. — Str.-Orch.

Anmerkg. Das Werk ist von Anfang an mit Orchesterbegleitung gedacht, diese ist also nicht als ein späteres Arrangement einer Klavierbegleitung anzusehen. Das „Abschiedskonzert" veranstaltete Br. vor seiner Abreise nach Leipzig, in demselben erlebte auch das Klaviertrio op. 5 seine EA. [S. No. 28.]

(21.) Die Flucht der heiligen Familie.

Gedicht von J. von Eichendorff.
Für Gemischten Chor und Orchester. op. 20.

Dem Sing-Verein zu Krefeld gewidmet.

GD. *7—8 Min.*

Komp.: Juli 1863 in Mannheim.

EA.: 1. K r e f e l d , Dienstag, d. 22. Dezember 1863 im Saale des Hotel de la Redoute im 2. Abonnementskonzert des Sing-Vereins nach dem Manuskript unter Leitung von *Max Bruch.* — 2. K ö l n , Dienstag, d. 29. Dez. 1863 im grossen Saale des Gürzenich im 5. Gesellschaftskonzert ebenfalls nach Manuskript unter Leitung von *M. Br.*

Ersch.: 1864 bei F. E. C. Leuckart, Breslau, seit Juni 1875 im Besitze von C. F. W. Siegel, Leipzig.

Bes.: a) C h o r : Sopran I u. II, Alt I u. II, Tenor I u. II, Bass I u. II.
b) O r c h e s t e r : 2 Fl., 2 Ob., 2 Klar., 2 Fag., 2 Hr., 3 Pos., Pa. — Str.-Orch.

(22.) Rorate Coeli.

Gedicht aus dem Lateinischen übersetzt von Karl Simrock.
Für gemischten Chor, Orchester und Orgel (ad libit.). op. 29.

Seinem Freunde Rudolf von Beckerath zugeeignet.

GD. *13—14 Min.*

Komp.: Skizzen aus dem Jahr 1863 in Mannheim. Niederschrift 1868 in Sondershausen.

EA.: K r e f e l d , Montag, d. 22. Februar 1869 im Saale der Königsburg im 4. Abonnements-Konzert der Konzertgesellschaft nach dem Manuskript unter Leitung von *Max Bruch.* (S. Anm.)

Ersch.: 1869 bei Fr. Kistner, Leipzig.

Bes.: a) C h o r : Vierstimmiger gemischter Chor ohne Stimmteilung.
b) O r c h e s t e r : 2 Fl., 2 Ob., 2 Klar., 2 Fag., 4 Hr., 2 Tr., 3 Pos., Tuba. — Orgel. — Str.-Orch.

A n m e r k g . In dem Konzert der EA. fand auch eine der ersten Aufführungen von Bruchs erster Symphonie op. 28 (s. No. 1) statt. Br. dirigierte das ganze Konzert in Vertretung des erkrankten Musikdirektors Hermann Wolff.

(23.) Römische Leichenfeier.

Gedicht von Hermann Lingg.
Für Gemischten Chor und Orchester. op. 34.

Seinem Freunde Dr. Philipp Spitta zugeeignet.

GD. *8—9 Min.*

Komp.: Nach Skizzen des Jahres 1863—64 (Mannheim), zwischen 1867—69 in Sondershausen.

EA.: 1. Düsseldorf, Donnerstag, d. 7. November 1872 im Saale der Städt. Tonhalle im 2. Abonnementskonzert des Städt. Musikvereins unter Leitung von *Jul. Tausch.* (Vermutlich EA. nach Druck.) — 2. Krefeld, Mittwoch, d. 19. Februar 1873 im Saale der Königsburg im 3. Abonnementskonzert der Konzertgesellschaft unter Leitung von *August Grüters.*

Ersch.: Januar 1870 bei F. E. C. Leuckart, Breslau, seit Juni 1875 im Besitze von C. F. W. Siegel.

Bes.: a) Chor: Sopran, Alt I u. II, Tenor I u. II, Bass I u. II.
b) Orchester: 2 Fl., 2 Ob., 2 Klar., 2 Fag., 4 Hr., 2 Tr., 3 Pos., Tuba, Pa. — Str.-Orch.

Anmerkg. Eine erste Aufführung mit Klavierbegleitung hat an einem nicht mehr festzustellenden Datum im Winter 1869/70 im „Schlossgesangverein" der Prinzessin Elisabeth in Sondershausen unter des Komponisten Leitung stattgefunden.

(24.) Kyrie, Sanctus und Agnus Dei.

Für Doppelchor, 2 Sopran-Soli, Orchester u. Orgel (ad lib.).
op. 35.

Ihrer Durchlaucht der Prinzessin Elisabeth von Schwarzburg-Sondershausen ehrfurchtsvoll zugeeignet.

SD. *Kyrie: 7 Min. Sanctus: 10 Min. Agnus: 8 Min.* **GD.** *25 Min.*

Komp.: Kyrie 1859 in Bonn, Sanctus 1860 in Köln; Pleni sunt coeli, Benedictus und Agnus Dei 1869 in Sondershausen.

EA.: 1. Berlin, Sonntag, d. 9. Mai 1880 im Saale der Sing-Akademie in der 27. Aufführung der Kgl. Hochschule für Musik unter Leitung von *Jos. Joachim.* Solisten: Frl. *Emma Faller* und Frl. *Henriette Finkelstein* (Schülerinnen der Hochschule); *Chor und Orchester der Hochschule.* — 2. Köln, Dienstag, d. 15. Februar 1881 im grossen Saale des Gürzenich im 8. Abonnements-Konzert der Konzertgesellschaft unter Leitung von *F. Hiller.* Solisten: Frl. *Carol. Haber-mann* und Frl. *Paul. Dorweiler* (Schülerinnen des Kölner Konservatoriums). — 3. L e i p z i g, Donnerstag, d. 30. März 1882 im Saale des Gewandhauses im 22. (letzten) Abonnementskonzert unter Leitung von *C. Reinecke.* Solisten: Frau *Kleinmichel-Monhaupt* und Frau *Metzler-Löwy.*

Ersch.: Partitur, Orchesterstimmen, Klavierauszug und Chorstimmen Dezember 1869 bei Breitkopf & Härtel, Leipzig.

Bes.: a) S o l i : 2 Soprane (I u. II).

b) C h o r : 2 vierstimmige gemischte Chöre.

c) O r c h e s t e r : 2 Fl., 2 Ob., 2 Klar., 2 Fag., 4 Hr., 2 Tr., 3 Pos., Tuba, Pk. — Orgel. — Str.-Orch.

A n m e r k g. Das Programm der EA. in Köln besagt „Diese Messensätze bilden ein zusammenhängendes Ganzes und sind als solches vorzugsweise für Konzertaufführungen bestimmt. Max Bruch." Diese der Partitur vorgedruckte Bemerkung ist in das Programm aufzunehmen.

(25.) **Dithyrambe** von Friedrich Schiller.
Für Tenor-Solo, sechsstimmigen Chor und Orchester.
op. 39.

Dem Städtischen Singverein in Barmen zugeeignet.

GD. 13—14 Min.

Komp.: 1873 in Bonn.

EA.: 1. B a r m e n, Sonnabend, d. 7. Februar 1874 im Saale der Concordia im 5. Abonnementskonzert der Konzertgesellschaft nach dem Manuskript unter Leitung von *Max Bruch.* Tenorsolo: Herr *Jos. Wolff.* — 2. D ü s s e l d o r f, Sonntag, d. 31. Mai 1874 im Saale der Städt. Tonhalle in einem von Max Bruch veranstalteten Konzert ebenfalls nach Manuskript unter Leitung von *M. Br.* Tenorsolo: Herr *Jos. Wolff.* (S. Anm.)

Ersch.: Partitur, Orchesterstimmen und Klavierauszug November 1874, Chorstimmen Mai 1874 bei N. Simrock, Berlin.

Bes.: a) S o l o : Tenor.

b) C h o r : Sopran I und II, Alt, Tenor, Bass I und II.

c) O r c h e s t e r : 2 Fl., 2 Ob., 2 Klar., 2 Fag., 4 Hr., 2 Tr., 3 Pos., Pk. — Str.-Orch.

A n m e r k g. Der Chor bei der EA. in Düsseldorf bestand laut Originalprogramm aus Gesang-Musikverein (Düsseldorf), Städt. Männergesangverein (Düsseldorf), Quartettverein (Düsseldorf), Städtischer Sing-Verein (Barmen), Elberfelder und Krefelder Liedertafel, Männergesangverein und Damenchor aus Neuss, Ober- und Unterbarmer Liedertafel und Damenchor, Mitglieder des Vereins „Oratorium" (Düsseldorf), im ganzen etwa 800 Stimmen. Das Düsseldorfer Städt. Orchester war durch ortsangesessene und auswärtige Künstler verstärkt. Derartige Extrakonzerte hat Bruch zur Aufführung seiner Werke des öfteren veranstaltet.

(26.) Gruss an die heilige Nacht.

Weihnachtshymne. Gedicht von Robert Prutz.
Für Alt-Solo, Chor, Orchester und Orgel. op. 62.

Frau Clara Bruch zugeeignet.

GD. 15 Min.

Komp.: 1892 in Berlin.

EA.: Berlin, Montag, d. 16. Januar 1893 im Saale der Philharmonie in einem Konzerte des Philharmonischen Chores unter Leitung von *Max Bruch.* Alt-Solo: Frau *Clara Bruch* (Anm.), Orchester: *Das Berliner Philharmonische Orchester*, Orgel: *Dr. Heinrich Reimann.*

Ersch.: Partitur, Orchesterstimmen, Klavierauszug und Chorstimmen September 1892 bei N. Simrock, Berlin.

Bes.: a) Solo: Hoher Alt.

b) Chor: Sopran, Alt, Tenor, Bass I und II.

c) Orchester: 2 Fl., 2 Ob., 2 Klar., 2 Fag., 4 Hr., 2 Tr., 3 Pos., Tuba, Pk. — Orgel. — Str.-Orch.

Anmerkg. Das Alt-Solo wurde von Frau Bruch (Gattin des Komponisten, geb. Tuczek) an Stelle des erkrankten Frl. Kloppenburg, deren Namen das Programm nennt, übernommen. — Die Orgel ist nicht unbedingt notwendig, der obligate Part ist in die Blasinstrumente eingezogen.

(27.) Frithjof.

Szenen aus der Frithjof-Sage von Esaias Tegnèr.
Für Solostimmen, Männerchor und Orchester. op. 23.

Frau Clara Schumann in Verehrung zugeeignet.

1. Szene. Frithjofs Heimfahrt. 2. Szene. Ingeborgs Brautzug zu König Ring. 3. Szene. Frithjofs Rache. — Tempelbrand. — Fluch. 4. Szene. Frithjofs Abschied von Nordland. 5. Szene. Ingeborgs Klage. 6. Szene. Frithjof auf der See.

SD. I. 7—8 Min. II. 5 Min. III. 8—9 Min. IV. 7 Min. V. 7—8 Min. VI. 8 Min. GD. 43—45 Min.

Komp.: Sommer 1864 in Mannheim und Heidelberg.

EA.: 1. Aachen, Sonntag, d. 20. November 1864 im neuen Saale des Kurhauses im ersten Festkonzert gelegentlich des 25jährigen Stiftungs- festes des Männergesangvereins Concordia nach dem Manuskript unter Leitung von *Max Bruch*. Solisten: Frl. *Louise Lichtmay* (Ingeborg) und Herr *Jos. Blctzacher* (Frithjof). Orchester: *Das verstärkte städt. Orchester.* — 2. Leipzig, Montag, d. 13. Februar 1865 im Saale des Gewandhauses im Konzert des Universitäts-Gesangvereins der Pauliner nach dem Manuskript unter Leitung von *M. Br.* Solisten: Frau *Thelen* (Ingeborg), Herr *Stägemann* (Frithjof). Orchester: *Das Gewandhaus- orchester.* — 3. Leipzig, Donnerstag, d. 2. März 1865 im Saale des Gewandhauses im Konzert zum Besten der Armen nach dem Manuskript unter Leitung von *M. Br.* Solisten: Frau *Thelen* (Ingeborg), Herr *Degele* (Frithjof). Chor: *Universitäts-Gesangverein der Pauliner.* Orchester: *Das Gewandhausorchester.* — 4. Wien, Sonnabend, d. 25. März 1865 in einem Konzert des Akademischen Gesangvereins nach dem Manuskript unter Leitung von *M. Br.* Solisten: Frau *Louise Dustmann* und Herr *Hrabanck.*

Ersch.: März 1866 bei F. E. C. Leuckart, Breslau, seit Juni 1875 im Besitze von C. F. W. Siegel.

Bes.: a) Soli: Sopran: Ingeborg. — Bariton: Frithjof.

b) Chor: Vierstimmiger Männerchor und Soloquartett.

c) Orchester: 2 Fl., 2 Ob., 2 Klar., 2 Fag., 4 Hr., 3 Pos., Tuba, Pk. — Hfe. — Str.-Orch.

Anmerkg. Dem Programm resp. Text ist folgendes Vorwort beizufügen:

Vorwort. König Helge bewahrt seine Schwester Ingeborg, die Frithjof liebt, in Baldurs Tempel und Hain vor fremden Blick. Frithjof begehrt sie zum Weibe. Der König aber, der ihn hasst, weist ihn stolz zurück, und weil er den Hain Baldurs, wo er Ingeborg bei Nacht ge- sprochen, entweiht habe, verbannt er ihn, bis er vom Jarl Anganthyr den verweigerten Tribut herbeischafft. Frithjof vollbringt das Gebot und kehrt mit den tapferen Gefährten auf seinem Schiffe Ellida zur Heimat zurück (Szene I).

Unterdessen hat Helge den alten König Ring, der um Ingeborg freite, versöhnt. Ring besiegt ihn in der Schlacht, Helge flieht, verwüstet im Grimm Frithjofs Haus und Hof, und erkauft sich den Frieden durch die Zusage von Ingeborg an Ring. Er entreisst ihr Frithjofs Armring, den er dem Gott Baldur weiht, und sendet die Maid, die sich dem Opfer für den Bruder fügt, in feierlichem Zuge dem alten Könige zu! (Szene II.)

Frithjof landet, findet seinen Hof verbrannt und seine Braut ver- kauft, erstürmt den Tempel und erschlägt Helge. Der Tempel geht in Flammen auf, Priester und Volk verdammen Frithjof. Er scheidet von der Heimat, vertraut sich von neuem dem blauen Meere und steuert mit den treuen Gefährten nach südlichen Zonen (Szenen III—VI). —

Bei der 3. EA. erlebte Gades 7. Symphonie auch ihre EA. im Gewandhaus. — Zu der EA. Aachen ist zu bemerken: Der Männerchor bestand aus den Vereinen: Aachener Concordia, Aachener Liedertafel, Aachener Orphea,

Aachener Sängerverein, Aachener Harmonia, Burtscheider Davidverein, Burtscheider Cäcilienverein, Dürener Concordia, Eschweiler Liederkranz und Glad-
bacher Liederkranz mit insgesamt 391 Sängern. Das Soloquartett wurde von
vier Mitgliedern der Aachener Concordia, den Herren Goet, Jacobs, Hermanns
und Küppers, gesungen. Die Komposition entstand auf Anregung des Vor-
standes der Concordia, nachdem dieser Verein im Jahre 1863 Bruchs Römischen
Triumphgesang mit ausserordentlichem Erfolge erstmalig unter des Komponisten
Leitung zur Aufführung gebracht hatte. Diese Feststellung findet hier Platz,
da die Bemerkung im Original-Festbuch „Der Concordia zu ihrem Jubelfeste
eingesandt" irrtümlich gedeutet werden kann. Bruch hat in dem Frithjof ältere
Skizzen verwendet.

IV. Kammermusikwerke.

(28.) Trio für Pianoforte, Violine und Violoncell.
C-moll. op. 5.

[Den Herren Ferdinand David und Friedrich Grützmacher gewidmet.] (S. Anm.)

I. Andante molto cantabile. *attacca* II. Allegro assai. — III. Presto.
SD. I. u. II. 13 Min. III. 9 Min. GD. 22 Min.
Komp.: 1857 in Köln.
EA.: Köln, Mittwoch, d. 4. November 1857 im Saale des Hotel Disch
in einer von M. Bruch als Abschiedskonzert veranstalteten Soirée
nach dem Manuskript. Pianoforte: *M. Bruch*, Violine: Konzert-
meister *Grunewald*, Violoncell: *Bernhard Breuer*. (S. Anm.)
Ersch.: März 1858 bei Breitkopf & Härtel, Leipzig.
Anmerkg. In der Soirée fand auch die EA. von „Die Birken und die
Erlen" von M. Bruch statt. Das Abschiedskonzert veranstaltete Br. vor seiner
Abreise nach Leipzig. S. Anm. bei No. 20. Das Trio ist bereits früher in Köln
gespielt und dann von Br. umgearbeitet worden, wie die Niederrheinische Musik-
zeitung in No. 45 ihres 5. Jahrganges S. 359 meldet. Das Programm enthielt ausser
der von Br. gespielten Sonate op. 90 von Beethoven noch folgende Werke des damals
19 jährigen Komponisten: Romanze für Pianoforte und Capriccio zu 4 Händen
(M. Bruch und Herr Hülle), Hosianna (Geistlicher Chor), Zwei Lieder für Tenor
„Die Zufriedenen" von Uhland und „Die Entsagung" von Geibel (Herr Koch),
„Trinklied" für Bariton (Herr Du Mont), Finale aus dem Singspiel „Jery und
Bäteli" und die Arie des Doktors aus der Operette „Scherz, List und Rache"
(Text nach Goethe). Diese Komische Oper wurde am 14. Januar 1858 zum ersten
Male im Stadttheater zu Köln bei Anwesenheit des Komponisten gegeben. Dar-

steller waren Frl. Chaloupka (Scapine), Herr Kahl (Scapin) und Herr Abiger (Doktor). Das Singspiel „Jery und Bätely" schrieb Br. 1854 in Köln auf Veranlassung seines Lehrers Ferdinand Hiller. Es ist niemals szenisch aufgeführt worden und auch nicht im Druck erschienen. Die Melodie des Schlusschores „Friede den Höhen, Friede den Matten" ist nachmals in den Schäferszenen der Oper Hermione von Br. verwendet worden. — Die Widmung ist auf den Druckexemplaren nicht enthalten. Im Februar 1858 wurde das Trio in einer Privatsoirée bei Dr. Härtel in Leipzig von David, Grützmacher und dem Komponisten gespielt.

(29.) **Quartett I** für zwei Violinen, Bratsche und Violoncell. C-moll. op. 9.

I. Andante. Allegro ma non troppo. — II. Adagio. — III. Allegro molto energico. — IV. Molto vivace.
SD. I. 9 Min. II. 5¹/₂ Min. III. 5 Min. IV. 8 Min. GD. 27—28 Min.
Komp.: 1858 in Köln.
EA.: L e i p z i g , Donnerstag, d. 10. Februar 1859 im Saale des Gewandhauses in der 4. Abendunterhaltung für Kammermusik nach dem Manuskript. Gespielt von den Herren *Ferd. David* (Violine I), *Engelbert Röntgen* (Violine II), *Hermann Hunger* (Bratsche) und *Friedrich Grützmacher* (Violoncell).
Ersch.: September 1859 bei Breitkopf & Härtel, Leipzig.

(30.) **Quartett II** für zwei Violinen, Bratsche und Violoncell. E-dur. op. 10.

Herrn Grafen Louis von Stainlein verehrungsvoll zugeeignet.

I. Allegro maëstoso. — II. Andante quasi Adagio. — III. Vivace ma non troppo. — IV. Finale. *Vivace.*
SD. I. 10 Min. II. 5 Min. III. 6 Min. IV. 6 Min. GD. 27 Min.
Komp.: 1860 in Köln.
EA.: L e i p z i g , Sonnabend, d. 14. Dezember 1861 im Saale des Gewandhauses in der 4. Abendunterhaltung für Kammermusik. Gespielt von *Raimund Dreyschock* (Viol. I), *Engelbert Röntgen* (Viol. II), *Friedrich Valentin Hermann* (Bratsche) und *Carl Davidoff* (Violoncell).
Ersch.: November 1860 bei Breitkopf & Härtel, Leipzig.
A n m e r k g . In dem Konzert wirkte Cl. Schumann mit und spielte zum ersten Male nach dem Manuskript Variationen und Fuge über ein Händelsches Thema von Joh. Brahms.

Friedrich Gernsheim.

Geb. 17. Juli 1839 in Worms.

Werke:

I. Orchesterwerke.

1. Symphonie I. op. 32.
2. Symphonie II. op. 46.
3. „Mirjam". Symphonie III. op. 54.
4. Symphonie IV. op. 62.
5. Ouverture „Waldmeisters Braut-fahrt". op. 13.

II. Konzerte mit Orchester.

6. Klavierkonzert. op. 16.
7. Violinkonzert. op. 42.
8. Violoncellkonzert. op. 78.

III. Chorwerke mit Orchester.

9. Nordische Sommernacht. op. 21.
10. Agrippina. op. 45.
11. Ein Preislied. op. 58.
12. Der Nornen Wiegenlied. op. 65.
13. Der Nibelungen Überfahrt. op. 73.

IV. Kammermusikwerke.

14. Divertimento. op. 53.
15. Streichquintett. op. 9.
16. Klavierquintett I. op. 35.
17. Klavierquintett II. op. 63.

18. Klavierquartett I. op. 6.
19. Klavierquartett II. op. 20.
20. Klavierquartett III. op. 47.
21. Streichquartett I. op. 25.
22. Streichquartett II. op. 31.
23. Streichquartett III. op. 51.
24. Streichquartett IV. op. 66.
25. Klaviertrio I. op. 28.
26. Klaviertrio II. op. 37.
27. Sonate I für Pianoforte u. Violine. op. 4.
28. Sonate II für Pianoforte u. Violine. op. 50.
29. Sonate III für Pianoforte u. Violine. op. 64.
30. Sonate I für Pianoforte u. Violoncello. op. 12.
31. Sonate II für Pianoforte u. Violon-cello. op. 79.
32. Introduktion und Allegro appassio-nato für Pianoforte und Violine. op. 38.

NB. No. 31, Sonate II für Pianoforte und Violoncello op. 79, ist noch Manu-skript. (September 1907.)

I. Orchesterwerke.

(1.) Symphonie I für grosses Orchester.
G-moll. op. 32.

„Seiner teueren Mutter."

I. Allegro moderato. — II. Larghetto. — III. Scherzo. *Vivace.* —
IV. Finale. *Allegro moderato assai. Con fuoco ed animato.*
SD. *I. 10 Min. II. 9 Min. III. 7 Min. IV. 10 Min. GD. 36 Min.*

Komp.: Satz 1, 2 und 3 Juli bis Oktober 1874, Satz 4 Dezember 1874
bis Anfang Januar 1875 in Rotterdam und Wiesbaden.

EA.: 1. Rotterdam, Donnerstag, d. 25. Februar 1875 im grossen Saale
der Societeit Harmonie im 18. Konzert der „Maatschappy: de Voorzorg" (Konzert zum Besten des Orchester-Pensionsfonds) nach dem
Manuskript unter Leitung von *Friedrich Gernsheim.* — 2. Köln,
Dienstag, d. 9. November 1875 im Gürzenichsaale im 2. Abonnementskonzert der Konzertgesellschaft unter Leitung von *Fr. G.* —
3. Leipzig, Donnerstag, d. 25. November 1875 im Saale des
Gewandhauses im 6. Abonnementskonzert unter Leitung von *Fr. G.*

Ersch.: Partitur und Orchesterstimmen Oktober 1875 bei N. Simrock, Berlin.

Orch.Bes.: 2 Fl., 2 Ob., 2 Klar., 2 Fag., 4 Hr., 2 Tr., 3 Pos., Pk. —
Str.-Orch.

Liter. *Heym*, Musikführer No. 232, Hermann Seemann Nachfolger, Leipzig.

(2.) Symphonie II für grosses Orchester.
Es-dur. op. 46.

Der Philharmonischen Gesellschaft in Hamburg.

I. Allegro tranquillo. — II. Tarantella. *Molto Allegro e con fuoco.* —
III. Notturno. *Andante. attacca* IV. Finale. *Allegro.*
SD. *I. 11 Min. II. 4 Min. III. u. IV. 14 Min. GD. 29 Min.*

Komp.: Satz 1 skizziert Juli 1880, Satz 2 u. 4 mit Satz 1 ausgearbeitet
Winter 1880/81, Satz 3 Juli 1881 in Rotterdam, Karlsruhe und
Baden-Baden.

EA.: 1. Rotterdam, Donnerstag, d. 16. März 1882 im grossen Saale der Societeit Harmonie im 31. Konzert der „Maatschappy: de Voorzorg" (Konzert zum Besten des Orchester-Pensionsfonds) nach dem Manuskript unter Leitung von *Friedrich Gernsheim*. — 2. Ebendaselbst, Donnerstag, d. 23. März 1882 im gleichen Saale im 5. Abonnementskonzert der Konzertgesellschaft „Eruditio musica" auch nach Manuskript unter Leitung von *Fr. G*. — 3. Stuttgart, Dienstag, d. 12. Dezember 1882 im Saale des Königsbaues im 4. Abonnementskonzert der Hofkapelle unter Leitung von *Fr. G*.

Ersch.: Partitur August und Orchesterstimmen September 1882 bei J. Rieter-Biedermann, Leipzig und Winterthur.

Orch.Bes.: 2 Fl. (2. auch Kl.Fl.), 2 Ob., 2 Klar., 2 Fag., 4 Hr., 2 Tr., 3 Pos., Pk., Trgl., Tambourin. — Str.-Orch.

(3.) „Mirjam". Symphonie III für grosses Orchester.

C-moll. op. 54.

I. In der Knechtschaft. *Allegro ma non troppo*. — II. Mirjams Gesang. *Molto Adagio*. — III. Die Flucht. *Molto vivace*. — IV. Freiheit; Sieges- und Freudengesänge. *Allegro con brio*.

SD. I. 11 Min. II. 9 Min. III. 4 Min. IV. 9 Min. GD. 33 Min.

Komp.: April bis August 1886 in Rotterdam und Baden-Baden.

EA.: 1. Rotterdam, Donnerstag, d. 18. Januar 1888 im grossen Saale der Societeit Harmonie im 2. Abonnementskonzert der Konzertgesellschaft „Eruditio musica" nach dem Manuskript unter Leitung von *Friedrich Gernsheim*. — 2. Ebendaselbst, Montag, d. 15. Oktober 1888 in der neuen „Schouwburg" (Schauspielhaus) im 42. Konzert der „Maatschappy: de Voorzorg" (Konzert für den Orchester-Pensionsfonds) unter Leitung von *Fr. G*. — 3. Köln, Dienstag, d. 6. November 1888 im Gürzenichsaale im 2. Abonnementskonzert der Konzertgesellschaft unter Leitung von *Fr. G*.

Ersch.: Partitur und Orchesterstimmen Juli 1888 bei J. Rieter-Biedermann, Leipzig und Winterthur.

Orch.Bes.: 2 Fl., 2 Ob., 2 Klar., 2 Fag., Kontrafag., 4 Hr., 2 Tr., 3 Pos., 3 Pk. — Hfe. — Str.-Orch.

Anmerkg. Das nur im 4. Satze beschäftigte Kontrafagott kann in Ermangelung eines Bläsers wegbleiben; durch Tuba darf es keinesfalls ersetzt werden.

(4.) Symphonie IV für grosses Orchester.
B-dur. op. 62.

I. Allegro. — II. Andante sostenuto. — III. Vivace scherzando e con grazia. — IV. Allegro con spirito e giocoso.

SD. *I. 12 Min. II. 8 Min. III. 3¹/₂ Min. IV. 9 Min. GD. 33 Min.*

Komp.: Satz 1 Mai bis Juni 1894, 2. und 4. Satz vollendet Pfingsten 1895, 3. Satz nachkomponiert Anfang März 1896 in Berlin.

EA.: 1. Mainz, Mittwoch, d. 21. Januar 1896 im Stadttheater im 8. städt. Abonnementskonzert als dreisätziges Werk (S. Anm.) nach dem Manuskript unter Leitung von *Friedrich Gernsheim*. — 2. Berlin, Montag, d. 11. Januar 1897 im Saale der Philharmonie im 6. Philharmonischen Konzert unter Leitung von *Arthur Nikisch*. (1. vollständige Auff.) — 3. Köln, Dienstag, d. 9. November 1897 im Gürzenichsaale im 2. Abonnementskonzert der Konzertgesellschaft unter Leitung von *Friedrich Gernsheim*.

Ersch.: Partitur und Orchesterstimmen März 1896 bei N. Simrock, Berlin.

Orch.Bes.: 2 Fl., 2 Ob., Engl. Hr., 2 Klar., Bassklar., 2 Fag., 4 Hr., 2 Tr., 3 Pos., Tuba, 3 Pk., Becken. — Str.-Orch.

Anmerkg. Der 3. Satz ist, wie aus den Kompositionsdaten ersichtlich, nachkomponiert. In der EA. Mainz gelangte also auch nur das Werk als dreisätzige Symphonie zur Aufführung.

(5.) „Waldmeisters Brautfahrt".
Ouverture für grosses Orchester. op. 13.

GD. *10 Min.*

Komp.: Juni 1867 in Köln.

EA.: 1. Köln, Dienstag, d. 14. Januar 1868 im Gürzenichsaale im 6. Abonnementskonzert der Konzertgesellschaft nach dem Manuskript unter Leitung von *Friedrich Gernsheim*. — 2. Düsseldorf, Donnerstag, d. 5. März 1868 im Saale der städtischen Tonhalle im 7. Abonnementskonzert des Allgemeinen Musikvereins auch nach Manuskript unter Leitung von *Fr. G.*

Ersch.: Partitur und Orchesterstimmen Oktober 1868 bei Aug. Cranz, Hamburg.

Orch.Bes.: 2 Fl., 2 Ob., 2 Klar., 2 Fag., 4 Hr., 2 Tr., 3 Pos., Pk. — Str.-Orch.

Anmerkg. Den äusseren Anlass zur Komposition gab Otto Roquettes gleichnamige bekannte Dichtung.

II. Konzerte mit Orchester.

(6.) Konzert für das Pianoforte

mit Begleitung des Orchesters. C-moll. op. 16.

Anton Rubinstein freundschaftlich gewidmet.

I. Allegro. — II. Larghetto. — III. Rondo. *Allegro.*
SD. *I. 12 Min. II. 8 Min. III. 7 Min.* **GD.** *27 Min.*
Komp.: Mai bis Juli 1868 in Köln.
EA.: 1. **Basel**, Sonntag, d. 15. November 1868 im grossen Kasinosaale
im 3. Abonnementskonzert der Allgemeinen Musikgesellschaft nach
dem Manuskript unter Leitung von *E. Reiter*, gespielt von *Fr. Gernsheim.* — 2. **Krefeld**, Dienstag, d. 15. Dezember 1868 im Saale
der Königsburg im 2. Abonnementskonzert der Konzertgesellschaft
nach Manuskript unter Leitung von *Herm. Wolff*, gespielt von
Fr. G. — 3. **Köln**, Dienstag, d. 12. Januar 1869 im Gürzenichsaale im 6. Abonnementskonzert der Konzertgesellschaft nach Manuskript unter Leitung von *Ferd. Hiller*, gespielt von *Fr. G.* —
4. **Düsseldorf**, Donnerstag, d. 18. Februar 1869 im Saale der
städtischen Tonhalle im 7. Abonnementskonzert des Allgemeinen
Musikvereins nach Manuskript unter Leitung von *Jul. Tausch*, gespielt von *Fr. G.*
Ersch.: Partitur und Orchesterstimmen September 1869 bei Robert Seitz,
Leipzig, seit Juli 1881 im Besitze von Ries & Erler, Berlin.
Orch.Bes.: 2 Fl., 2 Ob., 2 Klar., 2 Fag., 4 Hr., 2 Tr., Pk. — Str.-Orch.

(7.) Konzert für Violine

mit Begleitung des Orchesters. D-dur. op. 42.

August Wilhelmy gewidmet.

I. Allegro non troppo. — II. Andante. affettuoso. — III. Finale.
Allegro energico e con brio.
SD. *I. 12 Min. II. 8 Min. III. 6 Min.* **GD.** *26 Min.*
Komp.: Juli bis Oktober 1879 (3. Satz 23.—26. Juli, 1. und 2. Satz
Oktober) in Rotterdam.

EA.: 1. Rotterdam, Freitag, d. 22. Januar 1880 im Saale der Societeit Harmonie im 2. Abonnementskonzert der Konzertgesellschaft „Eruditio musica" nach dem Manuskript unter Leitung von *Friedrich Gernsheim*, gespielt von *Isidor Schnitzler*. — 2. Baden-Baden, Sonnabend, d. 22. Mai 1880 im grossen Saale des Konversationshauses im 2. Orchesterkonzert (5. Auff.) der 27. Tonkünstlerversammlung des Allgem. Deutschen Musikvereins unter Leitung von *Fr. G.*, gespielt von *Jean Becker*. — 3. Leipzig, Donnerstag, d. 21. Oktober 1880 im Saale des Gewandhauses im 3. Abonnementskonzert unter Leitung von *Karl Reinecke*, gespielt von *Jean Becker*.— 4. Hamburg, Freitag, d. 22. Oktober 1880 im Saale des Konvent-Garten im 1. Philharmonischen Konzert unter Leitung von *v. Bernuth*, gespielt von *Emil Sauret*.

Ersch.: Partitur und Orchesterstimmen Juli 1880 bei J. Rieter-Biedermann, Leipzig und Winterthur.

Orch.Bes.: 2 Fl., 2 Ob., 2 Klar., 2 Fag., 4 Hr., 2 Tr., Pk. — Str.-Orch.

(8.) Konzert für Violoncello

mit Begleitung des Orchesters. E-moll. op. 78.

Allegro non troppo. — Larghetto. — Tempo Iᵐᵒ· — Doppio movimento (*in einem Satz*).

GD. 17 Min.

Komp.: Begonnen Februar 1906 in Berlin, beendet am 17. August 1906 in St. Moritz (Engadin).

EA.: Eisenach, Sonnabend, d. 16. Februar 1907 im Stadttheater im 4. Abonnementskonzert der Herzogl. Meiningischen Hofkapelle nach dem Manuskript unter Leitung von *Friedrich Gernsheim*, gespielt von *Karl Piening*.

Ersch.: Partitur Juni 1907, Orchesterstimmen Juli 1907 bei Robert Forberg, Leipzig.

Orch.Bes.: 2 Fl., 2 Ob., 2 Klar., 2 Fag., 4 Hr., 2 Tr., 3 Pos., Pk. — Hfe. — Str.-Orch.

III. Chorwerke mit Orchester.

(9.) Nordische Sommernacht.

Gedicht von Hermann Lingg.

Für Chor, Soli und Orchester.   op. 21.

Sr. Hoheit Ernst II., Herzog zu Sachsen-Coburg-Gotha gewidmet.

G.D. 15 Min.

Komp.: Juli und August 1869 in Worms.

EA.: 1. Wiesbaden, Sonntag, d. 26. November 1871 im Kursaal im
1. Konzert des Cäcilienvereins unter Leitung von *Friedrich Gernsheim.*
Solisten: Die Herren *Borchers* (Tenor) und *W. Auer* [Vereinsmitglied]
(Bariton). — 2. Coburg, Mittwoch, d. 6. Dezember 1871 im grossen
Saale des Herzogl. Schlosses in einem Hofkonzert unter Leitung von
Fr. G. Solisten: ? (Tenor), Herr *Fessler* (Bariton). — 3. Köln,
Dienstag, d. 16. Januar 1872 im Gürzenichsaale im 6. Abonnements-
konzert der Konzertgesellschaft unter Leitung von *Fr. G.* Solisten:
Die Herren *A. Ruff* (Tenor) und *Reichmann* (Bariton).

Ersch.: Partitur März, Orchesterstimmen etc. August 1871 bei B. Schott's
Söhne, Mainz.

Bes.: a) Soli: Tenor und Bariton.
b) Chor: Sopran, Alt, Tenor, Bass.
c) Orchester: 2 Fl., 2 Ob., 2 Klar., 2 Fag., 4 Hr., 2 Tr., 3 Pos.,
Tuba, Pk., Becken. — Str.-Orch.

Anmerkg. Die beiden Solopartien sind nicht sehr umfangreich, wohl
von geübten Chormitgliedern auszuführen. — Auf die Besetzung der Tuba kann
zur Not verzichtet werden. — In dem Konzert der EA. 1 brachte der damalige
Dirigent des Cäcilienvereins Julius Buths eine Konzert-Ouverture No. II in
E-moll zur ersten Aufführung, die ungedruckt geblieben ist.

(10.) Agrippina.

Gedicht von Hermann Lingg.

Szene für Alt (oder Mezzosopran), Chor und Orchester.   op. 45.

Frau Amalie Joachim gewidmet.

G.D. 18 Min.

Komp.: Februar 1881 in Rotterdam.

EA.: 1. Rotterdam, Freitag, d. 20. Januar 1882 in der grossen Festhalle im 2. Konzert der Maatschappy tot bevordering der Tonkunst

unter Leitung von *Friedrich Gernsheim*. Solistin: Frau *Amalie Joachim*. — 2. Ebehdaselbst, Donnerstag, d. 26. Januar 1882 im grossen Saale der Societeit Harmonie im 3. Abonnementskonzert der Konzertgesellschaft „Eruditio musica" unter Leitung von *Fr. G.* Solistin: Frau *A. J.* — 3. Köln, Dienstag, d. 14. Februar 1882 im Gürzenichsaale im 8. Abonnementskonzert der Konzertgesellschaft unter Leitung von *Fr. G.* Solistin: Frl. *Hermine Spiess.*

Ersch.: Klavierauszug und Chorstimmen September 1881, Partitur und Orchesterstimmen Januar 1882 bei Ed. Bote & Bock, Berlin.

Bes.: a) Solo: Alt oder Mezzosopran.
b) Chor: Sopran, Alt, Tenor, Bass.
c) Orchester: 2 Fl. (2. auch Kl.-Fl.), 2 Ob., 2 Klar., 2 Fag., 4 Hr., 2 Tr., 3 Pos., Tuba, Pk., Becken. — Hfe. — Str.-Orch.

Anmerkg. Das Programm der EA. Köln enthält unter dem Texte die Bemerkung: „Für die Komposition geschrieben". In demselben Konzert erlebte Lachners 7. Orchestersuite ihre 2. EA. unter Ferd. Hillers Leitung. (S. Lachner.) — Der Part der Harfe ist in die Streichinstrumente eingezogen, die Besetzung ist also nicht unbedingt erforderlich. Eine freie Bearbeitung dieses op. 45 als Szene für Mezzosopran resp. Alt mit Orchester ohne Chor erschien 1907 in dem gleichen Verlage als op. 77.

(11.) Ein Preislied.
(Nach Worten der heiligen Schrift.)
Für Chor, Solostimmen und Orchester. op. 58.

GD. 16 Min.

Komp.: Skizziert 20.—25. Juli 1892 in Silvaplana (Engadin), instrumentiert September 1892 in Berlin.

EA.: 1. Berlin, Freitag, d. 27. Januar 1893 im Saale der Singakademie zur Feier des Geburtstages Sr. Maj. des Deutschen Kaisers (Kgl. Akademie der Künste) nach dem Manuskript unter Leitung von *Joseph Joachim*. Solisten: Frl. *Meta Geyer* (Sopran), Frl. *Jordan* (Alt), Herr *Heinr. Grahl* (Tenor), Herr *Felix Schmidt* (Bass). *Chor und Orchester der Kgl. Hochschule.* — 2. Worms, Sonntag, d. 2. Juli 1893 im Fest- und Spielhaus im 1. Konzert des 1. Hessisch-Pfälzischen Musikfestes unter Leitung von *Friedrich Gernsheim*. Solisten: Frl. *Wally Schauseil* (Sopran), Frl. *Ottilie Fellwock* (Alt), Herr *Ernst Kraus* (Tenor) und Herr *Anton Sistermans* (Bass). — 3. Berlin, Sonnabend, d. 23. September 1893 im Saale der Philharmonie in einer Festaufführung der Gesellschaft für ethische Kultur unter Leitung von *Fr. G.* Solisten: Frau *Schmidt-Csanyi*, Frl. *A. Stephan*, Herr *K. Dierich* und Herr *J. Messchaërt;* Chor: *Der Sternsche Gesangverein.*

Ersch.: Partitur und Klavierauszug März 1893, Chorstimmen Oktober 1892, Orchesterstimmen Mai 1893 bei Ries & Erler, Berlin.

Bes.: a) Soli: Sopran, Alt, Tenor, Bass (bez. Bariton).
   b) Chor: Sopran I u. II, Alt I u. II, Tenor I u. II, Bass I u. II.
   c) Orchester: 2 Fl., 2 Ob., 2 Klar., 2 Fag., Kontrafagott, 4 Hr., 2 Tr., 3 Pos., Tuba, Pk. — Hfe. — Org. — Str.-Orch.

Anmerkg. Die Harfe ist doppelt zu besetzen. — Der Text des Preisliedes ist vom Komponisten aus der Bibel zusammengestellt und zwar No. 1 aus Psalm 96 und 90, das weitere aus Psalm 61 und 149 und aus Jesaias, Kapitel 63. Es empfiehlt sich, beim Abdruck des Textes darauf hinzuweisen.

(12.) Der Nornen Wiegenlied.
(Albert Matthäi.)
Für Chor und Orchester. op. 65.

GD. 10 Min.

Komp.: 19.—21. August 1898 in Untergrainau (Oberbayern), instrumentiert Oktober 1898 in Berlin.

EA.: 1. Berlin, Montag, d. 5. Februar 1900 im Saale der Philharmonie im 2. Konzert des Sternschen Gesangvereins unter Leitung von *Friedrich Gernsheim.* — 2. Hannover, Freitag, d. 9. März 1900 im Konzerthause im 3. Konzert der Musik-Akademie unter Leitung von *Fr. G.* — 3. Aachen, Donnerstag, d. 25. Oktober 1900 im grossen Saale des Kurhauses im 1. städt. Abonnementskonzert unter Leitung von *E. Schwickerath.*

Ersch.: Klavierauszug und Chorstimmen März 1899, Partitur und Orchesterstimmen Mai 1899 bei Ed. Bote & Bock, Berlin.

Bes.: a) Chor: Sopran I u. II, Alt I u. II, Tenor I u. II, Bass I und II. (S. Anm.)
   b) Orchester: 2 Fl., 2 Ob., 2 Klar., 2 Fag., 4 Hr., 2 Tr., 3 Pos., Tuba, Pk. — Hfe. — Str.-Orch.

Anmerkg. Am Schlusse sind wenige Takt Solo für eine Altstimme, die von einem Chormitglied gesungen werden können. — Die Harfe ist doppelt zu besetzen.

(13.) Der Nibelungen Überfahrt.
Ballade von Albert Matthäi.
Für Soli (Sopran und Bariton), Chor und Orchester. op. 73.

Ch. M. Widor gewidmet.

GD. 10 Min.

Komp.: Skizziert August 1901 in Brixlegg (Tirol), ausgeführt und vollendet Dezember 1901 in Berlin.

EA.: Berlin, Montag, d. 19. Januar 1903 im Saale der Philharmonie
im 2. Konzert des Sternschen Gesangvereins unter Leitung von
Friedrich Gernsheim. Solisten: Frau *Emilie Herzog* (Sopran) und
Herr *Alexander Heinemann* (Bariton).

Ersch.: April 1902 bei J. Rieter-Biedermann, Leipzig.

Bes.: a) Soli: Sopran und Bariton.
b) Chor: Sopran I u. II, Alt I u. II, Tenor I u. II, Bass I u. II.
c) Orchester: 3 Fl. (3. auch Kl.-Fl.), 2 Ob., Engl. Hr., 2 Klar.,
Bassklar., 2 Fag., 4 Hr., 2 Tr., 3 Pos., Tuba, 3 Pk., Becken.
— Str.-Orch.

Anmerkg. Dem Gedichte liegt der 25. Gesang des Nibelungenliedes zu
Grunde: Hagen gelangt mit seinem Heer, auf seinem Zuge ins Hunnenland, an
die stürmisch bewegte Donau und späht bei Tagesanbruch umsonst nach einer
Fähre, die ihn und seine Genossen an das jenseitige Ufer bringe. Da steigt
aus den Fluten eine Nixe empor und weissagt Tod und Verderben, wenn der
Zug ins Hunnenland ausgeführt wird. Doch Hagen bleibt standhaft. Als er
Fähre und Fergen findet, verkündet er seinen Mannen die Weissagung. Aber
auch sie bleiben bei ihrem Entschlusse. Still schiffen sie sich ein, und aus
den Fluten erklingt es wie Schwanengesang:
„Niblungen, ihr fahrt in den Tod hinein!
Von allen kehrt Keiner zurück an den Rhein!“

IV. Kammermusikwerke.

(14.) **Divertimento** für Flöte, 2 Violinen, Viola, Violoncell und Kontrabass. op. 53.

Dem New York philharmonic Club gewidmet.

I. Andante. — II. Allegretto vivace e scherzando. — III. Allegro ma non troppo ed energico. — IV. Presto (perpetuum mobile).
SD. I. 5 Min. II. 3¹/₂ Min. III. 3 Min. IV. 4 Min. GD. 16 Min.
Komp.: Begonnen Mai 1887 in Rotterdam, vollendet August 1887 in Baden-Baden.
EA.: 1. New York, Winter 1888/89 in einem Konzert des New York philharmonic Club, gespielt von den Herren *Weiner* (Flöte), *Hernimann* (Viol. I), *Faerber* (Viol. II), *Arnold* (Viola), *Schenk* (Violoncell) und *Kalkhoff* (Kontrabass). — 2. Paris, Donnerstag, d. 24. Januar 1889 in der 1. der von Taffanel veranstalteten Soiréen für alte und moderne Musik im Saale Erard, gespielt von den Herren *Taffanel* (Flöte), *Remy* (Viol. 1), *Parent* (Viol. 2), *van Waffelghem* (Viola), *Delsart* (Violoncell) und *de Bailly* (Kontrabass). (S. Anm.)
Ersch.: Partitur und Stimmen April 1888 bei Friedrich Luckhardt, Berlin.

Anmerkg. Hauptsächlich zum Zwecke der Aufführung von Gernsheims op. 53 und Arn. Krugs Serenade für die gleichen Instrumente veranstaltete Taffanel am 24. und 31. Januar 1889 „deux Soirées de musique ancienne et moderne", an deren Ausführung sich ausser den Obengenannten noch die Sängerin Mlle. Fanny Lepine und der Pianist Diémer beteiligten. Krugs Serenade stand auf dem Programm der 2. Soirée. Die Programme beider enthielten noch Kammermusikwerke von Saint-Saëns, Lalo und viele Solostücke vorwiegend älterer deutscher und französischer Komponisten.

(15.) **Quintett** für 2 Violinen, 2 Violen und Violoncell. D-dur. op. 9.

I. Allegro. — II. Allegretto moderato. — III. Andante espressivo. —
IV. Allegro molto vivace e con fuoco.
SD. I. 10 Min. II. 4 Min. III. 8 Min. IV. 6 Min. GD. 28 Min.
Komp.: Februar bis Juli 1866 in Köln.

EA.: Köln, Dienstag, d. 12. März 1867 im Saale des Hotel Disch in der 5. Soirée für Kammermusik nach dem Manuskript, gespielt von den Herren *O. v. Königslöw* (Viol. 1), *G. Japha* (Viol. 2), *Fr. Derkum* (Viola 1), *K. Knotte* (Viola 2) und *Forberg* (Violoncello). (S. Anm.)

Ersch.: Februar 1868 bei Aug. Cranz, Hamburg.

Anmerkg. Der Violoncellist Forberg aus Düsseldorf gehörte dem Königslöwschen Quartett nicht an, sondern sprang bei der EA. für den erkrankten Kölner Violoncellisten A. Schmidt ein.

(16.) **Quintett I** für Pianoforte, 2 Violinen, Viola u. Violoncell. D-moll. op. 35.

Seinem Oheim und Freunde F. V. Kaula gewidmet.

I. Allegro moderato. — II. Andante molto cantabile. — III. Vivace ed energico. — IV. Allegro con brio.

SD. I. 9 Min. II. 6 Min. III. 6 Min. IV. 9 Min. **GD.** *30 Min.*

Komp.: November 1875 bis Juni 1876 in Rotterdam.

EA.: 1. Rotterdam, Montag, d. 10. Juli 1876 im Saale der Musikschule im 13. Vortragsabend des Tonkünstlervereins nach dem Manuskript, gespielt von den Herren *Fr. Gernsheim* (Pianoforte), *Em. Wirth* (Viol. 1), *Is. Schnitzler* (Viol. 2), *Paul Wild* (Viola) und *Oscar Eberle* (Violoncell). — 2. Köln, Sonntag, d. 22. April 1877 im grossen Saale des Konservatoriums in einer Extramatinée des Heckmannschen Quartetts, gespielt von den Herren *Fr. Gernsheim*, *R. Heckmann*, *Th. Allekotte*, *O. Forberg* und *L. Ebert.*

Ersch.: März 1877 bei N. Simrock, Berlin.

(17.) **Quintett II** für Pianoforte, 2 Violinen, Viola u. Violoncell. H-moll. op. 63.

Dem böhmischen Streichquartett der Herren Hoffmann, Suk, Nedbal und Wihan gewidmet.

I. Molto moderato. — II. Adagio. — III. Allegretto molto grazioso e sempre scherzando. — IV. Allegro giocoso, ma non troppo presto.

SD. I. 10 Min. II. 9 Min. III. 4 Min. IV. 8 Min **GD.** *31 Min.*

Komp.: Begonnen Mai 1896 in Berlin, vollendet 30. August 1896 in Tegernsee.

EA.: 1. Rotterdam, Freitag, d. 12. Februar 1897 in dem Saale der Maatschappj tot Nut van't Allgemeen in einem Gernsheim-Abend (3. Uitvoring) der Rotterdamer Kammermusik-Vereinigung nach dem Manuskript, gespielt von den Herren *Friedrich Gernsheim* (Pianoforte), *S. Messias* (Viol. 1), *Is. Schnitzler* (Viol. 2), *M. Meerlo* (Viola) und *O. Eberle* (Violoncell). — 2. Wien, Freitag, d. 26. November 1897 im Saal Bösendorfer — und 3. Prag, d. 27. November 1897 im Saal Rudolfinum — und 4. Leipzig, Montag, den 29. November 1897 im Saale des Kaufhauses — in diesen drei Aufführungen gespielt von Herrn *Fr. G.* und dem böhmischen Streichquartett *Hoffmann, Suk, Nedbal* und *Wihan*.

Ersch.: Juni 1897 bei N. Simrock, Berlin.

(18.) **Quartett I** für Pianoforte, Violine, Viola und Violoncell. Es-dur. op. 6.

Julius Rietz in Verehrung gewidmet.

I. Allegro ma non troppo. — II. Allegro vivace assai. — III. Andante con moto. — IV. Allegro con brio.

SD. *I. 11 Min. II. 7 Min. III. 6 Min. IV. 7 Min.* **GD.** *31 Min.*

Komp.: Satz 1 August 1860 in Worms, Satz 2 November 1860 in Paris, Satz 3 u. 4 vollendet Juli 1862 in Worms.

EA.: 1. Leipzig, Dienstag, d. 7. Februar 1865 im Saale des Gewandhauses in der 2. Abendunterhaltung (2. Cyklus) für Kammermusik, gespielt von den Herren *Friedrich Gernsheim* (Pianoforte), *Ferd. David* (Viol.), *Fr. Valentin Hermann* (Viola) und *Joh. Friedr. Pester* (Violoncell). — 2. Köln, Mittwoch, d. 26. April 1865 im Saale des Hotel Disch in der 6. Soirée für Kammermusik, gespielt von den Herren *Fr. Gernsheim, O. v. Königslöw, G. Japha* und *A. Schmidt*.

Ersch.: Januar 1865 bei Breitkopf & Härtel, Leipzig.

Anmerkg. Die Überschrift des 3. Satzes änderte der Komponist später in Andante sostenuto um.

(19.) **QuartettII** für Pianoforte, Violine, Viola und Violoncell. C-moll. op. 20.

I. Allegro molto moderato. — II. Adagio cantabile. — III. Rondo. *Allegro.*

SD. I. 10 Min. II. 6 Min. III. 7 Min. GD. 23 Min.

Komp.: Satz 1 u. 2 November und Dezember 1868 in Köln und Hethel (England), Satz 3 April 1869 in Worms.

EA.: Köln, Dienstag, d. 11. Januar 1870 im Saale des Hotel Disch in der 3. Soirée für Kammermusik, gespielt von den Herren *Fr. Gernsheim* (Pianoforte), *O. v. Königslöw* (Violine), *G. Japha* (Viola) und *Jaq. Rensburg* (Violoncell).

Ersch.: um 1867 bei N. Simrock, Berlin.

(20.) **Quartett III** für Pianoforte, Violine, Viola u. Violoncell. F-dur. op. 47.

Anton Door gewidmet.

I. Allegro tranquillo. — II. Allegro energico e appassionato. — III. Andante cantabile. — IV. Tema con Variazioni.

SD. I. 10 Min. II. 5 Min. III. 8 Min. IV. 7 Min. GD. 30 Min.

Komp.: Begonnen März 1883 in Rotterdam, beendet Juli 1883 in Hornberg (Schwarzwald).

EA.: 1. Bonn, Montag, d. 10. Dezember 1883 im Saale des Gasthof zum goldnen Stern — und 2. Köln, Dienstag, d. 11. Dezember 1883 im Isabellensaale des Gürzenich, beide Male in der 2. Soirée für Kammermusik, gespielt von den Herren *Friedrich Gernsheim* (Pianoforte), *Rob. Heckmann* (Violine), *Theod. Allekotte* (Viola) und *Rich. Bellmann* (Violoncell). — 3. Düsseldorf, Donnerstag, d. 3. Januar 1884 im Festsaale des Breitenbacher Hofs in der 2. Soirée des Kölner Quartettvereins, gespielt von den Herren *Fr. G., Gust. Holländer, G. Japha* und *L. Ebert*. (S. Anm.)

Ersch.: Dezember 1883 bei J. Rieter-Biedermann, Leipzig und Winterthur.

Anmerkg. Das Programm der EA. Köln enthielt nur Werke von Gernsheim und zwar: Streichquintett op. 9, Streichquartett op. 31 und Klavierquartett op. 47. Diese EA. fanden nicht, wie nach dem Erscheinungstermin zu vermuten ist, nach dem Manuskript statt, sondern nach dem Revisionsabzug; das genaue Erscheinungsdatum ist der 14. Dezember 1883. — In Köln wetteiferte damals die Quartettvereinigung Robert Heckmanns mit dem Quartettverein der Lehrer des Konservatoriums Holländer, Japha, Jensen und Ebert. — In dem Konzert der EA. Düsseldorf erlebte auch das 3. Streichquartett Gernheims (op. 51) seine 2. EA. nach dem Manuskript. (S. No. 23.)

(21.) Quartett I für 2 Violinen, Viola und Violoncell. C-moll. op. 25.

I. Allegro energico. — II. Andante con moto. — III. Allegro. — IV. Rondo all'Ongarese. *Allegro molto vivace.*

SD. I. 10 Min. II. 6 Min. III. 7—8 Min. IV. 6 Min. GD. 29—30 Min.

Komp.: Satz 1, 3 und 4 Januar bis März 1871 in Köln, Satz 2 Juli 1871 in Worms.

EA.: 1. K ö l n , Montag, d. 16. Oktober 1871 im Saale der Pianoforte-Niederlage von Obladen in der 45. Versammlung (8. des Jahres 1871) des Kölner Tonkünstler-Vereins. (S. Anm.) — 2. K ö l n, Dienstag, d. 9. Januar 1872 im Isabellensaale des Gürzenich — und 3. B o n n, Donnerstag, d. 2. Februar 1872 im Saale des Gasthofes zum goldnen Stern, je in der 3. Soirée für Kammermusik, alle drei Male nach dem Manuskript, gespielt von den Herren *G. Japha* (Viol. 1), *Fr. Derkum* (Viol. 2), *O. v. Königslöw* (Viola) und *J. Rensburg* (Violoncell).

Ersch.: Stimmen Ende 1872, Partitur Februar 1894 bei N. Simrock, Berlin.

A n m e r k g. Der Kölner Tonkünstler-Verein wurde am 10. Mai 1870 gegründet. Über seine Aufführungen hat der verdiente Kölner Klavierpädagog N. J. Hompesch genaue Aufzeichnungen mit Angaben der Programme etc. hinterlassen, die benutzt werden konnten. In den ersten 10 Jahren des Bestehens pulsierte in dem Verein ein reges Leben; an den durch viele Novitäten-Aufführungen interessierende Versammlungen nahmen die damaligen Lehrer des Konservatoriums mit Ferd. Hiller an der Spitze regsten Anteil. Auch Fr. Gernsheim zeichnete sich als einen der fleissigsten Teilnehmer aus. Das letzte Programm der Sammlung Hompesch ist vom 7. Mai 1889; Anfang 1903 ist der Verein von neuem ins Leben gerufen worden.

(22.) Quartett II für 2 Violinen, Viola und Violoncell. A-moll. op. 31.

Seinem Freunde Robert Heckmann gewidmet.

I. Allegro. — II. Adagio. — III. Molto vivace ed energico. — IV. Allegro moderato e molto energico.
SD. *I. 11 Min. II. 9 Min. III. 5 Min. IV. 8 Min.* **GD.** *33 Min.*
Komp.: Begonnen 15. Januar, beendet April 1874 in Köln.
EA.: 1. Köln, Montag, d. 18. Mai 1874 im Saale der Pianoforte-Niederlage von Obladen in der 111. Versammlung (21. des Jahres 1873) des Kölner Tonkünstlervereins nach dem Manuskript, gespielt von den Herren *O. v. Königslöw* (Viol. 1), *G. Japha* (Viol. 2), *G. Jensen* (Viola) und *L. Ebert* (Violoncell). (S. Anm.) — 2. Göteborg, Mittwoch, d. 10. November 1875 im Börsensaale in einer von R. Heckmann veranstalteten Novitätensoirée für Kammermusik, gespielt von den Herren *R. Heckmann, Diegl, A. Sitt* und *Wölfert.*
Ersch.: Mai 1875 bei C. Luckhardt, Berlin, seit Januar 1880 im Besitze von Raabe & Plothow, Berlin.

Anmerkg. Der EA. 1 wohnte Brahms, der sich damals in Köln aufhielt, um die Proben zu seinem Triumphlied zu leiten, das am 24. Mai auf dem Niederrheinischen Musikfest aufgeführt wurde, bei. Ihm zu Ehren veranstaltete der Tonkünstlerverein am 1. Juni (1874) eine Versammlung, in der er mit Königslöw, Japha und Ebert sein Klavierquartett op. 25 und ausserdem Klaviersoli spielte.

(23.) Quartett III für 2 Violinen, Viola und Violoncell. F-dur. op. 51.

Joseph Joachim gewidmet.

I. Allegro. — II. Allegretto scherzando. — III. Andante molto cantabile. — IV. Tema con Variazioni.
SD. *I. 10 Min. II. 4 Min. III. 7 Min. IV. 8 Min.* **GD.** *29 Min.*
Komp.: Begonnen Mai 1885 in Rotterdam, beendet August 1885 in Tegernsee.
EA.: 1. Köln, Dienstag, d. 12. Januar 1886 im Isabellensaal des Gürzenich in dem 4. Kammermusikkonzert des Rob. Heckmannschen

Quartetts — und 2. Frankfurt (Main), Donnerstag, d. 28. Januar 1886 im kleinen Saale des Saalbaues in einem Kammermusikkonzert desselben Quartetts — und 3. Düsseldorf, Freitag, d. 5. Februar 1886 im Festsaale des Breitenbacher Hofs auch in dem 4. Kammermusikkonzert des genannten Quartetts, alle dreimal nach dem Manuskript gespielt von den Herren *Rob. Heckmann* (Viol. 1), *Otto Forberg* (Viol. 2), *Theod. Allekotte* (Viola) und *Rich. Bellmann* (Violoncell).

Ersch.: August 1886 bei J. Rieter-Biedermann, Leipzig und Winterthur.

Anmerkg. In den beiden EA. Köln und Düsseldorf erlebte auch die 2. Klavier-Violinsonate Gernsheims (op. 50) ihre ersten öffentlichen Aufführungen. (S. No. 28.)

(24.) Quartett IV für 2 Violinen, Viola und Violoncell. **E-moll. op. 66.**

I. Allegro, ma molto moderato ed espressivo. — II. Allegretto scherzando, ma non troppo vivo e sempre molto leggiero. — III. Tema con Variazioni. — IV. Allegro con brio.

SD. I. 12 Min. II. 7 Min. III. 9 Min. IV. 7 Min. GD. 35 Min.

Komp.: Begonnen 20. Juni 1899 in Berlin, beendet 10. September 1899 in der Ramsau bei Berchtesgaden.

EA.: 1. Berlin, Donnerstag, d. 25. Januar 1900 im Saale der Singakademie im 2. Quartettabend (2. Cyclus) nach dem Manuskript, gespielt von den Herren *Jos. Joachim* (Viol. 1), *Karl Halir* (Viol. 2), *Emanuel Wirth* (Viola) und *Rob. Hausmann* (Violoncell). — 2. Köln, Donnerstag, d. 8. November 1900 im Saale des Hotel Disch in der 3. Kammermusik-Aufführung der Musikalischen Gesellschaft, gespielt von dem böhmischen Streichquartett der Herren *Hoffmann, Suk, Nedbal* und *Wihan*. — 3. Leipzig, Sonnabend, d. 12. Januar 1901 im Saale des neuen Gewandhauses in der 3. Kammermusik, gespielt von den Herren *Berber, Rother, Sebald* und *Klengel*. — 4. Köln, Dienstag, d. 5. März 1901 im Isabellensaale des Gürzenich im 6. Kammermusikabend, gespielt von den Herren *Hess, Körner, Schwartz* und *Grützmacher*.

Ersch.: Partitur und Stimmen Mai 1900 bei Ed. Bote & Bock, Berlin.

Anmerkg. Die Tempoüberschriften bei der Manuskript-EA. lauten: I. Allegro molto moderato. — II. Allegretto scherzando. — III. Tema con variazioni (Andante grave). — IV. Allegro giocoso con brio.

(25.) **Trio I** für Pianoforte, Violine und Violoncell. F-dur. op. 28.

Ihrer Durchlaucht der Prinzessin von Hessen-Barchfeld.

I. Allegro ma non troppo. — II. Scherzo. *Allegro molto vivace.* — III. Largo. *attacca* IV. Finale. *Allegro moderato assai.*
SD. I. 9 Min. II. 6 Min. III. und IV. 15 Min. GD. 30 Min.
Komp.: Satz 1 skizziert August 1871 in Worms, Satz 2, 3 und 4 begonnen Juni 1872 in Köln, das Ganze beendet 9. August 1872 in Köln.
EA.: 1. Köln, Montag, d. 19. August 1872 im Saale der Pianoforte-Niederlage von Obladen in der 71. Versammlung (8. des Jahres 1872) des Kölner Tonkünstler-Vereins, nach dem Manuskript gespielt von den Herren *Friedrich Gernsheim* (Pianoforte), *G. Japha* (Violine) und *J. Rensburg* (Violoncell). — 2. Ebendaselbst, Dienstag, d. 26. November 1872 im Isabellensaale des Gürzenich in der 2. Soirée für Kammermusik ebenfalls nach Manuskript, gespielt von *Fr. G., G. J.* und *J. R.*
Ersch.: Februar 1873 bei B. Schotts Söhne, Mainz.

(26.) **Trio II** für Pianoforte, Violine und Violoncell. H-dur. op. 37.

Seiner lieben Helene.

I. Allegro moderato. — II. Vivace. — III. Lento e mesto. — IV. Allegro non troppo, ma energico.
SD. I. 11 Min. II. 5 Min. III. 7 Min. IV. 8 Min. GD. 31 Min.
Komp.: Begonnen November 1877, vollendet Juni 1878 in Rotterdam.
EA.: 1. Köln, Montag, d. 11. August 1879 im Saale der Pianoforte-Niederlage von Obladen in der 236. Versammlung (4. des Jahres 1879) des Kölner Tonkünstler-Vereins, gespielt von den Herren *Friedrich Gernsheim* (Pianoforte), *O. v. Königslöw* (Violine) und *L. Ebert* (Violoncell). — 2. Ebendaselbst, Dienstag, d. 26. Oktober 1879 im Saale des Konservatoriums in der 1. Soirée für Kammermusik, gespielt von den Herren *James Kwast, O. v. Königslöw* und *L. Ebert.*
Ersch.: Juli 1879 bei J. Rieter-Biedermann, Leipzig und Winterthur.
Anmerkg. Die Widmung ist an die Gemahlin des Komponisten gerichtet.

(27.) Sonate I für Pianoforte und Violine.
C-moll. op. 4.

Seinem Freunde Theodor Parmentier gewidmet.

I. Andante con moto. — II. Allegretto scherzando. — III. Allegro.
SD. I. 6 Min. II. 5 Min. III. 4¹/₂ Min. GD. 15—16 Min.
Komp.: Satz 1 Juni 1861 in Paris, Satz 2 u. 3 November 1863 in Saarbrücken.
EA.: 1. S a a r b r ü c k e n , Dienstag, d. 26. Januar 1864 im Kasinosaale in einem
von dem Konzertmeister Maximilian Wolff aus Frankfurt gegebenen
Konzert nach dem Manuskript, gespielt von den Herren *Friedrich
Gernsheim* (Klavier) und *Maximilian Wolff* (Viol.). — 2. E b e n -
d a s e l b s t , Freitag, d. 26. Februar 1864 im Kasinosaale im
2. Konzert des Instrumental-Vereins ebenfalls nach Manuskript, ge-
spielt von den Herren *Fr. G.* (Klavier) und *Naret-Koning* (Viol.).
Ersch.: August 1864 bei J. Rieter-Biedermann, Leipzig und Winterthur.

(28.) Sonate II für Pianoforte und Violine.
C-dur. op 50.

Seinem Freunde Emil Sauret.

I. Allegro moderato. — II. Andante sostenuto. — III. Allegro energico.
SD. I. 10 Min. II. 7 Min. III. 6 Min. GD. 23 Min.
Komp.: Satz 1 16.—23. Juni 1884 in Rotterdam, Satz 2 u. 3 5.—18. Juli
1884 in Langenschwalbach.
EA.: 1. K ö l n , Dienstag, d. 12. Januar 1886 im Isabellensaale des
Gürzenich — und 2. D ü s s e l d o r f , Freitag, d. 5. Februar 1886
im Festsaale des Breitenbacher Hofs, beidemal in dem je 4. Kammer-
musikkonzert des Rob. Heckmann'schen Quartetts, gespielt von
Friedrich Gernsheim (Pianoforte) und *Robert Heckmann* (Violine).
— 3. R o t t e r d a m , Dienstag, d. 9. Februar 1886 im Saale der
Maatschappij tot Nut van het Algemeen in einem von dem Rob.
Heckmannschen Quartett veranstalteten Konzert, gespielt von
Fr. G. und *R. H.*
Ersch.: Mai 1885 bei J Rieter-Biedermann, Leipzig und Winterthur.

A n m e r k g. In den beiden Konzerten der EA. Köln und Düsseldorf
erlebte auch Gernsheims 3. Streichquartett op. 51 seine ersten beiden EA. nach
dem Manuskript. (S. No. 23.)

(29.) **Sonate III** für Pianoforte und Violine.
F-dur. op. 64.

I. Allegro con brio. — II. Allegro agitato. — III. Andante molto
espressivo. — IV. Moderato e sempre cantabile.
SD. I. 9 Min. II. 6 Min. III. 8 Min. IV. 7 Min. GD. 30 Min.
Komp.: April—5. Juni 1898 in Berlin.
EA.: Berlin, Sonntag, d. 12. März 1899 im Konzertsaale des Schauspielhauses in der 2. Kammermusikmatinée von Halir und Genossen
nach dem Manuskript, gespielt von *Friedrich Gernsheim* (Pianoforte) und *Karl Halir* (Violine).
Ersch.: September 1899 bei J. Rieter-Biedermann, Leipzig.

(30.) **Sonate I** für Pianoforte und Violoncell.
D-moll. op. 12.

Seinem Freunde Georg Lichtenstein gewidmet.

I. Andante con moto. — II. Allegretto. — III. Allegro con brio.
SD. I. 7 Min. II. 6 Min. III. 9 Min. GD. 22 Min.
Komp.: Satz 1 u. 2 Winter 1866 in Köln, vollendet Ostern 1867 in Worms.
EA.: Paris, Sonntag, d. 26. April 1868 im Saale Erard in einem von
Gernsheim veranstalteten Kompositionsabend nach dem Manuskript,
gespielt von *Friedrich Gernsheim* (Pianoforte) und *Erneste Demunck*
(Violoncell).
Ersch.: Juni 1868 bei B. Schotts Söhne, Mainz.

(31.) **Sonate II** für Pianoforte und Violoncell.
E-moll. op. 79.

I. Allegro non troppo ma con passione. — II. Andante quasi Alle-
gretto. — III. Allegro con fuoco.
Komp.: März bis April 1906 in Berlin.
EA.: Köln, Dienstag, d. 15. Januar 1907 im Saale des Konservatoriums im
5. Kammermusik-Konzert nach dem Manuskript, gespielt von *Friedrich
Gernsheim* (Klavier) und *Friedrich Grützmacher* (Violoncell).
Ersch.: Noch unediert. (September 1907.)

(32.) **Introduction und Allegro appassionato**
für Pianoforte und Violine.   E-moll.   op. 38.

Jean Becker gewidmet.

G.D. 12 Min.

Komp.: November 1878 in Rotterdam.

EA.: 1. (?) Köln, Dienstag, d. 3. Februar 1880 im grossen Saale des Konservatoriums in der 4. Soirée R. Heckmanns für Kammermusik gespielt von Frau *Marie Heckmann-Hertwig* (Klavier) und *Robert Heckmann* (Violine).

Ersch.: September 1879 bei Ed. Bote & Bock, Berlin.

Richard Strauss.

Geb. 11. Juni 1864 in München.

Literatur: 1. Dr. *Arth. Seidl* und *Wilh. Klatte*, „Richard Strauss" (1896, Prag, Otto Payer). — 2. *Erich Urban*, „Strauss contra Wagner" (Berlin und Leipzig, Schuster & Löffler). — 3. *Richard Strauss-Heft* (1905, „Die Musik" Heft 8, Berlin und Leipzig, Schuster & Löffler). — 4. Dr. *Richard Batka*, „Richard Strauss" (Heft 16 der „Persönlichkeiten", Charlottenburg, Virgil-Verlag). — 5. *G. Brecher*, „Richard Strauss" (Leipzig, Hermann Seemann Nachfolger). — 6. *Oscar Bie*, „Die moderne Musik und Richard Strauss" (Berlin, B. Marquardt & Co.). — 7. *G. Jorissienne*, „Richard Strauss" (Brüssel, P. Weissenbruch).

Die Literatur in Musik- und anderen Zeitschriften ist nicht berücksichtigt.

Werke:

I. Orchesterwerke.

1. Symphonie F-moll. op. 12.
2. „Aus Italien." Sinfonische Phantasie. op. 16.
3. Symphonia domestica. op. 53.
4. Don Juan. op. 20.
5. Macbeth. op. 23.
6. Tod und Verklärung. op. 24.
7. Till Eulenspiegels lustige Streiche. op. 28.
8. „Also sprach Zarathustra." op. 30.
9. Don Quixote. op. 35.
10. Ein Heldenleben. op. 40.
11. Serenade für Blasinstrumente. op. 7.

II. Konzerte und Konzertstücke mit Orchester.

12. Violinkonzert. op. 8.
13. Waldhornkonzert. op. 11.
14. Burleske (Pfte.).

III. Chorwerke mit Orchester.

15. Wandrers Sturmlied. op. 14.
16. Taillefer. op. 52.

IV. Kammermusikwerke.

17. Klavierquartett. op. 13.
18. Streichquartett. op. 2.
19. Sonate für Violine und Pianoforte. op. 18.
20. Sonate für Violoncello und Pianoforte. op. 6.

V. Anhang.

Unveröffentlichte Werke.

21. Symphonie. D-moll.
22. Konzertouvertüre. C-moll.
23. Suite für Blasinstrumente. B-dur.

I. Orchesterwerke.

(1.) Symphonie für grosses Orchester.

F-moll. op. 12.

I. Allegro ma non troppo, un poco maestoso. — II. Scherzo. Presto. — III. Andante cantabile. — IV. Finale. Allegro assai molto appassionato.

SD. I. Min. II. Min. III. Min. IV. Min. GD. Min.

Komp.: 1882/83 in München und Berlin.

EA.: 1. New York, Sonnabend, d. 13. Dezember 1884 in Steinway-Hall in einem Konzert der Philharmonic Society nach dem Manuskript unter Leitung von *Theodor Thomas.* — 2. Köln, Dienstag, d. 13. Januar 1885 im Gürzenichsaale im 6. Abonnementskonzert der Konzertgesellschaft nach Mspt. unter Leitung von *Franz Wüllner.* — 3. Meiningen, Sonntag, d. 18. Oktober 1885 im Herzogl. Hoftheater im 2. Abonnementskonzert der Herzogl. Hofkapelle unter Leitung von *Richard Strauss.* (S. Anm.)

Ersch.: Partitur und Orchesterstimmen November 1885 bei Joseph Aibl, München.

Orch.Bes.: 2 Fl., 2 Ob., 2 Klar., 2 Fag., 4 Hr., 2 Tr., 3 Pos., Tuba, Pk. — Str.-Orch.

Anmerkg. Über die unter des Komponisten Leitung stattgehabte EA. 3 in Meiningen sind zu vergleichen die Bülowschen Ausserungen an Brahms und Herm. Wolff (S. Bülow-Briefe VI, S. 382—84). Auf besondere Veranlassung Bülows spielte Strauss Mozarts C-moll-Klavierkonzert, zu dem er Kadenzen komponiert hatte. Brahms wohnte dem Konzert bei, da er in Meiningen eingetroffen war, um seine 4. Symphonie dort zu „probieren" und zur EA. zu bringen, die am 25. Oktober 1885 stattfand.

Liter. *Klatte, Wilhelm,* Musikführer No. 179, Schlesinger, Berlin.

(2.) Aus Italien.

Sinfonische Fantasie für grosses Orchester.
G-dur. op. 16.

Herrn Dr. Hans von Bülow in tiefster Verehrung und Dankbarkeit gewidmet.

I. Auf der Campagna. *Andante.* — II. In Roms Ruinen. Fantastische Bilder entschwundener Herrlichkeit, Gefühle der

Wehmut und des Schmerzes inmitten sonnigster Gegenwart. *Allegro molto con brio.* — III. **Am Strande von Sorrent.** *Andantino.* — IV. **Neapolitanisches Volksleben.** Finale. *Allegro molto. Presto.*

SD. *I. 12 Min. II. 12 Min. III. 13 Min. IV. 10 Min. GD. 47 Min.*

Komp.: 1885/86 in München.

EA.: München, Mittwoch, d. 2. März 1887 im Kgl. Odeon im 1. Abonnementskonzert (2. Zyklus) der Musikalischen Akademie nach dem Manuskript unter Leitung von *Richard Strauss*.

Ersch.: Partitur und Orchesterstimmen November 1887 bei Jos. Aibl, München.

Orch.Bes.: Kl. Fl., 2 Fl., 2 Ob. (2. auch Engl. Hr.), 2 Klar., 2 Fag., Kontrafag., 4 Hr., 2 Tr., 3 Pos., 3 Pk., Becken, Trgl., Tambourin, Kl. Tr. — Hfe. — Str.-Orch.

Liter. *Brecher, Gustav,* Musikführer No. 180, Schlesinger, Berlin.

(3.) **Symphonia domestica** für grosses Orchester.
op. 53.

Meiner lieben Frau und unserm Jungen gewidmet.

Das in einem Satze geschriebene Werk gliedert sich in vier Abteilungen:

I. **Einleitung und Entwickelung der drei Hauptthemengruppen:** *Themen des Mannes:* a) gemächlich — b) träumerisch — c) feurig. *Themen der Frau:* a) lebhaft und heiter — b) grazioso. *Thema des Kindes:* ruhig.

II. **Scherzo:** Elternglück. — Kindliche Spiele. — Wiegenlied (die Glocke schlägt 7 Uhr abends).

III. **Adagio:** Schaffen und Schauen. — Liebesszene. — Träume und Sorgen (die Glocke schlägt 7 Uhr morgens).

IV. **Finale:** Erwachen und lustiger Streit (Doppelfuge). — Versöhnung; fröhlicher Beschluss.

GD. *45 Min.*

Komp.: 1903 in Berlin; Partitur vollendet am 31. Dezember 1903 in Berlin-Charlottenburg.

EA.: 1. New York, Montag, d. 31. März 1904 in Carnegie Hall im letzten der vier Festival Concerts mit dem Wetzlerschen Symphonie-

Orchester unter Leitung von *Richard Strauss* (S. Anm.). — 2. Frankfurt a. M., Mittwoch, d. 1. Juni 1904 im Saalbau im 3. Orchesterkonzert der 40. Tonkünstlerversammlung des Allgemeinen Deutschen Musikvereins unter Leitung von *R. Str.* (S. Anm.). — 3. Essen, Sonntag, d. 2. Oktober 1904 im 2. Konzert des Städtischen Musikfestes zur Einweihung des neuen Stadtgartensaales unter Leitung von *R. Str.* (S. Anm.).

Ersch.: Partitur und Orchesterstimmen März 1904 bei Bote & Bock, Berlin.

Orch.Bes.: Kl. Fl., 3 Fl., 2 Ob., Oboe d'amour, Engl. Hr., 4 Klar. (1 in D, 1 in A, 2 in B), Bassklar., 4 Fag., Kontrafag., 4 Saxophone, (Sopran-Alt-Baryton-Bass), 8 Hr., 4 Tr., 3 Pos., Basstuba, 4 Pk., Trgl., Tambourin, Glockenspiel, Becken, Gr. Tr. — 2 Hfn. — Str.-Orch. (16, 16, 12, 10, 8) (S. Anm.).

Anmerkg. Das Richard Strauss Festival, in dessen Rahmen die EA. 1 stattfand, bestand aus 4 Konzerten, deren Daten und Programme hier nach den amerikanischen Originalen mitgeteilt werden.

The Wetzler Symphonie Concerts.
Richard Strauss Festival.

I. Last Concert (fifth Wetzler Symphony Concert). Richard Strauss Evening.
[First Concert of Richard Strauss Festival]
Saturday Evening, Feb. 27. 1904, at 8, 15 o'clock.
1. „Thus spake Zarathustra". [Leitung H. H. Wetzler.] — 2. Group of songs: a) „Die Ulme zu Hirsau", op. 43, No. 3; b) „Nachtgang", op. 29, No. 3; c) „Das Lied des Steinklopfers", op. 49, No. 4. — 3. „Ein Heldenleben" (A Heros Life). [Leitung: R. Strauss.] Gesangssolist: Mr. David Bispham; Violin-Solo: Herr Konzertmeister Leopold Lichtenberg; Klavierbegleitung: Mr. Harold O. Smith.

II. Second Orchestral Festival Concert.
Thursday Evening, March 3d. 1904, at 8, 15 o'clock.
1. „Don Quixote". — 2. „Don Quixote"; — 3. Songs with Orchestra: a) „Rosenband", op. 36, No. 1; b) „Liebeshymnus"; c) „Morgen", op. 27, No. 4; d) „Caecilie", op. 27, No. 2. — 4. „Tod und Verklärung" (Death and Transfiguration). Leitung No. 1: Herr H. H. Wetzler, 2, 3 u. 4: Rich. Strauss, Gesang: Frau Strauss-de Ahna: Cello-Solo: Mr. Pablo Casals.

III. Third Orchestral Festival Concert.
Wednesday Afternoon, March 9. 1904, at 2 o'clock.
1. „Don Quixote". — 2. Three songs with Orchestra: a) „Meinem Kinde", b) „Muttertändelei", c) „Wiegenlied". — 3. Love Scene from „Feuersnot". — 4. Four songs with Piano: a) „Allerseelen", b) „Befreit", c) „Süsser Mai", d) „Kling". — 5. „Till Eulenspiegel".
Leitung: Rich. Strauss; Gesang: Frau Strauss-de Ahna. Cello-Solo: Mr. Pablo Casals.

IV. Last Festival Concert.
Monday Evening, March 21. 1904, at 8, 15 o'clock.
1. „Don Juan". — 2. Symphonia Domestica. (New, first time). — 3. „Also sprach Zarathustra".
Leitung: Richard Strauss.

Die Tonkünstlerversammlung in Frankfurt a. M. (EA. 2) währte vom 27. Mai bis 1. Juni. Sie brachte an Opernaufführungen „Der Bundschuh" von W. v. Baussnern (27. Mai im Frankfurter Opernhaus) und „Die Rose vom Liebesgarten" von H. Pfitzner (31. Mai im Hof- und Nationaltheater in Mannheim); drei Orchesterkonzerte am 28. u. 30. Mai und 1. Juni in Frankfurt, ein Orchesterkonzert am 29. Mai in der neuen Stadthalle in Heidelberg und zwei Kammermusikkonzerte am 29. u. 31. Mai in Frankfurt. Ausser der Symphonia domestica gelangten von grösseren Werken zur ersten Aufführung: „Schwermut — Entrückung — Vision" op. 7 von N. Andreae, „Symphonische Phantasie" von Br. Walter, „Gloria" von J. L. Nicodé, „Wieland der Schmied" von S. v. Hausegger, im Heidelberger Orchesterkonzert „Das Leben ein Traum" von F. Klose und „La vie du poëte" von G. Charpentier. Aus den Kammermusikkonzerten sind zu erwähnen die ersten Aufführungen der „Serenade für Blasinstrumente" op. 7 von M. Lampe und der Klavier-Violinsonate op. 30 von L. Thuille; die beabsichtigte, im Programmbuch auch angekündigte EA. des Streichquartetts von M. Reger fand nicht statt. — Das Essener Musikfest zur Einweihung des neuen Konzertsaales (EA. 3) bestand in zwei Konzerten (am 1. u. 2. Oktober), deren erstes Bach, Beethoven und Brahms gewidmet war; aus dem Programm des zweiten ist Berlioz „Tedeum" und Strauss „Taillefer" hervorzuheben. — Über die Besetzung der Saxophone sagt Strauss „nur im äussersten Notfalle ad libitum", doch sind sie wohl entbehrlich, waren auch bei der EA. in Frankfurt nicht besetzt. Die Oboe d'amore kann durch ein anderes Instrument nicht ersetzt werden. Für die Schlaginstrumente sind (ausser den Pauken) nur 2 Musiker erforderlich. — Der Abdruck der nachstehenden Notenbeispiele auf den Programmen darf nicht verabsäumt werden.

Symphonia domestica.

I. Exposition der drei Hauptthemengruppen.

Themen des Mannes:

Themen der Frau:

a) f Viol.
Fl. Ob.   fp

b) p Viol. Fl. Klar.   Klar.

Thema des Kindes:

pp Oboe d'amore.

Spätere Umbildungen desselben:

Munter.

als Tanz: fp

langsam.

als Wiegenlied: p

lebhaft.

als Fugenthema (der häusliche Streit):   ff

II. **Scherzo:** *Elternglück. Kindliche Spiele.*
Wiegenlied (die Glocke schlägt 7 Uhr abends).

III. **Adagio:** *Schaffen und Schauen.*
Liebesszene.
Träume und Sorgen (die Glocke schlägt 7 Uhr morgens).

IV. **Finale:** *Erwachen und lustiger Streit* (Doppelfuge).

1. Thema. (Behauptung.)

ff

4 Fagotte.

2. Thema. (Gegenbehauptung.)

ff Viol.

Fröhlicher Beschluss.

(4.) **Don Juan.**
Tondichtung (nach Nicolaus Lenau) für grosses Orchester.
op. 20.

Meinem lieben Freunde Ludwig Thuille.

G.D. *17 Min.*

Komp.: 1887/88 in München.

EA.: 1. W e i m a r, Montag, d. 11. November 1889 im Grossherzogl. Hoftheater im 2. Abonnementskonzert nach dem Manuskript unter Leitung von *Richard Strauss*. — 2. D r e s d e n, Freitag, d. 10. Januar 1890 im 5. Symphoniekonzert der Kgl. Hofkapelle unter Leitung von *Adolf Hagen*. — 3. B e r l i n, Freitag, d. 30. Januar 1890 im Saale der Philharmonie im 7. Philharmonischen Konzert unter Leitung von *Hans von Bülow*. — 4. F r a n k f u r t a. M., Freitag, d. 28. Februar 1890 im Saalbau im 11. Museumskonzert unter Leitung von *Richard Strauss*.

Ersch.: Partitur J u n i, Orchesterstimmen Januar 1890 bei Jos. Aibl, München.

Orch.Bes.: 3 Fl. (3. auch Kl.Fl.), 2 Ob., Engl. Hr., 2 Klar., 2 Fag., Kontrafag., 4 Hr., 3 Tr., 3 Pos., Tuba, 3 Pk., Trgl., Becken, Glockenspiele. — Hf. — Str.-Orch.

A n m e r k g. Die Überschriften der drei Bruchstücke des Lenauschen Gedichts sind in der Partitur nicht enthalten, kommen auch in den Programmen der ersten Aufführungen nicht vor. — Die Bemerkung „nach Mspt." ist bei EA. 2—4 weggelassen, da die Orchesterstimmen (s. Ersch.) bereits gedruckt vorlagen.

Liter. *Mauke*, *Wilhelm*, Musikführer No. 114, Schlesinger, Berlin.

Programm-Dichtung zu Don Juan.
I.

Don Juan (zu Diego):

Den Zauberkreis, den unermesslich weiten,
Von vielfach reizend schönen Weiblichkeiten
Möcht ich durchziehn im Sturme des Genusses,
Am Mund der letzten sterben eines Kusses.
O Freund, durch alle Räume möcht' ich fliegen,
Wo eine Schönheit blüht, hinknien vor Jede,
Und, wär's auch nur für Augenblicke, siegen.

II.

Don Juan (zu Diego):

Ich fliehe Überdruss und Lustermattung,
Erhalte frisch im Dienste mich des Schönen,
Die Einzle kränkend, schwärm' ich für die Gattung.
Der Odem einer Frau, heut' Frühlingsduft,
Drückt morgen mich vielleicht wie Kerkerluft.
Wenn wechselnd ich mit meiner Liebe wandre
Im weiten Kreis der schönen Frauen,
Ist meine Lieb' zu jeder eine andre;
Nicht aus Ruinen will ich Tempel bauen.
Ja, Leidenschaft ist immer nur die neue;
Sie lässt sich nicht von der zu jener bringen,
Sie kann nur sterben hier, dort neu entspringen,
Und kennt sie sich, so weiss sie nichts von Reue.
Wie jede Schönheit einzig in der Welt,
So ist es auch die Lieb, der sie gefällt.
Hinaus und fort nach immer neuen Siegen,
So lang der Jugend Feuerpulse fliegen!

III.

Don Juan (zu Marcello):

Es war ein schöner Sturm, der mich getrieben,
Er hat vertobt, und Stille ist geblieben.
Scheintot ist alles Wünschen, alles Hoffen;
Vielleicht ein Blitz aus Höh'n, die ich verachtet,
Hat tödlich meine Liebeskraft getroffen,
Und plötzlich ward die Welt mir wüst, umnachtet;
Vielleicht auch nicht; — der Brennstoff ist verzehrt,
Und kalt und dunkel ward es auf dem Herd.

(Aus dem dramatischen Gedicht „Don Juan" von Nicolaus Lenau.)

(5.) Macbeth.

Tondichtung für grosses Orchester. (Nach Shakespeares Drama.) op. 23.

Meinem hochverehrten teuren Freunde Alexander Ritter gewidmet.

GD. *18 Min.*

Komp.: 1886/87 in München, umgearbeitet 1890 in Weimar. (S. Anm.)

EA.: 1. Weimar, Montag, d. 13. Oktober 1890 im Grossherzogl. Hoftheater im 1. Abonnementskonzert nach dem Manuskript unter Leitung von *Richard Strauss*. — 2. Berlin, Montag, d. 29. Februar 1892 im Saale der Philharmonie im 8. Philharmonischen Konzert unter Leitung von *R. Str.*

Ersch.: Partitur und Orchesterstimmen August 1891 bei Jos. Aibl, München.

Orch.Bes.: 3 Fl. (3. auch Kl. Fl.), 2 Ob., Engl. Hr., 2 Klar., Bassklar., 2 Fag., Kontrafag., 4 Hr., 3 Tr , Basstromp., 3 Pos., Basstuba, 3 Pk., Gr. Tr., Kl. Tr., Becken, Tamtam. — Str.-Orch.

Anmerkg. Die erste Form der Tondichtung Macbeth schloss in D-dur mit einem Triumphmarsch des Macduff. Diesen Schluss beanstandete Hans von Bülow mit dem Hinweis, dass wohl eine Egmont-Ouvertüre mit einem Sieges-marsch des Egmont, aber Macbeth nicht mit einem Triumphmarsch des Macduff schliessen könnte. Darauf änderte Strauss den Schluss und „milderte" manche andere „Zahmheiten" des ersten Entwurfs in der Durchführung. (Mitteilung von R. Strauss.) — Der Tondichtung, deren Komposition vor der von „Don Juan" und „Tod und Verklärung" geschehen ist, fehlt ein Programm. In der Partitur hat sich Strauss mit den Hinweisen auf „Macbeth" bei dem 1. Thema und auf „Lady Macbeth" bei dem 2. ($^3/_4$-Takt) begnügt. (S. die Notenbeispiele.) — Für die Bedienung der Schlaginstrumente, ausser der Pauken, genügen 3 Musiker.

Liter. *Teibler, Hermann,* Musikführer No. 210, Schlesinger, Berlin.

Dem Programm beizugebende Notenbeispiele.

I. Macbeth.

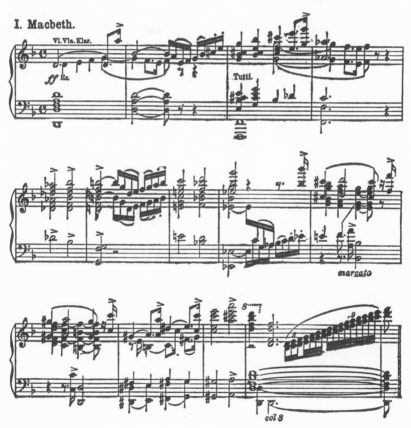

II. Lady Macbeth. (O eile! Eile her, damit ich meinen Geist in deinen gieße, durch meine tapfere Zunge diese Zweifel und Furchtgespenster aus dem Felde schlage, die dich wegschrecken von dem goldnen Reif, womit das Glück dich gern bekrönen möchte.)

(6.) Tod und Verklärung.
Tondichtung für grosses Orchester. op. 24.

Meinem lieben Freunde Friedrich Rösch zugeeignet.

G.D. *24 Min.*

Komp.: 1888/89 in München.

EA.: 1. Eisenach, Sonnabend, d. 21. Juni 1890 im Stadttheater im 5. Konzert der 27. Tonkünstlerversammlung des Allgemeinen Deutschen Musikvereins nach dem Manuskript unter Leitung von *Richard Strauss.* (S. Anm.) — 2. Weimar, Montag, d. 12. Januar 1891 im

Grossherzoglichen Hoftheater im 3. Abonnementskonzert nach Mspt. unter Leitung von *R. Str.* (S. Anm.). — 3. B e r l i n , Montag, d. 23. Februar 1891 im Saale der Philharmonie im 8. Philharmonischen Konzert nach Mspt. unter Leitung von *R. Str.*

Ersch.: Partitur und Orchesterstimmen April 1891 bei Jos. Aibl, München.

Orch.Bes.: 3 Fl., 2 Ob., Engl. Hr., 2 Klar., Bassklar., 2 Fag., Kontrafag., 4 Hr., 3 Tr., 3 Pos., Tuba, 3 Pk., Tamtam. — 2 Hfn. — Str.-Orch.

A n m e r k g . Das Programmgedicht (s. w. u.) zu „Tod und Verklärung" hat Alexander Ritter nachträglich auf das fertige Tonstück verfasst, so dass es nicht poetische Unterlage für die Komposition gewesen ist. Es existiert in 2 verschiedenen Formen. Die erste kürzere ist in den Programmbüchern der EA. Eisenach und Weimar zu finden. In der 2., der Partitur vorgedruckten Form ist A. R. eine Ausdrucksdeutung missglückt: in der Einleitung spricht die Musik nicht „von der W a n d u h r leisem Ticken", sondern von den erschöpften A t e m z ü g e n des Kranken. — Die Tonkünstlerversammlung in Eisenach (EA. 1) wurde vom 19.—22. Juni abgehalten und bestand aus 3 Orchesterkonzerten im Stadttheater (19., 21. u. 22.), einem Kirchenkonzert (Hauptkirche zu St. Georg, am 20.) und zwei Kammermusikaufführungen im Saale der Clemda (20. u. 21.). Von den aufgeführten Neuheiten sind zu nennen: Draeseke, „Vorspiel zu Penthesilea"; Franz Schubert, „Tantum ergo" und „Offertorium" (Mspt.!); Sommer, Duett aus der Oper „Loreley"; Strauss, „Burleske" für Pfte. mit Orch.; Weingartner, „Zwischenspiel aus „Malawika"; D'Albert, „Symphonie op. 4"; R. Kahn, Streichquartett op. 8; Ph. Wolfrum, Klavierquintett; R. v. Perger, Streichquartett op. 15; Fr. Lamond, Klaviertrio op. 2; A. Krug, Vokalquartett op. 32; S. Knorr, Ukrainische Liebeslieder op. 5.

Liter. *Mauke, Wilhelm*, Musikführer No. 115, Schlesinger, Berlin.

Programm-Dichtungen zu „Tod und Verklärung".

I. E r s t e F a s s u n g .

Stille, einsam öde Nacht!
Auf dem Totenbette liegt er.

Fieberglut wirft ihn empor
Und er sieht sein ganzes Leben
Kindheit, Jugend, Männerkampf
Bild um Bild im Traum erscheinen.

Was er suchte je und je
Mit des Herzens tiefstem Sehnen
Sucht er noch im Todesschweiss,
Suchet — ach! und findet's nimmer.

Ob er's deutlicher auch fasst,
Ob es mählich ihm auch wachse,
Kann er's doch erschöpfen nie
Kann es nicht im Geist vollenden.

Da erdröhnt der letzte Schlag,
Von des Todes Eisenhammer
Bricht der Erdenleib entzwei,
Deckt mit Todesnacht das Auge.

Aber mächtig tönet ihm
Aus dem Himmelsraum entgegen
Was er sehnend hier gesucht,
Was er suchend hier ersehnt.

II. Zweite, der Partitur vorgedruckte Fassung.

In der ärmlich kleinen Kammer,
Matt vom Lichtstumpf nur erhellt,
Liegt der Kranke auf dem Lager. —
Eben hat er mit dem Tod
Wild verzweifelnd noch gerungen.
Nun sank er erschöpft in Schlaf,
Und der Wanduhr leises Ticken
Nur vernimmst du im Gemach,
Dessen grauenvolle Stille
Todesnähe ahnen lässt.
Um des Kranken bleiche Züge
Spielt ein Lächeln wehmutsvoll.
Träumt er an des Lebens Grenze
Von der Kindheit goldner Zeit?

Doch nicht lange gönnt der Tod
Seinem Opfer Schlaf und Träume.
Grausam rüttelt er ihn auf,
Und beginnt den Kampf aufs neue.
Lebenstrieb und Todesmacht!
Welch entsetzenvolles Ringen! —
Keiner trägt den Sieg davon,
Und noch einmal wird es stille!

Kampfesmüd zurückgesunken,
Schlaflos, wie im Fieberwahn,
Sieht der Kranke nun sein Leben
Zug um Zug und Bild um Bild
Innrem Aug' vorüberschweben.
Erst der Kindheit Morgenrot,
Hold in reiner Unschuld leuchtend!
Dann des Jünglings keckes Spiel —
— Kräfte übend und erprobend —

Bis er reift zum Männerkampf,
Der um höchste Lebensgüter
Nun mit heisser Lust entbrannt. —
Was ihm je verklärt erschien,
Noch verklärter zu gestalten,
Dies allein der hohe Drang,
Der durchs Leben ihn geleitet.
Kalt und höhnend setzt die Welt
Schrank' auf Schranke seinem Drängen
Glaubt er sich dem Ziele nah,
Donnert ihm ein Halt entgegen.
„Mach die Schranke dir zur Staffel!
Immer höher nur hinan!"
Also drängt er, also klimmt er,
Lässt nicht ab vom heil'gen Drang.
Was er so von je gesucht
Mit des Herzens tiefstem Sehnen,
Sucht er noch im Todesschweiss,
Suchet — ach! und findet's nimmer.
Ob er's deutlicher auch fasst,
Ob es mählich ihm auch wachse,
Kann er's doch erschöpfen nie,
Kann es nicht im Geist vollenden.
Da erdröhnt der letzte Schlag
Von des Todes Eisenhammer,
Bricht der Erdenleib entzwei,
Deckt mit Todesnacht das Auge.

Aber mächtig tönet ihm
Aus dem Himmelsraum entgegen,
Was er sehnend hier gesucht:
Welterlösung, Weltverklärung!

(7.) Till Eulenspiegels lustige Streiche.

Nach alter Schelmenweise — in Rondeauform — für grosses
Orchester. op. 28.

Seinem lieben Freunde Dr. Arthur Seidl gewidmet.

GD. *18 Min.*

Komp.: 1894/95 in München. Partitur vollendet 6. Mai 1895 in München.

EA.: 1. Köln, Dienstag, d. 5. November 1895 im Gürzenichsaale im
2. Abonnementskonzert der Konzertgesellschaft unter Leitung von
Franz Wüllner (S. Anm.). — 2. Mannheim, Dienstag, d. 12. November 1895 im Konzertsaale des Grossherzogl. Hoftheaters im
3. Akademiekonzert des Grossherzogl. Hoftheater-Orchesters unter
Leitung von *Hugo Röhr*. — 3. Berlin, Freitag, d. 15. November
1895 im Kgl. Opernhause im 3. Symphonie-Abend der Kgl. Kapelle

zum Besten ihres Witwen- und Waisenfonds unter Leitung von *Felix Weingartner.* — 4. München, Freitag, d. 29. November 1895 im Kgl. Odeon im 2. Abonnementskonzert der Musikalischen Akademie unter Leitung von *Richard Strauss.*

Ersch.: Partitur und Orchesterstimmen September 1895 bei Jos. Aibl, München.

Orch.Bes.: Kl. Fl., 3 Fl., 3 Ob., Engl. Hr., 3 Klar. (1 in D, 2 in B), Bassklar., 3 Fag., Kontrafag., 4 Hr. (weitere 4 ad lib.), 3 Tromp. (weitere 3 ad lib.), 3 Pos., Basstuba, Pk., Gr. Tr., Kl. Tr., Trgl., Becken, Grosse Ratsche. — Str.-Orch. (16, 16, 12, 12, 8).

Anmerkg. R. Strauss gab „Till Eulenspiegel" kein Programmgedicht bei, wie er es bei „Tod und Verklärung" und „Don Juan" getan hatte, auch liess er die verschiedenen Abschnitte ohne erläuternde Überschriften, wie es später bei „Zarathustra", „Heldenleben" und der „Symphonia domestica" geschah. Vor der ersten Aufführung von Wüllner um eine kurze Erläuterung ersucht, schrieb er folgendes:

„Es ist mir unmöglich, ein Programm zu ,Eulenspiegel' zu geben: was ich mir bei den einzelnen Teilen gedacht habe, würde in Worte gekleidet sich oft seltsam genug ausnehmen, vielleicht sogar Anstoss erregen. Wollen wir daher diesmal die Zuhörer selber die Nüsse aufknacken lassen, die der Schalk ihnen verabreicht. Zur Erleichterung des Verständnisses dürfte es genügen, die beiden Eulenspiegelthemen mitzuteilen:

 und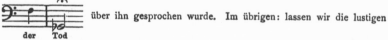

die das Ganze in den verschiedensten Verkleidungen und Stimmungen, wie Situationen, durchziehen bis zur Katastrophe, wo Till aufgeknüpft wird, nachdem das Urteil

über ihn gesprochen wurde. Im übrigen: lassen wir die lustigen

der Tod

Kölner erraten, was ihnen ein Schelm für musikalischen Schabernack angetan hat."

Wüllner druckte diesen Brief im Programm der EA. 1 ab und fügte hinzu:

„Und sicher wird, wer aus seiner Kinderzeit eines der berühmten Volksbücher — ,gedruckt in diesem Jahr' — vom Till Eulenspiegel sich erinnert, manches von dem heraushören, was der Komponist zugleich mit höchster Verwegenheit und mit formeller und orchestraler Meisterschaft in Tönen uns erzählt: von Eulenspiegels ersten losen Schwänken, von dem Streich, den er den keifenden Marktweibern spielt, von seinen Liebesabenteuern, seiner Promotion in Prag, bei der er durch seine monströsen Thesen bei den philisterhaften Professoren eine wahrhaft babylonische Sprachverwirrung anrichtet, von der nach tollster Ausgelassenheit über ihn hereinbrechenden Gerichtsszene, dem Urteilsspruch, der Exekution . . . . bis zuletzt ein reizend beruhigender „Epilog" das humorvolle Werk in heiterster Weise abschliesst." (Programm des Gürzenichkonzerts 5. November 1895). —

Der Musikführer (S. Liter.), bei dessen Abfassung die Partitur mit Strauss' eigenen Motivbenennungen und verbindenden Worten vorgelegen hatte, gab dann später die gewünschte Aufklärung; es sei hiermit auf ihn besonders verwiesen. — Für die Partien der Kl. Tr., Trgl. u. Ratsche ist nur ein Musiker nötig.

Liter. *Mauke, Wilhelm,* Musikführer No. 103, Schlesinger, Berlin.

(8.) „Also sprach Zarathustra“.

Tondichtung (frei nach Friedr. Nietzsche) für grosses Orchester. op. 30.

GD. *33 Min.*

Komp.: 4. Februar bis 24. August 1896 in München.

EA.: 1. **Frankfurt a. M.**, Freitag, d. 27. November 1896 im Saalbau im 4. Konzert der Museumsgesellschaft unter Leitung von *Richard Strauss.* — 2. **Berlin**, Montag, d. 30. November 1896 im Saale der Philharmonie im 4. Philharmonischen Konzert unter Leitung von *Arthur Nikisch.* — 3. **Köln**, Dienstag, d. 1. Dezember 1896 im Gürzenichsaale im 4. Abonnementskonzert der Konzertgesellschaft unter Leitung von *Richard Strauss.*

Ersch.: Partitur und Orchesterstimmen November 1896 bei Jos. Aibl, München.

Orch.Bes.: Kl. Fl., 3 Fl. (3. auch 2. kl. Fl), 3 Ob., Engl. Hr., 3 Klar. (1 in Es, 2 in B), Bassklar., 3 Fag., Kontrafag., 6 Hr., 4 Tr., 3 Pos., 2 Basstuben, 4 Pk., Becken, Gr. Tr., Trgl., Glockenspiel, 1 tiefe Glocke in E. — 2 Hfn. — Orgel. — Str.-Orch. (16, 16, 12, 12, 8). (S. Anm.).

Anmerkg. Den aufeinanderfolgenden Teilen der Tondichtung gab Strauss in der Partitur folgende, den gleichbenannten Kapiteln von Nitzsches Dichtung entsprechende Überschriften: „**Von den Hinterweltlern.** — **Von der grossen Sehnsucht.** — **Von den Freuden** — **und Leidenschaften.** — **Das Grablied.** — **Von der Wissenschaft.** — **Der Genesende.** — **Das Tanzlied.** — **Das Nachtwandlerlied**“. Der Abdruck dieser Überschriften wie der der unten folgenden, der Partitur vorgedruckten „Vorrede Zarathustras“ darf auf keinem Programm fehlen. — Bei EA. 3 (Köln) lautete die Überschrift des ersten Teils nicht wie in der Partitur „**Von den Hinterweltlern**“ sondern „**Vom Göttlichen**“! „**Hinterweltler**“ und dazu die liturgischen Motive des Credo und Magnificat, die Strauss im ersten Abschnitt anbringt, das war 1896 offenbar eine starke Zumutung für das heilige Köln. — Die Überschrift „**Das Nachtwandlerlied**“ ist später von Nitzsche in „**Das trunkene Lied**“ umgeändert worden. — An der vorgeschriebenen Besetzung des Streichorchesters ist der vielfachen Teilungen wegen kaum etwas zu sparen. Besondere Beachtung verdient die schwierige, zum Teil äusserst hohe Trompetenstimme. Wichtige Violin-, Viola- und Violoncell-Soli. — 2 hohe und 2 tiefe Pauken sind erforderlich. Zur Bedienung der übrigen Schlaginstrumente genügen 3 Musiker.

Liter. *Merian, Hans,* „Also sprach Zarathustra“, Hermann Seemann Nachfolger, Leipzig. — *Batka, Rich.,* „Musikalische Streifzüge“, Diederichs, Leipzig. — *Hahn, Arthur,* Musikführer No. 129, Schlesinger, Berlin.

Der Partitur vorgedruckt:

Zarathustras Vorrede.

Als Zarathustra dreissig Jahr alt war, verliess er seine Heimat und den See seiner Heimat und ging in das Gebirge. Hier genoss er seines Geistes und seiner Einsamkeit und wurde dessen zehn Jahre nicht müde. Endlich aber verwandelte sich sein Herz, — und eines Morgens stand er mit der Morgenröte auf, trat vor die Sonne hin und sprach zu ihr also:

„Du grosses Gestirn! Was wäre dein Glück, wenn du nicht die hättest, welchen du leuchtest!

Zehn Jahre kamst du hier herauf zu meiner Höhle: du würdest deines Lichtes und dieses Weges satt geworden sein, ohne mich, meinen Adler und meine Schlange.

Aber wir warteten deiner an jedem Morgen, nahmen dir deinen Überfluss ab und segneten dich dafür.

Siehe! Ich bin meiner Weisheit überdrüssig, wie die Biene, die des Honigs zu viel gesammelt hat, ich bedarf der Hände, die sich ausstrecken.

Ich möchte verschenken und austeilen, bis die Weisen unter den Menschen wieder einmal ihrer Torheit und die Armen wieder einmal ihres Reichtums froh geworden sind.

Dazu muss ich in die Tiefe steigen: wie du des Abends tust, wenn du hinter das Meer gehst und noch der Unterwelt Licht bringst, du überreiches Gestirn!

Ich muss, gleich dir, untergehen, wie die Menschen es nennen, zu denen ich hinab will.

So segne mich denn, du ruhiges Auge, das ohne Neid auch ein allzugrosses Glück sehen kann.

Segne den Becher, welcher überfliessen will, dass das Wasser golden aus ihm fliesse und überallhin den Abglanz deiner Wonne trage.

Siehe! Dieser Becher will wieder leer werden und Zarathustra will wieder Mensch werden".

— Also begann Zarathustras Untergang.

(9.) Don Quixote.
(Introduzione, Tema con variazioni e Finale.)
Fantastische Variationen über ein Thema ritterlichen Charakters für grosses Orchester. op. 35.

Meinem Freunde Joseph Dupont gewidmet.

GD. 35 Min.

Komp.: 1897 in München; Partitur vollendet 29. Dezember 1897 in München.

EA.: 1. Köln, Dienstag, d. 8. März 1898 im Gürzenichsaale im 10. Abonnementskonzert der Konzertgesellschaft nach dem Manuskript unter Leitung von *Franz Wüllner;* Cello-Solo: Herr *Friedrich Grützmacher.* — 2. Frankfurt a. M., Freitag, d. 18. März 1898 im Saalbau im 11. Konzert der Museumsgesellschaft nach Mspt. unter Leitung von *Richard Strauss;* Cello-Solo: Herr *Hugo Becker.*

Ersch.: Partitur und Orchesterstimmen September 1898 bei Jos. Aibl, München.

Orch.Bes.: Kl. Fl., 2 Fl., 2 Ob., Engl. Hr., 2 Klar. (2. auch in Es), Bassklar., 3 Fag., Kontrafag., 6 Hr., 3 Tr., 3 Pos., Tenortuba in B, Basstuba, 3 Pk., Gr. Tr., Kl. Tr., Trgl., Becken, Tambourin, eine Windmaschine. — Hfe. — Str.-Orch. (16, 16, 12, 10, 8).

Anmerkg. Wie in „Till Eulenspiegel" so fehlen auch in der Partitur des „Don Quixote" programmatische Andeutungen des Inhalts. Trotzdem empfiehlt sich eine kurze Inhaltsangabe auf den Programmen. Eine kürzeste Form derselben ist diese:

Inhalt der Variationen: 1. Ausritt von Don Quixote und Sancho Pansa. Abenteuer mit den Windmühlen. 2. Der siegreiche Kampf gegen das Heer des grossen Kaisers Alifanfaron d. h. gegen eine Hammelherde. 3. Gespräch zwischen dem Ritter und seinem Knappen. 4. Abenteuer mit den Büssern. 5. Die Waffenwache. 6. Begegnung mit Dulzinea. 7. Der Ritt durch die Luft. 8. Die Fahrt im verzauberten Nachen. 9. Kampf gegen zwei Zauberer. 10. Zweikampf mit dem Ritter vom blanken Mond. Finale: Don Quixotes Tod.

Ausführlichere Fassung:

Introduktion: Don Quixotes Art und Gesinnung, wie sie durch die Lektüre der alten galanten Ritterromane allmählich sich gestaltet und verirrt bis zu seinem Entschluss, als fahrender Ritter auf Abenteuer auszuziehen.

Thema: Der Ritter von der traurigen Gestalt (Solo-Violoncell) und sein pfiffig bäurischer Schildknappe Sancho Pansa (Bassklarinette und Tenortuba, dann meistens Solo-Bratsche).

1. Variation: Der Ausritt. Der Windmühlenkampf.
2. Variation: Der siegreiche Kampf mit der Hammelherde (Heer des Kaisers Alifanfaron).
3. Variation: Ein Gespräch zwischen dem idealen Don Quixote und dem nüchtern materiellen Sancho Pansa.
4. Variation: Der Kampf gegen die Büsserschar.
5. Variation: Die nächtliche Waffenwache: treues Gedenken an Dulzinea.
6. Variation: Begegnung mit einer Bauerndirne, die Sancho Pansa seinem Herrn als die Dulzinea bezeichnet.
7. Variation: Der eingebildete Ritt durch die Luft auf dem hölzernen Pferd.
8. Variation: Die Fahrt auf dem verzauberten Nachen.
9. Variation: Der Kampf gegen vermeintliche Zauberer, zwei Pfäfflein auf ihren Maultieren.
10. Variation: Der Zweikampf mit dem Ritter vom blanken Monde. Don Quixote, zu Boden gestreckt, sagt den Waffen Valet und wird Schäfer.
Finale: Don Quixotes letzte Tage in Beschaulichkeit. Sein Tod.

Die Programme der ersten Aufführungen nach der Drucklegung des Werkes bringen noch andere und ausführlichere Fassungen, deren Mitteilung zwecklos schien. Eine von Strauss herrührende Inhaltsangabe lautet:

Introduktion: Don Quixote verliert über der Lektüre der Ritterromane seinen Verstand und beschliesst, selbst fahrender Ritter zu werden.

Thema: Don Quixote, der Ritter von der traurigen Gestalt (Solo-Violoncell). Sancho Pansa (Bass-Klarinette, Tenor-Tuba und Solo-Bratsche).

1. Variation: Ausritt des seltsamen Paares unter dem Zeichen der schönen Dulzinea von Toboso und Abenteuer mit den Windmühlen.
2. Variation: Siegreicher Kampf gegen das Heer des grossen Kaisers Alifanfaron.

3. Variation: Gespräche zwischen Ritter und Knappe. Forderungen, Fragen und Sprichwörter Sanchos, Belehrungen, Beschwichtigungen und Ver- heissungen Don Quixotes.
4. Variation: Unglückliches Abenteuer mit einer Prozession von Büssern.
5. Variation: Don Quixotes Waffenwache. Herzensergüsse an die entfernte Dulzinea.
6. Variation: Begegnung mit einer Bauerndirne, die Sancho seinem Herrn als die verzauberte Dulzinea bezeichnet.
7. Variation: Ritt durch die Luft.
8. Variation: Unglückliche Fahrt auf dem verzauberten Nachen (Barcarole).
9. Variation: Kampf gegen vermeintliche Zauberer, zwei Pfäfflein auf ihren Maultieren.
10. Variation: Zweikampf mit dem Ritter vom blanken Monde. Don Quixote, zu Boden geschlagen, sagt den Waffen Valet und zieht, mit dem Beschlusse Schäfer zu werden, seiner Heimat zu.
Finale: Wieder zur Besinnung gekommen, beschliesst er seine letzten Tage in Beschaulichkeit. Don Quixotes Tod.

Liter. *Hahn, Arthur*, Musikführer No. 148, Schlesinger, Berlin.

(10.) **Ein Heldenleben.**
Tondichtung für grosses Orchester. op. 40.

Wilhelm Mengelberg und dem Conzertgebouw-Orchester in Amsterdam gewidmet.

I. Der Held. II. Des Helden Widersacher. III. Des Helden Gefährtin. IV. Des Helden Walstatt. V. Des Helden Friedenswerke. VI. Des Helden Weltflucht und Vollendung.

GD. 40 Min.

Komp.: Begonnen 2. August 1898 in München, Partitur vollendet 27. De- zember 1898 in Berlin-Charlottenburg.

EA.: 1. Frankfurt a. M., Freitag, d. 3. März 1899 im Saalbau im 11. Konzert der Museumsgesellschaft nach dem Manuskript unter Leitung von *Richard Strauss;* Violinsolo: Herr *Alfred Hess.* — 2. Berlin, Mittwoch, d. 22. März 1899 im Kgl. Opernhause im 9. Symphonie-Abend der Kgl. Hofkapelle zum Besten ihres Witwen- und Waisenfonds unter Leitung von *R. Str.;* Violinsolo: Herr *Karl Halir.* — 3. Köln, Dienstag, d. 18. April 1899 im Gürzenichsaale im 12. Abonnementskonzert der Konzertgesellschaft unter Leitung von *Franz Wüllner;* Violinsolo: Herr *Willy Hess.* (S. Anm.). — 4. Düsseldorf, Pfingstmontag, d. 22. Mai 1899 in der städt. Tonhalle im 2. Konzert des 76. Niederrheinischen Musikfestes unter Leitung von *Richard Strauss;* Violinsolo: Herr *Karl Halir.* (S. Anm.)

Ersch.: Partitur und Orchesterstimmen März 1899 bei F. C. L. Leuckart (Konstantin Sander) in Leipzig.

Orch.Bes.: Kl. Fl., 3 Fl., 3 Ob., Engl. Hr., (auch 4. Ob.), 3 Klar. (1 in Es, 2 in B), Bassklar., 3 Fag., Kontrafag., 8 Hr., 5 Tr., 3 Pos.,

Tenortuba in B, Basstuba, 3 Pk., Gr. Tr., Kl. Tr., Gr. Rührtrommel, Becken. — 2 Hfn. — Str.-Orch. (16, 16, 12, 12, 8). (S. Anm.) **Anmerkg.** Die von Friedr. Rösch verfasste Erläuterungsschrift (S. Lit.) enthält eine umschreibende Dichtung von Eberhard König, die „den eigenen Angaben und Erklärungen des Tonsetzers folgt" (a. a. O.). Auf diese Schrift sei hiermit besonders hingewiesen. — EA. 3 (Köln) sollte von Strauss geleitet werden, wie auch die Programme verkündeten, doch sagte er ab und überliess Wüllner die Führung. Das Werk wurde von einem grossen Teile des Gürzenich-Publikums mit Zischen aufgenommen. — Das 76. Niederrheinische Musikfest (EA. 4, Düsseldorf), in dessen Leitung sich Julius Buths und Richard Strauss teilten, brachte von letzterem noch „Don Quixote" (unter Buths' Leitung), ausserdem den 2. Akt von Cornelius' „Der Barbier von Bagdad". Beethovens „Missa solemnis", Bachs Kantate „Halt im Gedächtnis Jesum Christ", Mendelssohns „Walpurgisnacht", Brahms' „Rhapsodie", Liszts „Orpheus", Beethovens Tripelkonzert und Schumanns B-dur-Symphonie waren die anderen Hauptwerke des Festes, dessen erster Tag zugleich der Einweihung einer neuen von W. Sauer (Frankfurt a. d. O.) erbauten Orgel galt.

Liter. *Rösch, Friedrich,* „Ein Heldenleben, Tondichtung usw. Erläuterungsschrift" F. E. C. Leuckart, Leipzig. — *Klatte, Wilhelm,* Musikführer No. 154, Schlesinger, Berlin.

(11.) Serenade (Es-dur. Andante)

für 2 Flöten, Oboen, Klarinetten, 4 Hörner, 2 Fagotte und Kontrafagott oder Basstuba (Kontrabass). op. 7.

Seinem hochverehrten Lehrer Herrn Fr.W. Meyer, königl. bayr. Hof-Kapellmeister

GD. 10 Min.

Komp.: 1881 in München.

EA.: 1. **Dresden**, Montag, d. 27. November 1882 im Saale der Restauration zu den Drei Raben im 4. Übungsabend des Tonkünstler-Vereins nach dem Manuskript unter Leitung von *Franz Wüllner;* Ausführende: die Kgl. Kammermusiker *Alw. Bauer, Franz Fritsche* (Flöten), *J. W. Beck, C. A. Wolf* (Oboen), *Friedr. Demnitz, J. Kaiser* (Klarinetten), *O. Franz, F. W. Ehrlich, Br. Franz, R. Müller* (Hörner), *L. Stein, K. Tränkner* (Fagotte), und *A. Bräunlich* (Kontrafagott). — 2. **Ebendaselbst**, Freitag, d. 5. Januar 1883 im Saale des Gewerbehauses im 2. Produktionsabend nach Mspt. unter Leitung von *F.W.;* Ausführende wie bei 1. — 3. **Meiningen**, Dienstag, d. 26. Dezember 1883 im Herzogl. Hoftheater im Konzert der Herzogl. Hofkapelle zum Vorteil ihres Witwen- und Waisenfonds unter Leitung von *Hans von Bülow;* Ausführende: die Herzogl. Hofmusiker *Max Abbass, Rich. Gennenichen — Anton Kirchoff,*

H. Berbig — Rich. Mühlfeld, Gottlob Schwarze — Gust. Leinhos,
K. Müllich, K. Dierke, Rich. Dechandt — L. Hochstein, Aug.
Truckenbrodt und *Alb. Pabst.*

Ersch.: Partitur und Stimmen April 1883 bei Josef Aibl, München.

Anmerkg. Die EA. der Serenade im Dresdner Tonkünstlerverein ist bisher so gut wie unbekannt geblieben. Hans von Bülow gebührt trotzdem das Verdienst, das Werk in die grössere Öffentlichkeit eingeführt zu haben; nach seiner EA. in Meiningen reihte er es dem Repertoire der Herzogl. Meiningschen Hofkapelle ein und führte es auf deren Reisen allenthalben auf. — Als Ersatz für Kontrafagott empfiehlt sich die Basstuba mehr als der Kontrabass. — Die ungedruckt gebliebene Suite in B-dur (S. No. 23) ist für dieselben Instrumente geschrieben.

II. Konzerte und Konzertstücke mit Orchester.

(12.) Konzert für Violine
mit Begleitung des Orchesters D-moll. op. 8.

Dem königl. bayr. Konzertmeister Herrn Benno Walter zugeeignet.

I. Allegro. — II. Lento, ma non troppo. — III. Rondo. *Presto.*
Prestissimo.

SD. *I. 13 Min. II. 7 Min. III. 9 Min.* **GD.** *29 Min.*

Komp.: 1881/82 in München.

EA.: 1. München, Freitag, d. 8. Februar 1883 im Museumssaale in einem von *Benno Walter* gegebenen Konzert nach dem Manuskript gespielt von den Herren *Benno Walter* (Viol.) und *Richard Strauss* (Pfte.).

Ersch.: Partitur und Orchesterstimmen Mai 1883 bei Joseph Aibl, München.

Orch.Bes.: 2 Fl., 2 Ob., 2 Klar., 2 Fag., 4 Hr., 2 Tr., Pk. — Str.-Orch.

(13.) Konzert für das Waldhorn

mit Orchester- oder Klavierbegleitung. Es-dur. op. 11.

Dem königl. sächs. Kammermusiker Herrn Oscar Franz freundlichst gewidmet.

I. Allegro. *attacca* II. Andante. *attacca* III. Allegro.
GD. 17 Min.

Komp.: 1882/83 in München.

EA.: 1. Meiningen, Mittwoch, d. 4. März 1885 im Herzogl. Hoftheater in einem Extrakonzert der Hofkapelle unter Leitung von *Hans von Bülow;* Solist: *Gustav Leinhos.* — 2. Bremen, Donnerstag, d. 12. März 1885 in der Tonhalle im 3. der von der Herzogl. Meiningschen Hofkapelle gegebenen Konzerte unter Leitung von *H. v. B.;* Solist: *G. L.* — [3. Dresden, Freitag, d. 29. Januar 1886 im Saale der Restauration zu den Drei Raben im 8. Übungsabend des Tonkünstler-Vereins unter Leitung von *Karl Riccius;* Solist: *Oskar Franz*].

Ersch.: Klavierauszug und Solostimme August 1884, Orchesterstimmen August 1886 bei Joseph Aibl, München.

Orch.Bes.: 2 Fl., 2 Ob., 2 Klar., 2 Fag., 2 Hr., 2 Tr., Pk. — Str.-Orch.

(14.) Burleske für Pianoforte und Orchester. D-moll.

Eugen d'Albert freundschaftlich zugeeignet.

GD. 17 Min.

Komp.: Winter 1885/86 in Meiningen.

EA.: 1. Eisenach, Sonnabend, d. 21. Juni 1890 im Stadttheater im 5. Konzert der 27. Tonkünstlerversammlung des Allgemeinen Deutschen Musikvereins nach dem Manuskript unter Leitung von *Richard Strauss;* gespielt von *Eugen d'Albert.* (S. Anm.) — 2. Berlin, Montag, d. 12. Januar 1891 im Saale der Philharmonie im 6. Philharmonischen Konzert nach Mspt. unter Leitung von *Hans v. Bülow;* gespielt von *E. d'A.*

Ersch.: Partitur und Orchesterstimmen April, Ausgabe für 2 Klaviere März 1894 bei Steingräber Verlag, Leipzig.

Orch.Bes.: Kl. Fl., 2 Fl., 2 Ob., 2 Klar., 2 Fag., 4 Hr., 2 Tr., 4 Pk. — Str.-Orch.

Anmerkg. In dem Konzert der EA. 1 (Eisenach) erlebte auch Strauss' „Tod und Verklärung" seine EA. In den Anmerkungen zu diesem Werke (s. No. 6) ist mehreres über die 27. Tonkünstlerversammlung mitgeteilt. — Ohne 4 verschiedene Pauken ist die Aufführung nicht möglich.

III. Chorwerke mit Orchester.

(15.) **Wandrers Sturmlied**
(W. v. Goethe)
für sechsstimmigen Chor und grosses Orchester. op. 14.

Herrn Dr. Franz Wüllner in Verehrung und Dankbarkeit gewidmet.

G.D. 15 Min.

Komp.: 1884 in München.

EA.: Köln, Dienstag, d. 8. März 1887 im Gürzenichsaale im 10. Abonnementskonzert der Konzertgesellschaft unter Leitung von *Richard Strauss.*

Ersch.: Partitur, Orchester- und Chorstimmen Juli 1886 bei Jos. Aibl, München.

Bes.: a) Chor: Sopran I u. II, Alt, Tenor, Bass I u. II.
b) Orchester: Kl. Fl., 2 Fl., 2 Ob., 2 Klar., 2 Fag., Kontrafag., 4 Hr., 2 Tr., 3 Pos., Pk. — Str.-Orch.

Liter. *Mauke, Wilhelm,* Musikführer No. 67, Schlesinger, Berlin.

(16.) **Taillefer.**
Ballade von Ludwig Uhland.
Für Chor, Soli und Orchester. op. 52.

Der philosophischen Fakultät der Universität Heidelberg gewidmet.

G.D. 16 Min.

Komp.: 1903 in Charlottenburg, Partitur daselbst vollendet 2. Mai 1903.

EA.: 1. Heidelberg, Montag, d. 26. Oktober 1903 im grossen Saale der Stadthalle im 4. Konzert des Heidelberger Musikfestes zur Einweihung der neuerbauten Stadthalle unter Leitung von *Richard*

Strauss; Solisten: Frau *Emma Rückbeil-Hiller* (Sopran), die Herren *Emil Pinks* (Tenor) und *Rudolf von Milde* (Bariton). (S. Anm.) — 2. München, Mittwoch, d. 13. November 1903 im Kaim-Saale im 1. der von B. Stavenhagen veranstalteten modernen Abende unter Leitung von *Bernhard Stavenhagen;* Solisten: Frl. *Käthe Fellner,* die Herren *Franz Bergen* und *Anton Dressler.* — 3. Ebendaselbst, Dienstag, d. 1. Dezember 1903 Wiederholung unter derselben Leitung mit denselben Solisten wie bei EA. 2. — 4. Hamburg, Montag, d. 11. Januar 1904 im Konventgarten im 2. Konzert des Cäcilienvereins unter Leitung von *Julius Spengel;* Solisten: Frau *Maria Quell,* die Herren *Willy Schmidt* und *A. v. Eweyk.*

Ersch.: Partitur und Orchesterstimmen September, Chorstimmen und Klavierauszug Juli 1903 bei Adolph Fürstner, Berlin.

Bes.: a) Soli: Sopran: des Herzogs Schwester. — Tenor: Taillefer. — Bariton: Normannenherzog Wilhelm.

b) Chor: Sopran I u. II, Alt I u. II, Tenor I u. II, Bass I u. II. (S. Anm.)

c) Orchester: 2 kl. Fl., 4 Fl., 4 Ob., 2 engl. Hr., 6 Klar. (2 in D, 2 in B, 2 in A), Bassklar., 4 Fag., Kontrafag., 8 Hr., 6 Tr., 4 Pos., 2 Basstuben, 4 Pk., 2 kl. Militärtr., 2 gr. Rührtr., Gr. Tr., Trgl., Becken, Glockenspiel.

Anmerkg. Vorbemerkung der Partitur: „Taillefer ist, wie aus Anlage und Orchesterbesetzung ersichtlich, zur Aufführung in grossen Sälen berechnet. Der Chor muss deshalb so zahlreich wie möglich sein". — Mit der Einweihung der neuerbauten Stadthalle in Heidelberg (EA.) standen in Verbindung die Erprobung eines nach Ideen und Entwürfen Philipp Wolfrums hergestellten beweglichen Konzertpodiums und planmässig angestellte Versuche grösseren Stiles mit dem sogenannten „unsichtbaren Musizieren". (Hierzu ist zu vergleichen das „Text- und Programmbuch zum Heidelberger Musikfest", Heidelberg 1903, Kommissionsverlag von K. Pfeiffer.) In dem dreitägigen Musikfest gelangten zur Aufführung bei Unsichtbarkeit der Ausführenden und Verdunkelung des Konzertraums u. a. Parsifal-Vorspiel, Liszts Dante Symphonie, Strauss' „Tod und Verklärung", Bruckners 9. Symphonie in den grossen Orchesterkonzerten des 24. und 26. Oktober. Haydns „Schöpfung" (25. Okt.) zeigte die durch das neue Podium ermöglichte veränderte Aufstellung des Chor-, Soli- und Orchesterapparats (Orchester auf dem Saalboden durch eine Schallwand vom Publikum getrennt, seinen Blicken entzogen und den Klang dem auf dem amphitheatralisch aufsteigenden Podium postierten Chor zuwerfend, Dirigent und Solisten in der Mitte des Ganzen plaziert). Die Aufstellung bei Taillefer war mit Rücksicht auf die starke Instrumentation des Werkes anders angeordnet, die schallstärksten Blechblasinstrumente am tiefsten sitzend. Endlich wurde auch Kammermusik (25. Oktober), nämlich Mozart, Streichquartett C dur (Köchel-Verz. No. 465) und Beethoven, Streichquartett op. 132 „unsichtbar" bei verdunkeltem Saale geboten. Philipp Wolfrums „Festmusik zur Centenarfeier der Universität Heidelberg (August 1903): Aufzug der Fakultäten und anschliessender Huldigungsgesang" erlebte bei dem Feste seine 2. EA. — Mit der Widmung stattete

Richard Strauss der philosophischen Fakultät der Universität Heidelberg seinen Dank für die Ernennung zum Dr. honoris causa, die gelegentlich des erwähnten Jubiläums stattgefunden hatte, ab.

Liter. *Smolian, Arthur*, Musikführer No. 290, Schlesinger, Berlin.

IV. Kammermusikwerke.

(17.) Quartett

für Pianoforte, Violine, Viola und Violoncell. C-moll. op. 13.

Preisgekrönt vom Berliner Tonkünstlerverein.

Seiner Hoheit Georg II. Herzog von Sachsen-Meiningen in Ehrfurcht und Dankbarkeit zugeeignet.

I. Allegro. — II. Scherzo. *Presto.* — III. Andante. — IV. Finale. *Vivace.*

SD. *I. 12 Min. II. 8 Min. III. 8 Min. IV. 10 Min.* **GD.** *38 Min.*

Komp.: 1883/84 in München.

EA.: 1. Meiningen, Mittwoch, d. 6. Januar 1886 im Reunionsaale des Herzogl. Hoftheaters im 1. Kammermusikabend nach dem Manuskript gespielt von den Herren *Richard Strauss* (Pfte.), *Leopold Müller* (Viol.), *August Funk* (Viola) und *Robert Wendel* (Violonc.). — 2. Berlin, Sonnabend, d. 22. Mai 1886 in der Aula des Askanischen Gymnasiums in einer Extrasoiree des Tonkünstler-Vereins nach Mspt. gespielt von den Herren *Heinr. Barth* (Pfte.), *Heinr. de Ahna* (Viol.), *F. Arbós* (Viola) und *Rob. Hausmann* (Violonc.).

Ersch.: Juni 1886 bei Jos. Aibl, München.

Anmerkg. Der Berliner Tonkünstler-Verein erliess im Januar 1885 nachstehendes in der Sitzung vom 3. Oktober 1884 beschlossenes „Preisausschreiben auf ein Klavierquartett. Der Berliner Tonkünstler-Verein hat beschlossen, einen Preis von 300 M. für das beste bei ihm eingehende Quatuor für Pianoforte, Violine, Viola und Violoncello, auszusetzen. Dasselbe darf bisher weder gedruckt, noch öffentlich aufgeführt sein. Die Konkurrenz ist allgemein und unbeschränkt. Die Ablieferung des mit Motto versehenen Werkes, welchem ein den Namen des Komponisten enthaltenes versiegeltes Kuvert mit gleichem Motto beizufügen ist, muss bis spätestens den 15. August d. J. postfrei an den unterzeichneten Schriftführer des Vereins erfolgt sein. Das Preisrichteramt haben die Herren Prof. Dorn (Berlin), Prof. Rheinberger (München) und Prof. Wüllner (Köln) zu übernehmen die Güte gehabt. I. A. Richard Eichberg." Es gingen 24 Werke ein, von denen 3, als den Bedingungen nicht entsprechend, nicht an die Preisrichter abgegeben wurden. Von den Preisrichtern hatte Wüllner das Quartett mit wärmsten Empfehlungen an die erste, Rheinberger an die zweite, Dorn erst an die achte Stelle gesetzt. Der Verein schloss sich der Mehrheit der Preisrichter (2:1) an. Das Quartett trug das Motto: „Die Tonkunst, die viel beredte".

(18.) Quartett

für 2 Violinen, Viola und Violoncell. A-dur. op. 2.

Dem Quartette der Herren Benno Walter, Michael Steiger, Anton Thoms, Hans Wihan dankbarst gewidmet.

I. Allegro. — II. Scherzo. *Allegro molto.* — III. Andante cantabile, molto espressivo. — IV. Finale. *Allegro vivace.*

SD. *I. 6 Min. II. 4 Min. III. 8 Min. IV. 8 Min.* **GD.** *26 Min.*

Komp.: 1880 in München.

EA.: München, Montag, d. 14. März 1881 im grossen Saale des Museums in der 1. Quartettsoiree nach dem Manuskript gespielt von den Herren *Benno Walter* (Viol. 1), *Michael Steiger* (Viol. 2), *Anton Thoms* (Viola) und *Hans Wihan* (Violoncell).

Ersch.: Partitur und Stimmen September 1881 bei Jos. Aibl, München.

(19.) Sonate für Violine und Klavier.

Es-dur. op. 18.

Meinem lieben Vetter und Freunde Herrn Robert Pschorr gewidmet.

I. Allegro, ma non troppo. — II. Improvisation. *Andante cantabile.* — III. Finale. *Andante. Allegro.*

SD. *I. 11 Min. II. 7 Min. III. 9 Min.* **GD.** *27 Min.*

Komp.: 1887 in München.

EA.: 1. (?) Elberfeld, Mittwoch, d. 3. Oktober 1888 im kleinen Kasino-Saale in der 1. Soiree für Kammermusik, gespielt von den Herren *Robert Heckmann* (Viol.) und *Julius Buths* (Pfte.). — 2. Köln, Freitag, d. 5. Oktober 1888 im Isabellensaale des Gürzenich in Heckmanns 2. Soiree für Kammermusik, gespielt von denselben wie bei 1. — 3. München, Sonnabend, d. 13. Oktober 1888 im Museumssaale im 2. Konzert des Heckmannschen Quartetts, gespielt von den Herren *Robert Heckmann* (Viol.) und *Richard Strauss* (Pfte.).

Ersch.: Juli 1888 bei Jos. Aibl, München.

(20.) Sonate für Violoncell und Pianoforte.
F-dur. op. 6.

Seinem lieben Freunde Herrn Hans Wihan.

I. Allegro con brio. — II. Andante ma non troppo. — III. Finale. *Allegro vivo.*

SD. I. 9 Min. II. 7 Min. III. 8 Min. GD. 24 Min.

Komp.: 1882 in München.

EA.: 1. N ü r n b e r g, Sonnabend, d. 8. Dezember 1883 im Saale des Hotel „Goldner Adler" im 3. Kammermusikabend, gespielt von Herrn *Hans Wihan* (Violonc.) und Frl. *Hildegard von Königsthal* (Pfte.). — 2. D r e s d e n, Mittwoch, d. 19. Dezember 1883 im Saale der Restauration „Zu den drei Raben" im 7. Übungsabend des Tonkünstlervereins, gespielt von den Herren *Ferdinand Böckmann* (Violonc.) und *Richard Strauss* (Pfte).

Ersch.: Oktober 1883 bei Jos. Aibl, München.

V. Anhang.
Unveröffentlichte Werke.

(21.) Symphonie für Orchester. D-moll.

I. Andante maestoso. *Allegro.* — II. Andante. — III. Scherzo. *Molto Allegro.* — IV. Finale. *Allegro con brio.*

Komp.: 1880 in München.

EA.: M ü n c h e n, Mittwoch, d. 30. März 1881 im Kgl. Odeon im 8. Abonnementskonzert der Musikalischen Akademie unter Leitung von *Hermann Levi.*

(22.) Konzertouvertüre für Orchester. C-moll.

Komp.: 1883 in München.

EA.: 1. M ü n c h e n, Mittwoch, d. 28. November 1883 im Kgl. Odeon im 2. Abonnementskonzert der Musikalischen Akademie unter Leitung von *Hermann Levi.* — 2. B e r l i n, Freitag, d. 21. März 1884 im Kgl. Opernhaus in der 1. Symphoniesoiree (2. Zyklus) der *Kgl. Hofkapelle* unter Leitung von *Robert Radecke.*

A n m e r k g. Die Ouvertüre ist im Manuskript als op. 10 bezeichnet, trug jedoch bei späteren Aufführungen die Opuszahl 4. Bülow liess sie 1884 auf

seinen Reisen mit der Meininger Hofkapelle spielen, am 19. Dezember d. J. wurde
sie auch im 3. Symphoniekonzert der Dresdner Hofkapelle, von dieser wieder
neuerdings, am 21. Dezember 1906, aufgeführt.

(23.) Suite für 2 Flöten, 2 Oboen, 2 Klarinetten, 4 Hörner, 2 Fagotte und Kontrafagott. B-dur.

I. Präludium. *Allegretto.* — II. Romanze. *Andante.* — III. Gavotte.
Allegro. — IV. Introduktion und Fuge. *Andante cantabile.*
Allegro con brio.

Komp.: 1884 in München.

EA.: 1. München, Dienstag, d. 18. November 1884 im Königl. Odeon
in einer Matinee der Hofkapelle des Herzogs von Meiningen unter
Leitung von *Richard Strauss;* Ausführende: die Herzogl. Hofmusiker
Max Abbass, Rich. Gennenichen (Flöten), *Anton Kirchhoff, Gust.
Gland* (Oboen), *Rich. Mühlfeld, Gottlob Schwarze* (Klarinetten),
Gust. Leinhos, Karl Müllich, Karl Dierke, Rich. Dechandt
(Hörner), *Louis Hochstein, Aug. Truckenbrodt* (Fagotte) und *Albert
Pabst* (Kontrafagott). (S. Anm.) — 2. Dresden, Montag, d.
1. Dezember 1884 im Saale der Restauration zu den Drei Raben
im 6. Übungsabend des Tonkünstlervereins unter Leitung von *Adolf
Hagen;* Ausführende: die Königl. Kammermusiker *Alw. Bauer,
Franz Fritsche — J. W. Beck, C. A. Wolf — Friedr. Demnitz,
C. F. Förster — Oscar Franz, F. W. Ehrlich, Bruno Franz,
Hugo Wünschmann — Ad. Bräunlich, K. Tränkner* und *Herm.
Strauss.* — 3. Ebendaselbst, Freitag, d. 27. Februar 1885 im
Saale des Gewerbehauses im 3. Produktionsabend desselben Vereins
unter gleicher Leitung und durch dieselben Ausführenden wie bei EA. 2.

Anmerkg. Die Suite trägt auf den Programmen der 3 Aufführungen
die Opuszahl 15. — Rich. Strauss debutierte bei EA. 1 als Dirigent auf
Bülows „Befehl" ohne Probe! Er hatte bis dahin nie den Taktstock in der
Hand gehabt. (S. Bülow-Briefe VI, S. 309.) Bülow hörte der Aufführung
nicht zu, sondern sass im Musikzimmer Zigaretten rauchend. Vor der Suite
dirigierte Bülow Rheinbergers Sinfonisches Tongemälde „Wallenstein". Nach
dem Scherzo dieses Werkes („Wallensteins Lager"), das stürmisch applaudiert
wurde, trat der anwesende Komponist an das Dirigentenpult, um sich zu be-
danken, Bülow benutzte den Augenblick zu der kurzen Ansprache an das
Publikum „Wenn ein Meister etwas so schön komponiert, ist es gar keine
Kunst, es auch schön zu spielen". — Die für diese Matinee von Bülow beabsichtigte Aufführung der Manuskript-Ouvertüren Joachim Raffs zu Shakespeare-
schen Dramen (S. Raff No 20, 21, 68 und 69) ist unterblieben (S. Bülow-Briefe
VI, S. 309). — In neuerer Zeit hat am 14. Oktober 1900 in Meiningen im
1. Abonnementskonzert der Herzogl. Hofkapelle eine Aufführung dieses Manuskriptwerkes stattgefunden.

Nachträge und Berichtigungen.

Robert Schumann.

Verzeichnis der Werke:

S. 142. Bei dem Verzeichnis der Werke heisst die 4. Überschrift:
IV. Kammermusikwerke.

(6.) Ouvertüre zur Oper Genoveva.

Seite 151. EA. 4 heisst: Weimar, Sonnabend, d. 19. Oktober 1850 im
Grossherzogl. Hoftheater im Konzert zum Vorteil der Mitglieder der
Grossherzogl. Hofkapelle unter Leitung von *Franz Liszt.*
EA. 4 Köln wird EA. 5.

(8.) Ouvertüre zu Manfred.

Seite 154. In den Anmerkungen, S. 154, Zeile 5 muss es heissen:
sein Violinkonzert **No. 1, G-moll** anstatt No. 3, Gdur.

(17.) Konzert für Violoncell.

Seite 160. In den Anmerkungen ist nachzutragen:
Die Feier des 50jährigen Geburtstages von Robert Schumann
(EA. Leipzig) war auf den 9. Juni verlegt, da am 8. im Theater Genoveva
aufgeführt wurde.

(19.) Das Paradies und die Peri.

Seite 162. Die Jahreszahl bei EA. 3. (Dresden) muss heissen 1843
anstatt 1842.

(21.) Der Rose Pilgerfahrt.

Seite 168. Das Datum der EA. 3. (Leipzig) muss heissen 3. März anstatt
2. März.

(22.) Szenen aus Goethes Faust.

a) Seite 170. Die Solisten bei EA. 3. (Weimar) sind gewesen: Frl. *Agthe* (Gretchen), Frl. *Stark* (Sopran), Frl. *Schröck* aus Erfurt (Alt), die Herren *v. Milde* (Faust), *Höfer*, *Schneider* und *Schulze*. [Weimarische Zeitung vom 1. Sept. 1849, No. 70.]

b) S. 171. **Ersch.**: Klavierauszug Oktober, Chorstimmen November 1858, Partitur und Orchesterstimmen Januar 1859 bei Julius Friedländer vorm. Stern & Co., Berlin, seit Januar 1862 im Besitz von C. F. Peters, Leipzig.

S. 172. Der Titel von No. 23 heisst:

(23.) Der Königssohn.

Zu No. 1, 2, 3, 4, 5, 13, 19, 20, 22 und 30:

Die unter „Liter." mitgeteilten Musikführer sind nicht mehr im Verlage von Hermann Seemann Nachfolger, Leipzig, sondern in dem von Schlesinger, Berlin.

———◦‹›◦———

Franz Liszt.

Allgemeine deutsche Literatur über Liszt.

Seite 209/10 sind nachzutragen: *August Göllerich*, „Franz Liszt". (Sonderausgabe der von Richard Strauss herausgegebenen Sammlung „Die Musik", 1908, Berlin, Marquardt & Co.) — Franz Liszt und Carl Alexander, Grossherzog von Sachsen, Briefwechsel. Hrsg. von *La Mara*. (1909, Leipzig, Breitkopf & Härtel.) — *Julius Kapp*, „Franz Liszt". (1909, Berlin und Leipzig, Schuster & Löffler.)

In der Spezialliteratur sind nachzutragen bei No. 3 „Ce qu'on entend sur la montagne"; No. 4 „Tasso, Lamento e Trionfo; No. 5 „Les Préludes" und No. 6 „Orpheus": *Chop, Max* (M. Charles), „Führer durch Franz Liszts symphonische Dichtungen 1. Les Préludes. 2. Tasso, Lamento e Trionfo. 3. Orpheus. 4. Ce qu'on entend sur la montagne". Mit 44 in den Text gedruckten Notenbeispielen. (3. Aufl. 1894, Rossberg, Leipzig.)

(5.) Les Préludes.

Seite 293 ist bei EA. 5. (St. Gallen) nach dem Datum einzuschieben:

„im Saale des St. Gallischen Bibliotheksgebäudes".

(6.) Orpheus.

Seite 301 ist bei EA. 5 (St. Gallen) nach dem Datum einzuschieben:

„im Saale des St. Gallischen Bibliotheksgebäudes".

(9.) Festklänge.

Seite 322 unter Liter. nachtragen:

Münzer, Hermann, Kleiner Konzertführer, Breitkopf & Härtel, Leipzig.

(12.) Hamlet.

Seite 328 unter Liter. nachtragen:

Münzer, Hermann, Kleiner Konzertführer, Breitkopf & Härtel, Leipzig.

(13.) Hunnenschlacht.

Seite 330 unter Liter. nachtragen:

Münzer, Hermann, Kleiner Konzertführer, Breitkopf & Härtel, Leipzig.

(14.) Die Ideale.

Seite 333 unter Liter. nachtragen:

Münzer, Hermann, Kleiner Konzertführer, Breitkopf & Härtel, Leipzig.

Richard Wagner.

Allgemeine deutsche Literatur über Richard Wagner.

Seite 438 hinter No. 44 ist nachzutragen:

Richard Wagner an seine Freunde und Zeitgenossen. (1909, Berlin und Leipzig, Schuster & Löffler.)

Felix Draeseke.

Seite 485. Von aufgeführten Manuskriptwerken sind noch zu nennen:

Symphonie C-dur, aufgeführt am 11. November 1856 in Koburg unter Leitung des Kapellmeisters *Lampert.*

Karl Reinecke.

(22.) Konzert II für das Pianoforte.

Seite 528. **EA.** 1. Sondershausen, Montag, den 19. August in einer zu Ehren Reineckes veranstalteten Matinée nach dem Manuskript unter Leitung von *Max Erdmannsdörfer*, gespielt von *Karl Reinecke* (nur der 1. und 2. Satz).

Die Aufführung in Leipzig (s. S. 528) ist also EA. 2.

(29.) Ein geistliches Abendlied.

Seite 532. **Ersch.** 1856, nicht 1855.

Friedrich Gernsheim.

(32.) Introduktion und Allegro appassionato
für Pianoforte und Violine. op. 38.

Seite 595. **EA.** 1. Berlin, Winter 1880 (Datum unbekannt) im Saale der Singakademie gespielt von *Moritz Moszkowski* (Pfte.) und *Gustav Hollaender* in einem von diesem veranstalteten Konzert. EA. 1 (?) Köln wird EA. 2.

Druck von G. Kreysing in Leipzig.